VON ATLANTIS BIS UTOPIA

VON ATLANTIS BIS UTOPIA

Ein Führer zu den imaginären
Schauplätzen der Weltliteratur

von Alberto Manguel und Gianni Guadalupi

mit zahlreichen Illustrationen
von Graham Greenfield und Walter A. Mahle
Karten und Lagepläne
von James Cook

Bearbeitete und erweiterte
deutsche Ausgabe

mit einem Vorwort von Herbert Rosendorfer

Christian Verlag

Für Alessia, Alice Emily, Giulia und Rachel Claire
What seas what shores what grey rocks and what islands

Aus dem Englischen und Französischen übertragen von Gertrud Baruch, Ulla Dornberg, Barbara Kinter, Erica E. Mertens-Feldbausch, Ulrike von Puttkamer, Ute Seeßlen, Annalisa Viviani, Friedrich Wilhelm und Gertraude Wilhelm

Herausgegeben und redaktionell betreut von Sigrun Thiessen

Die deutsche Ausgabe wurde erweitert um etwa 150 neue Textbeiträge von Dagmar Ahrens-Thiele, Dieter Borchmeyer, Manfred Braun, Dietrich Briesemeister, Barbara Kinter, Bernhard Kytzler, Hans A. Neunzig, Patrick Reumaux, Volker Roloff, Sigrun Thiessen, Gertraude Wilhelm und Michael Winter und um 8 Illustrationen von Walter A. Mahle

Bibliographie und Register: Manfred Braun
Korrekturen: Linde Lang
Entwurf des Schutzumschlags: Ludwig Kaiser, München

© Copyright 1981 der veränderten und erweiterten deutschsprachigen Ausgabe by Christian Verlag GmbH, München

© Copyright 1981 der mit »P. R.« signierten Textbeiträge by Editions du Fanal, Paris

© Copyright 1981 aller anderen signierten Textbeiträge und der Illustrationen für die Artikel ARKADIEN, DIE INSEL DER GROSSEN MUTTER, DIE INSEL DES DR. MOREAU, DIE INSEL FELSENBURG, KRÄHWINKEL, DAS LAND DER FRAUEN, SCHILDA und SCHLARAFFENLAND by Christian Verlag GmbH, München

Die Originalausgabe erschien 1980 unter dem Titel
The Dictionary of Imaginary Places im Verlag Lester & Orpen Dennys Ltd., Toronto

© Copyright 1980 für die Textbeiträge, Karten und Lagepläne by Alberto Manguel und Gianni Guadalupi

© Copyright 1980 für die Illustrationen by Graham Greenfield

Layout, Satz: Alfred Utesch GmbH, Hamburg
Druck, Bindearbeiten: Hieronymus Mühlberger KG, Augsburg
Printed in Germany

Alle Rechte vorbehalten, auch die des teilweisen Nachdrucks, des öffentlichen Vortrags und der Übertragung in Rundfunk und Fernsehen

ISBN 3-88472-064-3

Vorwort

Das Zeitalter des Wassermannes, sagt man, bringe einen neuen Mystizismus mit sich, der die Herrschaft des Rationalismus in Frage stellt, wenn nicht sogar ablöst. Nicht erst seit Sir Karl Popper wird auf die Fragwürdigkeit dessen, was man als gesicherte Erkenntnis verstand, hingewiesen. Schon Egon Friedell hat ähnliche Gedanken vertreten. Seine *Kulturgeschichte der Neuzeit,* die in den zwanziger Jahren entstanden ist, durchzieht der Tenor: wie wenig objektive Feststellungen es in den Wissenschaften gibt, die von sich selber behaupten, sie seien die exakten. Daß die Geographie zu den exakten Wissenschaften gehört, ist kein Zweifel. Daß sich auch an der Geographie das Wort Roda Rodas ablesen läßt, die Wissenschaften bestünden aus der Geschichte ihrer Irrtümer, ist klar. Die Geographen haben immer den jeweiligen Stand ihrer Erkenntnisse als exakt richtig und endgültig betrachtet. Für den antiken Geographen gab es nur das Mittelmeer und die Erdstriche, die es einsäumen. Mit den Entdeckungen Afrikas und Ostasiens stellte sich das als falsch heraus. Die Entdeckung Amerikas und die Erkenntnis, daß die Erde rund ist, warf bald darauf alle als gesichert geltenden geographischen Anschauungen durcheinander. Die großen Entdeckungsreisen des 18. und 19. Jahrhunderts, die unter anderem einen kompletten neuen Kontinent (Australien) zutage förderten, beseitigten nahezu den letzten weißen Fleck auf den Landkarten. Daß diese ganzen »exakten« Landkarten nicht stimmen, weiß man aber heute. Es gibt drei kartographische Projektionen: die konische Projektion, die azimutale und die zylindrische. Keine dieser Projektionen ist flächentreu, längen- oder breitentreu und winkeltreu gleichzeitig, das heißt: die Größenverhältnisse sind immer in dieser oder jener Richtung verzerrt. Ein kartographisch einigermaßen getreues Abbild der Erde ist nur der Globus, aber auch der berücksichtigt nicht die Höhen- und Tiefenstruktur, geschweige denn, daß sich die Erde bewegt und ständig ändert. Etwas übertrieben ausgedrückt: wir wissen nicht, wie die Erde wirklich ausschaut. Überhaupt ist alles, was außerhalb unseres Gesichtskreises ist, Theorie. Die Theorie entwickelt sich aus der Summe kollektiver Erfahrungen. Was man davon zu halten hat, ist klar. Individuelle Feststellungen sind fragwürdig. Das weiß jeder, der nur einmal mit Zeugenaussagen konfrontiert war. Feststellungen, die mehrere treffen, werden nicht genauer, im Gegenteil: die Fehler summieren sich. Je mehr Zeugen einen Unfall, den sie gesehen haben – um ganz vorsichtig zu sein: gesehen haben wollen –, schildern, desto unklarer wird die Situation.
Also kann man sich auf gar nichts verlassen? Man kann sich auf gar nichts verlassen, auf die Theorien der Wissenschaft nicht, denn sie gelten nur vorübergehend, auf das, was man mit den eigenen fünf Sinnen wahrnimmt, auch nicht. Churchills kluges Bonmot über die Statistik – nur solchen Statistiken könne man glauben, die man selber gefälscht habe – kann auf alle menschlichen Erkenntnisse angewandt werden. In der Geographie heißt das: Kartographische Wahrheit kennt man nur von einem Land, das man selber erfunden hat.
Die Literatur ist aus den Berichten der alten, weisen Seher entstanden, die ihren Zuhörern von früheren Zeiten erzählen. Und das war alles nicht wahr. Von Homer bis Dostojewski haben die Schriftsteller gelogen, oder besser gesagt: erfundene

Wahrheiten von sich gegeben. Das ist sich immer und überall gleich geblieben, nur die Anschauungen des Publikums haben sich gewandelt: Die Abenteuer des Odysseus haben die Leser lange Zeit für bare Münze genommen; die Abenteuer der Brüder Karamasow nicht mehr. Das ändert nichts daran, daß der Leser von beiden ergriffen ist.

Wo nimmt nun aber der schöpferische Mensch in der Literatur die gelogenen Wahrheiten her? Die Künstler wußten seit eh und je, was eingangs skizziert ist, daß die Wahrheit, die exakte Wahrheit, fragwürdig ist, daß es sie eigentlich gar nicht gibt. Der Dichter erfindet. Er erfindet Menschen, Geschicke, Zeiten, und er erfindet Orte. Eigentlich gibt es in der Literatur *nur* erfundene, also imaginäre Geographie. Homers Troja ist imaginär wie die ungenannte Stadt, in der sich das Geschick der Familie Karamasow vollzieht. Selbst das Wien Schnitzlers und das Berlin Fontanes hat es *so*, wie diese vermeintlichen Realisten es schildern, nie gegeben, vom Dublin des James Joyce ganz zu schweigen. Das sind zusammengeraffte, mit höchster Kunst überhöhte, das Wesentliche herausfassende Portraits von Wien, Berlin oder Dublin, also auch wieder Idealvorstellungen, imaginär, erfundene Wahrheiten. Eigentlich gehörten also das Berlin, durch das Schach von Wuthenow reitet, das Wien, durch das Anatol flaniert, das Dublin, in dem Stephen Dädalus säuft, genauso in das Lexikon imaginärer Orte wie das St. Petersburg, durch das eine Nase schreitet, die sich selbständig gemacht hat, wie das Illyrien, in dem Herzog Orsino regiert. Aber das würde natürlich den Rahmen sprengen. Das vorliegende Lexikon beschränkt sich auf imaginäre Orte, die sozusagen *echt falsch* sind, das heißt auf Orte, die keinen namentlichen Bezug mehr auf die Realität haben. Auch das hat seine Berechtigung, denn die Erfindung solcher utopischer Orte ist so alt wie die Literatur selber. Der Mensch muß spielen. Das Kind spielt *an sich*, spielt rein, verwirklicht in der Imagination die Realität, die es nicht erfassen kann. Aber auch der erwachsene Mensch spielt. Die sogenannten ernsthaften Menschen, die Konzernchefs und Minister, spielen Realität. Die Generäle spielen Krieg, die Juristen spielen Gerechtigkeit. Weniger ernsthafte Menschen spielen Schach oder Fußball. Die am wenigsten ernsthaften spielen Kunst. Die ganze Literatur ist eine Spielerei, aber da es die Realität nicht gibt, wenigstens nicht so, wie wir sie uns imaginieren, ist die Abwendung von ihr, das Spiel, die einzig wirkliche Realität. Das Glasperlenspiel mit erfundenen Welten, die überschaubar sind – weswegen die utopischen Länder auch auffallend oft als Inseln dargestellt werden – und in denen der Schriftsteller die erfundene Realität exakt nach seinen Vorstellungen ordnen kann, ist immer von hohem Reiz gewesen. Dieser Reiz wird bleiben, solang Literatur geschrieben werden wird. So gesehen also hat dieses Buch, das natürlich auch eine Spielerei ist, einen tiefen Sinn.

Herbert Rosendorfer

Zu diesem Buch

Dieser Führer zu den imaginären Schauplätzen der Weltliteratur will den Leser zu einer Reise in die Regionen dichterischer Phantasie verführen und ist zugleich ein solides und nützliches Nachschlagewerk für Literaturwissenschaftler und alle literarisch interessierten Leser.

»Von Atlantis bis Utopia«, also in alphabetischer Reihenfolge, werden mehr als 1000 Schauplätze aus Werken der Weltliteratur von den Zeiten Homers bis zur Gegenwart beschrieben und zur besseren Veranschaulichung auch in Zeichnungen, Plänen und Landkarten dargestellt.

Die originelle, ja einzigartige Konzeption dieses Lexikons beruht darauf, daß es seine literarischen Quellen nicht aus der wissenschaftlichen Distanz analysiert, bewertet und bestimmten Kategorien zuordnet, sondern daß es die Dichter »beim Wort nimmt«, ihre »Berichte« fortspinnt und sie um ein neues Element erweitert – die Konfrontation mit einem wißbegierigen Besucher von heute: All die erfundenen Kontinente und Meere, die unterirdischen Planeten und Welten in Fischleibern, die Städte in Kratern erloschener Vulkane, die Inseln der Seligkeit und des Vergessens – jene imaginären Orte, die die Traum-, Angst-, Wunsch- und Fluchtvorstellungen des Lesers verkörpern mögen – werden ihm hier explizit als touristische Ziele angeboten. Unser Weltatlas der Phantasie ist zugleich ein »Reiseführer«, in dem neben der eigentlichen Beschreibung der Schauplätze auch Zufahrtswege und gastronomische Spezialitäten, Eigenheiten der Bevölkerung und mögliche Gefahren mit erheiternder Ernsthaftigkeit diskutiert werden.

So ist *Von Atlantis bis Utopia* nicht allein ein anspruchsvolles Buch, es ist auch – seltener Glücksfall – ein amüsantes Nachschlagewerk: Denn es handelt ja beispielsweise von Gegenden wie NACUMERA, dessen fromme Bewohner »aus Sparsamkeitsgründen« ihre Gefangenen verzehren, von liebenswerten Ländern wie NARNIA, wo die Faune Bücher wie *Ist der Mensch nur ein Mythos?* lesen, von feministischen Reichen wie dem unter dem Meeresspiegel liegenden Frauenreich KAPILLARIEN, oder es beschreibt FRIVOLA, jene Insel der Nachgiebigkeit, wo selbst das Gebrüll der wilden Tiere wie das Rascheln von Seide klingt.

Einige Schauplätze werden den Leser nachdenklich stimmen – wie das steinerne FEDORA, dessen Museum in gläsernen Kugeln all die erträumten Möglichkeiten eines »besseren« Fedora birgt, und zahlreiche andere wird er mit ironischer Distanz besichtigen – wie die Akademie von Lagado auf BALNIBARBI, zu deren wissenschaftlichen Projekten die Destillierung von Sonnenlicht aus Gurken gehört.

Doch gibt es auch verführerische und gefährliche Regionen, die den Reisenden die Rückkehr in die alltägliche Realität vergessen lassen – wie das LOTOSESSERLAND, über dessen sandige Küste eine Brise streicht, die an die Seufzer eines müden Träumers erinnert, oder der alte Kontinent APORÉE, der Treffpunkt aller jener, die mit der Gesellschaft und ihrem Leben fertig sind.

Unsere Auswahl der »lohnendsten« literarischen Ziele ist selbstverständlich fragwürdig. Einige Kriterien waren durch die Autoren der Originalausgabe vorgegeben: Schauplätze, die es auch in der »wirklichen« Welt gibt, sollten ausgeschlossen werden, ebenso solche, deren Beschreibung sich unter anderem

Namen auf tatsächlich existierende Orte bezieht. Der Reiseführer sollte zudem auf unseren Planeten beschränkt bleiben und Jenseits- wie Zukunftsvorstellungen aussparen. Wir haben diese Definition mit einigen Ausnahmen respektiert. Klassische literarische »Topoi« wie ARKADIEN mochten wir nicht deshalb weglassen, weil es eine gleichnamige Gegend in Griechenland gibt. Auch haben wir weder auf die antike Vorstellung vom HADES noch auf Dantes topographisch so detaillierte Beschreibungen des BERGES DER LÄUTERUNG, der HÖLLE und des HIMMELS verzichtet, weil sie etwas mit Jenseitsvorstellungen zu tun haben. Ebenso hätten wir es als Verlust empfunden, sämtliche Schauplätze, die in der Zukunft liegen, auszuklammern; zwölf der eindrucksvollsten klassischen Zeitromane wurden daher eingefügt. Die übrigen Veränderungen gegenüber der Originalausgabe halten sich an die vorgegebenen Kriterien. Die Erweiterungen betreffen vorwiegend die deutschsprachige Literatur, die klassische Antike und den Bereich der europäischen Staats- und Sozialutopien. Außerdem enthält die deutsche Ausgabe siebzehn neue Beiträge über Schauplätze aus zum größten Teil noch unübersetzten chinesischen Werken.

Wir sind uns durchaus bewußt, daß Lücken, Unvollständigkeiten und Inkonsequenzen der Auswahl in diesem Rahmen nicht zu vermeiden waren. Unser Anliegen war es, einerseits einen »lesbaren«, das heißt amüsanten und spannenden Reiseführer zusammenzustellen, zugleich jedoch ein informatives Nachschlagewerk, in dem die einschlägigen literarischen Quellen möglichst repräsentativ gewichtet sind und historisch bedeutsame Werke (wie einige der klassischen Sozialutopien, die dem heutigen Leser weder besonders interessant noch erstrebenswert erscheinen mögen) nicht dem Unterhaltungswert eines solchen Buches geopfert werden.

Von Atlantis bis Utopia handelt von den Werken berühmter Dichter – Homer und Dante, Rabelais und Goethe, Hermann Hesse, Tolkien, Borges, Michael Ende – aber auch von denen verschollener Autoren, deren Bücher in schwer zugänglichen Bibliotheken schlummern. Und so wird der »Reiseführer« in der Tat auch zu einem Lexikon literarischer Entdeckungen.

Diesem Zweck dient schließlich die mit größter Sorgfalt erarbeitete Dokumentation der einzelnen Beiträge: Unter dem lexikalischen Stichwort findet man jeweils die Angaben der literarischen Quellen, auf die sich die Darstellung des Schauplatzes stützt. In einer ausführlichen Bibliographie am Ende des Bandes werden bei fremdsprachigen Werken auch die erste und eine heute greifbare deutsche Übersetzung angegeben. Damit wird dieser Führer ins phantastische Reich der Dichtung gleichzeitig zu einem Wegweiser zu den Büchern, in denen die imaginären »Reiseziele« aufzufinden sind.

Sigrun Thiessen

Inhalt

Vorwort von Herbert Rosendorfer 5

Zu diesem Buch 7

Hinweise für die Benutzung 10

Schauplätze A bis Z 11

Index

○ Bibliographie 384

○ Verweisregister 399

○ Allgemeine Abkürzungen 400

○ Die Verfasser neuer Beiträge 400

Hinweise für die Benutzung

Die Schauplätze sind nach der mechanischen Buchstabenfolge alphabetisch geordnet. Der gesamte in Großbuchstaben halbfett gedruckte Name ist daher als alphabetische Einheit behandelt. Unberücksichtigt bleiben allerdings die bestimmten Artikel (DER, DIE, DAS) zu Beginn des Namens. So ist DIE INSEL DER GROSSEN MUTTER unter INSEL DER GROSSEN MUTTER zu finden, wobei das DER nach INSEL als normale Buchstabenfolge betrachtet wird. Umlaute gelten als aufgelöst (ä = ae, ö = oe, ü = ue).

Bei ausländischen Werken wurde der Name des Schauplatzes im allgemeinen ins Deutsche übertragen oder einer gängigen Übersetzung entnommen. Leser, die die Quellen in der Originalsprache kennen, finden auf Seite 399 ein Register, das von den Originalnamen der Schauplätze auf das entsprechende Stichwort in unserem Lexikon verweist (zum Beispiel: Shire ↗ AUENLAND).

Die Beiträge von Alberto Manguel und Gianni Guadalupi sind nicht namentlich gekennzeichnet. Von uns hinzugefügte Stichwörter wurden mit den Initialen des Verfassers versehen (zu einem Schlüssel dieser Initialen siehe Seite 400).

Unter jedem Eintrag findet man eine Kurzbibliographie, in der Autor, Titel (in der Originalsprache) und Ersterscheinungsort und –jahr der zugrundeliegenden literarischen Quelle(n) genannt werden. Aus Platzgründen haben wir an dieser Stelle Kurztitel verwendet und keine Übersetzungen erwähnt. Dafür gibt es im Anschluß an den lexikalischen Teil eine ausführliche nach Autoren geordnete Bibliographie, die den Leser in übersichtlicher Form auch darüber informiert, welche Schauplätze aus dem Werk eines bestimmten Autors in unserem Lexikon enthalten sind.

A

ABATON (aus der griech. Negation *a* und *bainō* = ich gehe), eine Stadt mit wechselndem Standort. Obwohl nicht unzugänglich, hat keiner sie jemals erreicht. Man weiß von Besuchern, die sich dahin auf den Weg gemacht hatten, daß sie viele Jahre unterwegs waren, ohne von der Stadt auch nur einen Schimmer zu erspähen. Zuverlässige Reisende haben jedoch gesehen, wie sie sich, besonders in der Abenddämmerung, leicht gegen den Horizont erhob. Bei einigen rief der Anblick große Freude hervor, andere hat er – ohne bestimmten Grund – mit tiefer Sorge erfüllt.

Das Innere von Abaton ist niemals beschrieben worden, aber man sagt, daß die Wälle und Türme hellblau oder weiß seien, anderen Reisenden zufolge jedoch feurig rot. Sir Thomas Bulfinch, der die Umrisse von Abaton sah, als er von Glasgow nach Troon reiste, beschreibt die Mauern als »gelblich« und erwähnt eine ferne Musik, wie von einer Harfe, die er hinter den Toren vernommen habe, aber das alles klingt nicht sehr wahrscheinlich.

Sir Thomas Bulfinch, *My Heart's in the Highlands,* Edinburgh 1892.

DAS ABDALLENREICH, ein großes nordafrikanisches Staatswesen, welches an das ↗ AMPHIKLEOKLENREICH grenzt.

Der Sage nach stammen die Bewohner von Abdalles, einem Nachkommen des Sonnengottes, und Phiokles, der ersten Frau auf Erden, ab. Phiokles (gezeugt, als ein Sonnenstrahl auf eine Schlange fiel, und aufgezogen von einer Füchsin) hatte auch intime Beziehungen zu Abdalles' Brüdern Tumpigand und Hor-His-Hon-Hal, der mit ihr den ersten Amphikleoklen zeugte.

Die Abdallen, die wie ihr legendärer Vorfahr blauhäutig sind, glauben an die Existenz eines Weltschöpfers, den sie *Vilkonhis* – »Vater des Lichts« – nennen. Viele ihrer Gesetze und Gebräuche muten den fremden Besucher grausam an. So beginnt zum Beispiel eine beliebte Volksbelustigung (*Lak-Tro Al Dal* genannt) damit, daß vier nackte Männer einander mit Beschimpfungen und Schlägen traktieren. Dann werden sie von einem anderen Mann verprügelt, den sie daraufhin halbtot schlagen und auf einen Hocker zerren, an dem vier Seile befestigt sind. Immer, wenn sie daran ziehen, schnellt der fünfte Mann hoch und plumpst wieder auf den Hocker. Nachdem sie eine Stunde lang dieses grausame Spiel mit ihm getrieben haben, werfen sie ihn aus dem Fenster in die Volksmenge, die auf ihn einschlägt, bis man ihn schließlich bis zum Hals eingräbt und auf seinen Kopf uriniert. Die anderen vier Männer werden in den Stock gelegt, dann reißt man ihnen die Haare büschelweise aus.

Eine besonders grausame Foltermethode (die allerdings nur noch selten praktiziert wird) heißt *Gil-Gan-Gis.* Zunächst traktieren vier Henkersknechte den Angeklagten mit Peitschen, deren Enden mit Eisenzwingen versehen sind. Dann bringt man ihn mit allerlei Leckerbissen wieder zu Kräften – nur um diese Prozedur so lange zu wiederholen, bis der Tod eintritt. Die Haut des Opfers kann der oberste Henker (*Goulu-Grand-Gak* genannt) für sich beanspruchen. Sie

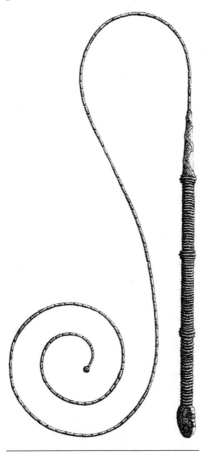

Peitsche mit Eisenzwinge, im ABDALLENREICH *als Folterinstrument benützt.*

wird in Urin gegerbt und als besonders elegantes Material für Damenkleidung verkauft.

Die gefürchtetste Strafe wird *Kirmec* genannt. Wenn der König jemanden einkerkern will, pflückt er ein Blatt von einem Baum, der die Machtbefugnisse des *Kirzif* (des Premierministers) symbolisiert und von einem Schutzgatter umgeben ist, das nur der Monarch aufschließen kann. Dann preßt er das Blatt an sein Gesicht und läßt diesen Abdruck der königlichen Züge als eine Art Verhaftungsbefehl jenem Unglücklichen überbringen, der sein Mißfallen erregt hat. Dieser wird dann mittels eines Korbes in eine tiefe, *Houzail* genannte Grube hinabgelassen und mit Verpflegung für drei Tage versorgt. Die meisten Opfer stürzen aber bereits aus dem wenig stabilen Korb in die Tiefe. Reiseberichten zufolge ist der Boden des *Houzail* mit Totenschädeln und Knochen übersät.

In den Hochzeitsbräuchen der Abdallen spielt der *Ab-Soc-Cor* (Stellvertreter des Bräutigams) eine wichtige Rolle. Am Vorabend der Hochzeit wird er gemeinsam mit der Braut in ein dunkles Zimmer gesperrt, wo er sie über ihre ehelichen Pflichten aufklären und feststellen muß, ob sie wirklich noch Jungfrau ist.

Kennzeichnend für die Bestattungsriten der Abdallen ist die Hochachtung vor den Dahingegangenen. Nachdem man den Toten gewaschen und in sein bestes Gewand gehüllt hat, fragt man ihn feierlich, warum er gestorben sei. Dann stellt man den Leichnam aufrecht in einen großen, tiefen Sarg (*Tou-Kam-Bouk* genannt) und gibt ihm für den Fall, daß sein Gewand Schaden erleidet, Nadel und Faden bei. Nun wird der Sarg mit aromatischen, die Verwesung verhindernden Kräutern gefüllt und im Schlafgemach des Verstorbenen aufgehängt. War dieser ein reicher Mann, so nimmt man die Dienste der sogenannten *Guer-Ma-Ka* in Anspruch – das sind Frauen, die in alkoholisiertem Zustand für die Unterhaltung des Toten sorgen.

Bei den Abdallen gilt es als ungehörig, mit dem Finger auf etwas zu deuten, ausgenommen auf den König und die Gottheit. In allen anderen Fällen deutet man mit dem Ellbogen.

Die Malkunst ist in diesem Königreich unbekannt. Um jemanden zu porträtieren, nimmt man einen Abdruck seines Gesichts, füllt ihn mit geschmolzenem Porphyr, läßt diesen hart werden und erhält so ein naturgetreues Abbild.

Im Gegensatz zu seinen Untertanen ist der regierende König Mocatoa (offizieller Titel: *Houcais*) weißhäutig. Als er, der Sohn einer weißen Mutter, geboren wurde, verdächtigte sein Vater diese sofort der Untreue und bestrafte sie und das Kind mit dem *Kirmec.* Die beiden wurden in den *Houzail* hinabgelassen. Daß sie – und mit ihnen der schon vorher zur gleichen Strafe verurteilte Minister Lodai – jahrelang dort überleben konnten, erklärt sich daraus, daß sie einen Gang entdeckten, der aus den Höhlen ins Freie führte. Das unterirdische Reich, in dem sie sich befanden, war von seltsamer Schönheit: Es gab dort Sturzbäche aus Quecksilber, Seen aus Feuer und rosarote Flüsse, die sich durch den goldenen Sand am Fuß der schwefel- und bitumenhaltigen Berge schlängelten. Dort unten entdeckten die Verurteilten auch den »Allheilenden Strom«, dessen goldenes Wasser alle Krankheiten und Wunden heilt.

Mocatoas Vater, der in der Folgezeit alle Weißhäutigen in seinem Reich verfolgen ließ, gelangte erst viele Jahre später zu der Einsicht, daß er seiner Gemahlin Unrecht getan hatte. Auf der Suche nach ihr stieg er in die Grube hinab und blieb von da an für immer verschollen. Ein Verwandter seiner zweiten Frau ergriff die Macht und gab Befehl, alle Anhänger der rechtmäßigen Dynastie niederzumetzeln. Doch als Mocatoa schließlich zurückkehrte, wurde er vom Volk sofort als Herrscher anerkannt. Daß sein Reich in den folgenden Jahren einen großen Aufschwung erlebte, war vor allem Lamekis (dem Sohn eines exilierten ägyptischen Hohepriesters) zu verdanken, der an der Küste des Abdallenreiches Schiffbruch erlitten und in einer zum *Houzail* führenden Höhle Zuflucht gefunden hatte.

Charakteristisch für die Vegetation dieses Landes ist ein ungewöhnlich hoher Baum mit breiten, spitz zulaufenden Blättern, dessen Früchte so groß wie Melonen, aber so leicht sind, daß sie, sobald sie auf die Erde fallen, wie ein Ball hochspringen. Ihr wasserklarer Saft ist berauschend, ihr Fleisch schmeckt wie Reisbrot und sieht in getrocknetem Zustand wie Mehl aus. – Reisende seien auch auf die riesigen Raubvögel hingewiesen, die zuweilen im Küstengebiet zu sehen sind, wo sie in den einsamen Klippen nisten. Schon die jungen Vögel sind so groß wie ein Stier und kräftig genug, Schafe und Rinder zu erbeuten.

Charles de Fieux, Chevalier de Mouhy, *Lamekis, ou les Voyages extraordinaires d'un Égyptien dans la terre intérieure avec la découverte de l'isle des Silphides*, 2 Bde., Paris 1735–1738.

ABDERA, eine Stadt in Nordgriechenland, muß wohl der Ursprungsort gewesen sein, von dem aus unser ↗ SCHILDA gegründet wurde. Denn seine Bewohner besaßen denselben außerordentlichen Humor der genialen (unfreiwilligen) Komik wie hernach die Schildbürger. So hatte Abdera eine westliche und eine östliche Hälfte; als Feinde das Westtor eroberten, sagten die Abderiten des Ostteils: »Kein Grund zur Aufregung für uns, es ist ja nur das Westtor verloren.« Umgekehrt fragte ein Abderit, der eine Frau mit einem Eunuchen reden sah, ob es seine Gattin sei, und auf die Erwiderung, ein Eunuch könne doch keine Frau haben, meinte er: »Dann ist es also seine Tochter.« Ein anderer Abderit hatte gehört, daß Knoblauch und Zwiebeln »Wind« machen; prompt nahm er einen Sack davon auf die Reise mit und hängte diesen dann bei Windstille an den Mast seines Schiffes. Wie der einzelne, so die Gemeinde: Sie ließ einen Esel, der einen Schaden angerichtet hatte, vor den Augen seiner sämtlichen zusammengetrommelten Artgenossen auspeitschen, damit diese sich in Zukunft besser vorsähen.

Ohne weitere Eseleien aufzuführen, sei nur noch bemerkt, daß die hartnäckig sich haltenden Gerüchte, auch gegenwärtige Gemeinden, ja gelegentlich ganze Völker würden von Abkömmlingen der Abderiten administriert, nicht sicher zu beweisen sind; widerlegen lassen sie sich freilich kaum. B. Ky.

Anon., *Philogelos* (4./5. Jh.), Mchn. 1968. – Christoph Martin Wieland, *Die Abderiten,* 1774 (in *Der Teutsche Merkur,* H. 1–3).

ABU TELFAN, Felsendorf in Afrika im Land Tumurkie im Königreich Darfur gelegen. Die einzigen Nachrichten über Land und Leute wurden Mitte des neunzehnten Jahrhunderts durch den Sekretär des Sekretärs des Oberingenieurs des Vizekönigs von Ägypten bekannt, der zwölf Jahre in Abu Telfan verbrachte. Das Land Tumurkie ist nach seinen Angaben von Ägypten aus nilaufwärts zu erreichen und liegt unter dem Äquator.

Chasm-el-Bab bildet den Eingang von der Wüste in das enge Felsental des Mondgebirges, in dem Abu Telfan liegt. Im Sommer ist es zwischen den kahlen, roten Felsen glühendheiß, einzig Heuschreckenschwärme ziehen von Zeit zu Zeit wie eine Wolke durch das Tal. Die etwa einhundertfünfzig Einwohner Abu Telfans leben in zwanzig bis dreißig Lehmhütten, die an den Felsen kleben. Es wird dringend geraten, diese Lehmhütten während der winterlichen Regenzeit zu verlassen, weil sie sich in den heftigen Regengüssen auflösen. Empfehlenswert ist es, sich dem Brauch der einheimischen Bevölkerung anzupassen und in Felsenhöhlen Winterquartier zu beziehen.

Die Frauen versorgen Rindvieh und Kamele, die Männer leben von der Jagd, sind aber auch recht geschäftstüchtig und lassen sich ihre von den Bagarranegern gekauften Sklaven nur gegen hohe Angebote, vor allem an Alkoholika, Tabak und Waffen abhandeln. G. W.

Wilhelm Raabe, *Abu Telfan oder die Heimkehr vom Mondgebirge,* in *Über Land und Meer,* 9, 18, Nr. 33–52, Stg. 1867.

ACAIRE, ein riesiger Wald in ↗ POICTESME, von einer niedrigen, roten Mauer umgeben. Im Innern des Waldes erhebt sich ein Berg mit drei Gipfeln. Die beiden äußeren sind dicht bewaldet, aber der mittlere und niedrigste ist kahl. Hier erhebt sich die Burg Brunelbois über den Wassern eines stillen Sees, den unterirdische Quellen speisen und der weder Zu- noch Abflüsse hat. Man gelangt durch zwei Spitzbögen in die Burg, einen für Fußgänger und einen für Reiter. Über den Bögen befindet sich eine Reiterstatue in einer Nische und ein großes Fenster mit einem steinernen Flechtwerk aus Herzen und Disteln.

Brunelbois war einst der Hof des Königs Helmas, berühmt als der verrückteste Monarch der Welt. Ihm war prophezeit, er werde vollkommene Weisheit erlangen, wenn ein junger Zauberer ihm eine weiße Feder des Vogels Zhar-Ptitza aus dem Wald von Acaire brächte. Dieser Vogel ist das älteste und weiseste Wesen der Welt und ist eigentlich nicht weiß, sondern purpurn mit goldenem Hals und roten und blauen Schwanzfedern. Helmas bekam die weiße Feder in der Tat von Manuel, einem ehemaligen Schweinehirten, der Herrscher von Poictesme werden sollte. In Wirklichkeit war es eine ganz gewöhnliche Feder, aber Helmas nahm sie als die des Märchenvogels entgegen, und die Leute erkannten sofort, daß er im Besitz unfehlbarer Weisheit sei. Feierlich strich man den Narrentag aus dem Kalender.

Jahre später hatte Helmas mit seiner Tochter Melusine Streit, und sie ließ ihn und seinen ganzen Hof in einen Zauberschlaf fallen, aus dem sie nie mehr erwachten. Reisende finden ihn auf seinem Thron sitzend, in Scharlach und Hermelin gewandet, neben der Königin Pressina. Pressinas Herkunft aus dem Wasser ist noch im Schlaf am bläulichen Ton ihrer Haut und am

Grünstich ihres Haars deutlich zu erkennen. Melusine selbst ist von Geburt unsterblich, wurde aber für ihre Taten angemessen bestraft: Jeden Sonntag verwandeln sich ihre Beine in einen Fischschwanz und bleiben so bis zum Montag.

Eine Reihe interessanter Ungeheuer leben im Wald von Acaire. Dazu gehören die schwarzen *bleps,* die Hauben-*strycophanes* und der graue *calcar,* auch der lohfarbene *eale* mit seinen beweglichen Fühlern, der goldene *leucrotta* und der *tarandus,* der die Farbe seiner Umgebung annehmen kann. Jedes dieser Geschöpfe existiert nur einmal und ist daher sehr einsam; ihre Gefährlichkeit wird von denen, die sich in den Wald verirrt haben, stark überschätzt.

James Branch Cabell, *Figures of Earth,* NY 1921. – Ders., *The High Place,* NY 1923.

ACHERON ↗ HADES und DIE HÖLLE

ADAMS LAND, in den Dschungeln von Borneo, wo Schüler von Proudhon, Fourier und Cabet gegen 1850 eine Kolonie gründeten. Es heißt, die Kolonie sei so groß wie ein Drittel Frankreichs, aber wahrscheinlich ist sie nicht größer als Borneo selbst. Die Hauptstadt besteht aus komfortablen Häusern mit fließendem warmem und kaltem Wasser, elektrischem Licht, Zentralheizung und Plattenspielern (von den Pionieren vor Edison erfunden). Die Zimmer sind mit orangefarbenen Fliesen dekoriert, der Fußboden ist aus undurchsichtigem Glas, und die Decke ist gewölbt und mit Stuck verziert. Jedes Haus hat Erkerfenster mit einem schönen Blick auf die Straße. Es gibt ein Kriegsministerium, ein Ministerium für Nationale Ästhetik und einen Vergnügungs-Palast für den wöchentlichen Gruppensex aller gesetzestreuen Bürger.

Bei ihrer Ankunft verzogen sich die Pioniere zuerst in die Berge, um sich vor den Eingeborenen zu schützen. Mit der Zeit wurden sie jedoch kühner, und schließlich herrschten sie über die ganze Bevölkerung. Ihr Ideal war ein Staat sozialer Gleichheit, deshalb unterdrückten sie jede Opposition, damit alle einer Meinung seien. In Adams Land ist das Wohlergehen des einzelnen dem Wohlergehen der Nation untergeordnet. Der Staat bestimmt, was angenehm oder nützlich ist, und jeder muß diese Regeln als Gesetz hinnehmen. Die Staatsreligion ist der »Glaube an natürliche Harmonie«, und zu deren Ehre veranstaltet das Ministerium für Nationale Ästhetik jährlich eine Parade schöner Jungfrauen. Es gibt kein Geld, der Staat sorgt für alles; man kann nichts kaufen, verkaufen oder weggeben. Personen, die als Gefahr für das National-Ideal angesehen werden, läßt man sterilisieren. Kriminelle schickt man zum Militär, wo sie von Luftbombern überwacht werden (von den Pionieren 1860 erfunden). Kinder gehören dem Staat und werden nach den völkischen Richtlinien erzogen. Künstler sollen keine persönlichen Gefühle ausdrücken, sondern Werke produzieren, die das gemeinsame Ideal widerspiegeln. Das Motto der Kolonie lautet: »Wissen ist Freude; Leistung ist Ehre; Umsturz ist Schande.«

Besucher sollten wissen, daß alkoholische Getränke und Tabak nicht ins Land gebracht werden dürfen und vom Zoll beschlagnahmt werden.

Paul Adam, *Lettres de Malaisie,* Paris 1898.

ADRA, ein großer afrikanischer Staat am Rand der Sahara, an den Tschad angrenzend. Das Land ist arm und trocken, aber man erwartet, daß die Entdeckung eines Tals mit reichen Zinnvorkommen in dem größtenteils unbewohnten nördlichen Gebiet der wirtschaftlichen Entwicklung Aufschwung geben wird. Vorhandene Manganerzlager sind wirtschaftlich nicht rentabel; aber auch Topase sind in kleinen Mengen gefunden worden. Bemerkenswert sind die Ausgrabungen von Tizouk, die den ehemaligen Handel Adras mit Karthago belegen. Gefäße, Perlen und sogar Goldbarren wurden unter den Ruinen entdeckt, die der englische Archäologe Frances Windgate ausgegraben hat.

Viele Bewohner Adras sind Halbnomaden. Mit ihren Zelten und ihrem Vieh ziehen sie durch das flache Land, entlang der von verkümmerten Bäumen gesäumten Straßen in der rötlichen Sandlandschaft.

Die Hauptstadt gliedert sich in die Altstadt – ein Gewirr von engen Straßen und schäbigen Cafés – und die einförmig und langweilig wirkende Neustadt. Ein modernes Gebäude ist das Hotel »Sahara« in der Form einer umgekehrten Pyramide, umgeben von Palmen und Springbrunnen.

In Adra mischen sich afrikanische und moslemische Einflüsse. Es wird von einigen Kunsthistorikern behauptet, daß die Verwendung geometrischer Muster in der Adranischen Kunst die ältere Tradition sei, andere sehen darin eine modische moslemische Neuerung, die eingeschränkt werden sollte. Im allgemeinen herrschen die geometrischen Muster vor, doch wird auch eine mehr naturalistische Malerei und Plastik gepflegt.

Air-Adra fliegt das Land regelmäßig von Europa aus an. Besuchern wird eine Cholera-Impfung empfohlen.

Margaret Drabble, *The Realms of Gold,* Ldn. 1975.

AEPYORNIS, eine Insel, rund neunzig Meilen nördlich von Tananarivo (Madagaskar) in einem Sumpfgebiet gelegen. Ihre Berühmtheit verdankt sie einer merkwürdigen, *aepyornis* genannten Vogelart, die nur auf diesem Eiland heimisch ist. Das Salzwasser ringsum enthält eine wie Bleikarbonat riechende Substanz, welche jeden Fäulnisprozeß verhindert und die von den Vögeln ins Wasser gelegten Eier schützt.

Diese Eier sind fast einen halben Meter lang und schmecken wie Enteneier. Auf der einen Seite des Dotters befindet sich ein kreisrunder Fleck von etwa fünfzehn Zentimeter Durchmesser, in dem leiterförmig verlaufende Blutstreifen und ein weißes Mal zu sehen sind. Der Aepyornis-Embryo hat einen großen Kopf und einen gekrümmten Rücken. Der ausgewachsene Vogel ist mindestens vier Meter groß, hat einen breiten, wie eine Keilhaue geformten Kopf, große, gelbgeränderten braune Augen (die eher wie die eines Menschen wirken), einen blauen Kamm und blaue Kehllappen. Ihr anfangs lehmbraunes, grausgesprenkeltes Gefieder werfen die Vögel frühzeitig ab, dann wachsen feine grüne Federn nach. Je nach Größe unterscheidet man vier Aepyornis-Gattungen: *vastus, maximus, titanus* und *vastissimus.*

Diese seltsamen Vögel haben die Gabe, noch besser sprechen zu lernen als Papageien. Vorsichtshalber sei jedoch darauf hingewiesen, daß sie, wenn man ihnen widerspricht, dazu neigen, ihren Lehrer anzugreifen.

Die einzigen Europäer, die – falls man den Berichten glauben darf – bisher einen *aepyornis* zu Gesicht bekommen haben, sind ein gewisser Macer, der Madagaskar im Jahre 1745 besuchte, und ein Mr. Butcher, der 1891 dort gestrandet ist. – Schließlich sei noch erwähnt, daß man den *aepyornis* mit Sindbads Felsen in Zusammenhang gebracht hat.

Herbert George Wells, *Aepyornis Land,* in *The Stolen Bacillus and Other Incidents,* Ldn. 1894.

DIE AFFENSTADT liegt an der Küste des Indischen Ozeans. Schon von weitem sieht man ihre Häuser hoch über dem Meer aufragen. Ihr Name spielt auf die Affenpopulation im umliegenden Land an. Jede Nacht dringen die Affen in die Stadt ein, plündern sie und töten alle menschlichen Wesen, die sie finden. Um diesem Gemetzel zu entgehen, verläßt die Bevölkerung in der Abenddämmerung die Häuser durch Hintertüren zur See hin und verbringt die Nacht auf kleinen Schiffen, die die Affen nicht erreichen können.

Die gleichen Affen sind jedoch auch der Grund für den Wohlstand der Stadt, denn am Tage, wenn sich die Affen in die Berge zurückziehen, folgen ihnen die Bewohner und bewerfen sie mit Steinen. Zu ihrer Verteidigung schleudern die Affen Kokosnüsse zurück, die eingesammelt und mit großem Gewinn an viele andere Küstenstädte verkauft werden.

Anon., *Die Geschichte von Sindbad dem Seefahrer,* Fünfte Reise, in *Alf laila wa-laila* (Tausendundeine Nacht; 5.–15. Jh.), Kalkutta 1830.

AGARTHA, ein antikes Königreich in Sri Lanka (manche sagen allerdings, es liege in Tibet). Es gibt Reisende die Agartha durchquert haben, ohne es zu merken. Ohne Bewußtsein haben sie vermutlich die berühmte Universität des Wissens, Paradesa, angestarrt, wo die spirituellen und okkulten Schätze der Menschheit aufbewahrt werden. Unbewußt sind sie durch Agarthas königliche Hauptstadt gegangen, die einen vergoldeten, mit den Figuren von zwei Millionen Göttern geschmückten Thron beherbergt. Man mag den Besuchern gesagt haben (aber sie erinnern sich nicht mehr), diese göttliche Pracht halte unseren Planeten zusammen. Sollte ein gewöhnlicher Sterblicher jemals einen dieser Götter erzürnen, würde der himmlische Zorn sofort fühlbar: Die Meere würden austrocknen und die Berge zu Wüstensand zermahlen werden.

Wahrscheinlich braucht man nicht hinzuzufügen (auch das haben Besucher gesehen und vergessen), daß Agartha eine der weltgrößten Bibliotheken von steinernen Büchern besitzt und daß in seiner Fauna Vögel mit scharfen Zähnen und Schildkröten mit sechs Beinen vorkommen. Viele Einwohner haben übrigens gespaltene Zungen.

Das vergessene Agartha wird von einer kleinen, aber schlagkräftigen Armee beschützt, den Templern oder Konföderierten von Agartha.

Saint Yves d'Alveydre, *Mission de l'Inde en Europe,* Paris 1885. – Ferdinand Ossendowski, *Przez kraj bedzi i zwierzat i bogon,* o. O. 1922.

AGZCEAZIGULS, ein gebirgiges und wüstenreiches Land im hohen Norden von Chile, an der Grenze nach Bolivien. Reisende müssen durch einen engen Gebirgspaß, durch den ein schmaler Fluß in einem gelb-und-rosa Bett fließt. Der Name des Passes – »Tore der Dämmerung« – hängt damit zusammen, daß die Sonne an seinem äußersten Ende aufzugehen scheint. Der Reisende gelangt in ein tiefes, halbkreisförmiges Tal, dann führt ihn durch eine Felsspalte ein düsterer Tunnel geradewegs nach Agzceaziguls. Das Land wird von antiken Stämmen bewohnt, die von den Inkas und vom Sonnengott persönlich abstammen sollen. Ihre unterirdischen Tempel sind phantastisch reich geschmückt; Missionare sind noch nie dorthin gekommen, und ein antiker Glaube, zu dessen Bräuchen Menschenopfer gehören, wird immer noch praktiziert. Im Gegensatz zum Reichtum der Tempel sind die Menschen schrecklich arm und können ihre Llamaherden nicht von den Krankheiten heilen, die sie befallen haben – wie sie glauben als Folge eines Fluchs weißer Männer. Nach einer Legende werden die Einwohner eines Tages Besuch von ein paar Weißen bekommen, die dieses Unrecht wiedergutmachen: Die Tiere werden dann geheilt, Quellen sprudeln in der Wüste, und wunderbare Ernten wachsen aus dem Fels.

Reisende sollten die heilige Stadt Gunda in Agzceaziguls besuchen, die von Bergen umgeben und voller rosa Paläste ist. Gunda beherbergt die Königsgräber in einer unterirdischen, mit kostbaren Steinen geschmückten Krypta, die von zwanzig goldenen Statuen mit Augen aus Smaragd bewacht wird.

Charles Derennes, *Les conquérants d'idoles,* Paris 1919.

AIAIA, eine Insel im äußersten Osten des Mittelmeeres, manche nehmen auch an im Schwarzen Meer. Sie ist nahezu unbewohnt, nur die Zauberin Kirke und ihre Dienerinnen leben hier in einem Haus aus poliertem Stein inmitten einer Waldlichtung. Touristen sollten darauf gefaßt sein, daß ein Besuch auf Aiaia ihre Weltsicht völlig verändern könnte, denn Kirke verwandelt sie gewöhnlich in Wölfe, Löwen oder Schweine.

Homeros, *Odysseia* (vermutl. 8. Jh. v. Chr.), Florenz 1488. – Apollonios von Rhodos, *Argonautika* (3. Jh. v. Chr.), Bologna 1474.

AIGLY, im äußersten Süden des Dhôtellandes, ist eine mittlere Stadt am Ufer eines Kanals. Wie all die anderen Orte im Dhôtelland ist Aigly nicht besonders schön. Dennoch können die Reisenden interessante Entdeckungen machen, wenn sie die Bürgersteigrinnen untersuchen, denn dort findet man zuweilen Cloisonné-Stücke. Auf dem Platz ist das Rathaus zu bewundern, dessen Stufen nie jemand herunterkommt, und der Musikpavillon, in dem es keine Musiker gibt.

Die Bewohner von Aigly sind unverbesserliche Schwätzer, die glauben, »die Welt sei nichts als ein riesiger Hefeteig aus Tratsch«. Einige sprechen oft ihre Sätze nicht zu Ende und überlassen es dem Besucher, sie zu beenden. Allesamt sind sie auf der Suche nach einer blauen Farbe, die nie jemand gesehen hat und an die das Wasser des Kanals an manchen Abenden erinnert.

André Dhôtel, *La tribu Bécaille,* Paris 1963.

Windsack aus Ochsenhaut von AIOLIA

AIOLIA, eine schwimmende Insel, die sich gewöhnlich im äußersten Westen des Mittelmeers befindet. Sie besteht aus nacktem Fels, der von einer unzerstörbaren Erzmauer umgeben ist. Hier, inmitten des Felsens, hat König Aiolos, der Schaffner über die Winde, einen großartigen Palast erbaut, in dem er, seine Frau, seine sechs Töchter und sechs Söhne im Inzest miteinander leben. Besucher, die dem König aus irgendeinem Grund sympathisch sind, erhalten große Säcke aus Ochsenhaut, die mit heulenden Winden gefüllt sind, damit diese die Rückreise nicht behindern. Die Behälter bleiben am besten ungeöffnet.

Homeros, *Odysseia* (vermutl. 8. Jh. v. Chr.), Florenz 1488.

AKKAMA, ein großes Land nordwestlich von Fingiswold. Eine Sandwüste erstreckt sich von der südlichen Landesgrenze bis zu den Tafelbergen in Zentral- und Nordakkama. Das Klima ist rauh und frostig. Die spärliche Bevölkerung besteht vorwiegend aus primitiven Nomaden und Jägern. Das einzige bedeutende Gemeinwesen ist die auf einem Felsplateau gelegene Hauptstadt Pissempsco. Offenbar gibt es in Akkama so gut wie keine Landwirtschaft, wenngleich zahlreiche Schweine (zuweilen als »die Rinder Akkamas« bezeichnet) gehalten werden. Da sie wegen ihrer unbändigen Angriffslust berüchtigt sind, ist es in diesem Land üblich, Missetäter damit zu bestrafen, daß man sie (in Abwandlung des Spruches von den Perlen und den Säuen) den Schweinen vorwirft.

Eric Rucker Eddison, *Mistress of Mistresses. A Vision of Zimiamvia,* Ldn. 1935. – Ders., *The Mezentian Gate,* Ldn. 1958.

ALALI, ein von gigantischen Frauen bewohntes Dorf, liegt in der undurchdringlichen Wildnis des Großen Dornwaldes in Afrika. Man erreicht den Ort durch eine enge Sandsteinschlucht, die – von Wind und Wetter ausgewaschen – in ihrer verspielten Architektur einem Traumgebilde mit grotesken Kuppeln inmitten von Miniaturfelsen gleicht. Eine halbe Meile vor dem Schluchteingang befindet sich ein kreisrundes Amphitheater, dessen steil abfallende Wände mit zahlreichen Höhlen durchsetzt sind.

Die Gesellschaft von Alali wird vollständig von Frauen beherrscht. Die männlichen Stammesangehörigen behandelt man mit Brutalität und Verachtung; sie führen ein Sklavendasein und spielen im übrigen nur bei der lieblosen Zeugung von Nachwuchs eine Rolle. Sind die Gigantinnen ihrer überdrüssig, werden sie mitleidslos erschlagen. Mädchen bleiben nur für die Zeit des Stillens bei der Mutter; von da an müssen sie – beiseite geschoben – selbst für sich sorgen. Knaben werden bis zum fünfzehnten oder siebzehnten Lebensjahr eingesperrt. Danach treibt man die meisten in die Wälder, wo sie, als Beute freigegeben, von jedermann gejagt werden dürfen – selbst von ihren eigenen Müttern.

Edgar Rice Burroughs, *Tarzan and the Ant Men,* NY 1924.

ALASTORS HÖHLE, inmitten von Felsklippen und Wasserstrudeln irgendwo im Kaukasus gelegen. Entdeckt wurde sie von dem Träumer Alastor, der seine Heimat verlassen hatte, um in fremden Ländern nach der absoluten Wahrheit zu suchen. Reisenden, die ähnliche Traumziele verfolgen, muß von der Suche nach dieser Höhle abgeraten werden, weil die ganze Gegend geeignet ist, sie in Enttäuschung und Verzweiflung zu stürzen.

Durch die gewundenen Höhlengänge gelangt der Nachen des Reisenden wieder ans Tageslicht, wo er von einem Wasserstrudel erfaßt und zwischen zwei Felsbänken emporgehoben wird. Nahe dieser Kluft ist eine vom Wasser umspülte Grasnarbe zu sehen. Hier entspringt ein Fluß, der sanft zwischen Bäumen und gelben Blumen dahinplätschert. Später verschränken sich die Baumwipfel über dem Fluß, und am Fuß der Klippen gähnen dunkle Höhlen. In dem immer dichter werdenden Wald stehen Eichbäume, Birken, Zedern und weiter oben auch Eschen und Akazien. Unter den Bäumen wachsen Gräser und Kräuter, und in einem engen, schattigen Tal entdeckt man Moschusrosen und Jasmin. Dann schlängelt sich der Fluß durch eine abwechslungsreiche Landschaft – durch bemooste und steinige Schluchten, durch Ebenen und karges Bergland, wo nur noch hohes, trockenes Gras und uralte Kiefern mit knorrigen Wurzeln zu sehen sind. Auf einem dieser Berge liegt, inmitten von Wurzelgeflecht und Felsbrocken, die Stelle, die »Alastors Grab« genannt wird – der einsame, efeubewachsene Schlupfwinkel, wo der enttäuschte Wahrheitssucher starb.

Percy Bysshe Shelley, *Alastor, or The Spirit of Solitude,* Ldn. 1816.

ALBINOLAND, ein kleines, ungenau begrenztes Land irgendwo in Zentralafrika. Die Einwohner sind Albinos und haben ähnliche Gesichter wie die Neger der umliegenden Länder. Ihre Augen ähneln denen von Rebhühnern, und ihr weißes Haar ist wie ganz feine Baumwolle. An Statur sind sie kleiner als die Nachbarvölker und auch körperlich schwächer als sie.

Die Albinos sind gering an Zahl, und über ihr gesellschaftliches oder politisches Leben weiß man nichts.

Voltaire, *Essai sur l'histoire generale...,* Genf 1756.

ALBRACA, eine Festung oder befestigte Stadt im äußersten Osten von Cataio, der Hauptstadt von König Galafrones Reich. Galafrones Tochter Angelica, die Orlando in den Wahnsinn getrieben und so vielen Rittern Karls des Großen den Kopf verdreht hat, nahm hier Zuflucht vor dem Tatarenkönig, der die Stadt erstürmte und von Orlando getötet wurde.

Matteo Maria Boiardo, *L'Orlando innamorato,* Venedig 1487. – Lodovico Ariosto, *Orlando furioso,* Ferrara 1516 und 1532 (erw.).

ALBUR, der größte Staat in ↗ PLUTO, der Untergrundwelt im Zentrum der hohlen Erdkugel. Wie alles in Pluto sind die Dinge in Albur viel kleiner als ihre Entsprechungen auf der Erdoberfläche. Trotz seines scheinbar kleinen Ausmaßes hat das Land vierhundert Städte und eine Bevölkerung von fünfundvierzig Millionen. Die Bewohner von Albur sind ungefähr sechzig Zentimeter groß und weißhäutig und gehören zu den am höchsten entwickelten Bewohnern dieser Miniaturwelt.

Besucher werden feststellen, daß alle Städte in Albur nach dem gleichen Grundmuster erbaut sind. Die Hauptstadt Orasulla unterscheidet sich von den Provinzzentren durch ihre Größe. Orasulla ist mit einer Stadtmauer umgeben und hat einen runden Grundriß. Die Straßen gehen strahlenförmig von einem zentralen Platz aus, auf dem eine große Pyramide steht, das Zentrum des religiösen Lebens des Landes. Da Orasulla nach alburischen Maßstäben relativ groß ist, wurde es in Unterbezirke aufgeteilt, von denen jeder seinen eigenen Platz und seine eigene Pyramide besitzt. Die Häuser, die alle vier Stock hoch sind, sind gelb angestrichen und haben grüne Türen.

Die Gesellschaft von Albur ist in eine Hierarchie von Klassen gegliedert, deren Angehörige sich jeweils durch die Farbe ihrer Kleider voneinander unterscheiden.

Der König ist die höchste Autorität; ihm steht ein Rat von zwölf Ministern zur Seite, die von den freien Klassen gewählt werden. Der König ist für alle Handlungen der Regierung verantwortlich und kann abgesetzt werden,

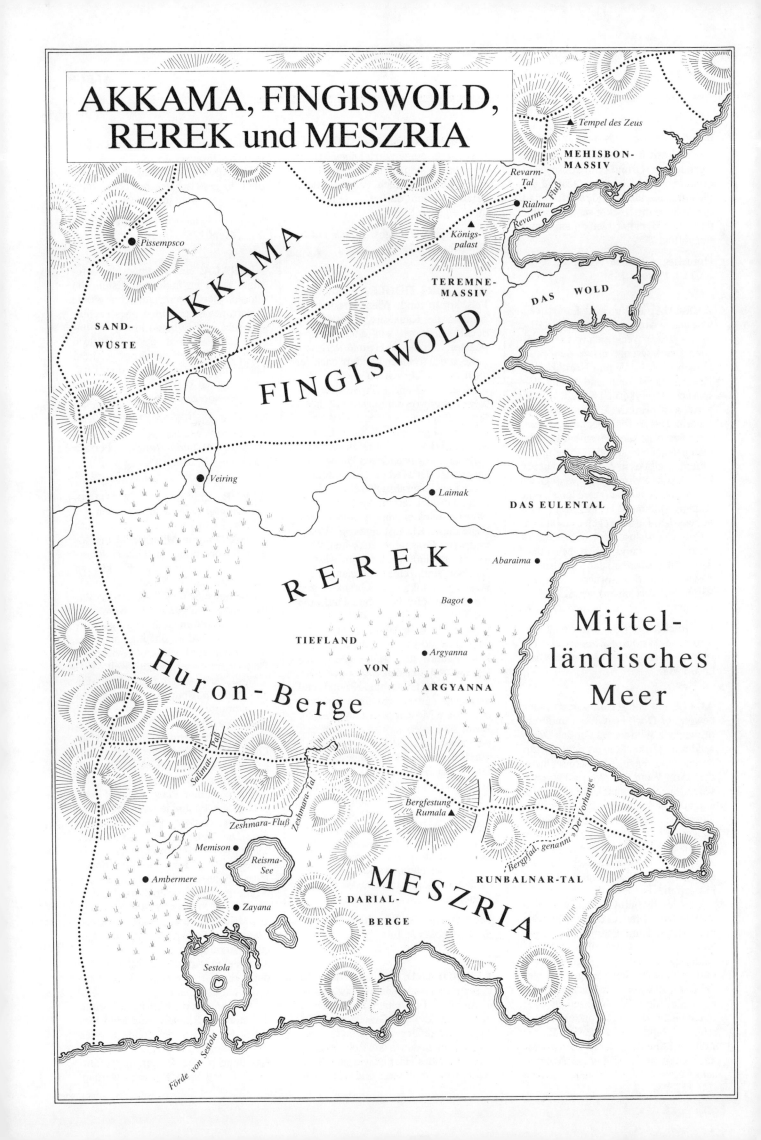

wenn entweder er oder die Regierung gegen den Willen oder die Traditionen der Nation handeln.

Einem von König Brontes herausgebrachten Gesetz zufolge darf ein regierender Monarch nicht gepriesen werden, und solange er lebt dürfen für ihn keine Denkmäler oder Statuen errichtet werden. Die Reichsmünzen zeigen das Abbild des vorangegangenen Königs – vorausgesetzt, er war ein tugendhafter Mann.

Diejenigen, die mit der Regierungspolitik nicht einverstanden sind, werden nie verfolgt. Wenn ihre Vorstellungen nützlich oder wertvoll erscheinen, werden sie diskutiert und manchmal übernommen. Die Urheber akzeptierter Projekte erhalten eine Staatspension und die Grüne Krone und werden in den Adelsstand erhoben. Vorstellungen und Projekte, die nicht nützlich sind, werden einfach ignoriert.

Sowohl Männer als auch Frauen tragen Gewänder, die denen der alten Griechen ähnlich sind. Die Einfachheit der Kleidung ist großenteils die Folge von Gesetzen, die König Brontes erlassen hat. Diesen Gesetzen zufolge dürfen nur alte und häßliche Frauen Make-up auflegen, sich kunstvoll frisieren oder Schmuck tragen. Infolgedessen betrachten sich alle Frauen als jung und schön, und die Sitte, künstlich ihre natürlichen Reize zu steigern, ist vollkommen ausgestorben.

Alle Besucher der Hauptstadt müssen die örtliche Tracht tragen und sich den geltenden moralischen Sitten anpassen. Sie müssen auch das Verbot, Fleisch und Fisch zu essen, akzeptieren, das ursprünglich aus Achtung vor dem Gott von Pluto auferlegt worden ist. Für den fremden Gaumen schmeckt das Essen recht einfach; dafür ist der örtliche Wein trotz seines niedrigen Alkoholgehaltes durchaus würzig.

Besucher seien darauf hingewiesen, daß Verstöße gegen die Gesetze von Albur streng geahndet werden. So wird ein Mörder bestraft, indem er mit der Leiche seines Opfers neun volle Tage lang eingeschlossen wird. Daraufhin wird sein Name aus allen bürgerlichen Registern entfernt, und er wird auf der Stirn gebrandmarkt, bevor er für den Rest seines Lebens zur Arbeit ins Bergwerk geschickt wird. Die meisten anderen Vergehen werden durch zeitweilige Arbeit im Bergwerk bestraft. Beispielsweise werden diejenigen, die Fleisch essen, für fünf Jahre ins Bergwerk geschickt. Besucher, die das Gesetz brechen, werden gewöhnlich ausgewiesen.

Die Fauna von Albur umfaßt Elefanten, die nur wenig größer als Kälber sind und dazu benutzt werden, Wagen zu ziehen und Soldaten als Reittiere zu dienen. Die größten Tiere im Land sind die Lossine, Eidechsen, die bis zu einem Meter achtzig lang werden. Die Lossine scheinen Menschen zu mögen und werden von den reicheren Bauern oft als Wachhunde gehalten. Sie dienen auch zur Rettung von Personen, die sich verlaufen und in die verbotene Zone um den einzigen Vulkan des Landes geraten. Obwohl der Vulkan seit vielen Jahren nicht mehr tätig war, ist es verboten, in seiner Nachbarschaft zu bauen oder sich auf die höhergelegenen Hänge zu wagen. Die in der verbotenen Zone gehaltenen Lossine sind darauf dressiert, Personen, die den Damm überqueren, auf ihrem Rücken wieder in Sicherheit zu bringen.

Besuchern wird geraten, an einer der vielen alburischen Bestattungszeremonien teilzunehmen. Die Körper der tugendhaften Toten werden verbrannt, und ihre Asche wird in Bronzekugeln im Tempel aufbewahrt. Verbrecher werden nicht verbrannt, sondern begraben. Es gilt als eine gerechte Strafe, daß ihr Körper sich in der Erde auflöst.

Ehen in Albur sind eine Angelegenheit der persönlichen Wahl. Junge Leute, die heiraten möchten, müssen ihre Eltern acht Tage vor der Zeremonie davon in Kenntnis setzen, doch die Eltern können die Ehe nur verhindern, wenn der beabsichtigte Partner ein Verbrechen begangen hat oder einen schlechten Ruf besitzt. Junggesellen über Dreißig werden vieler ihrer bürgerlichen und politischen Rechte beraubt, und diejenigen, die unverheiratet sterben, werden begraben und nicht verbrannt.

In Albur wird den Kindern der Armen nur das Lesen beigebracht; jede weitere Bildung ist ihren Eltern überlassen. Die Kinder der Reichen gehen bis zu ihrem achtzehnten Lebensjahr zur Schule. Beide Geschlechter erhalten die gleiche Erziehung. Bis zum Alter von zwölf Jahren konzentriert sich ihre Ausbildung auf die körperliche Entwicklung durch Tanzen, Sport und die Prinzipien der Selbstverteidigung. Die Kinder erlernen auch häusliche Fertigkeiten und die ersten Grundlagen ihres zukünftigen Berufs. Im Alter von zwölf Jahren beginnen sie Zeichnen, Schreiben und die toten Sprachen zu studieren. Zu den letzteren gehört Nate, aus dem sich das moderne Alburisch entwickelt hat. Nate wird noch immer von einigen Gelehrten in der Unterhaltung und in formellen Ansprachen benutzt, aber es wird nie geschrieben. Erst mit fünfzehn Jahren studieren Kinder Religion, Moralphilosophie, Geschichte und Pädagogik.

Im Mittelpunkt des kulturellen und künstlerischen Lebens der Nation steht die Akademie von Orasulla. Die Akademie hat nur zwölf ständige Mitglieder, welche die Aufgabe haben, die Sprache des Landes zu studieren und alle linguistischen Neuerungen zu untersuchen. Nur mit ihrer Billigung werden neue Wörter offiziell anerkannt. Alle Gedichte, Romane und anderen literarischen Produkte werden von den Mitgliedern der Akademie gelesen, die grammatikalische oder stilistische Fehler, welche sie finden, korrigieren und anstößige Werke zensieren. Die Ereignisse des Jahres werden von einer Gruppe von fünfzehn Historikern festgehalten, von denen jeder seine eigene Darstellung der Fakten niederschreibt. Ihre Texte werden anonym dem Senat eingereicht; nur die beiden genauesten Berichte werden gedruckt und an die öffentlichen Bibliotheken verschickt; die übrigen Aufzeichnungen werden verbrannt.

Albur ist 1806 entdeckt worden, als eine Gruppe von englischen und französischen Seeleuten, die im Arktischen Ozean Schiffbruch erlitten hatten, schließlich ihren Weg nach Pluto fanden und zwar durch den Nordpolzugang in den ↗ EISENBERGEN. Sie wurden freundlich aufgenommen, mußten aber später das Land verlassen, nachdem sich herausgestellt hatte, daß sie Fleisch gegessen hatten. Sie besuchten vor ihrer Abreise noch das ↗ BANOISREICH, bereisten verschiedene Länder von Pluto und kehrten schließlich durch den Südpolzugang zur Oberfläche der Erde zurück.

M. Jacques Saint-Albin, *Voyage au centre de la terre...*, Paris 1821.

ALCA oder **PINGUININSEL**, eine Inselrepublik im Ärmelkanal, die jetzt mit der Küste von Frankreich verbunden ist. Hohe Berge ragen undeutlich über einem freundlichen grünen Land auf, das bewachsen ist mit Gräsern, Weiden, Feigen- und Eichenbäumen. Im Norden ist eine tiefe Bucht, nach Osten eine felsige, unbewohnte Küste, die die Gestade der Schatten genannt wird. Das Volk von Alca glaubt, daß hier die Wohnstatt der Seelen der Toten sei. Im Süden liegt die Taucherbucht, umgeben von Obstgärten. Hier kann man auch die Kirche und das Kloster besichtigen, die von dem ehr-

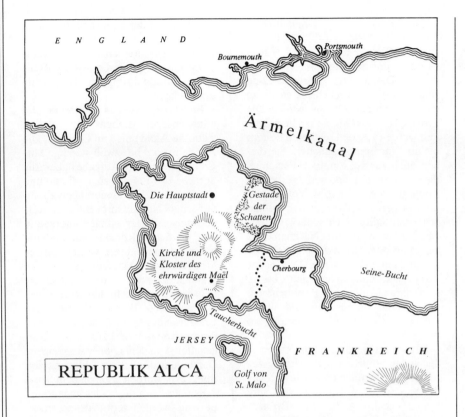

würdigen Maël erbaut wurden. Von ihm geht die Sage, der Teufel habe ihn einst auf eine einsame Insel im Eismeer geschickt. Spontan und großmütig wie er war, entschloß er sich, die einzigen Bewohner der Insel, die Pinguine, zu taufen. Der Legende nach verwandelte daraufhin der Erzengel Raphael die Pinguine in Menschen und setzte ihre Insel in Bewegung. Sie trieb im Meer, bis sie beinahe die Nordküste Frankreichs erreichte, wo sie sich mit dem Festland verband.

Die Pinguinmenschen durchliefen alle Stadien der menschlichen Entwicklung, wie Adam und Eva entdeckten sie zuerst ihre Nacktheit, dann den Sinn des Eigentums und der Gesellschaftsklassen. Die frühe Geschichte von Alca ist in den berühmten *Gesta Pinguinorum* aufgezeichnet. Alcas Goldenes Zeitalter war das des Kaisers Trinko, der die halbe Welt eroberte und die Pinguin-Staaten begründete, die später wieder verschwanden. Heute ist Alca eine Republik von mehr als fünfzig Millionen Einwohnern, und die einst grünen Wiesen sind großen Fabriken und Bürogebäuden gewichen.

Es wird erzählt, daß die Insel Alca, als sie frei im Meer trieb, die Ostküste von Lateinamerika erreicht habe und von Sir John Narborough unter der Regierung von Karl II. für Großbritannien beansprucht worden sei. Aber dafür gibt es keine Beweise.

Anatole France, *L'île des pingouins*, Paris 1908. – Daniel Defoe, *A New Voyage round the World by a Course Never Sailed Before*, Ldn. 1724.

ALCINAS INSEL, nach Berichten einiger Reisender vor der japanischen Küste gelegen, nach anderen in der Karibik. Eine Insel von der Größe Siziliens mit reicher Flora: Lorbeerwälder, Palmen, Zedern, Myrten und Orangenbäume überschatten das hügelige Land und die Wiesen. Die Fauna ist spärlich: Hasen, Kaninchen, Rotwild, Ziegen und einige Ungeheuer.

Die politische Situation ist ziemlich kompliziert: Nach dem Tod des letzten Königs wurde seine eheliche Tochter Logistilla rechtmäßige Thronerbin. Der König hatte jedoch von einer anderen Frau noch zwei weitere Töchter, Alcina und Morgana, die beide in der Kunst der Zauberei bewandert waren. Alcina und Morgana kämpften gegen ihre Halbschwester und engten ihren Herrschaftsbereich schließlich auf einen schmalen Landstreifen zwischen einem weiten Golf und einem wild-zerklüfteten Berg ein. Diese Sachlage wurde durch Ruggiero, einen Ritter aus Frankreich, völlig umgekehrt. Ihm verdanken wir die einzige Beschreibung der Insel wie auch Alcinas und ihrer Gewohnheiten. Nach Ruggiero befriedigte Alcina ihre Lust, indem sie zahllose Liebhaber auf die Insel brachte und sie später in Bäume, Quellen, Steine oder Tiere verwandelte. Sie befehligte ein Heer aus männlichen, weiblichen und hermaphroditischen Monstern: Kentauren, Katzenmännern, Affenmännern und Hundemännern. Mit ihrer Zauberkunst errichtete sie eine herrliche Stadt, die Hauptstadt ihrer Insel, umgeben von einer türmereichen Mauer aus Gold und mit einem Palast, den man als den schönsten und fröhlichsten der Welt bezeichnen kann. Ruggiero war zunächst von ihrer Schönheit beeindruckt und wurde ihr Liebhaber, aber dank eines Zauberringes entdeckte er bald, daß sie in Wirklichkeit alt und häßlich war. Er entfloh in Logistillas kleines Königreich, während Melissa, eine andere Zauberin, Alcinas frühere Liebhaber in Menschen zurückverwandelte. Mit ihrer Armee von Monstern zog Alcina in die Schlacht gegen ihre Halbschwester, wurde aber durch Ruggiero dank eines Zauberschildes besiegt, der die Kraft hatte, seine Gegner zu blenden und in die Knie zu zwingen.

Seit der Abreise des Ritters gibt es keine Neuigkeiten mehr von Alcinas Insel, die eigentlich nicht länger so genannt werden sollte, da die Zauberin nicht mehr dort ansässig ist.

Lodovico Ariosto, *Orlando furioso*, Ferrara 1516 u. 1532 (erw.).

ALEOFANE, eine Insel des ↗ RIALLARO-Archipels im südöstlichen Pazifik. Ihre Küste besteht aus Klippen und Treibsandstränden. Landeinwärts steht an den Ufern eines Flusses die Marmorstadt Aleofane, was soviel wie »Juwel der Wahrheit« bedeutet. Viele Paläste mit Marmortreppen und Landestegen säumen die Flußufer und erheben sich in breiten Terrassen die Küste hinauf. Um die Stadt herum erstrecken sich kilometerweit schmutzige Slums und Elendsquartiere.

Aleofane, deren ursprüngliche Bevölkerung aus Heuchlern bestand, die aus ↗ LIMANORA verbannt worden waren, ist eine Monarchie mit einer sehr ausgeprägten sozialen Hierarchie. Die Handwerker und die Landbevölkerung sind praktisch Sklaven der Oberschicht.

Aleofanes Religion basiert auf dem Prinzip der Selbstverleugnung. Die Kirche ist eine Staatsinstitution, und ihr Oberhaupt ist ein Geistlicher, der der Regierung gegenüber verantwortlich ist; kirchliche Beamte werden schlecht bezahlt und sind auf Barmherzigkeit angewiesen. Niemand wird freiwillig Priester. Verbrecher werden vor die Wahl gestellt, entweder in den Kirchendienst einzutreten oder Journalisten zu werden, denn die morali-

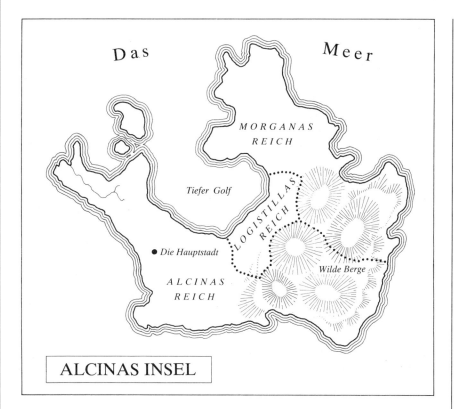

sche Beeinflussung des Volkes durch die Medien gilt als ebenso staatsnützlich wie die durch die Kirche.

Das Amt für Prestige ist ein Staatsministerium mit dem Monopol für jegliche Art der Werbung und beschäftigt die besten Dichter, Schriftsteller und Künstler von Aleofane. Man kann sich Ruhm in jeder Form kaufen, angefangen bei geflüsterten Gerüchten bis hin zu öffentlichen Demonstrationen. Die höchsten Preise werden für die Schaffung und Aufrechterhaltung eines Rufes als wahrheitsliebender, großzügiger oder moralisch lebender Bürger gezahlt. Die Preise sind unterschiedlich, das heißt, ein Journalist muß mehr für einen Ruf als Wahrheitsfanatiker zahlen als ein Bauer. Nachruhm und berühmte Vorfahren können ebenfalls käuflich erworben werden. Es ist nützlich zu wissen, daß das Amt für Prestige mit dem Ministerium für öffentliche Gottesverehrung und öffentliche Meinung zusammengelegt worden ist.

Leute, die diese Gegend bereisen, sollten einige der sozialen Bräuche von Aleofane beachten. Das *fallallaroo* beispielsweise, bei dem die Leute zu schneller Musik ringsherum in einem Raum radschlagen, ist eine modische Unterhaltungsform bei der Elite, und infolge von Begegnungen bei solchen Veranstaltungen werden oft Ehen geschlossen. Die Männer rauchen Pfeife. Durch die Nasenlöcher inhalieren sie den Rauch der Blätter von *kooannoo*, das ein ekelerregendes Aroma ausströmt und angeblich eine Schulung für die Abtötung des Körpers ist. Wein oder fermentierte Getränke sind auf Aleofane nicht erhältlich. Alkohol heißt *pyrannidee,* was zugleich auch »Teufel« bedeutet, und wird nur zu medizinischen Zwecken verkauft. Die Moralvorschriften sind sehr streng, vor allem für Mädchen, und diejenigen, die sie brechen, werden von ihren Familien vertrieben.

Bemerkenswert ist die Sprache von Aleofane: Die Bedeutung der Ausdrücke variiert je nach Intonation und Mimik des Sprechenden. Gegensätze werden oft durch das gleiche Wort bezeichnet, wobei der Unterschied durch Gesten verdeutlicht wird, und mit dem Senken eines Lides oder dem Hochziehen einer Augenbraue sind ganze Grammatiken und Wörter verbunden. Häufig hört man übertriebene Anredeformen wie: »Euer edelste Hoheit im ganzen Universum« oder »Euer schönste Weiblichkeit auf Erden« und so weiter.

Godfrey Sweven, *Riallaro, the Archipelago of Exiles,* NY/Ldn. 1901. – Ders., *Limanora, the Island of Progress,* NY/Ldn. 1903.

ALKOE, ein Vulkan am Rande des Territoriums von ↗DORPFWANGRANTI. Der Name bezieht sich auch auf die Bergbau- und Handelssiedlungen an den unteren Hängen des Berges, die jetzt eine Kolonie von Dorpfwangranti sind.

Die Kolonisation von Alkoe war großenteils das Werk von Peter Wilkins, einem Engländer, der nach Dorpfwangranti kam, nachdem er viele Jahre lang in Graundolet gelebt hatte. Von der Geschichte der Siedlung Alkoe vor seiner Ankunft ist wenig bekannt, nur daß Alkoe vor seiner Kolonisation eine auf Sklaverei basierende Gesellschaft war. Sklaven arbeiteten im Bergwerk und starben dort häufig in den vulkanischen Feuern, die noch immer tief im Innern des Berges brennen. Die Sklaven reagierten begeistert auf Wilkins' Vorschläge, vor allem auf sein Versprechen, ihnen die Freiheit zu geben, wenn sie sich ihm im Kampf gegen ihre Unterdrücker anschlössen. Die Sklaverei wurde abgeschafft, und in den Bergwerken arbeiten jetzt Männer, die für ihre Arbeit bezahlt werden.

Die Bewohner von Dorpfwangranti haben Alkoe früher gemieden, weil sie den Berg als den Sitz böser Geister betrachteten. Ihren Legenden zufolge hat sich der erste Ausbruch des Vulkans ereignet, als zwei Mörder, Arco und seine Frau Telamine, in eine Felsspalte geworfen wurden. Arco hatte sich von seiner Frau dazu überreden lassen, seinen Vater umzubringen, und das Paar war zum Tode verurteilt worden. Doch als sie in die Spalte geworfen wurden, tauchten Flammen auf, die seither ständig brennen. Siebentausend Jahre lang haben Arco und Telamine in den Flammen im Innern des Berges gelebt, bevor sie sich einen

Südansicht des Vulkans ALKOE

Weg durch den Fels nagten und am Fuß des Vulkans herauskamen, wo ihre Kinder eine neue Rasse von Bergleuten und Höhlenbewohnern gründeten.

Robert Paltock, *The Life and Adventures of Peter Wilkins, a Cornish Man...,* Ldn. 1783.

ALLVÖGELNESE, ein abgelegener Teil des westlichen Schottland; ein Sammelplatz für Seevögel, die sich hier zusammenfinden, bevor sie nach Norden zu ihren Sommerbrutplätzen fliegen. Besucher werden riesige Schwärme von Schwänen, Gänsen, Eiderenten, Kleinen Sängern, Tauchern, Sturmvögeln und Tölpeln vorfinden, mehr als irgendwo sonst auf der Welt.

Vor der Ankunft der großen Wanderschwärme wird die Landzunge von Tausenden von Nebelkrähen heimgesucht, die sich hier einmal jährlich versammeln. Bei dieser großen Parlamentssitzung brüsten sich die Krähen mit allem, was sie während des vergangenen Jahres getan haben, und jedesmal machen sie einer aus ihren Reihen den Prozeß. Beispielsweise wurde in einem Jahr eine junge weibliche Krähe vor Gericht gestellt, weil sie keine Waldhuhneier gestohlen hatte, die eine Lieblingsspeise dieser Vogelart sind. Sie verteidigte sich, daß sie keine Waldhuhneier möge, sehr gut ohne sie auskomme, sie aus Angst vor Wildhütern nicht zu stehlen wage und es nicht übers Herz bringe, die Eier so schöner Vögel zu fressen. Dies alles fruchtete nichts; sie wurde zu Tode gehackt. Die örtlichen Feen hatten jedoch Mitleid mit der armen Krähe und verwandelten sie, indem sie ihr neun neue Federkleider gaben, in einen Paradiesvogel. Dann schickten sie sie auf die Gewürzinseln, wo sie ihr neues Leben damit verbringen konnte, Obst zu fressen.

Der einzige menschliche Bewohner von Allvögelnese ist der Wildhüter, der sich um die Waldhühner kümmert. Er lebt allein in einer Torfhütte mit einem Dach aus Heidekraut, auf dem große Steine liegen, um es vor den Winterstürmen zu schützen. Seine Hauptinteressen scheinen seine Bibel, seine Waldhühner und das Stricken von Strümpfen an Winterabenden zu sein. Er sammelt auch die Federn und Daunen, die von den Zugvögeln liegenbleiben. Nachdem er sie gereinigt hat, verkauft er sie an die Bewohner des Südens, die daraus Federbetten herstellen.

Abgesehen von den Zugvögeln und den Krähen, die sich hier alljährlich versammeln, beherbergt die Landzunge eine große Kolonie von Lunden, die hauptsächlich in Kaninchenlöchern nisten.

Charles Kingsley, *The Water-Babies: A Fairy Tale for a Land-Baby*, Ldn. 1863.

ALSONDONERREICH, im Südmeer nördlich des ↗ ANTARKTISCHEN FRANKREICH gelegen. Ein kleines, unterirdisches Reich, eineinhalb mal sechs Meilen groß, in einer riesigen Höhle, durch die ein breiter Fluß rauscht. Wasserfälle machen das Reich praktisch unzugänglich.

Über der Hauptstadt Tentennor erhebt sich ein Gewölbe, das von goldgeäderten Felspfeilern getragen wird. Viele Häuser sind aus dem Fels gehauen, andere auf ebenem Grund erbaut. Die geraden Straßen der Stadt sind von Öllampen erleuchtet.

Das Gebiet, ursprünglich eine Goldmine, wurde von einem Erdbeben eingeschlossen, und die Bergleute – Verbrecher, die man zu unterirdischem Dasein auf Lebenszeit verurteilt hatte – wurden die Gründer des neuen Staats. Die Alsondoner nennt man gemeinhin »Gnomen«, sie sprechen die Gnomen-Sprache.

Für den Besucher ist vor allem der Tempel von besonderem Interesse, der dem Sonnengott Grondinabondo errichtet wurde. Man erreicht das kreisrunde Gebäude durch ein Labyrinth von Gängen. Die goldglänzende Kuppel hat eine Öffnung, durch die man die Sonne erspähen kann. Für Menschen, die gewohnt sind, beim Licht von Öllampen zu leben, ist der Anblick der Sonne ein Wunder, eine echte Offenbarung ihres Gottes, vor allem, wenn das Licht im Gold und in den verspiegelten Wänden reflektiert wird.

Das Reich der Alsondoner wurde von einem gewissen Grégoire Merveil entdeckt, den die Alsondoner retteten, nachdem sein Boot von einem Wasserfall verschluckt worden war. Er wurde während seines Aufenthalts gut behandelt und führte mehrere Neuerungen ein: Er verbesserte die Beleuchtung, baute Schleusen, um die Gefahren der Wasserfälle zu überwinden, und lehrte die Alsondoner die Kunst des Uhrmachens. Besuchern wird vielleicht die alte Methode des Zeitmessens besser gefallen, bei der ein junges, barbusiges Mädchen auf einem Sockel auf dem Hauptplatz steht und ein junger Mann seine Hände auf ihre Brust legt, wobei er ihre Herzschläge laut mitzählt; jeder Schlag entspricht einer Sekunde.

Robert Martin Lesuire, *L'aventurier français ou Mémoires de Grégoire Merveil*, Paris 1792.

ALTES HAUS, ein Gebäude am Rand einer Zehnmillionenstadt aus Glas im Einzigen Staat. Das Alte Haus steht als Fremdkörper und Relikt aus einer tausendjährigen Vergangenheit in einer gläsernen Zukunftswelt der mathematisch berechenbaren Formen. Das morsche, dunkle und chaotische Gebäude aus zerbröckelndem rotem Backstein ist vor dem endgültigen Zerfall durch eine Glaskuppel geschützt. Man gelangt über eine dunkle breite Treppe durch eine schwere Tür in einen dunklen Raum. Alle Wände sind aus undurchsichtigem Material. Hier stehen seltsame Möbelstücke von bizarren, unberechenbaren Formen, ein regelloser Wirrwarr von Farben, dunkelbraune Wände, alte Bücher, ein unerträgliches Chaos. Das Haus ist voller asymmetrischer Räume, die früher »Wohnungen« genannt wurden. Es folgen ein Zimmer mit Kinderbetten, Räume mit blitzenden Spiegeln, riesigen Schränken, grellbunten Sofas, Mahagonibetten – nirgends die harmonisch beruhigenden Glasformen. Das Alte Haus besteht aus einem Labyrinth von Seitenflügeln und halbverfallenen Nebenhöfen. Ein unterirdisches Gangsystem führt unter der Grünen Mauer aus mattem Glas, die die Stadt vor der Außenwelt abschließt, hinaus in ein unbekanntes Chaos.

Die Meßinstrumente der Zeitmaschine stehen auf etwa +1000. Das Haus aus unserer Zeit hat also ein Jahrtausend überdauert, den Zweihundertjährigen Krieg, die Vernichtung der Menschheit bis auf 0,2 Prozent, den Aufbau des Einzigen Staates mit seinen gläsernen Stadtinseln, in denen sich die Zivilisation und der Mensch zu seiner mathematischen Vollkommenheit entwickeln konnte, geschützt von grünen Mauern und Starkstromfeldern vor allen Einflüssen verderblicher chaotischer Natur. Die Stadt, an deren Rand das Alte Haus steht, kennt nur Formen, die mathematisch berechenbar sind, gerade Straßen, quadratische Plätze, Würfelhäuser, in deren gläsernen Stockwerken man die Einwohner arbeiten und leben sehen kann, Kugeln, Kuppeln, Kuben. Auch das Straßenpflaster ist aus Glas. Unten sieht man die Strecken der Untergrundbahn. Das Leben hat einen einheitlichen mathematischen Gang. Hier regieren Rationalität und Mathematik bis in die Psyche der Nummern. Es gibt keine Familien und keine Individuen mehr. Jeder ist durch einen Buchstaben und eine Nummer gekennzeichnet, die Männer durch Konsonanten, die Frauen durch Vokale. Nichts geschieht ohne Berechnung, ohne die Genehmigung der Beschützer, die jede Regung kontrollieren und alle Unregelmäßigkeiten dem Wohltäter melden. Anzeichen von Phantasie, Gefühl oder Seele werden herausoperiert. Ein unbedeutender Eingriff vernichtet einen Gehirnlappen und besiegelt das Glück aller Menschen. Wer sich dennoch den Bestimmungen widersetzt, wird vom Wohltäter persönlich, mit Hilfe eines überdimensionalen elektrischen Stuhls öffentlich in seine atomaren Bestandteile zersetzt. Alle tun in jedem Augenblick des Tages das gleiche. Jeder ist in seiner gläsernen Behausung von allen zu sehen. Alle stehen zur gleichen Zeit auf, machen dieselben Bewegungen, gehen zur gleichen Zeit schlafen, gehen unter Marschklängen in geometrischen Gruppen formiert zur Arbeit. Nur zwei persönliche Stunden stehen den Einwohnern am Tag zur Verfügung. Zu dieser Zeit dürfen sie an festgelegten Geschlechtstagen mit vom Staat genehmigten Nummern für eine Stunde hinter zugezogenen Gardinen ihren Rest von Gefühl ausleben. Niemand war seit etwa siebenhundert Jahren außerhalb der Mauer. Niemand kennt Natur, Tiere, Pflanzen, natürliche Nahrung. Zu Bildungszwecken gibt es einige Pflanzen im Botanischen Museum. Das Alte Haus aber ist der Stachel im System des Glasstaates. Es gibt von hier aus Wege nach draußen und von draußen nach drinnen, die nur wenige kennen.

Draußen leben zottige befellte Naturmenschen, die Nachkommen der Opfer des Zweihundertjährigen Krieges. Sie haben eine Seele, Gefühle, in ihrem Herzen glüht das Chaos. Keiner hier kennt die Welt mathematischer Lebenskurven und des endgültigen Stillstands menschlicher Geschichte. Hier herrschen Chaos, Wildheit, Veränderung, Anarchie. Alles ist unvorhersehbar. Die unterirdischen Gänge des Alten Hauses sind der Schauplatz für die geheimen Verschwörungen einiger Nummern mit den Wilden. Umsturzpläne und Rebellion werden ruchbar, Abstimmungen werden boykottiert. Die Aufständischen reißen einen Teil der Mauer nieder. Chaos, Menschen ohne Nummern, vor allem Tiere dringen ein. Leichen und Gestank beherrschen die westlichen Viertel. Man antwortet mit den härtesten Gegenmaßnahmen. Alle Unnummerierten werden getötet, alle ohne Operationsbescheinigung werden gefesselt dem Eingriff unterzogen. Der Zeitreisende könnte Sieg oder Niederlage der Vernunft nicht mehr abwarten, ohne den Verlust seiner Phantasie zu riskieren. M. W.

Evgenij I. Zamjatin, *My* (1920), Paris 1924.

ALTRURIA, eine große Insel (vielleicht sogar ein Kontinent) irgendwo in südlichen Gewässern.

Die Geschichte des streng christlichen Staatswesens Altruria reicht in die Zeit kurz nach der Kreuzigung Christi zurück. Als die frühen Christen in alle Welt verstreut wurden, erlitt einer von ihnen auf der Reise nach Britannien Schiffbruch, gelangte nach Altruria und brachte den christlichen Glauben dorthin. Er gründete ein Gemeinwesen des Friedens und guten Willens, das jedoch bald wieder zerfiel. Es folgte eine lange Periode, in der Altruria von wirtschaftlichen Auseinandersetzungen und Bürgerkriegen erschüttert wurde. Der christliche Glaube schien unterzugehen, es herrschte das Gesetz des Stärkeren, und ein absolutistisches Regierungssystem konnte sich durchsetzen. Doch nach einem erfolgreichen Volksaufstand wurde Altruria zur Republik und erlebte einen wirtschaftlichen Aufschwung. Diese Periode der »Kapitalansammlung« hatte allerdings schlimme Folgen: Die arbeitssparenden Maschinen erwiesen sich als Monstren, die Männer, Frauen und Kinder verschlangen. Die gesamte Bevölkerung geriet in sklavische Abhängigkeit von den großen Handels- und Industriezentren, die jetzt von Monopolgesellschaften beherrscht wurden. Auf Zeiten des Wohlstandes folgten immer wieder Inflation, Arbeitslosigkeit und Massenelend. Der erste Protest gegen diese Entwicklung kam aus dem Proletariat, das in der Folgezeit seine politische Macht in die Waagschale warf, um einen sozialen Wandel herbeizuführen. Daraufhin besann sich das Parlament wieder auf seine ursprüngliche Aufgabe und entschloß sich zum Handeln. Der Grundbesitz, das Transportwesen und die Montanindustrie wurden verstaatlicht. Von nun an stimmte die große Mehrheit der Bevölkerung immer wieder gegen das nur von einer kleinen Gruppe vertretene kapitalistische System. Diese unblutige »Evolution« führte schließlich zur Gründung eines Staatswesens, das auf den gleichen Prinzipien basiert wie das erste christliche Gemeinwesen Altruria.

Als Völker aus dem Norden versuchten, in die junge Republik einzufallen, wurden sie an der Grenze von der gesamten Bevölkerung des Landes aufgehalten, die zwar bewaffnet war, aber lieber verhandeln als kämpfen wollte. Im Laufe der Verhandlungen ließen sich die Invasoren dazu bewegen, sich den politischen und sozialen Überzeugungen der Altrurier anzuschließen und dem Staatenbund beizutreten. Seitdem herrscht in Altruria Frieden. Im Einklang mit seinem christlichen Pazifismus hat dieses Staatswesen sogar die alten Verteidigungsanlagen entlang der Küste aufgegeben.

Eine Folge der »Evolution« war der Niedergang der städtischen Zentren. Die meisten Altrurier zogen aufs Land, die Industriestädte wurden abgerissen. Wo sie einst standen, hausen jetzt giftige Reptilien und wilde Tiere.

Altruria ist in vier Verwaltungsbezirke unterteilt. Die Bezirkshauptstädte sind kreisförmig angelegt und durch die Große Staatsstraße miteinander verbunden, deren hohe weiße Stützpfeiler Inschriften mit den Namen berühmter Bürger tragen. Die Verwaltungszentren verfügen über Universitäten, Theater, Museen und dergleichen und fungieren als Kulturzentren für die benachbarten Dörfer, mit denen sie durch ein strahlenförmig angelegtes, elektrifiziertes Eisenbahnnetz verbunden sind. (Die Züge erreichen eine Geschwindigkeit von 250 Stundenkilometern.) Wo die Geleise des alten Eisenbahnnetzes verliefen, wurden Landstraßen gebaut, die von Obstbäumen und blühenden Hecken gesäumt sind. Pferdewagen und -droschken wurden aus Gründen der Reinlichkeit abgeschafft, statt dessen stehen jetzt in den Bezirkshauptstädten für den öffentlichen Verkehr elektrische Straßenbahnen zur Verfügung.

Das altrurische Wirtschaftssystem funktioniert ohne Geld. Nach Vorlage einer Arbeitsbescheinigung erhält jeder Bürger Lebensmittel und andere notwendige Dinge vom Staat. Manuelle Arbeit muß nicht mehr von einer einzigen Klasse, sondern von allen Bürgern geleistet werden. Drei Stunden Arbeit pro Tag genügen zum Lebensunterhalt und sind außerdem der Gesundheit förderlich. Diese Regelung steht nach Meinung der Altrurier durchaus im Einklang mit dem Wort Gottes: »Im Schweiße deines Angesichts sollst du dein Brot essen.« Reichtum bedeutet den Altruriern nichts, weil sie alle genug zum Leben haben und jeder einzelne durch die Arbeit dazu beiträgt, daß niemand Mangel leiden muß. Luxusartikel werden nicht produziert. Da kein Profit erwirtschaftet werden muß, kann jedermann Freude an seiner Tätigkeit finden und auf seinen Arbeitsplatz stolz sein. Selbst die Fabrikgebäude sind in Altruria nicht weniger schön als die Kirchen. Sämtliche Industrien sind verstaatlicht, privates Risiko gibt es in diesem Wirtschaftssystem nicht mehr. Für die Altrurier ist ihr Staatswesen der Himmel auf Erden.

Die Überzeugung, daß die Menschheit eine einzige große Familie sei, und die Idee der guten Nachbarschaft sind die Stützpfeiler der altrurischen Gesellschaftsordnung. Die seltenen Verstöße gegen diese Prinzipien werden als »Mangel an Bürgersinn« bezeichnet. Niemand hat den Ehrgeiz, sich persönlich auszuzeichnen, denn für jeden Altrurier besteht das höchste Glück darin, möglichst viele Mitbürger so glücklich wie nur irgend möglich zu machen. Alle Bürger werden in Staats- und Sozialkunde unterwiesen und nehmen aktiv am politischen Leben teil. Alljährlich werden sämtliche Beamte, einschließlich des gewählten Präsidenten, ausgewechselt. Männer und Frauen sind gleichberechtigt, Klassenunterschiede gibt es nicht.

Junge Paare werden vor der Eheschließung in regelmäßigen Abständen gefragt, ob sie allen Ernstes entschlossen seien, gemeinsam durchs Leben zu gehen, oder ob sie vielleicht nur einer vorübergehenden Schwärmerei nachgegeben haben. Schließlich werden die beiden ein Vierteljahr lang voneinander getrennt, damit sie in einer anderen Gegend andere junge Leute kennenlernen und ihre Gefühle füreinander prüfen können. Gescheiterte Ehen dürfen geschieden werden.

Die meisten Altrurier wohnen in kleinen, um einen grasbewachsenen Hof erbauten Häusern. Ein großer Teil ihres Lebens spielt sich im Kollektiv ab; ihre Mahlzeiten nehmen sie zumeist gemeinsam in Speisesälen ein. Die Privatsphäre des Familienlebens wird jedoch vom Staat respektiert. Wie stark sich das Gruppendenken auswirkt, zeigt zum Beispiel die Art und Weise, wie man in Altruria mit Rechtsbrechern umgeht. Die Gerichtsverhandlungen finden in marmornen Amphitheatern statt, und wenn das Urteil auf »schuldig« lautet (was selten genug vorkommt), gibt das Publikum seinem Kummer Ausdruck und äußert die Hoffnung, daß Gott dem Sünder vergeben möge. Die Reue, die dieser empfindet, ist seine einzige Strafe. Nach der Abschaffung des Privateigentums sank die Zahl der in Altruria begangenen Straftaten beträchtlich.

Die Altrurier sind Vegetarier und trinken nur sehr wenig Alkohol. Ihre Gastfreundschaft ist spontan, Einladungen spielen sich völlig zwanglos ab. Die Bevölkerung trägt farbenfrohe Kleidung. Ihre Sprache ist eine sehr vereinfachte Variante des Griechischen. Der Titel der Nationalhymne lautet: »Alle Menschen sind Brüder«. Der Nationalfeiertag (»Evolutionstag« genannt) wird in den Bezirkshauptstädten unter Beteiligung der gesamten Bevölkerung festlich begangen. Jeder Bürger stattet alle fünf Jahre der Hauptstadt von Altruria einen Besuch ab.

Das Klima ist angenehm mild. Früher herrschten an der Südostküste im Winter fast antarktische Temperaturen, weil eine vorgelagerte Halbinsel die Äquatorialströmung ablenkte. Seit die Halbinsel vom Festland abgetrennt wurde, erfreut sich auch diese Gegend das ganze Jahr über eines milden Klimas.

Die Republik Altruria entsendet Spione und Beobachter in andere Länder, um sich über deren Entwicklung zu informieren. Der erste Abgesandte, der im Ausland ohne Tarnung auftrat, war ein gewisser Aristides Homos: Er hielt sich 1893/94 einige Monate in den USA auf, heiratete eine Amerikanerin und kehrte dann mit ihr in seine Heimat zurück.

Der Weg nach Altruria ist nicht leicht zu finden. Man weiß zwar, daß Homos damals über Europa nach Nordamerika reiste, aber Genaueres ist uns über seine Reiseroute nicht bekannt.

William Dean Howells, *A Traveller from Altruria*, Edinburgh 1894. – Ders., *Through the Eye of the Needle*, Ldn./NY 1907.

AMAN, das Segensreich der Unsterblichen, weit östlich der Belegaer-See am Außenmeer gelegen. Der gewöhnliche Sterbliche wird es kaum je erreichen, sondern sich schon im schützend vorgelagerten Ring der Verwunschenen Inseln verlieren. In früheren Zeiten lag das Reich der Valar, der Mächte der Welt, noch näher an ↗ MITTELERDE und war auf dem »Geraden Weg« zu erreichen, doch dann entrückten sie Aman der Welt und kein Irdischer hat es je mehr betreten.

Aman ist durch das hohe Gebirge der Pelóri gegen das Meer hin abgeschirmt. Dahinter dehnt sich die Ebene von Valinor mit den Palästen, Gärten und Türmen der Valar und ihrer Stadt Valmar. Vor den goldenen Toren der Stadt liegt der Máhanaxar, der Ring des Schicksals, der Versammlungs- und Beratungsort. Westlich von Valinor am Außenmeer stehen die Hallen des Schicksalsrichters Mandos, die Häuser der Toten oder Hallen der Erwartung. Hier kehren die Elben, die Erstgeborenen Ilúvatars, des Allvaters, ein, wenn ihr irdischer Leib vernichtet ist oder sie des Lebens überdrüssig sind. Die Hallen sind behangen mit den gewebten Geschichten von Vaire, der Weberin und Gemahlin Mandos', die alles, was je gewesen ist, in ihre Stoffe wirkt. Irmo, der Herr der Gesichte und Träume, öffnet seine Gärten in Lórien all denen, die Ruhe und Erholung suchen. Manwe dagegen, der Höchste der Valar, hat seinen Sitz hoch oben auf dem Taniquetil, dem alle anderen überragenden Gipfel der Pelóri. An der Ostküste von Aman haben sich in Eldamar die Elben niedergelassen. Ihre weiße Stadt Tirion steht auf dem grünen Hügel Túna. Sie sind ihrem geliebten Meer und den Sternen nahe und können sich zugleich des Lichts der Zwei Bäume des Hügels Ezellohar in Valinor erfreuen. Yavanna, die Spenderin der Früchte, hat sie erschaffen. Jeder von ihnen spendet sieben Stunden lang Licht, der eine mit dem silbernen Tau seiner Blüten, der andere mit dem goldenen Regen seiner Blüten. Nach dem Wechsel des Lichts bemessen die Valar die Zeit in ihrer goldenen Stadt.

Neben diesen gesegneten Landschaften und Städten gibt es in Aman jedoch auch noch Avathar, das Ödland an der Küste südlich von Eldamar. In diesem lichtlosen Gebiet hauste die spinnenförmige Ungolianth und webte ihre dunklen Netze aus allem Licht, das sie aufsaugen konnte. Ihre Hilfe nahm Melkor, ursprünglich der mächtigste Valar, der jedoch von Neid auf die Schöpfung der anderen zerfressen war und sie zerstören wollte, in Anspruch, um sich für seine Gefangenschaft zu rächen. Ungolianth saugte die beiden Bäume des Lichts aus und vergiftete sie. Das Licht von Telperion und Laurelin war nun nur noch in den drei Silmaril-Steinen erhalten, und auch sie raubte Melkor. Yavanna vermochte die Bäume nicht zu retten, doch jeder von ihnen brachte noch eine letzte Blüte und eine letzte Frucht hervor; man schloß sie in Gefäße ein und ließ sie als Sonne und Mond über den Himmel wandern. Von da an wurde die Zeit nach ihrem Kommen und Gehen berechnet.

Nach dem endgültigen Triumph über Melkor rückten die Valar Aman weit weg von Mittelerde, und nur für die Elben und ihre Freunde gab es am Ende des Dritten Zeitalters noch die Möglichkeit, auf dem »Geraden Weg« dorthin zu gelangen.

John Ronald Reuel Tolkien, *The Return of the King*, Ldn. 1954. – Ders., *The Silmarillion*, Ldn. 1977.

AMAZONIEN, auch bekannt als Mädchen- oder Frauenland, liegt irgendwo am Rande der Oikumene, der bewohnten Welt, doch wird seine genaue Lage von verschiedenen Berichterstattern unterschiedlich angegeben. Einige meinen, es sei zwischen dem Kaspischen Meer und dem Fluß Thamy zu lokalisieren und grenze an Albanien und Chaldäa.

Amazonien ist ein Frauenstaat, der die Anwesenheit von Männern auf seinem Gebiet nicht duldet. Der einzige Kontakt mit dem anderen Geschlecht findet während eines jährlichen Festes statt, das veranstaltet wird, um die Fortpflanzung der Rasse sicherzustellen. Zu dieser Feier laden die Amazonen einige leichtgläubige Männer von jenseits des Meeres ein. Die Männer werden leidenschaftslos benutzt und dann entweder zu Eunuchen gemacht oder als Sklaven gehalten oder auch vorteilhaft veräußert. Die während dieses Festes empfangenen Mädchen werden von den Amazonen behalten, die Jungen werden in andere Länder geschickt.

Doch ziehen die Amazonen eher zum Krieg als zur Liebe aus: Sie bleiben jungfräulich, bis sie mindestens drei Feinde getötet haben. Sie sind tapfere Kriegerinnen und schneiden eine ihrer Brüste ab, damit diese sie beim Bogenspannen nicht behindert. Sie mischten sich in den Trojanischen Krieg ein, belagerten ein anderes Mal Theseus in Athen, mußten sich aber doch wieder in ihr fernes Land zurückziehen. Obwohl ihr Staat reich an Gold und Edelsteinen ist, weiß man nichts von ihren Städten, und es ist nicht bekannt, wozu sie ihren Reichtum verwenden.

Daß man sie endlich in Südamerika zu finden vermeinte, gab zwar dem größten Fluß der Erde ihren Namen, war aber wohl doch etwas vorschnell und jedenfalls irrtümlich: Getroffen hat man sie bislang auch dort noch nicht. Aber man kann ja im Dschungel des Amazonas weiter nach ihnen suchen... B. Ky.

Diodoros aus Agyrion, *Bibliothēkē historikē* (1. Jh. v. Chr.), Bologna 1472. – Plutarchos, *Bioi parallēloi* (um 105), Florenz 1517. – Jean de Mandeville, *Les voyages d'outre mer* (um 1357), Lyon 1480. – Walter Raleigh, *History of the World*, Ldn. 1614.

AMBERINSEL, irgendwo im Indischen Ozean. Man weiß nicht genau, wo sie liegt, denn es gibt lediglich die Beschreibung des arabischen Chronisten Sindbad des Seefahrers, der bei einem Sturm auf die Insel geworfen wurde. Die Insel ist groß und gebirgig, die Strände sind mit Schiffswracks übersät. So viele Dinge finden sich hier – kostbare Stoffe, Edelsteine, Kunstwerke –, daß die Strände der Insel wie ein vom Sturm überwältigter Basar aussehen. Der Reisende findet hier eine Menge chinesischen Aloeholzes und rohen Ambers. Der Amber schmilzt während der Tageshitze, fließt wie geschmolzenes Wachs die Berghänge hinunter ins Meer und wird dort von Walen verschluckt, die ihn für eine Weile in ihrem Bauch behalten und ihn dann in die Tiefe zurückspukken. Doch die Magensäfte der Wale verändern den rohen Amber, so daß er bei dem neuerlichen Kontakt mit dem Wasser diamantenhart und zugleich federleicht wird. Dann wird er wieder an das Ufer geschwemmt. Dort wird er in Unmengen von gierigen Händlern gesammelt, die nur deswegen auf die Insel kommen, und in den luxuriösesten Geschäften der ganzen Welt verkauft.

Anon, *Die Geschichte von Sindbad dem Seefahrer*, Sechste Reise, in *Alf laila wa-laila* (Tausendundeine Nacht; 5.–15. Jh.), Kalkutta 1830.

AMNERANHEIDE, ein ausgedehntes Moor in ↗ POICTESME, zu beiden Seiten des Flusses Duardenez. Es ist zum größten Teil unbewohnt und bedeckt mit Brombeer- und anderen Dornensträuchern. Auf der Heide spuken Hexen, Reisende sollten sie deshalb meiden, vor allem in der Walpurgisnacht, wenn man die Stimmen unsichtbarer Wesen in der Luft vernimmt. Wagt man sich auf die Heide, sollte man ein Kreuz tragen.

Das vielleicht Seltsamste an der Heide ist die große Höhle unter ihr. In dieser Gegend wurden Zentauren gesichtet, und als Jurgen, einer der gefeierten Helden von Poictesme, sich in die Tiefen der Höhle wagte, sah er die Leichen der vielen Frauen, die er in seinem Leben geliebt hatte, auf Grabsteinen ausgestreckt. Noch tiefer in der Höhle fand er Guinevere, die Tochter von Gogyvran von ↗ CAMELIARD, die der Trollkönig Thragan entführt hatte. Sie lag in einem Zauberschlaf und wurde vom Trollkönig selbst bewacht, einem alten Wüstling in voller Rüstung.

Der Eingang zur Höhle ist von Lampen auf hohen Eisenständern beleuchtet, aber weiter unten gibt es keine Lichter mehr, und der Boden ist von weißem Staub bedeckt. Am Ende öffnet sich die Höhle zu einem Raum, den ein Kessel mit brennender Kohle beleuchtet, der an eisernen Ketten von der Decke hängt. An der Rückwand führt ein Gang zu einer Holztür. Dahinter liegt ein Raum, in dem sechs brennende Lampen die Macht von Assyrien, Ninive, Ägypten, Rom, Athen und Byzanz verkörpern. Hier ist die Heimstatt des mysteriösen und unsterblichen Koshchei, auch Ardnari, Ptha, Abraxas oder Jaldalaoth genannt, dessen wahren Namen niemand kennt.

James Branch Cabell, *Jurgen*, NY 1919.

DIE AMORPHE INSEL bezieht ihren Namen aus einem Mangel an Form – sie ähnelt einer weichen amöboiden und protoplasmischen Koralle mit Bäumen, die wiederum den Hörnern der Schnecke gleichen.

Die Insel wird oligarchisch von sechs Königen regiert. Der erste König lebt von der Ergebenheit seines Harems. Um der Justiz seines Parlaments (das nur aus Neid handelt) zu entgehen, kroch er einmal durch die Abwässerkanäle, bis er einen Monolithen auf dem Hauptplatz der Insel erreichte. Er nagte ihn von innen an, bis nur eine dünne Schicht übrigblieb. Seitdem lebt er innerhalb der Säule, arbeitet, ißt, trinkt und liebt auf einer großen Leiter in der Mitte. Auf der Leiter werden auch Bankette gefeiert, und auserwählte Besucher sind eingeladen, auf den Sprossen zu sitzen. Eine der weniger wichtigen Erfindungen dieses Königs ist das Tandem, das die Segnungen des Fahrrads auch den Vierfüßlern zugute kommen läßt.

Der zweite König, wohl bewandert in der Kunst des Fischfangs, lebt an Eisenbahnlinien, die Flußbetten ähneln. Die Züge jagen die Fische unbarmherzig vor sich her und bringen das ökologische Gleichgewicht durcheinander.

Der dritte König hat die Sprache des Paradieses wiederentdeckt, die sogar den Tieren verständlich ist. Außerdem hat er elektrische Libellen hergestellt und die unzähligen Ameisen auf der Insel gezählt, indem er bis drei zählte und dann von neuem anfing.

Das vierte Mitglied der Oligarchie fällt vor allem durch sein bartloses Gesicht auf. Besuchern gibt er gute Ratschläge, wie sie ihre freien Abende verbringen können.

Puppenspiel ist der Zeitvertreib des fünften Königs. Seine Puppen stellen die menschlichen Gedanken dar, wobei der König nur die Oberteile der Puppen behalten hat, so daß es in ihnen nur reine Absichten gibt.

Der letzte König ist Verfasser eines großen Werks, das die Tugenden der Franzosen feiert. Von diesem hochachtbaren Herrscher ist ansonsten nichts bekannt.

Alfred Jarry, *Gestes et opinions du docteur Faustroll, pataphysicien...*, Paris 1911.

DAS AMPHIKLEOKLENREICH liegt in Nordafrika und grenzt an das ↗ ABDALLENREICH. Die Bewohner stammen angeblich von Hor-His-Hon-Hal (dem dritten Sohn des Sonnengottes) ab, der zusammen mit seinen Brüdern auf die Erde verbannt wurde, weil sie sich verschworen hatten, ihren Vater zu stürzen. Hor-His-Hon-Hal verliebte sich in eine gewöhnliche Sterbliche namens Phiokles, entführte sie in eine Höhle und zeugte mit ihr den ersten Amphikleoklen. Um jeden Kontakt mit dem Geschlecht der Abdallen (dessen Stammvater sein Bruder war) zu unterbinden, ließ er rings um sein Reich eine hohe Mauer errichten. Erst als viele Jahre später ein großer Teil der Mauer durch ein Erdbeben zerstört wurde, kamen die Amphikleoklen in Berührung mit der Außenwelt.

Die männlichen Bewohner sind, wie ihr legendärer Vorfahr, rothäutig, während die weiblichen die weiße Haut der Stammutter Phiokles geerbt haben.

Das Amphikleoklenreich wird von einem König (oder einer Königin) und einer Hohepriesterin regiert. Ihnen zur Seite steht der »Rat der Sieben«, der sich aus hochverdienten älteren Bürgern zusammensetzt und befugt ist, Krieg zu erklären, die Versammlung der Generalstaaten einzuberufen und während eines Interregnums die Staatsgeschäfte unter Oberaufsicht der Hohepriesterin zu führen. Die Ratsmitglieder tragen am Hals ein *Ki-Argouh* genanntes Abbild des Monarchen, auf das sie ihren Amtseid abgelegt haben. Macht sich einer von ihnen eines Vergehens schuldig, auf dem die Todesstrafe steht, so werden alle sieben Ratsmitglieder hingerichtet.

Reisende sollten nicht versäumen, die größte Kostbarkeit der Amphikleoklen zu besichtigen: die Königskrone – eine fast zwei Meter hohe, aus Spinnweben gewobene Kopfbedeckung, gekrönt von einem Abbild der Sonne, das sich um einen Zapfen dreht. Der König trägt diese Krone nur, wenn er den Thron im Haupttempel besteigt (was in seiner Regierungszeit gewöhnlich nur einmal geschieht). Sobald er auf dem Thron sitzt, läßt er die *Tak-lak-lak* genannte Goldkugel, Symbol der königlichen Privilegien, zu Boden fallen: Damit verkündet er eine Generalamnestie für Gefangene. Für kurze Zeit ist dann auch das Erstgeburtsrecht aufgehoben, Schulden werden erlassen, Ehescheidungen sind erlaubt, Witwen dürfen sich wiederverheiraten, alten Männern wird gestattet, in den Tempeln des Landes zu sterben, das Volk darf Haupttempel betreten (während es sonst im Innenhof bleiben muß), und die Priesterinnen werfen ihm Messingkugeln zu, auf denen Orakel und andere Verkündigungen zu lesen sind.

Das Ki-Argouh genannte Abbild des Monarchen aus dem AMPHIKLEOKLENREICH

Wie die Abdallen huldigen auch die Amphikleoklen dem Gott Vilkonhis. Früher beteten sie eine Gottheit namens Fulghane an, die als riesiger Mann dargestellt wurde und als Schöpfer aller Dinge galt. Das Götzenbild im Tempel war hohl, und die Orakel, die es angeblich verkündete, wurden von Priesterinnen gesprochen, die sich auf diese Weise politische Macht sichern wollten. Dieser Betrug wurde aufgedeckt, als Askalis, die Tochter Indiagars des Großen (des 73. Königs der Amphikleoklen), zur rechtmäßigen Thronerbin erklärt wurde.

Askalis hatte dagegen rebelliert, daß die Königskinder nach altem Brauch streng getrennt von ihren Eltern aufwachsen mußten und ihre Ehepartner nur aus dem Kreis derer wählen durften, die zur gleichen Zeit wie sie selbst geboren und dann im Tempel erzogen wurden. Empört darüber, daß die Prinzessin sich durchsetzen konnte und die alten, starren Vorschriften aufgehoben wurden, hatten die Priesterinnen behauptet, Askalis sei nicht die rechtmäßige Thronerbin. Als dann aber ihre betrügerischen Machenschaften ans Licht kamen, zerstörte das Volk das Götzenbild. Damit bewahrheitete sich die alte Prophezeiung, daß der Fulghane-Kult enden würde, sobald eine amphikleoklische Prinzessin ihren Vater sehen dürfte.

Nun regierten Indiagar und seine Tochter gemeinsam bis zu dem Tag, an dem Askalis vom König von ↗ TRISOLDAY entführt wurde. Als ihr Vater sie aus diesem unterirdischen Reich befreien wollte, wurde er in eine Verschwörung gegen den König verwickelt und kam ums Leben. Askalis wurde schließlich vom Abdallenprinzen Mocatoa befreit, mit dem sie sich vermählte. Während ihrer Abwesenheit wurde der Fulghane-Kult wiedereingeführt, aber kurz darauf endgültig verworfen.

Der Königspalast ist ein grandioses, aber auch recht seltsames Bauwerk. Die Vorderseite hat weder Türen noch Fenster. Eine breite Treppe führt zum Dach hinauf, wo sich der einzige Eingang befindet. Wer in den königlichen Gemächern vorsprechen will, darf, der Hofetikette entsprechend, nicht anklopfen, sondern muß durch ein Loch in der Tür blasen, um sich dem stummen Zwerg bemerkbar zu machen, der auf der anderen Seite sein Ohr an dieses Loch hält. Die größte Gnade, die der Monarch einem Untertan erweisen kann, besteht darin, daß er ihm die Hände aufs Haupt legt. Hochachtung bekundet man, indem man einen Finger in den Mund steckt oder den Atem anhält.

Die Gesetze der Amphikleoklen sind in einem großen Folianten gesammelt, der angeblich von *Kirkirkantal* (d. h. Engel des Lichts) auf die Erde gebracht wurde. Der Text besteht aus bestimmten Kombinationen von Punkten und Kommata. Wer einen auf dieses heilige »Buch der Gesetze« abgelegten Eid bricht, wird den Priesterinnen übergeben und von ihnen zu Tode gekitzelt. Bewacht wird der Foliant von vier alten Männern, *Foukhouourkou* genannt, die vier Vorfahren haben müssen, welche dem »Rat der Sieben« angehörten. Wenn das Buch geöffnet wird, müssen alle Anwesenden – mit Ausnahme dieser vier Männer, der Hohepriesterin und des Monarchen – die Augen verbunden haben.

Nach dem Gesetz werden zum Tode Verurteilte in einer großen Presse zerquetscht. Ihr Blut wird bei religiösen Ritualen verwandt, ihre Haut im Tempel aufbewahrt. Auf einem Basrelief wird verzeichnet, welches Verbrechen sie mit dem Tod büßen mußten.

Botschaften werden im Amphikleoklenreich von Schnelläufern, den sogenannten *Foul-bracs,* befördert. Sie ernähren sich ausschließlich von so leichter Kost wie Federn, Spinnweben und

Efeu, weil sie ungemein gelenkig und schnellfüßig bleiben müssen, um pro Stunde rund zehn *karies* (Meilen) zurücklegen zu können.

Charles de Fieux, Chevalier de Mouhy, *Lamekis, ou les Voyages extraordinaires d'un Égyptien dans la terre intérieure avec la découverte de l'isle des Silphides,* 2 Bde., Paris 1735–1738.

AMRS GRABSTÄTTE, in dem als Archenfield bekannten Gebiet von Wales am Llyead Amr oder Amr-Fluß. Amr, Sohn des Königs Arthus von ↗ CAMALOT, den sein Vater aus ungeklärten Gründen erschlagen hat, ist hier begraben. Dem Grab werden magische Eigenschaften zugeschrieben und seine Ausmaße an zwei aufeinanderfolgenden Tagen sind niemals dieselben: An einem Tag kann es sechs Fuß lang sein und am nächsten neun, zwölf oder sogar fünfzehn Fuß.

Gildas Sapiens, *Liber querulus de calamitate, excidio et conquestu Britanniae* (6. Jh.), Ldn. 1525. – Nennius, *Historia Britonum* (9. Jh.), Bln. 1898.

ANALOG, ein Inselkontinent im Südpazifik, bestehend aus einem Berg gleichen Namens, der höher als der höchste Himalajagipfel ist. Das Unterwasserfundament, auf dem der Analog steht, hat einen Umfang von mehreren tausend Kilometern und setzt sich aus Stoffen unbekannten Ursprungs zusammen. Diese bewirken eine Krümmung des umgebenden Raumes, so daß der ganze Inselkontinent gewissermaßen in einer Schale steckt. Um das lebenswichtige Sonnenlicht und andere Strahlungen einzulassen, ist diese »Schale« sowohl nach oben hin wie auch auf den Erdmittelpunkt zu offen. Man könnte sie als Krümmungsring bezeichnen, der den Erdteil in einem bestimmten Abstand wie eine unsichtbare und dennoch undurchdringliche Mauer umgibt.

Angenommen, man blickt von Punkt A aus (vgl. Landkarte) in Fahrtrichtung des Schiffes zum Punkt B, dem Leuchtturm nordöstlich der Insel: Da der Lichtstrahl des Leuchtturms gekrümmt verläuft, bleibt dem Betrachter verborgen, daß zwischen Punkt A und Punkt B der Analog liegt. Die Raumkrümmung lenkt sowohl das Licht der Sterne als auch die Kraftlinien des Magnetfeldes der Erde dergestalt ab, daß man während der Fahrt von A nach B überzeugt ist, sich in gerader Richtung vorwärtszubewegen. Ohne daß man das Ruder zu betätigen braucht, wird sich das Schiff und alles,

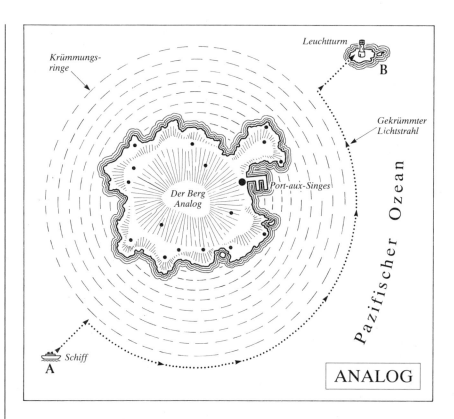

was es an Bord hat, der Krümmung der Lichtstrahlen angleichen, die den Analog in einem Halbkreis umgeben. Dies wäre eine plausible Erklärung dafür, daß nur wenige Menschen von der Existenz dieses Kontinents wissen.

Wer den Weg zum Analog finden will, muß von der absoluten Notwendigkeit seines Unternehmens überzeugt sein. Da nur die Sonne den Raum rings um die Insel »entkrümmen«, d. h. gleichsam ein »Loch« in die Schale bohren kann, muß der Reisende den richtigen Moment nützen. Wie sich erwiesen hat, kann man nicht von Osten, bei Sonnenaufgang, sondern nur von Westen, bei Sonnenuntergang, zu dem unsichtbaren Erdteil vordringen. Dann prallt nämlich ein kalter Luftstrom vom Meer her gegen die noch sonnenheißen Hänge des Analogs, und es entsteht ein Sog, der das Schiff an die Küste heranzieht. Dagegen würde es bei der Annäherung von Osten heftig zurückgeschleudert werden – ein Vorgang, der insofern symbolische Bedeutung hat, als der Verfall der Kulturen sich von Osten nach Westen vollzieht und man, um zu den Quellen zurückzufinden, den umgekehrten Weg gehen muß.

Da der einzige Bericht, der über eine Expedition zum Analog vorliegt, leider unvollständig geblieben ist, wissen wir nicht, ob den Teilnehmern die Besteigung des Berges gelang. Der Bericht enthält jedoch eine interessante Beschreibung der Küstenstadt ↗ PORT-AUX-SINGES und der Gesellschaftsstruktur des Inselkontinents, der keine einheimische Bevölkerung im eigentlichen Sinn des Wortes hat, sondern dessen Bewohner offenbar im Lauf der Zeit aus den verschiedensten Ländern gekommen sind – einzig und allein in der Absicht, den Berg Analog zu besteigen, das Symbol der Verbindung von Himmel und Erde.

René Daumal, *Le mont Analogue. Récit véridique,* Paris 1952.

ANATOL, Erdölstadt in einem Balkanland. Die nächste Zugstation ist Kömbös, an der Linie Wien–Bukarest, von wo aus man Anatol in dreistündiger Kutschfahrt erreicht. Eine Bahnlinie Kömbös–Anatol ist im Bau. Vom Kloster »Zum heiligen Rosenkranz«, einem viel besuchten Wallfahrtsort, hat man einen guten Blick auf die Stadt, die in einem Talkessel liegt. Um den Ort breiten sich fächerförmig Felder und Weinberge aus, in der Ferne dehnt sich die Steppe.

Anatol hat Landklima: schneidende Kälte im Winter, heiße Sommer bis zu 38 Grad Celsius. Die Stadt war vor allem durch den Export von Rosenessenz bekannt, bis im sogenannten Eichenwald oben über dem Kloster und den Rosenfeldern Erdöl gefunden wurde. Nach einer alten Chronik verdankt die Stadt ihren Ursprung einer religiösen Sekte, den »Feueranbetern«, die vom Schwarzen Meer hierher kamen. Im Jahr 1767 soll nach einem Erdbeben drei Monate lang eine

Feuersäule über Anatol gestanden haben, was damals als Strafe für den sündigen Lebenswandel der Bewohner gedeutet wurde. Naturwissenschaftliche Interpretationen des alten Feuerkults führten zu der Überlegung, daß Anatol möglicherweise auf erdölführendem Gestein erbaut sei. In einer Tiefe von 150 Metern stieß man schließlich auf reiche Vorkommen, die der Stadt einen rapiden wirtschaftlichen Aufschwung brachten. Elektrische Straßenbeleuchtung wurde eingeführt, das schon immer empfehlenswerte, aber einfache Hotel Trajan erhielt einen modernen Neubau, Warenhäuser entstanden, ebenso Kinos, Theater, Verwaltungsgebäude. Schulen, Krankenhäuser und neue Wohnviertel sind geplant oder im Bau. Bars und Tanzlokale finden ihre Kundschaft vor allem unter den Ölarbeitern. Das einst öde und verlassene Provinznest hat inzwischen ein halbes Dutzend Millionäre, ständig kommen neue Einwohner hinzu – schon 'in den ersten Monaten des Ölbooms waren es mehr als zweitausend. Allerdings entstehen damit auch neue Probleme für die Stadt: Schlägereien sind an der Tagesordnung, der Alkoholismus nimmt zu, und selbst vor Mord wird nicht zurückgeschreckt.

Neben der ersten Fundstätte, dem von Bohrtürmen jetzt fast zugebauten Eichenwald, entsteht Naphthastadt, das seinen Ursprung in den Baracken der Ölarbeiter hat. Mit Raffinerien, Wasser- und Stromwerken, einem Bahnhof und Landhäusern ist dieses neue Zentrum so gigantisch geplant, daß sich Anatol nur noch wie ein Vorort ausnehmen wird.

Bernhard Kellermann, *Die Stadt Anatol*, Bln. 1932.

ANDERSONS FELS, eine kahle, steile Insel unbekannter Lage. Der einzige Mensch, der dort gewesen sein soll, ist ein gewisser John Daniel, der damals bei dem Versuch scheiterte, vom Mond nach Providence Island zurückzukehren. Auf dem Grund einer tiefen Schlucht, nur wenige Fuß über der Wasseroberfläche, findet man eine geräumige Ausbuchtung. Hier leben die Bewohner von Andersons Fels in primitiven Höhlen, die mit den Planken gesunkener Schiffe ausgestattet sind. Die Münder dieser Variante der menschlichen Rasse sind so breit wie ihre Gesichter, und sie haben praktisch kein Kinn, dafür jedoch lange, dünne Arme und Beine und Schwimmhäute zwischen Fingern und Zehen. Die Beine sind mit Schuppen bedeckt und der Körper mit seehundartigem Fell. Sie fassen sich feucht und kalt an. Ihre Nahrung besteht ausschließlich aus den Fischen, die sie fangen und an der Sonne dörren.

Diese seltsamen Wesen stammen von einem englischen Ehepaar ab, das im frühen achtzehnten Jahrhundert auf dem Weg nach Ostafrika Schiffbruch erlitt, und sprechen heute noch englisch; Lesen und Schreiben haben sie allerdings verlernt. Für ihre Mißgestalt machen sie den Umstand verantwortlich, daß ihre Mutter, Joanna Anderson, einen großen Schreck erlitt, als sie während der Schwangerschaft einem See-Ungeheuer begegnete. Die Wahrheit ist schlimmer, wie John Daniel herausfand, als er eine handschriftliche Aufzeichnung der Dame entdeckte. Ihre Ehe war kinderlos geblieben, und so gab sie sich in ihrer Enttäuschung eben dem See-Ungeheuer hin, das sie vorgeblich so sehr erschreckt hatte; die Ureinwohner waren der Nachwuchs aus dieser Verbindung. Als John Daniel auf Andersons Fels landete, waren die beiden Menschen längst gestorben; aus der Vereinigung der ersten Zwillinge war eine Bevölkerung von dreißig See-Ungeheuern hervorgegangen.

Außer gewöhnlichem Fisch zum Essen fangen die Felsbewohner auch eine zehn Fuß lange Fischart, die ihnen das Öl für die Beleuchtung der Wohnhöhlen liefert.

Ralph Morris, *A Narrative of the Life and Astonishing Adventures of John Daniel...*, Ldn. 1751.

ANDOR ↗ NUMENOR

ANDORRA, eine kleine Republik in Südeuropa, nicht mit dem Staat gleichen Namens zu verwechseln.

Andorra ist ein Land mit engen Tälern und steinigen Feldern an steilen Abhängen. Die traditionellen Feldfrüchte sind Oliven und Roggen. Das Gelände erlaubt keine Mechanisierung der Feldarbeit, und das Getreide wird noch nach der altmodischen Art geerntet: mit Sicheln von Hand geschnitten. Andorra ist kein besonders malerisches Land, obwohl seine Häuser jedes Jahr am Sankt-Georgs-Tag von den einheimischen Jungfrauen weiß getüncht werden.

Die Bewohner von Andorra sind stolz auf die christliche Tradition ihres Landes und denken es sich gern als ein frommes Land: Wenn die Statue der Heiligen Jungfrau in der Prozession durch die Straßen getragen wird, wird sie begleitet von olivgrau gekleideten Soldaten mit aufgepflanztem Bajonett.

Obgleich traditionellerweise ein friedliches Land, hat sich Andorra immer durch eine gewisse Fremdenfeindlichkeit ausgezeichnet; Reisende seien darauf hingewiesen, daß die Bevölkerung bekannt dafür ist, daß sie von Zeit zu Zeit heftige antisemitische Gefühle an den Tag legt, die sie unterschiedslos auf Juden wie auf Nichtjuden überträgt.

Max Frisch, *Andorra*, Ffm. 1961.

DAS ANDRE ENDE VON NIRGEND, ein riesiges, häßliches Gebäude, das abstoßender ist als ein neuerbautes Irrenhaus. Das Prinzip, nach dem seine gigantischen Mauern erbaut worden sind, ist unbekannt. Das Gebäude wird von Polizeiknüppeln bewacht, die ein einziges Auge in der Mitte ihres oberen Endes haben. Sie brauchen nicht von Menschen getragen zu werden und verrichten selbständig ihre Arbeit. Sie haben sogar einen Riemen, an dem sie sich während ihrer Freizeit aufhängen. Ein Pförtner hat eine Liste, in der alle Insassen des Andern Endes von Nirgend verzeichnet sind; der Pförtner ist eine Donnerbüchse aus Messing, die bis zur Mündung mit Kugeln gefüllt ist. Reisende, die sich aus irgendeinem Grund in ihrem eigenen Land schlecht benommen haben, werden in das Andere Ende von Nirgend eingesperrt, und auf sie prasselt ein Hagel von vereisten Muttertränen herab. Diese unerfreuliche Erfahrung soll sie dazu bringen, sich zu bessern.

Hierher kam Tom, das Wasserkind, auf seiner Reise der Selbstaufopferung und fand Grimes, den Schornsteinfeger, der ihn auf der Erde so schlecht behandelt hatte. Grimes war in einen Schornstein eingesperrt und bettelte um Bier und eine Tabakspfeife, was hier natürlich verboten ist. Jeden Abend wurde er durch Hagel gequält, der als sanfter Regen herabfiel, sich aber in einen Geschoßhagel verwandelte, während er sich ihm näherte. Grimes wußte es zwar nicht, aber dies waren die Tränen, die seine Mutter über seinen schlechten Lebenswandel vergoß. Erst als Grimes bereute, daß er seine Mutter so schändlich behandelt hatte, durfte er den Schornstein verlassen, in dem er gefangen war; und die aufrichtigen Tränen, die er in diesem Moment vergoß, wuschen ihn zum erstenmal in seinem Leben rein. Jetzt durfte Grimes das Andere Ende von Nirgend verlassen und wurde für den Rest seiner Tage in den Ätna geschickt, dessen Krater er ausfegen mußte; es ist möglich, daß er sich noch immer dort aufhält.

Charles Kingsley, *The Water-Babies: A Fairy Tale for a Land-Baby*, Ldn. 1863.

ANDROGRAPHIA, ein Land unbekannter Lage. Der Staat gilt hier als eine große Familie und jede Familie als Staat im kleinen. Geburt und Ansehen bestimmen die Rangordnung. Städte und Dörfer stehen unter der Verwaltung eines Senats, der aus Beamten und Honoratioren zusammengesetzt ist. Ehemänner haben Vollmacht über ihre Frauen. Innerhalb dieser Hierarchie gibt es ein Gleichheitsprinzip: Alle, die einem bestimmten Alter, Beruf oder Geschlecht angehören, sind gleich, doch den ihnen Höherstehenden untergeordnet. Dörfer unterstehen den Städten, Städte den Provinzhauptstädten, jene den Hauptstädten und diese schließlich dem König. Innerhalb der Familie hat der Vater die absolute Autorität.

Das Land ist unter den einzelnen Familien aufgeteilt, ihr Viehbestand richtet sich nach Bedarf und Leistung. Die Eltern großer Familien sind hochgeehrt, und die Ehe ist für alle gesunden Bewohner eine staatsbürgerliche Pflicht.

Wer an Literatur interessiert ist, wird einen Besuch von Andrographia als lohnend empfinden, denn Literatur und Theater sind ehrenwerte Erwerbszweige. Erziehung ist vorgeschrieben, und niemand darf heiraten oder einen Beruf ergreifen, ohne vorher einen gewissen Bildungsstand erlangt zu haben.

Die kreisrunden Säle der öffentlichen Gebäude dienen in allen Städten verschiedenen Zwecken. Man benutzt sie, um Nahrungsmittel aufzubewahren, aber auch als Speisesäle für gemeinsame Mahlzeiten. Hier wird auch die Nationalzeitung an Samstagen laut verlesen, wobei alle wichtigen Neuigkeiten und Ereignisse im Detail erörtert werden. Touristen, die wissen wollen, was in Andrographia zu sehen und zu unternehmen ist, sollten an einer solchen Versammlung teilnehmen.

Nicolas-Edme Restif de la Bretonne, *L'Andrographe...*, Den Haag 1782.

ANGBAND, die Ruinen einer riesigen Bergfestung hinter den Wällen der Eisenberge im hohen Nordwesten von ↗ MITTELERDE. Jenseits der jetzt wieder grünen Ebene von Ard-galen erreicht der Reisende, der das Gruseln lernen will, von Süden her, vorbei an schwarzen Klüften, in denen es früher von Schlangengetier wimmelte, und vorbei an schroffen Klippen, auf denen einst häßliche, kreischende Aasgeier saßen, das riesige Eingangstor. Darüber, in gleicher Höhe mit den Bergen, die gewaltigen Donnertürme von Thangorodrim, die schwarz und kahl, aus der Asche unterirdischer Öfen und den Schuttmassen von Grabungen erbaut worden sind und aus denen einst schwarzer, stinkender Rauch quoll.

Hinter dem Tor beginnt ein Labyrinth von Treppen, Gängen, Feuerhöhlen. In der tiefsten Halle stand inmitten von Mord- und Marterwerkzeug der Thron Morgoths, des Schwarzen Feindes der Welt und Erbauers dieser Festung, seiner zweiten nach ↗ UTUMNO. Hierher floh er, nachdem er im Segensreich ↗ AMAN die Zwei Bäume des Lichts mit Hilfe der Riesenspinne Ungolianth zerstört und die drei Silmaril, die Steine des Lichts, gestohlen hatte. Sie paßte er in eine Eisenkrone ein und meinte nun, als »König der Welt« herrschen zu können. Hier, in den tiefen Verliesen, hatten sein Gehilfe Sauron und auch die Balrogs, die Feuergeister, den früheren Ansturm der Valar, der Mächte der Welt, überlebt, und auch seine schwerbewaffneten Orkheere konnte er aufs neue aussenden. Die Antwort war die Belagerung von Angband. Doch mit den Jahren ließ die Wachsamkeit der Elben nach. Morgoth nützte die Gelegenheit und entfachte den Krieg des Jähen Feuers. Flammen schlugen aus dem Tor von Thangorodrim und verbrannten die Ebene von Ard-galen. Dann rückte der Drache Glaurung der Goldene aus, das Orkheer erledigte den Rest, die Belagerer mußten fliehen.

Nun entschlossen sich die Valar, ein letztes Mal in Mittelerde einzugreifen. Und nach einer gewaltigen Schlacht, die zwischen den Balrogs und riesigen Adlern sogar in der Luft geführt wurde, war Morgoth endlich überwältigt. Die Valar stießen ihn durch das Tor der Nacht aus der Welt hinaus in die Zeitlose Leere, doch Sauron und viele andere böse Dinge überlebten in Mittelerde.

John Ronald Reuel Tolkien, *The Fellowship of the Ring*, Ldn. 1954. – Ders., *The Silmarillion*, Ldn. 1977.

ANOSTOS ↗ MEROPIS

ANTANGIL, ein riesiges Inselkönigreich, das sich 6° nördlich vom Wendekreis des Krebses bis etwa 50° vor dem antarktischen Pol erstreckt.

In den verschiedenen Gegenden von Antangil kann man zur gleichen Zeit milde Sommer, strenge Winter, milden Frühling und sonnigen Herbst erleben. Reisende, die das Reich besuchen, sollten also mit ihrer Kleidung auf alle Jahreszeiten eingerichtet sein.

Im Norden, am Indischen Ozean, ist die Küste steil und felsig, ohne Buch-

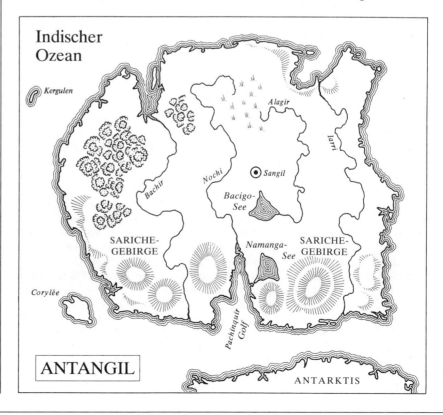

ten und Häfen, ausgenommen die Mündungen zweier Flüsse, des reißenden, aber schiffbaren Iarri im Osten und des trägen, schlammigen Bachir im Westen. Im Süden, jenseits der fruchtbaren Täler des Gebiets, erheben sich die hohen Sariche- oder Salices-Gebirge, deren Bewohner wild und grausam sind. Die Berge selbst sind reich an Mineralien. Ebenfalls im Süden liegt der Pachinquir-Golf; die umliegenden Gebiete sind für ihre Edelsteine und schönen Perlen berühmt.

In den Gewässern des Golfs findet man ein seltsames, sanftes Tier: So groß wie ein Pferd, mit dem Gesicht eines Löwen, halb mit Haaren und halb mit Schuppen bedeckt; es kann sehr schnell schwimmen, kommt aber auch zu Lande vor und scheint menschliche Gesellschaft zu schätzen.

Besucher, die sich Antangil vom Meer aus nähern, sehen den hohen Vulkan auf der Insel Corylée vor der Südwestküste; in der Dunkelheit strahlt er wie ein Leuchtturm und warnt die Schiffer vor den gefährlichen Sandbänken.

Das Königreich Antangil ist in 120 Provinzen aufgeteilt. Die Hauptstadt des gesamten Reichs ist Sangil im Zentrum der Insel. Vor vielen Jahrhunderten beschlossen die Einwohner von Antangil, ihre Streitereien zu vergessen und sich für den Wohlstand einer geeinten Nation einzusetzen. Man kam überein, jede Stadt in Gruppen von zehn Einwohnern aufzuteilen, deren gewählte Führer, die *dizainiers*, weitere Zehnergruppen bilden, von denen die *centeniers* gewählt werden. Diese wählen den König, der ohne Zustimmung des Senats keine Entscheidungen trifft und in finanziellen Staatsangelegenheiten nichts zu sagen hat.

Das ganze Vermögen Antangils gehört dem Volk, das darüber entscheidet, ob private oder öffentliche Steuern erhöht oder gesenkt werden. Das Volk kontrolliert auch die Armee, alle Männer zwischen achtzehn und fünfundfünfzig Jahren können einberufen werden. Das Kriegsrecht ist sehr streng; auf Plünderung steht die Todesstrafe. Diese kann durch Erhängen oder Enthaupten vollstreckt werden, Folter ist jedoch verboten.

Die Religion von Antangil ist der Katholizismus, allerdings ohne die Festtage der Heiligen und die Anbetung religiöser Symbole. Auch gibt es keine Fastenzeit.

Reisende werden feststellen, daß alle Hotels und Gasthäuser gesetzlich festgelegte Preise für Unterkunft und Mahlzeiten angeben. Trinkgelder sind verboten, weil die Einwohner finden, man solle sie nur für ihre Arbeit bezahlen. Armut ist hier unbekannt, und Arbeitslose werden in die Minen des Sariche-Gebirges geschickt, so gibt es keine müßigen Hände, und der Teufel findet keinen Beistand.

Anon., *Histoire du grand et admirable royaume d'Antangil...*, Saumur 1616.

ANTARKTISCHES FRANKREICH, felsige Halbinsel etwa von der Größe Frankreichs und mit ähnlichem Klima, im Südmeer gelegen. Hohe Berge schützen es vor kalten Winden, und das bevölkerte Gebiet, das in einem geschlossenen Tal liegt, ist durch Sandwüsten vom Meer getrennt.

Die stark befestigte Hauptstadt Neu-Paris ist eine Kopie des Originals, und jeder Besucher, der Paris kennt, wird sich leicht zurechtfinden. Der einzige Unterschied besteht darin, daß man die Elendsviertel von Paris durch elegante Gebäude ersetzt hat und daß die neue Stadt schöner ist als die alte. Das Land besitzt keine Häfen, und es gibt, von Neu-Paris abgesehen, nur fünf oder sechs Städte von einer gewissen Bedeutung.

Das Antarktische Frankreich ist eine erbliche Monarchie und wird seit jeher von einer schönen Königin regiert, die die Einwohner Ninon nennen. Es gibt nur einen männlichen König in der Geschichte des Landes – Grégoire Merveil aus dem Reich der Alsondoner, der dann zugunsten seiner Tochter abdankte und so die Linie weiblicher Herrscher wiederherstellte.

In diesem südlichen Land gibt es alle Künste und Techniken Europas (außer dem Schiffbau), dabei sind viele Bräuche, zum Beispiel das Tragen von Masken auf Bällen, von denen des französischen siebzehnten Jahrhunderts angeregt. Eine gute Zeit für einen Aufenthalt ist der Karneval, eine Periode der Feste und der Ausgelassenheit, der Masken und Verkleidungen, oft auch handgreiflichen Schabernacks; oder die allgemeine Heiratszeremonie, bei der die hübschesten Mädchen in Gegenwart der Königin und ihrer Minister versteigert werden: Der Gewinn wird dazu verwendet, passende Ehemänner für die Häßlichsten zu finden. Dieser Anlaß wird in vielen Cafés und Ballsälen gefeiert.

Männliche Reisende werden wahrscheinlich die Provinz der Weibsteufel meiden wollen (der Frauen, die trotz allem keinen Mann gefunden haben), wo einst die Frauen alle Macht besaßen und Männer als Sklaven verkauft wurden, sie werden den südlichen Teil des Landes interessanter finden. Dort ist die Heimat einer Sekte von Unsterblichen, die steinalt sind, aber ziemlich jung wirken; sie waren lange Zeit in einen Gletscher eingefroren und kehren immer wieder, manchmal für Jahre, durch den Gebrauch von Opium in diesen Zustand suspendierten Lebens zurück.

Robert-Martin Lesuire, *L'aventurier français ou Mémoires de Grégoire Merveil*, Paris 1792.

APFELBREI, ein Elfenreich in Herefordshire, England. Ein stilles, solides Land ohne die Betriebsamkeit von ↗ ZUY oder die hochtrabenden Überlieferungen von ↗ BROCELIANDE. Im Unterschied zu den meisten Elfenreichen hat es jedoch eine wichtige Rolle in der Geschichte des Menschen gespielt. Das ist hauptsächlich Hamlet zu verdanken, einem Elfen, der trotz oder wegen seiner Herkunft aus besten Kreisen sich in seiner Jugend durch Überspanntheit auszeichnete; damals gründete er die »Apfelsche Gesellschaft für Ungeregelte Spekulation«, eine Organisation, die den gesetzteren Untertanen des Königreichs ziemlich staatsgefährdend erschien. Die Gesellschaft wurde gegründet, um Themen zu erörtern wie »Das Schlafen im Freien« oder »Das Schlechte am guten Geschmack« und sogar die Frage, ob menschliche Wesen interessanter seien als Elfen. Letztere Diskussion führte zu solcher Feindseligkeit unter den Elfen, daß die Gesellschaft aufgelöst wurde. Hamlet fiel unter seinen Kameraden auch durch sein Interesse am Theater auf.

Hamlet heiratete Nel, eine der schönsten Elfen, die je in Apfelbrei geboren wurden. Sie starb bei der Geburt von Zwillingssöhnen, deren Vater nicht ihr Ehemann, sondern ein gewöhnlicher Sterblicher war. In solchen Fällen unterziehen sich Elfinnen sonst einer Abtreibung, aber selbst die herkömmliche Mischung aus Rinde und Laub einer besonderen Wacholderart wirkte nicht. Die Zwillinge wuchsen in Apfelbrei heran und zogen als Jünglinge weg, zur großen Erleichterung der meisten Elfen. Jahre später kehrten sie jedoch zu Hamlet zurück – er galt als ihr legitimer Vater – und äußerten den Wunsch, Geistliche zu werden: Sie seien ihres ausschweifenden Wanderlebens müde. Nach einiger Überredung war Hamlet bereit, eine theologische Hochschule für sie einzurichten, ein Seminar in Wenlock, Nordwales. Die Zwillinge erwiesen sich an der neuen Hochschule als tüchtige Studenten, und beide erreichten im Lauf der Zeit die Bischofswürde; einer wurde der Fromme Bischof und der andere der Mannhafte Bischof genannt, und später wurden sie Erzbischöfe von York und von Canterbury. Nachdem es zwei Erzbischöfe hervorgebracht hatte, genoß die Hochschule einen ausgezeichneten Ruf. Hamlet verfolgte die Laufbahn seiner »Söhne« mit großem Interesse als eine Art Unterhaltung, die zu seinem Vergnügen betrieben wurde, beschäftigte sich aber auch ernsthaft mit ihrem Studium. Wahrscheinlich ist er der einzige Elf, der sich mehr als oberflächlich mit Theologie befaßt hat.

Sylvia Townsend Warner, *Kingdoms of Elfin*, Ldn. 1972.

APHANIA, ein Königreich in Mitteleuropa. Das Land ist berühmt für seine vielen Glocken und Türme und für die Statue des Königs Rumti, der von einer guten Fee in einen Stein verwandelt wurde, weil er in seiner Zerstreutheit vergessen hatte, einem Bettler Almosen zu geben. Der gegenwärtige König muß dieser Statue am 81. Blasi huldigen, einem von den nur vier Monaten des Aphanischen Jahres. Wachsi, Rosi, Blasi und Schneesi entsprechen unseren vier Jahreszeiten.

Aphania ist ein besonders literarisches Land. Man hat ein Spezialgesetzbuch für literarische Beleidigungen und einen Literaturgerichtshof, dessen Vorsitz sechs Richter führen, die immense Gehälter als Ausgleich für ihre erzwungene literarische Enthaltsamkeit bekommen. Wer überführt wird, aus den Werken aphanischer oder anderer Autoren etwas entlehnt zu haben, wird für drei Jahre in die Tretmühle geschickt. Umarbeitungen aus dem Französischen gelten als Schmuggel, und Verletzungen der Syntax verdienen die Todesstrafe, wobei auch die Geistlichkeit nicht ausgenommen ist. Jeder, der vermessen genug wäre, beispielsweise einen Satz zu schreiben wie »Diese Gesetze der Grammatik, ursprünglich von Lindley Murray verbreitet, *und welche* durch allgemeinen Gebrauch sanktioniert sind«, würde unverzüglich hingerichtet werden. Um die Reinheit des Stils zu gewährleisten, werden alle Eigenschaftswörter in der Nationalbibliothek aufbewahrt, und keinem Autor ist es gestattet, mehr als eine bestimmte Anzahl pro Tag ohne eine Sondererlaubnis von mindestens dreien der Literaturrichter zu verwenden. Trotz dieser Strenge werden jedes Jahr zahlreiche, zumeist bedeutende Bücher veröffentlicht. Im Hinblick auf die Publikation gelten in Aphania eigenartige Vorschriften. Von jedem verkauften Exemplar darf der Verleger einen gewissen Anteil für die Papier-, Druck- und Bindekosten an sich selbst zurückzahlen. Je nach der Aufmachung, in welcher er das Buch herausgebracht hat, schwankt das zwischen einem und fünf Prozent. Da er auf jeden Fall ein besserer Kenner der ihm angebotenen Bücher sein sollte als andere Leute, wurde verfügt, daß er gerechterweise den gesamten Verlust der Publikation zu tragen hat, wenn das Buch sich als unbedeutend erweist. Andererseits erhalten die Autoren (außer diesem Verleger-Prozentsatz) alles, was das Buch an Einnahmen erzielt, wobei festgelegt wurde, daß der Erfolg des Werks ganz von der Arbeit des Schriftstellers abhängig ist, da Papier, Typ und Aufmachung bei allen Büchern gleich ist. Im Fall eines Mißerfolgs gilt ihre Schuld durch die Kosten ihrer verlorenen Zeit und ihren ruinierten Ruf als abgetragen.

Gehälter werden nur jenen gezahlt, die nichts tun. So begegnet man der Gefahr, daß die tatsächlich Arbeitenden weniger von echtem Pflichtbewußtsein als vielmehr von Gewinnsucht bestimmt sind.

Tom Hood, *Petsetilla's Posy*, Ldn. 1870.

APORÉE, der alte Kontinent, der sich als eine verödete Ebene südöstlich von Grönland und nördlich von Afrika bis nach Westasien erstreckt. Aporée heißt auch Newropa und floriert in einem neuen amerikanischen Industrialisierungsboom. Das alte Aporée ist verschwunden, sein Name aus dem Gedächtnis der Geschichte gestrichen. In keinem Schulbuch steht etwas über die Geschichte des Landes vor der Industrialisierung, erst recht nicht über die noch ältere Geschichte, bevor man das Land Aporée nannte. Hier gibt es nur Spekulationen. In keiner Bibliothek der Welt steht ein Buch darüber. Alle Nachrichten scheinen systematisch vernichtet worden zu sein. Noch vor vierzig Jahren zog das Wort »Aporée« wie ein faszinierendes Geheimnis alle an, die mit ihrer Gesellschaft und ihrem Leben fertig waren. Es gab nur den Hinweg nach Aporée. Niemand durfte zurückkehren. Der Reisende war für seine Umwelt bereits gestorben. Nur Selbstmordkandidaten meldeten sich freiwillig für die Überfahrt. Noch im Frachtschiff, dem einzigen Transportmittel nach Aporée, bereits angesichts der Küste, mußte der Reisende noch einmal schriftlich auf alle Rechte zur Rückkehr verzichten. Er war dann aus den Listen der Lebenden gestrichen. Keine Briefe oder andere Nachrichten wurden von ihm befördert. Er erhielt einen neuen Paß mit einem neuen Computernamen, einen Seesack mit Schlafzeug und Eßgeschirr, fünfhundert Dollar in neuen Scheinen, die zu nichts zu gebrauchen waren. Dann wurde er in der Bucht abgesetzt.

Aporée war ein häßlicher brauner Fleck auf der Landkarte, ein Land ohne Wachstum, eine Lücke in der Welt zwischen West und Ost, ein vor langer Zeit scheinbar völlig zerstörter Erdteil, dessen Katastrophe aus dem Andenken der Menschheit ausradiert worden war. Erst später, nachdem Aporée von den Amerikanern in Besitz genommen und »Newropa« getauft wurde, fand man Spuren einer hohen Kultur unter der gelbbraunen Lavaschicht, die zu zerbröckeln begann. Alles über der Erde schien in einem unvorstellbaren Hitzeschlag zusammengeschmolzen und verklumpt zu sein. Fundamente, Installationen, Heizungsanlagen, Abflußsysteme konnten rekonstruiert werden. In den ersten Anfängen von Aporée, das heißt, als die ersten Besiedelungsversuche mit Selbstmordkandidaten begannen, war kein Wachstum möglich auf der Lavaschicht. Erst nach Jahrzehnten begannen Gräser zu sprießen, später wurden die Hügel grün unter dem zerbröckelnden Gestein, dann entwickelten sich sogar Kiefern und Birken. Niemand lebte damals länger als ein halbes Jahr in Aporée. Er bekam rote Punkte unter der Haut, Blutzersetzung, und verlor seine Haare büschelweise. Es gab nie mehr als zehn Prozent Frauen unter der Bevölkerung an der Bucht, die immer bei etwa hundert Personen lag. Wurde eine schwanger, was nicht häufig vorkam, so hatte sie im dritten oder vierten Monat eine Fehlgeburt, an der sie verblutete. Keine überlebte ihre Schwangerschaft. Später überlebten die ersten Schafe die Geburt, und man begann mit der Schafzucht, die einzigen Tiere an der Küste, die immer leer von Fischen und Vögeln blieb.

Jeder Abgang und alle Krankheitsgeschichten wurden an die Kriegsschiffe gefunkt, die hinter dem Horizont kreuzten. Man sorgte dann für Nachschub. Die Kolonie war der Maßstab für die zurückkehrende Lebensfähigkeit des Landes. Bald konnte man zwei Jahre, bald viel länger hier leben. Die Enttäuschung der Selbstmordkandidaten wuchs. Der Startschuß für die offizielle Besiedlung war dann der Moment, in dem in Aporée ein lebendes Kind geboren wurde, das Ende von Aporée.

Damals war alles dem Geheimdienst unterstellt. Jeder, der einreisen wollte, wurde auf Herz und Nieren überprüft. Niemand in der Siedlung an der Bucht kümmerte sich um sein früheres Leben oder das der anderen. Eine Zeitrechnung gab es nicht. Der Frachter blieb weit draußen vor der Küste. Um in die Bucht zu gelangen, mußte man in einen Leichter umsteigen, der mit den nötigen Waren für die Kolonie beladen wurde. Der Steuermann des Schleppers näherte sich nur im Schutzanzug dem Landungssteg.

Die Bucht liegt unter einem ständig grauen Himmel mit häufigem Sprühregen. Hier standen die Hütten der Siedlung. Die Bucht, fast ein Binnensee, hat eine sehr flache und schmale Einfahrt. Die Landzunge im Norden ist felsig. Die Felsen fallen hier fünfzig Meter steil ins Meer. Die Felsenzunge reicht weit um die Bucht herum. Im Süden liegen grüne Hügel. Im Osten ist nur ein schmaler Landstrich vor dem Strand frei. Dahinter erhebt sich gleich das Gebirge wie eine Mauer. Auf der anderen Seite der Gipfel kann man in eine unendlich weite leere hügelige Ebene sehen. An die Felsmauer angelehnt oder frei lagen ein paar Baracken aus Fertigteilen verstreut vor dem Landungssteg. Die Dächer waren mit Wellblech gedeckt. Der Gemeinschaftsraum, der als Eßplatz diente, war an den Fels gebaut, eine finstere Scheune mit Holzkisten als Sitzgelegenheiten, Ölfunzeln als Beleuchtung. Im Hof standen drei Kochkessel, dahinter eine Felsenhöhle für die Vorräte, das Magazin. Am Hang oberhalb der Siedlung lag die »Klinik«, ein niedriges, weißes Haus mit zwei Räumen und einem Verschlag, drei Betten für die Kranken und einem Tisch, der dem Arzt als Schreib- und Operationstisch diente. Nur hier und in der Funkstation über der Klinik gab es elektrischen Strom. Ein verschmutzter Generator neben dem Funkhäuschen sorgte für eine ständig flackernde trübe Beleuchtung. Weiter entfernt lag die Hütte der Schäferin, dahinter die Weiden mit den Schafherden, still und grau. Aporée hatte keine Verwaltung, keine Behörden, keinen Bürgermeister oder Gouverneur, keine Kirche, kein Standesamt. Niemand hatte das Sagen. Alles regelte sich von selbst. Gesetze und Ordnung waren nicht nötig. Geld blieb sinnlos. Niemand hatte eine Aufgabe. Alle beschäftigten sich während ihrer Wartezeit mit irgendwelchen Handgriffen, die getan werden mußten. Das Essen wurde gemeinsam eingenommen. Zerschlissene Kleider wurden aus dem Magazin ersetzt. Getrunken wurde wenig. Die Leute hier waren über das Trinken hinaus. Streitigkeiten gab es kaum. Jeder blieb so weit wie möglich für sich. Alle waren gute Menschen. Selbstmordkandidaten verwickeln sich nicht mehr in Händel. Mord wäre zu anstrengend gewesen und wäre überdies als Privatangelegenheit betrachtet worden. Es gab keine Ehe, keine Familie. Die Freiheit wurde dadurch eingeschränkt, daß jeder ständig auf der Hut war, niemanden zu kränken. Es gab eine Art Friedhof, auf dem die Leute verscharrt wurden. Aus alter Gewohnheit standen auf den Gräbern Kreuze aus Kistendeckeln ohne Namen. Religiös war niemand hier. Schlaflosigkeit war normal, auch der starke Durchfall der Neulinge. Alle trugen die gleichen wasserdichten Overalls und feste Schuhe, die sich schnell auf dem steinigen Boden abnutzten. Es gab keinerlei Ablenkung. Man vermied in Aporée körperliche Berührungen. Niemand fragte, wie geht's. Je länger der Tod auf sich warten ließ, desto häufiger verschwanden welche in der Ebene und kehrten nicht mehr zurück. Vorher saßen sie tagelang auf den Hügeln jenseits und blickten in die Ferne. Man vermutete, die Ebene breite sich über Tausende von Meilen aus. Dort in der Leere war wahrscheinlich das wirkliche Aporée.

M. W.

Hans Erich Nossack, *Ein glücklicher Mensch. Erinnerungen an Aporée*, Ffm. 1975.

ARABISCHER TUNNEL, Unterwasserverbindung zwischen dem Roten und dem Mittelmeer. Wegen der starken Strömung kann man den Tunnel nur von Süden nach Norden durchqueren. Der Eingang liegt etwa fünfzig Meter unterhalb des Golfes von Suez, der Ausgang im Golf von Tinah, nicht weit entfernt von den versunkenen Ruinen der antiken Stadt Pelusium.

Nach Aussagen von Professor Aronnax aus Paris, dem Autor von *Les mystères des grands fonds sous-marins* (Geheimnisse der Meerestiefen) wurde dieser von unbekannter Hand erbaute Tunnel durch Kapitän Nemo von der *Nautilus* entdeckt und zum erstenmal befahren. Kapitän Nemo hatte festgestellt, daß eine Fischart, die im Roten Meer lebte, auch im Mittelmeer auftauchte, und schloß daraus, daß hier irgendeine Verbindung bestehen müßte. Außerdem vermutete er, daß wegen der unterschiedlichen Höhe das Gefälle vom Roten Meer zum Mittelmeer hin verlaufen würde. Um den Beweis zu erbringen, fing er im Golf von Suez einige Fische, markierte sie mit Ringen und warf sie wieder ins Wasser. Wenige Monate später fand er nahe der syrischen Küste einige seiner gekennzeichneten Exemplare wieder.

Jules Verne, *Vingt mille lieues sous les mers,* Paris 1870.

ARCHAOS, ein Königreich in Mitteleuropa, ist berühmt wegen seiner liberalen Monarchie.

Die Landesgesetze legen fest, daß die Einwohner arbeiten, bis die königliche Schatzkammer gefüllt ist, dann verteilt der König den Gewinn, und erst, wenn alles ausgegeben ist, kehren die Leute an ihre Arbeit zurück. Sogar als eine Hungersnot über Archaos hereinbrach, fand König Govan das richtige Gesetz, nämlich: »Alles ist frei«. Kaufleute und Ladenbesitzer konnten daraufhin ihre Lebensmittel nicht verkaufen, Geld wurde wertlos, und die Waren wurden unter alle verteilt.

Die Philosophie von Archaos begründet, daß die Werke der Liebe besser sind als die durch Reichtum oder Krieg geschaffenen, daß niemand mehr arbeiten soll, als unbedingt nötig ist, daß gute Sitten nahezu alle Probleme lösen können. »Wir pflücken Blumen und spielen mit Katzen, wir danken Gott für einen besonders schönen Sonnenuntergang«, sagen die Einwohner von Archaos.

Sehenswert sind: das königliche Schloß, das der König allen Frauen öffnet, die einem zornigen Vater, einem schlechten Ehemann oder einem falschen Verlobten entfliehen wollen; das Institut der Öffentlichen Notwendigkeit, ein vom König errichtetes Bordell, das er selbst häufig besucht; und das Onagre-Kloster, das von der Zwillingsschwester des Königs gegründet wurde und der Freude an der Gegenwart und der Meditation gewidmet ist.

Christiane Rochefort, *Archaos ou Le jardin étincelant,* Paris 1972.

ARCHENLAND, ein kleines Land südlich von ↗NARNIA, von dem es durch eine hohe Bergkette getrennt ist. Wenn der Reisende von Archenland nach Westen blickt, sieht er die Berge über fichtenbedeckten Hängen und schmalen Tälern zu einer Kette von

Das Alte Schloß von Anvard, der alte Sitz der Könige von ARCHENLAND

blauen Gipfeln aufsteigen, die sich so weit erstrecken, wie das Auge reicht. Doch an einer Stelle senken sich die Berge zu einem bewaldeten Sattel; dies ist der Paß, der nach Narnia hinüberführt. Einer der höchsten Berge in der Kette ist der Mt. Pire mit seinen zwei Gipfeln.; er war einst ein zweiköpfiger Riese, der durch die sagenhafte Fee Olvin in Stein verwandelt wurde. Über die Geschichte ihres Kampfes berichten die Lieder von Archenland.

Die südliche Grenze von Archenland ist der Gebogene Pfeil, ein Fluß, an den sich die Wüste anschließt, die Archenland von Calormen trennt.

Der Sitz der Könige von Archenland ist Anvard, ein kleines Schloß mit vielen Türmen, das am Fuß der nördlichen Berge liegt. Ein bewaldeter Kamm schützt es vor dem Nordwind. Das Schloß ist aus rötlichbraunem Stein erbaut und mit einem Tor und Fallgitter versehen, hat aber keinen Graben. Vor dem Tor erstrecken sich grüne Rasenflächen.

In den südlichen Marschgebieten werden Besucher als einzige Bewohner einen Einsiedler finden, der in einer strohbedeckten, mit einer runden Mauer aus Torf umgebenen Hütte lebt. In seinem Garten befindet sich ein magischer Tümpel, in dem sich die Ereignisse der Welt spiegeln.

Wenig ist von der Geschichte Archenlands vor der Zeit König Lunes bekannt, der gleichzeitig mit König Peter von Narnia regierte. Allen Berichten zufolge war König Lune ein lustiger, fetter Mann mit zwinkernden Augen, der in der Öffentlichkeit oft in seinen alten Kleidern erschien, da er gerade seine Tiere versorgt hatte.

Besucher von Archenland werden feststellen, daß Brüder dort häufig ähnliche Namen haben; so heißen Bruderpaare beispielsweise Cor und Corrin, Dar und Darrin oder Cole und Colin. Die Ursprünge dieser Sitte sind unbekannt.

Archenland ist für seinen Wein berühmt, der so stark ist, daß man ihn vor dem Trinken mit Wasser mischen muß.

Clive Staples Lewis, *The Voyage of the »Dawn Treader«,* Ldn. 1952. – Ders., *The Horse and His Boy,* Ldn. 1954. – Ders., *The Magician's Nephew,* Ldn. 1955.

ARCTURS PALAST wurde in einer hochgelegenen Stadt errichtet, die von einem fernen Berggürtel eingefaßt ist. Von den Zinnen des Palastes schaut man weit über das gefrorene Meer zu Füßen der Stadt. Ihre glatten durchsichtigen Mauern spiegeln sich im Eis. Bemerkenswert ist der ungewöhnlich harmonische Baustil der Stadt. Auf dem Platz vor dem Palast ist ein prächtiger Garten angelegt worden, in dem Metallbäume und Kristallpflanzen mit bunten Edelsteinblüten und -früchten wachsen. Die Licht- und Farbeffekte sind von besonderem Reiz. Die Fontäne des Springbrunnens in der Mitte ist zu Eis erstarrt und taut erst mit dem Meer wieder auf.

Vor den Fenstern des Palastes stehen Tongefäße mit Eis- und Schneeblumen. Die Innenbeleuchtung schimmert so stark durch die hohen bunten Fenster, daß ein rötliches Licht Gassen, Säulen und Mauern erhellt. Ein kostbarer Teppich schmückt den Thronsaal, der Thron ist aus einem Schwefelkristallblock gehauen. Im Hintergrund hält sich zumeist ein sprechender Vogel mit exotischem Federschmuck auf. Breite Treppen führen vom Thronsaal zur Kuppel hinauf, dem Lieblingsplatz des Königs. Besonders geschätzt ist bei der königlichen Familie ein Kartenspiel. Die mit tiefsinnigen Zeichen bedeckten Karten werden sorgsam gemischt, dann gezogen und ausgelegt, indem man versucht, mit den hintergründigen Zeichen harmonische Figuren zu legen. Durch die Kuppel finden die Sterne Einlaß, die die Figuren der Kartenblätter als lebende Bilder nachstellen. G.W.

Novalis, *Heinrich von Ofterdingen,* Bln. 1802.

ARDISTAN, ein riesiges, gebirgiges Land, das südlich von El Hadd liegt und gemeinsame Grenzen mit ↗TSCHOBANISTAN und ↗DSCHUNUBISTAN besitzt. Die lange Seeküste wird kaum für den Seehandel genützt, es gibt keine Häfen, und das Gebiet hier ist nur sehr spärlich besiedelt. Das Inland jedoch ist außerordentlich fruchtbar, und wenn der Besucher über die Wein- und Johannisbrotgärten und die Palmenhaine staunt, erzählt man ihm die Legende, daß hier ursprünglich das Paradies gewesen sei. Auch von der neuen Hauptstadt Ard berichtet man, Gott selbst habe den Grundstein zu ihr gelegt. Die Erbauer des Herrscherpalastes waren die Riesen Assyra und Babyla, und dementsprechend sind seine Dimensionen. Ein kühnes Kuppelwerk bildet das Mittelstück, an seinen Ecken ragen vier filigranartige Türme in den Himmel, die von einer Unzahl weiterer Kuppeln und kleinerer Türme umsäumt sind. Im Zentrum des Palastes liegt der prächtige Thronsaal – mit Teppichen üppig ausgelegt, von Buntglasfenstern, Hängelampen und Kerzen erhellt und von Wohlgerüchen erfüllt. Der Thron ist aus Gold und Diamanten. Ihn zu berühren, kann die Todesstrafe bedeuten. Es herrscht eine feierliche, fast kirchliche Atmosphäre.

Ard, das am Zusammenfluß von Phison, Schihon, Tigris und Phrat liegt, beherbergt die Gotteshäuser und Tempel der verschiedensten Religionen. Der Islam und das Christentum sind zwar vorherrschend, doch gibt es auch buddhistische Pagoden und Bauten, die indianischen Teokalli ähneln. Ebenso repräsentiert die Architektur der Häuser die verschiedensten Stile geschichtlicher Epochen.

Die Dynastie der Mirs, der Herren von Ardistan, übte ihre Macht despotisch aus, sie herrschte sogar bis über das entfernte ↗ USSULISTAN, dessen riesenwüchsige Bewohner ihr als Leibwache dienen mußten. Die Mirs wurden von einem gemeinsamen Alptraum verfolgt. Jeder von ihnen träumte, er werde von seinen Vorfahren gerichtet, und nur wenn er die Sünden aller seiner Ahnen auf sich nehme, könnten ihre und seine Seelen frei werden. Dieser Traum verwirklichte sich ganz konkret für den Mir Shedid el Galabi in der ↗ STADT DER TOTEN, in die er als Gefangener des »Panthers« von Tschobanistan geraten war. Geläutert und als ein Mann des Friedens kehrte er nach Ard zurück. Der »Panther« konnte besiegt werden. Als Zeichen dafür, daß endlich wieder Friede in der ganzen Region herrschte, begann auch der Fluß Ssul, der in ↗ DSCHINNISTAN entspringt, wieder durch Ardistan bis hinein nach Ussulistan zu fließen.

Karl May, *Ardistan*, in *Ges. Reiseerzählungen*, Bd. 31, Freiburg i. B. 1909. – Ders., *Der Mir von Dschinnistan*, in *Ges. Reiseerzählungen*, Bd. 32, Freiburg i. B. 1909.

ARIMASPIEN liegt in der Nähe des Mondgebirges in Afrika. Die Arimasper sind eine einäugige Rasse, und man weiß, daß sie mit den Greifen kämpfen, großen Lebewesen, halb Adler, halb Löwe. Die Greifen sind imstande, einen Menschen und ein Pferd oder zwei Ochsen zugleich zu heben. Ihre Klauen sind so stark, daß die Arimasper Tassen daraus herstellen, während sie aus den Rippenknochen Schüsseln machen. Greifen gibt es übrigens auch im ↗ WUNDERLAND in England.

Im südlich gelegenen Grasland leben die Mermekolionen, die das Vorderteil eines Löwen, das Hinterteil einer Ameise und verkehrt herum angesetzte Geschlechtsorgane haben. Sie entstehen aus dem Samen eines Löwen, der das Ei einer Ameise befruchtet hat. Diese Doppelnatur hat zur Folge, daß sie – da sie Ameisen sind – Fleisch nicht fressen können und – aufgrund ihrer Löwennatur – auch Getreide nicht fressen. Deshalb gehen sie an Nahrungsmangel zugrunde. Vor ähnliche Ernährungsprobleme ist auch die sogenannte »Schmausfliege« aus dem ↗ LAND HINTERM SPIEGEL gestellt: Ihre Flügel bestehen aus dünnen Butterbrotscheiben, der Körper aus Königskuchen, und der Kopf ist ein Stück Würfelzucker. Sie ernährt sich von dünnem Tee mit Sahne, den sie aber nie findet – folglich muß sie unweigerlich verhungern.

Herodotos, *Histories apodexis* (5. Jh. v. Chr.), Venedig 1502. – Gaius Plinius Secundus d. Ä., *Historia naturalis* (1. Jh. n. Chr.), Venedig 1469. – Anon., *Physiologus latinus* (11. Jh.), Straßburg 1889. – Marco Polo, *Il Milione* (1298/99), Venedig 1926. – Jean de Mandeville, *Les voyages d'outre mer* (um 1357), Lyon 1480. – Gustave Flaubert, *La tentation de saint Antoine*, Paris 1874. – Lewis Caroll, *Through the Looking-Glass,* Ldn. 1872.

ARKADIEN ist dem Touristen wohlbekannt als eine Landschaft im Zentrum der Peloponnes. Das eigentliche Land der Arkadier ist jedoch nicht auf dieses Stammgebiet beschränkt. Es dehnt sich punktuell über ganz Europa aus und hat seine »Kolonien« in den verstecktesten ländlichen Winkeln des Kontinents von der griechischen Inselwelt über Sizilien und die italienische Halbinsel bis zum oberen Rhonetal, Spanien und England, in dichten Wäldern und unzugänglichen Tälern, unerreichbar für die jeweiligen Regierungen des umliegenden Landes, Zufluchtsort vor der Hektik der Städte und dem Zugriff der Bürokraten. Es liegt auch auf dem Boden des antiken Arkadien, ist mit diesem aber nicht identisch. In Arkadien gibt es keine Städte. Wälder und bewaldete Berge mit Hochplateaus wechseln mit blumenübersäten Auen und grünen Weiden voller Schafherden. Ein Platz in diesem Land ist besonders bemerkenswert: Auf dem Gipfel des Parthenius liegt ein liebliches Plateau. Es ist nicht sehr groß, bietet aber genügend Weidefläche für die Schafherden. Es gibt hier einige Baumgruppen von so ungewöhnlicher Schönheit, daß man meinen könnte, die Natur habe dieser Schöpfung ihre besondere Aufmerksamkeit und Liebe gewidmet. Neben

Nymphen und Satyrn in ARKADIEN.

einer Fichte steht eine Eiche, daneben eine Esche und eine Platane. Mit ihrem Laub spenden sie der sanften Aue Schatten. Daneben steht eine Gruppe mit einer Kastanie, einem Buchsbaum und einer Pinie. Eine andere Gruppe besteht aus einer Buche, einer Linde, einer Tamariske und einer Palme. In der Mitte des Ortes nahe einer silberklaren Quelle ragt steil wie ein Obelisk eine Zypresse in den immer blauen Himmel. Die Bäume stehen nicht so dicht, daß kein Sonnenstrahl durch ihr Laub dränge. Alles ist sonnendurchglüht, und doch spendet jeder Baum kühlenden Schatten.

Besonders verzaubert ist dieser Ort im blühenden Frühling. Hier versammeln sich die Einwohner Arkadiens. Alle sind Hirten und Schäfer. Kein Standesunterschied herrscht zwischen ihnen. Mit ihren Herden kommen sie von den umliegenden Hügeln und Tälern herauf, um sich hier oben in verschiedenen Wettkämpfen zu messen. An diesen Tagen üben sie sich im Bogenschießen, Speerwerfen, Hochsprung, Ringen, vor allem aber im Wettgesang und im Flötenspiel. Von hochzivilisierter Technologie verstehen sie nichts. Ebenso ist jegliche Form von Staatsverwaltung bei ihnen unbekannt. Sie kümmern sich nur um ihre Hütten und Herden und um ihre Schäferinnen. Ihre Sprache ist die der Poesie. Sie singen den ganzen Tag und sprechen in Versen. Sie feiern Feste zu Ehren ihrer Götter. Sie liegen unter Bäumen im Gras und träumen selbstvergessen von ihren Schäferinnen. Die meiste Zeit philosophieren sie über die Liebe, über die verschiedenen Formen ihrer Wirkung. Sie erzählen ihre Liebesabenteuer und verfallen in krankhafte Melancholie, wenn ihre Liebe nicht erwidert wird. Ihren Kummer drücken sie in sehnsuchtsvollen elegischen Gesängen aus, bis sie – zuweilen – von Zauberinnen in prunkvollen Palästen von ihren Depressionen geheilt werden. Ihre Hütten und Ställe, bekränzt mit Blumen- und Laubgirlanden, liegen verstreut in der Landschaft, nicht so nahe beieinander, daß man von Siedlungen sprechen könnte, nicht so entfernt, daß sie als Einsiedeleien gelten könnten.

Die Arkadier erfreuen sich eines ständigen Friedens. Sie leben von den Früchten des Landes und den Erzeugnissen ihrer Herden glücklich und ohne Mangel, da sie nicht viel begehren. In blühenden Gebüschen liegen ihre Altäre und Tempelbauten im griechischen Stil, an denen weißgekleidete Priester mit grünen Blätterkränzen Opferhandlungen vollziehen. In der Nacht erklingen die Lieder der Hirten über Wälder und mondbeschienene Pfade, einsame Buchten und sanfte Flußufer. Manchmal badet versteckt im dichten Wald die Göttin Artemis, die in einigen Gegenden auch Diana genannt wird. Durch die flimmernde Mittagsglut huschen Nymphen, von Satyrn (bzw. Faunen) verfolgt.

Die Arkadier kennen keine Krankheiten außer der Liebessehnsucht. Sie hassen die Städte und alle ihre unnützen Beschäftigungen. Sie leben in Harmonie mit der Natur, die sie niemals stören. Sie haben höchste Ehrfurcht vor den Schönheiten der arkadischen Landschaft. Bücher sieht man kaum bei ihnen. Dennoch unterbrechen sie häufig ihre erotischen Tändeleien durch weise Dialoge.

In einem anderen Teil dieses Schäferlandes sieht man ein schönes Gebirge, dessen oberste Gipfel mit zahllosen hohen Bäumen bestanden sind. Es liegen lustige Täler ringsumher voller silberklarer Quellen, blühender Auen und schattiger Gehölze, in denen zahllose Vögel singen. Auf Viehweiden grasen Schafherden. Die Schäfer spielen auf ihren Flöten, und die Schäferinnen singen vor ihren Hütten. In dieser Gegend wohnt der König des Landes. Er regiert ohne Gewalt und staatliche Institutionen im Frieden des Goldenen Zeitalters. Es gibt kein Hofleben und keine Beamten. Er hat keinen prächtigen Palast, sondern lebt mitten unter seinem Volk in einem Wald in laubbedeckten Hütten.

Arkadien ist das genaue Gegenteil seines Nachbarstaates Laconia (nicht zu verwechseln mit Laconica, der Gegend um Sparta). Hier herrscht ein Zwangsregiment von ehemals scheinbar idealer Ordnung, heruntergekommen und von wilden Bürgerkriegen verwüstet. Das Land ist verödet. Verzweifelte Menschen voller Furcht und Mißtrauen verschanzen sich in ihren Städten, der Natur entfremdet. Die Arkadier reisen hastig, voller Verachtung, aber auch voller Trauer durch dieses Gebiet. M. W.

Jacopo Sannazaro, *Arcadia,* Neapel 1504. – Jorge de Montemayor, *Los siete libros de la Diana,* Valencia o. J. [1559]. – Sir Philip Sidney, *The Countesse of Pembroke's Arcadia,* Ldn. 1590. – Lope Félix de Vega Carpio, *Arcadia,* Madrid 1598. – Honoré d'Urfé, *L'Astrée,* Paris 1607–1625.

DER ARKADISCHE TUNNEL, ein unterirdischer Gang von Arkadien in Griechenland nach Neapel in Italien, sollte nur von unglücklich Liebenden benützt werden; als Führer sucht man sich am besten eine Nymphe. Eingang wie Ausgang sind voller Satyrn, kristallklaren Brunnen, süß duftenden Kräutern, zutraulichen Schafherden, herumspielenden Nymphen, singenden Nachtigallen, verliebten Schäferinnen, aufdringlichen Bienen, einsamen Turteltauben, lauten Grillen, niedrig fliegenden Schwalben, duftenden Äpfeln, sanften Stürmen und bunten Schmetterlingen.

Jacopo Sannazaro, *Arcadia,* Neapel 1504. – Félix Lope de Vega Carpio, *Arcadia,* Madrid 1598.

ARMILLA, eine Stadt, die nicht genau lokalisiert werden kann. Man weiß nicht, ob Armilla so ist, weil es unvollendet ist oder zerstört wurde, oder ob sich eine Laune dahinter verbirgt. Es hat weder Wände noch Decken noch Fußböden. Es hat nichts, was es als Stadt erscheinen ließe, mit Ausnahme der Wasserleitungen, die senkrecht aufsteigen, wo die Häuser stehen müßten, und sich verzweigen, wo die Stockwerke sein müßten: ein Wald von Leitungen, die in Hähnen, Duschen, Siphons, Gullys enden. Weiß leuchten gegen den Himmel ein paar Waschbecken oder Badewannen. Man könnte sagen, die Klempner hätten ihre Arbeit beendet und seien weggegangen, bevor die Maurer kamen; oder ihre Einrichtungen hätten eine Katastrophe, Erdbeben oder Termitenfraß, überdauert.

Verlassen, bevor oder nachdem es bewohnt war, kann Armilla nicht als unbewohnt bezeichnet werden. Blicken sie zwischen den Wasserleitungen hinauf, so entdecken die Reisenden eine oder viele junge, schlanke, nicht große Frauen, die sich in den Badewannen rekeln, unter den in der Luft hängenden Duschen strecken oder sich trocknen oder parfümieren oder ihr langes Haar vor dem Spiegel kämmen. In der Sonne gleißen die von den Duschen versprühten Wasserstrahlen. Einige Geographen haben dafür folgende Erklärung: Die Wasserläufe, die in die Rohre Armillas geleitet wurden, sind im Besitz der Nymphen und Najaden geblieben. Gewohnt, die unterirdischen Wasseradern hinaufzuschwimmen, gelang es ihnen leicht, in das neue aquatische Reich einzudringen, neue Spiegel, neue Spiele, neue Wasserfreuden zu entdecken. Es kann sein, daß Armilla von den Menschen als Votivgabe errichtet wurde, um die Gunst der wegen der Manipulation der Wasser beleidigten Nymphen zu erwerben. Auf jeden Fall scheinen die

Nymphen jetzt froh zu sein: Morgens kann man sie singen hören.

Italo Calvino, *Le città invisibili,* Turin 1972.

ARNHEIM, eine Domäne in den USA – ein künstliches Paradies, das von einem für Landschaftsgärten schwärmenden Millionär namens Ellison angelegt wurde und das man nach einer längeren Flußfahrt erreicht. Verläßt man frühmorgens die Stadt, so gelangt man vor der Mittagsstunde in eine Flußlandschaft von friedlicher Schönheit. Gegen Abend stellt man fest, daß der Fluß immer schmaler, die Uferböschung immer steiler und düsterer, das Wasser immer durchsichtiger wird. Nach tausend Flußwindungen gelangt man in eine Schlucht, deren schräge, dreißig bis fünfundvierzig Meter hohe Felswände das Tageslicht aussperren. Im kristallklaren Wasser ist kein welkes Blatt, kein Kieselstein zu entdecken. Plötzlich sieht der Reisende ein kreisrundes Wasserbecken vor sich, das einen Durchmesser von rund zweihundert Metern hat und von Hügeln so hoch wie die Felswände der Schlucht umgeben ist. Die Abhänge, die ein Gefälle von etwa fünfundvierzig Grad haben, sind über und über mit einem herrlichen Blumenteppich bedeckt. Auf dem Grund des Beckens liegen unzählige runde Alabastersteinchen, und im glasklaren Wasser spiegeln sich die Hügel wider. Hier angelangt, muß der Besucher in ein Kanu aus Elfenbein umsteigen, das innen und außen mit scharlachroten Arabesken verziert ist und auf dessen mit Hermelin ausgelegtem Boden ein federleichtes Paddelruder aus indischem Satinholz liegt. Jeder Besucher muß sein Kanu selbst rudern; immer schneller gleitet es dahin, während eine sanfte, melancholische Musik unbekannten Ursprungs erklingt. Das Boot nähert sich einem Säulengang aus Felsgestein, hinter dem sich eine smaragdgrüne Hochebene bis zum Horizont erstreckt. Ein riesiges goldenes Tor mit kunstvollem Gitterwerk öffnet sich, und nun gleitet das Kanu in eine amphitheatralische, von purpurroten Bergen begrenzte Landschaft, deren Farbengemisch phantastisch und deren Luft von betäubend süßem Duft erfüllt ist. Der Besucher erblickt hohe, schlanke Bäume aus östlichen Ländern, buschiges Strauchwerk, Schwärme von goldfarbenen und karminroten Vögeln, Seen, von Lilien gesäumt, Wiesen voller Veilchen, Tulpen, Mohnblumen, Hyazinthen und Tuberosen sowie ein – wunderbarerweise inmitten dieser Landschaft frei schwebendes – großes Herrenhaus von halb gotischer, halb sarazenischer Architektur, dessen unzählige Erker, Türme und Zinnen im roten Sonnenlicht glitzern. Dies ist die Domäne Arnheim.

Edgar Allan Poe, *The Domain of Arnheim,* Philadelphia 1847.

ARROY, ein ungefähr acht Tagesritte von ↗ CAMALOT entferntes Waldgebiet. Das dichte Weißdorngestrüpp zwischen den Eichen und Buchen macht den Forst fast undurchdringlich. Tief im Wald, am Ufer eines plätschernden Baches, steht ein verfallenes Bauwerk. Wann und zu welchem Zweck es errichtet wurde, ist nicht bekannt.

Arroy ist die Domäne dreier Damen im Alter von sechzig, dreißig und fünfzehn Jahren, deren Aufgabe es ist, Ritter auf der Suche nach Abenteuern zu begleiten. Ein Jahr lang ziehen sie mit ihnen durch die Lande, dann kehren sie in den Wald von Arroy zurück. Von einer dieser Damen wurde der Ritter Marhalt zur Burg ↗ FERGUS geführt, wo er den Riesen Taulurd erschlug.

In diesem Wald begegnete der Ritter Yvain, der Sohn der Fee Morgue, dem Edelfräulein Lunette. Sie geleitete ihn zu der an der walisischen Grenze gelegenen Burg der »Dame vom Felsen«, wo er die beiden Brüder besiegte, die sich des Erbes dieser Dame bemächtigt hatten.

In der Nähe von Arroy fand die erste Begegnung zwischen dem ruhmreichen Ritter Pelleas und Nyneve (auch »Nimue« genannt) statt, jenem Fräulein vom See, dem es gelang, den Zauberer Merlin in die Felsenhöhle einzuschließen, die als ↗ MERLINS GRAB bekannt ist. Nyneve bewirkte durch einen Zauberspruch, daß die Dame Ettarde, von der Pelleas schmählich abgewiesen worden war, sich leidenschaftlich in ihn verliebte, nun aber von ihm verschmäht wurde. Fortan lebten er und das Fräulein vom See in glücklicher Gemeinschaft.

Thomas Malory, *Le Morte Darthur,* Ldn. 1485. – John Steinbeck, *The Acts of King Arthur and His Noble Knights. From the Winchester Manuscripts of Sir Thomas Malory and Other Sources,* NY 1976.

ASHAIR oder die **VERBOTENE STADT** befindet sich tief im Tuen-Baka-Vulkan in Afrika. Man erreicht sie auf einem unterirdischen Fluß, der in einen zauberhaften, am Grunde des Vulkans gelegenen See mündet.

Ashair ist nicht sehr groß, von einer Mauer umzogen und wird von einer grimmigen Königin, die eine Armee echsenähnlicher Wesen, sogenannter *Ptomes,* anführt, regiert. Diese Kreaturen sind zwar amphibisch, müssen aber trotzdem Taucherhelme tragen, wenn sie sich auf dem Boden des Sees bewegen. Eigentlich sind in Ashair nur die Löwenarena und der königliche Palast einen Besuch wert.

Vom Palast aus kann man in ein landschaftlich reizvolles Unterwassergebiet gelangen. Aus der sogenannten »Folterkammer« führen mehrere Türen in einen zylindrischen Saal. Sobald man ihn betreten hat, werden die Türen verschlossen, und andere öffnen sich zu Räumen, die diesem gleichen. Schließlich erreicht der Reisende Horus, eine unter dem See gelegene Stadt. Manchmal bringt man Gefangene hierher und sperrt sie in ein kleines kreisrundes Gelaß ohne jede Luftzufuhr. Anschließend wird Wasser in den Raum geleitet, und die unglückseligen Gefangenen müssen ertrinken.

Bei Ausflügen in das Umland von Ashair ist Vorsicht geboten, denn neben Löwen streicht dort auch der kleine *Tyrannosaurus rex* herum, und auch die Gewässer von Horus sind wegen der Seeschlangen und gefährlichen Fische tunlichst zu meiden.

Besucher, die sich versucht fühlen, den sogenannten »Vater der Diamanten«, der in Ashair aufbewahrt wird, mitgehen zu lassen, können sich die Mühe getrost sparen: Der Stein ist nichts anderes als ein Stückchen Kohle, das zum Scherz in einem verschlossenen Kästchen aufbewahrt wird.

Edgar Rice Burroughs, *Tarzan and the Forbidden City,* NY 1938.

ASLANS LAND, sehr hoch und jenseits des Weltendes gelegen (↗ DIE INSEL AM ENDE DER WELT). Über dieses Land ist wenig bekannt, aber vom Weltende aus gesehen scheint es aus außerordentlich hohen Bergen zu bestehen, die stets frei von Schnee und mit Gras und sich weit in die Ferne erstreckenden Wäldern bedeckt sind. Der höchste Gipfel, der sich in der Nähe der Grenze erhebt, ist der Berg von Aslan. Von seiner Spitze aus erscheinen die Wolken über der Welt wie kleine Schafe; der Boden am Fuße des Berges ist nicht deutlich zu erkennen.

Das Wasser von Aslans Land hat die bemerkenswerte Eigenschaft, augenblicklich jeden Durst zu löschen. Der

Gesang der zahlreichen vielfarbigen Vögel gleicht moderner Musik.

Aslan, der Schöpfer von ↗ NARNIA, erscheint Besuchern gewöhnlich als Löwe, soll aber auch schon die Form eines Lammes angenommen haben. Beide Erscheinungsformen sollten nicht mit einem Exemplar der örtlichen Fauna verwechselt werden.

Clive Staples Lewis, *The Voyage of the »Dawn Treader«*, Ldn. 1952. – Ders., *The Silver Chair*, Ldn. 1953.

ASTOMERLAND, an der äußersten östlichen Grenze Indiens, nahe der Quelle des Ganges gelegen. Das Äußere der Astomer soll dem anderer Menschen gleichen, allerdings besitzen sie keinen Mund, und ihre Haut erinnert an ein Reibeisen. Über ihre Kommunikationsweise ist nichts bekannt. Sie kleiden sich ausschließlich in reine Seide und nehmen weder Speis noch Trank zu sich. Es wird berichtet, daß sie allein durch das Einatmen der mannigfaltigen Düfte ihrer einheimischen Wurzeln, Blumen und wilden Früchte existieren. Geht ein Astomer auf Reisen, führt er stets ein Sortiment dieser Geruchsspender mit sich. Besucher sollten berücksichtigen, daß starke, insbesondere künstliche Gerüche diese Wesen augenblicklich töten. M.B.

Gaius Plinius Secundus d. Ä., *Historia naturalis* (1. Jh.), Venedig 1469.

ASTRALAGUS' REICH, hoch oben in den Alpen, bewohnt von Astralagus, dem König der Schneeregion. Er wird von den Alpengeistern begleitet und ist immer bereit, Reisenden in Not zu helfen. Touristen werden feststellen, daß Astralagus sie nicht nur wieder auf den richtigen Pfad bringt, sondern auch geistlichen Rat gibt und verirrte Seelen auf ihrer Suche nach der wahren Bedeutung der Dinge leitet.

Ferdinand Raimund, *Der Alpenkönig und der Menschenfeind*, Wien 1828.

ATLANTEJA, eine Stadt, die von Siedlern aus ↗ ATLANTIS erbaut und von den gestrandeten Überlebenden des ↗ ATLANTIKTUNNELS etwa hundertfünfzig Meilen vor der bretonischen Küste wiederentdeckt wurde. Sie besteht aus tausendjährigen Ruinen, zerbrochenen oder noch vorzüglich erhaltenen Säulen, zerstörten Tempeln, die den Überresten eines vom Sturm gepeitschten Waldes gleichen, Häuser, die nun von Tang und Fischen bewohnt werden, Palästen, in denen jetzt Trümmer den Raum des einst kostbaren Mobiliars einnehmen. Weite Straßen, die mittlerweile von Unterwasserpflanzen überwuchert werden, durchziehen die Stadt von Ost nach West und von Süd nach Nord und führen weiter bis zum Unterwasserhorizont. Was aber die sublime Schönheit dieser Ruinen noch steigert, ist das phosphoreszierende, bläuliche Licht, das wie ein Flitterregen auf die Stadt niederzurieseln scheint und das diesen alten Plätzen die Illusion von Leben gibt. Das Licht kommt von den vielen Medusen und Quallen, die in dem dunklen Wasser jagen. Auch Tausende von Mikroorganismen in den Ruinen strahlen ein schwaches Licht aus, das die Mauern in einer seltsamen und unheimlichen Bewegung schimmern läßt.

Luigi Motta, *Il tunnel sottomarino*, Mailand 1912.

ATLANTES SCHLOSS, in den Pyrenäen, zwischen Frankreich und Spanien, inmitten eines wilden, brachliegenden Tales, auf einem steilen, von Höhlen und Abgründen zerfurchten Felsen gelegen. Umgeben von eisernen Wällen, von denen die Sage geht,

ATLANTES SCHLOSS

sie seien von Dämonen in der Hölle geschmiedet worden, scheint es von weitem wie eine auflodernde Flamme zu brennen. Hier lebt der Zauberer Atlante. Auf seinem Hippograph – einer Art geflügeltem Roß, Nachkomme eines Greifen und einer Mähre – reist er mit einem Zauberschild, der seine Opfer blendet und in die Knie zwingt, durch die Welt und entführt junge Mädchen, die er sich auf seinem Schloß gefügig macht.

Lodovico Ariosto, *Orlando furioso*, Ferrara 1516 u. 1532 (erw.).

ATLANTIKTUNNEL, ein Unterwasser-Eisenbahntunnel, etwa 4700 Kilometer lang, der Europa und Amerika verband und von dem französischen Ingenieur Adrien Géant entworfen wurde. Der Bau des Tunnels begann 1924 an einem Ende der Insel Manhattan. Die Konstruktion wurde ausgeführt, indem man unter Wasser riesige Rohrsegmente verlegte, die zum Schutz vor den unvermeidlichen Reaktionen von Metall auf Wasser mit Beton verkleidet waren. Jedes Segment war mit dem nächsten durch eiserne, mit Gummi überzogene Nieten verbunden, sodaß jegliches Einsickern von Wasser vermieden wurde. Als das Projekt voranschritt, spannten Arbeiter über diese riesige Röhre ein starkes eisernes Netz, um sie vor eventuellen Schiffswracks zu schützen, die auf Grund gehen und die Konstruktion beschädigen könnten. Die Röhren wurden an Stahlseilen in ihre Position herabgelassen. Da sie mit Wasser gefüllt waren, sanken sie langsam auf den Meeresgrund, so daß die Arbeiter sie leicht an ihren Platz bringen konnten. Die nur an einem Ende verschlossenen Röhren wurden mit der offenen Seite an das vorhergehende Segment angelegt und das Wasser herausgepumpt. Sobald ein Teil fertiggestellt war, rissen die Arbeiter die eiserne Wand, die das letzte Segment abgeschlossen hatte, weg und verlängerten so den Tunnel. Man sagt, daß alle großen Unternehmungen aus kleinen Dingen entstanden sind. Der Gedanke zu dem Projekt kam Géant, als er Kinder beobachtete, die mit einem Bambusrohr spielten, das aus einer Reihe von leeren Kammern bestand, die untereinander durch Holzscheibchen getrennt waren.

Als der Ozean so tief wurde, daß die Röhren nicht länger sicher zu Grund gelassen werden konnten, wurden riesige, hermetisch verschlossene Kästen in das Meer gelassen und in zwei parallelen Linien angeordnet. Zwischen beiden wurden große eiserne Kabel verlegt und die Röhrensegmente daraufgelegt. So wurde der Tunnel zum Teil eine Art Unterwasserbrücke, die durch gigantische Bojen gekennzeichnet war. Die europäische Öff-

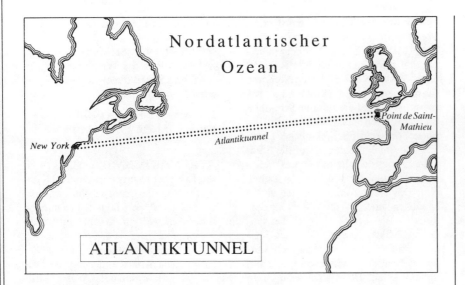

nung des Atlantik-Tunnels war Point de Saint-Mathieu in der Bretagne, nicht weit von Brest.

Am Tag der Einweihung, dem 12. Mai 1927, erschütterte während der Fahrt des ersten Unterwasserzugs eine Explosion den Tunnel und zerstörte Géants Werk zum größten Teil. Der Zug blieb unter Wasser eingeschlossen, aber die Passagiere konnten sich retten, indem sie Taucherhelme aufsetzten und zu Fuß nach Europa zurückgingen. Auf dem Heimweg hatten sie das Glück, ↗ ATLANTEJA zu entdecken, eine von den verlassenen Städten, die von den Bewohnern von ↗ ATLANTIS gegründet wurden.

Der Attentäter, ein gewisser Mac-Roller, wurde glücklicherweise vor Gericht gebracht. Es wird behauptet, er habe die verbrecherische Tat aus Neid begangen, da er sowohl im Beruf als auch in der Liebe Géants Konkurrent gewesen sei.

Die Überreste des Tunnels wurden langsam vom Meer zerfressen, und nur kleinere Ruinen können jetzt noch besichtigt werden. Das Projekt wurde niemals wieder aufgenommen.

Luigi Motta, *Il tunnel sottomarino*, Mailand 1912.

ATLANTIS, ein großer Inselkontinent, der um 9560 v. Chr. im Atlantik untergegangen ist. Das alte Atlantis hatte eine nahezu elliptische Form und eine Ausdehnung von 533 Kilometern in nord-südlicher und 355 Kilometern in west-östlicher Richtung. Es bestand aus einem Hochplateau, umgeben von steilen Bergen, die drohend aus dem Meer aufragten. An den Berghängen und in den Tälern gab es viele wohlhabende Dörfer; fischreiche Flüsse und Bäche machten das Plateau fruchtbar. Ein besonderes Material, *oricalcum*, das die Bewohner für ebenso wertvoll wie Gold hielten, wurde im Untertagebau gewonnen. Wirtschaft und Kunst blühten, die Schiffe von Atlantis liefen die Häfen Europas, Afrikas und Amerikas an. Über eine Million Männer dienten in Armee und Kriegsflotte, sie verliehen dem Land innere Stabilität und sicherten Herrschaftsgebiete in fremden Ländern. Atlantis hatte Kolonien in der ganzen Welt und war eine Bedrohung für Ägypten und Griechenland. Es wird behauptet, daß die Athener zu den wenigen Völkern gehörten, die eine Invasion aus Atlantis erfolgreich zurückschlugen.

Die gleichnamige Hauptstadt befand sich inmitten des Plateaus und war von konzentrischen Ringen und Kanälen umgeben. Der innerste Ring enthielt den königlichen Palast, die Festung und den Poseidontempel. Innerhalb der übrigen Ringe befanden sich mehrere kleine Wälder und zahlreiche Gebäude: Sporthallen, Kasernen, Lagerhäuser und Quartiere der Kaufleute und der Rennplatz. Der innerste Kanal diente als Binnenhafen, der dritte Kanal als Großer Hafen von Atlantis. Alle Kanäle und Häfen waren durch unterirdische Tunnel verbunden, in riesigen geheimen Grotten waren die großen Dreiruderer versteckt.

Nachdem die Überschwemmung Atlantis zerstört hatte, wurden zwei große Teile der Insel wunderbarerweise erhalten: der eine einige hundert Meilen südwestlich der Kanarischen Inseln unter dem Meer, der andere wurde von derselben seismischen Bewegung, die den Rest von Atlantis versenkt hatte, in die ausgedörrte Sahara-Wüste hinaufgehoben.

Die Überlebenden von Atlantis unter dem Meer wurden 1826 von Professor Maracot entdeckt, als er in einer Taucherglocke die Meerestiefen erforschte. Er fand, daß die Bevölkerung in einem riesigen Gebäude lebt, das wahrscheinlich vor der Überschwemmung als eine Art Arche oder Zufluchtsort gebaut worden war. Im Laufe der Jahrhunderte hatte sich soviel Schlamm angesammelt, daß es jetzt nur noch durch das Dach betreten werden konnte. Das ursprüngliche Gebäude ist erweitert worden, um für Laboratorien, Elektrizitätswerke und andere Räumlichkeiten Platz zu finden. Rund um das Gebäude liegen die Straßen des alten Atlantis und die Ruinen eines Tempels, dem Gott des Dunklen Gesichts geweiht. Er ist ganz aus schwarzem Marmor gebaut, über der Tür ist ein von Schlangen umwundener Medusenkopf aus dem Stein gehauen, dasselbe Motiv wird auf den Mauern wiederholt – zusammen mit Szenen von sadistischer Schönheit und bestialischer Lust. Auf einem Thron aus rotem Marmor sitzt eine Figur, die man kaum ohne ein tiefes Gefühl des Ekels anschauen kann: Man sagt, sie stelle eine Gottheit dar, deren Namen unaussprechlich sei.

Die Bewohner dieses Teils von Atlantis sind dunkelhäutig. Ihnen dient ein Stamm weißer Sklaven, wahrscheinlich Abkömmlinge der griechischen Gefangenen, die hauptsächlich in den Kohlenbergwerken arbeiten. Diese Sklaven haben den Athena-Kult erhalten, doch die Hauptreligion im Unterwasser-Atlantis ist die Verehrung des Moloch oder Baal.

Baals Tempel ist ein quadratischer Saal mit goldenen Türen, die Wände sind mit grotesken Figuren geschmückt. Der Priester sitzt buddhagleich auf einem kleinen Sitz, umgeben von elektrischen Lichtern. Hinter ihm befindet sich ein kleiner Ofen, in den die Gefangenen kommen, vornehmlich Kinder aus Mischehen zwischen Bürgern von Atlantis und Sklaven, da diese Verbindungen streng verboten sind.

Die Technologie von Atlantis ist hoch entwickelt. Wissenschaftler haben Mittel gefunden, um auf chemischem Weg Wein, Kaffee, Tee und Mehl herzustellen, die die gleichen Eigenschaften wie die Naturprodukte haben. Sie haben es sogar fertiggebracht, ihre Geschichte und ihre Tradition zu bewahren, indem sie geistige Vorstellungen auf eine Leinwand projizieren, so daß man ihnen wie in einem Film folgen kann. Auf diese Weise können Reisende Zeugen der Zerstörung von Atlantis werden, wie sie von den frühesten Überlebenden aufgezeichnet worden ist.

ATLANTIS

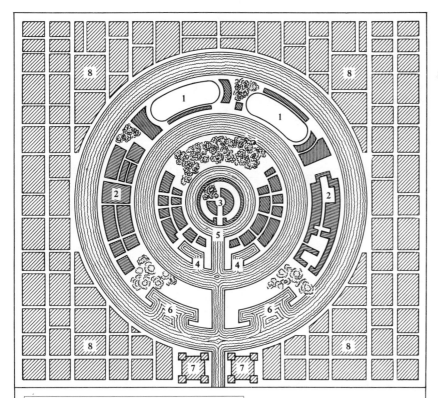

Die Hauptstadt ATLANTIS
1. Rennplätze
2. Sporthalle und Kasernen
3. Festung, Königlicher Palast und Poseidontempel
4. Kleiner Hafen
5. Binnenhafen
6. Großer Hafen von Atlantis
7. Wachtürme
8. Lagerhäuser und Quartiere der Kaufleute

Die Unterwassersprache von Atlantis ist äußerst schwierig zu erlernen. Sie enthält eigentümlich kratzende und knackende Laute, die für einen Europäer kaum nachzuahmen und die nicht durch ein europäisches Alphabet darzustellen sind. Es wird von rechts nach links auf getrocknete Fischblase geschrieben, viele Bücher sind auf dem gleichen Material gedruckt. Die Sklaven sprechen eine Art archaisches Griechisch.

Die Fauna dieses Teils von Atlantis ist sehr gefährlich. Schwarz-weiße Tigerkrabben, so groß wie Neufundländer, kriechen am Meeresgrund dahin, und giftige rote Aale lauern in glitschigen Höhlen zwischen den Felsen. Neun Meter lange Stachelrochen und Riesenmeeresskorpione sind ebenso häufig wie Seeschlangen, von denen nur eine schwarz-silberne, 60 Meter lange Art seltener vorkommt. Am meisten hüte man sich vor dem riesigen Plattfisch, der ein Gebiet von etwa einem halben Morgen Land bedeckt, dem bis zu 75 Zentimeter langen *marax* oder Riesenkrebs (*Crustaceus maracoti*) und dem *Hydrops ferux*, einem kleinen piranhaähnlichen Fisch. Das seltsamste Tier in diesem Gebiet ist jedoch die *praxa*, ein halb organisches, halb gasförmiges Wesen; es ähnelt einer grünen Wolke mit einem leuchtenden Zentrum. Weil es die Menschen jagt, um ihnen die Augen auszureißen und sie zu fressen, ist es in höchstem Maße gefürchtet.

Die anderen Nachkommen von Atlantis wurden schon einige Jahre früher – nämlich 1897 – von einer französischen Expedition unter Morhange und Saint-Avit entdeckt. Nachdem die beiden Offiziere seltsame Inschriften in einer Höhle am Fuß des Geniberges im Ahaggar-Massiv gefunden hatten, wurden sie (unter dem Einfluß von Haschisch) von ihren Führern tief in die Felsen hinabgeführt, wo sie zu ihrem Erstaunen eine der schönsten Oasen der Sahara-Wüste fanden. Ein Mitglied der Expedition, Dr. Le Mesge, erkannte sie als Teil des längst verlorenen Kontinents Atlantis, womit er eine Theorie bestätigt fand, die er nach der Lektüre von *Reisen nach Atlantis* des Dionysos von Milet entwickelt hatte. Dr. Le Mesge hatte das von Diodorus aus Agyrion erwähnte Manuskript in Dax im französischen Departement Landes gefunden.

Dieses Oasenkönigreich wird von Königin Antinea regiert, deren Gebräuche wenig dazu beitragen, den Tourismus zu fördern. Männliche Besucher werden zunächst mit der Königin verlobt, dann getötet und sorgfältig mumifiziert. Diese Mumifizierung unterscheidet sich von der im alten Ägypten. Zuerst wird die Haut mit Silbersalzen bemalt, dann der Körper in ein Bad aus *oricalcum*-Sulfat gelegt. Auf elektrolytischem Weg wird er in eine Statue aus festem Metall verwandelt, das kostbarer als Silber ist und seltener als Gold. Mit diesen herrlichen Kunstwerken werden die königlichen Säle geschmückt: Sie werden in besonderen Nischen aufgestellt, von denen es nach der letzten Zählung 120 gibt, von denen noch 66 frei sind.

Platon, *Kritias* (4. Jh. v. Chr.), Florenz o. J. [ca. 1482–1484]. – Ders., *Timaios* (4. Jh. v. Chr.), Florenz o. J. [ca. 1482–1484]. – Pierre Benoit, *L'Atlantide*, Paris 1919. – Sir Arthur Conan Doyle, *The Maracot Deep*, Ldn. 1929.

ATVATABAR, ein unterirdisches Land, liegt genau unter dem amerikanischen Kontinent und erstreckt sich von Kanada bis etwa Ecuador. Es wurde im Mai 1891 durch den Kommandanten Lexington White und Kapitän William Wallace entdeckt. Atvatabar kann durch eine riesige Höhle erreicht werden, deren Eingang mit dem Nordpol zusammenfällt. Wärme und Licht werden durch eine innere Sonne geliefert, die ein tropenähnliches Klima schafft und niemals untergeht. Die Regierungsform von Atvatabar ist die Wahlmonarchie. König und Adlige werden auf Lebenszeit gewählt. Der Königliche Palast und die Legislative, die Borodemy, befinden sich in der Hauptstadt Calnogor. Armee und Luftwaffe sind eins: Die Soldaten fliegen mit Hilfe magnetischer Flügel, die mit einem kleinen Dynamo betrieben werden. An Land reiten sie auf einer Art riesigem Strauß aus Stahl, dem sogenannten *bockhockid*. Die Fahne von Atvatabar besteht aus einer rosa Scheibe, umgeben von einem grünen Kreis in violettem Feld. Die Bewohner von Atvatabar sind bekannt für ihren Einfallsreichtum: Unter ihren Erfindungen befinden sich Regenmaschinen, Meereseisenbahnen und Fahrräder ohne Räder. Dampfmaschinen und Schießpulver sind unbekannt, und Gold ist so gewöhnlich wie Eisen.

Die Sprache der Atvatabarer ist wegen ihrer Rechtschreibung bemerkenswert. Ihr Alphabet gleicht dem lateinischen, fängt aber mit *O* an. Das deutsche *A* entspricht dem atvatabarischen *O*, das *B* dem *P* usw. »Hallo« wird also in der Landessprache *Vozzc*

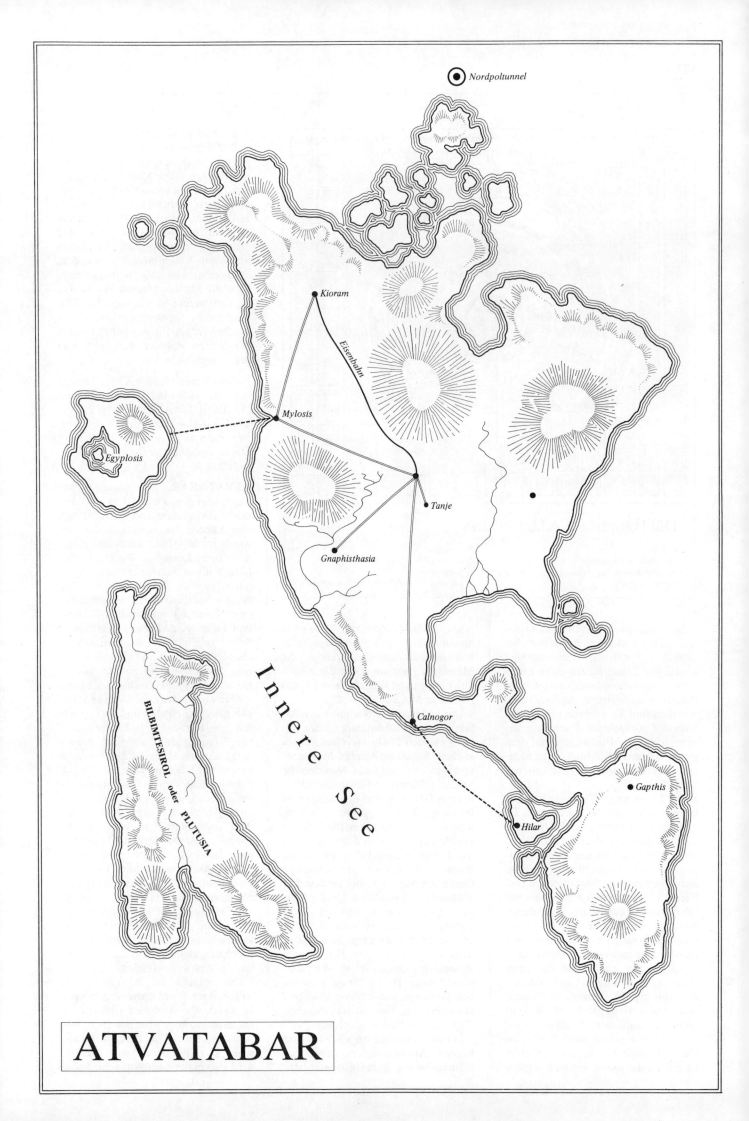

geschrieben. Nach den Worten von Polizeioffizier Flathootly, einem Mitglied der Expedition, die Atvatabar entdeckte, »schlägt« seine Sprache »das Irische, welkes die unbehulfenste Sprake sei, die unther der Sunne zu lärnen ist«.

William R. Bradshaw, *The Goddess of Atvatabar, being the History of the Discovery of the Interior World and Conquest of Atvatabar,* NY 1892.

DAS AUENLAND, ein idyllisches fruchtbares Land mit mildem Klima, liegt in der Region Eriador im Nordwesten von ↗ MITTELERDE. Die Bewohner, die friedliebenden und geselligen Hobbits, haben zwar eine gewisse Scheu vor den Menschen, sind jedoch äußerst gastfreundlich, wenn man erst einmal ihr Vertrauen gewonnen hat. Rastlose und sensationshungrige Reisende werden hier nicht lange verweilen; der gemütvolle Besucher jedoch wird stets mit Rührung an seinen Aufenthalt im Auenland zurückdenken, und in Zeiten der Mutlosigkeit und Enttäuschung werden diese Erinnerungen ihn aufrichten.

Die Hobbits sind ein entfernt mit den Menschen verwandtes Volk von sehr alter Herkunft, etwa so groß wie die Zwerge – zwei bis vier Fuß hoch –, jedoch nicht so stämmig und kräftig. Sie haben eher gutmütige als schöne Gesichter, rote, fast bartlose Wangen, braunes krauses Haupthaar und behaarte Füße mit lederartigen Sohlen, so daß sie meist auf Schuhe verzichten. Sie lieben leuchtende – besonders gelbe und grüne – Gewänder. Mit ihren langen geschickten Fingern können sie viele nützliche und schöne Dinge herstellen. Obwohl sie dazu neigen, Fett anzusetzen und sich nicht unnötig zu beeilen, sind sie erstaunlich flink, haben ein ausgezeichnetes Gehör und sehr scharfe Augen. Bei Gefahr verschwinden sie so schnell, daß es wie Zauberei anmutet. In Wirklichkeit haben sie sich nie mit Zauberei befaßt, und ihre Fähigkeit, sich zu verflüchtigen, verdankt sich einer auf Vererbung, Übung und inniger Erdverbundenheit beruhenden Geschicklichkeit. Die Hobbits sind Meister im Bogenschießen, nützen aber ihr Talent lieber auf der Jagd als im Krieg. Dennoch sind sie, wenn es hart auf hart geht, nicht so leicht einzuschüchtern oder umzubringen; und vielleicht sind sie nicht zuletzt deshalb so erpicht auf Annehmlichkeiten, weil sie im Ernstfall darauf verzichten können.

Hobbits können über hundert Jahre alt werden. Die meisten führen ein geruhsames Leben ohne Abenteuer und Aufregung. Wasser und Seefahrt scheuen sie, und unruhige Naturen in ihrem Volk betrachten sie mit einem gewissen Argwohn. Das Essen ist ihre Lieblingsbeschäftigung, und sie nehmen gern sechs Mahlzeiten täglich ein. So füllen der Nahrungsanbau und -verzehr den größten Teil ihrer Zeit. Gewöhnlich sind die Hobbits großzügig und nicht gewinnsüchtig, sondern zufrieden und bescheiden. Bauernhöfe und Handwerksbetriebe bleiben über Generationen unverändert.

An den Südhängen des Berges von Bree und im Langgrund gedeiht ein vorzüglicher Tabak – daher hat sich das Pfeiferauchen hier zur Kunst entwickelt. Die Hobbits lieben es, gemütlich schmauchend beieinander zu sitzen, zu singen und Rätsel aufzugeben. Sie feiern leidenschaftlich gern Feste, vor allem, um Geschenke zu machen, und die vielen Geburtstage in ihrem langen Leben bieten dazu reichlich Gelegenheit – denn sie pflegen auch die Gäste zu beschenken.

Ursprünglich wohnten alle Hobbits in Erdhöhlen, inzwischen leben nur noch die ärmsten in primitiven Löchern, die reichsten hingegen in gemütlichen, weitverzweigten Stollen, den »Smials«. Vor allem die Handwerker übernehmen schon bald die überirdische Bauweise der Menschen und Elben, doch zeugen oft runde Fenster und Türen und sehr langgestreckte, niedrige Gebäude von der alten Tradition.

Die äußerst sippenbewußten Hobbits leben meist im Familienverband und siedeln in kleinen Gemeinden. Die Familien regeln ihre Angelegenheiten untereinander, doch respektieren sie auch »Die Regeln«, die noch vom alten Königreich Arnor überliefert sind. Ihr Oberhaupt ist der Thain, Vogt der Volksversammlung und Hauptmann der Hobbit-Wehren, aber er tritt nur in der Not in Aktion. Als einziger wirklicher Beamter fungiert der Bürgermeister, dessen wichtigste Aufgabe die Gastgeberrolle bei Festmählern an den zahlreichen Feiertagen ist. Ihm unterstehen auch die Briefträger – denn Hobbits schreiben ununterbrochen Briefe an ihre sämtlichen Freunde – und die Landbüttel, die es weniger mit Leuten als mit streunenden Tieren zu tun bekommen.

Als sich die Hobbits im Auenland ansiedelten, übernahmen sie die Gemeinsame Sprache, das Westron, doch behielten sie für einige Dinge, insbesondere ihre Namen, Wörter aus der eigenen Sprache bei. Sie haben auch ihren eigenen Kalender, der ihrer Lust am Feiern entgegenkommt. Hobbits lieben es, bekannte Tatsachen klar und übersichtlich in schöner Form darzulegen. Die Gelehrsamkeit ist nicht ihre starke Seite. Seit allerdings einige der Ihren eine bedeutende Rolle im Ringkrieg gespielt haben, widmen sie sich mit Leidenschaft historischen Studien. Das Rote Buch der Westmark, ursprünglich Herrn Bilbos Tagebuch, dann von vielen anderen ergänzt und weitergeschrieben, ist das wichtigste Dokument zu den Ereignissen der Zeit, als ↗ MORDOR endgültig vernichtet wurde und in ↗ GONDOR wieder ein König auf den Thron kam.

Das Auenland mißt vierzig Wegstunden von den Fernen Höhen im Osten bis zur Brandyweinbrücke im Westen und fünfzig von den Mooren im Norden bis zu den Marschen im Süden. Als wichtigste Verkehrsverbindung zwischen den Grauen Anfurten am Meer und ↗ BRUCHTAL im Osten führt die Große Oststraße durch das Land. Der wichtigste Fluß ist der Brandywein – eigentlich Baranduin. Die vier Teile des Auenlandes zerfallen in verschiedene Stammesländer mit den Namen alter, führender Familien.

John Ronald Reuel Tolkien, *The Hobbit, or There and Back Again,* Ldn. 1937. – Ders., *The Fellowship of the Ring,* Ldn. 1954. – Ders., *The Two Towers,* Ldn. 1954. – Ders., *The Return of the King,* Ldn. 1954.

AUENTHAL, Dorf an einem Fluß nahe der Stadt Scheerau in Deutschland. Das Dorf ist berühmt als Heimat des Organisten und Schulmeisters Maria Wuz, der für seine Bücher die Titel anderer Autoren benutzte. Dieser Arbeitsstil und ein gesundes unhistorisches Denken brachten ihn dazu, alle anderen Bücher für Plagiate seiner eigenen zu halten. Das einzige gedruckte Buch in seinem Besitz war der Katalog der Leipziger Buchmesse, den er für eine große Inspirationsquelle hielt. Es ist nicht bekannt, ob die Bücher von Herrn Wuz je publiziert worden sind.

Jean Paul, *Leben des vergnügten Schulmeisterlein Maria Wuz in Auenthal,* Bln. 1793.

AUERSPERG, Schloß im Schwarzwald im Nordosten Deutschlands, Besitz der Familie Auersperg. Hier lernte Axel von Auersperg Mitte des neunzehnten Jahrhunderts die Künste der schwarzen Magie kennen. Das Schloß stammt aus dem Mittelalter, ist aber wahrscheinlich mehrere Male renoviert worden. Bemerkenswert sind seine Türme und eine riesige Halle, in der einige von den Hilfsmitteln, die in den Riten der Schwarzen Magie verwendet wurden, sorgfältig aufbewahrt werden: Skelette von längst ausgestorbenen Tieren, alchimistische Geräte, Modelle von Sternensphären und Bücher, die auf langen Regalen aus schwarzem Holz stehen. Ausgestopfte Geier und Adler mit ausgebreiteten Schwingen schmücken neben Sarazenenwaffen und Schilden die Wände. Die Türen sind mit Vorhängen aus schweren, kostbaren Stoffen bedeckt, der Boden mit den Fellen von Bären und Füchsen. Durch die gotischen Fenster sieht man die dunklen Wälder des Schwarzwaldes. Alles Mobiliar trägt das Wappen der Familie Auersperg, das von zwei goldenen Sphingen gehalten wird und das Motto trägt: *AltiUs rEsurgeRe SPERo Gemmatus.*

Unter dem Schloß verläuft ein weites Labyrinth von Gängen, die mit den Statuen antiker Helden gesäumt sind. In diesen Gewölben sind die Mitglieder der Familie seit unvordenklichen Zeiten begraben worden.

Philippe-Auguste Villiers de L'Isle-Adam, *Axël,* Paris 1890.

Kamin in der großen Halle des Schlosses AUERSPERG *im Schwarzwald*

AUSPASIA, ein Königreich, dessen Ruhm hauptsächlich auf der Gesprächigkeit seiner Bewohner beruht. Es heißt, seine Hauptstadt sei die lauteste der Welt, noch lauter als New York. Das äußerst geschwätzige Wesen der Menschen – besonders der aus dem Süden – erklärt wohl, warum das Parlament des Landes zu einer bloßen Quasselbude geworden ist. Auspasia ist ständig in streitende Fraktionen gespalten, und die Macht liegt praktisch in den Händen von ein paar Meistern der Rhetorik. Große öffentliche Versammlungen in riesigen Hallen ziehen phantastische Menschenmengen an; die Reden sind unvorbereitet (denn Reden ist viel wichtiger als Denken, die Kunst der Improvisation steht über allem). Redner können eine große politische Karriere beschreiten und immenses Vermögen anhäufen, indem sie von einer Versammlung zur nächsten eilen.

Diese Leidenschaft für Beredsamkeit und die politischen Auseinandersetzungen, die sie schafft, gehören zweifellos zu den Wurzeln des letzten Bürgerkriegs, der durchs Land fegte. Von dieser Feuersbrunst wurden nur wenige Einzelheiten öffentlich bekannt, aber man weiß, daß die Opposition auf die Sträflingsinsel Morania verbannt wurde; die wenigen Gefangenen, die zu fliehen versuchten, sollen von Haien gefressen worden sein.

Die Nationalleidenschaft für das gesprochene Wort steht auch an der Wiege der auspasianischen Begeisterung für das Theater. Das Interesse am Drama ist so groß, daß Schauspieler, Direktoren und sogar Bühnenarbeiter hoffnungsvolle Autoren nur zu gern mit Rat und Kritik eindecken. Fast nie gelangt ein Stück in der Form auf die Bühne, die sich der Autor gedacht hat – meistens wird es von den Leuten, die an der Inszenierung beteiligt sind, völlig verändert.

Der bemerkenswerteste Wissenschaftler, den Auspasia hervorgebracht hat, ist fast unbekannt, selbst in seinem eigenen Land. Léonard ist ein stiller, zurückgezogen lebender Mann, dessen Leistungen großenteils von anderen Wissenschaftlern in Anspruch genommen und veröffentlicht wurden. Nach zehn Jahren einsamer Forschung, die er selbst finanzierte, verfaßte er eine kurze, aber grundlegende Abhandlung darüber, wie ein lebendiger Organismus neue Funktionen entwickeln kann. Sosehr er versuchte, berühmtere Kollegen dafür zu interessieren, hat sich bisher doch keiner mit seiner These beschäftigt, und Auspasias glänzendster Wissenschaftler wartet immer noch auf seine Entdeckung.

Georges Duhamel, *Lettres d'Auspasie,* Paris 1922. – Ders., *Le dernier voyage de Candide,* Paris 1938.

AUSTRALLAND oder **SÜDLAND,** ein Kontinent zwischen dem 52. und 40. Breitengrad, etwa 15 Millionen Quadratmeilen groß, mit siebenundzwanzig verschiedenen Ländern.

Der ganze Kontinent steigt nach Süden leicht an, hat aber bis zum Ivasgebirge keine nennenswerten Erhebungen. Daher bilden die verschiedenen Länder einen einheitlichen Sprach- und Kulturraum. Der Boden ist fruchtbar, das Klima warm und ausgeglichen. Das Meer rund um den Kontinent ist so seicht, daß es für Schiffe fast unmöglich ist anzulegen. Die Küste ist streng bewacht. Niemand darf Australland betreten, von dem die Einwohner nicht Namen, Herkunftsland und Temperament kennen. Wenn sich Feinde nähern (die Einwohner betrachten alle Europäer als Feinde und nennen sie »Seeungeheuer«), werden Tausende von Bewaffneten aus dem ganzen Kontinent mobilisiert.

Es gibt keine Fliegen, Spinnen oder giftige Lebewesen in Australland. Recht verbreitet ist eine Affenart, die ein fast menschliches Gesicht hat und freundlich und gesellig ist. Es finden sich auch *hums,* schweineähnliche Tiere mit seidigem Fell, die die Erde aufwühlen und soviel Schaden anrichten, daß sie in vielen Gebieten ausgerottet wurden. Ferner gibt es rote, grüne, gelbe und blaue Schafe; geflügelte Pferde mit Klauen; Schweine, die ohne Aufsicht gerade Furchen in ein Feld ziehen; Einhörner; das *suef,* ein Dromedar, das statt eines Höckers einen hohlen Rücken hat, in dem zwei Männer bequem liegen können – es wird zum Tragen von Lasten verwendet; *effs,* scharlachfarbene Vögel von der Größe eines Huhnes; den *pacd,* einen geselligen Singvogel, der seine Mahlzeiten mit den Einwohnern einnimmt und ohne Zögern ihre Häuser betritt; *urgs,* Raubvögel, mit denen die Einwohner einen dauernden Krieg führen, denn sie haben die Größe von Stieren und pflegen Fische und Menschen zu fressen. Ein bestimmter Eingeborenenstamm – eine Kreuzung aus Mensch und Tiger – hat gestreifte Beine.

Die Bewohner von Australland sind zweigeschlechtlich. Wenn Kinder mit nur einem Geschlecht zur Welt kommen, werden sie bei der Geburt erstickt. Die Menschen haben schwarze Haare und schöne Bärte, die niemals geschnitten werden, denn ihr Haar wächst sehr langsam. Sie sind etwa acht Fuß groß, schmächtig und von rötlicher Hautfarbe. Sie tragen keine Kleidung. Einige als »Erfinder« bekannte Sonderlinge können lebende Vögel und Hunde aus angefeuchtetem Schmutz und Blumen aus abgestorbenem Holz erschaffen. Da es ein Verbrechen ist, die Sexualität zu erwähnen, ist unbekannt, wie die Bevölke-

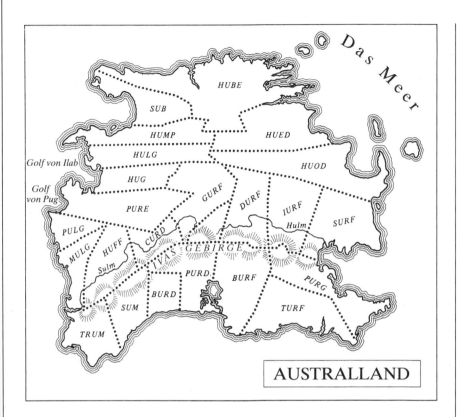

rung sich fortpflanzt, aber dem Gesetz nach muß jeder wenigstens ein Kind haben. Die Einwohner leben in brüderlicher Liebe zusammen und streiten niemals. Die Ernährung ist vegetarisch, doch abwechslungsreich. Es gibt viele verschiedene Bäume mit eßbaren Früchten und einige besondere Gemüse wie etwa die wohlschmeckende blaue Möhre, die außerhalb des Australlandes unbekannt ist. Zum Gießen der Pflanzen nimmt man besondere Flüssigkeiten, die dem Gewächs einen besonderen Geschmack verleihen. Besucher sollten unbedingt die Frucht des Glücksbaumes *(balf)* kosten, der sich auf dem Hauptplatz der meisten Städte befindet. Auf dem *balf* wächst eine rote Frucht von der Größe einer Olive. Ißt der Besucher vier davon, wird er glücklich und euphorisch gestimmt; sechs versenken ihn in einen Schlaf von vierundzwanzig Stunden; mehr als sechs bewirken einen Schlaf, aus dem er nie mehr erwacht.

Gabriel de Foigny, *Les aventures de Jacques Sadeur dans la découverte et le voyage de la terre australe…*, Vannes 1676.

AUTONOUS' INSEL, wahrscheinlich im Atlantik gelegen, schön und fruchtbar, mit warmem und ausgeglichenem Klima, Stürme sind selten. Ziegen, Rotwild und Wasservögel leben hier, in einem See im Süden der Insel haust eine Biberkolonie. Da es hier keine Raubtiere gibt, bauen die Biber ihre Burgen lieber auf dem Land als im Wasser. Die Insel ist nach Autonous benannt, dem Sohn des Eugenius, Herzog von Orthotinia. Zusammen mit seinen Eltern wurde Autonous aus dem Königreich Epinoia vertrieben, das durch seine Universität Eumathema berühmt war. Als Schiffbrüchiger wurde er mit seiner Mutter auf diese Insel verschlagen. Bald darauf starb die Herzogin.

Fünf Seemeilen entfernt liegt eine andere kleine Insel, wo der Herzog strandete, nachdem er durch ein Mißgeschick von Autonous getrennt worden war. Autonous lebte neunzehn Jahre allein auf seiner Insel. Seine Erziehung und Bildung bezog er als Autodidakt aus Naturbeobachtungen. Der Herzog und sein Sohn wurden schließlich durch ein Schiff aus Epinoia gerettet.

Anon., *The History of Autonous…*, Ldn. 1736.

AVALON, ein schöner See mit einer Felseninsel, umgeben von weiten Wiesen mit Obstgärten und bewaldeten Senken, wo man weder Hagel, Regen noch Schnee jemals fallen sah.

Auf der Insel steht eine kleine Kirche, von Joseph von Arimathias erbaut, das übrige Avalon ist von Frauen bewohnt, die alle Magie dieser Welt beherrschen.

An diesem Ort geschah einst ein Wunder. Als König Artus von ↗ CAMALOT von dem Zauberer Merlin hergeführt wurde, streckte sich eine Hand aus dem Wasser und reichte ihm das Schwert Excalibur, das ihm in seinem Leben so wertvolle Dienste leisten sollte. Es heißt, die Hand gehöre dem »Fräulein vom See«.

Artus empfing das Schwert in Avalon und mußte versprechen, es am Ende seines Lebens zurückzugeben. Als er seinen Tod nahen fühlte, bat er den Ritter Bedivere, es in den See zurückzuschleudern. Die Hand erschien wieder, ergriff das Schwert und schwang es, ehe sie verschwand.

So kehrte König Artus nach Avalon zurück, um zu sterben, und vier Königinnen begleiteten ihn auf seiner letzten Reise: die Fee Morgue, das »Fräulein vom See«, die Königin von Nordgalis und die »Königin von den weiten Ländern der Einöde«.

Chrétien de Troyes, *Érec et Énide* (12. Jh.), Lpzg. 1856. – Hartmann von Aue, *Erec* (12. Jh.), Lpzg. 1839. – Anon., *La Mort le Roi Artu* (13. Jh.), Halle 1910. – Thomas Malory, *Le Morte Darthur,* Westminster 1485. – Alfred Lord Tennyson, *The Idylls of the King,* Ldn. 1859; ern. Ldn. 1889 (vollst.).

AVONDALE, der Sitz des Vereinigten Phalansteriums von Avondale, das in der letzten Hälfte des neunzehnten Jahrhunderts in Südengland gegründet wurde. Es ist in eine liebliche Gartenlandschaft gebettet. Ein rauschendes Bächlein fließt durch ein bemoostes Tal, in dem die Brüder und Schwestern des Phalansteriums sich geruhsam ergehen können.

Es handelt sich um eine hierarchisch gegliederte Gemeinschaft, die vom Hierarchen und Älteren Brüdern geleitet wird und der Vervollkommnung des Menschengeschlechts gewidmet ist. Alle Mitglieder betrachten sich als Wegbereiter der Zukunft. Ihre religiöse Formel faßt die fundamentalen Glaubensüberzeugungen der Gemeinschaft zusammen: »Der Kosmos ist unendlich, und der Mensch ist nur ein Parasit auf der Oberfläche des geringsten seiner Satelliten. Mögen wir so handeln, daß wir unseren kleinen Platz im System des Kosmos mit der geziemenden Ehrfurcht und Demut ausfüllen. Im Namen der gesamten Menschheit, so sei es!« Ihre Glaubensüberzeugungen umfassen auch eine Darwinsche Sicht der Evolution.

Alle Mitglieder des Phalansteriums arbeiten, aber der Arbeitstag ist auf fünf Stunden reduziert worden. Jedes Mitglied hat alle zehn Tage eine Ruhepause von vierundzwanzig Stunden. Die Gemeinschaft lebt hauptsächlich vom Ackerbau und von den ausgedehnten Gemüsegärten, die sich in alle Richtungen erstrecken. Es gibt eine Arbeitsteilung nach Geschlechtern – die meisten der unverheirateten Frauen arbeiten als Schwestern in der Krankenstation.

Besucher werden feststellen, daß individuelle Gefühle im Phalansterium immer dem Allgemeinwohl untergeordnet werden. Zum Beispiel muß die Erlaubnis zu heiraten von der ganzen Gemeinschaft eingeholt werden, und sie wird gegeben, falls nicht vernünftige Gründe gegen die Verbindung sprechen. Das Paar darf sich erst küssen, wenn es die Erlaubnis zur Heirat erhalten hat.

Da das Phalansterium die Verbesserung der menschlichen Art zum Ziel hat, werden alle verkrüppelten oder mißgebildeten Kinder, die zur Welt kommen, schmerzlos getötet. Dies wird nicht als Mord betrachtet, sondern als Befreiung des Kindes von einem Leben, für das es ungeeignet ist. Die Avondalianer erklären, daß ein solches Kind in einer Gesellschaft von gesunden Menschen unglücklich sein und in einen Zustand unerwünschter Abhängigkeit gezwungen würde. Es wird zugegeben, daß dies schwer für die Eltern sein kann, aber in der Regel wird die niedrigere, mehr konkrete Gefühlsaufwallung von höherem, abstraktem Mitleid überwunden. Wenn ein verkrüppeltes Kind zur Welt kommt, wird diese Nachricht der Mutter vierzig Tage vorenthalten, und Physiologen und andere Ärzte können dann noch vier weitere Dekaden lang entscheiden, ob eine Heilung möglich ist. Wenn es keine Hoffnung gibt, wird das Kind mit Schlafmitteln getötet.

Einmal ist es vorgekommen, daß es einer Mutter nicht gelungen ist, ihre »niedrigeren« Gefühle zu überwinden. Das Kind einer gewissen Olive kam mit deformierten Füßen zur Welt. Olive bat um die Erlaubnis, ihr Kind selbst von der Welt zu erlösen, und als sie die Erlaubnis dazu erhielt, brachte sie sich selbst und das Kind um.

Grant Allen, *The Child of the Phalanstery,* in *Twelve Tales,* Ldn. 1899.

B

BABEL, eine Stadt von unbekannter geographischer Lage (nicht zu verwechseln mit dem biblischen Babel, *Genesis* XI, 1–9), berühmt wegen seiner Bibliothek. Diese Bibliothek – die

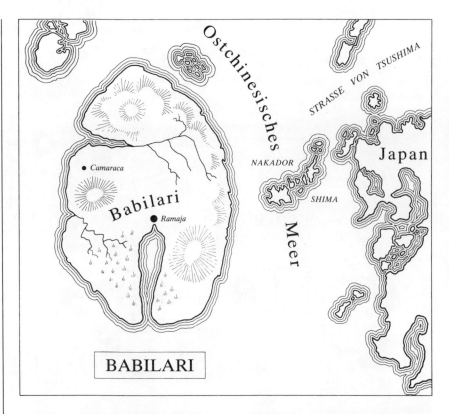

von anderen das Universum genannt wird – besteht aus einer unbestimmten und vielleicht unendlichen Zahl von sechseckigen Galerien, die durch gewaltige Luftschächte voneinander getrennt und von niedrigen Geländern eingefaßt sind. Von jedem dieser Sechsecke kann man unbegrenzt die oberen und unteren Stockwerke einsehen. Die Einteilung der Galerien ist unverändert gleich: Zwanzig Regale, fünf lange Regale pro Seite, bedecken alle Seiten außer zweien; ihre Höhe vom Boden bis zur Decke überschreitet kaum die eines normalen Bücherregals. Eine der freien Seiten führt auf einen engen Flur, der sich auf eine andere Galerie öffnet, die mit der ersten identisch ist. Rechts und links des Flurs befinden sich zwei enge Kämmerchen; in dem einen kann man im Stehen schlafen, das andere ist eine Toilette. Eine Wendeltreppe und ein Spiegel vervollkommnen die Einrichtung. Die Menschen schließen aus diesem Spiegel, daß die Bibliothek doch nicht unendlich ist (wenn sie es wirklich wäre, warum diese illusorische Verdoppelung?). Auf jedem Regal befinden sich fünfunddreißig Bücher gleichen Formats mit einem Umfang von 410 Seiten. Auf jeder Seite sind vierzig Zeilen, in jeder Zeile achtzig Buchstaben. Weil es fünfundzwanzig orthographische Symbole gibt und weil die Bibliothek unendlich ist, ist alles, was in irgendeiner Sprache gesagt werden kann, hier gedruckt zu finden. Alles: Die minutiös genaue Geschichte der Zukunft, die Autobiographie der Erzengel, der zuverlässige Katalog der Bibliothek, Tausende und Abertausende falscher Kataloge, die wahre Todesgeschichte aller Menschen, die Übersetzung eines jeden Buches in sämtliche Sprachen. Generationen von Bibliothekaren wandern durch die Bibliothek und versuchen, das *Buch* zu finden.

Jorge Luis Borges, *La biblioteca de Babel,* Buenos Aires 1941.

BABILARI, Insel im Ostchinesischen Meer, südwestlich von Japan. Sie wird von Frauen regiert. Das auffallendste Merkmal der Hauptstadt Ramaja ist der achteckige Marktplatz mit einem Durchmesser von etwa sechshundert Metern. Die Häuser sind an seinen Seiten symmetrisch angeordnet. In der Mitte des Platzes erhebt sich eine Statue der Königin Rafalu, die die Stadt im siebzehnten Jahrhundert erbaut hat; drum herum stehen Denkmäler berühmter babilarischer Frauen. Ramaja besitzt acht königliche Akademien, auf jeder Seite des Achtecks eine.

Die Insel kam unter Frauenherrschaft bei der Schlacht von Camaraca, als Königin Aiginu I. gegen ihren schwächlichen Gemahl und dessen Armee kämpfte. Sie siegte, nachdem sie die jüngsten und hübschesten Mädchen in die vorderste Linie gestellt hatte. Die Männer erlagen dem weiblichen Zauber, und die Schlacht wurde ohne Blutvergießen gewonnen.

Die Königin verfügt über einen Harem, in dem fast ausschließlich Ausländer leben und aus dem sie sich ihre Ehemänner sucht. Sie darf stets nur einen haben, und wer immer von ihr erwählt wird, muß mindestens ein Jahr lang ihr Gefährte bleiben. Er hat wohlerzogen und zurückhaltend zu sein und darf auch nicht den geringsten Anschein von Aufdringlichkeit erwecken.

Die Frauen betätigen sich nicht nur als Kriegerinnen oder Seeräuberinnen, sondern pflegen auch Musik und Dichtkunst. Die Männer erhalten keine Erziehung und kümmern sich nur ausschließlich um ihr Äußeres. Fehlgriffe bei der Gattenwahl bereiten den Frauen nicht allzuviel Sorge, denn sie haben das Recht, sich scheiden zu lassen, was den Männern nicht zusteht.

Ein Literarisches Tribunal aus sieben Frauen beurteilt sämtliche Schauspiele, und die besten Autorinnen erhalten von der Königin eine Auszeichnung. Schlechte Schriftstellerinnen werden bestraft und dürfen nie wieder schreiben. Eine aus Männern zusammengesetzte Modekommission schreibt die Haar- und Kleidermode vor.

Die babilarische Religion kennt zwei Götter: Ossok für die Frauen und Ossokia für die Männer.

In der Landessprache bedeutet Babilari soviel wie »Zur Ehre der Frauen«.

Abbé Pierre-François Desfontaines, *Le Nouveau Gulliver, ou Voyage de Jean Gulliver, fils du capitaine Gulliver,* Paris 1730.

BACHEPOUSSE, eine Insel des Chichi-Archipels, voller tropischer Bäume und duftender Blumen. Die Eingeborenen sind freundlich und bewillkommnen Besuch mit bunten Blüten, Früchten, Wildbret und Honig.

Das Innere der Insel wird von drei Bergen und einem kleinen Vulkan eingenommen. Wenn er ausbricht, bebt die Insel leicht, und Ströme fruchtbarer Lava bedecken die Berghänge. Sehr bald danach wachsen goldene Blumen aus der erneuerten Erde, die von den Eingeborenen sofort gepflückt werden. Sie verwenden sie als Zahlungsmittel für Lebensmittel und andere Waren von den benachbarten Inseln. Die Eingeborenen sind faul, aber künstlerisch begabt; alles, was sie im täglichen Leben tun, wird auf neue und besondere Weise ausgeführt. Beispielsweise malen die Männer ihr Vieh, bevor sie es auf die Weide führen, dem Wetter entsprechend an: grau bei Sturm, strahlend blau an sonnigen Tagen, weiß und purpurrot, wenn der Wind bläst. Die Frauen waschen ihre Wäsche in Rosenwasser. Die Kinder erledigen ihre »Geschäfte« auf quadratischen Stücken aus feiner Seide. In der Pubertät durchstechen die jungen Mädchen ihre Brustwarzen mit winzigen Rosen, die sie mit sinnlicher Eleganz tragen.

Robert Pinget, *Graal Flibuste,* Paris 1956.

DIE BÄRENINSEL, vor der Küste der Vereinigten Staaten nahe der ↗ GLÜCKSINSEL gelegen, ist Orkanen und Sturmfluten ausgesetzt. Wie aus dem Namen der Insel hervorgeht, sind Bären dort die dominierenden Lebewesen. Sie gehen aufrecht, bestellen das Land und bringen die Ernte ein. Die Menschen dagegen bewegen sich auf allen vieren, leben wild in den Wäldern und dienen den Bären als Sklaven oder Lasttiere.

Als die Bären begannen, aufrecht zu gehen, bekamen sie auch die Leiden des Bärseins zu spüren – Ungeduld, die ständige Sucht nach etwas Neuem und ewige Beschäftigung mit der Mode. Die Bärinnen gaben sich nicht mehr damit zufrieden, nur Pelz zu tragen, sie verlangten prächtige Kleider und glänzende Juwelen.

Besucher sollten ihre Ankunft auf der Băreninsel möglichst in die Erntezeit verlegen, wenn die ländlichen Feste stattfinden. Dann tanzen und singen die Bären, wählen eine Erntekönigin und krönen sie mit süß duftenden Rosen.

Abbé Balthazard, *L'isle des philosophes...,* Chartres 1790.

BAETICA, eine Landschaft in Andalusien, in der Flußebene des Baetis oder Guadalquivir. Baetica liegt nordwestlich der Säulen des Herakles. Es ist im Westen und Süden vom Meer, im Norden und Osten von hohen Bergen eingeschlossen. Die Landschaft des Flußtales ist überaus fruchtbar, überall Felder mit zweifachen Ernten im Jahr, Wälder, Wiesen und Weiden, Weinbau und Viehzucht. Es herrscht ein ewiger Frühling. Alle Wege sind von Lorbeer-, Granat- und jederzeit blühenden Jasminbäumen umsäumt, so daß über der Landschaft ein lieblicher Duft schwebt.

Es gibt hier viele Gold- und Silberminen, aber die Einwohner legen keinen Wert auf diesen Reichtum. Sie verwenden Gold und Silber nicht anders als das Eisen für ihre Gebrauchsgegenstände. Sie sind entweder Hirten oder Bauern. Es gibt nur wenige Handwerker. Sie verachten unnütze Künste und Handwerke. Nur die allernotwendigsten betreiben sie. Die Menschen in Baetica leben in ständigem harmonischem Frieden. Alle sind frei und einander gleichberechtigt. Es gibt bei ihnen weder Privatbesitz noch Geldverkehr. Sie leben in Zeltkolonien und Familienverbänden. Die Ehepaare sind einander unbedingt treu. Der Familienvater herrscht über seine Familie. Eine höhere Staatsordnung gibt es nicht. Die Frauen sind schön und angenehm, aber einfältig, ehrbar und arbeitsam. Niemand denkt daran, sich ein festes Haus zu bauen. Sie halten es für Frevel, ihren Besitzanspruch an Grund und Boden so weit zu treiben. Die Natur gibt ihnen ihre Früchte im Überfluß. Wenn eine Gegend nicht mehr ertragreich genug ist, ziehen sie an einen anderen Ort. Sie essen selten Fleisch und trinken keinen Wein. Aus der Schafswolle stellen die Frauen feinste Gewebe her, die sie ohne jeden Prunk zu weiten Gewändern verarbeiten. Alle Baukunst und andere künstlerische Tätigkeiten wie Dichtung und Musik halten sie für unnützen Luxus. Es gibt bei ihnen weder Mißgunst noch Eifersucht. Sie sind von einer liebreichen Einfalt, die jede Art von gezierter Höflichkeit verachtet. Es gibt keine Richter, denn ihr eigenes Gewissen richtet sie. Alle sind einander in brüderlicher Liebe verbunden, so daß es keinerlei Verbrechen gibt. Durch ihre gesunde Lebensart werden sie niemals krank und häufig bis zu hundertzwanzig Jahre alt. Kriege und andere Grausamkeiten sind ihnen gänzlich unbekannt. »Wie?« sagen sie, »sind denn die Menschen nicht ohnedem schon sterblich genug, wenn sie sich gleich nicht untereinander einen übereilten Tod antun? Das Leben ist so kurz, und dennoch scheint es, daß ihnen dasselbe allzu lang vorkommt. Sind sie denn deswegen auf der Erde, daß sie einander zerreißen und sich allesamt unglücklich machen sollen?« Eroberungen und Machtstreben halten sie für eine äußerste Torheit. Sie verbieten auch aus diesem Grund ihren Kindern den näheren Umgang mit Reisenden, die an ihren europäischen Sitten festhalten. M. W.

François de Salignac de la Mothe Fénelon, *Suite du quatrième livre de l'Odyssée d'Homère, ou les aventures de Télémaque, fils d'Ulysse,* Paris 1699.

BAHARNA, ein bedeutender Hafen im Südmeer von ↗ TRAUMWELT, elf Tage Segelreise von ↗ DYLATH-LEEN. Die Kaimauern von Baharna sind aus Porphyr; hinter ihnen erhebt sich die Stadt mit ihren großzügigen Steinterrassen und den steilen, von zahlreichen Brücken überdachten Straßen. Bemerkenswert sind die Zwillings-Leuchttürme Thon und Thal an der Einfahrt des Hafens und der große Kanal, der die Stadt in einem Granittunnel durchzieht und in den See Yath mündet, an dessen Ufern die Ruinen einer namenlosen, urzeitlichen Stadt liegen. Besucher seien gewarnt, zwischen diesen verlassenen Überresten die Nacht zuzubringen. Denn es kann geschehen, daß sie beim Erwachen ihre Reittiere (meist Zebras) verblutet finden und die Abdrücke riesiger Füße mit Schwimmhäuten um sich herum im Boden entdecken. Oft sind auch einige Gegenstände, meist ein paar wertlose Kinkerlitzchen, aus ihrem Gepäck verschwunden.

Howard Phillips Lovecraft, *The Dream Quest of Unknown Kadath,* in *Arkham Sampler,* Sauk City 1948.

BALDIVIEN ↗ DIE INDIANERINSEL

BALËUTO, eine der Inseln der Weisheit, einem ausgedehnten, aber wenig bekannten Archipel im nördlichen Pazifik. Wie die meisten Inseln des Archipels hat Balëuto seine Kultur und Zivilisation bewußt auf einem Gedankensystem aufgebaut, das von außen durch Buchwissen erworben worden ist.

Balëuto versteht sich als einziger Staat der Welt, der je das Ideal Platons in die Praxis umgesetzt hat. Staat und Regierung unterstehen der Herrschaft der Philosophen, die von der Platonischen Akademie ausgebildet worden sind. Im gesellschaftlichen Bereich herrscht die Gemeinschaft der Frauen und Kinder. Man glaubt, daß auf diese Weise die Frauen davon abgehalten werden, sich in Staatsgeschäfte einzumischen. Sexuelle Beziehungen sind vorübergehend und zufällig. Die Frau eines Mannes kann ohne Schwierigkeit morgen die Frau eines anderen sein. Der Mutter- und der Vaterrolle wird keine Bedeutung beigemessen. Was in anderen Ländern als »Liebe« bezeichnet wird, gilt hier einfach als körperliche Lust, die mit dem Fortpflanzungstrieb verbunden ist. Die Männer können sich oft nicht erinnern, ob sie mit einer bestimmten Frau »verheiratet« waren oder nicht. Sie wissen nicht, ob unter den Scharen schlechtgenährter Kinder, die der Besucher in den Straßen spielen sieht, ihre eigenen sind. Sie sind übrigens auch gar nicht an solchen Problemen interessiert. Offensichtlich werden Heiratslotterien zu gewissen Zeiten im Jahr veranstaltet, doch weiß man von diesen Riten nichts genaueres.

Das Gesundheitswesen berücksichtigt Platons Kritik der hippokratischen Medizin. Die Verlängerung des Lebens ist nicht das oberste Ziel. Man läßt Epidemien bis zu einem gewissen Grad freien Lauf, damit die Sterblichkeitsrate nicht zu sehr absinkt, und die Ärzte behandeln nicht alle heilbaren Krankheiten. Abtreibungen werden auch zur Bevölkerungskontrolle benutzt. Für ältere Frauen ist die Abtreibung Pflicht, denn Platon hat eine Altersgrenze für Vater- und Mutterschaft festgesetzt. Das gesamte Gesundheitswesen untersteht dem Minister für medizinische Philosophie.

Der Lehre Platons folgend werden lyrische und epische Dichter von der Insel verbannt. Als einmal eine kleine anarchistische Gruppe den Staat stürzen wollte und die Poesie als gesellschaftliches Grundprinzip einzuführen versuchte, wurde der Anführer unter Anklage gestellt und auf die Strafinsel Krakaturi verbannt. Im übrigen ging die Zahl der Verbrechen stark zurück, seitdem man das sokratische Prinzip eingeführt hat, daß es besser sei, Unrecht zu erleiden als Unrecht zu tun.

In der Kunst gilt Schönheit als unmoralischer Luxus. In der Architektur kam man zu der Kompromißlösung, die Rückseiten der Häuser ansprechend zu gestalten, ihre Fassaden aber häßlich zu entwerfen.

Ein Doppelmonument zeigt die Abhängigkeit der Philosophie Kants von der Platons: Kant steht auf den Schultern Platons. Proportionen und Perspektive sind schief, wie es nicht anders zu erwarten ist in einem Staat, der Bildhauer und Künstler verachtet. Um Kants Antinomien zu versinnbildlichen, wurde im Sockel des Denkmals eine öffentliche Bedürfnisanstalt eingebaut. Sie heißt »Herakliteion« und trägt die Aufschrift *panta rhei* (»alles fließt«).

Die Erziehung beruht auf dem Studium der Klassiker, besonders Platons. Homer und Horaz werden als Dichter verachtet und dienen nur noch zur Lehre der Grammatik.

Ein besonderes Fest war die Hundertjahrfeier der Akademie. In einem Festzug wurden berühmte Philosophen dargestellt. Ehrendiplome erhielten unter anderem die Verfasser der Werke *Entwurf einer buntillustrierten Kinderfibel mit den Anfangsgründen der Aristotelischen Topik und Metaphysik* und *Warum ist Glaukon, der bei Platon hohnvoll von einer ›Schweinerepublik‹ redet, nicht hingerichtet worden?*

Reisende müssen bei ihrer Ankunft sieben Meldezettel ausfüllen. Neben den üblichen Erkundigungen wird auch die philosophische Überzeugung erfragt. Das Ministerium für philosophische Angelegenheiten wünscht dadurch herauszufinden, welche pädagogischen Maßnahmen dem jeweiligen Besucher gegenüber sinnvoll sind.

Alexander Moszkowski, *Die Inseln der Weisheit. Geschichte einer abenteuerlichen Entdeckungsfahrt,* Bln. 1922.

DIE BALIBRIGISCHE UND BOULOULABASSISCHE VEREINIGTE REPUBLIK in Mitteleuropa ist bekannt durch den schönen Palast von König Kaboul I. von Balibrigia, dem Kaiser der Grünen Inseln. Er ist in der Nähe der Wasserzisternen auf einem Hügel erbaut. Baumgroße Pflanzen und riesige Goldfischaquarien füllen die hohen Räume. Die weiten Gärten sind auf ansteigenden Terrassen angelegt, und Orangen- und Palmenbäume wachsen zwischen Marmor, kostbaren kleinen Teppichen, Statuen und Springbrunnen. Balibrigia und Bouloulabassia wurden durch den Küchenjungen François Gauwain vereinigt. Als die Bouloulabasser den Palast von König Kaboul I. angriffen, vertrieb Gauwain sie, indem er sie in den königlichen Kellern, wo sie sich listig versteckt hatten, ausräucherte. Weil König Kaboul es jedoch ablehnte, ihm die Hand seiner Tochter anzutragen, ging Gauwain zu den Bouloulabassen über und bot seine Dienste König Bridabatu XXIV. an. Bei dieser Gelegenheit sprach der König die historischen Worte: »Wer es fertigbrachte, meine Armee in einem Keller zu ersticken, wird sie sicherlich auf einem Schlachtfeld zum Ruhm führen!« Aber Gauwain wurde geschlagen und von König Kaboul I. gefangengenommen, der seinen alten Küchenjungen nicht erkannte. Gauwain konnte jedoch Gift in die Zisterne gießen und dadurch die gesamte Bevölkerung von Balibrigia umbringen. Er heiratete Prinzessin Julie, König Kabouls Tochter, die er verschont hatte, vereinigte beide Königreiche und rief die Republik aus.

Max Jacob, *Histoire du roi Kaboul Ier et du marmiton Gauwain,* Paris 1951.

BALNIBARBI, eine Insel im nördlichen Pazifik zwischen Japan und Kalifornien. Die Hauptstadt Lagado ist etwa halb so groß wie London. Ihre Häuser sind in schlechtem baulichen Zustand und auf höchst seltsame Weise konstruiert. Die zerlumpten Einwohner eilen mit wildem, starrem

Laboratorium für architektonische Gleichgewichtsexperimente, Akademie von Lagado, BALNIBARBI.

Blick durch die Straßen. Auf dem Lande kann man Feldarbeiter beobachten, die mit den verschiedenartigsten Gerätschaften hantieren, doch ist unmöglich festzustellen, was sie eigentlich tun. Denn trotz des fruchtbaren Bodens wächst hier weder Gras noch Getreide.

Für die Armut, die auf Balnibarbi herrscht, sind zum größten Teil die »Projekteure« verantwortlich: Um etwa 1660 segelte eine Gruppe von Inselbewohnern nach ↗ LAPUTA und kehrte nach fünf Monaten zurück – vollgestopft mit hochfliegenden wissenschaftlichen Gedanken, die sie sich in jener luftigen Gegend angeeignet hatten. Unverzüglich machten sie sich daran, Vorschläge bzw. »Projekte« zu ersinnen, die das gesamte Leben auf eine neue Basis stellen sollten. Eine Akademie wurde in Lagado gegründet, die sich sogleich daran machte, baufallsichere Häuser und allzeit erntereife Nutzpflanzen zu erfinden. Da nur leider keines dieser Vorhaben bisher gelungen ist, sind die Gebäude inzwischen verfallen, und das Land liegt brach.

Ein typisch wissenschaftliches »Projekt« ist auch die Destillierung von Sonnenlicht aus Gurken: Die Sonnenstrahlen werden in Fläschen hermetisch verschlossen und dann bei unfreundlicher Witterung freigesetzt. Ein anderes Vorhaben will sich die Erfindung eines Architekten zunutze machen, die Häuser nach einer neuen Methode von oben nach unten zu bauen (wie auf der ↗ PHILOSOPHENINSEL). Seine Idee begründet der Baumeister damit, daß Bienen und Spinnen ihre wunderbaren Bauwerke in gleicher Weise errichten. In der »Sprachschule« werden Pläne zur Vereinfachung der Sprache aufgestellt; mehrsilbige Wörter werden gekürzt, Verben und Partizipien mit der Begründung ausgespart, daß alle vorstellbaren Dinge Hauptwörter seien. Ein anderer Erfinder arbeitet an der vollständigen Abschaffung der Sprache. Damit – so wird behauptet – werde sich der Gesundheitszustand der Leute bessern, da die Lungen einem geringeren Verschleiß ausgesetzt würden. Die eigentliche Logik liegt hier in der Ansicht, daß es für die Leute bequemer wäre, die Dinge, über die sie sprechen wollen, mit sich herumzutragen, da ja die Wörter gleichbedeutend mit Gegenständen seien. Es heißt, daß dieses »Projekt« hätte verwirklicht werden können, wären da nicht die Frauen und Analphabeten gewesen, die mit Aufstand drohten, wenn man ihnen nicht gestatten würde, weiterhin mit ihren Zungen in der Art ihrer Vorfahren zu sprechen. Ein weiteres, zur Aufdeckung von Komplotten gegen die Regierung ersonnenes Vorhaben sieht die Untersuchung der Nahrung von Verdächtigen und die Analyse ihrer Exkremente vor mit der Begründung, daß die Leute niemals ernsthafter, gedankenvoller und aufmerksamer seien als beim Stuhlgang.

Balnibarbi ist zwar ein Königreich für sich, zählt aber zum Imperium von Laputa, dem gegenüber es auch tributpflichtig ist.

Jonathan Swift, *Travels into Several Remote Nations of The World. By Lemuel Gulliver, First a Surgeon, and Then a Captain of Several Ships,* 2 Bde., Ldn. 1726.

BAMPOPO, britische Kolonie in Äquatorialafrika, bewohnt von verschiedenen Stämmen, unter denen vor allem die Bulanga, die Bitongo und die M'tezo zu nennen sind. Zu den weniger bedeutenden zählen die Bumbuli, Kubango und Mugwamba. Bampopo ist eine Diözese der Anglikanischen Kirche, deren Missionare sich eifrig bemüht haben, die Eingeborenen zum Christentum zu bekehren. Die größten Erfolge konnten sie bei den Bitongo verbuchen, die sich, obzwar sie unverbesserliche Lügner sind, bereitwillig zum neuen Glauben bekannt haben. Auch zahlreiche Bulanga wurden bekehrt, aber allem Anschein nach nicht auf Dauer: Kurz nachdem dreihundert von ihnen am selben Tag die Taufe

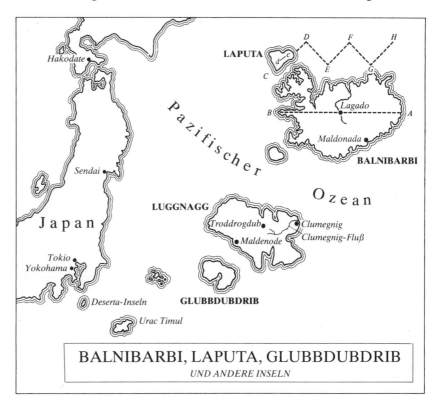

BALNIBARBI, LAPUTA, GLUBBDUBDRIB
UND ANDERE INSELN

empfangen hatten, wurde eine gewisse Mrs. Richardson (die als beste Predigerin in der ganzen Diözese galt) von Angehörigen des Bulangastammes umgebracht und verspeist.

Die M'tezo widerstanden allen Bekehrungsversuchen, laufen noch immer splitternackt herum, feilen ihre Zähne und fressen überflüssige weibliche Verwandte auf. Sie sind ein höchst unsittliches Volk. Augenzeugen haben berichtet, daß die Männer bei Neumond jeweils ihre Ehefrauen austauschen.

Norman Douglas, *South Wind*, Ldn. 1917.

BANOIS-REICH, in der unterirdischen Welt von ↗ PLUTO im Mittelpunkt der Erde gelegen. Das Reich grenzt an ↗ ALBUR, es gibt einige Ähnlichkeiten zwischen diesen beiden Ländern. Die Banois haben ungefähr die gleiche Größe wie ihre Nachbarn – sie sind selten größer als fünfundsiebzig Zentimeter. Die Sprache der Banois ähnelt der der Alburer, doch sie scheint im Lauf der Jahrhunderte vereinfacht worden zu sein; Besucher werden feststellen, daß sie jetzt in ein paar Wochen erlernt werden kann. Im Unterschied zu den Alburern singen die Banois jedoch, statt zu sprechen. Selbst die kleinen Kinder des Landes summen, wenn sie weinen; der Gesang der Erwachsenen klingt sehr harmonisch.

Die Banois sind bekannt für ihre Geselligkeit. Sie sind lebhaft, neugierig und laut und haben oft extreme Anfälle von Freude und Traurigkeit. Ihre liebste Freizeitbeschäftigung ist das Erzählen von häufig in Verse gefaßten Rätseln. Rätselwettbewerbe finden gewöhnlich in den Cafés der Städte statt und dauern oft bis in die frühen Morgenstunden.

Das Land wird zwar von einem Kaiser regiert, aber seine Macht ist durch eine rigide Verfassung begrenzt, die nicht verändert werden kann; so ist es ziemlich unwahrscheinlich, daß der Kaiser seine Position dazu benutzen könnte, eine Tyrannei zu errichten.

Die Banois sind wie die Alburer Vegetarier und töten aus Achtung vor ihrem Schöpfer keine Tiere; allerdings essen sie Fisch. Bezeichnend für die große Toleranz des Landes ist die Tatsache, daß Fremde Fleisch essen dürfen, wenn sie den Wunsch danach haben; sie müssen die Tiere selbst töten und zubereiten – kein Banois-Koch würde das Fleisch eines toten Tieres anrühren. In der Tat sind Fremde, welche die Wildschweine des Waldes töten und verzehren, sehr willkommen, da diese die Ernte der Bauern gefährden.

Reisende, die sich für Zoologie interessieren, werden erfreut sein zu hören, daß in den Wäldern des Reiches Drachen zu finden sind. Sie sind etwa zwei Meter lang und haben fledermausähnliche Flügel aus Haut. Ihr Kopf hat die Form und Größe eines Wolfskopfs, und ihre Haut ist glatt und lederartig. Die Banois betrachten den Drachen als ein heiliges Tier.

Das Banois-Reich ist von einer Gruppe englischer und französischer Seeleute entdeckt worden, die durch den Nordpolzugang in den ↗ EISENBERGEN nach Pluto kamen, nachdem sie 1806 im Arktischen Ozean Schiffbruch erlitten hatten. Sie kamen ins Reich, nachdem sie aus Albur vertrieben worden waren, weil sie Fleisch gegessen hatten, was in jenem Land streng verboten ist. Nachdem die Gruppe einige Monate im Banois-Reich verbracht hatte, reiste sie weiter nach ↗ FELINIEN und kehrte dann an die Oberfläche der Erde zurück.

M. Jacques Saint-Albin, *Voyage au centre de la terre...*, Paris 1821.

BANZA, die Hauptstadt von Congo (nicht zu verwechseln mit dem afrikanischen Staat gleichen Namens), ist berühmt dafür, daß es die besten Theaterstücke in ganz Afrika zeigt und dabei die häßlichsten Theater hat. Ebenso beherbergt es das schönste Observatorium der Welt und die schlechtesten Astronomen.

Banza wird vom Großmogul Mangogul regiert, dem 1 234 500. Abkömmling der Dynastie, die im Jahr der Welt 1 500 000 003 200 001 – oder im Jahr der Gründung des Königreichs Congo 390 000 070 003 – eingesetzt worden war. Als tief religiöser Mann steht Mangogul mit den congolesischen Gottheiten auf bestem Fuß, besonders mit dem Gott Cucufa, einem alten Hypochonder, der Zuflucht im luftleeren Raum suchte, weil er nicht mit den Problemen der Welt oder anderer Götter belästigt werden wollte. Hier konnte er die heiligen Tugenden des sich Zwickens, sich Kratzens, sich Langweilens, sich Ärgerns und des Verhungerns vervollkommnen. Er liegt in diesem leeren Raum auf einer Bambusmatratze, in einen Sack eingenäht, die Arme über der Brust gekreuzt, den Kopf in einer Kapuze, aus der nur der Bart herausschaut. Seine Gefolgschaft besteht aus einer Eule, einigen Ratten, die an seiner Matratze nagen, und einigen Fledermäusen, die um seinen Kopf fliegen. Man sagt, daß Cucufa große Macht habe: Mit seinen Ringen kann er sich unsichtbar machen und den weiblichen Kleinoden das Sprachvermögen verleihen.

Denis Diderot, *Les bijoux indiscrets*, Paris 1748.

BARATARIA, eine Insel in der spanischen Mancha, an einem Ort, der lieber vergessen sein will; die einzige Insel der Welt, die von Land statt von Wasser umgeben ist. Baratarias Ruhm besteht darin, daß es eine Woche lang mit ehrenwerter Redlichkeit von Sancho Panza regiert wurde, der den Sinnreichen Junker Don Quijote auf all seinen Reisen begleitete. Sancho Panza gab seine Statthalterschaft ziemlich plötzlich auf, nachdem er einen schreckenerregenden Feind zurückgeworfen hatte. Seine einzige Verteidigungswaffe waren zwei hölzerne Schilde, die man ihm um Rücken und Bauch festgebunden hatte. Ungünstig beurteilte er die Küche der Insel und verglich sie mit Gefängnissen in Notzeiten. Sollte der Besucher der Insel gebeten werden, Barataria zu regieren, wäre es nützlich, einige der Ratschläge zu beherzigen, die Don Quijote Sancho Panza gab:

»Zum ersten, o mein Sohn, mußt du Gott fürchten, denn in der Gottesfurcht besteht alle Weisheit, und bist du weise, so kannst du in nichts fehlgehen.

Zum zweiten mußt du im Auge behalten, wer du bist, und solchergestalt bestrebt sein, dich selbst zu erkennen, was die schwerste Erkenntnis ist, die sich denken läßt...

Nie leite dich das Gesetz der eigenen Willkür...

Die Tränen der Armen sollen bei dir mehr Mitleid, aber nicht mehr Gerechtigkeit finden als die Beweisgründe der Reichen. Solltest du jemals den Stab der Gerechtigkeit beugen, so beuge ihn nicht unter dem Gewicht eines Geschenkes, sondern unter dem der Barmherzigkeit.«

Miguel de Cervantes Saavedra, *El ingenioso hidalgo Don Quixote de la Mancha*, Madrid 1605–1615.

BASILISKENLAND, im südlichen Afrika, eine Wüstenregion, die von einem schreckenerregenden echsenartigen Monstrum, dem Basilisken, bewohnt wird, dessen Blick so mächtig ist, daß er die Gegend in eine Wüste verwandelt hat: Er vermag Felsen zu sprengen, Gras zu versengen, die Gewässer zu vergiften und Tiere mit einem einzigen Blick zu töten. Nur das Wiesel ist diesem Wesen gewachsen, denn seine Ausdünstungen töten es auf der Stelle. Auch wird behauptet, daß der Basilisk den Hahnenschrei fürchtet, und deshalb sollten Reisende, wenn sie durch diese Gegend kommen, einen Hahn oder ein Wiesel mitnehmen. Eine andere wirksame Methode, sich gegen den Basilisken zu schützen, ist ein Spiegel: Der eigene Anblick tötet einen Basilisken auf der Stelle. Es ist nicht ratsam, das Untier mit einem Speer zu töten, wenn man zu Pferde reist: Das Gift würde den Speer entlang hochsteigen und nicht nur den Reiter, sondern auch das Pferd töten. Das Äußere eines Basilisken ist noch nie genau beschrieben worden. Manche haben ihn in Gestalt eines vierbeinigen Hahns mit einer Krone gesehen, mit Krallen wie Schraubenzieher, gelbem Gefieder, weißen, dornigen Flügeln und dem Schwanz einer Schlange, der entweder in einem Haken endet oder einem Hahnenkopf, der mit Wurfpfeilen gespickt ist, die so abgeschossen werden, daß Blut aus den Blättern der Bäume rinnt. Andere hingegen haben den Basilisken als eine gefiederte Schlange geschildert, deren Eier im Sternzeichen des Hundes von einer Kröte ausgebrütet werden.

In der Nähe der Küste leben die Mantichorer, riesige rote Löwen mit menschlichen Gesichtern und drei übereinanderliegenden Zahnreihen, die wie ein Kamm ineinanderpassen, einem Schwanz, der wie beim Skorpion in einem Stachel endet, und rührenden blauen Augen. Ihre Stimmen ähneln dem gemischten Klang einer Flöte und einer Trompete; bemerkenswert sind sie wegen ihrer Schnelligkeit und ihrer Vorliebe für Menschenfleisch.

Gaius Plinius Secundus d. Ä., *Historia naturalis* (1. Jh.), Venedig 1469. – Marcus Annaeus Lucanus, *Pharsalia* (um 62/63), Rom 1469. – Gustave Flaubert, *La tentation de saint Antoine*, Paris 1874.

BASKERVILLE HALL, ein Haus in Dartmoor, England, ist das Stammhaus der Familie Baskerville und liegt nicht weit von dem Dörfchen Grimpen, vierzehn Meilen von dem großen Strafgefängnis Princetown entfernt. Der berühmte Detektiv Sherlock Holmes und Dr. John H. Watson besuchten Baskerville Hall vom 25. September bis 20. Oktober 1888 und lösten das Rätsel um einen riesigen Hund, der nach einer Legende aus dem achtzehnten Jahrhundert in den einsamen Mooren um das Herrenhaus spukte. Dieses ist jetzt wahrscheinlich im Besitz des National Trust.

Sir Arthur Conan Doyle, *The Hound of the Baskervilles*, Ldn. 1902.

BASKERVILLEHALL, *Dartmoor, England*

BASTIANI, eine große, strategisch wichtige Festung, ein Beispiel militärischer Baukunst. Im Norden erstreckt sich die ↗TATARENWÜSTE, aus der man stets einen Überfall erwartet hat und immer noch erwartet; im Süden sieht man die Steilhänge der Bergketten, die die natürliche Grenze zwischen den Nord- und den Südstaaten eines ungenannten Landes bilden.

Die abgelegene Festung Bastiani steht auf einer Hochebene im rauhen und teilweise noch unerforschten Bergland an der Landesgrenze. Die nächstgelegene Stadt ist San Rocco, dreißig Kilometer, zwei Tagesritte entfernt. Trotz ihrer militärischen Bedeutung (die im Laufe der Zeit an Gewicht verloren hat, weil es in diesem Gebiet nie zu einem Überfall gekommen ist) ist die Bauweise der Festung eher schlicht als auffällig. Vom Blockhaus, das einer Baracke mit einigen Fenstern gleichkommt und den Mittelpunkt bildet, gehen zwei massive, mit Zinnen versehene Mauern aus, die die seitlichen Schanzen, je zwei auf jeder Seite, miteinander verbinden. Auf diese Weise versperren die Mauern den ganzen Paß, der ungefähr fünfhundert Meter breit ist und auf beiden Seiten mit großen, steilen Felsen umringt ist. Auf der rechten Seite der Festung, gerade unterhalb der Gebirgsmauern, fällt die Hochebene zu einer Art Bergsattel ab; dort verläuft die alte Paßstraße, die an den Mauern von Bastiani endet.

Die Neue Schanze, eine kleine abgetrennte Festung auf dem Gipfel eines Hügels, von dem man auf die Tatarenwüste hinabblicken kann, ist fünfundvierzig Minuten Fußmarsch vom Norden der Festung entfernt. Es ist der wichtigste Vorposten, völlig isoliert, und muß bei heranrückender Gefahr Alarm geben.

Die Wachablösung der Neuen Schanze erfolgt nach sehr strengen Vorschriften: Niemand darf zum Beispiel die Festung vom Norden her betreten – es ist sogar prominenten Offizieren untersagt, wenn sie nicht die verschiedenen Parolen kennen. Diese Parolen unterliegen einem komplizierten Kontrollsystem. Jeden Morgen um Viertel nach fünf verlassen die Wachposten der Neuen Schanze Bastiani – dazu benötigen sie eine Parole. Um die Neue Schanze vor der Wachablösung wieder zu betreten, gebrauchen sie die Parole des Vortags, die nur ihrem Kommandeur bekannt ist. Wenn die Wachablösung in der Neuen Schanze stattgefunden hat, tritt die neue Parole, die ebenfalls nur dem Kommandeur bekannt ist, in Kraft. Die neue Parole bleibt vierundzwanzig Stunden wirksam, bis zur nächsten Wachablösung. Am nächsten Tag, wenn die Garnison der Neuen Schanze zur Festung zurückkehrt, hat bereits ein Parolenwechsel stattgefunden. So ist eine dritte Parole notwendig. Der Kommandeur muß darum drei Parolen kennen: die Parole, um zu gehen, die Parole, die während der Dienstzeit gebräuchlich ist, und die Parole, um die Schanze zu verlassen. Wenn in dieser Zwischenzeit dem Kommandeur etwas zustoßen sollte, wären die Soldaten nicht in der Lage, die Festung wieder zu betreten, und wenn sie sich zufällig verspäten sollten, könnten sie nicht wieder zur Neuen Schanze zurückkehren, weil in der Zwischenzeit eine neue Parole ausgegeben worden wäre. Darum wird Besuchern empfohlen, ihre Besichtigungen sehr genau zu organisieren.

In Militärkreisen im Südstaat sind die Silbertrompeten von Bastiani wegen ihrer roten Seidenschnüre und der kristallenen Klarheit ihres Geschmetters bekannt.

Dino Buzzati, *Il deserto dei Tartari*, Mailand 1940.

BAUMFLUSS, in Indien, genaue Lage unbekannt. Besucher kommen hier in den Genuß eines einzigartigen Naturschauspiels. Mit Sonnenaufgang sprießen aus dem Wasser zarte Triebe, die gegen Mittag bereits zu einem regelrechten Wäldchen wilder Feigenbäume mit üppigen Früchten gediehen sind. Nach Erreichen dieses Stadiums kehrt sich der Vorgang um, und schon bei Sonnenuntergang deutet kein Anzeichen mehr auf das Phänomen hin. Man sollte es allerdings bei der Betrachtung belassen und keinesfalls die verlockenden Feigen pflücken, denn sie werden von unsichtbaren Wesen bewacht, die jeden Frevel mit fürchterlichen Peitschenhieben ahnden – eine leidvolle Erfahrung, die schon die Kriegsknechte Alexanders des Großen sammeln mußten. Die Fische des Flusses hingegen sind in jeder Hinsicht bekömmlich und zudem einfach zuzubereiten: Ein kurzes Schwenken in kaltem Quellwasser ersetzt den Kochvorgang. M. B.

»Pseudo-Kallisthenes«, griech. *Alexanderroman* (3. Jh.), Paris 1846.

BAUMMEER, ein Teil des Atlantischen Ozeans, etwa fünfzig Stadien lang. Wurzellose Pinien und Zypressen schwimmen hier so dicht nebeneinander, daß es unmöglich ist, durch sie hindurchzufahren. Nur wenn der Seereisende imstande ist, sein Schiff auf die Baumwipfel zu hieven, kann er mit Hilfe günstiger Winde über die Bäume hinwegsegeln.

Lukianos aus Samosata, *Alēthē diēgēmata* (um 120), Florenz 1496.

BAUMORAKEL ↗ SPRECHENDE HAINE

BEAULIEU ist eine befestigte Stadt, etwa vierzig Meilen entfernt von einer der größten Städte in New England, USA. Kein Reklameschild und kein Fabrikschornstein verunziert das hügelige grüne Land mit seinen großen Bäumen und gutbestellten Feldern. In der Stadt ist das Fahren und Parken von Autos verboten; sie bleiben vor dem Stadttor. Dort befindet sich, neben einem Gasthaus, ein Stall, wo man Reitpferde oder einen Pferdewagen mieten kann, das einzig zugelassene Transportmittel innerhalb der Tore.

Der Besucher muß wissen, daß das Betreten dieser Stadt strengen Vorschriften unterworfen ist. Ist er nicht gewillt, die Welt und ihre Gepflogenheiten außerhalb dieser Mauern zu vergessen, sollte er nicht auf Einlaß bestehen. Denn das anscheinend Überkommene dieser Stadt ist keine Attraktion für Touristen, Beaulieu ist vielmehr entschlossen, Altbewährtes umfassend zu erhalten und vernünftig anzuwenden. Waren, die man zum Verkauf in die Stadt bringt, müssen verzollt werden, ebenso darf sich ein Fremder erst nach Entrichtung einer Gebühr in der Stadt aufhalten. Verboten ist außerdem alles, was der einheimischen Produktion – seien es Lebensmittel, Industrie- oder Handwerkserzeugnisse – Konkurrenz macht oder aber als »nutzloser Luxus« bezeichnet wird. Auch Telephone und Telegraphen befinden sich außerhalb am Stadteingang und dienen ausschließlich dem Notfall. Privat zählt diese Einrichtung zum verbotenen Luxus.

Über dem Turm, am Eingang, weht das Banner der Stadt, und das Tor wird von zwei Posten mit Hellebarden bewacht. Gleich dahinter ist der Marktplatz, umgeben von eng aneinandergebauten Giebelhäusern, durch deren Torbögen bunte Gärten leuchten. Auch die Börse befindet sich hier, ein majestätisches Gebäude, unter dessen Arkaden alle Arten von Waren feilgeboten werden. Die Hauptstraße führt von hier eine Anhöhe hinauf, zu freistehenden Häusern mit großen Gärten und Mauern. Wie in alten Zeiten sind diese Häuser meist zugleich Wohn- und Arbeitsstätte der Handwerker. Das florierende Handwerk macht den Gebrauch von Maschinen fast überflüssig. So zum Beispiel wird die Dampfkraft überhaupt nicht genutzt. Die Bürger von Beaulieu sind der Ansicht, daß mechanische Arbeit verdummend wirkt und menschenunwürdig ist.

Folgt man weiter der Hauptstraße, gelangt man zum Zentrum der Stadt, einem weiten, wunderschönen Platz. Hier sind die öffentlichen Gebäude wie das Rathaus, das Theater, die Konzerthalle, ein nobles Gasthaus, mehrere Cafés und Läden.

Musik und Theater sind ausschließlich Angelegenheiten der Bürger von Beaulieu. Kino ist verboten. Alle anderen Künste werden gepflegt, nur Museen sind unbekannt, sie gelten als Widerspruch in sich.

Hinter diesem Platz, neben prächtigen Gärten und schattigen Bäumen, liegen verschiedene Klöster. Das größte und bedeutendste ist die Abtei der Benediktiner.

In Beaulieu ist nur der ein freier Bürger, der Land gepachtet hat, zumindest einen Garten, der den Bedürfnissen der eigenen Familie entspricht, oder aber Wald beziehungsweise Akkerland, das er kommerziell nutzen kann. Steuern werden fast ausschließlich in Form von Pachtzins erhoben. Je besser ein Pächter seinen Grund bewirtschaftet, um so niedriger ist seine Steuer. Läßt er aber sein Land verkommen, erhöht sich der Zins.

Beaulieu hat der Idee des neunzehnten Jahrhunderts entsagt, die freie Wahl sei das natürliche Recht eines jeden Bürgers. Dieses Privileg steht nur Landpächtern zu, kann aber ganz oder zeitweise entzogen werden, aus Gründen, die in der Verfassung genannt sind. Überhaupt unterscheiden sich die Gerichtshöfe von Beaulieu in vielem von denen Europas.

Das wichtigste für die Menschen dieser Stadt ist der Charakter, eine Erziehung, die untrennbar mit der Religion verbunden ist. Die Einwohner von Beaulieu lehnen alle freigeistigen Ideen ab. Sie schreiben ihnen den Verlust moralischer Werte zu, die Mißachtung von Autoritäten und damit den Niedergang der Kultur im zwanzigsten Jahrhundert.

In Beaulieu gibt es keinen Schulzwang, aber die Eltern sorgen dafür, daß ihre Kinder lesen, schreiben und rechnen lernen. Man versucht nicht, alle Kinder der gleichen Lehrmethode zu unterwerfen und denselben Ausbildungsweg durchlaufen zu lassen. Man findet das sinnlos. Jugendliche, die studieren wollen, gehen aufs Beaulieu-College. Es ist vielleicht das schönste Gebäude der Stadt. Jede Begabung, auch die künstlerische, wird hier in vollem Umfang gefördert. Besondere Leistungen werden mit Stipendien belohnt, und ein Stipendiat hat ein Leben lang Anspruch auf Verpflegung und Unterkunft.

Ralph Adams Cram, *Walled Towns*, Boston 1919.

BEDEGRAINE (auch **BEDGRAYNE**), ein Wald in Mittelengland, war der Schauplatz einer Schlacht, in der König Artus von ↗ CAMALOT in den frühen Jahren seiner Regentschaft elf aufständische Fürsten besiegte.

Thomas Malory, *Le Morte Darthur*, Westminster 1485. – Ference Hanbury

White, *The Once and Future King*, Ldn. 1938–1941. – John Steinbeck, *The Acts of King Arthur and His Noble Knights. From the Winchester Manuscripts of Sir Thomas Malory and Other Sources*, NY 1976.

BEKLA, die Hauptstadt des ↗ BEKLANISCHEN REICHS, liegt an den Hängen des Crandorberges, der die umgebende Bekla-Ebene beherrscht. Die Stadtmauern haben einen Umfang von sechs Meilen und steigen im Süden an, um den Gipfel des Crandorbergs mit einzuschließen, der von einer großen Zitadelle gekrönt ist, von wo die Felsen kerzengerade zu den untenliegenden alten Steinbrüchen abfallen. Eine steile Treppe führt hinauf und verschwindet in einem Tunnel, der in den Kellern der Zitadelle herauskommt. Die einzige andere Zugangsmöglichkeit zu dieser Zitadelle ist das Rote Tor in der Südmauer, ein niedriger Durchgang, durch den ein Bach hinab zu den Wasserfällen, den sogenannten Weißen Mädchen, fließt. Das Bachbett ist einmal vertieft worden, aber die Bauarbeiter ließen einen schmalen gewundenen Damm aus rohem Gestein unter dem Wasser stehen. Wer die Windungen dieses Pfads kennt, kann seinen Weg durch den Teich, unter dem Durchgang und über die als »Kamin« bekannte Treppe in die Zitadelle finden. Die Mauern von Bekla umschließen auch große Waldgebiete und Weideland. Durch das Weidegebiet fließt ein Bach östlich der Zitadelle zum sogenannten Hakensee.

Bekla ist in zwei Teile gegliedert: die Ober- und die Unterstadt, die durch eine Mauer voneinander getrennt sind. Der einzige Weg von der Unter- zur Oberstadt führt durch das Pfauentor. Besucher, die diesen Eingang benutzen wollen, werden zuerst in eine kleine Kammer, den Mondraum, gelassen, während der Pförtner die Vorrichtung zum Öffnen des Pfauentors bedient. Zugang zur Oberstadt ist jedoch nicht ohne ausdrückliche Erlaubnis möglich. Hier finden die Besucher das Haus des Königs und den Palast der Barone auf dem Leopardenhügel, eine Erhebung westlich vom Hakensee. Steingebäude, ähnlich den auf ↗ QUISO gefundenen, umgeben den See und die Zypressenhaine. Diese Gebäude werden als Residenzen für den Adel und Delegationen aus den Provinzen verwendet, ebenso für ausländische Gesandte.

Der Leopardenhügel ist die schönste Sehenswürdigkeit in der Oberstadt. Über dem Garten mit seinen Weinund Blumenterrassen erheben sich die zwanzig runden Türme vom Palast der Barone mit umlaufenden Balkonen, die wie Kapitele riesiger Säulen wirken. Höhe und Form der Marmorbalkone ist überall gleich, unterschiedlich aber ist ihr Schmuck: Sie tragen Reliefs mit Leoparden, Lilien, Vögeln oder Fischen. Die Türme sind unter den Namen der dargestellten Pflanzen oder Tiere bekannt. Sie alle enden in schlanken, bemalten Turmspitzen, in denen sich die Kupferglocken befinden, die die Bürger von Bekla zu Festlichkeiten zusammenrufen. So wie sie den Palast umgeben, erscheinen die Türme wie große Lanzen, die gegen die Palastmauern lehnen. Die Brustwehre sind mit Lotosblättern und -blüten geschmückt, denen die Kunsthandwerker übergroße Insekten, andere Pflanzen und Wassertropfen hinzugefügt haben.

Im vollen Tageslicht erscheint der Palast streng, aber die Dämmerung macht die Umrisse weicher und bringt die Schönheit der Verzierungen zur Geltung. Am Fuß des Bergs steht das sogenannte Haus des Königs, ursprünglich als Quartier für die Soldaten gebaut, aber nach der Eroberung der Stadt durch die Armee von Ortelga zu einem unheimlichen Zweck umfunktioniert. Das Gebäude ist schlecht belüftet und schlecht beleuchtet, die einzigen Fenster sind hoch oben in der Mauer. Ursprünglich war es hauptsächlich zum Gebrauch in der Dunkelheit entworfen. Nach der ortelganischen Eroberung wurden die ursprünglichen Arkadenöffnungen bis auf einen Eingang an einem Ende geschlossen und schwere Eisenstangen in den Boden eingelassen. So wurde das Gebiet abgeriegelt, in dem einst Shardik der Bär, der als Verkörperung der Kraft Gottes verehrt worden war, gehalten wurde. In der entfernten

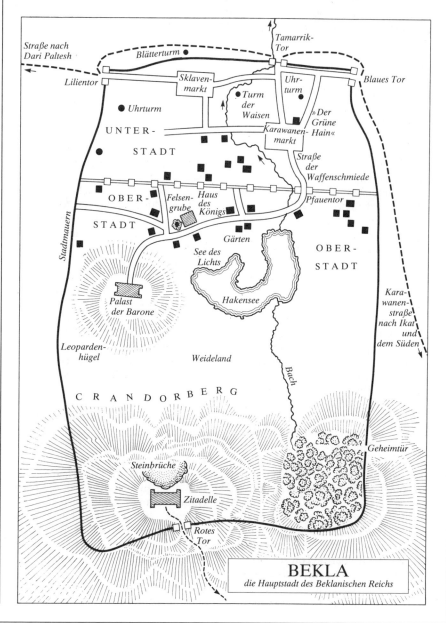

BEKLA
die Hauptstadt des Beklanischen Reichs

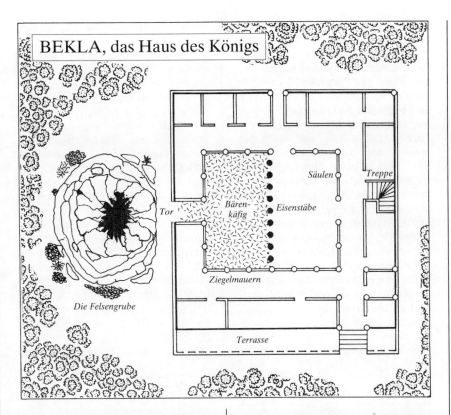

BEKLA, das Haus des Königs

Mauer kann der Besucher noch das eiserne Tor sehen, das in eine für den Bären ausgehobene Felsenhöhle führt. Auf dem Höhepunkt ortelganischer Herrschaft wurde die Halle ein barbarischer Tempel, angefüllt mit den in den Kriegen erbeuteten Trophäen. Die Wände waren mit den Schädeln der Feinde Shardiks gesäumt.

Die Unterstadt ist ein Labyrinth von Straßen und Plätzen, das Herz eines geschäftigen Handelsreichs. Vom Pfauentor führt die Straße der Waffenschmiede hinab auf den Karawanenmarkt mit seinen Kolonnaden, wo alle Güter, die in die Stadt kommen, geprüft und gewogen werden. Auf einer Seite des Platzes stehen die städtischen Lagerhäuser und die von dem gefeierten Fleitil entworfenen und gebauten Bronzewaagen, deren Schalen stark genug sind, um einen Karren und zwei Ochsen gleichzeitig hochzuheben und zu wiegen. Eine Taverne, der »Grüne Hain«, ist ein Eßlokal für Händler und Marktbeamte und kann empfohlen werden. Im Sommer können die Reisenden im Hof an dem plätschernden Brunnen essen, im Winter empfiehlt es sich, sich an dem Holzkohlenbecken im Inneren der Taverne niederzulassen.

Eines der großen Wunder von Bekla wurde zerstört, als die Stadt von der ortelganischen Armee eingenommen wurde: Das Tamarrik-Tor, das Nordtor der Stadt, war Fleitils Meisterwerk. Es trug Schnitzereien von konzentrischen Kreisen, Spiralen, Gesichtern, die durch Sykomorenblätter schauen, große Farne, Flechten, die Äolsharfe und die Silbertrommel, die sich selbst schlug, wenn die heiligen Tauben zur Abendfütterung kamen. Nachdem am Tamarrik-Tor eine Bresche geschlagen worden war, fiel die Unterstadt schnell den ortelganischen Eindringlingen zu, aber die nahezu uneinnehmbare Zitadelle hielt sich noch vier weitere Monate. Um die Moral der Verteidiger zu brechen, erhängten die Ortelganer in Sichtweite der Zitadelle jeden Tag zwei Kinder. Schließlich stimmte der Kommandant von Bekla der Übergabe zu und durfte mit seiner Armee unbehelligt abziehen. Während und nach dem Fall von Bekla begann sich der ursprüngliche Shardik-Kult, wie er auf Quiso praktiziert wurde, zu wandeln. Kelderek, der Jäger, der den Bären gefunden hatte, trat nun als Priesterkönig in Erscheinung, eine Figur, die in den früheren Darstellungen des Kultes nicht existiert hatte. Tuginda, die Hohepriesterin, sah diese und andere Entwicklungen als Beweis, daß der Kult des Bären für politische Zwecke verändert, wenn nicht gar entstellt wurde. Als sie begann, ihre Einwände zu äußern, wurde sie nach Quiso verbannt.

Bekla blieb mehrere Jahre unter ortelganischer Herrschaft. Der Shardik-Kult war allgegenwärtig und schuf die Basis für eine erfolgreiche, zu Zeiten grausame Diktatur unter dem Priesterkönig, der das »Auge Gottes« genannt wurde.

Eines Tages wurde jedoch ein Anschlag verübt, bei dem man versuchte, den Bärenkäfig in Brand zu setzen. In Panik und Angst durchbrach Shardik die Eisenstangen und floh in das offene Land. Kelderek folgte unverzüglich seinem Meister und verließ die Stadt für immer. Bald nach seinem Weggang brach eine Revolte gegen die ortelganische Herrschaft aus, aber in dem Waffenstillstand, der den Kriegen schließlich ein Ende setzte, wurde Bekla der ortelganischen Herrschaft wieder unterstellt und hat heute noch seinen Status als Hauptstadt.

Besucher werden finden, daß von den Ursprüngen Beklas wenig bekannt ist. Architektonische Zeugnisse weisen darauf hin, daß – wie die Legende behauptet – die Stadt von denselben Handwerkern erbaut worden ist, die die Gebäude auf Quiso errichtet haben. Es scheint auch, daß in grauer Vorzeit die Stadt von Ortelganern regiert worden war, bis eine Revolte sie auf ihre Insel im Telthearna zurücktrieb.

Die Landschaft um Bekla, die sogenannte Bekla-Ebene, ist flach und großenteils trocken. Von Zeit zu Zeit toben fürchterliche Staubstürme über sie hinweg. Die einzige landwirtschaftliche Nutzung ist die Züchtung und Haltung von Weidevieh; die einzigen Ansiedlungen sind verstreute Dörfer. Verschiedene Straßen führen von Bekla durch die Ebene zum Vorgebirge der Gelt-Berge und zu den Provinz- und Hauptstädten. Bekla wird durch eine Wasserleitung, die von Kabin kommt, mit Wasser versorgt, Besucher können unbesorgt davon trinken.

Richard Adams, *Shardik*, Ldn. 1974.

BEKLANISCHES REICH, ein großes Land, das im Süden an Yelda, Belishba und Lapan, im Westen an Terkenalt grenzt. Im Norden und Osten hat das Reich seine natürliche Grenze im Fluß Telthearna und dem Wald von Tonilda. Die Hauptstadt ↗ BEKLA liegt im Zentrum des Reichs in der Bekla-Ebene.

Vor langer Zeit wurde das gesamte Reich von Leuten der Insel Ortelga regiert. Sie waren Anhänger des Kultes Shardiks, eines großen Bären, von dem man annahm, er sei die Inkarnation der Kraft Gottes. Shardik selbst blieb auf der Insel ↗ QUISO, die viele Pilger aus der ganzen Welt anzog. Diese Periode ortelganischer Herrschaft wurde jedoch durch eine Revolte beendet, und die Ortelganer wurden auf ihre Heimatinsel im Norden zurückgetrieben (vgl. ↗ BEKLA). Zum

Schutz der Grenzen und um den Einzug der Steuern sicherzustellen, wurde im Beklanischen Reich ein stehendes Heer beibehalten. Anfangs gingen Patrouillen bis zum Telthearna und sogar bis Ortelga, aber diese Gepflogenheit geriet bald in Vergessenheit, und die Armee wurde selten jenseits der Gelt-Berge gesehen. Das mag erklären, weshalb die beklanische Armee nach dem Wiederaufleben des Shardik-Kultes im Norden so schnell geschlagen werden konnte.

Während dieser ganzen Zeit bestand im Reich Sklaverei. Einige Historiker behaupten sogar, daß sie immer existiert habe und daß besiegte Soldaten normalerweise versklavt worden seien. Während des Goldenen Zeitalters des Beklanischen Reichs stieg die Nachfrage nach Sklaven enorm an, schließlich entwickelte sich eine Klasse von berufsmäßigen Sklavenhändlern. Anfangs unterlagen sie staatlicher Kontrolle, aber allmählich wurden sie zu mächtigen und gefürchteten Führern bewaffneter Banden. Wachsende Horden entflohener Sklaven wurden zu einer Bedrohung für Bauern und Dorfbewohner, und die Opposition gegen den Sklavenhandel wurde so stark, daß schließlich ein Bürgerkrieg ausbrach. Unter der Herrschaft der siegreichen Heldril- oder »altmodischen« Partei wurden alle Sklaven, die beweisen konnten, daß sie Bürger des Reichs waren, befreit, nur ausländische Sklaven wurden weiter gehalten.

Etwa zehn Jahre nach dem Ende des Bürgerkriegs wurde das Reich von den ortelganischen Anhängern eines Bären überfallen, von dem behauptet wurde, er sei eine Reinkarnation von Shardik. Die nördlichen Provinzen und Bekla fielen bald, die südlichen Provinzen wurden autonom und vereinigten sich in einer Allianz gegen die neuen Herrscher des Reichs. Der Krieg gegen sie wurde noch Jahre fortgeführt. Kelderek – jetzt Priesterkönig von Bekla – fand Verbündete in jenen Grundbesitzern, die zur Heldril-Partei in Opposition gestanden hatten, und gab ihnen wichtige Positionen. Teils um sie zu besänftigen, teils um den Krieg zu finanzieren, wurde ein hoch besteuertes Sklavensystem wieder eingeführt, was den Widerstand gegen die beklanische Herrschaft im Süden verstärkte. Es setzte auch der möglichen Ausdehnung des Shardik-Kultes Grenzen: Der Bär wurde bloß als Gott der Sklavenhändler angesehen. Der Sklavenhandel wurde für viele eine Quelle der Unzufriedenheit. Die Händler überschritten die ihnen zugemessenen Rechte und entführten

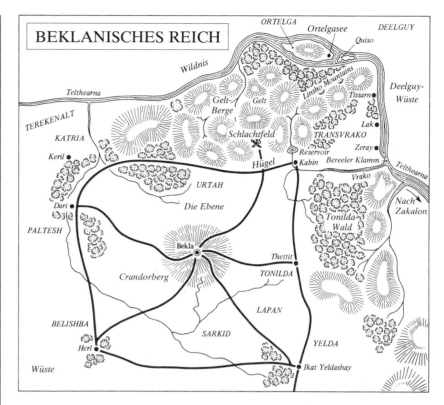

Leute aus den Siedlungen in der Ebene. Die Bestimmungen wurden häufig mißachtet, wenn es sich um Kindersklaven handelte, für die es offensichtlich einen großen Markt gab. Von Sklavenhändlern, die sich auf Kinder spezialisierten, war bekannt, daß sie viele ihrer Opfer verstümmelten, um sie als professionelle Bettler verkaufen zu können. Zu anderen illegalen Praktiken gehörte die Kastration von Jungen für einen besonderen Markt.

Nach Niederschlagung einer Revolte in Bekla – der Bär und der Priesterkönig entkamen – wurde die Sklaverei wiederum abgeschafft und alle Sklaven befreit. Die früheren Provinzen Yelda, Lapan und Belishba wurden unabhängig. In jüngster Zeit hat das Reich Handelsbeziehungen zu dem im Osten liegenden ↗ ZAKALON aufgenommen: Eisen, Stickereien und andere Gebrauchsgüter werden exportiert.

Besucher werden feststellen, daß im Beklanischen Reich zwei Hauptsprachen gesprochen werden, zwischen denen es allerdings beträchtliche Ähnlichkeiten gibt: Beklanisch wird im Norden und in der Mitte gesprochen, Yeldaisch im Süden. Hinzukommen eine Anzahl regionaler Dialekte.

Die Währung des Beklanischen Reichs ist das *meld*.

Richard Adams, *Shardik*, Ldn. 1974.

BELESBAT ist heute eine Unterwasserstadt im Golf von Biscaya, direkt vor der Küste der französischen Vendée. In alten Zeiten wußte man in den Nachbarstädten, daß Belesbat überaus reich war, aber das war auch alles, denn keine lebende Seele hatte je die Stadt verlassen. Viele neugierige Reisende versuchten, Belesbat zu betreten, immer ohne Erfolg. Eines Tages suchte ein Fischer im Hafen von Belesbat Zuflucht vor einem Sturm. Zu seinem größten Erstaunen wurde ihm ein königlicher Empfang bereitet: Alle Tore der Stadt waren offen, und glänzende Bälle und prunkvolle Banketts wurden zu seinen Ehren gegeben. Von Neugier gequält, gab er vor, müde zu sein, und bat, allein gelassen zu wer-

Nordabschnitt des Unterwasserlabyrinths von BELESBAT *im Golf von Biscaya*

den. Er entdeckte eine kleine Tür, hinter der er Musik und fröhliches Gelächter hörte. Als er sie öffnete, fand er sich in einem weiten, stillen Labyrinth. Er folgte langen dunklen Mauern, überquerte verlassene Höfe und kam schließlich in einen großen Raum, der bis an die Decke mit zerstückelten Menschen, verwesenden Körpern und Skeletten gefüllt war. Eiligst kehrte er um, gab an, seine Netze am Strand vergessen zu haben, und fragte, ob er sie holen dürfe. Man ließ ihn gehen, und er verbreitete die schrecklichen Neuigkeiten in der Umgebung. Die Herren der Vendée formierten eine Koalition, erstürmten Belesbat und töteten alle Bewohner. Danach erhob sich vom Meer her ein Sturm, der die Stadt begrub. Touristen seien darauf hingewiesen, daß es gefährlich ist, Belesbat zu besichtigen, weil Unterwassergeister Tag und Nacht bei den noch vorhandenen Schätzen Wache halten.

Claire Kenin, *La mer mystérieuse*, Paris 1923.

BENGODI, ein Bezirk in Berlinzone oder dem Baskenland (das nicht mit Biskaya in den westlichen Pyrenäen verwechselt werden darf), ist wegen seines Berges aus geriebenem Parmesankäse berühmt. Auf dem Gipfel des Berges wohnen Menschen, die ihr Leben damit verbringen, Makkaroni und Ravioli herzustellen, die sie in Hühnerbrühe kochen und dann den Berg hinunterrollen lassen – zum Ergötzen und zur Ernährung der Eingeborenen, die am Fuße des Berges leben.

Wenn man etwas weiter geht, kommt man an einen Fluß, in dem Wein statt Wasser fließt (ähnlich dem auf der ↗ INSEL DER SELIGEN) und der in den berühmten Weinbergen von Bengodi entspringt. Die Landarbeiter binden die Rebenstöcke mit Würsten zusammen und steigern auf diese Weise das Aroma ihres Weines.

In Bengodi kann man viele seltsame Steine finden. Bemerkenswert sind der Heliotrop, der jeden, der ihn trägt, unsichtbar macht, und der örtliche Mühlstein, der, bevor er durchlöchert wird, auf einen Ring montiert werden kann und die Eigenschaft haben soll, alle Wünsche des Trägers zu erfüllen.

Giovanni Boccaccio, *Il Decamerone* (um 1349), Venedig 1470.

BENNET-EILAND, eine Insel in der Antarktis, geographische Lage: 82° 50′ südlicher Breite, 42° 20′ westlicher Länge. Sie ist felsig und hat einen Umkreis von knapp zwei Kilometern. Abgesehen von einer Art Feigendistel gibt es dort keinen Pflanzenwuchs. Die einzige Besonderheit ist ein eigenartiger Felsvorsprung an der Nordseite der Insel: Seine Form erinnert an ein Baumwollknäuel. Das Eiland ist nach dem Miteigentümer des Schoners *Jane Guy* aus Liverpool benannt, von dessen Kapitän es am 17. Januar 1828 entdeckt wurde.

Edgar Allan Poe, *The Narrative of Arthur Gordon Pym of Nantucket*, NY/Ldn. 1838.

BENSALEM, ein Inselstaat im Südpazifik, in der Gegend der Salomoninseln. Zu seinem Hoheitsbereich gehören einige vorgelagerte Inseln. Früher wurde der Umfang Bensalems auf 5600 Meilen geschätzt, heute gilt jedoch als sicher, daß es um ein Drittel kleiner als Irland ist.

Im zweiten vorchristlichen Jahrtausend war Bensalem als Handelsmacht bekannt. Schiffe aus Tyrus, Karthago, China und ↗ ATLANTIS liefen die Insel an. Doch als in den Jahrhunderten nach dem Untergang von Atlantis die Schiffahrt mehr und mehr zurückging, geriet Bensalem allmählich in Vergessenheit. Um 300 v. Chr. beschloß König Solamona von Bensalem, Gesetze zu erlassen, die gewährleisten sollten, daß der Inselstaat (dessen Grund und Boden sehr ertragreich war) sich auch weiterhin aus eigener Kraft erhalten könnte. Die Einwanderung von Fremden wurde verboten (ausgenommen waren solche, deren Verbleiben dem Wohl des Staates diente), und den Bürgern wurde jede Überseereise untersagt, um Bensalem vor schädlichen Einflüssen zu schützen. Da in der Folgezeit nur selten ein Schiff die Insel anlief, blieb sie fast völlig von der Außenwelt isoliert. Die einst so mächtige Handelsflotte wurde fortan zum Fischfang, für den Warentransport in die verschiedenen Städte und für regelmäßige Fahrten zu den vorgelagerten Inseln benützt. Das Andenken König Solamonas wird noch immer in hohen Ehren gehalten.

Zum Christentum wurde das Inselvolk im Jahre 50 durch ein Wunder bekehrt. Die Bewohner der an der Ostküste gelegenen Stadt Renfusa erblickten eines Nachts eine hohe Lichtsäule, die sich der Insel näherte. Boote, die hinausgeschickt wurden, konnten plötzlich nicht weiterfahren. Nur einem der Weisen von Renfusa war es – nachdem er, in seinem Kahn kniend, ein Gebet gesprochen hatte – beschieden, sich der Lichtsäule zu nähern, die plötzlich erlosch. Auf dem Wasser aber schwamm ein Schrein aus Zedernholz. Er enthielt das Alte und das Neue Testament sowie einen Brief des Apostels Bartholomäus, der darin kundtat, daß er den Schrein in göttlichem Auftrag den Fluten übergeben habe und jenem Volk, zu dem das Meer diese Botschaft tragen würde, die Erlösung durch Jesus Christus verkünden wolle. Wunderbarerweise

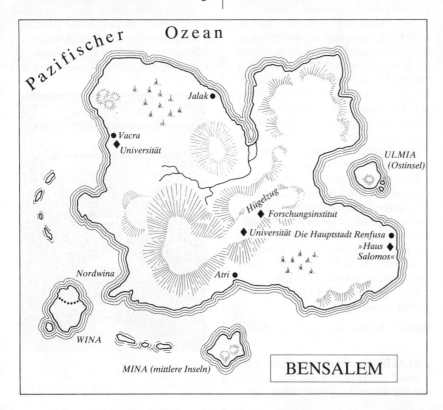

konnten nicht nur die Einheimischen, sondern auch die damals in Bensalem ansässigen Perser und Inder die Heilige Schrift und den Brief lesen, als wären diese in ihrer Muttersprache verfaßt worden.

In dem christlichen Inselstaat gibt es eine jüdische Minderheit, die Religionsfreiheit genießt. Die Juden von Bensalem akzeptieren die Lehre von der jungfräulichen Geburt Christi, erkennen ihm gewisse göttliche Eigenschaften zu und nennen ihn zuweilen »Die Milchstraße«, zuweilen auch den »messianischen Elias«. Sie halten an der Überlieferung fest, daß das Volk Bensalems von Abrahams Sohn Nahor abstamme und noch immer nach den Gesetzen lebe, die ihm einst von Moses gegeben worden seien. In diesem Zusammenhang ist erwähnenswert, daß die Christen Bensalems drei Gestalten des Alten Testaments besondere Ehrfurcht zollen: Adam und Noah als den Stammvätern der Menschheit und Abraham als dem »Vater der Gläubigen«.

In der patriarchalischen Gesellschaftsordnung des Königreiches Bensalem kommt der Familie fundamentale Bedeutung zu. Sobald ein *Tirsanus* (Familienoberhaupt) dreißig lebende Nachkommen aufzuweisen hat, richtet der Staat ein sogenanntes Familienfest aus. Höhepunkt ist die Überreichung einer Urkunde, in dem der Monarch dem *Tirsanus* bestimmte Privilegien gewährt und ihm erklärt, er fühle sich ihm verpflichtet. Sodann erhält der *Tirsanus* eine Weintraube aus Gold, die – falls die Zahl der männlichen Nachkommen überwiegt – purpurrot lackierte Beeren und am Stiel eine kleine Sonne hat. Überwiegen die weiblichen Nachkommen, so ist die Traube grüngelb lackiert und mit einem Mond verziert. Von nun an trägt der »Sohn des Weinstocks« (d. h. derjenige seiner Söhne, den der *Tirsanus* bei dem Fest dazu bestimmt hat, ständig bei ihm zu leben) dieses Ehrenzeichen in der Öffentlichkeit stets vor dem Vater her.

Das Volk von Bensalem ist für seine Sittenstrenge bekannt. Es gibt in diesem Inselstaat weder Freudenhäuser noch käufliche Dirnen, und tiefen Abscheu erregen dort Berichte über entartete Begierden, die anderswo geduldet werden. In Bensalem gilt: »Wer unkeusch ist, verliert seine Selbstachtung. Diese aber ist, nächst der Religion, der stärkste Zügel für alle Laster.« Ehen, die ohne elterliche Einwilligung geschlossen wurden, sind zwar gültig, den daraus hervorgegangenen Kindern aber nimmt der Staat zwei Drittel ihrer Erbschaft. Um künftige Ehepaare auf etwaige körperliche Mängel des Partners aufmerksam zu machen, ist es in Bensalem üblich, daß ein Freund beziehungsweise eine Freundin zusieht, wenn Braut und Bräutigam (getrennt voneinander) nackt in einem der beiden »Teiche Adams und Evas« baden.

Die bedeutendste Institution ist das von König Solamona gegründete und der Erforschung der Werke und Geschöpfe Gottes geweihte »Haus Salomos«. Es ist nach dem weisen König der Juden benannt, dessen angeblich verschollenes naturgeschichtliches Werk (vgl. *1. Buch der Könige,* V,13) hier aufbewahrt wird. Nach den Worten eines ihrer »Väter« dient diese Institution dem Zweck, »die Ursachen, Bewegungen und verborgenen Kräfte der Natur zu erkennen und die Grenzen der menschlichen Macht so weit wie irgend möglich auszudehnen«. Die dort betriebene wissenschaftliche Forschung hat einen so hohen Stand erreicht, daß zum Beispiel Unterseeboote und Flugmaschinen konstruiert werden können. Stromschnellen, Wasserfälle und Windmühlen nutzt man zur Energieerzeugung. In tiefen Höhlen wird Metall produziert, und Türme von verschiedener Höhe dienen zu astronomischen und meteorologischen Studien. Für Experimente zum Zweck der Wetterbeeinflussung stehen große Hallen zur Verfügung. In den »Optik-Häusern« befaßt man sich mit Farb- und Strahlenexperimenten und mit der Herstellung von Teleskopen, Mikroskopen und anderen optischen Geräten. Akustische Experimente werden in den »Klang-Häusern« durchgeführt, wo auch neuartige Musikinstrumente sowie Geräte, die Stimmen und Klänge naturgetreu wiedergeben, entwickelt wurden. Hier haben die Wissenschaftler von Bensalem auch entdeckt, wie man Klänge mithilfe eines Röhrensystems auf weite Entfernungen weiterleiten kann (eine Novität, die mehrere Jahrhunderte später einen Schotten namens Alexander Graham Bell zu einer ähnlichen Erfindung angeregt haben dürfte). In den »Maschinen-Häusern« werden neben Kriegsgerät aller Art auch Feuerwerkskörper hergestellt, in den »Häusern der Wohlgerüche« experimentiert man mit künstlichen Duft- und Geschmacksstoffen, während das »Haus der Sinnestäuschungen« der Untersuchung und Demonstration all dessen dient, was dem Menschen Illusionen vorgaukelt.

Die Zoologen und Botaniker befassen sich erfolgreich mit Mutationsversuchen und der Züchtung neuer Arten. Erstaunliche Entdeckungen wurden auch auf dem Gebiet der medizinischen, pharmazeutischen und Ernährungsforschung gemacht. In den Apotheken des Landes sind unter anderem Heiltränke und eine spezielle Kraftnahrung erhältlich.

Nur den »Vätern des Hauses Salomos« ist es gestattet, ins Ausland zu reisen. Alle zwölf Jahre informieren sich sechs von ihnen über den Stand der wissenschaftlichen Forschung in anderen Ländern und bringen Bücher und Anschauungsmaterial mit nach Hause. Diese Abgesandten (»Lichtkäufer« genannt) verbergen im Ausland ihre wahre Identität, um die Existenz Bensalems vor aller Welt geheimzuhalten.

Während die Bürger üblicherweise mit einer farbigen Toga und einem zierlichen Turban bekleidet sind, tragen die »Väter des Hauses Salomos« schwarze Roben über einem Untergewand aus feinstem weißem Linnen, dazu violette Schuhe, juwelenbesetzte Handschuhe und eine an spanische Sturmhauben erinnernde Kopfbedeckung. Ihre von Pferden getragene Zedernholzsänfte ist mit Edelsteinen besetzt und oben mit einem goldenen Abbild der Sonne sowie einem Cherub mit ausgebreiteten Flügeln dekoriert. Zwei barhäuptige Männer in weißen Leinengewändern tragen ein aus Balsaholz gefertigtes Kreuz und einen Hirtenstab aus Zedernholz vor der Sänfte her.

Im Lauf der Zeit sind aus dem »Haus Salomos« neue Lehr- und Forschungsinstitute hervorgegangen. Auf einem Hügelzug nahe der Hafenstadt Renfusa wurden eine Universität und ein Forschungszentrum für anorganische Chemie errichtet. Eine zweite, auf Botanik und Zoologie spezialisierte Universität befindet sich in der Stadt Vacra, in deren zoologischem Garten die Staatenbildung bei Tieren erforscht wird. Hier nahm man auch die ersten »Suturisations«-Versuche an Affen vor – mit dem Ergebnis, daß es heute in Bensalem möglich ist, einfache Gartenarbeit (etwa das Zusammenkehren von Laub) von Affen ausführen zu lassen. In den Instituten von Jalak werden optische, in denen von Atri akustische Studien betrieben. Hier wurde beispielsweise das »Violinpiano« entwickelt, ein Musikinstrument, das die Klangqualitäten der Geige und des Klaviers in sich vereint.

Auch das heutige Königreich Bensalem betreibt eine isolationistische Politik und schickt Kundschafterschiffe rund um die Welt. Der Monarch,

Radar genannt, hat zwar eine vorwiegend symbolische Funktion, genießt aber, da das Königtum untrennbar mit der Geschichte Bensalems verbunden ist, große Ehrfurcht. Für die Verwaltung der neununddreißig städtischen und zehn ländlichen Bezirke wie auch für die Förderung von Kunst, Wissenschaft und Industrie sind Dreierkomitees zuständig, in Verbindung mit einer Ratsversammlung, an der jeder Bürger teilnehmen kann. Die obersten Verwaltungsgremien sind das Zentralkomitee und der Zentralrat, der den *Radar* bei seiner einzigen politischen Aufgabe, nämlich der Ernennung der Mitglieder des Zentralkomitees, berät. Nach wie vor bildet die Familie das Rückgrat der Gesellschaftsordnung.

Daß die heutigen Bürger Bensalems größere Schädel und Gehirne als ihre Vorfahren haben, ist auf die bereits erwähnte »Suturisation« zurückzuführen, durch die der Okklusionsprozeß im Gehirn verlangsamt wird. Das Resultat: größere geistige Leistungsfähigkeit, ein besseres Gedächtnis und schärferes Urteilsvermögen. So kann zum Beispiel jede Fremdsprache innerhalb weniger Monate erlernt werden. Auch die telepathischen Fähigkeiten haben beträchtlich zugenommen. Erstaunlicherweise wirkt sich die »Suturisation« auch auf die Körpergröße aus. Bei den Männern beträgt die Durchschnittsgröße jetzt einen Meter achtzig, die Frauen sind in der Regel fünf Zentimeter kleiner. Die erwähnten Eigenschaften sind nicht erblich, sondern müssen in jeder Generation durch eine Spezialbehandlung erworben werden. Deren Einführung hat die als »Separation« bekanntgewordenen Ereignisse ausgelöst. Diejenigen Bürger von Bensalem, die sich aus Angst vor schädlichen Nebenwirkungen weigerten, ihre Kinder »suturisieren« zu lassen, wurden allmählich zu einer entrechteten Klasse, die man als »Kleinköpfige« bezeichnete und deren wachsende Unzufriedenheit schließlich zu einem Bürgerkrieg führte. Aufgrund einer in den dreißiger Jahren des neunzehnten Jahrhunderts erzielten Vereinbarung siedelten sich die »Kleinköpfigen« auf den vorgelagerten Inseln an, wo sie eigene kleine Staatswesen gründeten.

Bensalem ist heute eine klassenlose Gesellschaft. Die Einwohnerzahl von rund zwei Millionen dürfte aufgrund der Geburtenbeschränkung einigermaßen konstant bleiben.

Das gesamte Wirtschaftssystem gründet sich auf die Verfügbarkeit unbegrenzter Energiequellen. Früher lieferten die Wasserkraftwerke an der Nord- und Südküste die notwendige Energie; da es inzwischen aber gelungen ist, die Atome eines Elements namens Bensalium zu spalten, bedient man sich jetzt der Kernkraft. Als das A und O sozialen Fortschritts gilt die Automation, die in den Fabriken schon so weit vorangeschritten ist, daß Arbeitskräfte fast nur noch bei der Zulieferung von Rohstoffen und der Auslieferung von Fertigprodukten beschäftigt werden.

Der Grund und Boden ist öffentlicher Besitz, seine Nutzung unterliegt strengen Bestimmungen. Die wirtschaftliche Entwicklung hat einen Stand erreicht, der es erlaubt, jeden Bürger kostenlos mit allem zu versorgen, was er zum Leben braucht. Das Geld wurde abgeschafft. Dank der Automation konnte die wöchentliche Arbeitszeit (als »Pflichten« bezeichnet) auf neun Stunden reduziert werden. Die übrige Zeit wird auf sogenannte Nebenbeschäftigungen verwandt, zum Beispiel auf Gartenarbeit, wissenschaftliche Privatstudien, literarische und künstlerische Hobbies. Da die »Pflichten« den jeweiligen wirtschaftlichen Erfordernissen entsprechend von den örtlichen Komitees zugeteilt werden, wechseln die Werktätigen häufig ihren Arbeitsplatz. Der einzige wichtige Rohstoff, den der Inselstaat importieren muß, ist Kupfer für die Stromleitungen. Auch Tee wird eingeführt. Alle Importe werden in Gold bezahlt, das mittels Elektrolyse aus Meerwasser gewonnen wird. In der Wirtschaftspolitik gilt der Grundsatz, daß die Bedürfnisse der Bevölkerung gedeckt werden müssen. Einzelhandelswettbewerb gibt es in Bensalem nicht.

Um der Volksgesundheit willen und aus verkehrstechnischen Gründen liegen alle Städte an der Küste. Ihre durchschnittliche Einwohnerzahl beläuft sich auf 40 000 (die einzigen Ausnahmen sind die Hauptstadt Renfusa mit 60 000 und Vacra an der Westküste mit 50 000). Eine größere Bevölkerungsdichte ist aus sozio-ökonomischen Gründen nicht erwünscht. Alle Städte sind auf einer Küstenstraße und außerdem per Schiff zu erreichen. Sehr gute Landstraßen verbinden die meist nur zwanzig Meilen von der Küste entfernten Dörfer mit den Städten. Als öffentliches Verkehrsmittel dienen dreirädrige, elektrisch betriebene Wagen, die sich gewöhnlich nur mit einer Stundengeschwindigkeit von fünfzehn Meilen voranbewegen, aber durch eine einzige Aufladung der leichtgewichtigen Akkumulatoren auf hundert Meilen pro Stunde beschleunigt werden können. Die Wasserfahrzeuge sind etwa so groß wie Flußschiffe. Mit kurzen Flügeln, einem Propeller, zwei Hubschrauber-Rotoren und – an der Unterseite – mit Raupenketten ausgestattet, gleiten sie mit einer Stundengeschwindigkeit bis zu 150 Meilen auf der Wasseroberfläche dahin. Für den Bau dieser Schiffe verwendet man eine Aluminiumlegierung.

Auch in der kollektiv betriebenen Landwirtschaft sind Automation und Elektrifizierung weit vorangeschritten. Obst und Gemüse werden meist in großen Treibhäusern aus zellophanartigem Material angebaut, die Bodenheizung haben. Außerdem ist es gelungen, Getreidepflanzen mit kurzen, kräftigen Halmen und großen, schweren Ähren zu züchten. Der landwirtschaftliche Ertrag ist so enorm, daß nur der beste Boden bebaut zu werden braucht und ein großer Teil der Landschaft für die Freizeitgestaltung der Bevölkerung zur Verfügung steht. In den beiden großen Buchten an der Nord- und Südküste wird Fischzucht nach neuesten wissenschaftlichen Erkenntnissen betrieben, und durch Verwendung spezieller chemischer Düngemittel konnte eine beträchtliche Vermehrung des Meeresplanktons erzielt werden.

Die wissenschaftliche Forschung hat den religiösen Überzeugungen des Volkes von Bensalem keinen Abbruch getan. Die Natur, so sagt man dort, ist die Sprache Gottes, und die Wissenschaft macht die Natur erst ganz verständlich. Die Glaubenslehren der Vergangenheit werden systematisch im »Auswahl-Institut« überprüft (nach seinem Emblem allgemein »Das Sieb« genannt), wo manches für völlig unhaltbar erklärt oder aber (wie zum Beispiel die Schöpfungsgeschichte) in den Bereich der Legende verwiesen wird. In der undogmatischen Religion des Inselstaates sind Philosophie, Naturwissenschaft und Gottesglaube harmonisch miteinander verbunden. In den Kirchen findet man neben der schlichten Inschrift »Liebe, Wahrheit, Kraft« die Bilder aller großen Religionsstifter – ein Zeichen dafür, daß auch das Volk von Bensalem stolz ist auf die großen Leistungen der Menschheit. Der Klerus wurde abgeschafft, als Prediger fungieren Laien, die vom zuständigen Komitee ausgewählt werden. Während der Gottesdienste gibt es Schweigeperioden, in denen die Gläubigen durch telepathische Kommunikation zum Erlebnis echter geistiger Gemeinschaft gelangen.

Das Schulsystem (schulpflichtiges

Alter: sieben Jahre) ist in drei Stufen unterteilt. Nachdem sich der Schüler die Grundkenntnisse angeeignet hat, erhält er in der Mittelstufe Unterricht in den Naturwissenschaften und der Metaphysik. In der Oberstufe folgen Morallehre und Gesellschaftskunde, zu der neben »dramatischer Geschichte« auch die »Lehre von der menschlichen Erfahrung« zählt, die von wirtschaftlichen und politischen bis zu klimatologischen Aspekten reicht und sich natürlich auch mit dem Einfluß von Religion und Philosophie befaßt. Von der Grundstufe an wird im Unterricht größter Wert darauf gelegt, die Schüler zum *richtigen* Lernen zu erziehen. – An den Universitäten von Renfusa und Vacra sind jeweils zehntausend Studenten immatrikuliert.

Die Städte mit ihren ruhigen, von Bäumen gesäumten Straßen muten fast wie Parklandschaften an. Die durchweg einstöckigen Häuser sind, ähnlich wie römische Villen, um einen Innenhof errichtet. Das Dach aus elastischem Glas kann zurückgerollt werden. Alle Häuser haben Zentralheizung und elektrische Abfallverbrennungsanlagen. Zu Reinigungszwecken verwendet man Gebläseluft, die aus Wandklappen dringt. Die anmutige Schlichtheit aller Haushaltsutensilien und Möbel erinnert an die frühchinesische Kunst. Die meisten Stadtbewohner haben auch einfache Blockhütten auf dem Land, wo alle Wege mittels eines grünen Belages der Natur angepaßt sind.

Eine besondere Attraktion für fremde Besucher sind die zahlreichen Tiere (Rotwild, Gazellen, Känguruhs, Beutelbären, Eichhörnchen), die in den Städten Bensalems fast wie auf freier Wildbahn leben. Es handelt sich um halbzahme Tiere, denen man beigebracht hat, keine Pflanzen zu beschädigen, und für die man Futtertröge und -näpfe aufstellt. In Bensalem werden Tiere weder gejagt noch sinnlos getötet. Die Tierliebe geht allerdings nicht so weit, daß man Fleisch vom Speisezettel verbannen oder auf medizinische Tierversuche verzichten würde. Katzen werden dort nicht gehalten – offenbar, weil man ihnen nicht abgewöhnen kann, Jagd auf Vögel zu machen.

Der medizinischen Forschung ist es nicht nur gelungen, alle ansteckenden Krankheiten auszurotten, sondern auch einen Impfstoff gegen Krebs zu entdecken. Er wird aus einem Schalentier gewonnen, das sich als immun gegen Krebserreger erwiesen hat. (Von dieser Entdeckung wurden sämtliche Forschungsinstitute der Welt in Kenntnis gesetzt, aber da man ihnen keine wissenschaftlichen Unterlagen zur Verfügung stellte, ignorierten sie die Erfolgsmeldung.) Die Lebenserwartung der Bewohner von Bensalem hat sich beträchtlich erhöht; die meisten werden über achtzig Jahre alt, manche erleben sogar noch ihren hundertzehnten Geburtstag.

Neben den Kundschafterschiffen verwendet der Inselstaat jetzt auch das Radio, um sich über Ereignisse im Ausland zu informieren. Mit Hilfe eines telefotografischen Verfahrens können die Nachrichtentexte in allen Städten des Landes gleichzeitig veröffentlicht werden – in Zeitungen, die weder Kommentare noch Reklame enthalten und oft nur aus einer einzigen Seite bestehen.

In Bensalem wird eine Sprache unbekannter Herkunft gesprochen. Sie klingt ein wenig ans Rumänische an, hat aber einen völlig anderen Wortschatz. Die alte Schrift weist eine gewisse Ähnlichkeit mit amharischen Schriftzeichen auf, von einer etymologischen Verwandtschaft der beiden Sprachen kann aber keine Rede sein. Daß es im Bensalemischen mehr als dreißig Bezeichnungen für Geruchs- und Aromanuancen gibt, erklärt sich zweifellos aus der jahrhundertealten Tradition des Inselstaates, Duftstoffe zu erforschen und künstlich herzustellen.

Die Männerkleidung im heutigen Bensalem (Kniehose, wadenlanger Rock, Hemd mit Umlegekragen) erinnert ein wenig an die Mode im Elisabethanischen England. Kopfbedeckungen sind den »Vätern des Hauses Salomos« vorbehalten. Die Frauen tragen eine Art Sari und – in der kälteren Jahreszeit – Umhänge mit Kapuzen oder Mäntel. Alle Stoffe sind aus Kunstfasern hergestellt.

In dem von bewaldeten Hängen gesäumten Mironal-Tal, das ungefähr im Zentrum der Insel liegt und an dessen Ausgang das alte Königsschloß hoch über einer Schlucht steht, findet alljährlich eine Festwoche statt. Neben Sportstadien und Rennbahnen gibt es dort auch Freilufttheater, Speisehallen und andere Vergnügungsstätten. Die halbe Bevölkerung Bensalems nimmt an den Veranstaltungen teil, zu denen neben Sport und Spiel, Konzerten, Theaterwettbewerben, Rezitationen und Schachturnieren auch landwirtschaftliche und naturwissenschaftliche Ausstellungen zählen. Die Wettbewerbssieger erhalten eine Plakette und eine chemisch präparierte Blume aus dem Garten des *Radar*, die an einem Stiel aus Gold befestigt ist.

Reisende seien auf die strengen Einreisebestimmungen dieses Inselstaates hingewiesen. Gemäß dem von König Solamona erlassenen Gesetz wird die Landeerlaubnis nur solchen Besuchern erteilt, die beschwören können, in den vergangenen vierzig Tagen kein Menschenblut vergossen zu haben. Nach dreitägiger Quarantäne wird man im sogenannten Fremdenheim auf Staatskosten untergebracht, einem stattlichen Gebäude aus blauroten Backsteinen. Ohne besondere Erlaubnis darf sich kein Fremder weiter als eine »Karanna« (umgerechnet knapp zweieinhalb Kilometer) von der Hauptstadt entfernen.

Wer auch den benachbarten Inselstaaten einen Besuch abstatten möchte, sollte wissen, daß sie sich sehr unterschiedlich entwickelt haben und sich ständig im Kriegszustand befinden. Die Ostinsel heißt jetzt ULMIA (Union logisch-materialistischer Idealisten) – nach einer revolutionären Gruppe, die dort an die Macht kam. Ihrer Überzeugung nach ist jede menschliche Gesellschaft das Produkt wirtschaftlicher Faktoren. Auf ihrem Hoheitszeichen – Mistgabel und Säge – steht das Motto: »Die Dinge beherrschen den Menschen«. Ursprünglich war ULMIA eine klassenlose Gesellschaft, getreu dem Grundsatz, daß es lieber allen schlecht gehen sollte, als daß eine Minderheit im Wohlstand leben dürfte. Kurz nach der Revolution wurde die Bevölkerung durch Hungersnot dezimiert, und seither neigt die Staatsführung dazu, nicht mehr ganz so dogmatisch vorzugehen.

MINA (Mittlere Insel Nord) hat sich zu einem Militärstaat entwickelt, der von einem selbsternannten Diktator regiert wird. Kein Bürger darf allein oder in einer Gruppe von mehr als fünf angetroffen werden. Jedermann führt die Befehle seines Vorgesetzten aus, jeder ist bewaffnet (mit Steinkeulen und Schleudern) und trägt die gleiche Maske wie alle anderen. Die Gier, soviel wie möglich an sich zu reißen, beherrscht die Politik dieses Staates. Unaufhörlich wird Propaganda gemacht – mit Schlagworten wie »Wir sind nichts, Mina ist alles« oder »Die Regierung hat immer recht«. Rücksichtslose Härte gilt als staatsbürgerliche Tugend. Man begrüßt sich mit dem Ruf »Sei hart!« und macht dabei eine grapschende Geste. Das Hoheitszeichen ist ein Bienenstock in einem Kreis aus lauter Bienen; das Motto lautet: »Stich und stirb!«

In krassem Gegensatz zu diesem durchorganisierten Staat stehen die gesellschaftlichen Verhältnisse auf der

Insel Wina. Hier rackert sich die Mehrheit der Bevölkerung für eine kleine müßige Oberschicht ab. Die Städte sind mit Reklameplakaten, die Küsten mit wild wuchernden Bauprojekten verschandelt. Überall liegt Abfall herum. Auf den Straßen ist man seines Lebens nicht sicher. Das Volk ist lebenslustig, aber ziemlich rückständig und ungemein abergläubisch. (Die 9 gilt als Unglückszahl, und etwas Grünes zu berühren oder sich kleine grüne Zweige anzustecken soll angeblich das Unheil abwehren.) Die tägliche Arbeitszeit beträgt neun Stunden, aber es herrscht trotzdem ständig Mangel an allen möglichen Bedarfsgütern. Das Land hat eine hohe Arbeitslosenquote. – Die Bewohner von Nordwina sind ein zäher, sparsamer Menschenschlag. Nicht wenige von ihnen sind in den südlichen Teil der Insel abgewandert und bekleiden jetzt in Wina wichtige Ämter.

Francis Bacon, *Nova Atlantis,* Ldn. 1627. – Viscount Herbert Louis Samuel, *An Unknown Land,* Ldn. 1942.

BEOBACHTERPOSTEN, ein Platz an der Grenze zwischen einer ungenannten Ansiedlung und der Wüste, irgendwo in Kleinasien. Er wird von einem unförmigen Wesen bewacht, das in Betrachtung des Horizonts hin- und hergeht. Wenn Reisende es fragen, welchem Zweck es diene, an diesem öden Platz Wache zu halten, antwortet es mit trauriger Stimme, daß es auf jemanden warte, der aus der Wüste kommen müsse. Fragt man, auf wen es denn warte, so wird das Wesen – falls man die Frage tagsüber stellt – die Antwort verweigern, fragt man aber in den frühen Abendstunden, wenn es vom Beobachten, Herumlaufen und von rastloser Erwartung erschöpft ist, wird es, auf einem Felsen sitzend und sein abgespanntes und trauriges Gesicht der Wüste zuwendend, den Frager anstarren, dann die Augen wieder zum Horizont richten und tief aus seinem Inneren sagen: »Ich warte auf ein Kamel mit zwei angezündeten Kerzen auf den Höckern.« Und das Wesen wird dem Reisenden von diesem wunderbaren Kamel erzählen, das, nachdem es einen Riesen aus einer schrecklichen Situation gerettet, auf jeden seiner Höcker eine Kerze gestellt und entzündet hatte. Danach war es fortgewandert, um allen Sterblichen Licht und gute Botschaften zu bringen, und ist bis heute nicht zurückgekehrt.

Der Nistor, *Gedakht,* Bln. 1922/23.

DER BERG DER BESCHWERNIS, eine steile Anhöhe in ↗ CHRISTIANSLAND. Wer von der ↗ STADT DES VERDERBENS zur ↗ HIMMLISCHEN STADT pilgern will, muß vom Gipfel dieses Berges ins ↗ TAL DER DEMUT hinabsteigen. Am Fuß des Berges zweigen zwei bequeme Wege vom steilen Pfad ab. Der eine führt zu dem undurchdringlichen Wald, der »Gefahr« heißt, der andere in das finstere Gebirge des Verderbens. Daß die beiden Wege inzwischen durch Barrieren gesperrt sind, hält manche Reisende nicht davon ab, sie dem mühseligen Pfad über den Berg der Beschwernis vorzuziehen. Etwa auf halber Höhe dieses Berges lädt eine anmutige Laube den Wanderer zum Verweilen ein, wovon allerdings dringend abgeraten werden muß: So mancher, der hier einschlief, ging seiner Habseligkeiten verlustig. Der schmale Pfad oberhalb der Laube wird von zwei Löwen bewacht, die jedoch angekettet sind und jenen, die sich genau in der Mitte des Weges halten, nichts anhaben können. Sie wurden hier postiert, weil auf diese Weise der Glaube des Pilgers geprüft werden soll.

Weiter oben steht das Haus des Pförtners Wachsam, wo jeder, der zur Himmlischen Stadt unterwegs ist, von Jungfrauen namens Weisheit, Gnade, Nächstenliebe, Besonnenheit und Gottesfurcht betreut wird und in einem Gemach, das »Frieden« heißt, übernachten darf. Hier rüstet man die Reisenden auch mit Harnischen und erprobten Waffen für die Kämpfe aus, die ihnen noch bevorstehen. Und hier bekommen sie eine historisch wertvolle Sammlung von Gerätschaften zu sehen, mittels deren die Diener des Herrn wunderbare Taten vollbracht haben.

Am Abhang des Berges der Beschwernis steht eine Art Gerüst, das an jene Kleinmütigen erinnern soll, die es nicht über sich brachten, diese gefahrvolle Reise fortzusetzen. Wer aber einen Pilger am Weiterwandern hindern will, den ereilt hier seine verdiente Strafe: Mit einem glühenden Eisen verbrennt man ihm die Zunge.

John Bunyan, *The Pilgrim's Progress from this World, to that which is to Come,* Ldn. 1678 (Teil I) und 1684 (Teil II).

DER BERG DER HAARIGEN AFFEN liegt auf einer Insel irgendwo im Indischen Ozean. Den Namen hat er wegen seiner Bewohner, die vier Zoll groß sind, gelbe Augen, ein schwarzes Gesicht und eine Löwenmähne haben. Sie greifen im Inselhafen anlegende Schiffe an und stehlen alles, was sie finden können.

Falls der Reisende den Fängen der Affen entrinnen kann, erwartet ihn auf den Berghängen eine noch größere Gefahr. Hier steht eine Burg, die von einem Wesen bewohnt wird, das noch an einen Menschen erinnert, aber groß wie eine Palme ist und schwarz vom Kopf bis zu den Füßen. Es hat glühende Augen, Hauer wie ein wilder Bär, ein Maul so tief wie ein Brunnen, Lippen wie ein Kamel, die ihm bis auf die Brust hängen, Ohren wie Wassermelonen, die über seinen Ohren hin- und herschwanken, und Fingernägel wie die Fänge eines Löwen. Sein Hauptgericht ist Menschenfleisch, und Besucher sollten daher jeglichen Kontakt mit ihm vermeiden.

Anon., *Die Geschichte von Sindbad dem Seefahrer,* Dritte Reise, in *Alf laila wa-laila* (Tausendundeine Nacht; 5.–15. Jh.), Kalkutta 1830.

DER BERG DER LÄUTERUNG ragt antipodisch gegenüber dem bis zum Erdmittelpunkt vorgetriebenen Höllentrichter als einzige Landmasse aus dem die südliche Halbkugel bedeckenden Weltmeer. Das Bergeiland entstand aus der beim Engelssturz auf der anderen Erdhälfte herausgedrückten Materie des Erdinneren.

Der einzige Bericht, den wir von einer Besteigung des Berges der Läuterung besitzen, stammt von dem Florentiner Dichter Dante Alighieri, der in der Osternacht des Jahres 1300 vom Sitz Luzifers im Zentrum der Erde durch einen Schacht emporgeklettert war; später schilderte er, was er bei dieser Expedition gemeinsam mit seinem Begleiter und Freund, dem altrömischen Dichter Vergil, gesehen hatte: Normalerweise – so jedenfalls will es der Bericht – ist der Berg der Läuterung den Seelen der Abgeschiedenen, »Wanderern, die das Ziel noch nicht kennen«, vorbehalten. Sie werden im Geleit eines Engels von der Tibermündung bei Rom zu »dem leeren Ufer« übergesetzt, von dem noch niemand wieder den Weg zurückgefunden hat. Beim Aufstieg auf den in Terrassen gestuften Bergkegel sollen die Büßer, Stufe um Stufe geläutert, dem Himmel näherkommen. Anfangs bereitet es ihnen Mühe, je höher sie jedoch steigen, desto sanfter erweist sich die Neigung und desto schwächer zieht die Schwerkraft nach unten.

Auf dem Gipfel des Berges liegt das ehedem von der Sintflut verschonte Irdische Paradies. Dantes ebenso schwieriger und bedrückender wie beglückender Aufstieg auf den Heiligen Berg dauerte vier Tage vom Ostersonntag bis zum folgenden Mittwoch mit drei nächtlichen Ruhepausen; denn nur im Licht der Sonne – das heißt: der göttlichen Gnade – ist es möglich, höher zu klimmen in der Erkenntnis.

Die Tektonik des gewaltigen Naturgebildes weist entsprechend den Sieben Hauptsünden sieben um den Berg herumgezogene Schwellen auf. Steile Treppendurchlässe stellen die einzige Verbindung zum nächst höheren Felsvorsprung her. Am Fuß des Berges erstreckt sich als sanft ansteigendes Gefilde das Antepurgatorium. Von der Ebene bis zur Spitze entsteht ein neunplaniger Aufbau des Raumes, in dem sich menschlich-historische und eschatologische Zustände ständig durchdringen. Landschaft, Bergsteigen und religiöse Erfahrung verbinden sich zu einer seelischen Stimmungseinheit, die den Dichter so sehr überwältigte, daß sich dieses Erlebnis auch dem heutigen Leser seines Berichts noch unmittelbar mitteilt. Der Troubadour Sordello führte den Wanderer zunächst hinab in das »Tal der trägen Fürsten«, wo er die Landschaft in einer beeindruckenden Abendstimmung erlebte.

An der Eingangspforte zum Purgatorium erwachte Dante aus Schlaf und Traum und kletterte nun über eine Wegstrecke, »leerer als in einer Wüstenei«, und am ungesicherten Rand des Abgrunds entlang mühsam zum ersten Kreis empor, vorbei an Felswänden, in die Beispielfiguren der Demut eingemeißelt sind. Auf einer ungefähr fünf Meter breiten Bergstraße überholten Vergil und sein Begleiter, »den Ochsen gleich im Joch«, den »Zug der Stolzen«, der über in den Boden eingelassene Warnbilder des Stolzes hinwegschritt. Im zweiten Einschnitt wand sich, schon merklich schneller, der »Weg der Neider« um das farblose Berggestein. Als blinde Bettler in grauen Mänteln schlichen sie kontaktlos an den »noch im Gewand des Körpers« steckenden Besuchern vorüber. An den Stiegen zum dritten »Kreis der Zornigen« wartete ein Engel. Schwankend ging der Dichter durch den hereinbrechenden Abend; in Visionen erschienen ihm Bilder der Milde, während dichte Rauchnebel aufzogen: die Atmosphäre jener, die für ihren Zorn büßen. Beim Gang durch den Rauch hinauf zum vierten »Kreis der Trägen« kamen dem Dichter Gedanken nicht nur über die allgemeinen Ursachen der menschlichen Verderbtheit in den Sinn, sondern auch über die Gründe des politischen Verfalls »in jenem Lande, das Etsch und Po durchqueren«. Auf dem fünften Podest kreisen die Geizigen und Verschwender. Mitten auf dem Weg zum sechsten »Kreis der Gefräßigen und Schlemmer« standen Dante und Vergil unversehens vor einem seltsamen, doch wohlduftenden Apfelbaum, »der, wie die Tanne, die von Zweig zu Zweig / nach oben abnimmt, es nach unten tat«: eine monströse Verkehrung der Natur, die so den Schmachtenden die köstlichen Früchte vorenthielt. »Auf der öden Straße fort, wohl tausend Schritt und mehr«, tönten aus einem anderen Wunderbaum auf geheimnisvolle Weise Beispiele erbärmlicher Gaumenlust. Eine neuerliche spektakuläre Aussicht auf Feuerwände eröffnete sich im siebten Kreis, in dem sich die Wollüstigen wie Ameisen in gegenläufiger Bewegung flüchtig befühlten und küßten, ohne verweilen zu können.

Durch den läuternden Flammenwall wies der Engel der Keuschheit den Weg zur Treppe hinauf in das Irdische Paradies. Eine bukolische Abendstimmung ließ Dante, wie er sagt, im »Gras mit Blumen und mit Büschen, die aus der Erde samenlos gesprossen« hingestreckt, nach Sonnenuntergang in Schlaf und Traum versinken. Am nächsten Morgen betrat er den immergrünen Gotteshag. Alle im Diesseits bekannte Naturschönheit und Landschaft werde in diesem *locus amoenus* (Lustort) überboten. Nach der Durchquerung eines alten Waldes erschien dem Wanderer am Ufer des Lethaflusses eine schöne Frau, die Allegorie des Glückes vor dem Sündenfall. Flußaufwärts begegnete Dante am anderen Ufer des Vergessens einer allegorischen Prozession, in deren Mitte ein von einem Greifen gezogener Prunkwagen fuhr. Aus einer Wolke von Blumen und Engeln – »farbiger Luft« – gab sich dem Dichter seine Jugendliebe Beatrice zu erkennen und ging mit ihm zunächst streng ins Gericht. Doch »sie zog mich nach, und ohne sich zu plagen, glitt sie, wie's Schiffchen, übers Wasser hin«. Auf der anderen Seite fand Dante eine wunderbare Natur: Tiere und Pflanzen als gesteigerte, ewig jung bleibende Metamorphosen der irdischen Lebenswelt. Nun war der Dichter, nach seinen eigenen Worten, »bereit und rein, zu steigen in die Sterne«.   D. B.

Dante Alighieri, *La Comedia*, Foligno, 11. 4. 1472; ern. Venedig 1555 (u. d. T. *Divina Commedia*).

DER BERG DER SEELEN (oder **MONTE DE LAS ÁNIMAS**) in der Nähe von Soria in Spanien gehörte einst dem Templerorden. Der spanische König hatte Soria unter den Schutz der Templer gestellt, nachdem er es von den Arabern zurückerobert hatte. Die Edlen von Kastilien empfanden das als Beleidigung und beschlossen, als offene Provokation eine Jagd auf dem Berg zu veranstalten. Damit mißachteten sie den ausdrücklichen Befehl der Templer, ihr Gebiet nicht zu betreten. Das Ergebnis war eine blutige Schlacht, bei der Jäger wie Verteidiger dahingemetzelt wurden. Der König verfluchte den Berg und befahl, daß er fortan unbewohnt sein solle. Die Gefallenen beider Seiten wurden gemeinsam in der von den Templern erbauten Kapelle beigesetzt, die bald von Unkraut und Kletterpflanzen überwuchert war.

Reisenden wird empfohlen, den Berg in der Nacht des Allerheiligenfestes zu besuchen: Beim Geläut einer Geisterglocke in der nebligen Luft steigen dann die Toten in zerrissenen und blutigen Leichentüchern aus ihren Gräbern und jagen Geisterhirsche auf Geisterpferden. Die Wölfe heulen vor Angst, das Wild springt schreckensvoll davon, die Schlangen zischen in Furcht, und der ganze Berg hallt von dem Lärm galoppierender Hufe wider. Am nächsten Morgen findet man die Spuren der Jagd im Schnee. Wenn der Besucher Glück hat, kann er auch die Gestalt eines wunderschönen, blassen Mädchens mit aufgelöstem Haar sehen, das mit blutigen Füßen und einem blauen Band in der Hand davoneilt. Sie soll eine Adelige aus Soria mit dem Namen Beatriz sein, die ihren Geliebten gebeten hatte, in der Allerheiligennacht zum Berg der Seelen zurückzugehen und ein Band zu suchen, das sie verloren hatte. Am nächsten Morgen wurde er von den Wölfen zerfetzt und mit einem in Entsetzen erstarrten Gesicht aufgefunden; Beatriz fand beim Erwachen neben ihrem Bett ihr verlorenes Band, das mit dem Blut ihres Geliebten getränkt war.

Gustavo Adolfo Bécquer, *El monte de las animas*, in *Leyendas*, Madrid 1871.

DER BERG DER WOLKEN erhebt sich in einem Land, das eine sechsmonatige Seereise von Basra, Irak, entfernt wahrscheinlich im Indischen Ozean liegt. Es besteht wenig Aussicht, daß diese Gegend in absehbarer Zeit dem Massentourismus zugänglich gemacht wird, und wir empfehlen sie –

zögernd – auch nur Reisenden mit seriösen Kenntnissen in der Magie.

Diesem vermutlich recht kleinen Kreis unter unseren Freunden sei also geraten, den Weg zum Berg der Wolken in Gesellschaft eines ortskundigen persischen Feueranbeters anzutreten. Vorsicht ist allerdings geboten, denn allzu gern opfern die Vertreter dieser Berufssparte ihre Reisegefährten okkultistischen Bedürfnissen. So entging ein gewisser Hasan aus Basra nur um Haaresbreite einem Mordanschlag seines persischen Begleiters.

Nach der Landung überläßt man den Feueranbeter am besten sich selbst. Der wird mit einem seidenen, golddurchwirkten Seil auf eine kupferne Trommel schlagen. Dann wird sich eine Staubwolke vom Boden erheben und allmählich die Form dreier schöner Kamele annehmen, von denen man eines besteigen sollte. Nach einem siebentägigen Ritt gelangt man an ein von vier Säulen aus Rotgold getragenes Kuppelgebäude und einen Palast mit liebreizenden Prinzessinnen. Die jungen Damen werden sich bemühen, den Reiter sein Ziel vergessen zu lassen; es empfiehlt sich jedoch, unbeirrt die Reise weitere acht Tage fortzusetzen, bis man über einem Berg eine Wolkenmasse erblickt, die von Osten nach Westen zu ziehen scheint.

Die Besteigung des Berges dürfte selbst für ausgepichte Alpinisten ein durchaus ungewöhnliches Erlebnis sein: Man töte das Kamel, häute es, hülle sich selbst in die Haut, nähe sie fest zu und warte, bis man von einem Geier als Beute gepackt und auf den Gipfel des Berges getragen wird. Jetzt sollte man aus der Haut fahren, den Vogel mit lautem Geschrei verscheuchen (ein paar Stimmübungen vor Antritt der Reise sind sicherlich von Vorteil) und den Berg in aller Ruhe erforschen. Dort wird man die Knochen zahlreicher weniger gut instruierter Vorgänger und etliche wie Brennholz aussehende Stäbe finden. Der Feueranbeter wird hinaufrufen, man solle ihm dieses Holz hinunterwerfen. Das jedoch sollte man trotz noch so nachdrücklicher Aufforderungen keinesfalls tun. Der Perser nämlich würde mit den kostbaren Stöcken davoneilen und sein Opfer skrupellos im Stich lassen. Deshalb ist es ratsamer, die den Stöcken offensichtlich innewohnenden magischen Kräfte zu erforschen und mit ihrer Hilfe den Abstieg zu bewältigen. Unser Informant Hasan nämlich, der auf natürlichem Wege ins Tal zu gelangen suchte, verdankt sein Überleben nur einem jener Zufälle, denen wir unsere Leser keineswegs schutzlos preisgeben möchten.

Anon., *Die Geschichte des Juweliers Hasan von Basra,* in *Alf laila wa-laila* (1001 Nacht, 5.–15. Jh.), Kalkutta 1830.

DIE BERGE DES UNWISSENS, ein im ↗ KÖNIGREICH DER WEISHEIT gelegener zerklüfteter Gebirgszug mit moosigen, glitschigen Abhängen. Hier hausen einige höchst merkwürdige Geschöpfe:

Der »Allgegenwärtige Worträuber«, der hie und da in den Felsspalten nistet, ist ein unmanierlicher Vogel: Mit seinem spitzen Schnabel nimmt er einem das Wort aus dem Mund. Sein natürliches Wohngebiet ist der Kontext, aber da es ihm dort nicht zu behagen scheint, verbringt er die meiste Zeit außerhalb.

Das »Trivium terribile« (der Dämon des Läppischen, das Monstrum der Gewohnheit) haust dort in Gestalt eines elegant gekleideten Herrn mit glattem, leerem Gesicht: keine Augen, keine Nase, kein Mund. In der festen Überzeugung, daß es wichtig sei, unwichtige Dinge zu tun, läßt sich das Trivium terribile leicht von anderen Vorhaben ablenken. Geht es auf die Jagd, so hört es mittendrin auf, nur um einen Haufen Kieselsteine zu zählen oder etwas ähnlich Sinnloses zu tun.

Der »Dämon der Unaufrichtigkeit« lockt Besucher in eine tiefe Fallgrube. Er meint nie, was er sagt, und ist nie das, was er zu sein vorgibt.

Der »Schwabblige Riese« versucht, weil er kein eigenes Format hat, unentwegt die Form des Nächstliegenden anzunehmen: eines Berggipfels, wenn er gerade im Gebirge weilt; eines Baumes, wenn er sich im Wald aufhält; eines Hochhauses, wenn er in der Stadt ist. Er gibt sich sehr grimmig, weil er sich vor allem fürchtet und keine Ideen schlucken kann, da sie schwer verdaulich sind.

Die »Dreifachen Dämonen des Kompromisses« bewegen sich ständig im Kreis. Immer, wenn der eine »hier!« sagt und der andere »dort!«, stimmt der dritte beiden zu.

Das »Infame Imnachhinein«, eine wahre Meduse der Gehässigkeit und Bosheit, ist eine Art Riesenschnecke mit glitzernden Augen und einem Sabbermaul. Sie hinterläßt eine Schleimspur und bewegt sich erstaunlich schnell.

Der »Arrogante Alleswisser«, der fast nur aus einem großen Maul zu bestehen scheint, ist stets bereit, falsche Auskünfte zu geben. Auf die Jagd geht er gemeinsam mit der »Krassen Übertreibung«, die ihre Zähne dazu benützt, die Wahrheit zu entstellen.

Der »Fadenscheinige Vorwand« ist eine kleine Kreatur in zerlumpten Kleidern, die immer wieder dieselbe Entschuldigung vorbringt, harmlos aussieht, aber ihr Opfer, sobald sie sich darin verbissen hat, nicht mehr losläßt.

Auf dem höchsten Gipfel der Berge des Unwissens steht das »Luftschloß«, zu dem eine Wendeltreppe hinaufführt. Am Fuß dieser Treppe sitzt der »Offizielle Statistiker und Sinn-Entsteller«. Er hilft den Menschen, zu finden, was sie nicht gesucht haben, zu hören, was sie gar nicht vernehmen wollten, und zu riechen, was überhaupt nicht da ist. Er kann ihnen den Sinn für das rechte Maß und Ziel nehmen, nicht aber den Sinn für Humor, solange sie noch fähig sind, den Klang des Lachens zu vernehmen. Er trägt einen Gehrock und eine dicke Brille, und er besteht darauf, jede erdenkliche Information über die Reisenden aufzuzeichnen, bevor er ihre fünf Sinne zu manipulieren beginnt.

Norton Juster, *The Phantom Tollbooth,* Ldn. 1962.

BERLIEU ↗ BERMONT

BERMONT oder **BERLIEU,** die einzige Stadt im ↗ DHÔTELLAND, die nicht genau lokalisiert ist. Manche sagen, sie liege eher im Norden, andere, eher im Süden. Man erkennt, daß man in Bermont ist, wenn man in eine Stadt kommt, die viel größer ist als alle, die man schon besucht hat.

Die Architektur von Bermont ist recht heterogen. Neue, geometrisch konstruierte Viertel finden sich zwischen den alten Quartiers. Die Fahrstühle der neuen Viertel sind wegen ihrer Graffiti berühmt. Anstelle der üblichen Obszönitäten findet man so poetische Satzfetzen wie: »Heute abend ist der See ruhig« oder Heraklit-Zitate. Wer diese Meisterwerke schuf, ist nicht bekannt, auch weiß man nicht den Namen dessen, der sich auf den Wänden der Festsäle mit den folgenden Sätzen verewigte: »Der Leuchtende ist ein Dieb. Der Leuchtende ist ein Angeber. Der Leuchtende ist ein Radfahrer.« Er vollendete sein Werk, indem er mit Kreide auf die Freitreppe des Rathauses schrieb: »Leuchtender, hau ab!«

Obwohl Bermont nicht besonders pittoresk ist, lohnt sich wegen bestimmter Viertel doch der Umweg. Da ist zum Beispiel Sainte-Soline, mit seinen auf Tuffsteinschichten gestaffelten Häusern, der Hof Choules, wo die Bewohner im Müll nach Neuigkeiten aus dem Paradies herumwühlen, die schon tropische Rue des Freux neben dem Gaswerk, in der die Bewohner abends von einem weißen Adler sprechen, der ein ungeheuer großes Gebiet überflogen haben soll, und schließlich die Rue des Aulnes, die so ruhig und still ist, daß sie nur von Gespenstern bewohnt zu sein scheint. Der Stolz von Bermont ist weder ein Denkmal noch eine Kirche, sondern das Gewächshaus von Monsieur Fulbert Dogreau, einem Kaktusliebhaber, der beim Sprechen den Griff seines Stockes in den Mund nimmt. Besucher können hier Millionen Kakteen bewundern, darunter die in übrigen Gebieten vermutlich ausgestorbenen *aloë polyphylla* und den *pseudolithos cubiformis*. Nachdem es im Gewächshaus in letzter Zeit häufig zu Diebstählen gekommen ist, seien Besucher, die Kakteenliebhaber sind und sich vielleicht gern einen Kaktus einstecken möchten, gewarnt: es wird auf sie geschossen. P. R.

André Dhôtel, *Le ciel du faubourg*, Paris 1956. – Ders., *Les premiers temps*, Paris 1953. – Ders., *Lumineux rentre chez lui*, Paris 1962.

BINGFIELDS INSEL, irgendwo im Malaiischen Archipel gelegen, ist so groß, daß man viele Tage braucht, um sie von Osten nach Westen zu durchqueren. Die Westküste des unbewohnten Eilands ist dicht bewaldet, das Landesinnere von einem breiten Flußtal durchzogen. Nach Osten zu wird die Insel so schmal, daß die ersten Reisenden, die dort eintrafen, den Eindruck hatten, es handle sich um eine Landzunge. Durch die Küstenklippen am Fuß der sanft abfallenden Hügel führt ein Pfad. In dieser Gegend stößt man auf Steingebilde, errichtet von den Kannibalen aus Barka, die zuweilen auf die Insel kommen, um hier ihre gräßlichen Riten zu zelebrieren.

Das Erstaunlichste an Bingfields Insel ist die Fauna, zu der neben Wildrindern allerlei mehr oder weniger ungewöhnliche Fleischfresser zählen, darunter die merkwürdigen »Hundevögel«. Diese große, flugunfähige Vogelart hat kein Gefieder, sondern ein struppiges Fell, einen Kopf wie ein Windhund, einen Schweineschwanz, lange Beine und Krallen wie ein Panther. Obwohl dieses Tier Eier legt, säugt es seine Jungen. Seiner unbändigen Angriffslust fallen sogar große Raubkatzen zum Opfer: Es springt auf ihren Rücken und zerfleischt sie mit Zähnen und Klauen. Der Hundevogel kann jedoch gezähmt werden und eignet sich vorzüglich für die Hetzjagd.

In den Sumpfgebieten der Insel lebt eine höchst seltsame Amphibienart. Sie wird größer als ein Elefant, hat einen Kopf, der teils dem eines Ochsen, teils dem eines Pferdes gleicht, kurze, enganliegende Ohren und einen Stiernacken.

Die Insel ist nach dem Engländer William Bingfield benannt, der, zusammen mit zwei Gefährten, nach einem Schiffbruch im Rettungsboot hier angetrieben wurde. Die drei Männer hausten zwei Jahre lang in einer kleinen Höhle. Als Bingfield eines Tages Kannibalen beobachtete, die sich anschickten, ihre Opfer zu töten und zu verspeisen, erkannte er in einer weißen Gefangenen seine Braut Sally Morton, von der er in England getrennt worden war. Mithilfe von Hundevögeln, die er für die Jagd abgerichtet hatte, gelang es ihm, Sally zu retten.

William Bingfield, *The Travels and Adventures of William Bingfield...*, Ldn. 1753.

BISM, auch als die Wirklich Tiefe Welt bekannt. Bism liegt tief unter der Oberfläche der Erde und ist selten besucht worden. Es kann durch bestimmte Erdspalten erreicht werden, die sich zu manchen Zeiten öffnen und Zugang gewähren zu Bisms großem Fluß des Feuers, einem blau, rot und grün schillernden Strom. Selbst die Gnome, die in Bism wohnen, können in diesem Fluß nicht überleben; die einzigen Geschöpfe, die darin gedeihen, sind die Salamander, deren Lebensgewohnheiten nicht genau bekannt sind. Sie ähneln kleinen Drachen und sind offenbar bekannt für ihren gewandten und witzigen Gebrauch der Sprache.

Reisende werden feststellen, daß die Gnome von Bism freundliche, entgegenkommende Geschöpfe sind. Sie können sich schwer vorstellen, daß jemand es vorzieht, freiwillig in der Welt über dem Erdboden zu leben. Für sie wäre diese Aussicht ebenso erschreckend wie widerlich. Sie sind einander im Aussehen sehr unähnlich, weisen alle möglichen Größen von dreißig Zentimetern bis zu einem Meter achtzig auf und besitzen eine große Vielfalt von Gesichtszügen. Manche sind bärtig, andere haben ein glattes Gesicht; einige tragen ein Horn in der Mitte ihrer Stirn, andere haben eine Nase, die einem kleinen Baumstamm ähnelt. Doch alle haben große, weiche Füße mit zehn oder zwölf Zehen.

Gold, Silber und Edelsteine wachsen in Bism wie Blumen. Die Rubine sind eßbar, und aus den Diamanten kann man den Saft herauspressen. Nach Meinung der Gnome sind in den sogenannten Bergwerken der übrigen Erde nur tote Edelsteine und Mineralien zu finden.

Das Land über Bism – immer noch unter der Erdoberfläche – war einstmals als das Unterland bekannt und ist jetzt vollkommen zerstört. Das Unterland (das bei den Gnomen von Bism das Flache Land genannt wurde) war das Reich der Hexe, welche die Frau des Prinzen Caspian von ↗NARNIA getötet und seinen Sohn Rilian fortgezaubert hatte. Am Ende eines langen Feldzugs, der auf Verlangen von Aslan, dem Schöpfer von Narnia, unternommen wurde, wurde die zehnjährige Regierung der Hexe beendet. Dies war eine große Erleichterung für die Gnome, die unter ihrer Herrschaft dazu gezwungen worden waren, Tunnel für eine geplante Invasion der Erde zu graben, und auf diese Weise näher an der Erdoberfläche arbeiten mußten, als ihnen lieb war.

Die Höhlen, die hier als Versteck für die Kämpfer aus Narnia angelegt wurden, kann man noch besichtigen. Sie sind in Bism an heißen Sommertagen ein beliebtes Ausflugsziel.

Clive Staples Lewis, *The Silver Chair*, Ldn. 1953.

BLACK HILL COVE, kleine Bucht und Dorf an der Küste von Devon in England. In der Nähe befindet sich der Gasthof zum »Admiral Benbow«, eine einsame Wirtschaft an der Straße nach Bristol. Es gibt Übernachtung und Frühstück.

Besucher müssen wissen, daß in diesem Gasthaus die Papiere und die Karte entdeckt wurden, die auf die ↗SCHATZINSEL hinwiesen. Sie fanden sich unter den Habseligkeiten eines Seemanns, Bill Bones genannt, der bei dem berüchtigten Kapitän Flint gewesen war, als der seinen Schatz auf jener Insel vergrub. Bones wohnte ein paar Wochen in der Schenke, offensichtlich in Angst, jemand aus seiner Vergangenheit könnte ihn auffinden und ermorden, um an die Karte zu kommen. Als er schließlich vom Schlag getroffen wurde, entdeckte Jim Hawkins, der Sohn der Wirtin, die Papiere und brachte sie zum Gutsherrn Trelawney, der ein Schiff ausrüstete, um nach dem verborgenen Schatz zu suchen.

Falls Besucher das Tapp-tapp eines

hölzernen Stocks hören, sollten sie nicht darauf achten, er sucht nur seinen Eigentümer, der aber seit langem aus dieser Welt geschieden ist.

Robert Louis Stevenson, *Treasure Island*, Ldn. 1883.

BLEFUSCU ist eine kleine, von ↗ LILIPUT durch einen höchstens siebenhundertfünfzig Meter breiten Kanal getrennte Insel. In Größe und Aussehen ähneln die Einwohner von Blefuscu den Liliputanern, die den meisten Reisenden ungewöhnlich klein erscheinen werden. Blefuscu ist der traditionelle Zufluchtsort der Dickender, jener Exilsuchender aus dem Nachbarreich, die sich außerstande sahen, die liliputanische Doktrin anzunehmen, nach der Eier am schmalen Ende zu öffnen sind.

Jonathan Swift, *Travels into Several Remote Nations of the World...*, 2 Bde., Ldn. 1726.

BLEMMYAE-LAND, im Innern Afrikas gelegen, wird von Menschen bewohnt, die ihren Mund und die Augen auf der Brust tragen. Dies scheint sie jedoch nicht sonderlich zu behindern, außer daß sie ihren ganzen Körper drehen müssen, wenn sie sich umsehen wollen, weil sie ja keinen Hals besitzen.

Gaius Plinius Secundus d. Ä., *Historia naturalis* (1. Jh.), Venedig 1469.

BLITWIEN, eine Republik in Nordeuropa, einst Teil des Hunnischen Großreiches, das nach dem Blato-Blitwienischen Vertrag Unabhängigkeit errang. In Blitwien leben fast eineinhalb Millionen Menschen und ebenso viele im Staate Blatwien, der nach diesem Vertrag ebenfalls unabhängig wurde. Achthunderttausend leben noch immer unter dem Hunnischen Joch. Nach dem Weihnachts-Coup von 1925 brach zwischen Blitwien, Hunnien, Kobilien und Ingermanlandien ein Krieg aus, der noch immer andauert und die gesamte Region für Reisende sehr gefahrvoll macht.

Miroslav Krleža, *Bankett u Blitvi*, Zagreb 1939.

BLOKULA, ein kleines Feenreich im hohen Norden von Schweden, von einer Kinderkönigin namens Serafica regiert. Das Schloß steht in einem Gebirgspaß; es ist ein untersetzter, rechteckiger Bau mit einem Hof in der Mitte. Eine Reihe hölzerner Männerstatuen stehen im Hof; sie sind viel größer als die Elfen, die im Schloß wohnen, wirken sehr realistisch, sind aber schlecht geschnitzt.

Seraficas Untertanen sind als Trolle bekannt. Ihre einzigen Interessen sind Essen, Trinken, derbe Späße und Ahnenforschung. Ihre Gelage sind so flegelhaft, daß der Name Blokula gleichbedeutend mit unanständiger Schlemmerei ist. In den Augen anderer Feenreiche steht Blokula nicht sehr hoch.

Serafica ist klein, fast zwergenhaft, und scheint eine Art Hexe zu sein. Obwohl sie den Hof absolut beherrscht, wird ihre Macht von ihrer Gouvernante, Frau Habonde, kontrolliert, eine der berühmten Hexen aus Lappland und die einzige Sterbliche, die ständig im Schloß wohnt.

Blokula ist zwar fern und schwierig zu erreichen, unterhält aber Beziehungen zu anderen Feenreichen in Europa. Aquilon, Botschafter von ↗ BROCELIANDE und ehemaliger Herr der Werwölfe an jenem Hof, wurde jüngst zum Königlichen Favoriten von Königin Serafica bestellt.

Sylvia Townsend Warner, *Kingdoms of Elfin*, Ldn. 1972.

BOU CHOUGGA, Ruinen einer Stadt in der Sahara. Nach dem Zeugnis vieler Einwohner, die in der Nachbarschaft dieser Ruinen leben, liegt darunter eine große Stadt, bewohnt von Christen, die hier Zuflucht fanden, als der Islam in Nordafrika eindrang. Sie haben die Flüsse und Ströme umgeleitet, die diese Gegend einst fruchtbar machten, und werden eines Tages zurückkommen und die Wüste wieder bewässern. Bis dahin leben sie fröhlich im Untergrund.

Das einzige erhaltene Bauwerk von Bou Chougga auf der Oberfläche ist ein großer Steinbrunnen, vier bis fünf Meter tief. Er ist jetzt zwar ausgetrocknet, wenn aber ein Reisender sein Ohr an den Stein legt, kann er das unterirdische Murmeln des Wassers hören, das ihn einst speiste.

Alphonse Certeux und E.-Henry Carnoy, *Contributions aux folk-lores des Arabes. L'Algérie traditionnelle,* Paris 1884.

BRANDENDE WELLEN, großer See in ↗ RUTABAGALAND. Er hat flache weiße Sandstrände, und die Kiefern wachsen fast bis ans Wasser heran. Über dem See zaubert das Nebelvolk Bilder an den Himmel, die manchmal grau, blau und golden, meistens aber silberfarben sind. In der Morgendämmerung kann man die Gestalten fremdartiger Tiere über den Himmel wandern sehen. Diese Erscheinungen gehen auf die Zeit zurück, als die Schöpfer der Welt mit der Form der Tiere, die einmal die Erde bevölkern sollten, noch experimentierten. Das Schattenpferd mit seinem offenen Maul, den angelegten Ohren und den gekrümmten Beinen war ihr erster Versuch, der aber als mißlungen angesehen und verworfen wurde. Ähnlich kann man auch Elefanten ohne Kopf und mit sechs Beinen über den dämmrigen Morgenhimmel wandern sehen – auch sie waren mißglückt und beiseite geschoben worden wie die Kühe, die hinten und vorne Hörner hatten, oder die Kamele, bei denen ein Höcker größer ausgefallen war als der andere. Auf dem Himmel über dem See tauchen auch manchmal die Gestalten mißlungener Männer und Frauen auf.

Carl Sandburg, *Rootabaga Stories,* NY 1922.

BRIGALAURE, eine geographisch nicht näher bezeichnete Insel, wo die Metzger aus den Ohren der bedauernswerten Seeleute, die dort an Land gehen, Würste machen. Keinen anderen Körperteil verwenden sie dazu so gern wie die Ohren, die sich – da sie teils aus Fleisch, teils aus Knorpel bestehen – besonders gut zum Verwursten eignen.

Anon., *Le voyage de navigation que fist Panurge, disciple de Pantagruel, aux isles incognues et estranges de plusieurs choses merveilleuses et difficiles à croire...*, Paris 1538.

Ein großer Steinbrunnen in BOU CHOUGGA

BRISEVENT oder **WUNDERBARE INSELN**, eine Gruppe von Inseln im Südatlantik, von außergewöhnlichen Wesen wie Kentauren, Kyklopen, Affenmenschen bewohnt. Manche sehen aus wie gewöhnliche Menschen, nur daß sie mit Augen oder Ohren bedeckt sind. Einige sind Riesen, andere wiederum so klein, daß ihre Hauptbeschäftigung dem Kampf gegen Insekten gilt. Die wichtigste Insel der Gruppe ist die Amazonen-Insel, wo sich eine Gruppe von Frauen aus ↗ AMAZONIEN niedergelassen hat. Sie regieren die Insel allein, haben ihr eigenes Wirtschaftssystem eingeführt und besitzen eine eigene Polizei. Die Männer werden auf der gegenüberliegenden Uferseite eines breiten Flusses gehalten, der durch die Insel fließt. Sie werden manchmal von den Amazonen gefangengenommen, ein oder zwei Tage behalten und dann zurückgeschickt.

Auf einer benachbarten Insel haben einige entflohene Männer mit Hilfe ihrer Gebieterinnen ihren eigenen Staat begründet. Sie halten ihre Frauen aus Rache für die Behandlung, die ihnen auf der Amazoneninsel zuteil wurde, als Sklavinnen, und diese tun alles, um ihren Männern zu gefallen: Sie singen unter ihren Balkonen Serenaden, liegen flach auf dem Boden, wenn ihre Herren vorbeigehen, kauen ihnen das Essen vor und wärmen im Winter deren Betten mit ihren Körpern.

Charles Sorel, *La maison des jeux*, Paris 1642/43.

BRISSONTE, ein Fluß in der Nähe der Nilmündung. In Ägypten nennt man ihn Archoboletus oder »Großes Wasser«, und es heißt, seine Quelle sei unerreichbar.

Auf einer Insel in der Mitte des Flusses leben die *Epistigi*, Menschen, die ohne Kopf geboren werden. Sie sind sieben Fuß groß, und die verschiedenen Funktionen des Kopfes sind bei ihnen auf den übrigen Körper verteilt; die Augen tragen sie auf den Schultern.

Auf einer anderen Insel lebt eine Menschenart, deren Füße nach hinten gewachsen sind. Man glaubt, daß sie kommen, wenn sie gehen, und kann leicht die falsche Richtung einschlagen, wenn man ihren Spuren folgt.

Reisende sollten nach den Herden eines seltsamen, schönen Tieres Ausschau halten, dem *Celeste*, von dem es bisher weder Beschreibungen noch Fotos gibt.

Anon., *Liber monstrorum de diversis generibus* (9. Jh.), Bln. 1863.

BROBDINGNAG, eine 1703 entdeckte, riesige Halbinsel an der kalifornischen Küste. Sie erstreckt sich über eine Länge von sechstausend Meilen und ist zwischen dreitausend und fünftausend Meilen breit. Im Nordosten wird sie von einer Gebirgskette vulkanischen Ursprunges abgeriegelt, deren Gipfel teilweise bis zu dreißig Meilen hoch ragen. Niemand weiß, was hinter diesen Bergen liegt. Die Küste ist felsig und gefahrvoll, und es gibt weder Häfen noch Küstenschiffahrt, so daß Brobdingnag vollständig von der Außenwelt abgeschnitten ist. Über einen Zugang von irgendeinem anderen Land her ist nichts bekannt.

Die Bevölkerung von Brobdingnag gehört einer Rasse von Riesen an, die so groß wie Kirchtürme sind. Mit einem einzigen Schritt legen sie etwa zehn Meter zurück. Alles in ihrem Lande entspricht diesen Ausmaßen – das Getreide wird zwölf Meter hoch, die Ratten haben die Größe von ausgewachsenen englischen Doggen, und die Fliegen – im Sommer eine wahre Plage – sind so groß wie Lerchen. Die Hagelkörner sind achtzehnmal größer als anderswo. Wenn ein normales menschliches Wesen nur gegen ein Schneckenhaus stolpert, kann es sich das Schienbein brechen. Riesige Knochen und Schädel, die in verschiedenen Landesteilen ausgegraben wurden, lassen darauf schließen, daß die Vorfahren der Brobdingnagger noch größer waren als die Angehörigen der heutigen Rasse, die im Vergleich dazu klein erscheinen.

Über die Geschichte des Landes ist wenig bekannt. In jüngster Vergangenheit gab es Kämpfe zwischen König, Volk und Adel, in deren Verlauf jeder um die Macht wetteiferte. Man weiß auch, daß es aus diesen Kämpfen heraus zu verschiedenen Bürgerkriegen gekommen ist, deren letzter durch die Unterzeichnung eines Vertrages beendet wurde. Die Monarchie fußt auf den Prinzipien des gesunden Menschenverstandes sowie der Gerechtigkeit und Milde. So gilt beispielsweise ein Bauer, der die Erträge seines Bodens steigern kann, mehr als ein Politiker.

Die Kultur auf Brobdingnag beschränkt sich auf Ethik, Geschichte, Dichtkunst und vor allem Mathematik, die den Riesen besonders liegt. Außerdem fertigen sie hervorragende Uhr- und Räderwerke an. Alle Wissenschaften werden nur im Hinblick auf ihre praktische Anwendbarkeit studiert; für abstrakte Spekulation und Theorie besteht kein Interesse. Wie die Chinesen kennen die Riesen seit undenklichen Zeiten die Buchdruckerkunst. Dennoch sind ihre Bibliotheken nicht sonderlich umfangreich; die des Königs, die reichste im Lande, umfaßt nur tausend Bände. Der vorherrschende literarische Stil ist klar und nüchtern. Er vermeidet blumige Ausdrucksweisen ebenso wie überflüssige Wörter. Architektur scheint eine Kunst zu sein, in der sich die Bewohner

von Brobdingnag nicht gerade auszeichnen. Der Königspalast in der Hauptstadt Lorbrulgrud beispielsweise besteht aus einem zusammengewürfelten Haufen von Gebäuden in einem Umkreis von etwa sieben Meilen. Einen weiteren Palast besitzt der König in Flanfasnic, rund achtzehn Meilen vom Meer entfernt.

Lorbrulgrud (was sich in etwa mit »Stolz der Welt« übersetzen ließe) liegt fast genau in der Mitte des Landes. Ein breiter Fluß teilt die Stadt in zwei nahezu gleiche Hälften. Das bedeutendste und eindrucksvollste Bauwerk ist der neunhundert Meter hohe Tempelturm mit seinen dreißig Meter

BROBDINGNAG, *östliche Stadtmauer der Hauptstadt Lorbrulgrud.*

starken Mauern. Erbaut ist er aus Steinquadern von zwölf Meter Seitenlänge, und Marmorstatuen von einheimischen Göttern und Landesfürsten in Nischen schmücken das Bauwerk. Neben der Hauptstadt gibt es noch einundfünfzig befestigte große und über hundert kleine Städte.

Die Landesgesetze sind einfach und klar. Keines darf mehr Wörter umfassen als die Buchstabenzahl des Alphabets (viele sind sogar kürzer), und sie müssen in schlichter und leicht verständlicher Sprache abgefaßt sein. Im allgemeinen sind die Leute nicht spitzfindig genug, um die Gesetze auf mehr als eine Weise auszulegen, und so gibt es naturgemäß auch nur vereinzelt Rechtsstreitigkeiten. Mord gilt als Kapitalverbrechen, das mit dem Tod durch Enthauptung bestraft wird.

Obwohl das Land keine Invasion von außen zu befürchten hat, unterhält es eine starke Armee, die von Adligen befehligt wird. Es herrscht eine außergewöhnlich gute Disziplin, und sämtliche Manöver werden auf mustergültige Weise abgehalten. Alles in allem umfassen die Streitkräfte 176 000 Mann Infanterie und 32 000 Angehörige der Kavallerie. Schießpulver und Feuerwaffen sind unbekannt.

Zur Fauna zählt unter anderem der *Splacknuck,* ein anmutiges und zierliches Säugetier, das in etwa so groß ist wie ein menschliches Wesen. Reisende sollten damit rechnen, irrtümlich für ein solches Tier gehalten zu werden. Dies könnte jedoch durchaus von Vorteil sein, da der König von Brobdingnag – als er Kapitän Lemuel Gullivers Beschreibung der europäischen Eingeborenen gehört hatte – zu dem Schluß kam, daß diese Wesen »die schädlichste Sorte von kleinem, widerlichem Gewürm« sein müsse, die die Natur jemals auf der Erdoberfläche habe herumkriechen lassen.

Jonathan Swift, *Travels into Several Remote Nations of the World...,* 2 Bde., Ldn. 1726.

BROCELIANDE, ein bedeutendes Elfen-Königreich in einem dichten Wald in Britannien, der stolzeste und eleganteste aller Elfen-Höfe in Europa; seine Angehörigen betrachten andere Königreiche mit einer gewissen Herablassung. In ihren Augen ist der blühende Hof von ↗ ZUY nicht viel mehr als ein vergoldeter Kaufladen, und die englischen Höfe, wie etwa ↗ APFELBREI, und die alten schottischen Reiche von Elfenhausen und Fuchsburg sind nichts als rückständige Provinz. Broceliande behauptet, die alte Tradition von Persien, der Heimat aller Elfen, bewahrt zu haben, aber widersprüchliche Daten aus dem ↗ PERI-KÖNIGREICH bestätigen diesen Anspruch nicht. Trotzdem trägt die Königin von Broceliande einen rosa Turban anstelle der üblichen Krone, und das königliche Szepter ist aus Zedernholz – angeblich von den Ufern des Euphrat; es ist so massiv mit Edelsteinen besetzt, daß nur ein ganzer Trupp von Höflingen es schwingen kann.

Broceliande ist berühmt für das Rosenwasser, das seine Hofdamen herstellen, und für eine besondere Katzenart, die hier gehalten wird. Es ist das einzige Königreich, von dem man weiß, wo sich der Glaube an die übernatürliche Welt der Afrits, Geschöpfe von unberechenbarer Macht, erhalten hat. Vierteljährlich werden Zeremonien zur Besänftigung der Afrits abgehalten, beginnend mit einer Runde ritueller Hahnenkämpfe, nach denen der siegreiche Hahn geopfert wird.

Das Leben bei Hof wird weitgehend von der Tagesmode beherrscht, was alles sein kann, von der Läuterung der Sprache bis zu Katzenrennen. Es gibt Picknicks und Hirschjagden und Ausflüge an die Küste, um Schiffbrüche zu beobachten. Einst wurde die königliche Meute von Werwölfen zur Fuchsjagd verwendet, aber man mußte sie beseitigen, nachdem sie einen der Edelleute des Hofs angefallen und getötet hatten; das war das Ende der letzten Meute, die an einem europäischen Hof gehalten wurde.

Zwar ändert sich die Mode bei Hof immer wieder, aber das Glücksspiel bleibt eine ständige Beschäftigung. Große Summen wechseln den Besitzer etwa bei Fragen, welches von zwei Hagelkörnern zuerst schmelzen oder wohin eine Katze springen werde; alle Spielschulden sind Ehrenschulden, und das bedeutet, daß das Leben in Broceliande sehr kostspielig sein kann. Die Spielleidenschaft und der Umstand, daß das Einkommen des Hofs weitgehend aus Lehnsabgaben und sogar aus dem Schmuggel stammt, machen verständlich, daß die Bürger von Zuy, eines wichtigen Handelsstaates, Broceliande mit Verachtung betrachten.

Bei alledem gilt das Königreich bei den Botschaftern fremder Höfe als herrlicher Posten.

Frühling und Winter werden in Broceliande mit einem rituellen Austausch der Garderobe gefeiert. Beim Frühlingsfest wechselt man Pelz und Samt des Winters gegen Seide und Gaze. Das augenblickliche Klima wird dabei nicht berücksichtigt, was heißt, daß die Höflinge im warmen Frühling oft Pelze tragen und leichte Sommerkleidung im kalten, feuchten Herbst. Wenn es dazu kommt, machen sie sich Mut, indem sie mit dem Erbe der alten Perser prahlen, was Besucher von weniger steifen Höfen sehr erheitert.

Die Hofetikette ist streng. Keine Fee von Adel an irgendeinem Hof fliegt, wenn es nicht absolut notwendig ist – Fliegen gilt als Aktivität, die sich für Diener und werktätige Feen schickt – und in Broceliande hält man sich strikt an die Konvention. Gleichzeitig hat man großes Interesse an der Flugfähigkeit der Unterschicht und organisiert ein regelmäßiges Programm von Wettrennen das ganze Jahr hindurch. Auch hier gehen ungeheure Summen von Hand zu Hand. Die Rennleidenschaft ist so groß, daß man einen Favoriten, einen fliegenden Kammerdiener, der das Pech hatte, sich einen

Flügel zu brechen, einige Jahre zu Zuchtzwecken verwendete – mit dem Ergebnis, daß er bis zu seinem Tod mehrere Sieger zeugte.

Nicht alle Beschäftigungen bei Hofe sind frivol. Broceliande beschäftigt einen amtlichen Astronomen, und ein ehemaliger Archivar namens Dando ist der Verfasser eines der Standardwerke über die Geschichte des Elfenreichs, der *Kosmographie*.

In der Vergangenheit gehörte zu den berühmtesten Dingen im Königreich Broceliande eine Quelle namens »Barenton«. Ihr Wasser ist kalt, selbst inmitten des heißesten Sommers, gefriert aber im Winter nie. Manchmal sieht man eine Dame bei der Quelle sitzen. Sie ist hochgewachsen und stattlich wie eine Königin, scheint aber abseits des Königreichs zu leben. Nach der *Kosmographie* von Dando gehört sie zu den angestammten Feen von Britannien, die hier bereits lebten, längst bevor die Elfen kamen. Er behauptet auch, die Quelle sei so kalt wie die Steine von Karnak und sei das ursprüngliche Zentrum von Broceliande, der Ort, wo sich die wandernden Stämme niederließen, nachdem man sie aus Persien vertrieben hatte. Allerdings ist die Quelle im Lauf der Jahre in Verruf gekommen und wird jetzt selten besucht, obwohl ihr Wasser immer noch zur Herstellung des berühmten *Eau de Brocéliande* verwendet wird. Einmal alle fünfundzwanzig Jahre wird an ihrem Teich ein zeremonielles Picknick abgehalten, an dem sich aber die Höflinge meist nicht beteiligen.

Die Tradition von Broceliande verlangt, daß jede Königin, die den rosa Turban übernimmt, einen neuen Brauch persischen Ursprungs einführen muß. Als Melior Königin wurde, beschloß sie, Eunuchen einzuführen. Zwei junge Knaben wurden aus den Reihen der Wechselbälger ausgesucht, der Kinder von Sterblichen, die die Elfen entführt hatten, und die Kastration wurde von einem Arzt durchgeführt, den man aus Konstantinopel geholt hatte. Jahrelang dienten sie der Königin als Gesellschafter, wurden aber später dem Hofastronomen als Assistenten beigegeben. Man fand sie für diese Aufgabe besonders geeignet, da der Astronom Umgang mit den Afrits hat, die bekanntermaßen besonders streng in bezug auf Jungfräulichkeit waren; der geringste Hinweis auf Übertretung in dieser Hinsicht konnte sie in wilden Zorn versetzen. Ihr Status änderte sich noch einmal, als angeregt wurde, sie könnten das Leben bei Hof beleben, indem sie an Wettkämpfen teilnähmen; zu diesem Zweck bewaffnete man sie schließlich mit Sporen, wie Kampfhähne, und einer von ihnen wurde ernsthaft verletzt. Es schien, als sei damit ihre Verwendungsfähigkeit zu Ende, und die Königin schlug vor, sie auf die Insel der Ruhe zu schicken, die von den Bretonen »Insel der Toten« genannt wird. Diese Idee erregte den Protest der Damen am Hof und aufsässiges Murren bei den werktätigen Feen, die sich schließlich weigerten zu fliegen und ihren Dienst in Gehgeschwindigkeit versahen. Die Königin spürte, daß sie sich auf gefährliches Gelände begeben hatte. Sie zog ihren Vorschlag zurück, und eine verlassene Einsiedelei wurde für die beiden Eunuchen hergerichtet, die dort bis zu ihrem Tod wohnten.

Gewisse Geschichtsschreiber sagen, der Zauberer Merlin sei von der Maid Vivien im Forst von Broceliande in eine Eiche gebannt worden und befinde sich dort noch immer. Dieser Version widersprechen andere, die behaupten, Merlin könne in ewigem Schlaf in ↗ MERLINS GRAB besichtigt werden; keine der beiden Theorien wurde bisher widerlegt.

Chrétien de Troyes, *Lancelot ou Le chevalier de la charrete* (12. Jh.), Halle 1887. – Ders., *Yvain ou Le chevalier au lion* (12. Jh.), Hannover 1862. – Alfred Lord Tennyson, *The Idylls of the King*, Ldn. 1859; ern. Ldn. 1889 (vollst.). – Sylvia Townsend Warner, *Kingdoms of Elfin*, Ldn. 1972.

BRODIES LAND oder **MLCHLAND**, irgendwo in Nordafrika. Über dieses Land und seine Einwohner wurde ein Bericht von einem presbyterianischen Missionar geschrieben, David Brodie, geboren gegen Ende des achtzehnten Jahrhunderts in Aberdeen.

Mehrere primitive Stämme leben in diesem Gebiet: die Affenmenschen, die Nr, die Kroo und die Mlch. Letztere wurden von Dr. Brodie Yahoos genannt (↗ LAND DER HOUYHNHNMS), der ihre Gewohnheiten im Detail beschrieben hat.

Die Mlch-Sprache ist rauh und hat keine Vokale. Nur wenige Menschen haben Namen. Um einander anzusprechen, ist es üblich, eine kleine Handvoll Schmutz zu schleudern oder sich zu Boden zu werfen und im Staub zu wälzen. Sie essen Früchte, Wurzeln und kleine Reptilien, trinken Katzen- und Fledermaus-Milch und fischen mit den Händen. Beim Essen verbergen sie sich normalerweise oder schließen zumindest die Augen. Alle anderen physischen Bedürfnisse verrichten sie

Vier Nadeln der Gunstbezeigung und ein königliches Armband aus BRODIES LAND

in der Öffentlichkeit. In der Annahme, dadurch Weisheit zu erlangen, verzehren sie roh die Leichen ihrer Medizinmänner und der königlichen Familie. Sie gehen ganz nackt, die Kunst sich zu kleiden oder zu tätowieren ist ihnen völlig unbekannt.

Obgleich sie ein weites Grasplateau mit klaren Quellen und schattigen Bäumen haben, ziehen sie es vor, in das umgebende Sumpfland auszuschwärmen, als ob sie sich an den Unbilden des heißen Klimas und der allgemeinen Schädlichkeit dieser Gegend erfreuten. Der Stamm wird von einem König regiert, dessen Macht absolut ist, aber die wahren Herrscher sind die Medizinmänner. Jeder männliche Neugeborene wird einer sorgfältigen Prüfung unterzogen, falls er gewisse Merkmale der Auserwähltheit aufweist, wird er in den Rang eines Königs erhoben. Damit ihn die Welt der Sinne nicht von den Pfaden der Weisheit abzieht, wird er auf der Stelle beschnitten, seine Augen werden ihm ausgebrannt und seine Hände und Füße amputiert. Danach lebt er eingesperrt in einer Alcázar *(Qzr)* genannten Höhle, die nur die vier Medizinmänner betreten dürfen sowie zwei Sklavinnen, die ihm aufwarten und ihn mit Dung salben. Im Fall einer Kriegserklärung holen ihn die Medizinmänner aus seiner Höhle, führen ihn dem Stamm vor, um dessen Mut anzustacheln, und tragen ihn auf ihren Schultern wie eine Fahne oder einen Talisman ins dichteste Kampfgewühl, wobei er meist sofort unter dem Hagel der Steine stirbt, die die Affenmenschen auf ihn werfen.

Die Königin lebt in einer anderen Höhle. Sie trägt Armbänder aus Metall und Elfenbein. Als königliche Gunstbezeigung senkt die Königin eine goldene Nadel in das Fleisch des Auserwählten. Einige Mlch stechen sich selbst mit Nadeln, um die anderen glauben zu machen, daß die Königin sie gestochen habe.

Die Mlch haben ein sehr schlechtes Gedächtnis und können sich kaum an Dinge erinnern, die nur Stunden vorher geschehen sind. Aber ihre Erinnerung weist in die Zukunft, und sie können allgemeine Ereignisse mit großer Genauigkeit vorhersagen, als ob sie sich an die Zukunft erinnerten.

Sie haben sonderbare Vorstellungen von Himmel und Hölle. Die Hölle ist trocken und mit Licht gefüllt, sie beherbergt die Kranken, die Alten, die Mißhandelten, die Affenmenschen, die Araber und die Leoparden. Der Himmel ist sumpfig und wolkig und ist der Wohnplatz des Königs und der Königin, der Medizinmänner und jener, die auf Erden glücklich, unbarmherzig und blutdurstig waren. Sie verehren einen Gott, dessen Name Dung ist und den sie sich wahrscheinlich nach dem Bild und der Erscheinung ihres Königs ausgedacht haben: blind, verstümmelt, verkümmert und grenzenlose Macht genießend. Er pflegt die Gestalt einer Ameise oder einer Schlange anzunehmen. Sie haben keine Vorstellung von Vaterschaft und können nicht verstehen, daß eine Handlung, die mehrere Monate vorher stattgefunden hat, irgendeine Beziehung zur Geburt eines Kindes haben kann, zumal dieselbe Handlung in anderen Fällen offensichtlich nicht solche Folgen zeitigt.

Die Sprache der Mlch ist kompliziert. Jedes einsilbige Wort entspricht einer allgemeinen Idee, deren spezielle Bedeutung vom Kontext abhängt oder von begleitenden Grimassen. Das Wort *nrz* beispielsweise läßt an Streuung von Flecken denken und kann sowohl für den Sternenhimmel stehen wie für einen Leoparden, eine Vogelschar, irgendetwas Bespritztes, das Auseinandergehen oder die Flucht nach einer Niederlage in der Schlacht. Auf andere Art ausgesprochen oder von anderen Grimassen begleitet, kann jedes Wort eine gegenteilige Bedeutung haben.

Ein interessanter Brauch des Stammes ist die Entdeckung von Dichtern. Sie beginnt normalerweise damit, daß einem Mlch sechs oder sieben im allgemeinen rätselhafte Worte in den Sinn kommen. Er kann nicht an sich halten und schreit sie heraus, während er in der Mitte eines Kreises steht, der von den Medizinmännern und dem übrigen Volk gebildet wird, die auf dem Boden ausgestreckt liegen. Wenn das Gedicht sie nicht anspricht, geschieht nichts, aber wenn die Worte des Dichters sie berühren, ziehen sich alle von ihm zurück, ohne einen Ton, in großer Angst. Sie fühlen, daß der Geist ihn berührt hat, und niemand, nicht einmal die eigene Mutter, wird ihn ansprechen oder einen Blick auf ihn werfen. Nun ist er nicht länger ein Mensch, sondern ein Gott, und jeder hat das Recht, ihn zu töten.

Jorge Luis Borges, *El informe de Brodie,* Buenos Aires 1970.

BROOLYI oder die **INSEL DES FRIEDENS,** eine Insel des ↗ RIALLARO-Archipels im südöstlichen Pazifik. Die steil abfallenden Klippen und zerklüfteten Riffe der Insel sind von den Wellen zu phantastischen Gebilden geformt worden.

Die Regierung von Broolyi ist eine absolute Monarchie, und die Inselbewohner glauben an die Herrschaft des Friedens. Sie sind davon überzeugt, daß alle Kriege aufhören werden, wenn die Kriegsführung erst einmal perfektioniert ist, und daß Krieg das beste Mittel ist, um die Sache des Friedens durchzusetzen.

Merkwürdig mutet auch die broolyianische Religion an. Die Tempel auf der Insel sind durch Maschinen aus einer Religionsfabrik erbaut worden. Automatische Priester aus Wachs halten den Gottesdienst ab und nehmen an den Prozessionen teil.

Von Zeit zu Zeit wird die Insel von Seuchen heimgesucht, die gefährlich für die Broolyianer, aber nicht für ihre Sklaven sind. Wenn eine Seuche ausbricht, fliehen die Broolyianer in die Berge; für die Sklaven sind Seuchenzeiten wie ein Karneval, der mit Morden und Plündern gefeiert wird, und es wird geraten, Broolyi während solcher Perioden zu meiden.

Godfrey Sweven, *Riallaro, the Archipelago of Exiles,* NY/Ldn. 1901. – Ders., *Limanora, the Island of Progress,* NY/Ldn. 1903.

BRUCHTAL, auch **IMLADRIS** genannt – ein tiefes, geschütztes Tal am Fluß Lautwasser westlich des Nebelgebirges und an der alten Ost-West-Straße vom Düsterwald nach Eriador gelegen. Bis in den Herbst hinein bleibt hier die Luft angenehm warm, Bäume und Blumen verströmen ihren Duft, überall ist das Geräusch von fließendem, plätscherndem und fallendem Wasser präsent. Die Gegend empfiehlt sich daher besonders für Reisende, die den Herbst bevorzugen und die Natur lieben.

Bevor die Elben diese Gegend verließen, stand hier das Letzte Heimelige Haus östlich der See, hoch über den steilen Ufern des Lautwassers, ein Haus mit unzähligen Terrassen und Söllern, Gängen, Stufen und Hallen. Die schönste der mit Wandteppichen und Baldachinen reich geschmückten Hallen war die Halle des Feuers, in der sich die Gastgeber mit ihren Freunden zu Musik und Gesang niederließen. In den umliegenden Gärten fand man Erholung und Befreiung von aller Mühsal, niemand konnte an diesem Ort traurig sein.

Die Elben hier waren umgänglicher, gesprächiger und fröhlicher als andere Elbenvölker von ↗ MITTELERDE. Sie hielten enge Kontakte zu den Menschen aus dem untergegangenen ↗ NUMENOR und boten ihnen Schutz gegen Sauron, den Dunklen Feind der Welt. Hier lernte König Aragorn II. des Halbelben Elrond schöne Tochter Arwen kennen, die nach dem Ringkrieg seine Frau wurde. Elrond selbst, unermeßlich alt und weise, war der Hüter der drei Elbenringe der Macht, die Bruchtal gegen das Böse zu schützen vermochte. Er saß auch dem Rat vor, bei dem die Gemeinschaft des Ringes berufen wurde: der Hobbit Frodo als Ringträger, der Zauberer Gandalf der Graue, der Elb Legolas, der Zwerg Gimli, König Aragorn, Boromir von ↗ ROHAN und drei weitere Hobbits aus dem ↗ AUENLAND.

Als mit Saurons Ende auch das Dritte Zeitalter ein Ende hatte, machte sich Elrond mit seinem Gefolge auf zu den Grauen Anfurten von ↗ LINDON und bestieg dort mit den Gefährten des Rings das letzte Schiff in die Unsterblichen Lande von ↗ AMAN.

John Ronald Reuel Tolkien, *The Hobbit, or There and Back Again,* Ldn. 1937. – Ders., *The Fellowship of the Ring,* Ldn. 1954. – Ders., *The Return of the King,* Ldn. 1954.

DER BRUNNEN DES HASSES UND DER FLUSS DER LIEBE liegen im Ardennenwald in Frankreich. Der nach Märchenart in Gold und Alabaster gehaltene Brunnen wurde vom Zauberer Merlin inmitten einer grünen Wiese errichtet, um Tristan von seiner Liebe zur Königin Isolde zu erlösen. Die Wasser des Brunnens haben nämlich die Kraft, den Zustand, in dem sich Liebende finden, in sein Gegenteil zu verkehren.

Nicht weit davon ergießt sich der Fluß der Liebe. Jeder, der aus ihm trinkt – so heißt es –, wird von berauschender Liebe durchströmt.

Besuchern, denen an einer reibungslosen Fortsetzung ihrer Reise gelegen ist, sei angeraten, sich gut zu überlegen, ob und – wenn ja – aus welcher Quelle sie trinken möchten. So zeigt das Beispiel einer gewissen Angelica und ihres Verehrers Rainaldo, die deshalb nicht zueinander finden konnten, weil sie abwechselnd von beiden tranken, die chaotischen Folgen eines versehentlichen oder auch hemmungslosen Genusses der zunächst so harmlos wirkenden Gewässer.

Matteo Maria Boiardo, *L'Orlando innamorato*, Venedig 1486. – Ludovico Ariosto, *Orlando furioso*, Ferrara 1516.

DER BRUNNEN DES HASSES *im Ardennerwald, Frankreich*

BRUT- UND NORMZENTRALE, ein Gebäude im Zentrum der Weltmetropole, genau auf dem Platz des ehemaligen Londoner Stadtviertels Bloomsbury. Die BUNZ ist unter den zahlreichen Wolkenkratzerkomplexen des Zentrums, das durch Parkringe von den Trabantengürteln getrennt ist, nur ein grauer unansehnlicher gedrungener Block, der lediglich 34 Stockwerke und 4000 Säle hat. Wer im Bloomsbury unserer Zeit seine Zeitmaschine startet, kann das Glück haben, im Jahr 632 n. F. (nach Ford) genau vor dem Gebäudekomplex zu »landen«. Der riesige Saal zu ebener Erde geht nach Norden. Von hier aus gelangt man in ein Labyrinth von Laboratorien, Fließbandhallen, Kinderschlafsälen. Wer die Gelegenheit hat, sich einer Studentengruppe anzuschließen, die vom BUND, dem Brut- und-Norm-Direktor, höchstpersönlich durch das Haus geführt wird, dem sind alle Türen geöffnet, die sonst keinem Fremden Eintritt gewähren. Die Voraussetzung für den tiefen Einblick in das Funktionieren der BUNZ ist, daß sich der Zeitreisende als Alpha-Mensch ausweisen kann. Als ein solcher wird er in jener Zukunftswelt in jedem Fall durch seine Zeitmaschine klassifiziert werden können. Denn nur Alpha-Menschen besitzen die Fähigkeit zu solchen Erfindungen.

Zuerst geht es in den Befruchtungsraum. 300 Befruchter stehen hier über ihre Instrumente gebeugt in allgemein angespannter Vertieftheit. Hinter einer stark abgedichteten Tür befinden sich Brutöfen mit den zahllosen Gestellen voller gekennzeichneter Reagenzgläser. Hier wird der wöchentliche Eingang an Ovarien ständig bei einer Bluttemperatur von 37° Celsius gehalten. Die Frauen als Ovarienspender brauchen sich nur einer geringfügigen Operation zu unterziehen. Hinter einer anderen Tür lagern die männlichen Samenzellen bei 35°. Jede Ovarienoperation wird mit einer Prämie in Höhe von sechs Monatsgehältern belohnt. Die ausgereiften und abgetrennten Eier werden in Nährflüssigkeit aufbewahrt. Sie werden auf Entartung untersucht, gezählt und in einen porösen Behälter gegeben. Die Behälter werden in eine warme Nährbouillon voller Spermatozoen getaucht und nach zehn Minuten wieder herausgezogen. Die Eier werden aufs neue untersucht. Sind einige nicht befruchtet, wiederholt sich der Vorgang. Auf dem Fließband gelangen die Eier zurück in die Brutöfen. Die befruchteten Eier werden in Kategorien nach *alpha, beta, gamma, delta* und *epsilon* eingeteilt, die dem Kastensystem des Weltstaates entsprechen. Die Alphas sind die Führungselite, die Intellektuellen, die Betas sind die wichtigeren Techniker. Die Gammas, Deltas und Epsilons sind verschiedene Stufen von niederen Arbeitswesen. Nur die Alphas und Betas bleiben in den Brutöfen bis zur Abfüllung auf Flaschen. Die anderen werden dem Bokanowsky-Verfahren unterzogen. Bei diesem Verfahren wird das Ei chemisch so angeregt, daß es sich zwischen acht- und sechsundneunzigmal teilt. Daraus entstehen 96 völlig identische Simultangeschwister, die die Belegschaft einer kleineren Fabrik ausmachen. Identische Menschen tun dasselbe an gleichen Maschinen. Vom Befruchtungs- und Brutraum läuft das Fließband in den Füllsaal. Frische zurechtgeschnittene Lappen aus dem Bauchfell einer Sau kommen im Aufzug aus dem Organmagazin. Der Flaschenauskleider paßt den Lappen in die Flasche ein. Sie wandert auf dem Band zum Einbetter. Der Einbetter legt die Eier aus den Reagenzgläsern in die Bauchfellappen und übergießt sie mit Nährlösung. Dann wandern die Flaschen weiter zum Etikettieren und Verkorken. Durch eine Wandöffnung gelangen sie in die Abteilung für soziale Vorbestimmung. Die Prädestinatoren übergeben ihre Zahlen den Befruchtern, die ihnen die gewünschte Zahl an befruchteten Eiern liefern.

Im Kellergeschoß befindet sich das Embryodepot. Hier herrschen tropische Hitze und absolute Dunkelheit. Nur Dunkelkammerbeleuchtung ist zugelassen. In einer riesigen Maschinerie reihen sich endlos übereinandergetürmt Flaschen. Das Regalsystem ist 220 Meter lang und 200 Meter breit, zehn Meter hoch, drei Etagen von Regalen. Jede Flasche läuft durch dieses System 267 Tage lang mit einer Geschwindigkeit von 33 $^{1}/_{3}$ Stundenzentimetern. Die Gesamtstrecke beträgt 2136 Meter. Danach erreicht die Flasche oberhalb der dritten Etage den Entkorkungsraum. Während des Lagerprozesses werden die Embryos durch Blutsurrogat ernährt. An jede Flasche wird eine künstliche maternale Blutzirkulation angeschlossen. Auf der Strecke zum Entkorkungsraum werden die Embryos geschüttelt, ihr Geschlecht wird festgestellt, ein T für männlich, ein Kreis für weiblich, ein Fragezeichen für empfängnislos. Nur 30 Prozent aller weiblichen Embryos werden normal entwickelt. Der Rest wird durch chemische Manipulation zu empfängnislosen Wesen programmiert. Während der Lagerung wird prädestiniert und genormt. Alle Kinder sind bei der Entkorkung bereits für ihre Aufgabe innerhalb der Gesellschaft programmiert, als Kanalreiniger oder Weltaufsichtsräte. Mindere Intelligenz für die unteren Kasten wird durch Verringerung der Sauerstoffzufuhr ins Gehirn erreicht. Künftige Arbeiter chemischer Fabriken werden an Blei, Ätznatron, Teer und Chlor gewöhnt, u. s. w. Die Prädestination hat den Sinn, daß jeder im künftigen Leben mit seiner Lage zufrieden ist. Niemals würde ein Gammamensch einen Alphamenschen beneiden. Perfektioniert wird das System nach der Entkorkung durch die Hypnopädie. Aus dem Entkorkungssaal gelangen die kleinen Kinder in die bereits nach Kasten getrennten Schlafsäle. In diesen Pflegeräumen wird z. B. Deltakindern mittels Elektroschock eine Abneigung gegen Bücher und Blumen eingeimpft. Diese unausrottbaren Reflexe werden ihnen angenormt, damit sie keine unnütze Zeit mit gefährlichen Büchern oder sinnlosen Naturaufenthalten vergeuden. Liebe zur Natur ist unökonomisches Verhalten, aus dem kein Profit geschlagen werden kann. In den Schlafsälen im 14. Stock wird den Kindern dann während des Schlafs durch ständig sich wiederholendes Lautsprechergeflüster ein bestimmtes Kastenbewußtsein und mit Hilfe von Werbesprüchen ein künftiges Konsumverhalten eingeimpft. Der Geist der Kinder wird entsprechend ihrer Kaste geprägt, bis er aus lauter kastenspezifischen Einflüsterungen besteht und die Summe aller Einflüsterungen den Geist des Kindes ausmacht, noch bevor es richtig verstehen gelernt hat.

M. W.

Aldous Huxley, *Brave New World*, Ldn. 1932.

BURG ASCHENHAIN, ein altes Feenreich in einem Tal unterhalb Mynndd Prescelly, des westlichsten Berges in Wales. Der Name des Königreichs bezieht sich auf seine Frühgeschichte, als seine Bewohner keine Häuser bauten, sondern einfach in die Zweige der Aschenbäume aufflogen, um nachts dort zu schlafen. Dieser Brauch herrscht jetzt nicht mehr; ebenso wie andere Elfenreiche hat Burg Aschenhain die Etikette übernommen, nach der nur werktätige Elfen fliegen; normalerweise macht der Adel von seinen Flügeln keinen Gebrauch, das würde seinem Ansehen schaden. Die Feen des Landes sind berühmt für den unvergleichlichen Met, den sie brauen, und für ihre seit Elfengedenken hervorragende Pflege des Gesangs. Sie sind gute Nachbarn und dulden Kühe und Menschenkinder, die sich in ihr Reich verlaufen; sie begnügen sich damit, sie von ihren Bäumen aus zu beobachten.

Die größte Errungenschaft der Bewohner dieser kleinen, strohgedeckten Burg ist es, daß sie den Berg über ihrem Tal verschwinden und wieder erscheinen lassen können; manchmal ist er da, manchmal nicht. Zum erstenmal gelang ihnen das vor langer Zeit, als sie noch auf Bäumen schliefen. Damals kam ein alter Mann in ihr Königreich, der von Irland bis zur St.-Bride-Bucht auf einer Granitplatte gereist war, die er »allein durch den Glauben« seetüchtig gemacht hatte, wie er sich ausdrückte. Der Reisende erklärte den Elfen das Wesen des Glaubens, der Berge versetzen könne, sagte aber auch, leider sei das nichts für sie, da sie keine Seele hätten und deshalb keinen Kieselstein, geschweige denn einen Berg bewegen könnten. Das verletzte ihren Stolz, und als der alte Mann weiterwanderte, um die Heiden von Carmarthenshire zu bekehren, versuchten sie sofort, seine Behauptung zu widerlegen, aber kein Steinchen rührte sich. Schließlich gelangte der Neffe des Hofpoeten zu dem Schluß, daß, wenn sie den Berg versetzen wollten, sie das durch die Macht des Gesangs tun müßten. Ein eigener »Entfernungs-Song« wurde für den Text »Mynnydd Prescelly, bewege dich doch« komponiert. Zuerst sangen sie einstimmig, aber später wurde die Grundmelodie durch spontane Variationen bereichert, und es ergab sich ein herrlicher Choral. Zu ihrer großen Überraschung verschwand der Berg. Sorgfältige Forschung zeigte, was geschehen war: Mynnydd Prescelly hatte sich in Gestalt einer Wolke erhoben und war nach Plynlimon gewandert, wo er ein paar Tage lang als schwerer Regen niederging; dann kehrte er an seinen ursprünglichen Ort zurück, fiel ebenfalls als Regen nieder und verdichtete sich dann wieder zu einem Berg. Der Gesang und das Entfernen des Berges sind zu einer regelmäßigen Zeremonie geworden und Menschenwesen, die beobachten, wie er vom Horizont verschwindet, nehmen sein Wiedererscheinen als Zeichen, daß die Erntezeit begonnen hat.

Sylvia Townsend Warner, *Kingdoms of Elfin*, Ldn. 1972.

BURG OHNE NAMEN, eine einsame Burg auf dem Land in Frankreich. Über dem Haupteingang ist folgende Inschrift zu lesen: »Ich gehöre niemandem und allen; bevor du hineingehst, warst du schon hier, und du wirst noch hier sein, wenn du schon wieder fort bist.«

Der Besucher wird in der Burg eine gemischte Gesellschaft antreffen, die zugleich lügt und die Wahrheit spricht und entweder unbeweglich dasitzt oder rastlos herumspaziert. Man sagt, eine Gruppe von Abenteurern habe die Burg trotz der Warnung über dem Eingangstor besetzt und wolle mit Hilfe nichtsnutziger Diener jeden ermorden, der ihre Besitzrechte streitig mache.

Denis Diderot, *Jacques le Fataliste et son maître*, Paris 1796.

DIE BURG VON OTRANTO, eine mittelalterliche Festung in dem apulischen Fürstentum gleichen Namens. Sie war der Schauplatz grauenvoller übernatürlicher Ereignisse: Schwarzgefederte Helme, hundertmal größer als üblich, tauchten plötzlich auf, Porträts der Vorfahren des Schloßherrn erwachten zum Leben, um Anklage gegen seine Machenschaften zu erheben, und zuweilen erschienen auf den Kasematten riesenhafte Gestalten. Auch in der näheren Umgebung der Burg geschahen höchst merkwürdige Dinge. Unter den weitläufigen Festungsanlagen befindet sich ein Labyrinth von Gängen. Ein Geheimgang führt geradewegs in die außerhalb der Burg gelegene St.-Nikolaus-Kirche.

Horace Walpole, *The Castle of Otranto*, Ldn. 1765.

BUSTROL, Königreich auf einer Insel südlich von Madagaskar, 60° östlicher Länge und 44° südlicher Breite. Man gelangt nach Bustrol durch einen riesi-

BURG VON OTRANTO. *Westansicht.*

Trinkgefäß aus BUSTROL

gen Eichenwald, der zu einem von hohen Klippen umgebenen See führt. Auf der anderen Seite liegt ein etwa fünfhundert Kilometer langer Streifen fruchtbaren Lands. Im See lebt eine große Otternart, und die Wälder sind erfüllt von dem Geschrei riesiger Vögel, die wie Truthühner gebraten werden können.

Die Bewohner haben Bustrol in quadratische Provinzen gegliedert, die man durch flache Gräben voneinander getrennt hat. Da man auf Bustrol sehr heftige Stürme kennt, sind die Häuser nur einstöckig. Jede Provinz wird von einem Richter regiert, der zweiundzwanzig Familien vor dem König repräsentiert, und von einem Priester, der die Verantwortung für Erziehung und Religion hat und Demut und Moral lehrt. Die siebentausend Jahre alten Traditionen von Bustrol sind die Grundlage von Gesellschaft, Unterhaltung und Arbeit. Zu Beginn des achtzehnten Jahrhunderts hatte es 8 323 000 Einwohner, die Zahl ist seitdem kaum angestiegen. Die Männer heiraten nicht, bevor sie dreißig sind (außer dem König, der mit fünfundzwanzig heiratet), die Frauen nicht unter zwanzig. Polygamie ist allgemein üblich. Gesellschaftliche Spielregeln für die Liebe sind unbekannt. Man drückt seine Gefühle offen aus.

Die Bustrolianer arbeiten nicht schwer. Obstbäume und Gemüse gedeihen gut, und es gibt Äpfel, Birnen und Nüsse im Überfluß im Süden und Osten, Bohnen und Erbsen im Norden und Westen. Den Besuchern wird empfohlen, ein exquisites alkoholisches Getränk zu kosten, das die Einwohner aus Honig herstellen.

Simon Tyssot de Patot, *Voyage et aventures de Jacques Massé,* Bordeaux 1710.

BUTUA, ein Königreich im Innern Südafrikas. Nach Norden erstreckt es sich bis an das Königreich Monoemugui, nach Osten bis an die Lupata-Berge, im Westen grenzt es an die Stämme der Jagas und im Süden an das Land der Hottentotten. Seine Größe entspricht in etwa der Portugals. Im Norden Butuas werden die Waldgebiete von Tigern und Löwen heimgesucht, weiter südlich streift ein Tier umher, das einer Kreuzung zwischen einem Pferd und einem Hirsch ähnelt. Es gibt viele sehr giftige Reptilien; aus einer bestimmten Pflanzenart wird von den grausamen Bewohnern ein starkes Gift gewonnen, das in weniger als einer Minute töten kann.

Die Sitten der Butuaner sind verworfener als alles, was über das wildeste Volk auf Erden gesagt oder geschrieben worden ist. Sie sind rabenschwarz, klein, sehnig, kraushaarig, von natürlicher Gesundheit und wohlproportioniert, rühmen sich ihrer starken Zähne und ihres langen Lebens. Sie lieben alle möglichen Laster und Ausschweifungen, Wollust, Grausamkeit, Rachsucht und Aberglauben. Sie sind jähzornig, verräterisch und ungebildet. Ihre Frauen sind sehr schön gewachsen, fast alle haben hübsche Zähne und strahlende Augen, doch werden sie von ihren despotischen Ehemännern so grausam behandelt und mißbraucht, daß ihr Reiz bald nach ihrem dreißigsten Jahr verblaßt und sie selten älter als fünfzig werden. Frauen sind nach Meinung der Butuaner dazu geboren, Lustobjekte des Mannes zu sein, um die man sich ansonsten nicht kümmert. Jeder Bewohner kann soviel Frauen haben, wie er ernähren kann. Der Häuptling jeder Region hat, ebenso wie der König, einen ansehnlichen Harem, der gewöhnlich im Verhältnis zur Größe seines Reichtums steht. Von jedem Teil des Königreichs wird ein monatlicher Tribut von etwa fünftausend Frauen zum König gesandt, aus dem er dann zweitausend, die ihm gefallen, auswählt. Insgesamt hält sich der König etwa zwölftausend Frauen, die ständig ausgetauscht werden. Sie werden in vier Klassen unterteilt: Die größten und stärksten bilden die Wache des königlichen Palastes, die zweite Gruppe, die auch »die fünfhundert Sklavinnen« genannt wird, ist zwischen zwanzig und dreißig Jahre alt und verrichtet im Palast die niedrigen Dienste, versorgt die Gärten und tut überhaupt draußen alle harten Arbeiten. Die dritte Klasse besteht aus Mädchen zwischen sechzehn und zwanzig, sie werden den Göttern von Butua geopfert; die vierte Gruppe schließlich besteht aus den zartesten und schönsten Kindern bis zum Alter von sechzehn; sie dienen ausschließlich den Vergnügungen des Königs.

Trotz der vielen Verbrechen, die die Einwohner von Butua sich erlauben, sind sie sehr fromm und abergläubisch. Jeder Distrikt hat ein religiöses Oberhaupt, das unter der Hoheit des Hohenpriesters steht und dem die Aufsicht einer Priesterschule übertragen ist. In jedem Tempel wird ein Idol verehrt, das, halb Schlange, halb Mensch, eine Kopie des Originals im königlichen Palast ist. Das Volk von Butua glaubt, daß die Schlange die Welt erschaffen hat. Nur der König hat das Privileg, außer im Haupttempel der Hauptstadt, die Menschenopfer in einer privaten Kapelle vorzunehmen. Der Häuptling jeder Provinz muß jedes Jahr sechzehn Opfer beiderlei Geschlechts zu seinem Oberpriester senden, der sie mit Hilfe der Priester an gewissen vom Ritual bestimmten Tagen opfert. Diesen Priestern obliegt auch die Heilung der Kranken. Sie verwenden sehr wirksame pflanzliche Balsame und werden mit Frauen, Knaben oder Sklaven bezahlt, entsprechend dem sozialen Status des Patienten. Nahrung als Zahlung akzeptieren sie nicht, dank der vielen Lebensmittel, die im Tempel geopfert werden, sind sie nie hungrig.

Die beliebtesten Gerichte bestehen aus Mais, Fisch und Menschenfleisch. Letzteres wird von öffentlichen Metzgern geliefert, ebenso wie das Affenfleisch, das in Butua sehr geschätzt wird. Man trinkt ein berauschendes Getränk, das weit besser ist als Branntwein.

Da diese Wilden absolut gefühllos sind, können sie sich nicht vorstellen, daß einem der Tod eines Freundes oder eines Verwandten auch nur im geringsten Kummer bereitet. Kaltblütig sehen sie zu, wie andere sterben. Wenn jemand keine Hoffnung auf Heilung hat oder in fortgeschrittenem Alter ist, ist es üblich, das Ende zu beschleunigen. Ihre Begräbnisriten bestehen einfach darin, den Leichnam am Fuß eines Baumes niederzulegen.

Die Bevölkerung von Butua verringert sich ständig, nicht nur wegen der kriminellen Laster der Mächtigen, sondern auch weil eine Frau nach einer Geburt zu dreijähriger Abstinenz verurteilt wird. Zudem wird sie an zweiundzwanzig Tagen des Monats als unrein betrachtet.

Donatien-Alphonse-François Marquis de Sade, *Aline et Valcour*, Paris 1795.

C

CACKLOGALLINIA, eine Insel in der Karibik mit der Hauptstadt Ludbitallya. Cacklogallinia ist hauptsächlich von Hühnern besiedelt, die durchschnittlich sechs Fuß groß sind. Größe und Umfang verändern sich je nach den Umständen: Unglück verringert einen Cacklogallinier auf die Maße eines drei Fuß hohen Zwerges; wird er dagegen zum Beamten befördert, erreicht er unverzüglich eine Höhe von neun Fuß, dementsprechend vergrößert sich sein Appetit. Andere Vögel besetzen die untergeordneten Stellungen.

Die Insel wird regiert von Kaiser Hippomina Connuferento, der auch Liebling der Sonne, Entzücken des Mondes, Schrecken des Universums, Tor zum Glück, Quelle des Ruhms, Lenker von Königreichen genannt wird. Er ist zugleich das Oberhaupt der Staatskirche. Er regiert mit der Unterstützung eines Premierministers und der Mitglieder des Großen Rats der Nation, die Bable-Cypherier genannt werden. Es ist jedoch kein Geheimnis, daß die Ratsmitglieder nach den Wünschen des Premierministers ernannt und entlassen werden. Um sicher zu gehen, daß bestimmte Dinge im Rat diskutiert werden, ist es allgemein üblich, die Bable-Cypherier zu bestechen.

Die meisten Gesetze sind von Juristen sorgsam ausgeklügelt worden, nur um ihre eigenen Geschäfte zu fördern. Alle Gesetze sind doppelsinnig, was zu endlosen Debatten über ihre wahre Bedeutung führt. Um die Sache noch schlimmer zu machen, hat ein *caja* oder Richter, die Macht, ein Gesetz zu interpretieren, wie es ihm beliebt, ohne Rücksicht auf Präzedenzurteile. Es herrscht die Tendenz, Richter nicht ihrer Unbescholtenheit oder ihrer Kenntnisse wegen zu ernennen, sondern als Dank für ihre Willfährigkeit gegenüber ihren Gönnern.

Die alten Cacklogallinier waren stolz und edel. Der Handel blühte, und Land wie Regierung waren für ihre Ehrlichkeit berühmt. Heutzutage befindet sich das Königreich in einem gewissen Niedergang, obgleich sich die Cacklogallinier selbst noch als die freieste Nation der Welt betrachten. Das einzige, was sie als Schande betrachten, ist Armut, und jedes – noch so unehrliche und korrupte – Mittel ist erlaubt, um zu Reichtum zu gelangen. Am Hof ist der Einfluß der intrigierenden *squabbaws* oder Kurtisanen allmächtig.

Die Cacklogallinier behaupten, an einen Gott zu glauben, aber in zunehmendem Maße verspotten die Reichen die Idee einer Religion überhaupt. In früheren Zeiten wurde im Tempel ein goldener Ball aufbewahrt, der die Ewigkeit darstellte. Er war mit unverständlichen Inschriften bedeckt, die die Unerforschlichkeit Gottes symbolisierten. Aber dann brachen theologische Streitereien über die Form dieses Sinnbildes aus. Einige Experten forderten, es solle viereckig sein, um die göttliche Gerechtigkeit zu symbolisieren, andere plädierten für achteckig, um die Allgegenwart Gottes kundzutun. Noch andere forderten, daß das Abbild Gottes formlos sein müsse, da alle regelmäßigen Formen Zeugnis des Aberglaubens seien. Von dem ursprünglichen Gold ging bei dem wiederholten Einschmelzen und Umgießen viel verloren. Schließlich kam man überein, daß kleine Kugeln zu Hause verehrt werden könnten, vorausgesetzt, daß die Priester weiterhin bezahlt würden. Aber dieser Brauch starb schließlich aus. Die Reichen sind nun Atheisten, und der Kult der goldenen Kugel wird nur noch von einer Sekte armer Priester weitergeführt.

Ein religiöser Brauch, der im ganzen Land überlebt hat, ist der Kult des heiligen Danasalio. Die Legende besagt, daß eine Ziege einst das Getreide des Heiligen zerstörte. Um diese Erinnerung zu feiern, ergreift jede fromme cacklogallinische Familie am St.-Danasalio-Tag eine Ziege, bricht ihr die Beine und zieht ihr bei lebendigem Leib das Fell ab.

Anders als die europäischen Hühner leben die Cacklogallinier hauptsächlich von Fleisch und trinken Ziegenmilch. Nur die ärmeren Schichten essen Getreide. Minister und hohe Beamte sind oft Kannibalen, und die Armen leben in ständiger Furcht, von ihren Vorgesetzten aufgegessen zu werden. Andererseits sind sie sehr unterwürfig: Es ist nicht unbekannt, daß die Armen zu den Häusern der Reichen gehen und sie bitten, ihrer Familie bei Tisch aufzutragen, was sie als große Ehre betrachten.

Nach cacklogallinischem Recht werden Gesetzesbrecher, die keine Kapitalverbrechen begangen haben, gefangengenommen und erhalten ein Abführmittel, dessen Menge von der Art des Delikts abhängt. Mörder werden mit dem Schnabel zu Tode gepickt.

Unterhaltung und Sport sind gewöhnlich blutig. Die Armen werden bezahlt, um zur Unterhaltung der Menge auf der Bühne einander in Stücke zu hacken, und Raufen ist ein populärer Sport unter den Jungen.

Alle Begräbnisse finden als Verbrennungen auf dem Marktplatz statt. Die Leiche wird in einem von Straußen gezogenen Leichenwagen befördert, Herolde schreiten voran und rufen Titel und Stammbaum des Toten aus; auch berufsmäßige Trauerer werden beschäftigt. Nach dem Begräbnis wird ein Jahr lang ein Bild des Verstorbenen über seine Haustür gehängt. Begräbnisse sind äußerst kostspielig und ruinieren oft die Erben des Toten.

Die reichen Cacklogallinier tragen Wämse, Mäntel und umhüllen ihre Beine mit feinem Tuch. Medaillen, Glocken und Bänder werden um den Hals getragen. Zu den eigenen Schwanzfedern fügen manche Pfauenfedern hinzu. Die Adligen schneiden häufig ihre Sporen ab und ersetzen sie durch goldene.

Um einem Höhergestellten Respekt zu erweisen, wirft sich ein Cacklogallinier nieder und hält seinen Schnabel zu Boden, bis ihm gestattet wird, sich zu erheben. Ein anderes Zeichen des Respekts ist es, die goldenen Sporen eines Adligen zu küssen. Höflinge betrachten dies als eine sehr große Ehre. Neuvermählte Paare sind etwa eine Woche lang unzertrennlich, danach gilt es als unschicklich, zusammen in der Öffentlichkeit zu erscheinen. Obwohl sie häufig Besuche machen, sind die Cacklogallinier nicht besonders gastfreundlich; beispielsweise werden Erfrischungen nur den formell eingeladenen Gästen angeboten.

Beförderungsmittel sind von Straußen gezogene Kutschen oder von Hennen mit einer Geschwindigkeit von zwanzig Meilen pro Stunde durch die Luft getragene Sänften.

Die Flora der Insel ist typisch für die Karibik. Das Land ist fruchtbar und reich an blühenden Kornfeldern und üppigem Weidegrund. Die Felder werden durch umherfliegende Hennen in perfekter Ordnung gehalten. Die häufigsten Nutztiere sind Ziegen und Schafe.

Die Beziehungen Cacklogallinias zu seinen Nachbarn waren in den letzten Jahren spannungsreich. Ein langer und kostspieliger Krieg wurde ausgefochten, als sowohl die Cacklogallinier wie die Bubohibonier (Eulen) versuchten, einen Nachfolger für Chuctinio, den Kaiser der Elstern, zu nominieren. Die engsten Verbündeten der Cacklogallinier in diesem Krieg waren die Kormorane, die in diesem Gebiet den Handel beherrschen. Sie haben jetzt einen großen Einfluß in Cacklogallinia und scheinen eifrig darauf bedacht zu sein, die Jungen zu Ausschweifungen und Atheismus zu ermutigen. Der Krieg, der mit dem Sieg endete, wurde durch Steuererhöhungen finanziert, was zur Bereicherung der ohnehin schon reichen Steuereintreiber beitrug.

Von einem Engländer ist bekannt, daß er einige Jahre auf Cacklogallinia verbracht hat, ein gewisser Samuel Brunt, der an den Küsten der Insel Schiffbruch erlitt. Zuerst wurde er als ein Naturwunder betrachtet, befreundete sich aber mit dem ranghöchsten Minister, machte große Fortschritte bei Hofe und stieg schließlich zum *castleairiano* (Überprüfer der Projekte zur Steuererhöhung) auf. Später begründete er eine Gesellschaft, die die erste erfolgreiche Expedition zum Mond finanzierte, bevor er schließlich nach England zurückkehrte.

Anon., *A Voyage to Cacklogallinia...*, Ldn. 1727.

CAFFOLOS, eine Insel im Pazifik, deren Bewohner die Freundschaft als ihr Hauptanliegen bezeichnen. Wenn einer ihrer Freunde krank wird, hängen sie ihn von einem Baum herab und behaupten, daß es besser sei, die Vögel, Gottes Engel, äßen ihn, als daß die Würmer der Erde ihn verzehrten. Auf einer Nachbarinsel werden die Kranken von speziell abgerichteten Hunden erwürgt, um ihnen den Schmerz eines natürlichen Todes zu ersparen. Um nichts zu verschwenden, wird ihr Fleisch anschließend gegessen.

Jean de Mandeville, *Les voyages d'outre mer* (um 1357), Lyon 1480.

CAGAYAN SALU, ein kleines, vulkanisches Eiland des Salu-Archipels nahe den südlichen Philippinen. Die Eingeborenen an der Küste sind teilweise Mohammedaner, ungefährlich, aber gut bewaffnet. Die Eingeborenen im Innern sind ein unabhängiger Stamm, die Berbanangs, und kein anderer Inselbewohner kommt ihrem Dorf zu nahe. Die Berbanangs sind Kannibalen, sie können sich in Trance versetzen und ihren Astralleib unter betäubendem Lärm in einige Entfernung projizieren. Menschen wie Tiere sterben dann vor Schreck, und dieser Vorgang gibt dem Fleisch der Opfer die erwünschte Konsistenz. Besuchern sei gesagt, daß die Berbanangs niemand angreifen, der ein Halsband aus Kokosperlen trägt.

Berichte über Cagayan Salu wurden von E. F. Skertchley von der Asiatic Society of Bengal (*Journal,* III. Teil, Nr. 1, Calcutta: Baptist Mission Press, 1897) und von Henri Junod (*Les Baronga,* Neuchâtel: Attinger, 1898) veröffentlicht.

Andrew Lang, *The Disentanglers,* NY 1901.

CALEJAVA, eine Republik auf einer kleinen Insel unbekannter Lage. Sie wurde gegen Ende des siebzehnten Jahrhunderts von einem europäischen Arzt, einem gewissen Ava, gegründet, der von einem despotischen König auf die Insel verbannt wurde. Besucher von Calejava finden eine organisierte und friedliche Zivilisation vor. Die gesamte Ökonomie basiert auf der Landwirtschaft. Jeder bearbeitet den Boden fünf Stunden am Tag, mit einer Stunde Pause; alle haben das Recht auf die gleiche Mußezeit. Die erzeugten Güter werden gleichmäßig verteilt und sind in verstaatlichten Warenhäusern zu haben. Politische Macht erreicht man durch Arbeit, vor allem durch den Beweis seiner Fähigkeiten beim Pflügen, Säen und Ernten; um die Aufgabe zu erleichtern, hat man alle landwirtschaftlichen Maschinen hoch entwickelt.

Unterkunft ist in Calejava nicht schwer zu finden, aber man muß die Zimmer mit den Einwohnern teilen. Das Essen ist einfach, aber nahrhaft, und Besucher können sicher sein, daß sie wegen ihrer politischen oder moralischen Überzeugungen nicht belästigt werden. Hingegen müssen sie wissen, daß Calejava keinerlei Form von Unterhaltung bietet und sich für eine Vergnügungsreise nicht empfiehlt.

Claude Gilbert, *Histoire de Calejava ou de L'isle des hommes raisonnables...,* Dijon 1700.

CALEMPLUI, eine Insel vor der Küste Chinas in der Mündung eines breiten Stromes. Sie ist von einer Marmormauer umgeben, die so vollkommen aussieht, als sei sie aus einem einzigen Block gehauen. Auf der Festungsmauer läuft eine Brüstung entlang, hinter der man einen weiten Kreis weiblicher Statuen mit Messingbällen in den Händen sehen kann. Hinter diesem Kreis ist noch ein zweiter mit gußeisernen Ungeheuern, die sich an den Händen halten. Ein dritter Kreis besteht aus verzierten Bögen, ein vierter aus Orangenbäumen – die einzigen Bäume auf der Insel. Ein fünfter Kreis wird aus dreihundertsechzig kleinen Kapellen gebildet; jede ist einem anderen Gott geweiht und wird von einem chinesischen Eremiten betreut. In der Mitte schließlich sieht der Besucher eine kleine Gruppe goldener – griechischen Tempeln ähnlicher – Gebäude, deren Zweck unbekannt ist.

Fernão Mendes Pinto, *Peregrinaçam,* Lissabon 1614.

CALIBANS INSEL ↗ PROSPEROS INSEL

CALONAK, ein reiches Inselkönigreich hinter ↗ PATHAN. Der König von Calonak hat das Recht auf hundert Frauen, die unter den schönsten Mädchen des Landes ausgesucht werden und ihm zahlreiche Kinder schenken. Die Legende besagt, daß als Belohnung für des Königs Befolgung des Gebots, fruchtbar zu sein und sich zu mehren, alle Arten von Fischen aus der ganzen Welt an die Küsten Calonaks kommen. Jede Fischart erscheint einmal im Jahr und bleibt drei Tage, dann wird ihr Platz von anderen Arten eingenommen. Sie kommen in solchen Mengen, daß im Wasser nichts anderes zu sehen ist, und jeder kann fangen und essen, soviel er will.

In den Schlachten werden Elefanten eingesetzt, die hölzerne Burgen auf dem Rücken tragen. Die Armee des Königs umfaßt 14 000 Elefanten. Die Tierwelt Calonaks kennt viele Schneckenarten, einige sind so groß, daß in ihren Häusern Menschen wohnen können, und hübsche Dörfer aus Schneckenhäusern sind auf der ganzen Insel verbreitet. Auch gefährliche Schlangenarten sind hier heimisch. Eine schwarzköpfige Spezies, die so dick ist wie der Oberschenkel eines Mannes, wird von Königen und Edelherren als große Delikatesse gepriesen.

Jean de Mandeville, *Les voyages d'outre mer* (um 1357), Lyon 1480.

Hölzerne Burg (von Elefanten getragener Aufbau) aus CALONAK

CAMALOT, die Hauptstadt von König Artus' Reich Logres in Südengland. Der Hof trat meist hier zusammen, versammelte sich aber gelegentlich auch in ↗ CARLÏON oder ↗ KINKENADON.

Schloß und Stadt liegen am Fluß Camalot. Die Stadt selbst ist nicht besonders eindrucksvoll; ihre Häuser sind meist dürftig zusammengeflickte Behausungen, es gibt kaum Steinbauten von Bedeutung, und die Straßen sind mehr ein Gewirr ungepflasterter Gassen. Camalot wird von einem riesigen Schloß beherrscht, das auf dem Gipfel eines Hügels über dem Fluß steht.

Die Haupthalle des Schlosses wurde vom Zauberer Merlin erbaut, den Besucher heute noch in einer Höhle namens ↗ MERLINS GRAB schlafen sehen können. Die Wände der großen Halle sind mit Plastiken und mystischen Symbolen geschmückt. Besucher werden feststellen, daß die Plastiken sich in vier Hauptgruppen gliedern lassen: Wilde Tiere töten Menschen; Menschen töten wilde Tiere; edle Krieger; und Engel. Die zwölf farbigen Glasfenster stellen Szenen von Artus' gewaltigsten Siegen dar; man achte besonders auf das große Fenster am Ostende, das zeigt, wie der König das Schwert Excalibur bei ↗ AVALON empfängt. An beiden Enden der Halle sind Galerien mit steinerner Brüstung, und der Fußboden besteht aus großen Steinplatten, die in schwarzen und weißen Quadraten gelegt sind; ein mächtiger Kamin hat vorspringende Seiten und eine Haube aus behauenem Stein.

Die Haupthalle beherbergt die berühmte runde Tafel, an der 150 Ritter sitzen können. Man sagt, der Tisch symbolisiere die Rundung der Erde; er ist auch Symbol der Gesellschaft der Tafelrunde, zu der die edelsten und tapfersten Ritter des Landes gehörten. Viele Jahre suchten die Ritter der Runde nach dem Heiligen Gral, der – einer Prophezeiung zufolge – einigen von ihnen erscheinen sollte. Nur drei erwiesen sich jedoch als tugendhaft genug, um die heilige Reliquie in ↗ CARBONEK zu erblicken.

Besucher sollten auch den großen Saal des Gerichts besichtigen, einen Raum, der sein Licht durch Flügelfenster bekommt und mit den Tapisserien von Bathseba geschmückt ist. Hier wurden von der Vollversammlung der Ritter Prozesse geführt. Manchmal wurde das sogenannte Gottesurteil angewandt, aber Fälle konnten auch durch Zweikampf entschieden werden, da man davon ausging, daß der Sieger Gott und die Wahrheit auf seiner Seite habe. Weibliche Angeklagte konnten einen Kämpen wählen, der für ihre Sache focht.

Das Leben von Camalot kreiste um die großen Feste des christlichen Jahres, dabei hatte Pfingsten eine besondere Bedeutung. Nach der Überlieferung konnte Pfingsten erst gefeiert werden, nachdem ein Abenteuer oder eine Herausforderung stattgefunden hatte. So kam der Grüne Ritter zu Pfingsten nach Camalot und sprach die Kampfansage aus, die Gawain zur fernen ↗ GRÜNEN KAPELLE führte; an Pfingsten wurde auch zur Suche nach dem Heiligen Gral aufgerufen.

Nach dem Kodex von Camalot darf ein Ritter nicht den geringsten Anlaß übersehen, der ihm ein Abenteuer zuführen könnte. Hat ein Wagnis oder ein Ritterzug einmal begonnen, müssen sie bis zum Ende durchgeführt und dem Hof berichtet werden. Kein Ritter darf eine Herausforderung von seinesgleichen ablehnen.

Artus selbst ist in Camalot nicht bestattet, aber Besucher können die Grabmäler vieler anderer Helden und berühmter Persönlichkeiten besichtigen, zum Beispiel das von König Lot von Orkney und der unglücklichen Elaine von Escalot, die aus Liebe zu Lancelot starb.

Chrétien de Troyes, *Lancelot ou Le chevalier de la charrete* (12. Jh.), Halle 1899. – Anon., *La Mort le Roi Artu* (13 Jh.), Halle 1910. – Thomas Malory, *Le Morte Darthur*, Westminster 1485. – Alfred Lord Tennyson, *The Idylls of the King*, Ldn. 1859; ern. Ldn. 1889 (vollst.). – Mark Twain, *A Connecticut Yankee in King Arthur's Court*, NY 1889. – Terence Hanbury White, *The Once and Future King*, Ldn. 1938–1941.

CAMELIARD, Hauptstadt von Glathion, einem Land nahe ↗ POICTESME, Sitz des Königs Gogyrvan. Sein Hof ist für seine Ritterlichkeit bekannt. Die Höflinge beschäftigen sich hauptsächlich mit der Liebe, der Jagd und Turnieren, bei denen die Ehre und ein Rosenkranz die einzigen Preise sind. Der Hof ist auch als Schule für Liebesdichtung berühmt, Allegorie und Metapher werden dabei üppig verwendet. Gogyrvan hat die Gepflogenheit, niemals zu speisen, ehe alle, die ihr Recht bei ihm suchen, Kämpen zugeteilt bekommen haben, die das Unrecht, das man ihnen angetan hat, wieder gutmachen.

Der Hauptraum im Palast ist die große Halle der Gerechtigkeit. Der Thron, auf dem der König sitzt, wenn er die Klagen derer anhört, die vor ihn treten, besteht aus einem Sitz aus grünen Binsen, der mit gelber Seide bezogen ist und unter einem Baldachin steht.

In Cameliard spuken zwei Gespenster. Das eine ist der Geist von Smoit, dem Großvater des jetzigen Herrschers, der seine dritte, fünfte, achte und neunte Frau ermordet hat und zu seinen Lebzeiten als der verrückteste aller Könige von Glathion bekannt war. Smoit starb kurz vor seiner Hochzeit mit seiner dreizehnten Frau, er fiel eine Treppe hinunter und brach sich das Genick. Smoit erscheint in einer schlechtsitzenden Rüstung und ist meist von einem weiteren Gespenst begleitet, seiner neunten Frau, Königin Sylvia Tereu, einer blassen Dame in langen, fließenden Gewändern.

James Branch Cabell, *Jurgen. A Comedy of Justice,* NY 1919.

CAMFORD, eine Universitätsstadt in England, berühmt durch ihren Lehrstuhl für Vergleichende Anatomie, den 1903 Professor Presbury innehatte. Der Detektiv Sherlock Holmes deckte das Geheimnis des Professors auf, dem es gelungen war, einen Mann in einen Affen zu verwandeln, indem er ihm einfach Affenserum in die Venen injizierte. Professor Presburys Absicht, ein Verjüngungsserum zu finden, mißlang ebenso wie bei seinem schottischen Kollegen Dr. Jekyll.

Sir Arthur Conan Doyle, *The Adventure of the Creeping Man*, in *The Case Book of Sherlock Holmes*, Ldn. 1927. – Robert Louis Stevenson, *The Strange Case of Dr. Jekyll and Mr. Hyde*, Edinburgh 1886.

CAMPAGNA, ein Land im Norden der ↗ GROSSEN MARINA, von der es durch Marmorklippen getrennt ist. Im Sommer ist es heiß und dunstig, im Herbst einsam und ausgedörrt.

Die Bewohner sind hauptsächlich wilde und aufrührerische Hirten, die ein Leben als Halbnomaden führen. Ihre Gesetze basieren auf dem Auge-um-Auge-System, und ihr Gefühl für Gerechtigkeit ist so typisch, daß die Richter der Großen Marina diese Art von Fehden einen »Campagna-Fall« nennen. Trotz ihrer rauhen Art sind die Bewohner gastfreundliche Menschen, die Liebenden, Mönchen und Schuldnern Zuflucht gewähren.

Die Götter des Landes werden in Form von primitiven, aus Stein oder Eiche geschnitzten Idolen verehrt, die an den Grenzen privater Weideplätze aufgestellt sind. Opfer aus geschmolzener Butter oder Fett werden ihnen dargebracht, und in der Nacht der Wintersonnenwende markieren die Hirten mit verkohlten Hölzern aus den heiligen Feuern die Körper aller Lebewesen, die gebären sollen. Eines der berühmtesten Idole in Campagna ist das eines Stieres mit roten Nüstern, roter Zunge und roten Genitalien, dessen Verehrung mit grausamen Riten verbunden sein soll.

Ernst Jünger, *Auf den Marmorklippen*, Ffm. 1939.

CANTANHAR, eine Insel, die von St. Erlinique durch einen Meeresarm getrennt ist, etwa zweitausend Meilen von der wilden Insel Tristar, südöstlich des Kaps der Guten Hoffnung. Cantanhar ist fast kreisrund, ein Ring von Bergen um die Küste schließt sein flaches Inneres ein. Ein ausgedehntes Kanalsystem dient der Personenbeförderung und zum Transport von Waren, wobei man sich Barken bedient, die von schwimmenden Pferden geschleppt werden. Die Ufer der Kanäle sind von Bäumen gesäumt, deren Früchte Reisenden vorbehalten sind.

In den vergangenen zehn Jahrhunderten war Cantanhar eine Monarchie, regiert von einem *Kincandior* (ein Schachtelwort mit der Bedeutung ›Gerechtigkeit, Milde und Mut‹). Die Einwohner sind großzügig, gastfreundlich, sehr auf Ehre bedacht und werden über hundert Jahre alt. Ihre liebste Beschäftigung ist das Glücksspiel. Ehen werden während eines jährlichen Fests geschlossen, bei dem die Männer die Braut ihres Herzens wählen und öffentlich Rechenschaft über Besitz und Gesundheit ablegen. Dann wird der zukünftigen eine Rose überreicht, die ihre Zustimmung kundtut, indem sie sie an ihren Busen steckt. Am nächsten Tag schwört das Paar, die Sonne zu verehren, und verspricht gegenseitige Treue auf Lebenszeit. Die Sonne (*Monsky*) und der Mond (*Raka*) sind die einzigen Objekte der Anbetung. Die Einwohner von Cantanhar sind überzeugt, daß *Monsky* sie für ihre bösen Taten bestraft. Er stiehlt dann das Geld des Geizhalses, praktiziert Fliegen in das Essen des Pedanten, streut Krümel auf das Bett des Faulen und tröpfelt Wasser in den Wein des Trunkenbolds. Alle männlichen Kinder werden *Monsky* geweiht und alle Mädchen – die man als Pflanzen ansieht, die eines Tages Frucht tragen werden – *Raka*.

Besuchern fällt auf, daß die Bewohner von Cantanhar religiöse Zeremonien sehr lieben. Von den üblichen Menschenopfern an ihren blutbefleckten Altären einmal abgesehen, feiert das Volk von Cantanhar so gut wie jedes Ereignis mit hemmungslosem Pomp. Begräbnisse zum Beispiel finden bei Militärmusik statt. Die Leiche wird in schöne Gewänder gekleidet und ist umgeben von hübschen Bildern der hauptsächlichen Ereignisse im Leben des Verstorbenen. Dann wird sie unter großem Jubel verbrannt. Mit einem anderen Fest feiern die Frauen ihren Sieg in einem Krieg des siebzehnten Jahrhunderts gegen Saint Erlinique, als das Männerheer von Cantanhar geschlagen war und die Rettung in Händen der Frauen lag. Während dieser Feier tragen die Frauen Papierkronen und übernehmen das Kommando über Städte und Zitadellen für den ganzen Tag. Manch anderes Fest ist erwähnenswert: die Cantanhar-Olympiade im Frühling, im Sommer die Kämpfe wilder Tiere, im Herbst das Wasserfest und im Winter der Dichter-Wettstreit.

Verbrecher bestraft man, indem man sie zwingt, für den Staat zu arbeiten; wenn sie keine Ausbildung haben, bringen die Wärter ihnen ein Gewerbe bei. Ausbildung ist für alle kostenlos, nur die Kinder der Reichen werden meist innerhalb der Familie erzogen und von Privatlehrern unterrichtet.

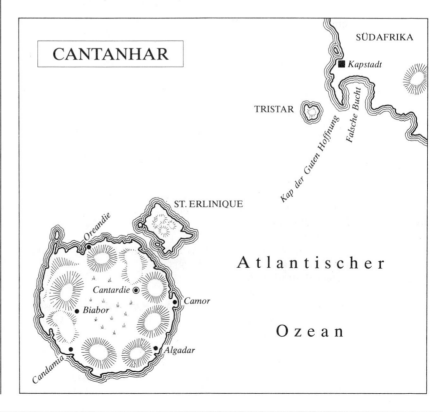

Die Hauptstadt Cantardie liegt auf einer großen Binneninsel im Landesinnern. Schmale Dächer, die auf Jaspissäulen ruhen, schützen auf der Straße vor dem Regen. Ähnliche Säulen umgeben Cantardies Haupttempel, wo die große Statue von *Monsky* steht. Die Stadt beherbergt große staatliche Kornspeicher, einen Palast ganz aus Marmor und eine kostbare Bibliothek.

Zur Fauna von Cantanhar gehört eine Reihe einzigartiger Spezies. Der *Pikdar,* den man zum Sport jagt, hat etwa die Größe eines Bären, den Kopf eines Leoparden und ist grün mit weißen Flecken. Reisende seien gewarnt: Der *Pikdar* ist ein sehr gefährliches Raubtier. Das *Igriou* oder »Faul-

Ein Stein-Altar in CANTANHAR

tier« ähnelt einem weißen Esel: Es bewegt sich nur, wenn es unbedingt sein muß, fleißige und energische Menschen kann es nicht ausstehn. Der *Tigrelis* sieht wie eine Kreuzung zwischen Pferd und Hirsch aus, hat ein gestreiftes Fell, eine weiße Mähne und wird vor den Wagen gespannt. Sein Maul ist sehr zart, anstatt einer Kandare wird eine Seidenschnur verwendet. Der *Tigrelis* kann an einem Tag dreißig Meilen zurücklegen.

Reisende müssen wissen, daß in Cantanhar kein Alkohol verkauft wird und daß das Volk mäßig ißt und trinkt. Uhren wird man vergeblich suchen; die Zeit wird mittels einer Pflanze gemessen, der *rigody,* die an jedem Zweig nur ein einziges Blatt trägt, das sich ganz langsam dreht, einen Halbkreis in sechs Stunden.

Die Sprache von Cantanhar ist *Grondo,* und da sie sehr schwierig ist, sollte der Besucher gewisse Zeichen erlernen, um sich verständlich zu machen. Zum Beispiel grüßt man wie folgt: einen Vorgesetzten, indem man eine Hand zuerst auf die Brust und dann auf den Boden legt; einen Untergebenen, indem man die Hände an die Stirn führt, was heißt »Ich erinnere mich an dich«. Eine Frau begrüßt man durch das Verschränken der Arme vor der Brust und einen Mann, indem man ihn am Ellbogen kitzelt. Die Währung von Cantanhar ist der *Ropar,* er entspricht vier amerikanischen Dollar. Zwölf *Poc* sind ein *Rati* und zwanzig *Rati* ein *Ropar.*

De Varennes de Mondasse, *La découverte de l'empire de Cantanhar,* Paris 1730.

CAPA-BLANCA-INSELN, zu Spanien gehörende Inselgruppe im Atlantik. Die Hauptstadt Monteverde ist uralt, mit gewundenen engen Straßen, die kaum genügend Platz für einen durchfahrenden Wagen lassen. Die Häuser hängen nach oben zu so weit über der Straße, daß die Bewohner der Dachkammern sich hinauslehnen und ihrem Nachbarn auf der anderen Seite die Hand schütteln können.

Die Küche ist gut, und Monteverde quillt über vor Restaurants und Cafés, die bis spät in die Nacht geöffnet haben.

Die traditionellen Stierkämpfe, die einst jeden Sonntag stattfanden, sind nun abgeschafft. Es war dies das Werk des englischen Naturforschers Dr. John Dolittle, der den berühmtesten Stierkämpfer der damaligen Zeit herausforderte und verlangte, daß die Stierkämpfe abgeschafft werden sollten, wenn er, Dolittle, als Sieger die Arena verlassen würde. Dank seiner einzigartigen Fähigkeit, die Sprache der Tiere zu sprechen, gelang es Dr. Dolittle, die Stiere zu überreden, den echten Matador aus der Arena zu jagen; anschließend brachte er sie dazu, eine Reihe interessanter Kunststückchen vorzuführen. Seit jener Zeit hat es auf den Capa-Blanca-Inseln keinen Stierkampf mehr gegeben.

Hugh Lofting, *The Voyages of Doctor Dolittle,* Ldn. 1923.

CAPE-VED-INSELN ↗ GREENS WHARFE

CAPHAR SALAMA, eine Insel im Akademischen Meer in der Antarktis. Sie hat die Form eines Dreiecks und einen Umfang von etwa 35 Kilometern. Die Insel ist reich an Getreidefeldern und Weideland, an Flüssen und Bächen und an Tieren aller Arten – eine Miniaturwelt. An der Nordküste der Insel befindet sich die berühmte Stadt ↗ CHRISTIANSBURG.

Johann Valentin Andreae, *Reipublicae Christianopolitanae descriptio,* Straßburg 1619.

CARBONEK, eine prächtige Burg, in der einst der Heilige Gral aufbewahrt wurde. Sie steht hoch über den sturmgepeitschten Fluten des Meeres Collibe und ist nur auf dem Schiff, das »Glauben« heißt, zu erreichen. Unter einem seidenen Betthimmel steht auf diesem wundersamen Schiff ein schönes Ruhebett. An seinem Fußende liegt ein Schwert mit einem steinernen Griff, dessen Stäbe aus den Knochen einer Schlange und den Gräten eines Fisches gearbeitet sind, die Wunderkraft besitzen. Reisenden sei gesagt, daß nur der Tugendhafteste und Tapferste dieses Schwert aus der Scheide ziehen darf; versucht es ein anderer, so könnte es ihm so ergehen wie König Pelleas, der zur Strafe dafür von einer plötzlich auf ihn zufliegenden Lanze an beiden Schenkeln verwundet wurde.

Am Ende ihrer langen Suche nach dem Gral überqueren die Ritter Galahad, Bors und Perceval das Meer Collibe, gingen furchtlos an den beiden Löwen vorbei, die den Eingang der Burg Carbonek bewachen, und gelangten zum innersten Gemach – jener Kapelle, die den Heiligen Gral barg. Hier erschienen ihnen Joseph von Arimathia, die Engel des Herrn und schließlich der Heiland selbst. Nachdem die drei Ritter vom Gral getrunken hatten, erhielt Galahad von Christus den Auftrag, das heilige Gefäß nach Sarras zu bringen. In dieser (geographisch nicht näher bezeichneten) Stadt soll Joseph von Arimathia einen Heidenkönig zum Christentum bekehrt haben.

Wer heute den Weg nach Carbonek findet, wird nur noch die Ruinen der einstigen Gralsburg sehen und vielleicht den Geistern tapferer Männer begegnen.

Thomas Malory, *Le Morte Darthur,* Westminster 1485. – Alfred Lord Tennyson, *The Idylls of the King,* Ldn. 1859; ern. Ldn. 1889 (vollst.). – Terence Hanbury White, *The Once and Future King,* Ldn. 1938–1941.

CARLÏON, auch **CAERLEON,** Stadt und Festung am Fluß Usk in Wales. Die Stadtmauer hat vier starke Tore und ist im Abstand von jeweils 200 Metern mit mächtigen Türmen bewehrt. Dahinter ragen, von Straßenzügen, Kirchen und Vorwerken umgeben, die Mauern der Zwingburg auf, zu deren Sehenswürdigkeiten eine 208 Stufen hohe Treppe zählt, die zum einstigen Gemach des Zauberers Merlin führt.

König Artus von ↗CAMALOT hielt häufig in dieser Stadt Hof – vermutlich weil sie zu Wasser und zu Land besser zu erreichen war als die meisten anderen Orte seines Herrschaftsgebietes. Hier zog er seine Streitmacht für die Schlacht im Wald ↗BEDEGRAINE zusammen, und hier feierte er seinen Sieg. In dieser Burg schlief er aber auch mit der Gemahlin König Lots von Orkney, ohne zu ahnen, daß sie die Fee Morgue, seine eigene Schwester, war.

Der bevorzugte Zeitvertreib des Hofes ist die Hetzjagd, bei der die in Gruppen aufgeteilte Meute den Jägern den Hirsch zutreibt. Wer ihn erlegt, wird hoch geehrt.

Chrétien de Troyes, *Perceval le Gallois ou Le conte du Graal* (12. Jh.), Freiburg i. B. 1911. – Ders., *Lancelot ou Le chevalier de la charrete* (12 Jh.), Halle 1899. – Anon., *The Mabinogion* (14./15. Jh.), in *Musical, Poetical and Historical Relicts of the Welsh Bards and Druids*, Hg. E. Jones, Tl. 1, Ldn. 1802. – Thomas Malory, *Le Morte Darthur*, Westminster 1485. – Terence Hanbury White, *The Once and Future King*, Ldn. 1938–1941.

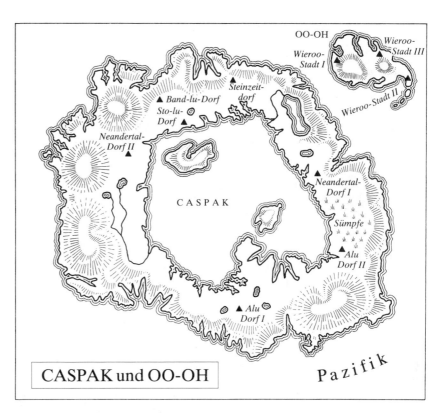

CASPAK und OO-OH

CASPAK, eine große Insel im Pazifischen Ozean. Ihre genaue Lage ist zwar nicht bekannt, doch muß sie sich sehr weit südlich befinden, da in ihrer Nähe gelegentlich Eisberge auftauchen. An den steil aus dem Ozean emporragenden Klippen von Caspak gibt es keine Landeplätze. Die Klippen sind gleichmäßig hoch, und ihr Schimmer von Eisenkies und Grünspan ist vom Meer aus deutlich wahrzunehmen. Der einzige bekannte Zugang führt über einen Fluß, der sich unter Meereshöhe durch ein gewundenes, tunnelähnliches Bett in den Klippen in die See ergießt. Jenseits der Riffbarriere kommt er an die Oberfläche, und flußaufwärts gelangt man zu einem ausgedehnten Binnensee.

Der größte Teil des Landes ist von dichten Wäldern überzogen, die von parkähnlichen Gebieten und lieblichem Hügelgelände aufgelockert werden. Die annähernd kreisrunden Ebenen und Wälder enden am Fuße der steilen Klippen, die Caspak ringsum vom Ozean abgrenzen. Das Klima ist warm und feucht, und die Seen werden aus unterirdischen, heißen Quellen gespeist, deren Dämpfe die Luft noch schwüler machen.

Das äußere Bild Caspaks und das wenige, was man über seine Geologie weiß, lassen darauf schließen, daß die Insel das Überbleibsel eines aus der Vorzeit stammenden Berges ist, der durch Vulkanausbrüche vernichtet wurde. Die meisten Merkmale deuten darauf hin, daß sie einst Teil einer ungeheuren Landmasse war, die heute auf dem Grunde des Pazifik ruht. Das einzige weitere Landstück, das diese vulkanische Tätigkeit offensichtlich überstanden hat, ist die Insel ↗OO-OH, die in einiger Entfernung von der Ostküste Caspaks liegt.

Die Inselflora gleicht derjenigen anderer Erdteile in prähistorischer Zeit. Die Ebenen sind mit hohem, saftigem Gras bedeckt, dessen einzelne Halme an den Spitzen leuchtende Blüten tragen. Die Farben reichen von Violett und Gelb bis zu Karminrot und Blau. In den Wäldern findet man gigantische, bis zu sechzig Meter hohe Baumfarne. Außerdem wächst noch eine übergroße Maissorte, die fünfzehn bis achtzehn Fuß hoch wird, mit mannsgroßen Kolben und Körnern im Umfang einer Faust. Die freieren Flächen des Binnenlandes sind von Eukalyptusbäumen und Akazien bestanden.

Ähnlich abwechslungsreich ist die Fauna. Die Flüsse und Seen sind in der Hauptsache von prähistorischen Reptilien bevölkert. Zu ihnen zählen enorme Schlangensaurier, deren Hals bis fünfeinhalb Meter lang ist, und die Allosaurier. Diese drei Meter hohen Rieseneidechsen besitzen einen ausladenden, kräftigen Schwanz, breitflächige Hinter- und kurze Vorderfüße. Ähnlich wie ein Riesenkänguruh bewegen sie sich in weiten Sprüngen fort. Mitunter tauchen auch Flugechsen auf. In den Wasserläufen der Insel tummeln sich kleinere Echsen und Reptilien, allesamt grimmige und gefährliche Fleischfresser.

Im Binnenland durchstreifen Antilopenherden und Rotwild die Ebenen in Gesellschaft mit riesigen Wollnashörnern und zottigen Auerochsen. Mindestens drei Pferderassen hat man auf Caspak entdeckt, von denen die kleinste kaum größer ist als ein Hund und die größte einen Widerrist von 1,65 Meter hat.

Caspak wird von einer Vielfalt von Hominiden bewohnt – von Affenmenschen über Neandertaler bis hin zu den vergleichsweise hochentwickelten Steinzeitmenschen. Diese Rassen sind nach einem festen geographischen Muster verteilt: Die primitivsten Volksstämme leben im Süden und die höher entwickelten im Norden. Die am weitesten fortgeschrittene Rasse, die *Wieroos,* hat Caspak verlassen und ist nach Oo-oh ausgewandert.

Caspaks urzeitlichste Bewohner sind die *Alu* oder Affenmenschen; sie kämpfen mit Reißzähnen und groben Prügeln. Die *Sto-lu*-Rasse hat bereits ein höheres Entwicklungsstadium erreicht; sie leben in selbstgegrabenen Höhlen und sind mit Steinbeilen bewaffnet. Von Ackerbau scheinen sie keine Ahnung zu haben und leben von der Jagd und dem Sammeln von Früchten. Im Norden geht das Territorium der *Sto-lu* in das Gebiet der *Band-lu* über, die grobe Kleidungsstücke aus Schlangenhaut tragen und über Speere mit Steinspitzen, Steinmesser und Steinbeile verfügen. Noch weiter nördlich leben die *Kro-lu* oder Speermenschen. All diese Stämme sind gleich angriffslustig und töten jeden Fremden augenblicklich. Sie sprechen Varianten ein und derselben Sprache, wobei der Entwicklungsstand von Vokabular und Satzbau von Süden nach Norden hin ansteigt.

Alle Inselstämme glauben, daß sie ursprünglich aus dem Süden kamen und allmählich in den Norden ziehen werden. Ihr Wort für Süden heißt wörtlich »auf den Anfang zu«. Dieser Glaube beruht vermutlich auf dem einmaligen und vielschichtigen Evolutionsmuster, das auf Caspak anzutreffen ist. Bei keinem der Stämme ist jemals ein Kind oder Baby zu sehen, vielmehr entsteht das Leben in den warmen Teichen bei den einzelnen Dörfern. Diese Wassertümpel sind voller Eier und Kaulquappen, die von einem giftigen Serum umspült und auf diese Weise vor Räubern geschützt sind. Die Eier werden in den Teichen abgelegt und schwimmen, während sie sich entwickeln, in Richtung Meer. Aus manchen kommen Reptilien oder Fische hervor, andere entwickeln sich sogar zu Affen. Wenn einmal dieses Stadium erreicht ist, geht das Individuum allmählich in eine höhere Lebensform über, um letztendlich eine Stufe zu erreichen, die *Galu* genannt wird. Einige *Galus* bringen ihre Jungen auf ganz normale Weise zur Welt; man nennt sie daher auch *Cosata-lu,* was wörtlich soviel wie »Nicht-Ei-Mensch« bedeutet.

Man nimmt an, daß Caspak ein Rest des geheimnisvollen Kontinents Caprona ist, den der italienische Seefahrer Caproni etwa um 1721 entdeckte, als er auf der Route von Kapitän Cook segelte. Caproni schrieb von einer felsigen, unwirtlichen Küste in diesem Teil des Pazifiks. Nach seinem Bericht erstreckte sie sich über Hunderte von Meilen ohne einen einzigen Hafen oder Strand. Er behauptete weiter, daß sie wohl aus einem unbekannten Metall bestand, das offensichtlich auf seine Schiffskompasse einwirkte. Zwar konnte er nicht landen, kreuzte aber mehrere Tage lang vor der Küste, ehe er den Kurs änderte. Leider hat er von seiner Entdeckung niemals eine genaue Karte angefertigt. Die einzigen Menschen, von denen man weiß, daß sie Caspak erforscht haben, sind eine Gruppe Engländer und Amerikaner, die 1916 ein deutsches U-Boot kaperten. Zusammen mit ihren deutschen Gefangenen drifteten sie nach Süden und erreichten schließlich Caspak; möglicherweise deshalb, weil der Mantel des U-Bootes von den magnetischen Felsen in der Riffbarriere angezogen wurde. Mit dem U-Boot gelang es, über den unterirdischen Fluß zu den Binnengewässern der Insel vorzustoßen. Einige aus der Gruppe starben, und den Überlebenden glückte es nur unter großen Mühen, Caspak wieder zu verlassen. Reisenden ist dringend anzuraten, sich gleich zu Beginn ihres Besuches nach einem sicheren Fluchtweg umzusehen.

Edgar Rice Burroughs, *The Land that Time Forgot,* NY 1918. – Ders., *Out of Time's Abyss,* NY 1918.

CASTORA, geographische Lage unbekannt, ist ein Königreich, das von einer Frau regiert wird. Alle Männer wurden aus Castora verbannt. Einem vom Frauenparlament verabschiedeten Gesetz zufolge dürfen sich männliche Besucher nicht länger als vierundzwanzig Stunden im Land aufhalten; andernfalls werden sie Pallas, der Schutzgöttin Castoras, geopfert.

Zu den Sehenswürdigkeiten zählt der Pallas-Tempel mit seinen vierundzwanzig Marmorsäulen und dem goldenen Standbild der Göttin, auf dem ihre Eigenschaften verzeichnet sind. Als Tempeldienerinnen fungieren fünfzig junge Mädchen adligen Geblütes. Die Göttin selbst ließ neben dem Tempelbezirk eine wundertätige Quelle entspringen. Jede Frau, die in diesem Wasser badet, bringt neun Monate später eine Tochter zur Welt. Um eine kontinuierliche Erhöhung der Bevölkerungszahl und wachsenden Wohlstand zu gewährleisten, schreibt das Gesetz allen Bürgerinnen des Landes vor, einmal jährlich in diesem Quellwasser zu baden.

In den Bergen rings um Castora hausen Magier, die aus den dort heimischen seltsamen Pflanzen allerlei Zaubermittel herstellen. Es heißt, daß auch Medea ihre Gifte und Zaubertränke aus den Bergen von Castora erhalten habe.

Reisende sollten auch den »Turm der Reue« besichtigen, ein düsteres Kastell, in das eine castorische Prinzessin verbannt wurde, weil sie einen Knaben geboren hatte. Das Feenschloß mit Garten, das daneben erbaut wurde, um die Gegend etwas ansprechender zu machen, ist zwar unsichtbar, ein Besuch ist aber trotzdem zu empfehlen.

Das einzige Verkehrsmittel in Castora sind Wagen, die von Vogelgespannen durch die Lüfte gezogen werden. Notfalls kann man aber auch Ratten vor diese Gefährte spannen.

Marie Anne de Roumier-Robert, *Les Ondins,* Paris/Ldn. 1768.

CASTRA SANGUINARIUS und **CASTRUM MARE,** zwei alte römische Außenposten jenseits des Wiramwazi-Gebirges im Herzen Afrikas, in denen die Zeit stillzustehen scheint. Die Überlieferungen des einheimischen Bagego-Stammes nennen sie das »Verlorene Reich«. Beide Städte liegen miteinander in Fehde, und es wäre ratsam, sich in einer Stadt nicht allzu positiv über die andere zu äußern.

Der Weg nach Castra Sanguinarius führt durch einen Wald, hinter dem sich ein mit Palisaden und Zinnen bestückter Festungswall erhebt. Die ganze Anlage ist von einem breiten Graben umzogen, durch den sich träge ein Strom wälzt. Über eine Brücke gelangt man zum Eingangstor, das von hohen Türmen flankiert ist. Die Gebäude sind keine – wie man es in diesem Teil Afrikas erwarten würde – Eingeborenenhütten, sondern solide Steinbauten. Unmittelbar neben dem Tor stehen eingeschossige, stuckverzierte Häuser, die um einen Innenhof gebaut sind. Läden und weitere Wohnhäuser bilden den Stadtkern. Besonders bemerkenswert unter den Bauten von Castra Sanguinarius ist das Kolosseum. Arkadenbögen, von zierlichen, zwölf bis fünfzehn Meter hohen Säulen flankiert, umschließen die mächtige Arena, die eine frappierende Ähnlichkeit mit der in Rom aufweist. Hier müssen Gefangene mit römischen Gladiatoren, wilden Tieren und Mitgliedern eines Affenstammes um ihr Leben kämpfen.

Castrum Mare, in ansehnlicher Entfernung von Castra Sanguinarius, liegt auf einer kleinen Insel und ist ebenfalls von Mauern umgeben. Die Straßen sind ungepflastert, und man versinkt bis zu den Knöcheln im Staub. Bis zur Straßenlinie hin sind Häuser gebaut, und jeder Zwischenraum zwischen zwei aneinandergrenzenden Gebäuden ist mit einer hohen Mauer verschlossen, so daß zu beiden Seiten der Straße ein solides, geschlossenes Mauerwerk entstand, das nur von gewölbten Eingängen, schweren Türen und kleinen, unverglasten und dicht vergitterten Fenstern unterbrochen wird.

CASTRA SANGUINARIUS und CASTRUM MARE

Man könnte leicht den Eindruck gewinnen, Castrum Mare sei ein einziges großes Gefängnis; in Wirklichkeit sind die Türen nur selten verschlossen – denn hier brechen weder Diebe ein noch bedrohen Mörder das Leben der Einwohner. Diesen friedvollen Zustand hat die Stadt Honus Hasta zu verdanken, der Castra Sanguinarius kurz nach der Gründung in altrömischer Zeit verließ und beschloß, ein Gemeinwesen zu errichten, das im Gegensatz zu seiner Vaterstadt weder Verbrecher und Bösewichte kannte. Als erster Herrscher von Castrum Mare erließ er derartig drastische Strafmaßnahmen, daß den Spitzbuben ihr Tun ein für alle Mal verleidet wurde. Die von Honus Hasta verfügten Gesetze verurteilten nicht nur jeden Verbrecher zum Tode, sondern dazu seine gesamte Sippschaft, so daß niemand übrigblieb, der der Nachkommenschaft die Neigungen und Veranlagungen eines verworfenen Vorfahren vererben oder schlechten Einfluß ausüben konnte.

Beide Städte halten an altrömischen Sitten fest – im Hinblick auf Kleidung, Eßgewohnheiten und Künste glaubt man sich in die Zeiten der Republik zurückversetzt. Besuchern sei geraten, sich die Dienste einiger ergebener Sklaven zu sichern, die bereit sind, das Leben für ihren Herrn zu opfern. Nicht selten kommt es nämlich vor, daß Fremde gefangengenommen und anschließend entweder niedergemetzelt oder gezwungen werden, an den blutrünstigen Kämpfen in der Arena teilzunehmen.

Edgar Rice Burroughs, *Tarzan and the Lost Empire*, NY 1929.

CASTRUM MARE ↗ CASTRA SANGUINARIUS

CELEPHAIS, eine berühmte, wunderschöne Stadt an der Küste des Cereneria-Meers, im Lande Ooth-Nargai in ↗ TRAUMWELT. Schiffsreisende erblicken zuerst den schneebedeckten Gipfel des Berges Aran und die Gingko-Bäume, die sich malerisch an seinem Fuße wiegen. Dann erscheinen die schimmernden Minarette von Celephais, die makellosen Marmormauern mit ihren Bronzestatuen und die prächtige Steinbrücke, dort, wo der Naraxa-Fluß ins Meer mündet. Hinter der Stadt steigen sanfte Hügel auf, mit Hainen und Gärten von Narzissen und kleinen Heiligtümern, und fern im Hintergrund der purpurne Kamm der Tanarians, mächtig und geheimnisvoll. Am Ende der »Straße der Säulen« steht der Schildkröten-Tempel von Celephais, wo der Hohepriester dem großen Gott Nath-Horthath dient. Besucher werden erleben, daß daneben noch eine Vielzahl anderer Götter in Celephais angebetet werden und daß Katzen dieselbe Verehrung genießen wie die Kühe in Indien. Wer den »Palast der siebzig Lüste« aus Rosenkristall zu besichtigen wünscht, fragt am besten das greise Oberhaupt der Katzen von Celephais, ein graues, würdevolles Wesen, das sich meist irgendwo in der Sonne räkelt.

Howard Phillips Lovecraft, *The Dream Quest of Unknown Kadath*, in *Arkham Sampler*, Sauk City 1948.

CELESTEVILLE, eine Elefantenstadt, wurde von König Babar an den Ufern eines blauen Sees erbaut, dort, wo Vögel baden und singen und üppige Tropenpflanzen die Luft mit ihrem Duft erfüllen. Nachdem er die Schönheit dieses Platzes entdeckt hatte, beschloß der König, das Material für die Errichtung seiner Hauptstadt zu importieren, und Kamelkarawanen brachten alles, was nötig war, von weit her. Um den königlichen Palast herum wurden herrliche Gärten angelegt; jeder Elefant hatte seine eigene Hütte, und zur Unterhaltung der Bevölkerung erbaute man ein wunderschönes Theater. Als das Werk vollendet war, schenkte Babar jedem seiner Untertanen Kleider und Spielzeug, und man feierte ein rauschendes Fest mit Kostümball und Opernabend.

Die Schule von Celesteville, in der sehr junge und ältere Elefanten gleichermaßen unterrichtet werden, steht unter der Leitung der Kleinen Alten Dame, einer Freundin von Babar.

Celesteville wurde nach der berühmten Königin Celeste, Babars geliebter Gemahlin, benannt.

Jean de Brunhoff, *Le roi Babar*, Paris 1939.

CENTRUM TERRAE liegt etwa neunhundert Meilen unter der Erdoberfläche und ist durch verschiedene Seen auf der Erde zu erreichen. Einer der bekannten Eingänge führt durch den Mummelsee, doch sagt man, daß es so viele Wege gäbe wie Tage im Jahr. Alle Straßen führen zum Palast des Königs, der Centrum Terrae ähnlich regiert wie eine Bienenkönigin ihr Volk. Seine Untertanen sind die Sylphis, Wassergeister, die sterblich sind und sterbliche Seelen haben. Sie kennen keine Krankheiten, werden dreihundert bis fünfhundert Jahre alt und können nicht getötet werden; sie schwinden einfach so dahin. Sie kennen keine Sünde und erleiden daher auch nicht den Zorn Gottes.

Jeder See, der Zugang zum Centrum Terrae gewährt, wird von einem Fürsten regiert, der sich nach der Mode des Landes kleidet, in dem sein See liegt, jedoch ohne den Prunk, den man mit irdischen Herrschern assoziiert.

Die Seen wurden aus vier Hauptgründen erschaffen: Sie bieten den Wassergeistern ein Fenster der Welt; sie verankern die Meere und Ozeane der Welt in der Erde; sie bilden ein Netzwerk von Wasservorräten; und sie sind schließlich Ausdruck von Gottes Wille. Aufgabe der Wassergeister ist es, die Erde feucht zu halten.

Die Wassergeister nähren sich von Perlen, die noch nicht hart sind und weichgekochten Eiern ähneln.

Hans Jakob Christoffel von Grimmelshausen, *Der abentheurliche Simplicissimus Teutsch*, Nürnberg 1669.

CESSARES, eine Republik am Westhang der Anden zwischen Chile und Argentinien, 43 Grad oder 44 Grad südlicher Breite. Das Land ist auf drei Seiten von Bergen umgeben, die vierte Seite ist durch einen Fluß begrenzt. Spaniern wird der Zugang verweigert, und als Verräter hingerichtet wird jeder, der die genaue Lage von Cessares bekannt gibt. Die Republik wurde im siebzehnten Jahrhundert von einer Gruppe holländischer Familien unter der Führung eines gewissen Alphen begründet, der auch ihr erster Herrscher wurde. Auf drei Schiffen, von denen eines bei der Durchfahrt durch die Magellanstraße Schiffbruch erlitt, transportierten die Holländer zweihundert Waisen, Samen, Instrumente und Werkzeuge, Lebensmittel für zwei Jahre für den Fall einer schlechten Ernte, Kleidung, Medizin, Arbeits- und Schlachtvieh und Bücher über Handwerk, Kunst und Wissenschaft. Auch zehn vorgefertigte Häuser brachten sie mit, um bei ihrer Ankunft sofort eine Unterkunft zu haben: zwei für die Männer, vier für Frauen und Kinder und den Rest für die Vorräte.

Die Hauptstadt von Cessares ist Salem, ein Gebiet von einer Quadratmeile im Zentrum des Landes, inmitten einer fruchtbaren Gegend, durchquert von mehreren Kanälen, die an den Hauptstraßen entlangfließen. Die Straßen stoßen rechtwinklig aufeinander, und die Namen sind in leuchtenden Farben aufgemalt. Die Häuser sind sauber, freundlich und einheitlich, jedes zweistöckig und von einem kleinen Garten umgeben.

Auf den Friedhöfen sind aromatische Kräuter ausgesät worden, um die unangenehmen Folgen der Verwesung zu kompensieren. Die Gesetze von Cessares sind einfach: Alle Bürger sind Brüder, deshalb müssen alle arbeiten, außer Witwen und Waisen, für die der Staat sorgt. Übermäßige Völlerei sowie Folter sind gesetzlich verboten.

Kein Katholik kann der Regierung beitreten. Es gibt drei vom Volk gewählte Senatoren. Sie müssen mindestens vierzig Jahre alt sein und werden auf Lebenszeit gewählt, können aber bei schlechter Führung abgesetzt werden. Ohne Zustimmung des Senats kann der Gouverneur keine neuen Gesetze diktieren. Bürgerrecht erwirbt, wer mindestens einundzwanzig Jahre, Protestant und verheiratet ist.

James Burgh, *An Account of the First Settlement, Laws, Form of Government and Police of the Cessares: A People of South America, in Nine Letters...*, Ldn. 1764. – Fray Diego de Ocaña, *Relación del viaje a Chile*, (um 1600), Anhang zu *Anales de la Universidad de Chile*, Santiago de Chile o. J.

CHALLENGERS EXPERIMENTIERFELD liegt in England, und zwar in Hengist Down, Sussex. Hier führte gegen Ende des letzten Jahrhunderts Professor G. E. Challenger, Mitglied der Royal Society, Doktor der Medizin und der Naturwissenschaften an einem Dienstag, dem 21. Juni, um 11.30 Uhr vormittags ein erstaunliches Experiment durch.

Der Reisende kann die Überreste eines Speers sehen, mit dem Professor Challenger den Planeten Erde verwundete. Seit diesem Experiment weiß man, daß der Planet ein lebendes seeigelartiges Tier ist. Der schrecklichste Schrei, der je vernommen wurde, hallte die gesamte Südküste entlang und wurde sogar in Frankreich gehört. Vierzehn Förderkörbe, die zu Forschungszwecken in die Erde geschickt worden waren, flogen in die Luft, einer landete im Meer in der Nähe von Worthing Pier, ein anderer unweit von Chichester. Eine sirupartige Substanz von äußerst penetrantem und ekelhaftem Geruch – nach Professor Dreisinger aus Berlin handelt es sich um ein Schutzsekret, das dem des Stinktiers ähnelt – schoß in die Luft und begrub ein Flugzeug unter sich. Alle Vulkane auf Erden verliehen ihrem Unwillen Ausdruck: Hekla in Island, Vesuv und Ätna in Italien, die Vulkane in Mexiko und Mittelamerika und die des östlichen Mittelmeers. Das Experiment ist nie wiederholt worden.

Sir Arthur Conan Doyle, *When the World Screamed*, Ldn. 1892.

CHANA, eine Insel im Indischen Ozean vor der Indischen Küste, war früher ein großer Hafen. Man sagt, daß der König von Chana einst so mächtig war, daß er gegen Alexander den Großen Krieg führte. Heute ist Chana vor allem durch die große Bandbreite religiöser Überzeugungen erwähnenswert. Die Bewohner verehren jeweils das erste Ding, das sie am Morgen sehen, und da sie die Dinge, die sie verehren, sogleich bildlich darstellen, entstehen täglich zahlreiche neue Götzen. Es gilt als Unglück, am Morgen einen Hasen, ein Schwein oder einen Raben zu sehen. Ein Sperber, der seine

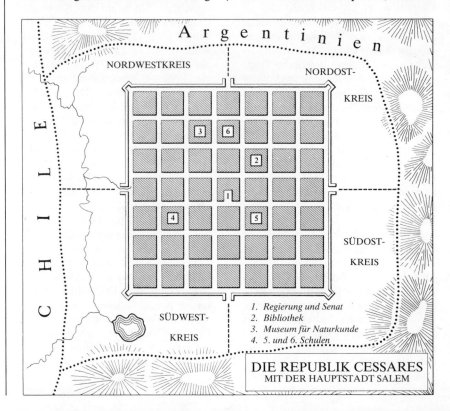

1. Regierung und Senat
2. Bibliothek
3. Museum für Naturkunde
4. 5. und 6. Schulen

DIE REPUBLIK CESSARES
MIT DER HAUPTSTADT SALEM

Beute angesichts einer Armee schlägt, gilt als leider selten wahrnehmbares gutes Omen.

Es gibt auf Chana zahlreiche Löwen sowie Ratten, die so groß sind wie Hunde und Seite an Seite mit Mastiff-Doggen jagen.

Die Toten werden nicht begraben, sondern man läßt sie unter offenem Himmel in der großen Hitze verwesen.

Jean de Mandeville, *Les voyages d'outre mer* (um 1357), Lyon 1480.

Ein verlassenes Idol aus CHANA

CHANEPH, die Insel der Heuchelei, ist von ungewisser geographischer Lage. Sie wird von allen Arten von Heuchlern bewohnt, männlichen und weiblichen, jungen und alten. Die meisten von ihnen sind Leisetreter, Kuttenheilige, Mucker und Eremiten, aber für Reisende soll es durchaus möglich sein, mit den Frauen nach Inselart ein kleines heuchlerisches Vergnügen zu haben. Die Bewohner von Chaneph sind arm und leben von den Almosen der Touristen.

François Rabelais, *Le quart livre des faictz et dictz heroiques du noble Pantagruel,* Paris 1552.

CHARIOT, eine Burg der Fee Morgue, Schwester König Artus' von ↗ CAMALOT. Die Burg liegt etwas nördlich der fast undurchdringlichen Wälder des Wilden Waldes. Sie ist aus eßbarem Material erbaut, um Kinder in die Hände der Zauberin zu locken. Die Burg erhebt sich in einem milchigen See. Die Zugbrücke ist aus Butter und mit Kuhhaaren bestreut. Sie strömt einen widerwärtig süßen Geruch aus. Meist betreten nur Kinder die Burg, aber einmal wurde der Ritter Lancelot hier unter dem Bann der bösen Morgue gefangengehalten.

Terence Hanbury White, *The Once and Future King,* Ldn. 1938–1941.

CHELM, eine jüdische Stadt von ziemlich schlechtem Ruf, wahrscheinlich in der Sowjetunion, nach Ansicht gewisser Experten Abkömmling einer Stadt in Ostpolen, mit der jedoch keine Verbindung mehr besteht.

Reisende sollten Chelms prächtiges Rathaus besichtigen, das ebenso wie in ↗ SCHILDA fensterlos erbaut wurde. Um den Mangel an Licht wettzumachen, trugen die Einwohner große Kübel voll Sonnenschein hinein, was aber an der Finsternis im Innern wenig änderte. Man sollte auch wissen, daß das Zentrum von Chelm, und damit der Mittelpunkt der Welt, sich an mehreren Orten gleichzeitig befindet. Die Einwohner begründen das damit, daß jeder beliebige Ort, den man zum Zentrum erwählt, von jedem anderen Ort aus zu erreichen ist und daß es sinnlos sei, das zu bestreiten. Reisende sollten sich auch nicht wundern, wenn sie sehen, daß die Menschen auf der Straße laufen, wogegen Pferd und Wagen das Trottoir entlangfahren, denn schließlich ist die Straße breit und der Gehsteig schmal, und die Einwohner finden, ein menschliches Wesen sei wichtiger als Pferd oder Wagen und sollte deshalb den breiteren Weg benutzen.

Die Einwohner von Chelm haben eine einfache und unfehlbare Methode, eine Ente von einem Enterich zu unterscheiden. Sie werfen dem Vogel ein Stück Brot vor. Wenn *er* sich darauf stürzt, ist es ein Enterich; wenn *sie* es tut, ist es eine Ente.

Samuel Tennenbaum, *The Wise Men of Chelm,* NY 1965.

CHIAOHU-TEMPEL, Westchina, Hauptattraktion ist ein schönes Jadekissen mit einer kleinen Öffnung. Bittet ein Besucher um eine gute Heirat, so wird er vom Priester aufgefordert, in das Kissen einzutreten. Wenn er durch die Öffnung kriecht, sieht er rote Pavillons und herrliche Häuser. Ein Offizier von hohem Rang gibt ihm seine Tochter zur Frau, und diese gebiert ihm sechs Kinder; Söhne werden kaiserliche Sekretäre. Der Besucher wird Dutzende von Jahren hierbleiben, ohne an eine Rückkehr zu denken. Eines Tages jedoch – ohne Warnung, wie aus einem Traum erwacht – wird er sich vor dem Kissen wiederfinden und noch lange Zeit tief betrübt sein.

Anon., *T'ai-p'ing kuang-chi* (10. Jh.) o. O. 1566.

CHITA, eine Insel in der Karibik, eine der Kleinen Antillen. Sie wurde von der *Ange-du-Nord-Expedition* in den vierziger Jahren des zwanzigsten Jahrhunderts entdeckt und nach der kubanischen Geliebten des Expeditionsorganisators benannt. Ziel dieser Reise war es, den Schatz des Piraten Lou zu finden, der in einem Dokument beschrieben war, das man in einem Buchladen in Pont-Aven in der Bretagne gefunden hatte.

Die Insel ist flach und freundlich, sehr grün mit wenigen purpurnen Bergen und Streifen roter Erde, die zusammen den Eindruck eines absichtlich angelegten Musters hervorrufen. Man findet hier weder Insekten noch Vögel, dafür aber eine inselspezifische Baumart, die einem Riesensalat ähnelt.

Chita wird von einem chinesischen Henker regiert, der sich eine Anzahl verstümmelter Männer als Versuchsobjekte hält; Touristen wird äußerste Vorsicht angeraten.

Pierre Mac-Orlan, *Le chant de l'équipage,* Paris 1918.

CHRISTIANOPOLIS am Herkynischen Wald im Fürstentum Argilia ist ein Zufluchtsort für alle ihres Glaubens wegen Verfolgten. Wer sich den Gesetzen der Stadt unterwerfen will, dem werden für zehn Jahre alle Abgaben erlassen. Ordnung und Disziplin werden streng überwacht, die Legislative liegt in den Händen der Kirche, die Verbrechen und jegliche Verletzung der christlichen Moral verfolgt. Übel beleumundete Leute werden nicht aufgenommen.

Für die Flüchtlinge sind zwei bis drei Quadratmeilen des Waldes gerodet worden. Aus dem Bauholz entstanden zweistöckige Häuser für je zwei Haushalte, jeder erhielt einen Garten, Bauern das nötige Land für Feldbau und Viehzucht. Mitten auf den Straßen verlaufen kleine Wasserleitungen, die in einen großen Kanal münden. An dessen Ende erhebt sich das Schloß des Fürsten, zu dem ein ehemaliges Jagdhaus durch zwei schöne Seitenflügel erweitert worden ist. Dahinter erstreckt sich ein großer, kunstvoll angelegter Garten.

Innerhalb von drei Jahren wuchs Christianopolis auf zweihundert Wohnhäuser, eine Kirche, eine Schule und ein Armenhaus an. In sogenannten Versammlungshäusern trifft man sich im Winter zu Musik, einfachen Spielen oder auch nur zum Essen und Trinken. Im Sommer ist der abendliche Spaziergang entlang dem großen Kanal und im Schloßgarten eine Art öffentlicher Treffpunkt; zu dieser Zeit findet man die meisten Häuser leer.

Johann Michael von Loen, *Der redliche Mann am Hofe oder Die Begebenheiten des Grafen von Rivera*, Ffm. 1740.

CHRISTIANSBURG (auch unter dem Namen **CHRISTIANOPOLIS** bekannt), eine Stadtrepublik auf der Insel ↗ CAPHAR SALAMA, gegründet durch den Emigranten eines nicht näher bezeichneten Landes. Bettler, Kurpfuscher, Gaukler, Tagediebe, Wichtigtuer, Fanatiker, Pillendreher, die den Ruf der Chemie ruinieren, und Rosenkreuzler haben keine Erlaubnis, sich hier aufzuhalten.

Christiansburg hat einen quadratischen Grundriß und ist mit vier Türmen und einer massiven Mauer befestigt. Acht weitere Türme innerhalb der Stadt verstärken die Verteidigung, dazu kommen sechzehn kleinere Türme und im Zentrum eine uneinnehmbare Zitadelle. Die Anlage der Stadt besteht aus einer einzigen öffentlichen Straße, zwei fortlaufenden Gebäudereihen und einem Marktplatz. Alle Gebäude sind drei Stockwerke hoch und von einem öffentlichen Umgang aus zugänglich. Die Häuser sind aus gebranntem Stein und durch Brandmauern voneinander getrennt. Quellen und fließende Gewässer gibt es im Überfluß, und überall weht ein frischer Luftzug. Im äußeren Wallgraben werden Fische gehalten, so daß er auch in Friedenszeiten einen Zweck erfüllt. In den Zwingern leben wilde Tiere.

Die Stadt ist in drei Teile gegliedert: Einer dient der Lebensmittelversorgung, einer der körperlichen Ertüchtigung und einer der Kontemplation und Reflexion. Der erste Abschnitt liegt im Osten und wird auch das Bauernviertel genannt. Es ist in Ackerbau- und Viehzuchtgebiet unterteilt. An die öffentlichen Vorratshäuser für landwirtschaftliche Produkte grenzen sieben Mühlen und ebenso viele Bäckereien. Alle Gebrauchsgegenstände, zu deren Herstellung kein Feuer nötig ist, werden in diesem Stadtteil produziert: Papier, Balken, Wein usw. Ein Gebiet im Norden ist den sieben Schlachthäusern vorbehalten, und im Westen hat man Schmieden, Gießereien und Schmelzereien für Metalle und Mineralien angesiedelt.

Die sehenswertesten Gebäude der Stadt sind der Tempel und die Bibliothek. Der runde Tempel ist zur Hälfte Versammlungsraum, zur Hälfte Bühne. Die Sitze sind so in den Stein gemeißelt, daß aller Ohren gleich weit von der Stimme des Sprechers entfernt sind. Alle drei Monate werden geistliche Stücke aufgeführt. Die von vielen Fenstern durchbrochenen Wände haben als einzigen Schmuck einen gekreuzigten Christus. Die Bibliothek gehört zu den vollständigsten der Welt. Jedes Buch, das man verloren glaubte, findet sich hier, und jede Sprache der Welt ist vollständig vertreten.

In Christiansburg gibt es kein Geld, aber jeder erhält, was er braucht. Alle Lebensmittel werden aus den öffentlichen Lagerhäusern bezogen, wenn auch die Mahlzeiten selbst in den Privathäusern eingenommen werden. So ist auch niemand Eigentümer eines der – vollkommen gleichen – Häuser, sie werden den Einwohnern von der Regierung gewährt und zugewiesen. Jedes Haus hat drei Räume: Badezimmer, Schlafzimmer und Küche. Die Einrichtung ist bescheiden, einziger Luxus sind die doppelten Fenster aus Holz und Glas. Für die einzige Tür ist das Familienoberhaupt verantwortlich; sie führt auf den Hausbalkon und von da zu den Türmen oder einer Wendeltreppe. Hinter jedem Haus liegt ein Gärtchen.

In Christiansburg leben vierhundert Menschen. Die Männer tun alle harte Arbeit, was sich aber nicht nachteilig auf ihr sanftes Wesen auswirkt: Weder werden sie zornig, noch verlieren sie ihre guten Manieren. Die Frauen nähen, spinnen, sticken und weben, und keine von ihnen schämt sich ihrer häuslichen Pflichten. In der Kirche und im Rat haben sie keine Stimme. Die Soldaten in Christiansburg sind keine Draufgänger, sondern mäßig und reinlich. Jeder Bürger hat die gleichen gesellschaftlichen Pflichten: Ausschau nach Feinden zu halten, Wache auf den Stadtwällen, Getreideernte, Weinlese, Straßenbau, Errichtung von Gebäuden, Ableitung der Abwässer und Mithilfe in den Werkstätten.

In der Schule lernen die Schüler Grammatik, Redekunst, verschiedene Sprachen, Logik, Metaphysik, Theosophie, Arithmetik, Geometrie, Zahlenmystik, Musik, Astronomie, Astrologie, Naturwissenschaften, Geschichte, Kirchengeschichte, Ethik, Theologie, Medizin und Jura.

Die Stadt wird von acht Männern regiert, jeder von ihnen lebt in einem der größeren Türme. Sie haben wiederum acht Untergebene, die auf die kleineren Türme verteilt sind.

Alle Einwohner sind Christen. Der Oberste Priester ist kein römischer Papst und ist verheiratet. Täglich werden drei Gebete zu Gott gesandt: morgens, mittags und abends, und niemand darf dabei fehlen.

Die Einwohner der Stadt halten nichts von der Todesstrafe, Verstöße gegen das Recht werden nur leicht bestraft, denn sie sagen: »Jeder kann einen Menschen zerstören, aber nur der Beste kann ihn bessern.« In Christiansburg ist jedermann glücklich.

Johann Valentin Andreae, *Reipublicae Christianopolitanae descriptio*, Straßburg 1619.

CHRISTIANSLAND, über dessen geographische Lage nichts Näheres bekannt ist, wurde berühmt durch die Pilgerreise eines Mannes namens Christian. Wer seinem Weg von der ↗ STADT DES VERDERBENS zur ↗ HIMMLISCHEN STADT folgen will, muß mehrere gefährliche Stationen durchwandern. Siehe auch: ↗ DER BERG DER BESCHWERNIS, ↗ JAHRMARKT DER EITELKEIT, ↗ SUMPF DER VERZAGTHEIT, ↗ DAS TAL DER DEMUT,

Südostturm der Stadt CHRISTIANSBURG

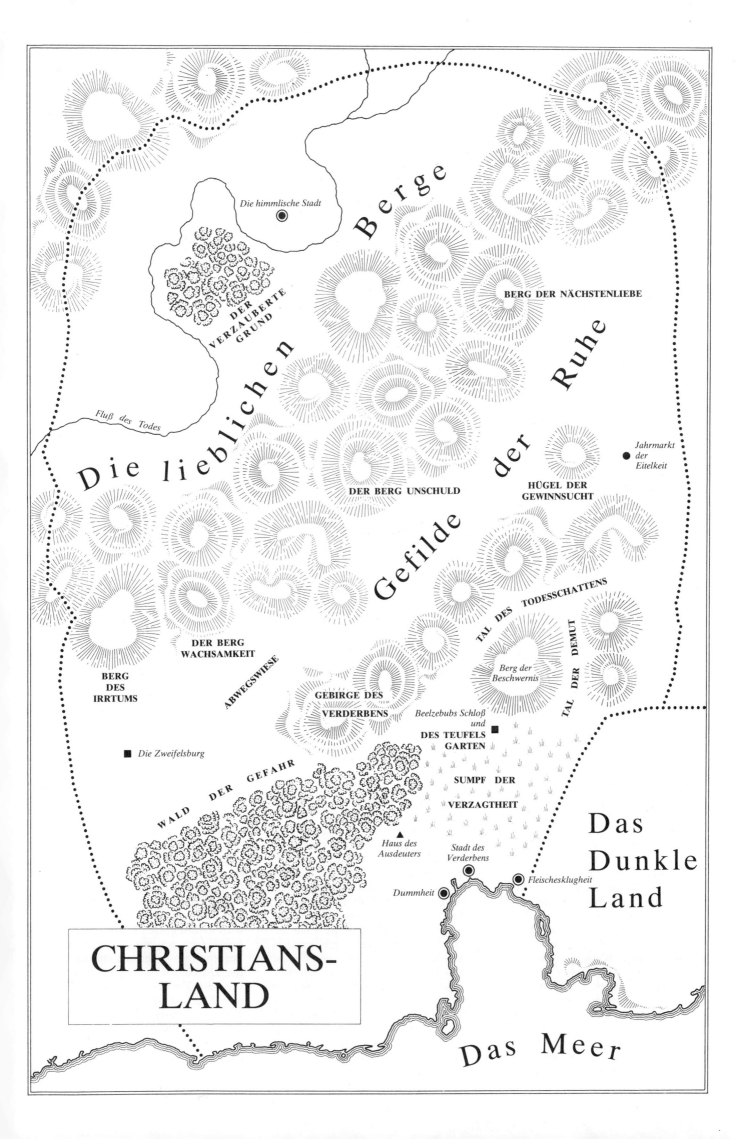

↗ DES TEUFELS GARTEN, ↗ DIE ZWEIFELSBURG.)

John Bunyan, *The Pilgrim's Progress from this World, to that which is to Come,* Ldn. 1678 (Teil I) und 1684 (Teil II).

CITTABELLA ist eine Stadt von unbekannter geographischer Lage, wahrscheinlich in Mitteleuropa. Man nennt sie auch »Stadt der Löcher«. Der Boden, auf dem die Stadt gebaut ist, ist einzigartig. Er unterscheidet sich von dem jeder anderen Stadt und kann – trotz seiner unregelmäßigen Löcher – weder mit einer Bienenwabe noch mit einem Schweizer Käse verglichen werden.

Besucher von Cittabella müssen zuerst mit der Topographie vertraut gemacht werden, das heißt mit den verschiedenen Arten von Löchern. Die üblichsten und am wenigsten gefährlichen sind ungefähr von der Größe einer gewöhnlichen Kasserolle. Durch den plötzlichen Einsturz der oberen, auberginenfarbenen Schicht auf eine weichere Lage dunkelbrauner Erde haben sich runde Löcher mit gezähntem Rand gebildet. Das Innere dieser sogenannten Kasserolle ist rauh und uneben, mit kleinen Schmutzklumpen und Kieselsteinen auf dem Grund, die zerspringen und zerkrümeln, wenn man darauf tritt. Wenn es regnet, werden die Löcher zu kleinen schlammigen Lachen, und nicht selten findet man einen unglücklichen Schmetterling, der mit dünnen, leblosen Flügeln im Schmutz liegt. Die Einwohner von Cittabella bewegen sich vorwärts, indem sie entweder richtig hineintreten und durch den Schlamm weitergehen oder aber vorsichtig große Schritte machen, um die unebenen Ränder nicht einzudrücken. Die Kinder finden es vergnüglich, einfach darüberzuspringen.

In der Reihenfolge der Gefährlichkeit kommen als nächstes sehr große und tiefe Löcher, die leicht ein paar Häuser schlucken könnten. Auf ihrem Grund wird der Besucher eine Anzahl Frösche bemerken, die in dem Wasser leben, das sich nach dem Regen sammelt und niemals ganz austrocknet, ebenso einige Wasserlilien und Riedgräser. Der Rand dieser Löcher ist schokoladenfarben und rund. Besuchern wird empfohlen, nicht hineinzufallen, denn dies würde die Frösche stören und das ökologische Gleichgewicht in Unordnung bringen.

Wieder andere Löcher, kleinere, haben die Form von Riesenäpfeln, -birnen oder -orangen, die am vorhergehenden Tag geteilt worden sind. Dieses Detail ist zu ihrer Beschreibung wichtig, weil die Fruchtränder, wenn sie zuvor angeschnitten worden sind, einschrumpfen und runzelig werden, so wie die Ränder dieser besonderen Art von Löchern. Am besten steigt man hinab, indem man seine Absätze fest in die Wände drückt, genau über den weißlichen Steinen, die das Innere einfassen. Diese Übung ist nach Meinung der Einwohner von Cittabella ausgezeichnet für die Muskulatur der Waden.

Die letzte Gruppe von Löchern ist die gefährlichste, weil sie beinahe unsichtbar sind. Diese trügerischen Öffnungen scheinen kaum groß genug zu sein, um eine Nadel zu halten. Welch furchtbares Mißverständnis! Sollte sich ein Reisender arglos einem solchen Loch nähern, würde – mit ihm – alle Erde rund herum in die Tiefe bröckeln, und häufig sehen sich ganze Kutschwagen, die von acht oder mehr Pferden gezogen werden, für immer in jenen unerwarteten Höhlen verschwinden. Diese Kategorie von Löchern ist für die Einwohner von Cittabella besonders lästig, weil sie ständig ihre Paraden und Zeremonien unterbricht, die sie bis zur Begeisterung lieben.

Eine ganz andere, weit weniger übliche Klasse von Löchern sind jene von sehr geringer Tiefe, die aber für die Füße besonders gefährlich sind. Wer hineintritt, wird es nahezu unmöglich finden, sich wieder zu befreien. Dann gibt es auch noch Löcher, die anscheinend mit einer Art Klappe oder Blende bedeckt sind und nur eine schmale zick-zack-förmige Öffnung lassen. Wer hier hineinfällt, wird erleben, daß sich die Klappe über seinem Kopf schließt, als ob sie von einer erzürnten Frauenhand schroff herabgezogen würde.

Die Einwohner von Cittabella sind bekannt für ihre eigentümliche Gangart: Sie gehen immer so, als ob sie nach etwas suchten. Sie tun das aus verschiedenen Gründen: entweder weil sie sich in einem Teil der Stadt befinden, dessen Löcher ihnen nicht genau vertraut sind, oder weil sie – um die Familie zu beruhigen – nach irgendeinem kürzlich angekommenen Cousin vom Lande suchen, der seit ein paar Tagen verschwunden ist, oder weil der Kutscher gerade wieder Pferd und Wagen verloren hat. In letzterem Fall ist es am besten, die Suche sobald wie möglich aufzugeben, denn es ist bekannt, daß diese Mühe selten von Erfolg gekrönt ist.

Lia Wainstein, *Viaggio in Drimonia,* Mailand 1965.

COCAGNE, ein Land von unbekannter Lage, das manchmal verwechselt wird mit ↗ CUCCAGNA oder ↗ SCHLARAFFENLAND. Cocagne ist berühmt für seine exquisite Küche, deren Speisen wie Blumen wachsen. Süßigkeiten und Schokolade sprießen an den Waldesrändern, gebratene Tauben fliegen durch die Luft, aromatische Weine fließen aus Brunnen, und Kuchen regnen vom Himmel. Der königliche Palast besteht ganz und gar aus Zucker, und es geht die Sage, daß das Pfefferkuchenhaus, das in einem deutschen Wald gefunden wurde und durch die Heldentat eines Geschwisterpaares namens Hänsel und Gretel Berühmtheit erlangte, aus Cocagne kommt. In den Städten des Landes sind die Häuser aus Hagelzucker, die Straßen mit Torten gepflastert, und die Geschäfte liefern die Lebensmittel ohne Bezahlung ins Haus.

Die Bewohner erfreuen sich einer Art Unsterblichkeit, einmal, weil Kriege unbekannt sind, zum anderen, weil sie, sobald sie das fünfzigste Lebensjahr erreicht haben, zum Alter von zehn Jahren zurückkehren. Die Einwohner von Cocagne werden von Sylphiden, Erdgeistern und Wassernymphen bedient.

Anon., *Le dit de Cocagne* (13. Jh.). – Marc Antoine Le Grand, *Le roi de Cocagne,* Paris 1719. – Jacob und Wilhelm Grimm, *Hänsel und Gretel,* in *Kinder- und Hausmärchen,* Bln. 1812–1815.

COCAIGNE, eine Insel jenseits von ↗ SARGYLL, ist das Reich der Anaitis, die eine Tochter der Sonne und mit dem Mond verwandt sein soll. Ihre Aufgabe ist es, abzulenken, abzuwenden und zu zerstreuen.

Sie macht ausgedehnte Reisen und zeigt sich besonders interessiert, Asketen vom geistlichen Wandel abzubringen, der zur Heiligsprechung führt.

Die Küste der Insel ist unbewohnt, und die einzige Stadt im Innern ist von einer hohen grauen Mauer umgeben. Um eingelassen zu werden, müssen Besucher ein- oder zweimal anklopfen. Die beiden ersten Menschen, die vor dem Tor standen, waren Adam und Eva, sie sind heute auf dem Türklopfer dargestellt. Die Stadt ist vor allem von halbmenschlichen, halbtierischen Geschöpfen bevölkert, die hierherkommen, um Anaitis zu besuchen.

Der Königliche Palast ist von einem schwach erleuchteten Park umgeben, in dem man unbeschreiblichen Lebewesen begegnen kann. Ein schmaler Weg führt zu einem Hof aus gelbem Marmor mit vielen Kuppeln und Spitztürmen und zur Statue eines Gottes mit vierunddreißig Armen und zehn Köpfen. Er scheint ganz vertieft in die Liebkosung seiner Frau, während er eine zweite mit seinen freien Händen festhält.

Der prächtigste Raum im ganzen Palast ist die Bibliothek, in der lauter erotische Spielsachen und Symbole herumliegen. Das Deckenfresko zeigt eine Frau, deren Zehen bis zum östlichen Sims reichen und deren Fingerspitzen den westlichen berühren. Die Bibliothek enthält Berichte über alles, was der Mensch zu seinem Vergnügen erfunden hat, außerdem seltene Handschriften. Eine Sammlung dionysischer Rezepte und eine Schautafel erotischer Stellungen sind ebenfalls zu besichtigen, dazu zwei hochgeschätzte Besitztümer: *Der Gesang der Lust* und *Die zweiunddreißig Freuden,* ganz einzigartige Bände.

In diesem Inselreich gibt es nur ein Gesetz: »Tue, was dir wohltut.« Das Leben besteht aus einem unendlichen Strom seltsamer Vergnügungen. Es gibt keine Reue. Die Bäume blühen ewig, und die Vögel singen einen unendlichen Abendgesang. Nach der Legende schlief die Zeit hier ein, zur angenehmsten Stunde des Tages in der angenehmsten Jahreszeit; sie kann in einem kristallenen Stundenglas besichtigt werden, das in einer kleinen blauen Kammer des Palasts aufbewahrt wird. Wenn sich zwei Dreiecke im Sand des Stundenglases überschneiden, erheben sich Dämpfe, die eine Fata Morgana von weit entfernten Orten bilden.

Besucher von Cocaigne werden in einen weißen Raum mit Kupferplatten an den Wänden geführt. Hier werden sie von vier Mädchen gebadet, die sie mit Zunge, Fingernägeln, Haar und Brustwarzen auf erstaunliche Art liebkosen. Dann werden sie mit vier verschiedenen Ölen gesalbt und angekleidet, ehe man ihnen das typische Essen der Insel vorsetzt: Eier, Gerste, rote dreieckige Brote und Granatäpfel, dazu Wein, mit Honig gemischt.

James Branch Cabell, *Jurgen,* NY 1919.

COIMHEADACH, Insel im Nordatlantik. Um nach Coimheadach zu gelangen, muß der Besucher zunächst durch Wales und dann entweder durch Schottland oder quer durch Irland zur am weitesten entfernten Küste reisen, von dort zu den Blasket-Inseln Aran oder Achill oder bis zu den Äußeren Inseln, je nachdem, welche Route gewählt wird. Er muß dann die *St. Ursula* nehmen, einen jämmerlichen alten Kutter für Viehtransporte, mit vier Laderäumen und einer Bar. Gewöhnlich herrscht rauhe See und ist es dunkel, wenn die *St. Ursula* kurz nach Mitternacht in See sticht und sich stampfend und schlingernd ihren Weg durch die starke Strömung bahnt. Die Insel taucht urplötzlich am Horizont auf, hoch aufgetürmt wie ein Misthaufen, wie Skellig Michael oder die Felsen jenseits von Aberbach. Ein ungeheurer Keil aus Granit, von der Morgensonne bestrahlt, erinnert Coimheadach an einen übriggebliebenen Geröllhaufen nach der Erschaffung Europas. Vorsichtig legt das Schiff an, durchgeschüttelt von heftigem Wellenschlag und harten Stößen – mit dem Bug hafenauswärts und bereit zur Rückreise.

Von Bord gegangen, auf dem von Dieselöl- und Fischgestank durchwehten Kai, kommen sich die Besucher wie Lemuel Gulliver vor: Nichts stimmt in den Proportionen – ihre Gestalten sind zu groß, die Stimmen zu nasal und die Konsonanten zu hart. Es gibt weder Frühstückspensionen noch Postkarten oder Bäume. Die Straßen der Stadt sind mit den gleichen grauen Steinen gepflastert, aus denen auch die langgestreckten, düsteren Häuser gebaut sind. Einige dienen als Wohnhäuser, andere als Schweineställe oder als Geschäfte, in denen Whisky, Stacheldraht und Erbsenkonserven verkauft werden.

Die Inselbewohner sitzen auf verwitterten Stühlen oder huschen mit wissendem Blick hin und her, durch Torwege und Eingänge, die für den normalen Sterblichen viel zu niedrig sind. Sie grüßen nicht, verhalten sich aber auch nicht ablehnend angesichts der hellen Hautfarbe und der farbenfrohen Kleidung der Fremden, die ihrerseits vermeiden sollten, auf den für die Inselbewohner typischen Kropf und ihre Fischerwesten zu starren. Die Einheimischen sind ein kleines, dunkelhäutiges Volk. Ihre Gestalten gleichen den zusammengepreßten Körpern in keltischen Steingräbern, wie sie in Museen zu sehen sind, und haben nichts gemeinsam mit den strahlenden Gälen des klassischen Roms. Ihre flinken, geschickten Bewegungen werden oft durch Krankheiten gehemmt, die eine Folge von Feuchtigkeit und zu einseitiger Kartoffelkost sind. Reisende, die nach dem Weg fragen, können schon für einen ausgestreckten Finger dankbar sein, denn die Inselsprache – ein Mischmasch aus degeneriertem Gälisch und gepflegtem Englisch – ist ein solcher Kauderwelsch, daß selbst vertraute Töne ins Unverständliche abgleiten.

Kaum folgt der Gast der angegebenen Straße, fühlt er sich auch schon wie hypnotisiert bergan gezogen, in Richtung auf einen hohen Bergkamm hin, der im Westen der Insel aufsteigt: das Herz von Coimheadach, ein Massiv von verschwenderischer Großartigkeit, dem der fruchtbare Uferstreifen der Hafenregion wie eine dazugehörige Vorhalle zu Füßen liegt. Zunächst muß der Reisende durch eine Vielzahl kleiner Felder wandern, die zum Teil für den Kartoffelanbau bestimmt sind, in der Mehrzahl aber für die Haltung einer kleinen schwarzen Viehrasse mit lockigen Haaren verwendet werden. Das Fleisch dieser Tiere bildet die Grundlage für den Wohlstand auf Coimheadach. Jedes Feld ist von dem des Nachbarn durch eine Mauer aus Steinplatten abgetrennt, deren eingelegte Ornamente ebenso abwechslungsreich und individuell verschieden sind wie die jeder Familie eigenen Strickmuster in den groben Westen. In das Mauergefüge sind außerdem der Name des Erbauers eingelassen sowie die Daten der aufeinanderfolgenden Besitzer. Dann enden die Mauern, und die Felder hören auf. Hier oben gibt es nur noch das Granitherz von Coimheadach und das holzige Heidekraut, das sich über seine gewaltigen Wölbungen zieht. Farbmarkierte Schafe hasten vorbei und verschwinden, es gibt keine Gatter, und kaum ein Laut ist zu vernehmen. Der Pfad führt um die Westspitze der Insel und verliert sich im weiten Raum dort, wo sich Coimheadach Abbey erhebt.

Helen Wykham, *Ottoline Atlantica,* Ldn. 1980.

COMBRAY, ein Ort, der von weitem so aussieht, als ob seine alles überragende Kirche die kleinen Häuser – wie ein Hirt seine Schafe – beschützt, und in dem die Reste der alten Stadtmauer und die geduckten Häuser einer mittelalterlichen Stadt ähneln – zum Bewohnen eher trübselig, denn seine Straßen mit den Stufen vor den Haustüren und den langschattenden Giebeln aus dem schwärzlichen Gestein der Gegend sind so dunkel, daß bereits am Nachmittag die Stores aufgezogen werden müssen. Gleichwohl ist Combray als der Ort, der die Erinnerung an die Kindheit bewahrt, voller Geheimnisse und Entdeckungen, deren Beschreibung ein ganzes Buch ausfüllen und doch nie die ganze Faszination des Ortes erfassen kann, nicht einmal das Rätsel der Kirche, deren Geschichte bis in die Zeit der Märchen und Legenden zurückreicht und die wie ein »Bauwerk mit vier Dimensionen« erscheint, wobei die vierte Dimension die der Zeit ist.

Auch die Landschaft in der Umgebung von Combray und die Wanderungen, die immer nur entweder zur Seite von Méséglise oder zur Seite von Guermantes unternommen werden können, stecken voller Merkwürdigkeiten und sind zudem durch Grenzen markiert, die nie überschritten werden können – etwa bei der Suche nach den Quellen des Flusses Vivonne, der die Wege auf der Seite von Guermantes begleitet, und die als etwas so Abstraktes und Ideelles erscheinen, daß, wenn es hieße, sie befänden sich in einer bestimmten, in Kilometern ausdrückbaren Entfernung von Combray, man ebenso erstaunt wäre, wie wenn man erführe, an einem anderen genauso bestimmbaren Ort befinde sich ein Punkt, wo im Altertum die Erde sich in die Unterwelt geöffnet habe.

So liegt Combray selbst an der äußersten Grenze der christlichen Länder, dort nämlich, wo sich Phantasie und Wirklichkeit in der Erinnerung vermischen, an dem Schnittpunkt einer abstrakten Geographie, in der die beiden Seiten von Guermantes und Méséglise wie absolute Gegensätze erscheinen. Erst viel später, wenn man Combray nur noch selten besucht, es fast vergessen hat, kann es vorkommen, daß diese Gegensätze überraschenderweise aufgehoben werden, da man nun, wenn man will, an einem Tage gleichzeitig beide Seiten erreichen kann.

Wer Combray in Illiers, dem Ort der Kindheit Marcel Prousts, finden wollte, müßte enttäuscht werden: Combray ist als Ort der Erinnerung und Imagination für den Reisenden nur ein Wegweiser, die eigene Kindheit zu suchen und zu finden, und es hängt ganz von seiner Perspektive und Phantasie ab, ob er Combray wiederentdecken kann oder nicht. V. R.

Marcel Proust, *À la recherche du temps perdu*, Paris 1913–1927.

COMMONWEALTH DER VERNUNFT, ein geographisch nicht näher bezeichnetes Gemeinwesen. Es ist in Bezirke eingeteilt und verfügt über ein ausgedehntes Kanalsystem, das angelegt wurde, um die Pferdehaltung möglichst stark einzuschränken und die dadurch eingesparten Futtermittel für die menschliche Ernährung zu verwenden. Gegründet auf die Prinzipien Vernunft, Freiheit, Gleichheit und Brüderlichkeit, strebt dieser Staat danach, das Zusammenleben in einem Gemeinwesen harmonisch und glücklich zu gestalten. Der individuellen Freiheit sind lediglich durch die Respektierung der Freiheit des Mitbürgers Grenzen gesetzt. Die Glaubensfreiheit ist garantiert, eine Staatskirche gibt es nicht. Die parlamentarische Regierung wird von Delegierten gewählt, die in ihrem Bezirk die absolute Mehrheit der Stimmen erringen konnten. Die Verfassung wird alle sieben Jahre bestätigt oder aber geändert.

Erziehung und Bildung gelten als unabdingbare Voraussetzung für Freiheit und Glück. In den durchweg staatlichen Schulen werden alle Kinder vom vierten bis zum vierzehnten Lebensjahr unterrichtet. Die Lehrkräfte werden jährlich neu ernannt: Lehrer müssen mindestens dreißig Jahre alt und Familienväter, Lehrerinnen mindestens sechsundzwanzig und Familienmütter sein. Religionsunterricht wird nicht erteilt. Nach Vollendung des vierzehnten Lebensjahres müssen alle Jugendlichen die Staatliche Militärakademie besuchen. Und im gleichen Alter erhält jeder Bürger eine Muskete und ein Bajonett.

Damit niemand Not leiden oder befürchten muß, von den Reichen unterdrückt zu werden, gewährt der Staat jedem Bürger eine Zuwendung, und zwar mindestens einen Scheffel Weizen pro Tag oder den entsprechenden Geldbetrag. Der elterliche Besitz wird nach dem Tod des Vaters gleichmäßig unter den Kindern (einschließlich der unehelich geborenen) aufgeteilt. Männer dürfen mit achtzehn, Frauen mit sechzehn Jahren heiraten. Der Ehevertrag kann von jedem Partner gelöst werden, vorausgesetzt, daß die vorgebrachten Gründe die Jury überzeugen. Die Pressefreiheit ist gesetzlich verankert. Lahme, blinde, gehörlose und geistesgestörte Bürger werden vom Gemeinwesen versorgt und beziehen den Mindestlohn. Die Gefängnisse sind von der jeweils nächsten Ortschaft mindestens zwei Meilen entfernt, die Insassen müssen arbeiten und erhalten dafür ein Entgelt, von dem allerdings ein Betrag für die Deckung der Gefängniskosten abgezogen wird. Im Commonwealth der Vernunft gibt es keine Todesstrafe.

William Hodgson, *The Commonwealth of Reason...*, Ldn. 1795.

COMMUTARIA, ein Dorf an der Strecke Portsmouth-Waterloo in Südengland. Alles, wonach sich ein Mensch sehnt, der Tag für Tag zur Arbeit in die Stadt fahren muß, ist in diesem Dorf zu finden. Es wurde von einem entfernten Nachkommen des englischen Wissenschaftlers Merlin errichtet, um müde Vorort-Pendler für ihre Anstrengungen zu entschädigen, besonders am Montagmorgen.

Der verschlafene Pendler im Nadelstreifenanzug starrt aus dem schmutzigen Bahnfenster. Plötzlich wird die Landschaft klar, blendet ihn beinahe. Der Zug hält langsam, nicht mit einem Ruck, sondern wie im Zeitlupentempo. Die Türen öffnen sich geräuschlos, und einschmeichelnde Musik wie aus einem drittklassigen Sonntagnachmittagsfilm erfüllt die Luft. Draußen findet jeder Pendler seine geheimsten Wünsche erfüllt. Das kann ein weißer Sandstrand sein mit weichen, weitgezogenen Wellen oder ein bequemer Stuhl am Kamin, dazu ein Glas ausgezeichneter Whisky, ein großer, goldbrauner Hund und ein neuer Roman von Agatha Christie. Es kann auch der beste Platz im Finale der Fußball-Weltmeisterschaften sein. Ein Geschäftsmann aus Woking fand meilenlange Modelleisenbahnschienen mit einer Auswahl von Spielzeugzügen vor; ein Angestellter aus Surbiton entdeckte einen kleinen frisch gejäteten französischen Garten, in dem er sogleich Rosen pflanzen konnte. Eine Geschäftsfrau aus Liphook traf auf die Ruinen eines großen Supermarktes, Rauchschwaden stiegen noch aus den verkohlten Überresten auf, und eine schöne weiße Toga sowie eine römische Harfe lagen für sie bereit.

Wann immer man abreisen will, fährt der Zug weiter und trifft pünktlich in Waterloo ein.

Elspeth Ann Macey, *Awayday*, in *Absent Friends and Other Stories*, Ldn. 1955.

CORADINE, ein Land irgendwo im Norden Schottlands. Es umfaßt ein Tal zwischen welligen Hügeln, über dem sich in einer Entfernung von zwanzig oder fünfundzwanzig Meilen die hohen Berge von Elf erheben. Die Tierwelt bietet nichts Besonderes: weiße Stiere mit langen Hörnern, Schafe, Pferde mit langen Schwänzen und mächtigen Mähnen, die ihnen ein kühnes, furchterregendes Aussehen verleihen, viele kleine Vögel, die dem Besucher zahm auf die Schulter hüpfen, und fuchsähnliche Hunde, die größer sind als Bernhardiner.

Coradine ist interessant wegen seiner Architektur. Ein typisches Beispiel ist das »Haus der Erntemelodie.« Es erhebt sich wie ein Felsen aus der Erde auf einer steinernen Plattform, fünf Fuß über dem Boden. Die Böschungen sind mit Efeu, Sträuchern und vielen blühenden Pflanzen bewachsen. Die niedrigen Decken werden weder von Holz noch Metall getragen. Das gesamte Gebäude, außer dem Dachstuhl, besteht aus grauem, reich mit plastischem Schmuck verziertem Stein. Das abfallende Dach ruht auf sechzehn riesigen Karyatiden auf runden, geschnitzten Postamenten.

Der bogenförmige Eingang erhebt sich aus rosa-braunem Glas wie eine Wolke auf einem Berg. Alle Gebäude in Coradine sind alt, neue Häuser werden nicht gebaut. Die Bewohner vergleichen ihre Häuser mit Bergen, deren Ursprung in den Nebeln der Zeit verlorenging.

Interessant ist es, eine typisch coradinische Innenausstattung zu besichtigen. Der Besucher betritt einen hohen achteckigen Raum, dessen Boden aus einem Mosaik von dunkelfarbigen Steinen besteht. Der fünfzehn Fuß breite Kamin ist aus gehämmerter Bronze. Eine der Wände ist mit einem bronzenen Relief geschmückt, die übrigen sind aus Holz, sehr sorgfältig geschnitzt und mit einem gelben Metall verziert. Ein polierter dunkelroter Stein dient als Tisch, auf dem Glas und Steingutgefäße stehen. In einer Ecke sieht man die Statue einer Frau auf einem weißen Stier mit vergoldeten Hörnern. Couchähnliche Sitze und Stühle sind im Raum verteilt. Neben jedem Sitz ist ein kleiner runder Tisch auf bronzenen Füßen, dessen Tischfläche mit schönen Einlegearbeiten verziert ist. Die Schlafräume oder Schlafzellen öffnen sich auf eine Terrasse an der Hausrückseite. Coradine ist ein Matriarchat, und deshalb ist der Hauptraum in jedem Haus das »Zimmer der Mutter«, wo das Oberhaupt der Familie lebt.

Die Frauen, die das stärkere Geschlecht sind, werden über hundert Jahre alt. Sie sind von bräunlicher Hautfarbe, ihre Stirn ist breiter, die Nase größer, die Lippen des purpurroten Mundes sind schmäler und fester als üblich.

Die Nahrung auf Coradine ist einfach. Frühstück und Mittagessen bestehen aus einer Kante braunen Brotes, einer Handvoll getrockneter Früchte und Milch. Eine Art Endiviensalat, gemahlenes Getreide und Hülsenfrüchte, Eintopf und Milchsuppen, gemahlene Nüsse und Honig werden zum Abendessen serviert. Es gibt hier keinen Alkohol, nur Fruchtsäfte. Geld ist unbekannt. Geschenke zu geben oder zu nehmen ist eine schwere Beleidigung. Zu lügen wird als der schwerste Fehler angesehen. Die Begräbnisriten sind eine Mischung aus Erd- und Feuerbestattung: Auf dem Grab wird ein Feuer entzündet.

William Henry Hudson, *A Crystal Age*, Ldn. 1887.

CORBIN, eine Burg hoch über einer wohlhabenden Ortschaft mit gepflasterten Straßen. Auf der anderen Seite des (nicht näher bezeichneten) Tales steht ein stattlicher Turm. Auf Corbin soll es spuken. Gewarnt sei insbesondere vor einem bestimmten Gemach dieser Burg, in dem jeder, der dort einschläft, von plötzlich auftauchenden übernatürlichen Wesen bedroht wird.

Auf Corbin wurde der Ritter Lancelot dank der wundertätigen Wirkung des in einem nahen Turm befindlichen Heiligen Grals vom Wahnsinn geheilt. Hier wurde er aber auch dazu verleitet, bei der schönen Elaine zu liegen, wodurch er sich den Zorn der Königin Guinevere von ↗ CAMALOT zuzog.

Thomas Malory, *Le Morte Darthur*, Westminster 1485. – Terence Hanbury White, *The Once and Future King*, Ldn. 1938–1941.

COXURIA, eine Insel des ↗ RIALLARO-Archipels im südöstlichen Pazifik. Sie wird von Pygmäen bewohnt, die davon überzeugt sind, daß die Götter ihnen in Form und Größe ähneln. Den Coxurianern zufolge haben die Götter ihnen einen magischen Kuchen aus göttlichem Speichel geschenkt. Dieser sei nur auf Coxuria zu finden, und alles, was mit ihm in Berührung komme, werde in etwas Heiliges verwandelt. Es gibt verschiedene Sekten, die sich über die Eigenschaften dieses Kuchens streiten, und die verschiedenen theologischen Schulen, die auf diesen Meinungen aufbauen, sind heute in Coxuria bedeutende politische Kräfte. Ein anderer größerer Streitpunkt unter den Sekten ist der, ob die Götter *fuzz* oder *buzz-fuzz* sagten, als sie zur Erde herunterstiegen.

Godfrey Sweven, *Riallaro, the Archipelago of Exiles*, NY/Ldn. 1901. – Ders., *Limanora, the Island of Progress*, NY/Ldn. 1903.

DAS CROTALOPHOBENLAND liegt in Nordafrika und ist von Kannibalen und Nekromanten bewohnt. Wegen der gleißenden Sonne haben die Eingeborenen ihre Augen nicht im Kopf, sondern an den Fußsohlen. In diesem Land starb der heilige Dodekanus, Schutzpatron der Insel Nepenthe, den Märtyrertod. Über das Leben dieses Heiligen sind leider nur wenige Fakten überliefert. Er wurde im Jahre 450 in Kallisto auf Kreta geboren, vollbrachte dort schon in jugendlichem Alter etliche Wundertaten und reiste dann nach Afrika, wo er sich achtzig Jahre lang bemühte, die Crotalophoben zum Christentum zu bekehren. Bei einigen gelang es ihm schließlich, aber wenig später fielen sie in ihre alten Gebräuche zurück und brachten den inzwischen 132 Jahre alten Missionar um: Er wurde (nachdem man ihn gemästet hatte) in zwölf Teile zerschnitten und verzehrt. Einen Schenkelknochen warfen die Kannibalen auf einen zufällig am Strand liegenden Mühlstein, der dann wunderbarerweise von der Meeresströmung bis nach Nepenthe getragen wurde, wo der Knochen des heiligen Dodekanus seitdem als Reliquie verehrt wird.

Norman Douglas, *South Wind*, Ldn. 1917.

CROTCHET CASTLE, ein Schloß im Themsetal, berühmt wegen seiner umfangreichen Sammlung von Venus-Statuen. Der Name (der sowohl »Haken« als auch »Marotte« bedeutet) leitet sich von einer römischen Siedlung her, deren Überreste dort entdeckt wurden. Um zu verschweigen, daß seine Vorfahren Juden und Schotten waren, pflegte der Schloßherr, Ebenezer MacCrotchet, alle Dokumente mit »E. M. Crotchet« zu unterzeichnen und war eifrig bemüht, seinen Nachbarn weiszumachen, sein Name sei Edward Matthew Crotchet. Nachdem er in der Zeitung gelesen hatte, daß auf Anordnung des Londoner Magistrats alle im Freien aufgestellten Venus-Statuen mit Unterröcken bekleidet werden sollten, beschloß er, den Skulpturen auf Crotchet Castle eine neue Heimat zu geben. Seither kann man im Schloßpark die verschiedensten Darstellungen der Göttin besichtigen – »Badende Venus«, »Kauernde Venus«, »Schlafende Venus«, »Erwachende Venus« usw. usw.

Das Familienwappen der Crotchets

Teilansicht des Parks von CROTCHET CASTLE

zeigt folgende Figuren: als Verzierung über dem Wappen einen spitzen, drohend aufgerichteten Haken; im Wappenschild drei leere, aufgeschwollene Blasen (um zu zeigen, wie Meinungen gebildet werden), drei aufgehängte Goldsäcke (um zu zeigen, wie Meinungen aufrechterhalten werden), drei gezückte Schwerter (um zu zeigen, wie Meinungen durchgesetzt werden) und drei Perückenstöcke (um zu zeigen, wie Meinungen geschluckt werden).

Thomas Love Peacock, *Crotchet Castle,* Ldn. 1831.

CUCCAGNA (nicht zu verwechseln mit ↗ COCAGNE oder ↗ SCHLARAFFENLAND, ein kleines Land in der Nähe von Deutschland. Den Berichten einiger Reisender zufolge führt der Eingang durch einen Fluß. In der Mitte des Landes erhebt sich der Mecca, ein mit kochender Fleischbrühe gefüllter Vulkan. Aus seinem Inneren springen Ravioli und andere Teigwaren hervor, die die käseüberzogenen Abhänge hinunterrollen und am Fuß des Berges in ein Tal voll geschmolzener Butter fallen.

Reisende werden in Cuccagna schachspielende Affen antreffen, während die königliche Familie drei Jahre lang in einem Bett aus Wurstsemmeln schläft. Geröstete Fasane rennen zum Klang von Trompeten umher, Kapaunen fallen wie Regen vom Himmel. Im Boden finden sich hausgroße Trüffel, die Flüsse sind voll Milch oder Wein. Im Winter sind die Berge mit Käsecreme bedeckt, an den Straßen wachsen rund um das Jahr köstliche Pasteten. Die Häuser sind aus den delikatesten italienischen Speisen gebaut, die Brücken bestehen aus großen Salamis. Kutschen fahren von selbst, sie brauchen keine Pferde; die Bäume tragen Früchte aller Art.

Eine kleine Quelle steht jedem zur Verfügung, der sich verjüngen will, indem er einfach in das Wasser taucht. Die Frauen gebären singend, und die Kinder laufen und sprechen unmittelbar nach der Geburt. Wer am meisten schläft, verdient am meisten; wer allerdings bei einer Arbeit angetroffen wird, muß schnurstracks ins Gefängnis wandern.

Anon., *Capitolo di Cuccagna,* (16. Jh.). – *Storia del Campriano contadino,* (17. Jh.). – *Trionfo dei poltroni,* (17. Jh.).

CUFFYCOATS INSEL, ungefähr hundert Meilen nördlich von Neu-Guinea, ist mit dichten Wäldern bedeckt. Es gibt hier fliegende Eichhörnchen und Känguruhs sowie Seejungfrauen, die unter Wasser in einem Haus aus Korallen leben. Sie reisen weit umher und versuchen, mit der westlichen Mode Schritt zu halten – ein äußerst schwieriges Bemühen, weil die Feuchtigkeit ihre Kleidung schnell ruiniert. Hinzu kommt, daß die Schneider von Cuffycoat bekanntermaßen sehr launisch sind und häufig streiken. Das Unterwasserleben gilt als recht unerfreulich. Nach der Arbeit nach Hause zu gehen bedeutet notwendigerweise, daß man sich den Weg bahnen muß durch eine Menge ungezogener Kraken, vorbei an Tiefseemonstern, die danach trachten, alles, was sie finden, zu verschlingen, und störrischen Schwertfischen, die ständig ihre Schwerter durch die Risse in den Hauswänden bohren.

Die Insel wird von zwei rassisch verschiedenen Gruppen bewohnt. Die eine ist ein Indianerstamm, der den Kannibalismus als Bestandteil seiner religiösen Riten betrachtet. Man verspeist alte Männer, um deren Weisheit in sich aufzunehmen und gleichzeitig den Ahnen Hochachtung zu erweisen. Diese Mahlzeiten werden mit Palmwein heruntergespült.

Die zweite Gruppe bildet ein Orang-Utan-Stamm, der sozial höher organisiert ist und manchmal die Kannibalen zu Sklaven degradiert. Die Orang-Utans sprechen eine primitive Form des Englischen mit amerikanischem Akzent, vermischt mit einer Art Seehundsgebell. Aus ihrer Sprache lassen sich leicht Redewendungen wie *all right* und *quite well* heraushören.

Die Insel hat ihren Namen von einem gewissen Mister Cuffycoat, der hier – auf dem Weg nach Australien – Schiffbruch erlitt. Er entkam den Kannibalen, traf eine der Seejungfrauen – eine gewisse Miss Waters – und lebte mit dem Orang-Utan-Stamm in den Wäldern.

André Lichtenberger, *Pickles ou Récits à la mode anglaise,* Paris 1923.

CYRIL, Insel von unbekannter geographischer Lage. Von weitem sieht sie aus wie das Feuer eines Vulkans oder wie ein Punsch aus Blut, das von herabfallenden Sternschnuppen verspritzt worden ist. In Wirklichkeit ist sie ein beweglicher Vulkan, der von einer starken Schiffsschraube an jeder seiner vier Ecken angetrieben wird.

Der rote Schein des Vulkans und der fließenden Lava blendet so sehr, daß man auf der Insel kaum etwas sehen kann. Deshalb tragen die einheimischen Kinder Lampen, um die Besucher zu führen. Diese Kinder leben

Verziertes Trinkgefäß eines Kannibalen von CUFFYCOATS INSEL

und sterben ohne zu altern in den Wrackteilen eines wurmzerfressenen Kahns an den Ufern des flaschengrünen Wassers. Wie Krabben irren Lampenschirme am Strand umher.

Das Inselschiff gehört Kapitän Kidd. Oft kann man beobachten, wie er seine Pfeife an der glühenden Lava anzündet und Gin trinkt.

Alfred Jarry, *Gestes et opinions du docteur Faustroll, pataphysicien...*, Paris 1911.

D

DAVENPORT, eine Hafenstadt in Amerika. Sie ist kreisförmig angelegt und durch starke Befestigungen geschützt. Viele wahnsinnige Pferde wandern auf den Wiesen umher. Die Bediensteten und die Alten tragen alle rote Jacken. Innerhalb der Festungsmauer plaudern und schäkern verliebt die Paare, während eine Horde Hunde die Steine ablecken.

Reisende, die gerne nach Davenport möchten, sollten sich bei der Reiseagentur Jonathamour vermitteln lassen, die ihren Sitz in der Rue Monge Nr. 50 hat. Die Anmeldungsformalitäten hängen zu einem großen Teil von der Concierge ab, die leidenschaftlich gern Ungerechtigkeiten aufdeckt, und von einem geheimnisvollen rothaarigen Mädchen, das die Verfügungsgewalt über die Formulare hat. Zigeunerkinder und die Bewohner von Auxerre scheinen bevorzugt behandelt zu werden und erhalten wahrscheinlich Preisermäßigungen. Die Hinfahrt ist immer einfach. Für die Rückfahrt wird nicht garantiert. Davenport wird schon seit Jahrhunderten von den Spaniern belagert, die die Stadt jedoch noch nie überwältigen konnten, da die Bewohner unverwundbar zu sein scheinen: Wenn eine Kugel einem von ihnen den Kopf abreißt, sammelt er seinen Kopf einfach ein und setzt ihn sich wieder auf. P. R.

Michel Chaillou, *Jonathamour,* Paris 1968.

DHÔTELLAND, eine Gegend zwischen Aisne und Meuse, 1952 von dem Forscher Maurice Nadeau entdeckt. Ein Land mit Flüssen, Kanälen, Wäldern, seltsamen Kälbern. Die Geographie von Dhôtelland ist verwirrend und verwirrt auch die Besucher. Es ist schwierig, sich in diesem Durcheinander von Orten zurechtzufinden, die irgendwie Nicht-Orten gleichen. Der einzige Besucher, der Dhôtelland je ganz erforscht hat, ist der Dichter Jean Queval, der eines Tages mit dem Fahrrad losfuhr.

Die Dhôtelländer sind leidenschaftliche Wanderer. Sie haben einen Teil der Normandieküste kolonisiert, dazu mehrere Dörfer im Jura und zwei griechische Inseln. Naive Seelen glauben, daß sie von einem Land träumen, in dem man nie ankommt. In Wirklichkeit aber – ob sie nun Kakteenliebhaber, Buchhalter oder Klempner sind – haben sie eines gemeinsam: Sie sind auf der Suche nach Engeln. P. R.

Maurice Nadeau, *La méthode d'André Dhôtel,* Paris 1952.

DAS DIAMANTENGEBIRGE liegt auf einer ungenannten Insel im Indischen Ozean. Seinen Namen hat es von der Riesenmenge funkelnder Diamanten, die in einem seiner Täler liegen. Reisende seien jedoch gewarnt. Schlangen und Vipern jeder Art und Größe sitzen zwischen den Diamanten! Die einheimischen Kaufleute haben sich daher einen Trick einfallen lassen, um an die Diamanten zu kommen. Sie schlachten ein Schaf, werfen das frische Fleisch in die Schlucht und warten auf dem Gipfel des Berges darauf, daß die Raubvögel, Adler und Geier, mit den frischen Fleischstücken, an denen Diamanten hängengeblieben sind, heraufgeflogen kommen. Dann verscheuchen sie die Vögel und klauben die Diamanten von den Fleischbrocken ab. Reisende sollten sich vor einem Besuch im Diamantengebirge jedenfalls mit ausreichend Schlangenserum versorgen, wenn sie heil und reich wieder herauskommen wollen.

Anon., *Die Geschichte von Sindbad dem Seefahrer,* Dritte Reise, in *Alf laila wa-laila* (Tausendundeine Nacht; 5.–15. Jh.), Kalkutta 1830.

DIANAS HAIN, ehemaliger Standort eines Herrenhauses in Staffordshire, England. Es heißt, daß sich das Haus an einer Stelle befunden habe, die seit römischen Zeiten besiedelt ist. Alles, was von ihm übrigblieb, ist ein rundes Loch, das ins tiefste Erdinnere zu führen scheint. Hier war der Eingang zum Lager des Weißen Wurms, einem schrecklichen Wesen, das seit prähistorischen Zeiten in den Sümpfen unterhalb der Kaolinschicht überlebt zu haben scheint. Über die Jahrhunderte erwarb es die Fähigkeit, die Gestalt einer schönen, schlanken Frau anzunehmen, die ebenso Geschmack an der Macht fand, wie sie von dem Verlangen nach Blut und dem Wunsch zu töten besessen war. Das Haus und der darin wohnende böse Geist wurde von einem gewissen Adam Salton zerstört, der in die Höhle des Wurms Dynamit hinabließ. Ein Blitz entzündete es, und die Explosion zerstörte sowohl Dianas Hain wie Castra Regis, das Stammhaus der berühmten Familie Caswell.

Bram Stoker, *The Lair of the White Worm,* Ldn. 1911.

DICHTERINSEL ↗ FLORA

DIGITOPOLIS oder **REICH DER ZAHLEN,** eine kleine, im Norden des alten ↗ KÖNIGREICHS DER WEISHEIT gelegene Stadt, die vom Mathemagier regiert wird. Ihr Hauptprodukt sind Zahlen, die im Zahlenbergwerk gefördert, sodann poliert und in alle Welt exportiert werden. Versehentlich zerbrochene Zahlen werden als Brüche verwendet. Im Bergwerk werden auch große Mengen von Edelsteinen abgebaut, die jedoch in Digitopolis nichts wert sind.

Man kann in dieser Stadt auf verschiedene Weise ans Ziel kommen, etwa indem man alles ausradiert und von vorn beginnt; oder indem man die kürzeste Verbindungslinie zwischen zwei Punkten zieht und sie dann entlanggeht; oder indem man sich mit sich selbst multipliziert, um gleichzeitig an verschiedenen Stellen zu sein. – Besuchern wird davon abgeraten, in Digitopolis Mahlzeiten einzunehmen, denn je mehr man von dem berühmten Subtraktions-Eintopf ißt, desto hungriger wird man. Die Digitopolitaner setzen sich zu Tisch, wenn sie satt sind, und essen, bis sie hungrig werden. Diese Methode halten sie für besonders logisch und sparsam.

Norton Juster, *The Phantom Tollbooth,* Ldn. 1962.

DIRANDA, eine große, in zwei Königreiche geteilte Insel des Archipels ↗ MARDI. Fremden Besuchern wird gleich bei der Ankunft auffallen, daß es dort eine große Zahl blinder, einarmiger, einbeiniger oder anderweitig verkrüppelter Insulaner gibt. Dies erklärt sich daraus, daß auf Diranda ständig Gladiatorenkämpfe stattfinden, in denen junge Leute aus beiden Königreichen gegeneinander antreten. Die Eingeborenen lieben diese Art Volksbelustigung und betrachten sie als eine vortreffliche Gelegenheit, ihren Mut – eine auf Diranda über alles geschätzte Tugend – unter Beweis zu stellen. Tatsächlich aber wollen die beiden Könige der Insel mittels dieser Kampfspiele die Bevölkerungszahl in Grenzen halten. Von der Teilnahme an solchen Veranstaltungen wird auswärtigen Besuchern dringend abgeraten.

Herman Melville, *Mardi, and a Voyage Thither,* NY 1849.

DODONS REICH liegt in Rußland, nicht weit von der Küste. Nach langen Jahren des Krieges mit seinen Nachbarn suchte König Dodon nach einem Mittel, um den Frieden zu sichern. Ein Wanderzauberer schenkte dem König einen goldenen Hahn, der vom höchsten Kirchturm aus die Menschen vor jeder Gefahr warnte, indem er sich in die Richtung ihres Ursprungs drehte, seinen Kamm aufstellte und seine goldenen Federn aufplusterte. Viele Jahre lebte das Königreich in Frieden, während der Hahn auf seiner Stange saß. Doch eines Tages drehte er sich um und krähte in östlicher Richtung. Der König sandte ein Heer aus, um der vermutlichen Kriegsdrohung auf den Grund zu gehen. Das Heer kehrte nie wieder zurück. Da schickte er ein zweites Heer aus, und als auch das nicht zurückkehrte, wollte der König selbst nachsehen. In einem Tal zwischen den östlichen Bergen fand er seine beiden Heere niedergemetzelt und eine schöne Frau in einem Seidenzelt sitzen. Sie stellte sich als die Königin von Schemakhan vor, und der König verliebte sich Hals über Kopf in sie. Der Zauberer, der dem König den goldenen Hahn gegeben hatte, erschien darauf und forderte als Gegenleistung für sein Geschenk die Hand der Königin. Wütend lehnte der König ab und kehrte mit der Königin in die Hauptstadt zurück. Doch als das königliche Paar ankam, flog der Hahn von seiner Stange herunter, griff den König an und ließ ihn tot vor dem Palasttor zurück. Die Königin von Schemakhan löste sich in Luft auf. Den Zauberer hat man nie wieder gesehen, und der goldene Hahn wurde zu einem vergoldeten Wetterhahn auf dem höchsten Kirchturm der Hauptstadt.

Aleksandr S. Puškin, *Skazka o zolotom petushke,* Moskau 1935.

DOKTORENINSEL, eine von mehreren hochgelegenen Inseln in der Nähe von Tierra del Fuego. Das reiche, wohlhabende Eiland ist berühmt für seine zahlreichen Heilpflanzen, die zwischen den Mineralquellen wachsen, und es wird in der Hauptsache von Doktoren und Apothekern bewohnt. Das Bemerkenswerteste auf der Insel sind der Doktorenpalast, der aus schwarzem Marmor gebaut ist und dessen Wände mit schwarzem Samt verkleidet sind, sowie die riesigen Friedhöfe, die wegen der hohen Sterbeziffer gebraucht werden, denn das Klima ist hier äußerst ungesund. Die meisten Toten sind Fremde, vor allem Besucher von der ↗ INSEL DER HABGIERIGEN. Der Legende nach befindet sich auf der Doktoreninsel der Einlaß zu einem unterirdischen Gang, der auf dem kürzesten Weg zur Hölle führt; allerdings gibt es keine Beweise dafür.

Abbé Pierre-François Desfontaines, *Le Nouveau Gulliver, ou Voyage de Jean Gulliver, fils du capitaine Gulliver,* Paris 1730

DOMINORA, eine im Norden des Archipels ↗ MARDI (Südpazifik) gelegene Insel. Um ihren Status als mächtigster Inselstaat des Archipels aufrechtzuerhalten, setzt sie eine ganze Flotille von Kanus ein. Die heftigen Regenfälle, denen die Insel ausgesetzt ist, erklären deren Krieger damit, daß selbst der Himmel der Machtposition Dominoras Tribut zolle. Auswärtige Besucher seien auf die traditionelle Aufmachung des Königs hingewiesen. Seine Krone, eine Art Helm, ist oben mit einem großen Seeigel und dem Zahn eines Flußpferdes verziert; als Ohrringe trägt er zwei Pfeile mit gekrümmten Spitzen; an seinem Gürtel, der aus der Haut eines Hundshaies angefertigt ist, hängt ein kleiner Beutel mit Wurfpfeilen. Auf der Brust des Königs ist – in blauer Tätowierung – die Landkarte des Archipels zu sehen, und auf seinem rechten Arm sind die Namen der Nationalhelden verzeichnet. Die Tätowierung auf seiner rechten Fußsohle zeigt das Hoheitszeichen seines traditionellen Feindes, des Königs der Insel Franko, den er auf diese Weise ständig in den Staub treten kann.

Herman Melville, *Mardi, and a Voyage Thither,* NY 1849.

DONDA-ARCHIPEL, südlich von ↗ SILHA im Atlantik gelegen. Die Bewohner der gleichnamigen Hauptinsel sind scheußliche Riesen mit einem Auge in der Stirnmitte. Sie essen nur rohes Fleisch und scheinen mit den Kyklopen (↗ KYKLOPENINSEL) entfernt verwandt zu sein.

Wenn Eltern oder Freunde eines Eingeborenen von Donda krank wer-

Helm des Königs von DOMINORA

den, befragen sie den Priester, ob sie sterben werden. Der wendet sich an ein Idol, und wenn der Geist des Idols die Frage bejaht, werden die Kranken erstickt, in Stücke geschnitten und bei einer Zeremonie, zu der Freunde und Spielleute geladen werden, feierlich verspeist.

Eine andere Insel des Archipels wird von ziemlich kleinen Leuten bewohnt, die die Augen an den Schultern tragen. Bemerkenswert sind zudem: ein Stamm von Flachgesichtern, die weder Nase noch Mund haben; Menschen mit so großen Lippen, daß sie in der Sonne schlafen und ihr Gesicht mit ihrer Unterlippe bedecken können; mundlose Zwerge, die Speise und Trank durch ein Loch oben auf dem Kopf zu sich nehmen; Leute, die auf allen vieren gehen, mit Häuten und Federn bedeckt sind und von Baum zu Baum springen wie die Affen; Hermaphroditen (möglicherweise eine Kolonie der ↗ HERMAPHRODITENINSEL); Leute, die auf ihren Knien gehen und acht Zehen an jedem Fuß haben. Es geht die Sage, daß alle diese Leute aus der Vereinigung von Frauen mit jenen Teufeln abstammen, die unter der Herrschaft des Riesen Nimrod, der Babylon erbaute, zur Erde kamen.

Jean de Mandeville, *Les voyages d'outre mer* (um 1357), Lyon 1480.

DOONHAM, ein Fluß, der das Marschland des ehemaligen Antan begrenzt, wohin sich einst Götter, Helden und Dichter begaben, nachdem sie ihre irdische Aufgabe erfüllt hatten. Prinzessin Evasherah war dazu verdammt, neuntausend Jahre in Gestalt eines Krokodils in diesem Fluß zu leben, weil sie ihrem Vater sechs Tropfen Wasser vom Schaum des Ozeans gestohlen hatte. Dieses Wasser besitzt die Kraft, allem, mit dem es in Berührung kommt, ewigwährende Stärke zu geben. Evasherah wollte es bei ihrem Liebhaber anwenden, aber er wurde von ihrem Vater ertränkt, ehe sie ihn erreichte.

Besucher des Doonham können Evasherah auf einem Ruhebett aus Alabaster liegen sehen; es ist mit grünem Atlas bezogen und goldbestickt und steht unter einem mit Feigenblättern, Perlen und Smaragden verzierten Baldachin. Manchmal erscheint die Prinzessin in ihrer Krokodilsgestalt, manchmal als Mensch, manchmal als Schmetterling mit glanzlosen Flügeln.

James Branch Cabell, *Something about Eve,* Ldn. 1927.

DIE DOPPEL-INSEL, wahrscheinlich im Indischen Ozean, besitzt die merkwürdige Eigenschaft, nach Belieben aufzutauchen und unterzugehn. Die einzig existierende Beschreibung der Doppel-Insel stammt von einem ägyptischen Seemann, der dort nach dem Untergang seines Schiffs durch Zufall an Land geriet.

Drei Tage lang durchwanderte der Seemann das Eiland, ohne auf eine Menschenseele zu treffen. Er ernährte sich von den reichlich vorhandenen Feigen, Trauben, Beeren und Melonen, von Fisch und Wild. Am dritten Tag grub er ein Loch und entzündete ein Freudenfeuer zu Ehren der Götter. Kaum hatte er das getan, hörte er ein Grollen, ähnlich wie Donner, die Bäume begannen zu schwanken, die Erde zitterte, und er sah eine hundert Meter lange Schlange mit einem zwei Meter langen Bart vor sich. Der Körper der Schlange hatte die Farbe von Lapislazuli und schien mit Gold eingelegt. Der Seemann warf sich zu Boden, die Schlange reckte sich vor ihm auf und fragte, wer ihn auf die Insel gebracht habe. Als sie von seinem Schiffbruch erfuhr, war die Schlange von Mitleid gerührt; sie nahm den Seemann ins Maul und trug ihn zu ihrem Nest, wo er fortan mit fünfundsiebzig anderen Schlangen lebte.

Die Schlange prophezeite, innerhalb von vier Monaten werde ein Schiff kommen und den Seemann finden. Zur vorausgesagten Zeit näherte sich ein ägyptisches Schiff der Insel. Der Seemann wurde gerettet, und plötzlich verschwand die Insel in den Wogen.

Georges Maspéro, *Les contes populaires de l'Égypte ancienne,* Paris 1899.

DORNRÖSCHENS SCHLOSS liegt in einem Königreich in Mitteleuropa. Es hat viele Säle, Zimmer, Wendeltreppen und alte Türme. In einem der Türme können Besucher ein altes Spinnrad bewundern, und in der Festhalle eine Sammlung von zwölf goldenen Tellern. Nach Aussage einiger Historiker wurde der Palast im frühen achtzehnten Jahrhundert während der Feierlichkeiten zu Ehren der Geburt einer Prinzessin von einer Zauberin mit einem Bann belegt. Sie war nicht zu dem Fest gebeten worden, weil es an einem dreizehnten Teller mangelte, und war deshalb ärgerlich. Ihr Zauberspruch bewirkte, daß sich die Prinzessin an ihrem fünfzehnten Geburtstag an der Spindel eines alten Spinnrads in den Finger stach und sofort in tiefen Schlaf fiel, und mit ihr der übrige Hof, die Tiere in den Ställen, der Wind in den Bäumen und die Fliegen im Sonnenlicht. Um das ganze Schloß wuchs eine undurchdringliche Dornenhecke. Verschiedene Prinzen, die von Dornröschen – so hieß die schlafende Prinzessin – gehört hatten und sie befreien wollten, blieben in den Dornen hängen. Erst hundert Jahre später durchdrang ein junger Prinz, dessen Ankunft in einem zweiten Zauberspruch einer anderen am Fest beteiligten Frau vorausgesagt worden war, das Dikkicht, fand die schlafende Prinzesssin und weckte sie mit einem Kuß. Der gesamte Palast erwachte aus dem Schlaf, der Prinz und Dornröschen wurden unverzüglich vermählt und leben seitdem glücklich und in Frieden.

Imitationen des Schlosses wurden später von König Ludwig von Bayern und Walt Disney aus Chicago gebaut.

Jacob und Wilhelm Grimm, *Dornröschen,* in *Kinder- und Hausmärchen,* Bln. 1812–1815.

DORPFWANGRANTI, ein Königreich auf einer großen Insel im südlichen Ozean. Die Bergbaukolonie von ↗ ALKOE stellt eine ihrer Grenzen dar.

Wörtlich übersetzt bedeutet der Name »Land der Fliegenden«. Die Wangranti werden nämlich alle mit einem *graundy* geboren, einem hautartigen Flügel, der durch Knorpel mit dem Rückgrat und den Gliedern verbunden ist. Wenn der *graundy* auseinandergefaltet ist, kann man damit durch die Luft segeln. Wird er nicht benötigt, so legt er sich in Falten um den Körper und hüllt ihn wie ein natürliches, halb durchsichtiges Gewand ein. Abgesehen von einem Band oder Kranz um den Kopf ist dies das einzige Kleidungsstück, das die Wangranti tragen. Körperlich ähneln sie Europäern, nur sind die Männer oder *glumms* alle ziemlich bartlos. Die Frauen oder *gawris* sind ausgesprochen hübsch.

In Dorpfwangranti wird weder Fleisch noch Fisch gegessen. Doch zwei Pflanzen, der *crullmott*-Baum

DORNRÖSCHENS SCHLOSS, *Südansicht*

und der *padsi*-Busch, tragen Früchte, die genau wie Geflügel und Fisch schmecken.

Verbrecher werden dadurch bestraft, daß man sie nach Crash Doorpt (wörtlich übersetzt »Land der Verstümmelten«) bringt, wo die Knorpel, die den *graundy* mit dem Körper verbinden, beschädigt werden, so daß diese Personen nie mehr fliegen können. Schwerere Verbrechen werden mit dem Tode bestraft: Der *graundy* des Übeltäters wird aufgeschlitzt, und dann wird er von einer Gruppe von *glumms* in die Lüfte getragen und fallengelassen.

Die Hauptstadt des Landes ist Brandlegvorp, eine Stadt, die man aus dem festen Felsgestein des Weißen Berges gehauen hat. Sie ist quadratisch und hat im Zentrum einen runden Platz. Das Quadrat und die Straßen sind tief in den Felsen eingeschnitten, fast auf gleicher Höhe mit der Ebene, die sich um den Berg erstreckt. Die riesigen Gebäude steigen senkrecht von diesen »unterirdischen« Alleen auf. Über ihnen erhebt sich das Gewölbe des Berginneren. Die Häuser betritt man durch runde Torbögen, die oft mit kunstvollen Ornamenten verziert sind. Im Innern führen kleinere Torbögen zu einer Reihe von ovalen oder runden Räumen. Die Möbel bestehen einfach aus Steinplatten, die stehengelassen worden sind, als das Haus ausgehöhlt wurde. Als Brandlegvorp erbaut wurde, waren Metallwerkzeuge im Land unbekannt, und die ganze Stadt wurde mit Hilfe einer grünlichen Flüssigkeit, die den Stein wegfrißt und ihn in ein weißes Pulver verwandelt, ausgegraben. Das Pulver kann später mit Wasser vermischt und dazu benutzt werden, Ornamente und dekorative Formen herzustellen.

Der Königspalast von Brandlegvorp nimmt ein Viertel der Stadt ein; man betritt ihn vom zentralen Platz aus, der von einem Säulengang und Statuen der alten Könige des Landes umgeben ist. Der prächtigste Raum ist die große Halle, in der die königlichen Audienzen stattfinden. Sie ist rechteckig, und in der Mitte ihrer Seitenwände befinden sich runde Torbögen. Die Giebel der Torbögen sind mit riesigen Skulpturen von *glumms* geschmückt. Im Abstand von zehn Schritt stehen Säulen, die bis zu der gewölbten, mit Ornamenten versehenen Decke hinaufreichen. Zwischen den Säulen befinden sich Relieftafeln, die die Schlachten und Heldentaten von König Begsurbeck darstellen, der im fünfzehnten Jahrhundert regierte und allgemein als einer der größten Monar-

chen der Stadt betrachtet wird. In der Mitte des Raums hängt eine Ansammlung von Lampen; andere Hängelampen sind in der Form der Sternbilder der südlichen Hemisphäre angeordnet. Die Lampen, die im Palast oder in der Stadt in Gebrauch sind, sind einfach Weidenkörbe, in denen *sweecoes* eingesperrt sind, leuchtende Geschöpfe, die ein klares, reines Licht ausstrahlen. Im Palast gibt es wie in der Stadt keine Treppen; leicht gekrümmte Schrägen von Naturstein führen zu höheren Etagen.

Etwa zweihundert Jahre nach dem Tod von König Begsurbeck trat für Dorpfwangranti die unruhigste Periode seiner Geschichte ein, eine Periode, die von einem *ragan* oder Priester noch während der Herrschaft des großen Königs prophezeit worden war. In der westlichen Provinz Gauingrunt brach eine Revolution aus und bedrohte die Existenz des Königreichs als staatliche Macht. Das von den Rebellen aufgebaute Netzwerk von Spionen und Agenten war so groß, daß sogar die Verwandten des neuen Königs und seine Geliebte in Intrigen gegen ihn verwickelt waren. Der alten Prophezeiung entsprechend waren der König und seine treuen Anhänger zu machtlos, um die Situation zu retten. Die Prophezeiung besagte außerdem, daß das Königreich durch einen Mann gerettet werden würde, der nicht fliegen könne und auf dessen Gesicht Haar wachse und der die Rebellen durch Feuer und Rauch vernichten werde. Auch die Religion des Landes werde wechseln.

Die Prophezeiung erfüllte sich, als ein Engländer, Peter Wilkins, ins Land kam. Wilkins hatte viele Jahre lang auf der Insel Graundolet gelebt, wo er mit einer jungen *gawri*, zusammentraf, die ihren *graundy* beschädigt hatte und auf der Insel gestrandet war. Sie wurde Wilkins' Frau und lebte jahrelang mit ihm zusammen, bevor sie in ihre Heimat zurückkehrte. Ihre Verwandten besuchten Wilkins, erzählten ihm von der Situation in ihrem Land und von der Prophezeiung und überredeten ihn, mit ihnen dorthin zu kommen. Wilkins kam auf einem Stuhl, den eine Reihe von *glumms* durch die Luft trugen, in seine neue Heimat und wurde sofort als Befreier begrüßt. Wie prophezeit worden war, vernichtete er die Rebellen durch Feuer und Rauch, indem er eine Kanone von seinem Schiff mitbrachte, das an der Küste von Graundolet gestrandet war. Das gegen Soldaten, die nur mit Keulen und Piken bewaffnet waren, eingesetzte Geschützfeuer hatte eine ungeheure

Wirkung. Mittels Argumentation bekehrte Wilkins den König und viele der führenden Bürger des Landes zum Christentum; daraufhin folgte der Rest der Bevölkerung ihrem Beispiel.

Unter Wilkins' Einfluß fanden große Veränderungen im Land statt. Alkoe wurde kolonisiert und nicht mehr als der Sitz des Teufels betrachtet. Die Erkenntnis, daß der Berg nicht ein Ort des Bösen war, verringerte die traditionelle Angst vor Feuer und hellem Licht, die dem Leben der Swangeans so viele Beschränkungen auferlegt hatte; wegen dieser Ängste hatten sie immer in Halbdunkel gelebt und hatten zum Kochen nie Feuer benutzt, sondern ihre Nahrung einfach an den heißen Quellen erhitzt, die sich unterhalb der Hauptstadt befinden. Aufgrund der Metalle, die in Alkoe abgebaut wurden, führte man in Dorpfwangranti auch zum erstenmal eine Währung ein. Schließlich wurde unter Wilkins' Aufsicht mit dem Bau einer neuen Stadt auf der Ebene begonnen.

Wilkins verbrachte viele Jahre in Dorpfwangranti, lebte glücklich mit seiner Frau und seinen Kindern und genoß in seiner Wahlheimat Ruhm und Ehre. Doch nach dem Tod seiner Frau bekam er immer stärkeres Heimweh nach England. Schließlich verließ er das Land und wurde von einer Gruppe von *glumms* auf seinem Stuhl durch die Luft davongetragen. In der Nähe von Kap Horn ließen sie ihn in Sichtweite eines Schiffes aufs Meer nieder, und er wurde aufgenommen und sicher nach England zurückgebracht.

Dorpfwangranti ist nicht die ursprüngliche Bezeichnung des Landes. Es hieß früher Normedbdgosutt, aber dies wurde als Zeichen der Achtung gegenüber Wilkins geändert, der wegen seiner Ausspracheschwierigkeiten des alten Namens den neuen vorschlug.

Robert Paltock, *The Life and Adventures of Peter Wilkins, a Cornish Man...*, Ldn. 1783.

DOTANDCARRYONE (das bedeutet: »Die Einer hinschreiben und die Zehner addieren«) ist der Name einer Kleinstadt im Staat Apodidraskiana (USA). Bewohnt wird sie von Leuten, die aus den verschiedensten Gründen von anderswo weggelaufen sind. Als führender Bürger der Stadt gilt Timothy Touchandgo (was soviel wie »Noch mal gutgegangen« bedeutet). Der einstige Londoner Bankier, der mit der Kasse durchging und deshalb bei seinen Mitbürgern in Dotandcarryone in hohem Ansehen steht, ist Inhaber des dortigen Bankgeschäfts, besitzt fünftausend Morgen Land und druckt Geldscheine (denn die Stadt hat ihre eigene Währung). Gemeinsam mit seinem Mitarbeiter Robthetill (»Raub die Kasse aus«) bewohnt er eine luxuriöse Villa, die er sich von seinen Sklaven bauen ließ.

In dem Städtchen herrscht ein rauher Ton. Kulturelle Veranstaltungen finden nicht statt. Die wohlhabendsten Einwohner sind die Methodistenpfarrer, die Sklavenhändler und die Papiergeldhersteller. Unliebsame Besucher werden von freiwilligen »Ordnungshütern« so lange gepiesackt, bis sie die Stadt verlassen. Die dort geltenden Gesetze sind höchst merkwürdig. Im Gerichtssaal darf man mit dem Vorsitzenden Wetten über den Ausgang des Prozesses abschließen, es ist aber auch gestattet, den Richter tätlich anzugreifen, wenn man mit seiner Verhandlungsführung nicht einverstanden ist.

Thomas Love Peacock, *Crotchet Castle,* Ldn. 1831.

DRACHENINSEL, eine Insel, die von Caspian X. von ↗NARNIA im vierten Jahr seiner Herrschaft entdeckt und benannt worden ist. An dieses Ereignis erinnert noch eine Inschrift, die sich auf einer Klippe in der Bucht befindet, in der sein Schiff vor Anker ging.

Die Insel ist bergig mit tiefen Buchten, die den Fjorden Norwegens ähneln; häufig enden sie in einer Schlucht, in die sich ein Wasserfall ergießt. Die geringe ebene Bodenfläche der Insel ist mit Zedern und anderen Bäumen bedeckt. Trotz ihrer Schönheit macht die Insel einen wenig einladenden Eindruck und scheint mit Ausnahme von einigen wilden Ziegen unbewohnt zu sein.

Die Dracheninsel verdankt ihren Namen den Ereignissen, die hier stattfanden, als König Caspians Gefolge an Land ging, um Wasser zu schöpfen. Einer der Gruppe, ein etwas schwieriges Kind namens Eustachius, wollte sich um die Arbeit drücken und machte sich auf in die Berge. Im Inselinnern traf er auf einen sterbenden Drachen. Um sich vor dem Regen zu schützen, betrat er dessen Höhle, fand darin seinen Schatz und schlief ein. Nachdem er eine Nacht auf einem Drachenschatz geschlafen und davon geträumt hatte, fand er sich, als er morgens aufwachte, in einen Drachen verwandelt. Da er auch die kannibalistischen Gewohnheiten dieser Art angenommen hatte, machte er sich daran, das Fleisch des toten Drachen zu fressen. Eustachius versuchte, seine menschliche Gestalt wiederzugewinnen, indem er mit seinen großen Klauen an seinen Schuppen riß. Er wurde schließlich von Aslan, dem Schöpfer von Narnia, in sein früheres Selbst zurückverwandelt. Aslan zog die Drachenhaut ab und tauchte den Knaben in einen Teich mit köstlichem Wasser, um seine Schmerzen zu lindern. Nach dieser zweiten Verwandlung wurde Eustachius ein viel gehorsameres Kind.

Eines der Armbänder, die im Schatz des Drachen gefunden wurden, trug eine fragmentarische Inschrift, die Lord Octesian zugeschrieben wird; dieser war einer der sieben Herren von Narnia, die durch den Tyrannen Miraz ins Exil verbannt worden waren. Es wird angenommen, daß Octesian entweder von einem Drachen getötet oder selbst in einen Drachen verwandelt worden ist.

Clive Staples Lewis, *The Voyage of the »Dawn Treader«,* Ldn. 1952.

DRACHENINSELN, eine Gruppe von kleinen Inseln, Felsen und Klippen im westlichen Teil des ↗ERDSEE-Archipels, südwestlich von ↗SELIDOR gelegen. Reisenden wird geraten, diese Gegend zu meiden, zum Teil wegen der gefährlichen Felsen und zum Teil wegen der Drachen, die sich hier aufhalten.

Die Inselgruppe besteht aus einem Gewirr von engen Kanälen, die um die Klippen und Inseln herumführen. Einige der Riffe dieser Inseln sind halb von den Wellen und von Entenmuscheln und Seeanemonen bedeckt und sehen wie seltsame Seeungeheuer aus, die sich im blauen Wasser wälzen. Andere erheben sich glatt wie Berggipfel oder von Menschenhand gefertigte Türme und Bögen. Die höheren Felsen haben phantastische Formen – Eberrücken und Schlangenköpfe. Ein großer Fels scheint, besonders wenn man ihn von Süden her betrachtet, die Schultern und den Kopf eines Mannes zu zeigen; doch von Norden her sieht er nur aus wie ein Kliff, in das die anbrandenden Wellen eine große Höhlung gewaschen haben. Mit den ansteigenden und abfallenden Wogen scheint das Meer in der Nähe des Felsens zu sprechen. Einige Reisende sagen, daß es die Silbe *ahm* artikuliere, die in der alten Sprache von Erdsee »der Beginn« oder »vor langer Zeit« bedeutete. Andere sagen, daß es mehr nach *ohb* klingt, was »das Ende« hieße.

Hinter diesem Felsen wird das Wasser tiefer, und die schwarzen Klippen einer der höchsten Inseln – Kalessins Horst genannt – ragen neunzig Meter hoch über das Wasser. Diese Klippen erinnern an Zylinder oder Säulen aus Fels, die durch starke geologische Kräfte zusammengepreßt worden sind und der ganzen Insel das Aussehen eines großen schwarzen Turmes geben.

Ursula K. Le Guin, *A Wizard of Earthsea,* NY 1968. – Dies., *The Tombs of Atuan,* Ldn. 1972. – Dies., *The Farthest Shore,* Ldn. 1973.

DRACULAS SCHLOSS liegt in den Karpaten, in der Nähe von Bistritz (ungarisch Beszterce), einer alten Stadt in der ostungarischen Grafschaft Beszterce-Naszod. Täglich um drei Uhr nachmittags fährt eine Kutsche von Bistritz (wo das ausgezeichnete Hotel »Zur Goldenen Krone« zu empfehlen ist) über Jail, Borgoprund, Maros Borgo, Tihucza hinauf zum Borgo-Paß, etwa vierhundert Meter über dem Meeresspiegel. Hier kommt eine Kutsche des Grafen Dracula dem Reisenden entgegen und setzt ihn um Mitternacht im Schloß ab. Dieses ist am Rand

DRACULAS SCHLOSS, *Westansicht*

eines schauerlichen Abgrunds erbaut, und von drei Seiten völlig uneinnehmbar. Der westliche, nicht mehr bewohnte Flügel ist komfortabler als die anderen Teile. Aus seinen Fenstern erblickt man ein tiefes Tal und in der Ferne hohe schroffe Bergspitzen. Die Kapelle, wiewohl Ruine, ist von einigem Interesse, denn sie enthält Särge von Graf Dracula und anderen Mitgliedern seiner Familie. Diese Särge dienen den Vampiren tagsüber als Ruheplatz, und es ist nicht ratsam, die Kapelle bei Nacht aufzusuchen. Besuchern wird empfohlen, das übliche Aufgebot an Silberkreuzen, Knoblauchzöpfen und hölzernen Pfählen und Hämmern mit sich zu führen, die sich in den vielen Jahren, seit das Schloß Touristenattraktion ist, mit Erfolg bewährt haben.

Bram Stoker, *Dracula*, Westminster 1897.

307 (Dreinullsieben), eine Felseninsel der Aleuten. Alles was heute davon übriggeblieben ist, sind eine Masse ausgeglühter Felsen und ein riesiger Krater. Vor nicht vielen Jahren war 307 jedoch eine schöne, fruchtbare Insel. Nach der Entdeckung von JL 3, einem Unsterblichkeitsvirus, durch einen indischen Wissenschaftler, wurde die Insel als Quarantäneort für alle jene benutzt, die sich mit Unsterblichkeit infiziert hatten. Die besten Chemiker und Biologen der Welt kamen nach 307 und versuchten, ein Gegenmittel zu finden. Eilig wurden unterirdische Laboratorien eingerichtet, und die Wissenschaftler verabreichten JL 3 allen Tieren und Pflanzen der Insel, in der Hoffnung, dadurch einen Gegenimpfstoff entwickeln zu können. Flora und Fauna entwickelten sich jedoch zu üppiger Schönheit und Gesundheit. Die auf der Insel geborenen Kinder wuchsen zu prächtigen Jugendlichen heran und beschworen durch ihre Liebessehnsucht die Überbevölkerung der Insel herauf. Empfängnisverhütende Mittel wurden eingeführt, aber die Frauen weigerten sich, sie zu nehmen. Über die Insel brachen Chaos und Gewalttätigkeit herein, und schließlich, um eine Verseuchung anderer Länder durch fliehende Unsterbliche zu verhindern, faßten die Regierungen der übrigen Welt den schwerwiegenden Entschluß, 307 zu bombardieren. Niemand weiß, was danach aus den Unsterblichen geworden ist.

René Barjavel, *Le grand secret*, Paris 1973.

DREXARA, eine verlassene Gegend jenseits des Appalachengebirges in Nordamerika. Das Gebiet ist bewaldet, gebirgig, reich an Wild und wird von wandernden Indianerstämmen bewohnt. Reisende sollten wissen, daß diese Indianer als die wildesten aller Eingeborenen-Stämme gelten und daß Menschenfleisch für sie die größte Delikatesse unter allen Fleischsorten ist. Sie verkaufen auch ihre Gefangenen an spanische Sklavenhändler und tauschen Spirituosen und andere Genußmittel dagegen ein.

Abbé Antoine-François Prévost, *Le philosophe anglois ou Histoire de Monsieur Cleveland...*, Utrecht 1731.

DRIMONIA, europäisches Land von ungewisser geographischer Lage, vielleicht auf dem Balkan. Um es zu erreichen, muß man nach Angaben von Signor Olindi Lindi, dem Verfasser des *Reiseführers von Drimonia*, Norditalien, Jugoslawien und einige andere Länder durchqueren. Die praktischen Informationen in Lindis Führer sind knapp, ausführlich jedoch seine linguistischen Betrachtungen. Es muß gesagt werden, daß der Reisende nur zwei wesentliche Ausdrücke zu lernen braucht. Der erste ist *trunca*, was in etwa »ja« heißt, in der wörtlichen Übersetzung jedoch »Wenn dies der Wille des großen und mächtigen Oskutchawa ist, so sei es mein Wille ebenso« bedeutet. Der neugierige Reisende, der sich erkundigt, wer dieser große Oskutchawa sein mag, wird verschiedene Antworten erhalten. Nichts Sicheres ist bekannt. Einige glauben, daß Oskutchawa ein sehr altes Idol ist, dessen Kult vor vielen Jahrhunderten aufgegeben wurde. Andere sagen, daß er ein Prophet war, der von den Wölfen verschlungen wurde, als er sie zu einer vegetarischen Ernährung bekehren wollte. Nach einer wahrscheinlicheren Hypothese war er ein Vagabund, der gegen Ende des achtzehnten oder zu Beginn des neunzehnten Jahrhunderts lebte, ein starker Trinker und Verfasser satirischer Lieder, der dem barbarischen Brauch jener Zeit entsprechend schließlich auf dem Schafott endete.

Das zweite Wort, das zu lernen ist, ist *narta*, das allgemein mit »nein« übersetzt wird und wörtlich »Da ich nicht wissen kann, ob es heute oder morgen regnen wird, kann ich nicht für meine Antwort bürgen« heißt. Einige besonders pedantische Philologen bestehen darauf, daß man dieser Übersetzung die Worte »trotz allem, was immer ich sagen mag« hinzufügt, aber diese Variante ist durch Belege in der einschlägigen Literatur nicht hinreichend gesichert und kann deshalb vernachlässigt werden.

Lia Wainstein, *Viaggio in Drimonia*, Mailand 1965.

DSCHINNISTAN, ein geheimnisvolles Land im Norden von El Hadd. Kaum jemand hat es je besucht, so fern ist es und so schwierig zu erreichen. Ein Ring von Vulkanen umgibt es, die im Süden bis zum Dschebel Allah reichen. Jenseits von Dschinnistan sollen nach der Legende die Tore zum irdischen Paradies liegen. Sie öffnen sich alle hundert Jahre einmal für diejenigen, die den Frieden suchen. Gleichzeitig sehen die Menschen bis hinunter ins ferne ↗ USSULISTAN das Licht der um Dschinnistan herum ausbrechenden Vulkane.

Der Mir, der Herrscher von Dschinnistan, hat sich den Frieden zur Aufgabe gemacht. Als die kriegslüsternen Herrscher von ↗ ARDISTAN einen Feldzug gegen ihn zu unternehmen versuchten, trocknete der in Dschinnistan entspringende Fluß Ssul aus oder floß zurück zu seinem Ursprung, noch bevor er El Hadd erreichte – wie einige Historiker behaupten. Die Länder unterhalb des Vulkangebirges wurden zu Steppen und Wüsten. Allerdings hatte der Mir von Dschinnistan dort vorsorglich geheime Wasserreservoirs angelegt, um denen das Überleben zu sichern, die sich für den Frieden einsetzen wollten. Dschinnistan selbst sandte Boten des Friedens bis nach Ussulistan.

Namen in Dschinnistan sind wörtlich zu nehmen. Sie bezeichnen immer ganz genau den Charakter, die Beschäftigung und den Beruf ihres Trägers. So widmet sich zum Beispiel ein Mädchen, das Merh-Meh, »Mitleid«, heißt, ihr ganzes Leben hindurch guten Werken. Nur der Mir hat keinen eigentlichen Namen. Sein Titel, eine Abkürzung von »Emir«, bedeutet »Herr« und beschreibt seinen Charakter und seine Funktion vollkommen.

Ein besonderer Brauch in Dschinnistan: Die Bewohner verhüllen ihre Gesichter, wenn sie einen Schwur ablegen, und nehmen den Schleier erst dann wieder ab, wenn der Schwur erfüllt ist.

Karl May, *Ardistan*, in *Ges. Reiseerzählungen*, Bd. 31, Freiburg i..B. 1909. – Ders., *Der Mir von Dschinnistan*, in *Ges. Reiseerzählungen*, Bd. 32, Freiburg i. B. 1909.

DSCHUNUBISTAN, ein fruchtbares und reiches Land, das an ↗ TSCHOBANISTAN grenzt. Nur wenige Fremde sind je hierhergekommen, und die geringen Kenntnisse, die man über dieses Land besitzt, stammen von Reisenden aus Dschunubistan selbst. Sie fallen durch ihre prunkvolle Kleidung auf und tragen mit Perlen besetzte Turbane.

Dschunubistan ist eine Kastengesellschaft, und das Kastensystem beherrscht den größten Teil des Alltagslebens. Eine Mahlzeit, die von einem Mitglied einer niederen Kaste für das einer höheren bereitet wird, muß zum Beispiel erst von einem Priester geweiht werden. Nie essen die Mitglieder höherer Kasten mit denen einer niederen zusammen, man befürchtet, sich anzustecken. Die Religion von Dschunubistan ist eine Abart des Buddhismus. Der Hohepriester, der Maha-Lama, ist für die Dschunub die Verkörperung Gottes.

Mit Hilfe von Intrigen und Verrat wollten die Herrscher von Dschunubistan ihrem Land sowohl ↗ USSULISTAN wie auch Tschobanistan einverleiben. Doch die Ussul konnten ihnen in der Landenge von Chatar Einhalt gebieten, und sie mußten sich ergeben. Die Kriegsgefangenen wurden zur Zwangsarbeit für ein Waldrodungsprojekt in Ussulistan eingesetzt.

Die Dschunub sind nicht gerade beliebt bei ihren Nachbarn. Sie gelten als arrogant und faul, da sie so von Reichtum und Wohlstand verwöhnt sind. Außerdem ist es den meisten Fremden unangenehm, daß man in Dschunubistan aus Höflichkeit und zum Zeichen des Wohlergehens zum Essen laut rülpsen und schmatzen muß.

Karl May, *Ardistan*, in *Ges. Reiseerzählungen*, Bd. 31, Freiburg i. B. 1909. – Ders., *Der Mir von Dschinnistan*, in *Ges. Reiseerzählungen*, Bd. 32, Freiburg i. B. 1909.

DÜRANDE, nicht weit von Marseille über einem Waldtal gelegen, ist das Stammschloß der Grafen von Dürande.

Noch unter dem letzten Grafen, Hippolyt von Dürande, schmückten steinerne Ritter das Tor an der Zugbrücke. Graue Türme, von deren Zinnen man einen weiten Blick ins Land hatte, ragten empor, ein Garten mit abgezirkelten Blumenbeeten, Wasserspielen und wunderlich verschnittenen Baumfiguren umgab das Schloß. Im Ahnensaal, der mit Spiegeln, Schränken und Marmortischen ausgestattet war, wurden die alten Chroniken aufbewahrt. Besonderheit war eine alte Flötenuhr, die jede Viertelstunde eine Partie aus einer Opernarie spielte. Nicht weit entfernt im Tal steht ein Jägerhaus, Wohnsitz des jeweiligen im Dienst des Grafen stehenden Jägers, und – mitten im Wald – ein Nonnenkloster.

Im Zuge der französischen Revolution zogen plündernde Horden durch das Schloß; durch Brandstiftung eines Lebensmüden explodierte der Eckturm, in dem das Pulver aufbewahrt worden war, und das Schloß wurde schwer beschädigt.   G. W.

Joseph Freiherr von Eichendorff, *Das Schloß Dürande*, in *Urania. Taschenbuch auf das Jahr 1837*, Lpzg. 1837.

DIE DUFTENDE INSEL ist ein Eiland, auf dem alles empfindsam ist. Sie ist von Sternkorallen umgeben, die sich sofort zurückziehen, wenn sich jemand nähert.

Die Insel ist eine Monarchie. Hauptfunktion des Königs ist es, seinem Volk die Inselgötter zu bewahren. Eine Gottheit ist mit drei Nägeln am Mast des Königlichen Boots befestigt; sie ähnelt einem dreieckigen Segel oder einem getrockneten Fisch aus dem Norden. Ein anderer Gott bekrönt das Haus der Königlichen Frauen: Zwischen den verschlungenen Hinterteilen und jungen Brüsten zweier Sibyllen bestätigt er die Doppelformel des Glücks: »Seid verliebt« und »seid geheimnisvoll«.

Wenn der König am Ufer entlanggeht und singt oder im Holz die Triebe beschneidet, die die Götterfiguren entlang des Strandes entstellen, verstecken sich seine Frauen in den Betten aus Angst vor dem Totengeist und vor dem duftenden Porzellanauge einer großen Lampe, die immer in ihrem Zimmer brennt. Wenn er nicht spazierengeht, ist der König gewöhnlich in seinem Bett zu finden, nackt – außer einem blauweißen Diadem, das er um die Hüften trägt. Er versucht dadurch, einem römischen Wagenlenker ähnlich zu sein und beschreibt sich selbst als »mit dem Blau des Himmels und dem Grün des Grases drapiert«. Seine beiden größten Schätze sind eine siebensaitige Kithara und eine süßduftende Lampe, die Besucher manchmal bewundern dürfen.

Alfred Jarry, *Gestes et opinions du docteur Faustroll, pataphysicien…*, Paris 1911.

DUN VLECHAN, ein hochgelegenes bewaldetes Gebiet im Norden von ↗ POICTESME.

Tief in den Wäldern steht eine altersgraue Hütte auf den Knochen der vier Füße großer Vögel. Die Ecken der Hütte sind wie der Kopf eines Löwen, eines Drachen, eines Basilisken und einer Natter geformt; sie gelten als Symbole für das Elend fleischlicher und geistiger Sünde, Hochmut und Tod. Die Wände im Innern sind mit naiven Fresken geschmückt. In jeder Ecke des Raums steht ein neunfarbiger Schirm mit Silbergriff. Der bedeutendste Gegenstand ist aber ein Kürbis, der neben der Tür steht.

Diese Hütte ist die Heimstatt des Elends der Welt, das auch *Beda* oder *Krutschina* genannt wird. Reisende können das »Elend« herbeizitieren, indem sie eine Kerze unter jeden Schirm stellen, die vorgeschriebene Suppe zubereiten und rufen, das Abendessen sei fertig. Dann erscheint ein abgeschlagener Kopf und bittet um Einlaß. Elend ist ein Haupt aus weißem Lehm, das von der Erschaffung der Welt übrigblieb. Es heißt, die Formung des Elends sei unterbrochen worden, weil der Sabbath begann; der Schöpfer als orthodoxer Jude arbeitete an diesem Tag nicht, und so blieb das letzte Stück Schöpfung unvollendet. Tagein tagaus geht Elend um, zerstört Königreiche und verbreitet mißgünstige Kunde. Nachts kehrt es in die Hütte zurück und überläßt sein Wirken einem gewissen *Phobetor*. Elend ist nichts als Kopf ohne Herz und daher gänzlich ohne Mitleid. Sein Reich ist das Leben insgesamt; der Schrei jedes Neugeborenen ist ein Schwur auf das Elend. Elend ist gesellig, aber jeder Tag, den man mit ihm zubringt, entspricht einem Jahr in der Gesellschaft von Menschen.

Reisende müssen wissen, daß in den Wäldern von Dun Vlechan verschiedene seltsame Geschöpfe spuken, die in Elends Reich eingedrungen sind und dabei den Verstand verloren haben.

James Branch Cabell, *Figures of Earth…*, NY 1921.

DUNWICH, ein Dorf in Massachusetts in den Vereinigten Staaten. Nimmt der Reisende an der Kreuzung des Aylesbury Pike, gleich nach Dean's Corners, die falsche Abzweigung, gelangt er in ein einsames und seltsames Land. Der Boden steigt an, die Bäume erscheinen übergroß, und die wilden Kräuter, Dornsträucher und Gräser erreichen eine Üppigkeit, wie man sie in bewohnten Gegenden selten findet. Dabei fällt auf, daß die Felder kaum bebaut sind und wie unfruchtbar daliegen, auch die weit verstreuten Häuser machen einen erstaunlich einheitlichen Eindruck von Alter, Verwahrlosung und Verfall. Ohne zu wissen warum, fragt der Reisende die knorrigen, einsamen Gestalten, die man hie und da auf morschen Türschwellen oder in den abschüssigen, mit Steinen übersäten Feldern ausmachen kann, nur ungern nach dem Weg. Wenn die Straße ansteigt und über den tiefen Wäldern die Berge in Sicht kommen, steigert sich das Gefühl seltsamen Unbehagens. Tiefe Schluchten und Abgründe unterbrechen die Straße, und die rohen Holzbrücken scheinen alle nicht viel Sicherheit zu versprechen. Wenn die Straße wieder fällt, kommen Strecken von Marschland, die dem Reisenden gefühlsmäßig nicht geheuer sind, dort schreien unsichtbare Ziegenmelker, und wie nirgends sonst steigen ganze Wolken von Glühwürmchen auf, um zum schrillen Gesang der Ochsenfrösche zu tanzen.

Es ist auch nicht beruhigend, zu sehen, daß die meisten Häuser an der Straße verlassen sind und verfallen und daß die Kirche mit dem geborstenen Turm jetzt den schlampigen Kaufmannsladen des Örtchens beherbergt. Ein schwacher, übler Geruch von jahrhundertealter Fäulnis und Verwesung dringt in die Nase des Besuchers, und später wird man ihm sagen, daß er Dunwich passiert hat.

Hier wurde auch ein entsetzliches Geschöpf einem Mitglied der Familie Watheley geboren, ein gräuliches Monstrum von grenzenloser Häßlichkeit. Diese Kreatur war wirklich einzigartig – eine Art riesiges Ei mit zahllosen Beinen und Rüsseln. Ein einzelner Blitzschlag fuhr vom Himmel und tötete sie. Darauf erfüllte ein unbeschreiblicher Gestank das Land; Bäume, Gras und Gebüsch wurden wütend gepeitscht, das Laub welkte zu einem merkwürdigen, kränklichen Gelb-grau, und Felder und Wälder waren von den Kadavern toter Vögel bedeckt. Der Gestank wich rasch, aber das Land um Dunwich wurde nie mehr wie zuvor.

Howard Phillips Lovecraft, *The Dunwich Horror,* in *The Outsider and Others,* Sauk City 1939.

DYLATH-LEEN, eine große und sehr bevölkerte Stadt in ↗ TRAUMWELT, an der Küste des Südmeeres, nahe der Mündung des Skai. Hauptsächlich aus Basalt erbaut, wirkt Dylath-Leen mit seinen schmalen, eckigen Türmen aus der Ferne wie ein Bruchstück des Giant's Causeway in Irland. Seine Straßen sind dunkel und wenig einladend. In der Nähe der Werften gibt es viele trostlose Tavernen, und die ganze Stadt ist ein einziges Gedränge von fremden Seeleuten aus allen Ländern der Erde.

Es ist schwer für den Reisenden, in den Tavernen eine Auskunft zu bekommen, da die Händler und Matrosen im Flüsterton von nichts anderem sprechen, als von gewissen schwarzen Galeeren. Diese Galeeren legen, mit Rubinen aus einem unbekannten Hafen beladen, an den Docks von Dylath-Leen an, und die Menschen der Stadt schaudern allein schon bei dem Gedanken, sie am Horizont erscheinen zu sehen. Die Männer der Besatzung haben Münder, die etwas zu groß sind; sie tragen ihre Turbane auf eine besonders unangenehme Art in zwei Spitzen über der Stirn und haben so kurze und seltsame Schuhe, wie man sie sonst in Traumwelt nirgends findet. Was die Bürger von Dylath-Leen am meisten erschreckt, sind aber die unsichtbaren Ruderer. Jede Galeere hat drei Ruderbänke, und die Ruder bewegen sich allzu flink und genau und kräftig. Die Bevölkerung findet es nicht richtig, daß ein Schiff wochenlang im Hafen bleibt, während die Kaufleute ihren Handel treiben und man keinen Zipfel der Mannschaft zu sehen bekommt. Sie finden es auch ungerecht den Wirten und Gemüsehändlern und Metzgern gegenüber, daß nie auch nur ein Krümel an Proviant jemals an Bord gebracht wird. Im Tausch gegen ihre Rubine nehmen die ungeliebten Kaufleute nur Gold und kräftige, schwarze Sklaven, nie etwas anderes.

Reisende müssen wissen, daß der Geruch, den der Südwind von den Galeeren herüberträgt, so schlecht ist, daß nur die hartgesottensten Seeleute ihn ertragen können.

Howard Phillips Lovecraft, *The Dream Quest of Unknown Kadath,* in *Arkham Sampler,* Sauk City 1948.

E

DIE EBENE VON THESSALIEN überlagert die gleichnamige griechische Landschaft – ja es gibt sogar Wissenschaftler, die behaupten, man könne die beiden Thessalien gar nicht voneinander unterscheiden. Unser Informant beschwört das Gegenteil:

Wer sich nämlich in der Nacht des 9. August (dem Jahrestag der Schlacht zwischen Caesar und Pompeius 48 v. Chr. bei Pharsalos) am Peneios und an der Küste des Ägäischen Meeres aufhalte – so behauptet er –, könne die antike Walpurgisnacht erleben. In dieser Nacht sei die Landschaft nicht mehr mit dem sonnigen Thessalien identisch, sondern der Willkür der antiken Geister ausgeliefert, die sich alljährlich einmal zu immer gleichem Treiben hier versammeln. Nicht die olympischen Götter treffen sich, sondern die in der Hierarchie tiefer stehenden Geister und die archaischen mythischen Gestalten.

Die Gegend besteht aus vier Bereichen: den Pharsalischen Feldern (dem Ort der Schlacht), den Gebieten des Oberen und des Unteren Peneios und den Felsbuchten des Ägäischen Meers. Die Pharsalischen Felder sind eine dunkle Ebene, in der sich die Zelte der Soldaten jener Schlacht schemenhaft abzuzeichnen scheinen. Um die Wachfeuer versammeln sich die Geister der antiken Sagen. Mit dem aufgehenden Mond verändert sich die Szene. Die Zelte verschwinden als Trugbilder. Im Glanz des Mondscheins brennen jetzt blaue Feuer, ein Labyrinth von Flammen.

Wer in dieser Nacht von hier aus zum oberen Peneios wandert, kommt in eine düstere, bergige Gegend mit kahlen, schroffen Felsschluchten und bizarren vulkanischen Formationen. Die Gegend wird von Erdbeben erschüttert. Seismos, der neue Bruder des Atlas, verschiebt die Gesteine, drückt sie nach oben. Ein neuer Berg wird geboren, der sich bald mit Pflanzen und Tieren belebt. Sein Gestein ist goldhaltig. Sofort ziehen Greife (Mischwesen aus geflügeltem Löwenkörper und Adlerkopf, die geizigen Hüter aller Schätze), Arimaspen (ein mythisches einäugiges Volk, das mit den Greifen ständig im Kampf liegt), Ameisen, Pygmäen und Daktyle (Däumlinge) heran, um die Metalle zu bergen. Die Pygmäen rüsten zum Krieg, unterdrücken das kleinere Volk und morden friedliche Reiher, um sich mit ihren Federn zu schmücken. Die Kraniche rächen die Reiher, und bald sind Wasser und Land mit dem Blut von Opfern und Tätern bedeckt. Kampf und Mord toben, nur die Sphingen ruhen bedächtig ewig, schauen zu und verziehen keine Miene. In der Luft singt und krächzt, zischt und saust es von Sirenen (Vogelkörper mit Mädchengesichtern, gierig nach Blut und

Liebesgenuß), Stymphaliden (riesenhafte Raubvögel, die ihre Federn als Pfeile benutzen), und den Köpfen der lernäischen Schlange (Hydra). Daneben locken tanzend und gaukelnd die Lamien (schöne Frauenkörper, in denen blutrünstige Geister stecken, die sich in alle möglichen Gestalten verwandeln können) mit reizenden Gesichtern und werden zu häßlichen Schreckgespenstern, wenn man sie umarmt. In einer Höhle lauern die Porkyaden, die drei uralten Töchter des Meergreises Phorky. Sie haben alle drei zusammen nur ein Auge und einen Zahn in wechselseitiger Benutzung, häßlichste Inkarnationen des Chaos.

Wandert man zum unteren Peneios, wird die Landschaft sanfter und freundlicher. Der Pflanzenwuchs nimmt zu. Bald gelangt man an liebliche Flußufer und auf idyllische Lichtungen. Im ruhigen Wasser singen die badenden Nymphen zwischen Schilf und Rohr. Büsche und Zweige wiegen sich sanft. Majestätisch ziehen Schwäne ihre Bahn.

Weiter östlich liegen die Felsbuchten des Ägäischen Meeres im hellsten Mondesglanz. Das Licht vermischt sich mit dem Dunst von Luft und Wasser. Auf den Klippen lagernd, singen die Sirenen. Aus dem seichten Wasser tauchen Nereiden (Meernymphen) und Tritonen (Meergötter, Fischmänner) auf. Sie bringen für das große kultische Seefest, den Höhepunkt der Walpurgisnacht, die Kabiren, die Gottheiten von Samothrake (Insel vor der thrakischen Küste), herbei. Sie werden getragen auf Cheloneus' (Riesenschildkröte) Schild. Wenn der Mond im Zenit stehen bleibt, beginnt der festliche Zug auf dem Wasser mit den Kabiren, die die See spiegelglatt halten. Es folgen die Telchinen, die Urbewohner von Rhodos, mit Neptuns Dreizack auf Hippokampen (Fischpferden) reitend, dann die Psyllen und Marsen (mythische Volksstämme aus Libyen und Italien) auf Meerkälbern und -widdern. Danach folgen die Doriden, die fünfzig Töchter des Meergotts Nereus und der Doris, der Tochter des Okeanos, die auf Delphinen reiten. Den Höhepunkt des Zuges bildet Venus' Muschelwagen und -thron, von Delphinen gezogen. Auf ihm sitzt die schönste der fünfzig Töchter, Galatea, von weißen Tauben begleitet, den Vögeln der Aphrodite. Rasch zieht der glänzende Wunderspuk vorüber. Mit dem ersten Morgengrauen ist alles vorbei. M.W.
Johann Wolfgang von Goethe, *Faust, der Tragödie zweiter Teil*, Stg./Tübingen 1832.

EBUDA oder **TRÄNENINSEL** liegt im Nordatlantik hinter der irischen Küste. Es empfiehlt sich nicht, die Insel in Begleitung schöner junger Frauen aufzusuchen, denn die Bewohner halten an einem recht unerfreulichen heidnischen Brauch fest: der täglichen Opferung eines jungen Mädchens an einen Mörderwal. Der Ursprung dieser Sitte liegt in grauer Vorzeit, als sich Proteus, der Wächter von Neptuns Herden, in eine Tochter des Inselkönigs verliebte. Eines Tages ließ er sie schwanger am Strand zurück. Als der wütende König ihre Hinrichtung befahl, entfesselte Proteus aus Rache die gesamte Meeresfauna gegen Ebuda: Mörderwale und Seelöwen besetzten die Insel, töteten Menschen und Viehherden und belagerten die befestigte Stadt. Die verängstigten Einwohner befragten ein Orakel, wie diese Plage zu beenden sei. Die Antwort lautete, daß dem Proteus fortan täglich ein Mädchen geopfert werden müsse, bis er eines finde, das in seinem Herzen die tote Königstochter ersetzen könne. Die Bevölkerung kam dieser Aufforderung nach, und jeden Tag wurde das Opfer – an einen Felsen vor der Küste gefesselt – von einem Mörderwal verschlungen. Proteus scheint die Frau seiner Wahl bis heute nicht gefunden zu haben, denn noch immer durchforsten die Einheimischen die Insel nach schönen jungen Mädchen, die sie dem Gotte opfern.

Lodovico Ariosto, *Orlando furioso*, Ferrara 1516 u. 1532 (erw.).

DER ECHTE NORDPOL wurde von dem Forschungsreisenden Adam Jeffson entdeckt, der am 13. April eines nicht genannten Jahres dort eintraf. Seinem Bericht zufolge ist die Eisregion jenseits 1° 89' nördlicher Breite mit Gesteins- oder Eisenerzbrocken übersät, die eine Edelsteinkruste haben. Jeffson hielt diese Gesteinsbrocken für Meteoriten, die, vom Polarmagnetismus angezogen, hier heruntergefielen. Seiner Meinung nach verhindert das Klima am Nordpol, daß sie beim Eintritt in die Erdatmosphäre verglühen. Die große Anzahl von Meteoriten in dieser Region erkläre sich auch daraus, daß die Schwerkraft hier größer und die Atmosphäre weniger dicht sei. Jeffsons Bericht ist zu entnehmen, daß diese Meteoriten sich in der Umgebung des Nordpols zu großen Haufen türmen und Stufen und Plateaus bilden, daß es aber auch große Gebiete gibt, die mit Meteoriten wie mit einer Schicht Herbstlaub bedeckt sind. Daher sei der Erdboden dort völlig flach gedrückt, und die Eisdecke gleiche einer Tischplatte. Auf dem eigentlichen Nordpol befinde sich ein kreisrunder See von fast einer Meile Durchmesser. Auf der niedrigen, massiven Eissäule in der Mitte dieses Sees ist nach Jeffsons Meinung ein Name eingraviert – in Lettern, die man niemals entziffern wird – und darunter ein Datum. Das Wasser rings um diese Säule sei in ständiger, gewissermaßen ekstatischer Bewegung und kreise wie unser Planet von Osten nach Westen. Gleichzeitig sei ein schwaches Rauschen wie von Flügeln oder Wasserfällen zu vernehmen. Jeffson vermutet, daß dieses Gewässer ein Lebewesen beherbergt, ein schwerfälliges, trauriges Geschöpf mit vielen Augen, das bis in alle Ewigkeit in seiner Unterwasserhöhle kreisen muß und unentwegt den Namen und das Datum auf der Eissäule anstarrt.

Nach fürchterlichen Schicksalsschlägen, denen alle seine Reisegefährten zum Opfer fielen, stieß Jeffson ganz allein bis zum echten Nordpol vor. Die Berichte über die Entdeckung eines anderen Nordpols durch zwei amerikanische Forscher, Dr. Frederick Albert Cook (1865–1940) und Konteradmiral Robert Edwin Peary (1856–1920) sind demnach als frei erfunden zu betrachten.

Matthew Phipps Shiel, *The Purple Cloud*, NY 1901.

EDLER BESCHÜTZER, eine Gruppe von Berggipfeln. Sie ragen auf einer Inselkette empor, die der Mündung des Gelben Flusses vorgelagert im Pohai-Meer (Meerbusen von Chili und Liaotung) liegt. Hier wohnt ein Heiliger, von dem man sich erzählt, er komme ohne Nahrung aus, denn er soll sich vom Einatmen des Windes und vom Trinken des Taus ernähren. Sein Geist und Körper sollen von so unendlicher Reinheit sein, daß er keinerlei irdisches Verlangen nach Frauen verspürt.

In seiner Gesellschaft leben zahlreiche Unsterbliche und Weise, die ihm als seine Diener zur Hand gehen. Der Heilige herrscht nicht, straft nicht und belohnt nicht, doch alles wird wie von selbst ausgeführt, da sich ein jeder danach sehnt, in seiner Nähe zu weilen.

Die Kräfte des Männlichen und Weiblichen (Yin und Yang) wirken auf diesen Berggipfeln in vollständiger Harmonie zusammen, so daß Sonne und Mond stets zur gleichen Zeit scheinen, die vier Jahreszeiten Frühling, Sommer, Herbst und Winter fließend ineinander übergehen, Wind und Regen niemals Verwüstungen anrichten, das Wachstum der Pflanzen stets üppig ist und die Tiere sich jahrein jahraus miteinander paaren. Dieses Land wurde noch niemals von schrecklichen Seuchen heimgesucht, die Einwohner können sich hier eines langen, gesunden Lebens erfreuen, denn niemand wird durch einen unnatürlich frühen Tod vorzeitig dahingerafft.

D. A.

Lieh-tzu (3. Jh. v. Chr.), *Lieh-tzu*, in *Chu-tzu chi-ch'eng*, Peking 1954.

EGYPLOSIS oder **HEILIGER PALAST** auf einer Insel in einem See gelegen, tausend Meilen westlich von Calnogor in ↗ ATVATABAR. Er besteht aus einer Anzahl von Tempeln, die aus einem grünen Marmorblock herausgehauen sind. Das Hauptgebäude ähnelt einem griechischen Amphitheater mit einer Kuppel aus vielfarbigem Glas, 130 Fuß über der niedrigsten Sitzreihe. Egyplosis ist über dem Höllenpalast gebaut, einer Gruppe von Tempeln, die aus Stein gehauen und der geheimen Verehrung des Harikar gewidmet sind. Durch geistige Kraft können hier sowohl Gegenstände wie lebende Dinge erschaffen werden. Der Höllenpalast wird von Egyplosis durch ein Labyrinth aus steinernen Pflanzen erreicht.

William R. Bradshaw, *The Goddess of Atvatabar, being the History of the Discovery of the Interior World and Conquest of Atvatabar*, NY 1892.

DIE EINSAME INSEL liegt im Finnischen Meerbusen vor der Küste von ↗ MUMINLAND. Die Strände sind mit Lilien bedeckt, im Innern des Landes wachsen große Blumenbüsche, die von weitem aussehen, als seien sie aus Glas, himmelblaue Rosen und karmesinrote und schwarze Sumpfdotterblumen.

Die Insel ist der Treffpunkt der *Hatifnatten*, kleinen röhrenähnlichen Tieren, die weder hören noch sprechen können. Ihre Gesichter sind blaß und ausdruckslos, sie schlafen nicht und haben gewöhnlich keine Gefühle. Jedes Jahr im Juni kommen sie von Muminland zur Einsamen Insel und machen sich auf eine endlose Suche – niemand weiß, wonach. Bei Gewitter werden sie elektrisch aufgeladen. Dann verschwindet ihre Passivität, und sie zeigen einige Gemütsbewegung. Besucher seien darauf hingewiesen, daß sie während dieser Zeit wie Nesseln stechen. Die *Hatifnatten* haben eine besondere Verehrung für Barometer und verbeugen sich, wenn immer sie an einem vorbeigehen.

Tove Jansson, *Taikurin hattu*, Helsinki 1958. – Dies., *Muuminpapan urotyöt*, Helsinki 1966.

EISENBERGE, zwei Bergketten, die einen Ring um den Nord- und Südpol der Erde bilden. In ihrer Mitte liegen die beiden polaren Gänge, durch die man nach ↗ PLUTO gelangt, dem Land im hohlen Mittelpunkt der Erde.

Das Gebiet um die Eisenberge ist nicht von Eis und Schnee bedeckt. Zwischen den Polen und den Eisenbergen liegen ausgedehnte Wälder, die allmählich sandigen Heiden und trockenen Wüsten direkt am Rand der polaren Eisfelder weichen. Diese Zwischengebiete sind die Heimat einer Vielfalt von Tieren, zu denen Füchse gehören und eine Art Rentier, wenig kleiner als Esel. Wenn man sich von den polaren Eisfeldern entfernt, weicht die Polarnacht sanftem Tageslicht, und die Temperatur steigt langsam.

Man hatte schon lange die Existenz dieser Zone und der Eisenberge selbst vermutet, aber erst 1806 wurden sie schließlich entdeckt. In jenem Jahr überlebten ein paar Männer der Besatzung des Walfangschiffes *Merkur* einen Schiffbruch an der Küste von Spitzbergen. Sie überwinterten am Strand, dann marschierten sie landein und beobachteten, daß die Temperatur stieg, je weiter sie nach Norden kamen. Schließlich erreichten sie die Eisenberge: Eine rohe Inschrift im Fels erinnerte an ihre Ankunft am 8. November 1806. Sie drangen bis über den äußeren Rand der Bergkette vor und fielen plötzlich durch ein Loch in die Erde. Schließlich kamen sie in Pluto an, wo sie die nächsten acht Jahre zubringen sollten. Sie besuchten dort mehrere Länder und gelangten über ↗ FELINIEN an die Erdoberfläche zurück.

M. Jacques Saint-Albin, *Voyage au centre de la terre...*, Paris 1821.

DIE EISENINSEL ↗ MARBOTIKIN DULDA

EISENZEUGINSEL, eine wüste und größtenteils unbewohnte Insel, mit dem Schiff zwei Tagesreisen von der ↗ KLINGELINSEL entfernt. Die Bäume der Insel ähneln Tieren, insofern sie alle Haut, Fett, Fleisch, Knochen und wahrscheinlich alle inneren Organe haben. Sie wachsen jedoch mit den Köpfen (ihren Stämmen) nach unten, haben die Haare (ihre Wurzeln) unter der Erde und die Füße (oder Zweige) in der Luft. Sie tragen keine normalen Früchte, sondern alle Arten von Werkzeugen und Waffen, von Hacken bis zu Krummsäbeln und vom Gartenmesser bis zum Wurfspieß. Jeder, der Werkzeuge oder Waffen haben möchte, braucht nur einen Baum zu schütteln, und der gewünschte Artikel fällt wie eine reife Pflaume herab. Wenn sie den Boden berühren, treffen sie auf eine Art Gras, das sogenannte Scheidekraut, und bleiben darin stecken. Besuchern wird geraten, vorsichtig zu sein, um Verletzungen durch herabfallende Waffen und Werkzeuge zu vermeiden. Unter einigen Bäumen wächst Gras in Form der Schäfte von Speeren, Gabelzinken und Forken, die sich in die Höhe strecken, bis sie den Baum berühren, wo sie passende Spitzen und Klingen finden. Es scheint, daß die Bäume wissen, was unter ihnen wächst und den entsprechenden Typ Spitze oder Klinge vorbereiten. Aber auch Launen der Natur kommen in seltenen Fällen vor: Beispielsweise kann eine Halbpike wachsen und einen Ast berühren, der einen Besen statt einer Stahlspitze trägt. Dennoch wird für alles, was auf der Werkzeuginsel wächst, eine Verwendung gefunden.

François Rabelais, *Le cinquiesme et dernier livre des faicts et dicts heroiques du bon Pantagruel...*, Paris 1564.

ELDORADO, ein Königreich irgendwo zwischen dem Amazonas und Peru. Der Name geht auf einen uralten Brauch zurück: Einmal im Jahr ließ sich der König mit Öl bestreichen und dann mit Goldstaub bestreuen; auf diese Weise wurde er »El Dorado« (»Der Goldene«). Trotz ihres Reichtums sind die Bewohner dieses Landes nicht habgierig. Ihre Schätze bedeuten ihnen wenig, ihr Gold ist ihnen längst nicht so wichtig wie Essen und Trinken; sie benützen es nur zur Ausschmückung ihrer Tempel und Paläste.

Die Anbetung des Weltschöpfers und die Danksagung für seine Güte stehen im Mittelpunkt des religiösen Lebens. Vor Ihm sind der König und seine Untertanen gleich, wie sie alle auch im Tode gleich sein werden.

Reisende werden in Eldorado freundlich aufgenommen. Unter den einheimischen Gerichten, die man ihnen in den zahlreichen Herbergen anbietet, sind vor allem die verschiedenen Obstsalate, das Papageienstew und die gefüllten Kolibris zu empfehlen. Falls der fremde Besucher sich versucht fühlt, einige der massenweise herumliegenden Goldkörnchen und Edelsteine aufzusammeln, sollte er sich durch die spöttischen Mienen der Eingeborenen nicht davon abhalten lassen, denn nach der Rückkehr in sein Heimatland muß er sich ja doch wieder den Konventionen einer goldgierigen Gesellschaft anpassen.

Eldorados Hauptstadt Manoa wurde von den Inkas gegründet. Sie liegt am Ufer eines Sees aus Goldsand, am Oberlauf des Caroin, eines Nebenflusses des Orinoko. Bisher haben nur ganz wenige Europäer diese Stadt betreten. Ein Spanier namens Juan Martin de Abuljar soll mit verbundenen Augen hineingeführt worden sein. Er wurde zwar durchaus nicht schlecht behandelt, durfte sich aber die Umgebung Manoas nicht ansehen. Reisenden wird jedenfalls empfohlen, trotz aller Zuvorkommenheit der Eingeborenen von vornherein auf einen Besuch der Hauptstadt zu verzichten. Dem Vernehmen nach soll dort *alles* aus Gold sein. Gebäude und Mobiliar, Waffen und Gewänder – kurzum, jeder Gegenstand in Manoa gleißt im Sonnenlicht.

Berichten zufolge soll auf einer einsamen Flußinsel nördlich von Eldorado ein wilder, aus rothäutigen Jungfrauen bestehender Stamm leben, über dessen Sitten und Gebräuche uns so gut wie nichts bekannt ist. Man vermutet, daß er zu einer abgelegenen Kolonie von ↗ ATLANTIS gehört.

Walter Raleigh, *The Discoverie of the lovlie, rich and beautiful Empyre of Guiana with a relation of the great and golden City of Manoa (which the Spanyards call El Dorado) . . .*, Ldn. 1596. – Garcilaso de la Vega, *Comentarios reales que tratan del origen de los Incas*, Lissabon 1608–1609. – Voltaire, *Essai sur l'histoire générale et sur les moeurs et l'esprit des nations depuis Charlemagne jusqu' à nos jours*, Genf 1756. – Ders., *Candide ou l'optimisme*, Genf 1759. – Paul Alperine, *L'île des vierges rouges*, Paris 1936.

ELENNA ↗ NUMENOR

ELFBURG, ein Elfenreich im östlichen Caithness, Schottland. Das Königliche Schloß erhebt sich auf den Klippen über dem Meer. Elfburg ist für seine an Klassikern reiche Bibliothek berühmt und besitzt ein Kabinett mit Büchern, die als Kuriosa klassifiziert sind – Traktate von den Kirchenvätern Hieronymus, Chrysostomos und Origenes.

Meer und große Bibliothek zusammen führten jüngst zum Sturz des Höflings Sir Bodach. Das Geräusch, mit dem sich die Wellen unaufhörlich an den Klippen brachen, und die Unermeßlichkeit dieser Wassermenge brachten ihn dazu, über die Frage der Unendlichkeit zu meditieren. Um seine Wißbegier zu stillen, begab er sich an die Universitäten von St. Andrews und Oxford, blickte dort lesenden sterblichen Studenten über die Schulter und entdeckte in ihren Büchern die Idee der Unsterblichkeit. Sir Bodach reiste auch nach Deutschland, wo er Vorträge eines gewissen Magister Faustus hörte. Die endgültige Überzeugung, er habe eine unsterbliche Seele, kam ihm aber, während er über das Meer flog.

Die Elfen lehnen jede Vorstellung von einer unsterblichen Seele als asozial und umstürzlerisch ab, und als der lernbegierige Sir Bodach begann, die Unsterblichkeit öffentlich zu diskutieren, wurde er wegen Ketzerei verurteilt und nach Catmere verbannt. Während seiner Verbannung brach er das Versprechen, niemand zu seiner Religion zu bekehren, und entging in der Folge nur knapp der Hinrichtung. Schließlich wurde er Seemann und nach einem langen und glücklichen Leben auf See beigesetzt.

Sylvia Townsend Warner, *Kingdoms of Elfin*, Ldn. 1972.

ELISEE RECLUS INSEL, im Nordpazifik, nahe des Polarkreises, wurde gleichzeitig von einer französischen und einer amerikanischen Expedition entdeckt, von denen jede sie für ihr Land beansprucht. Die Insel wird von einer achthundert Meter hohen Bergkette durchzogen und hat eine Zone heißer Quellen und Geysire, die nie zufrieren. Höchster Berg ist der Schrader-Vulkan. Während die Amerikaner nach Norden zogen und gezwungen waren, auf dem Eis zu überwintern, blieb die französische Expedition in der wärmeren Zone. Ein Expeditionsmitglied, ein ehemaliger Glasbläser, konstruierte aus Mineralien unter Ausnützung der vulkanischen Hitze eine große Glaskuppel auf Lavasäulen, die er Kristallopolis nannte. Unter der Kuppel baute er eine Anzahl kleiner Wohnungen unter Einbeziehung einer natürlichen Lagune und eines Geysirs. Kristallopolis wird mit dem Dampf der heißen Quellen beheizt. Dampfbetriebene Dynamos produzieren Elektrizität für die Beleuchtung. Um die Langeweile zu bekämpfen, gründeten die Expeditionsmitglieder eine literarische Zeitschrift und zähmten Seevögel, die heute einen wichtigen Teil der täglichen Nahrung ausmachen.

Die Amerikaner ihrerseits richteten sich in einer Stadt aus Iglus ein, die sie Maurel City nannten. In den Bergen hinter Maurel City gründeten sie noch eine unterirdische Stadt, New Maurel City, in der kürzlich eine Goldader entdeckt wurde.

Ein nützliches Kommunikationssystem entstand, als man aus Materialien des gestrandeten Expeditionsschiffs und Draht, den man aus dem im feuerfesten Ton der Geysire enthaltenen Aluminium herstellte, ein Telefonnetz aufbaute.

Alphonse Brown, *Une ville de verre*, Paris 1891.

ELYSION ist in Europa nicht erst durch Schillers Freude, die Tochter aus Elysion, bekannt, sondern schon seit Homer. Dieser berichtet von der Bestimmung des Menelaos, daß er nicht in seinem Argos sterben werde, sondern daß ihn vielmehr – als Schwiegersohn des Zeus – ein besseres Los träfe, wie es nur wenigen zuteil wird: er werde entrückt werden ins Elyseische Gefilde an den Enden der Erde, wo die Menschen mühelos in Seligkeit leben, wo es weder Schnee noch Regen noch Wintersturm gibt, sondern wo ständig der linde Hauch des Zephyr weht und Kühlung spendet. Als König herrscht dort Rhadamanthys, ein Sohn des Zeus. Da Elysions Lage sowenig genau angegeben ist, wird man nicht entscheiden können, ob die ↗ INSELN DER SELIGEN mit dem Elysion identisch sind oder ihm nur ähneln; es gehört jedenfalls zu unserer Welt und nicht ins Jenseits.   B. Ky.

Homeros, *Odysseia* (8. Jh. v. Chr.?), Florenz 1488.

EMO, eine von einem Korallenriff umgebene vulkanische Insel, die mehrere Wochen Segelfahrt von der ↗ KORALLENINSEL entfernt ist. Es gibt zwei Berge auf Emo, die beide etwa zwölfhundert Meter hoch und durch ein breites Tal voneinander getrennt sind, dessen Seiten dichte Wälder säumen. Auf der Insel befinden sich wertvolle Bestände von Sandelbäumen.

Emo ist von Kannibalen bewohnt, die in mit Palmenblättern bedeckten Bambushütten leben. Viele von diesen bestehen aus nicht mehr als einem abfallenden Dach, drei Seiten und einer offenen Front. Die Kannibalengesellschaft ist streng hierarchisch gegliedert und wird von einem Häuptling beherrscht, dessen Wort absolut gilt.

Im Mittelpunkt der Religion von Emo steht die Vorstellung von Tabu. Wenn ein Mann einen bestimmten Baum zu seinem Gott erwählt, werden dessen Früchte automatisch tabu für ihn; wenn er davon ißt, wird er mit Sicherheit von seinen Stammesgenossen getötet und verzehrt. Der Häuptling selbst ist tabu, so daß jeder, der einen lebendigen oder toten Häuptling berührt, ebenfalls tabu wird und getötet werden muß. Der Häuptling trägt sein Haar so aufgeplustert, daß es einem Turban ähnelt. Diese Haartracht erfordert ein großes Maß an Aufmerksamkeit seitens seiner Friseure, deren für tabu erklärten Finger nicht zu normalen Zwecken benutzt werden dürfen; die Friseure müssen deshalb wie Babys gefüttert werden.

Die Inselbewohner haben noch andere interessante religiöse Bräuche. Einer ihrer Götter ist ein riesiger Aal, der in einem Becken mit stehendem Wasser gehalten wird. Der Aal, der dreieinhalb Meter lang ist und einen Leibesumfang wie ein Mensch hat, erscheint auf ein leises Pfeifen seines Wärters hin, der das Tier füttert.

Die Bewohner von Emo tragen gewöhnlich ein Tuch, das *maro* genannt wird, um die Hüften geschlungen, obwohl sich der Häuptling bei formellen Gelegenheiten in ein voluminöses Gewand kleidet, dessen Stoff aus der Rinde des chinesischen Papiermaulbeerbaums hergestellt ist. Die Körper der Häuptlinge und führenden Männer werden mit komplexen Ornamenten tätowiert. Die Tätowierungen werden von spezialisierten Künstlern ausgeführt, und der Prozeß ist lang und schmerzhaft; er beginnt im Alter von zehn Jahren und ist nicht vor dem dreißigsten Lebensjahr des Individuums beendet. Die Haut wird mit einem scharfen Knochen punktiert; eine Mischung aus dem zerstoßenen Kern der Lichtnuß und Kokosnußöl wird in die Punktierungen gerieben. Besuchern wird davon abgeraten, sich dieser Art der Kosmetik zu unterziehen, da der Prozeß Entzündungen verursachen kann und manchmal zu einem sehr schmerzhaften Tod führt.

Zu den auf Emo ausgeübten Sportarten zählen gewalttätige Formen von Ringen und Boxen sowie Surfen. Begeisterte Besucher sollten letzteres mit Vorsicht ausüben, da viele Haie das Meer um Emo herum unsicher machen.

Robert Michael Ballantyne, *The Coral Island*, Ldn. 1858.

ENNASIN oder **VERWANDTSCHAFTSINSEL**, eine dreieckige Insel, annähernd von der gleichen Gestalt und Größe wie Sizilien.

Alle Einwohner sind untereinander verwandt oder verschwägert, worauf sie außerordentlich stolz sind. Die Verwandtschaftsgrade sind so komplex, daß es unmöglich ist, jemanden zu finden, der nicht Mutter, Vater, Schwiegersohn, Tante, Vetter oder Neffe von irgend jemand ist. Inselbesucher werden überrascht hören, wie beispielsweise ein alter Mann ein kleines Mädchen von drei oder vier Jahren »Vater« nennt, während sie ihn mit »Tochter« anredet. Die Paare verwenden einen seltsamen Wortschatz, um einander ihre Zärtlichkeit zu bekunden: »mein Tintenfisch«, »kleiner Tümmler«, »mein Beil« sind typische Beispiele. Hauptvergnügen und -zeitvertreib der Ennasiner scheinen Heiraten zwischen höchst ungleichen Paaren zu sein; Besucher werden allerdings nur selten zu den Hochzeiten eingeladen.

François Rabelais, *Le quart livre des faictz et dictz heroiques du noble Pantagruel*, Paris 1552.

ERDSEE, ein Archipel, der aus Hunderten von teils bewohnten, teils unbewohnten Inseln besteht. Erdsee ist annähernd kreisförmig und hat einen Durchmesser von etwa zwanzigtausend Meilen. Im Herzen von Erdsee liegt das Innenmeer mit den Inneren Inseln: ↗ HAVNOR im Norden, der Sitz des Königs aller Inseln, Wathort, ein wichtiger Umschlageplatz für den Handel mit dem Süden, im Westen die Neunzig Inseln mit einer bedeutenden Fischindustrie und im Osten Leng und Weg. Das geographische und geistige Zentrum des Innenmeers und von ganz Erdsee bildet Rok, die Insel der Magier, denn in ganz Erdsee spielt die Magie eine herausragende Rolle. Der ferne Westbereich wird selten besucht, denn hier beherrschen die Drachen nicht nur die Inseln ↗ PENDOR, ↗ SELIDOR und die ↗ DRACHENINSELN, sondern auch die Luft und das Meer. Jenseits von Selidor lebt nur noch das »Floßvolk«, das nur einmal im Jahr auf der ↗ LANGEN DÜNE an Land geht. – Im Südbereich gibt es der Sage nach singende Delphine und fliegende Fische, er gilt als unwirtlich und rebellisch. Am wichtigsten ist die Seiden-Insel Lorbarnery, am südlichsten liegt die Insel »Das Ohr«, der sich kaum je ein Schiff nähert. – Mit Ausnahme von ↗ IFFISCH sind die Inseln des Ostbereichs – etwa »Die Hände« und Astowell oder »Letztland« – arm und karg, es gibt kaum Handel. – Im Norden liegt Enlad, mit dem sich viele halblegendäre Figuren der Vergangenheit und die alten Könige von Havnor verbinden. Überquert man von dort in nordwestlicher Richtung die Osskilsee, gelangt man nach ↗ OSSKIL, wo eine ganz andere Magie uralten Ursprungs vorherrscht.

Die Bevölkerung von Erdsee ist rot- bis dunkelbraun, während die Menschen des Kargad-Reiches eine helle Haut und helle Haare haben. Erdsee vereinigt die verschiedensten Kulturen in sich – die bäuerliche von Gont etwa oder die feudale von Havnor und die geistige von Rok. Gemeinsam ist dem ganzen Archipel die Tradition des Langtanzes zur Sonnenwende – sie wird sogar noch vom Floßvolk auf hoher See im fernen Westen aufrechterhalten. Auch mit der Namensgebung hat es eine besondere Bewandtnis in Erdsee. So hatte die Mutter den künftigen Erzmagier »Duny« genannt, ein Magier taufte ihn mit dreizehn Jahren auf den Namen »Ged«, der ein Geheimnis zwischen den beiden bleiben mußte, denn den Namen eines anderen Menschen oder irgendeiner Kreatur zu wissen, gibt Macht. Für den Allgemeingebrauch ließ sich der Held vieler Abenteuer und »Drachenfürst« deshalb »Sperber« nennen. Die Magie beherrscht jeden Aspekt des Lebens in Erdsee. Es gibt nicht nur die gelehrten Magier, Zöglinge der Schule von Rok, vielmehr üben Zauberer und Hexenweiber auf allen Inseln ihre Kunst des Helfens und Heilens aus.

Nach der Legende hat Segoy, der allein alle Namen und Wörter kannte, den Erdsee-Archipel aus dem Meer gehoben. Viele Begriffe der Ursprache sind verlorengegangen, nur die Drachen sprechen sie noch vollkommen, und auch auf Rok wird sie noch gelehrt. Der berühmteste Held in der Geschichte von Erdsee war Erreth-Akbe, der durch seine Niederlage im Kampf mit dem Hohenpriester von Kargad zur Zersplitterung der einzelnen Reiche von Erdsee beitrug. Erst in neuerer Zeit konnte der mächtige Zauberer und spätere Erzmagier Ged

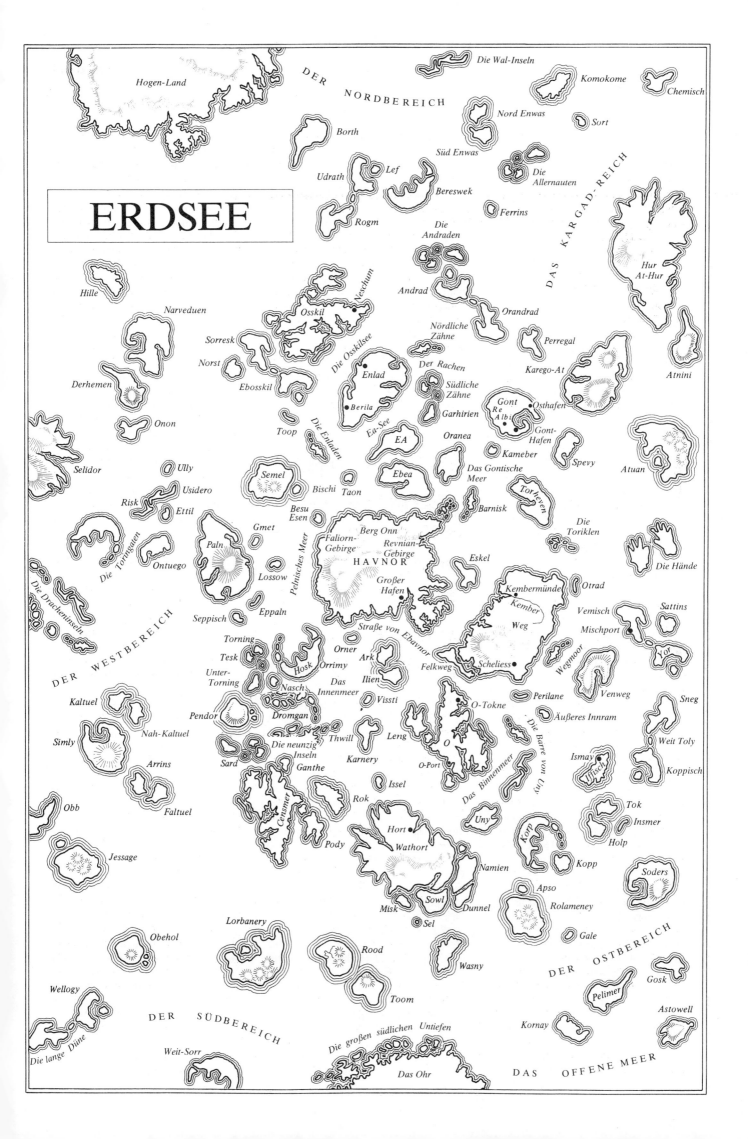

Erdsee wieder unter einem König – Lebannen – vereinigen.

Als Währung ist in Erdsee Elfenbein gebräuchlich, doch gibt es zum Beispiel im Südbereich Silbermünzen und in Osskil und anderen Inseln des Nordens Goldmünzen.

Ursula K. Le Guin, *A Wizard of Earthsea*, NY 1968. – Dies., *The Tombs of Atuan*, Ldn. 1972. – Dies., *The Farthest Shore*, Ldn. 1973.

EREWHON (auf drei Silben auszusprechen: E-re-whon), ein vermutlich in Zentral- oder Nordaustralien gelegenes Königreich. Seine genaue Lage wird von den Reisenden, die bereits dort waren, bewußt verschwiegen. Jene Geographen aber, die es in Neuseeland angesiedelt haben (im oberen Rangitata-Distrikt, Canterbury) haben die unermeßliche Größe seiner Landoberfläche nicht bedacht.

Erewhon erreicht man durch die Schlucht eines aus dem eisigen Gebirge herabkommenden Flusses. Die meisten Pfade, die in diese Bergregion führen, sind vergletschert, doch der versierte Reisende wird sicherlich einen Steig finden, der begehbar ist. Die Erewhonier gleichen in ihrem Aussehen den Bewohnern der Mittelmeerländer; sie scheinen eine Mischung aus ägyptischer, hellenistischer und italienischer Rasse zu sein. Die Frauen sind ausgesprochen schön, mit klassischen griechischen Nasen, liebenswürdig und gütig.

In Erewhon trifft der Besucher im großen und ganzen auf dieselben Bräuche wie in Europa. Allerdings wird er sich wahrscheinlich über den geringen Entwicklungsstand von Naturwissenschaft und Technik wundern; einige für uns selbstverständliche Dinge, wie zum Beispiel Schießpulver und Zündhölzer, sind in Erewhon völlig unbekannt. Auch Tabak gibt es nicht; doch können Reisende ein bestimmtes Kraut, das in fast jedem Garten wächst, trocknen und als Ersatz verwenden. Die Nahrung ist bekömmlich. Für gewöhnlich besteht das Mittagessen aus Ziegenfleisch, Haferkuchen und etwas Milch. Die Kinder mögen gerne rohen Gerstenzucker, und darüber hinaus wird in Erewhon ein vorzüglicher Rotwein angebaut.

Die erewhonische Landschaft ist hügelig und wird von zahlreichen Flüssen durchzogen. An den Landstraßen sieht man kleine Schreine mit den Statuen schöner Männer und Frauen in der Blüte ihrer Jugend oder der würdevollen Reife des hohen Alters. Im Vorbeigehen verneigen sich die Erewhonier ehrfurchtsvoll vor diesen Bildnissen. Ein interessanter Schauplatz ganz in der Nähe des Flusses, über den man in das Königreich gelangt, ist das Stonehenge von Erewhon. Es besteht aus rohbehauenen, primitiven Steinfiguren, deren Gesichter einen unmenschlichen, bösartigen Ausdruck tragen. Sie haben sechs- bis siebenfache Lebensgröße und sind uralt, verwittert und von Flechten überzogen. Jede Statue besteht aus vier bis fünf riesigen Blöcken. In grauer Vorzeit opferten die Erewhonier diesen Steinmonstern die Häßlichen und Kranken, um dadurch die Geisel eines solchen Loses vom übrigen Volk fernzuhalten. Wenn der Wind durch die steinernen Kolosse streicht, ist eine Melodie zu vernehmen, die an Händel erinnert.

Die Dörfer in Erewhon gleichen denen in den Alpen oder der Lombardei. Auf beiden Seiten entlang der schmalen Hauptstraße drängen sich die Häuser dicht zusammen, mit breiten, überhängenden Dächern und wenigen Fenstern, von denen einige verglast sind. Vor den Häusern wächst Wein, und innen sind die Wände mit alten Ausgaben der *Illustrated London News* und des *Punch* beklebt. Wirtshäuser erkennt man an Schildern mit einer Flasche und einem Glas; sie sind sauber und gemütlich.

Fauna und Flora bieten nichts Außergewöhnliches: eine kleine Rasse Schwarzvieh; Schafe mit abgerundeten Nasen und riesengroßen Schwänzen; dazu Ziegen und Hunde. Außerdem gibt es eine bestimmte Art von Wachteln, die an eine heute ausgestorbene Gattung aus Neuseeland erinnert. Katzen sind überhaupt nicht zu sehen.

Das Land hat zahlreiche kleine und große Städte, und von weitem wirken die luftigen Kirchtürme und Rundkuppeln sehr beeindruckend. In den meisten Städten gibt es sogenannte »Musikbanken« und Krankenhäuser für solche, die an unheilbarer Langeweile leiden. Mitunter findet sich auch ein Museum für alte Maschinen, wie beispielsweise in Sunchildston (dem früheren Cold Harbour), das sich überdies mit einem berühmten Gefängnis brüstet. Weitere bedeutende Städte sind Fairmead und Bridgeford. In manchen Orten stößt man auf Denkmäler berühmter Erewhonier. Eine Jury aus 24 Männern entscheidet alle fünfzig Jahre, welche Statuen stehen bleiben, welche neu hinzukommen und welche verschwinden sollen.

Die Hauptstadt von Erewhon hat hohe Türme, Festungen und hoch aufragende Gebäude mit dem Aussehen von Palästen. Ein typisches Beispiel hierfür ist das am Stadtrand der Metropole gelegene Senoj-Nosnibor-Haus (von hier aus sieht man die altehrwürdigen Ruinen der früheren Eisenbahnstation). Das etwa vier Hektar große Gelände ist in terrassenförmigen Gärten angelegt, die durch breite Steintreppen miteinander verbunden sind. Vasen und Statuen, die von bester Handwerkskunst zeugen, zieren die Stufen. Zu beiden Seiten der Treppen ziehen sich Reihen uralter Zypressen und Zedern hin; dazwischen Rasenwege, Weingärten mit auserlesenen Rebsorten und eine Fülle von Obstbäumen. Die Räume des Hauses selbst öffnen sich zu einem Innenhof, ähnlich wie in Pompeji. In der Mitte dieses Hofes befinden sich ein Bad und ein Brunnen.

Die einzigen Musikinstrumente in den Häusern sind ein Dutzend bronzener Gongs. Gelegentlich schlagen die Damen willkürlich darauf herum und erzeugen einen äußerst unangenehmen Klang. Diese Art von Musik begleitet auch alle geschäftlichen Transaktionen, die in der Musikbank abgewickelt werden. Die Erewhonier haben ausschließlich Silbermünzen, und es gibt zwei getrennte Währungen, die unter der Kontrolle von zwei verschiedenen Banken stehen, deren genaue Funktionen äußerst verwickelt sind. Die Musikbank kann von allen benützt werden, aber ihre Währung ist in der übrigen Welt nichts wert. Im allgemeinen macht man von der anderen Bank Gebrauch, spricht aber nicht darüber. Die Hauptniederlassung der Musikbank ist von fremdartiger, aber edler Architektur und sehr alt. An ihrer Frontseite erheben sich majestätische Türme und eine altehrwürdige Fassade, die in drei tiefe Nischen unterteilt und mit verschiedenartigem Marmor und zahlreichen Skulpturen

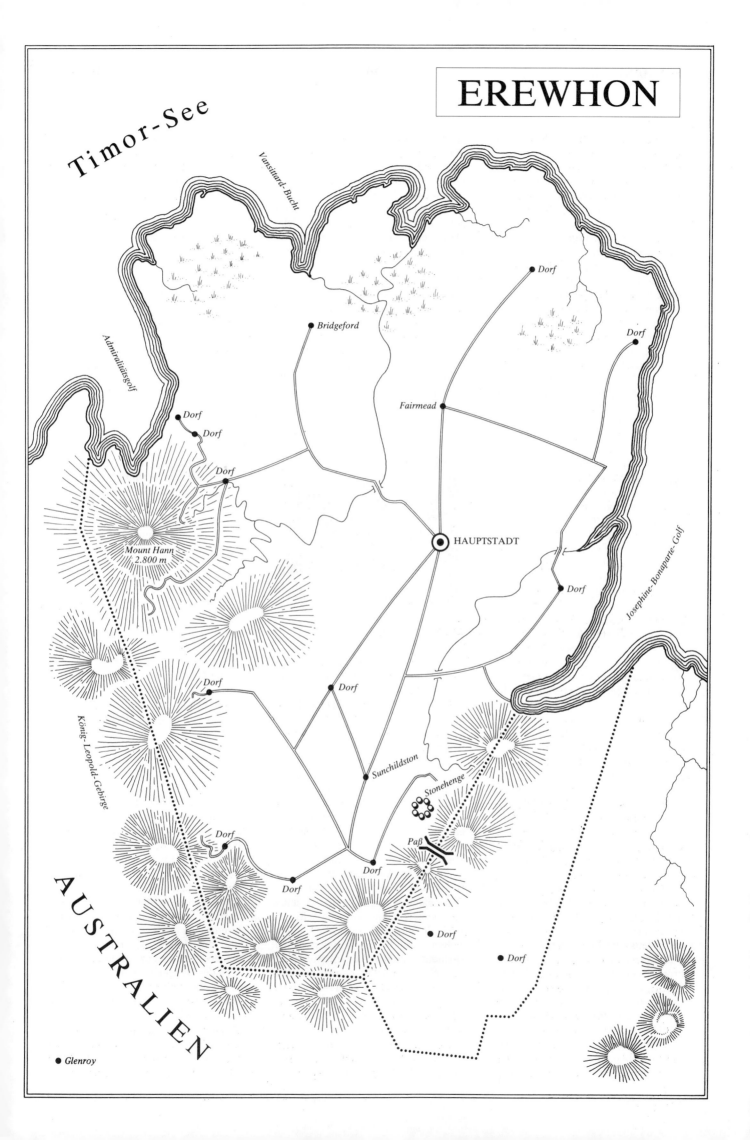

geschmückt ist. Zu beiden Seiten erstrecken sich malerische, aber stattliche Häuser, die ungemein anheimelnd wirken. Doch wenn sie schon von außen her eindrucksvoll ist, so ist sie es von innen erst recht. Der Innenraum ragt hoch auf und ist durch Mauern, die auf massiven Säulen ruhen, unterteilt. Auf den Buntglasfenstern sind Motive der wichtigsten geschäftlichen Ereignisse der Bank über mehrere Generationen hinweg dargestellt. Aus einem entlegenen Teil des Gebäudes erklingt der Gesang eines Männer- und Knabenchores, der für europäische Ohren allerdings ungemein häßlich klingt.

Die Erziehung wird von »Akademien der Torheit« vermittelt. Hauptstudienfach ist hier das Gebiet der Mutmaßungen. Die Erewhonier stehen auf dem Standpunkt, daß ein Knabe, den man lediglich über die Natur der ihn täglich umgebenden Dinge aufklärt, nur eine eng begrenzte und seichte Vorstellung vom Universum erhält, das ihrer Ansicht nach noch viel bisher Unbekanntes in sich bergen könnte. Ihm die Augen für diese Möglichkeiten zu öffnen und ihn damit auf etwaige seltsame und unmögliche Zufälligkeiten vorzubereiten, betrachten sie als die beste Schulung für sein künftiges Leben. Erewhonier halten ein Dasein, das nur von der Vernunft geleitet wird, für unerträglich. Vernunft verleitet die Menschen dazu, strenge und rasche Linien zu ziehen und eine deutliche Sprache zu reden, und die Sprache – so sagen sie – gleicht der Sonne, die erst alles wachsen läßt und es dann wieder versengt. Die Schüler erlernen eine hypothetische Sprache, deren Anfänge bis in die graue Vorzeit zurückreichen, und wer sie perfekt beherrscht, gilt als wahrhaft gebildet und als Mann von Welt. Einige radikale Professoren sind Mitglieder der »Gesellschaft zur Unterdrückung nutzlosen Wissens« und der »Gesellschaft zur völligen Auslöschung der Vergangenheit«; allerdings bilden sie eine Minderheit. Das Kunststudium ist gut entwickelt; außerdem müssen sich die Studenten mit Handelsgeschichte befassen, um den Marktwert ihrer Arbeit zu kennen. In jüngster Zeit wurde auch eine »Akademie für Geistesathletik« ins Leben gerufen.

Die Gesetze in Erewhon sind sehr streng. Jede Art von Krankheit wird als ausgesprochen verbrecherisch und unmoralisch angesehen, und jeder, der sich eine Erkältung zuzieht, wird gerichtlich belangt und eingesperrt. Unterschlagung und ähnliche moralische Verwerflichkeiten hingegen verdienen Mitleid und Heilbehandlung. Diese Aufgabe übernehmen die sogenannten »Geradebieger«, ein Amt, das eine lange und spezielle Schulung erfordert. Um praktische Erfahrungen mit den moralischen Unzulänglichkeiten, die er kurieren soll, zu sammeln, muß jeder Student sozusagen als Pflichtübung eine bestimmte Zeit für die Erprobung eines jeden Lasters opfern. Diese Übungen – auch »Fasten« genannt – werden vom Studierenden so lange fortgesetzt, bis er davon überzeugt ist, die allgemein verbreiteten Laster in sich selbst unterdrücken und damit auch – auf der Basis seiner eigenen Erfahrungen – seinen Patienten helfen zu können. Es gibt zahlreiche Spezialisten, die diese Übungen ihr Leben lang durchgeführt haben, und nicht wenige aufopfernde Männer sind

Stonehenge von EREWHON

tatsächlich als Märtyrer der Trunksucht, der Schlemmerei oder eines anderen Lasters gestorben.

Diese Gesetze haben zu einer Reihe seltsamer gesellschaftlicher Gepflogenheiten geführt. So erkundigen sich beispielsweise die Leute, wenn sie einander begegnen, nach dem Befinden des Charakters, so wie man andernorts nach der Gesundheit fragt. Nachdem Krankheit ein solch furchtbares Verbrechen ist, gilt es nach erewhonischer Etikette als höflich, wenn man sagt »ich habe ein Paar Socken gestohlen« oder in einer etwas beiläufigeren Ausdrucksweise »ich habe die Socken«, wenn man damit ausdrücken will, daß man sich leicht indisponiert fühlt. Um sich selbst zu kurieren und gesund zu halten, unterziehen sich die Erewhonier einmal wöchentlich einer Auspeitschung und bestrafen sich selbst einmal pro Jahr mit einer zwei- bis dreimonatigen Hungerdiät aus Wasser und Brot, die unter der strengen Aufsicht des Familienbiegers durchgeführt wird.

Der Tod wird mit weniger Abscheu betrachtet als die Krankheit. Wenn das Sterben überhaupt ein Vergehen ist, dann liegt es nach Ansicht der Landesbewohner außerhalb des Zugriffs von Gesetzen, die sich damit auch gar nicht erst befassen. Die Erewhonier verbrennen ihre Toten und verstreuen die Asche über einem Stück Land, das sich der Verstorbene zuvor aussuchen kann. Niemand darf diese Gastfreundschaft den Toten gegenüber verweigern. Abergläubische sind davon überzeugt, daß jene, deren Asche über ein bestimmtes Stück Land verstreut wird, von da an sorgfältig über dieses Grundstück wachen. Sobald jemand stirbt, schicken Freunde der Familie kleine Kästchen mit künstlichen Tränen (je nach Vertrautheit oder Verwandtschaftsgrad zwei bis sechzehn Tränen), und die Leute schätzen es als kleine Geste der Höflichkeit, wenn sie die genaue Tränenzahl erfahren, die sie schicken sollen.

Die Geburt eines Kindes gilt als peinliche Angelegenheit, die man besser gar nicht erst berührt. Nach Auffassung der Erewhonier ist es ein Fehler, wenn man sich gesundheitlich nicht wohl fühlt – selbst wenn letztendlich Gutes daraus kommt. Alle glauben an eine Präexistenz und daran, daß es ihr eigener freier Wille in einem bereits durchlebten Stadium war, in diese Welt hineingeboren zu werden. Sie behaupten, daß die Ungeborenen die verheirateten Menschen beider Geschlechter ohne Unterlaß plagen und traktieren, um sie herumschwirren und ihnen so lange keinen seelischen und körperlichen Frieden gönnen, bis diese sich bereit erklären, die Kinder unter ihren Schutz zu nehmen. Wäre das nicht so (behaupten die Erewhonier), dann hieße das eine ungeheuerliche Freiheit, die sich da ein Mensch dem andern gegenüber herausnimmt, wenn er ihn ohne eigene Entscheidungsfreiheit einfach den Zufällen und Risiken dieses sterblichen Daseins aussetzt. Sobald ein Kind geboren ist, wird eine Urkunde ausgestellt, in der das Neugeborene bestätigt, daß es die volle Verantwortung für seine Geburt übernimmt. Danach quälen die Gäste das Kind, indem sie es heftig für den Kummer tadeln, den es seinen Eltern bereitet. Sobald das Baby dann schreit, nimmt man das als Zeichen der Reue, und ein Freund der Familie unterzeichnet die Geburtsurkunde im Namen des Neugeborenen.

Die Vorstellung der Erewhonier von der Zeit ist recht seltsam. Ihrer Ansicht nach wandern wir vorwärts in die Zukunft wie in einen dunklen Korridor. Die Zeit begleitet uns und öffnet uns beim Gehen einen Fensterladen nach dem andern; doch das hereinströ-

Kondolenzkästchen aus EREWHON

mende Licht blendet und vertieft nur noch die vor uns liegende Finsternis. Wir können nur wenig auf einmal sehen und schenken diesem Wenigen weit geringere Beachtung als der Sorge für das, was noch kommt. Ständig blinzeln wir neugierig durch den grellen Schein der Gegenwart in die Düsternis der Zukunft und erahnen dabei die Leitlinien für das, was vor uns liegt. So stolpern wir dahin, bis sich die Falltür unter uns öffnet und uns verschlingt. Sie behaupten, es habe einst eine Menschenrasse gegeben, die die Zukunft besser kannte als die Vergangenheit und die innerhalb eines Jahres an dem Elend zugrunde ging, das ihr dieses Wissen verursachte.

Offiziell huldigen die Erewhonier einer ganzen Reihe von Göttern, doch heimlich verehren sie nur einen einzigen. Ihre Götter sind Personifizierungen menschlicher Qualitäten wie Gerechtigkeit, Stärke, Hoffnung, Furcht und Liebe. Sie glauben an eine wirkliche, konkrete Existenz dieser Götter irgendwo weit über den Wolken. Das Interesse der Gottheiten an menschlichen Dingen ist stark ausgeprägt, und sie werden sehr zornig, wenn man sie vernachlässigt; dann strafen sie den Erstbesten, der des Weges kommt, und nicht unbedingt denjenigen, der sie beleidigt hat. Es gibt ein göttliches Gesetz, nach dem zwei verschiedene Dinge nicht gleichzeitig denselben Platz einnehmen können, ein Gesetz, das von den Göttern der Zeit und des Raumes gleichermaßen angewandt wird. Nehmen beispielsweise bei dem Versuch, die Götter durch »Inanspruchnahme eines Rechtes, das ihnen nicht zusteht« zu erzürnen, ein fliegender Stein und der Kopf eines Mannes gleichzeitig denselben Raum ein, so ist eine strenge Bestrafung, manchmal sogar der Tod selbst, die sichere Folge.

Trotz der zahlreichen Götzenbilder und Tempel hat sich diese offizielle Religion bei den Erewhoniern nie richtig durchsetzen können. In Wirklichkeit glauben sie an die Göttin Ydgrun, in der die Priester eine Feindin der wahren Götter sehen. Sie nimmt eine ungewöhnliche Stellung ein: Man hält sie zwar für allgegenwärtig und allmächtig, aber sie ist kein erhabenes Geschöpf, sondern oft grausam und launenhaft. Selbst ihre hingebungsvollsten Anbeter schämen sich ihrer ein wenig und dienen ihr mehr mit dem Herzen und mit Taten als mit der Zunge; aber sie widersetzen sich niemals ihrem Gebot ohne triftigen Grund: In solchen Fällen gehen sie aber dann mit gesundem Selbstvertrauen über sie hinweg, wohlwissend, daß Ydgrun nur selten straft.

Eine kleine, aber stetig wachsende Sekte glaubt in gewisser Weise an die Unsterblichkeit der Seele und die Wiederauferstehung der Toten. Nach ihrer Lehre werden diejenigen, die mit krankem Körper geboren sind und ihr Leben in Schmerzen verbringen, ewigen Qualen ausgesetzt sein, während die anderen, die stark, gesund und schön waren, für immer belohnt werden.

Eine der besonderen Sehenswürdigkeiten Erewhons ist das Museum für alte Maschinen in Sunchildston. In der Hauptsache sind dort alle möglichen defekten Maschinen zu sehen: Teile von Dampfmaschinen, ein uralter Eisenbahnwagen, große und kleine Uhren und ähnliche Dinge. Man hat den Eindruck, als sei der Stand des technischen Wissens einstmals sehr hoch gewesen. Ein Professor für Hypothese aber schrieb vor etwa fünfhundert Jahren ein außergewöhnliches Buch, mit dem er den Beweis erbrachte, daß die Maschinen letztendlich dazu bestimmt seien, die menschliche Rasse auszurotten. Er konnte alle überzeugen und erwirkte ein Gesetz, das zukünftig Verbesserungen und Erfindungen strikt verbot. Wer dagegen verstieß, wurde wie ein Typhusfall behandelt, eines der schwersten Verbrechen in Erewhon.

Es sollte noch angemerkt werden, daß es seit Jahren keine neuen Informationen von Erewhon gegeben hat. Die Autoren können daher für die Richtigkeit der oben gegebenen Beschreibung nicht bürgen.

Samuel Butler, *Erewhon*, Ldn. 1872. – Ders., *Erewhon Revisited*, Ldn. 1901.

ERIKRAUDEBYG oder **LAND ERICHS DES ROTEN,** eine Ansiedlung im Nordosten von Grönland, umgeben vom Gebirge der ↗ TEUFELSZÄHNE, siebzehn Tagesreisen von der Küste.

Erikraudebyg ist das letzte erhaltene Gebiet vom Reich Erichs des Roten, des Entdeckers von Grönland im zehnten Jahrhundert. In Sagen der Eskimos heißt es »Das Land der rothaarigen Männer«, und es ist die einzige Wikingersiedlung, die die Eroberung Grönlands durch die Eskimos überlebt hat. In der Mitte des Gebietes liegt ein Ort mit mehreren hundert Hütten aus Stein oder Holz. Sie haben hohe steile Dächer, Fenster aus Obsidian und Gärten mit nordeuropäischen Blumen und Pflanzen. Ein Hauptweg, der den Ort in zwei Teile trennt, führt über einen Platz zum Königlichen Palast am Fuße eines Berges. Dieser Palast ist ein einstöckiges Steingebäude mit etwa dreißig Fenstern sowie mit Türpfosten, die in der Form von Drachen geschnitzt sind. In den Sälen findet man viele Jagdtrophäen und einen Thronsessel aus Mammutzähnen.

Für Naturforscher ist die Fauna von Erikraudebyg von höchstem Interesse. Es gibt viele Mammuts und riesige Bären, die größer als Eisbären sind und die Farbe des Grizzly haben. Der *ursus spelaeus,* der Höhlenbär des vorgeschichtlichen Europa, lebt in den Höhlen der Teufelszähne, und ein zweihörniges Nashorn aus dem Pliozän *(rhinoceros tichorhinus)* findet sich im Marschland.

Die Bewohner von Erikraudebyg sind groß und weißhäutig, die Männer haben lange rote Haare und dicke Schnurrbärte, die Frauen sind blond – Beweis ihrer Abstammung von den Wikingern. Die Männer tragen Überröcke und Hosen aus Renfell und Sandalen, die Frauen lange pelzbesetzte Gewänder mit Kapuzen, die Soldaten Kettenpanzer, Helme, Schwerter, Keulen und runde Schilde, die Führer Helme mit Hörnern aus Elfenbein.

Die Landessprache ist das Nordische, das gutturale Idiom der Wikinger, in dem einzelne Laute wie in den modernen skandinavischen Sprachen klingen.

Die Regierungsform ist die der Wahlmonarchie. Die Könige haben für gewöhnlich eine äußerliche Ähnlichkeit mit dem Gründer der Siedlung und nehmen bei der Thronbesteigung den Namen »Erich« an, hinter den ein Beiname gesetzt wird (etwa »der Erleuchtete«). Recht wird vom Hohenpriester, dem *Halmar,* gesprochen, der auf die Königswahl großen Einfluß hat.

Die Bewohner sind ängstlich darauf bedacht, die Lage ihres Landes geheimzuhalten. Es geht die Sage, daß

Erikraudebyg bestehen wird, solange niemand von jenseits der Berge eindringt. Doch heißt es auch, daß jemand, der Erich dem Roten ähnlich sieht, wiederkommen und durch seine Herrschaft das Land vor einer großen Gefahr bewahren werde. Reisende mit roten Haaren und Schnurrbart sollten dies bedenken, ehe sie einen Besuch von Erikraudebyg in Erwägung ziehen.

Paul Alperine, *La citadelle des glaces*, Paris 1946.

ESELSHAUSEN, eine von Eseln bewohnte Stadt, die ein paar Kilometer von ↗ FUCHSSTADT entfernt ist.

Eselshausen ist von einer hohen, weißgetünchten Mauer mit wenigen Toren umgeben. Die niedrigen Ziegelhäuser der Esel sind unregelmäßig verstreut; es gibt weder Straßen noch Hausnummern. Die Esel erklären, daß sie aufgrund ihrer Intelligenz solche Hilfsmittel nicht brauchen, um den richtigen Weg zu finden. Alle Häuser sind innen und außen weiß getüncht und äußerst sauber. Sie haben in der Regel nur einen einzigen Raum, und selbst im Königspalast besteht die einzige Möbelierung in adrett geflochtenen Grasmatten.

Die Bewohner von Eselshausen sind davon überzeugt, im Zentrum der höchstentwickelten Zivilisation der Welt zu leben, die gescheitesten Wesen der Welt zu sein. Für sie ist das Wort »Esel« synonym mit »klug«. Es gibt in der Stadt keine Schulen, weil die Esel meinen, sie seien so weise, daß sie nur die »Schule der Erfahrung« zu besuchen brauchen. Um die Jungen – die in anderen Ländern schulpflichtig wären – davor zu schützen, daß sie allzuviel Unfug anstellen, müssen sie die Häuser und Mauern tünchen, wobei sie ihre Schwänze als Pinsel benutzen.

Die Esel tragen zwar keine Kleider, aber Hüte – zugespitzte Kappen für die männlichen Esel und Sonnenhüte für die weiblichen. Sie tragen an ihren vorderen Fesseln Reifen aus Gold und Silber und an den hinteren Bänder aus verschiedenen Metallen. Gewöhnlich sitzen und stehen sie aufrecht, wobei sie ihre Vorderbeine als Arme und ihre Hufe als Hände benutzen. Besucher werden feststellen, daß sie, obwohl sie keine Finger haben, erstaunlich geschickt sind.

Die Esel fürchten sich vor ihren Nachbarn, den Füchsen von Fuchsstadt. Um ihre Stadt vor einem Angriff zu schützen, schlagen sie gegen große Metallplatten, die an der Stadtmauer aufgehängt sind, und machen damit ein solches Getöse, daß alle Angreifer vertrieben werden.

Abgesehen von den dürftigen Mahlzeiten aus Gras, Kleie und Hafer, die auch Besuchern zugemutet werden, hat die Stadt für Reisende, die auf der Suche nach Ruhe und Frieden sind, einen weiteren erheblichen Nachteil: Jeden Morgen versammelt sich die Bevölkerung und begrüßt die Morgendämmerung mit einem lauten Chor von Eselsschreien, was eines der lautesten und unangenehmsten Geräusche der Welt sein soll.

L. Frank Baum, *The Road to Oz*, Chicago 1909.

ESTOTILANDA, eine Insel im Nordatlantik, kleiner als Island, von vier Flüssen durchzogen, mit einem Berg in der Mitte. Sie liegt nördlich von der Insel Drogio, wo sich die Menschen in herrlichen Tempeln gegenseitig aufessen. Die Bevölkerung von Estotilanda beherrscht alle Kunstfertigkeiten der Welt außer dem Gebrauch eines Seekompasses.

Francesco Marcolini, *Dello scoprimento delle isole Frislandia, Eslanda, Engrovelanda, Estotilanda e Icaria, fatto sotto il Polo Artico dai due fratelli Zeno, M. Nicolo e M. Antonio*, Venedig 1558.

ETIDORHPAS LAND, ein unterirdisches Gebiet, erreicht man durch einen Eingang in dem bekannten Höhlensystem von Kentucky, USA. Durch ein Felsentor gelangt der Reisende in einen fließenden Strom, der in einen Tunnel mündet. Der Wasserstand erreicht häufig die gesamte Höhe des Tunnels, und die Besucher müssen schwimmen. Schließlich kommt man in eine große Höhle, von der aus ein Pfad vom Fluß wegführt. Die Dunkelheit nimmt ab, und ein eigentümliches Licht scheint in der Ferne zu schweben. Hier tummeln sich Horden augenloser Lebewesen, die die Fähigkeit entwickelt haben, mit der gesamten Körperoberfläche zu sehen. Weiter kommt man in eine Höhle aus weißem Kristall, in der große Glasklumpen herumliegen. Der Boden der Höhle ist das ausgetrocknete Bett eines unterirdischen Sees. Jenseits davon erstreckt sich meilenweit eine tiefe Spalte. Hat man sie durchquert, führt der Pfad hinab zu einem flachen Wasserbecken, das den Vulkan Epomeo speist. Man befindet sich nun hundertfünfzig Meilen unter der Erdoberfläche.

Besucher, die eine Rast einlegen möchten, finden hier einen Hohlraum, die sogenannte Trinkerhöhle. Hier lebt eine Rasse degenerierter Wesen, die einmal intelligent waren, nun aber verkümmert und mißgestaltet sind. Sie haben winzige Körper mit hypertrophen Händen, Füßen und Stirnen. Neuankömmlinge laden sie zum Trinken ein und versuchen, sie auf ihr Niveau hinabzuziehen.

Die Höhle hat die Form eines großen Amphitheaters mit einer Steinbühne in der Mitte, wo in riesigen Gefäßen Alkohol vergoren wird. Widersteht man den Bitten der Trunkenen, so verschwinden sie und eine Gruppe schöner Frauen tritt hervor, die zum Klang leiser Musik tanzen. Die Schönste ist das Mädchen Etidorhpa.

Danach kommt man an den Mittelkreis, eine transparente dünne Schicht etwa siebenhundert Meilen unter der Erdoberfläche, eine dem Auge unsichtbare schwerelose Kraftzone, die die Eigenschaft hat, Gravitation zu induzieren. Von hier aus gelangt man in den Inneren Erdraum, indem man von einer Felsplatte ins Leere springt. Von dem Land jenseits dieser Zone liegt keine Beschreibung vor.

Die Pflanzenwelt in Etidorhpas Land besteht vorwiegend aus riesigen Pilzwäldern in leuchtendem Weiß, Rot, Gelb und Blau. Ihre Stiele haben geometrische Muster, und sie riechen nach Ananas oder Erdbeeren. Weil die Primärfarben in Etidorhpas Land weiter zerlegt werden als auf Erden, finden sich mehr Farbschattierungen. Die Fauna ist spärlich; es gibt Insekten, Vögel und Flugtiere, die an prähistorische Reptilien erinnern.

John Uri Lloyd, *Etidorhpa or The End of the Earth...*, Cincinatti 1895.

EUDAEMON, Hauptstadt der Insel Makaria (nicht zu verwechseln mit dem gleichnamigen afrikanischen Königreich). Eudaemon ist eine große, prachtvolle und vortrefflich verwaltete Stadt. Ihre Bewohner sind hochgebildet und stellen die Interessen der Republik vor ihre eigenen. Reiche und Arme, Hoch- und Niedriggestellte arbeiten für das Gemeinwohl. Gesetze gegen übermäßigen Aufwand werden peinlich genau durchgesetzt, Trunkenheit wird schwer bestraft, und Staatsbeamte werden für jedes Vergehen ihres Amtes enthoben. Gotteslästerung wird mit dem Abschneiden der Zunge bestraft.

Den unteren Klassen ist es nicht erlaubt, zu wählen oder an der Regierung teilzunehmen, und eine Mitteilung in lateinischer Sprache wird öffentlich ausgehängt: *Vulgus pessimus rerum gerendarum auctor est* (Das Volk ist am wenigsten geeignet für die Führung der Staatsgeschäfte). Überhaupt werden Besucher bemerken, daß in der ganzen Stadt Geschäftszeichen immer in Griechisch und Latein gehalten sind, die griechischen sind hauptsächlich der *Hekuba* des Euripides entnommen.

Die Religion von Eudaemon ist evangelisch und ohne abergläubische Bräuche. Öffentliche Dispute über Religion sind nicht erlaubt, und religiöse Meinungen dürfen nur von dazu ernannten Ministern ausgesprochen werden. Philosophen, die Unruhe stiften, werden verbannt.

Eudaemon ist von einer Reihe uneinnehmbarer Wälle mit tiefen Burggräben dazwischen umgeben. Vier Tore nach den vier Himmelsrichtungen sind wohlbewacht. Besucher, denen der Zugang zur Stadt erlaubt wird, werden freundlich aufgenommen, und es wird ihnen jede mögliche Hilfe angeboten.

Gaspar Stiblinus, *Commentariolus de Eudaemonensium Republica,* in *Coropaedia,* Basel 1555.

EUGÉE, eine Insel im Atlantik. Die Symphyten, ihre Bewohner, sind ein vornehmes und mutiges Volk. Sie besiedelten die Insel, rodeten die Wälder, bebauten das Land, errichteten Häuser für ihre Familien und erließen Gesetze. Die religiösen Riten und Grundsätze wurden in jenen Tagen von einem Weisen bestimmt, der verlangte, daß sein Name vergessen werde. Der große Gott Theós sollte sechzehn Mal im Jahr verehrt werden als »unbegreiflicher Schöpfer einer unbegreiflichen Welt«. Nach der Lehre des Weisen befruchtete die Göttin Psycholie – die die Natur und alle Lebewesen einschließlich des Menschen beseelt – mit ihrem Feuer die Göttin Syngénie, die die chemischen Eigenschaften aller Stoffe symbolisiert. Andere Götter verkörpern die wesentlichen Kräfte dieser Welt, die erst viel später durch Isaac Newton beschrieben wurden. Beispielsweise werden die Gezeiten durch die Liebeskonflikte dreier Gottheiten dargestellt: den des Ozeans, den der Sonne und den des Mondes. Die polare Magnetkraft wird durch Zwillingsgötter symbolisiert. Helion, der Sonnengott, ist der Vater des Lichtes und der Hitze.

Weil die Symphyten von den geheimen Prinzipien des Universums gelenkt werden, sind sie gerecht und tapfer und waren imstande, eine Invasion aus ↗ ATLANTIS abzuwehren, dessen Bevölkerung nach der Überschwemmung aus dem Land floh.

Louis-Jean Népomucène Lemercier, *L'Atlantiade, ou la Théogonie newtonienne,* Paris 1812.

EUPHONIA, eine kleine Stadt von etwa zwölftausend Einwohnern im Harz, wird von manchen Reisenden als gigantisches Konservatorium angesehen, weil Musizieren die einzige Beschäftigung seiner Bewohner ist. Alle Euphonier, Männer, Frauen und Kinder, singen, spielen ein Instrument oder befassen sich sonstwie mit Musik. Einige bauen Instrumente, andere drucken Noten oder machen akustische Experimente.

Musiker und Sänger leben in verschiedenen Vierteln der Stadt. Jede Stimmlage, jedes Instrument ist einer Straße zugeordnet, die den entsprechenden Namen trägt.

Es wäre ungerecht zu sagen, Euphonia unter seinem Militärregime sei eine Diktatur. Gewiß hat es eine straffe Verwaltung – doch als Ergebnis sind außerordentliche Kunstwerke zustande gekommen. Die deutsche Regierung tat alles, um den Einwohnern von Euphonia das Leben zu erleichtern und angenehmer zu machen. Als Gegenleistung verlangte sie nicht mehr als zwei- oder dreimal im Jahr die Entsendung von etwa tausend Musikern für die Gestaltung verschiedener Festlichkeiten.

Im übrigen verlassen die Euphonier ihre Stadt selten. Die an den musikalischen Künsten Interessierten kommen statt dessen nach Euphonia. Ein großes Amphitheater, das zwanzigtausend Zuhörer und zehntausend Künstler faßt, empfängt jährlich eine ungeheure Zahl an Touristen, die strenge Prüfungen bestehen müssen, ehe sie als Teil des Publikums zugelassen werden.

Euphonische Erziehung beginnt sehr früh, schon den Kindern bringt man alle möglichen rhythmischen Kombinationen bei; dann folgt das Studium der Tonarten, ein Instrument nach Wahl, schließlich Gesang und Harmonielehre. Bei Erreichen der Pubertät – des Lebensstadiums, in dem die ersten echten Leidenschaften empfunden werden – lehrt man die Jugendlichen Ausdruck und stilistische Feinheiten. Alle Euphonier schätzen die Aufrichtigkeit des Ausdrucks, jene seltene Qualität, die so schwer zu bestimmen ist. Wer sie nicht lernen will oder kann, wird aus der Stadt verbannt, auch dann, wenn er Stimme oder Instrument technisch ausgezeichnet beherrscht; manchmal läßt man diese Abtrünnigen auch als Instrumentenbauer in den Häusern am Stadtrand wohnen.

Alle Lehrer haben mehrere Assistenten, die auf die Einzelheiten der verschiedenen Zweige jedes Gebiets spezialisiert sind. Während der Lehrer zum Beispiel einen allgemeinen Vortrag über das Geigenspiel hält, behandeln die Assistenten die Geheimnisse des *pizzicato,* der Geläufigkeit usw.

Beginn und Ende der Arbeits- und Mußestunden werden vom Klang einer gigantischen Orgel verkündet, die in der Spitze eines Turms untergebracht ist, der die ganze Stadt beherrscht. Dieses fünfhundert Jahre alte Instrument ist fast vier Meilen weit zu hören. Anweisungen und allgemeine Informationen werden ebenfalls durch die Orgel in einem musikalischen Code gegeben, den nur Euphonier verstehen können.

Beim Einstudieren musikalischer Werke ist das erste Ziel Treue zur Vorlage, dann die richtigen Abstufungen und schließlich Stil und Ausdruck. Jede Körperbewegung zum Rhythmus der Musik ist den Mitgliedern des Chors streng verboten. Um ihre Technik zu verbessern, läßt man die Sänger stumm probieren – und zwar in so vollkommener Geräuschlosigkeit, daß man ein Insekt summen hören kann oder ein Blinder glauben könnte, er sei ganz allein im Theater. Nach solchen Pausen läßt man die Sänger in ein *tutti* ausbrechen, und nicht ein einziger verpaßt seinen Einsatz. Dieselbe Arbeit vollzieht sich mit dem Orchester, und erst dann, wenn beide Teile perfekt sind, vereinigen sie sich, und die beiden Gruppen, Sänger und Instrumentalisten, führen ein Kunstwerk auf, das das Publikum dann zu hören bekommt. Zu den Proben ist niemand zugelassen.

Eine geschickte Vorrichtung, die in Euphonia seit ein paar Jahrhunderten in Gebrauch ist, sorgt dafür, daß der Dirigent mit seinem Taktstock jedem Musiker Zeichen geben kann, die vom Publikum nicht gesehen werden. Auf diese Weise erreichen seine Anweisungen das Orchester, ohne die Aufmerksamkeit des Publikums abzulenken.

Die Philosophie der Musik gilt in Euphonia als bedeutende Wissenschaft, die den Bewohnern erlaubt, die Gesetze und historischen Voraussetzungen zu studieren, auf denen die musikalische Entwicklung beruht. Einer der Professoren, Spezialist in diesem Fach, begründete die seltsame

Institution »schlechter Konzerte«. Zu gewissen Zeiten des Jahres werden die Euphonier eingeladen, den Monstrositäten zu lauschen, die an den Konservatorien Deutschlands, Frankreichs und Italiens gelehrt werden und deren Unzulänglichkeiten zu vermeiden den Euphoniern dringend angeraten wird. Diese Konzerte bieten viele der *cavatine e finali* italienischer Komponisten des frühen neunzehnten Jahrhunderts und so manche Fuge, die vor dem zwanzigsten Jahrhundert entstanden ist.

Ohne ausdrückliche Einladung dürfen Reisende Euphonia kaum betreten. Sie müssen nicht nur eine wundervolle Stimme mitbringen und praktisch jedes Instrument beherrschen, sondern Persönlichkeitstests bestehen, die von euphonischen Beamten akribisch ausgewertet werden.

Hector Berlioz, *Euphonie, ou La ville musicale. Nouvelle de l'avenir,* Paris 1852.

EURALIA, zwei vereinigte Königreiche, Westeuralia und Osteuralia, nördlich von dem Königreich Barodia gelegen. Sie werden jeweils von einem König und einer Königin regiert. Die Landschaft ist überwiegend hügelig mit etwas Wald und einigen Bächen. Ein bedeutendes Wahrzeichen ist der Palast von Euralia mit Gästezimmern, die nach der Farbe ihrer Ausstattung genannt werden. Um die Palastgärten aus Rosen und Nelken kümmern sich die Höflinge. Drachen sind hier alltäglich, und Zauberer gibt es en masse, allerdings verstehen nur die wenigsten wirklich ihr Handwerk. Die märchenhafte Vergangenheit von Euralia ist in *Euralia. Vergangeheit und Gegenwart* von Roger Scurvilegs beschrieben worden.

Alan Alexander Milne, *Once on a Time,* Ldn. 1917.

EUSAPIA, eine Stadt in Asien, die zum Genuß des Lebens geeignet ist. Um den Sprung vom Leben zum Tod weniger abrupt erscheinen zu lassen, haben die Einwohner eine Kopie ihrer Stadt unter der Erde gebaut. Die Leichen, die so getrocknet werden, daß ein von gelber Haut überzogenes Skelett zurückbleibt, werden dort hinuntergebracht, damit sie ihrer bisherigen Beschäftigung nachgehen können. Die Momente der Sorglosigkeit haben bei diesen Tätigkeiten den Vorzug: Die meisten Leichen sitzen an gedeckten Tischen oder werden zum Tanze aufgestellt oder so, als bliesen sie Trompete. Aber auch alle Berufe aus dem Eusapia der Lebenden werden unter Tage ausgeübt, zumindest die, denen bei Lebzeiten mit mehr Lust als Widerwillen nachgegangen wurde: Der Uhrmacher inmitten der stillstehenden Uhren seines Ladens legt sein pergamentenes Ohr an eine aus dem Takt geratene Großvateruhr; ein Barbier seift mit trockenem Pinsel die Wange eines Schauspielers ein, der gerade seine Rolle einstudiert und mit leeren Augenhöhlen auf das Rollenbuch starrt; ein Mädchen mit lachendem Schädel melkt das Skelett einer Färse.

Viele von den Lebenden wollen nach ihrem Tod ein anderes Schicksal als das, was ihnen im Leben beschieden war: Die Nekropole ist voll von Löwenjägern, Mezzosopransängerinnen, Bankiers, Geigenspielern, Herzoginnen, Mätressen, Generalen – mehr als die lebende Stadt jemals aufzuweisen hatte.

Die Aufgabe, die Toten hinunterzugeleiten und an der gewünschten Stelle aufzubauen, obliegt einer vermummten Bruderschaft. Niemand anders hat Zutritt zum Eusapia der Toten, und alles, was man von dort unten weiß, hat man von ihnen erfahren.

Die Geographen berichten, daß es die gleiche Bruderschaft auch bei den Toten gibt; nach ihrem Tod üben die Vermummten die gleiche Aufgabe auch im anderen Eusapia aus; man munkelt, daß einige von ihnen schon gestorben sind, aber immer noch hinauf- und hinabgehen. Die Macht dieser Bruderschaft im Eusapia der Lebenden ist gewiß sehr groß.

Es heißt, daß sie jedesmal, wenn sie hinuntergehen, im unteren Eusapia etwas verändert finden; die Toten schaffen Neuerungen in ihrer Stadt; nicht viele, doch sicherlich das Ergebnis wohlausgewogener Überlegung, nicht flüchtiger Launen. Von einem Jahr zum andern, so sagt man, sei das Eusapia der Toten nicht mehr wiederzuerkennen. Um mitzuhalten, wollen die Lebenden auch all das machen, was die Vermummten ihnen über die Neuigkeiten der Toten erzählen. So hat das Eusapia der Lebenden begonnen, seine unterirdische Kopie zu kopieren.

Man sagt, daß das nicht erst jetzt geschieht: Die Toten sollen das oberirdische Eusapia zum Gleichnis ihrer eigenen Stadt erbaut haben. In den beiden Zwillingsstädten könne man nicht mehr feststellen, wer lebend und wer tot ist – so heißt es.

Italo Calvino, *Le città invisibili,* Turin 1972.

EUSEBES ↗ MEROPIS

EVARCHIA, ein Land auf der Balkanhalbinsel, war ein Königreich, bis es 1978 von der Nationalen Militärregierung übernommen wurde. Die Inseln an der Küste von Evarchia waren im neunten Jahrhundert annektiert worden, die Bewohner hatten damals um Schutz gegen die Piraten gebeten, und die Übernahme geschah daraufhin ohne Blutvergießen. Verschiedene dieser Inseln tragen ihren Namen nach den Gewürzen, die sie produzieren, wie Muskatinsel oder Nelkeninsel. Reisenden wird empfohlen, die Große

Glockenturm der Reitschule im Zentrum von EVARCHIA

oder Makranesische Insel zu besuchen, wo man landet, wenn man auf dem Luftweg nach Evarchia kommt. Auf der Makranesischen Insel wurde der Sommerpalast erbaut, in der Nähe des Alten Leuchtturms und nicht weit von einem anderen Hauptanziehungspunkt der Insel, der Piratenburg, die 1566 durch ein Erdbeben teilweise zerstört worden war.

Die Hauptstadt liegt auf dem Festland, und der spärlich möblierte Winterpalast mit seinen schönen gotischen Fenstern und der nach-präraffaelitischen Ausstattung wurde 1869 erbaut. Drei andere Gebäude mit bemerkenswerten Fassaden umgeben den Palast: die mit einer Kuppel verse-

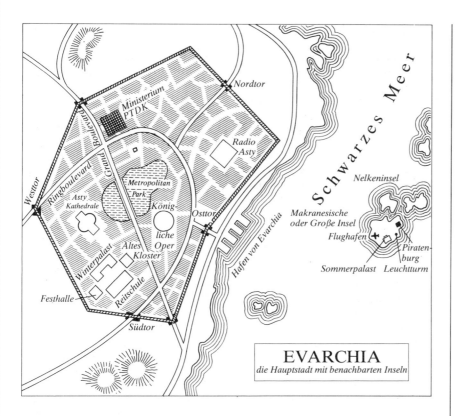

*EVARCHIA
die Hauptstadt mit benachbarten Inseln*

hene Reitschule, auf deren linker Seite sich ein viereckiger Glockenturm erhebt, zur Linken der Festsaal mit Säulen, Dachgesimsen und Kartuschenornament, zur Rechten das Alte Kloster. Die Königlich-Asteanische Oper und der Dom lohnen ebenfalls einen Besuch. Der Metropolitanpark liegt im Zentrum von Evarchia, und im Osten, im Asty-Distrikt, sind die berühmten Gärten, die von den Ministerien für Parks, Teiche, öffentliche Denkmäler und Kultur (PTDK) unterhalten werden. Zwei breite Boulevards durchqueren die Stadt: der Grand Boulevard und der Ringboulevard.

Evarchia hat einen staatlichen Rundfunk, Radio Asty, und verschiedene Zeitungen und Zeitschriften: *Die Times von Asty, Die Asteanische Times,* die *Evarchianische Monatsschrift für Edelsteinsammler* und *Roter Tennisschläger*. Nur ein großer Roman ist in evarchianischer Sprache geschrieben wurden, seine englische Übersetzung wurde 1954 in der Grey Walls Press veröffentlicht.

Die meisten Leute sprechen englisch ebensogut wie evarchianisch, obgleich die Inselbewohner und die Bauern das *v* wie ein *f* aussprechen.

Entsprechend der Tradition der katholischen und vorkanonischen Kirche von Evarchia ist Epiphanias das Hauptfest im Winter, aber den Besuchern sei mitgeteilt, daß auch Weihnachten, wiewohl als vergleichsweise kleineres Fest, gefeiert wird.

Brigid Brophy, *Palace without Chairs, a Baroque Novel*, Ldn. 1978.

EWAIPANOMA, ein Dschungelgebiet am Coara, einem Nebenfluß des Orinoko. Es ist das Territorium eines mächtigen, kriegerischen Stammes, nach dem es auch benannt wurde. Nur ganz wenige Fremde haben diese Eingeborenen zu Gesicht bekommen. Ihren Berichten zufolge sollen die Ewaipanoma Augen in den Schultern, einen Mund mitten auf der Brust und einen langen Haarschopf oder auch Haarschwanz zwischen den Schulterblättern haben.

Walter Raleigh, *The Discoverie of the lovlie, rich and beautiful Empyre of Guiana with a relation of the great and golden City of Manoa (which the Spanyards call El Dorado)...*, Ldn. 1596.

EXHAM PRIORY, die Ruinen eines alten, vornehmen Herrensitzes in der Nähe des Dorfes Anchester in Wales. Nach einer gräßlichen Bluttat, deren Opfer der Herr, fünf seiner Kinder und mehrere Bedienstete waren, wobei der Schatten des Verdachts auf den dritten Sohn fiel, stand es drei Jahrhunderte unbewohnt. Exham Priory besteht aus gotischen Türmen, die auf einem germanischen oder romanischen Unterbau ruhen, dessen Fundament wiederum höchstwahrscheinlich druidisch ist. Dieses Fundament ist ganz außergewöhnlich und auf einer Seite mit dem massiven Kalkfelsen des Vorsprungs verbunden, von dessen Rand die Priorei auf ein einsames Tal schaut.

Exham Priory wurde erst 1923 wieder bewohnt, von einem Abkömmling der freiherrlichen Familie, der die Priorei einst gehört hatte. Als die Katzen des neuen Besitzers sich über gewisse seltsame Geräusche stark erregt zeigten, beschlossen der Hausherr und ein Freund, der Ursache auf den Grund zu gehen, und über eine steinerne Treppe gelangten sie in einen Raum, der voller menschlicher Überreste war. Ein paar Stufen weiter entdeckten sie eine dämmrige Grotte von ungeheurer Höhe, die angefüllt war mit einem irrsinnigen Gewirr menschlicher Gerippe in Stellungen teuflischer Raserei – die Überreste der Gefangenen, die von den früheren Herren der Priorei den Ratten, die heute noch diese unterirdischen Regionen bevölkern, als Futter vorgesetzt worden waren. Man fand den neuen Besitzer von Exham Priory wie einen Rattendämon über der halb aufgefressenen Leiche seines Freundes kauernd, verrückt geworden angesichts der schrecklichen Entdeckung.

Howard Phillips Lovecraft, *The Rats in the Walls*, in *The Outsider and Others*, Sauk City 1939.

EXOPOTAMIA, ein großes, verlassenes Land, das auf zwei verschiedenen Wegen zu erreichen ist. Erstens kann man den Zug von Paris an die Küste nehmen, dann ein Schiff, dann wieder einen Zug und schließlich einen Mietwagen oder ein Taxi. Für Zug und Schiff muß man Plätze im voraus reservieren. Das Schiff ist meist so überfüllt, daß es starken Tiefgang hat. Jungen, weiblichen Reisenden sei gesagt, daß der Kapitän, ein schmutziger, alter Mann, junge Mädchen gern in den Popo zwickt. Das Essen an Bord besteht hauptsächlich aus Kalbsfrikassee, in der Sonne gerösteten Meerestieren und Biskuit-Suppe.

Die zweite Möglichkeit, nach Exopotamia zu kommen, besteht darin, den 975er Bus von der Endhaltestelle zu nehmen. Von Zeit zu Zeit wird der Fahrer verrückt und fährt statt der normalen Route eine der größeren Nationalstraßen. In solchen Fällen wird er keinen Zuschlag für die zusätzliche Strecke verlangen, aber man verbringt eine ganze Nacht im Bus. Eine Stunde nach der Ankunft in Exopotamia fährt er wieder zurück.

Das Wetter in Exopotamia ist sehr warm, und das Klima wird wegen des totalen Mangels an Luft als sehr gesund empfunden. Reisende müssen aufpassen, wenn sie auf dem goldenen Sand laufen, wer stehenbleibt, kann leicht Wurzeln schlagen.

Die Vegetation ist ziemlich bescheiden. Bemerkenswert ist der Stachelbusch *(spinifex)*, eine dornige Pflanze, die sich an die Knöchel hängt, was ziemlich schmerzhaft sein kann. Gewisse lange Ranken kitzeln die Sohlen, wenn man in den Dünen barfuß läuft; schneidet man sie durch, erfüllt ein starker balsamähnlicher Geruch die Luft, und dicke Tropfen einer klebrigen Substanz fallen zu Boden. Im kurzen, grünen Gras leben kleine gelbe Schnecken und auch Sandlumetten. Kindern macht es Spaß, diese Lumetten zu fangen; essen sollten sie sie nicht, es könnte ihnen schlecht werden. Wenn ein unvorsichtiger Besucher auf eine Schnecke tritt, bricht die Schale, und ein durchsichtiger Wassertropfen in Form eines Herzens kommt heraus.

Das auffallendste an Exopotamia ist das ungleiche Licht, das die Sonne auf das Land wirft. Von den Dünen aus gesehen, scheint die Sonne helle und dunkle Strahlen auszusenden: Diejenigen Gebiete von Exopotamia, die von den hellen Streifen erleuchtet werden, sind ziemlich heiß, die unter den dunklen Streifen ausgesprochen kalt. Wenn ein Besucher in einer hellen Zone steht und seine Hand in eine dunkle Zone ausstreckt, verschwindet sie vor seinen Augen.

Das berühmte Hotel und Restaurant, das Joseph Barrizone, alias Pippo alias La pipe gehörte, existiert nicht mehr. Die Eisenbahnlinie wurde durch das Hotelgrundstück gelegt, und das ganze Gebäude versank in einem großen Loch.

Die Bevölkerung von Exopotamia ist natürlich zahlreich; da es sich um ein Wüstengebiet handelt, gibt es viel Platz, und deshalb kann es sich vor Einwanderern kaum retten.

Boris Vian, *L'automne à Pékin,* Paris 1947.

F

FAKREDDINS TAL, zwischen Samarah und dem zerstörten Palast von ↗ ISTAKAR gelegen, ist Herrschaftsgebiet des Emirs Fakreddin. Im Schatten eines großen Palmenhaines steht ein herrliches Gebäude mit neun Kuppeln. Jede der neun Bronzetüren trägt die Inschrift: »Dies ist das Asyl der Pilger, die Zuflucht der Reisenden und der Verwahrungsort von Geheimnissen aus aller Welt.«

Gäste werden in einem von unzähligen Lampen aus Bergkristall beleuchteten Kuppelsaal empfangen. In Gefäßen aus Bergkristall wird köstlicher Sorbet serviert, dazu alle möglichen Leckerbissen – von Mandelmilchreis bis zu Safransuppe. Ein Schleier aus nelkenfarbener Seide verhüllt die Tür, die zu den ovalen Bädern aus Porphyr und zum Harem führt. Jenseits des Palastes erstrecken sich Rasenflächen, auf denen Gartenfeste stattfinden, und eine von zahllosen Bächen bewässerte Ebene.

Das Tal ist ein Treffpunkt für Pilger, die nicht nur aus allen Regionen des Nahen Ostens, sondern zuweilen auch aus dem fernen Indien kommen. Aber auch Krüppel und andere Behinderte finden sich hier ein – im festen Glauben, daß der Emir und seine Helfer ihre Leiden lindern werden.

Ein Hinweis für Reisende: In den nahen Bergen haust ein Zwergengeschlecht, das sich vornehmlich damit beschäftigt, den Koran zu lesen und all jenen zu helfen, die sich auf dem Weg ins Tal verirrt haben. Diese Zwerge bewohnen eine Hütte aus Rohr und Binsen und werden sogar von den Adlern um dieses »Nest« beneidet.

Inmitten öder Sandwüsten wirkt Fakreddins Tal wie ein in Blei gefaßter Smaragd. Kein Wunder, daß man sich erzählt, die Wolken westlich dieses zauberhaft schönen Fleckchens Erde seien die Kuppeln von Schadukian und Amberabad, den Wohnsitzen der »Peri«, jener überirdischen Wesen, die den Reinen im Geiste den Weg ins Paradies weisen.

William Beckford, *Vathek. An Arabian Tale,* Ldn. 1786.

FAMAGUSTA ↗ DAS KÖNIGREICH FAMAGUSTA

FANGORN, der Rest eines uralten Waldgebietes, das sich einst von den südöstlichen Ausläufern des Nebelgebirges bis zu den Blauen Bergen im Nordwesten von ↗ MITTELERDE ausdehnte. Im Dritten Zeitalter ist Fangorn jedoch schon lange vom Alten Wald beim ↗ AUENLAND abgeschnitten und umfaßt nur noch ein kleines Gebiet südöstlich des Nebelgebirges zwischen den Flüssen Limklar und Entwasser.

Reisende, die unvermutet in diesen düsteren, wild zugewucherten Wald geraten, in dem sich kein Lüftchen regt, überfällt sofort ein Gefühl der Beklemmung, ja sogar Angst. Es ist, als würde man beobachtet, und man sollte sich auf jeden Fall hüten, einen Baum zu beschädigen. Denn in Fangorn leben die Ents, die Hirten der Bäume, die jeden bestrafen, der ihren Schützlingen etwas zuleide tut. Schon seit Anfang der Zeit wandeln sie über die Erde, hegen die Bäume und Pflanzen und verteidigen sie vor allem gegen die Zwerge, die für den Bergbau viel Holz brauchen. Sie ähneln selbst den verschiedenen Baumarten, etwa dem Nußbaum mit seiner braunen Haut, den dünnen gespreizten Fingern und kurzen, dicken Beinen oder der Esche mit ihren vielen Fingern, den langen Beinen und der grauen Färbung; manche haben drei Zehen, andere mehr als neun, doch alle besitzen sie die gleichen Augen, den weisen Blick mit einem grünen Flackern darin. Sie sind äußerst bedächtig im Umgang mit anderen, im Reden und Erzählen. Ihre Sprache hat noch nie jemand zu lernen vermocht. Sie besteht aus dauernden Wiederholungen, und jeder ihrer langen Begriffe ist so ausführlich und umfassend, daß er eine in sich geschlossene Erzählung darstellt. – Nur eines stimmt die Ents traurig. Ihre Frauen und Mädchen, die eine Vorliebe für kleinere Bäume und Gärten haben, sind eigene Wege gegangen und aus ihrem Lebenskreis verschwunden. Es gibt keine Entkinder mehr.

Der weiseste und älteste Ent ist Baumbart. Er hat sein Haus Quellhall in den Fels gehauen, Bäume stehen entlang den Seitenwänden, an der Rückseite sprudelt ein Wasserfall über die Steine herunter. Die einzigen Möbel sind ein steinerner Tisch und ein niedriges, mit Heu und getrocknetem Farn bedecktes Bett. Das Licht kommt aus zwei mit Wasser gefüllten Becken, die aufleuchten, wenn Baumbart seine Hände darüberhält. Seine Nahrung besteht aus einem Trunk, der nach dem Fluß Entwasser schmeckt und nach Waldluft riecht. Auch seinen Gästen bietet er davon an – doch Vorsicht, wenn man ihn über mehrere Tage zu sich nimmt, wächst man plötzlich noch ein ganzes Stück in die Höhe.

Ents sind von Natur aus unsterblich, doch können sie getötet werden. Im Ringkrieg konnten die Pfeile und Schwertstreiche der widerlichen Orks ihrer dicken, zähen Haut nichts anhaben, nur als der böse Zauberer Saruman Feuer gegen sie schickte, erschraken sie. Doch das vermehrte zugleich ihre Wut, und mit ihren bloßen Händen sprengten sie die Felsen und Mauern seiner Festung. Ihr Heer bestand außerdem aus den Huorns, ursprünglichen Ents, die sich jedoch noch mehr den Bäumen angeglichen haben und sich in einem Wald völlig unsichtbar machen können. Schnelligkeit und Wildheit zeichnen sie aus, ihrem Zorn ist niemand gewachsen.

John Ronald Reuel Tolkien, *The Two Towers,* Ldn. 1954. – Ders., *The Return of the King,* Ldn. 1955.

FANTIPPO, ein Königreich in Westafrika. Die Hauptstadt gleichen Namens liegt an der Mündung des Kleinen Fantippo-Flusses, der etwa 50 bis 60 Meilen östlich der Nigermündung in die Bucht von Benin fließt. Die Metropole ist heiter, voller Lebensfreude und fast so groß wie eine europäische Stadt. Als Hafen hat sie kaum Bedeutung und nur wenige Schiffe legen im Laufe eines Jahres dort an.

Zwei Dinge sind es, die Fantippo bemerkenswert machen: Einmal sein Postdienst und zum andern das Weihnachtsfest, das dort gefeiert wird, obwohl es kein christliches Land ist. Das Postsystem wurde von König Koko eingeführt, der von dem, was er über das europäische Postwesen gehört hatte, so beeindruckt war, daß er augenblicklich beschloß, es nachzuahmen. Briefmarken wurden gedruckt und Briefkästen an allen Straßenecken aufgestellt, doch zunächst funktionierte das System nicht, da die Leute den Briefmarken magische Kräfte zuschrieben und die Notwendigkeit, Briefträger einzustellen, nicht einsahen. Als König Koko dahinterkam, was falsch war, nahm er sich der Sache an; er ließ Postuniformen aus England kommen und setzte seine Leute ans Werk. Die importierten Uniformen erwiesen sich aber als zu warm für dieses Klima, und so entstand die für Fantippo typische Postuniform: eine fesche Mütze, eine Glasperlenschnur und die Posttasche. Das System begann zu funktionieren und war bald ungemein beliebt. In gewissem Sinne war es diese Beliebtheit, die schließlich zu seinem Untergang führte. Die Briefmarken waren so begehrt, daß die Leute anfingen, ihre Anzüge damit zu schmücken, und Bekleidungsstücke dieser Art zählten bald zu hochgeschätzten Besitztümern. Durch Zufall kamen zwei europäische Briefmarkensammler nach Fantippo auf der Suche nach der seltenen roten Zweieinhalbgroschenmarke dieses Landes (sie wurde nicht mehr gedruckt, weil der König sein Bild darauf wenig schmei-chelhaft fand). Als die beiden die gesuchte Briefmarke auf dem Mantel ihres Gepäckträgers entdeckten, begannen sie augenblicklich damit, sich gegenseitig zu überbieten. König Koko kam dies zu Ohren, und als er erfuhr, welchen Wert Briefmarken in Sammlerkreisen hatten, ließ er sie nur noch für diesen Zweck und nicht mehr für den Postdienst drucken. Durch den Export riesiger Mengen von Briefmarken für den internationalen Sammlermarkt wurde das Postwesen in Fantippo mehr und mehr vernachlässigt.

Abhilfe für diesen Mißstand leistete Dr. John Dolittle, der auf der Rückreise von einer seiner Forschungsreisen auch Fantippo besuchte. Unter seiner Anleitung wurde ein neues System aufgebaut, in dem Vögel die Aufgaben der Postboten übernahmen. Ein eigener Postdienst für Tiere und Vögel, dessen Zentrale sich auf einem Hausboot vor der Küste von ↗ NIEMANDSLAND befand, wurde eingerichtet. Die Verbindung nach Übersee war durch den Einsatz von Zugvögeln als Kuriere besonders wirkungsvoll und schnell. Innerhalb von vierundzwanzig Stunden konnte man einen Brief nach Amerika schicken und Antwort erhalten.

Die Einführung des Weihnachtsfestes war eine unmittelbare Folge der Neuorganisierung des Postwesens. Ein Cockney-Sperling, der die Postauslieferung in der Hauptstadt aufbauen sollte, fühlte sich gekränkt, als er erfuhr, daß Postboten keine Weihnachtsgeschenke erhalten würden, da dieses Fest in Fantippo nicht gefeiert wurde. Er und andere Postvögel traten in den Streik, solange man nicht Weihnachten und Weihnachtsgeschenke einführte. So bürgerte sich der Brauch, um diese Jahreszeit Geschenke auszutauschen, sehr schnell ein und hat sich auch seitdem erhalten – sehr zur Überraschung der ersten Missionare, die in das Land kamen. Demselben Sperling ist auch die Einführung von Hausbriefkästen zu verdanken.

Eine weitere einschneidende Neuerung Dr. Dolittles war die Errichtung einer Wetterstation, wobei er hochfliegende Vögel als meteorologische Beobachter einsetzte. Das System erwies sich als ungewöhnlich erfolgreich und ermunterte die Bewohner Fantippos dazu, große Boote zu bauen und weiter hinauszufahren als je zuvor, bis zu diesem Zeitpunkt nämlich hatten sie immer gefürchtet, draußen auf dem Meer in einen Sturm zu geraten.

Hugh Lofting, *Doctor Dolittle's Post Office,* Ldn. 1924. – Ders., *Doctor Dolittle and the Secret Lake,* Ldn. 1949.

FARANDOULIE, ein riesiges Königreich in Australien, nahe den Ruinen von Melbourne erbaut. Es wurde von Saturnin Farandoul gegründet, einem Franzosen, der auf einer Insel in der Nähe von Borneo von Affen aufgezogen wurde. Von Piraten gefangengenommen und von anderen Affen gerettet, marschierte Saturnin Farandoul Ende des neunzehnten Jahrhunderts in den Staat Viktoria in Südost-Australien ein und besiegte die Britische Armee.

Er nannte sich Saturnin I. und gründete ein Königreich, in dem für Menschen und Affen die gleichen Gesetze galten und wo alle Geschöpfe in friedlicher Harmonie zusammenlebten. Saturnin I. hatte zwar die Absicht, auch Indien zu erobern und die Affen von Asien zu befreien, aber das ungeheure Unternehmen scheiterte, als die Briten seine Armee von fünfzigtausend Affen mit schottischem Whisky und englischen Mädchen korrumpierten.

Die prachtvolle Residenz von Farandoulie ist nach den Plänen von Melbourne gebaut. Melbourne wurde zerstört, als Saturnins Heer das dortige Aquarium angriff, um eine geliebte Frau zu retten, die der Chefbiologe entführt hatte. Die wahren Umstände dieses Feldzugs sind nicht ganz erforscht, werden aber sicher ans Licht kommen, wenn endlich die umfassende Geschichte des australischen Kontinents geschrieben wird.

Albert Robida, *Voyages très extraordinaires de Saturnin Farandoul...,* Paris 1879.

FEDERAL HILL, im westlichen Teil von Providence, Rhode Island, in den Vereinigten Staaten, ein geisterhafter Hügel, strotzend von einem Gedränge von Dächern und Kirchtürmen, in denen sich der Qualm der Stadt verfängt.

Besucher sollten die Kirche des Freien Willens oder der Sternenweisheit besichtigen, die Professor Bowen im Mai 1844 nach seiner Rückkehr aus Ägypten erworben hatte, um eine religiöse Sekte zu gründen. 1846 verschwanden drei Bürger von Providence unter mysteriösen Umständen, und Gerüchte über einen gotteslästerlichen Stein, das Leuchtende Trapezohedron genannt, begannen umzugehen. 1848 verschwanden weitere sieben Menschen, und Geschichten von Blutopfern wurden über die Kirche verbreitet. 1853 nahm ein gewisser Father O'Malley am Sterbebett die Beichte von Francis X. Feeny entgegen, der sich der Sternenweisheit-Sekte 1849 angeschlossen hatte und nun enthüllte, daß Professor Bowen den Leuchtenden Trapezohedron gefunden hatte, als er ägyptische Ruinen erforschte, und daß die Sekte eine mysteriöse Einheit beschwor, die bei Licht nicht bestehen konnte.

Der Leuchtende Trapezohedron setzte die Mitglieder in die Lage, andere Welten zu schauen, und die beschworene Einheit, von den Sektenmitgliedern Geist der Finsternis genannt, enthüllte ihnen manch unerträgliches Geheimnis. 1869 fiel nach dem Verschwinden eines irischen Jugendlichen ein Mob von irischen Jungen über die Kirche her. Als weitere sechs Menschen verschwunden waren, schloß der Bürgermeister von Providence schließlich die Kirche.

Erst 1935 trat sie wieder ins öffentliche Bewußtsein. Nach einer Reihe unerklärlicher Ereignisse, die die Stadt erschütterten, hatte ein gewisser Robert Blake versucht, den geheimnisvollen Vorkommnissen auf den Grund zu gehn, und wurde tot am Ort einer furchtbaren Explosion gefunden. Die Behörden gaben keine Erklärung ab, aber Gerüchte von alten, grausamen Riten liefen flüsternd durch die Stadt.

Howard Phillips Lovecraft, *The Haunter of the Dark,* in *The Outsider and Others,* Sauk City 1939.

DIE FEDERINSEL liegt im Indischen Ozean und wurde 1784 von dem französischen Philosophen und Reisenden Chevalier de l'Étoile von einem Ballon aus entdeckt. Ein Ring aus Felsen schirmt die Insel von der Außenwelt ab, und der Duft ihrer blühenden Bäume und ihre kristallklaren Flüsse machen sie zu einem wahrhaft zauberhaften Ferienort.

Die Bewohner sind ausschließlich Frauen. Niemand wird hier krank, und alle bleiben jung, bis sie sich nach tausend Jahren in Luft auflösen. Bei den Angehörigen der Oberschicht wachsen Federn anstelle der Haare. Die Haare der Unterschicht gelten als vulgär. Die Damen der Oberschicht werden nämlich aus den Eiern seltener Vögel ausgebrütet, die Dienerinnen aus den Eiern behaarter Raupen – daher das verräterische Haar auf ihren Köpfen. Die Königin Céleste ist aus dem Ei eines Phönix geschlüpft und wird deshalb immer wiedergeboren. Sie sieht aus, als sei sie schlimmstenfalls achtzehn Jahre alt. Sie hat eine nymphengleiche Taille, eine Haut wie Milch und Blut und große dunkle Augen; und doch war sie bereits in ihrem 650. Lebensjahr, als der Chevalier de l'Étoile die Insel besuchte. Reisende sollten Célestes Palast besichtigen. Alle Räume sind mit Federn dekoriert, die man zu entzückenden Collagen angeordnet hat. Sogar die Türen und Dielen und auch viele Möbel sind mit Federn bedeckt – was nicht heißen soll, daß es keine Edelsteine gäbe. Übrigens schreibt das Hofzeremoniell vor, daß man sich der Königin nur auf den Knien nähern darf.

Fanny de Beauharnais, *Relation très véritable d'une isle nouvellement découverte,* Paris 1786.

FEDORA, eine Stadt in Asien. Im Zentrum dieser grauen Steinmetropole erhebt sich ein metallener Palast mit einer Glaskugel in jedem Raum. In jeder Kugel kann der Reisende eine blaue Stadt sehen, das Modell für ein anderes Fedora. Es sind die Formen, die die Stadt hätte annehmen können, wäre sie nicht aus diesem oder jenem Grund so geworden, wie sie heute aussieht. In jeder Epoche gab es jemanden, der sich beim Anblick Fedoras vorstellte, wie man daraus eine ideale Stadt hätte machen können, aber während er sein Miniaturmodell baute, war Fedora schon nicht mehr so wie vorher, und was bis gestern eine mögliche Zukunft gewesen war, das war jetzt nur noch Spielzeug in einer Glaskugel.

Das Gebäude mit den Kugeln ist heute Fedoras Museum: Jeder Einwohner besucht es und wählt die Stadt, die seinen Wünschen entspricht: Er spiegelt sich in dem Medusenteich, der die Wasser des Kanals gesammelt hätte (wäre er nicht trockengelegt worden . . .); er zieht unter einem Baldachin durch die Allee der Elefanten (die man aus der Stadt verbannt hat . . .); er rutscht die Wendeltreppe des Minaretts hinab (das nie ein Fundament fand . . .).

Reisende sollten sowohl das große Fedora als auch die Modelle in den Kugeln besichtigen. Nicht, weil sie alle real, sondern weil alle imaginär sind. Das steinerne Fedora enthält, was man für notwendig erachtet, als es noch nicht wirklich war; die gläsernen bergen erträumte Möglichkeiten, die schon einen Augenblick später nicht mehr realisierbar waren.

Italo Calvino, *Le città invisibili,* Turin 1972.

DER FEENGRUND liegt am Fuße des Harzes in Deutschland. In Sichtweite eines namentlich nicht bekannten Dorfes liegen in einer von Tannen umgebenen Vertiefung verfallene Wirtschaftsgebäude und eine ärmliche Hütte. Nähert man sich dem Ort, befällt einen so große Traurigkeit und Angst, daß ein Weitergehen schier unmöglich wird. Zuweilen haben Neugierige, die sich etwas herangewagt hatten, auf der Bank vor der Hütte einige zerlumpte Weiber, auf deren Schoß sich ebenso häßliche und schmutzige Kinder wälzten, ausgemacht. Schwarze Hunde laufen um das Revier, und nachts sah man bisweilen einen geheimnisvollen Mann, der schemenhaft in der Hütte verschwand. Die Dorfbewohner glauben, der Tann sei verhext und machen einen großen Bogen um ihn. In Wirklichkeit jedoch ist das düstere Äußere nur ein Trugbild, hinter dem sich ein bezauberndes Feenreich verbirgt. Reisende, die ihre Furcht überwinden, werden freundlich aufgenommen und herumgeführt. Sehenswert ist der inmitten eines wahren Blumenmeeres prangende Palast. Das Pflanzendekor der Deckenwölbungen verändert sich in Einklang mit der allgegenwärtigen sphärischen Musik, und die Kellergewölbe strotzen von Gold, Silber und Edelstein. Griesgrämige, aber fleißige Zwerge tragen die Kostbarkeiten aus dem Erdinnern herbei, um sie hier – unter der strengen Aufsicht des Metallfürsten, eines alten

Feder der Oberschicht und Königliches Ei von der FEDERINSEL

eingeschrumpften Männleins mit Zepter und Krone – zu sortieren und in Gefäße zu füllen. Der Palast und seine Umgebung wimmeln von bildschönen Feen jeglichen Alters, die sich allerlei vergnüglichem Zeitvertreib hingeben. Der nahe See beherbergt eine Art Meerjungfrauen – bekränzt mit Wasserlilien und auf krummen Muscheln blasend. An der Peripherie des Reiches leben die Feuerelfen. Man fährt vom See in den kleinen Fluß hinein und erreicht schließlich einen mächtigen Felsen, der auf Klopfzeichen auseinanderklafft. Die Wendeltreppe führt in den Feuersaal mit seinen purpurnen Wänden und dem Boden aus lodernden Flammen. In der Glut bewegen sich Wesen wie aus rötlichem Kristall, die das Feuer in alle Himmelsrichtungen verteilen. Es fließt unterirdisch neben den Strömen und Wasserbächen dahin und läßt die Blumen, die Früchte und den Wein besonders gut gedeihen.

Weitere Sehenswürdigkeiten aufzusuchen, empfiehlt sich nicht, denn ebensowenig wie die Raumgesetze – das Feenreich ist um ein Vielfaches größer als der äußere Umfang des Tannengrundes – gelten die der Zeit. Den Menschen vergehen hier die Jahre wie Stunden, und wer zu lang verweilt, kehrt als Greis zurück. Dem Besucher, der wieder an der Grenze bei den Tannen anlangt, enthüllt sich auch der Grund seiner ursprünglichen Furcht. Wunderliche Gestalten, mit ihren mehligen Gesichtern den Eulen nicht unähnlich, hocken, in faltige zottige Mäntel gehüllt, mit aufgespannten Regenschirmen auf den Bäumen und wehen unablässig mit ihren riesigen Fledermausflügeln, auf daß jedem der kalte Schauder über den Rücken rinnt.
M. B.
Ludwig Tieck, *Die Elfen,* in *Phantasus,* Bd. 1, Bln. 1812.

FEENLAND ist schwer lokalisierbar, da es seine Lage verändern kann. Niemand kommt hierher ohne einen Grund, den entweder er kennt oder die Geister, von denen er besessen ist. Man erreicht das Land auf mehreren Wegen, die durch einen dichten Wald führen. Nahe dem Waldrand steht eine Hütte: Ihre Ecken bilden vier große Eichen, deren Zweige sich über dem Dach treffen und verflechten. Die Bewohnerin der Hütte ist eine Fee in Menschengestalt. Im Garten leben Blumenfeen, deren Körper, die Blumen selbst, sterben, wenn die Seelen der Feen wegziehen. Auch im Wald, den man durchqueren muß, gibt es verschiedene Arten von Feen und finstere Kobolde. Diese wohnen in einem unterirdischen Reich, wo weder Bäume noch sonstige Pflanzen wachsen, und ihre Sprache ist für Menschen unverständlich. Sie amüsieren sich, indem sie sich aufeinanderwerfen und wie Schlangen ineinander verwinden.

Nach etwa einem Tagesmarsch durch den Wald kommt man zu einem steilen felsigen Hügel. An seinem Fuß ist eine kleine Höhle mit einem Relief, das die Geschichte von Pygmalion darstellt. Ein weiterer Tagesmarsch bringt einen zu einem Bauernhof, der schon zum Feenland gehört. Mehrere interessante Gebäude sollten hier besichtigt werden: Das »Haus des Menschenfressers« ist eine langgestreckte niedrige Hütte, die an einer hohen Zypresse auf einer kleinen Waldlichtung steht. Öffnet man hier die Tür einer bestimmten Kammer, so wird

Die Hütte der vier Eichen im südlichen
FEENLAND

man seinen eigenen Schatten finden, der einem überallhin folgt.

Der weiße Marmorpalast von Feenland steht am Ufer eines Flusses. Nachts schimmert er mild im Mondlicht, das sich nicht in den Fenstern widerspiegelt. Besucher werden feststellen, daß ihr Zimmer von unsichtbarer Hand so eingerichtet wurde, daß es ihrem eigenen in jeder Einzelheit gleicht. In der Halle befindet sich ein Teich mit wunderbaren Höhlen und Korallen jeder Färbung. Die Bibliothek enthält Bücher, die den Leser so gefangennehmen, daß er der Held eines Reiseberichts, eines Romans oder eines Theaterstücks wird. Beim Lesen wird die Geschichte zu seiner eigenen. Eine andere Halle mit schlanken schwarzen Säulen verbirgt in gedämpftem karmesinrotem Licht die Fähigkeit, jeder Stimme einen herrlichen Klang zu verleihen. Bestickte Vorhänge führen zu einer weiteren Halle mit schwarzer Decke und dunkelroten Säulen. Hier stehen weiße Statuen auf schwarzen Sockeln. Sie sehen aus, als hätten sie gerade zu tanzen aufgehört. Eine Hängelampe trägt die Inschrift: »Nicht berühren!« Interessant ist es auch, eine Hütte auf einer Halbinsel zu besuchen, die man durch bestimmte Tunnel erreichen kann. Es ist immer Tag in der Hütte, solange man das Feuer im Herd brennen läßt. Innen sind vier Türen: die der Kindheit, die der Seufzer, die des Schauderns und die der Ewigkeit. Man kann durch jede dieser Türen zurückkehren, wenn man das Zeichen »=« auf dem Holz findet.

Die Bäume von Feenland sind voller seltsamer Früchte und Nüsse, die alle eßbar sind. Die Buche hat die Form und Stimme einer Frau und beschützt die Reisenden vor Kobolden. Die Erle ist in der Lage, ihr Aussehen zu verändern, um Menschen in ihre Grotte zu locken und sie der Esche auszuliefern. Die Tiere von Feenland sind nicht gefährlich, und ihre Sprache ist leicht verständlich.

Geld ist in Feenland nutzlos, und die Feen sind ernstlich beleidigt, wenn man es ihnen anbietet. Die Zeit erscheint länger als an anderen Orten: Eine Reise von einundzwanzig Tagen dünkt den Besucher wie einundzwanzig Jahre.

George MacDonald, *Phantastes...,* Ldn. 1858.

FELINIEN, ein Königreich, das an Nolandanien und das ↗BANOISREICH von ↗PLUTO, einem Land im Mittelpunkt des hohlen Kerns der Erde, grenzt. Wie in den anderen Ländern von Pluto ist in Felinien alles viel kleiner als auf der Oberfläche der Erde; die Bewohner sind beispielsweise selten größer als fünfundsiebzig Zentimeter.

Die Felinier sind ein äußerst abergläubisches Volk, dessen größte intellektuelle Interessen Theologie und Jura sind; es wäre ein Ding der Unmöglichkeit, alle die Bücher aufzuzählen, die über diese beiden Gegenstände im Land veröffentlicht worden sind. Große Bedeutung messen die Felinier der Deutung von Träumen bei, von denen sie glauben, daß sie die Zukunft und die Ergebnisse von öffentlichen Lotterien vorhersagen – eine Annahme, die zu einer nicht unbeträchtlichen Zahl von Bankrotten geführt hat.

Die Religion von Felinien basiert auf den Lehren des Propheten Burma. Die Bewohner haben früher nur Vögel und andere Tiere verehrt und in spiritueller Finsternis gelebt, bis Burma kam und sie belehrte. Seine erste Tat bestand darin, daß er ein Ei nahm, es zerbrach und einen Vogel befreite, der

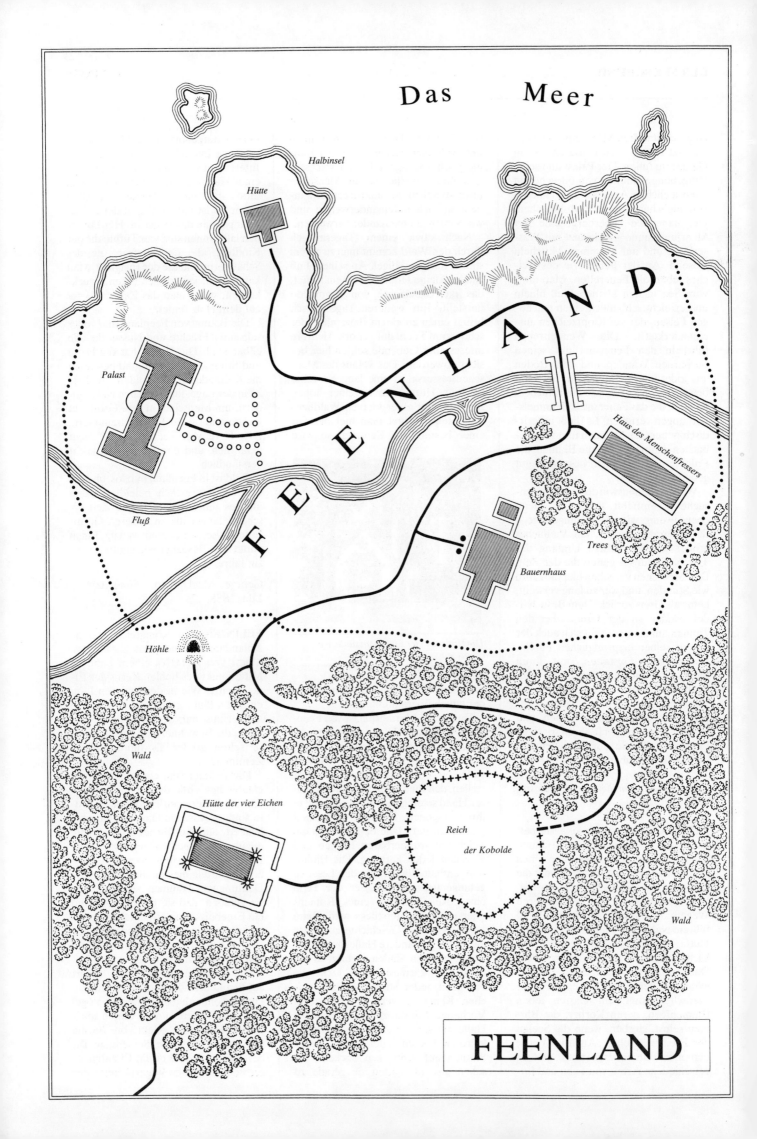

davonflog, womit er die Befreiung der Seele vom Körper durch den Tod und das Prinzip der Unsterblichkeit veranschaulichte. Doch das Wunder, das Burma am bekanntesten gemacht hat, ereignete sich, als er einer Eiche befahl, in den Boden zu sinken, woraufhin sich an ihrer Stelle eine Quelle von rosa Wasser bildete, der zwei weitere Quellen folgten – eine mit blauem und eine mit goldenem Wasser. Um sie herum wurde ein Tempel erbaut, und Besucher können noch heute eine Stunde lang täglich die farbigen Wasser bewundern. Gläubige können von den sechzig Priestern, die dem Tempel dienen, Flaschen mit Wasser in jeder der drei Farben kaufen.

Nach dem Wunder mit der Quelle verließ Burma seine Anhänger und sagte, daß er nach drei Tagen zurückkehren werde. Er wurde auf dem Rücken eines geflügelten Elefanten gen Himmel getragen und kehrte mit dem *Heiligen Buch* zurück, das noch immer die Grundlage der felinischen Religion ist. Doch einige der Bewohner des Landes blieben skeptisch. Um die Wahrheit seiner Lehre zu beweisen, führte Burma zehn tugendhafte Männer zu einem hohen, kahlen Berg im Süden des Landes und sagte ihnen, daß er ihnen helfen werde, in den Himmel zu kommen. Er gab jedem von ihnen einen Metallhut; sobald die Männer diesen Hut aufgesetzt hatten, flogen sie zum Himmel hinauf, von wo sie nie zurückkehrten. Diese Hüte können bei jedem Priester gekauft werden und sind bei Selbstmördern sehr beliebt.

Im Mittelpunkt des Kultes, der infolge von Burmas Lehre entstanden ist, steht die Verehrung des Heiligen Geflügelten Elefanten und des Adlers, der die Himmelspforten bewacht. Reisende sollten die wichtigste religiöse Stätte des Landes besuchen, nämlich den Palast des Heiligen Elefanten, ein prächtiges Gebäude am Hang eines kahlen Berges. Ein blauer Elefant wird hier gehalten, der in direkter Linie von demjenigen abstammen soll, welcher Burma zum Himmel getragen hat. Liebhaber der Zoologie werden jedoch enttäuscht sein; eine genauere Untersuchung enthüllt, daß der Heilige Elefant nur ein normales Exemplar ist, das man blau angemalt hat.

Wie für den Schwindel mit dem Heiligen Elefanten scheint es für die Levitationswunder ebenfalls eine rationale Erklärung zu geben. Felinien liegt direkt unter dem Südpolzugang von der Oberfläche der Erde nach Pluto. Die magnetische Kraft der in der Nähe gelegenen ↗ EISENBERGE ist so stark, daß diejenigen, die einen Metallhut tragen, davon angezogen werden und schließlich die Oberfläche der Erde erreichen. Es wurde schon vermutet, daß die Pygmäen Afrikas und die Berggnome verschiedener anderer Länder eigentlich Felinier seien, die auf diese Weise an die Erdoberfläche gezogen wurden.

Felinien wurde von einer Gruppe französischer und englischer Seeleute entdeckt, die 1806 im Arktischen Ozean Schiffbruch erlitten hatten und zufällig auf den Nordpolzugang nach Pluto stießen. Nachdem sie verschiedene andere Länder besucht hatten, kamen sie nach Felinien und hörten von seinen Legenden. Sie entdeckten bald die Wahrheit, die sich hinter den Mythen verbarg, und beschlossen, die magnetische Kraft der Eisenberge zu benutzen, um zur Erde zurückzukehren. Die Arbeiter des Tempels fertigten große Metallhüte für sie an, und wie sie erwartet hatten, wurden sie zur Oberfläche der Erde hinaufgezogen und kamen in den um den Südpol gelegenen Bergen heraus. Diese Route wird Reisenden für ihre Rückkehr empfohlen; sie erreichen schließlich den Antarktischen Ozean und landen irgendwo in Neu-Holland.

M. Jacques Saint-Albin, *Voyage au centre de la terre...*, Paris 1821.

DER FELSEN DER ZAUBERJUNGFER ragt so hoch aus dem Meer empor, daß er die Wolken zu berühren scheint. Sein Name geht auf die Zeit zurück, als er von der Tochter des Zauberers Finetor aus dem griechischen Argos beherrscht wurde. Sie verbrachte ihr ganzes Leben auf dem Felsen, wurde eine noch größere Zauberin als ihr Vater und erbaute sich ein prächtiges Schloß auf den Klippen. Viele Schiffe aus Irland und Norwegen wurden im Bann der Zauberin gegen die Riffe geschleudert und ihrer Ladung beraubt. Waren Ritter an Bord des Schiffes, so wurden sie beliebig lange gefangengehalten und gezwungen, so lange gegeneinander zu kämpfen, bis sie ernstlich verletzt oder tot waren.

Eines Tages fing die Jungfer einen fünfundzwanzigjährigen Ritter aus Kreta und verliebte sich Hals über Kopf in ihn. Er gab vor, sie auch zu lieben, und lernte von ihr die Zauberei. Als sie einmal hoch über dem Meer saßen, tat er so, als wolle er sie umarmen, stieß sie aber statt dessen in die Tiefe. Er befreite die übrigen Gefangenen, nahm die Schätze der Zauberin an sich und kehrte nach Kreta zurück.

Im kostbarsten Raum des Palastes mußte er allerdings einen großen Schatz zurücklassen, der bis heute mit einem Zauber belegt ist, den noch niemand brechen konnte. Viele haben schon im tiefen Winter, wenn die Schlangen der Insel und andere fürchterliche Kreaturen ihren Winterschlaf halten, den Felsen erklommen, sind auch bis zur Tür des Raums gekommen, konnten jedoch nicht eintreten. Sie behaupten, daß auf einem Türbrett blutrote Buchstaben stünden und auf dem anderen eine geheimnisvolle Schrift, die den Namen des Ritters enthalte, der dazu bestimmt ist, den Raum zu betreten, nachdem er das im Türgriff befestigte Schwert herausgezogen hat.

Garci Rodríguez (oder Ordóñez) de Montalvo, *Los quatro libros del muy esforçado cauallero Amadís de Gaula*, Saragossa 1508.

DIE FELSENINSEL, so genannt wegen ihrer Felsküste und Bergriffe, liegt im Indischen Ozean – westlich des zur Inselgruppe ↗ NEUBRITANNIEN zählenden Eilands Aprilis. Ein großer Teil der Insel ist sandig und unfruchtbar, doch im Landesinneren erstreckt sich eine Grasebene, auf der die ersten Siedler ein aus einstöckigen Häusern bestehendes Dorf errichteten. Auf jeder Mauer sind die Zehn Gebote und das Alphabet eingemeißelt. Die Inselbewohner laufen splitternackt herum und sprechen lateinisch. Im späten sechzehnten Jahrhundert wurde die Felseninsel von einem spanischen Mönch kolonisiert, der mit seine Mätresse und zwei Dienstboten aus Peru geflohen war. Er gründete auf dem Eiland ein Gemeinwesen, das jedoch in der Folgezeit von Geschlechtskrankheiten verseucht wurde. Heute wird es von einem Ältestenrat verwaltet, dessen Mitgliederzahl sich ständig verringert.

Pierre Chevalier Duplessis, *Mémoires de sir George Wollap; ses voyages dans différentes parties du monde...*, 3 Bde., Ldn./Paris 1787–1788.

FERDINANDS INSEL, ein kleines sandiges Eiland irgendwo im Indischen Ozean mit Wäldern, Wiesen, Feldern und murmelnden Quellen. Eine Schafherde und ein paar Hühner weisen dem Touristen den Weg zu einem kleinen Haus mit einem Strohdach. Hier verbrachte ein schiffbrüchiger deutscher Seemann dreißig Jahre.

Zum Nutzen zukünftiger Besucher hinterließ er eine vollständige Chronik seines Insellebens, worin er auch Berichte über die klimatischen Bedingungen, landwirtschaftliche Instruktionen und andere Hinweise niederlegte.

Mitte des achtzehnten Jahrhunderts wurde die Insel von einer kleinen Gruppe Sklaven kolonisiert, die ein Sturm ans Ufer getrieben hatte. Ihre Nachkommen bewohnen die Insel wahrscheinlich noch immer.

Johann Michael Fleischer, *Der Nordische Robinson, Oder Die wunderbaren Reisen auch außerordentlichen Glücks- und Unglücks-Fälle Eines gebohrenen Normanns, Woldemar Ferdinand...*, Kopenhagen 1741.

FERGUS, die Burg der Grafen Fergus auf einer kleinen Insel im Fluß Cam, der ihr als natürlicher Graben dient. Wegen der Tiefe des Wassers waren hohe Mauern oder starke Befestigungen überflüssig, und die Burg ist hell und luftig. Die Zugbrücke über den Graben wird von einem doppelten Fallgitter beschützt.

Fergus und seine Umgebung wurden einst von einem Riesen namens Taulurd beherrscht, einer ziemlich dummen und kindischen Kreatur. Das Land konnte nicht bebaut werden, weil Taulurd die Pferde fraß, die sonst die Pflüge zogen, und auch die Burg war tunlichst zu meiden. Taulurd raffte alles, was ihm kostbar schien, an sich, aber sein Unterscheidungsvermögen war derart schwach ausgeprägt, daß er Topfscherben ebenso sammelte wie Gold, Silber und Juwelen. Der Riese wurde von Sir Marhalt getötet, einem der Ritter von ↗CAMALOT, den eine Dame, der er im Forst von ↗ARROY begegnet war, nach Fergus geführt hatte. Sir Marhalt zögerte etwas, den Riesen zu töten, weil er ihm eher rührend erschien, aber es blieb ihm nichts anderes übrig, als Taulurd ihn angriff. Seitdem gibt es in jener Gegend keine Riesen mehr, und die Burg ist heute ein ungefährliches und beliebtes Reiseziel.

John Steinbeck, *The Acts of King Arthur and His Noble Knights...*, NY 1976.

FERISLAND, eine Insel in einem großen Archipel vor der Küste des Kontinents Genotia im Südatlantik. Sie ist mit gestrüppartigen Bäumen bedeckt und hat blutrünstige Bewohner. In der Mitte der Insel steht ein großer Kuppelbau, der von neun Pfeilern getragen wird und oben eine rote

Grabmal des Prinzen Agragantorus in FERISLAND

Fahne hat. Unter der Kuppel befindet sich eine unterirdische Kammer mit einem alten Grabmal, zu der man durch eine Falltür gelangt. Das ist die Begräbnisstätte des Prinzen Agragantorus, der wegen seiner Fähigkeiten in der schwarzen Magie Berühmtheit erlangte.

Sein Bildnis hängt über dem Grab zusammen mit seiner Prophezeiung, daß eines Tages ein großer Eroberer aus dem Volk hervorgehen werde. Bis zu seiner Ankunft gibt es keinen König, sondern es wird ein Gouverneur als Regent gewählt. Die Methode der Einheimischen, den angekündigten Herrscher zu erkennen, sollte erwähnt werden, da sie unvorsichtigen Reisenden überraschend gefährlich werden kann. Das Herz wird einem jungen Fremden aus der Brust gerissen und zu Pulver zerrieben. Wer immer dieses mit Wasser vermischte Pulver ohne Ekel oder Zögern trinken kann, wird auserwählt, die schönste Frau der Welt – entsprechend den Maßstäben von Ferisland – zu heiraten. Der zukünftige König, so heißt es, werde dieser Verbindung entstammen. Wegen dieses ergötzlichen Aberglaubens verzieren die ausgeweideten Körper vieler junger Männer die Inselwege, und die Piraten längs der Küste betreiben einen schwunghaften Handel, indem sie Fremde an die Bewohner von Ferisland gegen Gold und Perlen verkaufen.

Auf Ferisland werden keine Gefangenen gehalten, denn die Bewohner glauben, daß sie vergiftet würden, wenn sie mit ihnen die Atemluft teilen müßten. Dem interessierten Reisenden wird empfohlen, dem Ritual zuzuschauen, bei dem der Gouverneur auf einem Thron aus Zweigen getragen wird. Er trägt dabei ein Löwenfell und einen Kopfschmuck aus Federn.

Louis Adrien Duperron de Castera, *Le théâtre des passions et de la fortune...*, Paris 1731.

DIE FESTE INSEL ist sieben Meilen lang und fünf Meilen breit, nur einen Bogenschuß vom – europäischen oder afrikanischen – Festland entfernt und durch eine Landbrücke mit ihm verbunden.

Eine Burg bildet den einzigen Zugang und beherrscht die ganze Insel. Sie war von Apolidon, einem Neffen des Kaisers von Konstantinopel, erobert worden. Er lebte hier mit Grimanesa, einer Schwester des Kaisers von Rom, und errichtete viele kostbare Gebäude. Als der Herrscher von Griechenland ohne Erben starb, wurde Apolidon auf den Thron berufen. Da es ihm und seiner Geliebten schwerfiel, die Insel zu verlassen, belegte er sie mit einem Zauber: Nur ein vollkommener Ritter und seine Dame könnten die neuen Herrscher werden. Ein Verwalter wurde bestellt, der über die Insel regieren sollte, bis der rechtmäßige Nachfolger alle Proben bestanden hätte. Apolidon baute einen Torbogen am Eingang eines wunderschönen Gartens, in dem es Bäume aller Art gab und außerdem vier kostbar geschmückte Lustschlöß-

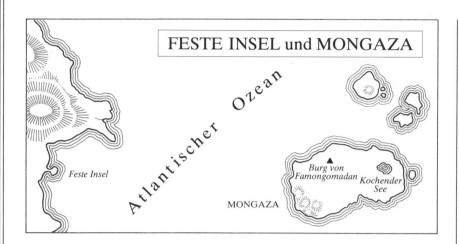

chen. Über dem Torbogen ließ er in Kupfer das Bildnis eines Mannes anbringen, der auf einem Horn zu blasen schien. Vor dem Torbogen stand auf einer eisernen Säule: »Weder Mann noch Weib mögen hier eintreten, wenn sie in ihrer ersten Liebe fehlten. Denn das Bildnis, das Ihr das Horn blasen seht, würde einen gräßlichen Ton ausstoßen, sie mit Feuer und Rauch lähmen und wie leblos von dieser Stätte schleudern. Kommen aber ein Ritter, eine Dame oder ein Edelfräulein hierher, welche dank ihrer großen Treue würdig sind, so sollen sie willkommen sein, und das Bildnis wird einen süßen Ton von sich geben.«

In dem Schlößchen, in dem das Paar so viel Lust und Freude empfunden hatte, ließ Apolidon je fünf Schritte von der Tür entfernt eine Säule aus Marmor und eine aus Kupfer aufstellen, die ebenfalls mit einem Zauber belegt waren. An der Kupfersäule kam nur der vorbei, der über große Tapferkeit im Kampf verfügte, über die Marmorsäule konnte nur der hinaus, der Apolidon an Mut überragte, und nur wer ihn insgesamt an Tugend übertraf, konnte den Zauber der Tür überwinden, die kostbare Kammer betreten und Herr der Insel werden. Die Damen und Edelfräulein dagegen mußten mit der Schönheit Grimanesas wetteifern, um Einlaß zu finden.

Viele Jahre lang hatten schon die verschiedensten Ritter ihr Glück versucht, doch erst Amadis von Gallien gelang es, die Kammer zu betreten. Er wurde zum Herrn der Festen Insel, und auch seine geliebte Oriana bestand die Probe ohne jede Schwierigkeit.

Garci Rodríguez (oder Ordóñez) de Montalvo, *Los quatro libros del muy esforçado cauallero Amadís de Gaula,* Saragossa 1508.

FESTENBURG ↗ ZENDA

FIGLEFIA oder **INSEL DER LIEBE,** eine Insel des ↗ RIALLARO-Archipels im südöstlichen Pazifik. Sie war ursprünglich von den aus ↗ LIMANORA verbannten Sensualisten bewohnt, die sich in der neuen Heimat der Promiskuität und Ausschweifung verschrieben und Frauen aus anderen Teilen des Archipels entführten und versklavten. Offiziell sind sie monogam, hauptsächlich des Vergnügens wegen, ihre Ehefrauen zu betrügen und ihren Freunden Hörner aufzusetzen. Auf manchen Inseln werden sie als Staatsfeinde betrachtet und wie Ungeziefer bekämpft. Die Figlefianer glauben an ihre Mission, die Erde zu bevölkern und die menschliche Rasse durch Kreuzung und selektive Sterilisierung zu erneuern. Ihre Zahl wurde stark durch eine Seuche vermindert, die absichtlich durch Sklavinnen von einer anderen Insel eingeschleppt und verbreitet worden war.

Godfrey Sweven, *Riallaro, the Archipelago of Exiles,* NY/Ldn. 1901. – Ders., *Limanora, the Island of Progress,* NY/Ldn. 1903.

FILIFER ↗ PATAPUF UND FILIFER

FILLIDE, eine Stadt in Asien. Wer in Fillide ankommt, ist hingerissen beim Anblick der zahlreichen Brücken, die, jede anders als die übrigen, über die Kanäle führen: bucklige, gedeckte, auf Pfeilern, auf Booten, hängende Brücken und solche mit durchbrochenem Geländer. Außerdem gibt es eine Vielfalt von Fenstern, die auf die Straße gehen: doppelbogige, maurische, lanzettförmige, spitzbogige mit Lunetten oder Rosetten. Vielerlei Beläge bedecken den Boden: Kieselsteine, Platten, Schotter, weiße und blaue Kacheln. Überall bietet die Stadt dem Auge Überraschungen: ein Kapernbusch, der aus den Mauern der Festung sprießt, die Statuen dreier Königinnen auf einem Sims, ein Zwiebelturm mit drei auf die Spitze gesteckten kleineren Zwiebeln. »Wie glücklich, wer jeden Tag Fillide vor Augen hat und nie aufhört, all die Dinge zu sehen, die es enthält!« So lautet der wehmütige Ausruf eines Besuchers.

Doch manchmal kommt es vor, daß der Reisende in Fillide bleiben und dort den Rest seiner Tage verbringen muß. Bald verblaßt die Stadt vor seinen Augen, die Rosetten, die Statuen auf den Simsen, die Kuppeln vergehen. Wie alle anderen Einwohner von Fillide verfolgt er Zickzacklinien von einer Straße zur anderen, unterscheidet er die Sonnen- von den Schattengebieten, hier eine Tür, dort eine Treppe, eine Bank, wo er seinen Korb absetzen kann, eine Vertiefung, die ihn zum Stolpern bringt, wenn er nicht aufpaßt. Fillide ist ein Raum, wo Wegstrecken zwischen Punkten verzeichnet werden, die im Leeren hängen: der kürzeste Weg, um zur Markise eines gewissen Kaufmanns zu gelangen und dabei die Tür eines gewissen Gläubigers zu vermeiden. Seine Schritte folgen nicht dem, was außerhalb der Augen ist, sondern dem, was in ihnen ist, begraben, gelöscht.

Millionen Augen heben sich zu Fenstern, Brücken, Kapernbüschen, und es ist, als überflögen sie ein weißes Blatt.

Italo Calvino, *Le città invisibili,* Turin 1972.

FISCHWELT, ein Kontinent im Bauch eines Riesenfisches, der im südlichen Eismeer schwimmt. Es gibt hier Meere und Länder, Himmel und Wolken wie in anderen Teilen der Welt. Sonne und Mond sind die Augen des Fisches, die nach innen leuchten, wenn er schläft. Die Bewohner des Kontinents sind von gelb-schwarzer Hautfarbe. Einige von ihnen glauben, daß es neben der ihren noch weitere vierzehn Welten gebe, die alle im Innern von Riesenwesen eingeschlossen sind, in Fischen, Männern, Jungfrauen und Landtieren.

In die Fischwelt gelangt man durch das weit geöffnete Maul. Ein mächtiger Sog zieht das Schiff durch den Schlund rettungslos nach unten. Bald werden die Gewässer ruhiger, man landet an einem lieblichen Ufer inmitten einer wunderschönen fruchtbaren Landschaft mit riesigen Bäumen. Die Bevölkerung lebt vorwiegend von Ackerbau und Viehzucht. Nur in den Städten werden Handel und Handwerke betrieben. Hier gibt es auch Gelehrte, Künstler, Ärzte, eine Menge Advokaten und viele gute Bücher. Die Wohnungen auf dem Land und in der Stadt sind in riesige Baumstämme hineingebaut. Die Landestracht besteht aus weißen, baumwollenen Hemden, hölzernen Schuhen und langen Haarzöpfen. Es gibt viele wilde Tiere und Vögel. Die Hauptstadt des Küstenlandes ist rings mit dicken Bäumen umgeben, zwischen denen Steintürme stehen. Auch die gleichmäßig angelegten Straßen sind mit Bäumen eingefaßt. Im Zentrum steht das Schloß des Königs, ein prächtiger Palast. Sogar die Toilettenräume sind ganz mit Samt ausgeschlagen und mit reinem Gold ausgelegt, an den Wänden die schönsten Gemälde. Tische und Stühle sind hier unbekannt. Man ißt und trinkt äußerst üppig, aber alles vom Boden. Die Speisen werden einem von Lakaien in den Mund geschoben.

In der Fischwelt sind alle Sekten geduldet. Die meisten beten Götzen aus Gold, Silber, Holz und Elfenbein an. Das Land besteht aus vier Provinzen, die von Vizekönigen verwaltet werden. Die königliche Schatzkammer ist gefüllt mit dreißig Millionen Tonnen Gold nebst Schmuck und Juwelen. Die Perlen sind hier so groß wie Borsdorfer Äpfel, die Diamanten wie Limburger Käse. Als Spezialeinheit des Militärs besitzt der König eine Truppe von viertausend Elefanten, die Türme mit je zwölf Mann Besatzung tragen. Alle Einwohner mit Ausnahme der Minister sind Leibeigene. Rechtsstreitigkeiten werden von den Advokaten nach dem Vermögen der Klienten gelöst. Wer das meiste Geld hat, bekommt sein Recht. Auf Verleumdung oder Betrug steht als Strafe das Küssen des Hinterteils des Betrogenen. Die Frauen sind meist häßlich und ausschließlich im Haus beschäftigt. Sie dürfen niemals mit der Familie zusammen speisen. Zuerst kommt der Vater, dann essen die Kinder. Die Frauen bekommen die Reste. M. W.

Anon. *Der Teutsche Robinson, oder Bernhard Creutz, das ist, eines übelgearteten Jünglings seltsame Lebensbeschreibung,* Hall in Schwaben o. J. [1722].

FLACHLAND, ein Land in dem alle Objekte als gerade Linien erscheinen. Es gibt weder eine Sonne noch andere Himmelskörper; die Naturgesetze des Landes verleihen den Gegenständen eine ständige Ausrichtung nach Süden, und diese Eigentümlichkeit dient als Kompaß.

Die meisten Häuser sind fünfeckig und ohne Fenster, da drinnen und draußen mysteriöserweise Licht scheint. Jedes Haus besitzt eine kleine Tür in der Ostseite für Frauen und eine größere im Westen für Männer. Aus Sicherheitsgründen sind gegenwärtig keine vier- oder dreieckigen Häuser erlaubt; da die Linien lebloser Gegenstände verschwommener sind als die von Männern und Frauen, könnten geistesabwesende Reisende sie leicht anrempeln. Hierzu sei angemerkt, daß man in manchen fernen und zurückgebliebenen ländlichen Gebieten gelegentlich noch ein viereckiges Haus antreffen kann, ein Überbleibsel der Architektur des elften Jahrhunderts.

Allgemeine Länge oder Breite der Bewohner von Flachland ist zwischen achtundzwanzig und einunddreißig Zentimetern – die Größe hängt vom

Ein Priester aus FLACHLAND *und seine Frau.*

Lebensalter ab. Frauen, die Basis der sozialen Stufenleiter, sind eindimensionale Linien, während die übrige Gesellschaft in folgende Formen aufgeteilt ist: Soldaten und die niedrigsten Arbeiterklassen sind gleichschenklige Dreiecke; die Mittelklasse sind gleichseitige Dreiecke; Amts- und Standespersonen sind Vier- oder Fünfecke; der Adel hat sechs Seiten oder mehr, während die Priester, die höchste aller Klassen, vollkommene Kreise sind.

Besucher müssen bedenken, daß es kein Licht von oben gibt, das Schatten erzeugen könnte, und deshalb alles Figürliche platt erscheint wie eine ferne Insel am Horizont oder ein Pfennig, den man in Augenhöhe der Tischkante betrachtet.

Ein Student der Soziologie wird mit Interesse feststellen, daß Flachlands Naturgesetze vorsehen, daß ein männliches Kind eine Seite mehr bekommt als sein Vater, so daß jede Generation auf der Leiter der Entwicklung und Vornehmheit eine Stufe höher steigt. Diese Regel gilt nicht immer für Kaufleute und Soldaten, aber man kann durch militärischen Erfolg, Arbeitsfleiß und Einheirat in der sozialen Hierarchie vorankommen.

Die Frauen von Flachland besitzen die Kraft, sich unsichtbar zu machen, und lassen deshalb nicht mit sich spaßen. Gegen eine Flachland-Frau anzurennen, kann absolute und augenblickliche Vernichtung bedeuten. Gleichzeitig fehlt ihnen jedes Denkvermögen, sie besitzen weder Überlegung noch Urteilskraft noch Voraussicht und kaum etwas wie ein Gedächtnis.

Trotz der häufig identischen Erscheinung der Bewohner von Flachland erkennen sie sich untereinander dank verschiedener Mittel wie Gehör, Gefühl und logische Schlüsse.

Eine kurze Zeit in seiner Geschichte spielte die Farbe eine bedeutende Rolle im Leben von Flachland, aber die Folge war ein rascher Verfall der intellektuellen Künste und Verwirrung des gesellschaftlichen Erkennungssystems, und sie mußte verboten werden. Farbe gibt es heute nirgends mehr.

Säulen und Hauptstütze der Verfassung sind die Kreise oder Priester. Ihre Maxime lautet »Achtet auf eure Gestalt!« – ein Lehrsatz, der auf alle Gebiete angewandt wird: Politik, Kirche, Moral, mit dem höchsten Ziel, die individuelle und kollektive Gestalt zu verbessern.

Edwin A. Abbott, *Flatland,* NY 1952.

FLAMMENDE WELT, ein Archipel, der sich vom Nordpol bis nahe zu den Britischen Inseln durch die Meere um Grönland und Norwegen erstreckt. Er hat einen eigenen Nordpol und verdoppelt damit die Kälte dieser ungastlichen Regionen. Seine südliche Spitze ist jedoch gemäßigter, hier ist das Klima mild und freundlich. Der Archipel wird von einem Kaiser regiert, der in der Kaiserstadt residiert. Das Volk von Flammende Welt glaubt an eine Regierung, eine Religion und eine Sprache, weil viele derselben »wie ein Ungeheuer mit vielen Köpfen« seien.

Vom Nordpol führt ein Kristallfluß durch verschiedene Inseln zu einem Labyrinth von Kanälen, an den Ufern erheben sich Städte aus Marmor, Alabaster, Achat, Bernstein und Korallen. Die Inseln und überhaupt ganz Flammende Welt wird von Menschen vieler Farben und Rassen bewohnt: blau, grün, orange; Bärenmenschen, Fuchsmenschen, Gänsemenschen, Wurmmenschen, Satyrn, Fischmenschen oder

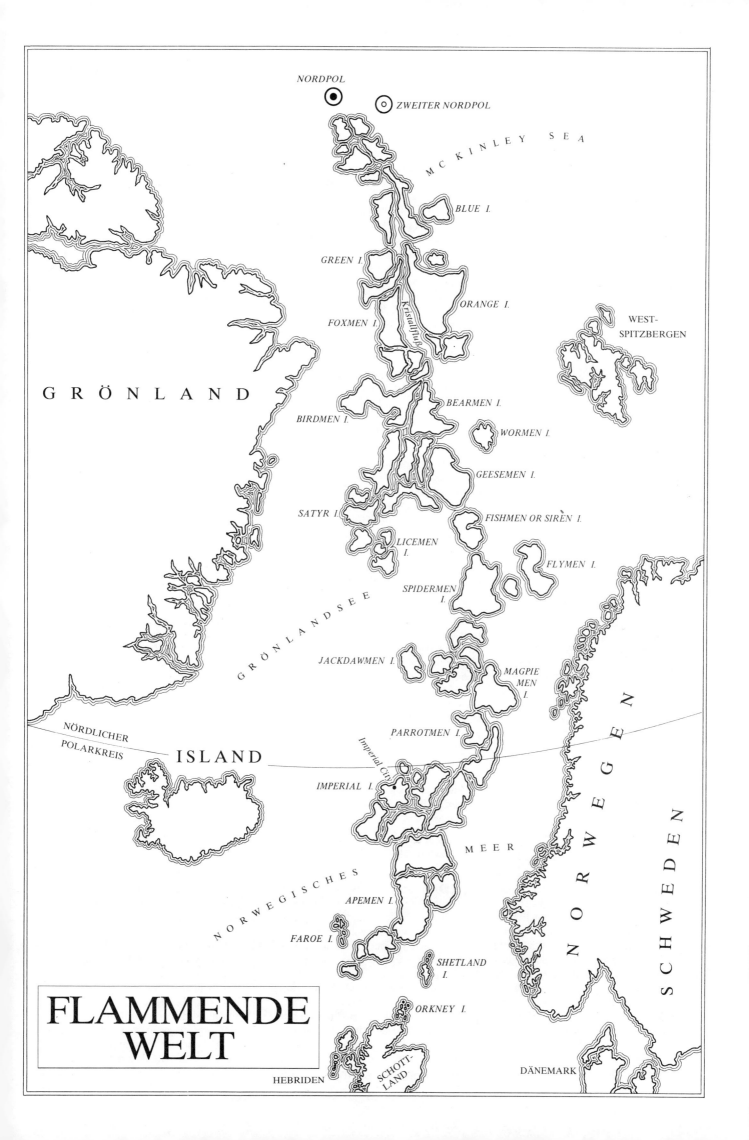

Sirenen, Vogelmenschen, Fliegenmenschen, Spinnenmenschen, Läusemenschen, Affenmenschen, Dohlenmenschen, Elstermenschen, Papageienmenschen. Jedem Typ entspricht ein anderer Beruf. Die Bärenmenschen sind experimentelle Philosophen, die Fuchsmenschen Politiker, die Vogelmenschen Astronomen usw. Auf dem Fluß verkehren viele Schiffstypen, wiederum dem Typ der Menschen entsprechend: Einige sind wie Fuchsfallen geformt, andere wie Vogelnester usw. Die Schiffe des Kaisers bestehen aus Gold, die der Kaufleute aus Leder. Alle Schiffe – gleich aus welchem Material – sind sehr leicht und schwimmen wie Holz. Die Kaiserliche Stadt, auch Paradies genannt, ist im römischen Stil aus Gold erbaut. Eine Reihe von Kanälen läßt sie als eine Inselgruppe erscheinen, die sie aber in Wirklichkeit nicht ist. Brücken verbinden die

Einer der vielen geschnitzten Throne im Kaiserpalast von FLAMMENDE WELT

verschiedenen Häuserblocks, deren Gebäude nicht mehr als zwei Stockwerke hoch sind. Der Kaiserliche Palast ist auf einem Hügel errichtet und in einem Halbkreis von vier Meilen von Säulen umgeben. Jede halbe Meile befindet sich ein Tor. Das Erste Tor, das von der Stadt zum Palast führt, hat auf jeder Seite ein Kloster, das auf weiteren Säulen ruht. Ebenso hat der in Form einer Kirche gebaute, eineinhalb Meilen lange und eineinhalb Meilen breite Palast ein auf Säulen gesetztes Dach. Der Palast erhält Licht und Wärme durch die Sonne. Aus Bequemlichkeitsgründen befindet sich in jedem Raum ein Kaiserlicher Thron. Der Boden des Staatssaals ist mit grünen Diamanten ausgelegt, und Diamanten in den Bögen zwischen den Säulen geben dem Ganzen den Eindruck eines Regenbogens. Das Dach besteht aus blauen Diamanten, ein Karfunkel in der Mitte stellt die Sonne dar. Rubine bilden an beiden Seiten die auf- und niedergehende Sonne, Ost und West, ab. Das kaiserliche Schlafzimmer ist schwarz, einschließlich des marmornen Fußbodens, die Decke jedoch besteht aus Perlmutt, und als Schmuck sind Sonne und Mond aus Diamanten eingesetzt. Das Bett ist mit weiteren Diamanten und Karfunkeln geschmückt. Angesichts solcher Schätze wird der Besucher die Volksweisheit verstehen, die besagt, daß es in der Flammenden Welt mehr Reichtümer gibt als auf dem ganzen übrigen Planeten.

Margaret Cavendish, Duchess of Newcastle, *Observations upon Experimental Philosophy. To which is Added the Description of a New Blazing World...,* Ldn. 1666.

DAS FLIESSENDE KÖNIGREICH liegt unter dem englischen Kanal ganz in der Nähe der Seinemündung. Reisende, die dorthin wollen, müssen zuerst ertrinken – möglichst irgendwo an der Küste der Picardie. Das Königreich wird von Seiner Königlichen Naßheit regiert, der für seine zahlreichen Untertanen einen ganz einfachen Lebenskodex aufgestellt hat. Die Bewohner unterhalten sich in einer Zeichensprache mit Hilfe flackernder Lichter, die ihre Haut bedecken. Haushaltshilfe bekommt man von einer besonderen Fischgattung, die darauf dressiert ist, leichte Gegenstände im Maul zu tragen und in den Unterwassergärten Unkraut zu jäten. Obwohl sich Besucher erst an das feuchte Klima gewöhnen müssen, wird ihnen das Leben im Fließenden Königreich sehr friedvoll und angenehm vorkommen. Mit Muschelsammeln und der Suche nach im Tang verlorengegangenen Bojen vergeht die Zeit wie im Fluge.

Jules Superveille, *L'enfant de la haute mer,* Paris 1931.

FLORA, auch **DICHTERINSEL** genannt, eine schöne, blumenreiche Halbinsel, auf der der Winter unbekannt ist. Die Bewohner verbringen ihr Leben singend, tanzend und Gedichte rezitierend und haben keine Verwendung für Waffen aller Art. Flora ist vom Königreich Athunt durch eine steile Bergkette getrennt.

Diese glücklichen Bedingungen haben jedoch nicht immer auf Flora geherrscht. Vor geraumer Zeit bauten zwei Schwestern, die in der schwarzen Kunst bewandert waren, auf der Insel einen Palast mit wilden Löwen als Wachen und schickten sich an, die Blumen zu zertrampeln und die Bewohner mit vergifteten Pfeilen zu töten. Flora wurde durch den Sohn des Königs von Athunt befreit; er brachte es fertig, die Hexen zu töten. Aus Dankbarkeit reichte ihm die Königin von Flora die Hand zur Vermählung, und das Land setzte seine friedliche Existenz fort.

Ferdinand Raimund, *Die gefesselte Phantasie,* in *Sämtliche dramatische und poetische Werke,* Wien 1837.

FLOTSAM, eine Insel im Südpazifik, 10° südlicher Breite, 150° westlicher Länge, innerhalb der pazifischen Erdbebenzone gelegen. Sie ist von Klippen und Sandstränden gesäumt. Kennzeichnend für das Landesinnere sind bewaldete Hügel und zahlreiche Höhlen. Zur Fauna der Insel zählen eine kleine Rotwildart sowie Füchse, Eichhörnchen, Panther und Schlangen.

Flotsam wurde 1773 von Captain James Cook entdeckt, ist aber bis heute noch nicht ganz erforscht. Dank des Berichtes eines gewissen Waldo Emerson Smith Jones ist es möglich, Näheres über die Eingeborenen mitzuteilen. Dieses Inselvolk besteht aus mehreren Stämmen, die sich offenbar in unterschiedlichen Entwicklungsstadien befinden. Am primitivsten sind die sogenannten Bad Men – große, über und über behaarte Scheusale, die nicht küssen können, nur mit Keulen bewaffnet sind und ein Nomadenleben führen. Die etwas höher entwickelten Angehörigen eines anderen (nicht näher bezeichneten) Stammes hausen zeitweilig in Höhlen, die sie wieder verlassen, sobald der Häuptling es ihnen befiehlt. Ein relativ hohes Entwicklungsstadium hat der Stamm der »Wild Men« erreicht, dessen Angehörige in strohgedeckten, auf langen Pfählen errichteten Hütten wohnen und Tabak rauchen. Bei diesem Stamm herrscht das Gesetz des Stärkeren. Naturerscheinungen werden hier mittels phantasievoller Märchen erklärt – ein Erdbeben zum Beispiel damit, daß ein großer Panther namens Nagoola aus seinem unterirdischen Gefängnis ausbricht. Der Tempel dieses Stammes hat ein Dach aus Holz und Schindeln, die mit Rotang befestigt sind. Der Innenraum ist mit mehreren Podesten und einer kleinen Kammer ausgestattet, in der die für das Menschenopfer Bestimmten auf den Beginn des Rituals warten. An den Dachsparren hängen zahlreiche

Schrumpfköpfe – in ihrer Farbenpracht ein Beweis dafür, daß der Stamm sich vortrefflich auf diese Kunst versteht.

Fremde Besucher seien auf die recht ausgefallene Form der Begrüßung hingewiesen, die auf Flotsam üblich ist. Begegnen sich zwei Insulaner, so ruft jeder den Namen des anderen und fügt hinzu: »Ich kann dich töten« – worauf beide versuchen, ihre Drohung wahrzumachen. Dieser Brauch hat dazu beigetragen, das auf der Insel notwendige biologische Gleichgewicht zu gewährleisten.

Edgar Rice Burroughs, *The Cave Girl*, NY 1913. – Ders., *The Cave Man*, NY 1917.

FLOZELLA-A-NINA, eine für ihre Schönheit berühmte Insel des Archipels ↗ MARDI. Sie besteht aus drei riesigen, mit Blumen und Obstbäumen bedeckten Terrassen, die wie hängende Gärten wirken. Mit dem Namen der Insel, der »Letzte Strophe des Liedes« bedeutet, ist eine uralte Sage verknüpft: Auf dem Archipel Mardi lebten vor langer Zeit geflügelte Geschöpfe von guter, freundlicher Wesensart. Sie hatten sich entschlossen, mit den Menschen zusammenzuleben, wurden von diesen aber gerade wegen ihrer Herzensgüte gehaßt. Viele Jahre lang vergalten jene den Menschen überlegenen Geschöpfe deren Haß mit Liebe und führten ihnen die Tugend der Gerechtigkeit und Nächstenliebe vor Augen. Doch die Mardianer blieben unbelehrbar und scheuchten die geflügelten Wesen von einer Insel zur anderen, bis diese schließlich in den Himmel zurückflogen. Nun wurden die Mardianer von Schuldgefühlen befallen und gerieten in den Zustand, in dem sich ihre Nachkommen noch heute befinden. Die Insulaner jener vergangenen Zeit jedoch gestanden sich nicht ein, daß sie ihr Unglück selbst verschuldet hatten. Im Gegenteil: Sie glaubten einen großen Sieg errungen zu haben und feierten ihn mit Festmählern und Spielen. Der Sage nach entstand damals ein Festgedicht; die Zahl seiner Strophen entsprach der Zahl der Inseln, die zum Archipel Mardi gehören. Junge, festlich gekleidete Insulaner fuhren in einem geschmückten Kanu von Eiland zu Eiland und sangen die jeweils dafür bestimmte Strophe. Zuletzt gelangten sie zur Insel Flozella, die aus diesem Anlaß von der dort herrschenden Königin den Namen erhielt, unter dem sie heute bekannt ist.

Herman Melville, *Mardi, and a Voyage Thither*, NY 1849.

FLUSSTAL, ein breites, trockenes Flußbett in der Nähe des ehemaligen London. Die Themse hat einen neuen Lauf etwa eine Meile entfernt.

Wer die Gelegenheit hat, mit der Zeitmaschine in das letzte Drittel des 802. Jahrtausends zu reisen, wird die Themselandschaft etwa im Gebiet des heutigen London etwas verändert vorfinden. Die sanften Hügel sind mit dichten immergrünen Wäldern bewachsen, darunter Akazien und Baumfarne. Die Sonne strahlt wesentlich heißer auf eine feuchte, fast tropische Vegetation. Von einigen Hügeln hat man einen weiten Rundblick über das liebliche, fruchtbare Gelände. Man hat den Eindruck eines verwilderten Gartens, ohne Hecken und Anzeichen von landwirtschaftlicher Nutzung. Überall sprießen exotische, duftende Blumen, zahlreiche fremdartige wohlschmeckende Früchte hängen von Bäumen und Büschen herab. Zwischen dem vielfältigen Grün liegen verstreut riesige Ruinen, die an östliche Tempel erinnern. Hier und da erheben sich weiße oder silbrige Skulpturen und Sphingen. Daneben ragen Kuppeln aus den Bäumen und mächtige Gebäude mit verschnörkelten Balkonbrüstungen und hohen Säulen, halb verfallen und endlos verschieden in Material und Stil. Am Horizont steigt die Landschaft zu blauen Hügeln an. Dazwischen blinken Wasserfälle. Über allem wölbt sich ein immer heiterer, frühlingshafter Himmel. Von einigen Hängen ragen große Türme auf, über denen die Luft flimmert. Hier und da sieht man tiefe Brunnenschächte, aus denen dumpfe Luft und Geräusche heraufsteigen. Sonne und Mond wechseln sich ab wie in unserer Zeit, nur die alten Sternbilder haben sich gewandelt und scheinen durcheinandergeraten zu sein im Laufe der Jahrtausende.

In dieser paradiesischen Landschaft leben kleine, zierliche Menschen in purpurne Tuniken gekleidet. Diese Zwergmenschen sind liebliche, anmutige, aber überaus zerbrechliche Geschöpfe. Ihr Verhalten und ihre Intelligenz ist denen fünfjähriger Kinder vergleichbar. Sie sprechen eine zarte, wohlklingende und flüssige Sprache mit sanften gurrenden Tönen. Lesen und Schreiben können sie jedoch nicht. Die zerbrechlichen, mädchenhaften Wesen sind von einer ausnehmenden Liebenswürdigkeit. Ihre Tage verbringen sie mit arglosen Spielen und Liebständeleien auf den blühenden Wiesen. Sie sind absolute Vegetarier. Größere Tiere gibt es in dieser Gegend nicht mehr. Sie leben von den Baumfrüchten, die im Überfluß vorhanden sind. Körperliche und geistige Arbeit ist ihnen unbekannt. Sie kennen keine festgefügten Familienverbände, drängen sich jedoch zum Schlafen in Gruppen in den riesigen Gebäuden zusammen. Diese Menschen haben nach anfänglicher Neugier ein scheinbar gleichgültiges und schnell ermüdendes Wesen. Sie leben befreit von allen Krankheitserregern zwischen duftenden Blumen und leuchtenden Schmetterlingen. Niemand ahnt mehr etwas von den Künsten und Wissenschaften der Vorzeit. Ihre Sprache besteht nur aus gegenständlichen Substantiven und Verben. Sie kennen sehr wenige abstrakte Begriffe und machen kaum Gebrauch von bildlichen Redewendungen. Die meisten Sätze bestehen nur aus zwei Wörtern. Sie vertändeln ihr arkadisches Leben mit Spiel, Baden im Fluß, Essen und heiterem Liebeswerben. Doch sie haben eine panische Angst vor der Dunkelheit. Nachts drängen sie sich ängstlich zusammen, denn ihr Leben ist in der Finsternis von einem schrecklichen Feind bedroht. Die zierlichen Arkadier, die sich »Eloi« nennen, sind nicht die einzigen fernen Nachkommen unserer Zivilisation. Unter der Erde in riesigen Maschinenhallen, Gängen und Wohnstätten leben die »Morlocks«, affen- und spinnenartige Lemuren mit weichem weißem Körper und riesigen der ewigen Dunkelheit angepaßten Augen – stinkende, menschliche Ratten. Sie halten die Eloi wie ihr Vieh, mästen, versorgen, jagen, fangen und schlachten sie im Schutz der Dunkelheit. Da die Eloi sogar das Feuermachen verlernt haben, sind sie des Nachts eine schutzlose Beute dieser Bestien. Sicher sind sie nur bei Tageslicht, das die Morlocks blendet. So liegt über dem arkadischen Landstrich der Schrecken des nächtlichen Todes. Dem Zeitreisenden wird empfohlen, sich wenigstens reichlich mit Zündhölzern einzudecken. M. W.

Herbert George Wells, *The Time Machine. An Invention*, NY 1895.

FLUSSUFER, genannt nach den Ufern des Wasserlaufs, der an ↗ KRÖTENHALL vorbeifließt. Hinter Bäumen erstrecken sich üppige Sumpfwiesen, der Horizont ist von Hügelketten begrenzt. Flußaufwärts von Krötenhall mündet ein Kanal in den Fluß. Eine Insel trennt den Hauptstrom von einer Bucht, an der eine Mühle mit grauen

Giebeln steht. Weiden und Silberbirken säumen die Insel, in ihrer Mitte wächst ein wilder Obstgarten mit Holzäpfeln, Schlehen und wilden Kirschen. Manchmal ist hier ein seltsames, gehörntes Wesen zu sehen, das die Rohrflöte spielt; es wirkt nicht furchterregend, sondern ruft viel eher das Gefühl einer geradezu religiösen Ruhe hervor. (Erfahrene Reisende werden ähnlichen Wesen auf ↗ KAPITÄN SPARROWS INSEL begegnet sein.)

Am Flußufer leben Tauchenten, Eisvögel, Moorhennen, Ottern und viele andere Tiere. Die wohl bekannteste Person ist Herr Wasserratte, der in einem Uferloch wohnt. Sein Heim ist gemütlich, obwohl im Winter, wenn der Fluß hoch und gefährlich ist, die Keller oft überflutet sind. Herr Wasserratte, ein vorzüglicher Fährmann, ist ein enger Freund von Herrn Maulwurf von ↗ MAULWURFSRUH und Herrn Dachs vom Wilden Wald.

Das Flußufer ist ein friedlicher Ort, dessen Bewohner sich selten weit fortwagen und den Wilden Wald meiden. Obwohl sie formell kein Rechtssystem haben, werden gewisse gesellschaftliche Spielregeln von allen beachtet, und Reisenden wird empfohlen, sie ebenfalls zu befolgen. So verstößt man beispielsweise gegen den Anstand, wenn man das plötzliche Verschwinden eines Freundes oder Bekannten kommentiert oder nach einer Erklärung für diesen Vorfall fragt. Ebenso entspricht es nicht den Gepflogenheiten, über irgendwelche Unannehmlichkeiten, die möglicherweise in der Luft liegen, nachzudenken oder gar darauf anzuspielen. Das Thema Zukunft wird insgesamt als taktlos betrachtet und sollte vermieden werden.

Kenneth Grahame, *The Wind in the Willows*, Ldn. 1908.

FONSECA, eine nur wenige Seemeilen östlich von Barbados gelegene Insel. Die näheren Umstände ihrer Entdeckung und Besiedlung sind unbekannt. Der erste Hinweis auf Fonseca findet sich in den Briefen zweier türkischer Kapitäne, die die Insel im Jahre 1707 besuchten. Daß sie oft in dichte Wolken gehüllt ist, erklärt, warum Reisende berichtet haben, sie tauche wie durch Zauber auf und verschwinde dann wieder.

Die Bevölkerung Fonsecas besteht aus knapp sechzehntausend Weißen vorwiegend britischer Herkunft und aus rund siebzigtausend Sklaven, die zum großen Teil aus Afrika (zumeist aus Guinea) stammen. Um über immer mehr Sklaven verfügen zu können, fördern die Weißen – obwohl sie sich als gute Christen bezeichnen – die Promiskuität und Sittenlosigkeit unter der schwarzen Bevölkerung. Auswärtige Besucher werden rasch feststellen, daß sowohl die Weißen als auch die Schwarzen eine Vorliebe für Zänkereien, für das Glücksspiel (wobei sie mogeln), den Alkohol (zumeist Rum) und für boshaften Klatsch haben. Die Straßen der Hauptstadt sind schmutzig, und es wurde offenbar nie etwas getan, um die Häuser der tropischen Umgebung anzupassen. Das kulturelle Niveau ist niedrig, die Zahl der Schulen auffallend gering. Die einzigen Unterrichtsfächer sind Lesen und Schreiben sowie Buchhaltung. Um die Belange der Religion bemühen sich einige wenige Priester.

Endemische Krankheiten, zum Beispiel Frambösie und Tropenfieber, grassieren auf Fonseca. Quacksalber, die vorgeben, diese Krankheiten heilen zu können, sind zu großem Reichtum gelangt.

Die Währung besteht aus Papierschnipseln mit gewelltem Rand und einer seltsamen Aufschrift. Angesichts der Tatsache, daß auf Fonseca jeder Handel von fürchterlichen Flüchen begleitet ist, wird angenommen, daß es sich bei dieser Aufschrift um eine Zauberformel handelt, die den Geist der Zwietracht heraufbeschwört. Reisende werden allerdings bald feststellen, daß man fast überall auf der Insel auch mit spanischen Silbermünzen bezahlen kann.

Anon., *A Voyage to the New Island, Fonseca, near Barbados,* Ldn. 1708.

FOOLLYK oder **POETENINSEL,** eine von mehreren hochgelegenen Inseln in der Nähe von Tierra del Fuego. Sie wurde 1520 von Fernão Magellan entdeckt. Die Bewohner behaupten, daß sie von Herosom, einem Dichter aus dem Altertum und Kind von Sonne und Mond, abstammen. Sie sind sehr arm, denn der Handel mit Dichtkunst bringt kaum etwas ein. Man spricht in Reimen und vorgegebenen Versmaßen, in einem elliptischen Stil, der mit der Sprache des einfachen Volkes nichts mehr gemein hat. Auf einem alljährlich abgehaltenen Markt bietet sich die Möglichkeit für den Kauf oder Verkauf aller Arten von poetischen Artikeln: Tragödien, Komödien, Operntexte, epische Gedichte, Fabeln und Epigramme. Interessierte Besucher sollten sich vor einem Kauf genau erkundigen, denn nicht alle diese Dichtungen sind für die Ausfuhr freigegeben.

Abbé Pierre-François Desfontaines, *Le Nouveau Gulliver, ou Voyage de Jean Gulliver, fils du capitaine Gulliver.* Paris 1730.

FORMOSA (nicht zu verwechseln mit Taiwan), eine große Insel im Pazifischen Ozean zwischen den Philippinen und Ryu Kyu. Weil seine geographische Lage mit der von Taiwan überein-

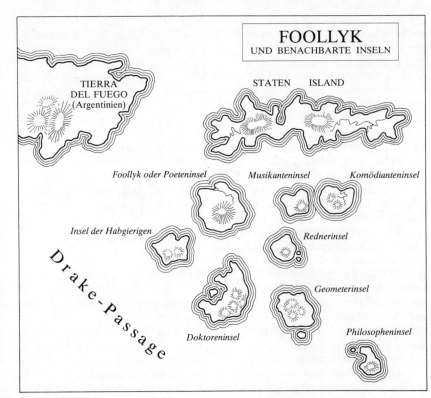

stimmt, ist viel Verwirrung entstanden, aber erfahrene Reisende werden sich schon zurechtfinden.

Auf Formosa laufen die Eingeborenen nackt herum, nur eine Gold- oder Silberplatte bedeckt ihre Genitalien. Ihre Ernährung besteht hauptsächlich aus Schlangen, die sie töten, indem sie sie mit Zweigen peitschen; dadurch verlieren die Schlangen ihr Gift und können dann köstlich à la Formosa zubereitet werden. Die Bewohner sprechen eine Sprache, die keiner anderen auf der Welt ähnelt, und deshalb ist die Verständigung äußerst schwierig.

Die Religion der Formosaner fordert Menschenopfer; etwa zwanzigtausend Kinder unter neun Jahren werden jedes Jahr geschlachtet. Christen sind verhaßt; wenn ein Besucher nach Formosa kommt, hält man ihm ein Kruzifix vor und fordert ihn auf, es zu schlagen. Falls er sich weigert, wird er sofort hingerichtet, aber ohne Hohn und unnötige Grausamkeit, denn die Formosaner sind ein höfliches und liebenswürdiges Volk.

George Psalmanaazar, *Description de l'île Formose...*, Amsterdam 1704.

FRAUENLAND ↗ AMAZONIEN

FREILAND, ein weites Land in Ostafrika, ein unabhängiger Staat, der seinen Ursprung in einer von der Internationalen Freien Gesellschaft gegründeten Kolonie hat. Diese Vereinigung wurde in Europa in der zweiten Hälfte des neunzehnten Jahrhunderts geschaffen. Ihr erklärtes Ziel war es, eine Gesellschaft auf der Grundlage vollkommener Freiheit und ökonomischer Gerechtigkeit zu schaffen, eine Gesellschaft, die die Rechte jedes einzelnen garantieren und die volle Nutznießung der Früchte seiner Arbeit sichern sollte. Als Ort für diese ideale Gesellschaft wurde Ostafrika gewählt, zum einen, weil es ein angenehmes Klima hat, und zum anderen, weil es noch von keiner westlichen Macht beansprucht worden war. Das Projekt wurde zuerst auf einer öffentlichen Versammlung angekündigt und stieß sofort bei einer Reihe von Ländern auf freundliche Resonanz. Sehr bald danach waren die ersten Pioniere in Afrika.

Das ursprüngliche Siedlungsgebiet war ein breites Gebirgstal, das man wegen seiner Schönheit und günstigen Umweltbedingungen ausgewählt hatte. Innerhalb relativ kurzer Zeit dehnte sich Freiland zu einem größeren Land aus und ist jetzt mit der Außenwelt durch ein gutausgebautes Verkehrsnetz verbunden.

Der Wohlstand des Landes beruht auf seiner Wirtschaftspolitik. Die Produktionsmittel sind Gemeineigentum, und das einzige Ziel der Wirtschaft ist die Befriedigung der realen Bedürfnisse. Aus diesem Grunde gibt es keine Überschußproduktion und keinen unnützen Kampf um Absatzmärkte. Geld wurde aus dem Verkehr gezogen, aber Gold wurde als Wertmaßstab beibehalten, doch werden alle Geschäfte bargeldlos durchgeführt. Der Kauf und Verkauf der Waren findet in großen Lagern und Warenhäusern unter kommunaler Aufsicht statt. Einziger Maßstab für den Wert und somit für das Einkommen ist die Arbeitszeit. Die Steuer wird in direktem Verhältnis zum Einkommen erhoben. Anfangs waren die Steuern enorm hoch, um gemeinschaftliche Investitionen zu ermöglichen. Man hat ausgerechnet, daß dank der hohen Arbeitsproduktivität in Freiland die durchschnittlichen Stundenlöhne den durchschnittlichen Wochenlöhnen in Europa entsprechen. Man arbeitet durchschnittlich nur fünfunddreißig Stunden in der Woche. Wer nicht arbeiten kann, erhält »Unterhaltsgeld« von der Gemeinschaft. Zur nichtarbeitenden Bevölkerung gehören die Kranken, Alten, die Kinder und Frauen. Frauen können nur als Lehrerinnen und Krankenschwestern arbeiten, weil nur diese Berufe der Würde der Frau angemessen erscheinen. Die Eheschließung in Freiland geschieht formlos. Es genügt eine beiderseitige Erklärung, als Mann und Frau zusammenleben zu wollen. Die Heirat steht aber in so hohem Ansehen, daß Scheidungen unbekannt sind.

Das Leben in Freiland ist sehr komfortabel: Alle Häuser haben eine Klimaanlage und werden mit Ozon belüftet. Für Nahrung und Dienstleistungen sorgen kommunale Verbände, so daß dem einzelnen eine große Zahl häuslicher Pflichten genommen wird. Im ganzen Land gibt es öffentliche Bibliotheken, die auch als allgemeine Versammlungsorte dienen. Der Verkauf von Büchern und Zeitschriften ist erstaunlich groß, und Freiland gehört zu den wenigen Ländern, wo der Lebensunterhalt der freischaffenden Künstler garantiert ist. Die Zahl der Krankheitsfälle wurde beträchtlich reduziert; klinisch geschulte Ärzte sind als Beamte angestellt.

Es muß jedoch betont werden, daß Freiland kein kommunistischer Staat ist. Im Gegenteil fördert es den Individualismus im wahren Sinne des Wortes. Absolute Gleichheit wird dem Volk nicht aufgezwungen, und das Gemeinwesen von Freiland ermöglicht die Entfaltung individueller Talente und Interessen und bewirkt keine »Nivellierung«.

Freiland steht noch unter der Kontrolle der Internationalen Freien Gesellschaft, die Büros in Europa und Schiffahrtsagenturen in Triest und Mombasa unterhält. Anträge auf Einwanderung und Mitgliedschaft sollten an eines dieser Büros gerichtet werden.

Theodor Hertzka, *Freiland*, Lpzg. 1890.

FRESSLAND oder **PAMPHAGONIA**, einer der beiden Hauptstaaten von Crapulien oder Schlampenland auf dem unbekannten Südkontinent (Terra australis incognita), elf Breitengrade südlich vom Kap der Guten Hoffnung (siehe auch ↗ SAUFLAND). Das überaus fruchtbare Land hat etwa die Größe Englands. Pamphagonia ist fast dreieckig und so fruchtbar, daß nach drei Wochen Futtersuche keiner der hier unmäßig gefräßigen Vögel mehr fliegen kann. Die Häfen des Landes sind ausschließlich zur Anlieferung von Nahrungsmitteln gebaut. Niemand darf bei Strafe etwas Eßbares exportieren. Alle Pflanzen, die nichts Genießbares hervorbringen, sind ausgerottet. Man kennt hier keinen Geldverkehr, sondern nur den Warentausch. Das Land hat drei Provinzen: Naschland (Frivianda), Schleckerfeld (Golosine), Pfannengau (Lecania). Die Städte heißen hier Kochersberg (Cucina – hier steht der berühmte Tempel des Omasius, des Riesen Fettdarm), Marza-pane (die Stadt mit den goldenen Türmen), Würstenhofen oder Mortadella. Die Hauptstadt heißt Artocreopolis oder Pastetenburg und ist kreisrund gebaut. Sie entstand aus zwei Ortschaften, Artopolis (Brotheim) und Creatium (Fleischleben). Die Stadt ist von zahlreichen Kanälen durchzogen, die voller eßbarer Wassertiere und -vögel sind. Die Mauern sind aus Tierknochen und die Dachziegel aus Schulterblättern. Als Fugenmaterial dient Eiweiß. Bürgerrecht erhalten nur die dickleibigen Leute, deren Berufe mit der Nahrungsmittelproduktion in irgendeinem Zusammenhang stehen. Die Ratsherren werden jährlich unter den dickbauchigsten ausgewählt. Aus den Dickbauchgeschlechtern treten jährlich auch die Kandidaten für die Fürstenwürde zur Wahl an. Als Oberhaupt über ganz

Crapulien wird gewählt, wer den allerdicksten Bauch hat. Als Maß dient ein Gürtel. Wer das weiteste Loch schnallen muß, ist der neue Herrscher. Hier gebärden sich die Pamphagonier sehr demokratisch, denn auch der geringste kann bei ihnen zu hohen Ehren kommen, hat er sich nur den dicksten Bauch angefressen. Wer dagegen durch Krankheit abmagert, geht aller Ehrenstellen verlustig. Wer gar seine Zähne verliert oder heimlich Diätkuren verschreibt, wird des Landes verwiesen. Die Einwohner sind in Geist und Körper sehr schwerfällig, denkfaul, dumm und zu keinem nützlichen Handwerk zu gebrauchen. Aber sie leben sorglos vor sich hin. Die Ratsherren und Oberen werden wegen ihres beträchtlichen Gewichts auf bestuhlten Räderkarren fortgezogen. Wer die Tore von Artocreopolis passiert, wird auf das schärfste examiniert, ob er auch betrunken genug, der Bauch dick genug sei. Wer mit leerem Magen daherkommt, muß eine Strafe in Form von zwei gewichtigen Abendessen bezahlen. Keine öffentliche Versammlung beginnt ohne ein ausführliches Freß- und Saufgelage. Vor sechs Stunden darf sich niemand von der Tafel erheben. Wer danach noch durch die Eingangstür paßt, muß weiter fressen. Wer vom Türrahmen eingeklemmt wird, darf durch eine breitere Tür den Raum verlassen. Alle Leibeigenen erhalten bei einem gewissen Bauchumfang die Freiheit. Der Mann wird erst richtig geachtet, wenn sein Bauch auf die Knie, das Kinn auf die Brust hängt. Die Frauen sind erst heiratsfähig, wenn sie ähnliche Ausmaße erreicht haben. Alle gehen nackt und legen keinen Wert auf beengende Kleidung. Nur die Ratsherren können, wenn sie wollen, Kleider aus den Häuten der Tiere tragen, die sie allein und ohne Pause bei einer Mahlzeit ganz verschlungen haben. Sonst tragen die Pamphagonier gewöhnlich ein Messer und einen Löffel am Gürtel und ein Lätzchen um die Brust. Sie haben Freßschulen, in denen die Lehrgänge aus dem Verspeisen diverser Gerichte bestehen. Wer nach sieben Jahren nicht zugenommen hat, wird des Landes verwiesen. Einen tiefen Einblick in die Lebensweise und den Charakter der Pamphagonier vermittelt ein Auszug aus ihrem Gesetzbuch:
– Wer alleine ißt, sei verflucht.
– Wer am männlichsten, hellsten und lautesten rülpst, soll über die nächste Freßversammlung herrschen.
– Jeder Tischgenosse muß von seinem Nachbarn das wöchentliche Freß-quantum dem Richter angeben. Wer sein Soll nicht erfüllt, wird bestraft.

Das Herrscherschloß wurde vom ersten Gesetzgeber des Staates, dem Riesen Omasius erbaut. Über seinem Grab erhebt sich ein Monument mit dem Spruch: »Hier ruht Omasius Herzog, Herr, Siegerfürst und Gott zu Fagonien. Niemand nenne mich, wenn er hungrig ist. Niemand grüße mich, wenn er noch keinen Rausch hat. Mein Erbe sei, wer da kann, mein Untertan, wer da will, mein Feind, wer sich so viel untersteht. Ihr Schlemmer und volle Zapfen, lebt und laßts euch wohlergehen.« Das Herrscherwappen trägt die Inschrift: Digere et Impera! (Verdau und herrsche!) M. W.

Joseph Hall, *Mundus alter et idem, sive Terra Australis ante hac semper incognita*, Ldn. o. J. [um 1605].

FRIEDENSBUCHT, auch als **MUTTER CAREYS HAFEN** bekannt, eine große Bucht im Arktischen Ozean in der Nähe von Jan Mayens Land, das von hohen Eisklippen umgeben ist, die es vor Stürmen schützen. Die ruhige ölige Bucht ist der Platz, wo gute Wale zum Sterben hinkommen. Sie wälzen sich frei von aller Gefahr in der sanften Dünung, bis Mutter Carey sie zu sich ruft und in neue Geschöpfe verwandelt. Friedensbucht ist nur für die besten Wale reserviert: den Grönlandwal, den Finnwal, die Flaschennase und den Narwal. Die wilderen Pottwale sind ausgeschlossen; sie haben ihr eigenes Friedensbecken, einen großen Teich in der Nähe des Südpols, 394 Kilometer süd-südöstlich des Berges Erebus.

Im Zentrum der arktischen Friedensbucht sitzt Mutter Carey selbst, eine weiße Marmorgestalt auf einem weißen Marmorthron. Um den Fuß ihres Throns schwimmen Tausende und Abertausende von Geschöpfen aller Formen und Farben, wie sie sich Menschen nicht einmal im Traum vorstellen können. Dies sind Mutter Careys Kinder, die sie aus Meerwasser erschafft.

Charles Kingsley, *The Water-Babies: A Fairy Tale for a Land-Baby*, Ldn. 1863.

FRISLANDIA, eine Insel irgendwo in der Nordsee, die nicht weit entfernt ist von der holländischen Küste und mit den Westfriesischen Inseln nicht verwechselt werden darf.

Für den venezianischen Kapitän Nicolo Zeno und seinen Bruder Antonio war sie der Ausgangspunkt für die Entdeckung zahlreicher anderer Inseln. Darunter befand sich Icaria (die nicht mit der gleichnamigen griechischen Insel der Sporaden verwechselt werden darf), deren Gouverneur ein direkter Nachfahre von Daedalus ist und deren Einwohner Troglodyten sind. Außerdem entdeckten die Brüder Zeno ⁄ ESTOTILANDA, eine blühende Insel, die wegen ihrer Literatur, die in einer extrem schwierigen Sprache geschrieben ist, und vieler menschenfressender Ungeheuer berühmt ist, die jedoch ein großes künstlerisches Empfindungsvermögen besitzen und herrliche Gold- und Silbergegenstände anfertigen.

Francesco Marcolini, *Dello scoprimento delle isole Frislandia, Eslanda, Engrovenlanda, Estotilanda e Icaria, fatto sotto il Polo Artico dai due fratelli Zeno, M. Nicolo e M. Antonio*, Venedig 1558.

FRIVOLA, die Insel der Nachgiebigkeit, liegt nahe der Insel Juan Fernandez im Pazifischen Ozean. Sie wurde um 1750 entdeckt und wird von einem Kaiser regiert, den man »Seine Alleleganz« nennt.

Das Merkwürdige an Frivola ist, daß hier alles leicht und widerstandslos ist. Die Bäume biegen sich, als wären sie aus Gummi, und ihre Früchte zergehen im Mund wie Schaum. Die wilden Tiere, die durch die Wälder streifen, haben weiche Zähne und Klauen, und ihr Brüllen klingt wie das Rascheln von Seide. Die Pferde, die gezüchtet werden, sind so fragil, daß sie unter der geringsten Last zusammenbrechen.

Ackerbau ist auf der Insel eine mühelose Tätigkeit: Frauen blasen auf einer kleinen Flöte, und der Laut zieht Furchen in den schwerelosen Staub. Männer werfen dann lässig einige Samenkörner in den Wind, der sie sanft in die Furchen trägt.

Nach den Worten eines Besuchers der Insel: »Ihr Brot ist leicht wie unsere Vergeßlichkeit...«

Gabriel François Coyer, *Découverte de l'isle frivole*, Paris 1750.

DIE FROHE INSEL ist von einem breiten, tiefen Gewässer umgeben, über das keine Brücke führt. Auf diesem Eiland steht die Burg Bliant, wo der Ritter Lancelot mit dem Edelfräulein Elaine weilte, nachdem er auf der Burg ⁄ CORBIN vom Wahnsinn geheilt worden war. Eine besondere Sehenswürdigkeit ist der große Turnierplatz mit seiner Zuschauergalerie.

Lancelot soll hier in einem einzigen Turnier fünfhundert Ritter besiegt haben.

Thomas Malory, *Le Morte Darthur*, Westminster 1485.

FROHE WACHT, ein Schloß in England, mehrere Tagesritte von ↗ CAMALOT. Die Außenmauern des Schlosses sind mit verchromtem Material verputzt, das wie Gold in der Sonne glänzt. Das Dach ist aus Schiefer und Ziegeln, unterbrochen von zahlreichen Türmen und Verbindungsbrücken. Das Schloß hieß ursprünglich »Traurige Wacht«, wurde aber von Lancelot umbenannt, der es eroberte, kurz nachdem man ihn mit achtzehn zum Ritter geschlagen hatte.

Hier lebte er in wilder Ehe mit Guinevere, dem Weib König Artus'. Voller Zorn belagerte Artus das Schloß zwei Monate lang, bis eine Botschaft vom Papst eintraf, die Lancelot befahl, Guinevere freizugeben. Nur schwer trennten sich die Liebenden, und Guinevere reiste mit ihrem Gatten ab.

Nachdem Artus in der letzten Schlacht in der Ebene von Salisbury von der Hand Mordreds gefallen war, legte Lancelot ein religiöses Gelübde ab und nahm fortan keine Nahrung mehr zu sich. Sein letzter Wunsch war, man möge ihn ins Schloß zurückbringen, um dort zu sterben. Sein Wille wurde vollstreckt, und Reisende können heute sein Grab in den friedlichen Gewölben besichtigen.

Anon., *La Mort le Roi Artu* (13. Jh.), Halle 1910. – Thomas Malory, *Le Morte Darthur*, Westminster 1485. – Terence Hanbury White, *The Once and Future King*, Ldn. 1938–1941.

FUCHSSTADT, ein Stadtstaat in der Nähe von ↗ ESELSHAUSEN. Er wird von sprechenden Füchsen bewohnt und von König Renard IV. regiert, der aber lieber als König Fuchs bekannt ist und seinen offiziellen Titel für Staatsangelegenheiten reserviert.

Man betritt die Stadt durch einen der beiden breiten, pompösen Torbögen mit farbig angestrichenen Pforten und geschnitzten Pfauenfriesen. In der Mitte jedes Torbogens befindet sich eine Büste von König Renard, der seine Brille und seine kleine Goldkrone trägt.

Die Häuser sind aus Marmor und mit Reliefs von Hühnern, Gänsen, Fasanen und Truthähnen – den grundlegenden Elementen des Speisezettels der Füchse – verziert. Jede Haustür wird von einem marmornen Konterfei des Haushaltsvorstands bekrönt. Reisende sollten den Königspalast mit seinem eindrucksvollen Thronsaal und den bunten Glasfenstern besichtigen.

Fuchsstadt unterhält eine große Armee, und zwar hauptsächlich zu dem Zweck, seine Nachbarn in Eselshausen abzuschrecken. Die Soldaten tragen grüne Jacken, gelbe Hosen, runde Kappen, lange rote Stiefel und rote Schleifen, die an ihre Schwänze gebunden sind; die Offiziere unterscheiden sich von ihren Untergebenen durch die auf ihre Jacken aufgestickten Goldtressen. Die Truppen sind mit hölzernen Schwertern bewaffnet, deren Schneiden von scharfen Zähnen gebildet werden. Die Zivilbevölkerung trägt Gewänder aus vielfarbigen gewobenen Federn. In der Stadt werden große Mengen von Geflügel gehalten, die sowohl Nahrung als auch Federn für Kleider und Matratzen liefern.

Trotz der Schönheit der Stadt wird Besuchern geraten, auf der Hut zu sein, da das Wesen der Bewohner bestenfalls unberechenbar ist.

L. Frank Baum, *The Road to Oz*, Chicago 1909.

Goldener Thron im Königspalast von FUCHSSTADT

DAS FÜRSTENTUM DES BARSANUPH liegt in Deutschland und ist von einem hohen Gebirge umgrenzt. Das Land kannte lange Zeit keine Städte; wie in einer Parklandschaft liegen Dörfer und einzelne Paläste zwischen Wäldern und Auen. Es herrscht ein mildes Klima. Unter dem ersten namentlich bekannten Fürsten Demetrius war von einer Regierung nicht viel zu spüren gewesen. Die Bürger lebten, ohne sich dessen bewußt zu sein, in Freiheit, jedes Dorf und jeder Wald hatte seine Wundererscheinungen, die das Leben poetisch, freundlich und angenehm machten. Man stand in enger Beziehung zum Land Dschinnistan, dem Heimatland der Feen.

Demetrius' Sohn und Nachfolger, Paphnutius, führte die Aufklärung ein: Der Strom wurde schiffbar gemacht, die Wälder abgeschlagen und statt dessen Pappeln und Akazien gepflanzt, Straßen angelegt, das Schulwesen verbessert und die Pockenimpfung eingeführt. Bewohner, die die Aufklärung nicht akzeptierten, wurden verbannt, ebenso wurde die Mehrzahl der Feen aus dem Land vertrieben, ihre Paläste zerstört, ihre Schätze fielen dem Staat zu. Um den Unmut der Bevölkerung nicht zu sehr zu erregen, durften einige Feen im Land verbleiben, wurden allerdings zu soliden Heiraten gezwungen oder in einem Damenstift untergebracht. Nur Dank der Tatsache, daß der Fürst unwissentlich einen Zauberer zum Geheimen Oberaufklärungspräsidenten ernannte, blieb das Wissen um die Zauber- und Feenkunst erhalten und konnte später unter einem Nachfolger des Paphnutius, dem Fürsten Barsanuph, mit Maßen zum Nutzen der Bevölkerung wieder angewendet werden.

Unter Barsanuph spielte ein Minister, der eigentlich eine zwei Spannen lange Alraunwurzel war, im Staatswesen eine bedeutende Rolle. Er hatte es geschickt verstanden, sein wahres Wesen zu verheimlichen und alle zu täuschen und zu betören, bis er entlarvt wurde und auf der Flucht in einem silbernen Krug ertrank.

Zu seiner Zeit war die Universität Kerepes berühmt, vor allem durch den Professor der Naturkunde Mosch Terpin, der seinen naturwissenschaftlichen Ruf vor allem durch die Entdeckung begründet hatte, daß Finsternis auf einem Mangel an Licht beruht.

G. W.

Ernst Theodor Amadeus Hoffmann, *Klein Zaches genannt Zinnober*, Bln. 1819.

FUTURA (1), hochtechnisierte Hafenstadt an der Ostküste des Kontinents Utopia, der von einer freien Arbeitergenossenschaft regiert wird. Futura, die zweitgrößte Stadt des Landes, ist von der reichlich tausend Kilometer entfernten Hauptstadt ↗ UTOPOLIS mit der Magnetbahn in einer Stunde zu erreichen, Flugzeuge brauchen wegen verschiedener Zwischenlandungen zwei Stunden. Die fischförmige, silbrig glänzende Magnetschwebebahn verbindet mit ihrem Stahlband beide Städte in direkter Luftlinie, auf hohen Pfeilern wurde sie über Berge und Täler geführt. Die Bahn verkehrt für Mitglieder der Arbeitergenossenschaft zum Nulltarif. Den Stadtverkehr bestimmen computergesteuerte Autos, die auf lichtempfindliche Zellen reagieren. Sie können von jedermann benutzt und nach Gebrauch stehengelassen werden. Bei Fahrten aus dem Stadtgebiet heraus, wo die Straßen nicht mehr entsprechend ausgerüstet sind, braucht nur das konventionelle Lenkrad herausgeklappt zu werden. Überall in der Stadt wird Handarbeit weitgehend durch Automatik ersetzt, auch in den Dienstleistungsbetrieben wie Gemeinschaftsküchen und Restaurants sowie im Lehrbereich. Sprachen lernt man beispielsweise täglich ein bis zwei Stunden innerhalb einer Woche im Institut für Lehrschlaf. Die Mitglieder der freien Arbeitergenossenschaft leben in Gemeinschaftshäusern, die Verwaltung befindet sich im Zentralhaus, über dem als Wahrzeichen eine gewaltig lodernde rote Fakkel brennt. Man kennt kein Privateigentum, die Produktionsmittel sind in den Händen der Arbeiter. Der Staat sorgt für Essen, Kleidung und Wohnung.

Die tägliche Arbeitspflicht, der alle zwischen dem fünfundzwanzigsten und fünfzigsten Lebensjahr nachzukommen haben, beträgt vier Stunden, der jährliche Urlaub zwei Monate. Die Institution der Ehe ist abgeschafft, meist sehr glückliche Lebensgemeinschaften sind jedoch häufig. Für die Kinder wird vom Staat gesorgt. Bis zum zweiten Lebensjahr dürfen sie von den Müttern in Säuglings-Pflegestätten aufgezogen werden, dann leben sie außerhalb der Städte in großen Kindersiedlungen. Die Eltern können ihre Ferien bei den Kindern in deren Siedlungen verbringen. Auch im Schulunterricht wird der Lehrschlaf mit Erfolg angewandt, er ist eine vorzügliche Methode, um sich das Grundwissen der einzelnen Fachgebiete anzueignen.

Gefängnisse und Geldstrafen kennt man nicht. Missetäter werden für eine gewisse Zeit – oft handelt es sich nur um eine Woche – »aus der Gemeinschaft ausgeschlossen«. So lautet der Schuldspruch, und es bedeutet für ihn, daß er allein auf einer der kleinen, der Küste vorgelagerten Inseln zu leben hat, wo ihm ein Häuschen mit Lebensmittelvorräten und gut ausgestatteten Werkstätten zur Verfügung steht. Jeden zweiten Tag landet ein Flugboot des Kontrolldienstes, das auf Wunsch Lieferung von Arbeitsmaterial übernimmt. Wissenschaftler, die besonders konzentriert eine bestimmte Arbeit ausführen wollen, ziehen sich oft freiwillig auf diese »Robinson-Inseln« zurück. G. W.

Werner Illing, *Utopolis*, Bln. 1930.

FUTURA (2), ein Königreich unbekannter Lage. Besuchern wird stets empfohlen, den Tempel der Tochter des Königs zu besichtigen, hoch über dem Meer auf einem Felsen erbaut. Der Weg ist ziemlich weit, und man kommt meist nur langsam voran. Oben auf dem Felsen muß der Reisende sieben Türen passieren, jede aus einem anderen Metall hergestellt, den sieben Planeten entsprechend. Eine achte, goldene Tür ist allein für den König bestimmt und darf von niemandem sonst geöffnet werden. Vor den Türen lodert ein mächtiges Feuer, und sie werden von Drachen, Riesen, geflügelten Schlangen, Sirenen und einem Phoenix streng bewacht. Hat der Reisende sie überwunden, muß er noch einen kleinen Gebirgssee durchqueren, ehe er das Ziel erreicht. Was ihn im Tempel selbst erwartet, ist gänzlich unbekannt, denn noch niemand ist von dort zurückgekehrt.

Der Name des Königreichs bezieht sich auf die Sorge der Bewohner um Probleme der Zukunft; ihre Spekulationen über dieses Thema haben zu endlosen Streitereien geführt, obwohl sie sich eigentlich nach Frieden sehnen.

Marie-Anne de Roumier-Robert, *Les Ondins*, Paris/Ldn. 1768.

G

GALA, ein Königreich in Asien, irgendwo in der südlichen gemäßigten Zone, regiert von einem mehr europäischen als orientalischen Monarchen. Das milde Klima und die natürliche Fruchtbarkeit des Landes begünstigen eine blühende Landwirtschaft; außerdem hat die Natur Gala mit beträchtlichen Bodenschätzen ausgestattet. Besucher werden vom ausgezeichneten Zustand der Straßen angenehm überrascht sein, die der Staat als Grundlage eines erfolgreichen Wirtschaftssystems sorgfältig pflegt.

Erstaunlich ist das Steuerwesen des Landes. Die Galaner haben die sanfteste und sicherste Art erfunden, um die Einwohner zur Zahlung von Steuern zu zwingen. Jeder erwachsene Galaner muß vom Staat je nach Einkommen eine Anzahl Lotteriescheine kaufen; der Gewinner der Lotterie erhält ein Zwanzigstel der insgesamt eingezahlten Summe. Die Galaner zahlen deshalb ihre Steuern mit offensichtlicher Befriedigung, beinahe mit einer Art ungesunden Eifers. Eine weitere wichtige Neuerung, die das Königreich Gala eingeführt hat, besteht in der Ausschaltung jeglichen Zwischenhandels: Alle Produkte werden vom Staat aufgekauft, der sie seinerseits durch ein Netz staatseigener Geschäfte vertreibt. Auf diese Weise fallen die verschiedenen Stationen, die den Preis aller Gebrauchsgüter erheblich steigern, einfach weg. Dank dieser Reformen ist das Königreich Gala das reichste in Asien – so reich, daß seine Außenpolitik darin besteht, die Nachbarstaaten bei passenden Gelegenheiten aufzukaufen, statt sie durch Blutvergießen und Korruption zu erobern.

André-François de Brancas-Villeneuve, *Histoire ou Police du royaume de Gala...*, Paris 1754.

GALLIGENIA, eine Insel von unbekannter Lage, etwa zwölf mal acht Meilen groß. Die Einwohner – es sind hunderttausend – stammen alle von drei schiffbrüchigen französischen Immigranten ab, die auf der gerade aus dem Meer aufgestiegenen Insel Zuflucht nahmen. Die drei Gründer von Galligenia waren ein gewisser Almont mit Sohn und Tochter. Sie lebten im Inzest, um den Stamm der Galligener zu begründen.

Die Hauptstadt von Galligenia ist die einzige Stadt der Insel. Charakteristisch für sie ist der Mangel an Kunstwerken; alle Verzierungen erscheinen den Galligenern überflüssig. Zwei große Gebäude können besichtigt werden: die Halle des Ostens, in der alle Kinder von ihrer Geburt bis zum Alter von sieben Jahren aufgezogen werden; und die Halle des Westens, in der das Parlament der Weisen herrscht. Reisende, die einen Freund in der Stadt suchen, sollten beachten, daß die Bewohner je nach ihrem Alter die Wohnung wechseln: Je älter sie werden, desto näher ziehen sie an die Halle des Westens heran, dem Symbol für die Weisheit des Alters.

Die Galligener haben eine Republik errichtet, die vom Parlament der Weisen regiert wird und in der alles allen gehört, sogar die Bürger selbst. Jede Frau ist die Gattin aller Männer, jeder Mann der Gatte aller Frauen. Alle Bürger, Männer wie Frauen, arbeiten zwei Tage in der Woche; das genügt, um die Bedürfnisse der Gemeinschaft zu befriedigen. Sie zeigen keinerlei Ehrgeiz, keine Habgier, kein leidenschaftliches Verlangen irgendwelcher Art.

Damit die übrige Welt den Galligenern kein schlechtes Beispiel gebe, erzählten Almont und seine Kinder ihren Nachkommen nichts von der Außenwelt. Doch ganz von selbst entdeckten diese die Existenz Gottes, den sie ohne Kirchen und Geistliche verehrten, und erfuhren dann von Reisenden und Kaufleuten etwas über andere Länder. In den letzten Jahren haben einzelne Gruppen von Dissidenten – gelangweilt von ihrer unfehlbaren Gesellschaft – versucht, kleinere Revolten anzuzetteln, um die perfekte Ordnung der Republik zu erschüttern.

Europäer sind auf Galligenia nicht besonders willkommen, weil die Inselbewohner befürchten, sie könnten ihr Land übernehmen und in derselben Weise zivilisieren wie einst die Spanier die südamerikanischen Indianer.

Charles-François Tiphaigne de La Roche, *Histoire des Galligènes, ou Mémoires de Duncan*, Amsterdam 1765.

GANGARIDIA, ein Königreich am Ostufer des Ganges. Die Gangariden sind friedliche Schafhirten. Sie leben in Häusern, die mit Elfenbein und Orangenbaumholz verziert sind, und schlafen auf Lagern aus Rosen. Sie sind Vegetarier und betrachten alle Tiere als ihre Brüder. Das Töten und Verzehren eines Tieres ist in ihren Augen Mord.

Zur Fauna gehört das Einhorn, das sanfteste und zugleich gefährlichste der Tiere, auf dem die Gangariden reiten. Hundert gangaridische Schafhirten auf ihren Einhörnern sind in der Lage, riesige Armeen zu besiegen. Gangaridia ist auch die Heimat des Phönix. Alle Tiere haben ihre Fähigkeit zu sprechen behalten. Es gibt keine Drosseln mehr im Lande: Sie wurden vertrieben, als eine von ihnen über die Prinzessin von Babylon, die der König von Gangaridia liebte, falsche Nachrichten verbreitete.

Bei Vollmond versammeln sich die Menschen in Tempeln aus Zedernholz, um Gott für seine Güte zu danken. Männer und Frauen benutzen getrennte Tempel, um mögliche Ablenkungen zu vermeiden. Die Vögel treffen sich zu ihrer Andacht im Wald, und die vierbeinigen Tiere auf einem schönen Rasen. Einige der Papageien sind besonders gute Prediger.

Der König von Indien versuchte einst, mit einer Armee von einer Million Soldaten und zehntausend Elephanten in Gangaridia einzumarschieren. Die Einhörner spießten die Elefanten auf, und die Männer fielen unter den Schwertern der Gangariden wie Reispflanzen unter der Sichel. Der indische König und sechstausend Soldaten wurden gefangengenommen. Der König wurde im Ganges gebadet und vegetarisch ernährt, bis sich sein Puls beruhigt hatte. Als der Rat von Gangaridia und die Einhörner den Eindruck gewonnen hatten, das sanguinische Temperament ihrer Gefangenen habe sich gemäßigt, schickten sie diese nach Hause. Seitdem haben die Inder große Achtung vor den Gangariden.

Voltaire, *La princesse de Babylone*, Paris 1768.

DER GANZALLEINSTEIN ist eine Felssäule im Nordatlantik, die der Aufenthaltsort des letzten überlebenden *gairfowl* oder Großen Alks ist, eines Vogels, der seit langem ausgerottet ist. Der letzte *gairfowl* sitzt auf diesem abgelegenen Felsen und singt alte Lieder vor sich hin, die er in seiner Jugend gelernt hat.

Besucher werden feststellen, daß der *gairfowl* jedem, der auf den Felsen kommt, mit Begeisterung seine traurige Geschichte erzählt, vorausgesetzt, der Ankömmling hat keine Flügel. Der *gairfowl* ist ein Vogel, der nicht fliegen kann und die Flügel eindeutig als eine vulgäre Neuerung betrachtet.

Charles Kingsley, *The Water-Babies: A Fairy Tale for a Land-Baby*, Ldn. 1863.

DER GARTEN DER HESPERIDEN ist nach seinen drei oder sieben Wärterinnen, den Hesperiden, benannt. Ihre Herkunft ist recht ungewiß, sie gelten einmal als Töchter der Nacht und des Erebos, ein andermal als Kinder des Zeus und der Themis, dann wieder als Abkömmlinge von Phorkys und Keto oder von Atlas und Hesperis. Genauer als ihre etwas schleierhafte Abstammung ist jedoch ihre Tätigkeit bekannt: Gemeinsam mit dem hundertköpfigen Drachen Ladon bewachen sie den Baum mit den Goldenen Äpfeln, den die Erdgöttin Gaia zur Hochzeit der Hera hatte aufsprießen lassen. Nicht das Gold macht diese Äpfel begehrt, sondern ihre Kraft, Unsterblichkeit zu verleihen. Als einziger vermochte Herakles den Garten zu finden und die Früchte zu rauben; sonst weiß man nur, daß der geheimnisvolle Göttergarten irgendwo weit jenseits des Okeanos liegt, und so suchen die Menschen unverdrossen weiter nach den Früchten des Ewigen Lebens. B. Ky.

Hesiodos aus Askra, *Theogonia* (8./7. Jh. v. Chr.), Ferrara 1474. – Apollonios von Rhodos, *Argonautika* (3. Jh. v. Chr.), Florenz 1496. – Strabon, *Geographika* (1. Jh. v. Chr.), Rom ca. 1471.

DER GARTEN DES RIESEN, irgendwo in England gelegen – ein schöner großer Garten mit einer weichen grünen Wiese. Hie und da ragen hübsche Blumen aus dem Gras, und die zwölf Pfirsichbäume erblühen jedes Frühjahr in zartem Rosa und tragen im Herbst viele Früchte. Mitten im Garten steht das Schloß des Riesen. Besucher können am äußersten Ende des Gartens einen Baum mit goldenen Zweigen, zierlichen weißen Blüten und silbernen Früchten bewundern. Unter diesem Baum liegen, mit weißen Blüten bedeckt, die sterblichen Überreste des Riesen.

Einst war der Garten von einer hohen Mauer umgeben, die der Riese gebaut hatte, um die Kinder daran zu hindern, in seinem Garten zu spielen. »Unbefugten ist der Zutritt bei Strafe verboten« stand auf einem Warnschild. Doch nun wollten auch die Vögel nicht mehr in dem Garten singen, und die Bäume vergaßen zu blühen. Nur noch Frost, Hagel, Schnee und Nordwind kehrten dort ein – bis eines Tages die Kinder durch ein Loch in der Mauer krochen und mit ihnen der Frühling in den Garten zurückkam. Der Riese sah jetzt ein, wie selbstsüchtig er gewesen war, nahm eine große Hacke und riß die Mauer ein. Von nun an spielten die Kinder tagtäglich in seinem Garten, nur der kleine Knabe, dem er einmal geholfen hatte, auf einen Baum zu klettern und den er besonders ins Herz geschlossen hatte, ließ sich nicht mehr blicken. Erst viele Jahre später, an einem Wintertag, stand dieses Kind plötzlich unter dem Baum mit den weißen Blüten, und als der alte Riese voller Freude zu ihm lief, sah er in den Handflächen und an den Füßen des Knaben die Male zweier Nägel. Doch seine Empörung über diese Wunden schwand, als das Kind lächelnd zu ihm sagte: »Einst hast du mich in deinem Garten spielen lassen, heute sollst du mit mir in meinen Garten kommen, ins Paradies.«

Oscar Wilde, *The Selfish Giant*, in *The Happy Prince and Other Tales*, Ldn. 1888.

GASTERS INSEL, nicht weit vom ↗ MEER DER GEFRORENEN WORTE, scheint von fern öde und abweisend. In der Mitte erhebt sich ein steiler Fels, der äußerst schwierig zu besteigen ist. Auf seinem Gipfel liegt jedoch ein freundliches und fruchtbares Reich. Der Herrscher dieser Insel, Herr Gaster, hat hier seinen Sitz. Er ist der oberste Meister aller Künste dieser Welt. Mit ihm lebt Frau Penia, auch »Not« genannt, die Mutter der neun Musen und durch eine frühere Heirat mit Porus auch die Mutter Amors.

Gaster ist ein strenger und herrischer König, der keine Argumente gelten läßt. Er ist taub und spricht nur durch Zeichen. Auf seinen Befehl erzittert der Himmel und erbebt die Erde. Gaster hat alle Künste, Maschinen und Vorrichtungen auf der Insel erfunden, und er hat selbst die Tiere der Insel gelehrt, was die Natur ihnen vorenthalten hat: Beispielsweise macht er Raben und Häher zu Dichtern. Er hat auch ein Mittel gefunden,

Das Manducus-Idol von GASTERS INSEL

das die Geschosse seiner Feinde gegen sie selbst kehrt: Sie kommen auf derselben Flugbahn und mit der ursprünglichen Wucht zurück. Gaster ist jähzornig, und wenn man ihn reizt, verschlingt er wahllos Menschen und Tiere.

Frau Penia ist Gasters Verwalterin. Wenn sie durch das Land reist, sind alle Gerichtshöfe geschlossen, alle Gesetze außer Kraft und alle Verordnungen wirkungslos. Es herrscht allgemeiner Ausnahmezustand. Niemand unterwirft sich dem Gesetz. Den Touristen sei geraten, vor ihr zu fliehen, die Einheimischen setzen sich lieber allen möglichen Gefahren aus, als sich von ihr ergreifen zu lassen.

An Gasters Hof leben zwei Arten von Höflingen: die Engastrimythen oder Bauchredner und die Gastrolaten oder Bauchdiener. Die ersteren behaupten, von dem alten Geschlecht des Eurykles abzustammen und führen als Beleg die *Wespen* des Aristophanes als Quelle an.

Die Gastrolaten haben trotz unterschiedlichen Aussehens und Temperaments eines gemeinsam: Sie sind absolute Müßiggänger und befassen sich ausschließlich mit dem Wohlergehen ihres Bauches. Sie haben die Gewohnheit, seltsame Kleidung und muschelförmige Kappen zu tragen. Sie verehren Gaster als den einzig wahren Gott. Bei ihren Prozessionen führen sie ein häßliches, als *Manducus* bekanntes Idol mit sich, dessen Kopf größer ist als der übrige Körper. Es hat breite, mit Hauern bewaffnete Kinnladen, die durch eine verborgene Schnur schrecklich gegeneinander krachen können. An Festtagen werden Gaster immense Mengen Speisen und Getränke aller Art dargebracht. Er selbst erhebt jedoch keinerlei Anspruch auf Göttlichkeit.

François Rabelais, *Le quart livre des faictz et dictz heroiques du noble Pantagruel*, Paris 1552.

GAUNES, ein Königreich im Westen von Gallien, dem Reich von König Bors, dem Onkel von Lancelot. Bors und Lancelot wurden Ritter der Tafelrunde von ↗ CAMALOT und zeichneten sich im Dienst von König Artus aus. Bors gehörte zu dessen Verbündeten bei der Befreiung von Camelerd, und sein Neffe wurde einer der berühmtesten Ritter Artus'. Sonst weiß man nichts über dieses Reich.

Anon., *La Mort le Roi Artu* (13. Jh.), Halle 1910.

GEGENWARTSLAND, in der Nähe des Südpols gelegen, erstmals im Jahre 1828 von Arthur Gordon Pym aus Natucket, U. S. A., gesichtet, wurde 1928 von dem französischen Abenteurer Adam Harcz erforscht. Es ist von Enderby-Land aus mit dem Flugzeug zu erreichen. Zunächst sieht der Reisende eine dicke Nebelschicht, die sich in dreitausend Meter Höhe auflöst, dann einen Gebirgszug, aus dessen Vulkankratern weißglühender Rauch aufsteigt. Besucher seien vorsorglich darauf hingewiesen, daß bei der Ankunft in Gegenwartsland ihre Uhren stehenbleiben. (Das ist dort völlig normal – es besteht also kein Grund zu Reklamationen.) Das erste, was man nach der Landung erblickt, ist eine phosphoreszierende Ebene mit zahlreichen, durch gewundene Kanäle und Flüsse miteinander verbundenen Seen und Teichen. Sie erstreckt sich bis zum Fuß der steilen, zerklüfteten Berge, deren Krater mit Wasser gefüllt sind. Der Sand am Wasserrand ist grau. An den Bergabhängen sind viele Höhlen und Schächte zu sehen. Von dem porösen Gestein geht ein gleißender Schimmer aus. Das Wasser der Teiche ist warm (38° Celsius) und von so dichter Konsistenz, daß man nur mit Mühe den Arm hineinstecken kann, von dem es dann wie Quecksilber abläuft. Es gibt in diesem Land weder Wind noch Staub noch irgendwelche Gerüche. Die Flora ist höchst merkwürdig: Man findet weißes, leuchtendes Buschwerk, das aus korallenförmigen Gewächsen besteht, und wie Glasgespinst wirkende Bäume mit runden, nicht lichtdurchlässigen Blättern und runden, transparenten Früchten. Am Rand der Teiche wächst blaßgrünes und blaues Seegras.

Die Bewohner von Gegenwartsland leben ohne jede Erinnerung: Jeder Augenblick ist neu und vollkommen. Nichts verändert sich in diesem Land der unaufhörlichen Gegenwart; nichts hat eine Zukunft; alles ist eindeutig. Es gibt keine Geheimnisse, keine Lügen, keine Müdigkeit, keinen Schmerz. Das einzige Geschehen, von dem wir wissen, hat Adam Harcz in seinem Reisebericht geschildert: Als – ähnlich wie bei einer Sonnenfinsternis – in Gegenwartsland das Licht verblaßte, sah er die Bewohner paarweise in einen großen Felsspalt hineingehen. Von dort aus führt ein unterirdischer Gang mehrere Kilometer weit in den Berg. Der Boden und die Wände dieses Ganges (in dem die Temperatur allmählich steigt) sind aus purem Gold. Harcz beobachtete, wie die Bewohner des Landes an eine Kluft gelangten, aus der ein Baum ragte, dessen Zweige einen vollkommenen Kreis bildeten. An jedem Zweig hing eine Frucht, die eine gewisse Ähnlichkeit mit einer Olive hatte. Dann begann ein Vogel zu singen. Und nun tauchte eine schneeweiße Gestalt auf – ähnlich jener, die Arthur Gordon Pym erblickt und die er als »verhüllt« und »weit größer in ihren Ausmaßen, als es je ein Bewohner der Erde gewesen ist« beschrieben hatte. Bei ihrem Erscheinen bebte die Erde, und die Früchte fielen vom Baum. Darauf drückten die Eingeborenen diese Früchte an die Stirn, knieten vor dem Baum nieder und riefen »Tekeli-li« (genau wie die Bewohner der Insel ↗ TSALAL). Dabei nahmen ihre Gesichter einen ganz unterschiedlichen Ausdruck an: Manche waren grauenerregend, manche von himmlischer Schönheit. Als die weiße Gestalt in einem goldenen Nebel verschwand, erhoben sich die Eingeborenen, warfen die Früchte in die Schlucht und nahmen wieder ihren üblichen Gesichtsausdruck an. Einige verließen die Höhle, die anderen aber stürzten sich mit dem Ruf »Tekeli-li« in den Abgrund.

Bei den Bewohnern von Gegenwartsland handelt es sich um zwitterartige Hominiden, deren halbdurchsichtige Körper wie aus Jade geformt scheinen. Ihre Hände ähneln den Flossen eines Zierfisches: Mit Ausnahme des Daumens sind alle Finger durch eine fast transparente Membrane miteinander verbunden. Diese Hominiden haben große Augen, weiches, kurzes Kopfhaar, perlmuttartige Zähne und Fingernägel, sehr schmale Hände und Füße, einen kräftigen Körperbau und ein anmutiges Gebärdenspiel. Sie brauchen keinen Schlaf und leben von der Luft. Sie verständigen sich in einer weichen, melodiösen Sprache, lieben es, in den Teichen zu schwimmen und zu spielen und haben offenbar keinerlei menschliche Laster. Ihr halbmondförmig angelegtes Dorf besteht aus Hütten mit gewölbten Dächern. Jede Hütte hat einen kleinen gedeckten Innenhof und einen einzigen Wohnraum mit Seegrasmatratzen, auf denen die Eingeborenen ihre sexuellen Bedürfnisse befriedigen.

Reisende, die ein Souvenir mitnehmen wollen, sollten sich einen elliptisch geformten, an Lapislazuli erinnernden Stein beschaffen, der sie zeitlebens an ihren Besuch in Gegenwartsland erinnern wird.

Edgar Allan Poe, *The Narrative of Arthur Gordon Pym of Nantucket,* NY 1838. – Dominique André, *Conquête de l'éternel,* Paris 1947.

DER GEHEIMNISVOLLE SEE
↗ JUNGANYIKA

DIE GEHEIMNISVOLLE STADT
mit ihren endlosen Straßen gleicht keiner bekannten Stadt dieser Welt. Die Straßen münden oft in lange Treppen, die die Berghänge hochführen. Hier und da liegen Terrassen mit kleinen Gärten und Pavillons. Die Beherrscher der Stadt, wilde Bergvölker, die auch in dieser Zivilisation ihre Ursprünglichkeit nicht verloren haben, wohnen oberhalb des Stadtlärms auf dem Berghang in hohen Behausungen, die unter vereinten Dächern liegen. Die verschwimmenden Umrisse der Gebäude scheinen die aufeinanderfolgenden Hausformen der verschiedenen versunkenen Zeitalter zu spiegeln. Alles ist von tausend Lichtern durchspielt. Hinter den Häusern sieht man Ziergärten. Hier gehen junge Menschen und Kinder weißgekleidet spazieren und spielen. Die Menschen sind überaus schön, ihre Züge lieblich. Der Glanz ihrer Seelen ist eine Erinnerung an das verlorene Paradies. Alle Gegenstände und Körper leuchten aus sich selbst heraus in einer Intensität, die die Sonne verdunkelt. Ein verwilderter Park duftet schwer von Jasmin, Klematis. Efeu rankt, schlingt sich um die alten Baumstämme und klettert über Felsen, aus denen ein Quell entspringt. Zerbrochene Statuen liegen umher.

Aufwärts am Hang steht ein Schloß. Von hier aus hat man den Blick auf die bergige Küste. Sie ist ganz mit einer Art grünem Schilfrohr bedeckt. Die Erde zeigt sich von farbigen Adern geschmolzenen Metalls durchzogen. Sie erhellen sich nach und nach durch das Aufglühen des zentralen Feuers, dessen Weiße sich in großen Wasserpfützen spiegelt, die wie Wolken in der Luft hängen, aber viel dichter sind, so daß man Fetzen abreißen kann. Oben vom Hang sieht man über die ungeheure Stadt. Ihre Lichter blinzeln tausendfach herauf. Von hier oben führt eine Treppe hinab in das Gewirr. An einem zentralen Ort ist ein Kasino neu eröffnet. Es enthält eine Werkstatt, in der man aus Ton ein ungeheures Tier in der Gestalt eines Lamas, aber mit großen Flügeln modelliert hat. Das Ungeheuer ist wie von einem Feuerstrahl durchzogen, der es allmählich belebt. Tausend purpurne Fasern setzen die träge Masse in Bewegung. Die Oberfläche ist mit einer Vegetation von faserigen Anhängseln, Flügelchen und wolligen Büscheln bedeckt. Das göttliche Urfeuer belebt den Körper. Hier liegt das geheime Zentrum der Stadt. Die Geheimnisse der Schöpfung werden durch die höchste Technik des Menschen nachgeahmt, ob zu seinem Glück oder Verderben, ist noch nicht zu entscheiden, denn das Tier bleibt Materie ohne Geist. M. W.

Gérard de Nerval, *Aurélia ou Le rêve et la vie,* Paris 1855.

DIE GELEHRTENREPUBLIK oder IRAS (International Republic for Artists and Scientists) befindet sich auf einer im Pazifik treibenden künstlichen Insel, die die Form einer Ellipse hat. Die Insel ist internationale Geheimsache. Sie besteht aus 123 000 einzelnen Stahlkammern, wurde innerhalb von fünf Jahren zusammengeschweißt und 1980 fertiggestellt. Das »Deck« ist mit Erde aufgeschüttet. Darauf ist eine künstliche Natur- und Parklandschaft mit Wäldern, Flüssen, einem See, Äckern, Weiden und Wiesen angelegt, dazu Siedlungen und Gebäudekomplexe. Die Insel ist von der langen Mittelachse her symmetrisch strukturiert. Sie besteht aus einem neutralen, fünfhundert Meter breiten Mittelstreifen, der die öffentlichen Gebäude und das Verwaltungsviertel enthält. Zu den öffentlichen Gebäuden zählen ein Theater, ein Funkhaus, eine Fernsehstation, eine Galerie, ein Museum, zwei gegenüberliegende Bibliotheken, im Mittelpunkt das Rathaus, danach rechts Klinik und Inselarchiv, links Verwaltung und Druckerei. Es folgen Bank, Postamt und Industriegelände, am Heck das linke und rechte Maschinenviertel mit den Antriebsmaschinen und je einem Wasserwerk, am Bug die Radar- und Wetterstation und das Observatorium.

Die linke Hälfte der Insel wird von den Russen betreut, die rechte von den Amerikanern. Jede Hälfte hat einen Hafen mit Leuchtturm und Lagerhallen. Der Flugplatz im amerikanischen Sektor ist neutrales Gebiet. In den Hälften befinden sich die Wohnviertel der Gäste aus der östlichen bzw. westlichen Welt. Die amerikanische Siedlung »Poet's Corner« besteht aus 67 Bungalows mit Gärten und einem Kaufhaus. Sie ist schachbrettartig angelegt. Im amerikanischen Waldgebiet dienen Blockhütten den Gästen, die die Einsamkeit vorziehen, als Zufluchtsort. Die russische Seite besteht aus vierzehn Hochhäusern, die eine fast einen Kilometer lange Häuserfront zu beiden Seiten der »Straße der Oktoberrevolution« bilden. Hier wohnen und arbeiten gemeinsam die Künstler und Wissenschaftler des Ostens, die in der Gewerkschaft für Musik und Tanz, für Bildende Kunst und für Literatur zusammengefaßt sind. Vor dem Gebäudekomplex liegen Äcker und Weiden, davor der Wald mit dem »Kollektiv Einsamkeit«, einem kollektivistischen Pendant zu den westlichen Blockhütten.

Der Hauptzweck der Insel ist, die Künste und Wissenschaften der Welt zu fördern und zu konservieren. So werden von allen noch bestehenden Staaten neben den Kunstschätzen die besten Künstler und Wissenschaftler ausgesucht und für ein Stipendium in der Iras vorgeschlagen. Über die endgültige Aufnahme entscheidet eine Inseljury. Jeder Aufgenommene muß innerhalb von zwei Jahren einen wesentlichen Beitrag zur Literatur, Kunst oder Wissenschaft leisten. Seine Bücher werden in der Inseldruckerei gedruckt und in einer Auflage von 500 000 Exemplaren auf den Markt gebracht. Jedem Gast stehen eine Wohnung, drei warme Mahlzeiten täglich, beliebig kalte, ein Anzug pro Jahr, Hauskleidung nach Belieben, Schreibmaschine, Arbeitsmaterial, alle Bestände der Bibliotheken und Museen sowie alle »Sekretärinnen« frei zur Verfügung. Letztere leisten in erster Linie auch »berufsfremde« Dienste.

Die westliche Bibliothek ist fast immer leer. Die Dichter (-West) sind regelrechte Faulenzer. Sie stehen spät auf, saufen, prassen und huren, und kaum entsteht ein Werk. Einige wenige große Genies arbeiten regelmäßig in ihrer Blockhütteneinsamkeit. Die Dichter (-Ost) haben einen geregelten Tagesablauf innerhalb ihrer Gemeinschaft. Pünktlich marschieren sie geschlossen in ihre Konferenzräume, in die Bibliothek oder zum Essen und zum Sport. Das Romansoll wird grundsätzlich kollektiv in Kombinaten erfüllt. Die Devise ist: additive Kombination. Dichter von ähnlichem Temperament, derselben Blutgruppe, ähnlicher Kindheits- und Umwelterfahrung, die auf verschiedenen Gebieten die besten sind, werden zusammengefaßt, um ein Romanwerk zu schreiben. So steht ein Experte für Landschaftsschilderung neben einem für Psychologisierung von Charakteren, für lyrischen Ausdruck, für Erotik und für farbigen Wortschatz etc. Jeder einzelne ist in seiner Begabung einseitig, Romanproduktionen als individueller Akt zeigen nur die Beschränktheit des Individuums. In diesem Sinn wird im russischen Sektor Intellektuellenzuchtwahl betrieben: Dichter auf Dichterin, jedesmal eine Gehirn- und Wortschatzerweiterung.

Man munkelt allerdings, daß die Idylle gestört sei. Genaueres erfahren wir aus einem Bericht des Journalisten C.H. Winer, der nach elfjähriger Nachrichtenzensur die Insel im Jahre 2008 für fünfzig Stunden besuchen durfte. Schon bei der Besichtigung der amerikanischen Hälfte wurde Winer mißtrauisch: Er fand eine leere Bibliothek, versoffene, mürrische Künstler, höhnische Eintragungen im Goldenen Buch und schließlich den einst berühmt-berüchtigten, nun aber völlig entgeisteten und stumpfsinnigen Romanschriftsteller Stephen Graham Gregson vor. Vor seiner Abreise in die andere Inselhälfte gab sich der Führer Winers als Chef der westlichen Abwehr zu erkennen und bat ihn, eine Nachricht zu überbringen – an den östlichen Geheimdienstchef: man habe etwas zum Tauschen. Die Insel war, wie sich herausstellte, vollgestopft mit Geheimdienstpersonal, Militärs und Waffen. Noch mehr enthüllte sich: Die Russen arbeiteten fieberhaft an der Gehirntransplantation. So wurden die Gehirne der wichtigsten Persönlichkeiten immer wieder in junge Körper verpflanzt. Die Amerikaner dagegen experimentierten mit der Hibernation, dem Einfrieren von Körpern im Zwanzig-Jahre-Rhythmus.

Beiderseits wurde eine enorme Lebensverlängerung für verdiente Künstler (und Militärs) erreicht, allerdings auch neue Formen der Auseinandersetzung zwischen Ost und West. Den zwei verblödeten Künstlern des Westens waren von den Russen die Gehirne herausgenommen und in zwei Pferdeköpfe gesteckt worden. In die alten Körper hatte man stumpfsinnige Lemurenhirne gesetzt. Schwarze Hunde mit Menschenhirnen bespitzelten die westlichen Verwaltungsorgane. Dafür hatten die Amerikaner die beiden russischen Schachweltmeister in ihre Gewalt gebracht und eingefroren. Winer sollte vermitteln. Ein Ultimatum wurde gestellt zum Austausch von Gehirn und Gefrorenem. Man erzielte keine Einigung. Während fieberhaft verhandelt wurde, starteten die Amerikaner ihre Motoren auf volle Kraft zurück, in Richtung auf amerikanisches Hoheitsgewässer, die Russen auf volle Kraft voraus. Die Insel begann langsam zu rotieren. Die Ehrendoktorwürde, Winer von den Iras-Repräsentanten hicksend und rülpsend verliehen, konnte den Reporter nicht mehr darüber hinwegtäuschen, daß auf der Insel der kalte Krieg in seiner schärfsten Form ausgebrochen war. Idylle und Neutralität hatten sich als Illusion erwiesen. Hastig verließ Winer, dessen Magen sich von der Drehbewegung immer mehr umstülpte, mit einer Rakete die bis zur Zerreißprobe rasend um sich kreisende Insel. Das sind die letzten Anhaltspunkte. Seither herrscht absolute Nachrichtensperre. M. W.

Arno Schmidt, *Die Gelehrtenrepublik. Kurzroman aus den Roßbreiten*, Karlsruhe 1957.

GESCHICHTENEND, das Schloß der Grafen von ↗ POICTESME am Ufer des Flusses Duardenez. Es ist von Gärten mit weiten Rasenflächen und zahllosen Ahornen und Robinien umgeben. In der Ferne sieht man die Hügel von Poictesme.

Zu den Sehenswürdigkeiten des Schlosses gehört das Zimmer des Ageus, so genannt, weil seine Fenster einst zum Tempel des Ageus in Philistia gehörten und von Herzog Asmund als Beute hierhergebracht wurden. Zwei der Fenster bieten einen klaren Blick auf die Außenwelt, aber wenn man das dritte öffnet, verschwinden die normalen Erscheinungen der Welt, und es bleibt nur ein grenzenloses, graues Zwielicht, in dem sich nichts klar unterscheiden läßt. Man sagt, wer durch dieses Fenster schreitet, wird für immer von den Träumen anderer verfolgt und auf eine erschreckende Reise ins Jenseits der Welt der Erscheinungen geraten. Es heißt auch, daß Manuel, der große Held und Befreier von Poictesme, am Ende seiner langen Laufbahn durch dieses Fenster ging und nie mehr zurückkehrte.

Wer im Augenblick zwischen Dämmerung und Sonnenaufgang die Gärten von Geschichtenend betritt, mag einer seltsamen Vielfalt von Fabeltieren begegnen: Kentauren, Feen, Kobolden und Walküren. Er bekommt manchmal auch Szenen aus seiner eigenen Vergangenheit zu sehen und Menschen, die er in seiner Jugend gekannt hat.

James Branch Cabell, *Figures of Earth...*, NY 1921. – Ders., *Jurgen...*, NY 1919. – Ders., *The High Place*, NY 1923.

GIPHANTIE ↗ DIE INSEL GIPHANTIA

GLUBBDUBDRIB, von etwa einem Drittel der Größe der Insel Wight, England, fünfhundert Meilen südwestlich von ↗ BALNIBARBI gelegen. Der Name läßt sich am besten mit »Insel der Zauberer« übersetzen.

Dieses reiche und fruchtbare Land wird vom Häuptling eines Magierstammes regiert. Er residiert in einem vornehmen Palast inmitten eines dreihundert Morgen großen, von einer hohen Mauer umzogenen Parks. Das seltsamste an diesem Hof ist, daß alle Bediensteten Geister sind, die durch Beschwörung aus dem Reich der Toten zurückgerufen wurden. Der Stammesfürst besitzt die Macht, die Verstorbenen herbeizuzitieren und für vierundzwanzig Stunden in Dienst zu stellen; danach darf er denselben Geist drei Monate lang nicht mehr verpflichten.

Inselbesucher werden zu einem Privathaus geleitet. Von dort aus gehen sie dann zum Fürsten, um ihre Aufwartung zu machen. Findet der Regent Gefallen an seinen Besuchern, gestattet er ihnen, jeden Geist ihrer Wahl aus dem Totenreich herbeizurufen. Auf diese Weise finden Gäste Gelegenheit, mit Alexander dem Großen, Hannibal, Caesar oder einer Persönlichkeit der jüngeren Geschichte zu plaudern. Sie sollten allerdings darauf gefaßt sein, daß sich dabei mancher Aspekt der Weltgeschichte in einer Weise offenbaren kann, die ihnen die menschliche Rasse für alle Zeiten verleidet.

Jonathan Swift, *Travels into Several Remote Nations of The World...*, 2 Bde., Ldn. 1726.

DIE GLÜCKLICHEN INSELN (nicht zu verwechseln mit den ↗ INSELN DER SELIGEN am Eingang des Mittelmeeres) sind ein geographisch nicht näher bezeichneter Archipel. Der landschaftliche Charakter wie auch die Tier- und Pflanzenwelt ist von Insel zu Insel verschieden. Auf einem Eiland sind zum Beispiel grüne Ziegen heimisch, denen man, wenn sie ein bestimmtes Alter erreicht haben, die riesigen samtweichen Ohren abschneidet, um Mäntel daraus zu machen. Sobald sie ihrer Ohren ledig sind, verwandeln sich diese Ziegen in Frauen.

Die fruchtbare Schmetterlingsinsel verdankt ihren Namen den dort heimischen riesigen Faltern, deren Flügel zu Segeln verarbeitet werden. Alles auf diesem Eiland wird so ungewöhnlich groß, daß man beispielsweise getrocknete, ausgehöhlte Markkürbisse und Gurken als Häuser und Kirchen verwendet. Tischfertig gebratene Störche fliegen in der Luft herum und werden von den Insulanern mit Falken gejagt.

Auf der Insel Coquardz kann der Reisende einen Butterberg bestaunen, von dessen Gipfel ein Milchfluß herabströmt – so breit wie die Seine und schiffbar. Es wimmelt darin von Aalen und Neunaugen, die nicht selten eine Meile lang und leicht zu fangen sind. Als Fischerboote pflegt man dort Würste zu benützen. Flußaufwärts ragt ein Berg aus feinem Mehl empor, von dem sich jeder so viel holen kann, wie er will. Daher besteht auf dieser Insel kein Bedarf an Windmühlen. Aus einer Quelle unweit des Mehlberges ergießt sich heiße Erbsensuppe über ein ganzes Beet voller köstlicher Würstchen. Weitere Nahrungsmittel liefern immergrüne Bäume, die größer als Kiefern werden; die mit den männlichen Blüten bringen Blutwurst hervor, die mit den weiblichen Blüten Salami.

Man findet dort auch große Felder, auf denen die Eingeborenen Eier anpflanzen. Jede ausgewachsene Schote enthält dreißig bis vierzig frische Eier (was dem täglichen Bedarf eines Insulaners entspricht). In einer anderen Region der Coquardz-Insel sprießen Pasteten über Nacht wie Pilze aus dem Boden, und jeden Morgen fallen dort gebratene Lerchen vom Himmel. Auf den Hecken wachsen Torten und Kuchen in so riesigen Mengen, daß man sie, anstelle der in weniger gesegneten Ländern üblichen Schieferplatten, zum Dachdecken verwendet.

Auf Coquardz wie auch auf der Schmetterlingsinsel sind die Wiesen von Bächen aus köstlichem Wein durchzogen, an deren Ufer die notwendigen Trinkgefäße bereitstehen. Außerdem gibt es dort eine bestimmte Baumart, die alle möglichen Käsesorten hervorbringt, und eine andere, von deren Zweigen man die erforderlichen Käsemesser pflücken kann. Eine dritte trägt, obzwar sie kaum größer als eine Eiche wird, eselskopfgroße Früchte, in denen man anstelle von Kernen Goldmünzen verschiedenster Art findet. Ein Hinweis für Reisende: Diese Früchte fallen erst ab, wenn sie ganz reif sind, nämlich Mitte August. Falls sie (was selten zutrifft) vorher von Würmern befallen werden, enthalten sie nur Silbermünzen.

Die Kleidung der Eingeborenen besteht aus Baumrinde. Sie ist weißer und weicher als jedes uns bekannte Material und wächst ständig nach.

Auf diesen beiden Inseln gibt es keine Frauen, denn da die Natur dafür sorgt, daß alles für den täglichen Bedarf in Hülle und Fülle vorhanden ist, erübrigt sich jegliche häusliche Tätigkeit. Wenn die Männer alt und lebensmüde geworden sind, legen sie sich zum Sterben in Wannen, die mit Malvasier gefüllt sind. Er fließt aus einer Quelle und ist so süß, daß jedem ein schmerzloser Tod beschieden ist. Der Leichnam wird in der Sonne getrocknet und dann verbrannt. Aus der mit Eiweiß vermischten Asche formt man einen Körper nach dem Vorbild des Verblichenen und belebt ihn auf folgende Weise: In den After wird ein Strohhalm gesteckt, durch den ein Freund des Toten so lange bläst, bis dieser zu pfeifen und niesen beginnt – ein untrügliches Zeichen dafür, daß er ins Leben zurückgekehrt ist.

Anon., *Le voyage de navigation que fist Panurge, disciple de Pantagruel, aux isles incognues et estranges de plusieurs choses merveilleuses et difficiles à croire...*, Paris 1538.

GLÜCKSINSEL, vor der Küste der Vereinigten Staaten, genaue Lage unbekannt. Die Küste ist bewaldet und unbewohnt, aber jenseits der Wälder liegt eine weite, gut bewässerte Ebene, die intensiv bewirtschaftet ist. Hier leben die Bewohner der Insel.

Die Bevölkerung ist stark an Kunst und Wissenschaft interessiert und stets auf neue Informationen aus. Sie beten die Sonne an, die sie als Mutter des Universums betrachten, und glauben an die Unsterblichkeit der Seele, an ewigen Lohn für die Guten und ewige Strafe für die Bösen. Atheisten werden zusammen mit ihren Werken verbrannt.

Die Leute auf der Glücksinsel sind zwar sanft und friedlich, aber auch sehr faul und halten viel von Sklavenarbeit. Besucher sollten sich deshalb hüten, demselben Schicksal zum Opfer zu fallen wie eine Gruppe unglücklicher Franzosen, die der Insel 1789 ihren irreführenden Namen gaben, weil sie glaubten, hier Schutz vor einem Sturm gefunden zu haben, und dann sofort entwaffnet und als Sklaven verkauft wurden. Daher meidet man besser die Hauptstadt mit ihren breiten Straßen und dem weiten, von Arkaden gesäumten Platz, wo der Sklavenmarkt stattfindet.

Abbé Balthazard, *L'isle des philosophes...*, Chartres 1790.

GLUPOV (aus russisch *glupyj*, »dumm«), heute bekannt unter dem Namen Nepreklonsk, ist wie Rom auf sieben Hügeln erbaut. Drei Flüsse durchqueren die Stadt und schaffen ein Gewirr von engen Straßen und Gassen. Sie wurde von den »Kopfstoßern«, einem Stamm im Norden Rußlands, gegründet, die ihre Köpfe gegen Wände oder andere Hindernisse zu stoßen pflegten. Nach Jahrhunderten kriegerischer Auseinandersetzungen mit ihren Nachbarn besiegten die Kopfstoßer ihre Erzfeinde, die Schiefbäuchigen, in einem Wettbewerb im Kopfstoßen. Dann suchten sie nach einem Regenten. Nachdem zwei Könige diese Ehre zurückgewiesen hatten, setzten sie ihre Ehre darein, den dümmsten König der Welt zu finden. Endlich fanden sie einen, der den Titel annahm und den Banditen Beutelschneider zu seinem Gouverneur ernannte. Um Geld und Anerkennung vom König zu erhalten, wiegelte Beutelschneider das Volk zu Aufständen auf und wurde schließlich zum Tode verurteilt. Ehe er jedoch gehängt werden konnte, durchschnitt er sich den Hals mit einer Gurke. Die Ernennung der zwei folgenden Gouverneure hatte ähnliche Folgen, bis der König selbst als Herrscher in die Stadt kam. Seine Worte: »Ich will Dich zu Tode prügeln« bezeichnen das Ende der frühen Geschichte von Glupov.

Reisende, die an der Entwicklung von Glupov interessiert sind, sollten die Chronik von Glupov – sie beschreibt die Stadtgeschichte von 1731 bis 1825 – zu Rate ziehen. Einundzwanzig Gouverneure regierten Glupov während dieser Periode. Einige sind bemerkenswert wie Simon Konstantinovitsch Dvojekurov (gouv. 1762–1770), der die Braukunst in der Stadt einführte und den Gebrauch von Senf- und Lorbeertunke obligatorisch machte. Nach Dvojekurovs Tod wurde der Senf auf den Feldern durch Kohl und Erbsen ersetzt, und die Gewohnheit des Senfessens starb aus. Gouverneur Borodavkin führte im ersten der sogenannten Zivilisierenden Kriege den Brauch wieder ein. Es kam zum zweiten Krieg, weil man den Glupovern erklärte, daß Häuser auf Steinfundamenten gebaut werden sollten, zum dritten, weil sie sich weigerten, Fieberkraut anzupflanzen, und zum vierten, als man sich anschickte, eine Akademie zu gründen. Borodavkin sah später ein, daß er seinen Zivilisierungsfeldzug zu schnell unternommen hatte, und brachte eine Reihe von Revolten gegen die Zivilisation in Gang, wobei er im Laufe der Ereignisse drei Vororte niederbrannte; nur sein Tod 1798 hinderte ihn daran, die ganze Stadt zu zerstören. Einer seiner Nachfolger stand im Verdacht, daß er schwarze Magie ausübe, und als sein Kopf durch einen ränkevollen hohen Beamten aufgeschnitten wurde, fand man ihn mit Pastete gefüllt. Ein anderer Gouverneur war so klein, daß er nichts von großem Umfang verdauen konnte, und es heißt, daß er starb, weil er buchstäblich unfähig war, die ganze neue Gesetzgebung der Periode in sich aufzunehmen. Andere Historiker behaupten, er habe – mangels Gebrauch – an Gehirnatrophie gelitten und sei auf das Land zurückgekehrt, wo er der Stammvater einer kleinschädeligen Rasse wurde. 1815 wurde er ersetzt durch Vicomte du Chariot, einen französischen Abenteurer, der den Glupovern die Menschenrechte und die Rechte der Bourbonen zu erklären suchte und sie aufrief, an die Göttin Vernunft und an die Unfehlbarkeit des Papstes zu glauben. Das Volk begann einen Turm zu bauen, der bis zum Himmel reichen sollte, aber nie vollendet wurde. Sie fingen an, alte slavische Götter zu verehren, Korruption und Sittenverderbnis breiteten sich aus, die Achtung vor den Alten starb aus, und die Operette *La belle Hélène* wurde aufgeführt. Man fand schließlich heraus, daß du Chariot eine Frau war, und verbannte sie. Es folgte Grustilov, der sich am Staatsvermögen bereicherte und – um sein Gewissen zu erleichtern – bitterlich zu weinen pflegte, wenn er seine Soldaten verfaultes Brot essen sah. Ihm verdankt die Stadt ein Werk mit dem Titel *Ekstasen der frommen Seele*. Sein Nachfolger war Ugrjum-Burtschejev, der auf dem Boden auf einem Steinkissen zu schlafen pflegte und seine Frau und Kinder in einem Keller lebenslänglich einsperrte. Um eine besonders lange Dürreperiode zu beenden, versuchte er, einen nahegelegenen Fluß umzuleiten. Als das mißlang, beschloß er, Glupov an einem neuen Ort in der Ebene wiederaufzubauen, und benannte es in Nepreklonsk um. Eines Tages verdunkelte sich die Sonne, die Erde bebte, und der Gouverneur verschwand wie durch einen Zauber. Die Chronik von Glupov, die all diese Informationen enthält, gibt keine Erklärung für diesen Vorfall. Die Chronik wurde von einem der letzten Gouverneure der Stadt verfaßt, der auf einem weißen Pferd in die Stadt hineinkam, die Schule niederbrannte und alle Rudimente der Wissenschaft zerstörte.

Michail Jefgravovitsch Saltykov, *Istorija odnogo goroda*, Moskau 1869/70.

GLYN CAGNY, ein enges Tal in Irland, nicht weit von ↗ GORT NA CLOCA MORA und der ↗ HÖHLE DER SCHLÄFER VON ERINN entfernt. In einem Teich dieses Tales gibt es Lachse, die angeblich die gelehrtesten, scharfsinnigsten Geschöpfe der Welt sind.

Bekannt wurde Glyn Cagny durch die wunderliche Geschichte zweier Philosophen, die mit ihren zänkischen Frauen (der »Dünnen« und der »Grauen«) im nahen Kiefernwald wohnten. Sie waren so weise, daß sie alle Probleme der Welt lösen konnten. Und obendrein verstanden sie die Sprache der *Leprechauns* (der kleinen grünen Kobolde von Gort na Cloca Mora) und sämtlicher in dieser Gegend beheimateter Feengeschlechter. Eines Tages jedoch wurde der eine Philosoph lebensmüde, weil es für ihn nichts mehr zu lernen gab. Und so drehte er sich wie ein Kreisel immer schneller um sich selbst. Nach einer Viertelstunde fiel er – mit heiterer Miene – tot zu Boden. Bei seiner Frau, die seinem Beispiel folgte, aber offenbar aus kräftigerem Holz geschnitzt war, dauerte die Sache länger. Die beiden wurden in ihrer Hütte unter der Kaminplatte begraben.

James Stephens, *The Crock of Gold*, Boston 1912.

GNAPHISTHASIA, eine Stadt hundert Meilen südwestlich von Calnogor in ↗ ATVATABAR. Die Stadt ist an einem Berghang erbaut. Sämtliche Gebäude sind aus Porzellan, in der Stadtmitte erhebt sich ein Halbkreis kegelförmiger Türme, die wie riesige Juwelen schimmern und durch Mauern mit Skulpturen miteinander verbunden sind. Dies ist der Kunstpalast, ein Zufluchtsort für alle Künstler. Ein Megaphon verkündet unaufhörlich die 22 atvatabarischen Kunstprinzipien. Die die Stadt umgebenden Mauern bestehen aus grün-weißem Glas, das durch horizontale Friese gegliedert und mit Arabesken in vielen Farben verziert ist.

William R. Bradshaw, *The Goddess of Atvatabar, being the History of the Discovery of the Interior World and Conquest of Atvatabar*, NY 1892.

GNOMENLAND, das Reich König Roquats von den Felsen, in den weiten Höhlen unter den Bergen im Norden von Ev. Die Gnomen sind Felsenelfen, kleine und bewegliche Geschöpfe in der Farbe der Felsen, zwischen denen sie leben. Ihre Körper sind roh und schartig, als habe man sie direkt aus dem Felsen herausgemeißelt. Sie sind außerordentlich stark und haben sehr gut entwickelte Muskeln von der Arbeit in den Minen unter ihren Höhlen.

Es sei darauf hingewiesen, daß es schwierig und gefährlich ist, Gnomenland zu besuchen. Es kann nur über die schmalen Bergpässe im hohen Norden von Ev erreicht werden. An der schmalsten Stelle wird der Weg von einem Riesen versperrt, der mit einem Eisenhammer auf die Straße schlägt. Der Riese ist in Wirklichkeit eine von der Gesellschaft Tinker & Smith in Ev gebaute Maschine. Die einzige Möglichkeit, an ihr vorbeizukommen, besteht darin, unter dem Hammer durchzurennen, wenn er in der Luft ist; aber auch dann noch ist die Einreise nicht leicht. Eine im Felsen verborgene Tür öffnet sich nur, wenn König Roquat die Bitte um Einlaß als ausreichend demütig und respektvoll einschätzt.

Innen führt ein von blitzenden Edelsteinen erleuchteter Tunnel zu Roquats Thronsaal, wo man ihn gewöhnlich rauchend auf seinem Thron sitzen sieht, einem etwas plumpen Gebilde, das aus einem Findlingsblock gehauen und mit Smaragden, Rubinen und Diamanten eingelegt ist. Dahinter liegen die Hallen seines eindrucksvollen Palastes – große gewölbte Räume mit Wänden aus glattem Marmor, Seidenbehängen, dicken, samtenen Teppichen auf den Böden und Möbeln aus seltenen alten Hölzern. Der ganze Palast wird von einem weichen, geheimnisvollen Licht, das keine bestimmbare Quelle zu haben scheint, erleuchtet. Tief unter dem Palast liegen die Minen, in denen Tausende von Gnomen Edelsteine und -metalle fördern und bearbeiten. Die unterirdischen Höhlen dienen auch als Barakken für Roquats riesige Armee, deren Soldaten stählerne, mit Edelsteinen besetzte Rüstungen tragen.

L. Frank Baum, *Ozma of Oz*, Chicago 1907. – Ders., *The Road to Oz*, Chicago 1909. – Ders., *The Emerald City of Oz*, Chicago 1910.

DIE GOLDENE INSEL, ein fruchtbares Eiland, dessen geographische Lage nicht genau bekannt ist. Fremde werden von den Einwohnern mit Gewinden aus Blumen und Früchten willkommen geheißen.

Der Regierungssitz ist eine prächtige Stadt mit turmbewehrten Häusern und kunstvoll angelegten Gärten, in denen Bäche oder Springbrunnen plätschern.

Die Insel ist nach dem Edelmetall benannt, das hier offenbar überreichlich vorhanden ist. Die Frauen tragen goldschimmernde Kleider, die Männer sind in Gewänder gehüllt, die in der Sonne glitzern, und alle Inselbewohner tragen kunstvollen Goldschmuck. Erstaunlicherweise fahren sie trotz ihres Reichtums nicht zur See. Werden sie (was selten genug geschieht) in Kämpfe verwickelt, so benützen sie Schwerter mit Feuerstein-, Kupfer- oder Goldklingen. Waffen aus Eisen besitzen sie nicht. Ihre Insel wurde einst vom Herrscher eines benachbarten Reiches erobert, der als Tribut alle fünf Jahre zehn Jungfrauen und zehn Jünglinge forderte, die dann im Tempel seines Königreiches geopfert wurden. Diesem barbarischen Brauch wurde ein Ende gemacht, nachdem die »Wanderer«, eine Gruppe von Seefahrern, die Europa verlassen hatte, um (letztlich vergebens) nach dem Irdischen Paradies zu suchen, auf der Goldenen Insel eingetroffen waren. Sie beschlossen, ihren großherzigen Gastgebern zu helfen, und besiegten schließlich – nicht zuletzt dank ihrer besseren Waffen – jenen grausamen König.

William Morris, *The Earthly Paradise. A Poem*, 4 Bde., Ldn. 1868–1870.

DER GOLDENE SEE, in den Anden, wird von einem breiten schönen Fluß gespeist, zu dem sich die zahllosen Gebirgsbäche der Gegend vereinigen. An den Ufern des Sees grasen wildlebende Rinder und Schafe. Seinen Namen hat er, weil seine Zuflüsse Gold aus den Bergen mitbringen und an seinem Grund ablagern. Gold ist hier so alltäglich, daß die Indianer es kaum beachten. Man braucht es nur aufzulesen.

Daniel Defoe, *A New Voyage round the World...*, Ldn. 1724.

GOLDENTHAL, ein kleines wohlhabendes Dorf in der Schweiz, das berühmt ist für seine landwirtschaftlichen Produkte und seinen Honig. Das Dorf ist sehr sauber, sogar die Wege zwischen den Feldern in der Umgebung sind so gut gehalten, daß sie mit Gartenwegen verglichen werden könnten.

Für Reisende, die heute Goldenthal besuchen, mag es interessant sein zu hören, daß das Dorf nicht immer diesen Wohlstand gekannt hat. Nach langen Kriegen und daraus resultierenden Hungersnöten verfiel es und versank in Lethargie. Die Bewohner begannen, ihre überlieferte Religion aufzugeben, und fanden ein geradezu perverses Vergnügen an ihrem Elend. Häuser wurden baufällig, und die öffentlichen und privaten Schulden stiegen gewaltig. Alkoholismus wuchs sich zu einem Hauptproblem aus, aber da der Besitzer der Dorfwirtschaft den Ort regierte, wurden die Leute eher zu Trunksucht und Ausschweifung ermuntert als davon abgehalten. Viele Jahre lang war das Wort »Goldenthal« ein Synonym für Armut.

Als Oswald, der Sohn des Dorfschulmeisters, nach siebzehnjähriger Abwesenheit in das Dorf zurückkehrte, fand er es in diesem beklagenswerten Zustand. Er begann, die Kinder des Ortes zu belehren, erntete aber nur großen Spott, und es gingen Gerüchte in Goldenthal um, daß er eine Art Zauberer sei. Schließlich überzeugte er die Einwohner, daß sie »Goldmacher« sein und reich werden könnten, wenn sie seinem Rat folgten. Er gründete einen »Goldmacherbund« aus zweiunddreißig Familienoberhäuptern, die schworen, daß sie während der nächsten sieben Jahre und sieben Monate Oswalds Regeln befolgen würden: regelmäßig die Kirche zu besuchen; weder zu trinken noch zu fluchen; zu arbeiten und keine weiteren Schulden aufzunehmen; ihren bäuerlichen Besitz in Ordnung zu bringen und sauber zu halten; einem maßvollen und moralischen persönlichen Verhaltenskodex zu folgen. Für die, deren Schulden besonders hoch waren, wurde Arbeit in einer nahegelegenen Stadt gefunden und Sparkonten eingerichtet. In Kürze befand man sich auf dem Weg der Besserung. Um die Frauen von der Hausarbeit zu befreien und ihnen Gelegenheit zu geben, wann immer möglich auf den Feldern zu arbeiten, wurde eine öffentliche Küche eingerichtet. Bienen wurden eingeführt und damit die Grundlage für den späteren Reichtum gelegt. Gemeindeland, das früher fast ausschließlich die reichen Grundbesitzer nutzten, wurde gleichmäßig unter die Bauern verteilt. Einzelnen erlaubte man, Pfarrland zu pachten, um die Kirchenschulden zurückzuzahlen. Schließlich überwand man die Armut auch, indem man für Straßen- und Waldarbeiten und die Trockenlegung des Sumpfgebietes Nahrung und Kleidung als Gegenleistung lieferte.

Goldenthal wurde wieder reich. Gesetze gegen übermäßigen Aufwand, die sogar den Stil und die Kosten der Kleidung regelten, kontrollierten die Versuchung, den neugewonnenen Reichtum leichtsinnig zu verschwenden. Reisenden, die sich mit diesen Gesetzen vertraut machen wollen, wird geraten, eine Versammlung des »Goldmacherbundes« in der Kirche zu besuchen, wo die Grundsätze, nach denen Goldenthal arbeitet, allen zu Gehör gebracht werden. Die Dorfbewohner bekennen sich öffentlich zu den Gesetzen und Bräuchen, die ihnen ihren Wohlstand zurückbrachten.

Johann Daniel Heinrich Zschokke, *Das Goldmacherdorf*, Aarau 1817.

GOLDWASSERINSEL ↗ TODESWASSERINSEL

GONDOR, das bedeutendste Königreich von ↗ MITTELERDE, das nach dem Großen Ringkrieg im Dritten Zeitalter im Vierten wieder zu Frieden und Wohlstand gelangte. Der Abwechslungsreichtum seiner Landschaft und die Schönheit seiner Hauptstadt machen es für Reisende mit den unterschiedlichsten Interessen zu einem lohnenden Ziel.

Da ist nordöstlich das Weiße Gebirge, das sich von der Hauptstadt Minas Tirith bis fast zur Bucht von Belfalas erstreckt, da ist das grüne Ithilien, das fruchtbare Lebenin, Belfalas mit dem Seehafen Dol Amroth. Im Norden liegen die Grassteppen von ↗ ROHAN und jenseits des Gebirges die Ebene von Anórien. Der wichtigste Binnenhafen ist Pelargir am Anduin, von wo aus Gondor in früheren Zeiten seine Macht zu Wasser ausübte.

Reich an Geschichte ist die Hauptstadt des Landes. Sie hieß ehemals Osgiliath und war über dem Großen Fluß errichtet worden. Sauron jedoch, der Dunkle Feind aus dem öden Nachbarreich ↗ MORDOR, brannte sie nieder und nahm die Ost-Zitadelle Minas Ithil in Besitz, die von nun an nach ihrem Statthalter Minas Morgul hieß. Gondor blieb die West-Zitadelle Minas Anor, die in Minas Tirith, Feste der Wachsamkeit, umbenannt und zur neuen Hauptstadt wurde. Über den Ufern des Anduin steigt sie mit ihren sieben Mauern aus Stein am Gebirgsstock Mindolluin steil in die Höhe. Die Tore in den Schutzwällen sind versetzt zueinander angebracht, und zwischen den Festungsmauern jeder Stufe stehen die großen Häuser und Höfe traditionsreicher Sippen. Vom obersten Ring aus kann man steil hinabblicken bis zum Eingangstor siebenhundert Fuß darunter. Uneinnehmbar war diese Feste, solange bewaffnete Männer sie verteidigten. Nur von hinten, über einen schmalen Sattel des Mindolluin kann man in sie eindringen. Doch ihn sichern große Wallanlagen bis hinauf zum Steilhang. Hier stehen die Häuser der Toten, die Kuppeln der Grabmäler vergangener Könige und Herrscher. – Hinter dem letzten, höchsten Tor von Minas Tirith betritt man den weiß gepflasterten Hohen Hof und den Platz des Springbrunnens, über den sich die Zweige des Weißen Baumes neigen. Hoch darüber ragt die Spitze des Weißen Turms empor, in dem einer der Palantíri, der Sehenden Steine, aufbewahrt wurde. Durch einen gepflasterten Gang gelangt man zur steinernen Halle mit dem Thron der Könige und dem steinernen Sitz der Truchsesse. Die Seitenschiffe sind durch Reihen hoher Säulen aus schwarzem Marmor abgetrennt, und das Gewölbe leuchtet in dunklem Gold. Der einzige andere Schmuck der Halle besteht aus den stummen, steinernen Standbildern vergangener Könige.

Sie waren die Nachfolger der Dúnedain von ↗ NUMENOR gewesen, die nach dem Untergang ihres Landes in Mittelerde die beiden neuen Reiche Arnor im Norden und Gondor im Süden gründeten. Der Weiße Baum und der Palantír in Minas Tirith, beide Geschenke der Elben von ↗ TOL ERESSEA, bezeugten ihre dauerhafte Freundschaft mit den Elben, die sich auch im Ringkrieg bestätigte und ihren lebendigen Ausdruck in der Vermählung von König Aragorn mit der Elbentochter Arwen fand. Während Arnor den ständigen Angriffen des Hexenkönigs von Angmar ausgesetzt war und allmählich unterging, konnte sich das mächtige Gondor länger halten – trotz der gefährlichen Nähe zu Mordor, trotz des Ansturms der wilden Ostlinge, der Haradrim und Corsaren aus dem Süden. Doch dann kam noch der Sippenkrieg mit Arnor dazu, die Linie der Könige erlosch. Von da an herrschten die Truchsesse, deren Amt erblich wurde, man widmete sich mehr dem Totenkult als der Wachsamkeit, der endgültige Niedergang Gondors schien besiegelt. Doch im Ringkrieg konnte Sauron endlich besiegt werden, und es bestieg wieder ein numenórischer König den Thron von Gondor: Aragorn II. Unter ihm, dem »Elbenstein«, und seiner Gemahlin Arwen erlebte das Land im Vierten Zeitalter einen neuen, glücklichen Aufschwung.

John Ronald Reuel Tolkien, *The Fellowship of the Ring,* Ldn. 1954. – Ders., *The Two Towers,* Ldn. 1954. – Ders., *The Return of the King,* Ldn. 1955. – Ders., *The Silmarillion,* Ldn. 1977.

GONDOUR, eine Republik, deren genaue Lage nicht bekannt ist. Nach einem langen Prozeß von Experimenten und Irrtümern hat die Republik von Gondour zu einer äußerst bemerkenswerten Form der Demokratie gefunden. Das ursprünglich gleiche allgemeine Wahlrecht wurde schnell wieder verworfen, weil nichts Zufriedenstellendes dabei herauskam. Alle Macht schien sich nämlich in den Händen der ungebildeten Klassen zu vereinigen, wodurch zwangsläufig auch sämtliche verantwortungsvollen Posten von Mitgliedern dieser Gruppen besetzt wurden. Man suchte nach Abhilfe und fand sie – nicht in der Abschaffung des allgemeinen Wahlrechtes, sondern vielmehr in seiner Ausweitung. Die Idee war einleuchtend und ausgesprochen sinnreich. Nach der Verfassung hatte jeder eine Stimme – ein unabdingbares Recht, das man keinem nehmen durfte. Aber die Verfassung sagte nichts darüber aus, ob nicht bestimmte Personen zwei oder zwanzig Stimmen haben dürften. So fügte man heimlich, still und leise eine Pflichtklausel ein, die die Erweiterung des Stimmrechtes in bestimmten Fällen gesetzlich festlegte. Das Wahlrecht einzuschränken hätte zu Widerständen geführt – es auszuweiten machte dagegen einen weit besseren Eindruck. Nach dem neuen Gesetz besaß jeder Bürger – mochte er auch noch so arm und ungebildet sein – eine Stimme, und damit herrschte das allgemeine Wahlrecht nach wie vor. Wenn aber nun ein Mann eine gute Allgemeinbildung hatte, bekam er zwei Stimmen. Mittelschulabschluß brachte ihm vier, und bei einem Vermögen bis zu dreitausend *Sacos* konnte er eine weitere Stimme geltend machen. Für je fünfzigtausend *Sacos* mehr erhielt er eine zusätzliche. Hatte ein Wähler Universitätsausbildung, so wurde dies mit neun Stimmen bewertet, auch wenn er keinerlei materielle Güter besaß. Nachdem Gelehrtheit weiter verbreitet und leichter zu erwerben war als materieller Reichtum, begannen die Gebildeten, eine ganz nützliche Kontrolle über die Wohlhabenden auszuüben.

Dann geschah etwas Kurioses. Während vorher das Geld die gesellschaftliche Stellung bestimmt hatte, wurde nun die Zahl der Stimmen zum ausschlaggebenden Faktor. Jemand mit nur einer Stimme verneigte sich ehrfürchtig vor dem Nachbarn mit dreien, setzte aber – wenn er auch nur ein wenig Verstand hatte – alles daran, um für sich selbst auch ein zusätzliches Stimmrecht zu erlangen. Dieser Wetteifer war in allen Schichten zu spüren. Stimmen, deren Grundlage das Kapital war, hießen ganz allgemein »sterbliche Stimmen«, denn sie konnten ja verlorengehen; jene aber, die durch Gelehrtheit erworben waren, nannte man »unsterblich«, und sie standen höher im Wert als die anderen. Absolut sicher waren aber auch sie nicht, weil sie aufgrund von Geisteskrankheit zeitweilig entzogen werden konnten.

Im Parlament von Gondour zu sitzen oder ein hohes Amt zu bekleiden ist heute eine große Ehre. Unter dem abgeschafften System brachte eine derartige Stellung einem Mann höchstens Argwohn ein und machte ihn zur Zielscheibe von Geringschätzung und unflätigen Angriffen durch die Presse, jetzt ist es die größte Auszeichnung, die Gondours Bürgerschaft zu vergeben hat. Auch die Rechtsprechung wird weise und streng gehandhabt. Ein

Richter, der seinen Platz nach der vorgeschriebenen Laufbahn erreicht hat, bleibt im Amt, solange sein Lebenswandel für einwandfrei gilt, und ist nicht mehr gezwungen, sich bei seinen Urteilen nach der Wirkung zu richten, die sie auf die Stimmung der regierenden politischen Partei haben könnten.

Die Republik Gondour hat zahlreiche öffentliche Schulen und freie Hochschulen. Da Gelehrsamkeit die Grundlage von Macht und Ehre bildet, bedarf es keines Gesetzes, diese kostenlosen Schulen und Hochschulen zu füllen. Besucher werden erstaunt darüber sein, wie intensiv dort gearbeitet wird.

Mark Twain, *The Curious Republic of Gondour*, Atlanta 1875.

GORT NA CLOCA MORA, die Heimat der irischen *Leprechauns* (einer Koboldsippe) liegt vermutlich in der Nähe von ↗ GLYN CAGNY. Ein niedriger Baum, der am Rande eines Waldes auf einem mit Steinbrocken übersäten Feld steht, ist der Zugang zum unterirdischen Reich der *Leprechauns*. Jenseits des Feldes ragen zerklüftete, mit Heidekraut bewachsene Berge in den Himmel.

Wie die guten Feen dieser Gegend besitzen auch die *Leprechauns* die Gabe, menschliche Krankheiten zu heilen. Ihre Hauptbeschäftigung scheint allerdings die Schuhmacherei zu sein. Sie tragen ständig leuchtend grüne Kleidung, Lederschürzen und hohe grüne Mützen. Außerdem sind sie bekannt dafür, daß sie sich an jeder Katze rächen, die ein Rotkehlchen tötet, denn das ist der Lieblingsvogel der Kobolde. Schon vor vielen Jahren haben sie begonnen, einen Schatz zusammenzutragen – für den Fall, daß einer von ihnen in die Gewalt eines Sterblichen gerät und ausgelöst werden muß. Ihren »Goldtopf« hüten sie wie ihren Augapfel.

Um die *Leprechauns* herbeizurufen, muß man zuerst dreimal, dann zweimal, dann einmal an den Stamm ihres Baumes klopfen. Falls ein Reisender irgend etwas unter den Dornbüschen am Feldrand liegenläßt, braucht er sich keine Sorgen zu machen. Dornbüsche stehen nämlich unter dem persönlichen Schutz der Feen und sind sogar vor den grünen Kobolden sicher.

James Stephens, *The Crock of Gold*, Boston 1912.

GRAAL FLIBUSTE grenzt an Transarcidonia und ist nicht weit vom Chichi-Archipel (↗ BACHEPOUSSE) entfernt.

Das Land hat keine Straßen, nur einige Wiesen- und Waldpfade; man reist deshalb am besten mit der Kutsche oder zu Pferd. Gewisse Teile des Landes sollte man meiden, so die Wind-Provinz, in der langweilige Geister spuken, und die Stadt Crackon oder Spit, eine stinkende Ansammlung von schmutzigen Häusern, deren Einwohner Müll und Exkremente aufbewahren, als wären es Schätze.

In den Bergen lebt König Gnar, der von einer alten Schlange mit dunklen Eingebungen beraten wird. In einer schwarzen Kapelle neben dem königlichen Palast wiederholt ein einsamer Organist, der verkrüppelt wie eine Alraune ist, immer und immer wieder dieselbe musikalische Phrasierung, zum fragwürdigen Vergnügen der Reisenden.

Graal Flibuste ist der Name des Gottes in diesem Land. Man sagt von ihm, daß er die Bankiers beschütze. Sein Tempel steht inmitten des Tals von Chanchèze, einem trostlosen, von Ratten verpesteten Platz.

Die Flora des Landes ist reich an Motten-Lavendel, Schwindel-Stiefmütterchen, Marmeladenpflanzen und besonders *molodies* – Nadelbäumen mit kristallenen Stämmen, die das Licht wie Spiegel reflektieren und dadurch die Wälder des Landes in Irrgärten verwandeln, aus denen es kein Entfliehen gibt. Die Fauna ist ebenfalls vielfältig: Tiger-Vögel, Schmetterlings-Affen und seltsame Schwan-Pferde tummeln sich allenthalben. Letztere scheinen ständig in Bewegung zu sein, sie wiehern und schütteln ihre Mähnen, wenn sie die Oberfläche eines Sees oder Teiches flüchtig berühren. Reisende können beobachten, wie sie sich an den Flußufern sonnen und mit beinah menschlichen Augen nach dem unmöglichen Gefährten suchen – unmöglich, weil alle diese Tiere kastriert sind.

Nachdem man das Land durchquert hat, kommt man zu einem riesigen, mit Figuren verzierten Tor, das sich jenseits der Grenze in eine Wildnis öffnet: Dieses Land ist niemals erforscht worden, und es ist vielleicht am besten, es dabei zu belassen.

Robert Pinget, *Graal Flibuste*, Paris 1956.

GRALSBURG ↗ MUNSALVAESCHE

DAS GRAMBLAMBELLAND ist berühmt wegen seines großen Pippelpoppel-Sees und der Stadt Tosh. In der Stadt befindet sich das bekannte Stadtmuseum, das kein Besucher übergehen sollte. Sieben Familien – die Papageien, die Störche, die Gänse, die Eulen, die Meerschweinchen sowie die Katzen und Fische – werden hier in sieben überdimensionalen, luftdicht verschlossenen Glasflaschen aufbewahrt. Diese Familien – durch das schlechte Betragen ihrer Kinder in Schande geraten – legten sich selbst in einer Unmenge von Cayenne-Pfeffer, Brandy und Essig ein. In ihrem Testa-

Die konservierte Storchenfamilie im Museum von Tosh, GRAMBLAMBELLAND

ment, das sie mit Hilfe der besten Anwälte der Gegend verfaßt hatten, gaben sie genaue Anweisungen, wie die Flaschen sorgfältig mit blauem Siegellack zu verschließen und mit Pergamentschildchen zu beschriften seien. Sie wollten auf Marmortischen mit vergoldeten Silberbeinen aufgestellt werden, um dem interessierten Publikum zu ermöglichen, sie Tag um Tag zu betrachten und Lehren aus ihrem Schicksal zu ziehen.

Besucher finden diese Flaschen auf dem achtundneunzigsten Tisch im Saal Vierhundertsiebenundzwanzig im rechten Korridor des linken Flügels vom Museumszentralbau.

Edward Lear, *The History of the Seven Families of the Lake Pipplepopple*, in *Nonsense Songs, Stories, Botany and Alphabets*, Ldn. 1871.

GRAUHAMMEL, ein einsames Tal, vielleicht im Norden von England. Es führt unweit vom ↗ GROSSEN WASSER tief in die Berge. Ein kleiner Fluß fließt durch die schwarzen Felsen. Das Tal ist mit hellgrauen Steinen bedeckt, die ein wenig wie Schafe geformt sind. Tatsächlich sollen sie früher einmal echte Schafe gewesen sein, die aber von ihren Besitzern, einer Rasse von Riesen, in Steine verwandelt wurden. Wer wartet, bis sie wieder zum Leben erwachen, kann sie um alles bitten, und sein Wunsch wird in Erfüllung gehen. Er darf aber keine Angst zeigen, keine Fragen beantworten. Die Grauhammel werden ihn mit Gold, Edelsteinen und schönen nackten Frauen verführen wollen, aber er muß jeder Versuchung widerstehen, bis der Hahn kräht, oder er wird in Stein verwandelt. Es ist nützlich zu wissen, daß die Grauhammel nur in bestimmten Nächten wie der Mittsommernacht, zum Leben erwachen und daß das Tal die steinernen Überreste einer Reihe von schwachen oder allzu beflissenen Reisenden enthält.

William Morris, *The Water of the Wondrous Isles,* Ldn. 1897.

GROENKAAF ↗ DIE INSEL GROENKAAF

DIE GROMBULISCHE EBENE, im Westmeer, eine unheimliche Gegend mit hohen Türmen, Seen und Wäldern, Mooren und Hügeln, erstreckt sich von der Küste bis zu den überwältigenden Bergen des Chankly-Bore-Gebirges. In einer Bucht namens Runkelstrand werden rechteckige Austern gezüchtet. Berühmt wurde diese Bucht, weil hier die tapferen Schuggelkinder landeten, die in einem Sieb über das Meer kamen und wohl auch Chankly Bore, die Seen und die »Schreckliche Zone« besucht haben. Die Fidd-Bucht gilt allgemein als Zufluchtsort. Hier sind bekanntlich die Grummelfliege und der Daddy Langbein gelandet (man kann sie zuweilen beim Federballspielen beobachten), so wie auch König Crone und seine Königin Pelikan, die jetzt am Chankly Bore wohnen. Auch Yonki-Bonki-Boo und der »Alte Mann von den Inseln« fanden in Fidd einen Hafen.

In den Wäldern und auf der blühenden Ebene wachsen Twangum- und Bong-Bäume, die es auch im ↗ HEBRITZENLAND gibt. In stürmischen Nächten kann man sehen, wie sich ein rotes Licht über die große Grombulische Ebene bewegt. Diese Naturerscheinung wird gerne in Zusammenhang gebracht mit der Sage vom Dong mit seinem Nasenlicht, von dem angenommen wird, daß er seine seltsame und wundervolle Nase aus der Rinde der Runkelwicke gewirkt hat.

Edward Lear, *The Dong with a Luminous Nose,* Ldn. 1871.

Ein Wald auf der GROMBULISCHEN EBENE

DIE GROSSE MARINA war einst ein reiches und schönes Land mit einer alten Kultur. Es war berühmt für seine Pilze und Trüffeln, Kastanien und Walnüsse. Dank des milden Klimas gediehen auch Zypressen und viele Obstbäume. Wachteln, gesprenkelte Drosseln, Rotstare, Enten, Goldfinken und viele andere Tiere fühlten sich hier heimisch.

Die kleine Stadt Marina mit ihrem Hahnentor und Hafen lag links von den berühmten Rebenhügeln. In der Nähe des Hafens stand die Kapelle der Heiligen Familie, unter deren Grundstein das Gefäß mit dem Kopf des Prinzen von Sunmyra beigesetzt war.

Zweimal jährlich, im Frühjahr und im Herbst, fanden Feste statt. Im Frühjahr gab es Maskenparaden, wo sich die Männer als Vögel verkleiden und die Frauen die traditionellen marinischen Trachten trugen. Im Herbst wetteiferten die Bauern, hohe Stangen zu erklettern und Witzduelle auszufechten.

Die Gilde der Dichter war hoch geschätzt, und die Gabe des Reimens wurde als Quelle der Fülle – in geistiger wie finanzieller Hinsicht – betrachtet. Bei Begräbnissen war es der Dichter, der die Abschiedsworte für den Verschiedenen sprach. Am Ende seiner Rezitation wurde ein schwarzer Adler aus einem zerbrochenen Käfig entlassen.

Die Große Marina wurde von dem Oberförster aus ↗ MAURETANIA überfallen, besiegt, zerstört und verwüstet, doch heißt es, daß diese Verwüstung in sich den Keim zu neuem, geläutertem Leben berge, und man darf hoffen, daß das Land bald in altem Glanz wiedererstehen wird.

Ernst Jünger, *Auf den Marmorklippen,* Ffm. 1939.

GROSSES WASSER, ein inselreicher See, der sich vom Dickicht des Bösen bis zur Burg des Suchens erstreckt. Das Dickicht des Bösen ist dunkel und weglos. Niemand wagt hier zu jagen, kein Verbrecher sucht Zuflucht. Viele Legenden umranken den Wald: Tote und Dämonen sollen in ihm hausen; viele glauben, daß er die Öffnung der Hölle verbirgt, und nennen ihn Teufelspark.

Am Ufer des Sees steht ein Haus, das als Hexenhaus bekannt ist. Reisende, die über den See fahren und die Inseln besuchen wollen, müssen das »Treibende Boot« benutzen, ein kleines Fahrzeug ohne Steuerruder. Um fahren zu können, muß der Reisende sich schneiden, das Boot mit seinem Blut beschmieren und sagen: »Das rote Rabenblut hast Du jetzt getrunken, Heck und Bug. Nun wach auf und nimm den gewohnten Weg! Den Weg über den See, denn der Wille des Treibenden ist mit Blut vermischt.«

Südwestlich des Großen Wassers erhebt sich die Burg des Suchens, eine Festung aus Stein und Kalk von mittlerer Größe. Frauen ist der Zugang so lange verwehrt, bis die Burgherren ihr verlorenes Leben wiedergefunden haben. An der Südseite befindet sich ein Garten, der mit Rosen und Lilien bewachsen ist. Die Burg ist von feindlichem Territorium umgeben, das zur Burg des Roten Ritters gehört, die wegen ihrer menschenfressenden Hunde berüchtigt ist.

Es gibt fünf Hauptinseln im Großen Wasser, die alle einen Besuch lohnen.

Auf der Insel der Wucherung wächst Getreide, ohne daß man es kultiviert, sät oder erntet. Zwischen den Steinen einer Ruine tummeln sich Schlangen, Eidechsen, Käfer und Aasfliegen.

Das einzige Gebäude auf der Insel der Jungen und Alten ist ebenfalls eine

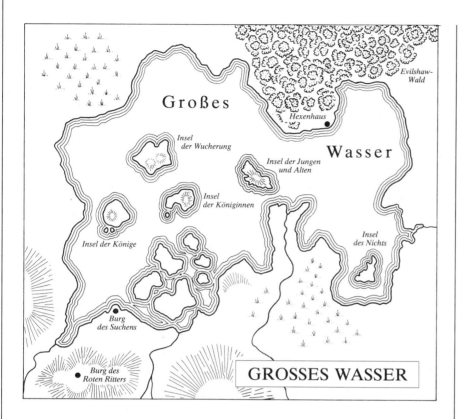

Burgruine, deren Schnitzwerk und Bogengänge von ihrer früheren Schönheit zeugen. Einige Reisende berichten, daß selbst die Ruine jetzt verschwunden sei und die Insel von einer großen Zahl von Kindern bewohnt werde, die zwischen fünf und fünfzehn Jahren alt sind und nicht zu altern scheinen.

Die Insel der Königinnen ist berühmt wegen ihres weißen Palastes. In der Großen Halle sitzt eine Gruppe schöner Frauen an einer Tafel. Sie strecken schweigend die Hand nach den Speisen aus. Auf einem erhöhten Platz steht eine Bahre. Auf ihr liegt der Leichnam des Königs mit einem blutbefleckten Schwert auf der Brust. Eine Königin kniet daneben. Alle diese unbeweglichen Gestalten sind seit vielen Jahren tot. Die Insel wird von ehemaligen Rittern bewohnt, die jetzt schäbig gekleidet sind. Sie wagen den Palast nicht zu betreten, und ihr Wehklagen hört man in der Nacht.

Die Insel der Könige ist ein felsiges Eiland mit einem Schloß, das sich auf den Klippen erhebt. In einem prächtig geschmückten Saal sitzen drei Könige und drei Weise um einen erhöhten Tisch. Auf einer Bahre liegt der Körper einer erdolchten schönen Frau. Die einzigen Bewohner der Insel sind eine Gruppe leichtbekleideter Mädchen, die sich nicht in den Saal wagen. Statt vom Gesang der Vögel wird die Luft von Waffenlärm erfüllt.

Die Insel des Nichts ist flach und neblig. Früher war sie ohne jede Vegetation; heute findet man Obstbäume und Herden von Schafen, Rindern und Ziegen. Die Bewohner tragen kurze wollene Mäntel und Kränze aus grünen Blättern.

Besucher werden darauf hingewiesen, daß die Inseln im Großen Wasser ihr Aussehen rasch verändern und ihnen anders erscheinen können, als sie hier geschildert sind.

Williams Morris, *The Water of the Wondrous Isles,* Ldn. 1897.

GROSS-EUSKARIEN, ein unterirdisches Land irgendwo in Südostfrankreich. Groß-Euskarien wird von einer Herde intelligenter Mammuts bewohnt, die sich nach der Ersten Eiszeit hierher geflüchtet haben.

Bei der Ankunft sollten Besucher dem Blauen Mammut *(Elephas primigenius)* ihre Aufwartung machen, das über die anderen Mammuts herrscht und den Titel »König der Welt« *(Khen-Aren-Khen)* führt. Die Herde lebt in der Hauptstadt Yalna in einem Gewirr von geschliffenen Steinwürfeln, die etwa fünfzehn Meter hoch sind und viele Öffnungen haben. Die ganze Stadt wird von einem mächtigen Kuppelgebäude beherrscht. Besucher finden die Räume im Innern leer bis auf schöne, von den Mammuts gewobene Teppiche, die den Boden völlig bedecken.

Die Mammuts schützen sich gegen jede Art von Krankheit durch eine bestimmte Droge, das *ohim,* das sie auch aufrichtig und äußerst tugendhaft macht. Die Kentauren, die das Gebiet von Groß-Euskarien mit den Mammuts teilen, haben das *ohim* abgelehnt; daher neigen sie zu so sterblichen Leidenschaften wie Liebe, Eifersucht und Zorn. Die Kentauren waren die Herren des Landes, ehe die Mammuts kamen; sie leben jetzt in der Ruinenstadt Pokmé, der ehemaligen Hauptstadt.

Das ganze Land wird von radioelektrischen Wellen beleuchtet, die über die Minen von Ghord in den Pyrenäen ins Land kommen (der genaue Vorgang ist bisher allerdings ungeklärt). Deswegen wirkt der »Himmel« von Groß-Euskarien wie ein leuchtender Nebel, und es gibt keinen Unterschied zwischen Tag und Nacht.

Groß-Euskarien wurde von dem französischen Geologen Vernon beschrieben, dem Verfasser der Schriften *Étude sur les galeries horizontales dans le système orographique souterrain des Causses* und *Hydrographie souterraine* (1913) und Begründer der *Annales de spéléologie* (1920). Vernon machte die bedeutende Entdeckung, daß das Baskische auf die Sprache der Mammuts, das Escuara, zurückgeht, das diese den prähistorischen Menschen beibrachten, die vor Jahrtausenden in den Pyrenäen lebten. Ein baskischer Sprachführer kann deshalb beim Besuch von Groß-Euskarien durchaus nützlich sein.

Luc Alberny, *Le mammouth bleu,* Paris 1935.

GROSS-GARABANIEN, ein Land mit wechselnder Lage. Seine Grenzen sind fließend, und der Zugang ist schwierig und gefährlich. Nur einzelne Träumer und Dichter haben Groß-Garabanien je erreicht und sind zurückgekehrt. Seine verpestete Landschaft wird manchmal nach tiefer Meditation oder in einem halluzinatorischen Zustand sichtbar. Der erste Eindruck ist furchtbar und bringt den Besucher an den Rand der Verzweiflung. Jeder Reisende begegnet hier seinen eigenen Ungeheuern, Abgründen und Wüsten. Die Einwohner des Landes sind genau das, was die westliche Gesellschaft verachtet und verabscheut: es sind die *Haks,* die *Emanglonen* und verschiedene Gruppen von *Medosemen.*

Henri Michaux, *Voyage en Grande Garabagne,* Paris 1936. – Ders., *Meidosems,* Paris 1948. – Ders., *Ecuador,* Paris 1929.

GROSSHERZOGTUM, ein kleiner, bescheidener Staat irgendwo in Deutschland. Besichtigenswert sind auf jeden Fall das hübsche Dorf Sieghartsweiler und der Geierstein, doch ist das Großherzogtum vor allem als Heimat des Katers Murr bekannt, der in der Welt einzigen Katze, die in die Geheimnisse der Katzenphilosophie eingedrungen ist. Als Autor der berühmten *Lebensansichten des Katers Murr* war er der erste, der wissenschaftlich und philosophisch die Differenzierung eingeführt hat zwischen dem gebildeten Kater, der mit Donnerstimme, reiner Seele und hungrigem Bauch über die Dächer wandert, und der spießigen, eingerollt auf ihrem Kissen liegenden Spezies, möglichst noch neben einem gebratenen Hering und einer köstlichen Schale Milch, die immer gleich eine Ausrede dafür parat hat, daß sie ihr Essen nicht teilt.

Die Bewohner des Großherzogtums verbringen ihre Zeit damit, sich so perfekt selbst zu verdoppeln, daß der Reisende so seine Schwierigkeiten hat, zu wissen, mit wem er es eigentlich zu tun hat. Es wird berichtet, daß ein Zwerg, genannt Klein Zaches, Minister Zinnober und der Mönch Medardus zu einem polnischen Edelmann wurden.

Das Großherzogtum unterhält diplomatische Beziehungen mit Italien – vor allem in der Zeit des Karnevals. Die höchste Auszeichnung ist der »Orden vom Tiger mit dem grünen Schnurrbart«. Die Zahl der Jackenknöpfe des Ausgezeichneten symbolisiert seinen Platz in der Hierarchie des Ordens.

Reisenden, die das Großherzogtum besuchen möchten, wird geraten, sich erst nach Berlin zu begeben und sich – reichlich Rheinwein, Burgunder oder Punsch trinkend – dort herumzutreiben. Wer einen Privatarchivar vor seinem Punschglas entdeckt, ist im Großherzogtum angekommen. P. R.

Ernst Theodor Amadeus Hoffmann, *Der goldene Topf*, Bamberg 1813. – Ders., *Die Elixiere des Teufels*, Bln. 1815. – Ders., *Klein Zaches genannt Zinnober*, Bln. 1819. – Ders., *Die Lebensansichten des Katers Murr*, Bln. 1819–1821. – Ders., *Prinzessin Brambilla*, Breslau 1820.

GROSSHERZOGTUM DER DYNASTIE GRIMMBART, ein kleines Land in Süddeutschland, das seit Jahrhunderten von dem Haus Grimmbart regiert wird. Es ist ein stilles, geruhsames Land, das seinen Reichtum zumeist aus seiner Landwirtschaft und seinen Wäldern bezieht, die sowohl in den Volksliedern und Balladen, wie in den Werken der Künstler des Großherzogtums eine große Rolle spielen. Salz und etwas Silber werden in den Bergwerken gewonnen.

Hoffnungen, daß sich die Hauptstadt zu einem Bad von europäischer Bedeutung entwickeln würde, haben sich nie erfüllt. Im Mittelalter war es als Badeort recht besucht, wurde aber allmählich von anderen Bädern in den Schatten gestellt. Heute zieht es wenige Besucher an, aber beträchtliche Mengen seines lithiumhaltigen Wassers werden für den Export in Flaschen gefüllt.

Die Hauptstadt wird von dem alten Schloß beherrscht, das am Ende der Albrechtstraße steht. Es ist die offizielle Residenz der Großherzöge, obwohl die Grimmburg gleichermaßen wichtig ist und zu Recht als die Wiege der Dynastie betrachtet wird. Zusammen mit der Hofkirche bildet das Alte Schloß einen unregelmäßig verwinkelten Komplex von Türmen und Galerien. Halb Palast, halb Festung, hatte man im Laufe der Jahrhunderte viel hinzugefügt, und es ist heute schwierig, den ursprünglichen Grundriß zu erkennen. Die Mauern fallen steil zur Westseite der Stadt ab, das dem Albrechtsplatz zugewandte Portal ist von steinernen Löwen bewacht. Über dem mächtigen Tor steht eine verwitterte Inschrift: *Turris fortissima nomen Domini*. Das Tor führt in drei ineinandergehende, mit schwarzem Basalt ausgelegte Höfe, die von schönen Ecktürmen mit Wendeltreppen umschlossen sind.

Der Silbersaal, der für feierliche Empfänge verwendet wird, sieht über den Albrechtsplatz. Seine hohe Decke ist mit silbernen Arabesken bedeckt, die Wände sind mit weißer Seide bespannt. Der Kaminsims ist ein monumentaler Baldachin auf Silbersäulen. Über ihm hängt das Portrait einer unbekannten Dame aus dem Hause Grimmbart. In der Mitte des Saales steht unter einem Kronleuchter ein großer Tisch, dessen silberner Untersatz die Form eines knorrigen Baumstammes hat, der eine Tischplatte aus Perlmutt trägt. Von den zahlreichen anderen Räumen im Alten Schloß sollten Reisende den goldenen und silbernen Thronsaal beachten sowie den Marmorsaal, in dem ein Portrait der Großherzogin Dorothea zu sehen ist. Das ist der traditionelle Rahmen für die Konzerte des Hoforchesters, die sogenannten »Donnerstage der Großherzogin«.

Der modernere Teil des Schlosses umfaßt die »Schönen Zimmer« und den Rittersaal, wo sich die Herren des Hofes zum Grand Lever versammeln. Nicht weit davon ist die sogenannte »Eulenkammer«, die jetzt als Rumpelkammer dient. Sie steht in dem Ruf, daß es darin spuke, und es geht die Sage, daß die seltsamen Geräusche, die von ihr ausgehen, sich verstärken, wenn wichtige und entscheidende Ereignisse bevorstehen.

Um das Alte Schloß drängt sich die durch den Fluß in zwei Hälften geteilte Stadt. Er umfließt in einer großen Schleife das südliche Ende des Stadtgartens, bevor er sich hinter den umgebenden Hügeln dem Blick entzieht. Es ist eine Universitätsstadt, die mehr für ihren Konservatismus bekannt ist als für ihre Gelehrsamkeit. Nur Professor Klinghammer, der Mathematiker, hat in der akademischen Welt außerhalb Grimmburgs einen ausgezeichneten Namen. Das musikalische, literarische oder intellektuelle Leben der Stadt ist dürftig, obwohl das kärglich subventionierte Hoftheater einen annehmbaren Standard aufrechterhält. An Musik interessierten Besuchern wird empfohlen, die Stadt Knüppelsdorf aufzusuchen, die einen berühmten Chor hat.

Über Jahrhunderte wurde das Großherzogtum von seinen uralten Traditionen beherrscht, und den Feinheiten des höfischen Rituals wurde mehr Aufmerksamkeit geschenkt als der wirtschaftlichen Entwicklung. Die natürliche Gesundheit des Landvolks wurde durch das Entstehen einer kommerziellen Molkereiindustrie unterminiert, es wurde für die Kleinbauern profitabler, ihre Erzeugnisse zu verkaufen, statt sie selbst zu essen. Das Ergebnis war eine allgemein festzustellende Unterernährung. Der Frevel an der Verwaltung der Wälder hatte noch ernstere Folgen. Das herabfallende Laub wurde als Humus weggetragen, um die Felder zu düngen, und der Waldboden war stark der Erosion ausgesetzt. Nutzholz wurde für den unmittelbaren Gewinn gefällt, ohne daß man Neupflanzungen anlegte. Das Ergebnis war, daß sowohl die Gemeinde- wie die staatlichen Wälder ernsthaft Schaden genommen hatten. Sogar die kleine Eisenbahn, die die Hauptstadt mit dem nicht mehr als dreißig Minuten entfernten Grimmburg verband, machte schwere Verluste. Die Lage verbesserte sich auch nicht durch die großherzogliche Gewohnheit, eine große Zahl Schlösser im Land zu unterhalten, von denen viele kaum genutzt wurden. Die Restauration von Grimmburg zu Beginn der Herrschaft Johann Albrechts III. kostete eine

GROSSHERZOGTUM DER DYNASTIE GRIMMBART

Million Mark, was den Einnahmen eines Jahres entsprach. Bei seinem Tod hinterließ Johann Albrecht III. seinem Sohn Albrecht II. eine ruinierte Wirtschaft und enorme Staatsschulden. Bald waren sogar die Silberminen stillgelegt.

Albrecht war ein scheuer, zurückhaltender Mann, der mehr und mehr die Verantwortung an seinen jüngeren Bruder Klaus Heinrich abgab, der bald de facto regierte und den Titel »Königliche Hoheit« erhielt. Während seiner Herrschaft über das Großherzogtum wurde die Hauptstadt von Samuel N. Spoelmann, einem amerikanischen Multimillionär deutscher Abstammung, besucht, der ursprünglich als Kurgast kam, dann aber blieb, einen der Paläste in der Hauptstadt kaufte und ihn mit enormem Aufwand restaurierte. Mit ihm kam seine Tochter Imma, ein merkwürdig gelehrtes Mädchen, das durch seine wohltätige Arbeit eine gewisse Popularität errang. Von ihrem Beispiel beeindruckt, begann Klaus Heinrich sich mit der Wirtschaft zu befassen und sich von der traditionellen Konzeption der prinzlichen Pflichten zu entfernen. Schließlich heiratete das junge Paar, und Spoelmann ließ sich herbei, das Land mit seinen Millionen zu unterstützen, die Staatsschulden abzuzahlen und als Staatsbankier des Großherzogtums zu fungieren.

Das Land hat inzwischen seinen Wohlstand wiedererlangt, die Silberminen sind wieder in Betrieb, neue Silberlager wurden gefunden. Die Hochzeit zwischen Imma und Klaus Heinrich scheint die alte Prophezeiung einer Zigeunerin erfüllt zu haben. Er war mit einem leicht verkümmerten Arm geboren worden und kann deshalb als der Prinz angesehen werden, auf den sich die Worte beziehen: »Er wird dem Land mit einer Hand mehr geben, als andere mit zweien vermöchten.« Ein Rosenstrauch ist ebenfalls mit der Prophezeiung verbunden. Er wuchs einst in einem der Innenhöfe des Alten Schlosses, und obwohl er regelmäßig die schönsten roten Rosen hervorbrachte, rochen sie immer nach Moder. Die Sage geht, daß ihr Duft süß werden würde, wenn irgend etwas dem Großherzogtum große Freude bringe. Der Strauch ist jetzt in den Garten des umgebauten Schlosses Eremitage umgepflanzt worden, dem Wohnsitz des jungen Paares, und es ist noch zu früh, um etwas über eine Veränderung des Rosendufts sagen zu können.

Thomas Mann, *Königliche Hoheit*, Bln. 1909.

DIE GRÜNE KAPELLE findet man irgendwo in Nordwales oder auf der Halbinsel Wirral zwischen Wäldern und Sumpfland in einem kleinen, durch eine Schlucht zugänglichen Tal. Die Kapelle hat die Form eines Hügelgrabs und wird durch Öffnungen an jeder Seite betreten. Innen gleicht sie einer grob ausgehauenen Höhle und ist ganz und gar mit hartem Gras überwachsen. Die Kapelle ist eindeutig von Menschenhand geschaffen, aber über ihre Entstehung ist nichts bekannt. Sie kann ebenso ein echtes Hügelgrab sein, wie eine unfertige Kapelle, die wieder zur Ruine verfallen ist.

Die Grüne Kapelle ist eng verknüpft mit dem berühmten Kampf zwischen Gawain und dem Grünen Ritter, der an einem Neujahrstag am Hof des Königs Artus in ↗ CAMALOT erschien, ganz in Grün gekleidet und auf einem grünen Pferd. Zum Erstaunen des Hofes forderte er die anwesenden Ritter heraus, gegen ihn mit der Axt anzutreten. Der Ritter, der annähme, müsse aber schwören, ein Jahr später den Gegenschlag zu akzeptieren.

Gawain nahm die Herausforderung an und schlug den Kopf des Ritters ab; zu jedermanns Erstaunen hob der Ritter seinen Kopf auf, nahm ihn unter den Arm und ritt davon. Ein Jahr später reiste Gawain nach Norden und weilte drei Tage in einer Burg in der Nähe der Grünen Kapelle. Während der Schloßherr jagte, versuchte die Burgdame vergebens, Gawain zu verführen. Am Neujahrstag ging er zur Verabredung in die Grüne Kapelle. Der Grüne Ritter schlug mit der Axt nach seinem Hals, streifte jedoch kaum Gawains Haut und enthüllte dann seine wahre Geschichte. Er war von der Fee Morgue verzaubert und ausgesandt worden, um Artus' Ritter herauszufordern, in der Hoffnung, daß sie sich als Feiglinge erweisen würden; die Burgdame war seine Ehefrau. Obwohl sich so herausgestellt hatte, daß der Grüne Ritter keine bösen Absichten gegen ihn hegte, lehnte Gawain das Angebot der Gastfreundschaft ab und ritt zurück nach Camalot.

Anon., *Sir Gawayne and the Grene Knyght*, (um 1375), Edinburgh 1839.

GRÜNES LAND, ein Unterwasserland in England. Man gelangt zu ihm auf einem Fluß, der in eine große Grotte mit gebrochenem blauem und hellgrünem Licht führt. Der Grund besteht aus einem felsigen, moosbedeckten Becken, und von den Wänden hängen lange Eiszapfen. Nach etwa acht weiteren Grotten kommt man zu einem Gebilde, das an einen riesigen Bienenstock oder Taubenschlag erinnert. Hier verbringen die Grünen den größten Teil ihrer Zeit. Das Fleisch dieser Leute ist grün und halb durchsichtig wie das Fleisch einer Kaktuspflanze. Sie haben langes blondes Haar, eiförmige Köpfe ohne Augenbrauen, kleine helle Augen und tragen durchscheinende Gewänder. Danach kommt man an eine Ebene und einen See mit sprudelndem warmem Wasser. Das Becken hat die Form einer Ellipse und ist von einer niedrigen, aus dem Felsen gehauenen Mauer umgeben. Um das Becken läuft wie ein Ring ein etwa drei Meter breiter Kanal. Die Luft ist hier heiß wie in einem Treibhaus. Von der Decke hängen Pflanzen, die wie verdorrte Wurzeln aussehen: Auf ihnen wachsen süße eßbare Kerne, aus denen das Brot der Grünen Leute hergestellt wird.

Die Fauna des Landes beschränkt sich auf wenige Tiere: So gibt es einen eulenartigen grauen Vogel mit flaumigen pelzweichen Federn. Er hat einen geraden Schnabel und eine ungewöhnliche Art des Fliegens. Er steigt senkrecht nach oben und gleitet dann wieder in einer korkenzieherartigen Bewegung hinab. Er ist ein Einzelgänger und sehr gelehrig. Es gibt auch silbergraue Schlangen mit einem schwachblauen, phosphoreszierenden Schimmer auf den Schuppen. Sie sind fast zahm und ringeln sich um den Hals ihrer Besitzer. Man findet auch riesige Käfer, die von Mist leben und als Reinigungstrupp sehr geschätzt sind.

Das ganze Land ist von einem schwachen glockenartigen Ton erfüllt, der von Stäben verschiedener Größe erzeugt wird. Diese werden in besonderen Höhlen hergestellt, die als Werkstätten und Fabriken dienen. Man benutzt die Stäbe, um die Leute durch das Land zu geleiten, denn es gibt weder Sonne noch Sterne, die den Weg weisen könnten. Es gibt auch keine systematisierte Zeiteinteilung; man orientiert sich am Rhythmus des eigenen Körpers. Die Grünen sind davon überzeugt, daß die Existenz der Zeit bedroht ist. Sie weisen auf die Festigkeit und Unzerstörbarkeit der Felsen um sie herum hin und vergleichen diese Masse, die für sie ein umfassenderes Element als der Raum ist, mit der Bedeutungslosigkeit der veränderlichen Dinge. Wenn das letzte vitale Element, so sagen sie, seine kristalline Form erlangt hat, werde der Zeitsinn verschwinden. Die einheimischen Vorstellungen von der Unsterblichkeit sind den allgemein üblichen diametral entgegengesetzt. Vielleicht deshalb, weil sie statt eines offenen Himmels festen Felsen über sich haben. Sie halten die organischen und vitalen Elemente ihres Körpers für abstoßend und beklagenswert. Alles Weiche und Labile erfüllt sie mit einer Art Schrecken, und vor allem halten sie den menschlichen Atem für das Symptom eines ursprünglichen Fluches, der nur nach dem Tode aufgehoben werden kann. Der Tod selbst hat keinen Schrecken für sie. Nichts aber übersteigt ihre Furcht vor Verwesung und Verfall, die sie als eine Rückkehr zum Weichen und Gasförmigen betrachten, dem eigentlichen Element ihrer Schwäche und Schande. Ihr einziger Wunsch ist, fest zu werden, so fest und dauerhaft wie die Felsen über ihnen. Wegen dieses Wunsches praktizieren sie die sogenannten »Riten der Versteinerung«. Jemand, der am Sterben ist, muß in eine der Grotten gehen und dort in einsamer Versenkung über einigen schöngeformten Kristallen meditieren. Sobald der verhaßte Atem den Körper verlassen hat, wird dieser in eine mit gesteinshaltigem Wasser gefüllte Mulde gelegt, bis er zur Salzsäule erstarrt. Dann wird er in einer der Höhlen aufbewahrt, eine ruhende Statue in der Halle der Toten. Nach und nach werden die Höhlen mit diesen festen Körpern gefüllt, und die Grünen Leute glauben, daß eine Zeit kommen wird, wo der letzte der Rasse in die Mulde tauchen und so den Sinn des Lebens erfüllen wird, immerwährende Vollkommenheit zu erlangen. Dann werden ihre Körper mit der Erde und mit der physischen Harmonie des Universums eins sein.

Zwei Grüne Kinder besuchten England in den dreißiger Jahren des neunzehnten Jahrhunderts. Der Knabe starb, und das Mädchen wurde von Dr. Olivero, dem Exdiktator von ↗RONCADOR, aus den Händen eines gewissen Mr. Kneeshaw befreit. Sie nahm Olivero mit in ihr Land, wo er im Tode einer der ihren wurde.

Herbert Read, *The Green Child*, Ldn. 1935.

DIE GURKEN-INSEL vor der Südküste Afrikas hat ihren Namen nach den an Bäumen wachsenden Gurken. In dieser Gegend wüten häufig schwere Stürme, von denen gewöhnlich die Bäume mit den Wurzeln herausgerissen und in die Luft geschleudert werden. Die Bäume haben jedoch die Eigenheit, wieder ihren alten Platz einzunehmen, sobald der Sturm vorüber ist. Nur einmal ist ein riesiger Baum nicht zurückgekehrt, sondern auf dem König gelandet. Damit setzte er der Tyrannei ein Ende, die viele Jahre eine Geißel der Insel gewesen war.

Rudolf Erich Raspe, *Baron Münchhausen's Narrative of his Marvellous Travels and Campaigns in Russia*, Ldn. 1785. – Gottfried August Bürger, *Wunderbare Reisen zu Wasser und zu Lande, Feldzüge und Lustige Abentheuer des Freyherrn von Münchhausen...*, Ldn. (d. i. Göttingen) 1786.

GYNOGRAPHIEN, ein Land, in dem die Frauen völlig von den Männern beherrscht werden.

Eine untreue Frau etwa wird nach Belieben ihres Mannes bestraft und ausgepeitscht, ihr Liebhaber muß dem Ehemann Entschädigung zahlen. Beleidigt er den Ehemann oder greift ihn tätlich an, wird er auf der Stelle hingerichtet. Die Ehe gründet sich weniger auf persönliche Zuneigung als vielmehr auf das Zueinanderpassen. Listen heiratsfähiger junger Männer und Mädchen werden zur Winter- und Sommersonnenwende herausgegeben, und dann wählen die Eltern aus. Mädchen, die keinen Mann finden, werden je nach ihrem Sozialstatus verschiedenen Berufen zugeordnet. Den niederen Klassen wird das Lesen und Schreiben nicht beigebracht, sie haben es für die Arbeit nicht nötig. Es gibt ein Verzeichnis über das Verhalten aller Mädchen, so daß die Eltern eine passende Braut für ihren Sohn aussuchen können.

Verliert ein Mädchen seine Jungfräulichkeit, wird es folgendermaßen bestraft: Wurde es gegen seinen Willen verführt, muß der Mann es heiraten, doch darf es nicht in der Öffentlichkeit erscheinen. Wenn es sich freiwillig hat verführen lassen, muß es einen alten Witwer heiraten. Gilt es als zügellos, muß sein Vater für die Erziehung des Babys aufkommen, und das Mädchen wird entweder eingesperrt oder gezwungen, als Wäscherin oder Köchin im Frauenhospiz zu arbeiten.

Besuchern, denen es gelingt, Gynographien zu betreten – es ist noch nicht bekannt, wo es liegt –, wird empfohlen, den Sommer- und Winterfesten, die im ganzen Land abgehalten werden, beizuwohnen. Im Juni werden den besten Tänzern, Arbeitern usw. Preise verliehen, im Dezember den bescheidensten, sanftesten und sparsamsten Mädchen. Man sollte nie versuchen, den Frauenbereich gynographischer Häuser zu betreten, der dem Vater oder Ehemann vorbehalten ist. Eindringlinge werden mit dem Tod bestraft.

Die Gynographier glauben, daß die Seele einer Frau anders ist als die des Mannes und daß ihre einzige natürliche Neigung dahin geht, unbedingt zu gefallen.

Nicolas Edme Restif de la Bretonne, *Les Gynographes...*, Den Haag 1777.

GYNOPYREA, ein Königreich auf dem Kontinent Genotia im Südatlantik. Gynopyrea gilt als die feigste und verweichlichteste Nation auf Erden. Das Volk hat einen beinahe götzendienerischen Respekt vor seinem Monarchen. Besucher sollten die Bestattungsgebräuche beachten. Die Toten werden verbrannt, und die Ehefrauen des Adels müssen sich selbst auf den Scheiterhaufen werfen. Dieser besteht aus aromatischem Holz und ist in eine Erdgrube versenkt; der Leichnam ist in feinste Gewänder gehüllt. Wegen der mit diesen Gebräuchen verbundenen Kosten gilt diese Sitte nicht für die unteren Schichten.

Louis Adrien Duperron de Castera, *Le théâtre des passions et de la fortune...*, Paris 1731.

H

HADES ist genau genommen der Name eines Gottes (vielleicht: »der Unsichtbare«), doch wird seine unterirdische Wohnung, das Haus des Hades, oft auch einfach Hades genannt. Dieses Reich der Schatten erreichen nur die gewichtlosen Seelen der Abgeschiedenen. Der dreiköpfige Höllenhund Kerberos verteidigt das Eingangstor gegen alle Eindringlinge. In der Vorhalle lagern üble Dämonen wie Gram und Sorge, Krankheit und Alter, Schlaf und Tod, auch die Furien der Zwietracht und des Krieges, das Schlangenhaar aufgeknotet mit blutigen Bändern. Auf einer Ulme nisten nichtige Träume. Der Schlammstrom Acheron ist zu überwinden mit Hilfe des Fährmanns Charon, eines wilden rauhen Gesellen, der in eisenfarbigem Kahn die Toten hinübergeleitet. Im düsteren Schattenreich hausen die wesenlosen Abbilder der Dahingegangenen, und selbst ein Held wie Achilles wünschte sich, lieber Knecht und Tagelöhner unter den Lebenden als hier König zu sein. B. Ky.

Homeros, *Ilias* (8. Jh. v. Chr.?), Florenz 1488. – Publius Vergilius Maro, *Aeneis* (1. Jh. v. Chr.), Rom 1469.

HADLEYBURG, Stadt in den Vereinigten Staaten von Amerika, viele Jahre lang berühmt für die Aufrichtigkeit und Rechtschaffenheit der Bewohner. Ihr guter Ruf blieb über drei Generationen weg unangetastet, und Hadleyburg war darauf stolzer als auf jede andere Errungenschaft. So sehr waren die Hadleyburger um den Fortbestand ihrer Tugend besorgt, daß man bereits den Babys in der Wiege Grundzüge moralischen Handelns beibrachte; von den Heranwachsenden wurde jede Versuchung ferngehalten, so daß sich ihre Aufrichtigkeit festigte und allmählich in Fleisch und Blut überging. Die Nachbarstädte belächelten hämisch Hadleyburgs Stolz und nannten es Eitelkeit, konnten aber nicht umhin anzuerkennen, daß die Stadt unbestechlich war. Alles, was ein junger Mann tun mußte, um eine verantwortungsvolle Beschäftigung zu finden, war, Hadleyburg als seine Geburtsstadt anzugeben.

Allerdings hatte die Stadt das Pech, einen durchreisenden Fremden zu beleidigen; sicherlich, ohne es zu wissen und nicht in böser Absicht. Aus Rache ließ dieser Mensch einen Sack mit Goldmünzen zurück, der demjenigen ausgehändigt werden sollte, der ihm ein paar ganz bestimmte freundliche Worte gesagt hatte. All die höchst ehrenwerten Bürger behaupteten nun, dieser edelmütige Mensch gewesen zu sein, und wurden sehr beschämt, als sich der Trick in der ganzen Stadt herumgesprochen hatte.

Aufgrund dieses Vorfalls hat Hadleyburg nun seinen Namen geändert (der neue Name ist unbekannt) und dazu auch noch seinen früheren Leitspruch »Führe uns nicht in Versuchung«; heute heißt er »Führe uns in Versuchung«.

Mark Twain, *The Man who Corrupted Hadleyburg and Other Stories*, NY 1899.

HAPPILAND, das Reich der Makarenser (»Glücksländer«), ist nicht weit von ⁄ UTOPIA entfernt. Fremde Besucher werden vor allem die Krönungszeremonie interessant finden: Der König von Happiland muß sich bei der Thronbesteigung eidlich verpflichten, niemals mehr als tausend Pfund Gold oder den Gegenwert in Silber in seiner Kasse zu haben – eine Vorschrift, die auf einen Monarchen zurückgehen soll, dem die Wohlfahrt seines Landes mehr am Herzen lag als sein Privatvermögen. Er hatte eingesehen, daß die königlichen Geldreserven zugunsten des Volksvermögens begrenzt werden müßten. Der dem Herrscher zugestandene Betrag sollte zwar hoch genug sein, um das Vorgehen gegen Aufständische und die Abwehr feindlicher Angriffe zu ermöglichen, aber nicht groß genug, um den König zum Angriff auf fremde Staaten zu ermuntern. Des weiteren zielte diese Verfügung darauf ab, einem Mangel an umlaufenden Zahlungsmitteln vorzubeugen und dem Monarchen jede Möglichkeit zu verbauen, sich über das gesetzliche Maß hinaus Geld zu beschaffen.

Thomas More, *Utopia*, Löwen 1516.

HARFANG, eine von Riesen erbaute Festung weit im Norden von Ettinsmoor. Harfang liegt auf einem niedrigen Hügel über der Stadt der Riesen, die heute nur noch ein Trümmerchaos ist. An manchen Stellen stehen noch Säulen, die so hoch sind wie Fabrikschornsteine. Weite Strecken des Straßenpflasters tragen die geheimnisvolle Inschrift »UNTER MIR«.

Harfang selbst ist die Heimat des Königs und der Königin der Sanften Riesen, wobei nicht ganz klar ist, wer eigentlich ihre Untertanen sind. Die Festung gleicht eher einem geräumigen Haus als einem Schloß und ist auch militärisch nicht besonders abgesichert. Vermutlich vertrauen die Einwohner im Falle eines Angriffs auf ihre eigene Größe.

Lieblingszeitvertreib der Riesen ist es offenbar, zu Fuß auf die Jagd zu gehen, wobei die Königin aber gewöhnlich in einer Sänfte getragen wird. Unter anderem ernähren sie sich auch von sprechenden Tieren und Menschen, die als Delikatesse gelten. Beim traditionellen Herbstfest steht Mensch mit auf der Speisekarte und wird üblicherweise zwischen dem Fisch und dem Hauptgericht serviert. Darüberhinaus essen die Riesen auch Marschwackler, allerdings bedürfen diese seltsamen Kreaturen aus dem nordöstlichen ⁄ NARNIA wegen ihrer außerordentlichen Zähigkeit einer besonderen Form der Zubereitung.

Sollte ein Besucher merken, daß er für den Speisezettel der Riesen auserkoren wurde, tut er gut daran, so schnell wie möglich zu verschwinden.

Clive Staples Lewis, *The Silber Chair*, Ldn. 1953.

HARMONIA, ein Land unbekannter Lage, regiert von einem liberalen und wohlmeinenden Monarchen mit einer hedonistischen Lebensauffassung. Nach den Gesetzen von Harmonia hat jedes Paar das Recht, einen der vielen Paläste, Pavillons oder Grotten zu bewohnen, wo Satyrn und Nymphen sie bedienen. Alle Handlungen müssen den Prinzipien von Schönheit, Liebe und Harmonie entsprechen; es darf nichts geschehen, was nicht durch die ästhetischen Kriterien von Pater oder Ruskin gerechtfertigt wäre. Die Universität für Abstammung wählt die Paare aus, die sich fortpflanzen dürfen, wobei ästhetische Gesichtspunkte zu den Naturgewalten der Lust treten.

Georges Delbruck, *Au pays de l'harmonie*, Paris 1906.

HARMONIE, eine Gruppe von Kolonien oder Genossenschaften, die in der Mitte des neunzehnten Jahrhunderts gegründet wurden. Da die Mitglieder zur Geheimhaltung verpflichtet sind, ist die genaue Lage des Gebietes unbekannt, aber es besteht die Vermutung, daß es sich in einem Tal nahe Brüssel oder in der Umgebung von Lausanne befindet.

Jede Kolonie besteht aus tausendfünfhundert bis tausendsechshundert Mitgliedern, die sich in eine große Wohnanlage *(phalanstère)* teilen. Hier finden sie alles, was sie für ein glückliches und erfolgreiches Leben brauchen. Ein Observatorium, ein Signalturm und ein Telegraphensystem ermöglichen es jeder Kolonie, mit einer anderen in Verbindung zu treten.

Das gemeinschaftliche Leben in Harmonie gründet sich darauf, daß jede Form der Unterdrückung fehlt und alle menschlichen Leidenschaften erlaubt sind. Besucher werden deshalb feststellen, daß das, was man in ihrer Heimat für Anstand und gute Manieren hält, hier als anormal und unhöflich gilt. So werden Kinder, die gern im Dreck spielen, als Musterbürger betrachtet, weil sie sich an dem unzulänglichen sanitären System der Stadt erfreuen. In jeder Kolonie sieht man als Husaren gekleidete Kinder auf schnellen Ponys, die zum Klang von Trompeten, Glöckchen und Zymbeln umhertollen.

Die Grundlage der harmonischen Gesellschaft ist die Klassifizierung aller Leidenschaften. Bevorzugte Leidenschaften – vergleichbar den fünf Sinnen und den vier einfachen Leidenschaften der Seele (Ehrgeiz, Freundschaft, Liebe und väterliche Fürsorge) – sind die drei »distributiven« Arten von Leidenschaften: die »vereinenden«, die Sinne und Geist zusammenführen, die »erregenden«, die Veränderung und neue Eindrücke anstreben, und die »gemischten«, die als irrational gelten.

Das Leben in Harmonie regelt sich nach dem Zusammenwirken einzelner Gruppen und Schichten, die aufgrund der drei genannten Arten von Leidenschaften klassifiziert sind. Jedoch führt der normale Tagesablauf die Bewohner von einer Gruppe zur anderen, von der Arbeit (die nie zwei Tage hintereinander währt) zum Spiel und von diesem zur Befriedigung ihrer körperlichen Bedürfnisse.

Besucher werden einer Reihe von Tests unterzogen, ehe sie klassifiziert werden und sich einer der Gruppen anschließen dürfen.

Charles Fourier, *Théorie des quatre mouvements,* Paris 1808. – Ders., *Traité de l'Association domestique agricole,* Paris 1822. – Ders., *Le nouveau monde industriel et sociétaire,* Paris 1829. – Ders., *Le nouveau monde amoureux,* Paris 1967.

HARTHOVER, ein weitläufiger Landsitz in Nordengland, bewohnt von Sir John Harthover. Das im Lauf der Jahrhunderte mehrmals umgebaute und vergrößerte Herrenhaus ist eine merkwürdige Mischung, um nicht zu sagen ein Wirrwarr aus den verschiedensten Baustilen. Das Dachgeschoß ist angelsächsisch, das zweite Stockwerk normannisch, das erste Cinquecento, das Erdgeschoß elisabethanisch. Der rechte Flügel ist rein dorisch, der Mittelteil frühenglisch (mit einem Säulengang im Stil des Parthenon) und der linke Flügel rein böotisch. Das vordere Treppenhaus ist eine Nachbildung der römischen Katakomben, das hintere eine Imitation des Tadsch Mahal. (Dieses Treppenhaus ließ ein Vorfahre Sir Johns bauen, der ein Vermögen erworben hatte, als er unter Robert Clive in Indien diente.) Für das Kellergeschoß von Haus Harthover dienten die Höhlentempel von Elephanta (bei Bombay) als Vorbild; die Verwaltungsräume erinnern an die königliche Residenz in Brighton (einen georgianischen Kuppelbau).

Zum Herrenhaus führt eine Lindenallee, die eine Meile lang ist. Besucher seien darauf hingewiesen, daß auf den steinernen Torpfosten der Helmschmuck der Harthovers zu sehen ist. Jenseits der Parkmauer liegt Harthover Fell, ein großes Moorgebiet. Wer den Wunsch hat, in ein Wasserkind verwandelt zu werden (vgl. ST. BRENDANS FEENINSEL), sollte über das Moor zur Lethwaite-Schlucht wandern, in der das Dörfchen Vendale liegt. Hier findet die Verwandlung statt.

Charles Kingsley, *The Water-Babies; a Fairy Tale for a Land-Baby,* Ldn. 1863.

DAS HAUS AM SCHLOSSBERGE liegt in einer namentlich nicht bekannten Kleinstadt in Mitteldeutschland. Die Stadt ist halb in die Ebene und halb auf den Schloßberg gebaut, der den Namen der ehemaligen fürstlichen Residenz verdankt, in der heute Behörden untergebracht sind. Sehenswert sind das Untertor mit den Resten der mittelalterlichen Stadtmauer, die gotische Sankt-Gertruden-Kirche und eben das »Haus am Schloßberge«. Man erreicht es auf dem gepflasterten Fahrweg den Berg hinauf, vorbei an den für die Stadt charakteristischen Gartenmauern mit ihrer vollständigen Flora muralis. Zwei römische Soldaten, Sandsteinfiguren aus der Renaissance, bewachen einen ungemein gütigen Medusenkopf über der Pforte. Das Haus ist 1570 erbaut und seither im Familienbesitz der Weylands. In ihm findet sich ein historisch bedeutsames Sammelsurium von Kunstgegenständen, Möbeln und Skurrilitäten, die die Weylands im Laufe der Zeit zusammengetragen haben. Besonders bemerkenswert ist die Bibliothek, zu der die jeweiligen Hausherren die Literatur der Zeit oder ihrer persönlichen Neigung wenigstens in Hauptwerken hinterlassen haben. Vollständig vertreten ist die Theologie des sechzehnten Jahrhunderts, interessant auch allerlei Kuriositäten aus den Jahren 1660–1680, die Reiseliteratur vom letzten Drittel des achtzehnten Jahrhunderts, darunter die Homannschen Karten und Atlanten sowie komplette Ausgaben des Baedeker bis 1767. Ferner findet sich hier noch eine der reichhaltigsten Sammlungen von Flugschriften und Karikaturen der Jahre 1813–1814.

Einen Besuch lohnt auch das »Haus am Tor«. Hier wohnt Meister Brüggemann, ein stadtbekannter Uhrmacher und phantastischer Spielmechanik-Bastler, der Besuchern gern seine Wunderwerke zeigt. M. B.

Wilhelm Raabe, *Wunnigel,* in *Westermann's Monatshefte,* 3. Folge, Bd. 11, Braunschweig 1877/78.

HAVNOR, eine riesige Insel nördlich des Innenmeers von ↗ ERDSEE, der Sitz des Königs aller Inseln und sogar das Zentrum der Welt nach Überzeugung der Leute von Erdsee. Zwei große Gebirgsketten durchziehen Havnor: das Revnian-Gebirge, das sich über der Hauptstadt, dem Hafen von Havnor, erhebt und an der Nordküste endet, und das Faliorn-Gebirge im Südwesten. Der höchste Gipfel ist der Berg Onn, der über dem weiten Südgolf aufragt.

Der Hafen von Havnor liegt an der Küste des südlichen Golfs und ist berühmt für seine großen, weißen Tür-

Der Turm der Könige auf HAVNOR

me. Die Sagen, die sich um ihre Errichtung weben, werden in den *Taten von Erreth-Akbe* erzählt, einem der bedeutendsten und ältesten epischen Gedichte von Erdsee. Der Sitz des Königs aller Inseln ist der »Turm der Könige«. All die Jahrhunderte lang, als Erdsee nicht von einem einzigen Monarchen regiert wurde, bewahrte man das Schwert Erreth-Akbes in der Turmspitze auf, obwohl seine sterblichen Reste auf der fernen Insel ↗ SELIDOR lagen – und wohl noch liegen –, wo der Held von einem Drachen getötet wurde. Nachdem die zwei lange verloren geglaubten Hälften des Rings von Erreth-Akbe wieder vereint waren, wurde auch dieser im Turm aufbewahrt.

Havnor ist nicht nur die politische Hauptstadt von Erdsee, sondern auch eines der wichtigsten Handelszentren des Archipels. Die Seestraßen in diesem Gebiet sind die meistbefahrenen von ganz Erdsee, vor allem die engen Straßen von Ebavnor, die in die große, landumschlossene Bucht an der Südküste führt.

Ursula K. Le Guin, *A Wizard of Earthsea*, NY 1968. – Dies., *The Tombs of Atuan*, Ldn. 1972. – Dies., *The Farthest Shore*, Ldn. 1973.

HEBRITZENLAND, eine Seereise von einem Jahr und einem Tag entfernt von einem unbestimmten Land. Die Insel ist berühmt vor allem wegen des Bongbaumwaldes, den man auch an der Küste von Koromandel, wo es die Sommerkürbisse gibt, und auf der großen ↗ GROMBULISCHEN EBENE kennt.

Zu den Besonderheiten der Fauna gehören hier die Puter (die gewöhnlich auf den Hügeln wohnen und als Standesbeamte fungieren können) und Schweine, von denen manche einen Nasenring tragen. Diese Ringe kann man für fünf New-Pence erstehen; sie sind sehr beliebte Souvenirs.

Die Küche im Hebritzenland besteht hauptsächlich aus schmackhaften Kombinationen von Hackfleisch mit Quittenscheiben, die manchmal – noblesse oblige – mit Löffelgabeln gegessen werden.

Zur Landesgeschichte: Eine inzwischen berühmte Hochzeit zwischen einem eleganten Kauz und einer wunderhübschen Katze hat hier stattgefunden.

Edward Lear, *The Owl and the Pussy Cat*, in *Nonsense Songs, Stories, Botany and Alphabets*, Ldn. 1871. – Ders., *The Dong with a Luminous Nose*, Ldn. 1871. – Ders., *The Courtship of the Yonghy-Bonghy-Bo*, in *Laughable Lyrics: A Fourth Book of Nonsense Poems, Songs, Botany, Music, etc.*, Ldn. 1877.

HELIOPOLIS, eine Weltstadt am Golf in mediterranem Klima nach dem Ende der Moderne. Wer seine Zeitmaschine in einer Zeit stoppt, die nicht allzu nah der unseren ist, aber auch noch nicht allzu fern, der betritt eine Welt, die wohl noch mit der unseren in Beziehungen steht, aber keine Orientierung mehr an uns Bekanntem zuläßt. Das betrifft alle Gebiete, die Geographie, die Geschichte, die Wissenschaften, die Technik, die Religion und die Gesellschaft. Man hört bekannt klingende Namen, aber sie bedeuten etwas anderes. Beziehungen zu alten Bedeutungen sind nicht mehr herzustellen, die aktuellen aber sind dem Menschen der Vergangenheit nicht erklärbar. Notdürftig reimt der Zeitreisende sich etwas über diese zukünftige Welt zusammen. Es kann der Realität dieser Welt entsprechen oder sie verfehlen.

Heliopolis ist die einzige Weltstadt, die nach dem großen Feuerschlag und dem Treffen im Meer der Syrten vor einem Vierteljahrhundert übriggeblieben ist. Die Katastrophen der Explosionsnächte haben scheinbar die gesamte Geographie und das Leben der alten Welt verändert. Alle Kräfte und Industrien moderner Zivilisation haben sich in die Stadt zurückgezogen. Der Rest der Welt besteht aus Inseln magischer Wunderländer mit geheimen Wissenschaften und anarchischen Strukturen, in denen sich die hochtechnisierte Zivilisation zu archaischen Formen mittelalterlich-mystischer und antik-mythischer Prägung zurückentwickelt hat. Diese ungewissen Zauberländer, wie das Burgenland, Asturien, die Vulkaninsel Lacertosa mit ihrer abgeschlossenen Zivilisation, befinden sich jenseits der Hesperiden. Dorthin gibt es Forschungs- Abenteuer- und Urlaubsreisen. Von den Hesperiden gehen auch die großen Raumflotten ab, zu den Regionen des Weltregenten. In ihren Häfen begegnet man vielen unter fremden Sonnen gebräunten Gesichtern. Die Technik der Stadt ist auf wunderliche Weise zur Magie vervollkommnet. Es gibt Lasertechnik, holographische Phantomwaffen, totale Kommunikationsmöglichkeiten, riesige unterirdische Computerarchive im Punktamt und Zentralamt, die das gesamte mögliche Wissen der Menschheit beliebig abrufbar machen. Die Maschinen haben altertümliche Formen angenommen. So haben Schiffe das Aussehen alter Dampfmaschinen, obwohl sie sich durch eine uns unverständliche Technik mit absoluter Geschwindigkeit fortbewegen können. In der Stadt selbst herrscht Pferdeverkehr vor.

Heliopolis liegt am Strandbogen des Golfs. Zwei vorgelagerte Inseln, Castelmarino mit der Festung des Landvogts und Vinho del Mar mit den Weinhängen und verödeten Villen, bilden eine Meerenge, die Einfahrt in das Becken des Golfs. Von hier aus kann man das gesamte Stadtpanorama übersehen, das ein wenig die Erinnerung an das längst versunkene Neapel wachruft. Zwischen zwei Felsenkaps, den äußeren Begrenzungen des Golfs, liegt der helle Sandstrand, hinter dem die Häuserfronten aufragen, unterbrochen von den Hafenbecken. Das weiße und das rote Kap sind die nächsten Ausflugsorte für die Städter. Die Höhen sind mit Gärten, Felsentreppen, Brücken und Restaurantterrassen übersät. Vom weißen Kap führt die *Allée des Flamboyants* in die Parkanlagen und Gärten, die sich in die vornehmere Gegend der Paläste längs der Strandlinie fortsetzen. Hier liegen die Sitze der Reichen und Mächtigen, die Häuser der großen Orden. Der Weg vom roten Kap zum Zentrum führt durch den großen Hafen, die Piers, Lagerhallen, Kontors, Märkte, Händlerbuden und Vergnügungsviertel. Die eigentliche Stadtsilhouette, bestehend aus den Altstadt- und Neustadthügeln, gruppiert sich um den alten Binnenhafen, von dem aus die Straßen am Hang emporsteigen. Die enge Altstadt ist aus rötlichem Gestein, die nach dem Feuerschlag neuangelegte Neustadt aus hellem Marmor mit ihren weißen Avenuen, die auch bei Nacht im hellen schattenlosen Licht erglänzen. Eine Gruppe von Wolkenkratzern aus grünem Stahlglas hat den Feuerschlag überstanden. Ihre in der Glut aufgeblähten oberen Stockwerke sind zum Mahnmal für die Schreckensnacht geworden. Auf dem östlichen Teil des Höhenrückens steht das Zentralamt, fünfstrahlig und flach, gekrönt mit der roten Fahne mit der Panzerfaust. Nur der geringste Teil der meist unterirdischen Anlage ist zu sehen. Am Westhang des Höhenzuges erhebt sich über dem Altstadthügel der prokonsularische Palast mit dem Adler mit der Schlange über der höchsten Spitze, verschmolzen mit Teilen der alten Stadtburg und der ehemaligen Akropolis von Heliopolis. Antike und mittelalterliche Flügel sind durch neue Bauten verbunden. Das mittlere Stadtbild wird vom Meerdom der Maria beherrscht, der neuklassisch mit abgeflachtem Turm und einer Mischung aus Tempel- und Kathedralstil wieder aufgebaut wurde. Die große Mittelachse der Stadt bildet der Korso, der vom Rondell des Binnenhafens achtspurig mit breitem Mittelstreifen bis zu den Stufen des Meerdoms hinaufführt. An den Endpunkten der Anlage ragen zwei hohe Obelisken in den Himmel. Fontänen unterbrechen die grüne Mittelstrecke. Die Altstadt erhebt sich westlich vom Binnenhafen hinter einem Streifen von alten Herrschaftshäusern, Kanälen und verlassenen Speichern. Sie ist von winkligen Gassen durchzogen. In den alten Giebelhäusern wohnen Hunderte von kleinen Händlern. Hier ist das Parsenviertel. Hinter der Altstadt erhebt sich die

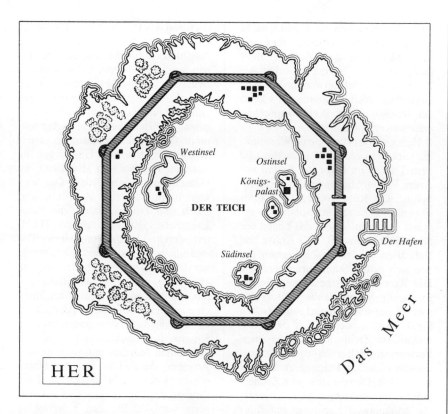

Oberstadt, die den Palast des Prokonsuls umringt. Hier liegen die großen Banken, die Viertel mit den Luxusgeschäften. Jenseits der Altstadt sieht man die Positionsfeuer des Aerodroms, hinter dem Hafen den viereckigen Raketenhafen des Regenten. An den sanften Hängen hinter der Oberstadt und dem Palast beginnt der Pagos, eine offene Wohnlandschaft mit Parkanlagen, Gärten, Treibhäusern, weit verstreuten Villen und Ateliers, Werkstätten und Cottages, Landsitzen mit Weingärten. Hier ist das Residenzviertel. Weiter oben liegt die Akademie, dahinter kaum sichtbar die Kriegsschule mit den Übungsplätzen auf der Ebene, weiter hinten schon tief im Gebirge das unterirdische Schatzamt und das Punktamt mit dem Energeion, dem unterirdischen atomgetriebenen Industrierevier, oberirdisch das Arsenal. Der ganze Pagos ist von labyrinthischen Gängen unterhöhlt, teils Katakomben und Totenstätten aus der Feuerzeit, teils Lagerstätten der Archive und Museen.

Die Stadt wird beherrscht von zwei rivalisierenden Machtgruppen mit zwei gegensätzlichen Ideologien, der Partei des Prokonsuls und der des Landvogts. Über beiden steht der Regent, der die Machtkämpfe von einem fremden Planeten aus beobachten läßt, aber nicht eingreift. Der Landvogt plant die Herrschaft einer absoluten Bürokratie, die wie ein geschichtsloses, mechanisches Kollektiv funktionieren soll, das ohne Rücksicht auf Individualitäten der Perfektion der Technik dient. Er hat die Reste der alten Volksparteien um sich geschart. Der Prokonsul beherrscht die Reste der alten konservativen aristokratischen Parteien. Sein Ziel ist die historische Ordnung, eine Art Monarchie und die Vervollkommnung der Individualität. Zum Machtbereich des Prokonsuls gehört der Palast, die Oberstadt, der Pagos mit dem Punktamt, dem Energeion, dem Schatzamt und dem Militärbereich sowie die Insel Vinho del Mar. Der Landvogt kontrolliert das Zentralamt und die ihm angeschlossenen Behörden, die Presse und alle anderen Kommunikationsmedien sowie die Insel Castelmarino. Die Bürokraten, Techniker und große Teile des Volkes stehen auf seiner Seite. Die Soldaten, Künstler, Bankiers und Geschäftsleute stehen auf der Seite des Prokonsuls. Zwischen die Fronten sind die Parsen in der Altstadt geraten. Den Provokationen des Landvogts mit Plünderungen und Pogromen gegen die Parsen antwortet die Partei des Prokonsuls mit Gegenschlägen. So herrscht ständige Unruhe in der Stadt. Halbkriegerische Aktionen lösen einander ab. Ein ständiger kalter Krieg auf der Schwelle zum offenen Bürgerkrieg hält die Stadt in Furcht und Schrecken. Heimtückische Morde, Verschleppungen und Folterungen sind an der Tagesordnung. M. W.

Ernst Jünger, *Heliopolis. Rückblick auf eine Stadt*, Tübingen 1949.

HER, nicht lokalisierbare Insel aus einem einzigen Edelstein. Von einer oktogonalen Festung rings umschlossen, gleicht sie dem Becken einer Jaspisfontäne. Über einen Teich aus spiegelglattem Wasser gleitet ein stummer Schwan. Mit schnellem, transparentem Flügelschlag gibt er von Zeit zu Zeit die Sicht auf die gesamte Insel frei.

Die Gärtner von Her lassen die Strahlen der Fontänen nicht zur Erde zurückfallen, weil das die glatte Oberfläche des Teichs kräuseln würde. Der Wasserstaub breitet sich horizontal aus und bildet eine zweite Fläche. Die beiden parallelen Spiegel starren einander an wie zwei Liebende, die sich in ewig unüberwindlichem Abstand gegenüberstehen.

Die Insel wird von einem Kyklopen regiert, der mit Hilfe eines Doppelspiegels ultraviolette Strahlen wahrnehmen kann. Besucher werden ihn sehr gastfreundlich finden; seine Diener bieten den Gästen Zucker und Viertelchen einer seltsamen Delikatesse an, die sie *poncire* nennen. Die Inselfrauen tanzen für die Touristen: Sie entfalten die Röcke wie Pfauenfedern und heben sie auf, wenn sie über das Gras gehen. Dabei enthüllen sie ihre Ziegenhufe und Vliesunterröcke.

Alfred Jarry, *Gestes et opinions du docteur Faustroll, pataphysicien. Roman néo-scientifique suivi de spéculations*, Paris 1911.

HERMAPHRODITENINSEL, ein driftendes Land, das sich gewöhnlich nahe dem Hafen von Lissabon befindet. Seine Einwohner sind halb männlich, halb weiblich und sprechen Latein. Man vermutet, daß die Hermaphroditenrepublik von dem syrisch-phönizischen Sonnengott Heliogabal gegründet worden ist, und seltsame Darbietungen finden zu seinen Ehren in den zahlreichen Palästen der Insel statt. Der Besucher könnte sich in einem Land von Freilichtbühnen glauben: Das ganze Jahr hindurch führen die Hermaphroditen als Teil ihrer religiösen Riten Szenen aus klassischen Stücken auf wie *Der Raub der Sabinerinnen, Artaxerxes und seine Tochter, Der Tod des Aktaion, Die Ausschweifungen des Sardanapal* usw. Die Architektur ist hellenistisch, und schöne Bauwerke aus Marmor, Jaspis, Porphyr, Gold und Emaille schmücken die Insel. Die Straßen sind von Säulen eingefaßt, die Frauen mit bärtigen Männerköpfen darstellen. In der Mitte der Insel erhebt sich eine Statue des Heliogabal. In ihren Sockel ist ein

Das Kapitol auf dem Hauptplatz der HERMAPHRODITENINSEL

Buch gemeißelt, das die Gesetze des Landes enthält. Diese beruhen auf den Prinzipien der Heiligkeit von Schönheit und Wollust.

Die Lieblingsautoren der Hermaphroditen sind Ovid, Catull, Tibull und Properz. Jeder Monat wird als Mai gefeiert.

Thomas Artus, *Description de l'isle des Hermaphrodites nouvellement découverte...*, Köln 1724.

HEWITS INSEL liegt vor der Ostküste Afrikas nördlich von Madagaskar. Ein Berggipfel bietet dem Besucher ein beeindruckendes Panorama. Durch üppige Vegetation stürzt ein Fluß hinab ins Meer bis an eine riesige Felsbarriere. In der Regenzeit gibt es hier heftige Stürme. Die Engländerin Hannah Hewit war 1782 auf der Insel gestrandet. Ohne fremde Hilfe baute sie ein Haus aus Tonziegeln und schuf ihr eigenes Grab. Frau Hewit zähmte einen Löwen, hielt sich eine Büffelkuh, um sie zu melken, und konstruierte einen Roboter aus einem Uhrwerk, Röhren und einem Blasebalg. Dieser Roboter war imstande, Laute zu erzeugen, die der menschlichen Stimme ähnlich waren.

Charles Dibdin, *Hannah Hewit, or the Female Crusoe...*, Ldn. 1796.

HIER-UND-JETZT ↗ ICI

DER HIMMEL ist von fließendem Licht und Musik durchströmt. Den »Raum«-Zustand des Paradieses vermag jedoch keine Erdkunde mehr auch nur annähernd gleichnishaft darzustellen.

Unser Informant, der florentinische Dichter Dante Alighieri, stieg im Jahre 1300 im Geleit seiner Jugendliebe Beatrice vom Irdischen Paradies aus (↗ DER BERG DER LÄUTERUNG) zum Himmel empor. In seinem Bericht vermißt er die »Landschaft der Ewigkeit« mit Hilfe von Punkten, heiligen Zahlen, harmonischen Verhältnissen, symbolischen Figuren und vollkommenen Kreisgebilden. Die Erdkugel umgeben sieben schalenförmig übereinander gefügte Sphären, die von den Gestirnen Mond, Merkur, Venus, Sonne, Mars, Jupiter und Saturn beherrscht werden. Unter diesen Zeichen begegnete der im Schauen und Erkennen immer höher vordringende Pilger liebenden Seelen, weisen Geistern, Glaubenskämpfern, Gerechten und Beschaulichen, großen Heiligen und schließlich der Muttergottes. Als achte Kugelhülle umschließt der Fixsternhimmel die Planetenrunden. Darüber breitet sich der Kristallhimmel als Sitz des geistigen Urbewegungsprinzips. Das Lichtmeer des raumlosen Empyreums, der zehnte Himmel, überwölbt als Bereich der Gottheit den gesamten Kosmos.

Die Wirklichkeit von Ländern und Zeiten auf Erden erscheint dem Dichter aus der Schau der Ewigkeit in universale Zusammenhänge eingerückt. Beim Aufflug der Seelen und vor dem Eingang in den Fixsternhimmel der triumphierenden Geister blickte er auf die Planeten und unseren winzigen Globus zurück: »Ein Lächeln zwang mir ab sein elend Bild...« Dann nahm ihm die Überfülle des Lichts die Sicht. Der im kristallenen Himmel aufscheinende Lichtpunkt, um den sich neun funkelnde und tönende Kreise drehten, verging bei der Ankunft im Empyreum, »sechstausend Meilen fern wohl unserer Stätte«, und der irdischen Mittagszeit weit entrückt. Der »von der Erde himmelan und von der Zeit zur Ewigkeit« schreitende Dante empfing neue Sehkraft und schaute die beiden vor ihm offenen Himmelshöfe, in denen die Lichtspiegelungen Gottes jedwede sinnliche Anschaubarkeit zerschmelzen. Raum, Zeit, Dinge, Naturgesetze waren aufgehoben: Dantes zunächst zweifelnde Frage nach dem eigentlichen Wohnsitz der Seligen erfuhr die bestätigende Antwort mit der Schau auf ein Utopia – Nirgendland – im wahrsten Sinn des Wortes: Die Seligen in der weißen Rose befinden sich im Zustand ewig festlicher Schwebe. Das äußerste Sinnbild dieser ganz anderen Seinsverfassung bot der Reigen der um die Blume tanzenden Bienen. Das Universum wurde zu einem einzigen Lächeln. Am Ende aller Wanderschaft, Wünsche und Glaubensprüfung angelangt, durfte Dante sprachlos entzückt in das Gotteslicht sehen.   D. B.

Dante Alighieri, *La Comedia,* Foligno, 11.4.1472, ern. Venedig 1555 (u. d. T. *Divina Commedia*).

DIE HIMMLISCHE STADT liegt in ↗ CHRISTIANSLAND, jenseits der Lieblichen Berge, dicht hinter dem Fluß des Todes, dessen Wasser seinen bitteren Geschmack verliert, sobald man davon getrunken hat. Der Weg zum Fluß führt durch liebliche Obst- und Weingärten mit Lustgängen und Sommerlauben. Da keine Brücke den Fluß überspannt, müssen die Reisenden ihn durchwaten; manchen erscheint er sehr tief, anderen dagegen seicht. Die Stadt selbst ist ganz aus Perlen und Edelsteinen erbaut.

Für all die Mühsal, die sie auf ihrer gefahrvollen Reise von der ↗ STADT DES VERDERBENS zur Himmlischen Stadt erleiden mußten, werden die Pilger reich belohnt. Posaunenschall heißt sie willkommen, und Männer in glänzenden Gewändern stehen zu ihrem Empfang bereit. Beim Eingang durch die herrliche Pforte werden sie in goldschimmernde Kleider gehüllt und mit Kronen geschmückt. Über der Pforte steht in goldenen Lettern: »Selig sind, die Seine Gebote halten, auf daß sie teilhaben dürfen an dem Baum des Lebens und zu den Toren eingehen in die Stadt.«

John Bunyan, *The Pilgrim's Progress from this World, to that which is to Come*, Ldn. 1678 (Teil I) und 1684 (Teil II).

DIE HÖHLE DER SCHLÄFER VON ERINN liegt unterhalb der irischen Berge, nicht weit von ↗ GLYN

CAGNY. Der Eingang, eine Felsspalte, ist durch brennende Fackeln kenntlich gemacht. In dieser Höhle residiert Angus Og, einer der alten Götter Irlands, Verkörperung der allumfassenden Liebe und Freude, eine Lichtgestalt von erhabener Schönheit. Er, der den Gesetzen des Ewigen unterworfen ist und nur denen helfen kann, die ihn darum bitten, ist tief betrübt darüber, daß immer weniger Menschen sich seiner erinnern.

Angus Og verband sich mit der schönen Caitlin, einer Bauerntochter aus Glyn Cagny, die vorher die Gefährtin des Hirtengottes Pan gewesen war. Dieser (von Angus Og als »Begierde und Fieber und Wollust und Tod« charakterisiert) verließ daraufhin Irland, wo seine Herrschaft ohnehin nie fest verankert war.

James Stephens, *The Crock of Gold*, Boston 1912.

DIE HÖHLE DES MONTESINOS

liegt irgendwo in der Mancha (Spanien) etwa zwölf bis vierzehn Klafter unter der Erde. Der einzige Reisende, der sie gründlich erforscht und über sie berichtet hat, war der sinnreiche Junker Don Quijote von der Mancha.

Die Höhle hat einen großen Raum, der einen ganzen Karren mit Mulis fassen kann. Sollte der Reisende hier einschlafen, sieht er beim Erwachen eine der schönsten von der Natur geschaffenen Wiesen. Über der Wiese – doch immer noch in der Höhle – erhebt sich ein prächtiger Palast, dessen Mauern aus durchsichtigem Kristall zu bestehen scheinen. Die Tore des Schlosses öffnen sich, und ein ehrwürdiger Greis tritt heraus. Sein Name ist Montesinos. Er lädt den Reisenden ins Schloß ein und zeigt ihm eine riesige Alabasterhalle mit dem Marmorgrab von Durandarte, einem der tapfersten Ritter der Geschichte. Montesinos erklärt dann, daß Durandarte hier aufgebahrt wurde, nachdem der Magier Merlin ihn verzaubert hatte. Auch die von Durandarte geliebte Belerma und andere berühmte Schönheiten wie die Königin Guinevere und Dulcinea von Tobosa wandern im Schloß wie verzauberte Gespenster umher. Der Reisende hat den Eindruck, zwei oder drei Tage bei all diesen Wundern verbracht zu haben, dabei muß er beim Verlassen der Höhle feststellen, daß kaum eine halbe Stunde vergangen ist.

Miguel de Cervantes Saavedra, *El ingenioso hidalgo Don Quixote de la Mancha*, Madrid 1605–1615.

DIE HÖLLE ist ein gewaltiger Trichter, der mit seiner größten Öffnung unterirdisch unter der nördlichen Halbkugel liegt und gegen den Erdmittelpunkt hin immer enger zuläuft. Den infernalischen Bereich staffeln neun konzentrisch absteigende Ringflächen mit einer phantastischen, apokalyptischen Orographie. So jedenfalls will es der florentinische Dichter Dante Alighieri gesehen haben, der nach einem Besuch der Hölle in die Welt der Lebenden zurückkehren und seine Eindrücke schildern konnte.

Am Karfreitag des Jahres 1300 irrte Dante ängstlich und benommen im finsteren Wald (seines sündigen Lebens) umher und suchte den Aufstieg zu einem Berghügel inmitten einer in der Morgendämmerung noch undeutlichen, düsteren Landschaft. Drei Tierungeheuer verstellten ihm den Weg, doch der römische Dichter Vergil, »Führer, Herr und Meister«, kam zu Hilfe und sprach Dante Mut zu. Am Tor vor der »Stadt der Schmerzen«, dem Gegenpol der Gottesstadt, begann die gemeinsame Erkundung der Höllenschlünde.

Dante, dem schon gleich zu Anfang der Reise Tränen des Mitleids kamen, als er aus den »zeitlos schwarzen Landen« schreckliches Seufzen und Wehklagen der Verdammten vernahm, wurde von Charon zusammen mit Vergil auf einem besonders leichten Kahn über den Acheron (↗ HADES) gesetzt. An dessen Ufern drängten sich Massen verworfener Seelen. Ein Sturm brach los. Als Dante aus der Betäubung erwachte, lag er »am Rand des tiefen Abgrunds und des Tals der Leiden«. Er versuchte, sich »in Nacht und Nebel« zu orientieren. Vergil erklärte ihm: »Hier geht's zur Welt der Blinden ein«. Sie betraten den ersten Höllenkreis (Limbus), in den bereits Christus nach dem Kreuzestod hinabgestiegen war. Dort wesen jene guten Seelen, die ungetauft nicht zur wahren Glaubenserkenntnis gelangen konnten. Von einer erhöhten, lichten Stelle aus erblickten die Jenseitswanderer ein Kastell, »von hohen Mauern sieben Mal umfangen, geschützt ringsum von einem schönen Fluß«, nachdem sie durch sieben Pforten auf frischen Wiesenauen vorgedrungen waren. Vor ihren Augen ergingen sich in einer erlauchten Schar große Gelehrte, Dichter und Philosophen des Altertums. Von den Kammern der Vorhölle stiegen Vergil und Dante in den zweiten, qualvoll engen, lichtlosen und von Minos bewachten Höllenkreis ab. In diesen Schmerzensschichten leiden die Wollüstlinge – berühmte Liebessünder aus Sage und Geschichte – ruhelos auf sturmgepeitschten Felsentrümmern. Den dritten Höllenkreis bewacht der wüste Kerberos. Ununterbrochen fällt hier schwerer, kalter Regen nieder, so daß die beiden irdischen Besucher in einem »Brei aus Naß und Schatten« wateten. Die Geizigen und Verschwender hält im vierten Kreis der böse Pluto in Gewahrsam. Schreiend wälzen sie einander in sinnlos unaufhaltsamer Bewegung schwergewichtige Klumpen entgegen. Weiter unterhalb und »quer zum anderen Hang« marschierten Vergil und Dante dorthin, »wo zum Sumpfe namens Styx sich weitet / der trübe Bach, sobald er in das Feld / am Fuß der argen, grauen Hänge gleitet«. Hier stand »viel schlammbedecktes Volk«, splitternackt und grimmig, zum Teil unter Wasser getaucht: die Zornigen und Trägen. Zwischen Sumpfläche und trockenem Hang kreisend, näherten sich die beiden einem hohen Turm. Im Nachen des Wächters Phlegias überquerten sie den Höllenpfuhl und gelangten zur befestigten Höllenstadt Dis, vor der drei Furien auftauchten. Ein Engel stieß das Tor auf, und Vergil und Dante zogen über hügeligen Boden in die Stadt ein. Hier, im sechsten Kreis, befinden sich Totenspeicher für die Erzketzer, Gräber, um die Flammen züngeln. Am Rande einer hohen Klippe inmitten von Felsbrocken liegt das Grab des Papstes Anastasius II. Unter ekligem Gestank krochen Dante und sein Begleiter weiter in den siebten Kreis der Gewalttätigen hinunter, der sich wiederum in drei Ränge aufteilt. Auf einem riesigen Felssturz, ähnlich wie an der Etsch bei Trient, lagert Minotauros. Vom Weg durch Steingeröll fällt der Blick in das Tal des Blutstroms Phlegeton. Ein Zug Kentauren (↗ DAS LAND DER KENTAUREN) näherte sich den beiden Besuchern. In einem ungeheuerlichen Wald nisten die Harpyien. Gewalttätige gegen Gott leiden, im Feuersand liegend oder herabfallenden Feuerflocken ausgesetzt, in einer Wüstenei unsägliche Pein. Ein Schmerzenswald umzirkt dieses Stück Land, das durch Gräben abgesichert wird. In seinem steinernen Bett fließt der Blutstrom aus dem Wald, teils von Zuflüssen »in unserer Welt gespeist«. Von fern ist das Donnern des Wasserfalls zu hören, der in die Tiefe des Trugschlundes stürzt. Aus dem Abgrund schwamm wie ein Taucher der Gigant Geryon empor. Auf seinem Rücken kreisten und sanken alsbald Vergil und Dante in einem Anti-Ikarus-Abenteuer in den achten Höllenkreis der Betrüger. Entsprechend den moralischen Erscheinungsformen ihrer Todsünde ist er in zehn steinerne, schlauchartige Segmente eingeteilt zwischen Brunnenloch und schroffen Klippen. Über das runde Graben- und Tälersystem hinweg schlagen Brückenstege die Verbindung; der Umfang des zehnten Grabens zum Beispiel beträgt elf Meilen. Von diesen architektonisch ingeniösen Konstruktionen bieten sich immer neue, grauenvolle Aussichten auf Höllenqualen, die schlimmer sind als alle Schlachtfelder und Spitäler zusammengenommen. Durch List entgingen die beiden Pilger wenig später bei einem Scharmützel den teuflischen Wegelagerern, die eine falsche Richtung wiesen. Im achten Segment des achten Kreises schilderte der Weltenfahrer Odysseus seine letzte Ausfahrt in den Atlantischen Ozean – gen »Amerika« – jenseits der Säulen, die der griechische Heros Herakles den Menschen bei Gibraltar als Grenzen steckte. Das Gebirge, an dem Odysseus' Schiff bei diesem »tollen Fliegen« zerschellte, war, ohne daß er es wußte, ↗ DER BERG DER LÄUTERUNG. Nachdem schließlich alle Abgründe des achten Höllenrings durchquert waren, standen am Weg zum neunten und innersten Kreis die Giganten um den Brunnenschacht. Stets links gewandt, führte Vergil seinen Begleiter in größerem Bogen um sie herum und gelangte »weit unter des Giganten Füßen« zum Tränenstrom Kokytos, wo die Verräter in vier eisigen Bezirken hausen. Verräter an Verwandten stecken im Eissee. »Der Donau Rinde war in Winterzeiten, / auf ihrem Lauf durch Österreich nie so dick...« Die Antenora ist den politischen Verrätern vorbehalten, die Ptolemea erwartet jene, die Gastfreunde verraten haben; in der Giudecca sitzen die Verräter an Wohltätern mit Luzifer, dem Höllenkaiser, im Zentrum nicht nur der Erde, sondern auch des Weltalls. Durch ein Felsenloch aus dem »Kerker der Natur« hinauskletternd, setzte Vergil Dante nach zweitägiger Reise wieder im Freien ab. »Wir schlugen ein dann den verborgenen Gang, / der Herr und ich, zur lichten Weltenseite, / und ohne uns noch auszuruhen lang, / so ging es, er der Erste, ich der Zweite, / so lang, bis ich dann blickte in der Ferne / des Himmels Schmuck durch eines Loches Weite: / dort schritten wir hinaus, zu schaun die Sterne.« D. B.

Dante Alighieri, *La Comedia,* Foligno, 11. 4. 1472, ern. Venedig 1555 (u. d. T. *Divina Commedia*).

HÖRSELBERG ↗ VENUSBERG (1)

HOHENSTOCK, Burg in Südwestdeutschland, auf einem Felsenstock erbaut, der sich aus einem nahezu unzugänglichen Sumpfgelände erhebt; warme Quellen lassen es nie zufrieren, so daß Hohenstock in jeder Jahreszeit vor Angriffen geschützt ist, sobald man vom Schloß aus den einzigen Damm und die Brücke zerstört. Das Burggelände ist längeren Belagerungen durchaus gewachsen, Fische und Wild sind im Überfluß vorhanden, und auf dem fruchtbaren Boden hat man Gärten angelegt, die ihresgleichen suchen. Der Dammweg, etwa fünfzehn Gehminuten lang, ist von Obst- und Weidenbäumen eingefaßt. Von da führt ein Weg an einer hohen, mit Türmen bewehrten Mauer den Burgberg hinauf. In den kleinen Häusern entlang des Weges wohnen die Landleute, die den Boden bewirtschaften. Von der Berghöhe hat man einen weiten Blick bis zum Gebirge.

Die Schloßgebäude wirken verwahrlost. Sie sind ziemlich regellos in spitzen Winkeln und Krümmungen ineinander verbaut. Das große Schloß ist der älteste Teil, die anderen Gebäude gliedern sich in ein mittleres Schloß mit Kapelle und Waffenkammer und ein kleineres Schloß. Die Einrichtung im alten Teil ist noch gut erhalten: Große gepolsterte Lehnstühle, schwere Eichenholzschränke, mächtige Betten stehen in den weiträumigen gewölbten Zimmern, die merkwürdigerweise alle ein anderes Bodenniveau haben und deshalb untereinander durch Stufen verbunden sind. Das Schloß wird seit Jahren nur von einem alten Grafen bewohnt, für angemeldete Gäste werden die selten benutzten Zimmer mit dem Duft von Wacholderholz parfümiert und mit Kalmus bestreut. Nach verbürgten Quellen soll es sich bei Schloß Hohenstock um das ehemalige Schloß Kaiser Barbarossas handeln. Nachkommen seines Geschlechts sollten bei einem Besuch ihr Inkognito wahren, da sie sonst gegen ihren Willen dort bleiben müßten.

G. W.

Ludwig Achim von Arnim, *Die Kronenwächter,* Bln. 1817.

HOMINIDENSTREIFEN, zerstrahlter Landstrich in den USA. Der Hominidenstreifen erstreckt sich im Westen des nordamerikanischen Kontinents auf dem Gebiet der ehemaligen Bundesstaaten Alberta, Idaho, Oregon, Nevada, Arizona, California, Sonora. Er ist ca. 400 bis 500 Meilen breit und von jeder Seite durch eine gigantische Betonmauer von je 4000 Meilen Länge eingeschlossen. Der Streifen teilt die USA in eine West- und eine Osthälfte, die durch acht Verkehrstunnels miteinander verbunden sind. Im Hominidenstreifen liegt der nach dem Atomschlag zerstrahlte Teil der USA, in dem sich nach einigen Gerüchten im Laufe der Zeit, von der Regierung kontrolliert, verschiedene Mensch-Tier-Mutationen entwickelt haben sollen, vor allem Hexapoden, Sechsfüßler. Nach elf Jahren strengster Nachrichtensperre erhielten wir erstmals von dem Journalisten C. H. Winer, einem Urgroßneffen des 1979 verstorbenen deutschen Schriftstellers Arno Schmidt, wieder einen Bericht aus dem Streifen. Demzufolge ist die Verseuchung in dem militärisch streng abgeschirmten Gebiet inzwischen geringer als in der zivilisierten Welt. Winer konnte ohne Bedenken, begleitet von einem der militärischen »Förster«, im Ballon einreisen. (Geräusche von Flugmotoren müssen vermieden werden.) Sie starteten von Prescott aus in westlicher Richtung. Nachdem sie gelandet waren, versuchte Winer, von den Militärs mit Instruktionen und Waffen versehen, den Rest des Weges bis zur gegenüberliegenden Mauer allein und zu Fuß zurückzulegen. Sandwüste wechselte mit Savanne, wenigen Dickichten, Kakteenwäldern und Agavenfeldern ab, dazwischen lagen einige Weidegründe und Geisterstädte. Plötzlich, nach kurzer Wanderung, begegnete er einer Zentaurin! Vorne ein junges Mädchen mit Armen und Backfischbrüsten, langen Mädchenbeinen mit Hufen, hinten eine Grant-Gazelle mit kurzhaarigem Fell. Sie hieß Thalja, sprach etwas schwerfällig und entfaltete unversehens und hektisch ihre erotischen Reize. Winer hatte zunächst Skrupel, wegen Sodomie belangt zu werden, aber das Mauerpersonal und die »Förster« schienen bereits Vorarbeit geleistet zu haben. (Im übrigen sind die Zentaurinnen bei Paarung mit Menschen unfruchtbar. Schwierigkeiten bereiten da schon eher die älteren Millionärinnen, denen es früher hin und wieder gelang, sich durch Bestechung Eintritt zu verschaffen.) Thalja und Winer entdeckten ein lebloses Zentaurenkälbchen in der Nähe eines Kakteenwaldes. Ehe Thalja Hilfe herbeiholte, half ihm Winer mit einigen Schlucken Gin auf. Die Zentaurensippe kam herangaloppiert, mächtige Männer, der Häuptling mit einem Einhorn als Kopfschmuck. Sie verteilten sich um das Dickicht und zündeten es von allen Seiten her an. Nach kurzer Zeit krochen die Feinde der Zentauren heraus, die »Never-Ne-

vers, ekelhafte graue Wesen, fett, mit dünner biegsamer Hornhaut, langen Beinen und Skorpionenkörpern, vorne dran ein fatales Europäergesicht, kleine Augen, der Mund zum Rüssel gespitzt. Die widerlichen Kreaturen wurden aufgespießt, ihre Brut zerstampft.

Thalja und der Häuptling begleiteten Winer ein Stück. Am nächsten Tag, nachdem der Häuptling sich verabschiedet hatte, kam die Mauer in Sicht. Nach mehrmaligem Beischlaf mit Hindernissen nahm der Journalist Abschied vom künstlichen Naturleben, dem positiven, aber ahnungslosen zentaurisch-indianischen und dem negativen spinnen-europäischen.

Nach Winers Beschreibung leben die Zentauren (oder »Zenties«) in Laubhütten und nomadisieren. Die Männer sind nebenbei Handwerker für Speere, Pfeile, Lanzen und Rückenkratzer aus Kakteenstücken. Von unserer Welt außerhalb der Mauer haben sie keine Ahnung. Die Mechanismen und militärischen Ziele, die die Existenz der 6000 Zentauren bestimmen, sind ihnen unbekannt. Man munkelt, die Russen hätten ganz Europa als Hominidenversuchsfeld eingerichtet und sich zum Teil auf aquatile Formen spezialisiert. Einige Mythen bilden sich bei den Zenties und führen, nicht ungelenkt, zu Ansätzen von Animismus. Sie nennen ihren Schöpfer *Formindalls,* einen bösen Geist, der sich hin und wieder in lodernden Feuersäulen zeigt. Wie treffend dieser Mythos letztlich ist, erfuhr Winer erst nach seiner Rückkehr: Ein Außenminister *(foreign minister Dulles)* habe vor Zeiten entscheidend zur Weiterführung der Atomversuche geraten und damit die Voraussetzungen für den Atomschlag geschaffen. M. W.

Arno Schmidt, *Die Gelehrtenrepublik. Kurzroman aus den Roßbreiten,* Karlsruhe 1957.

HOOLOOMOOLOO, eine steinige, mit verkümmertem Buschwerk bedeckte Insel des Archipels ↗ MARDI. Sie wird auch »Insel der Krüppel« genannt, denn vor langer Zeit gründeten die auf den Nachbarinseln lebenden Mardianer (die einerseits gegen den barbarischen Brauch waren, deformierte Kinder sofort nach der Geburt zu töten, andererseits aber deren Anblick nicht ertragen konnten) dort ein Heim für Krüppel. Deren Nachkommen leben noch heute auf dem Eiland, haben ihre eigenen Gesetze und wählen ihren König selbst. Weil die anderen Mardianer nichts mit ihnen zu tun haben wollen, dürfen die Bewohner von Hooloomooloo ihre Insel nicht verlassen. Sie selbst halten sich allerdings nicht unbedingt für Krüppel. Wie sie fremden Besuchern erklären, sei es reine Ansichtssache, ob man jemanden als häßlich oder als schön bezeichne.

Herman Melville, *Mardi, and a Voyage Thither,* NY 1849.

HSUAN, ein Kontinent im Nordchinesischen Meer. Er umfaßt 7200 Quadratmeilen und rühmt sich vieler Städte, die angeblich von Heiligen und Feen regiert werden. Goldene Pflanzen und Jadekräuter sind gewöhnliche Vertreter der einheimischen Flora. Reisenden mag an der Information gelegen sein, daß im dritten Jahr der Cheng-Ho-Periode (etwa 90 v. Chr.) der Kaiser Wu Ti nach Hsuan kam. Das Volk schenkte ihm vier Unzen Weihrauch – groß wie ein Spatzenei und dunkel wie eine Maulbeere. Zwei Jahre später wurden die Einwohner der Stadt Changan von der Pest heimgesucht. Der Kaiser verbrannte ein wenig von diesem Weihrauch, und alle, die nicht länger als drei Monate tot waren, wurden wieder lebendig. Der Wohlgeruch hielt sich viele Wochen, und während dieser Zeit konnte niemand sterben. Sollte ein Besucher etwas von diesem Weihrauch finden, wäre er gut beraten, damit vorsichtig umzugehen, denn die Wiedererweckung der Toten hat – außer in ein paar klassischen Fällen – fast immer unangenehme Folgen.

Anon., *Hai-nei shih-chou chi* (4./5. Jh.), in *Wu-ch'ao hsiao-shuo ta-kuan,* Shanghai 1926.

HÜGELSIEDLUNG, ein Land im nordöstlichsten Winkel des Zentralstaats China, in dem die Lebensumstände alles andere als angenehm zu nennen sind und das deswegen nicht als ideales Reiseland empfohlen werden kann. Dort gibt es keine Nacht, so daß die Bewohner niemals Schlaf finden, sondern andauernd hektisch umherlaufen. Dies wohl erklärt zur Genüge, warum die Menschen hier ständig miteinander im Streit liegen. Der Erdboden strahlt unablässig glühende Hitze ab, da Sonne und Mond immerfort auf ihn herabscheinen. So kann es niemanden verwundern, daß der Boden nicht fruchtbar ist und nur Getreide schlechtester Qualität hervorbringt. Davon kann sich die Bevölkerung nicht ausreichend ernähren, und sie pflegt deshalb Wurzeln und Baumfrüchte zu sammeln und diese im Rohzustand zu verzehren.

Schon im dritten Jahrtausend vor unserer Zeitrechnung trieb es die chinesischen Kulturheroen, den Gelben Kaiser und Kaiser Yao, in diese Gegend, denn damals schwamm vor den Küsten dieses Landes auf dem Meer das rinderähnliche Wesen K'uei, das nur einen Fuß besaß und einen grünen Leib hatte. Der Gewittergott K'uei pflegte Wind und Regen unter Donnergrollen zu erzeugen, wann immer er vom Lande ins Wasser stieg oder daraus hervorkam. Während der Gelbe Kaiser vergebens versucht hatte, K'uei zu bändigen, gelang dies dem gewitzten Yao: Er brachte K'uei an seinen Kaiserhof und beschäftigte ihn als Tanzlehrer. Fortan erzeugte dieser durch Schlagen auf zahlreiche Klangsteine der verschiedensten Rhythmen, und die gezähmten Tiere tanzten unter seiner Anleitung. D. A.

Lü Pu-wei, *Lü-shih ch'un-ch'iu* (3. Jh. v. Chr.), in *Chu-tzu chi-ch'eng,* Peking 1954. – Lieh-tzu, *Lieh-tzu* (3. Jh. v. Chr.), in *Chu-tzu chi-ch'eng,* Peking 1954.

HULAK, im Krater eines erloschenen Vulkans erbaut, liegt 10 Grad südlicher Breite und 55 Grad westlicher Länge nahe dem Xangu-Fluß in Brasilien. Die Stadt wird von den Hulas bewohnt, einer weißen Rasse, die aus ↗ ATLANTIS stammen soll. Die Männer sind klein, blond und tragen blauseidene Tuniken; die Frauen sind kräftiger und sehr versiert in der drahtlosen Kommunikation. Sie haben einen tödlichen blauen Strahl entwickelt, mit dem sie ihre Feinde in Schrecken versetzen. Den Strahl hat allerdings ein junger englischer Forscher, Alan Upton, entwendet und gegen die Hulas gerichtet; damit reduzierte er die Bevölkerung – die bereits durch ein Erdbeben dreihundert Jahre zuvor dezimiert war – von fünfhundert Hulas auf ein knappes Dutzend.

Besuchern von heute wird Hulak als Stadt gefallen, große Gebäude von etwa vierhundert Fuß Höhe sind aus rotem Fels gehauen. Der Große Tempel (mit seiner riesigen, mit Juwelen besetzten goldenen Scheibe, die die Sonne darstellen soll) lohnt unbedingt einen Abstecher.

Der Torweg von Hulak ist durch einen großen, schweren Felsen blockiert, den Reisende vorsichtig wegräumen sollten.

Thomas Charles Bridges, *The Mysterious City,* Ldn. 1928.

HURLUBIÈRE, ein riesiges Reich in Westeuropa. Die Hauptstadt Hurlu ist so groß, daß allein die königlichen Stallungen soviel Fläche einnehmen wie die Stadt Paris. Der Kaiser Hurlubleu ist der direkte Nachkomme des berühmten Hurluberlu und trägt den Titel »Großer Manifafa«. Diese kaiserliche Dynastie leitet sich von der Göttlichen Fledermaus ab, die des Nachts die Sonne mit ihren Schwingen verdeckt, um Seiner Kaiserlichen Hoheit und deren Untertanen jene kühle Dunkelheit zu spenden, die sie zum Einschlafen brauchen.

Man weiß nicht viel über das Reich, von den Religionskriegen abgesehen, die Millionen Menschenleben forderten. Zwei der bedeutendsten Philosophen von Hurlubière, Bourbouraki und Barbaroko, gründeten zwei verschiedene Schulen, was die Geburt der Heiligen Fledermaus betraf; einer vertrat die Ansicht, der himmlische *cheiropteran* sei einem weißen Ei entschlüpft, der andere glaubte, das Ei sei rot gewesen. Der Große Manifafa bemühte sich, beide Theorien miteinander zu versöhnen, indem er davon ausging, das Ei sei außen weiß und innen rot gewesen, oder auch umgekehrt, aber die streitenden Parteien wollten das nicht akzeptieren.

Schließlich bewies ein Ausländer namens Berniquet, der Hofnarr des Kaisers geworden war, die Göttliche Fledermaus stamme überhaupt aus keinem Ei, sondern sei von Natur ein Säugetier, lebendgebärend und von menschlicher Gestalt. Der Große Manifafa ließ daraufhin beide Philosophen unter öffentlicher Lustbarkeit und Tanz in den Straßen enthaupten und beendete so das blutige Schisma.

Charles Nodier, *Hurlubleu, Grand Manifafa d'Hurlubière,* Paris 1822.

HUTNADELN ist ein kleines Dorf im Westen von ↗ RUTABAGALAND. Hier werden alle im Lande benötigten Hutnadeln hergestellt, wobei der größte Teil in das Dorf ↗ WINDBEUTEL geliefert wird. Besucher mag die Tatsache interessieren, daß die Hutnadeln einmal das Dorf vor der Zerstörung bewahrt haben. Ein heftiger Wind hatte den gesamten Ort himmelwärts in die Wolken davongetragen. Glücklicherweise verfingen sich die Hutnadeln in den Wolken und verhinderten damit, daß das Dorf noch weiter weggeweht wurde. Sobald sich der Wind gelegt hatte, zog man die Hutnadeln heraus, und das Dorf plumpste auf seinen ursprünglichen Standort zurück.

Hutnadeln ist die Heimat einer berühmten alten Dame, die unter dem Namen Lumpen-Marie bekannt ist. Auf ihrem Rücken trägt sie einen riesigen Lumpensack, doch niemand hat sie jemals etwas hineinstecken oder herausholen sehen, und sie weigert sich zu verraten, was drinnen ist. Lumpen-Marie trägt Schürzen mit großen Taschen, in denen sie Geschenke für die Buben und Mädchen des Dorfes hat. Niemals spricht sie mit Erwachsenen, mag aber Kinder sehr gern, vor allem jene, die »Gib mir« sagen oder »Gib mir, gib mir« oder vielleicht sogar »Gib mir, gib mir, gib mir«. Manchmal, wenn ihr ein weinendes Kind begegnet, zieht sie eine Puppe heraus, die nicht größer als eine Kinderhand ist und das Alphabet aufsagen und kleine chinesisch-assyrische Lieder singen kann.

Carl Sandburg, *Rootabaga Stories,* NY 1922.

HYGEIA, eine Modellstadt, die 1876 in der Absicht entworfen wurde, die Gesundheit der Bevölkerung zu erhalten und die geringstmögliche Sterberate mit höchstmöglicher Lebenserwartung zu kombinieren.

Das Interessanteste an der Stadt sind so auch all jene Einrichtungen, die zur Förderung und Erhaltung der Gesundheit ihrer Einwohner erdacht wurden. Hygeia liegt nordöstlich eines Flusses, der die Stadt mit sorgfältig filtertem Wasser versorgt, das überdies zweimal täglich auf seine Reinheit hin überprüft wird. Wenn nötig, reichert man das Wasser mit Ozon an.

Die Stadt ist nach einem Gittersystem konzipiert. Die drei Hauptboulevards verlaufen in Ost-West-Richtung und werden von Durchgangsstraßen im rechten Winkel gekreuzt. Sämtliche Straßen sind breit, mit Bäumen eingesäumt und mit Holzblöcken gepflastert, die in den Asphalt eingelassen sind. Die Gehsteige zu beiden Seiten bestehen aus grauen oder weißen Steinplatten. Sie sind immer trocken und sauber, haben keine Löcher und offene Rinnsteine und werden gut beleuchtet und ständig belüftet. Untergrundbahnen fahren unter den Boulevards, die für starken Verkehr gesperrt sind.

Die Einwohnerzahl von Hygeia liegt bei einhunderttausend; die Leute leben in zwanzigtausend Häusern auf einer Gesamtfläche von etwa hundertsechzig Hektar, bei einer Bevölkerungsdichte von fünfundzwanzig Seelen je viertausend Quadratmeter. In den Geschäftsvierteln haben die Häuser vier Geschosse gegenüber drei Stockwerken in den übrigen Stadtteilen. Kein Haus mißt mehr als achtzehn Meter, und sämtliche Gebäude sind so weit zurückgesetzt, daß sie die Straße nicht überschatten. Jedes einzelne Haus ist über einem Leitungstunnel errichtet, der der Entwässerung und der Aufnahme von Gasrohren und Wasserleitungen dient.

Die Wohngebäude bestehen aus farbigen, glasierten Ziegeln. Die Farbzusammenstellung richtet sich nach dem Geschmack des Hauseigentümers. Nachdem diese Ziegel sehr ansprechend aussehen, erübrigen sich Tapeten und damit auch Vorkehrungen im Hinblick auf Feuchtigkeit. Frischluft wird über seitliche Öffnungen zugeführt und kann erwärmt werden.

Die Dächer sind leicht gewölbt, mit Asphalt oder Dachziegeln gedeckt und von einem Eisengitter umgeben. Viele werden als Blumengärten benutzt. Unmittelbar unter dem Dach liegt die Küche; auf diese Weise ziehen die Küchendünste nicht durch das ganze Haus. Fast alle Häuser haben kleine Speiseaufzüge, mit denen die Gerichte in das Eßzimmer befördert werden.

Jeder Raum hat kaltes und warmes Wasser. Die Schlafzimmer sind sonnig und gut belüftet und auf vierunddreißig Kubikmeter pro Person angelegt. Abfälle werden über Schächte in den Mauern in den Leitungstunnel gekippt, wo die Mülltonnen stehen. Küchen- und Badezimmerboden bestehen aus glatten, grauen Fliesen, während die Wohnräume Holzfußböden mit massiven Eichenfußleisten haben.

Die Gesundheitsfürsorge spielt sich hauptsächlich in den zwanzig Krankenhäusern von Hygeia ab; für je fünftausend Einwohner steht ein Hospital zur Verfügung. Alle Kliniken sind nach demselben Muster gebaut – jeder Flügel verfügt über zwölf Krankensäle, die bei Bedarf in kleine Einzelräume aufgeteilt werden können. Am hinteren Ende lassen sich die Krankensäle zum Garten zu öffnen; außerdem gehört zu jedem Saal ein mit zwei Schwestern besetzter Tagesraum. Die ambulante Abteilung gleicht der des Queen's Hospital in Birmingham, England.

In getrennten Gebäuden sind die Abteilungen für Kinder mit Infektionskrankheiten untergebracht. Sämtliche Krankenhäuser haben Dampfheizung und stehen in ständiger Verbindung mit Feuerwehrstationen, Fabriken und öffentlichen Gebäuden. Die Arbeit der Hospitäler wird durch Kinder- und Altenheime ergänzt, die in architektonischer Hinsicht fast genauso wie die anderen Häuser in Hygeia aussehen.

Dank Stadtplanung und Krankenhaussystem sind Kinderkrankheiten, Fleckfieber sowie andere Typhuserkrankungen und Cholera so gut wie ausgemerzt; das gleiche gilt für alle Erkrankungen, die auf Alkoholmißbrauch zurückzuführen sind. Auch Lungentuberkulose ist durch verstärkte Verunreinigungskontrollen und verbesserte Belüftung stark zurückgegangen. Man schätzt die Sterblichkeitsrate auf acht je Tausend.

Industriegebäude und Privathäuser unterliegen gleichermaßen Verunreinigungskontrollen. Sämtliche Schornsteine sind mit Zentralschächten verbunden, in die der Rauch abgesaugt wird. Bevor er in die Luft aufsteigt, leitet man ihn durch einen Gasofen, wo die restliche Kohle verbrennt. Auf diese Weise wird die Stadt mit sehr geringem Kostenaufwand von lästigem Rauch und Verbrennungsrückständen freigehalten.

Wasser und Gas stehen unter ausschließlicher Aufsicht der örtlichen Behörden. Destilliertes Wasser steht zu einem bescheidenen Preis für die Zwecke zur Verfügung, für die hartes Wasser ungeeignet ist. Besucher können es ohne Schwierigkeiten kaufen. Ein städtischer Ozon-Generator erzeugt Ozon als Desinfektionsmittel. Jeder eingebildete oder wirklich Kranke wird sich in Hygeia wie zu Hause fühlen – lebenslustigen Leuten indes sei von einem Besuch dringend abgeraten.

Benjamin Ward Richardson, *Hygeia, a City of Health*, Ldn. 1876.

Felsen auf HYPERBOREA

HYPERBOREA, ein Land »jenseits der Kelten«, also hinter Gallien. Es heißt so, weil es noch nördlich des Boreas, des Nordwindes, liegt. Das günstige Klima läßt dort zwei Ernten jährlich wachsen. Leto, die Mutter Apollons, wurde hier geboren, und so liebt der Gott die Hyperboreer besonders, verbringt die Winterzeit bei ihnen und kehrt zum Sommer mit seinem Schwanenwagen nach Delphi zurück. Die Hyperboreer gelten als seine Priester, die meisten von ihnen spielen ständig auf seinem Instrument, der Kithara, und singen ihm zu Ehren Hymnen und Chöre. Ein kreisförmiger gewaltiger Tempel ist ihm geweiht, und so meinen manche, die Hyperboreer-Insel, »nicht kleiner als Sizilien«, sei England, und der Rundtempel finde sich in Stonehenge. Doch hat schon Pindar gewarnt: »Nicht zu Schiff noch wandernd zu Fuß fändest du wohl / zu der Hyperboreer Fest den wunderbaren Weg!« (*Pythien* 10,27). Jedenfalls weiß man, daß sie eine eigene Sprache besitzen und der Mond bei ihnen so nahe ist, daß man auf ihm Hügel und Höhenzüge wie auf der Erde erkennen kann. Sie leben ein festlich frohes Leben ohne Makel und ohne Leid, gelten allgemein als die Glücklichsten aller Sterblichen und wählen den Tod sich selbst. B. Ky.

Diodoros aus Agyrion, *Bibliothēkē historikē* (1. Jh. v. Chr.), Bologna 1472. – Gaius Plinius Secundus d. Ä., *Historia naturalis* (1. Jh. n. Chr.), Venedig 1469.

I

ICI oder **HIER-UND-JETZT** ist eine Burgruine beziehungsweise ein ehemaliges Fürstentum irgendwo an der ägyptischen Küste des Roten Meers. Reisende, die es heute besuchen, sollten sich mit seiner kurzen, tragischen Geschichte vertraut machen, einer Geschichte, die ein erstaunliches Licht auf das Leben einiger bedeutender Persönlichkeiten des zwanzigsten Jahrhunderts wirft.

Der ältesten Tochter des Zaren Nikolaus II., der Großfürstin Olga, gelang es Ende 1917, mit Hilfe ihrer Gouvernante, Vera Ljubov, 1918 der Ermordung ihrer Familie zu entkommen. Nach dreijähriger Flucht erreichten die zwei Frauen Rumänien, wo sie von Königin Maria, einer Kusine Olgas, aufgenommen wurden.

Ihren Traum, zusammen mit ihrem Geliebten, Constantin Comeno, von hier aus den russischen Thron zurückzuerobern und ein neues Byzantinisches Reich zu errichten, konnte die Zarentochter nicht verwirklichen: Die politische Anerkennung blieb ihr versagt.

Begleitet von Comeno und ihrer getreuen Gouvernante reiste die Großfürstin von Rumänien über London nach Berlin. Ihren Lebensunterhalt bestritt sie hauptsächlich durch Fälschen von Papieren. So verhalf der berühmte Brief von Sinovjev an die Kommunistische Partei Britanniens Stanley Baldwin zu seinem Sieg über die Labourpartei. Aufgrund der Drohung, Baldwins manipulierten Sieg an die Öffentlichkeit zu bringen, erklärte sich die britische Regierung bereit, Olga die Juwelen der Königinmutter von Rußland auszuhändigen, unter der Bedingung, daß sie mit ihren Begleitern Europa für immer verlasse. 1925 kehrte die Großfürstin mit Comeno zurück nach Ägypten. Zu jener Zeit lebte in Alexandria ein außergewöhnlicher junger Mann, Felix Rollo, ein guter Freund von Comeno, der dem süßen Leben sehr zugetan war. Als König Fuad von Ägypten der Großfürstin Olga als Geste des Willkommens einen Pavillon seines Schlosses in Montezeh schenkte, brachten Felix Rollo und Constantin Olga – oder Madame, wie sie sich nennen ließ – mühelos dazu, diesen in einen Spielsalon zu verwandeln. Die Lebewelt von Alexandria schwärmte zum Kasino – Minister, Delegierte vom Suez-Kanal, sogar der König persönlich. Geld und Champagner flossen, und die Aristokratie von Alexandria fand sich nachgerade von einem öffentlichen Ärgernis bedroht.

Russel Pascha, Neffe des Herzogs von Bedford und Befehlshaber der ägyptischen Polizei, empfahl dem König, Madame ein Stück Land zu überschreiben, weit weg von der Hauptstadt, wo sie Alleinherrscherin sein und ihren Leidenschaften freien Lauf lassen könne, ohne deshalb das Ansehen des ägyptischen Staates zu gefährden.

Man erinnerte sich dann, daß ein Palast, den der Kadi Abbas 1860 auf einer kleinen Halbinsel des Roten Meeres erbaut hatte, seit Jahren verlassen war. Madame war von der Idee, ein Fürstentum zu errichten, hingerissen. Der gewaltige Palast gefiel ihr, obwohl die Wüste ihn fast zurückerobert hatte. Sie nannte ihr Reich »Ici«, was soviel bedeutet wie hier und jetzt. Etwa hundert Fellachen wurden dazu angestellt, die Zimmer zu reinigen, die

Dächer zu reparieren und einen Garten anzulegen. Das einzige wirkliche Problem war der Wassermangel. Die nächste Quelle befand sich etwa dreißig Kilometer entfernt in einer kleinen, hinter Felsen verborgenen Bucht, wo vor vielen Jahrhunderten koptische Mönche ein Kloster gegründet hatten. Der geschickte Einsatz junger Frauen und offene Drohungen brachten die Mönche dazu, wegzuziehen und sich bei ihren Brüdern im Wadi Natrum, einer Wüstengegend östlich von Alexandria, niederzulassen. Ein ganzes Vermögen wurde darauf verwendet, das Wasser zum Palast zu leiten, und eine Unzahl von Arbeitern fiel der Hitze und Krankheiten zum Opfer. Aber nach drei Monaten schließlich floß Wasser durch die Anlagen der Höfe und des Palastes und in die Marmorbecken.

Der Onkel des Königs, dem Madames Reich lieber war als ein eigenes, schenkte ihr viele kostbare Möbel, und Madame steuerte einen Teil der kaiserlich-russischen Ausstattung bei, die den Sowjets gegen amerikanische Dollar abgekauft wurde. Bilder, Bücher und Nippes, die Madame als jungem Mädchen in Pavlovsk und Zarskoje-Selo vertraut gewesen waren, kehrten so in die Hände ihrer legitimen Besitzerin zurück. Eine Schar von Dienern wurde angestellt. Die Männer trugen weiße Gewänder, auf die der kaiserliche Adler gestickt war, die Frauen – nur von katholischen Schulen und mit besten Zeugnissen – waren kaum bekleidet.

Als alles fertig war, als die ersten Blüten an den Gartenmauern blühten und die Spiegel an den Wänden des Palasts angebracht waren, lud Felix Rollo die ganze korrupte Gesellschaft von Heliopolis bis Petra nach Ici ein. Sogar Lebemänner aus dem Ausland besuchten Madames Reich. Der Vizekönig von Indien war häufig zu Gast, sowie gewisse lateinamerikanische Politiker, deren Namen man am besten vergißt. Mit der Gelassenheit einer wahren Monarchen ließ Madame sie die Gespielen wählen, die ihnen am liebsten waren – kundige junge Mädchen oder unermüdliche dunkelhäutige Männer.

Unter dem Emblem des Kaiserlichen Rußland – dem Schwarzen Adler auf gelbem Grund – entwickelte sich Madames Hof zu einem Luxus-Bordell. Vor allem blühte der Transvestismus in Ici: Die Hofdamen waren Herren und die Herren wiederum Damen. Zur Prominenz von Ici gehörten T. E. Lawrence, der nicht – wie angenommen – bei einem Motorradunfall um-

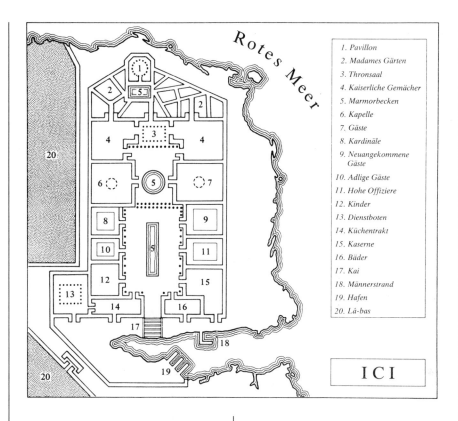

1. Pavillon
2. Madames Gärten
3. Thronsaal
4. Kaiserliche Gemächer
5. Marmorbecken
6. Kapelle
7. Gäste
8. Kardinäle
9. Neuangekommene Gäste
10. Adlige Gäste
11. Hohe Offiziere
12. Kinder
13. Dienstboten
14. Küchentrakt
15. Kaserne
16. Bäder
17. Kai
18. Männerstrand
19. Hafen
20. Là-bas

kam; der Dichter Maurice Sachs, der dem Bombardement von Hamburg entkam; Somerset Maugham, Curzio Malaparte, Baronin Karen Blixen, ein paar Wiener Juden, mehrere Nazi-Offiziere, ein sich als Truman Capote gebärdender Doppelgänger, der heute in den USA lebt, und viele andere. Selbst während Nassers Amtszeit blühte der Hof, da Madame an der Finanzierung von Nassers militärischen Projekten beteiligt war.

Vorbild für Ici waren die europäischen Höfe des achtzehnten Jahrhunderts. Elektrizität galt als eines der vielen Übel der Menschheit, und nur Kerzen und Petroleumlampen durften benutzt werden. Auch die Bibliothek war nach diesem Prinzip aufgebaut: Alle Romanciers des achtzehnten Jahrhunderts waren vertreten, sowie viele Memoiren und unzüchtige Schriften aus der Zeit. Nach 1900 erschienene Bücher wurden nicht aufgenommen. Kalender waren verboten; man sprach nur von Wochentagen. Der Monat oder das Jahr wurden nie erwähnt.

Madame wollte nicht, daß Mutterliebe die Regeln ihres Gemeinwesens durcheinanderbrächte, deshalb wurden die Kinder bei der Geburt ausgetauscht, als Tänzer oder Sänger ausgebildet und damit zu einer Einnahmequelle für Ici. Die Steptänzer aus der Schule von Ici waren bis in den belgischen Kongo berühmt, und die Chorsänger wurden von Holland bis Persien angefordert. Junge Mädchen wurden ebenfalls auf der ganzen Welt verkauft, manchmal tauschte man sie gegen Haschisch oder Opium.

Die Ungebildeten, die Kranken und Alten schickte man nach Là-bas, das heißt nach drüben, einer trostlosen Gegend außerhalb der Palastmauern. Dort lebten sie in Schmutz und Elend und verdienten ihren Unterhalt durch Schwerarbeit für die Schönen von Ici. Schließlich ließen sich die Bewohner von Là-bas diese Behandlung nicht mehr gefallen und gruben einen Tunnel zu Madames Palast. Von Nasser angespornt – der Öl im Roten Meer entdeckt hatte und die Halbinsel zurückhaben wollte –, drang ein Heer von Ausgestoßenen in den Palast und schlachtete die Bewohner ab.

Ein letztes Geheimnis aber bleibt: Es heißt, daß Maurice Sachs, bevor er durch die Hand eines jungen Liebhabers von Madame starb, gestanden habe, Madame sei in Wirklichkeit nicht die Großherzogin Olga, sondern die abenteuerliebende Gouvernante Vera Ljubov, die nach Olgas Tod im Jahre 1924 ihren Platz eingenommen habe. Besucher von Ici finden diese Theorie in einer absurd anmutenden russischen Kirche aus Marmor bestätigt, deren Inschrift – die schlechte Imitation eines byzantinischen Mosaiks – lautet: »Ihrer Kaiserlichen Hoheit, Vera Ljubov«.
Philippe Jullian, *La Fuite en Égypte*, Paris 1968.

iDEATH, eine kleine ländliche Gemeinde irgendwo in den Vereinigten Staaten. Die meisten Einwohner sind in der Ortschaft ansässig, die übrigen wohnen in den Katen ringsum und kommen nur zu den von allen gemeinsam eingenommenen Mahlzeiten ins Dorf. Beim Kochen wechseln die Gemeindemitglieder einander ab. In dieser Gegend werden fast ausschließlich Wassermelonen angebaut, die nach der Ernte ins »Wassermelonenwerk« gebracht und zu Zucker verkocht werden. Dieser wird dann so verarbeitet, daß er für die Menschen zum festen Bestandteil des einzigen Gutes wird, das ihnen wirklich gehört: ihres Lebens. Man kann in iDeath ständig lange Platten aus Zucker von verschiedener Farbe sehen, die in der Sonne trocknen und hart werden. Viele Wohnstätten sind aus Wassermelonenzucker erbaut, der auch für die von Glasscheiben kaum zu unterscheidenden Fenster verwandt wird. Mit dem Öl vermischt, das dort aus Forellen gewonnen wird, ergibt dieser allgegenwärtige Melonenzucker eine wohlriechende Substanz, die für Beleuchtungszwecke benützt wird und ein helles, angenehmes Licht erzeugt.

Die Forellenzucht ist der einzige andere Gewerbezweig in iDeath. Die Fischzuchtanstalt am Fluß wurde aus Wassermelonenzucker und Steinen aus den nahen Bergen erbaut. Besonders sehenswert ist ihr schöner Kachelboden, dessen harmonisches Muster wie eine musikalische Komposition wirkt.

Überall in iDeath sind Skulpturen zu sehen, die alles mögliche darstellen, was den Einwohnern reizvoll erscheint. Man findet dort zum Beispiel an die dreißig Nachbildungen verschiedener Gemüsesorten (Kartoffeln, Artischocken usw.), die samt und sonders aus Wassermelonenzucker geformt sind.

Das Merkwürdigste aber ist, daß die Sonne dort an jedem Tag der Woche eine andere Farbe hat, die jeweils einem Farbton der angebauten und geernteten Wassermelonen entspricht: montags rot, dienstags goldfarben, mittwochs grau, donnerstags schwarz, freitags weiß, samstags blau, sonntags braun.

Der schwarze Melonenzucker ist besonders süß, eignet sich vortrefflich für die Herstellung von Gegenständen, die keinen Klang von sich geben, und wird beispielsweise für lautlose Uhren verwandt.

Die Bestattungsbräuche dieser Gemeinde sind einzigartig. Man hüllt die Toten in Gewänder aus Melonenzucker und hängt ihnen Perlen aus phosphoreszierendem fauligem Holz um den Hals, damit aus den Grabstätten ständig ein Lichtschein dringt. Auf einem mit Glas- und Steinornamenten versehenen Wappenschild aus Kiefernholz wird der Leichnam zum Flußbett getragen und dort in ein gläsernes Grab gelegt, das versiegelt wird. Traditionsgemäß trifft man sich danach in der Fischzuchtanstalt zum Tanz.

Wer diese Gemeinde besucht, ist tief beeindruckt von der friedlichen, entspannten Atmosphäre. Die Einwohner verkehren völlig zwanglos miteinander, und viele von ihnen haben keine offiziellen Eigennamen. Die Zeitung erscheint nur einmal im Jahr.

So friedlich ging es dort freilich nicht immer zu. Jahrelang wurde die Gegend von Tigern unsicher gemacht, die zwar mit schöner, klangvoller Stimme sprechen konnten, aber viel Unheil anrichteten. Nach und nach wurden sie alle erlegt. Als man den letzten in den Bergen aufgespürt und getötet hatte, brachte man ihn feierlich in die Fischzuchtanstalt, wo er in Wassermelonenöl getaucht und dann verbrannt wurde.

Als vor geraumer Zeit Uneinigkeit in der Gemeinde herrschte, mußten einige rebellische Bürger ihren Wohnsitz in einen Landstrich verlegen, der den seltsamen Namen »Vergessener Krempel« trägt (weil dort alle möglichen vergessenen Dinge zu finden sind). Auf einem Warnschild ist zu lesen, daß jeder, der diesen Bezirk betritt, Gefahr läuft, für immer verlorenzugehen. Zwischen den Rebellen, die in verwahrlosten Hütten hausten und aus dem überall herumliegenden Krempel Whisky destillierten, und den Siedlern gab es viel Feindseligkeit. Schließlich beschlossen die Rebellen, sich selbst zu verstümmeln (ihrer Meinung nach die beste Methode, das Zusammenleben in die richtige Bahn zu lenken), und brachten sich dabei so schlimme Wunden bei, daß sie verbluteten.

Richard Brautigan, *In Watermelon Sugar*, San Francisco 1964.

IFFISCH, eine große Insel im östlichen Bereich des ↗ ERDSEE-Archipels. Die Dörfer und kleinen Städte mit ihren schiefergedeckten Häusern schmiegen sich an die auf- und absteigenden Hügel; der Haupthafen, Ismay, befindet sich an der Nordküste. In den Städten wird Bronze geschmolzen, und es gibt eine kleine, auf Heimarbeit basierende Webindustrie, in der hauptsächlich Wandteppiche hergestellt werden.

Eine der Kuriositäten von Iffisch ist ein unter dem Namen Harekki bekanntes Tier, das manchmal als Haustier gehalten wird. Das Harekki ist ein kleiner Drache mit Flügeln und Klauen, der aber nicht größer als eine Mädchenhand ist. Das Harekki ist der einzige Drache, der heute im östlichen Erdsee-Bereich vorkommt, und es ist ein entfernter Verwandter des echten Drachens, der im Westen auf ↗ SELIDOR und auf ↗ PENDOR anzutreffen ist. Die wichtigste Gastwirtschaft in Ismay, ein Treffpunkt für Händler und Bürger, heißt zu Ehren des Tiers »Das Harekki«.

Der Zauberer von Iffisch ist Vetsch, der zur gleichen Zeit wie der berühmte Zauberer Ged auf Rok seine Ausbildung erhielt. Vetsch wählte sich Iffisch aus, um seine Kunst auszuüben und mit seinem jüngeren Bruder und seiner Schwester auf seinem Stammsitz in Ismay zu wohnen, einem geräumigen und stattlichen Haus, das noch heute zu besichtigen ist.

Ursula K. LeGuin, *A Wizard of Earthsea,* NY 1968.

IKARIEN, eine Republik, wahrscheinlich im Mittelmeer. Geschäftemachern wird die Einreise verweigert. Wer sich jedoch für die Grundsätze ikarischer Weisheit interessiert, ist willkommen. Bei der Ankunft muß

Ein Stadthaus in IKARIEN

eine kleine Summe bezahlt werden, die im Verhältnis zur hier verbrachten Zeit steht, ansonsten ist alles frei. Es gibt keine Grenzwächter oder Zollbeamten; diese Berufe gelten als ehrlos.

Die wichtigste Attraktion des Landes ist die Hauptstadt Ikara. Ikarische Architekten haben die schönsten Hauptstädte der Welt studiert, um Ikara zu bauen. Ställe, Hospitäler, Bäckereien, Fabriken und Speicher befinden sich in den Außenbezirken der Stadt. Die Bewohner leben im Zentrum, wo die Straßen sauber, breit und gerade sind. Die Häuser sind nie höher als vier Stockwerke und haben viele Balkons. Jedes Haus hat einen schönen Garten, und es ist das Vorrecht und die Pflicht jedes Bürgers, ihn zu pflegen. Die Regierung sorgt für die Verwaltung und den öffentlichen Dienst; die Gesetze werden von den Bürgern nach ihren Bedürfnissen und ihrem Gewissen gemacht. Das Hauptanliegen eines jeden Ikarers ist nicht die persönliche Erfüllung, sondern das Gemeinwohl. Die Ikarer bezeichnen sich als »brüderliche Gesellschaft«.

Étienne Cabet, *Voyage en Icarie*, Paris 1839. – Ders., *Adresse du fondateur d'Icarie*, Paris 1856.

DIE IMAGINÄRE INSEL liegt weder im Norden noch im Süden. Sie ist von gemäßigtem Klima und bekannt für ihre milde und angenehme Luft. Diesem Naturparadies fehlt eine Bevölkerung, die aus seinen Schönheiten und Schätzen Nutzen ziehen könnte. Die Insel ist ganz mit Marmor und Porphyr bedeckt und von einer Marmorbalustrade umgeben, über die sich niemand lehnt, um aufs Meer zu schauen. Sie besitzt zwei Häfen, die immer leer sind. Der eine wird von einem bastionartigen, auf einer Terrasse stehenden Felsen beherrscht. Dieser besteht aus einem einzigen riesigen Diamanten und wird von goldenen Kanonen beschützt. Ein kleines Hafengebäude ist aus Diamanten, Korallen und Perlen. Der andere Hafen ist ganz aus Stahl.

Die Imaginäre Insel ist berühmt wegen ihrer schönen Wälder, Flüsse und Bäche. Die Bäume wachsen zwanzigmal schneller als in Europa. Jaspis, Kornelian, Saphir, Türkis, Lapislazuli liegen unbeachtet herum. Die Strände sind mit Muscheln voller Perlen übersät, die niemand findet. Die Bevölkerung der Insel setzt sich unter anderem aus Seepferden, Walen, Delphinen, Najaden, Nixen, Satyrn, gelben, schwarzen und weißen Hirschen, rosafarbenen Rehen, Faunen, blauen und scharlachroten Pferden, Elefanten, Dromedaren und Einhörnern zusammen. Am Abend sammeln sich die Tiere auf den Wiesen und beteiligen sich am Gesang der Vögel und Najaden.

Windhunde regieren als Könige über die ganze Tierbevölkerung, und ihnen dienen Löwen, Affen und Füchse. Obwohl es heißt, daß Rind und Hammel hier besser schmecken als irgendwo sonst auf der Welt, hat es noch niemand probiert, weil kein menschliches Wesen je seinen Fuß auf die Insel gesetzt hat.

Anne-Marie-Louise-Henriette d'Orléans, duchesse de Montpensier, *Relation de l'isle imaginaire*, Paris 1659.

IMLADRIS ↗ BRUCHTAL

INDIA, ein sagenhaftes christliches Land im Innern Asiens, im Rücken der Araber. Hier herrscht der Priesterkönig Johannes über 72 Könige, heidnische und christliche Länder, unter anderem auch über die Insel der Amazonen. Sein Reich umfaßt alle Gebiete, die ehemals Alexander dem Großen gehörten. Es reicht von Afrika bis nach Sibirien, vom ehemaligen Partherreich bis nach Indien hinein. Das Kernland grenzt an die Städte Susa, Merw und Samarkand, im Norden wird es durch den Himalaja, im Osten durch die Wüste Tharr, im Süden durch den Persischen Golf begrenzt.

Das Reich ist unermeßlich groß, reich und mächtig. Es leben hier wundersame Tiere: weiße und rote Löwen, Kamele, Elefanten, Panther, weiße Bären, Raubvögel und einige Fabelwesen, Kentauren, Satyrn, Kyklopen, Riesen und der Vogel Phönix. Das Land ist ein Paradies. Hier gibt es Flüsse, deren Sand aus Edelsteinen besteht, einen Jungbrunnen, dessen Wasser aus dem biblischen Paradies kommt. Es gibt Wurzeln, durch die man sich böse Geister dienstbar machen kann, Steine, die Blinde sehen, Dumme weise und jeden unsichtbar machen können. Wer einen solchen Stein bei sich trägt, wird immer mutiger, je mehr er kämpft, bleibt immer unbesiegbar und wird von allen geliebt. Es gibt hier ein Sandmeer mit einem Sandfluß, in dem Fische im Trockenen leben, Salamander im Feuer, die wie Seidenraupen Fasern für Stoffe liefern. Die Kleider aus diesen Stoffen werden zum Reinigen ins Feuer geworfen. Hier fließt der Honig in Strömen, und alle haben die besten Speisen. Eine gesunde Luft bewahrt jeden vor Krankheit. Wilde und giftige Tiere gibt es nicht.

Alle Einwohner sind gleich reich. Es gibt keine Streitigkeiten, und alle leben in größter Harmonie. Hoffart und Lüge sind ebenso unbekannt wie Räuberbanden und Diebstahl. Das Land hat das stärkste Heer und die größten Festungsanlagen der Welt. Es ist unbesiegbar. Trotz des Reichtums bleiben alle demütig und bescheiden und lieben einander. Trunkenheit und Hurerei sind unbekannt. Davor bewahrt die Kraft von Wundersteinen. Es gibt Betten aus Saphiren, die Keuschheit verleihen, Tafeln aus Smaragden, die die Kraft haben, beim Mahl vor Trunkenheit zu bewahren. Hier leben die schönsten und keuschesten Frauen.

Der Palast des Priesterkönigs ist aus feuersicherem Material. Auf dem Dach leuchten Karfunkelsteine, die die Nacht erhellen. Die Mauern sind aus einem Material, das alle Giftstoffe abhält. Die Fenster sind aus einem hellen Kristall, das ständig Licht gibt. Innen brennen Lichter, die niemals verbrennen und doch immer Licht spenden. Bei den Mahlzeiten des Priesterkönigs werden niemals weniger als 30 000 Personen gespeist. Alle Gäste von nah und fern werden mit den kostbarsten Geschenken überhäuft. Wer reich und glücklich sein will, ist herzlich eingeladen. M. W.

Anon., *Epistola Johannis regis Indiae* (um 1165), Lpzg. 1879.

DIE INDIANERINSEL, in der Nähe von Kap Horn gelegen, ist von Leardings Eiland aus in fünf Tagen zu erreichen. Ihre Bewohner stammen aus Baldivien, das sie wegen der Grausamkeit der spanischen Landesherren verließen. Rund sechshundert Eingeborene konnten fliehen und siedelten sich schließlich auf dieser fernen Insel an. Sie sind umgänglich und gastfreundlich, betrachten alle Menschen, mit Ausnahme der Spanier, als ihre Brüder und besitzen nur, was sie zum täglichen Leben brauchen. Ihre Tätigkeit besteht vorwiegend aus Jagen und Fischen. Feinde bekämpfen sie mit vergifteten Pfeilen. Für spanische Reisende ist es ratsam, ein aus Kräutern hergestelltes Gegenmittel bei sich zu tragen.

Über die Religion der Inselbewohner wissen wir wenig. Bei Vollmond segeln sie zu den Nachbarinseln, vermutlich um dort Götzenbilder anzubeten, über die uns bisher leider kein einziger Bericht vorliegt.

André-Guillaume Contant d'Orville, *La Destinée, ou Mémoires du Lord Kilmarnoff, traduits de l'anglais de Miss Voodwill,* Amsterdam/Paris 1766.

INFANTENINSEL, ein winziges Eiland im Atlantischen Ozean westlich der Küste Britanniens. Sie besteht aus einem sehr hohen und steilen Felsen, auf dem eine stolze Burg aufragt. In ihr wohnt ein vornehmer Herr, der die Gesetze der Ehre, des Rittertums und der Gastfreundschaft aufs strengste befolgt. Dem Vernehmen nach wurde die Insel gegen Ende des fünfzehnten Jahrhunderts, als sie noch zum Königreich Irland gehörte, zum letzten Mal besucht.

Garci Rodríguez (oder Ordoñez) de Montalvo, *Amadís de Gaula,* Saragossa 1508.

INKATUNNEL, ein unterirdischer Fluß und Stollen, der sich etwa zweitausend Meilen unter dem amerikanischen Kontinent von der Mammuthöhle in Kentucky bis zum Titicacasee in Peru erstreckt. Er wurde 1870 mit dem Dampfschiff bei einer Expedition unter Leitung von Ingenieur John Webher befahren.

Die Expedition wurde ausgerüstet, nachdem man das Testament eines verstorbenen Indianers gefunden hatte. Darin stand, daß der Schatz der Inkas, der nach der spanischen Invasion versteckt worden war, sich am Ende des Tunnels befände. Die Expedition mußte mit etlichen Problemen fertigwerden: Raubfischen, Tausenden von Ratten, riesigen Polypen, Vulkanen, Erdölseen, die man unvorsichtigerweise in Brand setzte, Geysiren und brennenden Kohlengruben. Schließlich fand man eine chinesische Mumie aus dem Jahre 1100 v. Chr., die Skelette einer früheren Expedition und endlich den Inkaschatz. Als sie sich daran machten, ihn zu bergen, setzte eine Gasexplosion ihrem Leben ein abruptes Ende.

Etwa drei Monate später entdeckte José Benalcazar, ein reicher Peruaner, ein Skelett nahe dem Titicacasee. Neben diesem makabren Fund lag der Expeditionsbericht John Webhers. Reisende sollten alle Vorsichtsmaßnahmen treffen, ehe sie sich in den Inkatunnel begeben. Sie sollten auch bedenken, daß der Schatz heute wahrscheinlich unter Tonnen peruanischer Erde begraben liegt.

Emilio Salgari, *Duemila leghe sotto l'America,* Mailand 1888.

INNSMOUTH, ein alter Fischerhafen in Massachusetts in den Vereinigten Staaten, vom Rest des Landes durch weite Wüstengebiete getrennt. Innsmouth wurde 1643 am Ufer des Flusses Manuxet gegründet und entwickelte sich rasch zu einer bedeutenden Werft.

Heute sollten Reisende Innsmouth besser meiden. Penetranter Fischgestank durchdringt die ganze Stadt, und die Einwohner sehen merkwürdig amphibisch aus, was offenbar Pferde, Hunde und andere Tiere abstößt.

Es geht ein Gerücht, gegen 1830 habe ein gewisser Captain Obed Marsh Innsmouth verlassen und sei in den Südlichen Pazifik gesegelt. Dort geriet er auf eine kleine, vulkanische Insel mit phantastischen Ruinen und Statuen von gräßlichen Ungeheuern. Die Eingeborenen einer Nachbarinsel erklärten ihm, die Ruinen-Insel sei von Kreaturen bewohnt, halb Fisch halb Frosch, die ihnen Nahrung und Goldschmuck lieferten im Tausch gegen Menschen für ihre Opferriten. Sie sagten ihm auch, in der Vergangenheit hätten sie sich mit diesen Geschöpfen vermählt und der gemeinsame Nachwuchs sei unsterblich. Captain Marsh witterte ein vorteilhaftes Geschäft und kaufte die goldenen Schmuckstücke zu sehr niedrigem Preis.

Mehrere Jahre später allerdings überfielen fremde wilde Stämme die Inselbewohner und brachten die ganze Bevölkerung um. Captain Marsh wollte auf seinen einträglichen Handel nicht verzichten und versuchte, selbst mit dem amphibischen Stamm in Verbindung zu treten.

Wahrscheinlich kam der Kontakt zwischen Captain Marsh und den Ungeheuern zustande, denn wenig später entstand in Innsmouth eine seltsame Kirche, in der der Seeteufel Dagon angebetet wurde, und dann tauchten fischähnliche Geschöpfe in den Straßen auf. Um Besucher zu täuschen und die merkwürdige neue Bevölkerung zu erklären, verbreitete man in Innsmouth das Gerücht, die Stadt sei von einer asiatischen Seuche befallen. Zwar ist vieles im dunkeln geblieben, Reisende können aber Beispiele für die Arbeiten der Seeungeheuer in der Miskatonic University in Arkham und im Institute of Historical Studies in Newburyport, Essex, Massachusetts, besichtigen. Das bedeutendste Stück ist in Newburyport ausgestellt: Eine Art Tiara, mit Meeres-Motiven und geometrischen Mustern geschmückt, unter denen man die grotesken und abstoßenden Fischfrösche leicht erkennt.

Für Reisende, die Innsmouth besuchen wollen, gibt es zwei Busverbindungen von Newburyport, täglich um 10.00 und 19.00 Uhr.

Howard Phillips Lovecraft, *The Shadow over Innsmouth,* in *The Outsider and Others,* Sauk City 1939.

DIE INSEL ist eiförmig etwa wie Sardinien. Sie liegt irgendwo im Südmeer. In der Mitte ragen hohe Gebirge, die ewiger Schnee bedeckt. Die Hänge sind unten mit Laubbäumen, oben mit Nadelhölzern bestanden, dazwischen saftige Weiden. Auf den Höhen entspringen Ströme. Die Küste besteht aus Halbinseln, Buchten und hohen Vorgebirgen. Die Täler sind fruchtbar, manche mit Seen bedeckt. Die Inselbewohner sind bescheiden. Der milde Himmel spendet ihnen in Fülle alles Lebensnotwendige. Jeder ist Gleicher unter Gleichen, niemand ist den andern untertan. Jeder arbeitet für die Früchte, die er erntet, aber nie ist die Mühsal zu groß. Die Sprache ist ein von Deutschen gelerntes Italienisch.

Eines der Dörfchen – es gibt keine Städte – liegt an einer fast kreisrunden Bucht, die nur eine kleine Öffnung zum Meer hin hat. Die Bucht wird von Felsen eingeschlossen, von denen zahlreiche Wasserfälle hinabstürzen. Bäume hängen über die hohen Ufer. Das Dorf liegt hoch auf dem Felsen, daneben Weinberge. Die Hütten sind von schattigen Bäumen umstanden. Jede hat einen Garten, in dem Zitronen und Pomeranzen reifen. Andere Dörfer liegen in der Ebene, an Flüssen, in krummen Tälern oder auf hohen Felsen. In der Mitte eines jeden Dorfes steht der Tempel. Daneben liegen zwei Plätze, einer für die Begräbnisse, einer für die Leibesübungen der Jugend. Der ist zugleich der öffentliche Versammlungsplatz. Kein Dorf darf über fünfhundert Familien zählen. Jedes hat ein Exemplar der Heiligen Schrift. Jeder Hausvater kann lesen, manche schreiben. Es gibt wenige, kurze Gesetze, die, in rhythmische Form gefaßt, leicht erlernbar sind. Die Frauen werden vorwiegend zu häuslicher Arbeit erzogen.

Zehn Gemeinden machen einen Bezirk aus. Die Jungen jeder Gemeinde bringen abwechselnd jedes Jahr einige Wochen in einer anderen Gemeinde zu, wo sie am öffentlichen Unterricht teilnehmen. Schriftsteller und Intellektuelle sind verpönt. Die wahren Kinder der Natur leben in einem unschuldigen Garten Gottes, um ein neues Menschengeschlecht zu erziehen. Der Reisende aber hüte sich vor ihren schlechten Versen:

»Beim Weibe ruh' ich sanft die
　　　　　　　　　　　Nacht,
Sie schläft, doch ihre Liebe wacht,
Und mit des grauen Morgens
　　　　　　　　　　　Gruß
Erwecket mich ihr weicher Kuß!«
　　　　　　　　　　　M. W.
Friedrich Leopold Graf zu Stolberg, *Die Insel*, Lpzg. 1788.

DIE INSEL AM ENDE DER WELT liegt so weit östlich von ↗ NARNIA, daß am Himmel andere Sternbilder zu sehen sind und die Sonne viel größer erscheint. Der schöne, federnde Rasen dieses Eilands ist mit heidekrautähnlichen Pflanzen übersät.

Das einzige »Bauwerk« ist ein großer, mit glatten Steinen gepflasterter und von grauen Säulen umgebener Platz. Hier steht ein Tisch, der von einem Ende des Platzes bis zum andern reicht und mit einem lang herabfallenden blutroten Tuch bedeckt ist. Die steinernen, reichverzierten Stühle zu beiden Seiten des Tisches sind mit Seidenkissen belegt. Der Tisch (den Aslan, der Schöpfer Narnias, hier aufstellte) ist ständig mit den köstlichsten Speisen für Besucher der Insel beladen. Ein Schwarm großer weißer Vögel, die aus dem Osten herbeifliegen, bringt Tag für Tag frische Speisen. Während sie auf die Insel herabstoßen, singen diese Vögel in einer unbekannten Sprache, die gleichwohl als menschliche Sprache identifiziert werden kann.

Die Insel ist der Wohnsitz Ramadus, eines Sternes, der seinen Platz am Himmel erst wieder einnehmen kann, wenn er sich verjüngt hat. Wie die über Narnia glitzernden Sterne sind auch die über der Insel am Ende der Welt keine leuchtenden Gaskugeln, sondern Personen mit silberschimmernden Gewändern und Haaren. Als Ramadu alt und hinfällig geworden war, geleitete man ihn vom Himmelsgewölbe auf dieses Eiland. Dorthin bringen ihm die Vögel täglich eine Feuerbeere aus den Tälern der Sonne: Der Genuß dieser Beeren bewirkt einen Verjüngungsprozeß.

Das »Letzte Meer«, in dem diese Insel liegt, hat so glasklares Wasser, daß man den Schatten eines darüber hingleitenden Bootes auf dem Meeresgrund sehen kann. Das köstliche Süßwasser soll »wie starker und dennoch leichter Wein« schmecken. Es ist ungemein nahrhaft; wer dieses Meer befährt, bedarf keiner anderen Nahrung und kommt zudem ohne Schlaf aus. Und auf dem Grunde der See erblickt er eine Unterwasserlandschaft: Berge, Hügel, Wälder und weitläufige Gärten. In den tiefen, gefährlichen Tälern hausen bösartige Geschöpfe, zum Beispiel zehnarmige Tintenfische, Seeschlangen und Kraken. Um so friedlicher geht es auf den Hügeln dieser Unterwasserwelt zu, wo Burgen und Städte zu sehen sind, darunter auch jene, die ein amerikanischer Journalist als »Thron des Todes« bezeichnet hat. Die perlweißen und elfenbeinfarbenen Gebäude haben zahlreiche Zinnen, Türmchen und Kuppeln. Das Meervolk (nicht zu verwechseln mit jenem, das im ↗ REICH DES MEERKÖNIGS beheimatet ist) hat dunkelrotes Haar und eine an altes Elfenbein erinnernde Hautfarbe. Der König und sein Gefolge tragen Krönchen und Perlenschnüre; ihre langen smaragdgrünen und orangefarbenen Schulterbänder flattern in der Strömung. Bei der Jagd – einer Lieblingsbeschäftigung des Meervolkes, bei der die Edelleute auf Seepferdchen reiten – werden kleine Raubfische auf andere Fischarten gehetzt.

In diesem Meer ohne Wind und Wellen gibt es nur eine einzige, rund vierzehn Meter breite Strömung von Westen nach Osten. Das Licht wird gen Osten immer heller, so daß der Reisende schließlich, ohne zu blinzeln, direkt in die Sonne schauen und die weißen Vögel beim Abflug zur Insel am Ende der Welt beobachten kann.

Der allerletzte Meeresarm wird »Silbersee« genannt, weil er mit lilienartigen Blumen von blendendem Glanz bedeckt ist. Da das Wasser hier immer seichter wird, kann man nur im Ruderboot zum »Ende der Welt« gelangen. Aus der Entfernung glaubt man dort eine Mauer zu erkennen, tatsächlich aber ist es eine riesige, gefrorene Woge, hinter der die Sonne aufgeht. Jenseits liegt ↗ ASLANS LAND.

Edgar Allan Poe, *The City in the Sea*, in *The Raven and Other Poems*, NY 1845. – Clive Staples Lewis, *The Lion, the Witch, and the Wardrobe*, Ldn. 1950. – Ders., *Prince Caspian*, Ldn. 1951. – Ders., *The Voyage of the »Dawn Treader«*, Ldn. 1952.

INSEL BUYAN, im Nordatlantik. Das Wetter in Buyan ist eine einzige Katastrophe: Nachdem die Stürme, Winde und Schauer um die Welt gerauscht sind, sammeln sie sich hier und lassen ihre Wut an Buyan aus. Die Tierwelt der Insel ist dementsprechend: viele Schlangen, unter denen Besucher der ältesten Schlange der Welt begegnen können (oder lieber nicht), Krähen mit prophetischen Visionen, die sie von Zeit zu Zeit offenbaren, eine bizarre Vogelart mit ehernem Schnabel und Kupferschwingen, Gewitter-Ottern, Sturm-Geflügel und Donner-Bienen, deren Honig – eine große Delikatesse – nach Regen schmeckt.

Der berühmte Alatuir-Stein, im grausamen Altertum als Opferaltar benutzt, ist in Buyan nicht mehr zu sehen. Er wurde an die Ufer des

Jordan gebracht, wo man eine goldene Kirche um ihn baute, und es heißt, daß er ermüdeten, durchreisenden Göttern als Stuhl dient.

Karl Ralston, *Buyanka,* in *The Songs of the Russian People,* Edinburgh 1932.

INSEL DER BUCKLIGEN, im Pazifischen Ozean nicht weit entfernt von den Galapagos-Inseln.

Außer einer Gruppe weitgereister Holländer, die im Süden der Insel leben, haben alle Bewohner einen Buckel und betrachten jeden, der keinen hat, als »Schandfleck der Natur«. Die Insel wurde von den Europäern während der Regierung von König Dossogroboskow LXXVII., den man auch »Seine Unabhängigkeit« nannte, entdeckt. Alle Titel werden nach den Eigenschaften vergeben, die ihre Träger an und für sich haben sollten. So redet man beispielsweise Minister mit »Eure Höflichkeit« an und die Soldaten mit »Eure Menschlichkeit«. Richter nennt man »Eure Redlichkeit«, während die Damen den Titel »Eure Genauigkeit« tragen. Hauptausfuhrartikel der Insel sind Eisen und Kamele.

Abbé Pierre-François Desfontaines, *Le Nouveau Gulliver, ou Voyage de Jean Gulliver, fils du capitaine Gulliver,* Paris 1730.

DIE INSEL DER FLEISSIGEN BIENEN im Tyrrhenischen Meer wimmelt von Leuten, die hektisch hin und her rennen und ihrer Arbeit nachjagen. Keiner hat eine Minute freie Zeit. Es gibt weder Faulenzer noch Vagabunden; Bettler werden demoralisiert, indem man ihnen Arbeit anbietet, und es ist äußerst schwierig, eine kostenlose Mahlzeit zu erhalten. Die Fische im Meer rund um die Insel sind jedoch äußerst höflich und versorgen Besucher mit allen nötigen Informationen.

Carlo Collodi, *Le avventure di Pinocchio,* Florenz 1881–1883.

INSEL DER GATTENOPFERUNG, irgendwo im Indischen Ozean gelegen und zuerst von dem brühmten Chronisten Sindbad dem Seefahrer beschrieben. Die Bewohner der Insel, die in einer großen und prunkvollen Stadt wohnen, sind für ihre besonderen Begräbnisriten bekannt. Wenn der Ehemann oder die Frau stirbt, wird der überlebende Partner ebenfalls begraben. Die Leiche wird mit einem Seil in eine tiefe Spalte nicht weit vor der Stadt gesenkt; der Witwer oder die Witwe geht dann denselben Weg, darf jedoch einen kleinen Krug Wasser und ein paar Laibe Brot mit ins Grab nehmen. Der Leichenzug verschließt dann die Spalte mit einer Steinplatte, das Paar ist für immer vereint.

In einem anderen Teil der Insel lebt ein wilder Negerstamm, der Besucher mit köstlichen Gerichten und Kokosnußmilch willkommen heißt. Reisende seien jedoch davor gewarnt, davon zu kosten, da gewöhnlich alles eine starke halluzinogene Droge enthält, von der man einem langen Wahnsinn anheimfällt. Die Opfer dienen dann als Zugabe für bestimmte Eingeborenengerichte, die in zwei Kategorien zerfallen: Entweder sie werden gekocht und mit schweren Saucen zubereitet, die nur der König essen darf, oder bleiben – für den übrigen Stamm – roh.

Anon., *Die Geschichte von Sindbad dem Seefahrer,* Vierte Reise, in *Alf laila wa-laila* (Tausendundeine Nacht; 5.–15. Jh.), Kalkutta 1830.

DIE INSEL DER GLÜCKSELIGKEIT, im Ägäischen Meer gelegen, ist schwer zugänglich. Eine Reihe natürlicher Hindernisse schützen sie: steile Felsen, rasende Stürme, wilde Löwen, Tiger und Panther und Schlangen in jeder Rose. Wem es jedoch gelingt, die Insel zu betreten, der findet sich in eine Atmosphäre ewiger Gegenwart gehüllt. Nichts altert hier. Es gibt weder Krankheiten, Sorgen noch Ängste. Ein Hauch von Ambra liegt in der Luft, Orangenbäume mildern die Sonnenhitze. In den Flüssen spiegeln sich üppig die Blumen, und das Obst ist immer reif. Die Vögel singen nicht, sie wispern, und es wird nie dunkel, nicht einmal nachts. Hier wohnen ewigjunge Nymphen, deren älteste kaum fünfzehn Jahre alt ist.

Die Insel wird von Königin Felizitas regiert, die auch als Théone bekannt ist.

Eine Säule am Eingang ihres goldenen Palastes trägt eine Inschrift, die treulosen Liebhabern den Zutritt verbietet. Dreihundert Jahre war die Königin mit dem Mann glücklich, den sie liebte; dann verließ er sie, und Théone wird zweitausend Jahre brauchen, um den Schmerz zu verwinden, den seine Treulosigkeit ihr zugefügt hat. Reisenden ist der Einlaß verständlicherweise verwehrt.

Fanny de Beauharnais, *L'isle de la félicité, ou Anaxis et Théone...,* Paris 1801.

INSEL DER GÖTZEN, auf der Höhe der nordamerikanischen Ostküste, nicht weit von der ↗ WINKFIELDS INSEL gelegen.

Die Götzeninsel ist unbewohnt, hat aber eine bemerkenswerte Fauna. Entlang der Küste nistet eine Vielfalt von Vögeln, darunter eine Spezies von der Größe eines Papageis mit regenbogenfarbenen Federn und einem Schwanz, der sich wie bei einem Pfau auseinanderfächert. Außerdem streift ein seltsamer Vierfüßler, der etwa so groß ist wie eine Ziege, auf der Insel umher. Seine Beine sind so schlank, daß sie sich unter dem eigenen Körpergewicht biegen; deshalb sind auch die Bewegungen des Tieres ausgesprochen langsam. Es besitzt große, hervorstehende Augen, scharfe Zähne und lange Haare, deren Strähnen in haselnußgroßen Büscheln enden. Feldmäuse fühlen sich von diesen Büscheln angezogen – vielleicht wegen einer klebrigen Absonderung, die das Haar ausscheidet – und knabbern daran. Der Vierfüßler läßt sie eine Weile gewähren, dann wendet er sich mit einer ruckartigen Drehung seines schlanken Halses um und frißt sie haufenweise.

Nur zwei Menschen haben in jüngster Zeit für eine Weile auf der Insel gelebt, obwohl archäologische Funde darauf hindeuten, daß sie früher bewohnt gewesen sein muß. Gegen Ende des sechzehnten Jahrhunderts wurde ein Europäer unter ungeklärten Umständen auf der Insel ausgesetzt, wo er dann über vierzig Jahre lang lebte. Er fand heraus, daß sich die Wildziegen wegen ihrer Behendigkeit zwar nicht fangen ließen, daß sie aber eine Vorliebe für die gelbe Frucht eines einheimischen Baumes hatten. Wenn man diese als Köder auslegte, waren die Tiere leicht zu fassen. Dieser unternehmungslustige Herr führte ein Tagebuch über seinen Inselaufenthalt. Aus den bruchstückhaften Aufzeichnungen ist zu entnehmen, daß er vor seiner Ankunft ein etwas liederliches Leben geführt hatte und sich in der Einsamkeit seiner neuen Umgebung zum Christentum bekehrte.

Weitere vierzig Jahre später kam Miss Unca Eliza Winkfield auf die Götzeninsel. Miss Winkfield – Tochter eines Plantagenbesitzers aus Virginia und einer in England erzogenen indianischen Prinzessin – wurde hier ausgesetzt, nachdem sie die Annäherungsversuche des wollüstigen Kapitäns, der sie auf seinem Schiff in ihre Heimat zurückbringen sollte, zurückgewiesen hatte.

Dieser Mischung aus Zufall und

Tugend verdanken die Besucher der Götzeninsel die erste genaue Beschreibung des Ortes; die ersten Tage, die Miss Winkfield auf der Insel zubrachte, wurden ihr durch die Entdeckung des Tagebuches jenes früheren Bewohners beträchtlich erleichtert. Sie konnte daraus entnehmen, welche Früchte und Pflanzen eßbar und wie die geschickten und flinken Ziegen zu fangen waren.

Miss Winkfield entdeckte zu ihrer Überraschung eine Reihe von halbverfallenen Steinbauten, von denen eine ihr eine Weile als Behausung diente (auch Reisende können sie als Unterkunft benutzen). In anderen Bauwerken lagen Mumien, die – nach den Inschriften zu schließen – vor über tausend Jahren begraben worden sind. Viele Steingräber beherbergten die Asche von Jungfrauen, die dem Sonnengott geopfert worden waren. Ganz in der Nähe befand sich auch ein unterirdischer Raum mit den Gewändern der Hohen Priester: seltsame Roben aus feinstem vergoldetem Maschengeflecht und mit Diamanten und anderen wertvollen Steinen besetzt. Bei genauerem Nachforschen entdeckte Miss Winkfield einen unterirdischen Gang, der zu einer hohlen, goldenen Götzenfigur in Gestalt eines hünenhaften Mannes führte. Diese Statue stellte den Sonnengott dar. Jedes Geräusch, das in dieser Figur ertönte, gab einen starken Widerhall, und Miss Winkfield mutmaßte ganz richtig, daß dieses Götzenbild in alter Zeit zur Verkündung von Prophezeiungen benutzt wurde, die angeblich unmittelbar von der Sonne her kamen.

Nachdem sie aus dem Tagebuch erfahren hatte, daß von Zeit zu Zeit Indianer von anderen Inseln herüberkamen, um den Gott zu verehren, beschloß sie, sich das Orakel zunutze zu machen, um sie alle zum Christentum zu bekehren. Durch den Mund des Götzenbildes beschwor sie die Indianer, nicht die Sonne anzubeten, sondern vielmehr deren Schöpfer. Sie unterwies sie in den Grundzügen des Christentums und verkündete ihnen die Ankunft einer Frau, die sie weiter unterrichten würde. Daraufhin zeigte sie sich ihnen in den Gewändern eines Hohen Priesters und überzeugte sie sehr schnell von der Erhabenheit der christlichen Religion. Ihre Lehren wurden von den Indianern wohlwollend aufgenommen, und sie baten Miss Winkfield, ihre Königin zu werden. Doch sie schlug diese Ehre aus, erklärte sich aber bereit, sie als Lehrerin auf ihre Heimatinsel (heute Winkfields Insel) zu begleiten.

Die Bekehrung der Indianer machte Fortschritte, doch von Zeit zu Zeit zog es Miss Winkfield zu ihrer Insel zurück. Eines Tages sah sie eine Gruppe englischer Seeleute dort landen und erkannte in einem von ihnen ihren Vetter, einen englischen Priester. Zunächst sprach sie mit der Besatzung durch den Mund des goldenen Götzen und brachte damit einige zu leichtgläubige Matrosen unbeabsichtigt zu der Überzeugung, daß die Insel von Geistern heimgesucht werde. Obwohl sie sich schließlich in ihrer wahren Gestalt zeigte, weigerte sich die Mannschaft, sie an Bord zu lassen. Ihren Vetter hatte sie bald von der Wahrhaftigkeit ihrer Geschichte überzeugt, und als Priester war er von dem Plan, auf Winkfields Insel eine christliche Gemeinschaft zu gründen, begeistert. Die beiden heirateten und führten ihre Missionsarbeit erfolgreich fort. Dank der Vermittlung und Redlichkeit des Kapitäns wurde Miss Winkfields Erbanteil auf die Insel gebracht, und von da an wollte die aufblühende Gemeinde mit der übrigen Welt nichts mehr zu tun haben.

Inselbesucher werden viele der uralten Plätze nicht mehr finden, nachdem ein Erdbeben einen beträchtlichen Teil der Steinbauten zerstört hat. Das Götzenbild selbst wurde von den Winkfields vernichtet, um die Eingeborenen vor der Versuchung der erneuten Götzenanbetung zu bewahren.

Unca Eliza Winkfield (?), *The Female American...*, Ldn. 1767.

DIE INSEL DER GROSSEN MUTTER, auch **ILE DES DAMES,** Frauenrepublik im Stillen Ozean. Die drei bis vier Meilen lange gebirgige Insel ist hufeisenförmig um einen weiten Golf gelegen, der den einzigen Hafen bildet; die übrige Küste fällt steil ab. Über einem der beiden vulkanischen Bergkegel steht ständig eine dünne Rauchfahne. Unterhalb der Berge erstreckt sich terrassenartig ein fruchtbares Tal mit warmen Quellen. Kaffee, Tabak, Pfeffer, Zimt und Zuckerrohr gedeihen hier, Wild und Geflügel sowie Fische sind leicht zu fangen.

Die Insel wurde an einem 2. Februar zu Beginn des 20. Jahrhunderts entdeckt, als die Rettungsboote des untergegangenen Passagierschiffs »Kormoran« auf dem Weg von Hongkong nach San Franzisko strandeten. Die geretteten Passagiere waren ausschließlich Frauen und Kinder, darunter als einziges männliches Wesen der etwa vierzehnjährige Phaon. Um der Hysterie und Verzweiflung der Ge-

Das steinerne Denkmal der heiligen denkenden Hand in Mannland auf der INSEL DER GROSSEN MUTTER

strandeten entgegenzutreten, erklärte sich die älteste der Schiffbrüchigen spontan zur Präsidentin. Sie teilte die Frauen in Zehnschaften ein und bestimmte die jeweils Intelligenteste als Leiterin. Das Leben auf der Insel begann nahezu mühelos, da die Rettungsboote mit Lebensmitteln und vor allem mit Handwerkszeug ausgerüstet waren. Die Frauen bauten sich aus kreisförmig aufgestellten Bambuszelten die sogenannte Ville des Dames. Es gab ein Lesezelt und – dank einer geretteten Bibel – ein Kirchenzelt, Notre Dame des Dames. Noch im ersten Jahr wurde ein Versammlungshaus eingeweiht, dessen Speiseraum durch ein ehemaliges Mitglied der Darmstädter Künstlerkolonie im Stil van der Veldes eingerichtet wurde. Gerettetes Schreibmaterial erlaubte es von Anfang an, eine Chronik des Insellebens zu führen, später wurde in der »Akademie« ein Archiv auf Schieferplatten angelegt.

Die Frauen fühlten sich auf der Insel recht wohl, verwarfen ihr bisheriges Leben in einer patriarchalisch bestimmten Welt und bürgerten für Europa bald den Namen »Finstermannland« ein. Etwa ein Jahr nach dem Schiffbruch brachte eine der Frauen einen Sohn zur Welt, den sie als Verkörperung Krischnas und als Sohn des ihr in mystischer Vereinigung erschienenen Gottes Mukalinda ansah. Weitere übernatürliche Zeugungen ließen Monat für Monat Kinder auf der Insel geboren werden. Versuche, irgendeine natürliche Vaterschaft zu ermitteln, führten zu keinem Erfolg, wurden auch ohne großen Nachdruck geführt. Es entwickelte sich ein regelrechter Kult um die mystische Begattung, ein Mukalinda-Tempel mit Linga-Kult wurde errichtet. Der Zuwachs an Kindern, darunter natürlich auch an Knaben, war so groß, daß die Frauen ihren Kult und ihr Matriarchat bedroht sahen. Sie faßten den Entschluß, die Knaben vom 5. Lebensjahr an in einen abgelegenen Teil der Insel zu verbannen, der als sogenanntes »Mannland« in scharfem Gegensatz zum »Mütterland« stand.

Während die Frauen weiterhin nur ihre Mythologien pflegten, wandten sich die Jünglinge unter Phaons Führung der Realität zu. Innerhalb der nächsten zehn Jahren entwickelten sie viele Sparten des Handwerks neu, vor allem solche, die sich auf die Verwendung des vorhandenen Holzes bezogen. Sogar eine kleine Segelbootflotte entstand. Aus der Betonung des manuellen Geschicks entstand ein besonderer Mannland-Gott: die heilige Hand.

Nach einer Zeit unerklärlichen Geburtenrückgangs brach im Mütterland eine Art Psychose aus. Die jungen Mädchen stürmten die Tempelbezirke und ließen die Gebäude in Flammen aufgehen, die jungen Männer zogen ihnen in trunkener Begeisterung entgegen und hißten im Tempelbezirk die neue Fahne der Insel mit der Inschrift »Mann«.

Phaon verließ in diesem Augenblick die Insel mit Diodata, die kaum einjährig einst unter den gestrandeten Passagieren gewesen war.   G. W.

Gerhart Hauptmann, *Die Insel der Großen Mutter oder das Wunder von Île des Dames. Eine Geschichte aus dem utopischen Archipelagus*, Bln. 1924.

INSEL DER HABGIERIGEN, eine der zahlreichen Inseln in der Nähe von Tierra del Fuego. Die Einwohner sind unbeschreiblich fett und denken an nichts anderes als ans Essen. Sie sind wohlhabend und verwenden einen guten Teil ihrer Zeit und ihres Verdienstes für Aufenthalte auf der ↗ DOKTO-RENINSEL. Ihrem Gott Baratrogulo bringen sie Speiseopfer dar. Baratrogulo wird als Fettkloß dargestellt, der an einem reich gedeckten Tische sitzt. Seine Priester fungieren zugleich als Orakel und antworten nicht durch den Mund, sondern durch den Magen.

Abbé Pierre-François Desfontaines, *Le Nouveau Gulliver, ou Voyage de Jean Gulliver, fils du capitaine Gulliver*, Paris 1730.

DIE INSEL DER LANGEWEILE, geographische Lage unbekannt, ist ein ständig in Nebel gehülltes, sumpfiges Eiland. Dort sind sämtliche Pflanzen giftig, und alle Tiere verpesten die Luft mit ihrem Gestank. Reisende sollten vor diesen Tieren auf der Hut sein, denn dem Vernehmen nach fallen sie jeden Menschen an, zerren ihm langsam die Eingeweide aus dem Leib, kurieren ihn dann wieder – nur um ihn stets von neuem der gleichen Prozedur zu unterziehen.

Marie-Anne de Roumier-Robert, *Les Ondins*, Paris/Ldn. 1768.

DIE INSEL DER MONARCHOMANEN, ursprünglich eine Tagesreise nördlich der Papomaneninsel gelegen, galt als eine der schönsten, fruchtbarsten Inseln des Archipels. Sie gliederte sich in die Residenz, die steile Küste und die landwirtschaftlich genutzte Ebene. Die auf einem Vorgebirge gelegene Residenz des Königs mit ihren vielen Seitenflügeln galt als ein Wunderwerk der Architektur, sie erschien wie eine Stadt und vermittelte den Eindruck, als ob alle Tempel der Götter hier zusammengestellt worden seien. Die Zinnen dieser Burg ragten hoch in den Himmel, als hätten Riesen daran gebaut.

Die sonnenreiche »steile Küste« hatte man kunstvoll terrassiert, Erde heranschaffen lassen, und Zitronen, Orangen und Wein gediehen vorzüglich. Hier standen die Paläste des Adels. Eines der Häuser direkt über der Steilküste war durch einen Gang mit der Residenz verbunden. Geheime Tapetentüren sind noch funktionsfähig, möglicherweise befindet sich in oder unter diesem Gebäude die bisher unentdeckte Schatzkammer. Den Bauern der Ebene stand nach altem Reichsgesetz von ihren Erzeugnissen zu, was sie selbst verbrauchen konnten.

Nach mehreren Erdbeben brach vor einiger Zeit im Süden der Insel zwischen der Ebene und der steilen Küste ein Vulkan auf, der das Land mehrere Monate lang mit Asche bedeckte. Eines Tages teilte sich die Insel unter gewaltigen Eruptionen: Die steile Küste treibt seitdem etwas weiter nördlich und wird von Seeleuten immer wieder an einer anderen Stelle gesehen; die Residenz ist nach Nordosten abgetrieben worden und von der Papomaneninsel bei klarem Wetter am Horizont zu erblicken; nur von der Ebene hat man nie wieder etwas gesehen.   G. W.

Johann Wolfgang von Goethe, *Die Reise der Söhne Megaprazons* (1792), in *Werke*, Stg./Tübingen 1837.

DIE INSEL DER NEUN WASSERSTRUDEL liegt tausend Meilen von irgendwo. Auf diesem fruchtbaren, friedlichen Fleckchen Erde erinnert fast nichts mehr an die seltsame Geschichte des Eilands. Nur noch die rosenfarbene und blaßgelbe Steinmetzarbeit am sogenannten Einsamen Turm und der steinerne Drache am Strand sind die stummen Zeugen einer wechselvollen Vergangenheit.

Jahrhundertelang war die Insel von neun Wasserstrudeln umgeben, die sie vor Eindringlingen schützten. Eben darum beschloß der König eines fernen Landes, seine Tochter auf dieses Eiland zu verbannen. Zwei Gründe bewogen ihn dazu: Zum einen hatte er sich vergeblich einen Sohn gewünscht, zum anderen wollte er sie für ihren Trotz bestrafen. Ein Zauberspruch des Königs sollte bewirken, daß die Prinzessin nie altern würde und so lange auf der Insel bliebe, bis es einem tapferen Mann gelänge, sie zu befreien. Ein Drache und ein Vogel Greif mußten sie auf Befehl des Königs bewachen und ihr zugleich als Koch und Zofe dienen. Die Mutter der Prinzessin und die Hexe, die über die Geburt des Kindes gewacht hatte, erklärten sich bereit, mit in die Verbannung zu gehen, und standen jahraus jahrein als Steinfiguren an der Pforte des Einsamen Turmes.

Im Lauf der Jahrhunderte versuchten zahlreiche Prinzen das verzauberte Mädchen zu befreien, schreckten jedoch vor den Wasserstrudeln zurück. Schließlich gelang es dem Sohn eines Schiffskapitäns, genau zu berechnen, wann die Strudel bei Einsetzen der Ebbe für kurze Zeit zur Ruhe kamen. Er gelangte auf die Insel, verliebte sich in die Prinzessin, besiegte den Drachen und konnte den Vogel Greif mühelos überwältigen.

Die offenbar aus Blutstropfen des Zauberkönigs entstandenen Wasserwirbel verwandelten sich bei Ebbe in Rubine, die, sobald man sie auf den

Erdboden geworfen hatte, zu keimen begannen und einen reichen Ertrag an Getreide erbrachten. So triumphierte das Gute über das Böse. Die Prinzessin und ihr Retter lebten fortan als glückliches Paar in dem schönen Schloß, das sie sich auf der Insel erbauen ließen. Der versteinerte Drache am Strand ist inzwischen zu einem beliebten Kinderspielzeug geworden.

Edith Nesbit, *The Island of the Nine Whirlpools*, Ldn. 1899.

INSEL DER PHILOSOPHIE, vor der Küste der Vereinigten Staaten nahe der ↗ GLÜCKSINSEL gelegen. Hauptstadt und Sitz der berühmtesten Akademie der Welt ist Rispa.

Die Insel hat keine Regierung, weil sich die Leute nicht einig werden können, welches System am wenigsten tyrannisch und am aufgeklärtesten ist. Es gibt auch keine Religion, nur ein paar Theologen. Der Glaube wurde durch eine Spottkampagne allmählich in Mißkredit gebracht; die Autoren verschiedener Schmähschriften empfingen akademische Würden.

Von großer Bedeutung sind die Schulen, an denen rivalisierende Philosophen ihre jeweiligen Denksysteme lehren. Dazu gehören die meisten Theorien der europäischen Philosophie und zahlreiche Erklärungen des Ursprungs des Universums. Hier kann man Vertretern aller Schulen – Robinet, Voltaire, Diderot – begegnen, die endlich ein Land gefunden haben, wo sie ihre Zeit nicht damit verschwenden müssen, vor ordinären und intellektuell unterernährten Menschen zu sprechen.

Reisende, die einen Aufenthalt auf der Insel der Philosophie planen, sollten sich vorher mit einer großen Zahl philosophischer Lehren genau bekannt machen, sie würden sich sonst auf dem Trockenen fühlen in einem Land, wo philosophische Diskussion praktisch die einzige Beschäftigung ist und Konversation weitgehend aus Zitaten und Gegenzitaten besteht.

Abbé Balthazard, *L'isle des philosophes...*, Chartres 1790.

INSEL DER POESIE, bewohnt von zerstreuten und verträumten Leuten, die nicht sehr gesprächig sind. Jeden Morgen fallen sie auf die Knie und beten die Göttin Aurora an, die sie hoch über die Musen und Apollon stellen. Die Insulaner haben die Eigentümlichkeit, daß sie ihre Kinder im Kopf empfangen und durch die Finger gebären. Viele dieser Kinder sind Monstren, aber die Eltern verstoßen sie nicht, sondern füttern sie mit einem nahrhaften Fleisch, das man »Achtung« nennt. Stirbt einer der Insulaner, wird er in schöne Rhetorik einbalsamiert, und die Trompeten des Ruhms werden bei seiner Beisetzung geblasen. Besucher werden über den Mangel an politischer Organisation, wirtschaftlicher Entwicklung und Militär auf der Insel staunen. Die einzige Beschäftigung der Bewohner scheint zu sein, einsam wie Wolken an einsamen Wellenbrechern entlangzuwandern und an verlassenen Flußufern zu sitzen, wo sie alle möglichen Verse verfassen, die sie mit großer Emphase bei geselligen Anlässen vortragen.

Nicolas Frémont d'Ablancourt, *Supplément de l'Histoire véritable de Lucien,* Paris 1654.

DIE INSEL DER SELIGEN, im Atlantik, ist breit und eben. Sie wird von dem Kreter Rhadamanthos regiert. Die Hauptstadt ist völlig aus Gold. Sie hat smaragdene Mauern mit sieben Toren, jedes aus einem einzigen Stück Zimtbaum. Die Straßen sind mit Elfenbein gepflastert. Für alle Götter gibt es Tempel aus Beryl mit riesigen amethystenen Altären für Menschenopfer. Touristen, die beim Anblick von Blut erschrecken, wird empfohlen, sich den damit verbundenen Zeremonien fernzuhalten. Rings um die Stadt führt ein Fluß mit köstlichem Parfüm. Die städtischen Bäder sind große Kristallgebäude, die mit Zimt geheizt werden. Die Wannen sind mit warmem Tau gefüllt.

Touristen werden auf der Insel die gewohnte Dunkelheit der Nacht ebenso wie das Licht des Tages vermissen. Die Insel ist ständig in ein Zwielicht getaucht, als sei die Sonne noch nicht aufgegangen. Es herrscht ewiger Frühling, und als einziger Wind weht der Zephyr. Die Vegetation ist ungewöhnlich üppig. Die Reben geben zwölfmal im Jahr Trauben, die Obstbäume tragen dreizehnmal Früchte, weil sie in dem nach Minos benannten Monat zweimal geerntet werden können. Der Weizen liefert statt der Ähren wunderbar gebackene Brötchen, die auf seinen Spitzen wie Pilze wachsen. In der Umgebung der Stadt geben dreihundertfünfundsechzig Quellen Wasser, weitere dreihundertfünfundsechzig Honig, fünfzig kleinere Parfüm, sieben Flüsse Milch und acht Wein.

Die Bewohner kleiden sich in schöne purpurfarbene Spinnweben. Obwohl sie körperlos sind, können sie sich wie Sterbliche bewegen und unterhalten. Sie sind reine Seelen, denen die Spinnweben Körperformen verleihen.

Lukianos aus Samosata, *Alēthē dihēgēmata* (um 120), Florenz 1496.

INSEL DER STIMMEN, eine flache, westlich der ↗ TODESWASSERINSEL gelegene Insel mit hervorragend gepflegten Rasenflächen und Parkanlagen. Das einzige größere Gebäude ist ein niedriges Steinhaus, das man über eine baumbestandene Allee erreicht. Dies ist das Haus von Coriakin, dem von Aslan, dem Schöpfer von ↗ NARNIA, ernannten Gouverneur der Insel. Die einzigen anderen Bewohner sind eine Rasse thumber, aber harmloser Monopoden, die einst die Duffer genannt wurden. Ihrem ursprünglichen Aussehen nach ähnelten sie den Zwergen von Narnia sehr, jedoch erwiesen sie sich als so ungehorsame und untaugliche Untertanen (es ist bekannt, daß sie das Geschirr vor dem Essen abwuschen, um die Zeit danach zu sparen, und daß sie Pellkartoffeln anpflanzten, um sich das Abkochen zu schenken), daß Coriakin sie schließlich verunstaltete. Die Duffer schämten sich ihrer Häßlichkeit dermaßen, daß sie einen Zauberspruch aus dem Buch des Coriakin stahlen und sich unsichtbar machten. Zu diesem Zeitpunkt erhielt die Insel übrigens auch ihren Namen, als nämlich Besucher Stimmen hörten, jedoch niemanden sehen konnten. Die unsichtbaren Duffer wurden schließlich wieder in sichtbare Wesen zurückverwandelt – zu Monopoden mit einem Fuß mit breiten Zehen an einem von der Körpermitte ausgehenden Bein. Sie bewegen sich durch Springen und Hüpfen vorwärts, und zum Ausruhen legen sie sich flach auf den Rücken und heben ihr Bein in die Luft. Diese Lage hat den Vorteil, daß ihr Fuß sie zugleich vor Sonne und Regen schützt. Der Fuß kann zudem auch als Floß verwendet werden. Die einstigen Duffer scheinen mit ihrer neuen Gestalt ganz zufrieden zu sein. Da sie jedoch mit der Aussprache des Wortes »Monopoden« immer Schwierigkeiten hatten, zogen sie dieses schließlich mit ihrem ursprünglichen Namen zusammen und kamen so auf die Bezeichnung »Duffelpoden«, unter der sie noch heute bekannt sind. Obwohl sie unter Coriakins Herrschaft stehen, befolgen sie zugleich jeden noch so läppischen und unsinnigen Befehl ihres eigenen Häuptlings.

Clive Staples Lewis, *The Voyage of the »Dawn Treader«*, Ldn. 1952.

INSEL DER TEUFEL ↗ KAPITÄN SPARROWS INSEL

DIE INSEL DER WANDERNDEN BÄUME im Nordatlantik ist ziemlich groß und hat eine üppige Vegetation. Ihren Namen erhielt sie irrtümlich von Seefahrern, die im siebzehnten Jahrhundert hierherkamen. Sie näherten sich der Insel durch eine Flußmündung und sahen plötzlich, wie eine Baumgruppe von einem Ufer zum anderen sprang; erschrocken beschlossen sie, umzukehren. Später entdeckten andere Reisende, daß die wandernden Bäume in Wirklichkeit Boote der hier ansässigen Fischer waren, die diese mit dicken Ästen und bunten Blättern geschmückt hatten.

Miguel de Cervantes Saavedra, *Los trabajos de Persiles y Sigismunda*, Madrid 1617.

DIE INSEL DER ZIVILISATION ist die wichtigste der polynesischen ↗ VITI-INSELN. Sie wurde 1831 vom Kapitän der *Calembredaine* entdeckt und zum französischen Hoheitsgebiet erklärt. Die herrlichen Wälder und Berge des Eilands sind oft in dichten Nebel gehüllt.

Der Inselstaat ist eine Monarchie, der König eine Figur aus Rosenholz. Er funktioniert mechanisch und kann in einem Arbeitsgang bis zu dreißig Erlasse unterzeichnen – mit einer englischen Signatur in Schönschrift. Dieses System hat zahlreiche Vorteile. Es erspart der Monarchie zum Beispiel jegliches Nachfolgeproblem, ganz zu schweigen davon, daß dieser König den Staat jährlich nur fünfzig Francs kostet, d. h. den Betrag für das zum Schmieren des Mechanismus erforderliche Öl. Es steht nur dem Kabinettsvorsitzenden zu, den mechanischen König aufzuziehen.

Die Minister tragen eine schwere Verantwortung. Sie haben alle einen Strick mit einem Laufknoten um den Hals, und jeder Wähler darf diesen Knoten zuziehen, falls der betreffende Minister erwiesenermaßen gegen die Amtsvorschriften verstoßen hat. Alle Parlamentsmitglieder sind taubstumm und diskutieren in der Zeichensprache – eine Garantie dafür, daß keine endlosen Debatten stattfinden und die Abgeordneten sich nicht von lautstark vorgebrachten Argumenten beeinflussen lassen.

Kurz vor der Ankunft der Franzosen wurde in diesem Inselstaat die Austragung von Duellen verboten – mit dem erstaunlichen Ergebnis, daß seither dort tatsächlich keine Zweikämpfe mehr stattgefunden haben.

Die Insel erfreut sich großen Wohlstands; ihre Bodenschätze werden dank des wissenschaftlichen Fortschritts sehr effektiv verwertet. Das alte Eisenbahnnetz wurde durch ein elektrisch betriebenes Transportsystem ersetzt. An die aus Metall hergestellten Triebwagen (wegen ihrer Form »Sattelpistolen« genannt) wird mittels eines eisernen Ringes ein gläserner Wagen gekuppelt, in dem der Passagier sitzt. Mit unerhört hoher Geschwindigkeit gleitet dieses Verkehrsmittel auf einer schmalen Metallschiene dahin, die als Stromleiter dient. Der durch die Reibung entstehende starke Funkenflug sorgt dafür, daß nachts ein breiter Streifen zu beiden Seiten des Bahngeländes beleuchtet ist. Der Vorteil dieses Transportmittels besteht darin, daß es wenig kostet, leicht zu installieren ist und, falls die Anwohner sich belästigt fühlen, rasch wieder demontiert werden kann. Der Nachteil besteht darin, daß immer nur ein Passagier befördert wird, weil sich bei einer größeren Anzahl von Fahrgästen die Gefahr eines tödlichen Stromschlages beträchtlich erhöhen würde. Da auch die Post in diesem unglaublich schnellen Verkehrsmittel befördert wird, erhält man nicht selten die Antwort auf einen Brief, bevor dieser zugestellt worden ist.

Die alte Gasbeleuchtung wurde durch eine tragbare Apparatur ersetzt. Sie wird mit »Phosphoriculin« betrieben, einer leicht entzündlichen Substanz, die von Cucu-Mani-Chou entdeckt wurde. Man befestigt eine Röhre am Rektum und an den Genitalien, denn Phosphoriculin wird aus den Exkrementen extrahiert und dann in eine Lampe geleitet, die man an einem um die Taille geschnallten Gurt trägt. Die Qualität des Lichts hängt von der Ernährung des jeweiligen Benützers dieses Gerätes ab. Wer Zwiebeln, Erbsen, Linsen oder Rüben gegessen hat, erhält ein besonders helles Licht. Aber auch das Temperament wirkt sich auf Qualität und Farbe des Lichts aus. Bei ausgeglichenen Menschen ist das Licht weiß, bei nervös veranlagten blau, bei leicht reizbaren Typen gelb und bei Sanguinikern rot.

In der Medizin wird Phosphoriculin zur Diagnose von Gastroenteritis sowie von Nieren-und Gallenleiden verwandt. Die auf der Insel praktizierenden Ärzte verschreiben ihren Patienten keine Medikamente, weil sie diese samt und sonders für schädlich halten. Leidet jemand an Ruhr, so rät ihm der Arzt, den Kopf auf den Fußboden zu legen und ihn mit beiden Händen kräftig zu drücken – eine Behandlungsmethode, die sich stets bewährt hat.

Henry-Florent Delmotte, *Voyage pittoresque et industriel dans le Paraguay-Roux et la Palingénésie australe...*, Meschacébé [d. i. Mons] 1835.

INSEL DES ALTEN VOM MEER, irgendwo im Indischen Ozean, gefährlich für Reisende. Hier lebt der »Alte vom Meer«, der in Blätter gekleidet dasitzt und mit einem traurigen Gesicht darauf wartet, daß ein Unglückseliger bei ihm vorbeikommt. Wenn ein Reisender aus Mitleid für den Alten Mann ihn auf den Rücken nimmt, so wird er bis zum Ende seiner Tage dessen Lasttier. Der Alte windet seine Beine – schwarz und rauh wie die Haut eines Büffels – dem Reisenden um den Hals und drückt ihn zu, bis der Reisende bewußtlos ist. Dann schlägt er den Reisenden auf den Rücken und die Schultern, damit er weiß, wer der Herr ist, und zwingt ihn, ihn auf der Insel herumzutragen, um die schönsten und reifsten Früchte zu pflücken. Tag und Nacht sitzt er auf dem Rücken des Reisenden und verrichtet auch noch seine Notdurft *in situ*.

Sindbad der Seefahrer schrieb einen Bericht über diesen Ort und erklärte, wie man dem Alten Mann entrinnen kann. Obwohl Sindbad behauptet, daß er den Alten getötet habe, gibt es keinen Beweis für dessen Tod, und Reisenden wird Vorsicht anempfohlen.

Anon., *Die Geschichte von Sindbad dem Seefahrer*, Fünfte Reise, in *Alf laila wa-laila* (Tausendundeine Nacht; 5.–15. Jh.), Kalkutta 1830.

DIE INSEL DES DIONYSOS liegt im Atlantik, zu Schiff etwa achtzig Tage von den Säulen des Herakles entfernt. Besucher beschreiben sie als hoch und bewaldet. Ihr Name erklärt sich aus den Spuren, die der griechische Gott des Weins hier hinterlassen hat: In einiger Entfernung von der Küste befindet sich beispielsweise eine Bronzesäule, die in verwitterten griechischen Buchstaben die Inschrift trägt: »Bis hierher reisten Herakles und Dionysos«. Etwas weiter im Inneren fließt ein breiter Weinstrom, der in einigen Abschnitten sogar schiffbar ist. Folgt man seinem Lauf, so kommt man nicht etwa an eine Quelle, sondern an einen kleinen Wald mit hohen Weinstöcken. Aus den überreifen Trauben tropft der rote Wein, der den Fluß bildet. Die Fische hier haben die Farbe und den Geschmack des Weins.

Auf der Insel wächst noch eine andere Art sehr kräftiger Weinreben mit großen, starken Stämmen, die von der Taille aufwärts Frauen darstellen. Diesen Frauen wachsen Ranken und Trauben aus den Fingerspitzen, und ihr Haar besteht aus Blättern, Stielen und Ranken. Manche sprechen lydisch, andere Hindu, die meisten jedoch griechisch. Sie schreien vor Schmerz, wenn man ihre Trauben pflückt. Touristen sei geraten, sich nicht von diesen baumartigen Wesen küssen zu lassen; von trunkenem Taumel ergriffen, würden sie sofort Familie, Ehre und Vaterland vergessen. Wer sich mit den Rebenfrauen einläßt, wird in einen Weinstock verwandelt und schlägt auf der Stelle Wurzeln.

Lukianos aus Samosata, *Alēthē dihēgēmata* (um 120), Florenz 1496.

DIE INSEL DES DR. MOREAU, 5°3′ südlicher Breite und 101° westlicher Länge gelegen, ist vulkanischen Ursprungs und mit dichter Vegetation, hauptsächlich Palmen, bedeckt. Vor dem schmutziggrauen Ufer ragt eine Steilwand auf, von deren Rückseite sich ein Bach in ein enges Tal ergießt. Im Norden findet man eine heiße Quelle, im Süden einen verkohlten Forst und einen gelblichen Sumpf, der einen stechenden Dampf ausströmt.

Die Insel wurde erstmals 1876 von dem englischen Biologen Dr. Moreau aufgesucht, der mit seinem Assistenten Montgomery hier ein Forschungszentrum einrichtete. Eine Chronik von Dr. Moreaus Untersuchungen und ihren Folgen für die Inselpopulation wurde von einem gewissen Edward Prendick niedergeschrieben und von seinem Neffen Charles veröffentlicht.

Obwohl über den augenblicklichen Stand der Bevölkerung keine genauen Angaben zu erhalten sind, ist bekannt, daß die Insel zu Dr. Moreaus Zeiten von einer Gruppe von Geschöpfen bewohnt wurde, die man am besten als Tiermenschen bezeichnet. Diese Tiermenschen – Bullenmänner, Löwenmänner, Affenmänner usw. – waren Tiere, die der Doktor in Menschen umzuformen versuchte, womit er allerdings niemals richtigen Erfolg hatte (zum umgekehrten Verfahren der Kirke siehe ↗ AIAIA). Obwohl manche sogar zu sprechen gelernt hatten, fielen diese Kreaturen früher oder später in

Trophäenstock eines Affenmenschen von der INSEL DES DR. MOREAU

ihren tierischen Zustand zurück. Besuchern sei jedenfalls bei der Wahl ihrer sozialen Kontakte auf der Insel Vorsicht angeraten.

Nachdem Edward Prendick nach England zurückgekehrt war, entdeckte er, daß viele seiner Landsleute, die allgemein als normal galten, ihn an die Tiermenschen erinnerten. Herumlungernde Frauen miauten ihm nach, blasse Arbeiter mit müden, waidwunden Augen husteten ihn an, alte Leute assoziierte er mit Affenmenschen. Besondere Übelkeit verursachten ihm die leeren, ausdruckslosen Gesichter der Leute in Zügen und Bussen. Es ist keineswegs auszuschließen, daß einige Tiermenschen von Moreaus Insel entkamen und jetzt im Ausland leben.

Sollte der Besucher selbst so ein tierähnliches Wesen und deshalb für die Umwandlung geeignet sein (obgleich es, wenn man den Angaben Prendicks glaubt, fast sicher ist, daß Dr. Moreau und sein Assistent nicht mehr am Leben sind), sollte er sich rechtzeitig mit den Inselgesetzen vertraut machen. Die wichtigsten lauten: »Du sollst nicht auf allen vieren gehen.« »Du sollst nicht schlürfen beim Trinken.« »Du sollst nicht Fleisch oder Fisch essen.« »Du sollst nicht die Rinde von den Bäumen kratzen.« »Du sollst nicht andere Menschen jagen.« Es sei nicht verschwiegen, daß die Umwandlung äußerst schmerzhaft ist. Das Gebäude, in dem die Operationen stattfanden, ist als »Haus des Schmerzes« bekannt.

Herbert George Wells, *The Island of Doctor Moreau*, Ldn. 1896.

DIE INSEL DES HERRN DER FLIEGEN, eine vermutlich im Südchinesischen Meer gelegene Koralleninsel, die ungefähr die Form eines Bootes hat und auf beiden Seiten von Riffen und steilen Abhängen gesäumt ist. Neben ihr ragt ein zweites, fast völlig von ihr getrenntes Eiland wie ein Fort aus dem Wasser. Das auffälligste Kennzeichen der Insel ist eine rosafarbene Klippe, auf der sich schräge Felsblöcke türmen, die wie aufeinandergeschichtet wirken und aus einem Labyrinth tropischer Schlingpflanzen emporragen. Am Fuß dieses Felsenturmes sind schmale Steige zu sehen, die sich die Abhänge hinaufschlängeln. Die Insel liegt inmitten einer Lagune, der Strand ist von Palmen gesäumt. Dort findet man riesige Schneckenmuscheln und – bei Ebbe – winzige, durchsichtige Meerestierchen. Zur Fauna der Insel zählen auch buntgefiederte Vögel, Möwen, Schweine und verschiedene Schmetterlingsarten. Am Strand sind die Überreste der Hütten zu sehen, die von englischen Schuljungen errichtet wurden, deren Flugzeug (wahrscheinlich während des Zweiten Weltkriegs) hier abgestürzt war. An ihre Erlebnisse auf der Insel erinnern zwei Kinderskelette und die Überreste des Flugzeugs und seines Piloten. Es heißt, auf dieser Insel residiere der »Herr der Fliegen«, der zuweilen durch einen aufgespießten Schweinekopf symbolisierte primitive Gott einer kurzlebigen modernen Gesellschaft.

William Golding, *Lord of the Flies*, Ldn. 1954.

DIE INSEL DES PALASTS DER FREUDE liegt vermutlich mitten im Mittelatlantik. Sie kann nur durch ein führerloses Schiff erreicht werden, das durch bestimmte magische Kräfte gelenkt wird. Die Insel besteht aus einem herrlichen Garten von überraschendem Grün und hat einen Durchmesser von etwa fünfzehn Meilen. An der Westküste, direkt am Meer, steht der Palast, der der Insel den Namen gibt. Er ist aus einem so glatt polierten Marmor erbaut, daß sich der ganze Garten darin spiegelt. Die Wege, die zu ihm hinführen, und die Terrassen sind aus grünem oder schwarzem Marmor. Mit blauen und goldenen Reliefs verzierte Säulenreihen umgeben ihn. Auf den Dächern sind wunderbare hängende Gärten angelegt, die Wände sind mit Edelsteinen und unverarbeiteten Goldklumpen geschmückt, einige haben schöne Fresken. Im Park versprengen Springbrunnen ihr immer klares Wasser. Die Hauptattraktion der Insel des Palasts der Freude ist jedoch ihr unbeschreiblicher Duft.

Die wunderschönen Damen, die im Palast leben, verbringen die meiste Zeit vorzugsweise in einem kleinen, mit Cloisonné-Arbeit in Email und Gold verzierten Pavillon, unter einem von Kristallsäulen getragenen Dach.

Es muß erwähnt werden, daß der Palast in Wirklichkeit eine Falle ist, die von dem Zauberer Malagigi geschaffen wurde, um junge Männer auf die Insel zu locken, in die sich die schöne Angelica verlieben soll.

Matteo Maria Boiardo, *L'Orlando innamorato*, Venedig 1486.

DIE INSEL FELSENBURG, ein Felseneiland südwestlich vom Kap der Guten Hoffnung in der Nähe der Inselgruppe Tristan da Cunha. Die Insel hat vom Meer her das Aussehen eines unwirtlichen und lebensfeindlichen hohen und steilen Felsens, der nur von einigen halbverdorrten Kräutern und Wurzeln bewachsen ist. Der Strand ist – ebenfalls ohne jede Vegetation – kahl der Sonnenglut und tropischen Regengüssen ausgesetzt. Der Insel vorgelagert sind viele gefährliche Klippen, Untiefen und Sandbänke, an denen in dieser stürmischen Gegend so manches Schiff gescheitert ist. Trotz vieler Buchten und dreier natürlicher Häfen scheint die Landung schwierig und nicht lohnend. Eine Öffnung in das Innere des Felsmassivs zeigt sich nirgends. Eine Flußmündung verliert sich in schroffen Felswänden, und ein Wasserfall schießt mit großer Wucht hoch oben aus der Felswand. Erst wer den Weg über die steilen Abgründe und höchsten Felsengipfel wagt oder das Glück hat, von den Einwohnern am Strand entdeckt und nach Aufstauen des Wasserfalls durch das trockengelegte Höhlenbett über dunkle Felstreppen geleitet zu werden, sieht jenseits der Höhe plötzlich das Innere der Insel als einen paradiesischen Garten vor sich liegen. Das Innere ist etwa zwölf Kilometer lang und neun Kilometer breit. Das Rund des Inseltals ist auf das üppigste bebaut. Ackerflächen, Weideland, Obstgärten und Weinberge wechseln mit Wäldern, Seen, Flüssen, Gehölzen und geraden Alleen, über denen sich schattige Baumkronen wölben. Alle europäischen Nutztiere sind hier zu finden, dazu viele Wildarten. Zahme Hirsche und Affen ziehen Wagen. Neun Siedlungen mit geräumigen Häusern, Ställen, Scheunen und Nutz- sowie Blumengärten liegen um einen zentralen grünen Hügel herum, der eine Burg trägt. Hinter dem Burgberg gabelt sich ein Fluß, der aus einem See kommt, in einen Nord- und einen Westarm. Vom Nordarm führt ein Kanal zu einem kleineren See. In der Flußgabelung liegt hinter Bäumen der Friedhof, davor ein großer, zur Burg gehöriger Lust- und Nutzgarten. Am Fuße diesseits des Burghügels, halb verdeckt vom Halbkreis einer Baumallee, steht die Kirche des Landes. Die neun Siedlungen mit ihren ländlichen Flächen sind nach den neun Familienstämmen benannt, die auf der Insel wohnen.

Grabmal des Gründers der Kolonie auf der INSEL FELSENBURG, *Albertus Julius*

Alle Einwohner gehören zu einer Familie und sind mit dem ältesten Oberhaupt der Insel verwandt. Der Gründer der Kolonie, der »Altvater«, hieß Albertus Julius und stammte aus Sachsen. Über hundertjährig starb er im Jahre 1730. Nach einer langen Ahnenreihe regiert heutzutage der Älteste der Kolonie, der zehnte Urenkel des Albertus Julius. Einst, im Jahr 1646, erreichte der Altvater als Schiffbrüchiger mit seiner späteren Lebensgefährtin Concordia Plürs die Insel. Nachdem sie das Innere entdeckt hatten, setzten sie sich hier fest. Ihre gemeinsamen Kinder vermehrten allmählich – zusammen mit später angetriebenen Schiffbrüchigen und aus Europa herangeholten redlichen Leuten – die Kolonie, bis eine stattliche Volkszahl sich in neun Familienstämme aufteilen und das Land besiedeln konnte. Jede der neun Julischen Familien hat den jeweils Ältesten zu ihrem Familienvorsteher. Diese neun Ältesten sind die Senatoren, die zusammen mit sechs Räten und dreimal neun Beisitzern den jeweiligen Nachfolger des Altvaters beraten. Der Inselgeistliche (alle sind strenge Lutheraner) ist für Erziehung und Bildung zuständig. Andere Institutionen gibt es in diesem Patriarchat nicht. Es werden auf der Insel keine Personen zugelassen, die nicht einheiraten und die sich nicht zur lutherischen Religion bekennen wollen. Gegen Feinde hat jede Siedlung eine Verteidigungsstellung auf ihrem Felsenabschnitt eingerichtet.

Die Felsenburger sind meist aus dem Mittelstand stammende Deutsche, Holländer und Engländer. Sie kennen keinen Privatbesitz und keinen Geldverkehr. Alles, was sie besitzen, gehört der ganzen Familie. Jeder gibt von den Erzeugnissen seines Gebietes, was dem anderen mangelt. Der unermeßliche Reichtum, den die Felsenburger durch Gold- und Erzgewinnung und durch die Schätze der seit Jahrhunderten hier gestrandeten Schiffe angesammelt haben, wird vor allem zu dem Zweck verwendet, die den Felsenburgern nahestehenden in Not geratenen Europäer aus ihrem Unglück zu erretten. Sie schützen sie vor ungerechter Verfolgung, versorgen sie mit finanziellen Mitteln und entführen sie gegebenenfalls in ihr Paradies. Geheimnisvoll greifen sie mit ihrer Macht in die europäische Politik ein, und mancher verschwindet auf unerklärliche Weise. Ihre Schiffe fahren unter fremder Flagge, ihre Emissäre bleiben immer unerkannt, aber sie beobachten genau alle ausländischen Entwicklungen, und mancher Europäer gelangte aus tiefster Not plötzlich in das Felsenparadies. M. W.

Johann Gottfried Schnabel, *Wunderliche Fata einiger Seefahrer, absonderlich Alberti Julii, eines gebohrnen Sachsens*, 4 Bde., Nordhausen 1731–1743.

DIE INSEL GIPHANTIA, ein fruchtbarer Landstrich, umgeben von einem Meer von Wanderdünen, liegt im Norden Westafrikas. Aus der Ferne wirkt die Insel wie eine weite Ebene, je näher man kommt, desto üppiger wird die Vegetation, und die Bäume stoßen schier an den Himmel. Die Luft ist köstlich kühl und so süß, daß sich augenblicklich ein Gefühl von Ruhe und Zufriedenheit einstellt.

Die Insel ist von Geistern bewohnt, die menschliche Wesen vor den vier Elementen – Luft, Wasser, Feuer und Erde – schützen. Giphantia ist der einzige Ort auf der Welt, wo die Natur noch ihre schöpferische Kraft besitzt und ständig neue Arten von Tieren und Pflanzen hervorbringt. Nicht alle Produkte überleben, aber die Geister tun ihr Bestes, um sie zu erhalten und überall auf der Welt zu verbreiten. Wenn die Geister ihre Insel verlassen, verwandeln sie sich in das, was wir Nymphen, Najaden, Gnomen nennen. Mancherorts bezeichnet man die Geister von Giphantia auch als *zaziris* (nach dem chinesischen Wort für »Agent«).

Wenn sie der Läuterung bedürfen, begeben sich die Geister in eine hohe, hohle Säule, gefüllt mit vier elementaren Essenzen. Nahe der Läuterungs-Säule erstreckt sich ein kleiner Hügel, den man über eine Treppe mit zweihundert Stufen besteigt. Oben auf dem Hügel steht ein Globus, durch unmerkliche Kanäle mit allen Ländern verbunden und mit einem Spiegel gekoppelt. Berührt man ihn mit einem bestimmten Zauberstab, kann man sehen und hören, was an jedem einzelnen Ort passiert. Von einer nahen Wiese führt eine Treppe in einen großen, nackten Raum. Dort sieht der Besucher eine erstaunlich realistische Abbildung des Ozeans, die auf alle Sinne gleichzeitig wirkt.

Auf Giphantia gibt es drei bemerkenswerte Arten von Bäumen. Der erste ist der »Baum der Liebe«. Er ist gegen jeden Grad von Kälte oder Hitze gefeit. Einmal allerdings begann er zu welken, und nur unter Veränderung seines Wesens gelang es den Geistern, ihn zu retten; seitdem ist menschliche Liebe ein Quell der Zwietracht. Der zweite Baum besitzt weder Blüten, Blätter noch Früchte und besteht aus einer Unzahl ganz zarter Ranken, an deren Enden der Reisende winzige Maden bemerkt. Aus den Maden werden Fliegen, die mit ihrem Stachel verschiedene törichte Leidenschaften und Manien hervorrufen können; daher der Ausdruck: »Was hat denn den gestochen?« Der dritte Baum ist nicht höher als ein Mensch, seine Äste breiten sich waagrecht nach beiden Seiten dreihundert Schritt weit an einer Felsmauer aus, und keines seiner Blätter gleicht dem andern. Auf jedem Blatt befindet sich eine Zeichnung oder eine wissenschaftliche Formel: ein Säulengang, ein technisches Instrument, ein mathematisches Problem. Wenn sie ausgewachsen sind, werden die Blätter weggeweht und verkleinern sich derart, daß sie durch die Poren in die menschliche Blutzirkulation gelangen, dort nehmen sie ihre ursprüngliche Form wieder an und verursachen Fieber. Schließlich nimmt das Gehirn die Zeichnung auf dem Blatt wahr und produziert die entsprechende Erfindung.

Charles-François Tiphaigne de la Roche, *Giphantie*, Paris 1760. – Ders., *L'empire des Zaziris sur les humains ou La Zazirocratie*, Paris 1761.

DIE INSEL GROENKAAF liegt etwa fünfhundert Meilen von den Bermudas entfernt. In der Eingeborenensprache bedeutet der Name »Weiße Krone«, weil die hochragenden Berge der Insel mit ewigem Schnee bedeckt sind. Die Klippen rundherum machen den Zugang schwierig; hat der Reisende jedoch die Landung glücklich überstanden, werden ihn die Eingeborenen herzlich begrüßen. Sie haben anscheinend ihre ursprüngliche Unschuld bewahrt, und Begriffe wie Laster und Tugend sind ihnen fremd. Obwohl die Insel eine der reichsten Rubin-Minen, wie auch mehrere Gold- und Silber-Minen besitzt, kümmern sich die Bewohner nicht um materiellen Reichtum. Ihre einzigen Gesetze werden eine Woche nach der Geburt auf die Arme ihrer Kinder tätowiert: »Liebe Gott« auf den linken und »Liebe deinen Nächsten« auf den rechten.

Louis Rustaing de Saint-Jory, *Les femmes militaires...*, Paris 1735.

DIE INSEL GRÜNSAND gehörte zu einer Gruppe von drei Inseln nordwestlich von Hawaii, auf der Breite von San Francisco und Yokohama, sie wurde 1841 von dem französisch-dänischen Wissenschaftler Leonard Henri erforscht. Henri nahm an, Grünsand, Schwarzsand und Rotsand wären alle durch erloschene Lava-Kanäle mit einer Schlucht in den Bergen Tibets verbunden, denn auf Grünsand entdeckte er eine Pferderasse und eine Geier-Art, die man sonst nur in Tibet findet. Nach langem Suchen fand er die Schlucht im Kuen-Lun-Gebirge, wo ein bestimmter Vulkan die Eigenschaft hat, alles einzusaugen, was in seine Reichweite kommt. Reisende, die auf diesem Weg von Tibet bis zum Pazifik gelangen wollen, seien vor einer Gruppe von Mönchen gewarnt, die die Schlucht bewachen, von der sie glauben, sie sei das Tor zur Hölle.

Schwarzsand und Rotsand wurden später durch einen Vulkanausbruch zerstört, als die mönchischen Wächter eine Reihe von Sprengkörpern in die tibetanische Schlucht warfen. Vom Meer her ist Grünsand fast unerreichbar, weil es rundherum Wasserstrudel und gefährliche Klippen gibt. In der Sonne glänzt die Insel in einer grünlichen Kupferfarbe, und die wenigen Besucher, die sie betreten haben, preisen ihre einzigartige Schönheit.

Tancrède Vallerey, *L'île au sable vert*, Paris 1930.

DIE INSEL HÖRENSAGEN, ein großes Eiland nahe der »Insel der goldenen Esel« (auf der die weisen Männer von Gotham/Nottinghamshire und andere Leute, die sich in Dinge einmischten, von denen sie nichts verstanden, als Esel ihr Leben fristen müssen). Der letzten Zählung zufolge soll es auf der Insel Hörensagen dreißig Königreiche und ein halbes Dutzend Republiken geben, die aus unerfindlichen Gründen häufig Krieg gegeneinander führen. Ihre wichtigste Kampftaktik besteht darin, den Soldaten die Ohren zu verstopfen und mit dem Ruf »Na sowas!« davonzulaufen.

Hörensagen ist ein Paradies für Jogger – die Leute dort rennen Tag und Nacht herum, wobei sie unweigerlich an die Küste ihrer Inselheimat gelangen und dann dort ihre Runden drehen. Zum Erstaunen fremder Besucher werden sie bei diesem ständigen Training von einem Herrn angeführt, der ein Schwein schert. Das laute Quieken des Tieres spornt die Läufer an, und die Aussicht, irgendwann einmal Schweinewolle zu bekommen, hält sie bei Laune. Hinter ihnen läuft ein Riese her, der aussieht, als hätte man ihn aus Draht und Kanadabalsam zusammengebastelt, und der immerzu nach Alkohol riecht, obwohl er nur

Wasser trinkt. Er hat eine Brille auf der Nase und ist mit einem Schmetterlingsnetz, Generalstabskarten, Skalpellen, Pinzetten und anderen Instrumenten ausgerüstet. Das Merkwürdigste an ihm ist, daß er rückwärts läuft und trotzdem behauptet, *er* werde seit Jahrhunderten von den Insulanern verfolgt, die Steine nach ihm würfen und ihn »einen heimtückischen, beturbanten Türken« schimpften, der »einen gewissen Venezianer geschlagen und den Staat verleumdet habe« – eine Beschuldigung, die er beim besten Willen nicht verstehen kann. Er wünscht nichts weiter, als Freundschaft mit den Insulanern zu schließen und ihnen etwas zu sagen, »das ihnen von Nutzen sein wird«. Sie aber wollen absolut nichts mit ihm zu tun haben. Und so geht diese merkwürdige »Verfolgungsjagd« unentwegt weiter – zum Vergnügen so manchen Besuchers der Insel Hörensagen.

Charles Kingsley, *The Water-Babies; a Fairy-Tale for a Land-Baby,* Ldn. 1863.

DIE INSEL LÖSEGELD, vielleicht in der Nordsee, ein von Felsen umschlossenes Eiland mit hohen, schwarzen Klippen; ein Schlupfwinkel für Seeräuber und Kidnapper (daher der Name). Reisende können es vom Meer her durch eine Grotte erreichen, die groß genug für ein Schiff mit voller Takelage ist. Der einzige bemerkenswerte Ort auf der Insel ist die Halle, deren Hauptraum mit geschnitzten Darstellungen von Gärten und Bäumen und dem Bild eines lächelnden Königs getäfelt ist, das den Herrscher des Landes der Glitzernden Ebene darstellen soll.

William Morris, *The Story of the Glittering Plain...,* Ldn. 1891.

INSELN DER MUSIKANTEN UND KOMÖDIANTEN, zwei benachbarte Inseln in der Nähe von Tierra del Fuego. Über die Komödianteninsel ist wenig bekannt, aber von der der Musikanten weiß man, daß ihre Bewohner freundlich und heiter sind. Außer dem Klang von Liedern und Musikinstrumenten ist kaum ein Laut zu vernehmen. Die Bewohner sprechen in einer Art Singsang, vom Flugzeug aus erinnert die Anlage ihrer Häuser und Gärten an ein Notenblatt. Die Einwohner beider Inseln müssen regelmäßig Steuern an die Regierung von ↗ FOOLLYK, der Poeteninsel, abführen.

Abbé Pierre-François Desfontaines, *Le Nouveau Gulliver, ou Voyage de Jean Gulliver, fils du capitaine Gulliver,* Paris 1730.

DIE INSELN DER SELIGEN liegen vor der afrikanischen Westküste nahe der Straße von Gibraltar. Sie waren schon dem griechischen Dichter Homer bekannt und wurden von seinem römischen Kollegen Horaz eingehender beschrieben als »die seligen Fluren, die reichbeglückten Inseln« im Ozean.

Die Erde schenkt dort ohne die Mühe des Ackerns Getreide Jahr für Jahr, ohne Pflege wächst der Wein, Oliven und Feigen mangeln nicht, aus hohlen Eichen tropft Honig, von hohen Bergen springt leicht herab rau-

Geschnitzte Holztäfelung in der Gilde der Plünderer auf der Insel LÖSEGELD

schendes Wasser, ungeheißen kommen die Ziegen zum Melktrog, die Herde bringt willig heim die strotzenden Euter. Des Nachts brummt kein Bär um den Schafsstall, schädliche Schlangen gibt es da nicht, keine Seuchen befallen das Vieh, und das Klima ist wunderbar ausgeglichen, weder waschen Regengüsse den Boden fort, noch brennen Hitzewellen ihn aus. Auch kommen – was vielleicht der größte Vorzug ist – keine Frevler hierher, sondern allein gute, fromme Menschen.

Einige Besucher berichten, daß die Bewohner keine gewöhnlichen Sterblichen seien, sondern glückliche Geister. So geht auch das Gerücht, daß die Fischer eines kleinen Dorfes auf dem nahen Festland turnusmäßig ein besonderes Amt zu erfüllen haben. Mitten in der Nacht – so heißt es – hört man es an einer der Hütten klopfen, und ein Wispern wie das einer ersterbenden Brise weckt den Fischer, der gerade an der Reihe ist, seine Pflicht zu tun. Er eilt an den Strand und bringt sein Boot zu Wasser; wenn der Schiffsrumpf merklich tiefer ins dunkle Meer sinkt, weiß er, daß seine Passagiere bereit sind. Er segelt zu den Inseln der Seligen, wo seine immer noch unsichtbaren Passagiere an Land gehen, und kehrt sofort nach Hause zurück. Es ist ihm nicht erlaubt, auch nur eine einzige Nacht auf den Inseln zu verbringen. Eine vage Beschreibung der Inseln gab auch ein Druide aus Skerr, dem von einer Stimme befohlen wurde, ein geheimnisvolles Schiff zu besteigen und für sieben Tage wegzusegeln. Am achten Tag sah er eine Insel gegen die untergehende Sonne – grüne Hügel mit wundervollen Bäumen bis an den Strand hinunter, Gipfel, von denen klare Wasser herunterrauschten, eingehüllt in helle und durchsichtige Wolken. Das war wahrscheinlich die Insel Ombrios. Der Archipel soll aus fünf Inseln bestehen: Junionia oder Purpuraria; Canaria oder Planaria; Nivaria oder Convallis; Capraria und Ombrios oder Pluvialia.

Homeros, *Odysseia* (8. Jh. v. Chr.?), Florenz 1488. – Marcus Tullius Cicero, *Ad Atticum* (1. Jh. v. Chr.), Rom 1470. – Quintus Horatius Flaccus, *Epodon liber* (um 30 v. Chr.), o. O. u. J. [Mailand od. Venedig ca. 1470–1473]. – Gaius Plinius Secundus d. Ä., *Historia naturalis* (1. Jh. n. Chr.), Venedig 1469. – Klaudios Ptolemaios, *Geōgraphikē hyphēgēsis* (1./2. Jh.), Vicenza 1475. – Plutarchos aus Chaironeia, *Bioi parallēloi* (um 105), Florenz 1517. – James MacPherson, *An Introduction to the History of Great Britain and Ireland,* Dublin 1771. – Sir Walter Scott, *Count Robert of Paris,* Edinburgh 1832. – Julien-Jaques Moutonnet de Clairfons, *Les îles fortunées...,* Paris 1778.

DIE INSELN DER VERDAMMTEN liegen im Atlantik, nicht weit von den ↗ INSELN DER SELIGEN. Sie sind in den Dunst eines unerträglichen Geruchs gehüllt, der an Menschenfleisch erinnert, das auf einem Feuer aus Schwefel, Pech und Asphalt verbrannt wird. Die Luft ist dunkel und feucht und wird noch schlimmer durch eine Art Pechtau, der manchmal den Boden bedeckt. Besucher werden über das ständige Geschrei erstaunt sein, das auf dem ganzen Archipel zu hören ist:

Nicht genau lokalisierbar scheint sich ein Weinen und Wehklagen zu erheben wie die Schmerzensschreie vieler Menschen.

Nur eine der Inseln ist erforscht worden: Sie wird als felsig und unfruchtbar beschrieben, ohne Bäume und Wasser. Sie ist mit Dornen und Schwertklingen übersät und wird von drei Flüssen durchzogen: einem aus Schmutz, einem aus Feuer und einem aus Blut. Der Feuerfluß, sehr lang und schwierig zu überqueren, fließt wie Wasser und hat Wellen wie das Meer; von seinen vielen Fischen sehen einige wie glühende Kohle, andere wie brennende Holzscheite aus.

Lukianos aus Samosata, *Alēthē dihēgēmata* (2. Jh.), Florenz 1496.

DIE INSEL PINES, eine neu entdeckte Insel, südöstlich von Madagaskar. Die Insel ist von hohen Felsklippen umgeben und groß genug, um ein riesiges Volk zu ernähren. Sie liegt weit ab von jedem anderen Land. Es herrscht ewiger milder Sommer. Die Insel ist zum großen Teil von einer Art Buschlandschaft bedeckt, die zuweilen in dichten Hochwald übergeht. Das Land ist von Natur aus über die Maßen fruchtbar. Es bietet genügend Obst, Feldfrüchte und eßbare Tiere, die ohne Mühe gefangen werden können, so daß niemand zu arbeiten braucht. Die Einwohner gehen alle nackt. Sie sprechen ein altertümliches Englisch und kennen nur zwei Schriftstücke, die Bibel und die Chronik ihres Volkes. Sie gehören alle einer Sippe an und leben in einem Großfamilienpatriarchat.

Ihre Geschichte ist von ihrem Stammvater Joris Pines aufgezeichnet worden. Die Chronik berichtet, daß sich das inzwischen überaus zahlreiche Volk aus nur einem Urvater und dessen vier Frauen entwickelt habe. Der Stammvater Joris Pines war mit seinen vier Frauen, der Tochter seines Dienstherrn, Sara Engels, zwei Mägden, Maria Sparkes und Elisabeth Trevor, sowie einer schwarzen Dienstmagd Philippa als einziger aus einem Schiffbruch im Jahr 1589 vor der Küste des Eilands gerettet worden. Nachdem bei den Schiffbrüchigen die Hoffnung auf Rückkehr nach Europa vollkommen geschwunden war, richteten sie sich auf der Insel in aller Bequemlichkeit ein. Aus Mangel an harter Arbeit in diesem Paradies blieb ihnen die körperliche Lust, die sie fleißig dazu nutzten, ihre Einsamkeit zu beenden und ihre Zahl zu mehren. Joris Pines erwies sich als tüchtiger Liebhaber und die vier Frauen als fruchtbare Gefährtinnen. Bereits nach 16 Jahren hatten sie die Einwohnerzahl der Insel auf 51 erhöht. Bald wurden die Kinder geschlechtsreif und setzten die Tradition der älteren Generation fort. So lebten im 22. Jahr nach dem Schiffbruch bereits 560 Seelen auf der Insel, schließlich im Jahr 1649 1789 Personen, und so fort. Das Volk bezog je nach seiner Abstammung verschiedene Gegenden der Insel und bildete schließlich vier Hauptstämme nach den vier Stammesmüttern: die Engelsischen Pines, die Sparkischen Pines, die Trevorschen Pines und die Philippischen Pines. So lebt dieses absonderliche Volk abgeschieden in tiefem Frieden und familiärer Eintracht. M. W.

Henry Neville, *The Isle of Pines...*, Ldn. 1668.

DIE INSEL VOM ORAKEL DER GÖTTLICHEN FLASCHE liegt nicht weit vom ↗ LATERNENLAND, wo man erfahrene Laternen als Führer anwerben kann.

Das Orakel residiert in einem riesigen unterirdischen Tempel, dessen Eingang hinter dem äußersten Ende des Weinberges liegt, den Bacchus selbst gepflanzt hat. Dieser Weinberg trägt zu allen Jahreszeiten Blätter, Blüten und Früchte und ist mit allen Arten von Reben bepflanzt.

Wenn der Besucher – geführt von seiner Laterne – den Berg überquert, muß er drei Weinbeeren essen und Weinlaub in seine Schuhe legen, um kundzutun, daß er Wein verachtet, ihn besiegt und mit Füßen getreten hat. Am Ende des Weinbergs steht ein antiker Triumphbogen mit einem Relief, auf dem bauchige Flaschen, Fässer, Gläser, Pokale und andere Behälter dargestellt sind, dazu eine Auswahl an Delikatessen wie Schinken, Zwiebeln, geräucherte Ochsenzungen und verschiedene Käsesorten. Ein Spruch auf dem Triumphbogen besagt: »Wenn ihr dieses Tor durchschreitet, laßt Euch von einer Laterne leiten.«

Dahinter befindet sich ein wunderbarer Laubengang aus Weinstöcken, an denen Trauben in fünfhundert verschiedenen Farben und Formen hängen, alles Züchtungen der einheimischen Winzer. Am Ende des Laubengangs stehen drei uralte Efeubäume; der Reisende muß aus ihren Blättern einen albanischen Hut flechten und aufsetzen. Dies bedeutet, daß er vom Wein nicht beherrscht wird und daß sein Geist ruhig ist und frei von allen Störungen durch die Sinne.

Hier nun betreten der Reisende und seine Laterne ein gepflastertes Gewölbe, dessen Wände mit Frauen und Satyrn bemalt sind, die um den auf einem Esel reitenden Silen tanzen. Das Gewölbe ist der Zugang zu einer unterirdischen Marmortreppe, die zum Tempeleingang selbst führt. Das Jaspisportal ist im dorischen Stil erbaut und trägt eine goldene griechische Inschrift, die in etwa »Im Wein liegt Wahrheit« bedeutet. Von der Tür hängen ein sechseckiger Diamant und Knoblauchbüschel zu jeder Seite. Die Türen öffnen sich durch eine komplizierte Mechanik. Hier zieht sich die Laterne, die den Besucher so weit geführt hat, zurück. Aus Gründen, die man besser nicht enthüllt, ist es den Laternen nicht gestattet, den Tempel zu betreten.

Die Bodenmosaiken des Tempels stellen Weinlaub und -trauben dar, als seien sie mit der Hand hingestreut. Sie wirken so täuschend echt, daß viele Besucher tatsächlich ihre Füße heben und große Schritte machen aus Angst, sich in den Weinranken zu verstricken. Die Tempelwände und -decken sind mit Marmor und Porphyrmosaiken bedeckt, die den Sieg des Bacchus über die Inder darstellen.

In der Mitte des Tempels steht ein seltsamer siebeneckiger Brunnen. Sockel und Becken sind aus transparentem Alabaster. Innen ist der Brunnen kreisrund. An jeder Ecke der Außenseite steht eine Säule, gefertigt aus den sieben Steinen, die die alten Chaldäer den sieben Planeten zuordneten; darüber Skulpturen von klassischen Göttern, die Sinnbilder aus den zugehörigen Metallen halten. Die Kapitelle stützen eine kristallene Kuppel, in die die Tierkreiszeichen eingeritzt sind sowie die Solstitien, Äquinoktien und die wichtigsten Fixsterne. Die Kuppel ist gekrönt von drei langen tränenförmigen Perlen. Sie gleichen einer Lilie mit einem siebeneckigen Karfunkel in der Mitte.

Die Quelle ergießt sich durch drei Öffnungen, die mit Perlen eingelegt sind. Eine seltsame Musik erklingt, als käme sie von weit her. Das Wasser des Brunnens hat die wunderbare Eigenschaft, jeweils nach dem Wein zu schmecken, den der Trinker sich vorstellt.

Das Orakel der Flasche befindet sich innerhalb des Tempels in einem runden Gebäude aus durchsichtigem Stein, der das Sonnenlicht einläßt. Der Durchmesser des Bodens entspricht genau der Höhe der Kuppel. In der

Mitte steht ein zweiter siebeneckiger Brunnen aus feinem Alabaster, gefüllt mit klarem Wasser. Die Flasche, halb in dieses Wasser eingetaucht, ist beinah oval. Jeder, der das Orakel befragen will, wird von Bacbuc, der Priesterin des Orakels, in diese Kapelle eingeführt.

Dem Besucher wird daraufhin bedeutet, den Rand des Brunnens zu küssen und drei bacchische Tänze zu vollführen. Dann setzt er sich auf den Boden und singt ein athenisches Trinklied. Danach wirft die Priesterin etwas in das Wasser, das augenblicklich heftig zu kochen beginnt. Ein knackendes Geräusch ertönt, und dann beantwortet das Orakel jede Frage, die der Besucher ihm stellt. Es wird geraten, den Verkündigungen nur mit einem Ohr zu lauschen. Wenn eine Auslegung verlangt wird, reicht die Priesterin dem Besucher ein silbernes Buch in der Form eines Breviers und fordert ihn auf, ein Kapitel zu trinken oder ein Glas zu schmecken. Das »Buch« ist in Wirklichkeit eine Flasche Falerner Wein.

Dann wird der Besucher – gleich ob er zufriedengestellt worden ist oder nicht – gebeten, sich auf demselben Weg wieder zu entfernen, den er gekommen ist.

François Rabelais, *Le cinquiesme et dernier livre des faicts et dicts heroiques du bon Pantagruel,* Paris 1564.

INSEL WIE-ZUVOR, einst zum Baladar-Archipel gehörig und heute mit Europa verbunden; ihre Bezeichnung als Insel blieb jedoch erhalten. Der Name Wie-zuvor hat sich mehrmals geändert: Man sprach von Winzinsel, Schatzinsel und von der Insel Bedeutungslos. Der Archipel, zu dem sie einst gehörte, scheint verschwunden zu sein; die Inseln Farapart, Jumptoit und Incognito sind trotz intensiver Suche nicht mehr zu finden.

Wie-zuvor ist berühmt für das Fehlen von Gärtnern, Parfümverkäufern, Blumenbindern, Köchen, Richtern, Bäckern und Dichtern. Das Rathaus wird von einem Putzer beaufsichtigt, Herrn Vielbeschäftigt, dem es gelang, die Insel vor einer Invasion von Truthahnjägern zu bewahren, die von der Stadt Bang-Bang-Dindon in Frankreich nach Wie-zuvor geschickt worden waren.

Interessant sind noch die Ruinen einer goldenen Brücke, die nach dem Goldrausch von Wie-zuvor in den fünfziger Jahren unseres Jahrhunderts erbaut wurde. Weitere Informationen liefern zwei Zeitschriften: *Der Klatschkrämer* und *Der Bang-Bang-Papagei,* beide erscheinen auf dem Kontinent.

Jacques Prévert, *Lettre des îles Baladar,* Paris 1952.

DAS INSTITUT BENJAMENTA war eine nach dem Begründer und Leiter benannte Dienerschule, die das allgemeine Bildungsziel verfolgte, die Eleven zum gedankenlosen Kleinsein, zur Unterordnung und Erfolgslosigkeit im späteren Leben zu führen.

Programm und Methode des Instituts (nach dem Chronisten Jakob von Gunten): Lerngrundlage war das Buch *Was bezweckt Benjamentas Knabenschule?* Der Unterricht bestand aus einer einzigen, ständig wiederholten Stunde, die sich um die Frage drehte: »Wie hat sich der Knabe zu benehmen?« Außer der Schwester des Institutsvorstehers, Fräulein Lisa Benjamenta, befanden sich die Lehrer in einem totenähnlichen Schlaf oder waren gar nicht vorhanden.

Der Unterricht bestand aus zwei Teilen, einem theoretischen und einem praktischen. Der letztere bezweckte die Erziehung zur Form bei völliger Inhaltslosigkeit. Geübt wurde namentlich der Gruß, das Eintreten in eine Stube oder das Benehmen gegenüber Frauen. Die Lernziele waren konsequent dem Forschritts- und Leistungsprinzip, der »Bildung« und dem Willen zur Macht entgegengesetzt. Diese modernen Ideen sollten durch die Perfektionierung ihres Gegenteils ad absurdum geführt werden. Größte Energie wurde von den Eleven bei der Erlernung des Nichtstuns verlangt. Es war strengstens verboten, zu denken und Lebenshoffnungen zu hegen. Regelmäßig spielten die Eleven Theater. Es handelte sich um Rollenspiele, welche um die zum Scheitern verurteilten Bemühungen der Zöglinge des Instituts Benjamenta kreisten, sich mit den gelernten Maximen im Leben zu behaupten.

Heute ist das Institut verwaist. Gründe für den Zusammenbruch waren der Tod von Lisa Benjamenta und die Desillusionierung der Schüler (so stellten sich die vorgeblichen »inneren Gemächer« des Institutsvorstehers als zwei Zimmer mit einem Goldfischaquarium heraus). Die Folge war eine Austrittswelle unter den Eleven. Der Chronist Jakob von Gunten hat sich als Knappe Benjamentas mit unbekanntem Ziel – jedenfalls außerhalb der »europäischen Kultur« – abgesetzt.

D. Bo.

Robert Walser, *Jakob von Gunten. Ein Tagebuch,* Bln. 1909.

IRAM DIE RAGENDE SÄULENSTADT oder **DAS IRDISCHE PARADIES,** eine Stadt in den Wüstengebieten des Jemen, eingeschlossen von riesigen Festungsmauern mit hoch in den Himmel ragenden Pavillons. Man betritt die Stadt durch zwei, mit Juwelen und Hyazinthen besetzte riesige Tore. Die Gemächer der Pavillons sind mit Gold, Silber, Rubinen, Chrysolithen, Perlen und verschiedenfarbigen Edelsteinen geschmückt.

Iram wurde von einem Kameltreiber namens Abdallâh ibn Abi Kilâba entdeckt, der nach einem verlorengegangenen Kamel suchte. Der Kalif Mu'âwija hörte von Iram und bat seinen Magier, ihm die Geschichte einer so wundervollen Stadt zu erzählen. Und so wurde alles über sie durch den Bericht des Magiers bekannt. Die Stadt wurde von König Schaddâd erbaut; er liebte alte Bücher, und als er eine Beschreibung des Paradieses las, beschloß er, einen ähnlichen Platz auf der Erde zu erschaffen. Dem Befehl des Königs gehorchten hunderttausend Könige, ihnen wiederum hunderttausend tapfere Anführer und jedem von ihnen wiederum hunderttausend Soldaten. Er rief sie alle zu sich und befahl ihnen, den schönsten noch freien Platz auf der Erde zu finden und dort eine Stadt aus Gold und Silber zu erbauen. Die Arbeit dauerte dreihundert Jahre, und als die Stadt fertig war, befahl König Schaddâd ihnen, unüberwindbare Festungsmauern um sie herum zu bauen. Das kostete die Arbeiter noch einmal zwanzig Jahre. Dann befahl König Schaddâd seinen tausend Wesiren und obersten Offizieren, seinen Frauen, Odalisken und Eunuchen, sich für die Reise bereitzumachen. Als sie jedoch kaum mehr als einen Tagesmarsch von Iram entfernt waren, ertönte ein schrecklicher Schrei vom Himmel herunter und vernichtete sie alle, so laut und durchdringend war er.

Reisende finden die Stadt heute unbewohnt vor und können so viele Schätze mitnehmen, wie sie nur wollen.

Anon., *Die Geschichte von Abdallâh ibn Abi Kilâba und der Säulenstadt Iram,* in *Alf laila wa-laila* (Tausendundeine Nacht; 5.–15. Jh.), Kalkutta 1830.

IRAS ↗ DIE GELEHRTENREPUBLIK

DAS IRDISCHE PARADIES
↗ IRAM DIE RAGENDE SÄULENSTADT

IRRFELSEN, eine Gruppe von Inseln, die durch starke Strömungen im Mittelmeer hin und her getrieben werden. An ihren schroffen Küsten, so heißt es, sind schon viele Schiffe aufgelaufen und gesunken. Kapitän Jason von der Argo überlebte auf seiner berühmten Reise einen Zusammenstoß mit den Irrfelsen. Amateuren wird jedoch dringend empfohlen, diese wenn möglich zu meiden.

Homeros, *Odysseia* (vermutl. 8. Jh. v. Chr.), Florenz 1488. – Apollonios von Rhodos, *Argonautika* (3. Jh. v. Chr.), Bologna 1474.

Die IRRFELSEN

ISTAKAR, ein zerstörter Palast an der Grenze des Abassidenreiches (dessen Hauptstadt Samarah heißt). Am Eingang des zu den Palastruinen führenden Tales stehen – gleich einem riesigen Portal – zwei hohe Felsen. Auf den Bergen ringsum sieht der Reisende die Grabmäler einstiger Herrscher schimmern. Das Tal und seine beiden Dörfer sind heute nahezu unbewohnt.

Der eindrucksvollste Teil des Istakar-Palastes ist die große Plattform aus schwarzem Marmor. Die zahlreichen Wachtürme, die sie flankieren, haben keine Dächer mehr und sind nur noch von Nachtvögeln bewohnt. Der Stil, in dem sie erbaut sind, ist sonst nirgendwo in der Welt zu finden. Die Mauerreste der gewaltigen Palastanlage sind wegen der kunstvollen Reliefs berühmt. Vier Kolossalfiguren stellen Tiere dar, die halb Leopard, halb Vogel Greif sind und bei deren Anblick auch der unerschrockenste Besucher erschauert.

Istakar wurde von Soliman Ben Daoud erbaut, der sich dabei der Hilfe guter Geister und Dschins bediente. Einst war der Palast das herrlichste Bauwerk im ganzen Reich. Aber weil der Erbauer gegen die Gebote des Höchsten verstoßen hatte, wurde das Meisterwerk durch Donnerschläge zerstört.

In den unheimlichen Gewölben unter den Palastruinen hausen böse Geister, die im Dienste des Dämons Eblis stehen. Wer sich in dieses unterirdische Reich wagt, gelangt in einen weitläufigen Saal mit Säulenreihen und Arkaden. Der Boden ist mit Goldstaub und Safran (vermischt mit Duftstoffen) bestreut. Festtafeln sind für die Geister gedeckt, die man nach den Klängen lasziver Musik herumtanzen sieht. Unaufhörlich bewegt sich durch diesen Saal eine Vielzahl von Gestalten, die sich mit der rechten Hand ans Herz fassen und keine Notiz von dem nehmen, was ringsum vor sich geht. Ihre Gesichter sind leichenblaß, und ihre Augen haben den gleichen phosphoreszierenden Schimmer, den man nachts zuweilen auf Friedhöfen wahrnehmen kann.

In noch tiefer gelegenen Gewölben werden die Schätze der voradamitischen Sultane aufbewahrt, die einst über die ganze Welt herrschten. Hier hält Eblis höchstpersönlich Hof: In einem mit Leopardenfellen drapierten Tabernakel thront er auf einer Feuerkugel. Er hat die Gestalt eines jungen Mannes. Der Blick seiner großen Augen verrät Stolz und zugleich Verzweiflung. In seiner vom Donner zerschmetterten Hand hält er das eiserne Zepter, das ihm Macht über die bösen Dämonen und andere Geister der Tiefe verleiht. Vom Tabernakel führt ein Gang zu einem Kuppelsaal mit fünfzig Bronzetüren, die mit jeweils fünfzig eisernen Schlössern versehen sind. Hinter diesen Türen liegen – auf Betten aus unverwüstlichem Zedernholz – die Körper der voradamitischen Herrscher. Da noch nicht alles Leben aus ihnen gewichen ist, sind sie sich ihres erbärmlichen Zustandes bewußt. Auch der Erbauer von Istakar liegt hier – ein lebender Leichnam wie seine Vorfahren.

William Beckford, *Vathek. An Arabian Tale,* Ldn. 1786.

IVANICHA, ein Dorf in der UdSSR, in dem alle Bauern Ivan heißen. Nur ihre Spitznamen sind verschieden: Ivan der Selbstesser, (der sich im Schlaf ein Ohr abknabberte), Ivan der Ungestüme, Ivan der Nasenbohrer, Ivan der Weitspucker. Berühmt sind die Ivane, weil sie einst in neue Länder gereist sind in dem Glauben, Boden und Wasser wären auswärts besser als in Ivanicha. Um das zu beweisen, gruben sie ein so tiefes Loch, daß sie den blauen Himmel auf der anderen Seite der Erde sahen. Das war ihnen so unheimlich, daß sie nach Ivanicha zurückkehrten und sich scheuten, ihre Geschichte zu erzählen, aus Angst, Lügner und Betrüger genannt zu werden.

Jevgenij Zamjatin, *Ivany,* in *Bolsim detjam skazki,* Moskau/Bln. 1922.

IVANSK, eine Stadt, deren Zentrum in der großen Ebene auf halbem Weg zwischen Warschau und dem Ural liegt. Die genauen Ausmaße der Stadt und die Zahl ihrer Einwohner sind unbekannt, doch man sagt, daß Ivansk riesig sei und sich über Teile Europas und Asiens erstrecke. Die meisten seiner Bewohner tragen den Namen Ivanov.

Dank der Anstrengungen der Ivansker Wissenschaftler sind die Einwohner einen Kopf größer als andere Europäer oder Asiaten, was auf die fortschrittlichen historischen Bedingungen, eine gerechte Doktrin und eine weise Führung zurückzuführen ist, die es den Bewohnern möglich macht, jeder ihrer Handlungen eine historische Dimension zu geben. Manchmal erreichen sie das, ohne es zu merken.

Es wird allgemein anerkannt, daß das ISML-Gebäude (Ivansker Schule der Militärluftfahrt) das schönste und majestätischste Gebäude der Stadt ist. Briefmarken, die es darstellen, sind sogar in Lateinamerika und in afrikanischen Staaten zu finden. Es wurde einige Zeit vor dem Krieg erbaut – aus einem verfallenen Herrenhaus, dem unvollendeten Haus eines Kaufmanns und einer Synagoge. Der bürgerliche Modernist Le Corbusier sagte, nachdem er das Gebäude mit eigenen Augen gesehen hatte, daß daran für ihn nichts mehr zu tun sei, und kehrte nach Hause zurück. Der berühmte Kunstkritiker Ivanov, der über diesen Vorfall in seinem Artikel *Warum ich kein Modernist bin* referierte, wies darauf hin, daß niemand Le Corbusier vermissen werde.

Das Hauptmerkmal des ISML-Gebäudes sind seine zwei Fassaden, die Hauptfassade auf der Rückseite, die andere vorn. Der Stil der beiden Fassaden ist so unterschiedlich, daß viele Touristen und sogar einige Bewohner von Ivansk noch immer glauben, daß sie zu zwei verschiedenen Gebäuden gehören. Deswegen überließ die Regierung vor dem Krieg das Gebäude zwei Organisationen: dem Aeroclub und dem Molkerei- und Fleischerei-Kombinat, woraus sich ein Konflikt entwickelte. Die Leiter der beiden Organisationen verfaßten kritische Dokumente gegeneinander, und beide wurden verhaftet. Bald ging einer der beiden Institutionen der Zündstoff aus, und der Konflikt wurde in völliger theoretischer Korrektheit gelöst. In seinem Buch *Die Einheit und der Konflikt von Gegenspielern in der Stadt Ivansk und ihrer Umgebung* zitierte der Philosoph Ivanov diesen Fall als ein charakteristisches Beispiel dafür, daß sich in Ivansk Widersprüche nicht zu Gegensätzen auswachsen, sondern durch die Kraft der Ereignisse gelöst werden.

Steht der Besucher vor der Hauptfassade, mit dem Rücken zum Hauptfluß der Stadt, dem Ivanuschka, und zur hydroelektrischen Station, wird er sofort verstehen, wie recht Ivanov hatte, als er bei der offiziellen Eröffnungszeremonie sagte, daß in der strahlenden Zukunft, die soeben begonnen habe, jeder Arbeiter in solch herrlichen Palästen leben werde. Die Fassade des ISML-Gebäudes ist mit neunhundert Säulen in jedem der Weltarchitektur bekannten Stil geschmückt. Auf dem Dach ragt eine Gruppe kleiner Türme gen Himmel und vereint sich mit ihm zu einem harmonischen Ganzen. Im Leitartikel der halbjährlich erscheinenden Zeitschrift *Nordöstliche Aurora* schrieb Ivanov: »Konfrontiert mit einer so unirdischen Schönheit, kann ein Mensch nur strammstehen und den Hut ziehen.«

Die Architekten, die das ISML-Gebäude entwarfen, begingen eine geringfügige Unterlassung, die jedoch in der Entwicklung der Literatur des Toilettenrealismus eine wichtige Rolle spielte. Sie richteten keine Toiletten ein. Es wurde später klar, daß dies eine absichtliche und heimtückische Unterlassung war, denn sie unterstützten die falsche Theorie, die behauptete, daß Toiletten im Anfangsstadium beseitigt werden sollten. Die Unterlassung wurde erst bemerkt, als das Gebäude vom Aeroclub übernommen wurde, der einen Platz im Hof ausfindig machen mußte, um eine Behelfstoilette zu bauen. Zwei Stunden mußten den Anwärtern an den Arbeitstagen für den mit Müll vollgestopften Gang zur Toilette zur Verfügung gestellt werden, berechnet auf der Grundlage von drei zehnminütigen Besuchen pro Kopf. Nach Einbruch der Dunkelheit bestand ein ziemliches Risiko, daß man sich bei einem Gang zur Toilette die Uniform beschmutzte, und die Anwärter begannen, die Benutzung sogar tagsüber zu vermeiden. Zu spät wurde ein Weg gebaut, sie hatten sich daran gewöhnt, den Müllberg im Hof zu benutzen, und die Toiletten wurden nur noch von verdächtigen und einzelgängerischen Intellektuellen benutzt, die versuchten, ihr Ego zu entfalten. Sie wurden streng überwacht.

Die Geschichte von Ivansk besteht vorwiegend aus Ereignissen, die fast geschehen wären oder von denen man fälschlich annahm, sie würden geschehen. Andere Dinge passierten überraschend oder zur falschen Zeit am falschen Ort. Das Ergebnis dieser bedauerlichen Situation ist, daß die meisten historiographischen Daten entweder geleugnet werden oder erfunden sind.

Aleksandr Zinoviev, *Zijajuschtschie vysoty*, Lausanne 1976.

J

JAHRMARKT DER EITELKEIT, ein großes Gemeinwesen in ↗ CHRISTIANSLAND und eine wichtige Station auf dem Pilgerpfad, der von der ↗ STADT DES VERDERBENS zur ↗ HIMMLISCHEN STADT führt. Benannt ist dieses Gemeinwesen nach dem Markt, der dort das ganze Jahr über stattfindet und der vor langer Zeit von Beelzebub (dem Beherrscher der Stadt) und seinen Kumpanen Apollyon und Legion eingerichtet wurde. Die führenden Bürger der Stadt heißen Fleischeslust, Üppig, Unzucht und Habgier. Auf dem Jahrmarkt wird jeder erdenkliche eitle Tand feilgeboten – von Häusern, Ländereien und Titeln bis zu Frauen, Kindern, Dirnen und Kupplern, von Leibern und Seelen bis zu Gold und Edelsteinen. Es wimmelt auf diesem Markt von Gauklern, Glücksspielern und Betrügern, ganz zu schweigen von Ehebrechern, Mördern und Dieben. Die Plätze, Straßen und Gassen der Stadt sind nach jenen Ländern benannt, aus denen die hier feilgebotenen Eitelkeiten eingeführt wurden. Es gibt zum Beispiel eine britische, eine italienische, französische, spanische und deutsche Straße. Wie auf jedem Markt erfreuen sich bestimmte Artikel auch auf dem Eitelkeitsmarkt besonderer Beliebtheit. Hier sind es die Waren aus Rom (an denen lediglich die Kunden aus England und ein paar anderen Staaten wenig Gefallen finden).

Früher war der Jahrmarkt der Eitelkeit für Reisende ein äußerst gefährlicher Ort. Falls sie sich weigerten, etwas von dem Tand zu erstehen, wurden sie festgenommen und eingesperrt, zuweilen sogar geschlagen und in den Stock gelegt, bevor man sie wegen Störung des Handels und sektiererischer Umtriebe dem Richter Gotthaß vorführte. Mitunter wurden solchermaßen Beschuldigte zum Tod auf dem Scheiterhaufen verurteilt.

Daß die Stadt inzwischen ein relativ sicherer Aufenthaltsort für Reisende geworden ist, erklärt sich nicht zuletzt daraus, daß diese jetzt von Herrn Mutherz auf ihrem Weg zur Himmlischen Stadt begleitet werden und daß »Gnade« endlich auch auf dem Eitelkeitsmarkt ihre segensreiche Tätigkeit ausüben darf.

Von Zeit zu Zeit wird die Stadt von einem Ungeheuer angegriffen, das den Leib eines Drachen, sieben Köpfe und zehn Hörner hat. Es brachte bereits viele Menschen um, verschleppte Kinder und stellte den Einwohnern gewisse Bedingungen. Jene, die ihr Leben mehr liebten als ihre Seele, gingen darauf ein und gerieten so unter die Herrschaft des Ungeheuers. Seit dieses jedoch von Mutherz und vier anderen wackeren Männern mehrmals attackiert und schwer verwundet wurde, hat es aufgehört, sein Unwesen in der Stadt zu treiben, wo bereits viele vermuten, daß es inzwischen seinen Verletzungen erlegen ist.

John Bunyan, *The Pilgrim's Progress from this world, to that which is to come*, Ldn. 1678 (Teil I) und 1684 (Teil II).

DER JAMMERWOCH-WALD (Jabberwocky Wood) liegt vermutlich irgendwo in England. Die einzige Auskunft über diese Gegend findet sich in einem angelsächsischen Gedicht, das erstmals im ↗ LAND HINTERM SPIEGEL veröffentlicht und seither oft nachgedruckt wurde. Diesem Gedicht zufolge fand dort der siegreiche Kampf eines jungen Helden gegen den Jammerwoch statt, ein Ungeheuer mit flammenden Augen, scharfen Krallen und mörderischen Fangzähnen. Der abgeschlagene Kopf der Bestie wurde aufbewahrt, und es ist anzunehmen, daß der Schädel noch heute in der Nähe des Waldes besichtigt werden kann. – Vor zwei anderen dort heimischen Kreaturen, dem Banderschätzchen und dem Jubjub-Vogel (s. a. ↗ DIE SCHNARKINSEL) sollte man sich in acht nehmen: Sie gelten als gefährlich.

Am Rande des Waldes liegt eine Wiese, auf der eine Sonnenuhr zu sehen ist. Auf dem »Waben« (wie die Grasfläche rings um die Sonnenuhr

JANNATI SHAR, *Südansicht*

genannt wird) leben einige seltsame Tierarten: Die flinken, glitschigen »Toven«, eine Art Kreuzung zwischen Dachs und Eidechse, haben spitze, an Korkenzieher erinnernde Nasen, nisten direkt unter der Sonnenuhr und ernähren sich ausschließlich von Käse. Die »Burggoven« sind eine recht klägliche Vogelart, die mit ihrem gesträubten, zerzausten Gefieder wie ein lebender Mop wirkt. Das »Räth«, eine Art Schwein, aber von grüner Farbe, bellt und pfeift, wenn es sich verlaufen oder sich mit seinen Artgenossen auf dem Waben zusammengefunden hat. – Das einzige erwähnenswerte Gewächs im Jammerwoch-Wald ist der »Tumtum-Baum«, über den uns leider nichts Näheres bekannt ist.

Lewis Carroll, *Through the Looking Glass, and What Alice Found There,* Ldn. 1871.

[Die im obigen Artikel benützten Eigennamen sind Robert Scotts deutscher Übersetzung des Gedichtes *Jabberwocky* entnommen, die erstmals in *Macmillan's Magazine,* Februar 1872, erschien.]

JANNATI SHAHR oder **DIE SEHR HIMMLISCHE STADT,** in Saudi-Arabien in der Sandwüste Ruba el Khali, in die der weiße Mann nie eingedrungen ist. Der Zugang ist leichter über China, Indien oder die fernen Inseln des Indischen Ozeans. Jannati Shahr liegt jenseits der Eisenberge am Fuße der Goldberge, die die Stadt verbergen. Ein gewaltiger Vulkanausbruch hatte in der Vergangenheit das Bergmassiv gespalten und durch die Öffnung einen riesigen Damm vorgeschoben, der vier Kilometer breit und von unbestimmbarer Länge und Tiefe ist. Es gibt so viel Gold in diesen Felsen, daß die ganze Bergkette aus Gold zu bestehen scheint. Von starken, geschickten Händen wurden die Felsen zu Mauern, Befestigungen, Häusern, Moscheen und Minaretts umgestaltet. Dadurch entstand schließlich der Eindruck, daß die Stadt ganz aus Gold gebaut sei. Kein einziger Stein wurde mit Mörtel befestigt. Aus der Ferne glitzert Jannati Shahr wie ein Juwel. Lange Mauern, von Toren mit phantastischen Bögen durchbrochen, umgeben die schlanken Minaretts und funkelnden Kuppeln. Es gibt liebliche grüne Gärten und Palmenhaine, die sich reizvoll von den schwarzen Klippen im Hintergrund abheben. Die üppige Flora hält für den Besucher Feigen, Granatäpfel, Limonen, Aprikosen, Orangen und Dattelpalmen bereit, und es gibt auch Felder mit Weizen, Gerste, Tabak, Zuckerrohr. Herden von Antilopen und Schafen, Pelikane, Kraniche, Tauben, Falken, Habichte und mehrere Arten von Wasservögeln bestimmen die Fauna.

Von der Ebene führt ein breiter gepflasterter Weg hinauf und durch ein goldenes Tor in die Stadt mit ihrem geschäftigen Basar und den prächtigen Häusern. Unter der Stadt verzweigt sich ein gefährliches Labyrinth, das zu einer sagenumwobenen Schatzkammer führt. Hier finden sich Schätze aus allen Ländern und Zeitaltern: aus Karthago, vom Nil, selbst vom König Salomo. Sollte ein Reisender in diese Kammer gelangen, so führt der einzige Rückweg durch einen unterirdischen Fluß aus heißem Wasser, der »Fluß der Nacht« heißt.

Eine Gruppe weißer Männer – sie stahlen den heiligen Schwarzen Stein von Mekka und die Große Perle, die Mohammed seiner Lieblingsfrau Ayesha gab, als er in Medina im Sterben lag – hat Jannati Shahr zu Beginn dieses Jahrhunderts besucht. Der Schwarze Stein wurde zurückgegeben; die Große Perle – sie hat etwa die Größe einer männlichen Daumenkuppe – befindet sich heute in einer Privatsammlung in New York.

George Allan England, *The Flying Legion,* Chicago 1920.

JANSENIEN, fruchtbares Land an der Grenze zu Libertinien, Desperien und Calvinien, Länder, die nicht weiter erwähnenswert sind. Im Süden stößt es an ein stürmisches, abgrundtiefes Meer. Die Hauptstadt liegt in der Landesmitte, gleichweit entfernt von den drei benachbarten Königreichen. Zahlreiche Ströme und Flüsse durchziehen das Land, und es gibt einen See, der in seiner Form dem Genfer See ähnelt. Allerdings soll er tiefer als sein schweizerisches Ebenbild sein.

Ursprünglich war Jansenien eine flämische Kolonie (berühmt für ihre ungewöhnlichen Gesetze); die Bevölkerung ist aber heute aus verschiedenen Nationalitäten zusammengewürfelt. Nach Aussagen der Jansenier wurde die Hauptstadt im sechsten Jahrhundert vom Prinzen von Hypone erbaut; hingegen nennen einige Chronisten einen von Galilei erzogenen Prinzen von Tarsus als Gründer. Ein Schwert, das angeblich dem Stadtgründer gehört haben soll, wird als Reliquie aufbewahrt. Bei näherem Hinsehen entpuppt sie sich allerdings als moderne Nachbildung, die aber von bester Handwerkskunst zeugt und für Besucher sehenswert ist.

Vor nicht allzu langer Zeit wurde das Land von der schwarzen Pest heimgesucht. Die Nachbarländer freuten sich über Berichte, nach denen die Städte verlassen und die Bevölkerung von Jansenien teilweise ausgerottet sein sollte. Die Gerüchte erwiesen sich aber als unbegründet, und schon bald kehrte Jansenien zu einem normalen Leben zurück – sehr zum Verdruß seiner Nachbarn, von denen einige bei dieser Nachricht sogar in Trauer verfielen.

Die Leute von Jansenien sind sehr kurz geraten, obwohl auf alten Gemälden zu sehen ist, daß ihre Vorfahren von normaler Statur waren. Sie sind starrköpfig und dumm. Einige haben zwei Herzen, ein Zustand, der gelegentlich als Erklärung für ihre nur allzu bekannte Unaufrichtigkeit vorgebracht wird. Besucher werden rasch merken, daß sie ein mißtrauischer Menschenschlag sind und ganze Armeen von Spionen unterhalten. Bei ihren Nachbarn sind sie überhaupt nicht beliebt. Sämtliche Geschäfte werden nachts abgewickelt. Die Häuser, die in vieler Hinsicht jenen in Europa gleichen, haben nur Hintereingänge, damit die Bewohner ungesehen kommen und gehen können. Gang und

Auftreten sind charakteristisch für jeden einzelnen, und sie legen im allgemeinen ein affektiertes Benehmen an den Tag. Die Jansenier behaupten von sich selbst, die weisesten Leute auf der ganzen Welt zu sein; ihrer Überzeugung nach können nur sie allein zwischen Gut und Böse unterscheiden.

Eine in Jansenien häufige Krankheit führt zum Anschwellen des ganzen Körpers. Oft verläuft sie tödlich, und das einzige Mittel dagegen ist, ins Ausland zu gehen. Besucher sollten aber damit rechnen, daß die Jansenier keinem Kranken gestatten, das Land zu verlassen, und daß sie dafür bekannt sind, notfalls die Leute mit Gewalt zurückzuhalten.

Das Leben in Jansenien wird von der Religion bestimmt – einer Form des Christentums, die von einem gewissen Margalicus überliefert wurde. Die Jansenier glauben, daß Christus nur zur Errettung einiger weniger, ganz bestimmter Personen gestorben sei und daß die meisten Menschen nicht zu dieser auserwählten Gruppe zählen. Gott erläßt Gesetze, die nur mit göttlicher Hilfe befolgt werden können; diese Hilfe aber ist den meisten Sündern versagt. Ebensowenig erkennen die Jansenier die Unfehlbarkeit des Papstes an; sie behaupten, daß eine solche Doktrin gleichbedeutend mit der widerrechtlichen Aneignung göttlicher Autorität sei. Päpste, die die jansenischen Lehrsätze angegriffen haben, wurden aus dem Kalender entfernt und durch andere kirchliche Persönlichkeiten ersetzt.

Um ihre Ehrfurcht vor der Eucharistie zu bekunden, haben die Jansenier damit aufgehört, sie überhaupt noch zu feiern. An der Messe nicht teilzunehmen, wird als Fastenübung betrachtet. In manchen Gegenden bezahlt man die Priester dafür, daß sie die Messe nicht lesen; dies entspricht auch der jansenischen Gepflogenheit, Leute fürs Nichtstun zu entlohnen. Die Priester leugnen die Wirksamkeit der Absolution mit der Begründung, sie sei nur ein Ausdruck der Gnade, die durch inneres Leiden entsteht. Häufig wird deshalb auch den Sterbenden die Absolution verwehrt.

Im Land gibt es keine Mönche. Allerdings betätigen sich manche Einsiedler als Kunsthandwerker und verkaufen ihre Erzeugnisse auf den Märkten; die etwas Frömmeren betrachten diese Handarbeiten als Reliquien. Nonnen sind andererseits ein vertrauter Anblick, und zwischen den Priestern herrscht eine starke Konkurrenz um die Ernennung als Beichtvater in den Klöstern. Im großen und ganzen ist das Volk sehr fromm und schickt auch Missionare, von denen viele verkleidet sind, in andere Länder. Es ist durchaus möglich, daß der Reisende dem einen oder anderen schon im eigenen Land begegnet ist, ohne es zu wissen.

Religiöse Doktrinen bestimmen auch die Erziehung. Besonders Nachdruck wird auf das Dogma gelegt, daß Christus nicht für totgeborene Kinder gelitten hat und daß auch gute Taten von Nichtgläubigen zu den Todsünden zählen. Die Bibel selbst wird kaum studiert, mit Ausnahme von denjenigen, die sich auf das Priesteramt vorbereiten. Das andere in der Schule gelehrte Hauptfach ist Grammatik. Schulen und Hochschulen für die Armen werden von den Reichen finanziert, die man durch Schmeicheleien zu großzügigen Spenden bewegt.

Der Buchdruck ist die am höchsten entwickelte Kunst in Jansenien. Feinstes Papier und ausgesuchte Schriftbilder verwendet man zur Herstellung ungewöhnlich schöner Bücher, die im übrigen aber voller Lügen, Irrtümer und Fehler stecken. Das kümmert die Jansenier allerdings weniger, da sie nur am äußeren Erscheinungsbild des Buches Interesse haben, und es ist allgemein bekannt, daß sie die Gönner einer Reihe bekannter Buchclubs in Europa und Amerika sind.

In militärischen Dingen zeigt sich die Unaufrichtigkeit der Jansenier erneut: Niederlagen auf dem Schlachtfeld werden als Siege verbrämt, für die man großartige Gedächtnisfeiern in den Kirchen abhält. Gern brüstet man sich mit »erbeuteten« Fahnen – allerdings werden sie in Jansenien selbst hergestellt. Das Land hat keine Rüstungsindustrie; alle Waffen werden aus Calvinien importiert. Die Einwohner behandeln ihre Waffen mit großer Sorgfalt, und oft tauscht man sie auch als Weihnachtsgeschenke aus. Das in Jansenien verwendete Schießpulver hat die seltsame Eigenschaft, geräuschlos zu sein, so daß Gewehre beim Abfeuern nicht zu hören sind. Die Jansenier werden dadurch zu ausgesprochen gefährlichen Feinden.

Die Philosophen des Landes erkennen die Existenz des gesunden Menschenverstandes nicht an. Vor nicht allzu langer Zeit wurde ein Denker aufs Rad geflochten, nachdem er gewagt hatte, dieses Fach zu lehren. Rhetorik ist weit verbreitet und außerordentlich beliebt; fast jeder plätschert darin herum.

Die Uhren stellt man in Jansenien nach dem Mond, und nicht nach der Sonne. Sie sind minderwertig, und für gewöhnlich haben die Leute keine Ahnung von der richtigen Zeit.

Zur jansenischen Fauna zählen unter anderem Wölfe mit Schaffellen, Füchse, die bei den Hennen schlafen, sowie ungemein geschwätzige schwarze Papageien. Die Eulen singen hier lieblicher als die Nachtigallen, und Kälber und Wild sind größer als in

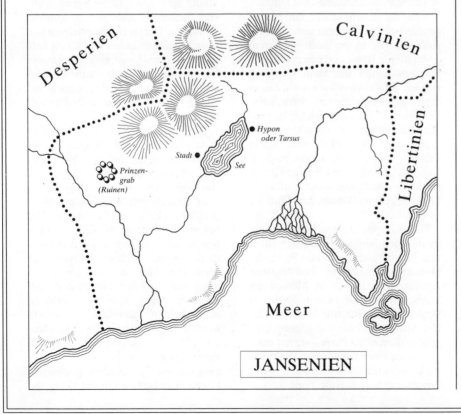

Europa. Alle Esel tragen Wollmützen, die die Frauen anfertigen. Eisenhut und Lorbeer, aus dem man vornehmlich Kränze windet, gehören zu den am weitesten verbreiteten Pflanzen.

Das Land besitzt reiche Gold- und Silberminen; dazu auch Quecksilber. Luxusgüter kommen aus Libertinien, Bücher und Waffen werden aus Calvinien importiert. Umgekehrt führt Jansenien Taue, Messer, Grabtücher und Sterbehemden sowie Grabsteine und Kupferplatten für Grabinschriften nach Desperien aus.

Jansenien ist starken Winden und heftigen Gewitterstürmen ausgesetzt. Reisende, die das berühmte Grab des Prinzen besuchen wollen, werden feststellen, daß es vor kurzem durch Blitzschlag zerstört wurde und nur wenige prachtvolle Steinblöcke noch zu sehen sind.

Le Père Zacharie de Lisieux, *Relation du pays Jansénie...*, Paris 1660.

JENKING-MOCUM ist von Damaskus aus mit dem Kamel in gut dreißig Tagesritten zu erreichen. Die Stadt ist schwer zu finden, denn die Jenkinger drucken absichtlich falsche Karten, um Fremde fernzuhalten. Nur wer noch im Besitz einer alten Karte ist – am besten sind die aus alten russischen Atlanten, die manchmal sogar einen detaillierten Stadtplan von Jenking selbst aufweisen –, sollte sich durch Wüste und Hochgebirge am Südhang des Pamir entlang auf den Weg machen. Alpine Ausrüstung ist nötig, denn nicht selten treten im armenischen Hochland schwere Schneestürme auf. Das Gebiet wird von Nomaden durchzogen, die aber nur gelegentlich Kontakt mit den Reisenden aufnehmen.

Das von einer Stadtmauer umgebene Jenking ist eigentlich eine Ansammlung alter Dörfer. Sie legen sich wie ein Kranz um das eigentliche Zentrum, die ↗ VERBOTENE STADT, und tragen noch ihre alten Namen: Samojedenstadt, Tatarenstadt, Argonautenstadt sowie die koreanische und japhetische Stadt. Für Fremde ist es beinah unmöglich, den Übergang von einem Stadtviertel in ein anderes zu bemerken, was durchaus Schwierigkeiten mit sich bringen kann, denn die einzelnen Bezirke sind untereinander oftmals verfeindet. Jeder Stadtteil veranstaltet seine eigenen Pferderennen, den Lieblingssport der Jenkinger. Feuersbrünste sind nicht selten, denn die meist von Gärten umgebenen Häuser sind bis auf den Steinsockel aus Holz.

Von Damaskus kommend, betritt man die Stadt durch das in chinesischem Stil erbaute samojedische Tor mit seinen geschwungenen Dächern, Lackziegeln, Goldverzierungen und Glöckchen. Mehr zur Abwehr böser Geister als zur Abschreckung feindlicher Heere sind an den Gesimsen furchterregende Drachenköpfe angebracht. Die Haupteinfahrt ist den Handelskarawanen vorbehalten, Fußgänger und Reiter benützen seitliche Nebentore. Die Kontrollen sind streng wegen der immer wiederkehrenden Einfälle der Tataren, die allerdings weder Jenking zerstören noch das Prinzip der Verbotenen Stadt antasten, sondern nur reiche Beute machen wollen. Einlaß wird Fremden nur gewährt, wenn die Papiere völlig in Ordnung sind, doch kann mit einem Bestechungsgeld an den jeweiligen Posten nachgeholfen werden. Außerdem ist ein verhältnismäßig hohes Torgeld zu entrichten, das sich aus Fremdensteuer, Aufenthaltssteuer, Wassergeld, Straßenreinigungs- und -beleuchtungsgebühren sowie Abgaben für die Benützung öffentlicher Bauten zusammensetzt.

Auf dem berühmten Korso von Jenking trifft sich die Gesellschaft der Stadt, Einheimische wie Gäste wollen hier sehen und gesehen werden. Kern von Jenking ist die durch hohe Wälle und eine tote Zone vom übrigen Ort getrennte ↗ VERBOTENE STADT. G. W.

Curt Hohoff, *Die Verbotene Stadt*, Mchn. 1958.

JENSEITS, Land alles dessen, was hinter dem Schleier liegt, der die menschlichen Sinne und Gedanken einhüllt. Der Schleier kann niemals gelüftet werden, aber manchmal wird er zerrissen. Menschen bezeichnen die Löcher im Schleier als »Feuer«.

Jenseits wurde einst von Königin Freydis regiert, die aus Liebe zu Manuel von ↗ POICTESME menschliche Gestalt annahm.

James Branch Cabell, *Figures of Earth*, NY 1921.

JIMBALLA, älterer Name **JAMBALLA,** ist das vor langer Zeit versunkene und um 1960 wieder aus dem Ozean aufgetauchte Reich König Kaspars, des jüngsten der Heiligen Drei Könige, das heute von Jim Knopf alias König Myrrhen regiert wird. Die Insel hat die Ausmaße eines Kontinents, und ihre Grundfesten bestehen aus kostbarem Gestein, das in allen Regenbogenfarben schillert. Schon von weitem erkennt der Reisende Türme aus durchsichtigen, vielfarbigen Edelsteinen und auch alte, halbverfallene Tempel und Paläste. Der Kontinent steigt zur Mitte hin leicht an, und auf seiner höchsten Stelle, einem winzig kleinen Berg mit zwei ungleichen Gipfeln, liegt das Königreich Lummerland, ein ehemaliges Inselchen, das von König Alfons dem Viertel-vor-Zwölften und seinen Untertanen Herrn Ärmel, Frau Waas und von Lukas dem Lokomotivführer bewohnt wird. Einen Besuch lohnen der Königspalast, in dem sich das berühmte goldene Telefon des Herrschers befindet, die Gleisanlagen und Tunnels, die Lukas gebaut hat, und Molly, die gläserne Lokomotive von König Myrrhen, mit der er in der Abenddämmerung durch sein Reich zu fahren pflegt.

Lummerland wäre heute noch eine Insel, hätte der Briefträger Frau Waas nicht ein Paket mit dem Negerbaby Jim gebracht, das von einem Absender namens »13« eigentlich an eine Frau Mahlzahn adressiert war. – Da die kleine Insel einen vierten Untertanen nicht verkraften konnte, verließen Lukas und der inzwischen herangewachsene Jim Knopf Lummerland, gerieten nach China und retteten Li Si, die Tochter des Kaisers, aus der Gewalt eines Drachen, eben jetzt Frau Mahlzahn, die in der Drachenstadt Kummerland eine Schule aufgezogen hatte, in der geraubte Menschenkinder aus aller Welt gequält wurden. Frau Mahlzahn wurde von Lukas und Jim nach China entführt und verwandelte sich dort in den »goldenen Drachen der Weisheit«.

Zwischen China – der Name ist etwas irreführend, die neuere Forschung spricht von Mandarinien – und Lummerland wurden nun diplomatische Beziehungen aufgenommen. Durch die ehemalige Frau Mahlzahn erhielten Lukas, Jim und seine Braut Li Si Informationen über die »Wilde 13«, die Piratenmannschaft, welche die Kinder für die Drachenschule geraubt hatte. Mit dem chinesischen Staatsschiff wagten die drei eine Seeschlacht mit der Wilden 13, wurden aber gefangen und in das »Land, das nicht sein darf« verschleppt. Dort gelang es Jim Knopf, sich zum Herrn über die Piraten zu machen.

In einem Kästchen, das die Seeräuber einst auf ihren Raubzügen in Besitz gebracht hatten, fand Jim eine Urkunde, die seine Herkunft erhellte: er ist Prinz Myrrhen, der letzte Nachkomme des Mohrenkönigs Kaspar. Das herrliche Reich Kaspars – Jamballa – wurde, so erfuhr Jim später vom goldenen Drachen, versenkt und statt dessen das »Land, das nicht sein darf«

(daher der Name) aus dem Meer emporgedrückt. Als Sühne für ihre Untaten ließ die Wilde 13 diese Gegeninsel wieder in den Fluten versinken. So konnte Jamballa wie auf dem anderen Ende einer Waage vom Grunde des Meeres erneut emporsteigen.

Und siehe da, es stellte sich heraus, daß Lummerland nur der über den Wasserspiegel hinausragende höchste Teil Jamballas gewesen war, das im Gedenken an den früheren Namen des Mohrenprinzen in Jimballa umgetauft wurde. Auf Jimballa findet sich heute ein buntes Gemisch der verschiedensten Rassen und Nationen, die unter König Myrrhen und seiner Gemahlin Li Si vergnügt und friedlich zusammenleben. Es handelt sich dabei um die Familien der zahlreichen Kinder, die Jim Knopf und Lukas aus der Gefangenschaft in der Drachenstadt befreit hatten. Ein etwas eigentümlicher weiterer Bewohner ist der Scheinriese Tur Tur, der auf der Insel den Beruf des Leuchtturmwärters ausübt. Die Vegetation Jimballas besteht hauptsächlich aus vom Tausend-Wunder-Wald importierten durchsichtigen Bäumen und Pflanzen.

Die genaue geographische Lage Jimballas ist bis heute erfolgreich geheimgehalten worden, um Störenfriede und andere unliebsame Eindringlinge fernzuhalten. Außerdem ist das Land bestens geschützt durch die »Zwölf Unbesiegbaren«, wie sich jetzt die »Wilde 13« nennt. Allerdings gibt es eine Geheimbotschaft an alle Freunde von Jim und Lukas. Wer nach Jimballa kommen möchte, soll sich immer so verhalten, wie es die beiden an seiner Stelle tun würden. Das ist die einzige Chance, früher oder später den Weg dorthin zu finden. Eine andere Möglichkeit gibt es nicht.

D. Bo./M. B.

Michael Ende, *Jim Knopf und Lukas der Lokomotivführer*, Stg. 1960. – Ders., *Jim Knopf und die Wilde 13*, Stg. 1962.

JOLLIGINKI, Königreich an der afrikanischen Ostküste. Ein Pfad führt vom Strand (falls der Reisende per Schiff ankommt) die Klippen hinauf, wo trockene Höhlen Unterschlupf bieten, und weiter in einen dichten Wald mit Ingwerwurzeln, Winden- und Rankgewächsen, Weinstöcken und Kokospalmen. Die feuchten, sumpfigen Stellen sollte man meiden. Der königliche, aus Lehm gebaute, Palast erhebt sich an einem hellen, weitläufigen Platz. Daneben steht das Steinverlies (Besucher können noch immer das

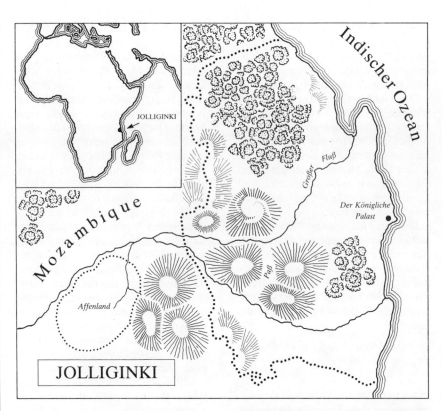

kleine vergitterte Fenster hoch oben in der Mauer sehen), in dem der Engländer Dr. Dolittle aus Puddleby auf der Marsch zusammen mit seinen Tieren zu Unrecht gefangengehalten wurde.

Nicht weit davon entfernt liegt das Affenland. Der schnellste Weg dorthin führt über den Fluß, der die beiden Länder trennt, aber man kommt nur hinüber, wenn man über eine Kette aus lebenden Affen, die sogenannte »Affenbrücke«, balanciert. Dr. Dolittle ist der einzige Weiße, der dieses ungewöhnliche Kunststück fertigbrachte, obwohl viele Forscher und graubärtige Naturkundler wochenlang im Dschungel versteckt lagen und darauf warteten, daß die Affen besagte Kette bilden.

Dr. Dolittle brachte von hier das seltenste Tier der Welt nach England – ein Geschenk des Affenvolkes für die Behandlung ihrer Kranken. Diese scheue, gutartige Kreatur namens Stoßmich-Ziehdich, besaß keinen Schwanz, aber an beiden Körperteilen je einen Kopf mit spitzen Hörnern. Mütterlicherseits war das Tier mit der abessinischen Gazelle und der asiatischen Gemse verwandt; sein Urgroßvater väterlicherseits war das letzte Einhorn. Die Stoßmich-Ziehdichs waren ungemein schwer einzufangen, weil es (wegen der Köpfe an beiden Enden) unmöglich war, sich ungesehen von hinten anzuschleichen. Leider sind sie heute ausgestorben.

Hugh Lofting, *The Story of Doctor Dolittle*, Ldn. 1922.

JUNDAPUR, ein kleiner indischer Staat, der von einem Radscha regiert wird. Sein Palast stammt aus dem achtzehnten Jahrhundert und ist ein Bau aus grauem Sandstein im Stil Palladios. Er steht in einem hügeligen Parkland, der von einer zerbröckelnden Mauer eingefaßt ist. Hinter dem Palast ist ein See mit einer kleinen bewaldeten Insel in der Mitte. Hier steht ein sechseckiger Käfig mit einer kupfernen Zwiebelkuppel und Eisengittern an den Seiten. Der Käfig enthält Pflanzen, die eigens aus Neuguinea gebracht wurden, und die ausgestopften Paradiesvögel, die zwischen ihnen zu fliegen scheinen, sind vom Großvater des letzten Maharadscha gesammelt worden.

Nach der Legende hatte sich vor langer Zeit die Tochter des Maharadscha in einen Fährmann verliebt, ohne zu wissen, daß er der Gott Krischna war. Sie floh eines Nachts, rannte zum Ufer und warf sich in seine Arme. Der Bruder des Mädchens überraschte sie und schrie, aber es wurde nur der Schrei eines Reihers gehört, denn den See hatte der Bann des Gottes getroffen. Krischna enthüllte seine wahre Identität, der Bruder fiel in Ohnmacht, und seine Schwester starb vor Angst.

Nach einer anderen Legende wurden Bruder und Schwester in Reiher verwandelt, deren Schrei gehört werden kann, wenn der Mond nach Mitternacht aufgeht.

Die Stadt Jundapur selbst hat keine herausragenden Merkmale, sie ist ein

Palast in JUNDAPUR

Gewirr enger Gassen und offener Basare.

Paul Scott, *The Birds of Paradise,* Ldn. 1962.

JUNGANYIKA oder **DER GEHEIMNISVOLLE SEE** liegt in Westafrika. Der einzige bekannte Zugang führt über den kleinen Fantippo-Fluß, der bei ↗ FANTIPPO ins Meer fließt. Der See ist von einem Mangroven-Sumpf umgeben und von einem Durcheinander von Wasserläufen, die in keine bestimmte Richtung zu fließen scheinen, außerdem umhüllen ihn ständig Nebelschwaden. Die Tiere, die den See und seine nähere Umgebung bewohnen, behaupten, daß sein Wasser noch von der Sintflut her stammt. Als die Flut verebbt war, trocknete die Welt aus; nur der Junganyika blieb – geschützt durch den Gürtel von Mangroven-Sümpfen – übrig.

Einer der ganz wenigen Forscher, von denen man weiß, daß sie den See erreicht haben, ist Dr. Dolittle aus Puddleby on the Marsh. Er kam auf Bitten von Lehmgesicht, dem einzigen lebenden Tier, das sich noch an die Flut selbst erinnern kann. Lehmgesicht ist eine Riesenschildkröte, die letzte Überlebende einer Spezies, die in Salz- und Süßwasser gleichermaßen leben konnte. Lehmgesicht plagte die Gicht. Als Gegenleistung für die Behandlung durch Dr. Dolittle erzählte sie ihm ihre Lebensgeschichte und gab ihm damit den einzigen authentischen Bericht über die vorsintflutliche Welt. Dr. Dolittle errichtete aus Dankbarkeit in der Mitte des Sees eine künstliche Insel, die teilweise noch erhalten ist und dadurch entstand, daß Abertausende von Vögeln kleine Steinchen und Kies in das schlammige Wasser fallen ließen. Viele Jahre später behaupteten deshalb eine Gruppe von Geologen, daß das Vorhandensein von Küstengestein auf der Insel der Beweis dafür sei, daß sie einstmals unter der Meeresoberfläche gelegen habe. In gewisser Weise hatten sie sogar recht, nur war das Meer, auf das sie anspielten, die Sintflut selbst gewesen.

Wenige Jahre später veränderte ein Erdbeben die Landschaft ganz erheblich und zerstörte auch einen Teil der künstlichen Insel. Lehmgesicht, über eine Reihe von Jahren unter Schlick und Morast begraben, überlebte dennoch. Das Erdbeben legte die Ruinen der Stadt Shalba frei, der Hauptstadt von König Masthu, der vor der Großen Flut Herrscher über ein reiches und mächtiges Königreich gewesen war. Diese Ruinen sind die einzigen sichtbaren Zeugen für die Zivilisation jener Tage, und Archäologiestudenten werden aus einem Besuch dort großen Nutzen ziehen.

Der Name des Sees Junganyika geht auf ein Ereignis nach der Sintflut zurück. Lehmgesicht rettete zwei menschliche Wesen aus den Fluten: Eber, einen Hilfstierpfleger, der bei Noah beschäftigt war, und Gaza, das Mädchen, das er liebte. Lehmgesicht verteidigte die beiden wacker vor der Tigerin, die sie töten wollte, und vor all jenen Tieren, die die menschlichen Lebewesen ausrotten oder als Sklaven sehen wollten. Eber und Gaza sprachen nicht dieselbe Sprache und verständigten sich durch Kombinationen ihrer jeweiligen Muttersprachen. Als Lehmgesicht ihnen eines Tages aus den Trümmern der Stadt Datteln mitbrachte, rief Eber *Junga,* sein Wort für Datteln, während Gaza sie in ihrer Sprache *Nyika* nannte. Die Verbindung der beiden Wörter gab dem See seinen Namen. Eber und Gaza wurden schließlich zu ihrer eigenen Sicherheit von Schildkröten in jenes Land gebracht, das später als Amerika bekannt wurde. Bis zur Ankunft von Dr. Dolittle hatte kein anderes menschliches Wesen seinen Fuß an die Ufer des Geheimnisvollen Sees gesetzt.

Hugh Lofting, *Doctor Dolittle's Post Office,* Ldn. 1924. – Ders., *Doctor Dolittle and the Secret Lake,* Ldn. 1949.

K

KABBALUSSA, eine wenig bekannte Insel im Atlantik mit der Hauptstadt Hydamardia. Ein Besuch kann gefährlich werden, denn die Insel ist von schönen, griechisch sprechenden Frauen bewohnt, die jedoch anstelle der Füße Eselshufe haben. Die Eselsfüßlerinnen sind eine Art Meerfrauen und huldigen dem Kannibalismus. Jeder Reisende, der unglücklicherweise in Kabbalussa landet, wird zuerst betrunken gemacht, dann zum Beischlaf mit den Bewohnerinnen gezwungen und schließlich aufgegessen.

Lukianos aus Samosata, *Alēthē dihēgēmata,* (um 120), Florenz 1496.

KAISERSASCHERN an der Saale, Regierungsbezirk Merseburg, südwestlich der deutschen Universitätsstadt Halle. Der Ort, der sein mittelalterliches Stadtbild bewahren konnte, hat 27 000 Einwohner. Man ist vorwiegend evangelisch, doch ist eine kleine katholische Minderheit vorhanden. Die Stadt war im zehnten Jahrhundert und dann wieder vom zwölften bis zum vierzehnten Jahrhundert Bistum, Kaiser Otto III. ist hier beigesetzt. Eine Stadtmauer mit Rundtürmen, alte Kirchen, Schloß und Dom, ein Rathaus mit gotischen Spitztürmen und Renaissance-Erkern und -Loggien bestimmen das Stadtbild. Die engen Straßen mit ihrem Kopfsteinpflaster sind von stattlichen Bürgerhäusern gesäumt, eines der ältesten und schönsten ist das Leverkühnsche Haus aus dem sechzehnten Jahrhundert in einer winkligen Gasse im Schatten des Doms. Hier verbrachte der Komponist Adrian Leverkühn seine Jahre als Gymnasiast. In der Marktgasse und der Grießkrämerzeile, dem Geschäftsviertel der Stadt, haben sich auch alte Speicher erhalten; ihr Holzgebälk kann man von der Straße her bewundern.

Die Stadt ist Bahnknotenpunkt; verschiedene Industriebetriebe – Maschinen-, Armaturen-, Chemikalien- und Lederwerke, Spinnereien sowie Mühlen – sichern der Bevölkerung Arbeitsplätze am Ort. Kaisersaschern besitzt zwei Apotheken. Das im fünfzehnten Jahrhundert gegründete Gymnasium trug bis zum Anfang unseres Jahrhunderts den Namen »Schule der Brüder vom gemeinsamen Leben«. Die beachtenswerte Bibliothek enthält 25 000 Bände und 5000 Handschriften, darunter zwei alliterierende Zaubersprüche, die nach Schätzung einiger Wissenschaftler älter sind als die Merseburger. Sehenswert ist auch das kulturhistorische Museum mit seiner alten Folterkammer.

Die Stadt beherbergt eine auffallend große Zahl von »Originalen«, halb hexenhaften alten Frauen und an der Schwelle zur Geisteskrankheit sich bewegenden Sonderlingen, die zum Stadtbild gehören und höchstens von Kindern verspottet oder gefürchtet werden.   G. W.

Thomas Mann, *Doktor Faustus*, NY 1944 (in *Aufbau*, 10, 22. 12. 1944, 51; Ausz.). – NY 1947.

KANADISCHE SCHWIMMENDE INSELN, eine Gruppe von Inseln im Oberen See, die von einem verärgerten Gott beherrscht werden. Die Indianer huldigen ihm, indem sie Schmuck und Tabak ins Wasser werfen. Wenn der begeisterte Tourist versucht, sich den schönen Bäumen und Blumen, den funkelnden Kristallen und melodisch singenden Vögeln zu nähern, hüllt der eifersüchtige Gott die Insel in einen Nebel. Er hält sich diese Ländereien nur zu seinem eigenen Vergnügen und schirmt sie vor neugierigen Augen ab. Der Reisende mag danach suchen, solange er will, er wird nie imstande sein, auch nur einen Fuß auf die Schwimmenden Inseln zu setzen.

Charles M. Skinner, *Myths and Legends of Our Own Land*, Philadelphia 1896.

KAPILLARIEN, ein weites, den Ozeanboden zwischen Norwegen und den Vereinigten Staaten umfassendes Land, das im Durchschnitt etwa viertausend Meter unter dem Meeresspiegel liegt. Die Bewohner sind eine Rasse schöner, hoheitsvoller Frauen (alle größer als ein Meter achtzig) mit blondem Haar, das sie wie eine Wolke umweht. Sie haben engelgleiche Gesichter und weiche Körper. Ihre fließenden Gewänder entblößen beim Auseinanderwehen seidige, durchscheinende Haut, die wie mattschimmerndes Milchglas die inneren Organe ahnen läßt. Das Skelett zeichnet sich als zerbrechliches, elegantes Gerüst ab, die Lungen als zwei diffuse blaue Punkte und das Herz als ein rosenfarbenes Feld. Die alabastergleiche Haut, das ruhige Pulsieren der Venen, das Strömen des Blutes beschwören eine Vision von unfaßbarer und vergänglicher Schönheit.

Diese Frauen werden *Oihas* genannt, ein Wort, das man entweder mit »menschliches Wesen« oder »vollkommene Natur« übersetzen könnte. Männer sind in Kapillarien unbekannt. Der Legende nach stammen die Oihas von der ersten Oiha ab, einem Wesen, das sich selbst schwängerte. Das unbequeme und häßliche Organ, das die Funktion der Zeugung erfüllt hatte, wurde anschließend von der Oiha aus ihrem Körper gestoßen. Seitdem lebt es als Schmarotzer weiter, erfüllt vom ewigen und hilflosen Wunsch nach Wiedervereinigung mit diesem Körper.

Der genannte Schmarotzer ist der *Bullpop*, ein fünfzehn bis achtzehn Zentimeter langes Wesen mit zylindrischem Körper und einem unbehaarten, knolligen Kopf. Anstelle der Nase hat es zwei seltsame Öffnungen. Arme und Hände sind klein und dünn, die Beine jedoch außerordentlich gut entwickelt und stark, mit langen Zehen, Nägeln und Schwimmhäuten sowie einem Paar rudimentärer Flügel. Die Oihas verachten die Bullpops grenzenlos und verspeisen sie, denn ihr Knochenmark gilt als große Delikatesse.

Die Einstellung der Bullpops den Oihas gegenüber ist unterschiedlich: Manche versuchen, die Oihas zu imitieren, um ihnen zu gefallen, und reißen sich um die Ehre, in ihre Bratpfannen zu springen, denn sie meinen, die Oihas würden sie aus einer persönlichen Vorliebe heraus verzehren. Andere wiederum legen eine fast religiöse Haltung an den Tag, beobachten die Oihas voller Bewunderung und malen anschließend Bilder von ihnen. Tatsächlich haben diese Bilder pornographischen Charakter, die die Oihas paarweise und in verschiedenen obszönen Posen darstellen. In diesen Bildern sind (interessanterweise) immer einige Bullpops zu sehen; die Selbstdarstellung wird von den Schöpfern der Werke als ein Mittel betrachtet, die göttliche Oiha gnädig zu stimmen.

Eines haben alle Bullpops gemeinsam: Zwanghaft bauen sie riesige runde Türme, die sich spiralförmig vom Ozeanboden erheben. Offenbar glauben sie, daß irgendwo über dem flüssigen Element, in dem sie leben, eine freiere und größere Welt existiert. Sie hoffen, eines Tages mit den dort lebenden göttlichen Wesen vereint zu werden, wenn es ihnen gelingt, einen bis an die Wasseroberfläche reichenden Turm zu errichten. Doch ihre Mühen werden von den Oihas stets zunichte gemacht. Sobald diese einen Turm hoch genug finden, beschlagnahmen sie ihn als Wohnung für sich selbst und besprühen ihn mit einer parfümähnlichen Flüssigkeit, die die daran arbeitenden Bullpops tötet. Das bei diesen Besetzungen verwendete Parfüm hat eine eigentümliche Wirkung auf die Bullpops, die sich nie zu verteidigen suchen. Anfangs erregt es sie, und sie umkreisen die eindringenden Oihas mit zunehmender Geschwindigkeit. dann beginnen sie sich gegenseitig zu bekämpfen und rempeln dabei gelegentlich auch eine Oiha an. Andere als *Gallanten* bekannte Bullpops betrachten dies als einen Angriff auf die göttliche Oiha und suchen sie zu verteidigen, indem sie die als *Strindbergs* bekannten Bullpops töten. Einige versuchen den Turm zu verteidigen, aber die als *Kants* bezeichneten Arten werden von der Unterart der *Goethes*, *Wildes* oder *Dannunzios* hingemetzelt, die einen instinktiven Haß auf die *Kants* in sich zu tragen scheinen.

Die Bullpops sorgen aber nicht nur für die Türme und Paläste der Oihas, sondern liefern auch noch deren Kleidung. Ein alter, voll entwickelter Bullpop, der nicht verspeist oder erstickt wurde, spinnt sich gewöhnlich ein. Er sondert einen dünnen schwarzen Faden ab, aus dem er einen Kokon bildet. Dieser wird von den Oihas wie der einer Seidenraupe behandelt und in kochendes Wasser geworfen. So stirbt der Bullpop, der Faden kann abgewickelt und zu dem Gewebe verarbeitet werden, aus dem die hauchzarten Gewänder der Oihas gefertigt sind. Die vom Gehirn der Bullpops ausgeschiedene schwarze Substanz ist übrigens der kostbarste Rohstoff in der Volkswirtschaft der Oihas. Chemische Analyse zeigt, daß es sich um eine tintenähnliche Flüssigkeit handelt, vermutlich weil die Lieblingsspeise der Bullpops aus bedrucktem, von der Wasseroberfläche hinabsinkendem Papier besteht. Mit solchem Papier ernährte Bullpops stellen eine besondere Delikatesse auf der Tafel der Oihas dar.

In den von den Bullpops erbauten Türmen führen die Oihas ein luxuriöses Leben. Ihr Lebensinhalt ist die Lust, was in ihrer Sprache soviel heißt wie »Philosophie«. »Empfindsamkeit« ist in ihrer Kultur dasselbe wie

»Verstand« oder »Weisheit«. Alle ihre Sinne sind hochentwickelt und in starkem Maße auf angenehme Stimuli eingestellt. Der Duft und Geschmack bestimmter Speisen, der Klang eines Instruments, eine Farbe – all das ruft fast orgiastische Reaktionen bei den Oihas hervor. Von Geburt an von fließendem Wasser umschmeichelt, das ihre sensible Haut kitzelt und streichelt, leben sie in einem Zustand permanenter Wollust. Ihr Liebesleben hat nichts mit der Erhaltung der Art zu tun, es ist vielmehr eine zweckfreie Kunst, die sich in der Bewunderung einer Oiha für eine andere ausdrückt und wie ein Kult zelebriert wird. Es ist schlechterdings unmöglich, diese Liebesspiele zu beschreiben, ohne gröblich gegen den Anstand zu verstoßen. Doch in der Sprache der Oihas selbst verkörpern sie die reinsten und edelsten Ideale und sind Ausdruck all dessen, was hoch und hehr ist – eine reine Manifestation der dem Körper innewohnenden Seele.

Die Bullpops leben in verschiedenen Stämmen, die entsprechend ihrer politischen Überzeugung organisiert sind. Es gibt Monarchien, Republiken und sozialistische Staaten, und alle bauen die der jeweiligen Gesellschaftsform entsprechenden Türme.

Entgegen der von den Oihas gehegten Meinung handelt es sich bei den Bullpops um hochentwickelte Wesen. Obwohl sie kleine Körper und etliche überflüssige Organe besitzen, sind sie doch imstande, beispielsweise die kompliziertesten chirurgischen Eingriffe vorzunehmen – ein Auge in eine Leber zu verwandeln, Gehirne zu verpflanzen oder die Kiemen eines Fisches ohne jede Schwierigkeit in das Herz eines Bullpops zu verpflanzen; überhaupt sind sie in allen Bereichen der Wissenschaft und Technologie in hohem Maße versiert.

Die fortschrittlicheren unter den Bullpops hängen übrigens nicht der Meinung an, bei den Turmbesetzungen der Oihas handle es sich um eine Naturkatastrophe oder gar um die Manifestation einer übernatürlichen Macht. Sie behaupten ganz im Gegenteil, der Vorgang sei auf die Wirkung pathogener Substanzen, die die Auflösung bestimmter Atome bewirken, zurückzuführen. Dennoch sind selbst die klügsten unter den Bullpops außerstande zu begreifen, weshalb ihnen ihre Türme ständig weggenommen werden. Manche bestreiten gar die Existenz der Oihas und erklären alles mit einer Massenpsychose, von welcher das Nervensystem der empfindsameren unter ihren Geschlechtsgenossen befallen werde.

Besuchern in Kapillarien wird geraten, sich schnell mit den von den Bullpops eigens erfundenen künstlichen Kiemen auszustatten, die das Atmen unter Wasser ermöglichen. Männliche Besucher sollten ihre Geschlechtszugehörigkeit geheimhalten, da sie sonst vor die Wahl gestellt werden könnten, sich entweder von den Oihas verspeisen zu lassen oder Fronarbeit für die Bullpops zu leisten.

Frigyes Karinthy, *Capillaria*, Budapest 1921.

KAPITÄN SPARROWS INSEL oder die **INSEL DER TEUFEL** liegt im Nordpazifik, 5° 2′ 18″ nördlicher Länge und 123° 4′ 7″ östlicher Breite. Zum ersten Mal berichtete 1733 Kapitän Geoffrey Cooper von der Brigg *Good Adventure* über die Insel. Sie hat einen Umfang von etwa zwanzig Meilen, aber weder Meeresarme noch Buchten und liegt in einer Region, die Segelschiffe sehr fürchten: Die Marquesas-Inseln befinden sich 1500 Meilen südwestlich, die Duncan-Inseln 1200 Meilen östlich und die Weihnachtsinsel 2000 Meilen westlich.

Das Eiland ist ein riesiger vulkanischer Krater. Die Südseite ist fruchtbar, gleicht meilenweit einem parkähnlichen Garten, wo die verschiedensten Früchte und viele tropische Blumen gedeihen. Das Gebiet wird von riesigen Vögeln, den *ruka*, bewohnt, die größer sind als die Kasuare in ↗ PATAGONIEN, etwa ein Meter achtzig. Die Einheimischen machen sie sich für die Landarbeit zunutze. Im Norden liegt ein großer Sumpf, bevölkert von merkwürdigen blauen, tapirähnlichen Schweinen, gelben Schlangen, Affen - kleiner als Eichhörnchen – und schönen Kolibris.

Der einzige Zugang vom Meer zur Insel führt durch einen unterirdischen Gang an der Ostküste, an dessen äußerstem Ende sich steile Stufen befinden, über die man zu einer hochgelegenen Felsenkammer gelangt. Hier ist die Zeichnung einer menschlichen Gestalt zu sehen, das Werk eines Künstlers, dem Mann und Hirsch eins waren. Die Abbildung, in dunklem Rotton gehalten, ist acht Fuß hoch. Die Figur trägt ein Schwert in der linken Hand, außerdem eine Art Hirschgeweih. Hier steht auch eine alte Messingkanone, signiert *The Fighting Sue, 1866*. Ein weiterer Tunnel führt von hier in eine kleinere Kammer voller schlangenähnlicher Wurzeln, die sich zur inneren Bergseite hin öffnen.

Drei Stämme bewohnen die Insel. Einmal die kleine, noch überlebende Gruppe der ursprünglichen Einwohner. Die meisten der Eingeborenen starben an Infektionen durch eingeschleppte Viren aus Europa. Die Europäer betrachteten dies zwar als Zeichen ihrer Widerstandskraft und somit ihrer Überlegenheit, die Ureinwohner jedoch sagen, es sei, als ob ein Abwas-

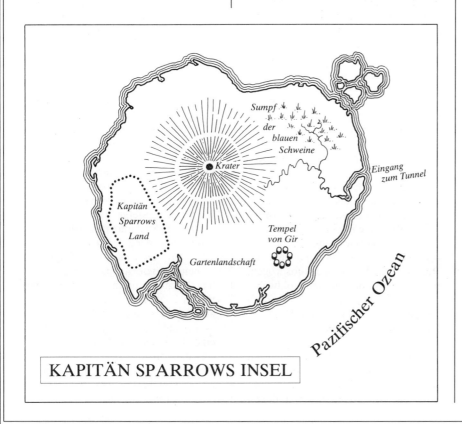

KAPITÄN SPARROWS INSEL

serkanal sich rühme, daß er Schmutz mit sich führe. Die zweite Gruppe ist ein Stamm von Satyrn, die dritte eine Mischrasse aus Europäern und Satyrn, ziemlich stark degeneriert. Diese Europäer kamen Mitte des neunzehnten Jahrhunderts mit dem Piratenkapitän Andrew Sparrow von der *Fighting Sue* auf die Insel. Kapitän Sparrow suchte nach einem Platz, an dem seine Männer und ihre Familien Sicherheit finden konnten. Er landete auf dieser Insel, entschloß sich aber bald, sie wieder zu verlassen und sein Glück von neuem zu versuchen. Diesmal wurde er gefangen und hingerichtet. Seine Leute, allein auf der Insel zurückgeblieben, lebten weiterhin nach seinen Befehlen. Kapitän Sparrow war mit dem Oberhaupt der Ureinwohner, dem Hohenpriester von Gir, übereingekommen, daß sich seine Männer nicht in die Angelegenheiten der Eingeborenen einmischen. Ihnen wurde zwar erlaubt, die blauen Schweine zu jagen, nicht aber die Affen oder die *rukas*, des weiteren wurde ihnen gestattet, in jedem Monat einen Satyr zu schießen. Der Tempel von Gir war dem Volk des Priesters heilig, der Südwesten der Insel blieb ausschließlich den Eindringlingen vorbehalten. Aber Kapitän Sparrows Leute paarten sich mit den Satyrn, und diese Mischrasse beherrscht nun die Insel.

Reisende sollten dem Tempel von Gir einen Besuch abstatten, zu dem man auf steilen und engen Treppen zwischen dicken Mauern gelangt. Einst hieß es, daß der ein kühner Mann sei, der es wage, sie zu ersteigen, ohne zu wissen, welcher Empfang ihn hinter der nächsten Biegung erwarte. Die Mauern sind mit dem Blut der für Gir geopferten Ureinwohner rot gefärbt. Ein altes Gesetz verfügte, daß es nur achtzig ihrer Rasse geben dürfe, nicht mehr und nicht weniger. Alte und Kranke wurden in erster Linie als Opfer ausersehen. Der Tempel vermittelt den Eindruck, als sei er unerschütterlich, selbst wenn die Welt unter ihm zusammenfiele.

S. Fowler Wright, *The Island of Captain Sparrow,* Ldn. 1928.

KAP SAKNUSSEMM ist ein felsiges Vorgebirge in der ↗ LIDENBROCK-SEE, viele tausend Meilen unter der Erdoberfläche. An dieser Stelle entdeckte die Lidenbrock-Expedition auf ihrem Weg zum Erdmittelpunkt im Jahre 1863 einen Dolch aus dem sechzehnten Jahrhundert, der dem berühmten isländischen Alchimisten Arne Saknussemm gehört hatte. Saknussemm war der erste Mensch, der diese Regionen erforschte und mit diesem Dolch seine Initialen als Runenzeichen in einen Felsen einkratzte, wo sie heute noch zu sehen sind.

Jules Verne, *Voyage au centre de la terre,* Paris 1864.

DAS KARNEOL-RING-GLÜCKSLAND in der südostchinesischen Küstenprovinz Fukien eröffnet sich dem Besucher, wenn er sich in die Grotten von Chien-an begibt und dort vor einem riesigen Felsportal um Einlaß bittet. Jedoch nur umfassend Gebildeten sei dieses Land als Reiseziel empfohlen, der gewöhnliche Tourist kommt hier im Eldorado des Büchergelehrten nicht auf seine Kosten. Schon vor dem Portal erkundigt sich ein Führer bei dem Ankömmling nach dem Grad und der Art seiner Gelehrsamkeit und begleitet ihn dann durch die Bibliotheksstadt, in der die verschiedensten Archive in separaten Häusern untergebracht sind. Da gibt es etwa die Bibliothek der Geschichtswissenschaft, in der der Sachkundige die gesamten historischen Niederschriften der einzelnen chinesischen Feudalstaaten der »Frühlings-und Herbstperiode« (722–481 v. Chr.) findet, oder die Bibliothek der geographisch-historischen Aufzeichnungen, der sogenannten Lokalchroniken der Länder der Welt. Wenn sich der Sachkenner einen Überblick verschafft hat, wird er mit Erstaunen feststellen, daß der Schwerpunkt der Sammlungen auf bibliophilen Raritäten der Zeit vor der Han-Dynastie (206 v. Chr.–220 n. Chr.) liegt, die weder im Buchhandel erhältlich noch auf dem Markt befindlichen Bücherkatalogen verzeichnet und daher auch dem besten Literaturkenner unbekannt sind. Es handelt sich um Schriften der ältesten vorgeschichtlichen Literatur, die zum allergrößten Teil verlorengegangen ist.

Bewacht werden hier im Karneol-Ring-Glücksland aber nicht diese bibliophilen Kostbarkeiten, sondern jene Schriften, die in einem turmartigen Gebäude eingelagert sind: Bücher und Akten über Alchemie und geheime Rezepte für Unsterblichkeitsdrogen, die »Zinnoberbücher der Goldwahrheit und der Sieben Kristalle«. Zwei riesige Hunde, so groß wie Drachen, lassen keinen Besucher den Eingang zum Turm passieren.

Auf eine für den Büchergelehrten wohl enttäuschende Tatsache sei schließlich noch hingewiesen: Es gibt dort keine Fremdenzimmer, in denen der Besucher für einige Tage wohnen kann, und auch keine Lesesäle für den öffentlichen Publikumsverkehr. D. A.

I Shih-chen, *Lang-huan chi* (13./14. Jh.), in *Hsüeh-chin t'ao-yüan,* Shanghai 1922.

KARPATENBURG, ein Schloß in Transsilvanien. Es liegt im Bezirk Klausenburg, auf einem einsamen Gipfel des Vulkanpasses, in der Gegend von Orgall. Das nächstgelegene Dorf ist Werst, am Südabhang des Plesa-Massivs. Heute ist der Weg zum Schloß völlig überwuchert, und vom Schloß selbst sind nur noch Ruinen zu sehen.

Im siebten oder achten Jahrhundert erbaut, war Karpatenburg das Stammschloß der Familie von Gortz. Der letzte Sproß, Baron Rudolf von Gortz, bekannt als Opernenthusiast, verschwand gegen Ende des neunzehnten Jahrhunderts spurlos, nachdem er sich an einem der zahlreichen rumänischen Aufstände gegen die ungarische Herrschaft beteiligt hatte. In der Folgezeit regte das alte Schloß immer wieder die Phantasie der transsilvanischen Bevölkerung an. Man munkelte von allerlei Spukgestalten, die dort ihr Wesen trieben, und bald entstand folgende Legende: Als Baron Rudolf verschwand, warf die große Buche an der Schloßmauer einen Ast ab, und das gleiche ereignete sich von nun an jedes Jahr. Wenn dereinst der letzte Ast herunterfiele, würde auch das Schloß zerstört werden. Auf Grund dieses Aberglaubens wagte sich jahrelang niemand mehr in die Nähe des Schlosses, und der Weg dorthin verwilderte immer mehr.

Im Jahre 1892 sah ein Schäfer Rauch aus den Kaminen der Karpatenburg aufsteigen und berichtete den Dörflern aufgeregt, er habe einen Spuk gesehen. Nach langem Zögern beschlossen zwei Männer aus dem Dorf, der Sache nachzugehen. Der eine wurde, als er über eine Umzäunung steigen wollte, von einer ominösen Macht niedergestreckt, der andere versank im Schlamm des Burggrabens. Schließlich aber gelang es dem rumänischen Grafen Franz von Telek, das Geheimnis von Karpatenburg zu lüften. Nachdem er in Begleitung eines treuen Dieners die Schloßmauer hinaufgeklettert war, erblickte er auf dem Wehrgang die bezaubernde Gestalt einer berühmten italienischen Sängerin, die, obzwar sie seit langem als verstorben galt, hier ihre schönsten Arien zum besten gab. Als der verblüffte Graf das Schloß betrat, fand er

Rudolf von Gortz bei ausgezeichneter Gesundheit vor. Der Schloßherr hatte einen alten Diener bei sich, der ein Experte für elektrische Apparaturen war. Graf Telek stellte fest, daß die Stimme der Sängerin von einem Grammophon übertragen wurde und daß die Erscheinung auf dem Wehrgang nur eine mittels einer elektrischen Vorrichtung erzielte optische Täuschung war: Mit Hilfe von Spiegeln, die in einem bestimmten Winkel zueinander aufgestellt waren, wurde ein kleines Porträt der Operndiva in Lebensgröße projiziert und von einer starken Lampe beleuchtet.

Nach der Aufdeckung seines Geheimnisses sprengte Baron Gortz das Schloß in die Luft. Er selbst liegt unter den Trümmern begraben. – Besucher der Ruinen von Karpatenburg seien darauf hingewiesen, daß ähnliche Apparaturen auch von Monsieur Morel verwandt wurden.

Jules Verne, *Le château des Carpathes*, Paris 1892.

DAS KARTOGRAPHISCHE KAISERREICH, ein kleines Land, wahrscheinlich an der Grenze der UdSSR und der Mongolei, wurde zuerst von dem spanischen Reisenden Suarez Miranda 1658 beschrieben. Von hauptsächlichem Interesse sind einige Ruinen in den westlichen Wüsten, die Reste einer ausgedehnten Landkarte, die die kaiserlichen Kartographen gebaut hatten und die Punkt für Punkt mit dem Kaiserreich selbst übereinstimmte. Von den jüngeren Generationen vernachlässigt, war die Landkarte um die Mitte des siebzehnten Jahrhunderts fast völlig zerstört. Heutzutage treiben sich Herden wilder Tiere und Bettler hier herum.

Suarez Miranda, *Viajes de varones prudentes*, Lerida 1658, in Jorge Borges u. Adolfo Bioy Casares, *Cuentos breves y extraordinarios,* Buenos Aires 1973.

Das KARTOGRAPHISCHE KAISERREICH *heute*

KASEOSA oder **DIE MILCHINSEL** im Atlantischen Ozean ist umgeben von milchigem Gewässer. Sie ist absolut weiß, von der Form und Beschaffenheit eines reifen Käses und hat einen Umfang von etwa fünfundzwanzig Stadien. Die Insel ist unbewohnt, aber ein der Nereide Galatea (»die Milchweiße«) gewidmeter Tempel ist einen Besuch wert. Weintrauben wachsen wild, ergeben aber ausgepreßt keinen Wein, sondern Milch.

Lukianos aus Samosata, *Alēthē dihēgēmata* (um 120), Florenz 1496.

KASTALIEN, Provinz eines kleinen gebirgigen Landes in Mitteleuropa, als Sitz eines bedeutenden Ordens geradezu ein Staat im Staate. Es ist wald- und schluchtenreich, doch jenseits der Hochgebirgspässe im Süden voller Rebenterrassen und Kastanienhaine. Die trotz der bescheidenen materiellen Ansprüche seiner Einwohner nicht unbeträchtlichen Kosten für Kastalien werden von dem Land getragen, obwohl es der elitären Ordensprovinz recht skeptisch, wenn nicht gar ablehnend gegenübersteht. Sitz der Ordensleitung ist Hirsland.

Die Provinz ist durch ihre Eliteschulen berühmt: Das hochgelegene Kloster Monteport ist eine der Lehranstalten, in denen vor allem die Musik gepflegt wird. Hier residiert auch der sogenannte »Musikmeister«, der für das Musikwesen der Provinz zuständig ist; in Keuperheim hat man sich auf Altphilologie spezialisiert, in Planvaste steht die Mathematik im Vordergrund, in ↗ WALDZELL das Glasperlenspiel, in Porta die Philosophie. Im Bundesrat des Landes hat die Erziehungsbehörde Kastaliens ein Mitspracherecht in Schul- und Bildungsfragen. In die Internatsschulen der Provinz werden nicht nur zukünftige Ordensmitglieder schon als Kinder aufgenommen, sie werden auch von Gastschülern, vorzugsweise Söhnen von Patrizierfamilien, besucht, die nach Abschluß ihrer Studien in die »Welt« zurückkehren und dort zumeist staatsmännische Funktionen übernehmen. Alle Schüler sind unabhängig von ihrer Herkunft absolut gleich gestellt, die Hierarchie ergibt sich aus ihren intellektuellen und charakterlichen Qualitäten, wobei Ehrgeiz und Karrieredenken durchaus unerwünscht sind. Die meisten werden Lehrer an den öffentlichen Schulen und Universitäten des Landes, der begabteste Teil der Eliteschüler widmet sich freier, nicht zweckgebundener Forschung, beispielsweise in Bibliotheken, Archiven oder Wörterbuchkommissionen. Eine kleine Spitze der Eliteschüler befaßt sich mit dem – selbst in Kastalien manchmal als zu elitär verrufenen – Glasperlenspiel.

Die Aufnahme in den Orden erfolgt im Alter von zweiundzwanzig bis fünfundzwanzig Jahren. Die Mitglieder erhalten Nahrung, Kleidung und Wohnung und leben im Zölibat. Wer als Beamter, Studierender oder Gelehrter einmal aufgenommen ist, lebt isoliert von der Außenwelt in einer harmonischen und stabilen, offensichtlich durch keine äußeren Ereignisse beeinflußbaren Welt. Ein freiwilliges Ausscheiden aus dem Orden ist zwar jederzeit möglich, doch wird kaum davon Gebrauch gemacht. Einzelnen hochbegabten Mitgliedern wird Erlaubnis zu einem zeitlich begrenzten Aufenthalt außerhalb des Ordens irgendwo im Land erteilt, zumeist um eine wissenschaftliche Arbeit durchzuführen. Eine Art Außenministerium oder Politisches Department erteilt ihnen dann die notwendigen Verhaltensregeln. Erst spät hat Kastalien Beziehungen zu anderen Orden (Benediktiner) und zum Vatikan angestrebt. Vereinzelt hat es aber Ordensmeister gegeben, die versuchten, sich der Welt zu öffnen und den Orden ein wenig aus seiner nicht ungefährlichen Isolation herauszuführen. G. W.

Hermann Hesse, *Das Glasperlenspiel*, Zürich 1943.

KESSELSEE, irgendwo in Irland. Der See hat seinen Namen nach dem Kessel, den ein riesiger rothaariger Mann dort herausgefischt hat. Besucher sollten auf eine seltsame Eigenschaft des Kessels achten: Wirft man einen toten Mann hinein, kehrt er ins Leben zurück, kann aber nie wieder sprechen. Männer, die auf diese Art wiederbelebt wurden, sollen sich besonders gut als Krieger eignen.

Einige Zeit diente der Riese, der den Kessel gefunden hatte, Matholwch, dem König von Irland, aber Llassur Llaesggyvnewid (so der Name des

Riesen), sein Weib und seine Kinder erregten großen Haß bei der Bevölkerung wegen verschiedener Übeltaten, die sie begingen. Schließlich konstruierten einige Untertanen des Königs eine riesige Eisenkammer, lockten den Mann und seine Frau hinein und brachten sie zum Glühen. Llassur wartete, bis das Eisen weißglühend war, und befreite sich dann unversehrt. Er floh nach Wales, wo man ihn freundlich empfing. Seine Nachkommen traten in den Dienst des dortigen Königs, aber der Kessel selbst wurde nach Irland zurückgeschickt.

Anon., *The Mabinogion* (14.–15. Jh.), Ldn. 1802.

KHAZAD-DÛM ↗ MORIA

KINKENADON (auch **KINK KENADON**), Burg und Ortschaft in einem reichen Landstrich an der walisischen Küste, wo König Artus von ↗ CAMALOT des öfteren Feste veranstaltete. Als er dort das Pfingstfest feierte, erschien der Ritter Gareth zum ersten Mal an seinem Hof, gab sich aber noch nicht als Artus' Neffe und Gawains Bruder zu erkennen. Später war es ihm zu verdanken, daß der Schwarze, der Grüne, der Blaue und der Rote Ritter besiegt wurden und sich schließlich bereit erklärten, König Artus zu dienen.

Thomas Malory, *Le Morte Darthur*, Westminster 1485.

KLAUSE, auf einer Insel im Salzkammergut gelegenes ehemaliges Kloster und Herrenhaus. Zu erreichen nur mit der Fähre von der Hul aus, einer Ansiedlung von fünf bis sechs grauen Hütten am Seeufer. Nächstgelegener größerer Ort ist Attmaning, knapp drei Stunden zu Fuß entfernt. Die Hul ist von der Insel aus nicht zu sehen, auch keine andere menschliche Ansiedlung. Die Klause, aus der das Kloster hervorging, war einst von schottischen Mönchen erbaut worden, die hier Schutz vor den heidnischen Landesherren fanden, denn die Insel ragt als unzugänglicher Fels aus dem See und hat nur eine kleine, sandige Bucht, wo Boote landen können. Heute gibt es zwar auf der Felsseite noch das sogenannte Bohlenhaus, einen in das Felsgewölbe eingelassenen »Wassersaal«, wo mehrere Boote festgemacht sind. Doch ist die Einfahrt immer durch Bohlen verschlossen. Durch Gebüsch und Gestrüpp führt eine ehemals gute, jetzt überwucherte Fahrstraße bergauf zu einer kleinen, mit Obstbäumen bestandenen Wiese und einem Brunnen in der Mitte. Zwischen den Bäumen stehen graue Steinzwerge, die Musikinstrumente halten. Der Weg führt über eine verwitterte Steintreppe durch den längst trockengelegten Wehrgraben und endet vor der hohen Mauer an einem eisernen Tor ohne Schloß und Riegel. Es ist stets verschlossen und nur vom Hausherrn, einem alten, menschenscheuen Junggesellen, zu öffnen. Besonders vertrauenswürdige Gäste erhalten von ihm ein Pfeifchen, auf dessen Signal er das Tor durch einen verborgenen Mechanismus von einem nicht genau bestimmbaren Zimmer aus öffnet. Auch im Haus dominiert das Mißtrauen des Bewohners: Die Fenster aller Gänge sind mit Brettern vernagelt und lassen nur eben eine winzige Öffnung frei, die Zimmer sind durch vor die Türen gestellte Schränke unzugänglich gemacht. Die wenigen benutzten Räume betritt man durch ebensolche Schränke, die sich äußerlich nicht voneinander unterscheiden. Vom Speisezimmer aus führt eine Tapetentür in mehrere ineinandergehende Zimmer, deren eines eine Jagd- und Waffensammlung mit über hundert Gewehren enthält. Auch eine beachtliche Bibliothek ist vorhanden.

Eine alte Lindenallee führt vom Haus zum ehemaligen Kloster. Die zwei dicken, ungewöhnlich kurzen Türme der Kirche überragen die Insel. Der Blick über den See ist zu jeder Tageszeit anders und faszinierend. In dem vor langer Zeit leergeplünderten Kloster sind keine wesentlichen sakralen Geräte oder Kunstschätze mehr vorhanden, nur im Kreuzgang und in der Sommerabtei sind noch einzelne Stein- und Holzverzierungen zu sehen. Erhalten blieben das Kapitelzimmer und ein großer Saal, dessen Prunkstück ein mächtiger Kachelofen ist: Die Kacheln zeigen bunt eingebrannte Heiligenbilder und -geschichten. G. W.

Adalbert Stifter, *Der Hagestolz*, in *Iris. Taschenbuch für das Jahr 1845*, Pest/Lpzg. 1845.

KLINGELINSEL, eine Tagesreise zu Schiff von der Ganabininsel entfernt. Man erkennt sie sofort, denn sobald sich Reisende nähern, ist die Luft von Glockengeläut erfüllt.

Die Insel wird von den Siticinen oder Klagesingern bewohnt, die ursprünglich Menschen waren, aber alle in Vögel verwandelt wurden. Der einzige menschliche Bewohner ist der Sakristan, Herr Aedituus. Die Vögel in prächtigen Käfigen, die oben ein Glöckchen haben, sind so groß wie Menschen und benehmen sich auch so. Sie sind weiß, schwarz oder grau, auch schwarz und weiß oder halb weiß und halb blau. Einige wenige sind rot, alle aber schön und geschmeidig. Die Männchen sind bekannt als Klerigeien, Mönchsgeien, Priestergeien, Abtgeien, Bischofsgeien, Kardinalsgeien und Papageien. Die Weibchen sind Kleriginen, Priesterginen, Abtginen, Bischofsginen und Kardinalsginen. In den letzten Jahren hat die Insel sehr unter der Einwanderung von Bigotten gelitten – übelriechenden Wesen, die von allen anderen Vögeln gemieden werden. Trotz der Anstrengungen des Sakristans scheint es unmöglich, sie auszurotten; für jeden einzelnen, der stirbt, erscheinen vierundzwanzig neue.

Es gibt jeweils nur einen Papagei auf der Insel. Alle anderen Vögel vermehren sich ohne Paarung. Von den Klerigeien stammen die Priestergeien und Mönchsgeien ab, von den Priestergeien die Bischofsgeien, die ihrerseits die großen Kardinalsgeien hervorbringen. Wenn nicht vorher der Tod eintritt, endet ein Kardinalsgei als Papagei. Wenn er stirbt, wird aus dem ganzen Geschlecht der Kardinalsgeien wiederum ohne Paarung ein Nachfolger geboren. Die Art besteht somit aus einem einzigen Wesen mit der Garantie der Nachfolge wie bei dem Vogel Phönix. In grauer Vorzeit wurden einmal zwei Papageien zur gleichen Zeit geboren, und der sich daraus ergebende Bürgerkrieg entvölkerte beinahe die ganze Insel, weil fast jeder Vogel irgendeine Partei ergriff. Obgleich die Klingelinsel die Herrscher der Erde um Hilfe rief, endete das Schisma erst, als einer der rivalisierenden Papageien starb. Es ist äußerst schwierig, auch nur einen Schimmer des Papageien zu erhaschen, da er – anders als die übrigen Vögel – nur an seinen »hohen« Tagen singt.

Die Vögel der Klingelinsel arbeiten weder, noch bebauen sie das Land. Ihre einzige Aktivität ist das Singen. Ihre reichen Nahrungsvorräte erhalten sie von allen Ländern der Welt, mit Ausnahme gewisser Königreiche, die unter dem Nordwind liegen.

Alle Vögel der Insel sind Zugvögel, die aus anderen Ländern stammen. Viele werden von ihren Eltern hergeschickt, denn wenn sie daheim blieben, würden sie wahrscheinlich das Familienerbe verzehren.

Von Touristen, die auf der Klingelinsel zu Beginn einer der vier Jahreszeiten ankommen, wird verlangt, daß sie vier Tage fasten, bevor sie landen. Wenn sie sich weigern, werden sie als Ketzer betrachtet und riskieren es, auf dem Scheiterhaufen verbrannt zu werden. Anschließend an das Fasten sind sie verpflichtet, vier Tage essend und trinkend auf der Insel zu verbringen. Dieser erzwungene viertägige Aufenthalt ist vor allem des Wetters wegen nötig, denn vier Tage nach der Ankunft von Fremden toben immer schreckliche Stürme. Dafür revanchiert sich das Meer mit einer absoluten Ruhe sieben Tage vor und nach der Wintersonnenwende. Es ist dies die Zeit, in der die Eisvögel, süße und heilige Tiere, die der Thetis geweiht sind, hierher kommen, um ihre Eier zu legen.

François Rabelais, *The cinquiesme et dernier livre des faicts et dicts heroiques du bon Pantagruel...*, Paris 1564.

KLORIOLE, eine Insel des ↗ RIALLARO-Archipels im südöstlichen Pazifik. In ihrer Mitte erhebt sich ein von einem riesigen Gebäude gekrönter Berg, zu dem in den Fels gehauene Treppen hinaufführen. Diese beginnen am Meer und sind befleckt mit dem Blut derjenigen, die bei ihrem Versuch, auf der Insel zu landen, gescheitert sind. Bei seiner Ankunft wird der Besucher eine Reihe von Personen in phantastischen Gewändern erblicken, die in Meditationsstellung in hochgelegenen Nischen sitzen und schreiben und Papierdrachen fliegen lassen. Sie sind die niederen Akoluthen des literarischen Ruhmestempels, und ihre Drachen tragen das von ihnen Niedergeschriebene hinauf zu den höheren Priestern. Weiter oben hinter starken Barrieren stehen die Aspiranten, und an der Spitze räkeln sich fett die Dichter. An jeder Barriere ist die folgende Inschrift angebracht: »Niemand betritt den mächtigen Tempel als Gott, wenn nicht über diesen Zugang.« Der Tempel hat viele Nischen, die jeweils die für die Ewigkeit konservierte Mumie eines erfolgreichen Dichters beherbergen. Weiter landeinwärts in einem tiefen Tal befindet sich ein Friedhof mit Knochen und Papier, der ständig von Gelehrten durchsucht wird, die nach Relikten der Vergangenheit forschen. Um den Landzugang zum Tempel zu schützen, hält die Insel einen Schwarm von Wildgänsen, die sich von jungen Dichtern nähren.

Die Priester von Kloriole haben die Regeln fürs Schreiben so präzise formalisiert, daß der Inhalt bedeutungslos und Literatur die Kunst, nichts zu sagen, geworden ist. Das Gebabbel von Kindern wird zum Beispiel als literarische Komposition festgehalten. Gelegentliche Revolten unter den Sklaven von Kloriole bedrohen die Macht der Priester. Dies geschieht, wenn ein Naturtalent auftritt, und endet damit, daß ein neues Idol im Tempel aufgestellt wird.

Godfrey Sweven, *Riallaro, the Archipelago of Exiles,* NY/Ldn. 1901. – *Limanora, the Island of Progress,* NY/Ldn. 1903.

KLOSTER ST. JOSEPHS II., ein verfallenes Kloster in einem abgeschlossenen Alptal. Auf der anderen Seite der Gipfelzüge des alpinen Felsengebirges, gegen Italien zu, wenn die Landschaft in sanftes Mittelgebirge übergeht, die Wälder wieder dichter, die Wiesen wieder grüner werden, kommt man an einen Abhang, von dem man in ein sorgfältig bebautes, von Hügeln ganz umschlossenes Tal hinabsehen kann. Im Tal steht ein halb zerfallenes, halb wieder instandgesetztes Klostergebäude. Nur die Kirche, seit Jahrhunderten zerstört, ragt noch mit ihren Säulen und Pfeilern als Ruine aus Gebüschen und Bäumen. Durch ein Tor, das in einen geräumigen Hof führt, gelangt man zu den Wirtschaftsgebäuden und zu einer Kapelle. Die Kapelle ist als Wohn- und Eßstube eingerichtet. Das bunte Licht der hohen Fenster wirft seinen Schein auf Tisch, Sessel, Stühle und Bänke, Truhen und Kisten und ein Gerüst mit Töpferwaren, Krügen und Gläsern. Das merkwürdige an der Kapelle sind die farbigen Wandbilder, die, behutsam erhalten, hoch unter den Fenstern um drei Teile der Kapelle herumreichen. Die Malerei stellt Stationen im Leben des heiligen Joseph dar. Man sieht ihn bei einer Zimmererarbeit, dann, wie er Maria begegnet. Man sieht die Trauung, die Erscheinung des Engels, den Stall von Bethlehem mit dem Kind, die Flucht nach Ägypten.

Das wunderlichste an diesem Ort aber sind seine Bewohner. Sie scheinen aus den Wandbildern ins Leben herabgestiegen zu sein. Der Pächter des Klosters und seine Frau sind die zweiten Maria und Joseph. Alles hier gleicht der biblischen Geschichte, und man fühlt sich 2000 Jahre zurückversetzt. Tatsächlich ähnelt das Schicksal des Pächters und seiner Frau, die ebenfalls Joseph und Maria heißen, dem des heiligen Paares. Ihr Streben, mit den Bildern zu harmonisieren, tut ein übriges. So schafft das Gebäude seine Bewohner, eine bürgerliche Reinkarnation der Josephsfamilie und eine absolute Harmonie von Ort und Bewohnern. M. W.

Johann Wolfgang von Goethe, *Wilhelm Meisters Wanderjahre, oder die Entsagenden,* Stg. Tübingen 1821.

KÖNIG HÄNSCHENS REICH, ein kleines europäisches Land, dessen Regierung König Hänschen I. nach dem frühen Tod seines Vaters als Minderjähriger übernahm. Inspiriert vom Geist seiner Urgroßväter, Heinrich dem Aufbrausenden und Paul dem Siegreichen, beschloß Hänschen nach der siegreichen Beendigung eines Krieges gegen drei Nachbarkönige als Hänschen der Reformator in die Geschichte einzugehen.

Das Reich, eigentlich ein Binnenland, gewann durch den Krieg einen Hafen; es ist reich an Wäldern, Kohle-, Salz- und Erdölvorkommen und besitzt Industriebetriebe. Die wichtigsten landwirtschaftlichen Erzeugnisse sind Kartoffeln, Zuckerrüben und Getreide. Der König finanzierte seine Reformen anfangs durch Staatsanleihen, später mit Hilfe des befreundeten afrikanischen Königs Bum-Drum, der Gold und Edelsteine lieferte, wofür Hänschen tausend afrikanischen Kindern in seinem Reich eine Schulausbildung bot.

König Hänschens Reformen zielten vor allem auf eine Verbesserung der Lage der fünf Millionen Kinder, wobei er – selbst ohne jede Erfahrung – oft von opportunistischen und unfähigen Ministern schlecht beraten wurde. Er gab dem Land eine Verfassung und schuf zwei Parlamente: je eine Vertretung der Erwachsenen und der Kinder. Nachdem es jedoch durch den probeweisen Austausch der Rechte und Pflichten – die Erwachsenen gingen zur Schule, die Kinder an die Arbeitsplätze – zu großen Produktionsausfällen, Verkehrsschwierigkeiten und allgemeinem Durcheinander gekommen war, nützten die benachbarten Könige die labile Lage aus, marschierten in das Reich ein und besetzten die Hauptstadt, wo sich schließlich auch König Hänschen ergeben mußte, der sich mit seinen Getreuen im Raubtierhaus des Zoos verschanzt hatte. Er wurde abgesetzt und auf eine einsame Insel verbannt. G. W.

Janusz Korczak, *Kro'l Macius Pierwszy,* Warschau 1923.

DAS KÖNIGREICH DER EINÄUGIGEN, in Westafrika, ist von Menschen bewohnt, die nur ein Auge haben. Die Sitten des Landes verlangen von den Untertanen, ihre Herrscher so genau wie möglich nachzuahmen. Als daher in ferner Vergangenheit eine einäugige Königin geboren wurde, stachen sich die Leute sofort eines ihrer eigenen Augen aus. Diese Tradition hat sich bis heute erhalten. Besucher sollten wissen, daß es als unschicklich gilt, mit zwei Augen bei Hofe zu erscheinen.

Die Einwohner sagen, es sei ein Vorteil für ihre Minister, auf einem Auge blind zu sein, denn wenn sie zwei hätten, würden sie wahrscheinlich eins auf ihre Privatinteressen werfen. Man befürchtet allerdings, daß ein zukünftiger König keine Nase haben könnte und daß dann die Untertanen gezwungen wären, ihre eigene abzuschneiden.

Reisende sollten den Königspalast besichtigen, eine Hütte, die viermal so groß ist wie die üblichen Behausungen. Hier verteilt die Königin in einem mit dreißig Tigerfellen bedeckten Bett ihre Gunst an die Fremden. Gäste, die ihr Angebot ablehnen, werden verprügelt und, wenn sie bei ihrer Ablehnung bleiben, geviertelt, gebraten und gegessen.

Jean-Gaspard Dubois-Fontanelle, *Aventures philosophiques,* Paris 1766.

KÖNIGREICH DER GUGS, in der Nähe des Zauberwalds in ↗ TRAUMWELT. Die Gugs sind eine Rasse riesiger, behaarter Geschöpfe, die wegen ihrer seltsamen Opferriten in die Höhlen unter Traumwelt verbannt wurde. Ihr Königreich ist nur

Einer der gestohlenen Grabsteine im KÖNIGREICH DER GUGS

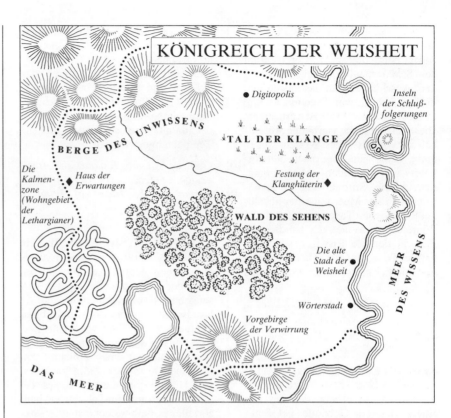

durch eine Falltür aus Stein mit dem der Zoogs im Zauberwald verbunden, die die Gugs wegen eines Fluchs nicht zu öffnen wagen. Will man dieses Land bereisen, verkleidet man sich am besten als Ghul (Dämon) – von den Gugs gefürchtet – sollte sich aber vor den Ghasts hüten, Geschöpfen, die das Tageslicht scheuen müssen und so primitiv sind, daß sie nicht zwischen Gugs – die ihnen als Nahrung dienen – und Ghulen unterscheiden können. Gelegentlich können Besucher Ghulen auf Grabsteinen sitzen sehen, die von Friedhöfen der ganzen Welt zusammengestohlen sind.

Howard Phillips Lovecraft, *The Dream Quest of Unknown Kadath,* in *Arkham Sampler,* Sauk City 1948.

DAS KÖNIGREICH DER WEISHEIT beginnt hinter einem Zollhaus, in dem der Reisende mit Landkarten, Münzen und einem Buch, das Verhaltensmaßregeln enthält, ausgestattet wird. Eine Garantie für den Erfolg seines Besuches erhält er nicht, doch falls er Zeit vergeudet, wird man sie ihm zurückerstatten.

Früher, als man das Königreich der Weisheit noch »Das Land Null« nannte, war es eine furchterregende, von den Dämonen der Finsternis bewohnte Wildnis. Wie berichtet wird, überquerte eines Tages ein junger Prinz auf der Suche nach der Zukunft das Meer des Wissens und erhob im Namen des Guten und Wahren Anspruch auf das Land Null. Unter seiner Herrschaft und während der Eroberungskriege entwickelte sich die einst ständig von Dämonen, Ungeheuern und Riesen belagerte Stadt der Weisheit zu einem blühenden Königreich. Die beiden Söhne des Prinzen zogen aus, um neue Städte zu gründen, nämlich ↗ WÖRTERSTADT im Süden des Reiches und ↗ DIGITOPOLIS im Norden, am Fuß der ↗ BERGE DES UNWISSENS. Nachdem sie über die Frage, ob die Wörter oder die Zahlen wichtiger seien als Weisheit, in Streit geraten waren, begannen die beiden Städte miteinander zu rivalisieren. Ihr ständiges Gezänk brachte das Königreich der Weisheit ins Wanken. Doch dann gelang es den beiden Adoptivtöchtern des Königs, Sinn und Verstand, die Heere der Weisheit siegreich ins Gefecht zu führen und wieder Frieden im Reich zu stiften.

Norton Juster, *The Phantom Tollbooth,* Ldn. 1962.

DAS KÖNIGREICH FAMAGUSTA, in der Nähe von Samarkand, wird von König Sekakis regiert, der viele Jahre mit der Blumenkönigin in vertraulichem Verhältnis lebte, eine Verbindung, der die zauberhafte Prinzessin Gamaheh entsprang. Über Land und Leute ist nur wenig bekannt. Den Besuch lohnen soll ein Zypressenwäldchen, wo die schönsten dunkelroten Nelken, Amaryllen und Cheiranthen prangen, die man sich vorstellen kann. Allerdings ist es hier nicht ganz ungefährlich – besonders für weibliche Besucher. In einem schlammigen Tümpel lebt der häßliche Egelprinz, der sich heimtückisch an alle hübschen Mädchen anschleicht und sie augenblicklich zu Tode küßt. Dieses Schicksal ereilte auch die schöne Gamaheh. Der Zauberer Genius Thiel barg den Leichnam und verschwand mit ihm in den Lüften. Erst viele Jahre später entdeckte ein Forscher namens Meister Floh in seiner Tulpe ein körnchengroßes Geschöpf, in dem er die Prinzessin erkannte. Durch komplizierte wissenschaftliche Operationen gelang es ihm schließlich, ihr die früheren Proportionen wiederzugeben.   M. B.

Ernst Theodor Amadeus Hoffmann, *Meister Floh*, Ffm. 1822.

KÖNIG SALOMOS DIAMANTMINEN, entdeckt während einer Expedition, die Allan Quatermain 1884 nach Kukuanaland im südlichen Zentralafrika unternahm. Er und seine Begleiter gelangten eines Tages zu einer breiten, teilweise aus den mächtigen Felsen gehauenen Straße, die wie ein Tunnel durch einen hohen Berg führte. Es war die sagenumwobene Salomonstraße, die das Sulimangebirge mit der Hauptstadt Loo verbindet und in den Bergen endet, welche »Die drei Hexen« genannt werden. Der König von Kukuanaland wacht ehrfurchtsvoll darüber, daß die »Weiße Straße« in tadellosem Zustand gehalten wird.

Auf dem mittleren Gipfel der Drei-Hexen-Berge angelangt, sieht der Reisende eine große, über fünfzig Meter tiefe Grube vor sich: die Diamantmine und Schatzkammer König Salomos. Die drei Kollossalstatuen am Rand dieser Grube – sitzende Gestalten auf gewaltigen Steinsockeln – werden von den Eingeborenen »Die drei Schweigsamen« genannt. Sie sind sieben Meter hoch, und der Abstand zwischen ihnen beträgt ebenfalls sieben Meter. Eines dieser Bildwerke stellt eine nackte Frau von ernster Schönheit dar, hat aber leider durch Witterungseinflüsse beträchtlich gelitten. Das zweite zeigt eine männliche Gestalt von teuflischem Aussehen, das dritte einen Mann, dessen gelassene Miene den Betrachter fast grausam anmutet. Man nimmt an, daß es sich um Abbilder der sidonischen Göttin Aschtoret, des moabitischen Gottes Kamos und des ammonitischen Gottes Milkom handelt.

Fünfzig Schritt hinter den Steinkolossen befindet sich der Eingang eines Stollens, der in eine große Höhle führt. In dem gedämpften Licht, das von oben hereindringt, sind riesige Stalaktiten zu sehen, die auf den ersten Blick wie Eissäulen wirken und deren bizarre Formen zuweilen an wilde Tiere, zuweilen an ägyptische Mumien erinnern. Von hier aus führt ein Gang in einen düsteren Raum, den die Eingeborenen »Ort der Toten« nennen. Am Ende einer langen steinernen Tafel thront ein riesenhaftes Skelett, das in der einen Hand einen gezückten Speer hält und sich mit der anderen auf den Tisch stützt, als sei es im Begriff, sich zu erheben. Es stellt den »Weißen Tod« dar und wurde vor Jahrtausenden aus einem einzigen Stalaktiten gemeißelt. Weiße Gestalten bilden die unheimliche Tafelrunde. Es sind die einstigen Könige von Kukuanaland, deren Leichname in dieser Höhle versteinerten.

Hinter einer in den Fels eingelassenen Geheimtür führt ein Gang zu König Salomos Schatzkammer. Sie ist angefüllt mit Hunderten von Elefantenstoßzähnen und mit Säcken und Kisten voller Goldstücke und ungeschliffener Diamanten. Da die Tür nur mittels eines geheimnisvollen Mechanismus geöffnet werden kann, sollten fremde Besucher entsprechende Vorsichtsmaßnahmen treffen, bevor sie die Schatzkammer betreten.

Henry Rider Haggard, *King Solomon's Mines,* Ldn. 1885.

KOHLENSTADT liegt etwa vierhundertsechzig Meter unter der Erdoberfläche im Zentrum der New-Aberfoyle-Höhlen, die sich meilenweit unter den Grafschaften Stirling, Dumbarton und Renfrew in Mittelschottland ausdehnen und über reiche Kohlevorkommen verfügen. Die Höhlen sind zwar natürlichen Ursprungs, wurden aber von Menschenhand erweitert und erstrecken sich über mehr als vierzig Meilen von Norden nach Süden bis unter Loch Katrine und den kaledonischen Kanal. An einigen Stellen reichen die Stollen bis unter Meereshöhe, und man kann über ihnen das Geräusch der Wellen vernehmen.

Kohlenstadt selbst liegt an den Ufern eines riesigen unterirdischen Sees, des Loch Malcolm, in dessen durchsichtigen Fluten sich Scharen von Olmen tummeln. Man hat auch Enten hier ausgesetzt, die sich bestens entwickelten und von den reichen Fischvorräten ernähren. Die Ziegelhäuser der Kumpels und ihrer Familien erheben sich an den Ufern des Lochs unterhalb der hohen Kuppel der riesigen Haupthöhle. Kohlenstadt wird elektrisch beheizt und erleuchtet. Sämtliche Lichter sind ringsum gut abgedichtet, um eine mögliche Methanexplosion zu verhindern. Eine dem heiligen Giles geweihte Kapelle erhebt sich auf einem gewaltigen Felsen hoch über dem See.

Neben ihrer Bedeutung als ergiebige Kohlenader ist Kohlenstadt zu einer großen Touristenattraktion geworden. Man erreicht die Stadt über einen schrägen Tunnel durch einen von Türmen und Zinnen bewehrten Eingang sieben Meilen südlich von Callender. Die Kohlenstadt wird durch Tunnel und Luftschächte belüftet, von denen einer zwischen den Ruinen von ↗ SCHLOSS DUNDONALD an die Erdoberfläche stößt.

Die Einwohner von Kohlenstadt sind mehr als glücklich über ihr Leben in dem gleichmäßigen, ruhigen Klima und sprechen von der Außenwelt geringschätzig als von »dort oben« – einer von Stürmen und schlechtem Wetter heimgesuchten Gegend.

Die New-Aberfoyle-Höhlen wurden Mitte des neunzehnten Jahrhunderts entdeckt, etwa zehn Jahre, nachdem die Dochart-Zeche, deren Kohlevorräte erschöpft waren, geschlossen wurde. Ein alter Bergmann wollte nicht glauben, daß keine Kohle mehr zu finden war. Für sich und seine Familie baute er in den Tiefen der ehemaligen Kohlengrube eine unterirdische Hütte und durchforschte zehn Jahre lang das stillgelegte Abbaugebiet, bis er einen leichten Geruch von einströmendem Methan wahrnahm – ein Beweis für weitere Kohlevorkommen. Mit Hilfe des früheren Direktors der Dochart-Zeche durchbrach er die Felswände und entdeckte den ungehobenen Schatz von New Aberfoyle. Innerhalb von drei Jahren stand die unterirdische Gemeinde Kohlenstadt in voller Blüte. Doch die Stadtentwicklung ging nicht ungehindert vor sich. Ihr Hauptgegner war Silfax, der ehemalige Feuerwerker der Dochart-Grube, dessen Aufgabe es war, in feuchte Kleidung gehüllt die kleinen Methanlager anzuzünden, ehe sie sich aufbauen und gefährlich werden könnten. Nach der Stillegung von Dochart blieb Silfax im Untergrund, wo er in Schächten, die nur er kannte, mit seiner Enkeltochter und einer Eule, die ihn überallhin begleitete, lebte. Seiner Ansicht nach gehörte der Reichtum von New Aberfoyle ihm, und er leistete Widerstand gegen alle Versuche, die Höhlen zugänglich zu machen – selbst dann noch, als Kohlenstadt längst gegründet war.

Silfax spektakulärster Sabotageakt war die Sprengung der Felsen unter dem Loch Katrine. Doch auf die unterirdische Stadt hatte dieser Anschlag kaum eine Wirkung – mit Ausnahme eines Anstiegs des Wasserspiegels von Loch Malcolm um einige Meter. Das Wasser des Loch Katrine aber verschwand in den durch die Explosion entstandenen Felsspalten, und die Dampfboote strandeten im Schlamm des Seegrundes. Nach dem mißglückten Versuch, eine enorme Methangasexplosion herbeizuführen, nahm sich Silfax durch einen Sturz in den Loch Malcolm das Leben. Seine Eule sieht man noch heute ab und zu in den entlegenen Winkeln der Haupthöhle herumflattern.

Jules Verne, *Les Indes noires,* Paris 1877.

Der mit Türmen und Zinnen bewehrte Eingang zu KOHLENSTADT

KOKSSTADT, eine nordenglische Industriestadt, ein Triumph der Wirklichkeit. Hier gelten nur Tatsachen. Phantasie ist aufs höchste verpönt. Es zählen nur Tabellen und mathematische Berechnungen, Statistiken und Bilanzen. Die Stadt ist aus roten Ziegeln erbaut, deren Rot vor Rauch und Ruß kaum noch sichtbar ist. In ihr herrschen die Maschinen und die ewig rauchenden Schornsteine. Durch die Stadt fließen ein schwarzer Kanal und ein übelriechender rötlicher Fluß. Die endlosen Straßenzüge, die sich alle gleichen, sind von vielstöckigen, schwarzen Gebäuden mit zahllosen Fenstern gesäumt. Aus den Fenstern dröhnt Tag und Nacht das Rasseln und Stampfen der Maschinen, das den Boden erzittern läßt.

Die Bewohner der Stadt sehen alle gleich aus. Jeden Tag kommen sie zu derselben Stunde in demselben Takt aus ihren Häusern und gehen zur gleichen Zeit wieder zurück. Dazwischen verrichten alle dieselbe Arbeit. Jeder Tag ist für sie wie der nächste, jedes Jahr wie das folgende. Alles in Koksstadt sieht nach strengem Werktag aus. Sogar die Kapellen haben das Aussehen von Speichern aus roten Ziegeln mit einer Glocke im Vogelbauer auf dem Dach. Die einzige Ausnahme bildet die neue Kirche. Sie ist stuckverziert und hat einen Turm. Alle öffentlichen Inschriften der Stadt sind in den gleichen sterilen schwarzen Lettern auf weißem Grund geschrieben. Die öffentlichen Gebäude sind einander zum Verwechseln ähnlich. Das Gefängnis könnte das Krankenhaus oder die Schule oder das Rathaus sein oder umgekehrt. In allen Verhältnissen herrscht Sachlichkeit und Berechenbarkeit, vor allem in den Verhältnissen der Menschen untereinander. Was man nicht mit Zahlen nachweisen oder kaufen und verkaufen kann, existiert nicht.

Achtzehn geheimnisvolle Glaubensgenossenschaften beherrschen das geistige Leben der Stadt. Sie wachen über die Botmäßigkeit der Arbeiterschaft und warten mit unterschiedlichen Tabellen auf, wie man die dumpfe Masse vom Suff, von der Droge, vom Verbrechen abhalten und zur Frömmigkeit erziehen könnte. Über die Einzelheiten streiten sie heftig gegeneinander, aber in einem sind sie sich einig: Der letzte Rest von Phantasie soll bei ihren Schäflein ausgerottet werden. Die größte Gefahr sehen sie in der Leihbibliothek der Stadt. Hier können die Arbeiter, wenn sie nach fünfzehnstündiger täglicher Arbeit noch die Kräfte dazu besitzen, Bücher wie Defoes Romane ausleihen. Manche tun das, anstatt Euklid zu lesen, und die gefährlichsten Abgründe tun sich auf. M. W.

Charles Dickens, *Hard Times. For These Times,* Ldn. 1854.

KONGLOMERAT, eine monochrome Stadt, die wie feiner, aus Stein, Ziegel und Mörtel gewirkter Brokat erscheint. Geplant um des Glanzes willen, riesig und unfreundlich, gleicht sie einem großen, über und über mit Mosaiken bedeckten Mausoleum.

Die Einwohner von Konglomerat sind Träumer, Junggesellen, fromme Moralisten, Polizeioffiziere, Fiedelspieler, schlaue Philosophen, wüste Intriganten, Achtzigjährige, Vegetarier, Astronomen, Antiquare, Gelehrte, Prälaten, Mediziner, Mathematiker, Mönche, Ärzte, Alchemisten, Architekten und Maurer.

Das Herz der Stadt ist die Orakel-Maschine, ein großer Computer in der Kirche St. Klaed, dem die Einwohner den Spitznamen »Gottes Hörgerät« gegeben haben. Dieser Apparat aus Holz, Stein und Zinn sagt den Leuten, was sie tun sollen. Auf seine Anweisung hin verließ der Kronprinz von Konglomerat sein Königreich und begab sich in ein vielfarbiges Land, aus dem er nicht mehr zurückkehren konnte. Jetzt glauben die Bewohner, wenn man einen Ort verlasse, so verliere man ihn für immer. Deshalb reisen sie nie.

Brian W. Aldiss und Mike Wills, *Pile,* Ldn. 1979.

KORALLENINSEL, eine nahezu runde Insel im Südpazifik. Ihre Strände sind von reinstem weißem Sand und vollkommen umringt von einem Korallenriff, das drei schmale Öffnungen hat. Innerhalb der Lagune ist das Wasser ganz ruhig; außerhalb des Riffs brandet unaufhörlich der Ozean. An einer Stelle in der Nähe des Ufers wird die Brandung in Felsspalten gedrückt und kommt in Form einer großen Dampfwolke wieder daraus hervor.

Die Insel erhielt ihren gegenwärtigen Namen von drei jungen Engländern, die die einzigen Überlebenden des Schiffbruchs der *Arrow* waren. Das genaue Datum, an dem dieser stattfand, ist nicht bekannt; es scheint aber in der ersten Hälfte des neunzehnten Jahrhunderts gewesen zu sein. Die drei Engländer waren in der Lage, aufgrund der Naturschätze der Insel und ihrer eigenen Erfindungsgabe zu überleben. Sie retteten einige Ausrüstungsgegenstände vom Wrack, die ihre ersten Tage auf der Insel erleichterten. Besucher können noch ihre Namen auf einem Stück Holz in der Nähe des Ufers eingekerbt finden.

Die Vegetation auf der Insel ist reich und vielfältig, die Fauna jedoch recht arm. Es gibt ein paar Wildschweine und einen auffallenden Mangel an Reptilien, obwohl gelegentlich Eidechsen gesehen worden sind. Vögel sind reichhaltiger vertreten: In den Wäldern lärmen Papageien, Sittiche und Tauben, und eine Vielzahl von Wasservögeln, darunter Pinguine und Wasserhühner, besuchen die Insel.

Die Flora umfaßt Brotbäume, Kokospalmen und Bananenstauden; Yamwurzeln, Wasserbrotwurzeln und Kartoffeln wachsen wild. Eine der nützlicheren Baumarten ist der Eisenbaum, dessen Holz so hart ist, daß man daraus Nägel machen kann. Die Nüsse des Lichtnußbaums können gebraten und dann als Kerzen benutzt werden: Sie brennen mit einem stetigen, hellen Licht. Im Meer um die Insel herum findet sich eine Vielzahl von Meerespflanzen, die wie Spinat gekocht werden können.

Das Klima auf der Insel ist warm und beständig, obwohl gelegentlich heftige Stürme aufkommen. Es gibt keine Dämmerung; die Dunkelheit bricht mit der für die Tropen typischen Plötzlichkeit herein. Die Gezeiten machen sich in der Lagune nur schwach bemerkbar; das Wasser ist gleichmäßig warm, und Schwimmer können viele Stunden im Meer bleiben.

Trotz des Reizes der Insel sollten Reisende auf einen möglichen Angriff sowohl von Kannibalen als auch von Piraten gefaßt sein. Sollte die Notwendigkeit dazu entstehen, kann man Zuflucht in einer Unterwassergrotte von kristallklarem Wasser suchen, der Diamantenhöhle.

Robert Michael Ballantyne, *The Coral Island*, Ldn. 1858.

KORKLAND, eine schwimmende Insel im Atlantik. Die Bewohner wirken in Aussehen und Größe europäisch, doch sind ihre Füße aus Kork (daher ihr Name »Korkfüßler«). Dank dieser Eigenheit gehen sie im Meer nicht unter und bewegen sich mit größter Selbstverständlichkeit und Behendigkeit über das Wasser fort. Die Insel selbst ist auf einem riesengroßen Stück schwimmenden Korks erbaut.

Einrichtung eines Hauses in KOSEKIN

Lukianos aus Samosata, *Alēthē dihēgēmata* (um 120), Florenz 1496.

KOSEKIN, ein Land unter der Antarktis, das zum erstenmal zu Beginn des neunzehnten Jahrhunderts beschrieben wurde, als Adam More von Cumberland die Gegend bereiste und einen Bericht verfaßte. Er verschloß ihn in einen Kupferzylinder, den er ins Meer warf. Am 15. Februar 1850 wurde die Chronik in der Gegend von Teneriffa gefunden und später veröffentlicht. Wenn man durch die Gewässer der Antarktis fährt und einige riesige Vulkane hinter sich läßt, gelangt man an eine öde, schaurige Küste, die von kleinen, dünnen, zusammengeschrumpften schwarzen Menschen bewohnt ist. Sie haben abstoßende Gesichter, sind mit einem langen Speer bewaffnet und tragen einen Schurz aus der Haut eines Seevogels. Ihre Kinder sehen wie Zwerge aus, und ihre Frauen sind abscheulich. Es ist auch deshalb nicht ratsam, hier zu landen, weil diese Leute Menschenfleisch als Delikatesse betrachten.

Von hier an wird die Strömung den Reisenden in einen unterirdischen Kanal treiben, der seinerseits zu einem unterirdischen See führt. Dieser ist von verschiedenen Ungeheuern mit langem Hals, scharfen Zähnen und peitschendem Schwanz bewohnt.

Am Ufer des Sees liegt Kosekin. Vor dem Hintergrund gletscherbedeckter Berge finden sich fruchtbare Felder und Wälder mit riesigen Farnen. Dieses Landschaftsbild wird unterbrochen durch Städte mit vielen Einwohnern, Straßen, terrassierten Hängen, langen Bogenreihen, Pyramiden und befestigten Mauern.

Die Einwohner sind klein und schlank und haben glatte schwarze Haare. Wegen der gleißenden Sonne halten sie ihre empfindlichen Augen immer halb geschlossen. Sie sind sanftmütig und blutdürstig, freundlich und grausam zugleich.

Die geehrteste und beneidetste Klasse sind die Armen. Wenn ein Mann und eine Frau sich verlieben, trennen sie sich. Die Kranken werden hoch geachtet, besonders die unheilbaren Fälle, weil sie ständige Pflege erfordern. Statt dem Nachbarn zu schaden, versucht jeder, ihm Gutes zu erweisen. Wenn jemandem von einem anderen geholfen worden ist, dann erfüllt ihn eine Art rachsüchtiger Erregung, ein ruheloser heftiger Wunsch, irgendeinem anderen eine gleiche Wohltat zu erweisen. So gibt es regelrechte Fehden unter den Familien. Wer heimlich Güter verschenkt, wird bestraft. Strafbar sind auch sogenannte »Gewaltverbrechen« (etwa: Ein Starker trifft auf einen Schwachen, zwingt sich als sein Sklave auf und nötigt ihn, seine Geldbörse zu nehmen. Wenn der Schwache sich weigert, droht der Angreifer sich zu töten.)

Den Tod halten die Bewohner von Kosekin für das höchste Gut. Ihm huldigen sie durch Menschenopfer in der Höhle des Todes *(Cheder Neblin)*, einer großen Grotte mit mattfunkelndem Licht. Unter der gewölbten Decke steht eine Halbpyramide mit Steinstufen. In den Wandnischen befinden sich die Opfer (oder die Nutznießer) früherer Opfer: eingeschrumpfte Leiber, die Fackeln halten, mit starren Augenhöhlen. Aus jedem Herzen ragen der Griff und die halbe Klinge eines Messers. Die Opfer werden regelmäßig mit Blumen gekrönt. Die Auserwählten werden beim Gesang von *Sibgu sibgin! Ranenu! Hodu lecosk!* (»Opfert die Opfer! Freut Euch! Dankt der Dunkelheit!«) geopfert. Nach zehn Jahren im *Cheder Neblin* werden die Leiber in öffentliche Gräber übergeführt. Die Bewohner von Kosekin glauben, daß sie nach dem Tod ins Land der Dunkelheit eingehen werden. Die Ankunft der Dunklen Jahreszeit wird als *Mista Kosek* oder Fest der Dunkelheit in einer riesigen Höhle gefeiert, die wie das Innere einer gotischen Kathedrale ausgestattet ist.

Die Schrift von Kosekin besteht aus den Buchstaben P K T B G D F Ch Th

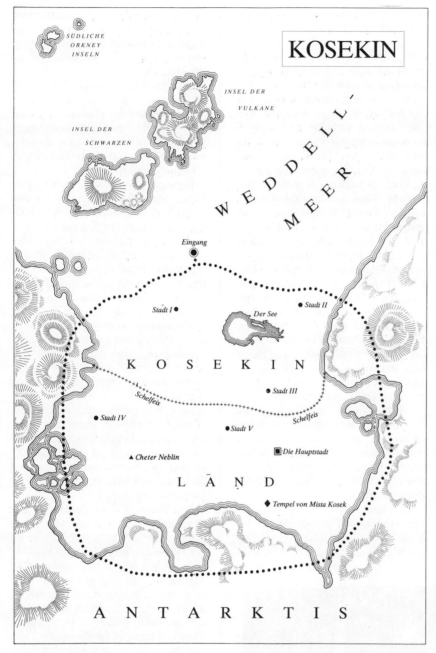

M L N S H R und drei weiteren, die in unserem Alphabet kein Äquivalent haben. Die Vokale werden beim Lesen hinzugefügt. Bücher fertigt man aus einer Art Papyrus, der aus Schilfrohr hergestellt wird.

Einige Wörter der Landessprache werden dem Reisenden von Nutzen sein:

Mann: *Iz* Frau: *Izza*

Licht: *Or* Auf Wiedersehen: *Salonla*

Königin: *Malca* Tag: *Jom*

Die Dichter von Kosekin feiern die unglückliche Liebe: Sie besingen zum Beispiel zwei Liebende, die an gebrochenem Herzen sterben, weil sie gezwungen werden, einander zu heiraten. Sie verfassen auch Oden auf Niederlagen statt auf Siege, da es für eine Nation als ruhmreich gilt, sich für eine andere zu opfern. Ihre Gedichte preisen Straßenkehrer, Laternenanzünder, Arbeiter und alle Arten von Armen. Die Musik von Kosekin ist traurig und schwermütig. Man spielt auf viereckigen Gitarren mit einem Dutzend Saiten.

Die Küche von Kosekin bevorzugt verschiedene Arten von Geflügel, die wie Gans, Truthahn oder Rebhuhn schmecken; man trinkt süßes Wasser, leichten Wein und ein merkwürdiges, leicht schäumendes Getränk.

James De Mille, *A Strange Manuscript Found in a Copper Cylinder,* NY 1888.

KOUPHONISI, eine Insel des Dodekanes vor Kleinasien, ist steinig und öde. Es gibt hier nur Bleiminen, und die Arbeiter werden wie Sklaven behandelt. Der Aufseher Epaminondas hat die Angewohnheit, auf Linealen die wichtigen Ereignisse seines Lebens anzustreichen. Als ihm eines gestohlen wurde, war er verzweifelt, denn er war nicht in der Lage, eine Erinnerung aus dem Monat April wiederzufinden.

Besucher werden von der alten Taria Tarella in einer Bruchbude empfangen, wo die Wirtin fürchterliche Spaghetti serviert, die man essen muß, als seien sie das köstlichste Gericht der Welt. In der Steinwüste der Insel wächst alle zehn Jahre eine Orchidee, die wahrscheinlich der Art der Serapien angehört.   P. R.

André Dhôtel, *Ce lieu déshérité,* Paris 1949.

KRADAK, eine der Inseln der Weisheit im nördlichen Pazifik. Wie bei den meisten Inseln dieses Archipels gründet sich Kradaks kulturelle Eigenart auf Gedankengut der Außenwelt. Die allgemeine Atmosphäre der Insel ist sehr kosmopolitisch und weist gewisse Merkmale der europäischen Kultur auf.

Kradak hat weder eine Landestracht, einen typischen Stil noch modisches Interesse. Man kombiniert die Kleidung verschiedener Kulturen nach persönlichem Geschmack. Man kann Männer mit Lederschürzen, bunten Rüschen und abgetragenen Zylindern sehen. Viele der jüngeren Frauen stellen sich aus verschiedenen Kleidungsstücken, die jeweils zur Garderobe einer Krankenschwester, einer Kokotte, einer Inderin oder eines Bauernmädchens gehören könnten, ein seltsames, aber gefälliges Ensemble zusammen.

Die Hauptbeschäftigung der Bewohner von Kradak ist die Suche nach Lustgewinn, und deshalb hat Kradak den Spitznamen »Insel der Perversionen«. Der Zusammenhang zwischen Schmerz und Lust, Orgasmus und Leiden ist auf der Insel weitgehend erforscht worden, und eine große Zahl der Bewohner sind überzeugte Masochisten. Sexuellen oder anderen Neigungen werden keine Hindernisse in den Weg gelegt, und keine Laune oder Perversion wird vom Gesetz verboten. Die Kultur der Insel ist darauf zugeschnitten, die Gesetzlosigkeit der anarchistischen Natur durch geregelte zwischenmenschliche Beziehungen zu ersetzen. Der einzelne soll befreit werden, indem man ihn möglichst viele Gedanken und Gefühle ausleben läßt. Ein Institut verdienter Gelehrter wird mit öffentlichen Mitteln unterhalten, damit das Volk seinen Gesichtskreis erweitern und neue Denkformen finden kann. Besonders originelle und erfolgreiche Forschungsergebnisse werden gewöhnlich mit einer guten Tracht Prügel belohnt.

Die abnormsten und ungewöhnlichsten Individuen werden vom Ministerium für Auswahl bestimmt und nach der vor der Küste gelegenen Insel Gulliu verschickt, um sich fortzupflanzen. Ihre Nachkommen werden sorgfältig auf Abnormitäten hin überprüft und – falls geeignet – zu einer anderen kleinen Insel geschickt, um ihre Eigenheiten zu entwickeln. Man hofft, daß man durch dieses Verfahren schließlich einen neuen Typ Mensch mit äußerst flexiblen intellektuellen und emotionalen Anpassungsmechanismen schafft. Zu diesem Zweck hat man bereits ein System der Zahlwörter eingeführt, in dem jedes beliebige Zahlwort den Stellenwert eines jeden anderen einnehmen kann. Zwei plus zwei mögen demnach ohne weiteres fünf ergeben.

Die Speisen auf Kradak dürften den unerfahrenen Reisenden überraschen: Eine unerschöpfliche Variation in der Zusammenstellung sorgt für Abwechslung. Ziegenkäse mit am Spieß gebratenen Sardinen, Krähenzunge in Vanille und getrüffelter Kaffee mit Salzgurke sind einige der Delikatessen, auf die sich der Gaumen des Reisenden einstellen muß. Eine der üblicheren Speisen ist der sorgfältig angerichtete Salat aus Blättern des wildwachsenden Kokastrauches. Man schätzt das Kokain der Blätter wegen seiner anregenden und halluzinatorischen Wirkung. Die Raucher unter den Reisenden sollten bedenken, daß die auf der Insel angebotenen Zigaretten verhältnismäßig wenig Tabak enthalten: Zu den Zusätzen gehören Bilsenkraut, Schierling, Löwenzahn und Meerzwiebel. Um einer Suchtgefahr zu entgehen, sollten Reisende sich mit ihrer eigenen Zigarettenmarke eindecken.

Alexander Moszkowski, *Die Inseln der Weisheit. Geschichte einer abenteuerlichen Entdeckungsfahrt*, Bln. 1922.

KRÄHWINKEL, deutsche Kleinstadt, in einer reizvollen Mittelgebirgsgegend in einem waldreichen Tal gelegen, ist nur schwierig zu erreichen; man mache sich auf Unfälle gefaßt: Um dem Schmied- und Sattlergewerbe der Stadt ein gutes Einkommen zu sichern, werden die Straßen nach Krähwinkel absichtlich in schlechtem Zustand gehalten, obgleich die Reisenden ein Chausseegeld zu zahlen haben. Meist geht es ohne ernsthaftere Körperverletzungen ab, doch die Kutschwagen bedürfen jedesmal einer Reparatur, was auch dem Wirt des Hotels »Zur Goldenen Katze« zugute kommt.

Die Stadt hat 5000 Einwohner, drei Kirchen und zwei gepflasterte Hauptstraßen. Das schönste Gebäude der Stadt ist das 1430 von einem Gothaer Baumeister erbaute gotische Rathaus, in dessen großem Saal einst ein Hussitengeneral den Bürgermeister der Stadt geohrfeigt hat. Ungewöhnlich ist die Walfischrippe an der Decke. Sehenswert ist auch die Stadtuhr mit einem krähenden Hahn und dem Apostel Petrus, der mit dem Kopf nickt. Die Stadt hat eine Bibliothek mit einem großen Bestand an Abenteuerliteratur (deren Lektüre einem Delinquenten dazu verhalf, am Tage vor dem Gehängtwerden aus dem Gefängnis auszubrechen) und ein Liebhabertheater, an dem unter anderem Kotze-

Stadtwappen von KRÄHWINKEL *über dem Hauptportal des gotischen Rathauses*

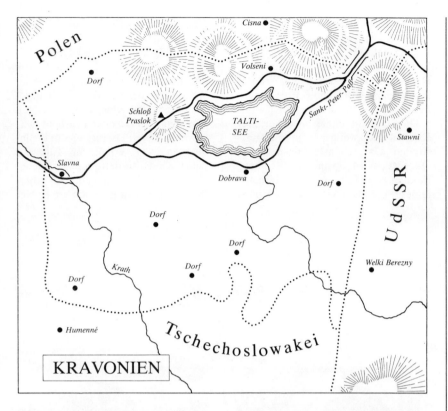

bues »Menschenhaß und Reue« aufgeführt wird.

In der Stadt befinden sich ost- und westindische Gewürzniederlassungen sowie Tuchfabriken, außerdem betreibt man einen einträglichen Handel mit Meerrettich.

Falls der Reisende in näheren Kontakt mit der Bevölkerung kommen will, sollte er Rücksicht auf eine kleine Schwäche der Einwohner nehmen: Die Krähwinkler haben haben ein ausgeprägtes Selbstbewußtsein und legen betonten Wert darauf, mit ihren Titeln angesprochen zu werden. Man fragt hier nicht nach Kenntnissen, Ausbildung oder Verdiensten, sondern nach Titeln. Ansehen in der Krähwinkler Gesellschaft genießen vor allem die zehn bis zwölf Silben langen Titel wie Supernumerarius-Rentkammerschreiber, Geleits- und Landakzisekommissar, Runkelrübenkommissionsassessor. Diese Anreden öffnen dem Fremden alle Tore, und wenn er womöglich selbst einen Titel aufzuweisen hat, könnte er sogar in die Spitzen der sonst so geschlossenen Krähwinkler Gesellschaft einheiraten.
G. W.

August von Kotzebue, *Die deutschen Kleinstädter*, Lpzg. 1803. – Johann N. Nestroy, *Freiheit in Krähwinkel*, Wien 1848.

KRAVONIEN, ein uraltes europäisches Königreich, das heute vermutlich eine andere Regierungsform hat. Es liegt an der Grenze zur UdSSR. Besucher, die das Land bereisen möchten, nehmen am besten eine Kutsche.

Sobald man die Hauptstadt ↗ SLAVNA hinter sich gelassen hat, folgt die Hauptstraße etwa fünf Meilen lang dem Flusse Krath in südöstlicher Richtung, wo sie dann auf einer uralten Holzbrücke über den Fluß führt. Hier fließt der Krath als wichtigste Wasserverbindung weiter nach Süden, während der Reisende seinen Weg etwa fünfzehn Meilen weit in nordöstlicher Richtung fortsetzt – vorbei an wohlhabenden Bauern- und Hirtendörfern bis hin zum Sumpfgebiet des Talti-Sees, der sich bis zu den Ausläufern der Gebirgskette ausdehnt, die die kravonische Grenze bildet. Hier gabelt sich die Straße; rechts gelangt man auf ebener Strecke nach Dobrava, acht Meilen von der Gabelung entfernt. Danach läuft sie weiter nach Nordosten und führt nach einer gleichmäßigen Steigung über circa zehn Meilen hinweg am Sankt-Peter-Paß über das Gebirge. Sie ist die einzige Fahrstraße über die Bergkette und die Grenze. Reisende, die in Kravonien bleiben wollen, sollten sich an der Gabelung links halten. Unmittelbar nachdem sich die Straße geteilt hat, steigt der Weg über eine Strecke von fünf Meilen steil an und führt zur Anhöhe, auf der Schloß Praslok liegt.

Praslok war der Lieblingsaufenthalt des Prinzen Sergius von Slavna und wurde nach dem Tode des Prinzen der Wohnsitz seiner Frau Sophie von Kravonien, geborene Grouch. Sophies erstaunliche Karriere ist natürlich allen bekannt, die sich mit der jüngeren Geschichte Europas beschäftigt haben. Geboren im Dorfe Morpingham in Essex, England, lebte und arbeitete sie dort als Küchenmagd bis zum Jahre 1865. Unter der Obhut und dem Schutz der Lady Margaret (Meg) Duddington zog sie dann nach London und weiter nach Paris. Sophie – inzwischen Sophie de Gruche – war bald eine bekannte Erscheinung in der lebenslustigen Gesellschaft der Hauptstadt. Im Jahre 1870 überredete die gebürtige Kravonierin Marie Zerkowitsch Sophie dazu, mit ihr in die Heimat zu reisen. Und hier rettete – wie das Schicksal so spielt – die ehemalige Küchenmagd dem Kronprinzen das Leben, als er von drei Offizieren angegriffen wurde. Aus Dankbarkeit verlieh ihr König Alexis von Kravonien den Titel einer Baroneß Dobrava. Kurz nach seiner Thronbesteigung wurde Prinz Sergius Opfer einer Verschwörung. Er erlag einem Mordanschlag – nicht ohne zuvor Sophie noch auf dem Sterbebett zu seiner Frau gemacht zu haben.

Praslok ist ein urtümliches altes Bauwerk auf einem schroff abfallenden Hügel unmittelbar neben der Straße. So steil ist das Gefälle, daß man eine massive Holzrampe von der Straße hinauf zu dem viereckigen Turm anlegen mußte, der die Frontseite des Gebäudes bildet. Das Schloßinnere ist malerisch und schlicht. Neben dem Turm, in dem sich unten das Speisezimmer und oben zwei Schlafräume befinden, besteht das Gebäude aus drei Reihen kleinerer, ebenerdiger Räume. In der ersten liegen die königlichen Gemächer, in der zweiten die Dienstbotenkammern, und in den Räumen der dritten Reihe waren die Wachen untergebracht. Alle Zimmer öffnen sich auf einen überdachten Weg oder Kreuzgang im Innenhof des Schlosses. Das ganze Gebäude ist eine solide Konstruktion aus grauem Stein – eine nüchterne Bergfestung, die dank ihres massiven Mauerwerks und ihrer Lage uneinnehmbar scheint.

Nach einem Besuch von Praslok sollte der Reisende die gleiche Straße fünf Meilen lang weiterverfolgen, bis er die Stadt Volseni am Rande eines Hochplateaus erreicht. Von hier aus genießt man einen herrlichen Blick auf den Talti-See und bis hinüber nach Dobrava.

Jenseits von Volseni, das nicht weiter bemerkenswert ist, gibt es keine Straße im eigentlichen Sinne, sondern nur Fuhr- oder Reitwege. Der wichtigste und am häufigsten benutzte führt quer durch das Tal des Talti-Sees und trifft, zwanzig Meilen von Volseni entfernt, auf halber Höhe zum Sankt-Peter-Paß auf die Straße von Dobrava. Obwohl von Slavna nicht allzu weit entfernt, unterscheidet sich die Landschaft hier beträchtlich von der fruchtbaren Flußebene, in der die Hauptstadt liegt. Sie ist öde und rauh, ein Land der Bergwälder und -weiden. Ihre natürliche Beschaffenheit spiegelt sich in auffallender Weise im Charakter der Bewohner wider. Die Menschen scheinen robuster als jene in Slavna; sie sind nicht so verwöhnt und neigen weniger zu Streit und Krawall. Allerdings sind sie auch weit unversöhnlichere Gegner, sobald sie zur Waffe greifen. Nach dem tragischen Tode von Prinz Sergius kürten die Bewohner von Volseni die junge Sophie zu ihrem Oberhaupt, und allen Widrigkeiten zum Trotz führte sie die Männer erfolgreich im Kampfe an.

Die kravonische Sprache ist für Besucher schwer erlernbar, am leichtesten behilft man sich mit Russisch oder Polnisch. Es schadet nicht, wenn man weiß, daß die kravonische Währungseinheit, der *Para*, ungefähr fünf bis sechs Pfennigen entspricht; am besten erfragt man unmittelbar vor Antritt der Reise den genauen Wechselkurs. Außerdem sollten Reisende, die sich tödlich langweilen, immer an Sophies Leitspruch denken: »Du mußt dich an Kravonien gewöhnen; hier ist nicht Essex, wie du weißt.«

Anthony Hope Hawkins, *Sophy of Kravonia*, Ldn. 1906.

KREIDEZEITINSELN, im arktischen Meer, das ehemalige Grönland im siebenundzwanzigsten Jahrhundert. Die wahnwitzigste aller Zeitreisen unternimmt der, der sich hierher tragen läßt. Wenige wagten bisher den Schritt, kaum einer kehrte zurück. Von denen vergraben sich die meisten in ihre Häuser, reden mit niemand und blicken stumpf. Spricht man sie an, sind ihre Augen von tiefstem Entsetzen, einem unendlichen Grauen wie mit einem Star gezeichnet. Viele enden in Selbstmord. Nur wenige sprechen. Sie erzählen wie im Fiebertraum Bruchstücke aus der schlimmsten Zeit der Menschengeschichte, bevor sie irrsinnig werden. Manche verwechseln Zukunft mit Gegenwart, meinen, sie seien es selbst, die die Ungeheuer entfesselt haben – Jahrmillionen unter Eis, jetzt befreit vom Druck der Gletscher und Schneemassen, hob sich Grönland aus der Magma, zerbrach in zwei Haupt- und viele Nebeninseln, von Nord nach Süd eine inländische See bildend. Abgeschmolzen waren die Eiswüsten durch die wahnwitzige, hybride Technik der in Not geratenen westlichen Kulturen Europas und Amerikas, die bedrängt nach dem Uralischen Krieg von den anstürmenden Feinden sich auf den neu geschaffenen Fast-Kontinent zurückziehen wollten. Zuerst sprengte man mit irrsinnigen Kräften unter tosenden Verlusten tausender Leben Island und verwandelte es in ein brennendes Chaos aus schwimmendem, brodelndem Lavagestein. Die Energie der wundgeschlagenen Erde wurde in Kristallnetzen von Turmalin gefangen und auf elastischen Ölwolkenfeldern über die Arktisinsel geschoben, wieder unter hohen Verlusten an Menschen, die verknäult in sich selbst die seltsamsten und groteskesten Tode fanden. Naturkatastrophen ungeheuren Ausmaßes wurden künstlich erzeugt, bis ein neues rosa-weißes Licht durch die Ölwolken über Grönland erglomm. Das Licht wurde immer heißer und heller, bis der Sonnentag dahinter trübe erschien. Alle Windrichtungen änderten sich. Grönland schmolz unter der Hitze.

Jetzt bedecken wunderbare Riesenfarne und tropische Schlingpflanzen, Ginkos, Tulpenbäume, Platanen, Mangroven, Brotfruchtbäume, nie gesehene Palmenarten die Gebirge und Täler, zwei Millionen Quadratkilometer. Das Inland ist gleichmäßig glatt mit wenigen Hügeln. An den Rändern erheben sich die Berge, die einst die Gletscher trugen. Vom Meer her waren kilometerdick die Pflanzenschichten auf das Land gekrochen, mit phantastischer Geschwindigkeit ständig wachsend, sich gegenseitig erstickend, weiter uneingedämmt wuchernd unter dem keimtreibenden Licht der Turmalinstrahlung. Das gefangene Feuer der Vulkane verwandelte die Zellteilung in einen rasenden Prozeß. Dichte Dschungelwälder breiten sich aus, in denen Pflanzen und Tiere kaum zu unterscheiden sind, ineinander verwoben in Tod und Leben. Die Grönlandinseln sind dicht bedeckt mit kreidezeitlicher Vegetation und einer uralten Tierwelt, die sich unter den Strahlen der Turmalinfeuer aus den Jahrmillionen alten Knochenresten zu gespenstisch verzerrtem Leben erhebt. Unter dem Licht werden ständig neue entsetzliche Leiber, bizarre Formen zusammengefügt. Überall auf den Inseln bricht das bloßliegende Land auf und rollt sich zu einer wimmelnden Masse zusammen. Die alten Glieder, Knochen, Köpfe, Zähne, Wirbel und Schwanzstücke wachsen sich zu Geschöpfen aus, die nicht einmal die Hölle je gesehen hat. Schädelkiefer werden zu Beinen, Rachen zu Därmen, Augenlöcher zu Mündern.

Riesige, schwerfällige Untiere verschlingen ganze Hügel, schleppen ganze Wälder auf ihren Rücken herum, auf denen andere Tiere sich gegenseitig verschlingen. Wandernde Gallerten verschlucken Wiesen und Wälder, saufen Flüsse leer. Augenlose Riesenwesen mit schaukelndem Wanst keuchen. Die Grönlandinseln sind ein ständig bewegtes Meer von sich gegenseitig verschlingenden Ungeheuern. Aus Mündern und Blüten schießen Flammen in das lärmende Höllenchaos der Täler. Endlose Schlangenleiber winden sich über Felsen und versuchen sich in dem über sie zusammenschlagenden Leben gegen andere langhalsige, gebuckelte Ungeheuer zu behaup-

*Innenhof von Schloß Praslok, Nord-*KRAVONIEN

ten, die Bäume wie Gräser in ihren Mäulern zermalmen. Sie überwälzen und zerquetschen sich gegenseitig. Enorme Vogelwesen mit Gazellenhälsen und Krokodilsköpfen stürzen herab, fressen sich schnell in Gedärme und werden selbst von hinten aufgefressen. Die Inseln bersten vom sich verschlingenden lebendigen Chaos. Sie schwappen über. Die Leiber stürmen auf den Kontinent. Die Mißgeschöpfe einer unmäßigen, nicht mehr zu bändigenden Kraft wälzen sich in Rudeln keuchend und Gifte blasend auf die Städte zu. Endlose Reptilien, schwarzbäuchig in schillernden Schuppenpanzern und mit breiten, stumpfen Mäulern, Vögel mit langen spitzen Zähnen zertrümmern die Städte Nordeuropas. Sie stopfen sich mit den Haustrümmern die Menschen in den Schlund. Die Därme quellen aus den Schnauzen. An ihnen schlingen Vogelechsen. Das Blut der Tiere wirkt verheerender als ihre Zähne. Menschen und Tiere, die davon getroffen werden, wuchern rasend in den beschmierten Organen, die sie erdrosseln. Die schnell anschwellenden Fleischmassen saugen den Rest des Körpers in sich auf. Hände oder Finger füllen ganze Zimmer aus. Arme, Beine, der ganze Rumpf schrumpfen zu Faustgröße, ein hilfloses Anhängsel an dem aufgeblähten Riesenorgan. Zungen quellen riesengroß aus den Mündern und ersticken die Körper. Die Schwanzflossen eines unendlich großen Seetiers zerschlagen Gebäude und sammeln Haufen von totem Material um sich her, Eggen, Wagen, Pflüge, Bretter. In das weit aufgerissene Maul geraten Kartoffelfelder, laufende Hunde, Pferde, Menschen. Wie eine Lavamasse schiebt es sich verheerend vorwärts. Häuserbalken, Pferde, Wagen sind in die Haare verfilzt. Abspringende Menschen sinken ein und kleben fest. Die Münder sind zum Schrei aufgerissen. Die Augen, ängstliche blutüberlaufene Kugeln, erlöschen, ein zehrendes Schuldgefühl im letzten Blick. M. W.

Alfred Döblin, *Berge, Meere und Giganten*, Bln. 1924.

KRIM-TATAREI, ein Königreich am Schwarzen Meer. Es grenzt an ↗ SCHWARZSTAB, Ograrien und Tscherkessien. Mit dem jenseits von Schwarzstab gelegenen ↗ PAFLAGONIEN ist die Krim-Tatarei durch eheliche Verbindung der Königshäuser uniert, in der Vergangenheit aber tobte zwischen beiden Ländern viele Jahre lang ein kostspieliger, blutiger Krieg.

Berühmt ist die Krim-Tatarei für ihre zahlreichen alten Adelsfamilien, zu denen beispielsweise die Spinati, die Broccoli, die Artischocki und die Sauerkrauts zählen. Mitglieder dieser Familien haben die höchsten Auszeichnungen erhalten, die das Land zu vergeben hat, etwa den Kürbisorden oder die Titel »Erster Lord des Zahnstochers« und »Siegelbewahrer der Tabaksdose«.

Auswärtigen Besuchern wird empfohlen, an den gesellschaftlichen Ereignissen im Königlichen Theater teilzunehmen und in der Königlichen Gemäldegalerie die Bilder des Hofmalers Tomaso Lorenzo zu bewundern. Außerdem wird von ihnen erwartet, daß sie ihre Loyalität gegenüber der königlichen Familie bekunden, indem sie ihre Nase am Fußboden reiben und sich dann einen königlichen Fuß aufs Haupt stellen lassen.

William M. Thackeray, *The Rose and the Ring, or The History of Prince Giglio and Prince Bulbo. A Fireside Pantomime for Great and Small Children*, in *Christmas Books*, Ldn. 1857.

KRINKE KESMES, ein Königreich auf einer Insel des Südkontinents, südlich der Cook-Inseln unter dem südlichen Wendekreis. Die Insel ist dicht bewaldet und sehr fruchtbar. Sie hat eine nahezu quadratische Form und einen Umfang von circa hundert Kilometern. Sie ist seit etwa 20 000 Jahren bewohnt. Neben der Hauptstadt liegen viele prächtige Provinzstädte in allen Regionen des Landes. Die Einwohner beherrschen mehrere europäische, antike und asiatische Sprachen und sind wohlbekannt mit allen wichtigen europäischen Wissenschaften, obwohl sie niemals Kontakt zu Europa hatten.

Ihre Kenntnisse stammen von Personen und wissenschaftlichen Büchern aus einem lange zurückliegenden Schiffbruch. Das Reisen in andere Länder ist bei ihnen streng verboten, auch Reisen im eigenen Land sind eingeschränkt.

Das Land wird von einem König und seinem Rat regiert. Alle sind Deisten und beten in einem nur äußerlichen Kult die Sonne an. Christliche Jenseitsvorstellungen halten sie für einen gefährlichen, nur den Mächtigen nützlichen Aberglauben. Sie selbst haben nach einer Phase heftiger Religionsstreitigkeiten, die sich einst zwischen den Gruppen der europäischen, jüdischen, indischen und arabischen Schiffbrüchigen entwickelten, im Laufe ihrer Geschichte alle sektiererischen Eiferer vernichtet. Jeder Disput über

Glaubensfragen ist bei ihnen verboten. Die Hauptgesetze ihrer Gemeinschaft bestehen aus nicht mehr als fünf Artikeln. Der Hauptinsel vorgelagert sind zwei Gelehrteninseln. Die eine bewohnen ausschließlich Frauen, die andere nur Männer. Es gibt dort Schulen und je eine Universität, an denen die Jugend erzogen wird. Die Frauen sind den Männern in allen Punkten gleichberechtigt. M. W.

Hendrik Smeeks, *Beschryvinge van het magtig Konongryk Krinke Kesmes*, Amsterdam 1708.

KRÖTENHALL, ein würdevolles Gebäude aus verwittertem Backstein, liegt an einem Wasserlauf. Aus seinen Fenstern im französischen Stil blickt man über blumenübersäte Wiesen bis zum Wasser hinunter. Hinter dem Haus befinden sich Ställe, Schweinekoben, ein Taubenschlag und ein Hühnerhaus, dazu ein hübsch umzäunter Küchengarten. Obwohl Teile des Gebäudes aus dem vierzehnten Jahrhundert stammen, verfügt es über jeden erdenklichen Komfort und ist ein äußerst luxuriöser Herrensitz. Das Haus ist mit dem ↗ FLUSSUFER durch einen unterirdischen Gang verbunden.

Krötenhall ist das Stammhaus von Herrn Kröte, der in dieser Gegend ziemliches Ansehen genießt. Obwohl er im Grunde gutmütig und großzügig ist, kann er auch recht eingebildet und angeberisch wirken. Seine Begeisterung für eine Vielzahl von teuren und gefährlichen Hobbys war immer nur kurzlebig. Schließlich führte seine Leidenschaft für Rennwagen dazu, daß er nach verschiedenen Unfällen wegen Autodiebstahls ins Gefängnis kam. Es gelang ihm zu entfliehen und nach einer Reihe von Abenteuern zum Flußufer zurückzukehren, mußte aber dort feststellen, daß Krötenhall in seiner Abwesenheit von einer Gruppe Wiesel, Kröten und Frettchen aus dem ↗ WILDEN WALD besetzt worden war.

Die Wildwäldler verursachten in Krötenhall beträchtlichen Schaden und verzehrten bis auf kümmerliche Reste sämtliche Vorräte. Schließlich wurden sie von Herrn Kröte, Herrn Wasserratte vom Flußufer, Herrn Dachs aus dem Wilden Wald und Herrn Maulwurf von ↗ MAULWURFSRUH vertrieben. Die vier betraten das Landhaus durch den unterirdischen Gang (dessen Existenz nur Herrn Dachs bekannt war) und schlugen die Besetzer während eines zügellosen Gelages in die Flucht. Jetzt ist die alte Ordnung wieder eingekehrt, und es scheint, daß der Vorfall auf den einst so vorwitzigen Herrn Kröte eine heilsame und beruhigende Wirkung gehabt hat.

Kenneth Grahame, *The Wind in the Willows*, Ldn. 1908.

KRONENBURG, Pfalz der Hohenstaufen in Schwaben, über dem Bodensee gelegen. Der Weg führt tagelang durch einsame Wiesen und Wälder, bis die Baumgrenze erreicht ist und die Landschaft alpin wird. Die beste Jahreszeit für einen Besuch ist der Frühsommer, wenn das Eis auf dem zu überquerenden Gletscher noch nicht durch Sonne und Tauwasser von Rissen und Sprüngen durchzogen ist. Weiter hinauf steigt man über Eisspalten und Felsbrocken zu Bergwiesen mit Thymian und Alpenrosen. Steinböcke, Gemsen und Berggeier sind hier heimisch. Der Aufstieg wird belohnt durch eine umfassende Aussicht auf den gesamten Bodensee, in dem sich bei klarem Wetter die Sterne spiegeln, als sei es eine Stadt mit ihren Lichtern. Nach einem fast unüberwindlichen Stück im glatten Fels erreicht man einen schmal ausgehauenen Steg in einer Felsenbucht, in der gewaltige Wasserfälle tosen, die entwurzelte Bäume und ganze Felsstücke mit sich reißen. Von diesen Wassern umschlossen, erhebt sich ein siebentürmiges Schloß. Eine kunstvolle eiserne Laufbrücke schwingt sich hoch über das Wasser, zwölf alte Männer in Harnisch halten hier Wache. Hinter der Brücke am Eingang zum Schloß ist noch einmal eine eiserne Doppelwache mit zweischneidigen Schwertern postiert.

Besonders sehenswert ist ein Naturschauspiel: Die Türme der Burg sind durchsichtig und scheinen aus Glas gebaut, durch den Wasserstaub der niederstürzenden Bäche wirft jeder der sieben Türme einen Regenbogen auf die Wasserfläche der Seebucht und die umgebenden schwarzen Felsen. Die Türme sind nur von außen zu besteigen, enge schneckenförmig gewundene Treppen führen an ihnen empor. Der mittlere Turm ragt wie eine Säule zweihundert Fuß über die anderen hinaus. Seine Spitze trug einst eine Krone von höchstem Symbolwert, er ist jedoch nur über schmale, in die Außenmauer eingelassene Schrittsteine zu erreichen. In den engen, gewölbten Gängen der Burg befinden sich kostbare Silbergefäße, an die Wand gemalte Wächter in täuschenden Farbspiegelungen sollen Eindringlinge abschrecken.

Interessant sind auch die beiden Innenhöfe der Burg. In dem einen gedeiht dank der geschützten Lage eine ungewöhnlich üppige Pflanzen- und Blumenpracht. Viele Vögel kommen, um hier zu überwintern.

Auf Kronenburg versteht man sich auf eine kunstvolle Herstellung von farbigem Fensterglas, das mit Schmelzfarben in besonderen Mischungen und Überlagen hergestellt wird und jede Glasmalerei weit übertrifft. G.W.

Ludwig Achim von Arnim, *Die Kronenwächter*, Bln. 1817.

KUMMEROW, ein von Bergen eingeschlossenes Dorf in Niederpommern. Seine Bewohner sollen sich mit allen Mitteln gegen die Taufe sperren. Unter dem Vorwand, daß sich nach geltendem Brauch der Priester vor der Zeremonie selbst erst reinigen müsse, läßt man sie stundenlang im eiskalten Fluß stehen, bis sie unterkühlt zusammenbrechen und vollkommen den Zweck ihrer Anwesenheit vergessen.

Jedem Besucher steht es frei, am Krönungsfest teilzunehmen, in dessen Verlauf derjenige, der es am längsten in den eisigen Fluten aushält, zum König gewählt wird.

Ehm Welk, *Die Heiden von Kummerow*, Bln. 1937.

K'UN-LUN, ein Gebirgsstock im Nordwesten Chinas. Er wird von Lu Wu bewacht, einem Mischwesen mit einem Tigerleib, neun Schwänzen, einem menschlichen Gesicht und Tigertatzen. Der K'un-lun ist Hunderttausende von Fuß hoch und nimmt eine Fläche von mehr als achthundert Quadratfuß ein. Auf seinem Gipfel wächst ein vierzig Fuß hoher Baum, den fünf Männer kaum umspannen können. Besucher können die berühmten neun Brunnen mit Jadebalustraden bewundern, sowie die neun Tore, die ein anderes Ungeheuer bewacht, der Kai Ming. Erwähnenswert sind auch ein See, auf dem nichts schwimmen kann, und ein Berggipfel aus Feuer. Besucher sollten aber auf der Hut sein vor der Königlichen Mutter des Westens, die von einigen Reisenden als ein Ungeheuer mit Leopardenschwanz, Tigerzähnen, einer schrillen Stimme, geflochtenen Haaren und blendendem Kopfschmuck geschildert wurde.

Anon., *Shan-hai ching* (1. Jh.), o. O. 1536.

KUPPRON, abgelegenes Dorf in einem Alpental. Die beiden miteinander oft im Streit liegenden Ortsteile Oberdorf und Unterdorf liegen etwa eine Stunde auseinander. Sie sind durch eine Landstraße verbunden, die dann weiter über den Kuppron-Sattel führt, und im Sommer auch über Wald- und Wiesenpfade zu erreichen. Der Ort hat große Bauernhöfe, zum Teil weit draußen an den Berghängen, einen Dorfgasthof, einen vom Wirt mitbedienten Kramladen und einen Metzger. Der im Oberdorf wohnende Arzt hält auch Sprechstunden in Unterkuppron ab, das nächstgelegene Krankenhaus ist mit dem Auto in fünf Stunden zu erreichen.

Im Plombenter Wald über dem Dorf hat es in früheren Jahrhunderten Bergbau gegeben. Immer wieder einmal wird versucht, die offengelassenen Stollen neu auszubauen, manchmal auch als private Versuche Einzelner, wobei Unglücksfälle nicht selten sind. Fast in jeder Familie gibt es einen mit Goldadern durchzogenen Stein, der wie ein Talisman behandelt wird. Um das vielleicht noch im Berg liegende Gold kreisen – oft geradezu besessen – die Wünsche nicht nur der Dorfbewohner, sondern auch einiger Bergwerkgesellschaften, von deren Kurzlebigkeit allerdings Überbleibsel wie die unfertige Seilbahn künden.

Um die erzhaltigen Berge haben sich viele Mythen gebildet, die bis in die Gegenwart gepflegt werden. Am sogenannten »Steinsegen-Tag« im Juni wird die einfache spätgotische Kapelle auf der Steilwiese etwa eine Stunde oberhalb des Oberdorfs geöffnet, um die Messe zu lesen. Die vom Dorf gewählte »Bergbraut« soll einst hier in den Berg eingemauert worden sein, damit der Berg dafür sein Gold hergebe. Erst die christliche Kirche hat dieses Brautopfer umfunktioniert in eine Brautbefreiung: Sie gilt jetzt als vom Berg gefangen und muß von den Pilgern, die zu ihr hinaufziehen, mitsamt einer Probe von bereitgelegten erzhaltigen Steinen befreit werden. Der Steinsegen muß an einem Neumondtag stattfinden, ebenso wie die Bergkirchweih, ein einfaches Fest mit Tanz im Freien und ein paar aufgebauten Schanktischen am Fuß des Kalten Steins. Die Bevölkerung ist bei solchen Festen einer gewissen Berg- und Goldhysterie verfallen. Geradezu hypnotisiert von einem Scharlatan, der sich alle ihre irrationalen Neigungen zunutze machte, ließen die Bewohner es noch in unserem Jahrhundert zu, daß eine Bergbraut tatsächlich geopfert wurde. G.W.

Hermann Broch, *Der Versucher*, Zürich 1953.

KURANSTALT WALTERSBURG »FERIEN VOM ICH«, Deutschland, lautet die Anschrift des am Ostabhang des 450 Meter hohen Weihnachtsbergs zwischen den Städtchen Waltersburg und Bad Neustadt 1904 errichteten Kurzentrums. Der Bahnhof Waltersburg-Neustadt, etwa drei Kilometer entfernt, ist Haltestelle aller Schnellzüge.

Voranmeldung in der Kuranstalt ist nötig, denn die Nachfrage ist sehr stark. Man behandelt hier zwar auch organische Krankheiten, doch in erster Linie den Alltagsstreß. Die Therapie baut auf den Prinzipien von Prießnitz und Lahmann auf. Das Kurzentrum, das auf einem 2500 Hektar großen Gelände errichtet ist (man denkt bereits an eine Erweiterung), kennt deshalb nicht den üblichen Kurbetrieb, der auf seine Art Abwechslung vom Alltagsleben bringen soll mit den üblichen Vergnügungen in Spielsälen, Kurkonzerten und bunten Abenden. Wer sich der »Entziehungskur« von der Hohlheit und Eitelkeit des bisherigen Lebens unterziehen will, muß im sogenannten Zeughaus neben der Eingangspforte für die Dauer seines Aufenthalts nicht nur seine Privatkleidung, Uhr und Geld, sondern auch seinen Namen sowie alle Titel ablegen. Post und Zeitung werden nicht zugesandt.

In der Mitte des Kurgeländes am Lindenplatz liegt das Rathaus mit Verwaltung und Festsaal, den Ärztepraxen und dem »verbotenen Zimmer«, in dem Zeitungen ausliegen und zu dem jeder Kurgast nur zweimal während seines Aufenthalts Zutritt hat. Die Erlaubnis wird von den meisten gar nicht genützt. Dem Rathaus gegenüber steht die Lindenherberge, das größte Gasthaus am Orte. Auch hier gilt eine eingeschränkte Besuchserlaubnis.

Hinter dem Rathaus erstreckt sich die Bäderstraße mit Einrichtungen für den Kurbetrieb, parallel dazu der Stille Weg, an dem die Gästehäuser für jene Kranken liegen, die noch ständiger ärztlicher Betreuung bedürfen. Die übrigen Kurgäste wohnen jeweils in einem der sechzig Bauernhäuser, wo sie den Bauern, die man hier angesiedelt hat, bei der Bewirtschaftung der hundert Morgen großen Höfe zur Hand zu gehen haben. Auch Fischereihütten, Hirten- und Jägerhäuser sind über das wellige, bachreiche Wald- und Wiesengebiet verstreut.

Die Arbeitstherapie in frischer Luft und der Abbruch aller Kontakte mit dem bisherigen Leben wirken nach Aussage enthusiasmierter Kurgäste mäßigend auf alle neurotischen und egozentrischen Verhaltensweisen.

G. W.

Paul Keller, *Ferien vom Ich,* Breslau 1915.

KYKLOPENINSEL, irgendwo im Mittelmeer. Sie ist unbebaut, aber nicht unfruchtbar: Weizen, Gerste und Wein wachsen von selbst, und zahlreiche Ziegenherden durchstreifen das Innere. Der Name der Insel wird von seinen Bewohnern, den Kyklopen, abgeleitet, riesigen Männern mit einem einzigen Auge in der Stirnmitte. Sie leben ohne eine Staatsordnung in tiefen Höhlen hoch in den Bergen und haben keine Vorstellung von sozialem Leben; jede Familie ist eine Gesellschaft für sich, in der das älteste Mitglied alle Autorität besitzt. Neben anderen unerfreulichen Eigenschaften haben die Kyklopen eine Vorliebe für Menschenfleisch, und wie die Schnarks (↗ SCHNARKINSEL) bleiben sie bei jedem Wortspiel ernst.

Homeros, *Odysseia* (8. Jh. v. Chr.?), Florenz 1488.

L

LABYRINTH, ein Bauwerk von besonderer Bedeutung wie der Turm von Babel. König Minos von Kreta ließ es von Daidalos errichten – wie manche meinen, um den Minotauros darin zu beherbergen und zu verbergen. Dieser war ein Mensch mit einem Stierkopf, den Pasiphaë, des Minos Gattin, zur Welt gebracht hatte, nachdem sie sich – ebenfalls mit Hilfe des Daidalos, der ihr eine hohle hölzerne Kuh baute – mit einem besonders schönen Stier eingelassen hatte. Das Labyrinth gilt als völlig unübersichtliche und derart verwirrende bauliche Anlage, daß niemand, der es betritt, je wieder herausfindet: Er verirrt sich und verhungert, falls ihn nicht der im Inneren lauernde Minotauros tötet. Dennoch vermochte Theseus wieder zurückzufinden, nachdem er den Minotauros besiegt hatte: Prinzessin Ariadne hatte sich in ihn verliebt und ihm den hiernach sprichwörtlich gewordenen Faden zu seiner Rettung mitgegeben. Er befestigte ihn auf ihren Rat am Eingang, spulte ihn beim Fortschreiten ab und fand mit seiner Hilfe aus dem Irrgarten des Labyrinths heraus. Doch brachte das Labyrinth auch ihm wie allen anderen Unheil: Sein Vater Aigeus stürzte sich, weil er den Sohn irrtümlich tot glaubte, ins Meer, das nach ihm »ägäisch« heißt; Ariadne wurde von Theseus zwar zunächst mitgeführt, dann aber auf Naxos allein zurückgelassen; und Daidalos, von Minos gefangengehalten, vermochte zwar mit Hilfe von Schwingen, die er aus Federn gefügt und mit Wachs befestigt hatte, zu fliehen, verlor aber dabei seinen Sohn Ikaros, der trotz der Warnungen des Vaters zu nahe an die Sonne heranflog, so daß das Wachs schmolz, die Schwingen sich auflösten und der unbesonnene Knabe in den Tod stürzte. So hat die Verworrenheit des Labyrinths auch die Lebensbahnen derer, die in seinen Bannkreis gerieten, verwirrt und zerstört.

B. Ky.

Gaius Valerius Catullus, *Carmina* (1. Jh. v. Chr.), Venedig 1472. – Plutarchos aus Chaironeia, *Bioi paralleloi* (um 110), Florenz 1517.

LAÏQUHIRE ist eine große Insel im Nordatlantik. Ihr Hochland ist die Heimat der sogenannten »Unsichtbaren Gottheiten«, die sich manchmal sichtbar machen, wenn sie sich an menschlichen Aktivitäten beteiligen wollen. Dabei können sie wählen, ob sie Mann oder Frau sein möchten. Die Sprache des Hochlands wird geheimgehalten, man weiß aber, daß sie viele Superlative und euphemistische Wendungen enthält. Wenn die Götter Gesellschaft oder Unterhaltung wünschen, schicken sie Boten zu ihren menschlichen Landsleuten im Tiefland.

Die Entscheidung darüber, wer Mensch und wer Gottheit ist, wird von einer unsterblichen Göttin festgelegt, die in einer entfernten Gegend von Laïquhire inmitten eines Waldes wohnt.

Wer als Reisender ins Hochland kommt, weiß je nach dem Empfang, den man ihm bereitet, welches Schicksal ihn erwartet. Wird er mit einem stark duftenden Balsam geölt, so kann er sicher sein, als Gott behandelt zu werden; denn die Ölung gestattet ihm, sich zu erkennen zu geben, ohne wirklich sichtbar zu werden.

Anon., *Voyage curieux d'un Philadelphe dans des pays nouvellement découverts,* Den Haag 1755.

LALEBURG ↗ SCHILDA

LAMIAM, eine auch unter dem Namen Ianicum und Cuba bekannte Insel im Arabischen Meer, so benannt, weil ihre Bewohner die sengende Mittagssonne verabscheuen. Die Insel wird von menschenfressenden Riesen bewohnt, die nackt herumlaufen und in Höhlen hausen. Bei ihnen gilt nur das Gesetz des Stärkeren.

Zu den Sehenswürdigkeiten Lamiams zählt der »Turm der zwei Drachen«, erbaut auf einem Hügel, unter dem eine Goldmine liegt. Der Turm

»Turm der zwei Drachen« auf der Insel LAMIAM

wird von zwei Drachen bewacht. Hölzerne Abbilder dieser Ungeheuer sind im Inneren des Bauwerks aufgestellt. Nach lamiamischem Brauch muß jeder, der zu dem Gold gelangen will, vorher seine Eltern töten und mit ihrem Blut die hölzernen Idole salben.

Das schwimmende Eiland vor der Küste Lamiams soll einer dort verbreiteten Sage zufolge ein vom Ganges weggeschwemmter Teil des Paradieses sein. Es ist reich an Edelsteinen, Gold und Gewürzen. Außerdem sind dort zwei seltene Baumarten – Agallicum und Guiacum – heimisch. Die spärliche Bevölkerung hat ziemlich unangenehme Eigenschaften. In den Zungen der Frauen wachsen Würmer, die von den Insulanerinnen mit einem Messer aus Feuerstein herausgeschnitten und an die Italiener verkauft werden, die sie zur Herstellung von Gift verwenden. – Franzosen muß von einem Besuch dieser Insel abgeraten werden, denn Berichten zufolge sollen einige Reisende aus Frankreich nach Art der Schlangen ihre Haut abgeworfen haben, sobald sie dort eintrafen.

William Bullein, *A Dialogue both Pleasant and Pitiful, wherein is a Goodly Regimente against the Fever Pestilence, with a Consolation and Comfort against Death,* Ldn. 1564.

LAMORY, eine kleine Insel im Indischen Ozean. Das Klima ist so heiß, daß die Leute nackt gehen. Land, Vermögen und Frauen sind Gemeinschaftseigentum. Die Bewohner von Lamory sind Kannibalen. Sie mästen Kinder, die sie von Händlern kaufen, und essen sie bei ihren blutigen Mahlzeiten. Dies, so versichern sie, sei das süßeste Fleisch der Welt. In Zeiten äußerster Not essen sie allerdings auch die Kaufleute.

Jean de Mandeville, *Les voyages d'outre mer* (um 1357), Lyon 1480.

DAS LAND DER BLINDEN, ein Tal in den Anden von Ecuador, schätzungsweise dreihundert Meilen vom Chimborasso und hundert Meilen vom Cotopaxi entfernt. Anfangs war das Tal zugänglich, und einige peruanische Mischlingsfamilien suchten hier Zuflucht vor der Tyrannei eines ungenannten spanischen Herrschers. Durch den Ausbruch des Mindobamba, der den Himmel über Quito siebzehn Tage lang verfinsterte und in Yaguachi das Wasser zum Kochen brachte, stürzte jedoch ein Teil des Arauca-Gipfels ins Tal und schnitt es vom übrigen Land ab.

Alle Bewohner des Tals sind blind. Kurz nach der Naturkatastrophe brach eine Krankheit aus, und Blindheit wurde erblich. »Sie haben viele Dinge vergessen und viele Dinge erfunden«, sagt ein Historiker von den Bewohnern. Sie bauten in dem Tal eine Stadt, die ihren Bedürfnissen entsprach.

Das Tal hat frisches Wasser, Weideland für die Lamaherden im Überfluß, Hänge mit fruchtbarer brauner Erde und einem Strauch, der ausgezeichnete Früchte trägt. Das Klima ist mild. Auf der einen Seite halten große Pinienwälder die Lawinen zurück, in den anderen drei Himmelsrichtungen werden weit oben graugrüne, zum Teil eisbedeckte Felsspitzen undeutlich sichtbar. Der Gipfel des Parascotopetl, des »Matterhorns der Anden«, ragt über dem Tal empor und ist noch nie bestiegen worden.

Entlang der mit schwarzen und weißen Steinen gepflasterten Wege sind die erstaunlich sauberen Häuser recht ordentlich gebaut. Sie haben Türen, aber keine Fenster. Die Wände sind recht ungleichmäßig bemalt und mit einer Art Mörtel beschmiert, der manchmal grau, manchmal graubraun, schieferfarben oder dunkelbraun ist. Um die Stadt herum läuft ein hochentwickeltes Bewässerungssystem.

Die Einwohner sprechen ein rudimentäres, archaisches Spanisch, aber alle Wörter, die sich auf das Sehen beziehen, sind für sie bedeutungslos. Sie werden durch ihre übrigen vier Sinne geleitet, besonders durch das Gehör, das sehr scharf ist.

Man sagt, daß nur ein einziger Mann je das Land der Blinden besucht hat, ein Bergsteiger aus der Gegend um Quito, der von den Einheimischen Nuñez oder Bogotá genannt wird. Er gehörte zu einer Gruppe von Engländern, die den Parascotopetl besteigen wollten, und kam durch Zufall in das Tal, das er nach einiger Zeit wieder verließ, um der Außenwelt davon zu berichten.

Herbert George Wells, *The Country of the Blind,* Ldn. 1911.

DAS LAND DER ERRICHTETEN TUGEND liegt irgendwo an den fernen östlichen Gestaden des chinesischen Kaiserreiches und war einst, vor Erfindung von Pferd und Wagen, für Chinesen aus dem Norden äußerst schwer zu erreichen. Heute noch ist der Weg dorthin sehr beschwerlich, denn der Reisende muß zahlreiche Ströme und hohe Berge überwinden, um dorthin zu gelangen. Die Bewohner des Landes sind noch kaum zivilisiert und daher von äußerst schlichter Denkweise: Privatbesitz gibt es bei ihnen nicht, und auch die Einrichtung des Sparens, wodurch schon so mancher sehnliche Wunsch Wirklichkeit geworden ist, kennen sie nicht. Die

Menschen dort leben ausschließlich von ihrer täglichen Hände Arbeit. Auch die traditionelle chinesische Etikette mit den Idealen »Sittlichkeit« und »Tugendhaftigkeit« ist noch nicht zu ihnen gelangt. Trotzdem funktioniert das Gesellschaftsleben im Land der Errichteten Tugend auf harmonische Weise, da sich jeder von bestimmten Verhaltensweisen leiten läßt: Niemand ist dem anderen feindlich gesinnt, alle helfen einander selbstlos, ohne Dankbarkeit zu fordern; und wenn jemand stirbt, sorgen die Überlebenden dafür, daß der Tote würdig zur letzten Ruhe gebettet wird. D. A.

Chuang-tzu, *Chuang-tzu* (4. Jh. v. Chr.), in *Ssu-pu pei-yao,* Shanghai 1936.

DAS LAND DER FRAUEN im Ostchinesischen Meer unterscheidet sich von anderen Ländern darin, daß hier alle staatlichen und familiären Machtfunktionen von Frauen ausgeübt werden statt von Männern. Die Männer tragen Unterröcke, treten als Frauen auf und verrichten die Hausarbeit, während die Frauen als Männer gekleidet den Geschäften außer Haus nachgehen.

Die totale Umkehrung der Geschlechterverhältnisse wird dem Besucher sofort ins Auge springen, mehr noch die besondere Vorliebe für Puder, Schminke und Putz, die geradezu eine nationale Schwäche der »Frauen« im Frauenreich zu sein scheint. Kein Mann, der es sich nehmen ließe, seine Mann-Frau herauszuputzen und für sie die apartesten Kleider, den erlesensten Schmuck und die kostbarsten Toilettenartikel zu erwerben. Händler, deren Warensortiment Eisvogelfederblumen, seidengestickte Blusen, Rosenkränze mit Dufthölzperlen, Kämme, Lippenrot, Schminke, Duftpuder, Haaröl, Phönix-Haarnadeln und dergleichen mehr umfaßt, finden hier für ihre Ware reißenden Absatz. Fahrende Kaufleute, die auf gewebte und gesponnene Stoffe spezialisiert sind, berichten von lebhafter Nachfrage nach großen Ballen weißer Seide: Weiße Seide wird im Land der Frauen zum Einbinden der Füße benötigt, denn kleine, zierliche Füße, die sogenannten »Goldlotusse«, gehören nun einmal – wie auch in China, dem kulturellen Vorbild des Landes der Frauen – zum weiblichen Schönheitsideal. Daß es sich bei dieser Sitte des Füßebindens um eine brutale Mißhandlung junger »Mädchen« handle, da die unter die Fußsohle gepreßten Zehen durch die andauernde feste Bandagierung des auf diese Weise krumm gezogenen Spanns ein Abfaulen des Zehenfleisches und eine lebenslange Verkrüppelung der Füße zur Folge habe, behaupten sicher nur Fremde, die nichts von weiblicher Grazilität verstehen, die in diesem Lande so über alles geschätzt wird.

Wie groß die Schwäche für weibliche Schönheit hierzulande ist, macht auch der allgemein bei Adligen und Reichen gepflegte Brauch deutlich, sich in standesgemäßen Harems mit Dutzenden von Nebenfrauen zu umgeben. Dem »König« gebührt natürlich das Vorrecht, sich die bezauberndsten und begehrenswertesten »Frauen« in seine Paläste zu holen, wo diesen Scharen

Schwarzbärtige Palastdame im LAND DER FRAUEN *bei der Morgentoilette*

von Palastdamen und Dienerinnen für die Unterweisung in richtiger Körperpflege, für das Anlegen vorschriftsmäßiger Fußbandagen und das Herausstaffieren mit dem den verschiedensten Gelegenheiten angemessenen Putz hilfreich und mit starker Hand zur Seite stehen.

Aber auch außerhalb der königlichen Paläste begegnet man auf Straßen und Plätzen zur Genüge vornehmen und eleganten Damen. Der Fremde muß sich erst daran gewöhnen, daß die älteren Frauen zum Teil lange, dichte Bärte tragen und selbst die jüngeren manchmal üppiges Kinn- und Wangenhaar besitzen. Dem Schönheitsideal aber entspricht das Barttragen wohl gerade nicht, da es Mode ist, sich die Barthaare oder auch gelegentlich die Augenbrauenhaare einzeln auszureißen, um jugendlicher auszusehen.

Weibliche und männliche Besucher gelten hier, wenn sie in ihrer Reisekleidung auftreten, als verkappte Männer bzw. verkappte Frauen. Nicht selten kommt es deshalb zu gravierenden Mißverständnissen und bösen Worten, wenn ein Besucher männlichen Geschlechts eine Frau etwa wegen des ungewohnten Anblicks ihrer dünn ausgezupften »Mottenflügel«-Augenbrauen und der den üppigen Bart überkleisternden dicken Schminkeschicht neugierig betrachtet: Im Land der Frauen ist die gleichgeschlechtliche Liebe streng verpönt; hingegen gilt es jedem jungen Paar als die Erfüllung höchsten Liebesglücks, wenn aus seiner Ehe zahlreiche hübsche »Söhne« hervorgehen. D. A.

Li Ju-chen, *Ching-hua yüan,* Shanghai 1828.

DAS LAND DER GROSSEN MENSCHEN, ein Land, in dem es weder für gewissenlose Verbrecher noch für kleine Gauner möglich ist, unerkannt zu entkommen, und in dem zwangsläufig die Erhaltung der persönlichen Integrität und die Mehrung guter Taten zum obersten Lebensprinzip geworden sind.

Dennoch – das wird der Besucher bald erkennen – handelt es sich hier nicht um einen autoritären Polizeistaat, sondern die hohe gesellschaftliche Moral erklärt sich daraus, daß hier jeder Bewohner gewissermaßen unter ständigem psychologischem Druck steht: Alle Bewohner bewegen sich auf Wolken fort, die bei der Geburt unter ihren Füßen entstehen und die ihre moralische Rangordnung verraten. Auf einer regenbogenfarbenen Wolke etwa fahren nur Menschen von höchster moralischer Gesinnung, während Verbrecher, seien es nun echte Kriminelle oder charakterschwache Halunken, auf einer schwarzen Wolke einherziehen. Zwischen dem höchsten und dem niedrigsten Rang gibt es natürlich verschiedene Abstufungen, vor der abgrundtief bösen schwarzen Wolke steht etwa die aschfarbene schlechte, »finsterdunstfarben« genannte Wolke.

Das System, die Menschen durch Wolken-Erkennungszeichen zu klassifizieren, entzieht sich jeglicher menschlicher Manipulation, denn die Wolkenfarbe unter des Menschen Füßen ist absolut unabhängig von jeder gesellschaftlichen, etwa durch adlige Geburt erworbenen, Rangordnung. Wie anderswo auch, wo adlige und reiche Leute nicht selten ihrem noblen Stand nicht eben große Ehre machen, sieht man auch hier im Lande der großen Menschen so manchen Edelmann auf einer schwarzen Wolke vorübereilen, während es durchaus vorkommt, daß ein Bettler auf einer regenbogenfarbenen Wolke seines Weges zieht.

Da sich natürlich jeder im Lande einer schwarzen oder aschfarbenen Wolke besonders schämt, hat er den begreiflichen Wunsch, sich zu bessern, damit er von der verräterischen schwarzen Wolke befreit wird. So hängen immer mehr Menschen zwangsläufig ihren Hang zu großen und kleinen Gaunereien an den Nagel. Und das ist der Grund, warum viele Nachbarländer das Reich, das irgendwo im Ostchinesischen Meer liegt, das »Land der großen Menschen« nennen, und sie sprechen damit voll Anerkennung von der ethisch-moralischen Größe seiner Bewohner. D. A.

Li Ju-chen, *Ching-hua yüan*, Shanghai 1828.

DAS LAND DER HORNTRÄGER liegt tief unter den Bergen im Nordwesten des Landes der Pummel in ↗ OZ. Von einem Zaun getrennt, leben die Hornträger in enger Nachbarschaft mit den Hüpfern, Leuten, die sich auf ihrem einzigen Bein hüpfend fortbewegen.

Die Straßen der Hornträger sind nicht gepflastert, und man tut auch nichts, um diesen Zustand zu verbessern. Von außen sehen die Häuser schmutzig und heruntergekommen aus. Doch im Innern sind sie verblüffend schön. Die Wände sind mit Radium belegt, und die metallische Oberfläche ist reich verziert mit Reliefs von Menschen, Tieren, Blumen und Bäumen. Auch alle Möbel sind aus Radium. Die Hornträger sagen dazu, daß sie ja in ihren Häusern leben und nicht draußen und daß es keinen Sinn habe, die eigene Energie auf den äußeren Schein zu verschwenden. Das Radium hat außerdem den Vorteil, daß die Leute, die zwischen solchen Wänden leben, nie krank werden. Das kostbare Metall wird tief unter der Stadt abgebaut – eine der Hauptbeschäftigung ihrer Bewohner.

Die Hornträger sind ein kleines Volk mit kugelrunden Körpern und kurzen Armen und Beinen. Auch ihre Köpfe sind rund – mit langen, spitzen Ohren. Auf der Mitte der Stirn haben sie Hörner, nicht länger als fünfzehn Zentimeter, aber weiß wie Elfenbein und spitz. Ihre Haut ist hellbraun, und sie tragen schneeweiße Gewänder. Abgesehen von ihren Hörnern ist ihr auffallendstes Merkmal das Haar: Je-

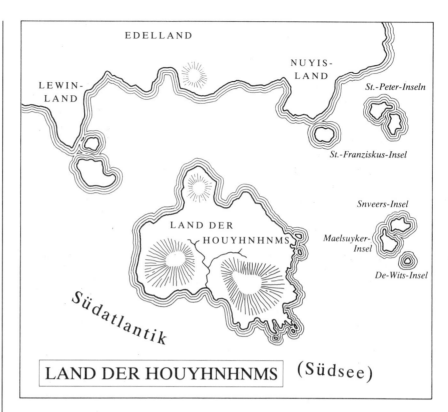

LAND DER HOUYHNHNMS (Südsee)

der Hornträger hat dreifarbiges Haar, rot, gelb und grün. Der rote Teil ist auf dem Grund und hängt ihnen oft über die Augen, dann kommt eine Schicht gelbes Haar und schließlich ein Büschel hellgrünes.

Die Hornträger sind bekannt für ihren Humor und ihre Vorliebe für böse Streiche und Wortspiele. Deswegen hatten sie auch schon einmal fast Krieg mit den Hüpfern, die nicht so viel Sinn für Scherze haben. Doch Freunde von Prinzessin Dorothy von Oz konnten zwischen den Gegnern Frieden stiften.

L. Frank Baum, *The Patchwork Girl of Oz*, Chicago 1913.

LAND DER HOUYHNHNMS, Insel in der Südsee, 1711 von Kapitän Lemuel Gulliver entdeckt, der hier von einer meuternden Schiffsbesatzung ausgesetzt wurde.

Die tonangebende Spezies auf dieser Insel ist eine Pferderasse voller Anmut und Sanftheit – die Houyhnhnms, wie sie sich in ihrer eigenen Sprache nennen, was so viel wie Vollkommenheit der Natur bedeutet. Die Vernunft zu pflegen und sich von ihr regieren zu lassen, ist Grundsatz ihres Handelns. Ihre Haupttugenden – Freundschaft und Güte – gelten für die gesamte Rasse, weil »dies einfach das Naturgegebene ist«. Houyhnhnms sind weise, erfahren und zeichnen sich besonders in der Dichtkunst aus, in der sie treffende und verblüffende Gleichnisse und Metaphern gebrauchen. Die am häufigsten verwendeten Themen sind Freundschaft, Güte und Loblieder zu Ehren von Wettkampfsiegern. Abgeschnitten von der Außenwelt haben die Pferde eine stille, friedvolle Zivilisation entwickelt, in der das milde Klima der Anständigkeit vorherrscht und man politischen Zwist nicht kennt: eine ideale Alternative zu den vornehmen Kurorten der Schweiz.

Alle vier Jahre findet zur Sommersonnenwende eine Versammlung statt, auf der die Lage in den einzelnen Landesteilen besprochen und alle Probleme durch Erlaß von Dekreten, sogenannten »Ermunterungsreden«, aus dem Wege geräumt werden. Man gibt dieser Formulierung den Vorzug, denn kein Houyhnhnm vermag sich vorzustellen, daß ein vernunftbegabtes Wesen unter Zwang handelt. Ihrer Ansicht nach kann man allenfalls beraten oder ermuntern, und hoffen, daß letztendlich die Stimme der Vernunft obsiegt.

Besucher werden feststellen, daß es in der Gesellschaft der Houyhnhnms starke soziale Differenzierungen gibt. Kastanienbraune, gescheckte und schwarze Pferde sind körperlich und geistig den weißen und eisengrauen überlegen. Diese Hierarchie ist naturgegeben und niemand würde auch nur im Traume daran denken, sie zu ändern.

Die Houyhnhnms gebrauchen den hohlen Teil ihrer Vorderfüße in ähnlicher Weise wie die Menschen ihre Hände. Werkzeuge werden aus Flintstein gefertigt, da man Metall auf der Insel nicht kennt. Diese Werkzeuge sowie einfache, schmucklose Gefäße aus Holz oder sonnengebranntem Ton werden auch als Souvenirs an Reisende verkauft.

Die Houyhnhnms leben in langgezogenen, niedrigen Gebäuden. Die Dächer sind strohgedeckt, die großen Räume haben einen glatten Lehmboden, und über die ganze Längswand sind Krippen und Raufen aufgestellt. Zur Errichtung der Bauten verwendet man einen hohen, geradegewachsenen Baum, der nur auf dieser Insel vorkommt und dessen Wurzeln sich lokkern, sobald er vierzig Jahre alt ist. Beim ersten heftigen Sturm fallen die Bäume um; die Stämme werden gesammelt und in regelmäßigen Abständen in den Boden gerammt. Die Zwischenräume füllt man mit einem Geflecht aus Haferstroh und Ruten aus; auch die Dächer bestehen aus diesem Material.

Krankheiten treten bei den Houyhnhnms überhaupt nicht auf, und sie brauchen keine Ärzte. Die meisten Unfallverletzungen behandeln sie mit ausgezeichneten Kräutertinkturen. Der größte Teil der Pferde erreicht ein Alter von siebzig bis fünfundsiebzig Jahren, manche werden sogar achtzig. Normalerweise sind sie in der Lage, den Zeitpunkt ihres Todes ziemlich genau vorauszusagen, und sie nutzen ihre letzten zehn Lebenstage, um Freunde und Nachbarn zu besuchen und feierlich Abschied zu nehmen. All das geschieht mit großer Gelassenheit, so als zögen sie nur an einen fernen Ort zur »Ersten Mutter« *(Ihnuwnh)*, um dort den Rest ihres Lebens zu verbringen. Die Toten werden an den dunkelsten Plätzen, die sich nur finden lassen, begraben.

Ehen werden aufs genaueste geplant. Sie kommen nicht aus romantischer Verliebtheit heraus zustande, sondern beruhen vielmehr auf einer vernunftbedingten Paarung von Schönheit und Stärke, die von Freunden oder Eltern festgelegt wird. Trotz fehlender romantischer Zuneigung leben die Paare in Freundschaft und Harmonie zusammen, und Ehebruch kennt man nicht. Um Überbevölkerung zu verhindern, hat jedes Paar nur zwei Fohlen. Die dienenden Klassen dürfen allerdings je drei weibliche und männliche Nachkommen haben, damit den vornehmen Familien genügend Dienstboten zur Verfügung stehen. Wenn ein Fohlen verlorengeht oder eine Stute nicht mehr gebärfähig ist, so löst die Vertreterversammlung das Problem, indem es ihr einfach das Fohlen einer anderen Familie zuspricht.

Beide Geschlechter genießen dieselbe Erziehung auf der Basis von Fleiß, Pflichterfüllung und Reinlichkeit. Viermal im Jahr messen sich die Jugendlichen jedes Bezirkes im Laufen, Springen und anderen Disziplinen der Stärke und Beweglichkeit. Sieger oder Siegerin werden mit einem eigens komponierten Loblied belohnt. Bis zum achtzehnten Lebensjahr erhalten die Jungen nur an bestimmten Wochentagen Hafer und Milch (die übliche Nahrung für Erwachsene). Ansonsten grasen sie morgens und abends unter Aufsicht ihrer Eltern auf den Wiesen. Reisende, die das Land mit ihren Kindern besuchen, können sie in dieser idyllischen Umgebung getrost allein lassen, wenn sie sich ungestört umsehen wollen.

Die Sprache der Houyhnhnms erinnert an Hochdeutsch, klingt aber anmutiger. Sie kennen keine Schrift und geben alles Wissen mündlich weiter. Auch Worte oder Begriffe für die in der übrigen Welt so verbreiteten Untugenden kennen sie nicht. Krieg und politische Reibereien sind ihnen vollkommen unbekannt und werden allgemein als »das, was nicht ist« umschrieben.

Das Jahr wird bei den Houyhnhnms nach dem Lauf von Sonne und Mond berechnet, aber nicht in Wochen und Tage aufgeteilt. Die Pferde wissen, was Eklipsen sind – doch damit haben sie auch schon die Grenzen ihrer astronomischen Kenntnisse erreicht.

Die Houyhnhnms sind nicht die einzigen Bewohner dieses friedlichen Landes. Zur Fauna zählen der *Gnnahy*, ein Raubvogel, die *Luhimuh*, eine Art wilde Ratte sowie ein großer, schwalbenähnlicher Vogel, der *Lyhannh*. Die bemerkenswertesten Geschöpfe aber (außer den Houyhnhnms selbst) sind die Yahoos. Sie gleichen menschlichen Wesen, Kopf und Brust sind aber mit verfilztem Haar bedeckt, und ein dichter Haarstreifen zieht sich der Wirbelsäule entlang den Rücken hinunter. Sie sind braunhäutig und schwanzlos. Die Weibchen sind kleiner als die Männchen, und ihre Brüste berühren beim Gehen fast den Boden.

Die Yahoos zählen zu den widerwärtigsten Kreaturen auf dieser Welt und scheinen einen ausgeprägten Hang zu Schmutz und Bösartigkeit zu besitzen. Sie leben in Horden zusammen, deren Anführer das häßlichste und am meisten verunstaltete Mitglied der Gruppe ist. Dieser Anführer hat gewöhnlich einen Günstling, dessen Aufgabe es ist, Füße und Hintern seines Herrn zu lecken und Yahoo-Frauen in seine Höhle zu treiben. Von der ganzen Herde gehaßt, hält sich der Günstling zu seinem eigenen Schutz ständig in der Nähe seines Gebieters auf. Wenn sich ein fremder Yahoo der Gruppe nähert, fallen alle über ihn her, lassen ihre Exkremente auf ihn fallen und beflecken ihn von Kopf bis Fuß.

Die Yahoos besitzen ihre Weibchen gemeinsam und bilden keine festen Paare. Als einzige Lebewesen dieser Insel leiden sie nicht nur an Krankheiten, sondern auch unter Depressionen und schlechter Laune.

Yahoos sind stark und behende und besonders geschickte Schwimmer und Kletterer. Sie scheinen jede andere Kreatur zu hassen und streiten unaufhörlich miteinander, wobei sie sich mit ihren Klauen gegenseitig klaffende Wunden beibringen. Fast immer raufen sie um das Futter, selbst wenn offenkundig genug für alle da ist. Die Weibchen, insbesondere die jungen, sind ungemein wollüstig und häufiger Anlaß für Kämpfe zwischen den Yahoo-Männchen.

Besonders erpicht sind die Yahoos auf glänzende Steine, die man manchmal auf den Feldern findet. Auf der Suche danach wühlen sie stundenlang im Boden herum. Dann horten sie die Ausbeute und vergraben sie, obwohl die Steine keinen eigentlichen Wert haben. Das Schlimmste, was einem Yahoo wahrscheinlich geschehen kann, ist der Diebstahl seines Steinschatzes.

Sie fressen alles, was ihnen in die Finger kommt – von Wurzeln bis zu toten Eseln und Hunden, wahllos und ohne Unterschied. Allerdings scheinen sie gestohlene Nahrungsmittel zu bevorzugen, weil solcherart beschafftes Futter schmackhafter sei. Außerdem lieben die Yahoos ganz besonders eine saftige Wurzel, die sie so lange aussaugen, bis sie berauscht sind und taumelnd in den Dreck fallen.

Die Herkunft der Yahoos liegt im dunkeln, aber es scheint, als ob sie keine Einheimischen seien. Der Überlieferung nach sind sie aus ihrem eigenen Land jenseits des Meeres vertrieben worden. Sie vermehren sich ungemein rasch, und es war zu befürchten, daß sie die Insel übervölkern würden. Aus diesem Grunde begannen die Houyhnhnms, sie systematisch zu jagen. Heute werden sie in Gefangenschaft geboren, in Höhlen gehalten und als Lasttiere eingesetzt.

Der Abscheu der Houyhnhnms gegenüber den Yahoos ist so tief, daß sie das Wort *Yahoo* als negativen Zusatz gebrauchen. So bezeichnen sie beispielsweise ein schlecht gebautes Haus als *Ynholmhnmrohlnw-Yahoo*. Auch wenn sie zu einer Yahoo-Jagd eingeladen werden sollten, täten Gäste gut daran, jede Berührung mit ihnen zu meiden.

Jonathan Swift, *Travels into Several Remote Nations of the World...*, Ldn. 1726.

DAS LAND DER INQUIRANER, ein Landstrich an der Westküste Afrikas auf der Höhe des nördlichen Wendekreises. Das Land der Inquiraner hat die Form eines länglichen Ovals. Zum Meer hin ist es im Westen durch hohe Felsklippen geschützt. Der Eingang zu einer Flußmündung und zu einem natürlichen Hafen ist durch steile Felseninseln verdeckt. Lange fährt man durch labyrinthische enge Schluchten, bis sich endlich die Flußmündung und eine weite Ebene auftut. Niemand, der des Ortes nicht kundig ist, könnte den Eingang finden. Im Norden, Osten und Süden wird das Land durch sehr hohe und steile Schneegebirge begrenzt, die nur schwer übersteigbar sind. Das so von allen Seiten durch die Natur geschützte Flußtal ist etwa fünfzig Meilen lang und zwanzig breit. In der Ebene herrscht ewiger milder Sommer, in den Höhenlagen Frühling und Herbst, darüber ständiger Winter. Der anfangs breite Fluß wird weiter oben schmaler und verliert sich schließlich in reißenden Bergbächen, die von den Schneebergen kommen. Vor den schneebedeckten Felsen liegen einige Bergtäler. In diesem Land hat sich eine Gruppe von ursprünglich sechshundert europäischen Flüchtlingen angesiedelt, die sich einst zur Zeit Philipps II. aus der Galeerensklaverei der spanischen Inquisition befreien konnte, und schließlich nach zahlreichen Abenteuern an dieser Küste landete. Diese Gemeinschaft aus Juden, Mohamedanern und Protestanten bildete mit ihren Familien den Ursprung der afrikanischen Kolonie. Sie gaben sich und ihrem Land den Namen »Inquiraner«, weil sie alle aus der Inquisition entflohen waren und vieles zu erforschen hatten, bis sie endlich ihr gelobtes Land der Religionsfreiheit und Toleranz fanden. Die ursprüngliche Hauptsiedlung der Kolonie errichteten sie auf einer Insel des Flusses, der ihr neues Land durchquert. Erst später breiteten sich weitere Siedlungen kreisförmig um diesen Mittelpunkt aus, die alle regelmäßig angelegt sind.

Noch heute sieht dieses Volk seine Hauptaufgabe darin, bedrängten und durch Intoleranz und staatliche Willkür verfolgten Europäern zu helfen und Asyl zu gewähren. Zu diesem Zweck reisen ihre Kundschafter unerkannt durch Europa und beobachten genau die Verhältnisse in den einzelnen Staaten. Sie selbst sind durch ihre Bodenschätze unermeßlich reich, durch ihre geographische und militärische Abschirmung uneinnehmbar und durch ihre alten weisen Einrichtungen eines der stabilsten und freiheitlichsten Länder dieser Welt. M. W.

Johann Friedrich Bachstrom, *Das bey zwey hundert Jahr lang unbekannte, nunmehro aber entdeckte vortreffliche Land der Inquiraner...*, Ffm./Lpzg. 1736.

DAS LAND DER KENTAUREN überlagert verschiedene Gegenden Griechenlands, besonders Arkadien und Thessalien. Die Kentauren sind Mischwesen aus Pferd und Mensch, teils Männer, also Zweibeiner, deren rückwärtiges Unterteil jedoch Pferdenatur aufweist, teils Vierbeiner, deren Pferdeleib einen Menschenkopf trägt. Gemischt ist auch ihr Wesen: Meist sind sie, angemessen der rauhen Natur ihres Landes, wild und unbeherrscht, geneigt zu Überfällen, durstig nach Wein und Frauen. Manche wiederum sind weise und freundlich, wie besonders von Cheiron bekannt, der so wichtige Heroen wie Achilles, Jason und Asklepios in allen Künsten sorgfältig unterrichtete und Peleus bei der Brautwerbung um Thetis freundschaftlich unterstützte. Der römische Dichter Ovid weiß nicht weniger als sechsundfünfzig Namen von Kentauren zu nennen, freilich anläßlich eines ebenso bekannten wie unerfreulichen Vorgangs: Beim Hochzeitsfest des Lapithenkönigs Perithoos wollten die berauschten Kentauren nicht nur bei den Speisen, sondern auch bei der Braut und den anderen Frauen zugreifen und mußten in hartem Kampf vertrieben werden. Kentaurenland ist also nicht viel anders als Menschenland, es beherbergt gute und auch weniger gute Einwohner – die letzteren, wie es scheint, in der Überzahl. B. Ky.

Homeros, *Odysseia* (8. Jh. v. Chr.?), Florenz 1488. – Publius Ovidius Naso, *Metamorphoseon libri* (1 v. Chr.–ca. 10 n. Chr.), Bologna. 1471.

DAS LAND DER KREISFÖRMIGEN RUINEN ist nicht genau lokalisierbar. Möglicherweise liegt es an einer Flußmündung im äußersten Süden des Kaspischen Meers, dort wo die altiranische Awestasprache noch nicht vom Griechischen durchsetzt ist. An der schlammigen Küste wachsen Brombeeren und Bambus.

Das Land ist nach den verkohlten kreisförmigen Ruinen eines primitiven Tempels benannt, der von einem steinernen Tiger oder Pferd bekrönt wird. Hier können Menschen erträumt und zum Leben erweckt werden. Das einzige Merkmal ihrer Unwirklichkeit ist die Immunität gegen Feuer. Einen vollständigen Menschen zu träumen, dauert über ein Jahr, was vor allem an dem zeitraubenden Prozeß liegen mag, seine sämtlichen Haare zu träumen.

Die meisten Traummenschen dienen dem Feuergott als Priester in den zerstörten Tempeln, deren Pyramiden flußabwärts noch zu finden sind. Einige jedoch leben unter normalen Menschen und werden sich ihrer eigenen Irrealität nie oder erst spät bewußt.

Touristen, die sich ihrer Existenz vergewissern wollen, können sich einem der landesüblichen Feuertests unterziehen.

Überreste eines primitiven Tempels im LAND DER KREISFÖRMIGEN RUINEN

Jorge Luis Borges, *Las ruinas circulares*, in *El jardin de senderos que se bifurcan,* Buenos Aires 1941.

DAS LAND DER MANGABOOS

liegt nahe dem Erdzentrum der Erde. Von oben gesehen erinnert es an die Erde, doch ändern sich die Farben der Landschaft ständig im Licht der sechs bunten Sonnen, die sie beleuchten. Die Hauptsonne ist weiß, die fünf kleineren, die sie umkreisen, sind rosa, violett, gelb, blau und orange. Trotz ihrer blendenden Helle wärmen diese Sonnen nicht, außerdem gehen sie nicht unter, es wird also nie Nacht in diesem unterirdischen Land.

Da die Schwerkraft hier im Erdinnern gering ist, kann der Reisende quasi in der Luft gehen, von Gebäuden ganz sanft zu Boden schweben. Aufwärts zu steigen, ist allerdings sehr anstrengend.

Die Mangaboos sind ungewöhnlich schöne Geschöpfe, man sieht kein häßliches Gesicht in ihrem Land. Sie wirken immer ruhig und friedvoll, denn sie können weder lächeln noch die Stirn runzeln. Vielleicht sollte man sie als sprechende und sich bewegende Pflanzen bezeichnen. Sie werden nicht geboren, sondern wachsen – ohne Herzen und innere Organe – auf den Büschen der schönen Gärten des Landes. Mangaboos verschiedenster Altersstufen hängen an ihren Sohlen von den hohen Pflanzen herab und werden erst als Erwachsene gepflückt. Erst dann fangen sie an zu sprechen und sich zu bewegen. Ihre Kleidung wächst mit ihnen, ist Teil ihres Körpers. Sie leben nicht länger als fünf Jahre und müssen sich währenddessen kühl und feucht halten. Werden sie beschädigt, so pflanzt man sie einfach wieder ein, so daß sie von neuem wachsen. Auch auf dem Höhepunkt ihres Lebens werden sie neu gepflanzt, so erhält und reproduziert sich ihre Art.

Die Mangaboos leben in einer wunderschönen Stadt mit großen Gebäuden aus durchsichtigem Glas, mit Kristallkuppeln und hohen Türmen. Wie die Einwohner selbst wachsen die Glasgebäude einfach so aus der Erde und können sich selbst regenerieren, wenn sie beschädigt werden. Doch das dauert sehr lange. Auf einem Platz in der Stadtmitte steht der Palast des Zauberers, der die herrschenden Prinzen oder Prinzessinnen berät. Während die übrigen Mangaboos Grün tragen, ist die Kleidung des Zauberers gelb. Er ist kahl, und sein Kopf und seine Hände sind mit Dornen bedeckt, die denen der Rosen ähneln.

Menschen aus Fleisch und Blut sind hier nicht so gern gesehen. Sie richten zu schnell Schaden an in den Glashäusern und werden auch sonst als unangenehm exotisch empfunden. Man liefert sie entweder den Kletterpflanzen aus, die sie ersticken, oder man schickt sie durch das schwarze Loch – das allerdings gleichzeitig der Weg hinaus in die freie Welt ist.

L. Frank Baum, *Dorothy and the Wizard of Oz,* Chicago 1908.

DAS LAND DER NEBELMENSCHEN

liegt im Südosten Zentralafrikas auf einem großen, nebligen Plateau am Fuß der Bina-Berge. Folgt man von Mozambique aus dem Lauf des Sambesi, so gelangt man (vorbei an den Ruinen eines portugiesischen Sklavenhändler-Lagers) zu den Mani-

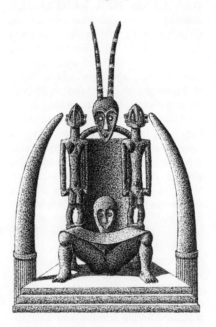

Der Königsthron im LAND DER NEBELMENSCHEN

ka-Bergen, wo Thomas Outram begraben liegt, und jenseits dieser Berge zu der am Flußufer gelegenen Mavoon-Siedlung. Von hier aus führt die Route über ein noch unerforschtes Plateau, das die Grenze zwischen Süd- und Zentralafrika bildet. Es ist ratsam, sich hier mit Proviant zu versorgen, da von nun an das Wild immer spärlicher wird. In dem bewaldeten Gebiet, das dann zu durchqueren ist, sollte sich der Expeditionsreisende vor den vergifteten Pfeilen der Buschmänner und den hier häufig anzutreffenden Löwen in acht nehmen. Der Weg führt sodann durch eine weite, von scharfkantigen Steinen übersäte Ebene, an die sich ein gut hundert Meilen langes Veldt an-

schließt. Nun gelangt man zu einer riesigen Klippe oder Felswand, die, weißen Steinstufen gleich, zwei- bis dreihundert Meter hoch aus dem Flachland aufragt. In herrlichen Wasserfällen ergießt sich ein Fluß über diese Felswand. Für den schwierigen Aufstieg wird man durch den großartigen Ausblick auf das Land der Nebelmenschen belohnt. Auf dem Weg zur Stadt kommt man an den Behausungen der Hirten vorbei, die die dort heimischen großen, zottigen Rinder hüten. Ihre Wohnstätten sind aus unbehauenen Felsbrocken errichtet (wobei die Zwischenräume nicht mit Mörtel, sondern mit Torf ausgefüllt sind), die Dächer bestehen aus dünnen Baumstämmen und Erdklumpen, auf denen Gras wächst. Jede Hütte hat eine hohe Eingangstür, zwei kleine Fenster mit Fellvorhängen und einen Lehmfußboden.

Die von einer Mauer umgebene Stadt liegt auf einer Art Halbinsel: Auf drei Seiten bildet der Fluß einen natürlichen Festungsgraben, den man auf kleinen Flößen überquert. Ein Berg schirmt die Stadt nach hinten ab. Die grauen, mit grünem Torf gedeckten Steinhäuser ähneln den Felsblöcken, zwischen denen sie errichtet wurden. Der Marktplatz und das Ladenviertel liegen im Zentrum. Der Palast unterscheidet sich von den anderen Häusern nur dadurch, daß er auf einem abgegrenzten Areal steht und durch einen unterirdischen Gang mit dem »Tempel der tiefen Gewässer« verbunden ist. In diesem offenen, an römische Amphitheater erinnernden Tempel steht die überdimensionale Statue eines Zwerges. In dem tiefen Teich zu Füßen dieses Standbildes soll einst ein riesiges Krokodil gelebt haben – nach dem Volksglauben der Schlangengott Jal. Früher brachten die Nebelmenschen der Statue und dem Krokodil Menschenopfer und Geschenke – Rubine und Saphire – dar. Der Sage nach soll Jal seine Mutter Aca getötet haben, deren Tränen durch die Saphire und deren Blut durch die Rubine symbolisiert wurden. Später gab sich eine gewisse Juanna Mavoon, die Tochter eines weißen Mannes (der auch unter dem Namen Rodd bekannt war), mithilfe des Engländers Leonard Outram und seines schwarzen Dieners (eines Zwergs namens Otter) als die wiedergekehrte Göttin Aca aus. Nachdem sie sich zahlreiche Edelsteine angeeignet hatten (ein Schatz, der später verlorenging), waren die drei aus dem Land der Nebelmenschen geflohen.

Die schwarz- und gelbhäutigen Bewohner des Landes sind hochgewachsen (ca. 1,83 m), haben ernste Mienen, große Augen und dichtes Haar. Die Krieger sind in Ziegenleder gekleidet; jeder trägt einen Speer, einen Bogen, Pfeile mit Widerhaken und rotem Federschmuck sowie eine Art Trompete bei sich, die aus dem Horn eines wilden Stiers angefertigt ist. Die Medizinmänner haben auf der Brust eine große blaue Schlange eintätowiert.

Die Stadt hat zwei besondere Sehenswürdigkeiten zu bieten: den aus schwarzem Holz und Elfenbein angefertigten Königsthron, der unter einem Dach aus Torf steht und dessen Füße wie die von Menschen geformt sind, und das von Juanna Mavoon getragene, langärmlige Gewand der Göttin Aca, gewoben aus den feinsten Haaren schwarzer Ziegenfelle und von Hornknöpfen zusammengehalten. Unter der spitzen Kapuze dieses Gewandes ist eine Art Maske mit drei Schlitzen für Augen und Mund zu sehen.

Henry Rider Haggard, *The People of the Mist*, Ldn. 1894.

Eine der Pappmasken aus dem LAND DER SCHRULLKÖPFE

DAS LAND DER SCHRULLKÖPFE liegt in der Nähe von ↗ GNOMENLAND. Die Schrullköpfe sind ein seltsames Volk. Ihre Körper sind groß und stark, ihre Köpfe jedoch außerordentlich klein, sie haben also sehr wenig Gehirn. Um die Kleinheit ihrer Köpfe und ihr mangelndes Gehirn auszugleichen, tragen sie gewöhnlich über ihren eigenen Köpfen große Pappkartonmasken mit rosafarbener, grüner und blaßlila Schafswolle als Haar. Ihre künstlichen Gesichter sind auf die verrückteste Art bemalt, und dem Gegensatz zwischen ihrer Körpergröße und den schrulligen Gesichtszügen verdankt dieses Volk seinen Namen.

Wegen ihrer Kraft und Grausamkeit im Kampf sind die Schrullköpfe sehr gefürchtet. Anscheinend sind sie unbesiegbar, aber das ist vor allem darauf zurückzuführen, daß sie nicht genug Verstand haben, ihre eigene Niederlage zu erkennen. Sie werden von einem Häuptling regiert, der nur deswegen gewählt wird, weil kein anderer gescheiter ist oder besser regieren könnte.

L. Frank Baum, *The Emerald City of Oz,* Chicago 1910.

DAS LAND DER SECHSUNDDREISSIGTAUSEND WÜNSCHE erreicht man, indem man vergebens versucht, die Fabel *Der Fuchs und der Rabe* auswendig zu lernen.

Nach der Ankunft wird man einem Pharao begegnen, der besessen seine vorwiegend mit weißen Hühnern und schwarzen Hühnern bevölkerten Träume interpretiert. Er wird den Standort des nächsten Kamels angeben. Sobald man dieses bestiegen hat, ist es unbedingt nötig, das rechte Ohr des Tieres herunterzuziehen, damit jeder sieht, daß es besetzt ist.

Bald darauf wird Herr Honteuzékonfu, der diensthabende Rabe, die Besucher einer Prüfung unterziehen, damit sie Feen zweiter Klasse werden können, und wenn sie bestehen, wird er sie an Fräulein Damourtendre, die diensthabende Taube, weiterleiten, die sie in die Künste des Feenfliegens einweiht.

Der Palast der Feenkönigin ist ein großes Glasgebäude, dessen Stützen mit Rosen bedeckte Kristallsäulen sind. Die Königin, die so verrückt wie hübsch ist, hat zuweilen ein Kleid aus elektrischen Kabeln an, so daß sie aussieht wie der Eiffelturm.

Die Einreise ist verboten für alle, die mehr als zwölf Jahre alt sind. Das Land der sechsunddreißigtausend Wünsche ist wahrscheinlich das einzige Land, in dem acht mal sechs alles macht, was man will.   P. R.

André Maurois, *Le pays des trente-six mille volontés*, Paris 1928.

LAND DER SPITZEN, ein Inselkönigreich, sechs Ruderstunden von der ↗ VÖGELINSEL entfernt. Nähert man sich der Insel, so taucht plötzlich ein grelles Licht aus dem Schatten auf. Man sagt, daß der Kontrast so scharf ist wie der, den die Erschaffung des Lichts am ersten Schöpfungstag verursachte.

Der König der Spitzeninsel spinnt die Lichtstrahlen; er webt daraus eine Madonna mit dem Kind, Juwelen, Pfauen und Gewänder, die sich wie im Wasserreigen der Rheintöchter ineinander schlingen. Klare Muster erscheinen gegen das stockschwarze Dunkel der umgebenden Luft wie Blattformen, die der Frost an ein Fenster malt, dann verschwinden sie wieder im Schatten.

Alfred Jarry, *Gestes et opinions du docteur Faustroll, pataphysicien...,* Paris 1911.

DAS LAND DER TROGLODYTEN, ein Landstrich in Arabien. Das Land besteht aus einer hochgelegenen Berggegend und einer Talebene mit Flüssen und Seen. Es ist vorbildlich bebaut und voller ertragreicher Acker- und Weidegründe. Die Bewohner nennen sich Troglodyten. Sie stammen zwar weitläufig von den berüchtigten gleichnamigen Fabelwesen ab, haben aber alles Wilde und Schreckliche abgelegt. Sie sind friedliche Hirten und Bauern, die in der Ruhe des Goldenen Zeitalters und in beständiger Fröhlichkeit ihrem Landleben nachgehen, das durch keinen Zwang irgendeiner Herrschaftsform gestört wird. Sie sind äußerst tugendhaft und fromm und leben in vollem Einklang mit der Natur und unter sich. Zu Ehren ihrer Götter feiern sie Feste, und ihr Land erklingt im Wohllaut ihrer Gesänge und Musik.

Das Volk stammt von nur zwei Familien ab, die als einzige Tugendhafte von einer Epidemie verschont blieben, die den grausamen und einst bösartigen Stamm der Troglodyten dahinraffte. Diese Vorfahren lebten in derselben Gegend. Sie waren die grausamsten Menschen. Alle Obrigkeit, die sie zähmen wollte, brachten sie um. Regiert wurden sie von ihrem Egoismus. Jeder übervorteilte den andern und wurde wieder von anderen übervorteilt. Es galt das Gesetz des Stärkeren. Sie raubten einander ihren Besitz und ihre Frauen nach Belieben. Sie erschlugen sich gegenseitig, wenn es zu Streitigkeiten kam. List, Betrug, Mord war ihr Geschäft. Da niemand von seinen Vorräten dem gab, der durch Mißernten dem Hungertod ausgesetzt war, rotteten sie den eigenen Stamm schon vor der Epidemie fast aus. M. W.

Charles-Louis de Secondat, Baron de Montesquieu, *Lettres persanes,* Amsterdam 1721.

DAS LAND DER ZIEGENANBETER ist eine weite, von einer Gebirgskette begrenzte Ebene in Südostrußland. Primitive Hütten aus Ästen und Schilf liegen zwischen Kiefern verstreut. Die einzige Möblierung der Hütten besteht aus Schilfmatten.

Die Bewohner sind Wilde, die sich in Ziegenhäute kleiden. Allerdings benutzen sie Speere mit Eisenspitzen und Äxte aus Metall, was vermuten läßt, daß sie mit höherstehenden Rassen in Berührung gekommen sind. Sie sind gastfrei und freundlich und jederzeit bereit, ihre dürftige Ernährung aus Milch, gedörrtem Fleisch und Käse mit Besuchern zu teilen. Wenn Freunde kommen, ziehen die Familienoberhäupter das Los mit schwarzen und weißen Kieselsteinen. Wer schwarze Kieseln aus dem Hut des Anführers zieht, gibt dem Fremden eine Geiß, um ihn mit Milch zu versorgen, und schickt ihm seine Frauen. Die Gunst dieser Frauen zurückzuweisen, gilt als ernsthafte Beleidigung; sowohl die Frauen als ihre Ehemänner wären tief gekränkt. Wenn Gäste lange Zeit bleiben, treten andere verheiratete Frauen an die Stelle der zuerst angebotenen. Während die Frauen bei dem Fremden weilen, versammeln sich die Männer vor der Hütte und stoßen anfeuernde und fröhliche Rufe aus.

Die Sprache der Ziegenanbeter ist rauh und guttural, etwa wie das Quaken von Fröschen. Glückseligkeit drücken sie mit durchdringenden Schreien und Gebrüll aus, ähnliches Gekreische gilt als Zeichen der Ermutigung und Dankbarkeit. Als Antwort auf eine Äußerung von Dankbarkeit spucken sie ihrem dankbaren Kontrahenten ins Gesicht und wischen das Ergebnis mit ihren Bärten wieder ab.

Von Zeit zu Zeit marschieren die Ziegenanbeter hintereinander in den Wald, von bewaffneten Männern geführt und gefolgt von vier Frauen, die kleine Kinder tragen. Die Kinder werden mit Blättern gekrönt, ihre Körper bemalt, und schließlich werden sie rituell vor einem großen Bock ausgeweidet, während die Menschen kniend zuschauen.

Henri Joseph Du Laurens, *Le compère Mathieu ou Les bigarrures de l'esprit humain*, Ldn. 1771.

Ein Eingeborenendorf im
LAND DER ZIEGENANBETER

DAS LAND DER ZUFRIEDENHEIT, ein Inselstaat im nördlichen Pazifik nahe dem Beringmeer. Die Insel von der Größe Irlands ist umgeben von hohen weißen Kreidefelsen. Obwohl das Klima ringsherum bereits nördlich rauh ist, herrschen im Innern der Insel ständig subtropische Temperaturen. Das ganze Innere der Insel ist flach und gleicht einem paradiesischen Garten. Das Land ist vorbildlich bebaut. Es gibt reiche Ernten und Überfluß in Feld-, Baumfrüchten und Wein.

Hier lebt ein Volk, das direkt von Noah abstammt und noch heute die alte hebräische Sprache spricht. Seit der Besiedlung durch einige Nachfahren Noahs, Jahrhunderte nach der Sintflut, leben die Einwohner ohne Kontakt zur Außenwelt. Sie sind in blaues baumwollenes Zeug von gleichem Schnitt gekleidet. Ihre Städte sehen alle gleich aus. Sie haben einen schachbrettartigen Grundriß, in der Mitte der Marktplatz, in zwei gegenüberliegenden Ecken die Kirchen, in dem anderen Eckenpaar die Schulen. Alle Häuser sind gleich, haben ein Stockwerk und liegen in jedem Straßenzug unter einem Dach.

An Büchern kennen die Bewohner außer der Bibel nur ihr Gesetzbuch mit wenigen, klar formulierten Gesetzen und die Geschichtsbücher ihres Staates. Nicht staatliche Autorität und Gesetze, sondern pietistische Tugendhaftigkeit und Frömmigkeit eines jeden einzelnen garantieren ein harmonisches Zusammenleben der Gemeinschaft. Jeder Luxus ist verpönt. Es gibt keine Standesunterschiede zwischen dem Königsgeschlecht und der Bürgerschaft. Jeder Tüchtige kann die Königswürde erlangen. Der König regiert zusammen mit seinen bürgerlichen Beamten, die ihn kontrollieren und seine Macht einschränken. Wenn er gegen die Gesetze der Frömmigkeit verstößt, kann er abgesetzt werden. Auf Ehebruch und Bigamie steht die Todesstrafe auch für den Fürsten. Entscheidend für das Gemeinwesen sind die den Tagesablauf jedes einzelnen bestimmenden Verhaltensmaßregeln der Frömmigkeit. M. W.

Philipp Balthasar Sinold von Schütz, *Die glückseeligste Insul auf der gantzen Welt, oder das Land der Zufriedenheit*, Königsberg 1723.

DAS LAND DES BÖSEN BLICKS liegt in der Nähe des Nordpols und wird von einem Stamm nomadischer Jäger bewohnt. Unter ihren Frauen gibt es mächtige Zauberinnen, die die Kunst der Magie zum Schutz ihres Volkes in diesem öden Land einsetzen. Reisende seien darauf hingewiesen, daß der Blick dieser Frauen zu verzaubern und selbst zu töten vermag. In einem Auge haben sie eine doppelte Pupille, im anderen ein pferdeähnliches Abbild. Es wird berichtet, daß es solche Frauen auch unter den Bitiern von Skythien und bei einem anderen, im Pontus lebenden Stamm gibt.

Apollonios von Rhodos, *Argonautika* (3. Jh. v. Chr.), Florenz 1496. – Gaius Plinius Secundus d. Ä., *Historia naturalis* (1. Jh. n. Chr.), Venedig 1469.

DAS LAND HINTERM SPIEGEL ist vom Dekanat des Oxforder Christ Church College aus zu erreichen. Auf dem Kaminsims im Wohnzimmer des Dekans sieht der Reisende einen großen Spiegel stehen. Um die viktorianische Glasglocke, unter der eine Vase mit getrockneten Blumen steht, nicht zu beschädigen, muß er möglichst vorsichtig auf den Kaminsims klettern und dann durch den Spiegel, der plötzlich wie heller, silberner Nebel dahinschmilzt, in das Land dahinter schlüpfen.

Das Zimmer jenseits des Spiegels wirkt auf den ersten Blick so alltäglich wie das Wohnzimmer auf der anderen Seite. Bald aber stellt man fest, daß hier alle Einrichtungsgegenstände ein eigenes Leben führen. Die Kaminuhr zum Beispiel hat kein Zifferblatt, sondern das Gesicht eines alten Männleins, das den Reisenden angrinst.

Durch das Haus hinterm Spiegel gelangt man in eine reizvolle Landschaft mit schachbrettartigen Feldern, mit Hügeln, Wäldern und Wasserläufen. Sie genau zu beschreiben ist allerdings unmöglich, denn wie der Reisende bald bemerkt, wandelt sich der Charakter des Landes hinterm Spiegel unentwegt. Unversehens befindet man sich an einem völlig anderen Ort, denn in diesem Land ist die Ordnung von Zeit und Raum auf den Kopf gestellt. So kann es geschehen, daß man eben noch die Blumen in einem Garten bewundert hat, im nächsten Moment aber bereits in einem Eisenbahnwagen sitzt, im Handumdrehen in einen Wald befördert wird, dann plötzlich in einem Boot dahingleitet und einen Augenblick später in einem kleinen, altmodischen Laden steht. Im Land hinterm Spiegel bestätigen sich Zenons Aporien der Bewegung. Obwohl es etliche Quadratmeilen umfaßt, braucht man keine entsprechend langen Wege zurückzulegen, um von einem Ort zum andern zu gelangen. Normalerweise muß man, um von Punkt *B* nach Punkt *A* zu kommen, zunächst den Punkt *C* passieren; *C* wiederum kann man nur über *D* erreichen, usw. Im Land hinterm Spiegel aber werden dem Besucher solche lästigen Umwege erspart.

Auch mit dem Zeitbegriff verhält es sich dort ganz anders, als der Reisende es aus seinem Heimatland gewöhnt ist, wo es als selbstverständlich gilt, daß die Zeit unaufhaltsam weitergeht – von der Vergangenheit über die Gegenwart in die Zukunft. Im Land hinterm Spiegel kann man zum Beispiel seine eigene Zeit zum Stillstand bringen, ohne daß die Zeit der anderen dadurch beeinflußt wird. Man kann sich dafür entscheiden, von einem bestimmten Lebensalter an nicht mehr zu wachsen, während alle anderen im Land sich ganz normal weiterentwickeln. Und da die Bewohner vorwärts *und* rückwärts »in die Zeit leben« können, sind sie imstande, sich an Dinge zu erinnern, die erst viel später geschehen werden. Diesen Umstand macht sich das dort geltende Strafgesetz zunutze: Zuerst muß die Strafe verbüßt werden, dann findet der Prozeß statt, und erst ganz zuletzt wird das Verbrechen begangen. (Sollte es aber gar nicht zu diesem Verbrechen kommen – um so besser!)

Daß man vorwärts und rückwärts in die Zeit lebt, erlaubt einem auch, die Gegenwart mitunter auszuschalten. So gibt es zum Beispiel in einem fürstlichen Haushalt dieses Landes immer nur *anderntags* – d. h. morgen und gestern – Marmelade, aber niemals heute, weil heute nicht *anderntags* ist. Und aus dem gleichen Grund wird Kuchen zunächst herumgereicht und erst dann in Stücke geschnitten.

Das Land hinterm Spiegel wird von zwei Königspaaren regiert: dem »schwarzen« und dem »weißen«. Allerdings kommen weitere Königinnen hinzu, sobald es Bürgern (oder Besuchern) des Landes gelungen ist, über bestimmte, an eine Schachpartie erinnernde Stationen zum Platz der Königin vorzurücken. Wer dort angelangt ist, wird sofort gekrönt, muß sich dann aber einer Prüfung durch die beiden ständig regierenden Königinnen unterziehen. Deren Fragen betreffen die Anstandsregeln (immer die Wahrheit sagen; alles vorher überlegen und hinterher aufschreiben; nichts mit beiden Händen bestreiten; die Königinnen zum obligatorischen Festschmaus einladen) sowie die Mathematik (»Wieviel gibt eins und eins und eins und eins und eins und eins und eins und eins und eins?« – »Zieh neun von acht ab!« – »Zieh den Schwanz vom Hund ab!« – »Ein Brot geteilt durch ein Messer = Butterbrot«). Weitere Fragen beziehen sich auf die Allgemeinbildung und die Sprachenkenntnis des Prüflings (z. B. »Was heißt Larifari auf französisch?«).

Die Sprache im Land hinterm Spiegel hat ihre eigenen Gesetze. Wörter und Redensarten bedeuten immer das, was derjenige, der sie verwendet, für richtig hält, denn die Bewohner dieses Landes betrachten sich selbst – und nicht die Wörter – als die Stärkeren. Sie finden die Verben (weil diese sich am meisten einbilden) recht widerspenstig, während die Adjektive »alles mit sich geschehen lassen«. Fremden Besuchern empfiehlt man, die Wörter so schwer wie möglich »arbeiten« zu lassen. Auf diese Weise kann dann zum Beispiel das Wort »Unerforschlichkeit« folgendes bedeuten: »Ich glaube, daß wir jetzt lange genug über dieses Thema gesprochen haben und daß es nicht verfrüht wäre, wenn du dich allmählich über deine eigenen Absichten äußern wolltest, da kaum anzunehmen ist, daß du hier herumstehen willst bis an dein seliges Ende.« Wörter, die so schwer arbeiten müssen, erhalten am Zahltag (Samstagabend) eine Zulage. – Eigennamen müssen immer etwas bedeuten. Es genügt zum Beispiel nicht, »Alice« zu heißen, wenn sich dieser Name nicht auf etwas für die betreffende Person Charakteristisches bezieht. Es ist daher ratsam, sich vor der Reise ins Land hinterm Spiegel einen kennzeichnenden Namen zuzulegen.

Da sie es gewöhnt sind, ihre Worte sorgfältig zu wählen, machen die Bewohner dieses Landes folgende feine Unterscheidung: Wie *nennt* man etwas? Wie *heißt* etwas? Wie ist der *eigentliche* Name? Was ist es *wirklich*? So kann man ein Lied »Heringsköpfe« nennen, obwohl es »Der uralte Mann« heißt, sein eigentlicher Name aber »Trachten und Streben« und es in Wirklichkeit das Lied »Hoch droben auf der Pforte« ist.

Gedichte erfreuen sich im Land hinterm Spiegel großer Beliebtheit. Zu den berühmtesten poetischen Werken zählen das angelsächsische Gedicht *Jabberwocky* (↗ DER JAMMERWOCHWALD) und die traurige Verserzählung *Das Walroß und der Zimmermann*. (*Jabberwocky* heißt in einer französischen Übersetzung *Le Jaseroque*, in einer deutschen *Der Jammerwoch* und in einer lateinischen *Gaberbocchus*.) Wer dort ein Buch liest, hält es vor einen Spiegel.

Die Pflanzen- und Tierwelt dieses Landes versetzt den Reisenden in Staunen. Die Blumen können sprechen und enthüllen dabei ihren Charakter: Die Feuerlilien sind aggressiv, die Rosen hochnäsig, die Maßliebchen prosaisch, die Veilchen ungehobelt. Da die Beete sehr hart sind, kommen die Blumen nicht in Versuchung, ständig zu schlafen, sondern können statt dessen interessante Gespräche mit fremden Besuchern führen (wobei es die Schicklichkeit erfordert, daß diese zuerst das Wort an sie richten). Die Bäume im Land hinterm Spiegel können dagegen nur stammeln und ausschlagen und aufspießen, deshalb spricht man vom »Stamm« und von den »Astgabeln«.

Zur Fauna dieses Landes zählen neben sprechenden Fröschen, bejahrten Löwen, skeptischen Einhörnern, Märzhasen mit typisch angelsächsischem Gebaren, handeltreibenden Schafen und scheuen Rehen auch ganz erstaunliche Insektenarten: Elefantenbienen stecken ihre Rüssel in die Blüten; Käfer mit heiseren Stimmen fahren mit der Eisenbahn; Schaukelpferdfliegen, die ganz aus Holz bestehen, schaukeln sich von Ast zu Ast und ernähren sich von Harz und Sägemehl; Weihnachtsfalter mit einem Körper aus Plumpudding, Flügeln aus Stechpalmen und einer brennenden Weinbrandrosine als Kopf ernähren sich von Butterplätzchen und Spritzgebäck und legen ihre Eier auf Christbäumen ab; Schmeißfliegen (auch »Schmausfliegen« genannt) mit Flügeln aus dünngeschnittenen Butterbroten, einem Körper aus Königskuchen und einem Stück Würfelzucker als Kopf können sich nur von schwachem Tee mit Sahne ernähren, finden ihn aber nirgends und müssen daher unweigerlich verhungern. Besondere Beachtung verdient eine ungewöhnlich große Schnake, die Wortspiele liebt und ihrem ganzen Wesen nach das genaue Gegenteil des Schnarks ist (↗ DIE SCHNARKINSEL).

Reisende werden vermutlich einigen bemerkenswerten Gestalten begegnen. Der »Weiße Ritter« (ein einfallsreicher älterer Herr auf einem Pferd) und zwei zänkische Brüder namens Zwiddeldum und Zwiddeldei tragen zur Unterhaltung der Besucher Gedichte vor. Eine Persönlichkeit, der man lieber aus dem Weg gehen sollte, ist der »Schwarze König«. Es heißt, er liege schnarchend im Wald und träume die Besucher seines Landes herbei. Man sollte ihn keinesfalls aufwecken, weil man dann wie eine Kerze ausgehen würde. Diese Gefahr besteht allerdings nicht für Reisende, die bereits die Feuerprobe im ↗ LAND DER KREISFÖRMIGEN RUINEN bestanden haben.

Lewis Carroll, *Through the Looking Glass, and What Alice Found There*, Ldn. 1871.

DIE LANGE DÜNE ist eine langgestreckte Insel weit im Südwesten des ↗ ERDSEE-Archipels. Sie ist unbewohnt, doch im Herbst kommt das Floßvolk (auch »Kinder der Hohen See« genannt) hierher, um Bäume zu fällen und seine großen Flöße zu reparieren. Man weiß sehr wenig über das Floßvolk, für die übrigen Bewohner von Erdsee ist es eine Legende, denn das ganze Jahr über lebt es auf dem Meer jenseits der Außenbereiche, jenseits aller Inseln, und Begegnungen mit anderen Schiffen weicht es aus.

Die Flöße bestehen aus enggefügten, mächtigen glatten Balken, die gut geteert sind. Die Segel nehmen sich im Verhältnis zum Mast eher klein aus und sind aus *nilgu*, einem farnähnlichen Seetang, der auch zur Herstellung von Seilen und Fischnetzen verwendet wird. So groß sind die Flöße, daß auf jedem von ihnen – in kleinen Holzhütten – ganze Sippen zusammenwohnen. Das Floß des Häuptlings beherbergt einen Tempel, dessen Türpfosten in Holz geschnitzte Wal-Idole bilden, denn die Jagd auf Wale ist die Hauptbeschäftigung dieses Volkes.

Im Sommer lassen sich die Kinder der Hohen See auf den auf keiner Seekarte verzeichneten Straßen von Balatran nach Süden treiben, und zur Sommersonnenwende finden sie sich zu ihrem größten Fest zusammen, an dem auch die Hochzeiten gefeiert werden – Ehen werden hier übrigens sehr früh geschlossen. Die Flöße bilden einen riesigen Kreis, dann kann der »Langtanz«, der auch in anderen Ländern von Erdsee üblich ist, beginnen. Die nur mit einem Lendenschurz bekleideten Kinder der Hohen See tanzen mit bloßen Füßen ohne jede Musik, nur von den dünnen, hohen Stimmen ihrer Sänger begleitet, auf den schwankenden Balken und springen waghalsig von Floß zu Floß. In ihren Liedern geht es nicht um die Helden von Erdsee, sondern um den Albatros, den Wal und den Delphin. Erst bei Sonnenaufgang dürfen die Sänger ruhen.

Außer diesem Fest gibt es für das Floßvolk keine Termine; Stunden oder Minuten sind unbekannt, man lebt nach dem Rhythmus der Natur. Die tägliche Nahrung ist eine kalte Fischsuppe mit Seetangstückchen, es wird also geangelt und gefischt; Taue müssen hergestellt, Segel gewebt und repariert werden, und überlebenswichtig ist es, auf den aus dem Regen aufgefangenen Süßwasservorrat zu achten.

Aber neben ihrer Arbeit – so erzählt man sich – nehmen sich die Kinder der Hohen See auch genügend Zeit für ausführliche Gespräche, und Reisende dürfen damit rechnen, offene und verständnisvolle Ohren für ihre Ansichten und Probleme zu finden.

Ursula K. Le Guin, *A Wizard of Earthsea*, NY 1968. – Dies., *The Tombs of Atuan*, Ldn. 1972. – Dies., *The Farthest Shore*, Ldn. 1973.

DIE LANG-LEBENS-INSEL liegt im südöstlichsten Teil des Südchinesischen Meeres. Man erreicht sie nach einer langen Seereise, die 250 000 chinesische Meilen von Chinas Küsten wegführt. Gerühmt wird der außerordentliche Reichtum an Flüssen und Bergen dieser Insel, die fast ganz bewaldet ist und deshalb auch den Namen »Grünhügel« führt. Besonders bemerkenswert fanden Reisende die alten, hohen Bäume, von denen einige einen Umfang von 2000 Klaftern erreichen. Andere Besucher berichteten, daß sie im Innern einiger Berge ein fortwährendes Donnergrollen gehört hätten. Dies sind die berühmten Windberge, in denen der Sturm entsteht.

Anziehungspunkt Nummer eins aber ist ohne jeden Zweifel jene wundertätige Flora, die auf der Insel so üppig gedeiht: Das »Unsterblichkeitsgras«, das »Seelenkraut«, die »Süßtau- und Jadeblütenpflanze«. Vor allem die Unsterblichen ernähren sich davon, wenn sie das Land durchstreifen. D. A.

Anon., *Hai-nei shih-chou chi* (4./5. Jh.), in *Wu-ch'ao hsiao-shuo ta-kuan*, Shanghai 1926.

LAPUTA, eine fliegende Insel, die über der größeren, vom König von Laputa ebenfalls beherrschten Insel ↗ BALNIBARBI schwebt. Laputa ist kreisförmig mit einem Durchmesser von circa viertausend Hektar. Die untere Fläche der Insel besteht aus einer hundertachtzig Meter starken magnetischen Platte; darüber liegen Gesteinsschichten, die von einer dicken Humuslage bedeckt sind. Die Insel neigt sich vom Rande nach innen hin ab, wo vier riesige Becken das Regenwasser auffangen.

An den Seiten der Insel befinden sich Treppen und Galerien, über die Laputa von unten her zugänglich ist. Die Verbindung mit Balnibarbi wird durch Botschaften aufrechterhalten, die an Paketschnüren herabgelassen werden. Lebensmittel und Getränke zieht man mit Hilfe von Flaschenzügen herauf. Von den tiefer gelegenen Galerien aus können die Leute fischen.

In der Mitte von Laputa befindet sich ein Schacht von circa fünfundvierzig Meter Durchmesser, durch den die laputianischen Astronomen in ein weitläufiges Gewölbe hinabsteigen, das deshalb auch *Flandona Gagnole* oder Astronomenhöhle heißt. Die Höhle liegt neunzig Meter unterhalb der Magnetsteinoberkante. Der Raum ist vollgestopft mit einer Vielfalt von Sextanten, Quadranten, Teleskopen sowie Astrolabien und anderen astronomischen Instrumenten. Die größte Kuriosität aber (von der das Schicksal der Insel abhängt) ist ein gewaltiger Magnet, dessen Form an ein Weberschiffchen erinnert. Er ist fünfeinhalb Meter lang und mißt an seiner breitesten Stelle mindestens zwei Meter und siebzig. Dieser Magnet wird von einer sehr starken Stahlachse, die durch seine Mitte läuft, gehalten und ist von einem Hohlzylinder aus Stahl, horizontal gelagert und von acht Stahlfüßen getragen, umschlossen. In der Mitte der konkaven Seite befindet sich eine dreißigeinhalb Zentimeter große Öffnung, in der die Achsenenden gelagert sind und nach Bedarf gedreht werden. Keine noch so große Kraft kann den Magneten von der Stelle bewegen, nachdem Zylinder und Stützfüße Teil der Magnetplatte sind, die den Boden der Insel bildet.

Mit Hilfe dieses Magneten läßt sich die Insel heben, senken und auch in jede andere Richtung bewegen, nachdem ein Ende stark von Balnibarbi angezogen, das andere ebenso kräftig abgestoßen wird. Wird das anziehende Ende nach unten gestellt, so bewegt sich die Insel in Richtung Erde, zeigt das abstoßende Ende nach unten, dann erhebt sie sich in den Himmel. Bei Schräglage des Magneten läßt sich die Insel in verschiedene Gegenden des Königreiches lenken. Um sich diese Bewegung zu verdeutlichen (Besucher sollten hier die Landkarte von Balnibarbi zur Hand nehmen), stelle man sich eine Linie AB quer durch Balni-

LAPUTA

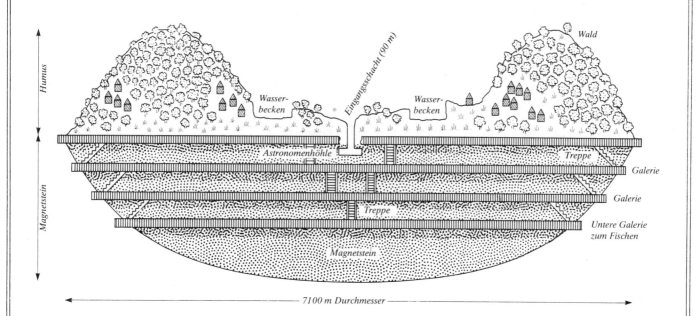

Astronomenhöhle
(FLANDONA GAGNOLE)

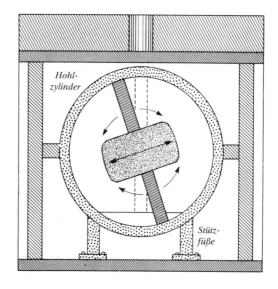

SEITENANSICHT

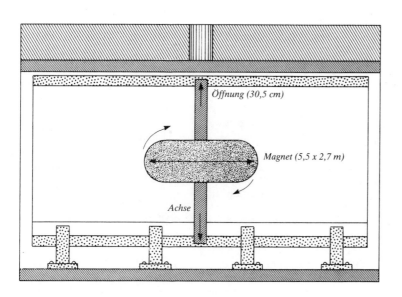

FRONTANSICHT

barbi vor; die Linie CD steht für den Magneten, wobei D das abstoßende und C das anziehende Ende ist. Laputa schwebt über Punkt C. Bringt man nun den Magneten in die Position CD mit dem abstoßenden Ende nach unten, dann bewegt sich die Insel schräg nach oben zu Punkt D. Hat sie D erreicht, wird der Stein auf seiner Achse so weit gedreht, bis das anziehende Ende auf E zeigt, und die Insel wird nun in Schrägrichtung nach Punkt E getragen, von wo sie sich dann – bringt man den Magneten in Position EF mit nach unten weisendem abstoßendem Ende – schräg aufwärts nach F bewegt. Von hier aus schwebt sie in Richtung G, wenn das anziehende Ende auf G ausgerichtet ist, und weiter nach H, wobei das abstoßende Ende wiederum direkt nach unten weist.

Allerdings ist zu erwähnen, daß sich Laputa nicht über die Grenzen des Königreiches hinausbewegen und auch nicht höher als vier Meilen steigen kann. Nach Angaben der Astronomen liegt dies daran, daß die magnetische Kraft nur bis zu einer Entfernung von vier Meilen wirksam ist und das Mineral im Erdinnern, das auf den Magneten einwirkt, sich nur bis an die Landesgrenzen erstreckt.

Der Magnet steht unter der Obhut der Astronomen, die ihn von Zeit zu Zeit in die vom König befohlene Lage bringen. Den größten Teil ihres Lebens verbringen sie mit der Beobachtung der Himmelskörper. Dabei benutzen sie Teleskope, die bei weitem besser sind als diejenigen, die heute aus Europa und Japan kommen.

Reisenden wird auffallen, daß die Bewohner von Laputa den Kopf immer nach rechts oder links geneigt halten und einen geistesabwesenden Eindruck machen. Ständig sind sie so sehr in tiefes Nachdenken versunken, daß sie einen körperlichen Reiz brauchen, um überhaupt zu sprechen oder dem Gespräch anderer Aufmerksamkeit zu schenken. Dies führte zu einer Sitte, bei der sich die Wohlhabenden sogar besondere Bedienstete, die sogenannten »Schläger« oder *Climenolen*, anstellen. Diese *Climenolen* tragen mit kleinen Steinen oder trockenen Erbsen gefüllte Blasen bei sich, mit denen sie dem, der reden soll, sanft auf den Mund und dem Zuhörer aufs rechte Ohr tippen. Außerdem schlagen sie ihrem Herrn auf die Augen, damit dieser nicht etwa gegen ein Hindernis läuft oder jemanden anrempelt.

Die hauptsächlichsten, wenn nicht sogar einzigen Interessen der Laputianer sind Musik, Mathematik und Astronomie – allesamt hoch entwickelte Wissenschaften in ihrem Königreich. Sie haben zehntausend Fixsterne entdeckt sowie die Zwillingssatelliten des Mars. Ihre Beobachtungen erlauben ihnen, die Bahnen der dreiundneunzig ihnen bekannten Kometen genauestens zu berechnen.

Diesen theoretischen Kenntnissen stehen aber keinerlei praktische Fähigkeiten gegenüber. Im Alltagsleben sind die Laputianer ausgesprochen ungeschickt. Ihre Häuser sind schiefwinkelig und haben keine geraden Wände; die Baupläne sind so kompliziert, daß die Baumeister sie nicht verstehen. Diese und andere Schwierigkeiten rühren von ihrer Verachtung für angewandte Geometrie her. Das gleiche gilt für ihre Schneiderkünste. Maße werden genauestens mit Sextanten und Kompassen genommen, doch die Kleider selbst sitzen häufig miserabel, weil den Schneidern in ihren Berechnungen oft Fehler unterlaufen.

Vor allem aber leben die Laputianer in ständiger Sorge um Veränderungen im Verhalten der Gestirne. So fürchten sie beispielsweise, daß durch die ständige Annäherung der Sonne an die Erde der Planet in Schutt und Asche gelegt werden könnte, und sie machen sich Gedanken darüber, daß die Erde dem letzten Kometen nur mit knapper Not entkommen ist und mit großer Wahrscheinlichkeit vom nächsten zerstört werden wird. Ihre Furcht läßt sie nachts nicht schlafen und raubt ihnen jeden Genuß an den angenehmen Dingen des Lebens. Sie verhalten sich wie kleine Buben, die ihren Spaß an Geister- und Gespenstergeschichten haben und dann viel zu verängstigt sind, um schlafen zu können. Insbesondere Besuchern aus England wird geraten, ihre Konversation nicht ausschließlich auf das Wetter zu beschränken.

Laputianer sind ungemein streitsüchtig und vertragen keinen Widerspruch. Es fehlt ihnen an Vorstellungskraft, Phantasie und Erfindungsgabe, und ihre sanfte und klangvolle Sprache kennt auch keine Worte für diese Begriffe. Der Wortschatz umfaßt zu einem beträchtlichen Teil Ausdrücke aus den Gebieten der Musik und Mathematik. Finden sie etwas schön, so beschreiben sie es mit Begriffen wie Kreis, Parallelogramm oder Ellipse; musikalische Ausdrücke werden in ähnlicher Weise verwendet.

Die Frauen von Laputa sind ausgesprochen temperamentvoll und begierig auf Zerstreuung und Reisen; ohne königliche Zustimmung dürfen sie dies aber nicht. Eine solche Genehmigung wird auch nur selten erteilt, nachdem Erfahrungen aus der Vergangenheit gezeigt haben, daß sie – haben sie die Insel erst einmal verlassen – nur in den seltensten Fällen zurückkehren. Zumindest von einer Frau weiß man, daß sie das Leben in einer Elendshütte auf Balnibarbi dem angenehmen Dasein an der Seite eines wohlhabenden Ministers in Laputa vorgezogen hat. Die Laputianerinnen nehmen sich gewöhnlich Männer aus Balnibarbi als Liebhaber, eine Angewohnheit, die wegen der Vergeistigung ihrer Ehemänner keinerlei Gefahren in sich birgt. Wenn ein Laputianer keinen »Schläger« hat und mit Papier und mathematischen Instrumenten versorgt ist, können es seine Frau und deren Liebhaber in seiner Gegenwart getrost zu jeder Vertraulichkeit kommen lassen, ohne daß er es überhaupt bemerkt.

Die einseitige Ausrichtung auf Mathematik und Musik spiegelt sich sogar in ihrer Eßkultur wider. An den Zutaten selbst ist nichts Außergewöhnliches zu bemerken, aber sämtliche Gerichte werden in geometrischen oder musikalischen Formen serviert: Hammelbraten, in gleichschenklige Dreiecke geschnitten, in Geigenform zugerichtete Enten und Würste mit flötenähnlichem Aussehen sind nur einige Beispiele.

Dem König stehen verschiedene Wege offen, Aufstände in seinen tiefer gelegenen Provinzen zu unterdrücken. So kann er beispielsweise die Insel über einer abtrünnigen Stadt schweben lassen und ihr damit Sonnenlicht und Regen entziehen. Wenn nötig, kann er auch Rebellen mit großen Steinen angreifen oder – als letzten Ausweg – die Insel auf die Abtrünnigen fallen lassen und sie damit vollständig auslöschen. Diese letzte Maßnahme ist allerdings weniger ratsam: sie würde nicht nur die Unbeliebtheit des Königs und seiner Minister steigern, sondern auch königliches Eigentum beschädigen und zerstören.

Weder der König noch seine beiden ältesten Söhne dürfen die Insel verlassen; das gleiche gilt für die Königin, solange sie noch Kinder gebären kann.

Einer umstrittenen Theorie nach heißt Laputa in Wirklichkeit ↗ DIE TOMTODDIES-INSEL, allerdings gibt es dafür keinen stichhaltigen Beweis.

Jonathan Swift, *Travels into Several Remote Nations of the World...*, Ldn. 1726.

LATERNENLAND, eine Insel, vier Tagesreisen zu Schiff von Teppichland entfernt. Wenn sich die Touristen dem Hafen nähern, erkennen sie die Lichter von La Rochelle, Pharos, Nauplia und der Akropolis. Die Insel ist bevölkert von Laternen – die alle weiblich sind – und Fackeln – die männlich sind. Die einzigen anderen Bewohner sind die Mitternachtsöler, die von den Laternen leben wie die Bettelmönche von den Nonnen. Sie sind ein fleißiges und angesehenes Volk, Demosthenes hatte dort einst seine Ölfunzel leuchten lassen. Die Mitternachtsöler leben in einem kleinen Dorf dicht am Hafen, bewacht von Obelisk-Lampen.

Die Königin wird von Ehrenlaternen bedient: der Laterne des Aristophanes und der des Kleanthes. Sie ist in Jungfernkristall gekleidet, der mit Damaszenerarbeiten eingelegt und mit großen Diamanten besetzt ist. Die Laternen von Geblüt kleiden sich entweder in Glimmer oder Bergkristall, andere Damen am Hof tragen Horn, Papier und ölgetränkte Leinwand. Auch die Fackeln kleiden sich entsprechend ihrem Rang und dem Alter ihrer Familie. Mitten in der Pracht des Hofes hebt sich eine einfache Laterne aus Ton heraus: die Laterne des Epiktet, für die man schon einmal dreitausend Drachmen abgelehnt hat. Die Laterne des Rechts erkennt man an dem schönen purpurnen Seidenbüschel auf dem Kopf. Zwei andere Laternen sind durch Täschchen mit Klistierspritzen im Gürtel gekennzeichnet, es sind die Große und die Kleine Apothekerleuchte.

Zum Abendessen werden den Laternen dicke gezogene Kerzen serviert. Die Königin jedoch erhält eine große, dicke, brennende Kerze aus weißem Wachs, die an der Spitze leicht rot gefärbt ist. Nach dem Essen geben die Laternen ein herrliches Licht mit ihren Dochten, einige junge Laternen jedoch leuchten nicht richtig, sondern schimmern lasziv.

Zum Geburtstag der Königin, Mitte Mai, wird ein großes Fest gefeiert. Dann werden auch die wichtigsten Staatsangelegenheiten bekanntgegeben. Das Fest wird von allen Laternen der Welt besucht, die paarweise in den Thronsaal marschieren, wo die Königin in goldenem Gewand auf einem hohen Sessel unter einem Baldachin aus karmesinrotem Satin Platz genommen hat. Nachdem die Staatsangelegenheiten diskutiert worden sind, nehmen die Laternen am feierlichen Bankett teil, bei dem weiße Kerzen serviert werden. Anschließend findet ein pompöser Ball statt. Teilnehmer werden feststellen, daß der Tanz sowohl athletische wie akrobatische Fähigkeiten erfordert. Die Laternen springen so hoch in die Luft, daß einigen ihre Lichter ausgehen; wenn das geschieht, erblinden sie.

Im Laternenland finden alle wichtigen Ereignisse, die gute Laune verlangen, nachts statt, wenn die Laternen in Begleitung ihrer Fackeln ausgehen, ein entzückendes Schauspiel, das kein Tourist versäumen sollte.

Anon., *Le voyage de navigation que fist Panurge, disciple de Pantagruel aux isles incognues et estranges de plusieurs choses merveilleuses et difficiles à croire...*, Paris 1538. – François Rabelais, *Le cinquiesme et dernier livre des faictz et dictz heroiques du bon Pantagruel...*, Paris 1564.

LEANDRA, eine Stadt in Asien, die von zwei Arten von Göttern geschützt wird. Beide sind so klein, daß man sie nicht sehen kann, und so zahlreich, daß man sie nicht zählen kann. Die einen stehen innen an den Haustüren in der Nähe der Kleiderablage und der Schirmständer; bei Umzügen folgen sie den Familien und übernehmen mit der Schlüsselübergabe in den neuen Wohnungen wieder einen festen Platz. Die anderen sind in der Küche, verstecken sich mit Vorliebe unter den Töpfen oder im Rauchfang oder in der Besenkammer: Sie gehören zum Haus, und wenn die Familie, die hier wohnt, auszieht, bleiben sie bei den neuen Mietern; vielleicht waren sie auch schon da, bevor das Haus gebaut wurde, zwischen dem Unkraut des Baugeländes, in einer verrosteten Büchse versteckt. Wenn das Haus abgerissen und an seiner Stelle ein Block für fünfzig Familien errichtet wird, findet man sie vermehrt in den Küchen dieser vielen Wohnungen wieder. Um die beiden Arten auseinanderzuhalten, haben Forscher die ersten »Penaten« und die anderen »Laren« genannt.

In einer Wohnung sind die Laren nicht immer mit den Laren und die Penaten nicht immer mit den Penaten zusammen: Sie besuchen sich, gehen miteinander auf den Stuckleisten, auf den Heizungsrohren spazieren; sie kommentieren Familienereignisse; oft streiten sie sich, aber sie können auch jahrelang friedlich miteinander auskommen – wenn man sie alle in einer Reihe sieht, kann man sie kaum voneinander unterscheiden. Die Laren haben Penaten verschiedenster Herkunft und unterschiedlichster Gewohnheiten in ihren Wänden ein- und ausgehen sehen; die Penaten müssen sich ihren Platz mit Ellbogen erkämpfen zwischen den Laren berühmter, aber verfallener Paläste oder zwischen den reizbaren und mißtrauischen Laren der Wellblechhütten.

Das wahre Wesen Leandras ist der Gegenstand endloser Diskussionen. Die Penaten meinen, daß sie die Seele der Stadt sind, auch wenn sie erst im Jahr zuvor gekommen sind, und daß sie Leandra mitnehmen, wenn sie auswandern. Die Laren betrachten die Penaten als vorübergehende, ungelegene Eindringlinge: Das ihre ist das wahre Leandra, das Leandra, das schon da war, ehe die Eindringlinge kamen, und das bleiben wird, wenn sie es wieder verlassen haben.

Die beiden Arten haben eines gemeinsam: Sie kritisieren immer alles, was in den Familien und in der Stadt passiert. Sie berufen sich auf die Vergangenheit, wenn sie die Gegenwart tadeln. Aber das heißt nicht, daß sie nur von Erinnerungen leben: Sie malen sich aus, welche Karriere die Kinder machen werden, wenn sie erwachsen sind (die Penaten), oder was aus einem gewissen Haus in einer gewissen Gegend werden könnte (die Laren), wenn es in gute Hände käme. Wenn man aufmerksam horcht, besonders nachts, kann man sie in den Häusern Leandras ununterbrochen tuscheln, einander unterbrechen, frotzeln, prusten und kichern hören.

Italo Calvino, *Le città invisibili*, Turin 1972.

LE DOUAR, eine Insel vor der Küste Britanniens, im dreizehnten Jahrhundert von der See verschlungen, als die Insel wie ein gekentertes Schiff umschlug. Die Gebirgsgrenze, die die Insel gürtete, bildet heute eine Art gigantische Glocke, unter der die Einwohner von Le Douar in vollkommener Harmonie leben. Im Laufe der Jahrhunderte haben sie die notwendigen physiologischen Eigenschaften entwickelt, um dem Druck des Meeres standzuhalten. Sie ernähren sich von großen Pilzen, die man sonst nirgends auf der Welt findet, und gewinnen das Licht für die Beleuchtung ihrer Behausungen aus Radium, dem sie die schädliche Wirkung genommen haben.

J. H. Rosny, *L'énigme du »Redoutable«*, Paris 1930.

LEERE HÜTE, eine von einer würdigen Königin regierte Stadt. Die einzigen Einwohner sind leere Hüte. Fette Ratten, fette Katzen und fette Fledermäuse werden ebenfalls nur als leere Hüte betrachtet. Die wenigen Reisenden, die die Stadt besucht haben, beschreiben sie als einen furchterregenden Ort; sie beginnen sich sehr schnell selber als leere Hüte zu empfinden. Die Königin von Leere Hüte murmelt dauernd vor sich hin: »Irgendwo ist eine Schraube locker, irgendwo ist ein Leck im Tank.« Niemand weiß, was ihre geheimnisvollen Worte bedeuten sollen.

Carl Sandburg, *Rootabaga Stories*, NY 1922.

LEGIONENSTADT in Glamorganshire, Wales, unweit der Severnbucht. Unterhalb der Wälle zwischen Wäldern und Wiesen fließt der Usk.

Während eines siegreichen Feldzugs gegen die einfallenden Sachsen zu Beginn von König Artus' Regierung fand vor den Toren der Stadt eine große Schlacht statt. Als Artus schließlich sein gesamtes Königreich und Gallien unterworfen hatte, wählte er die Legionenstadt als Versammlungsort, wo er sich die Krone des Vereinigten Königreichs aufs Haupt setzte.

Die Legionenstadt ist eine der reichsten Städte in Artus' Herrschaftsbereich; mit ihren königlichen Palästen und goldenen Dächern braucht sie den Vergleich selbst mit Rom nicht zu scheuen. Reisenden wird empfohlen, die beiden Kirchen zu besichtigen, für die die Stadt zu Recht berühmt ist. Die dem Märtyrer Julius geweihte ist bekannt wegen ihres Chors, die andere, zu Ehren Aarons gegründete ist das dritte Erzbistum in Britannien. Die Legionenstadt beherbergt auch ein Gremium von zweihundert weisen Männern, die in der Astronomie bewandert sind und dem König aufgrund von Gestirnskonstellationen Rat erteilen.

Geoffrey of Monmouth, *Historia regum Britanniae* (12. Jh.), Paris 1508.

LENG, eine wüste Hochebene in ↗TRAUMWELT, über die der Wind fegt wie über das Dach eines sterbenden Landes. Dort, in der kalten, schweigenden Dämmerung erhebt sich der grobe Umriß eines ausgedehnten und massiven Gebäudes ohne Fenster, umgeben von einer Wache von großen Findlingen. Hier ist der schrecklichste Ort von allen in Traumwelt, das einsame, prähistorische Kloster, wo der unsägliche Hohepriester von Traumwelt haust, der sein Gesicht hinter einer gelben Seidenmaske verbirgt. Die engen, gewundenen Gänge des Gebäudes schmücken gräßliche Szenen, älter als die Menschheitsgeschichte und in einem Stil, den kaum ein Archäologe kennt. Selbst die Äonen von Jahren haben ihren Farben nichts anhaben können, denn die Kälte und Trockenheit des Orts wird sie auf ewig konservieren.

Diese archaischen Fresken stellen die Geschichte von Leng dar; Reisende entdecken auf ihnen die Darstellungen gehörnter, behufter und großmäuliger quasi-menschlicher Geschöpfe, die durch vergessene Städte tanzen. Die Szenen schildern frühere Kriege: den Kampf der Bewohner von Leng gegen die geblähten Purpurspinnen der benachbarten Täler, die Ankunft der schwarzen Galeeren vom Mond und die Unterwerfung der Einwohner von Leng unter die polypenartigen, amorphen Gotteslästerer, die aus ihnen hervorkrochen. Diese schlüpfrigen, weißlich-grauen Kreaturen ließen sich als Gottheiten anbeten, und kein einziger Einwohner von Leng wehrte sich, als ganze Gruppen ihrer besten und wohlgenährtesten Männer von den schwarzen Galeeren entführt wurden. Die bestialischen Mond-Ungeheuer hatten ihr Lager auf einer zerklüfteten Insel im Meer aufgeschlagen, auf dem nämlichen grauen, namenlosen Felsen, den die Seeleute von Inquanok scheuen und von dem gräßliches Geheul durch die Nacht hallt.

Howard Phillips Lovecraft, *The Dream Quest of Unknown Kadath*, in *Arkham Sampler*, Sauk Citiy 1948.

LEONARDS LAND liegt in Patagonien, Südamerika. Sein Regierungssystem wurde von einem französischen Philosophen Leonard auf der Basis des Prinzips der Gleichberechtigung und des Wetters begründet. Leonard war überzeugt, daß alles vom Wetter bestimmt sei, und es wurden Dutzende von Wetterfahnen aufgestellt, um den Gesetzgebern bei ihren Überlegungen zu helfen. Vierundzwanzig Männer sind für die Beobachtung der Bewegungen der Wetterfahnen verantwortlich, und weitere drei zeichnen Richtung und Stärke des Windes auf, der laut Leonard eine entscheidende Rolle bei der Bestimmung menschlichen Verhaltens spielt. Leonards Land wird in Kriegszeiten von einem einzigen Mann regiert, dessen Machtbefugnis zuende ist, wenn der Friede wieder einkehrt. Die Geschichte lehrt, daß Leonard selbst zum König erkoren wurde, aber als Folge seiner Klima-Theorie in Ungnade fiel: Eine Schlacht mit einem Nachbarstamm ging verloren, weil er darauf bestanden hatte, das Heer dürfe nicht kämpfen, solange der Wind in der falschen Richtung blase. Das Ergebnis war, daß das Volk ihn mit Steinen bewarf und aus dem Land trieb.

Jean-Gaspard Dubois-Fontanelle, *Aventures philosophiques*, Paris 1765.

LETALISPONS, Felseninsel im Pazifischen Ozean in der Nähe von Juan Fernandez. Sie ist teilweise von dichten Wäldern überzogen. Aus der Inselmitte erhebt sich ein hoher Berg, das Jagdrevier wilder Bären. Die Bewohner, die sich selbst Zerebelliten oder Grillenköpfe nennen, sprechen spanisch, nachdem die Insel früher unter chilenischer Herrschaft stand, tragen grünen Satin und glauben an Seelenwanderung. Das Motto der Zerebelliten heißt: *ars brevis, vita longa*. Männer wie Frauen leben bis zu hundertzwanzig Jahren, altern dabei aber nicht. Sobald sie sechzig sind, verjüngen sie sich und gewinnen ihre Kraft und Energie zurück. Niemals verfallen sie einer Leidenschaft, und sie schrecken vor jeder Art der Ausschweifung zurück. Das zerebellitische Theater erfreut sich großer Beliebtheit. Die Stücke werden von Marionetten aufgeführt und sind sehr kurz.

Die Zerebelliten haben keine Feinde, denn es gibt nichts, womit sie Anstoß erregen könnten. Ihre Gesetze sind leicht verständlich: 1. Folge immer deinen ersten Gedanken und spa-

Die Türme von Scaricrotariparagorgouleo, Hauptstadt von LETALISPONS

re dir die zweiten; 2. Denke niemals so wie die anderen – sei unabhängig; 3. Guter Geschmack ist der sechste Sinn; 4. Lerne viele Geschichten auswendig und sprich viel; 5. Denke niemals, bevor du sprichst; 6. Drücke dich immer in einer neuen und originellen Art und Weise aus.

Die Hauptstadt von Letalispons ist Scaricrotariparagorgouleo. Ihre Gebäude sind hoch und bieten einen ungewöhnlichen Anblick – schmale, luftige Türme, die Wind und Wetter ausgesetzt sind und auf ihren Spitzen Wetterhähne und Instrumente zur Messung der Mondbahn haben.

Abbé Pierre-François Desfontaines, *Le Nouveau Gulliver, ou Voyage de Jean Gulliver, fils du capitaine Gulliver,* Paris 1730.

LEUKE, eine Insel im Schwarzen Meer gegenüber der Mündung des Dnjestr. Der Legende nach ließ Poseidon sie für Thetis aus dem Meer aufsteigen, damit sie ihren Sohn Achilles begraben konnte. Zu Ehren des Halbgottes wurde ein Tempel errichtet, dem jedoch weder Priester noch Sklaven dienen. Statt dessen kommen große weiße Vögel, die an seinem Grab klagen. Täglich kann man beobachten, wie sie zum Meer fliegen, ihre großen Flügel eintauchen und dann die Tempelwände mit dem Seewasser besprengen.

Hierher kommen Seeleute und Pilger, die vor Antritt einer gefährlichen Reise dem Achilles ein Opfer bringen wollen. Schön und bewegend klingt der Gesang.: »O blaue Thetis, du Thetis der See! Groß ist der Sohn, den du gebarst, der zweigestaltige Achill. Sein menschliches Ich verschied auf dem Felde zu Troja, doch die göttliche Natur, die du ihm gabst, wird von den Wassern des Pontus beschirmt. O komm zu dem Grab, mißachte der Trauer! Nimm teil an dem Opfer, du blaue Thetis, o Thetis der See!«

Anon., *Aithiopis* (7. Jh. v. Chr.?), Oxford 1949–1953. – Strabon, *Geographika* (um 64 v. Chr.), Rom ca. 1471. – James Branch Cabell, *Jurgen...,* NY 1919. – Ders., *Figures of Earth...,* NY 1921.

DIE LIDENBROCK-SEE liegt tief im Erdinnern und wurde von einer Expedition unter Leitung des Hamburger Professors Lidenbrock im Jahre 1863 entdeckt. Sie erstreckt sich etwa dreihundertfünfzig Meilen südöstlich von Island unter den schottischen Grampian Mountains, führt Süßwasser und gleicht in ihrer Ausdehnung dem Mittelmeer. In dem feinen, goldgelben Sand der Strände finden sich winzig kleine Muscheln aus den ersten Tagen der Erschaffung der Welt.

Die Lidenbrock-See wird von weißlichen Strahlen erhellt, deren Licht stärker als das des Mondes ist und tiefe Melancholie hervorruft. Die Strahlen erinnern ein wenig an ein Nordlicht. Der weite Himmel, der sich über diesen Ozean spannt, ist halb verborgen hinter ungeheuren Wolken jagender Dunstschleier, aus denen zu bestimmten Tageszeiten sintflutartige Regengüsse niedergehen.

Reisende, die die Lidenbrock-See erforschen wollen, starten am besten von ↗ PORT GRAUBEN aus. Nicht weit von hier erhebt sich ein riesiger Wald aus sonnenschirmähnlichen, riesigen weißen, zehn bis fünfzehn Meter hohen Pilzen, die so dicht stehen, daß kein Licht einfallen kann. Zahlreiche prähistorische Knochen finden sich am Boden dieser ungewöhnlichen Vegetation, und der Reisende kann über Kieferknochen von Mastodonten und die Mahlzähne von Dinotherien ebenso stolpern wie über die Oberschenkelknochen von Riesenfaultieren.

In der Lidenbrock-See selbst finden blutige Kämpfe zwischen Schlangensauriern und Ichthyosauriern statt; zwei von zahlreichen prähistorischen Tieren, die in dieser Gegend noch vorkommen.

Die Rückkehr zur Oberfläche ist über den Herweg (durch den Snaefells-Jökull-Krater auf Island; siehe auch ↗ SAKNUSSEMM-KORRIDOR) sehr beschwerlich. Man sollte daher ein Floß aus versteinertem Holz bauen und eine Vulkaneruption abwarten. Der Lavastrom hebt das Floß rasch durch den Vulkanschacht an die Erdoberfläche. Die Lidenbrock-Expedition kam am 29. August 1863 auf diese Weise durch den Stromboli in Italien wieder ans Tageslicht.

Jules Verne, *Voyage au centre de la terre,* Paris 1864.

DIE LIEBLICHEN BERGE liegen in ↗ CHRISTIANSLAND, jenseits der Gefilde der Ruhe. Von ihren Gipfeln aus kann man den Fluß sehen, der sich um die ↗ HIMMLISCHE STADT zieht. Die Gegend ist landschaftlich sehr reizvoll. Es gibt Wälder, Wein- und Obstgärten, Felder und Wiesen, die von frischen Gebirgsbächen bewässert werden. Auf den Abhängen weiden Schafe, gehütet von den Hirten Weise, Aufrichtig, Erfahren und Wachsam.

Gefährlich ist dieses Bergland nur für jene Reisenden, die vom Gesetz oder vom wahren Glauben abweichen. Wer falschen Lehren folgt, stürzt unweigerlich vom Berg des Irrtums in die Tiefe. Die Heuchler wiederum geraten auf einen Nebenweg, der geradewegs in die Hölle führt. Vom Berg Wachsamkeit aus sieht man Blinde unaufhörlich zwischen Gräbern herumirren: Es sind jene Pilger, die vom Pfad durch das Gefilde der Ruhe abwichen, die »Abwegswiese« überqueren und im Gebiet der ↗ ZWEIFELSBURG dem Riesen Verzweiflung in die Hände fielen, der ihnen die Augen ausstach.

Auf dem Berg Unschuld gewahrt der Reisende einen weißgekleideten Mann, der von zwei anderen namens Vorurteil und Böswillig unentwegt mit Kot beworfen wird. Aber sein Gewand bleibt trotzdem blendend weiß. Dieser Mann heißt Gottselig, und sein Gewand symbolisiert die Reinheit seines Lebens. Auf dem Berg Nächstenliebe verteilt ein Mann Kleider an die wartenden Armen. Der Ballen Tuch, aus dem er die Kleider schneidet, wird niemals kleiner.

Die in den Lieblichen Bergen ansässigen Hirten sind stets bereit, Durchreisenden die Sehenswürdigkeiten ihrer Heimat zu zeigen.

John Bunyan, *The Pilgrim's Progress from this world, to that which is to come,* Ldn. 1678 (Teil I) und 1684 (Teil II).

LILAR, in der Nähe von ↗ PESTITZ, ist Lustgarten und Residenz des alten Fürsten von Hohenfließ. Im Süden trennt ein Wald Lilar von ↗ TARTARUS; im Osten öffnen sich fünf mit Rosen überwachsene Triumphtore auf eine weite Ebene mit einem See. Im Westen führen fünf weitere Triumphbogen auf weite Felder und Berge; im Norden erstreckt sich ein welliges Piniengelände, wo Touristen die Spitze einer einzelnen Kirche sehen können.

In den Gärten von Lilar, in denen Eichen, Tannen, Silberpappeln und Obstbäume wachsen, stehen verschiedene schöne Gebäude: Das Wasserhaus ist berühmt für seine Fontänen, die vom Rosanar gespeist werden, der durch das Tal von Lilar fließt. Das Donnerhäuschen, hoch auf einem Berg, von wo aus Blumenbühl zu sehen ist, hat seinen Namen, weil es oft von Blitzen getroffen wird. Der Zauberwald mit seinen mechanischen Licht- und Wasserspielen erinnert an ein Labyrinth, das kunstvoller ist als das in Versailles. Der Tempel der Träume hat Fenster, die vom Boden bis zur

Decke reichen, mit Zweigen und Blättern als Fensterrahmen, was eher den Eindruck einer Waldlichtung als eines Gebäudes von Menschenhand vermittelt.

Der Palast von Lilar ist auf einer Straße zu erreichen, die zwischen efeubewachsenen Felsen, Obstgärten und Jasminsträuchern sanft bergauf führt. In seinem herrlichen Hof leben Nachtigallen, Kanarienvögel, Rauchschwalben, Drosseln, Finken, Lerchen, Fasanen, Tauben und Pfauen; von dem Gesang und Gezwitscher fühlen sich die Besucher fast betäubt.

Jean Paul, *Titan*, Bln. 1800–1803.

LILIPUT, Insel im Südwesten von Sumatra und der Sundastraße. Sie wurde 1699 von Lemuel Gulliver, Arzt auf einem vor der Insel gestrandeten Handelsschiff, entdeckt. Die Bewohner sind kaum fünfzehn Zentimeter groß, und alles im Lande ist in einem Maßstab von eins zu zwölf im Vergleich zu dem, was die meisten Fremden kennen. Die Pferde sind elfeinhalb Zentimeter hoch, die Felder nicht größer als Blumenbeete und selbst die höchsten Bäume wachsen nicht über zwei Meter zehn hinaus.

Die Hauptstadt Mildendo ist von einer siebenundsiebzig Zentimeter hohen und achtundzwanzig Zentimeter dicken Mauer umgeben, das Stadttor von wuchtigen Türmen im Abstand von drei Meter zehn flankiert. Zwei Hauptstraßen teilen die im Quadrat angelegte Stadt in vier gleichgroße Viertel, die wiederum von Nebenstraßen und Gassen untergliedert sind. Die Häuser sind drei- bis fünfgeschossig. Mildendo hat fünfhunderttausend Einwohner. Der von einer sechzig Zentimeter hohen Mauer umgebene kaiserliche Palast liegt im Stadtzentrum am Kreuzungspunkt der beiden Hauptstraßen. Der äußere Hof mit einer Fläche von etwa dreihundertsiebzig Quadratmetern umschließt zwei weitere Gevierte; die königlichen Gemächer befinden sich im innersten Bereich. Mächtige Tore – nach liliputanischen Maßstäben – führen durch zehn Zentimeter dicke Steinmauern von einem Hof in den anderen. Der königliche Park liegt hundertachtzig Meter außerhalb von Mildendo.

Besucher, die größer als fünfzehn Zentimeter sind, seien vor den Schwierigkeiten, sich liliputanischen Maßstäben anzupassen, gewarnt. Man sollte möglichst vermeiden, auf die Häuser zu treten oder durch Unachtsamkeit Bäume zu entwurzeln. Allen Besuchern sei geraten, sich mit einigen Landesgesetzen vertraut zu machen. In Liliput wird die gesamte Rechtsordnung durch ein System von Belohnungen aufrechterhalten. Jedem, der beweisen kann, daß er die Gesetze dreiundsiebzig Monate lang geachtet hat, werden Vergünstigungen gewährt (die je nach Stand und Rang des einzelnen unterschiedlich sind), für die die Staatskasse aufkommt; außerdem erhält er den nicht vererblichen Titel *Snilpall* oder Gesetzestreuer. Mit der Begründung, daß Ehrlichkeit machtlos gegen Arglist sei, gilt Betrug als schwereres Vergehen als Diebstahl und wird gewöhnlich mit dem Tode bestraft. Auf alle Verbrechen gegen den Staat stehen harte Strafen. Jeder, der des Meineids oder der falschen Anklage für schuldig befunden wird, muß mit seiner augenblicklichen Hinrichtung rechnen. Wird jemand zu Unrecht eines Verbrechens angeklagt, erhält er vom Staat eine Entschädigung, wenn sein Ankläger nicht belangt werden kann.

Bei der Auswahl von Staatsbediensteten wird nach ähnlichen Grundsätzen verfahren – zumindest theoretisch. Ein anständiger Charakter wird höher eingeschätzt als große Fähigkeiten. Die Liliputaner vertreten den Standpunkt, daß Wahrhaftigkeit, Gerechtigkeit und Selbstbeherrschung in der Macht jedes einzelnen stehen und daß jeder, der rechtschaffen ist und lautere Absichten sowie Erfahrung besitzt, dem Staate dienen kann.

Diese Grundsätze werden aber in der Praxis immer mehr ausgehöhlt. Die seltsamen Bräuche des Seiltanzens, Stockspringens und Kriechens, die aus den Anfängen des siebzehnten Jahrhunderts stammen, haben mit der Zeit immer mehr an Bedeutung gewonnen. Seiltanzen wird nur von Anwärtern auf hohe Posten bei Hofe praktiziert. Von Geburt an üben sie sich in dieser Kunst, selbst wenn sie nicht unbedingt Männer edler Herkunft oder liberaler Erziehung sind. Sobald ein Amt durch Tod oder Ungnade (was durchaus nicht ungewöhnlich ist) frei wird, suchen fünf oder sechs Bewerber um die Erlaubnis nach, auf dem Seil tanzen zu dürfen. Ein dünner, etwa sechzig Zentimeter langer Faden wird über dem Boden gespannt, und die Kandidaten müssen nun darauf tanzen und Luftsprünge

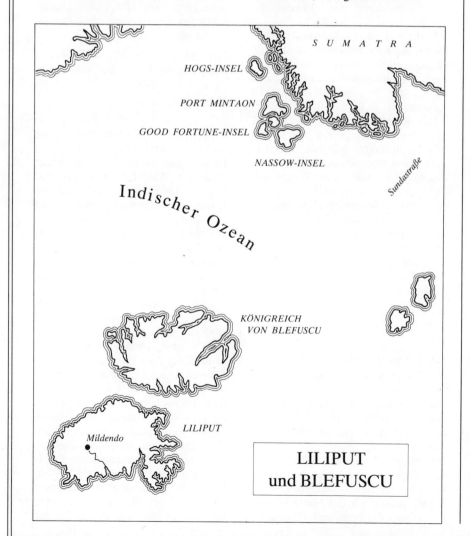

LILIPUT und BLEFUSCU

machen. Wer am höchsten springt und sicher auf dem Seil landet, ohne herunterzufallen, erhält den freien Posten. Häufig läßt der Kaiser auch Minister seines Kabinetts und andere Beamte auf dem Seil tanzen als Beweis dafür, daß sie wie eh und je in Form sind. Allerdings enden diese Seiltanzveranstaltungen nicht selten mit ernsten oder sogar tödlichen Unfällen. Stockspringen oder Kriechen wird nur in Gegenwart des Kaisers oder seines Ministers abgehalten, der einen Stock parallel zum Boden hält. Bewerber, die sich diesem Geschicklichkeitstest unterziehen, treten einer nach dem andern an und springen entweder über oder kriechen rückwärts und vorwärts unter dem Stock durch, der abwechselnd höher und niedriger gehalten wird. Der Kandidat, der am längsten durchhält und die größte Beweglichkeit zeigt, erhält als Belohnung ein blaues Band. Der Zweite bekommt ein rotes und der Drittbeste ein grünes Band. Diese Bänder trägt man um die Hüften geschlungen; sie sind als Zeichen königlicher Gunst sehr geschätzt. Besucher werden feststellen, daß fast alle bedeutenden Leute bei Hofe eine solche Schärpe besitzen.

Die wichtigsten politischen Parteien des Reiches sind die *Tramecksan* und die *Slamecksan,* deren Bezeichnungen sich von den hohen bzw. niedrigen Absätzen ihrer Schuhe herleiten. Ihre Mitglieder essen und trinken nicht zusammen und sprechen auch nicht miteinander. Die *Tramecksan* sind zahlenmäßig stärker; es heißt, sie seien Befürworter der alten Reichsverfassung, doch haben sie keine politische Macht. Der Kaiser unterstützt die *Slamecksan,* die einzigen, denen Hofämter offenstehen. Die Haltung des Kronprinzen ist weniger eindeutig. Nachdem einer seiner Absätze höher ist als der andere, hinkt er etwas, und es liegt die Vermutung nahe, daß er auf seiten der *Tramecksan* steht.

In jüngster Zeit wurde das Land durch Bürgerkriege erschüttert. Traditionsgemäß wurden in Liliput die Eier am dicken Ende aufgeschlagen. Doch dann verletzte sich der Sohn des Kaisers beim Eiaufschlagen am Finger, und der kaiserliche Vater erließ eine Verordnung, nach der die Eier nunmehr am schmalen Ende zu öffnen seien. Dieser Befehl erweckte den Unmut des Volkes und führte zu sechs Aufständen, in deren Verlauf ein Kaiser seinen Thron, ein zweiter sogar sein Leben einbüßte. Die Lage wurde noch ernster, als sich die Herrscher von ↗BLEFUSCU, einer angrenzenden Insel, einmischten und den unterlegenen Dickender-Rebellen Zuflucht in ihrem Königreich gewährten. Nach Ansicht des Herrschers von Blefuscu stand die Haltung der liliputanischen Regierung im Widerspruch zu den Lehren des Propheten Lustrog, der im vierundfünfzigsten Kapitel des *Brundecral* schreibt, daß alle wahrhaft Gläubigen ihre Eier am geeigneten Ende aufbrechen sollen. Nach liliputanischer Auslegung war das geeignete Ende natürlich das schmale Ende. Der Einfluß der Exil-Dickender am Hofe von Blefuscu führte schließlich zum Kriegsausbruch und zum Versuch einer Invasion in Liliput. All dies geschah während Gullivers Aufenthalt auf der Insel. Er vereitelte die Invasionspläne, indem er durch den schmalen Kanal watete und die winzigen Boote der Blefuscuaner an Tauen nach Liliput zog. Es versteht sich von selbst, daß der anschließend unterzeichnete Friedensvertrag sehr zugunsten von Liliput ausfiel. Viele Bücher wurden über diese Auseinandersetzungen veröffentlicht, doch Reisende müssen sie im Ausland kaufen, weil sie in Liliput verboten sind.

Unter normalen Bedingungen sind die Beziehungen zwischen den beiden Inseln sehr viel freundschaftlicher. Sie betreiben lebhaften Handel miteinander, und Flüchtlinge aus einem Land finden für gewöhnlich Zuflucht beim Nachbarn. Die adligen Familien und reichen Leute beider Länder pflegen ihre Kinder zum Abschluß der Erziehung auf die andere Insel zu schicken, wo sie sich umsehen und die andere Sprache erlernen sollen. Insgeheim aber sind beide Reiche stolz auf die Schönheit und Althergebrachtheit ihrer eigenen Sprache und verachten die des Nachbarlandes.

Liliputaner haben sehr bestimmte Vorstellungen von der Kindererziehung. Ein Kind hat ihrer Ansicht nach keinerlei Grund, den Eltern gegenüber nur deshalb dankbar zu sein, weil sie es in die Welt gesetzt haben. Denn geboren zu werden und den Mühsalen auf Erden ausgesetzt zu sein sei ohnehin keine Wohltat, um so weniger, als es wohl gar nicht in der Absicht der Eltern gelegen habe, ein Kind zu zeugen und sie zum Zeitpunkt der Empfängnis mit ganz anderen Gedanken beschäftigt waren (Reisende, die in ↗EREWHON waren, werden sich erinnern, daß die Erewhonier eine umgekehrte Auffassung von der Verantwortung des Geborenwerdens und Gebärens haben). Nach den Vorstellungen der Liliputaner steht den Eltern kein Recht darauf zu, sich um das Wohlergehen ihrer Kinder zu kümmern, und jede Stadt hat deshalb öffentliche Erziehungsheime. Alle Eltern (mit Ausnahme der Bauern und Arbeiter) müssen ihre Kinder bis zum zwanzigsten Lebensmonat in diese Heime geben; in diesem Alter haben sie dann einen gewissen Grad an Gelehrigkeit erreicht. Danach verläuft die Erziehung je nach Rang und Veranlagung des Schülers. Söhne von Geschäftsleuten kommen mit sieben Jahren in die Lehre, während die Erziehung der Söhne von hochgestellten Persönlichkeiten bis zum fünfzehnten Lebensjahr dauert. Sie dürfen nicht mit den Bediensteten sprechen und vermeiden so jede allzu frühe Bekanntschaft mit Untugend und Lasterhaftigkeit. Ihre Eltern dürfen sie nur zweimal im Jahr besuchen und auch dann nur jeweils eine Stunde in Anwesenheit eines Professors. Flüstern, Liebkosungen und Geschenke sind bei diesen Besuchen nicht erlaubt. Die Erziehung ist ganz auf die Einprägung der Grundsätze von Aufrichtigkeit, Bescheidenheit, Religion und Patriotismus abgestimmt.

Mädchen werden in eigenen Heimen und Schulen erzogen, doch besteht kaum ein Unterschied zwischen ihrer und der Erziehung der Knaben; nur die Turnübungen sind nicht so anstrengend. Daneben lernen sie auch manches über Haushaltsführung und werden dazu angehalten, entsprechend dem Landesbrauch auf allen persönlichen Schmuck mit Ausnahme von Reinlichkeit und persönlicher Würde zu verzichten. Die Erziehungsmethode der Mädchen geht von dem Gedanken aus, daß eine Frau nicht ewig jung und schön sein kann, ihrem Ehemann aber trotzdem immer eine verständnisvolle und liebenswerte Gefährtin sein sollte. Bis zum heiratsfähigen Alter von zwölf Jahren bleiben sie auf der Schule.

Obwohl die Erziehung Pflicht ist, ist sie nicht kostenlos. Die Eltern müssen für den Unterhalt ihrer Kinder aufkommen. Die Liliputaner erachten es als würdelos, erst Kinder in die Welt zu setzen und dann die Sorge für ihren Unterhalt auf die Schultern der Öffentlichkeit abzuwälzen.

Fremden wird auffallen, daß die Bestattungsbräuche der Liliputaner sich sehr von denen anderer Länder unterscheiden. Die Toten begraben sie mit dem Kopf nach unten, denn sie glauben, daß die Erde flach sei und sich einmal umgedreht haben wird, ehe die Toten nach elftausend Monaten wieder auferstehen. Auf diese Weise werden sie dann bei ihrer Auferstehung wieder auf den Füßen stehen. Die etwas kultivierteren Leute von Liliput

betrachten dies zwar als absurd, doch hält man den niederen Klassen zuliebe an diesem Brauch fest.

Über die Landessprache gibt es nur wenige Einzelheiten. Einige Ausdrücke könnten dem Besucher nützlich sein, zum Beispiel *Hurgo* (»Großer Gott«), *Borach Mivola* (»Aus dem Weg!«) und *Quinbus Flestrin* (»Großer Menschenberg«); so hatte man Lemuel Gulliver dort genannt. Im übrigen werden geschriebene Worte diagonal von einer Ecke der Seite zur anderen gelesen.

Die größte Münze der einheimischen Währung ist der *Sprug*, eine winzige Goldscheibe in der Größe eines Flitterplättchens. Bei den Längenmaßen gibt es den *Durr* (circa 1,8 mm) sowie den *Glumgluff* (etwa 3,1 cm). Für die liliputanische Zeitmessung ist der Sekundenzeiger maßgebend und nicht – wie üblich – der Stunden- und Minutenzeiger.

Jonathan Swift, *Travels into Several Remote Nations of the World...*, Ldn. 1726.

LIMANORA, eine Insel des ↗ RIALLARO-Archipels im südöstlichen Pazifik, der von einem Nebelring umgeben ist. Fremden ist sie auch als »Land der Teufel« bekannt. Vom Meer her kommend, sieht der Reisende zuerst die schneebedeckte, kegelförmige Spitze des Lilaroma-Vulkans. Das Innere der Insel ist bergig und voll terrassierter Hügel und grüner Täler mit tropischer Vegetation. Die Insel wird durch Wurfmaschinen und einen Sturmtrichter verteidigt, der künstliche Stürme erzeugt, um Reisenden die Zufahrt zu verwehren.

Eines der wichtigsten Produkte von Limanora ist Irelium, ein Metall, das aus dem Boden gewonnen wird und in großen Tiefen auch in reiner Form vorkommt. Es ist leicht, transparent und elastisch und ist grundlegend für die limanorische Zivilisation. Es kann so fein gesponnen werden wie Gaze und dabei doch so zäh wie Leder bleiben, und es wird sowohl bei Ingenieurarbeiten als auch bei der Herstellung leichter Kleider verwandt. Irelium und andere Metalle werden mittels ferngesteuerter Apparaturen extrahiert, so daß kein Bergbau notwendig ist.

Limanora hat zwei große Täler vorzuweisen: Rimla und Fialume. Rimla liegt an den Hängen des Lilaroma. Große Aquädukte bringen das Wasser von den Bergen in dieses Tal, an dessen Ausgangspunkt sich eine riesige Schlucht befindet. Im Mittelpunkt des Rimla-Tals steht eine breite, transparente Kuppel, in deren Inneren eine komplexe Maschinerie Strahlen auf ein hohes Gebäude mit Kuppeln und Türmchen sendet, aus denen durchsichtige Metallröhren herausragen. Dies ist der Schrein der Kraft, der zentrale Punkt für die Gewinnung und Verteilung von Energie.

Fialume ist ein breites, üppiges Tal im Innern der Insel, das auch »Tal der Vergangenheit« genannt wird. Es ist von einem glitzernden Dach überspannt, über das mehrere Flüsse fließen, die eine atemberaubende Vielfalt von Bäumen, Büschen und Blumen bewässern. An einer offenen Stelle in der Mitte des Tales erhebt sich eine von Säulengängen flankierte Treppe fast bis zum Dach. Fialume ist auch ein Friedhof, auf dem die Toten auf hohen Podesten zwischen den Bäumen stehen. Um den Körper zu erhalten, ist sein Gewebe durch Irelium ersetzt worden; vor der Entdeckung dieses Metalls wurden die Leichen durch Verkalkung in Stalaktitenhöhlen präserviert. In noch früheren Zeiten wurden Verbrennung und Begräbnis praktiziert. Heute werden die Toten in chronologischer Ordnung familienweise gruppiert.

Ein interessantes Merkmal von Limanora ist seine Architektur. Jeder Mann und jede Frau hat ein eigenes Haus, und an jedem Haus befindet sich ein Ornament, das zwei Kletterpflanzen zeigt. Wenn diese die Blätter hängen lassen und getrennt sind, wollen die Bewohner allein sein, und Besuchern wird daher geraten, sie nicht zu stören. Wenn die Pflanzen ineinander verschlungen sind, wünscht der Bewohner oder die Bewohnerin Gesellschaft. Einsamkeit ist sehr wesentlich für die Limanorer, für die der höchste Triumph des Lebens die Fähigkeit ist, allein zu stehen, wie es in den Friedhofsmonumenten der Fall ist. Einsamkeit, so heißt es, sei »ein Ausdruck des höheren Selbst; niedere Gefühle sind gesellig«. Daß jedes Individuum ein eigenes Haus hat, ist auch noch aus anderen Gründen wichtig. Die Sinnesorgane der Limanorer sind so hoch entwickelt, daß sie die natürlichen Funktionen des menschlichen Körpers hören können, und es wäre für sie beispielsweise unerträglich, dicht neben einem anderen Menschen zu schlafen.

Die Form und Struktur der Häuser wird von ihren Besitzern häufig verändert, wobei eine Maschine namens *ooloran* benutzt wird. Diese steht in der Halle der Architektur, einer von kleineren Kuppeln umgebenen zentralen Kuppel auf einem Plateau des Lilaroma. Das *ooloran* produziert verschiedene Klänge und Töne, welche in einen Wirbelwind von Ireliumstaub projiziert werden und ihn dazu veranlassen, eine erwünschte Form anzunehmen. Magnete halten die Staubpartikel dann am jeweiligen Platz fest, Hitze fixiert die Form, und eine starke Temperaturreduktion vollendet den Prozeß, indem sie das Metall abkühlt. Wenn ein zufriedenstellendes Modell konstruiert worden ist, wird es in die zentrale Kuppel gebracht und von dort durch die Luft auf seinen Platz befördert. Die Errichtung von Häusern ist auf diese Weise ein sehr schneller Prozeß.

Die Limanorer sind klein, haben eine breite Brust, lange Arme und einen riesigen Kopf. Ihr Pulsschlag geht schneller als der von Europäern, aber sie atmen langsamer. Sie besitzen eine große Widerstandskraft gegenüber extremen Temperaturen. Der große Zeh hat sich durch Manipulation der riesigen gazeähnlichen Flügel, die sie an Armen und Füßen befestigen und durch kleine Maschinen antreiben, in eine Art von Daumen verwandelt. Ihre Fluggeschicklichkeit ist fast instinktiv geworden. Sie glauben, daß Willenskraft eine magnetische Kraft ist, die am besten durch das Auge vermittelt wird. Dies geschieht in der Hypnose und in der Augensprache, in der die Limanorer lange unhörbare Dialoge führen; sie sprechen nie, außer wenn sie sich etwas Besonderes und Notwendiges zu sagen haben. Sie sind sanft, vertrauenswürdig und einfach. Ein feines Nervenzentrum in ihrem Nacken spürt elektrische Vibrationen in der Luft oder Materie. Dieser elektrische Sinn oder *firla* ist die Grundlage für ihre Navigation beim Fliegen und für den *filammu*, das Aussenden und Empfangen von emotionalen Impulsen über weite Entfernungen. Ihre Sinne sind hoch entwickelt; sie können an den Sternen Veränderungen sehen, die normalerweise nur mit einem Teleskop erkannt werden können, und sie können durch bloßes Riechen oder Schmecken die Bestandteile einer Zusammensetzung identifizieren. Ihre Haut nimmt Licht wahr und kann verschiedene Lichtquellen unterscheiden. Sie können durch einen Magnetismus, der durch ihre Finger fließt, Schmerzen besänftigen. Limanorer werden Hunderte von Jahren alt.

Es gibt auf Limanora weder Schulen noch Universitäten, da sie als Brutstätten der Uniformität betrachtet werden. Erziehung gilt jedoch als die Hauptfunktion der Gemeinschaft, und fünfzig bis siebzig Jahre werden der Ausbildung eines Kindes gewidmet. Bis zu ihrem fünfundzwanzigsten Lebensjahr dürfen sie keinen freien sozialen Umgang pflegen, und dann nur für kurze Zeit und unter Aufsicht. Wenn im Alter von fünfzig Jahren alle Verehrung der Vergangenheit ausgerottet worden ist, werden die Limanorer nach Fialume geführt, wo sie die

Experiment mit Irelium auf LIMANORA

Vergangenheit der Rasse sehen, darob erschauern und ihren Fortschritt schätzen können. Mit fünfundsiebzig werden sie für geeignet erachtet, Eltern zu werden.

In Limanora werden verschiedene eigenartige Wissenschaften gepflegt: *somnologie,* die auf alten Sprichwörtern wie »Schlaf gräbt die Toten aus« basiert und den Zweck hat, die Vergangenheit und Zukunft eines Individuums durch die Analyse seiner Träume aufzudecken; *geomarie,* die Wissenschaft der Erdbeobachtung, die die Kruste und innere Bewegung des Erdballs untersucht, und *lilarie,* die Wissenschaft der Inselsicherheit, die mit Hilfe verschiedener Instrumente vor Wetterumschwüngen und ankommenden Reisenden warnt. Trotz dieser Vorkehrungen ist Limanora von künftiger Zerstörung bedroht, da der antarktische Kontinent sich senkt und die Vulkane im Süden nicht mehr tätig sind. Es ist sogar zu fürchten, daß der gesamte Archipel eines Tages auf diese Weise untergehen könnte.

Godfrey Sweven, *Limanora, the Island of Progress,* NY/Ldn. 1903.

LIMBUS ↗ DIE HÖLLE

LINDON, auch **OSSIRIAND** genannt, das »grüne Land« zwischen der Meeresküste und den Ered Luin, den Blauen Bergen, im Nordwesten von ↗ MITTELERDE. Für den Besucher vor allem interessant, weil hier die Elben ihre Häfen, die Grauen Anfurten, angelegt hatten, von denen aus sie mit ihren Schiffen auf dem »Geraden Weg« über die Belegaer-See das Segensreich ↗ AMAN erreichen konnten.

Lindon hat auch eine geologisch interessante Geschichte. Ursprünglich war es das riesige Reich Beleriand. Doch dann kam es im Ersten Zeitalter zu den großen Umwälzungen und Erschütterungen der Erde während des Kriegs der Valar, der Mächte der Welt, gegen Melkor, das Prinzip des Bösen. Die Ered Luin brachen auseinander, gegen Süden entstand ein großes Loch, in das ein Golf des Meeres einströmte, der Fluß Lhûn veränderte seinen Lauf und ergoß sich in den von nun an nach ihm benannten Golf. Was übrig blieb, war Lindon, das Land der Elben, die noch zögerten, Mittelerde zu verlassen.

Gil-galad war ihr König, und der Halbelb Elrond lebte bei ihm. Hier bauten die Elben ihre Schiffe und sicheren Ankerplätze. Hier, in den Ered Luin, gruben die Zwerge nach Metallen, hier strandeten die überlebenden Getreuen von ↗ NÚMENOR, nachdem die Valar ihr Land zerstört hatten, und Gil-galad nahm sie freundlich auf. Von hier wanderten die Númenorer, die Könige der Menschen, am Fluß Lhûn entlang und gründeten jenseits des Gebirges ihr Nordreich Arnor. Hier konnte Gil-galad den Angriffen des Schwarzen Feindes von ↗ ANGBAND lange standhalten, doch schließlich kam er in der Schlacht des Letzten Bündnisses zwischen Elben und Menschen im Zweiten Zeitalter um.

Reste seines Volkes bauten bis in das Dritte Zeitalter weiter ihre Elbenschiffe und lebten ungestört in Lindon. Círdan, der Schiffbauer, war ihr Herr, ein Weiser unter den Weisen. Er vertraute dem Zauberer Mithrandir, der unter den Menschen besser als Gandalf der Graue bekannt war, den Ring des Feuers an, dessen Hüter er war, damit dieser Bote der Valar leichter seine schwere Pflicht in Mittelerde erfüllen konnte. Er selbst wartete an den Grauen Anfurten, bis die letzten Elben und die Heroen des Ringkrieges am Ende des Dritten Zeitalters sein letztes Schiff bestiegen, um auf dem »Geraden Weg« in die Unsterblichen Lande zu kommen.

John Ronald Reuel Tolkien, *The Return of the King,* Ldn. 1955. – Ders., *The Silmarillion,* Ldn. 1977.

LIN LIGUA (auch Llynlligan, Lilingua, Linligwan) ist ein von den Gezeiten abhängiger See in der Nähe des Severnufers in Südwales. Er ist so tief, daß die Flut ihn niemals ganz füllt. Geht die Flut zurück, stößt der Teich das Wasser, das er geschluckt hat, in einem haushohen Strahl wieder aus. Besucher seien gewarnt: Denn wen der Wasserstrahl ins Gesicht trifft, kann nur unter großen Schwierigkeiten verhindern, daß er in den reißenden Strom gezogen und darin ertränkt wird. Wendet man jedoch dem Wasser den Rücken zu, bleibt man unverletzt.

Geoffrey of Monmouth, *Historia regum Britanniae* (12. Jh.), Paris 1508.

LIPERDA, Hafen und Stadt am östlichen Mittelmeer, in einem Gebiet, das die osmanischen Türken beherrschen. Auf dem bunten Hauptmarkt können Reisende Sklaven kaufen, die persische Piraten hierher liefern. Nicht weit vom Markt ist der Serail des Sultans, in dessen Gärten sich eine wunderschöne Grotte befindet. Sie wurde aus den schönsten Muscheln erbaut, die man je in allen Weltmeeren fand, und spiegelt sich in einem großen Teich aus Perlmutt, der mit Korallen eingefaßt ist. Das Wasser des Teichs wird durch ein erfinderisches System von Aquädukten auf das Dach der Grotte geleitet und ergießt sich von dort wieder in das Becken.

Eliza Haywood, *Philodore and Placentia...,* Ldn. 1727.

LITUANIEN, nicht zu verwechseln mit Litauen, ist ein melancholisches, wenn auch nicht ganz so unheimliches Land wie Transsylvanien, ein Reich der Sümpfe, Moore, dunklen Wälder und schneebedeckten Berge. Über das Land verstreut liegen neugotische Burgen, in denen die Seelen der Verstorbenen umgehen und die zum größten Teil von extravaganten Familien mit blutdürstigen Neigungen bewohnt werden. Reisenden wird geraten, sich darauf einzustellen, daß es in Lituanien immer regnet, wenn es nicht gerade schneit oder hagelt. Bei seltenen Gelegenheiten regnet, schneit und hagelt es gleichzeitig, dazu wütet ein furchtbarer Sturm. Lituanien ist bekannt als das »Land der langen Winter«.

Zwei Hotels können empfohlen werden: Der *Barlskdat*-Gasthof und das Hotel *Versalis.* In beiden wird zur aufpeitschenden Musik eines Damenorchesters *starka,* ein berauschendes, bernsteinfarbenes Getränk serviert.

Henri Guigonnat, *Démone en Lithuanie,* Paris 1973.

LLAREGYB, ein knapp fünfhundert Einwohner zählendes walisisches Städtchen an der Mündung des Flusses Dewi. In diesem heruntergekommenen Seebad gibt es nur drei richtige Straßen: die Krönungsstraße, die Muschelzeile und die Eselsstraße. Bauliche Sehenswürdigkeiten hat Llaregyb nicht zu bieten. Die Krönungsstraße zum Beispiel besteht fast nur aus zweistöckigen Häusern, die mit grellen Farben herausgeputzt und rosa getüncht sind. Aus dem achtzehnten Jahrhundert sind zwar einige anspruchsvollere Häuser erhalten geblieben, aber fast alle befinden sich in einem traurigen Zustand des Verfalls. Die Bethesda-Kirche und der Friedhof sind nicht von historischem Interesse. Auch für den Sportler und Feriengast ist Llaregyb nicht sonderlich attraktiv. Der Fluß Dewi soll zwar reich an Forellen sein, wird aber von den Ortsansässigen derart ausgeräubert, daß sich das Angeln für auswärtige Besucher kaum mehr lohnt. Reizvoll sind für sie eigentlich nur die engen Gassen mit dem holprigen Kopfsteinpflaster, der kleine Fischerhafen und die Gespräche der Einwohner. Am Brunnen vor dem Rathaus, einem beliebten Treffpunkt, kann man wahrscheinlich mehr Klatschgeschichten als irgendwo sonst in Llaregyb erfahren.

In dem kleinen Hafen liegen meist zahlreiche auf und ab schaukelnde Fischerboote. Bei unsicherem Wetter fahren die Einheimischen nur sehr ungern hinaus, und stürmische Tage verbringen sie lieber behaglich in der »Seefahrerschenke«, wo warmes, dünnes, bitteres Bier kredenzt wird und abends gesungen und musiziert werden darf. Bemerkenswert ist das Schiffschronometer, das in der Schankstube hängt: Seine Zeiger zeigen schon seit fünfzig Jahren auf halb zwölf – deshalb ist es in der Seefahrerschenke immer Zeit zum Aufmachen. Sollte dieses Wirtshaus wirklich einmal überfüllt sein, so kann man in dem am oberen Ende der Stadt gelegenen »Haus Seeblick« unterkommen. Diese Pension, die von der zweimal verwitweten Mrs. Ogmore-Pritchard geführt wird, ist wegen ihrer Sauberkeit und der geradezu geleckten, stäubchenfreien Schlafzimmer zu empfehlen. In ihrem Reinlichkeitsfimmel soll Mrs. Ogmore-Pritchard schon so weit gegangen sein, Gäste abzuweisen, nur weil sie diese nicht auf ihre Teppiche treten, in ihr Porzellan niesen und in ihrer Bettwäsche schlafen lassen wollte.

Die Bewohner von Llaregyb sind sehr religiös. Bei vielen hängen an der Wand über dem Bett noch immer die »Du sollst nicht«-Gebote. Das ganze Gemeinwesen ist gewissermaßen eine »geschlossene Gesellschaft«, in der jedermann über die Angelegenheiten des Nachbarn Bescheid weiß. Obzwar puritanisch und nur zu gern bereit, den Stab über jeden zu brechen, dessen Verhalten ihrem Sittenkodex nicht entspricht, haben die Bürger ein fast lüsternes Interesse an anderer Leute Liebesaffären. – Da in Llaregyb (genau wie in anderen Gemeinden) bestimmte Familiennamen häufig vorkommen, fügen die Leute diesen Namen oft eine Art Berufsbezeichnung hinzu: Der Bäcker zum Beispiel wird »Brot-Dai« genannt, der Leichenbestatter »Toten-Evans«, der Kantor »Orgel-Morgan«, der Milchmann »Milch-Ocky«. Zahlreiche Einwohner sind erstaunlich redegewandt und verfügen über eine fast poetische Ausdrucksweise. Das vielleicht beste Beispiel ist Hochwürden Eli Jenkins, der jeden Morgen und jeden Abend mit einem selbstverfaßten Gedicht begrüßt.

Der Speisezettel in Llaregyb weist typisch walisische Gerichte auf, zum Beispiel Waliser Kuchen, *cawl* (Knochenbrühe mit Lauch) und die dort reichlich vorhandenen Muscheln. Bei Fleischspeisen muß dem Reisenden eine gewisse Vorsicht empfohlen werden; es wird nämlich gemunkelt, daß der Metzger des Städtchens zuweilen auch das Fleisch von Katzen, Feldmäusen und Maulwürfen zum Kochen und Braten verkauft.

Der Grund und Boden rings um Llaregyb wird zum größten Teil landwirtschaftlich genützt. Ein Stück Land, auf dem Esel gehalten werden, ist allgemein als »Eselsweide« bekannt. Das Wahrzeichen der Gegend ist der Llaregyb-Berg – nach Meinung von Hochwürden Eli Jenkins ein mystischer Tumulus, das Mahnmal von Völkern, die in dieser Gegend ansässig waren, noch ehe die Kelten das »Land des Sommers« verließen, die Stätte der von den Druiden zelebrierten Hochzeitsriten. Auf dem Berg ist tatsächlich ein kleiner Kreis aus Steinen zu sehen, der aber keineswegs von den Druiden, sondern von Billy, dem Sohn des Metzgers, gelegt wurde. Aber allein schon wegen des Rundblicks auf Llaregyb lohnt es sich, den Berg zu besteigen. Romantisch veranlagten Besuchern ist auch ein Spaziergang zum nahen Milchwald zu empfehlen, einem beliebten Treffpunkt für Liebespaare.

Dylan Thomas, *Under Milk Wood – a Play for Voices,* Ldn. 1954.

LOCUS SOLUS, eine große Villa inmitten weiter Gärten in Montmorency, nahe Paris, im Département Seine-et-Oise. Locus Solus ist Wohnsitz des Gelehrten Martial Canterel und umfaßt mehrere Laboratorien, in denen der Meister, unterstützt von zahlreichen Assistenten, sein Leben der Wissenschaft weiht.

Der Garten umfaßt eine Reihe von Pavillons, in denen Canterels meisterliche Erfindungen und auch ein paar Kunstwerke ausgestellt sind. Unter diesen befindet sich die Statue eines nackten jungen Mannes aus Ton, die der Forscher Echenoz aus Timbuktu mitbrachte; in der rechten Hand der Statue wächst eine Pflanze, *Arthemisia maritima,* ein ausgezeichnetes Mittel gegen Amenorrhöe (= Ausbleiben der Regel). Die Nische, in der die Statue aufgestellt ist, krönen drei Flachreliefs aus Gloannic, einer bretonischen Stadt, die im fünfzehnten Jahrhundert im Sand versank.

Ein weiteres, interessantes Objekt ist ein fliegender Käfer, der, gekoppelt mit einer komplizierten Apparatur, meteorologische Veränderungen exakt vorhersagen kann – das Gerät bestimmt zehn Tage im voraus Richtung und Stärke des leisesten Lüftchens und Umfang, Lichtdurchlässigkeit und Kondensierungspotential jeder sich bildenden Wolke. Dieses mechanische Kunstwerk besteht unter anderem aus einem komplizierten Mosaik menschlicher Zähne, die Dr. Canterel mittels einer absolut schmerzlosen Prozedur gezogen hat. Die Kunde von dieser neuen Methode führte eine große Zahl Zahnweh-Geplagter nach Locus Solus, und Dr. Canterel beschloß, die gezogenen Zähne einem praktischen Zweck zuzuführen.

Im sonnigsten Teil der Gärten kann der Besucher eine Art großen Diamanten sehen, der als Behälter für ein besonderes Wasser dient, in dem durch ein Verfahren der Sauerstoff-Anreicherung Menschen und Tiere so frei und mühelos atmen können wie an Land.

Der Höhepunkt eines jeden Besuchs in Locus Solus ist der Pavillon der Auferstehung, wo auf Eis gelegte Leichen dank zweier Erfindungen von Canterel – das *Vitalium* und das *Resurrektin* – plötzlich wieder lebendig werden. Das *Resurrektin* wird in den Schädel der Leiche eingeführt und bildet dort einen Film; dann wird das *Vitalium* injiziert und verbindet sich mit dem Film, wobei es zu einer elektrischen Entladung kommt, durch die sich die Leiche in der realistischsten Art und Weise aufsetzt. Dr. Canterel hat die Prozedur so verfeinert, daß die Illusion der Naturtreue vollkommen ist: Die Lungen atmen ein und aus, die Lippen formen Worte, auch die Arme und Hände bewegen sich. Nicht alle Leichen eignen sich für diese Erweckung, und Dr. Canterel sucht sie mit äußerster Sorgfalt aus.

Zwar macht es sich Dr. Canterel selbst zur Aufgabe, Besucher bei der Besichtigung von Locus Solus zu führen, aber empfindsame Leute sollten vielleicht den Pavillon des Irren lieber meiden, wo ein älterer Herr immer und immer wieder die Umstände der Ermordung seiner Tochter schildert.

Raymond Roussel, *Locus Solus,* Paris 1914.

LOCUTA, jenseits von ↗ LAPUTA, von Lemuel Gulliver jun. entdeckt. Die Locutaner treiben Handel mit allen Nationen der Welt und haben aus Erfahrung gelernt, daß sie sich den Bräuchen und Gesetzen ihrer Partner anpassen müssen, wenn sie mit ihnen in Verbindung treten. Als Ergebnis langer Untersuchungen sind sie zu dem Schluß gekommen, daß die Struktur der Sprache wertvolle Rückschlüsse auf Organisation und Wesen der jeweiligen Gesellschaften zuläßt. Die Locutaner verbringen daher einen geraumen Teil ihrer Zeit mit dem Studium von Sprache und Redekunst. Die Insel ist von einer riesigen Anzahl Stufen umgeben, auf denen die locutanischen Kinder sitzen und ihre Lektionen lernen.

Sobald Locuta Kontakt mit einem anderen Land aufnimmt, werden Richtlinien für den Umgang mit diesem Partner aufgestellt. So haben die Inselbewohner beispielsweise die britische Gesellschaft nach den neun Bestandteilen ihrer Sprache analysiert. Die älteste oder erste Klasse wurde als Funktion benannt und in vier Untergruppen, die Substantive, unterteilt: in die, die alles regieren; solche, die Menschen und Plätze beherrschen; danach diejenigen, die sich mit der Vorstellungskraft beschäftigen, und schließlich jene, die alles in Begriffe ordnen. Nach Angaben der Locutaner werden die Substantive grundsätzlich von Mitgliedern der zweiten Klasse begleitet, die die Eigenschaften und Vorzüge ihrer Herren verkünden. Diese Begleiter, die Adjektive, sind sehr wichtig, weil der gute Ruf der Substantive von ihnen abhängt. Substantive werden bei ihren Tätigkeiten von einer dritten Klasse, den Verben, unterstützt. Eine weitere Gruppe, die Konjunktionen, sind die britischen Priester: ohne ihre Hilfe hat der gesellschaftliche Aufbau keinen Bestand.

Welche anderen Gesellschaften die Locutaner auf diese Weise noch analysiert haben, ist nicht bekannt.

Elizabeth Susannah (Davenport) Graham, *Voyage to Locuta; A Fragment by Lemuel Gulliver Junior,* Ldn. 1817.

LODIDHAPURA, eine Stadt im Dschungel von Kambodscha, Herrschaftsbereich des berühmten »Lepra-Königs«. Schon von weitem erblickt der Reisende voller Staunen die gewaltigen Umrisse der Tempel, Paläste und mit kunstvollen Skulpturen geschmückten Türme, die majestätisch über den Baumwipfeln aufragen. Vor der Stadt liegen die Felder, auf denen fast unbekleidete Sklaven arbeiten, deren armselige Behausungen – strohgedeckte Hütten – nahe der Stadtmauer stehen.

Die Straßen von Lodidhapura sind von kleinen Läden gesäumt, in denen unter anderem Töpferware, Gold- und Silberschmuck, Teppiche, Weihrauch, Rüstungen und Waffen feilgeboten werden. Entlang der Prachtstraßen stehen große Bäume und herrliche Hecken sowie Statuen und Säulen mit prachtvollen Ornamenten. Der Königspalast ist vom Fundament bis zur höchsten Turmspitze mit Wandfliesen in den leuchtendsten Farben und phantasievollsten Mustern vertäfelt. Die luxuriösen Räume sind mit zahlreichen Kissen und Teppichen ausgestattet.

In dem das ganze Stadtbild dominierenden Tempel wird Schiwa, der Gott der Zerstörung, verehrt. Die beiden anderen Götter, denen die Bewohner huldigen, sind Brahma und Wischnu.

Lodidhapura verfügt über eine starke Streitmacht. Die Soldaten tragen Lederkleidung und Bronzerüstungen und sind mit Schwertern, Speeren sowie mit Pfeil und Bogen bewaffnet.

Um 1930 wurde der Lepra-König durch einen Forschungsreisenden namens Gordon King von seinem Leiden geheilt. Berichten zufolge soll dieser Amerikaner dem Oberpriester von Lodidhapura das Leben gerettet haben, als dieser, von Halluzinationen befallen, im Dschungel herumlief und von einem Tiger angefallen wurde. Zum Dank dafür nahm der König den Fremden in seine Dienste, doch als Gordon King die Prinzessin der mit Lodidhapura rivalisierenden Stadt ↗ PNOM DHEK befreite, fiel er in Ungnade. Der drohenden Hinrichtung entging er dadurch, daß er den König von der »Lepra« heilte, die in Wirklichkeit nur eine durch Pilze, die der Herrscher besonders gern aß, hervorgerufene Allergie war.

Fremde Besucher sollten sich davor hüten, den Zorn des Königs auf sich zu ziehen, denn dieser zwingt unliebsame Personen zum »Zweikampf mit dem Tiger«, einem grausamen Spektakel, das in Lodidhapura als Volksbelustigung sehr beliebt ist.

Edgar Rice Burroughs, *The Jungle Girl,* NY 1931.

DER LOFOTEN-FRIEDHOF ist nicht zu verwechseln mit den Begräbnisstätten der gleichnamigen Inseln. Neben seinen alten Steingrabmälern und dem ewig regnerischen Himmel ist der Friedhof der Lofoten wegen seiner Raben berühmt, die so zahlreich wie fett sind, denn sie ernähren sich von Leichenfleisch. Nach nicht ganz glaubwürdigen Informationen sind die Toten des Friedhofs weniger tot als manche Lebende.

Oscar Venceslas de Lubicz Milosz, *Tous les morts sont ivres...*, in *Poèmes 1895–1927,* Paris 1929.

LOMBE, ein pfefferreiches Land an der Küste Indiens. Seine Hauptstadt Polombe liegt am Fuß des gleichnamigen Bergs. Hier befindet sich die Polombe-Quelle. Geruch und Geschmack ihres Wassers ändern sich stündlich, und angeblich wird jede Krankheit der Welt geheilt, wenn man dreimal davon trinkt. Die Polomber trinken oft aus der Quelle und bleiben gesund und jung.

Die Bewohner von Lombe verehren den Ochsen wegen seiner Einfalt, Sanftmut und Nützlichkeit. Sie lassen ihn sechs bis sieben Jahre arbeiten und schlachten ihn dann. Sie fertigen Idole an, die halb Mensch, halb Ochse sind und die sie für Medien böser Geister halten. Da den Idolen Kinder geopfert werden, ist Lombe als Ferienziel nur bedingt geeignet.

Jean de Mandeville, *Les voyages d'outre mer* (um 1357), Lyon 1480.

LONDON AN DER THEMSE (nicht zu verwechseln mit der gleichnamigen Stadt in England) liegt im Innern Afrikas und ist von einem englischsprechenden Gorillastamm bewohnt, dessen Mitglieder glauben, die Reinkarnationen historischer Persönlichkeiten aus dem sechzehnten Jahrhundert zu sein.

Der Weg in die Stadt führt durch ausgedehnte Bambuswälder sowie Sellerie- und Obstpflanzungen, die die Gorillas mit groben, handgefertigten Werkzeugen angelegt haben. Die Stadt besteht aus kreisrunden Bambushütten mit konisch zulaufenden Strohdächern und rechteckigen Gebäuden aus Lehm und Stein. Etwas abseits steht der königliche Palast, ein dreigeschossiges Gebäude mit Türmen und Befestigungen, das vom Stil her ein wenig an mittelalterliche Burgen erinnert. Der König, ein gewaltiger Gorilla, hält sich für Heinrich den Achten und lebt in einem kahlen Raum mit einem Boden aus trockenem Gras. Seine fünf Gorillafrauen allerdings – Katharina von Aragon, Anne Boleyn und so weiter – erfreuen sich bester Gesundheit. Weiter trifft man auf den Prinzen von Wales, auf Kardinal Wolsey sowie einen alten behaarten Affen, den sie als Gott verehren. Mitunter werden weiße Frauen für den König eingefangen, die dann eine kurze Zeitspanne lang als sechste Gemahlin Seiner Majestät fungieren. Die übrigen amüsieren sich mit den Afrikanerinnen, die ihnen von den eingeschüchterten Nachbarstämmen überlassen werden. Vereinzelt sieht man weiße Männer als Bedienstete der Gorillas.

Diese merkwürdige Gemeinschaft wurde von einem obskuren englischen Professor gegründet. Er entdeckte eine Methode zur Extraktion von Zellen aus toten Körpern und reiste mit einer Anzahl von Proben von historischen Persönlichkeiten nach Afrika. Hier injizierte er seine Zellen den Gorillas, brachte ihnen Englisch bei und spritzte sich selbst – als er zu altern begann – die Zellen junger Affen. Tatsächlich ist der Professor jene Kreatur, die die Gorillas Gott nennen und die sie als wahren Herrscher ihres Königreiches verehren.

Es ist nicht auszuschließen, daß gewisse Zeitgenossen in Wirklichkeit Gorillas sind, die von diesem Forscher im Zuge seiner Experimente in Menschen verwandelt wurden.

Edgar Rice Burroughs, *Tarzan and the Lion Man,* NY 1934.

LONGJUMEAU, eine Stadt in Frankreich, die man nie verlassen kann. Schon oft haben die Einwohner sich vorgenommen, nach Borneo, Neuseeland, Tierra del Fuego oder Grönland zu fahren, aber jedesmal passiert etwas, das ihre Abreise verschiebt. Einer vergißt seine Schlüssel, ein anderer schläft ein oder verpaßt den Zug, wieder einer verstaucht sich den Knöchel oder läßt seine Brieftasche liegen. Die Einwohner von Longjumeau haben nie an einem Begräbnis, einer Hochzeit oder einer Taufe außerhalb der Stadt teilgenommen. Einmal meinte ein Paar, den Bann gebrochen zu haben. Die beiden stiegen in einen Wagen erster Klasse, der sie – wie sie glaubten – nach Versailles bringen würde. Aber der Zug fuhr ab und der Waggon blieb abgekoppelt auf dem Bahnhof stehen. Man weiß nicht, ob die seltsamen Eigenheiten von Longjumeau sich nur auf seine Bürger beschränken oder ob Reisende, die die Stadt besuchen, denselben Gesetzen unterworfen sind.

Léon Bloy, *Les captifs de Longjumeau,* in *L'oeuvre complète,* Paris 1947.

LOONARIE, eine Gruppe von kleinen Inseln, Teil des ↗ RIALLARO-Archipels im südöstlichen Pazifik. Loonarie wird als das Irrenhaus des Archipels benutzt. Die wichtigsten Inseln von Loonarie sind:

Meddla oder Insel der Philanthropie, der Außenwelt als Insel der Wichtigtuer bekannt, die von Propagandisten und Enthusiasten verschiedener Richtungen bewohnt wird;

Auf Wotnekst oder Gottesgesetz haben die Bewohner ein Gesetz herausgebracht, demzufolge ihre Sprache eines Tages die universelle Weltsprache sein soll; sie behaupten, daß die schmutzigen Hütten der Insel das Zentrum der Zivilisation seien. Dies ist die fruchtbarste Insel des Archipels, reich an Mineralien und kostbaren Metallen, und sie wurde früher von den anderen Inseln wegen ihres Reichtums, ihrer großen Städte und stattlichen Gebäude beneidet. Die Bevölkerung ist sich einig in der Überzeugung, daß die Welt gerettet wäre, wenn jeder von ihnen seine Lieblingsvorstellung in die Tat umsetzen könnte, doch dies hat zu ihrem Niedergang geführt.

Foolgar ist eine flache und sumpfige Insel mit Häusern, die auf Hügeln stehen. Der Name der Insel heißt übersetzt »Land der hohen Herkunft«, da alle Bewohner behaupten, von irgendeinem Gott abzustammen. In früheren Zeiten wehrten die Priester den Bankrott der Tempel ab, indem sie Stammbäume und Ahnenreihen an die Höchstbietenden versteigerten, und diese Praktik wird heute noch immer ausgeübt. Die Bewohner sind pompös und prätentiös, und in der Außenwelt heißt Foolgar die »Insel der Snobs«.

Awdyoo ist die Insel des Journalismus, die von jedermann gemieden wird; sie ist eine Quarantänestation, auf die Vielschreiberlinge verbannt werden. Mit Ausnahme von ↗ ALEOFANE betrachten die Bewohner sämtlicher Inseln Journalismus als ansteckende Krankheit oder eine Form von Wahnsinn. Die Verbannten benutzen Äquivalente ihrer alten Waffen: Luftgewehre, die Tinte und gefärbte, übelriechende Flüssigkeiten verspritzen; die Insel ist von weitem an ihrem scheußlichen Gestank zu erkennen. Die Religion der Insel ist der Kult des Verhüllten Ego.

Jabberoo, wohin unersättliche Schwätzer verbannt werden, ist eine

Insel, die man meiden sollte. Die endlosen Debatten ihrer Bewohner führen zur Vernachlässigung aller praktischen Aktivitäten.

Witlingen ist der trübsinnigste Ort auf der Erde, der bevölkert ist von Leuten, die wegen ihres Witzes verbannt worden sind. Die Bewohner kennen alle Witze und wiederholen sie unablässig.

Polaria ist die Insel derjenigen, die es sich zur Regel gemacht haben, anderen zu widersprechen.

Grabawlia ist die Insel der Geizhälse.

Paranomia ist die Insel für Verbannte, die vom Gesetz besessen sind und entweder ständig Prozesse führen oder das Gesetz vollkommen ignorieren.

Die Bewohner von Palindicia sind unglücklich, wenn sie nicht für Gerechtigkeit sorgen können, und sie führen ständig Scheinprozesse durch.

Godfrey Sweven, *Riallaro, the Archipelago of Exiles*, NY/Ldn. 1901. – Ders., *Limanora, the Island of Progress*, NY/Ldn. 1903.

LORIEN, auch **LOTHLÓRIEN** genannt, ein Waldgebiet zwischen den Osthängen des Nebelgebirges und dem Großen Fluß. Hier fließt der Nimrodel in den Celebrant, der in den Anduin mündet. Eine einmalige Sehenswürdigkeit in ↗ MITTELERDE und ein ganz besonderes Erlebnis sind die Bäume von Lorien. Ihre Blätter färben sich im Herbst golden und fallen erst ab, wenn sich im Frühling das neue Grün öffnet. Dann biegen sich ihre Zweige unter der Last ihrer gelben Blüten, und der Waldboden ist wie von Gold bedeckt. Die Stämme dagegen leuchten silbern. Den besten Blick über das Land und die Hauptstadt Caras Galadon hat man vom Cerin Amroth aus, einem mit duftendem Gras bewachsenen Hügel, auf dem zwei Baumkreise stehen: Den inneren bilden hohe Mallornbäume, den äußeren blattlose, schlanke Bäume mit schneeweißer Rinde.

Die Elben von Lorien werden auch das Baumvolk, Galadrim, genannt, denn sie bauen ihre Häuser hoch in den Zweigen, die fast waagrecht aus dem Stamm herauswachsen und sich dann nach oben biegen. Nahe dem Wipfel teilt sich der Hauptstamm in eine Krone von vielen Ästen, auf die sich eine hölzerne Plattform stützt – ein *flett* oder *talan*. Mit Hilfe einer silbern schimmernden Strickleiter gelangt man hinauf. Nur ein beweglicher Wandschirm schützt vor dem Wind – jedoch nicht vor dem Hinunterfallen.

Die Hauptstadt Caras Galadon ist von den höchsten Mallornbäumen wie von einer Mauer umgeben. Eine mit weißen Steinen gepflasterte Straße führt um sie herum, denn nur von Süden kann man die Stadt betreten. Über viele Pfade und Treppen gelangt man zu einer großen Rasenfläche, in deren Mitte ein schimmernder Springbrunnen steht. Auf der Südseite erhebt sich der mächtigste aller Bäume, dessen glatter Stamm wie graue Seide glänzt. Über eine weiße Leiter kommt man, an vielen *fletts* vorbei, hinauf zur Königshalle, in der die Gäste empfangen wurden. Die Wände sind grün und silbern, das Dach ist golden.

Lorien ist das zeitlose Land von Celebrant und Galadriel, das Herz des Elbentums auf Erden. Gold, Weiß, Blau und Grün sind seine Farben, und noch im Winter blühen Blumen. Die hochgewachsenen, blonden Elben von Lorien sind in vielen Künsten bewandert. Sie stellen Phiolen her, die im Dunkel leuchten, oder Schwerter, die blau schimmern, wenn Orks oder Trolle in der Nähe sind. Sie weben leichte und zugleich sehr wärmende Stoffe, die ihre Farbe der Farbe der Umgebung anpassen können. Ihre Boote sind überaus leicht und wendig, ihre Seile aus *hithlain*, einem sehr starken, fast gewichtslosen Material. Als Wegzehrung gaben sie den Neun Gefährten des Rings *lembas* mit, dünne Kuchen, die wundersam stärken und lange haltbar sind.

Nach dem Ende des Ringkriegs begab sich Galadriel zurück in die Unsterblichen Lande, und Lorien verlor viel von seiner Schönheit. Dafür gründete Celeborn im Düsterwald, der nun wieder von allen Bösen Dingen befreit wurde, Ost-Lorien.

John Ronald Reuel Tolkien, *The Fellowship of the Ring*, Ldn. 1954. – Ders., *The Two Towers*, Ldn. 1954. – Ders., *The Return of the King*, Ldn. 1954.

DAS LOTOSESSERLAND, eine von den Wellen des Mittelmeers umbrandete Insel. Von ihren verschneiten Berggipfeln stürzen zahlreiche Kaskaden in ein grünes Tal und sammeln sich in einem Fluß, der dem Meer zuströmt. Pinien, Palmen, Apfelbäume, Akanthus, Tausendschönchen, Myrrhen, Zypernwurzeln, Moose, Efeu, Mohn und ein Zauberkraut namens Moly wachsen auf der Insel; Lotosblumen überziehen mit leuchtender Farbe die Hügel und das flache Land. Über die gelbe Sandküste streicht eine Brise, die an die Seufzer eines müden Träumers erinnert, und die Tageszeit ist ewiger Nachmittag.

Die Ureinwohner der Insel essen die Lotosblumen und vergessen dadurch alle irdischen Sorgen. Liebenswürdig bieten sie die Blüten auch ihren Gästen an. Reisende seien jedoch darauf hingewiesen, daß sie nach Genuß des Lotos nicht mehr den Wunsch verspüren werden, in die Heimat zurückzukehren. Sie werden die Insel nur verlassen, wenn man sie dazu zwingt. Wer an dem Mahl der Lotosesser teilnimmt, wird spüren, daß die Küste sich entfernt, und die Stimmen seiner Gefährten klingen dünn, als kämen sie aus einem Grab. Er wird einschlafen und dennoch wach sein. Er wird den Klang einer fernen Musik hören und nicht wissen, daß es sein eigenes Herz ist, das ihm in den Ohren pocht.

Homer, *Odysseia* (8. Jh. v. Chr.?), Florenz 1488. – Alfred Lord Tennyson, *The Lotus Eaters*, in *Poems*, Ldn. 1833.

LUBEC, eine Stadt unbekannter Lage, wo niemand unter Armut leidet. Die Männer von Lubec haben keine eigenen Genitalien; die Geschlechtsorgane werden im Rathaus aufgehoben und können bei Bedarf ausgeliehen werden, niemals allerdings von Landstreichern oder Bettlern, womit man sich die Belästigung durch eine unwürdige Klasse erspart. Ähnlich wird in dem unter dem Meeresspiegel gelegenen Frauenreich ↗ KAPILLARIEN verfahren.

Béroualde de Verville, *Le moyen de parvenir...*, Paris 1880.

LUGGNAGG, große Insel etwa hundert Meilen südöstlich von Japan, einem der wichtigsten Handelspartner des Inselreiches. Die Schiffe nach Japan fahren von Clumegnig aus, einem größeren Hafen an der Südostküste. Außerdem segeln auch noch Schiffe nach ↗ GLUBBDUBDRIB. Die Hauptstadt Traldragdub wird auch Trildrogdrib genannt.

Luggnagg ist berühmt für seine Gastfreundschaft; Fremde werden häufig auf Staatskosten untergebracht. Eine Einladung an den Hof mit dem Wortlaut: »Sie haben die Ehre, den Staub vor dem Fußschemel des Königs aufzulecken«, ist ganz wörtlich zu nehmen. Sobald der Gast den Thronsaal betreten hat, sollte er auf dem Bauch vorwärtskriechen und dabei den Boden ablecken. Wenn Touristen an den Hof geladen sind, wird dafür gesorgt, daß nicht allzuviel Staub am Boden liegt. Ausländischen Staatsmännern indes kann es geschehen, daß eine derartig dicke Staubschicht den Boden bedeckt, daß sie bereits halb erstickt und unfähig sind, auch nur ein Wort hervorzubringen, wenn sie beim Thron angekommen sind. Als unverzeihliches Verbrechen gilt es, wenn jemand in Gegenwart des Königs ausspuckt oder sich den Mund abwischt. Soll also jemand hingerichtet werden, so bestreut man den Boden mit einem dunklen Gift, das innerhalb von vierundzwanzig Stunden tödlich wirkt. Doch um dem König gegenüber gerecht zu sein und um alle Befürchtungen neu angekommener Gäste zu zerstreuen, muß hinzugefügt werden, daß die verseuchten Stellen nach derartigen Hinrichtungen sorgfältig gereinigt und geschrubbt werden.

Sobald sich der Besucher dem Thron auf etwa vier Meter genähert hat, muß er hinknien, mit der Stirn siebenmal auf den Boden schlagen und dabei folgende Formel zungenbrecherisch sprechen: *Ickpling gloffthrobb squutserumm blhiop mlashnalt zwin tnodbalkguffh slhiophad gurdlubh asht,* die in der Übersetzung etwa lautet: »Möge Eure Himmlische Majestät die Sonne elfeinhalb Monate überleben.«

Vielleicht am bekanntesten ist Luggnagg aber wegen seiner »Unsterblichen«, den sogenannten *Struldbruggs*. Von Zeit zu Zeit kommen Kinder zur Welt, die bei der Geburt einen roten kreisrunden Fleck über ihrer linken Augenbraue haben. Nach Aussagen der Luggnaggianer ist dies ein Zeichen dafür, daß sie niemals sterben werden. Wenn ein Kind zwölf Jahre alt ist, hat sich der Fleck vergrößert und grün verfärbt. Im Alter von fünfundvierzig Jahren wird er kohlschwarz und hat nun die Größe einer Münze. Von da an verändert er sich nicht mehr. Etwa eintausendeinhundert solcher Unsterblicher leben im Lande. Für das Vorhandensein der *Struldbruggs* gibt es keine Erklärung, und dieser Zustand ist auch nicht vererbbar. Es ist jammervoll – obwohl sie niemals sterben, erfreuen sie sich durchaus nicht immerwährender Jugend, sondern machen statt dessen den ganz normalen Alterungsprozeß durch. Mit achtzig Jahren leiden sie alle unter den Beschwerden, die ein hohes Alter mit sich bringt, haben aber das düstere Schicksal vor Augen, ewig leben zu müssen. Mit Erreichung dieses Alters werden sie juristisch für tot angesehen, das heißt, die Erben übernehmen ihre Güter, sie dürfen kein Land mehr erwerben oder als Zeugen vor Gericht aussagen. Lediglich ein Hungerlohn bleibt ihnen, und schließlich nimmt sich der Staat dieser bettelarmen Unsterblichen an. Das schlimmste in ihrer Lage ist die Tatsache, daß die Sprache auf Luggnagg sich häufig verändert und sie sich dadurch schließlich mit niemandem mehr verständigen können, so daß sie als Fremde in ihrem eigenen Land leben.

Die *Struldbruggs* werden von der Bevölkerung verabscheut und gehaßt, und ihre Geburt sieht man als böses Omen an. Sind zwei Unsterbliche miteinander verheiratet, so wird die Ehe mit Erreichung des achtzigsten Lebensjahres gesetzlich aufgelöst, da man es als unzumutbar erachtet, daß diejenigen, denen ohne ihr Zutun die Bürde ewigen Lebens aufgeladen wurde, nun auch noch die doppelte Last einer ewigen Ehe tragen sollen.

Jonathan Swift, *Travels into Several Remote Nations of the World...,* Ldn. 1726.

LUMMERLAND ↗ JIMBALLA

DIE LUQUEBARALIDEAUX-INSELN sind eine Inselgruppe im Wilden Meer, bewohnt von den »Andouilles« (einer Schlackwurst-Art), die zwölf Zoll groß werden, spitze Zähne, aber keine Knochen haben und sich gern zu Ketten oder (ähnlich unseren Schafen) zu Herden zusammenfinden. Der Senf, den sie aus den Bächen trinken, ist für sie ein Balsam, da er alle ihre Wunden und Schrammen heilt.

Die See ringsum ist das Wohngebiet merkwürdiger Menschenwesen, deren Körper von einer Art Rattenfell bedeckt ist. Sie hausen in Höhlen unter dem Meeresgrund, wo sie in der winterlichen Regenzeit nicht naß werden und in der Sommerhitze nicht zu schwitzen brauchen. Auch sie haben scharfe, spitze Zähne, mit denen sie Fische fangen, die sie dann mit reichlich Senf verzehren.

Anon., *Le voyage de navigation que fist Panurge, disciple de Pantagruel, aux isles incognues et estranges de plusieurs choses merveilleuses et difficiles à croire...,* Paris 1538.

LYTREIA, das Reich von Tenjo Langnase nahe der Stadt ↗ TUROINE. Das Volk dieses Königreichs betet Nasen an und verachtet jedes männliche Wesen, das keine große und kräftige besitzt. Es heißt, das Königreich sei in tiefen Trübsinn verfallen, als durch das Auftreten eines bösen Geistes alle Nasen im Land ihre Stärke verloren und kein Mann mehr niesen oder seine Nase in sonstwie üblicher Weise gebrauchen konnte. Selbst die Heilige Nase im Tempel fiel zusammen und schrumpfte, bis man sie mit Wasser aus ↗ DOONHAM berührte. Danach allerdings stellte sich die Nase auf und wurde sogar noch riesiger, stärker und fleischiger als zuvor. Sofort bekamen daraufhin die Nasen aller Männer von Lytreia ihre gewöhnlichen Proportionen, und die Paare zogen sich wieder zurück, um ungestört zu niesen.

Reisende sollten das Grab von Peter dem Baumeister besichtigen. Nach der Überlieferung von Lytreia enthält es den Spiegel der Zwei Wahrheiten. Es heißt, jeder Mann, der hineinsieht, werde in zwei Steine verwandelt, deshalb läßt man den Spiegel verschleiert. In Wahrheit hängt hinter dem Schleier kein Spiegel, sondern ein Gemälde, auf dem zwei Wahrheiten dargestellt sind – daß menschliche Wesen sich paaren und sterben.

Es ist nicht einfach, den »Tempel der Nase« zu besuchen. Sogar der König muß sich an einer Zeremonie beteiligen, die von der Hohenpriesterin geleitet wird, ehe er eintritt. Sie reicht dem König einen Kamm, und er scheitelt damit ihr Haar, dann spricht er die Worte: »Ich trete ein, stolz und aufrecht. Ich nehme mir Lust in Fülle, gebieterisch, unsinnig, und niemand straft.« Die Priesterin antwortet: »Noch nicht«, und der König fährt fort: »Aber in drei Monaten und abermals drei Monaten kommt der Rächer und spottet mein, wie ich bin, sichtbarlich; und im voraus dazu verurteilt, zu tun, was ich tat, unausweichlich.« Nach dieser Zeremonie darf der König den Tempel betreten. Das Wort des Eintritts für gewöhnliche Besucher ist unbekannt.

James Branch Cabell, *Something about Eve,* Ldn. 1927.

M

MABARON, ein großes Königreich in Indien, zehn Tagesreisen von ↗ LOMBE entfernt. Es ist bekannt für seine schönen Städte, darunter Callamyon, die Begräbnisstätte des Apostels Thomas. Der Arm und die Hand, mit der der heilige Thomas den auferstandenen Christus berührte, werden in einem Schrein außerhalb des Grabes aufbewahrt. Bei Gerichtsstreitigkeiten geben beide Parteien ein Papier, auf dem sie ihren Fall dargelegt haben, dem

Heiligen in die Hand; das Schreiben des Schuldigen wirft er beiseite.

Empfehlenswert ist auch ein Besuch der Thomaskirche, die erlesene Heiligenbilder und riesige Idole beherbergt. Das größte Götzenbild, der Gott der falschen Christen, sitzt, geschmückt mit goldenen Ketten, Perlen und Edelsteinen, auf einem goldenen Stuhl. Die Leute reisen Hunderte von Meilen, um das Idol anzubeten. An heiligen Festen wird es auf einem großen Wagen durch die Straßen gefahren, angeführt von den einheimischen Jungfrauen und gefolgt von Pilgern aller Art. Einige lassen sich vor den Wagen fallen und von den Rädern überrollen, denn wer aus Liebe zu diesem Idol stirbt, gilt als heilig. Andere erdolchen sich nach der Prozession. Ihr Leichnam wird verbrannt, die Asche als eine der zahllosen Reliquien aufbewahrt, denen man in Mabaron auf Schritt und Tritt begegnet.

Jean de Mandeville, *Les voyages d'outre mer* (um 1357), Lyon 1480.

MACARIA, ein dicht besiedeltes, blühendes Königreich, wahrscheinlich irgendwo in Afrika gelegen. Reisende haben es mit einem »fruchtbaren Garten« verglichen. Besonders bemerkenswert sind die Überlandstraßen, die (seit der Mitte des 17. Jahrhunderts) wie die Straßen einer Stadt gepflastert sind. Mit seinen Nachbarn lebt Macaria zwar meistens in Frieden, es kann jedoch nach geltendem Gesetz jeden Staat, der es erobern will, als Kriegsbeute beanspruchen. Zur Warnung wurden bereits mehrere Königreiche von den macarischen Streitkräften zerstört.

Das Land wird vom Großen Rat regiert, der einmal im Jahr zusammentritt, um sich mit den gegen Minister, Richter und andere Staatsdiener erhobenen Beschwerden zu befassen (deren Zahl allerdings sehr gering ist). Fünf weitere Regierungsgremien sind für die Ressorts Ackerbau, Fischerei, Handel zu Lande, Handel zu Wasser und Anlage neuer Pflanzungen zuständig. Ein Zwanzigstel des Vermögens jedes verstorbenen Bürgers wird vom Staat eingezogen und zur Bodenverbesserung sowie für den Wege- und Brückenbau verwandt.

Das religiöse Leben in Macaria ist von Dogmen bestimmt, deren Unfehlbarkeit durch unerschütterliche Argumente bekräftigt wird. Für Sektenbildung und Meinungsstreit haben die Macarier nichts übrig, für Schismatiker und Ketzer ist in diesem Land kein Platz.

Daß die Bevölkerung sich bester Gesundheit erfreut, rührt vor allem daher, daß jeder Gemeindegeistliche zugleich Arzt ist. Neue Medikamente werden in einer Institution erprobt, die sich »Kollegium der Erfahrung« nennt. Wer nützliche Arzneien entdeckt, erhält vom Staat eine Belohnung.

Samuel Hartlib, *A Description of the Famous Kingdom of Macaria...*, Ldn. 1641.

MACHIMOS ↗ MEROPIS

MACONDO, ein kolumbianisches Dorf, ist gegen Osten durch eine hohe, abweisende Hügelkette geschützt, gegen Süden durch Sümpfe und ein großes Gewässer. Dort leben zarthäutige Wale mit dem Gesicht und Oberkörper von Frauen, die mit ihren festen und verführerischen Brüsten die vorbeikommenden Seeleute ins Wasser locken. Im Norden gelangt man nach tagelangen Märschen durch einen gefährlichen Dschungel ans Meer.

Das Dorf wurde von José Arcadio Buendía gegründet, dessen grenzenlose Phantasie immer schon weiter reichte als der Einfallsreichtum der Natur. Er hatte die Häuser so angeordnet, daß alle Einwohner mühelos an den Fluß gelangen und Wasser holen konnten, und die Straßen waren so geplant, daß alle Häuser gleich viel Sonnenschein bekamen. Er baute für die Bevölkerung kleine Fallen, um Kanarienvögel, Rotkehlchen und Nachtigallen einzufangen, und schon nach kurzer Zeit war das Dorf von ihrem Singen so erfüllt, daß die Zigeuner, die Macondo jedes Jahr besuchen kamen, um den Bewohnern das neueste Achte Weltwunder vorzuführen, sich von der Musik leiten ließen.

Aus einem kleinen Dorf mit nicht mehr als zwanzig Lehm- und Bambushütten entwickelte sich Macondo zu einer Stadt mit Läden und einem Marktplatz. Dieser neue Reichtum veranlaßte José Arcadio Buendía dazu, die eingefangenen Vögel freizulassen und sie durch Spieluhren zu ersetzen, die er bei Händlern gegen Papageien eintauschte. Die Uhren waren so aufeinander abgestimmt, daß die Stadt alle halbe Stunde unter dem Klang unzähliger Glockenspiele bebte, und jeden Mittag leitete ein musikalisches Potpourri aus Kuckucksrufen und Walzern den Beginn der Siesta ein.

Zu den wichtigsten Ereignissen in der Geschichte Macondos gehört die seltsame Schlaflosigkeit, die sich wie eine Epidemie in der ganzen Stadt ausbreitete. Am schlimmsten war daran nicht das Nichtschlafenkönnen – denn der Körper ermüdete auch nicht –, sondern der allmähliche Gedächtnisverlust. Wenn sich die erkrankte Person an das Wachbleiben gewöhnt hatte, verflüchtigten sich zuerst Erinnerungen an ihre Kindheit, dann Namen und Begriffe; schließlich verlor sie

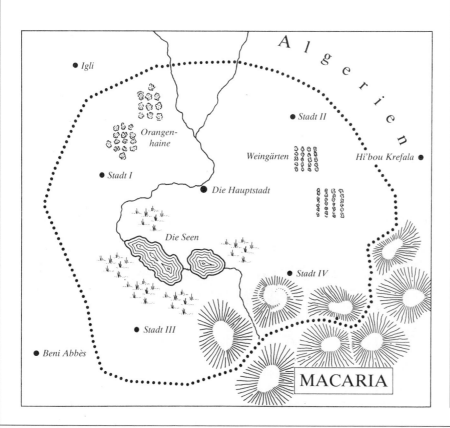

ihre Identität und das Bewußtsein ihres eigenen Selbst und versank in einen stillen Wahnsinn. Im ganzen Dorf wurden Klingeln angebracht, und jeder, der vorbeikam, zog daran, um zu beweisen, daß er noch gesund sei. Besuchern wurde empfohlen, in Macondo nichts zu essen oder zu trinken, denn man nahm an, die Krankheit sei ansteckend. Die Einwohner selbst gewöhnten sich bald an ihren Zustand. Um nicht zu vergessen, was die verschiedenen Dinge um sie herum waren, versahen sie alle Sachen mit ihrem Namen: *Eimer, Tisch, Kuh, Blume.* Langsam wurde jedoch allen bewußt, daß man die Namen der Dinge zwar auf diese Weise im Gedächtnis behielt, jedoch ihre Verwendungsweise vergessen konnte, und so wurden die Schilder ausführlicher beschriftet. Zum Beispiel konnte der Betrachter auf einer Kuh die folgende Information lesen: »Dies ist eine Kuh; sie muß jeden Morgen gemolken werden, um Milch zu geben, und die Milch muß gekocht und dann dem Kaffee hinzugefügt werden, damit man Milchkaffee bekommt.«

Im Laufe der Zeit wurde auch ein geniales System entwickelt, um den Auswirkungen der seltsamen Krankheit zu begegnen: Man lernte, die Vergangenheit aus Karten zu lesen, so wie früher die Zigeuner die Zukunft zu lesen pflegten. Buendía erfand außerdem eine Gedächtnismaschine, die er jeden Morgen mit Ereignissen aus seinem früheren Leben speiste. Auf diese Weise konnte er die Maschine jederzeit anschalten und seine Vergangenheit Tag für Tag rekonstruieren. Die Epidemie nahm überraschend ein Ende, als der Zigeuner Melquíades – der schon tot gewesen war, jedoch zurückkehrte, weil er die Einsamkeit des Todes nicht ertragen konnte – ein Gegenmittel in Form einer süßen Flüssigkeit in kleinen Fläschchen nach Macondo brachte. Die Bewohner nahmen den Trank ein und konnten sofort schlafen.

In neuerer Zeit erlebte Macondo die Anlage einer amerikanischen Bananen-Plantage auf seinem Gebiet, und die Stadt wurde durch eine Eisenbahn mit der übrigen Welt verbunden. Doch dann kam es zu einem Streik, zu heftigen Regenfällen und schließlich zu einer Dürreperiode; die Plantage wurde aufgegeben, und es heißt, Macondos Reichtum sei von einem gewaltigen Zyklon von der Erdoberfläche gefegt worden.

Gabriel Garcia Marquez, *Cien años de soledad*, Buenos Aires 1967.

DIE MÄDCHENBURG, auch **MÄGDEBURG** genannt, steht am Fluß Severn in Wales. Zwischen hohen Erdwällen führt ein durch Gräben und Brustwehren gesicherter Gang in das Kastell. Reisende seien darauf hingewiesen, daß die Bevölkerung dieser Gegend sich nicht einmal am hellichten Tag in die Nähe der Burg wagt, weil es dort spuken soll. Angeblich ist in stürmischen Nächten ein Geisterturm (Schlupfwinkel der Fee Morgue) zu sehen, der vor dem Morgengrauen wieder verschwindet.

Auf der Suche nach dem Heiligen Gral kamen der Ritter Galahad und seine Gefährten dorthin und erfuhren, daß sieben Jahre zuvor sieben Brüder (die alle Ritter waren) das Kastell in ihre Gewalt gebracht und seitdem die ganze Gegend tyrannisiert und viele Mädchen in die Burg verschleppt hatten. Als es Galahad gelang, die sieben Wüstlinge zu vertreiben, kehrte wieder Frieden im Land ein.

Ein nahe der Burg lebender Einsiedler schrieb diesen Ereignissen allegorische Bedeutung zu: Die Mädchenburg verkörpere die frommen Seelen, die vor der Fleischwerdung Christi im Kerker schmachten mußten; die sieben Ritter seien die sieben Todsünden, die damals in der Welt herrschten; und der tugendhafte Ritter Galahad stehe stellvertretend für den Sohn Gottes, der die Seelen aus der Knechtschaft befreit hat.

Thomas Malory, *Le Morte Darthur*, 1485. – John Steinbeck, *The Acts of King Arthur and His Noble Knights. From the Winchester Manuscripts of Sir Thomas Malory and Other Sources*, NY 1976.

MÄDCHENWALD, nahe der Accia-Ebene am Indischen Ozean gelegen. Wer sich dem Wald nähert, vernimmt schon von weitem lieblichen Gesang, Lyren- und Harfenklang. Der Musik folgend, kommt man an zahlreichen Quellen vorbei und erreicht schließlich ein kleebewachsenes Rund, das durch die dichten, ausladenden Zweige der Bäume vollständig in Schatten getaucht ist. Zwischen rot-weißen Blumen, von denen ein strahlender Glanz ausgeht, tummeln sich seltsam naturhafte Wesen. Ihre Kleidung, in der Farbe den Blumen gleich, ist mit der Haut und den Haaren verwachsen, und in Aussehen und Gehabe ähneln sie etwa zwölfjährigen Mädchen. Sie scheinen ihre Zeit ausschließlich mit Tanz, Gesang und Spiel zu verbringen und keinerlei Nahrung zu benötigen. Den schattigen Platz verlassen sie niemals, denn Sonnenlicht würde sie augenblicklich töten. Ihre Existenz ist eng mit der der Blumen verknüpft. Im Frühling, wenn sich die ballförmigen Blütenknospen öffnen, entsteigen ihnen die Mädchen, und mit dem Verwelken der Blumen im Herbst sterben auch sie. Alexander der Große soll sich über drei Monate hier aufgehalten haben und erst nach dem Tod der Blumenmädchen weitergezogen sein.

M. B.

Pfaffe Lamprecht, *Alexanderlied* (mhd., um 1120/30), Wien 1849. – Alexandre de Bernay und Lambert li Tors, *Li romans d'Alixandre* (um 1180), Stg. 1846.

MAGHREBINIEN, ein weites Reich, von dem manche behaupten, es liege im Südosten, wobei nicht genau gesagt wird, um welchen Südosten es sich handelt. Auch wird angenommen, daß die eigentlichen Grenzen des Landes »im Herzen und in der Seele seiner Menschen« liegen. Verschiedene Nationen und Stämme leben hier harmonisch zusammen unter der Führung eines Staatsoberhaupts. Die verschiedenen Provinzen werden von königlichen Gouverneuren regiert, die einen wirklich demokratischen Staat errichtet haben. Verfassung und Gesetze Maghrebiniens basieren auf der Tradition, die Kultur des Landes ist sehr alt. An der Landesgeschichte interessierte Reisende sollten in den *Maghrebinischen Chroniken* nachschlagen, die seit ihren Anfängen im fünfzehnten Jahrhundert immer auf den neuesten Stand gebracht worden sind.

Eines der wichtigsten Ereignisse in der Geschichte Maghrebiniens war die Verleihung des Titels »Archont von Manipulien« an den Wojwoden Přibislaw, Vater des Königs Nikephor I., durch den byzantinischen Gesandten, der auch eine eheliche Verbindung mit der Tochter des Fanarioten Chuzpephoros Yataganides von Byzanz vorschlug. Nach vielen Komplikationen fand die Zeremonie in der Kathedrale Hagia Sophistia statt. Die Entwicklungen, die zu dieser Heirat führten, und die Erörterungen, die sie verursachte, waren der Anlaß zu einer umfangreichen Gesetzessammlung, die die Basis der heutigen maghrebinischen Verfassung ist.

Gregor von Rezzori, *Maghrebinische Geschichten*, Hbg. 1953.

MAG-MELL oder **MAG-MELD,** eine Insel, die Irland gegenüberliegt, jenseits des Atlantischen Ozeans; sie heißt auch »Land der Ewigkeit« und wird von unsterblichen Geistern, den *Sidi,* bewohnt, die einst in der alten Irischen Republik lebten. Zwischen Mag-Mell und Irland besteht ein Netz von Unterwassertunnels, die die *Sidi* oft benutzen, um ihr altes Heimatland zu besuchen, und die auch dem Reisenden zur Verfügung stehen. Die *Sidi* können auch über dem Wasser wandeln, wie Vögel fliegen oder in kristallenen, in Nebel gehüllten Schiffen den Ozean durchsegeln. Diejenigen, die die *Sidi* gesehen haben, beschreiben sie als alte Leute, die ständig ein Buch in der Hand halten. Die Frauen der *Sidis* nehmen menschliche Formen an und leben in Irland mit einem Mann aus dem Menschengeschlecht. Manchmal entführen sie ihre Ehemänner nach Mag-Mell, wo ihnen auch Unsterblichkeit verliehen wird. Reisende, die diese Gabe empfangen haben, werden davor gewarnt, jemals wieder in ihre Heimat zurückzukehren, denn täten sie es, so würden sie sofort alt und abgehärmt aussehen.

Maria Savi-Lopez, *Leggende del mare,* Turin 1920.

MAHAGONNY, eine Stadt an der Goldküste Alaskas. Sie wurde von drei polizeilich gesuchten Schwindlern, Leokadja Begbick, Dreieinigkeitsmoses und Willy dem Prokuristen, in der vormals öden Strandgegend gegründet. Mit der Zeit ließen sich Geschäftemacher, Huren und Unzufriedene aus aller Herren Länder in Mahagonny nieder. Schnell wurde den meisten dann bewußt, daß die Stadt mit den geregelten Lastern, Reglementierungen und zahllosen Verboten ihrer Vorstellung von Freiheit und ungezügeltem Ausleben nicht entsprach, und viele reisten enttäuscht wieder ab. In einer Taifunnacht, die die verbliebenen Bewohner in Untergangsstimmung versetzt hatte, wurde schließlich das neue Mahagonny geboren. Man beschloß, alle Gesetze und Verbote aufzuheben, und seither ist – gegen entsprechende Bezahlung – alles Menschenmögliche erlaubt.

Reisende erreichen Mahagonny am besten per Schiff und folgen dann den Wegweisern. Riesige Preistafeln vor der Stadt geben die Tarife für die verschiedenartigsten Ausschweifungen und Verbrechen an; selbst der Mord ist käuflich. Das einzige Vergehen, das noch geahndet wird, ist der Mangel an Geld, und schon manch kleiner Zechpreller wurde in Mahagonny zum Tode verurteilt. M. B.

Bertolt Brecht, *Aufstieg und Fall der Stadt Mahagonny,* Wien 1929.

MAÏNA, eine kleine Insel im Pazifik, reich an Mineralien und Gummiplantagen, wird von zwei Stämmen bewohnt, den Artikolen und den Beonen. Die Artikolen sind Abkömmlinge des ersten Inselbewohners, des Schriftstellers Anthony Scott, der durch den Roman *Der dunkle Sex* berühmt wurde. Er kaufte Maïna 1861 der holländischen Regierung ab. Die Beonen sind Nachkömmlinge der Diener, die Scott mitbrachte.

Die Artikolen sind Schriftsteller, Maler, Bildhauer und Musiker, die nur für ihr künstlerisches Schaffen leben. Sie werden von den Beonen versorgt, deren höchstes Glück darin besteht, sich – und ihre Frauen – den Artikolen zur Verfügung zu stellen.

Selbst wenn ihre spontane Kreativität gestört ist, finden die Artikolen noch einen Weg, sich »schöpferisch« zu betätigen. So veröffentlichte der Schriftsteller Routchko ein interessantes, etwa 16 900 Seiten langes Bekenntnis mit dem Titel *Warum ich nicht schreiben kann.* Nach Meinung der Artikolen verdient jedes Thema, jede Erfahrung eine künstlerische Gestaltung. Folglich wird ein Artikole nicht nur sein *Tagebuch,* sondern auch ein *Tagebuch meines Tagebuchs* veröffentlichen und seine Frau das *Tagebuch zu meines Mannes Tagebuch seines Tagebuchs.*

In jüngster Zeit haben Verleger, die den Theorien der Bloomsbury-Gruppe nahestehen, aus vollem Herzen dieses Kunstbekenntnis der Artikolen unterschrieben.

Weil für die Artikolen Kunst und Leben identisch sind, müssen Schauspieler von ihren Landsleuten für das genommen werden, was sie jeweils darstellen. Eine Schauspielerin, deren Diener vergessen hatte, ihren Namen an der Garderobe entsprechend ihrer augenblicklichen Rolle zu ändern, betrat die Bühne als sie selbst und verursachte so eine Verwirrung von nationalem Ausmaß.

Besucher werden gut behandelt. Sie werden in einem Fünf-Sterne-Hotel untergebracht, dem *Psycharium,* wo sie von den Artikolen studiert werden, die auf diese Weise versuchen, ihre Kenntnis menschlicher Leidenschaften (die ihnen fehlen) zu erweitern, um sie in ihrem nächsten Kunstwerk zu verwenden.

André Maurois, *Voyage au pays des Articoles,* Paris 1927.

MAKALOLO, ein kleines Land in Zentralafrika, bewohnt von einem kriegerischen Stamm, in dem die Frauen dominieren. In Makalolo erlangen die Männer nie wirkliche Macht; der höchste Posten, den sie anstreben können, ist der des königlichen Kochs. Reisende werden sich für die großen Militärparaden interessieren, bei denen die weiblichen Krieger auf gepanzerten Giraffen und Straußen reiten und ihre Kampfausrüstung vorführen.

Makalolo ist eine Wahlmonarchie, zwei Königinnen werden für die Dauer von fünf Jahren gewählt. Wenn ihre Regierungszeit zu Ende geht, wird ein großes Bankett gegeben, wobei die beiden ausgedienten Monarchinnen gebraten und aufgegessen werden. Da die beiden künftigen Königinnen an dem Bankett teilnehmen, glauben die Einwohner von Makalolo, daß die Weisheit ihrer Vorgängerinnen auf sie übergeht und so die geistige Kontinuität des Königreichs gewahrt bleibt.

Albert Robida, *Voyages très extraordinaires de Saturnin Farandoul...,* Paris 1879.

MALACOVIA, eine Festung aus Eisen am Donau-Delta, der südlichsten Mündung des Flusses. Die Stadt wurde 1870 von Facharbeitern errichtet, die man aus Frankreich und England geholt hatte. Sie wußten nicht einmal, wo sie arbeiteten, und waren der Ansicht, daß sie sich an den Ufern des Dnjepr in Rußland befänden. Als sie ihre Arbeit vollendet hatten, wurden sie in ihre Heimatländer zurückgeschickt. Mit der Leitung des Projekts war ein exzentrischer, sehr reicher und leicht verrückter Nogaier-Prinz beauftragt, der aus der Krim mit zahlreichen Landsleuten ausgewandert war. Er träumte davon, das verlorene Vaterland wiederaufzubauen, und beschloß, eine eiserne Festung zu konstruieren, die als Basis dienen sollte; von da konnte man Angriffe auf die Küstenstädte des gesamten Heiligen Russischen Reiches ansetzen (insbesondere auf Odessa) und die russischen Schiffe kapern, die das Schwarze Meer durchqueren. In St. Petersburg erzogen, hatte der Prinz seinen Gefährten ein Universitätsstudium voraus, und so war er von den Geheimnissen mechanischer Konstruktionen, insbesondere einer speziellen Erfindung, gefesselt, die unendliche Möglichkeiten zu bieten schien: dem Fahrrad.

Der Prinz plante Malacovia als ein großes Eisenei, das mit vielen Kanonen bestückt werden sollte. Das Ei konnte – auf eine Granitplattform

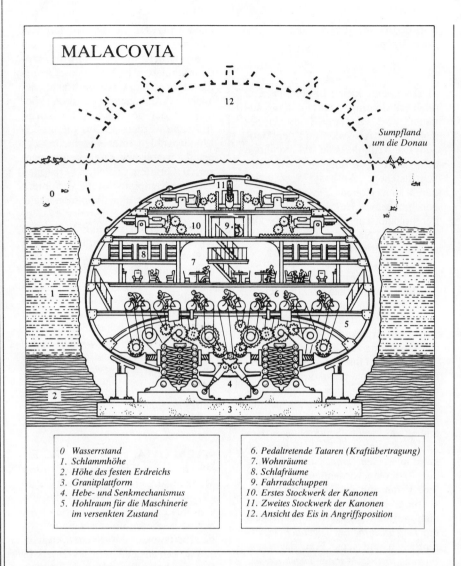

0 Wasserrstand
1. Schlammhöhe
2. Höhe des festen Erdreichs
3. Granitplattform
4. Hebe- und Senkmechanismus
5. Hohlraum für die Maschinerie im versenkten Zustand
6. Pedaltretende Tataren (Kraftübertragung)
7. Wohnräume
8. Schlafräume
9. Fahrradschuppen
10. Erstes Stockwerk der Kanonen
11. Zweites Stockwerk der Kanonen
12. Ansicht des Eis in Angriffsposition

montiert – in das Sumpfland versenkt werden; dieser Mechanismus wurde in der Mitte von einer Anzahl von Fahrrädern betrieben, die mit riesigen Übersetzungen verbunden waren; an die fünfzig Nogai-Tataren traten die Pedale der Fahrräder. Der Prinz, der sich nur oberflächlich in der alten griechischen Geschichte auskannte und der Meinung war, *malákos* bedeutet Muschel, während das Wort tatsächlich »durchnäßt« heißt, nannte die Stadt Malacovia, ein für ein Sumpfgebiet sehr geeigneter Name.

Von dieser Festung aus wollten die Nogai-Tataren zur russischen Küste auf pedalgetriebenen Prahmen vordringen; jeder Tatar würde das eigene Fahrrad auf dem Kopf transportieren und auf dem trockenen Land die russischen Siedlungen wild angreifen. Obwohl einige Gefährten des Prinzen zunächst eher für die traditionellen Pferde waren, ließen sie sich bald von dem großen Vorteil des Fahrrads überzeugen, als sie sahen, wie überrascht und entsetzt die Russen beim Anblick der radfahrenden Tataren waren.

Als sich die kaiserlich-russische Regierung schließlich gezwungen sah, einen fremden Staat um Hilfe zu bitten, damit das Ei des Prinzen zerstört würde und der Friede am Schwarzen Meer wieder einkehre, nahm die Natur ihren Lauf und löste das Problem ganz von allein. Die extreme Feuchtigkeit des Donau-Deltas ließ die Räder des Hebemechanismus von Malacovia verrosten, und eines Tages im Jahre 1873 gelang es den Nogai-Pedaltretern trotz größter Anstrengungen nicht, diesen Mechanismus in Gang zu setzen. Der Prinz und seine tapferen Mitstreiter waren sich nunmehr bewußt, daß das Ende nahte; darum luden sie ihre Fahrräder auf den Kopf, flohen durch einen geheimen Tunnel und zerstreuten sich in alle vier Himmelsrichtungen. Anfang des zwanzigsten Jahrhunderts war es durchaus üblich, in Paris oder London einen radfahrenden Tataren auf den herrschaftlichen Alleen zum Ergötzen der Bevölkerung zu sehen. Der untröstliche Prinz heiratete eine reiche Armenierin, die in Odessa gefangengenommen worden war, und gründete in Bukarest die erste rumänische Fahrradfabrik.

Amedeo Tosetti, *Pedali sul Mar Nero*, Mailand 1884.

MANDAILAND, im Nordpol. Der Reisende folgt dem Polarstern durch ein riesiges Gebiet aus Schnee und Eis und stößt dann auf ein großes Tor in einer Bergwand, das von einem Löwen, einem goldenen Skorpion, einem roten Schwert und einer Schlange namens Ur bewacht wird. Die Metallschuppen der Schlange sind so stark, daß man Eisen damit schneiden kann. Man muß den richtigen Spruch sagen, dann öffnet sich die Tür, und man sieht einen breiten Abgrund, tief im Herzen des Berges. Nach einem langen Sturz gelangt der Reisende in ein Land nackter, blonder Männer, deren Körper ganz mit weichem, weißem Pelz bedeckt ist und die in Bambushütten und hohlen Bäumen leben. Hier im Mandailand ist das Klima gemäßigt, und es gibt nirgends Ungeziefer oder Raubtiere. Die Einwohner leben in Gemeinden, die kein Privateigentum kennen und wo jeder seinem Nächsten gleichgestellt ist.

Hirmiz bar Anhar, *Iran,* Paris 1905.

MANGHALOUR, eine Insel unbestimmter Lage, reich und fruchtbar, mit friedlichen Flüssen und Wiesen, Obstbäumen, Zedern und mehreren hohen Bergen. Manghalour ist eine konstitutionelle Monarchie, in der Mitte des zwölften Jahrhunderts von Mathieu de Laval gegründet, einem Franzosen, der hier mit zwölfhundert anderen Männern und Frauen Schiffbruch erlitt. De Laval fand Manghalour als islamisches Gemeinwesen vor, das davon lebte, einen Bergstamm, Ghebres genannt, zu unterdrücken. De Laval vereinigte sich mit den Ghebres gegen die Moslems in einem kurzen Feldzug, der mit dem Selbstmord des Moslem-Königs endete. Die Sieger öffneten die Harems, die Franzosen heirateten die gefangengehaltenen Moslem-Frauen, das Land wurde gerecht verteilt, und alle lebten glücklich und zufrieden, bis die Kolonie zehn Jahre später von einer großen Armee von Barbaren angegriffen wurde, die de Laval aber mit Hilfe einer Frauen-Armee, die die Hauptstadt unerschrocken verteidigte und so die französischen Streitkräfte verdoppelte, zurückschlagen konnte. Besucher, die mehr über die Geschichte der Insel zu erfahren wünschen, sollten die Bronzeplakette lesen, die an einer

Säule angebracht ist, Teil eines gotischen Säulengangs im Wald an der Küste.

Die Gebirgstäler sind im Besitz der Ghebres, eines starken und stolzen Volks, das ursprünglich aus Tscherkessien stammen soll und heute die größte Minderheit in Manghalour bildet. Sie leben von der Landwirtschaft, trinken gern Wein, verwenden niemals Geld bei ihren Geschäften und verehren das Feuer und den Gott Morpheus. Ihre Geschichte ist in ihren *Annalen* in einer dem Persischen verwandten Sprache aufgezeichnet.

Drei Haupttäler der Ghebres sind bemerkenswert. Das Tal von Douchdere oder Tal der Träume ist siebzehn Meilen lang und vier bis fünf Meilen breit. Es birgt viele bedeutende Bergwerke und ist eines der fruchtbarsten Gebiete von Manghalour. Das Tal von Zouhhad ist verlassen und einsam, bewohnt von Mönchen, die in aus dem Fels gehauenen Zellen leben. Seine Abgeschiedenheit verdankt es Soldaten, die den einzigen Zugang, eine Zugbrücke, bewachen. Wer einmal in Zouhhad ist, darf nicht wieder heraus. Die Mönche wurden aufgrund eines ghebrischen Gesetzes isoliert, das erlassen wurde, um dem Reichtum dieser religiösen Gemeinde ein Ende zu setzen. Das dritte interessante Tal heißt Tal des Iram oder das Irdische Paradies, bekannt für seine schönen Wasserfälle. Reisende sollten hier die Ruinen eines Tempels besichtigen, mit dem die folgende Geschichte verknüpft ist: Der Sohn eines Königs der Ghebres konvertierte heimlich zum Islam und wurde gleichgültig gegenüber den Freuden der Jugend. Um ihn zu heilen, führte sein Vater ihm Darim zu, eine schöne junge Frau, die – anstatt ihn vom Glauben abzubringen – durch die Predigt des jungen Prinzen ebenfalls konvertierte und einwilligte, ihn zu heiraten. Dann verliebte sich der König ebenfalls in Darim und setzte seinen Sohn im Tal von Iram gefangen. Darim erklärte sich bereit, den König zu heiraten, unter der Bedingung, daß er ihre Amme töte. Der König tat fröhlich, wie sie verlangt hatte, aber als er ihren Körper entblößte, sah er, daß Darim den Platz ihrer Amme eingenommen hatte und ihre Seele entflohen war. Der König starb vor Kummer, und der Prinz verbrachte den Rest seines Lebens weinend in dem Tempel, den er über Darims Grab errichtet hatte. Das Tal von Iram ist auch als Hauptquelle der Inspiration des antiken Dichters der Ghebres, Chekh Nezami, bekannt.

Etwa vierzig Meilen von Manghalour liegt eine Gruppe kleiner Inseln, die von verbannten Moslems bewohnt und heute von einem Sultan regiert wird, der seinen Sitz auf der Insel Kalhac hat.

Louis Rustaing de Saint-Jory, *Les femmes militaires...*, Paris 1735.

DIE MANGO-INSEL liegt etwa drei Wochen Segelfahrt von der ↗ KORALLENINSEL entfernt. Reisende können in einem kleinen Dorf, am zentralen Gebirgskamm gelegen, Unterkunft finden.

Die Einwohner sind freundlich und gastfrei und tragen groteske Imitationen westlicher Kleidung. Der einzige Nachteil dieses friedlichen und schönen Orts sind die zahlreichen Ratten, die ihn verpesten. Da Katzen schwer zu bekommen sind, setzt man Igel an ihrer Stelle als Rattenjäger ein.

Seit der letzte Kannibalenkönig zum Christentum bekehrt wurde, hat nicht nur der gute Ruf der einst so berühmten einheimischen Küche erheblich gelitten, sondern es verschwanden auch viele bemerkenswerte Bräuche: So kann der Besucher der »Absetzungszeremonie« nicht mehr beiwohnen, bei der der künftige Herrscher den alten König lebendig begrub, die alten Königinnen erdrosselte und einen neuen Tempel oder Palast baute, indem er das Gefolge des abgesetzten Monarchen in lebendigem Zustand als Grundpfeiler benutzte.

Robert Michael Ballantyne, *The Coral Island*, Ldn. 1858.

MANOUHAM, Insel am Wendekreis des Steinbocks, nicht weit entfernt von der chilenischen Küste. Sie wird von zwei Flüssen durchzogen, die eine ausgedehnte Ebene umschließen, und ist von Kannibalen bewohnt.

Hauptmerkmal von Manouham sind die Gräber – große Hügel, die an einer Seite offen stehen und die Leichname in der Haltung eines ungeborenen Kindes zeigen. Damit wollen die Eingeborenen darauf hinweisen, daß die Erde unser aller Mutter ist. Die Toten werden mit ihrem gesamten irdischen Besitz begraben und bekommen auch Speisen und Getränke mit auf den Weg. Das Begräbnis feiert man mit einem Tanz, bei dem die Planetenbewegungen nachgeahmt werden, und durch kräftige Schläge auf die Baumstämme; dadurch soll die Seele in den Himmel gejagt werden.

Auf der Insel leben zwei Stämme: die kriegerischen Kistrimaux und die Taouaous, die Poeten und Philosophen sind. Die Taouaous haben eine herrliche Litanei geschrieben, die beim Verzehr eines Körpers rezitiert wird: »Meine Liebe, meine Hoffnung, wunderbares Gesicht, Auge meiner Seele, oh du! Leichte Glieder, zartes Tanzbein, tapferer Arm des Kriegers, oh du! Heute wirst du spät zu Bett kommen, erwache morgen früh in meinem Bauch, oh du!«

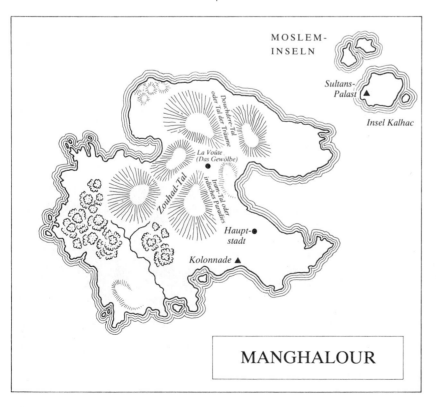

Die berühmten Königsgräber auf der Insel MANOUHAM

Abbé Pierre-François Desfontaines, *Le Nouveau Gulliver, ou Voyage de Jean Gulliver, fils du capitaine Gulliver,* Paris 1730.

MAPLE-WHITE-LAND, allgemein bekannt als **VERGESSENE WELT,** ein vulkanisches Plateau im Amazonasgebiet in Brasilien. Nach seinem Entdecker, einem Künstler und Schriftsteller aus Detroit, benannt, wurde es 1912 durch eine englische Expedition unter der Leitung von George Edward Challenger zuerst erforscht. Das Plateau ist berühmt, weil sich hier viele, bereits als ausgestorben geltende Tierarten erhalten haben: Iguanodonten, Allosaurier, Negalosaurier, Säbelzahntiger und Pterodaktylen. Die Klippen, die das Plateau einfassen, formen einen Kamm, dessen höchster Punkt ein einzelstehender, pyramidenförmiger Felsen ist. Das Plateau hat eine gewisse Ähnlichkeit mit einem flachen Trichter und fällt von allen Seiten nach der Mitte hin zu einem mächtigen See ab. Den Touristen seien zur Besichtigung empfohlen: die Ruinen von Fort Challenger, von dem Tor und Teile der hölzernen Einfriedung noch stehen, überschattet von einem riesigen Gingko-Baum; der Brutplatz der Pterodaktylen auf den Abhängen eines Kraters; die Lichtung der Iguanadonten; der Challenger-Geysir; die Diamantenmine in einer Vulkangrube aus blauem Ton; und die Ruinen des Dorfes der Affenmänner oder Doda, die 1912 von dem einheimischen Indianerstamm, den Accala, ausgerottet wurden. Das Accala-Dorf in den Höhlen an der Nordseite des Gebirgskammes sollte ebenfalls besucht werden.

Maple-White-Land ist vom Hafen Manaos am Amazonas nach einer dreieinhalbwöchigen Reise flußaufwärts zu erreichen. Nach dreitägiger Schiffsreise nordwestwärts gelangt man in einen Nebenfluß des Amazonas und nach zwei weiteren Tagen in das Dorf der Cucuma-Indianer. Schätzungsweise hundert Meilen weiter flußauf kommt man an einer Assaipalme vorbei, die in eigenartigem Winkel am Flußufer aufragt, und muß noch etwa eine halbe Meile weiterfahren, bis auf der anderen Seite eine kaum wahrnehmbare Öffnung erscheint. Am vierten Tag erreicht man einen von Moskitos verseuchten Sumpf, der zu Fuß durchquert werden muß. Der Pfad steigt an, und nach neun weiteren Tagen kommt man zu einem Bambuswald, durch den man sich mit Macheten einen Weg bahnen muß. Danach wird eine offene Ebene mit Baumfarnen überquert. Über zwei kleinere Bergrücken gelangt man zum Jaracaca-Sumpf, der nach der giftigsten und angriffslustigsten Schlange Südamerikas benannt ist. An seinem Rand erheben sich die roten Felsgrate des Plateaus. Man folgt ihnen bis zu den Höhlen am Nordende. Der Eingang ist in der zweiten Höhle von rechts. Nach etwa fünfhundert Metern zeigt sich in der Höhle links eine Öffnung, doch man muß noch knapp dreißig Meter dem Haupttunnel folgen. Touristen sollten die interessanten symbolischen Felszeichnungen der Eingeborenen beachten. Dieser Eingang führt in das Indianerdorf und auf das Plateau. Weiße Kalkpfeile können ignoriert werden, weil der frühere Eingang, zu dem sie den Weg weisen, durch herabgestürzte Felsen blockiert ist.

Sir Arthur Conan Doyle, *The Lost World,* Ldn. 1912.

MARADAGAL, ein südamerikanischer Staat, der siebenundzwanzig Millionen Einwohner zählt und an Parapagal grenzt. In den ersten Jahrzehnten des siebzehnten Jahrhunderts wanderten Europäer in das Land ein und besiedelten das indianische Territorium. Heute sind die wenigen übriggebliebenen Indianer, die in Stämmen leben, fast alle entweder an Tuberkulose (in endemischer Form) oder an Syphillis erkrankt. Die Indianerstämme haben sich in den Süden, in das Gebiet der Tierra Caliente, zurückgezogen, das wegen seiner Orangenhaine berühmt ist. Nur wenige Indianer sind in den Norden übersiedelt und haben sich mit den Paläo-Kelten vermischt. Ihre Nachkommen werden aus bisher unbekannten Gründen »Türkische Kelten« genannt. Die Paläo-Kelten sprechen eine eigenartige Sprache, in der die Buchstaben *o* und *u* hohl und nachhallend klingen. Sie stellen einen übelriechenden Käse namens *croconsuelo* her, den sie mit ungewöhnlich viel Senf essen.

1924 führte Maradagal mit Parapagal Krieg, dessen Ausgang nie ganz geklärt wurde. Die zahlreichen Krüppel, die die Cafés von Maradagal immer wieder bevölkern, sind aber der beste Beweis für die schlimmen Folgen dieses Kampfes. Die Gäste der Cafés werden oft von drohenden Glasaugen geprüft.

Carlo Emilio Gadda, *La cognizione del dolore,* in *Letteratura,* Mailand 1938–1941.

Indianerhöhlen im MAPLE-WHITE-LAND

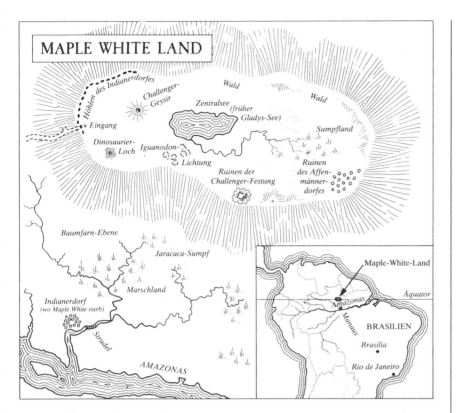

MARAMMA, eine große Insel des Archipels ↗ MARDI, gilt allen Mardianern als heilige Stätte. Der Gipfel des Ofo, der im Zentrum der Insel aufragt, soll unbesteigbar sein. Jeder der ihn bezwingen wollte, stürzte ab. Rings um diesen Berg erstreckt sich sanftgewelltes Hügelland bis zur Küste. Obzwar der Boden ungemein fruchtbar ist, gibt es auf Maramma keinen einzigen Obstbaum und auch keinerlei Feldfrüchte: Nach Meinung der Insulaner darf heiliges Land nicht in einen Obstgarten verwandelt werden.

Reisende sollten den herrlichen Tempel besichtigen, der Oro, dem Herrn des Himmels, geweiht ist. Er steht auf einer kleinen Insel im heiligen See Yammo.

Sehenswert ist auch die »Morai« genannte Begräbnisstätte der Priester von Maramma (die »Pontifex« tituliert werden). Bevor sie diese heilige Stätte betreten, müssen Besucher ihre Füße in einem seichten Wasserlauf reinigen. Die Laubengänge entlang dieses Wasserlaufs werden von jenen Gläubigen benützt, die ihre Kleider im heiligen Wasser waschen. Daß sie die nassen Sachen sofort wieder anziehen, hat den meisten von ihnen allerdings nicht zu Langlebigkeit, sondern nur zu Rheumatismus verholfen. Der von einer Mauer umgebene »Morai« wird durch zwanzig schwarze, an Ästen aufgehängte Eberköpfe vor bösen Geistern geschützt. In der Mitte des Areals befindet sich ein kleiner Hügel aus trockenem Sand, der die Eigenschaft besitzt, jeden Körper vor Verwesung zu bewahren. Hier werden die Priester von Maramma bestattet.

Nicht weit davon können Besucher das kristallklare Wasser der heiligen Morai-Quelle kosten, hinter der zwei Reihen spitzer, stoßzahnförmiger Steine zu sehen sind – »Oros Mund« genannt. Angeblich soll dieser Rachen zuschnappen, sobald eine weltliche Hand in das Quellwasser eintaucht.

Neben der Quelle steht eine große Statue aus dunklem Gestein, die einen stämmigen Mann mit überdimensionalem Kopf und ausgehöhltem Unterkörper darstellt. Zu bestimmten Jahreszeiten werden Menschenopfer in diese Höhlung gelegt. (Die Insulaner glauben, auf diese Weise dem Götzen zu rascher Verdauung zu verhelfen.)

Einem vor Jahrhunderten von den Priestern eingeführten Brauch entsprechend, ändert sich die Sprache der Bewohner Marammas ständig. Jeder »Pontifex« hat neben seinem privaten auch einen offiziellen Namen, den er bereits bei der Geburt erhält. Da zu seinen Lebzeiten keine Wörter benützt werden dürfen, die Silben seines Namens enthalten, müssen unentwegt neue Synonyma erfunden werden. Dadurch erhält die Sprache der Insulaner immer wieder schöpferische Impulse.

Herman Melville, *Mardi, and a Voyage Thither,* NY 1849.

MARBOTIKIN DULDA oder **DIE EISENINSEL** liegt im Indischen Ozean. Die Hauptstadt heißt To-At-Chimk, die zweitwichtigste Stadt ist Ching Peh. Der Inselstaat wird von einer Königin regiert, die sich nur durch ihre Kleidung von ihren Untertanen abhebt: Sie trägt ein langes blaues, weißgesäumtes, mit Stahlbändern gegürtetes Seidengewand. Die Priester und Beamten sind mit knöchellangen grünen Roben bekleidet, das einfache Volk mit kurzen grauen Tuniken. Die Anzahl und Größe der Hutfedern entspricht dem jeweiligen sozialen Status des Trägers. Alle Schmuckstücke auf der Insel, deren Hauptprodukt Eisen ist, sind aus Stahl gefertigt. Die hochgewachsenen, kräftig gebauten Bewohner, die den Chinesen ähneln, sind friedfertig und freundlich, werden aber leicht allzu vertraulich. Eine Gruppe älterer Akademiker, *mi-tia-di-nams* genannt, bildet das Gefolge der Königin. Als Belohnung für hervorragende Dienste erhält man die Erlaubnis, die königliche Ferse zu küssen.

Die meisten Häuser sind ein- oder zweistöckige Backsteinbauten mit einem großen, rund sieben Meter tiefen Kellergeschoß. Der Königspalast mit seinen zehneckigen Zimmern gleicht einer Honigwabe. Von jedem Raum aus führen zehn Gänge zu einer Galerie. In dem großen, unter freiem Himmel liegenden Mittelraum steht ein hoher Baum. Der Thronsaal hat zwölf nahezu schmucklose Wände, der Thron ist aus schimmerndem Eisen.

In einem weitläufigen, *Miu-dia-blo* genannten Tempel wird dem Mond gehuldigt, der nach dem Glauben des Inselvolkes der Wohnsitz des Weltschöpfers ist. Ein in diesem Tempel befindliches Standbild ist von zwölf riesigen, nach den Sternkreiszeichen benannten Köpfen gekrönt, die sich, entsprechend den Mondphasen, um ihre Achse drehen. Die Bewohner von Marbotikin Dulda laden sich gegenseitig nur während des Neumondfestes ein. Ihre Bestattungsriten sind sonderbar: Der Verstorbene wird zunächst ins Freie getragen, wo man ihn kräftig schüttelt, um festzustellen, ob er nicht doch noch Lebenszeichen von sich gibt. Ist dies nicht der Fall, so schneidet man ihm den Kopf ab, der dann unter dem Haus begraben wird. Den Rumpf trägt man auf einen Hügel vor der Stadt und läßt ihn dort liegen.

Vor der Eheschließung werden Braut und Bräutigam bei Vollmond in zwei getrennte Räume des wabenförmigen Palastes geführt, dann muß der Bräutigam seine Erwählte suchen, die ihm möglichst lange ausweicht. Hat er sie gefunden, werden die beiden im

Tempel vermählt und tanzen dann bis zum Morgengrauen. – Mörder bestraft man auf Marbotikin Dulda damit, daß man ihnen eines ihrer eigenen Kinder wegnimmt und es der Familie des Opfers übergibt. Ist ein Mörder kinderlos, so wird er gezüchtigt: ein Schlag für jeden Monat von der Geburt bis zum Tod seines Opfers.

Die Sprache dieses Inselvolkes ist vorwiegend monosyllabisch. Nahezu alle Wörter haben vokalische Endungen. Entsprechend dem Rhythmus der Aussprache verändert sich der Wortsinn. Ein Beispiel: *loatchi* bedeutet »sehr lieben«, *lo-at-chi* dagegen »ein wenig lieben«. Ein angehängtes »k« wendet den Wortsinn ins Gegenteil *loatchik* bedeutet »hassen«.

Pierre Chevalier Duplessis, *Mémoires de sir George Wollap; ses voyages dans différentes parties du monde...*, 3 Bde., Ldn./Paris 1787–1788.

MARDI, eine große Inselgruppe im Pazifik, genau am Äquator gelegen. Beschrieben wurde dieser Archipel als »eine Flottille von Inseln – fest verankert in ihrem Korallenhafen«. Reisenden wird der Besuch folgender Inseln empfohlen: ↗ DIRANDA, ↗ DOMINORA, ↗ FLOZELLA-A-NINA, ↗ HOOLOOMOOLOO, ↗ MARAMMA, ↗ MINDA, ↗ NORA-BAMMA, ↗ ODO, ↗ OHONOO, ↗ PIMMINEE, ↗ TUPIA und ↗ VALAPEE.

Herman Melville, *Mardi, and a Voyage Thither,* NY 1849.

MAULWURFSRUH, das Heim von Herrn Maulwurf, unter einer Wiese in der Nähe des ↗ FLUSSUFERS. Ein tiefer Gang führt hinab zu einem niedlichen sandigen Vorhof, auf dem abwechselnd Drahtkörbe mit Farnen und Konsolen stehen, die eine Sammlung von Gipsstatuen tragen: Königin Viktoria, Garibaldi und die Helden des modernen Italien. An einer Seite des Vorhofes befindet sich eine Kegelbahn, die von Holzbänken und -tischen umrahmt wird. Im Zentrum ist ein mit Muschelschalen eingefaßter Goldfischteich, in dessen Mittelpunkt sich eine wunderliche Konstruktion erhebt, ebenfalls aus Muscheln. Sie trägt einen großen Glasball, dessen silbrige Oberfläche die umliegenden Dinge auf reizvoll verzerrte Weise widerspiegelt.

Herrn Maulwurfs Haus ist freundlich, wenn auch klein, aber außerordentlich hübsch eingerichtet, und die Haupträume schmückt eine Sammlung guter Drucke. Herr Maulwurf ist in dieser Gegend so beliebt, daß beispielsweise die Feldmäuse, die jedes Jahr zum Weihnachtssingen ausziehen, sein Haus zuletzt aufsuchen, in der Gewißheit, daß sie viel zu essen und zu trinken bekommen.

Kenneth Grahame, *The Wind in the Willows,* Ldn. 1908.

MAURETANIA (nicht zu verwechseln mit der afrikanischen Republik), ein Land nördlich von ↗ CAMPAGNA. Die Bewohner sind berühmt für ihre apathische Unterwerfung unter die Macht, was ihnen etwas Roboterhaftes verleiht. Hier gelangte der Oberförster zuerst zur Herrschaft, von hier aus breitete sich der Terror über die ↗ GROSSE MARINA und andere benachbarte Länder aus.

Ernst Jünger, *Auf den Marmorklippen,* Ffm. 1939.

MAXONS INSEL liegt im Südchinesischen Meer, einige Meilen nördlich des Äquators und des Kaps Santang, gegenüber einer Flußmündung auf Borneo. (Von Singapur aus führt die Reiseroute über die Pamarung-Inseln.) Der Ankerplatz des kleinen, fruchtbaren Eilands wird durch ein Riff abgeschirmt. Das Klima ist feucht und warm, Flora und Fauna sind typisch für diese tropische Region, wenngleich es auf Maxons Insel keine großen Dschungeltiere gibt. Anfang des zwanzigsten Jahrhunderts wurde die Insel von einem Professor namens Maxon entdeckt, der dort ein Laboratorium einrichtete: Er wollte aus chemischen Substanzen Leben erschaffen. Nach mehreren unglückseligen Experimenten ließ er sich weismachen, daß ein gestrandeter Seemann (ein gewisser Harper jr. aus New York) ein Resultat seiner Versuche sei. Zusammen mit seinem chinesischen Koch Sing, seiner Tochter Virginia und Harper jr. verließ Professor Maxon schließlich auf einem Schiff der amerikanischen Kriegsmarine die Insel, wo er, im Sand begraben, nicht nur zahlreiche leblose Körper, sondern auch die Geheimformel für seine Experimente zurückließ.

Edgar Rice Burroughs, *A Man without a Soul,* NY 1913.

MECCANIA, ein mächtiger, doch wenig bekannter Staat in Westeuropa, der an Francaria grenzt. Das Land ist von seinen Nachbarn geographisch abgegrenzt durch einen Gürtel Land, der sich um ganz Meccania herumzieht, im Ersten Weltkrieg geschaffen wurde und sorgfältig als Niemandsland gehütet wird. Er ist unbebaut und vollkommen unbewohnt; das Gras und Unkraut wird jedes Jahr abgebrannt, und die auf diese Weise geschaffene natürliche Barriere ist durch Drahtzäune verstärkt worden.

Besucher benötigen ein Visum und müssen sich rechtzeitig um Karten für das Überqueren der Grenze kümmern. Wer von der Grenzstadt Graves in Francaria ankommt, wird in einem bequemen Polizeiwagen mit abgedichteten Fenstern nach Bridgetown gebracht, einer großen Stadt, die an einer Flußbiegung liegt. Hier muß er sich bei der Polizei melden, wird vom Inspektor für Ausländer vernommen und muß sich einer ärztlichen Untersuchung sowie einem desinfizierenden Bad unterziehen. Man macht Fingerabdrücke und Fotos von ihm und nimmt seine Stimme auf Band auf. Schließlich wird ihm zum Zweck der offiziellen Erfassung eine Haarlocke abgeschnitten. Am folgenden Tag muß er ein weiteres desinfizierendes Bad nehmen, erhält eine Ausgabe der *Verhaltensgesetze für ausländische Beobachter* und wird dann unter der Aufsicht eines offiziellen Begleiters entlassen. Die Kosten für die Unterbringung im Polizeigebäude und für die ärztliche Untersuchung trägt der Besucher selbst.

Freies Herumreisen in Meccania ist nicht erlaubt; alle Touristenbesuche sind einem streng geregelten Programm und Zeitplan unterworfen. Die Unterhaltung mit anderen Ausländern ist ohne offizielle Genehmigung verboten. Dasselbe gilt für das Ausführen beliebiger Gegenstände – dazu gehören auch private Tagebücher und Notizen – aus dem Land.

Meccania begann sich eigentlich erst im neunzehnten Jahrhundert zu einem modernen Staat zu entwickeln, als es dem geachteten Prinzen Bludiron gelang, das Land vor falschen Idealen der Freiheit und vor revolutionären Ideen der Zeit zu bewahren.

Das gegenwärtige gesellschaftliche

System geht zum größten Teil auf den Prinzen Mechow zurück, der mit der bewußten Errichtung des »Superstaates« begann und allmählich alle Produktionsmittel in die Verfügungsgewalt einer zentralisierten Regierung stellte. Es gibt in Meccania eine Hierarchie von sieben Klassen, und obwohl das Land von einem Kaiser regiert wird, besitzt es ein Parlament, das die sieben Klassen repräsentiert.

Die soziale Hierarchie spiegelt sich im Städtebau des Landes wider. Städte sind gewöhnlich nach einem kreisförmigen Grundplan erbaut, in dessen Mittelpunkt sich öffentliche und Regierungsgebäude und darum herum kulturelle Institutionen befinden. Von diesem Mittelpunkt gehen wie die Speichen eines Rades strahlenförmig die Hauptstraßen aus und teilen die Stadt in Wohngebiete für die verschiedenen Klassen auf. Es gibt ein paar kleinere Variationen: In Bridgetown zum Beispiel sind alle Läden in einem Kreis errichtet, der die strahlenförmig auslaufenden Straßen schneidet. In Mecco, der Hauptstadt, ist das Geschäftsviertel in einem einzigen großen Segment des Kreises angesiedelt. Die Häuser der Reichen, die immer von großen Gärten umgeben sind, machen den Eindruck, als seien alle Pläne von der gleichen Schule von Architekten entworfen worden. Die unteren Klassen wohnen in standardisierten Apartments; sie variieren je nach Klasse nur in ihrer Größe. Wenn Reisende durch Mecco gehen, haben sie den Eindruck, sich in einem riesigen Krankenhaus zu befinden, wo immer alles an Ort und Stelle ist. Und auch in Bridgetown nimmt das Gefühl von Ordentlichkeit für die meisten ausländischen Besucher rasch erdrückende Formen an.

Das bedeutendste Monument in der Hauptstadt ist das des Prinzen Mechow auf dem nach ihm benannten Platz. Es ist so hoch wie ein Kirchturm und besteht aus einer formlosen Masse von Granit, die von einem Granitblock gekrönt ist, auf dem ein Flachrelief den Wiederaufbau des Staates darstellt. An den Ecken befinden sich riesige Figuren, die die Kraft, den Verstand, die Kultur und die Macht repräsentieren. Über dem Granitsockel erhebt sich eine mehr als dreißig Meter hohe Säule, die eine Statue des Prinzen selbst trägt. Es ist Sitte, daß Meccanianer vor diesem Denkmal salutieren, jeder mit der seiner Klasse entsprechenden Form von Salut. Der Platz, auf dem das Denkmal steht, ist der größte in ganz Europa; er mißt von einer Seite zur andern über anderthalb Kilometer. Er ist von Regierungsge-

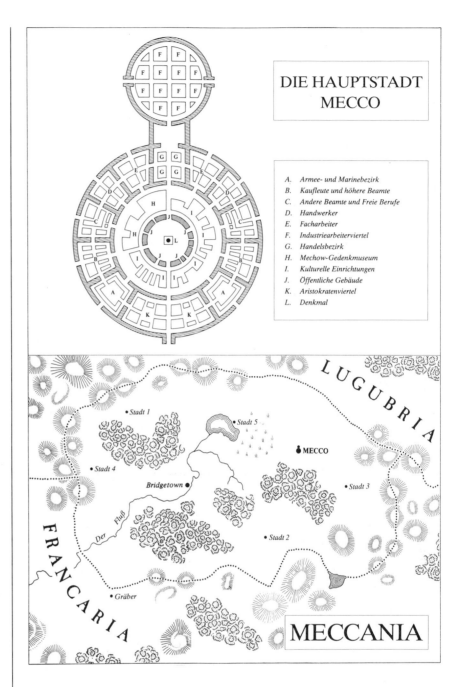

bäuden umgeben, die wiederum von Museen, Bibliotheken, der Universität und anderen kulturellen Einrichtungen umringt sind. Die ganze Stadt Mecco ist eine lebendige Erinnerung an das Werk des Prinzen Mechow: Straßen, Hotels und Plätze sind häufig nach ihm benannt, und bei Männern ist es sehr beliebt, eine Brille und den sogenannten Mechow-Schnurrbart zu tragen. Das Andenken des Prinzen wird vor allem auch im Mechow-Gedenkmuseum bewahrt, das Aufzeichnungen von allen seinen Reden und viele Erinnerungsstücke an ihn beherbergt und auf jeden Fall besichtigt werden sollte.

In den Fabrikbezirken gibt es das Kontrollamt, das detaillierte Akten über die Laufbahn und den Charakter jedes beschäftigten Arbeiters besitzt. Selbst der Grad an Ermüdung wird wissenschaftlich gemessen; ein Arbeiter, dessen Ermüdungsgrad unter der Norm liegt, muß Extrastunden machen, bis diese Norm erreicht ist. Einmal im Jahr wird ein sogenannter Tüchtiger Monat organisiert. Dreißig Tage lang arbeiten alle Beschäftigten mit Höchstgeschwindigkeit so viele Stunden lang, wie die Industriepsychologen es für gut halten. Dies ist nicht nur ein ausgezeichnetes Training; die Arbeiter sind so froh, wenn der Monat um ist, daß sie für den Rest des Jahres unbewußt besser arbeiten.

Das vom Staat ausgeübte Ausmaß an Kontrolle geht großenteils auf die Tätigkeit des Soziologieministeriums und des Zeitministeriums zurück. Ersteres sammelt Statistiken über alles, angefangen bei der industriellen Produktion bis hin zu Haushaltsausgaben, damit alles zentral geplant werden kann. Die Tätigkeit des Zeitministeriums ist vielleicht sogar noch wichtiger. Alle Bürger erhalten wöchentliche Tagebuchformulare und müssen darin über alles, was sie in jeder halben Stunde der Woche gemacht haben, Rechenschaft ablegen, wobei sie sich auf die von dem Ministerium anerkannten hundertfünfzig Kategorien zu beziehen haben. Wenn ihr Stundenplan also irgendwelche Lücken aufweist, können sie zu nützlichen Aktivitäten ermuntert werden. Besucher werden daran erinnert, daß sie diese Tagebuchformulare ebenfalls ausfüllen müssen; ein diesbezügliches Versäumnis hat eine Geldstrafe zur Folge. Es ist Besuchern praktisch unmöglich, ihre Tagebücher zu fälschen, da sie mit denen der ständig anwesenden Begleiter verglichen werden. Die andere Hauptfunktion des Zeitministeriums besteht darin, zu berechnen, wieviel Zeit für eine bestimmte Tätigkeit notwendig ist.

Sogar die Freizeit ist der staatlichen Kontrolle unterworfen. Jeder, dessen Tagebuch eine unausgefüllte halbe Stunde aufweist, wird aufgefordert, einen Halbjahresplan vorzulegen, in dem er die kulturellen Aktivitäten angibt, die er zu unternehmen beabsichtigt. Freizeitinspektoren stellen ihre Expertenratschläge zur Verfügung und achten darauf, daß das Programm durchgeführt wird. Ein wöchentlicher Theaterbesuch ist Pflicht, und der einzelne hat keine Wahl, welches Stück er sieht. Sämtliche Theater sind Staatsinstitutionen; die Stücke werden von einem unter Aufsicht stehenden Gremium von Experten verfaßt. Das intellektuelle Niveau variiert entsprechend der im Publikum vertretenen Klasse.

Die Erziehung wird selbstverständlich von einer zentralen Behörde streng kontrolliert. Der Lehrstoff und die Dauer der Ausbildung werden entsprechend der sozialen Klasse des Schülers festgelegt. Die Industriebehörde für Jugendliche entscheidet, welchen Beruf die Jugendlichen der Klassen fünf bis sieben ergreifen, und die industrielle Ausbildung beginnt in der Schule. Angehörige dieser Klassen können ohne ein Zertifikat vom Ministerium keine Arbeit aufnehmen. Selbst die vorschulische Erziehung ist Kontrollen unterworfen. Sämtliche Spielsachen haben einen bestimmten erzieherischen Zweck; nichtgelenktes Spiel wird als eine Verschwendung an Energie und Intelligenz betrachtet.

Die Benutzung von Spielsachen im Elternhaus wird von einer Kommission von Inspektoren für Kinder beaufsichtigt.

Eine wichtige Rolle im Leben von Meccania spielt das Gesundheitsministerium. Alle Bürger müssen sich einer jährlichen ärztlichen Untersuchung unterziehen. Falls notwendig, erhalten sie für festgestellte Leiden eine obligatorische Behandlung. Eine Verweigerung der Behandlung führt in der Regel zu einer Verwahrung in einem Heim für geistig Anormale. In Fällen von unheilbaren Krankheiten kann durch eine Spezielle Ärztliche Kommission der Tod angeordnet werden; diese besitzt auch perfektionierte Methoden, um eine bestimmte Gehirnkrankheit festzustellen, die bekannt ist als »chronischer Hang zum Nonkonformismus«. Diejenigen, die an dieser Krankheit leiden, werden in Heime gesteckt.

Das Gesundheitsministerium spielt auch eine Rolle in der Eheorganisation und schreibt die Zahl der Kinder vor, die ein Paar in einem Fünf-Jahres-Zeitraum bekommen darf.

Wegen des großen Ausmaßes an staatlicher Kontrolle über das individuelle Leben verwendet die starke Polizeimacht sehr wenig von ihren Bemühungen auf die Ermittlung von Verbrechen, die sowieso sehr selten vorkommen. Diejenigen, die eine Neigung zu kriminellen Aktivitäten zeigen, werden in Verbrecherkolonien deportiert und werden selten straffällig. Die Arbeit der Polizei besteht hauptsächlich darin, darauf zu achten, daß die zum Wohl des Staates aufgestellten Regeln befolgt werden. Sie sammelt detaillierte Informationen über alle Bürger und erstellt einen jährlichen Bericht, der die Grundlage für ein Führungszeugnis bildet. In jeder Stadt gibt es eine Polizeibibliothek mit Kopien aller persönlichen Akten.

Als die Seele der Nation gilt die Armee. Alle Bürger Meccanias sind Soldaten.

Gregory Owen, *Meccania, The Super-State,* Ldn. 1918.

MEDWYNS TAL liegt tief verborgen in den steilen, unzugänglichen Adlerbergen des nördlichen Prydain. Der Legende nach haben in ferner Vergangenheit dunkle Wasser das Land Prydain überflutet. Nevvid Nav Neivion baute ein hölzernes Schiff und nahm zwei Tiere von jeder Gattung zu sich an Bord, und als sich die Wasser schließlich verliefen, ließ sich das Schiff in Medwyns Tal nieder, wo man

heute noch die Rippen eines halb im Boden begrabenen Langschiffs sehen kann. Der einzige menschliche Bewohner des Tals – ein alter, bärtiger Mann, der sich Medwyn nennt – bestätigt weder die Legende, noch leugnet er sie, ebensowenig bestätigt oder leugnet er, Nevvid selber zu sein.

Normalerweise werden Reisende das Tal kaum finden, denn auf keiner Karte ist eine Zugangsstraße eingezeichnet. Unerschrockene Besucher können jedoch einem freundlichen Tier aus Prydain folgen, das ihnen willig den Weg zeigen wird – aber selbst dann kann sich die Rückreise als unüberwindlich schwierig erweisen.

Lloyd Alexander, *The Book of Three,* NY 1964. – Ders., *The High King,* NY 1968.

DAS MEER DER GEFRORENEN WORTE liegt am Rande des Eismeers. Im Winter sind alle Worte und Laute in diesem Gebiet gefroren; wenn es im Frühjahr milder wird, beginnen sie aufzutauen und können deutlich gehört werden. Reisende können die gefrorenen Worte aufheben, sie ähneln kristallisierten Süßigkeiten in den verschiedensten Farben. Als Pantagruel einmal das Meer im Sommer durchfuhr, hörte er den Lärm einer Schlacht, die schon zu Beginn des vorhergehenden Winters stattgefunden hatte.

François Rabelais, *Le quart livre des faictz et dictz heroiques du noble Pantagruel,* Paris 1552.

DAS MEER DER RIESEN, ein Teil des Nördlichen Eismeers, ist von Riesen und Kobolden bevölkert, die dort Zuflucht gefunden haben. Die Riesen – viele von ihnen haben nur ein Auge – besitzen wilde Hunde und entführen oft Mädchen aus Grönland, die sie zur Heirat zwingen, weil sie selbst, um die Wahrheit zu sagen, sehr häßlich sind. Um die entführten Mädchen zu befreien, müssen ihre Eltern auf die Künste der Zauberer oder *Angakok* zurückgreifen, die die Riesen mit Hilfe magischer Schwerter zu töten imstande sind.

Wenn der strenge nordische Winter zu Ende geht und im Ozean unter den ersten Sonnenstrahlen bizarr geformte Eisberge dahintreiben, die die intensivsten Regenbogenfarben widerspiegeln und wie Edelsteine glitzern, klettern die Riesen mit langen Bärten und in roten Kostümen auf riesige Eispyramiden – Eistempel, die von zarten, funkelnden Säulen getragen werden und wie majestätisch schwimmende Monumente aus Kristall aussehen – und reisen mit den Polarbären durch ihr Reich. Dabei blasen sie auf kleinen roten Pfeifen, um Stürme losbrechen zu lassen. Viele stoßen sogar bis zu den nördlichen Stränden Norwegens vor. Wenn diese Riesen sprechen möchten, brüllen sie fürchterlich und reißen mit den Händen die Bäume aus der Erde. Es ist auch bekannt, daß sie unter Wasser tauchen, um zu fischen, oder daß sie auf Wildjagd gehen. Dabei bewegen sie sich mit so geschickten Schritten auf dem Eis fort, daß sie nie ausgleiten.

Wenn Reisende nachts auf diesen Stränden landen, werden sie von den Riesen angegriffen, mit Knüppeln zusammengeschlagen und dann aufgefressen. Einer der Riesen, Hafstraub genannt, zeigt sich gerne den Seeleuten. Imposant, ohne Arme steigt er wie ein Wal aus dem Wasser empor. Auf seinem Kopf trägt er einen Helm in blassem Eisblau. Niemandem ist es bisher gelungen, festzustellen, ob der Teil seines Körpers, der im Wasser verborgen bleibt, dem eines Menschen oder dem eines Fisches gleicht.

Tommaso Porcacchi, *Le isole più famose del mondo*, Mailand 1572. – Maria Savi-Lopez, *Leggende del mare*, Turin 1920.

MEER VON KARKAR, wahrscheinlich ein Teil des Atlantischen Ozeans nahe der nordwestlichen Küste von Marokko. Den Küstenstreifen be-

Messingflasche mit eingeschlossenem Dschinn vom MEER VON KARKAR. *Geschenk für Emir Mûsa ibn Nusair*

wohnt ein Negerstamm, der eine unverständliche Sprache spricht und seltsame Pelze trägt. Er scheint Kenntnis vom Islam zu haben, denn oft wird er vom Meer her von einem Mann besucht, der ein starkes Licht ausstrahlt und verkündet, daß es keinen Gott gebe außer Allah und daß Mohammed sein Prophet sei. Und jeden Freitag erscheint auf diesem Teil der See ein Licht, und eine Stimme spricht ein heiliges Gebet.

Emir Mûsa ibn Nusair besuchte bei seiner Rückkehr aus der ↗ MESSINGSTADT diesen Stamm und erhielt von ihm zwölf Messingflaschen, in die König Salomo verschiedene aufständische Dschinns eingeschlossen hatte. Der König des Negerstamms gab Emir Mûsa eines der größten Wunder der See zum Geschenk: einen Fisch in Menschengestalt. Jedoch starb der Fisch auf der Rückreise nach Damaskus wegen der großen Hitze. Seither hat man nichts dergleichen mehr gesehen.

Anon., *Die Geschichte von der Messingstadt*, in *Alf laila wa-laila* (Tausendundeine Nacht; 5.–15. Jh.), Kalkutta 1830.

MEGAPATAGONIEN, eine Inselgruppe zwischen Tierra del Fuego und der Antarktis. Sie ist von Menschen bewohnt, die sich nicht wie die meisten anderen entwickelt, sondern das Animalische in ihrem Aussehen und ihren Gepflogenheiten beibehalten haben. Jede Spezies (Bärenmenschen, Affenmenschen, Ottermenschen) lebt auf einer Insel für sich. Auf einigen anderen Inseln dieses Archipels sind Menschen beheimatet, die wie wir aussehen, deren Gebräuche aber höchst unzivilisiert sind. Die Arbeit wird nicht als Zwang, sondern als Vergnügen betrachtet. Jeder Bürger arbeitet täglich nur vier Stunden, Fachberufe gibt es nicht, jede Arbeit wird abwechselnd von allen verrichtet.

Da sie auf der Frankreich genau entgegengesetzten Seite der Erdkugel leben, sprechen die Insulaner das Französische verkehrt herum. »Guten Tag!« zum Beispiel heißt bei ihnen »Nob ruoj!« Sie tragen Schuhe auf dem Kopf und Hüte an den Füßen. Das weibliche Geschlecht ist nicht ganz gleichberechtigt. Malerei und Bildhauerei werden als zwecklose Künste abgelehnt und als »Illusion, die Einsamkeit des Menschen lindern zu können« bezeichnet. Musik und Dichtung aber werden akzeptiert.

Auf der größten Insel liegt Sirap, die Hauptstadt des Archipels.

Nicolas Edmé Restif de la Bretonne, *La découverte australe par un homme volant ou Le Dédale français*, Paris 1781.

MEILLCOURT, eine Insel im Indischen Ozean, etwa drei Wochen zu Schiff vom Kap der Guten Hoffnung entfernt. Die Insel ist von Sandbänken umgeben, stark bewaldet, mit Flüssen und Seen und vielen Obstbäumen. Sie wird von einem Nachkommen des Chevalier de Meillcourt regiert, eines französischen Forschers, der hier im frühen achtzehnten Jahrhundert Schiffbruch erlitt. Die Bevölkerung besteht aus einer Mischung von Europäern und zwei Eingeborenen-Stämmen: den Troglositen und den Quacaziten, die seit Jahren untereinander geheiratet haben. Sie sind friedlich und zufrieden, und das Land liefert ihnen alles, was sie brauchen. Zwar hat die Entdeckung von Erz zu ihrem Wohlstand beigetragen, aber Luxus kennen sie nicht. Die Insel ist offiziell katholisch, aber das Gesetz garantiert Glaubensfreiheit. Aus Verwaltungsgründen ist die Bevölkerung in Soldaten und Arbeiter eingeteilt, letztere stellen die Mehrheit. Es gibt keinen Kaufmannsstand, da Handel zu Rivalität führen könnte, und auch keine Mönche.

Die herkömmliche Sanftmut der Bewohner spiegelt sich auch in ihren Bräuchen. So kann ein Mann sich wegen Ehebruch von seiner Frau scheiden lassen, aber wenn er es tut, muß er ein Jahr für sie sorgen. Bei Kriminalprozessen werden die Tugenden des Angeklagten ebenso hervorgehoben wie seine Verbrechen. Wenn ein Mädchen ins heiratsfähige Alter kommt, muß sie sich einer drei Monate langen *kakarika* (Prüfung) unterziehen. Ihre Verehrer sprechen mit ihr und befragen sie nach ihrem Geschmack und ihren Interessen. Sie bringen ihr Geschenke, und nach drei Monaten stellen die, die keinen Fehler an ihr gefunden haben und denen sie immer noch gefällt, sich in einer Reihe auf. Jeder hält ein brennendes Streichholz. Sie bläst das Streichholz des Mannes ihrer Wahl aus; er wirft sich ihrem Vater zu Füßen, bittet um seinen Segen und küßt sie. Nach der Hochzeit bewirtet sie drei Tage lang die ehemaligen Rivalen. Ein weiterer Brauch besteht darin, daß ein Mann, der einen anderen Mann bewundert, sich zu seinem Sklaven macht, indem er seine Hand auf die Brust seines zukünftigen Herrn legt und dann seine Füße berührt.

Die Landessprache ist entfernt mit dem Indischen verwandt.

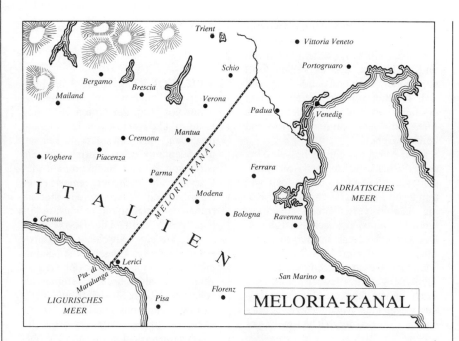

Jean Baptiste de Boyer, Marquis d'Argens, *Le législateur moderne ou Les mémoires du chevalier de Meillcourt,* Amsterdam 1739.

MEIN BESITZ, zwischen dem Äquator und ↗ GROSS-GARABANIEN gelegen, ist eine weite, sandige Ebene, in der sich nichts bewegt. Wenn man im Sand gräbt, bemerkt man sehr schnell, daß das Gebiet einen sumpfigen Grund voller Strudel hat. Der Eindruck der Einsamkeit und Armut, den man zunächst hat, täuscht. Die Möglichkeiten des Gebiets sind unbegrenzt: Man kann hier Köpfe anbauen, weiße Federbüsche, Bleistifte, Zähne, Kinnbacken, Lebern, Grimmdärme, After, Bauchspeicheldrüsen, Gallenblasen, usw. Die große Schwierigkeit (die vor allem Reisende unter achtzehn beeindrucken kann) besteht darin, daß eine Schöpfung die andere zum Erlöschen bringt. Wenn man die Kinnlade kreiert, verschwinden die Zähne. Wenn die Leber fertig ist, bleibt nur der After – und man muß durch die Eingeweide und die Gallenblase wieder von vorn anfangen. Wenn tausend Bleistifte wachsen, formt man tausend Zeichner, aber wenn die tausend Zeichner geformt sind, sind die tausend Bleistifte verschwunden.

Trotz all dieser dürftigen Wunder ist Mein Besitz einer der gewöhnlichsten Orte, die es gibt: Reisende, die einen weißen, sich verflüchtigenden Federbusch oder tausend verschwindende Bleistifte kaufen möchten, sollten wissen, daß die gängige Währung hier Äther ist. P. R.

Henri Michaux, *Mes propriétés,* Paris 1929.

MEÏPE, ein Land von unbestimmter Lage, wo Lehrer keinen Unterricht abhalten und wo nicht verlangt wird, daß man Erwachsenen wohlerzogen begegnet. Meïpe wurde 1918 von Michèle Maurois, der vierjährigen Tochter des bekannten französischen Schriftstellers, begründet.

André Maurois, *Meïpe ou La délivrance,* Paris 1926.

DER MELORIA-KANAL ist ein großer unterirdischer Tunnel, der das Tyrrhenische mit dem Adriatischen Meer verbindet. Der östliche Eingang befindet sich im Brenta-Tal nahe der kleinen Insel Aleghero, der westliche bei Lerici. Der Tunnel wurde 1868 entdeckt, nachdem eine Gruppe von Fischern im Meer einen Kasten mit der Karte und einem historischen Bericht der Ausschachtung gefunden hatte. Um 1300 war Luigi Gottardi, ein Kapitän der Republik Genua, bei Lerici auf eine große Unterwasserhöhle gestoßen, in die eine ganze Galeere hätte einfahren können. Diese Entdeckung brachte ihn auf das grandiose Projekt, einen unterirdischen Kanal zwischen dem Tyrrhenischen und dem Adriatischen Meer zu graben, um eine Invasion der Republik Venedig durch die Genuesen zu ermöglichen. Der wohlhabende Kapitän führte diesen phantastischen Plan mit Hilfe von fünfhundert afrikanischen Sklaven aus. Die Arbeiten dauerten über acht Jahre. Die wenigen Genueser Bürger, die Bescheid wußten, wahrten das Geheimnis. Bevor es jedoch zu dem Angriff kommen konnte, wurde Gottardi von den Venezianern gefangengenommen, und der Kanal blieb mehrere hundert Jahre unentdeckt. Selbst heute wird der Meloria-Kanal nicht benutzt – vielleicht wegen technischer Schwierigkeiten, vielleicht auch wegen der unterirdischen Beben, die die Durchfahrt außerordentlich erschweren. Nur vier Personen haben bisher den Kanal in seiner gesamten Länge durchfahren, nämlich die drei Fischer, die den Kasten gefunden hatten, und ein gewisser Dr. Bandi von der italienischen Marine im Jahre 1868. Ihr Expeditionsbericht konzentriert sich hauptsächlich auf die störenden vulkanischen Erscheinungen, denen sie ausgesetzt waren, erwähnt aber auch die Fauna des Tunnels: eine Unmenge Quallen, Tintenfische und Medusen, ungewöhnlich große Mollusken in blauer, grüner und roter Färbung. In einigen Teilen finden sich dichtgedrängt phosphoreszierende Fische, die ihre Umgebung in ein unheimliches Licht tauchen.

Emilio Salgari, *I naviganti della Meloria,* Mailand 1903.

MERLINS GRAB, eine Höhle unter einer Klippe in Cornwall, England, die Grabstätte von Merlin, dem großen Zauberer von ↗ CAMALOT und Freund und Ratgeber von König Artus. Im Alter verliebte sich Merlin in eine Maid namens Nyneve. Um sie zu verführen, lehrte er sie seinen ganzen Zauber, einschließlich eines großen und schrecklichen Banns, der nicht gebrochen werden kann. Überzeugt, daß Nyneve seine Frau werde, schuf er für ihre Vermählung eine phantastische Kammer, tief im Herzen der Klippen. Als er sie Nyneve zeigen wollte, belegte sie ihn mit dem unlösbaren Bann und schloß ihn für immer in der Höhle ein. Besucher finden den großen Merlin, wie er auf ewig in der Höhle liegt, die er selber schuf.

Gewisse Geschichtsschreiber behaupten, Merlin sei in Wirklichkeit in den Wäldern von ↗ BROCELIANDE von Vivien, der Zauberin, in eine Eiche gebannt worden und sein Körper sei dort bis auf den heutigen Tag zu sehen. Wo immer er jetzt liegt, man weiß, daß Merlin in den vierziger Jahren unseres Jahrhunderts sein Gefängnis verließ und mit Unterstützung eines gewissen Cambridge-Professors Dr. Ransom England vor einem schrecklichen Schicksal bewahrte.

Alfred Lord Tennyson, *The Idylls of the King,* Ldn. 1842–1885. – Clive Staples Lewis, *The Hideous Strength,* Ldn. 1946. – John Steinbeck, *The Acts of King Arthur and His Noble Knights...,* NY 1976.

MEROA ↗ SABA

MEROPIS ist nicht nur durch die Eigenheiten seines Landes und seiner Bewohner von Interesse, sondern auch durch seine Lage. Wie man in der Antike wußte, wohnen die Menschen um das Mittelmeer, in der *Oikumene,* der »Bewohnten Zone«, die ihrerseits wiederum vom Weltstrom Okeanos umflossen wird. Der Bericht über Meropis erweitert dieses Weltbild sensationell: Europa, Asien und Libyen (Afrika) sind keine Kontinente, sondern nur kleine Inseln im Weltmeer, um das herum sich der einzige wahre Kontinent Meropis lagert. Seine Größe ist unermeßlich, seine Bewohner sind doppelt so lang und auch doppelt so langlebig wie wir gewöhnlichen Sterblichen. Seine beiden größten Städte heißen *Machimos* und *Eusebes,* das heißt »Kriegsstadt« und »Frommstadt«. Diesen Namen entsprechend führen ihre Einwohner ein unterschiedliches Leben. Die Frommstädter genießen die Früchte der Erde, ohne sie durch Pflüge zu verletzen und durch Saat zu belasten, sie sind bis in ihr höchstes Alter frei von Krankheit und vertauschen schließlich heiteren Sinnes das Leben mit dem Tod. Die Kriegsstädter hingegen kommen schon mit Waffen zur Welt, sie sind ständig auf Kriegszug und zu ihrem Glück durch Eisen unverwundbar, so daß die Gegner nur mit Steinen oder Knüppeln eine – geringe – Chance haben. Daß eine so mächtige Stadt unermeßlich reich ist, versteht sich: Gold und Silber gilt ihnen nicht mehr als uns das Eisen.

Die Meroper bewohnen noch zahlreiche andere große glänzende Städte. Am Ende ihrer Welt liegt in dumpfem Dämmerlicht ein Platz namens *Anostos* (»Ohne Wiederkehr«), eine Art Abgrund, um den zwei Ströme fließen »Freudfluß« und »Leidfluß«. Wer von den Früchten der Bäume am Ufer des Leidflusses kostet, der weint sich rasch zu Tode; wer von der Frucht des Freudflusses ißt, vergißt alle früheren Wünsche und Sehnsüchte, vergißt auch, wen er vielleicht geliebt hat. Hingegen verlebt er von nun an sein Leben in rückwärts gerichteter Reihenfolge: Aus dem Greis wird ein Mann, aus dem Mann ein Jüngling, aus diesem ein Kind und aus diesem ein Säugling, der schließlich in Nichts vergeht...

Nur einmal kamen die Meroper über den Weltstrom zur Erkundung in unsere Gegend. Sie trafen als erste auf die Hyperboreer (↗ HYPERBOREA), die doch hierzulande als die glücklichsten aller Sterblichen gelten; die Meroper fanden sie so elend und erbärmlich, daß sie stracks umkehrten und sich nie wieder bei uns blicken ließen. Doch mögen mutige Männer unseres Weltteils sie besucht haben: Platon vielleicht, der im Mythos seines Dialogs *Politikos* vom Dahingehen durch Verjüngung erzählt und den Freudfluß kannte, wie auch Franz Werfel, der in seinem Bericht vom *Stern der Ungeborenen* die daselbst befindlichen »Wintergärten« mit ihrem »Regenerationshumus« beschrieb, die zu derselben Art von Euthanasie, das heißt von »Glücklichem Sterben«, zu führen vermögen. B. Ky.

Theopompos aus Chios, *Philippika* (4. Jh. v. Chr.), Leiden 1829. – Platon, *Politikos* (4. Jh. v. Chr.), in *Opera,* 2 Bde., Florenz o. J. [ca. 1482–84]. – Klaudios Ailianos aus Praeneste, *Poikile historia* (2. Jh.), Basel 1548 (u. d. T. *Variae historiae libri XIV*). – Franz Werfel, *Stern der Ungeborenen,* Stockholm 1946.

MESKEETA, eine Insel des ↗ RIALLARO-Archipels im südöstlichen Pazifik, die von ihren Bewohnern auch »Insel derer, die zwischen Gut und Böse unterscheiden« genannt wird. Die Bewohner sind Pygmäen, Verbannte von ↗ LIMANORA, Bücherschlächter mit einer Manie für Kritik, die dadurch, daß sie überall Fehler finden, an Körpergröße verloren haben. Sie sind immer mit Pfeilen bewaffnet, die sie aufeinander schleudern, und tragen Brillen, die alles, was sie dadurch betrachten, mit Fehlern versehen. Riesige Masken bedecken den oberen Teil ihres Körpers, um ihre wahre Identität zu verbergen. Die einzige ihnen bekannte Alternative zum Neid ist die Schmeichelei. Eine Rasse von Zwergsklaven stellt für sie Bücher her, die sie angreifen und kritisieren können. Sie verehren alles, was glänzt, würden aber ihre Pfeile gegen die Sonne schleudern, falls diese sich verdunkelt. Ihre Tempel sind über den Gräbern derjenigen errichtet, die sie zu Tode gejagt haben und die sie jetzt als große Männer verehren.

Godfrey Sweven, *Riallaro, the Archipelago of Exiles,* NY/Ldn. 1901. – Ders., *Limanora, the Island of Progress,* NY/Ldn. 1903.

MESSINGSTADT, eine tote Stadt in einer unbestimmten Gegend des Maghreb, vermutlich westlich der Sahara. Sie wurde entdeckt und erforscht von einer Expedition, die der Kalif Abd el-Malik ibn Marwân, Prinz der Wahren Gläubigen (685–705 n. Chr.), organisierte. Während eines Banketts an seinem Hof in Damaskus hatte der Kalif von einem Ort am Meer gehört, wo Fischer häufig Messingflaschen fanden, die mit dem Siegel Salomos, des Sohnes Davids, verschlossen waren. Wenn das Siegel aufgebrochen war, stieg blauer Rauch zum Himmel, und eine schreckliche Stimme rief: »Ich bereue, ich bereue, oh Prophet Allahs!« Es wurde bekannt, daß König Salomo Mârids oder böse Geister in die Flaschen eingeschlossen hatte, um sie dann ins Meer zu werfen. Als der Kalif dies hörte, gab er seinem großen Wunsch Ausdruck, diese Flaschen zu sehen, und befahl dem Emir Mûsa ibn Nusair, ihren Herkunftsort zu suchen. Der Emir, der damals den Maghreb beherrschte, befragte einen alten weisen Mann, Abd es-Samad, der viel gereist war und die Wüsten, die Einöden und die Meere, ihre Bewohner und ihre Wunder, die Länder und ihre Distrikte kannte. Unter der Leitung des Emirs und des alten Mannes gelangte die Expedition nach einer viermonatigen Reise zu einer Stadt an der Küste, die von Gras und Brunnen umgeben war. Reisenden wird empfohlen, hier die Nacht zu verbringen.

Etwas weiter steht ein Palast, den man besichtigen sollte. Ein offenes Tor führt zu zwei breiten Stufen aus Buntmarmor, und über dem Eingang befindet sich eine Platte mit einer Inschrift in Altgriechisch über die Vergänglichkeit alles Menschlichen. Die Decken und Wände sind mit Gold, Silber und Edelsteinen verziert. In der Mitte des verlassenen Palastes liegt inmitten von vierhundert Grabmälern ein hohes Kuppelgemach. In ihm steht ein langer, schrecklich anzuschauender Sarg mit einer Tafel aus chinesischem Eisen, auf der steht, daß Kûsch ibn Schaddâd ibn Ad der Ältere, der viertausend Pferde besaß, tausend Jungfrauen heiratete, mit tausend Kindern gesegnet war, tausend Jahre alt wurde und Reichtümer ansammelte wie kein anderer König der Erde, hier begraben liegt. Besucher sollten auch wissen, daß hier einst ein herrlicher Alabastertisch stand, auf dem zu lesen war: »An diesem Tisch haben tausend einäugige Könige und tausend Könige mit gesunden Augen gesessen. Alle haben die Welt verlassen und ihren Wohnsitz in Gräbern und Grüften genommen.« Dieses Möbelstück hat der Emir selbst entfernt.

Nach dem Besuch des Palasts kommt der Reisende nach einem dreitägigen Marsch zu einem hohen Hügel, auf dem ein Messingreiter steht. Er hält einen Speer mit einer breiten, glänzenden Spitze, auf der geschrieben steht: »Oh du, der du zu mir kommst, wenn du den Weg nicht kennst, der zur Messingstadt führt, reibe die Handfläche des Reiters, und er wird sich drehen und dann anhalten, und die Richtung, nach der er zeigt, sollst du furcht- und sorglos einschlagen, denn sie wird dich in die Messingstadt führen.« Wenn man diesen Anweisungen folgt und seinen Weg über ein weites Stück Land fortsetzt, kommt man zu einer Säule aus schwarzem Stein, in dem eine bis zu den Achseln eingesunkene Figur mit zwei riesigen Schwingen und zwei Menschenarmen mit Löwenklauen steht. Ihr Haar gleicht dem Schweif der Rosse, zwei ihrer drei Augen sind wie glühende Kohlen und das dritte wie das Auge eines Panthers. Dieses Geschöpf ist ein Dämon, den König Salomo auf diese Weise bestraft hat; er weist den Weg in die Messingstadt.

Diese hat fünfundzwanzig Tore, die unsichtbar sind und nur von innen geöffnet werden können. Die Stadtmauern mit den zwei Messingtürmen an den Seiten sind aus schwarzem Stein. Um hineinzukommen, sollte der Besucher den Anweisungen des Emirs Mûsa ibn Nusair folgen. Man muß eine hölzerne, mit Eisenplatten belegte Leiter bauen, die dann an der Mauer befestigt wird. (Man bedenke, daß man für eine solche Leiter etwa einen Monat braucht.) Ist der Besucher dann auf der Mauer, sieht er in der Stadt selbst zehn wunderschöne Damen, die ihm zuwinken, als wollten sie sagen: »Komm zu uns!« Man sollte ihnen nicht folgen, denn ein Sprung von der Mauer wäre tödlich. Am besten geht man auf der Mauer weiter bis zu einem der Messingtürme. Hier sieht sich der Besucher vor zwei anscheinend nicht zu öffnenden Goldtoren. Doch in der Mitte eines der Tore ist wieder einer der schon bekannten Reiter, der einen Arm ausstreckt, als wolle er auf etwas zeigen. Der Besucher sollte einen Nagel im Nabel des Reiters zwölfmal drehen, dann öffnet sich donnergleich das Tor. Innen sind mehrere schöne Holzbänke, auf denen tote Männer liegen. Über ihren Köpfen hängen prächtige Schilde, scharfe Schwerter, gespannte Bogen und Pfeile. Der Besucher sollte zum am ältesten aussehenden Leichnam gehen und einen Schlüsselbund unter seinen Kleidern hervorziehen. Mit diesem kann man die Eisentore öffnen, die hinunter in die Stadt mit ihren hohen Pavillons und schimmernden Kuppeln und den vielen Häusern an den Ufern der kristallenen Flüsse führen. Auch hier liegen auf seidenen Betten weitere Leichen – auf dem ganzen Weg bis zum Marktplatz. Man findet die Läden offen vor, doch die Händler sind tot. Nach vier solchen Märkten – dem Seidenmarkt, dem Juwelenmarkt, dem Markt der Geldwechsler und dem der Spezereienhändler – kommt der Besucher zu einem seltsam gebauten Palast mit entrollten Fahnen, gezückten Schwertern, gespannten Bogen, an Gold- und Silberketten hängenden Schilden und rot vergoldeten, leuchtenden Helmen.

Genau in der Mitte dieses Palastes befindet sich eine Halle, in der ein großer Alabasterbrunnen unter einem Brokatbaldachin steht. Vier Seitenkammern sind mit Gold, Silber und Edelsteinen, juwelenbesetzten Waffen und kostbarem Tafelgeschirr gefüllt. Durch eine mit Elfenbein und Ebenholz eingelegte Tür kommt der Besucher auf einen Gang, der in ein Gemach führt, dessen glänzender Marmorboden wie fließendes Wasser wirkt. Eine rotgoldene Kuppel wölbt sich über einem Brokatbaldachin, der von Vögeln mit Füßen aus Smaragden getragen wird. Am Rande eines Brunnens, der mit einem Netz aus Perlen bespannt ist, ruht ein junges Mädchen auf einem juwelenbesetzten Lager. Der Besucher sollte besonders auf ihre Augen achten. Man hatte sie ihr nach dem Tod herausgenommen, Quecksilber in die Augenhöhlen gegossen, und jetzt, nachdem man die Augen wieder eingesetzt hat, machen sie einen unheimlich lebendigen Eindruck. Ein Schild aus Gold am Fuß des Bettes offenbart das Geheimnis der Messingstadt und sollte von jedem Reisenden, der etwas Ahnung vom Arabischen hat, gelesen werden. Es berichtet, wie während der Regierung von Tadmura, der Tochter des Königs der Amalekiter, Hunger und Durst über die Messingstadt hereinbrachen. Sieben Jahre lang fiel kein Regen vom Himmel, und kein Gras wuchs für die Einwohner der Stadt. Nachdem alle Vorräte verbraucht waren, sandte die Königin Boten aus, damit sie ihre sagenhaften Reichtümer gegen etwas Eßbares eintauschten; aber sie fanden nichts und kehrten mit dem ganzen Schatz in die Stadt zurück. Die Königin beschloß, ihre Reichtümer öffentlich auszustellen, die Tore der Stadt zu schließen, sich dem Ratschluß Gottes zu ergeben und mit ihrem Volk zu sterben. Was sie erbaut und zurückgelassen hatte, sollte ein ewiges Denkmal für die Nichtigkeit weltlicher Güter sein.

Heute findet der Besucher nicht mehr alle Schätze vor, denn der Emir und seine Leute luden, soviel sie nur konnten, auf ihre Kamele und nahmen sie mit in ihr Land zurück, nachdem sie schließlich am ↗ MEER VON KARKAR den Herkunftsort der Dämonen-Flaschen entdeckt hatten.

Anon., *Die Geschichte von der Messingstadt*, in *Alf laila wa-laila* (Tausendundeine Nacht; 5.–15. Jh.), Kalkutta 1830.

MESZRIA, ein südlich von Rerek gelegenes Königreich. Die Grenze zwischen beiden Ländern bilden die von Gletschern bedeckten Huron-Berge. Meszria, das sich eines milden Klimas erfreut, ist reich an Wald- und Ackerland, insbesondere im Zeshmara-Tal nordwestlich von Memison, der königlichen Sommerresidenz. In anderen Regionen gibt es Birken- und Eichenwälder sowie Walnußbäume.

Die bekanntesten Seen des Landes sind der bei Memison gelegene Reismasee und ein kleinerer, namenloser See südöstlich der Hauptstadt Zayana. Beide sind beliebte Aufenthaltsorte der Nymphen Antiope und Camaspe, die seit langem auf gutem Fuß mit dem Herrscherhaus des Landes stehen. Antiope erscheint zuweilen in Gestalt eines raubgierigen Luchses, Camaspe in Gestalt einer Wasserratte oder anderer kleiner Säugetiere. In den entlegeneren Flußtälern hausen halbmenschliche Wesen wie zum Beispiel Faune. Sie haben, genau wie die Nymphen, eine eigene Sprache, die für den Menschen wie das Rascheln von Blättern klingt.

Den hohen, zerklüfteten Gebirgszug im Norden kann man nur an zwei Stellen überqueren. Der Weg über den Salimatpaß ist weniger beschwerlich als der über den weiter westlich gelegenen Royarpaß, zu dessen Verteidigung die Bergfestung Rumala erbaut wurde. Der einzige Pfad, der sich vom Gebirge in mehreren Haarnadelkurven ins Tiefland hinunterschlängelt, wird »Der Vorhang« genannt. Er ist so steil, daß Reiter absitzen und ihr Pferd hinunterführen müssen.

Über die frühe Geschichte des Königreiches, dessen Annalen mit der Gründung der Stadt Zayana beginnen, ist wenig bekannt. 738 *anno Zayanae conditae* begann die Alleinherrschaft der Königin Rosma aus dem rerekianischen Geschlecht Parry. Um den Thron besteigen zu können, hatte Rosma ihre ersten beiden Gatten und einen Neffen (der um ihretwillen gemordet hatte) aus dem Weg geräumt. Im Jahre 749 vermählte sie sich mit König Mezentius von Fingiswold, unter dessen Regierung die drei Reiche (Meszria, Rerek und Fingiswold) eine als »Pax Mezentia« bekannt gewordene Friedensperiode erlebten. 777 wurde das Königspaar in der Inselfestung Sestola (an der meszrianischen Südküste in der Sestolaförde gelegen) vergiftet, und aus den Kriegswirren, die in der Folgezeit die drei Reiche erschütterten, ging Mezentius' unehelicher Sohn Barganax, Herzog von Zayana, als die führende Persönlichkeit im Staate Meszria hervor.

Eric Rucker Eddison, *Mistress of Mistresses. A Vision of Zimiamvia,* Ldn. 1935. – Ders., *A Fish Dinner in Memison,* NY 1941. – Ders., *The Mezentian Gate,* Ldn. 1958.

METTINGEN, ein nach seinem ersten Besitzer benanntes Herrenhaus, nicht weit von Philadelphia an einem Fluß gelegen. Gegen Ende des achtzehnten Jahrhunderts wurde es von einem sächsischen Einwanderer namens Wieland erworben. Schon in jungen Jahren von den religiösen Ideen der Albigenser und der Kamisarden beeindruckt, hatte sich Wieland in ein kompromißlos puritanisches Sektierertum hineingesteigert. Der Tempel, den er sich in der Nähe des Herrenhauses für seine Andachtsübungen errichten ließ, steht auf einem inzwischen mit Kiefern bewachsenen Felsen – auf einer Lichtung von ca. zwölf Fuß Durchmesser. Ursprünglich bestand das Bauwerk nur aus einer von zwölf dorischen Säulen getragenen Kuppel und war völlig schmucklos; roh behauene Steinstufen führten zu der Andachtsstätte, und ringsum war nur nackter Fels. Die Nachkommen Wielands statteten den Tempel mit Möbeln aus und benutzten ihn als Gartenhaus.

Wieland senior starb an den Brandwunden, die er sich zuzog, als sich im Tempel eine Explosion ereignete und seine Kleidung Feuer fing. Vor seinem Hinscheiden behauptete er, während des Gebets plötzlich ein Licht gesehen und einen heftigen Schlag – ähnlich einem Keulenschlag – verspürt zu haben. (Von vergleichbaren Fällen wurde in einem Florentiner Journal sowie in einem Artikel von Merille und Muraire berichtet, der im Mai 1783 im *Journal de Médecine* erschien.) Kurz nach dem amerikanischen Unabhängigkeitskrieg ermordete Wielands Sohn Theodore – angeblich auf Befehl

Wielands Tempel in METTINGEN

einer Stimme, die er in einer Vision gehört hatte – seine Frau und seine Kinder. Später beging er Selbstmord.

Charles Brockden Brown, *Wieland, or The Transformation: An American Tale,* NY 1798.

MEZZORANIEN, ein Königreich in den Wüsten des östlichen Afrika, zwischen dem Sudan und Äthiopien; eine sehr zivilisierte Gesellschaft, die die Sonne als geistiges Symbol verehrt. Die Regierung basiert auf religiösen Prinzipien, die Gesetze richten sich nach der Überlieferung und dem Rat mystischer Weiser. Die Todesstrafe ist unbekannt; Verbrechern vergibt man und schickt sie in die Wüste. Alle gesellschaftlichen Ereignisse werden in der Öffentlichkeit gefeiert: Geburt, Tod, Hochzeit usw. Drei oder vier vornehme Familien teilen sich in die Verantwortung für diese geselligen Veranstaltungen.

Die Hauptstadt des Reiches ist an einem See erbaut und wird von einem schönen Kanal mit vielen Schleusen und Brücken durchzogen, der sich im Stadtzentrum teilt und eine Art quadratische Insel bildet. Hier steht der wunderbare Tempel der Sonne. Reisende haben Mezzoranien als eines der schönsten Königreiche der Welt beschrieben.

Simon Berington, *Mémoires de Gaudense de Lucques,* Amsterdam 1753.

MIDWICH, ein Dorf in England, ungefähr acht Meilen nordwestlich der Kleinstadt Trayne. Mit seinem Gemeindeanger, den rund sechzig Einfamilienhäuschen und der kleinen Kirche (englische Spätgotik, normannischer Torweg und Taufstein) ist Midwich ein typisches englisches Dorf. Historische Bedeutung kommt ihm nicht zu. Es ist weder mit der Eisenbahn noch mit dem Omnibus noch auf einem Kanal zu erreichen. Bekannt wurde es durch einige höchst merkwürdige Kinder, deren Mütter alle am selben Tag (24. September) auf geheimnisvolle Weise schwanger gewor-

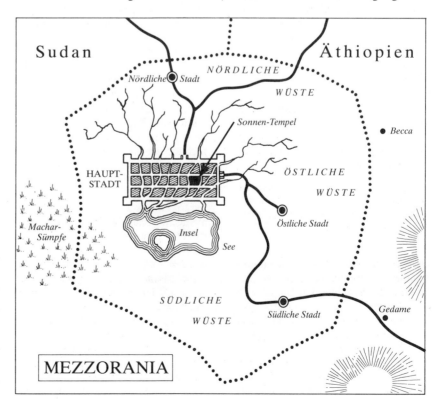

den waren. Die Kinder, die aschblonde Haare, goldgelb schimmernde Augen, einen ungewöhnlich kleinen Mund und auffallend schmale Fingernägel hatten, entwickelten sich geistig und körperlich doppelt so schnell wie ihre Altersgenossen und besaßen die Fähigkeit, durch Gedankenübertragung Befehle zu erteilen. Dadurch geriet das gewohnte Leben der Einwohner von Midwich derart aus den Fugen, daß schließlich nichts anderes übrig blieb, als diese unheimlichen Wesen zu vernichten. Ein gewisser Gordon Zellaby schaffte mehrere Bomben in den alten Gutshof, wo die Kinder gerade Schulunterricht hatten, und sprengte diese und sich selbst in die Luft. Der im viktorianischen Stil erbaute Gutshof war keine architektonische Sehenswürdigkeit.

John Wyndham, *The Midwich Cuckoos*, Ldn. 1957.

MIHRDSCHÂNISCHES KÖNIGREICH, eine Insel irgendwo im Indischen Ozean, die nach ihrem berühmten König benannt ist; der einzige Platz, zu dem der Seehengst zur Paarung kommt.

Jeden Monat bringen die Diener des Königs die Stuten beim schwachen Licht des Neumonds an den Strand und verstecken sich in einer unterirdischen Höhle. Vom Geruch der Stuten angelockt, kommen die Seehengste an Land und sehen sich vorsichtig um; wenn kein Mensch in der Nähe zu sein scheint, besteigen sie die Stuten und befruchten sie. Wenn sie die Weibchen jedoch mit ins Meer locken wollen, entdecken sie, daß die Stuten festgebunden sind. Wenn die Diener das Wiehern der Hengste hören, verlassen sie ihr Versteck und scheuchen die Seehengste zurück ins Wasser. Einige Monate später bringt jede Stute ein Fohlen von unermeßlichem Wert zur Welt. Diese Tiere findet man sonst nirgends auf der Erde.

Anon., *Die Geschichte von Sindbad dem Seefahrer*, Erste Reise, in *Alf laila wa-laila* (Tausendundeine Nacht; 5.–15. Jh.), Kalkutta 1830.

MIKROMONA, ein Reich von unbekannter geographischer Lage, wo die Frauen die privilegierten Bürger und die Männer die Sklaven sind. Es wird von einer Königin regiert, die auch eine mächtige Armee befehligt; täglich erweitern neue Eroberungen die Landesgrenzen. Man sagt, weil die Frauen glauben, sie seien Engel auf Erden, lehnen sie es ab, sich von dem anderen Geschlecht beflecken zu lassen. Um sich fortzupflanzen, schütteln sie einfach die Zweige eines Baumes, der am Rand des Paradieses gestanden haben soll. Das sorgt für einen stetigen und gesunden Vorrat an jungen Mädchen für das Königreich. Männliche Besucher sind nicht willkommen.

Karl Leberecht Immermann, *Tulifäntchen. Ein Heldengedicht in drei Gesängen*, Hbg. 1830.

DIE MILCHINSEL ↗ KASEOSA

MINDA, eine Insel des Archipels ↗ MARDI. Die meisten Eingeborenen befassen sich mit Hexerei und werden daher von den Bewohnern der anderen Inseln häufig um ihre Dienste gebeten. Um die Nachfrage nach ihren Zauberkünsten zu fördern, sollen sie nicht einmal davor zurückschrecken, anderen Insulanern weiszumachen, sie seien verhext worden und bedürften eines Gegenzaubers. Das auf Minda am häufigsten benützte Zaubermittel ist der Dampf eines Gebräus, dessen wichtigster Bestandteil das feingehackte Fleisch von Menschenherzen (in unterschiedlicher Dosierung) ist. Empfindlichen Reisenden muß davon abgeraten werden, der Vorbereitung dieser Mixtur beizuwohnen.

Herman Melville, *Mardi, and a Voyage Thither*, NY 1849.

MINNEGROTTE, in der felsigen Wildnis Cornwalls in Südengland gelegen. Die Grotte ist erst nach einer beschwerlichen Tagesreise durch unwegsames Gelände zu erreichen. Sie scheint die einzige heute noch erhaltene der Vielzahl ähnlicher Höhlen zu sein, die zu Urzeiten von dem hier ansässigen Riesengeschlecht in den Berg gehauen wurden und Schauplatz archaischer Eros-Mysterien waren. In späterer Zeit verschloß man solche Felskammern mit ehernen Türen und weihte sie der Liebe. Besucher seien darauf hingewiesen, daß die Minnegrotte nur nach Betätigung eines versteckt angebrachten zinnernen Knöpfchens an der Türaußenseite betreten werden kann. Die Grotte selbst ist kuppelförmig, mit glatten, schmucklos weißen Wänden. Inmitten des grünen Marmorbodens steht ein reich verziertes kristallenes Bett, dessen Inschrift: »La fossiur' a la gent amant« – Grotte der Liebenden – auf die Bestimmung verweist. Drei kleine Fensteröffnungen an der Decke tauchen die Kuppel in ein diffuses Licht. An der Innenseite der ehernen Tür befinden sich zwei stabile Riegel, aus Zedernholz der eine, elfenbeinern der andere, die jedes ungebetene Eindringen verwehren. Obgleich der Architekt, der der natürlichen Grotte ihre heutige Form gab, unbekannt geblieben ist, ist ihre Anlage von Historikern gedeutet worden: Die Grotte ist rund, um die Einfachheit der Liebe zu symbolisieren, es gibt keine Ecken und Winkel, wo List und Verrat lauern könnten. Ihre Weite symbolisiert die Kraft der Liebe, ihre Höhe das Streben der Liebe nach der Tugend, deren Symbol der Schlußstein ist. Die weißen Wände und der grüne Boden stehen für Unbescholtenheit und Beständigkeit, während die Durchsichtigkeit des kristallenen Bettes die Klarheit der Liebe ausdrückt. Die Tür kann nicht von außen geöffnet werden, denn die wahre Liebe weiß, daß der Zugang zur Liebe nicht erzwungen werden darf. Schließlich symbolisieren die drei Fenster die Tugenden des Liebenden: Güte, Demut und feine Lebensart.

Zwei berühmte Besucher der Grotte waren Tristan und Isolde, die sich hier aufhielten nachdem sie vom Hof des Königreichs Cornwall durch die Eifersucht von Isoldes Gemahl, Marke, vertrieben worden waren.

Gottfried von Straßburg, *Tristan* (um 1200), Bln. 1821.

DAS MISPEC-MOOR liegt zwischen ↗ TUROINE und dem verschwundenen Land von Antan. Die bekannteste Bewohnerin des Moors ist »Maya mit den Schönen Brüsten«, eine weise Frau, die dort in einer sauber getünchten Blockhütte wohnt. Sie beherrscht vor allem die bescheideneren Künste, Berge ins Meer zu schieben, Brücken über unpassierbaren Stellen zu errichten und rosarote Spiegel herzustellen, die sie ihren Gästen schenkt. Diese Spiegel haben den Effekt, alles äußerst angenehm erscheinen zu lassen.

Bei den Tieren, die man um ihr Cottage weiden sieht, handelt es sich in Wirklichkeit um ihre vielen ehemaligen Liebhaber, die sie aus Güte in Vieh oder Wild verwandelt hat. Dadurch, so erklärt sie, habe sie sie von überstürzten Abenteuern zurückgehalten; als Haustiere könnten sie ein beschauliches und glücklicheres Leben führen.

Die meisten anderen Leute, die im Moor leben, sind Hexen oder Zauberer. Der Umgang mit ihnen ist angenehm und sympathisch, vorausgesetzt, man fragt sie nicht danach, was sie mit ungetauften Babys machen.

James Branch Cabell, *Something about Eve*, Ldn. 1927.

MITTELERDE, auch die »Hinnenlande«, die »Außenlande«, die »Großen Lande« genannt – das Land östlich des Großen Meeres. Seit dem Dritten Zeitalter, das im Ringkrieg gipfelte und endete, hat sich hier viel verändert, die Länder haben eine andere Gestalt angenommen, und so muß man schon etwas Forschergeist mitbringen, will man sich auf diese Reise in die Vergangenheit begeben.

In der Altvorderenzeit umfaßte Mittelerde die verschiedensten Reiche, Provinzen und Länder: ↗ LINDON im Nordwesten am Meer, Arnor und ↗ GONDOR, die großen Königreiche im Norden und Süden, ↗ ROHAN im mittleren Westen und ↗ MORDOR im Südosten. – Die nordsüdlich verlaufende Bergkette des Nebelgebirges bildet gleichsam das Rückgrat von Mittelerde, doch gibt es auch noch die Ered Luin, die Blauen Berge, im Nordwesten, die Eisenberge im hohen Norden, das Weiße Gebirge, an dessen Fuß Gondor liegt, das Schatten- und das Aschengebirge, die das öde Mordor umschließen. Dazwischen dehnen sich fruchtbare Täler, riesige Waldgebiete und Grassteppen aus. Als wichtigster Fluß durchzieht der Anduin Mittelerde parallel zum Nebelgebirge, und dazu kommen die kleineren Flüsse, Brandywein und Lautwasser im Nordwesten, Nimrodel, Limklar und Entwasser, die den Anduin speisen.

Diese verschiedenen Lebensräume werden wiederum von den verschiedensten Wesen bevölkert: Die Elben, die älteren Kinder der Welt, lieben Bäume, Blumen und Wasser; die Menschen, die Zweitgeborenen Ilúvatars, des Vaters des Alls, bebauen das Land, betreiben Viehzucht, bauen Städte und Festungen; die Zwerge, ebenfalls ein uraltes Geschlecht, graben tief in den Bergen nach Metallen; die schier zeitlosen Ents sind die Hüter der Wälder und haben sich in ihrem Aussehen schon ganz den Bäumen angeglichen; und die freundlichen kleinen Hobbits, die so gerne essen und Pfeife rauchen, bauen Getreide und Tabak an und wohnen in gemütlichen Höhlen. Die Kreaturen des Bösen dagegen, die Hohnfiguren auf die Geschöpfe Ilúvatars, scheuen das Licht und das Grün; die Orks, die Trolle, die Feuergeister, bevorzugen das Dunkel der Nacht, sie verkriechen sich in feuchte, finstere Berghöhlen.

Nach der Legende schuf Eru oder Ilúvatar, der Eine, Mittelerde durch Musik. Die Ainur, die Heiligen, erhoben ihre Stimmen zu einem großen Gesang und variierten das von Eru vorgegebene Thema. Nur einer, Melkor, der Mächtigste und Stolzeste unter ihnen, brachte einen Mißklang in die große Musik. In einer Vision sahen die Ainur, was sie bis dahin nur gehört hatten, und wünschten, daß es wirklich werde. So schickte Eru die Unverlöschliche Flamme in die Welt, und viele der Ainur stiegen zu ihr hinab und wurden die Valar, die Mächte der Welt. Jeder verwirklichte seine eigene Vorstellung, und sie erschufen die Erde in Schönheit und Harmonie. Doch Melkor neidete ihnen ihr Werk und vergiftete den Frühling der Erde. Die Valar schlugen ihn zurück und wählten sich ↗ AMAN an den westlichen Grenzen der Welt zur neuen Wohnstatt. Da sie zuerst das Licht der Sterne erblickten, nannten sie sich Eldar, Sternenkinder. Ein großer Teil von ihnen folgte dem Ruf der Valar und ließ sich nach Aman bringen, in die Nähe des Lichts der Zwei Bäume, die Yavanna, die Spenderin der Früchte, erschaffen hatte. Beim zweiten Krieg gegen Melkor nahmen die Valar ihn gefangen mit nach Aman, doch er konnte fliehen und zerstörte gleichzeitig die Zwei Bäume und raubte die drei Silmaril-Steine, in denen ihr Licht eingefangen war. Damit nun die Menschen, das Zweite Volk Ilúvatars, nicht im Dunkel von Mittelerde erwachten, schufen die Valar aus der letzten Frucht und der letzten Blüte, die die Bäume noch hervorbrachten, Sonne und Mond. Melkor oder Morgoth, der Dunkle Feind, wie er nur noch genannt wurde, überzog Mittelerde mit neuem Krieg. Ein letztes Mal griffen die Valar ein und stürzten ihn in die Zeitlose Leere über die Grenzen der Welt.

Zum Dank für ihre Unterstützung bekamen die Menschen ↗ NÚMENOR geschenkt, ein Land zwischen Aman und Mittelerde. Dort lebten sie lange Zeit glücklich, bis der Gedanke an ihre Sterblichkeit, in der sie sich von den Elben unterschieden, sie zu bedrücken begann. Sauron, Morgoths früherer Gehilfe, nützte ihre Schwäche, und so fuhren sie trotz des Verbots nach Aman. Zur Strafe wurde Numenor zerstört, nur eine kleine Gruppe Getreuer konnte sich nach Mittelerde retten. Dort gründeten sie die beiden Königreiche Arnor und Gondor, die sich ständig gegen Saurons Angriffe zu verteidigen hatten. Im letzten Bund kämpften Elben und Menschen noch einmal gemeinsam gegen ihn und entrissen ihm den Einen Ring, den er insgeheim geschmiedet hatte, um die anderen, unter Elben, Menschen und Zwerge verteilten Ringe der Macht beherrschen zu können. – Für lange Zeit galt der Eine Ring danach als verloren, bis er einem Hobbit aus dem ↗ AUENLAND in die Hände fiel. Sauron sammelte alle seine bösen Kräfte um sich, um ihn zurückzugewinnen. Die gegnerische Seite berief den Weißen Rat ein, an dem Elben, Menschen und die Istari, Boten aus Aman, teilnahmen. Die Zerstörung des Rings im Schicksalsberg von Mordor war das Ziel. Im Großen Ringkrieg konnte Saurons Macht dann endlich gebrochen werden. Damit fand das Dritte Zeitalter von Mittelerde sein Ende. Es gab wieder einen König in Gondor, doch die meisten Elben verließen ihr Land, um in das Unsterbliche Land zu gelangen. Mittelerde wurde ein Land der Menschen.

Die Gemeinsame Sprache von Mittelerde war das *Westron,* die Sprache der Menschen, allerdings angereichert durch Begriffe aus den Elbensprachen. Die Elben hatten zwei Sprachen entwickelt: das *Quenya* und das *Sindarin.* Von ihnen stammten auch die zwei Hauptarten von Alphabeten, die *Tingwar* und die *Certar.* Neben der Verkehrssprache *Westron* gab es die Geheimsprache der Zwerge, die umständlich-lange Sprache der Ents, die Sprache der Bewohner von Rohan und Dunland und die Schwarze Sprache, die Sauron erfunden hatte, die jedoch nicht einmal seine Kreaturen, die Orks und Trolle, richtig beherrschten.

Auch in der Zeitrechnung gab es erhebliche Unterschiede zwischen den Völkern. Für die Elben entsprach zum Beispiel ein *yen,* das *Quenya*-Wort für Jahr, 144 Jahren im Kalender der Menschen. Doch setzte sich die Königs- und dann die Truchseß-Zeitrechnung, die einige Berichtigungen einführte, allgemein bei den *Westron* sprechenden Völkern durch. Nur die Hobbits vom Auenland blieben bei ihrem eigenen Kalender.

John Ronald Reuel Tolkien, *The Hobbit, or There and Back Again,* Ldn. 1937. – Ders., *The Fellowship of the Ring,* Ldn 1954. – Ders., *The Two Towers,* Ldn. 1954. – Ders., *The Return of the King,* Ldn. 1955. – Ders., *The Silmarillion,* Ldn. 1977.

MONGAZA liegt eine siebentägige Schiffsreise von der ↗ FESTEN INSEL entfernt. Nur Chroniken aus dem fünfzehnten Jahrhundert berichten über das Eiland – und das auch nur spärlich. Man weiß, daß es verschiedene Burgen gibt, die wichtigste liegt am »Kochen-

den See«. Hier wohnt der Riese Famongomadan, der Schrecken all derer, die ihn kennen. Es gehört zu seinen Unarten, junge Mädchen zu Ehren eines Götzen zu opfern, dessen Bild am Kochenden See aufgestellt ist. Vom See selbst sind trotz seines Namens keine spektakulären Phänomene bekannt.

Garci Rodríguez (oder Ordóñez) de Montalvo, *Amadís de Gaula,* Saragossa 1508.

MONSTERPARK, eine Art Disneyland, das ehemals am Strand von Alexandria in Ägypten zu sehen war und wovon heute nur Ruinen übriggeblieben sind. Zahlreiche riesengroße Statuen häßlicher Seeungeheuer, die die Stadt beschützen sollten, waren entlang der Küste aufgestellt.

Als Alexander der Große den Hafen zu bauen begann, stiegen Seeungeheuer jede Nacht aus dem Meer und richteten große Verheerungen an. Der Feldherr befahl, einen Glaskäfig zu bauen, einen Künstler hineinzustellen und die ganze Vorrichtung in die Tiefe des Meeres zu senken, damit der Künstler die Ungeheuer skizzieren könne. Dann ordnete der König an, riesige Statuen nach den Entwürfen des Künstlers anzufertigen und sie direkt dem Meer gegenüber aufzustellen. Als die Seeungeheuer an den Strand kamen und ihre Ebenbilder sahen, die mit hartem, kaltem Blick auf sie starrten, machten sie sofort kehrt und ließen sich nie wieder blicken.

Die Ruinen, die sich inmitten eines lieblichen Palmenhains erheben, sind nun ein beliebter Spielplatz für Kinder.

Maria Savi-Lopez, *Leggende del mare,* Turin 1920.

MORDOR, ein ödes, abweisendes Land in ↗ MITTELERDE, östlich von ↗ GONDOR und ↗ ROHAN. Im Norden wird es vom Aschengebirge, im Westen und Süden vom Schattengebirge wie von einem natürlichen Wall umgeben. Der wichtigste Zugang für den vor allem aus geschichtlichem Interesse herkommenden Reisenden ist der Paß von Cirith Gorgor, an dem sich die beiden Bergketten treffen und hinter dem die Hölle von Udûn liegt. Im Schattengebirge gibt es einen weiteren, allerdings recht schwierigen Zugang, den Paß von Cirith Ungol. In der zerklüfteten, von Asche bedeckten Hochebene von Gorgoroth im Nordwesten erhebt sich beherrschend der Gipfel des Vulkans Orodruin, des Feuer- oder Schicksalsberges, in dessen Kammern der Eine Ring geschmiedet wurde, der alle in Mittelerde lebenden Wesen beherrschen sollte. Im Süden liegt das Nurnen-Meer, ein Binnensee, der von mehreren Flüssen gespeist wird und keinen Abfluß hat. Um ihn herum bebauten einst Hörige und Sklaven aus dem Osten und Süden, die in niedrigen Hütten untergebracht waren, die Felder. Im Norden sind noch die Trümmer des Dunklen Turms Barad-dûr zu besichtigen, von dem aus der Dunkle Feind Sauron seine böse, finstere Macht ausübte.

Der Turm war schon einmal geschliffen worden, nachdem es Sauron gelungen war, Osgiliath, die Hauptstadt von Gondor, zu zerstören und ihre Ost-Zitadelle Minas Ithil zu besetzen. Doch nach seiner Niederlage kehrte Sauron heimlich von Norden her nach Mordor zurück, baute den Dunklen Turm wieder auf, von dem aus er mit Hilfe seines Palantír, eines der Sehenden Steine, alles sehen und ergründen konnte, was in Mittelerde geschah. Aufs neue scharte er seine bösen Mächte um sich, Minas Ithil wurde nach dem neuen Statthalter in Minas Morgul umbenannt, man verstärkte die Befestigungen, und rund um das Land hielten die widerlichen Orks Wache. Am westlichen Rand des Schattengebirges bildete ein Sumpf von stinkendem Schlamm eine Art Wallgraben. (Das Gebirge selbst fällt steil nach innen ab in eine tiefe Schlucht, doch dahinter erhebt sich ein weiterer Kamm von spitzen Felsen und Zacken, der Morgai, der innere Ring des Bollwerks.) Und überall die Wachtürme der Orks. Der unheimlichste war der Turm von Cirith Ungol oberhalb von Minas Morgul im Schattengebirge.

Hier lauerte in den dunklen Gängen ein uraltes Wesen, vor dem sich sogar die Orks fürchteten: Kankra, die gefräßige, bösartige Riesenspinne.

Gegen Ende des Dritten Zeitalters lagen wieder dunkle Nebelschwaden um die Berggipfel, schwarzer Rauch stieg aus dem Orodruin auf, ein dunkler Schatten fiel auf Gondor. Sauron rüstete sein Heer: die primitiven Orks, die grausamen Kampf-Orks Uruk-hai, eine Vermischung aus Orks und Menschen, die Berg- und Steintrolle, die der Verhöhnung der Ents von ↗ FANGORN dienen sollten, und schließlich die Nâzgul, die Ringgeister. Körperlos, in schwarze Mäntel gehüllt, ritten sie auf schwarzen Pferden durch die Luft. Sie waren ursprünglich Menschen gewesen, doch die Macht des Ringes und das Böse hatten sie zerfressen. Wenn sie den Himmel verdunkelten und ihre Todesschreie ausstießen, erschauerte jedes lebende Wesen. Die menschlichen Verbündeten Saurons waren die grausamen, wilden Ostlinge und die Haradrim aus dem Süden. Mit diesem Heer wollte Sauron den Einen Ring zurückerobern. Doch einem kleinen Hobbit aus dem ↗ AUENLAND war es bestimmt, diesen Ring im Schicksalsberg zu vernichten. Sauron wurde besiegt, Mordor zerfiel in Trümmer.

John Ronald Reuel Tolkien, *The Fellowship of the Ring,* Ldn. 1954. – Ders., *The Two Towers,* Ldn. 1954. – Ders., *The Return of the King,* Ldn. 1954.

MORGENTHAULAND, durch einen hohen Zaun elektrisch geschützter Teil der BRD. Das Morgenthauland beginnt irgendwo hinter Wuppertal und erstreckt sich über Bielefeld in östlicher Richtung bis an die Grenze zur DDR, insgesamt 10 000 Quadratkilometer groß. Die nördliche Begrenzung verläuft am Südrand des Stadtstaates Hamburg. Das Morgenthauland ist benannt nach dem amerikanischen Staatssekretär Henry Morgenthau jr., der am 6. September 1944 Präsident Roosevelt einen Plan vorlegte, nach dem Deutschland entindustrialisiert, verkleinert und zu einem politisch und wirtschaftlich unbedeutenden Agrarstaat gemacht werden sollte. Alle Errungenschaften der Zivilisation sind in diesem Gebiet auf eine Art »Steinzeitniveau« zurückgenommen worden. Das Land ist ein Dschungel aus verrotteten Zivilisationsresten, von denen die Natur Besitz ergriffen hat. Die Städte sind unbewohnte, vom Pflanzenwuchs überwucherte Ruinen, skurrile, hier lächerliche Hinweise auf einstige Geschäftigkeit. Lüdenscheid, Hamm, Bielefeld, Minden sind Ansammlungen von funktions- und wertlos gewordenen Gebäuden und Geräten, in denen die Natur sich breitmacht. Beherrscherin dieses Landes ist die Natur, die in der anderen Welt, der »Betonrepublik«, dem Land der »Parallelautobahnen«, dem Industrieland, immer weiter zurückgedrängt und verkrüppelt wird. Hier beherrscht sie ungehindert die Menschen, ein unheimliches Komplott von Tier- und Pflanzenwelt. Der Garten Eden der Idylle wird zum gefährlichen Dschungel. Das Morgenthauland ist keine ökologische Idylle als durchweg positive Gegenwelt zur Gesellschaft der Bundesrepublik Deutschland. Morgenthau ist keine utopische Lösung aller Probleme der Realität. Es scheint selbst dieses

Naturchaos noch von der Betonwelt geplant und überwacht zu sein.

Für die meisten »Bewohner« – größtenteils Außenseiter der Betonwelt, Unangepaßte des Industrielandes – ist das Morgenthauland nur Durchgangsstadium. Wie J. J. Weberbeck, der Reisende, der uns von diesem Land berichtet hat, bleiben alle nur kurz im Morgenthauland. Wenn sie nicht an den ungewohnten Strapazen eines Lebens ohne jede Zivilisation sterben. Das Land hat drei »Verstecke« in der Wildnis, in denen sich die Bewohner zusammenfinden: ein Moorlager, ein verfallener Flugplatz, dessen Computer nur noch Wasserstandsmeldungen aller Welthäfen aus dem Jahre 1972 übermitteln, dahinter ein Museum, in das alle Museen des Industrielandes ihre kostbarsten Originale schicken, um sie vor Zivilisationskatastrophen zu bewahren, schließlich eine große unterirdische Halle mit dem »Demokratieloch« in der Nähe (hier bestieg Weberbeck einen unterirdischen Zug in die DDR). Dazwischen gibt es Trecks und Läufer als Boten, die sich durch den Urwald kämpfen, von Tieren geführt oder angegriffen. Iltisse, die es sich in Dekolletés bequem machen, oder Vögel, die sich auf dem Kopf robbender oder schwimmender Reisender festkrallen, sind in diesem exotischen Land nichts Ungewöhnliches.

Auch eine eigene Sprache entwickelt sich im Morgenthauland. Es ist ein Kauderwelsch aus Fachkürzeln. Die Menschen führen eine Gegenexistenz zur Welt der Saubermann-Werbung, es sind »verschwiegen gebildete Müllmenschen oder neu bekränzte Neandertaler«, die sich von Würmern, Insekten und allem ernähren, was die Natur an gerade noch Eßbarem liefert. Geheimnisvolle Kräfte wirken, und traumhafte Bilder vermischen sich mit ortsfremder Dschungelrealität. M. W.

Günter Herburger, *Die Augen der Kämpfer,* Darmstadt/Neuwied 1980.

MORIA, in der Zwergensprache auch **KHAZAD-DÛM** genannt – die älteste und größte Stadt der Zwerge und eine Fundgrube für Hobby-Geologen. Sie liegt im Osten des Nebelgebirges hinter der weiten Ebene von Eriador. Durin, der Älteste der Sieben Väter der Zwerge, die Aule der Schmied erschaffen hatte, gründete sie schon im Ersten Zeitalter. Tief gruben die Zwerge ihre Stadt unter die Berge Celebdil, Fanhuidil und Caradhras, dreißig bis vierzig Meilen liegen zwischen dem West- und dem Osttor. Auf sieben Ebenen erbauten sie riesige Säulenhallen, die Böden legten sie silbern aus, die Wände schmückten sie mit Gold und Juwelen. An den hohen Decken verstrahlten Kristallüster ihr glänzendes Licht. Unzählige Schächte und Stollen, Gewölbe und Säulen, Brunnen und Treppen ziehen sich durch das Bergesinnere. Unermüdlich schmiedeten die Zwerge Kupfer und Eisen zu Waffen und Rüstungen, stellten sie Schmuck aus den verschiedensten Edelsteinen her, verarbeiteten sie Gold und Silber. Zu dieser frühen Zeit hielten sie auch gute Freundschaft zu den Elben von Eriador, die viel von ihnen lernten und erstanden. Davon zeugt noch die alte Straße, die von Eriador zum Westtor oder Elbentor führt.

Die Zwerge sind ein überaus zähes, verschlossenes, dickköpfiges und hartnäckiges Volk. Sie besitzen ihre eigene Sprache, halten sie streng geheim und lernen lieber die Sprachen anderer Völker, um die eigene nicht preisgeben zu müssen. Ihre Runen besitzen die Kraft, Freunden ihre Tore zu öffnen und sie vor Feinden verschlossen zu halten. Sie lieben den Gesang, und oft erklang das Spiel goldener Harfen in den Hallen von Moria. – Mit Queraxt und Schild lieferten sie ihren Feinden, vor allem den verhaßten Orks, erbitterte Kämpfe. Ihrem Eigensinn wiederum verdanken sie es, daß der Dunkle Feind Sauron keine Macht über sie erlangen konnte. Doch durch die Sieben Ringe der Macht, die er ihnen geschenkt hatte, wuchs ihre Gier nach Gold und Silber und brachte viel Unheil über sie. Gerade in Moria fanden sie *mithril,* »Wahr-Silber«, um vieles härter und zugleich leichter als andere Metalle und auf die verschiedenste Weise zu verarbeiten. Immer mehr wollten sie davon haben, immer tiefer gruben sie und weckten dadurch eines der fürchterlichsten Geschöpfe des Bösen, den Feuergeist Balrog. So mußten sie Moria aufgeben, die Orks kamen zum Plündern, und alle Versuche, die Hauptstadt zurückzuerobern, schlugen fehl.

Aber nicht nur in Moria gruben die Zwerge. In der Altvorderenzeit kamen sie auch bis ↗ LINDON und arbeiteten in den Blauen Bergen. Sie schufen ein Reich im fernen Norden im Grauen Gebirge und auch in den Eisenbergen. Hier waren die Drachen ihre ständigen Feinde, und auch nachdem sie sich nach Erebor, zum Einsamen Berg, zurückgezogen hatten, hörte die Verfolgung nicht auf. Smaug der Goldene vertrieb Durins Stamm aus Erebor und machte es sich für eine lange Zeit auf ihren Schätzen gemütlich. An der endgültigen Rückeroberung war ein Hobbit aus dem ↗ AUENLAND beteiligt, der auf dieser abenteuerlichen Reise in den Besitz von Saurons Einem Ring der Macht gelangte. Und dann beim Ringkrieg gehörte der Zwerg Gimli zu den Neun Gefährten. Sein bester Freund wurde der Elb Legolas, mit dem er sich am Ende des Dritten Zeitalters auf die weite Fahrt in das Unsterbliche Land ↗ AMAN machte.

John Ronald Reuel Tolkien, *The Hobbit, or There and Back Again,* Ldn. 1937. – Ders., *The Fellowship of the Ring,* Ldn. 1954. – Ders., *The Two Towers,* Ldn. 1954. – Ders., *The Return of the King,* Ldn. 1954. – Ders., *The Silmarillon,* Ldn. 1977.

MORPHOPOLIS, eine große Stadt im Park des Schlosses Chambord; eine verkleinerte Wiedergabe des Stadtzentrums von Paris. Ein großer Kanal ersetzt die Seine. Der Louvre, die Avenue de l'Opéra, das Café de la Paix, die Champs-Elysées sind in Morphopolis ebenso vorhanden wie die berühmten Restaurants, Geschäfte und Theater von Paris.

Die Einwohner von Morphopolis liegen in tiefem Schlaf. Ein gewisser Doktor Morpho beschloß 1950, eine Stadt zu gründen, die dreihundert Jahre lang erhalten werden könnte. Er hatte 1920 eine Droge entdeckt, die die Lebensfunktionen für die Dauer des Schlafes unterbricht. Vierhundert Millionen alte Francs wurden verwendet, um das Land zu kaufen und die Gebäude zu errichten. Weitere zweihundert Millionen wurden treuhänderisch verwaltet, um die Erhaltung und Sicherheit der Stadt zu gewährleisten. Am 28. Juni 1950 erhielten zehntausend »Bürger des Schlafes« (wie die Freiwilligen genannt wurden) eine Injektion mit der nötigen Dosis der Droge. Sie schlafen jetzt wie einst die Bewohner von ↗ DORNRÖSCHENS SCHLOSS und sollen am 28. Juni 2250 wieder geweckt werden.

Besucher seien darauf hingewiesen, daß man nur mit einem offiziellen Paß der französischen Regierung Morphopolis betreten darf. Eindringlinge werden von scharfen Hunden, die die Stadtmauer bewachen, angefallen.

Maurice Barrère, *La cité du sommeil,* Paris 1909.

MORROW, eine Insel 46° 2′ 23.5″ nördlicher Breite und 33° 39′ 48.6″ westlicher Länge, ist durch den Maupertuis Kanal von der Küste von Francobolia getrennt.

Die Hauptstadt ist Lux, eine befestigte Stadt an der Küste. Touristen sollten aber auch die schöne Stadt Primevere, zwölf Kilometer landeinwärts gelegen, besuchen. Im Osten befinden sich salziges Marschland und Austernbänke, im Süden Viehweiden.

Zu den besonderen Attraktionen der Insel gehören eine Reihe übersinnlicher Erscheinungen. Besucher können Karten für solche Vorstellungen zu festgesetzten Zeiten buchen. Dabei haben sie die Auswahl unter den Darbietungen verschiedener Schutzheiliger. Glänzende Plastikdarstellungen, Heiligenbilder mit beweglichen Augen und in einem durchsichtigen Ei eingeschlossene kleine Heiligenstatuen kann man als Souvenirs in jedem Laden auf Morrow kaufen.

Henri Chateau, *La cité des idoles,* Paris 1906.

MORVA, ein einsames Sumpfgebiet westlich des Flusses Ystral in Prydain, erreicht man durch einen schmalen Paß über die Moore jenseits der Wälder von Idris. Reisende werden feststellen, daß das ganze Gebiet aus einem Ödland mit Tümpeln und Sümpfen besteht, mit Ginsterbüscheln und Grasbuckeln hier und da. Schleier von weißem Bodennebel hängen ständig in der Luft, die vom Geruch uralter Fäulnis und von unaufhörlichem Summen und Seufzen erfüllt scheint. Das Marschland ist für jeden, der die überwachsenen Pfade nicht kennt, fast unpassierbar. Das einzige Gebäude weit und breit ist eine niedrige Hütte auf einem Hügel am Rand der Sümpfe. Sie ist mit Erde und Zweigen bedeckt und aus der Entfernung fast nicht zu sehen. Dahinter stehen ein paar baufällige Ställe und Nebengebäude. Die Hütte ist die Wohnung der Drei Zauberinnen, Orddu, Orwen und Orgoch, die manchmal ihre Persönlichkeiten austauschen. Keine von ihnen ist besonders gern Orgoch, die einen schier unersättlichen Appetit auf lebendige Wesen hat. Ihretwegen können die Drei keine Haustiere halten, sie würden mit größter Wahrscheinlichkeit aufgefressen. Die Zauberinnen können auch ihr Äußeres verwandeln: Gewöhnlich treten sie als häßliche alte Hexen auf, sie sind aber auch schon als schöne junge Frauen erschienen.

Morva war der Ort, wo Dallben, der Zauberer von Caer Dallben, seine Kindheit verbracht hat. Er wurde in einem Weidenkorb gefunden und von den drei Frauen aufgezogen, die ihm auch den ersten Unterricht in Magie gaben. In Morva erhielt er auch das *Buch der Drei,* in dem so viel über die Zukunft von Prydain vorausgesagt wird.

Lloyd Alexander, *The Black Cauldron,* NY 1965. – Ders., *Taran Wanderer,* NY 1967. – Ders., *The High King,* NY 1968.

MUMINLAND, auch bekannt als **MUMINTAL,** an der finnischen Küste gelegen. Ein Fluß durchzieht das Tal von den Einsamen Bergen bis zur Küste, der ↗ DIE EINSAME INSEL und ↗ MUMINPAPAS INSEL vorgelagert sind. Im Süden und Südwesten wird die Küste felsig, und Vorgebirge und tiefe Buchten bestimmen ihren Verlauf. Sumpfgebiete mit Wollgrasbüscheln und Wälder, hauptsächlich mit Birken und Fichten, sind charakteristisch für das Land. Im Tal gibt es keine menschlichen Bewohner, die nächsten sind der Leuchtturmwärter auf Muminpapas Insel und die Wissenschaftler, die ein einsam gelegenes Observatorium hoch oben in den Einsamen Bergen unterhalten.

Das Tal hat seinen Namen von den hier lebenden Mumins oder Mumintrolls, wie sie manchmal genannt werden: kleine weiße, Winterschlaf haltende Tiere mit langen Schnauzen, kurzen Schwänzen und glatter, haarloser Haut. Sie gehen auf den Hinterfüßen und verständigen sich durch Pfeifen, weil sie nicht singen können. Die Mumins sind höfliche, ansehnliche Wesen, die niemals vergessen »danke schön« zu pfeifen und einander mit großem Respekt grüßen.

Die Muminfamilien leben in Muminhäusern, kleinen, zweistöckigen Gebäuden mit vielen Balkonen und einer Veranda, die an altmodische Porzellanöfen erinnern. Innen führen Wendeltreppen in die obere Etage. Die Zimmer sind bequem möbliert, mit Schaukelstühlen, Kronleuchtern und Betten mit Messingknöpfen. Die Muminhäuser haben ein Zentralheizungssystem, das mit Holz arbeitet.

Über die Herkunft dieser kleinen Wesen ist wenig bekannt. Forscher haben einen primitiven Mumintyp entdeckt, der gewöhnlich »der Vorfahre« genannt wird und einige Anhaltspunkte über die Entwicklung der Mumins gibt. Der »Vorfahre« ist klein und grau, mit einer langen Schnauze und außerordentlich dicht behaart, während die heutigen Mumins glatthäutig sind, obgleich ihnen im Winter, wenn es nötig ist, auch ein dickeres Fell wächst. Man sagt, daß der »Vorfahre« einen Mumintyp darstellt, wie er vielleicht vor tausend Jahren existiert hat.

Mumins halten gewöhnlich von November bis Mai Winterschlaf; wahrscheinlich vor allem, weil ihre Ahnen es so machten, nichts weist darauf hin, daß der Winterschlaf für ihr Überleben nötig wäre. Sie schlafen im Wohnzimmer ihrer Häuser und legen sich zuvor alles zurecht, was sie im Frühjahr benötigen könnten. Vor dem Winterschlaf essen sie noch eine kräftige Mahlzeit aus Tannennadeln, die ansonsten nicht zu ihrer normalen Sommerkost gehören.

Es gibt keine formalen Regierungsinstitutionen. Das gesellschaftliche Leben ist auf die Familie konzentriert, wo mit großem Pomp Mutter- und Vatertag gefeiert wird. Doch das wichtigste Ereignis im Muminland, das kein Reisender verpassen sollte, ist das Entzünden des Sommersonnenwendfeuers. Am Abend des Sonnenwendtages werden große Freudenfeuer entlang der Küste entzündet, und es ist Brauch, eine Blume zu pflücken und sie sich unter das Kissen zu legen. Die Träume, die ein Besucher in dieser Nacht hat, werden Wirklichkeit, vorausgesetzt er spricht bis zum nächsten Morgen nicht.

Das Mumintal ist auch die Heimat einer Anzahl anderer Wesen, die alle untereinander in Verbindung stehen. Da sind die passiven *Hatifnatten,* die das Barometer verehren und sich jedes Jahr im Juni auf der Einsamen Insel versammeln, wo sie geheimnisvolle Dinge treiben. Die *Hemuls* sind beträchtlich größer als die Mumins, aber irgendwie dumm, was sie nicht davon abhält, großes Vergnügen daran zu finden, das Leben anderer zu organisieren. Noch viele andere Lebewesen sind in dem Tal gesehen worden, beispielsweise eine *Morra,* zwei affenähnliche Tiere, *Tofslan* und *Vifslan,* dazu *Mumrik, Homsas* und die *Mymla Filifjonka. Sniff* ist ein kleiner freundlicher Vierfüßler mit langer Nase, Schwanz und Ohren, *Schnupferich,* ein Säugetier, das gewöhnlich einen Federhut trägt und Mundharmonika spielt. Die einzigen Lebewesen, die im Aussehen den Mumins gleichen, sind die *Snorks* und die *Snorkfräulein.* Sie wechseln je nach ihren Gefühlen die Farbe, sind mit weichem Fell bedeckt und haben blaue Augen. Die Bäume des Tales sind der natürliche Aufenthaltsort der langhaarigen Baumgeister. Sie sind alle weiblich und leben in den Baumstämmen, nachts fliegen sie zu den höchsten Zweigen und singen. Sie scheinen großblättrige Bäume den Nadelbäumen vorzuziehen.

Außerdem ist das Tal die Heimat

einer Reihe gewöhnlicher Vögel und Säugetiere, vom Kuckuck bis zum Glühwürmchen. Wölfe und Adler werden in den höheren Bergen gefunden, scheinen aber nicht in das Tal zu kommen. Seejungfrauen und Wassermänner (vielleicht Besucher vom ↗ REICH DES MEERKÖNIGS) sind vor der Küste gesehen worden, aber von ihren Gewohnheiten ist wenig bekannt.

Mit Ausnahme der Hatifnatten und ihres geheimnisvollen Barometerkultes haben die Bewohner von Muminland keine organisierte Religion. Es scheint einen allgemeinen Glauben an die Existenz einer Gottheit zu geben, die die Bewohner »Schützer aller kleinen Tiere« nennen, aber das schließt keine besonderen Rituale ein.

Tove Jannson, *Muumipeikko ja pyrstötähti,* Helsinki 1950. – Dies., *Vaarallinen juhannus,* Helsinki 1957. – Dies., *Taikatalvi,* Helsinki 1958. – Dies., *Taikurin hattu,* Helsinki 1958. – Dies., *Muumipappa merellä,* Helsinki 1965. – Dies., *Muumipapan urotyöt,* Helsinki 1966. – Dies., *Mummilaakson marraskuu,* Helsinki 1971. – Dies., *Kuinkas sitten kävikään,* Helsinki 1972.

MUMINPAPAS INSEL im Finnischen Meerbusen, vor der Küste von ↗ MUMINLAND, zumeist mit Sümpfen und Mooren bedeckt. Es gibt keine hohen Bäume, die Vegetation besteht aus Heide und Zwergfichten. An der Nordküste der kleinen Insel liegt eine halbmondförmige Bucht mit weißem Sand. Die Insel hat nur zwei Gebäude: einen Leuchtturm auf dem südlichsten Punkt und ein kleines Haus auf einem westlichen Vorsprung, das wegen der wilden Stürme, die im Winter über die Insel toben, mit eisernen Klammern an den Felsen befestigt ist.

Außer dem Leuchtturmwärter wohnen keine anderen Leute hier. Die Insel wird gelegentlich von den Mumins aus dem Muminland besucht, daher ihr Name. Auf dieser Insel war es, wo das Geheimnis der *Morra* – einer der recht eigenartigen Bewohnerinnen von Muminland – schließlich entdeckt wurde. Die *Morra* ist ein weibliches Tier, sie scheint die einzige ihrer Art zu sein, die von Lampen fasziniert ist. Sie hat große, traurige, runde, dabei völlig ausdruckslose Augen. Früher ließ die *Morra* den Boden, auf dem sie saß, gefrieren und verursachte dadurch unzählige Probleme. Schließlich entdeckten die Mumins, daß die Ursache dieses seltsamen Benehmens die Einsamkeit der *Morra* war. Sie begannen, sich mit ihr anzufreunden, und sofort ließ sie von ihrem unerfreulichen Tun ab.

Tove Jansson, *Muuminpappa merellä,* Helsinki 1965. – Dies., *Muuminpapan urotyöt,* Helsinki 1966.

MUNSALVAESCHE, die GRALSBURG, liegt vermutlich irgendwo in Frankreich, die Quellen bezeichnen die Gegend als Corbierc oder Brobarz, eine weitere lokalisiert die Burg auf der nördlichen, dem ehemaligen gotischen Spanien zugewandten Seite des Berges Montsalvat. Ebenso widersprüchlich sind die anderen geographischen Angaben; die einen sprechen von einem dunklen Waldsee, eine knappe Tagesreise von der Burg Belrepeire entfernt, einem Felsmasiv entlang und dann immer rechts, die anderen empfehlen, einem namenlosen reißenden Fluß zu folgen bis zu einem Berg, von dessen Gipfel man schließlich die Burg erblickt.

Auf Munsalvaesche lebten einst die Gralshüter, edle Ritter und Jungfrauen, die schon als Kinder dazu berufen wurden – eine auf christliche und höfische Ideale gegründete, ordensähnliche Gemeinschaft, die, mit dem Gralskönig an der Spitze, den heiligen Gral gegen Unberufene schützte.

Der geheimnisvolle Gral war vermutlich eine edelsteinerne Schale, angeblich das Speisegefäß des Heiligen Abendmahles, in dem später das Blut des gekreuzigten Heilands aufgefangen worden war. Der Gral verfügte über eine Reihe wundersamer Eigenschaften, so spendete er Speis und Trank, sein Anblick verlängerte das Leben, und auch der Vogel Phönix soll durch ihn wieder in früherer Schönheit erstrahlt sein. Seine Wunderkraft rührte von einer weißen Hostie her, die jeweils am Karfreitag durch eine weiße Taube vom Himmel gesandt und auf die Schale gelegt wurde. Die auserwählten Hüter nannte eine von Zeit zu Zeit auf dem Gral erscheinende Schrift.

Das meiste, was wir über die Gralsburg wissen, steht in Zusammenhang mit einem gewissen Parzifal, einem von der Mutter her mit dem Artusgeschlecht und väterlicherseits mit dem Gralsgeschlecht verwandten Ritter. Als Parzifal zum erstenmal die Burg betrat, traf er auf den an einer schwärenden Wunde dahinsiechenden König Anfortas. Einem Bericht zufolge war sie ihm von Klingsor, dem schrecklichen Magier und unversöhnlichen Feind der Gemeinde zugefügt worden. Dieser Klingsor residierte in einem Zaubergarten auf der arabischen Seite des Montsalvat, und seine Macht gründete sich vor allem auf die teuflischen Verführungskünste seiner Blumenmädchen. Parzifal unterließ – in tragischer Verkennung seiner Erziehungsgrundsätze – die Mitleidsfrage, die den König hätte erlösen können, und erst nach jahrelangen Irrfahrten gelangte er wieder zur Burg. Nun heilte er Anfortas von seiner Not, und nach dessen Tod wurde er selbst Gralkönig.

Heute liegt die Burg verlassen, nur der viereckige Königssaal mit den hundert gepolsterten Ruhebetten, den fünfundzwanzig, durch Seitenwände getrennten Tischen und den drei Marmorkaminen mit ihren Eisenerzsäulen erinnern an die bizarre Pracht, die sich hier einst entfaltete. M. B.

Chrétien de Troyes, *Perceval le Gallois ou Le conte du Graal* (um 1135–1190), Freiburg i. B. 1911 (u. d. T. *Contes del Graal, Percevaus li Galois*). – Robert de Boron, *Le roman de l'estoire del Graal* (um 1180), Bordeaux 1841. – Wolfram von Eschenbach, *Parzival* (um 1170–1220), Bln. 1783/84 (u. d. T. *Parcival. Ein Rittergedicht aus dem dreizehnten Jahrhundert von Wolfram von Eschilbach*). – Richard Wagner, *Parsifal*, Mainz 1877.

MUTTER CAREYS HAFEN ↗ FRIEDENSBUCHT

MYRRHA, längliche, ziemlich große Insel mit Gebirgszügen und fruchtbaren Ebenen im Ägäischen Meer. Maulbeer- und Zypressenalleen, Korkeichenwälder, Olivenhaine und Weinberge gedeihen in dem milden Seeklima des Mittelmeers vorzüglich. Gelegentlich wird die Insel von Erdbeben heimgesucht, die als Rache Zeus' gedeutet werden, auch ein heftiger Ausbruch des Inselvulkans wurde mit dem Gott in Verbindung gebracht. Die Hauptstadt ist zugleich wichtigster Hafen der Insel. Das barocke Schloß ist mit einem Labyrinth von Wendeltreppen ausgestattet, Säulen, Pilaster und Gesimse verstellen immer wieder den Blick. Geheimtüren sind als Bücherschränke verkleidet. Von dem großen Balkon über den Portalen des Mittelrisaliten zeigt sich das Königspaar dem Volk. Sehenswert sind die Sammlungen des Königs: Zwitschernde Vögel in Käfigen mit chinesischen Porzellanglöckchen, eine Glas-, Porzellan- und Vasensammlung und vor allem die aus vielen tausend Stücken bestehende Kollektion von Uhren, die alle auf den Gleichklang der Schlagwerke abgestimmt sind. Eine besondere Sehenswürdigkeit ist der anläßlich der Verlobung der Kronprinzessin von dem berühmten Gartenarchitekten Noteros restaurierte Residenzpark mit Wasserterrassen und Katarakten, Grotten, Kanälen, Pavillons, zu Figuren gestutzten Taxushecken und einem Tiergarten. Über die Insel verstreut finden sich zahlreiche Kirchen und Tempel, die zumeist im Auftrag der Gemahlin des letzten Königs errichtet wurden. Die Königin, Besitzerin der berühmten Koppel von fünfzehn Windspielen, hatte eine besondere Vorliebe für sakrale Bauten, die sie nicht nur den zahllosen Kirchenheiligen, sondern auch den griechischen Göttern stiftete. G. W.

Wolf von Niebelschütz, *Der blaue Kammerherr. Galanter Roman,* Ffm. 1949.

N

NACUMERA, eine landschaftlich reizvolle Insel im Atlantik mit einem Umfang von mehr als tausend Meilen. Erwähnenswert ist sie vor allem auch wegen ihrer Bewohner, die Hundeköpfe haben und den Ochsen verehren. Als Symbol ihrer Frömmigkeit tragen sie auf der Stirn goldene oder silberne Bilder des heiligen Ochsen. Im übrigen sind sie nur mit einem Lendenschurz bekleidet und schleppen Speere und Schilde mit sich herum, die so groß sind wie sie selbst. Aus Sparsamkeitsgründen essen sie ihre Gefangenen.

Der König von Nacumera ist sehr fromm und betet vor jeder Mahlzeit dreihundertmal zu seinem Gott. Das einzige Attribut seiner Würde (ohne das er als König nicht zu erkennen wäre) ist ein fußlanger und fünf Finger breiter Rubin, den er um seinen Hals trägt. Der chinesische Kaiser trachtete lange begierig nach diesem Juwel, konnte es aber weder kaufen noch als Kriegsbeute ergattern.

Jean de Mandeville, *Les voyages d'outre mer* (um 1357), Lyon 1480.

Ritueller Stirnschmuck aus NACUMERA

NARNIA ist weniger durch seine geographischen Merkmale als vielmehr durch seine Geschichte und seine eigentümliche Fauna bemerkenswert. Zur Lage des Landes sei daher nur erwähnt, daß es zwischen Bergketten liegt, die es von ↗ ARCHENLAND im Süden und einem Wüsten- und Moorgebiet im Norden trennen; daß es im Osten durch das Meer und im Westen durch steil abfallende Berge und Klippen begrenzt wird.

Ungewöhnlich ist die Entstehung des Landes: Narnia wurde von Aslan, einem großen Löwen aus dem Land jenseits des Weltendes (↗ ASLANS LAND), geschaffen – nicht gegründet. Aslan war der Sohn des Großen Herrschers jenseits der Meere, des geheimnisvollen und allmächtigen Herrn von Narnia. Die wenigen privilegierten Besucher, die Aslan tatsächlich gesehen haben, waren alle beeindruckt von seiner Mähne und seinen Augen und der Art, in der er massive körperliche Kraft mit großer Sanftheit und Weisheit vereinigte. Aber das Eindrucksvollste von allem war Aslans wunderbare Stimme, mit der er Narnia singend aus dem Nichts erschuf. Der

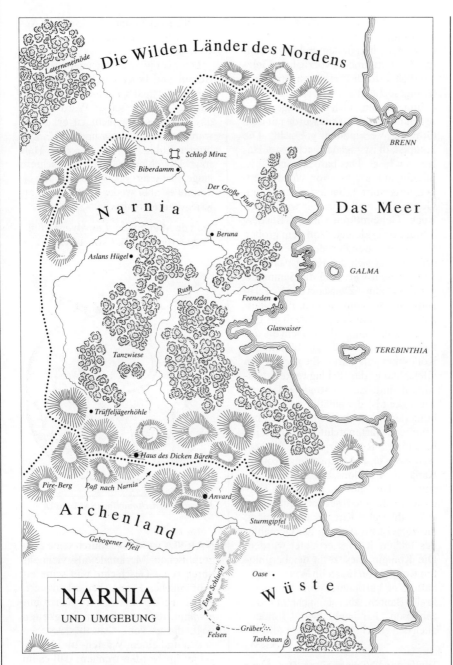

Legende nach hatte der Schöpfungsgesang keine Worte und kaum eine Melodie, war aber der schönste Gesang, der je vernommen worden ist, und bewirkte, daß die Sterne und Planeten plötzlich aus der Dunkelheit auftauchten. Während Aslan weitersang, wurde der schwarze Himmel allmählich grau und verwandelte sich dann von Weiß in Rosa und von Rosa in Gold, so als wäre die Sonne aufgegangen. Das Tal von Narnia entstand aus dem Nichts, und als Aslan auf und ab zu schreiten begann und ein neues, fröhlicheres Lied anstimmte, sproß Gras aus der Erde und bedeckte rasch das Tal und die umliegenden Hügel. Bäume wuchsen, der Gesang wurde wilder, und das grüne Land begann Blasen zu werfen und zu Klumpen aufzuschwellen; die Klumpen wurden immer größer und barsten schließlich, und aus jedem Klumpen kam ein voll ausgebildetes lebendiges Tier hervor. Die neu geschaffenen Kreaturen gingen sofort ihren natürlichen Beschäftigungen nach: Die Vögel sangen, die Bienen nährten sich vom Blütenstaub der Blumen, die Frösche sprangen in den Fluß, und Panther und Leoparden leckten sich und schärften ihre Krallen an den Baumstämmen. Und auf die gleiche Weise, nämlich durch den Klang seiner Stimme, erschuf Aslan das wilde Volk der Wälder – die Faune, die Satyrn, die Zwerge.

An einem kritischen Punkt seiner Geschichte geriet Narnia unter die despotische Herrschaft von Jadis, der Weißen Hexe. Es wurde in ein Land verwandelt, in dem immer Winter mit Eis und Schnee herrschte, aber nie Weihnachten war, und der Große Fluß wurde zu einer grünen Eisfläche. Der Legende nach sollte Aslan zurückkehren und mit Hilfe von vier Kindern aus der Welt der Menschen dem Winter ein Ende setzen. Nach einer großen Schlacht erfüllte sich diese Prophezeiung, und die vier Kinder nahmen ihre Throne in der Hauptstadt Feeneden ein, wo sie Narnia gemeinsam viele Jahre lang regierten.

Es lohnt sich, die große Vielfalt an Geschöpfen zu erwähnen, die Narnia bewohnen, angefangen von Kaninchen und Hunden bis hin zu den tapferen Einhörnern, die im Kampf fast unbesiegbar sind. Von besonderem Interesse ist der seltsame Marschwackler, ein Bewohner der Marschen. Marschwackler haben kleine Körper und sehr lange Arme und Beine, ihre Haut hat eine lehmige Farbe, und ihr graugrünes Haar hängt ihnen wie Pflanzen in länglichen Locken vom Kopf. Wie es sich für Geschöpfe, die in einer solchen Umgebung leben, geziemt, sind ihre Hände und Füße mit Schwimmhäuten versehen. Sie tragen erdfarbene Kleider und spitze, breitkrempige Hüte und sind in ihrer normalen Umgebung sehr schwer auszumachen, weil sie so stark mit der Landschaft verschmelzen. Sie leben in auf der Marsch verstreuten Wigwams und haben eine große Vorliebe für Abgeschiedenheit. Marschwackler haben sehr ernste Ansichten über das Leben und sind immer auf das Schlimmste gefaßt. Sie leben von Aalen und Fröschen, die sie in der Marsch fangen, und rauchen eine mit Lehm vermischte seltsame Art von Tabak. Der Rauch steigt nicht in die Luft auf, sondern tropft langsam von ihren Pfeifen herab.

Während die Nahrung der meisten Geschöpfe von Narnia vorhersehbar ist und den Besucher nicht überraschen wird, haben einige von ihnen doch sehr seltsame Essensgewohnheiten. Die Baumgeister beispielsweise verspeisen sogar bei Staatsbanketten verschiedene Arten von Erde, und am merkwürdigsten sind die Geflogenheiten der großen Zentauren: Da ein Zentaur sowohl einen Menschen- als auch einen Pferdemagen hat, muß er zweimal essen. So ißt er zum Frühstück zunächst Haferschleim und andere normale Frühstücksspeisen, um seinen Menschenmagen zu füllen. Dann grast er etwa eine Stunde lang und beendet die Mahlzeit mit Haferkleie und Zukker, um seinem Pferdemagen Genüge zu tun. Dies ist natürlich ein sehr langwieriger Prozeß und bedeutet, daß es nicht gerade einfach ist, einen Zentauren zu Gast zu haben.

Die Zwerge von Narnia sind etwa 1,20 Meter groß, aber im Verhältnis zu ihrer Größe ungeheuer stark. Sie sind tapfer und geben ausgezeichnete Bergleute und Schmiede ab; andererseits können sie widerspenstig und unzuverlässig sein.

In Narnia gibt es vergleichsweise wenig Gebäude. Die meisten Geschöpfe des Landes ziehen es vor, in Bäumen oder Erdlöchern zu leben, obwohl einige – wie etwa die Bequemlichkeit liebenden Faune – komfortable Untergrundräume mit anspruchsvollen Bibliotheken besitzen. Zu ihrer Lieblingslektüre gehören die beiden Werke *Ist der Mensch nur ein Mythos?* und *Der Lebenswandel der Nymphen*.

Einer der faszinierendsten Gebräuche von Narnia ist der jährliche Große Schneetanz, der in der ersten Mondnacht abgehalten wird, in der Schnee auf dem Boden liegt. Die Faune und Dryaden führen einen komplizierten Tanz aus und werfen im Takt zur Musik Schneebälle; sie sind umgeben von einem Ring von Zwergen, die alle ihre besten roten Capes mit Pelzkapuzen und Pelzstiefel tragen. Wenn alle Tänzer sich in der richtigen Position befinden, wird niemand von den Schneebällen getroffen. Dies ist jedoch ebensosehr ein Spiel wie ein Tanz, und von Zeit zu Zeit kommt ein Tänzer leicht aus dem Takt und wird zum großen Vergnügen aller Beteiligten von einem Schneeball getroffen. Ein gutes Team von Tänzern, Musikern und Zwergen kann, wenn es will, stundenlang tanzen, ohne daß jemals einer getroffen wird.

In Narnia läuft die Zeit anders ab als in der Welt der Menschen. Egal, wie lange man sich in Narnia aufhält, man kehrt nur einen Augenblick, nachdem man die Menschenwelt verlassen hat, in diese zurück. Auf ähnliche Weise ist es in der Welt der Menschen fast unmöglich zu sagen, wie die Zeit in Narnia abläuft; drei oder hundert Jahre können im gleichen Zeitraum wie anderswo ein Jahr vergangen sein.

Man kann auf einer Vielzahl von Wegen nach Narnia kommen. Die Menschen, die seine Erschaffung miterlebt haben, sind durch den ↗ WALD ZWISCHEN DEN WELTEN unter Benutzung magischer Ringe als Transportmittel dorthin gelangt. Der Zugang ist auch durch die Rückseite eines Schrankes möglich, sofern dessen Holz von einem Apfelbaum narnianischer Herkunft stammt. Doch diejenigen, die Aslan in Zeiten großer Not oder Gefahr nach Narnia ruft, brauchen keine künstlichen Hilfsmittel und werden direkt durch seine Kraft dorthin befördert. Sie kehren auch auf dem gleichen Wege zurück. Es hat den Anschein, als ob es Altersbegrenzungen für die Einreise in dieses Land gibt, doch eindeutige Informationen über diesen Punkt sind schwer zu erlangen.

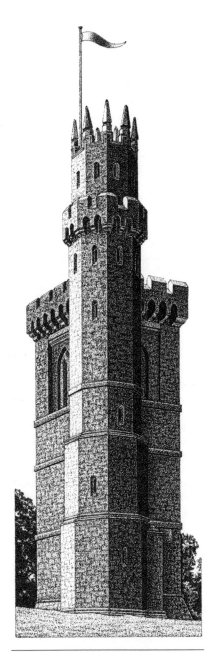

Der restaurierte Turm am Eingang von Feeneden, der Hauptstadt von NARNIA.

Clive Staples Lewis, *The Lion, The Witch and the Wardrobe,* Ldn, 1950. – Ders., *Prince Caspian,* Ldn. 1951. – Ders., *The Voyage of the »Dawn Treader«,* Ldn. 1952. – Ders., *The Horse and His Boy,* Ldn. 1954. – Ders., *The Magician's Nephew,* Ldn. 1955. – Ders., *The Last Battle,* Ldn. 1956.

NARRENBURG ↗ ROTHENSTEIN

NATURNAHER URZUSTAND, ein Land im äußersten Südwestwinkel des Chinesischen Reiches, zeichnet sich dadurch aus, daß hier die Kräfte des Männlichen und Weiblichen (Yin und Yang) nicht harmonisch miteinander vereint sind. Folglich gibt es hier auch keinen Gegensatz von Hitze und Kälte; Sonne und Mond scheinen nicht, und so erklärt es sich, daß die Bewohner von Naturnaher Urzustand keinen Unterschied zwischen Tag und Nacht kennen und fast ständig schlafen. Es versteht sich von selbst, daß sie bei dieser Lebensweise weder Kleidung noch Nahrung benötigen. Nur einmal in fünfzig Tagen wachen sie auf, und das ist für sie so ungewohnt, daß sie ihre Wahrnehmungen für Schein halten, denn sie sind daran gewöhnt, den Traum als Realität zu begreifen. D. A.

Lieh-tzu, *Lieh-tzu* (3. Jh. v. Chr.), in *Chu-tzu chi-ch'eng,* Peking 1954.

NATURTHEATER VON OKLAHOMA in den USA. Was in diesem Theater stattfindet, ist nicht bekannt. Mitglieder werden durch ein Plakat engagiert, welches besagt, daß jedermann bei dem Theater Beschäftigung finden könne. Die Bewerber werden eingeladen, sich an einem bestimmten Rennplatz (zum Beispiel auf der Rennbahn von Clayton im Staat New York) zwischen sechs Uhr morgens und Mitternacht vorzustellen.

Auf dem Rennplatz angekommen, werden die Bewerber durch ein verworrenes Trompetengeschmetter empfangen, ein Indiz, daß das Theater von Oklahoma ein großes Unternehmen ist – nur kleine Unternehmen können sich eine gute Organisation leisten.

Am Eingang des Rennplatzes ist ein langes niedriges Podium aufgebaut, auf dem Hunderte von Frauen, mit weißen Kleidern und großen Flügeln als Engel aufgemacht, lange, goldglänzende Trompeten blasen. Diese Frauen stehen nicht direkt auf dem Podium, sondern haben separate Podeste bestiegen, die man jedoch nicht sehen kann, weil sie unter den langfließenden Draperien ihrer Gewänder versteckt sind. Da die Podeste sehr hoch sind – einige bis zu zwei Metern –, sehen die Frauen riesig aus, nur die Kleinheit ihrer Köpfe stört ein wenig den Eindruck der Größe, und ihr offenes Haar sieht zu kurz aus; zwischen den gewaltigen weißglänzenden Flügeln wirkt es geradezu absurd. Um Monotonie zu vermeiden, sind die Podeste verschieden groß: Einige der Engel stehen sehr tief, andere ragen zu solcher Höhe empor, daß Besucher das Gefühl haben, der leichteste Windstoß könne sie umwerfen. Nach zwei Stunden werden die Frauen von Männern abgelöst, die wie Teufel gekleidet sind. Die eine Hälfte bläst Trompete, so schlecht wie die Frauen, die anderen schlagen die Trommel.

Alle Bewerber scheinen angenommen zu werden: sowohl mit als auch ohne Pässe, sowohl mit als auch ohne berufliche Qualifikation. Erwachsene beiderlei Geschlechts, Kinder, sogar Babys finden einen Platz im Naturtheater von Oklahoma. Der Zweck der Anstellung ist jedoch niemals erklärt worden.

Von dem Theater selbst ist keine Beschreibung erhältlich. Nur eine Photographie, die die Präsidentenloge des Theaters darstellt, ist greifbar. Beim ersten Blick könnte man denken, daß die Loge die Bühne selbst sei, so weitgeschwungen ragt die goldene Brüstung in den Raum. Zwischen ihren zierlichen Säulen, die so zart geformt sind, als seien sie mit einer feinen Schere ausgeschnitten, sind nebeneinander die Medaillons früherer Präsidenten angebracht: Einer hat eine auffällig gerade Nase, aufgeworfene Lippen und von einem stark gewölbten Augenlid bedeckte niedergeschlagene Augen. Rote Samtvorhänge fallen vom Boden zur Decke und werden durch Schnüre gezogen.

Das Naturtheater von Oklahoma ist mit dem Zug in zwei Tagen und zwei Nächten von Clayton aus zu erreichen.

Franz Kafka, *Amerika,* Mchn. 1927.

NAUDELY, eine Insel, etwa drei Monate Seereise von Amsterdam entfernt. Schon vom Meer aus erblickt man die zwischen grünen Bergen liegende Stadt Merinda, die für ihre vergoldeten Glockentürme, die prächtigen Avenuen, den schönen, achteckigen Tucolas-Platz und ihre zahlreichen Obelisken und Springbrunnen berühmt ist.

Die Bewohner sind Katholiken, schweigsam und verschlossen. Sie werden so streng erzogen, daß es keine Diebe, Schürzenjäger oder Heuchler gibt – nicht einmal in der Armee. Die Privilegien adliger Abstammung müssen durch eine Prüfung der Tugendhaftigkeit des Kandidaten bestätigt werden, die mit einem großen öffentlichen Fest verbunden ist. Nur Prinzen von königlichem Geblüt brauchen sich dieser Prüfung nicht zu unterziehen.

Niemand darf mehr als doppelt soviel Land besitzen, wie eine normale Familie braucht. Den Künstlern und Bauern hilft der Staat in schwierigen Zeiten; diese finanzielle Unterstützung stammt aus einem Fonds für gegenseitige Hilfe, der zu diesem Zweck eingerichtet wurde. Besucher werden auf der ganzen Insel keinen Bettler, Betrüger oder Prostituierten sehen.

Pierre de Lesconvel, *Idée d'un règne doux et heureux...,* Paris 1703.

NAZAR, ein unterirdischer Planet, zu erreichen durch einen Schacht bei Bergen in Norwegen. Dieser Schacht führt in eine Art Sekundäratmosphäre (auch als »Äther« bezeichnet), die das Firmament von Nazar bildet und dem Reisenden eine sanfte Landung auf nazarischem Boden ermöglicht. Unter den verschiedenen Provinzen und Königreichen Nazars sind folgende von besonderem Interesse: Mezendores, auch »Land der Wunder« genannt; die Insel Crochet, deren Bewohner – halb Mensch, halb Musikinstrument – ihre Bitten in Form eines Adagios vorbringen und sich in Form eines Allegros bedanken; Martinia, ein von zivilisierten Affen bevölkertes Staatswesen; der Idealstaat Potu (das bedeutet »Utop«), der von sprechenden, beweglichen Bäumen bevölkert ist; die Provinz Jochtan, in der Meinungs- und Religionsfreiheit garantiert sind und wo es als höchste staatsbürgerliche Tugend gilt, die Überzeugung anderer zu respektieren; und schließlich Cocklev, dessen Regierung – einem Reisebericht zufolge – auf schwankenden Füßen steht, weil den Frauen gestattet wurde, Staatsgeschäfte zu übernehmen und »das weibliche Geschlecht von Natur aus ehrgeizig ist, nach Ausdehnung seiner Macht strebt und nicht rasten wird, bis es absolute Autorität erlangt hat«. Ein Norweger namens Nicolai Klim, der Nazar im frühen achtzehnten Jahrhundert bereiste, wollte den Sturz der cocklevischen Regierung herbeiführen. Nachdem er einen bissigen *Essay über Frauen* veröffentlicht hatte, wurde er zur Strafe »ans Firmament verbannt« (das heißt: in einen Käfig gesteckt, der von einem riesigen Vogel in den »Äther« getragen wurde). Klim, der für den Fürsten Nay von Potu einen ausführlichen Bericht über seine nazarischen Reiseerlebnisse verfaßte, entdeckte im Königreich Quama das Buch eines quamanischen Autors, der Europa bereist und genau beschrieben hatte. Klim lehrte die Quamaner, Waffen anzufertigen und damit gegen ihre Nachbarn zu kämpfen. Schließlich ließ er sich zum Kaiser von Quama ausrufen, doch als eine Revolution ausbrach, mußte er in die Wälder fliehen. Dort fiel er in einen Schacht und landete wieder in seiner Heimat Norwegen.

Ludvig Holberg, *Nicolai Klimii iter subterraneum...,* Kopenhagen/Lpzg. 1741.

NEOPIA, Insel vor der Küste des Kontinents Genotia im Südatlantik, ist unterteilt in die drei Königreiche Salvara, Doxeros und Gynomactien. Vom letztgenannten Reich geht die Sage, daß dort einst die Amazonen (↗ AMAZONIEN) mit großer Grausamkeit und Ungerechtigkeit über die Einwohner herrschten. Als die Gynomactier schließlich die Eindringlinge vertrieben hatten, schworen sie sich, alle fremden Frauen zu töten, die in ihre Hände fielen. Sie tun dies mit großer Fröhlichkeit, besonders vor einer Schlacht – damit es Glück bringe –, und reisenden Damen wird deshalb geraten, diese Insel zu meiden.

Louis-Adrien Duperron de Castera, *Le théâtre des passions et de la fortune...,* Paris 1731.

NEU-ATHEN, ein Staat im unbekannten Südkontinent, der Terra Australis. Die Hauptstadt des Staates heißt Romana. Sie wird von einem regelmäßigen Straßen- und Kanalnetz durchzogen. Es herrscht äußerste Sauberkeit. Ihre Einwohner zählen sich zu den glücklichsten Menschen der Welt. In ihrer Stadt herrscht ewiger Friede. Da es bei ihnen keine Advokaten und Apotheker gibt und nur wenige Ärzte, erfreuen sie sich ständiger Gesundheit und leben in absoluter Harmonie miteinander. Das Land wird von einem König regiert, der allerdings keine absolute Macht besitzt. Er wird ständig von seinen Staatsbeamten kontrolliert. Alle Staatsämter werden jährlich gewechselt. Die Einwohner schätzen das einfache Leben nach den Gesetzen der Natur und verabscheuen allen überflüssigen Luxus. M.W.

Charles Gildon, *A Description of New Athens in Terra Australis Incognita...,* in Thomas Kiligrew u. a., *Miscellanea Aurea, or the Golden Medley...,* Ldn. 1720.

NEU-BOSTON, eine Stadt an der Ostküste der USA im Jahr 2000. Der amerikanische Zeitreisende wird an der Ostküste seines Landes, wenn er zum Beispiel vom heutigen Boston aus seine Zeitmaschine startet und sie nur in die allernächste Zukunft steuert, wunderliche Veränderungen gegenüber unserer Zeit bemerken. Die Technisierung unserer Tage ist den Menschen in jenem Neu-Boston völlig unbekannt – keine Autos und kein Massenverkehr, keine Flugzeuge, keine hochentwickelte Computertechnik, keine Wolkenkratzer, keine Slums, keine von Wirtschaftskrisen geschüttelten, kurz vor dem Zusammenbruch stehenden Städte. Dennoch gibt es eine merkwürdige Art von technischen Errungenschaften, die sich eng an Erfindungen des späten neunzehnten Jahrhunderts anschließen, etwa das Musikalische Telephon. Durch Drehen einer Schraube erfüllt elektrische Musik das Zimmer, die zu einem Echo verhallt. Man kann die Musik nur für sich hörbar machen, während danebenstehende Personen nichts wahrnehmen. Elektronische Musik unserer Tage auf Kopfhörer übertragen könnte denselben Effekt erreichen, aber davon ist in jenem Boston keine Spur. Wir haben es in diesem Fall und in anderen mit einer uns völlig unerklärlichen anderen Art von Technik zu tun. Die Stadt ist erfüllt von einem geordneten, nicht hektischen Leben, das in seinen Äußerlichkeiten dem des vorigen Jahrhunderts zu ähneln scheint. Dennoch bleibt es fremdartig. Es fehlen alle Formen und Auswirkungen des im neunzehnten Jahrhundert stark ausschreitenden wirtschaftlichen Kapitalismus. Amerika ist ein genossenschaftliches Staatswesen. Man verfügt über genügend Rohstoffe, Energie und Techniken, um jedem Bürger ein sorgenfreies Leben zu gewährleisten. Niemand wird ausgebeutet oder ungerecht behandelt. Jeder muß drei Jahre lang handwerklich arbeiten und dabei auch unangenehmere Arbeiten verrichten. So wird dafür Sorge getragen, daß die niederen Arbeiten gerecht auf alle verteilt werden. Es existiert eine militärisch streng durchorganisierte Arbeitsarmee mit Offizieren und Mannschaften, die den beschwerlichen Teil der industriellen Produktion regeln. Mit Ausnahme der drei Jahre ist alle Arbeit freiwillig. Jeder geht der Tätigkeit von selber nach, die seinen Fähigkeiten am meisten entspricht. Mit dem 45. Lebensjahr scheiden alle aus dem Berufsleben aus und privatisieren. Nur die in der Regierung, Verwaltung und Forschung Beschäftigten bleiben länger in ihren Ämtern. Für die Besetzung dieser Ämter ist eine kleine Elite der Älteren verantwortlich. Private Firmen und Wirtschaftszweige gibt es nicht mehr. Alles Eigentum an Produktionsmitteln ist verstaatlicht. Geldverkehr ist abgeschafft. Jeder erhält eine gleiche Menge von Kreditkarten, für die er in den Mustermagazinen und Warenzentralen alle Dinge des täglichen Gebrauchs erhalten kann.

Die Welt besteht aus einem lockeren Bund aller industriellen Republiken. Das sind Nordamerika, Mexiko, die großen Staaten Südamerikas und Europas und Australien. Der Rest der Welt besteht aus Ländern, die sich in der Entwicklung befinden und sich dem Stand der industriellen Republiken mehr oder weniger schnell annähern. Es herrscht grundsätzlich Friede. Internationale Konflikte gibt es nicht mehr. Angestrebt wird ein Weltstaat. Die Stadt Boston hat sich völlig verändert. Wer sie heute kennt, wird genauso erstaunt sein, wie der, der ihr Bild aus dem neunzehnten Jahrhundert rekonstruieren kann. Die Stadt ist weit größer geworden. Bis zum Horizont ziehen sich breite Boulevards mit schattigen Bäumen und schönen Gebäuden hin. Alles ist von einheitlichem Stil, groß und prächtig. Man kennt keine zusammenhängenden Gevierte, sondern alle Gebäude stehen einzeln in größeren oder kleineren Umzäunungen. Jedes Viertel der Stadt hat große freie Plätze mit glänzenden Statuen und Brunnen. Die öffentlichen Gebäude sind von kolossalem Umfang, aber nicht hoch. Ihre bauliche Großartigkeit wird durch scheinbar endlose Säulengänge unterstrichen. Die Straßen und Fußwege werden bei Regen automatisch überdacht. Es gibt prunkvolle öffentliche Speisehäuser, in denen jede Familie ihr eigenes Speisezimmer hat. Dort findet man sich in eleganter Kleidung zum Diner ein und wird fürstlich bewirtet. Jeder speist lieber in dieser herrschaftlich prächtigen Umgebung als zu Hause. Die Menuwahl wird in den Tagesblättern veröffentlicht. Das gesamte soziale Leben ist hier voller Luxus, das private eher bescheiden. M. W.

Edward Bellamy, *Looking Backward: 2000–1887,* Boston 1888.

NEUBRITANNIEN, eine Inselgruppe im Indischen Ozean, rund dreihundertfünfzig Seemeilen östlich des Kaps der Guten Hoffnung gelegen. Sie besteht aus drei Inseln. Die erste, Aprilis, wurde 1740 von Sir Charles Smith entdeckt, der sich Ansons Forschungsreise rund um die Welt angeschlossen hatte und dessen Schiff ins Hintertreffen geriet, weil die Besatzung durch Krankheit dezimiert wurde. Er strandete an der Küste von Aprilis und wurde von der jungen Eingeborenen Lillia gerettet. Nachdem es ihm gelungen war, dem Stammeshäuptling einzureden, er, Smith, sei ein Nachkomme des Sonnengottes, verfügte er die Aufnahme seines und Lillias Sohnes in den Stamm. Sein Ansehen bei den Insulanern schwand jedoch, als Lillia im Kindbett starb. Um mit dem Leben davonzukommen, prophezeite er ein Erdbeben, das er dann mithilfe des aus dem Schiffswrack geborgenen Schießpulvers in Szene setzte. Sodann errich-

tete er auf Aprilis einen Idealstaat, der nach der erfolgreichen Abwehr spanischer sowie französischer Invasionstruppen zu großem internationalem Ansehen gelangte.

Zwischen dem Flachland und den Waldgebieten zieht sich eine Bergkette quer durch die Insel. Zu den bedeutenden Städten, die auf Aprilis entstanden, zählen Burnel, Springle, Jarvis, Cunningham und Edinburgh. Reisenden wird empfohlen, die dreieckige Naturbühne in Springle zu besichtigen, die wegen der vorzüglichen Ballettaufführungen berühmt ist. Die Hauptstadt, deren Aufbau sieben Jahre in Anspruch nahm, heißt Charles Hire. Sie hat acht Meter breite, in der Mitte mit Bäumen bepflanzte Straßen und zahlreiche Parkanlagen. Die königliche Residenz (an die ein Flügel im französischen Stil angebaut wurde) ist ein weitläufiges zweistöckiges Gebäude aus Backstein und Holz (mitsamt Innenhof und Garten), das wie alle Häuser in Charles Hire mit einem rotgelb-schwarzen Streifenmuster bemalt ist. Im Nationaltheater finden Aufführungen statt, die eine Mischung aus komischer Oper, Ballett und Mimus sind. Schon im siebzehnten Jahrhundert traten in diesen Aufführungen völlig unbekleidete Darsteller auf. Ein neues Opernhaus wurde 1781 errichtet.

Die Regierungsform des Inselstaates gleicht dem parlamentarischen System Englands. Auf Aprilis gibt es keine Todesstrafe. Eine verbreitete Form der Bestrafung ist die Auspeitschung. Die Polygamie ist erlaubt, mehr als fünf Frauen darf sich ein Mann aber nur mit Genehmigung des Königs zulegen.

Viele Aprilianer haben sich von der Sonnenanbetung zum Christentum bekehrt. Sehenswert ist der schöne alte Sonnentempel, ein von Backsteinpfeilern getragener Kuppelbau, in dessen Mittelpunkt sich ein Abbild der Sonne befindet.

Die Fauna auf Aprilis und den beiden Nachbarinseln ist einzigartig. Es gibt dort zum Beispiel eine schwarzweiße Vogelart, die *tarlow* genannt wird, etwa so groß wie ein Fasan ist und sich vorzüglich zum Braten eignet. Des weiteren sind dort heimisch: eine Rotwildart *(matouchi)*, eine Fuchsart *(zotuane)*, Eichhörnchen mit weißem Fell und roten Augen *(cerpedos)*, große Hasen mit einem Katzenschwanz *(charlas)*, eine zutrauliche Nachtigallenart *(plicha)* und große, blau- und rotgefiederte Tauben *(pililli)*. Die vierzehn Meter langen Schlangen sind harmlos und nähren sich von Früchten.

Dreizack der Königin von NEUBRITANNIEN

Goldmünzen (Guineen und halbe Guineen) sind die Währung dieses Inselstaates. – Jeder fremde Besucher muß zunächst in Quarantäne und darf Aprilis erst nach Erhalt eines Gesundheitsattests bereisen.

Die beiden anderen Neubritannien-Inseln sind Sarcosa (sehr bergig, bewohnt von dunkelhäutigen Menschen) und Pullosin (flach, bewaldet, Hauptstadt: Rasilinette), die größte der drei Inseln. Sie wird von Frauen regiert; die Männer müssen Sklavenarbeit verrichten. Die Königin, deren Hoheitszeichen ein goldener Dreizack ist, läßt sich von zwölf Männern auf ihrem goldenen Thron herumtragen. Es wird gemunkelt, daß der Frauenherrschaft auf Pullosin durch einen Aufstand der Männer ein Ende gemacht worden sei und daß die abgedankte Königin sich jetzt wieder ihrem Haushalt und den Kindern widme.

Einige Historiker schreiben die Entdeckung der Inselgruppe Neubritannien nicht Sir Charles Smith, sondern einem englischen Expeditionsteam zu, das auf der Suche nach dem großen Kontinent war, den Sir Isaac Newton im Süden des Erdballs vermutete. Angeblich sollen diese Forschungsreisenden auf einer der drei Inseln ein Schild mit dem Hinweis, dies sei britisches Hoheitsgebiet, aufgestellt und unter dem Pfosten einen Queen-Anne-Farthing, eine irische Harfe und eine schottische Banknote vergraben haben.

Pierre Chevalier Duplessis, *Mémoires de sir George Wollap; ses voyages dans différentes parties du monde...*, 3 Bde., Ldn./Paris 1787–1788. – Charles Dibdin, *Hannah Hewit, or The Female Crusoe...*, Ldn. 1796.

NEUE WELT, ein schwer zugängliches Land irgendwo im großen mitteleuropäischen Tiefland. Erstmals wurde es 1552 von einem florentinischen Reisenden besucht, einem Mitglied der Peregrinischen Akademie.

Jede Provinz der Neuen Welt hat nur eine Stadt. Das übrige Land ist dem Ackerbau (hauptsächlich Gerste und Weizen) vorbehalten. Auch größere Wälder gibt es. Alle Städte wurden nach demselben Plan erbaut: sternförmig und von Mauern gut geschützt. Im Zentrum jeder Stadt befindet sich ein großer Tempel, dessen Kuppel sechsmal größer ist als die des Domes von Florenz. Jeder Tempel hat hundert Türen, und jede Tür führt zu einer Straße, die an der Stadtmauer endet. Jede Straße steht unter der Aufsicht von hundert Priestern, und der älteste Priester regiert die Stadt. Fabriken, Handwerksläden, Gemischtwarenhändler, Bäcker, Ärzte, Schuster, Gerber, Schmiede und Mühlen sind jeweils in einem eigenen Teil der Stadt untergebracht.

Reisende sollten einen der vielen Gasthöfe innerhalb der Stadtmauern aufsuchen, wo ihnen kostenlos Essen und Trinken gereicht wird.

Es gibt keine Familien in den Städten der Neuen Welt. Man besitzt die Frauen gemeinsam, und die Kinder bleiben nur bei ihren Müttern, bis sie das Schulalter erreicht haben. Alte Menschen, die nicht mehr arbeiten können, schickt man in Heime, wo sie sorgsam betreut werden. Mißgestaltete Kinder werden gleich nach ihrer Geburt in einen Brunnen geworfen. Unheilbar Kranke werden mit Arsenik behandelt, das man auch Wahnsinnigen und Verbrechern verordnet. Es gibt jedoch keine Diebe in der Neuen Welt, weil jegliche Güter allen gehören.

Der Tod gilt als ein belangloses Ereignis, und Begräbniszeremonien sind unbekannt. Der siebente Wochentag ist der Ruhe und dem Gebet vorbehalten: Die Einwohner treffen sich im Tempel, beten und hören gedämpfte Musik.

Antonio Francesco Doni, *I mondi*, Florenz 1552.

NEU GYNIA, auch WEIBERLAND oder VIRAGINIEN, fälschlicherweise oft auch Neu Guinea genannt, ein Staat auf dem unbekannten Südkontinent (Terra australis incognita). Das Land nimmt fast die ganze Südflanke des Indischen Ozeans ein und reicht bis in die indonesische Inselwelt hinein. Hier liegt die der Küste vorgelagerte und zum Hoheitsgebiet gehörende Insel der Hermaphroditen. Das Land ist fruchtbar, aber sehr schlecht bebaut. Die größeren Provinzen heißen Plapperfeldt (Linguadotia), Balgern (Rixatia), Heulenberg (Ploravia), Lachfurt (Risia major und minor), Merrenland (Aphrodysia), Siemännerland (Amazonia), Frommweiberland (Eugynia) und Insula Hermaphrodisica. Die Hauptstadt von Viraginien liegt in der Provinz Linguadotia und heißt Gynaecopolis (Frauenheim). Hier befindet sich das Parlament, das ununterbrochen tagt. In Viraginien will jede Frau herrschen. Kein Gesetz kann sie bändigen. Deshalb werden alle Angelegenheiten von allen Frauen beraten, und über alles wird in ständigen Debatten abgestimmt. Bei diesen Debatten reden alle zugleich, und niemand hört der anderen zu. Alles, was beschlossen wird, darf, um eine gewisse Stabilität zu gewährleisten, erst am nächsten Tag wieder verworfen werden. Die Wahl der Obrigkeit geschieht nach Schönheit und Beredsamkeit. Da jede Frau sich selbst als die Schönste und Beredteste wählen würde, hat man für die Wahl eine unabhängige Jury aus alten Matronen geschaffen, die – meist bestochen – die Schönsten aussuchen. Unter allen Provinzen des Landes ist die merkwürdigste Aphrodysia mit der Stadt Erotio. Alle Frauen gehen hier ständig stark geschminkt einher, mit bloßen Brüsten und in sehr dünnen und durchsichtigen Stoffen. Sie wohnen in gläsernen Häusern, aber keine ist im Haus zu sehen, ehe sie sich nicht vollständig geschminkt und geputzt hat. Den ganzen Tag bringen sie auf dem Markt zu, um von allen anderen gesehen zu werden. Wie die Spinnen lauern sie auf die Männer aus dem Nachbarland (Locania oder Geilland), mit denen sie in einem ständigen Krieg leben. Haben sie durch eindeutige Gebärden einen in ihre Gewalt gebracht, so zwingen sie ihn, ihrer Lust dienstbar zu sein. Diese Männer halten sie in Ställen und mästen sie mit kräftigen Liebestränken. Eine andere sehenswerte Provinz von Viraginien ist die Insel der Hermaphroditen. Hier haben alle Organismen eine Doppelnatur. Es gibt Birnäpfel-, Pflaumkirschen-, Dattelmandelbäume. Die Einwohner tragen zur Hälfte Männer-, zur anderen Hälfte Frauenkleidung. Sie haben weibliche und männliche Vornamen. Ihre Kinder zeugen sie allein, ohne einen Partner. Eingeschlechtliche Wesen gelten bei ihnen als Monster. Sie selbst sehen sich als die Krönung der Schöpfung. M. W.

Joseph Hall, *Mundus alter et idem, sive Terra Australis ante hac semper incognita*, Ldn. o. J. [um 1605].

NEU-LONDON, Hauptstadt des Luftstützpunkts Nr. 1, der am drittstärksten bevölkerten Provinz Ozeaniens. Die Stadt besteht aus langen Reihen heruntergekommener riesiger Wohnkomplexe, die Viertel, in denen die Mitglieder der äußeren Partei wohnen. Die Proletarierviertel sind noch weiter heruntergekommen. Ein Labyrinth von Gassen, zerbombten und aufgerissenen Straßenzügen, Trümmerfeldern, frischen Einschlagskratern, dazwischen Häuserreihen aus dem neunzehnten Jahrhundert, deren Mauern mit Balken gestützt sind. Fensterscheiben sind durch Pappdeckel ersetzt, Dachziegel durch Wellblech. Unkrautgestrüpp wuchert auf Straßen und Mauern. Weite Trümmerfelder sind mit Slumsiedlungen aus grob zusammengezimmerten Holzbaracken bedeckt.

Die Stadt, in der Dreck und Schäbigkeit allenthalben nisten, wird von vier Gebäuden beherrscht, die als einzige dem Zerfall standzuhalten scheinen. Das Wahrheitsministerium ist ein pyramidenartiger Bau, der 3000 Räume über und ebenso viele unter der Erde hat. Die Gebäude der drei anderen Ministerien sind von ähnlichem Aussehen und ähnlicher Ausdehnung, das Friedensministerium, das Ministerium für Liebe und das Ministerium für Überfluß. Die vier Ministerien teilen den gesamten staatlichen Verwaltungsapparat unter sich auf. Hier sind die Mitglieder der äußeren Partei beschäftigt. Dem Wahrheitsministerium sind das Nachrichtenwesen, die Geschichtsschreibung, die Freizeitgestaltung, das Erziehungswesen und die Künste unterstellt. Das Friedensministerium behandelt Kriegsangelegenheiten. Das Ministerium für Liebe überwacht die öffentliche Ordnung. Hier ist der Sitz der Gedankenpolizei. Das Ministerium für Überfluß ist für die ständigen Rationierungen der Konsumgüter zuständig. Am furchterregendsten ist das Liebesministerium. Es hat überhaupt keine Fenster und ist durch einen Irrgarten von Stacheldrahtverhauen und Wachtürmen von der Außenwelt abgeriegelt. Hier finden alle Verhöre und Folterungen statt. Parteimitglieder wohnen in den umliegenden Häuserblocks, die sich von den Elendsvierteln nur durch eine etwas geringere Schäbigkeit abheben.

Die Wohnkomplexe sind um 1930 erbaut. Seit 54 Jahren ist kaum etwas renoviert worden. Der Verputz bröckelt von Decken und Wänden, Leitungsrohre platzen, die Dächer sind undicht, und die Zentralheizung ist dauernd defekt, kein Fahrstuhl funktioniert. Reparaturanträge brauchen einen langen bürokratischen Genehmigungsprozeß, in dem sie meist versickern. Was nicht von den Bewohnern mit Ersatzteilen vom schwarzen Markt selbst repariert wird, kann kaum auf Ausbesserung hoffen. Alle Flure der Stadt riechen nach gekochtem Kohl. Überall sind überdimensionale Plakate angebracht, die das Gesicht eines Mannes mit Schnauzbart zeigen und die Unterschrift tragen: »Der große Bruder sieht dich an!« Die Wohnungen sind klein und miefig. Jede ist mit einem Televisor ausgestattet. Der Televisor ist nicht abschaltbar. Er ist eine Art Fernsehschirm, durch den die ständigen Propagandameldungen empfangen werden, durch den aber auch der gesamte Wohnraum von einer Zentralstelle der Gedankenpolizei aus einsehbar ist. Jede Bewegung und jedes Geräusch des Wohnungsinhabers können überwacht werden. Jedes Parteimitglied wird vierundzwanzig Stunden am Tag von der Geburt bis zum Tod durch diese Apparate überwacht, die überall, sogar in der Natur versteckt sind. Niemand weiß, wann sich die Gedankenpolizei einschaltet. Nichts, was ein Parteimitglied tut, ist gleichgültig. Seine Zerstreuung, sein Benehmen gegenüber anderen, sein Gesichtsausdruck, jede eigentümliche Bewegung, nervöse Angewohnheiten. Jede kleinste Abweichung vom Normalen kann registriert werden und zu einer peinlichen Überprüfung führen. Im Schlaf gesprochene Wörter werden aufgezeichnet. Bereits die gedankliche Abweichung von der Parteilinie ist das Verbrechen und wird strengstens bestraft. Die Ausführung spielt keine Rolle. Es empfiehlt sich, ein immer gleich freundliches Gesicht aufzusetzen. Niemand weiß, ob er nicht in der nächsten Nacht abgeholt und gefoltert wird und für immer verschwindet. Keiner hat eine klare Vorstellung davon, was die Partei erlaubt oder verbietet. In Ozeanien gibt es keine Gesetze. Was ungehörig und verboten ist, worauf die Todesstrafe steht, ist von den Parteimitgliedern instinktiv zu erfassen. Privatgefühle, Sexualität und Liebe sind verboten. Allein der Gedanke daran kann den Tod bedeuten. Was wahr oder falsch ist, bestimmt die Partei. Diese Entscheidungen beziehen sich nicht nur auf Meinungen, Interpretationen und Ansichten von Welt, sondern auch auf historische und naturwissenschaftlich-mathematische Fakten. Dazu kommt, daß die Wahrheiten wechseln. Was heute wahr ist, kann morgen falsch sein und war dann immer falsch. Da Ozeanien mit den anderen beiden Staaten der Welt, Eurasien und Ostasien in einem ständigen, allein innenpolitischen Maßnahmen dienenden Scheinkrieg mit wechselnden Koalitionen liegt, wird ständig ein neues Feindbild aufgebaut. Mal sind die Eurasier die Feinde, mal die Ostasiaten. Sind die Eurasier die Feinde, so waren sie es immer und sind es für alle Zukunft. Dasselbe gilt für den anderen Fall. Die gesamte Geschichtsschreibung und alle archivierten Dokumente, die das jeweilige Gegenteil beweisen, müssen korrigiert werden. Das Wahrheitsministerium hat die Aufgabe, alle Dokumente umzuschreiben und die gesamte Geschichte der jeweiligen Parteiauffassung anzupassen. Das betrifft alle Medien und die Künste. Fotos werden gefälscht, Zeitungsartikel nachträglich umformuliert. Der Augenblick ist nicht mehr der Geschichte, sondern die Geschichte dem Augenblick untergeordnet. Die Besinnung auf Fakten in der persönlichen Vergangenheit verwirrt sich. Vergangenheit ist außerhalb der Parteidoktrin nicht beweisbar. Jahreszahlen werden unsicher. Es gibt historische Persönlichkeiten, die plötzlich nie existiert haben, erfundene Personen, die in den archivierten Dokumenten Geschichte machen. Legenden von Verschwörungen werden von der Partei in Umlauf gebracht, um Massenverhaftungen und Schauprozesse zu rechtfertigen. Prognosen werden nach den später eingetretenen tatsächlichen Fakten korrigiert. Das Parteimitglied hat an eine ständig sich verbessernde Lebenssituation zu glauben, auch wenn es den Verfall unmittelbar vor Augen hat. Die Gesellschaft ist in drei Gruppen eingeteilt, die Mitglieder der inneren Partei, gekennzeichnet durch schwarze Trainingsanzüge, die Mitglieder der äußeren Partei in blauen Trainingsanzügen, die Masse der Proletarier. Die Proletarier, die 85 Prozent der Gesamtbevölkerung ausmachen, leben in tiefster Armut. Sie werden als Arbeitstiere dumm gehalten und von der Partei nicht weiter beachtet. Die inneren Parteimitglieder haben die hohen Verwaltungsposten inne und sind dem Normalbürger völlig entrückt. Diese zwei Prozent haben alle Spitzenämter der Partei besetzt und arbeiten ständig am Mythos von ihrem Staatspräsidenten, dem Großen Bruder. Die äußeren Parteimitglieder machen 13 Prozent der Gesamtbevölkerung aus. Sie sind die eigentlichen Opfer der Tyrannei. Auf sie konzentriert sich der gesamte Überwachungsapparat. Sie sitzen in den Büros der Ministerien und führen die unteren Verwaltungsarbeiten aus. Sie leben in ständiger Angst, werden von ihren eigenen Kindern bespitzelt, betrinken sich mit synthetischem Gin, der Magengeschwüre hervorruft, und entwickeln einen feinen Instinkt im Umgang mit den psychischen Deformationen, die der staatliche Terror verursacht.

M. W.

George Orwell, *Nineteen Eighty-Four*, Ldn. 1949.

NEU-PARIS, die Hauptstadt des neuen französischen Staates im fünfundzwanzigsten Jahrhundert. Wer seine Zeitmaschine von Paris aus in das fünfundzwanzigste Jahrhundert – genau in das Jahr 2440 – startet, der trifft auf eine Stadt und Gesellschaft, an der die merkwürdige Mischung von Fortschritt und Rückschritt in die Zeit vor der Französischen Revolution verblüfft. Paris besteht aus geraden, regelmäßigen Straßen und prächtigen Alleen. Vom Seineufer aus hat man einen weiten Blick über das Stadtzentrum. Hier stehen auf Plätzen die schönsten Denkmäler. Vor dem Louvre liegt ein riesiger Platz, auf dem alle öffentlichen Feste gefeiert werden. Eine neue Galerie steht der alten gegenüber. In diesem Gebäude wohnen alle berühmten Künstler des Landes. In der Nähe steht ein Tempel der Gerechtigkeit. Dem Louvre gegenüber befindet sich das Rathaus. Es herrschen überall System und Ordnung. Kein Verkehrswirrwarr verschreckt den Fußgänger. Die prächtigen Karossen der Adligen aus dem Ancien Régime sind verschwunden, aber auch von der Motorisierung unserer Zeit ist keine Spur. Man fährt in bescheidenen Pferdewagen und transportiert die Lasten in Karren. Der Fußgängerverkehr ist die Hauptsache. Er richtet sich nach strengen Regelungen. Jede Straßenseite ist einer Richtung vorbehalten. Nirgends gibt es Gedränge und Geschrei.

Die Stadt macht den Eindruck eines ständigen Fronleichnamsfestes. Die Häuser sind nur noch mit den notwendigsten Geräten und Möbeln ausgerüstet. Nirgends ist mehr Luxus und Ausschweifung zu bemerken. Die flachen Dächer der Häuser tragen Gärten, in denen sich die Bewohner ergehen. Von der Bastille ist nicht einmal mehr die Erinnerung geblieben. Versailles ist ein weites Trümmerfeld. Die Gegend ist kaum noch bevölkert. Niemand hat den Palast mutwillig zerstört. Er ist zerfallen und eingestürzt. Paris selbst ist äußerst volkreich geworden und hat sich sehr vergrößert. Zuchthäuser und Krankenhäuser gibt es nicht mehr, da alle gesund leben und bleiben und niemand mehr an Verbrechen denkt. Eine Adelsklasse ist unbekannt. Die allgemeine Arbeitspflicht erlaubt keinen Müßiggang.

An allen Schulen und Universitäten werden die reinen Grundsätze der Philosophie der Aufklärung gelehrt. Die *Enzyklopädie* gehört zur Pflichtlektüre eines jeden Grundschülers. Die christliche Religion ist zugunsten eines Wissenschaftskultes abgeschafft. Kunst und Literatur stehen allein im Dienst der Vernunft. Wer in seinen Schriften gegen die Maximen der aufklärerischen Vernunft verstößt, muß bis zu seiner Einsicht und Selbstkritik öffentlich eine Maske tragen. Das ganze Volk ist zu Autoren geworden. Jeder verfaßt während seines Lebens eine Sammlung seiner besten Gedanken, die als Buch gebunden nach seinem Tode den Nachfahren als Vermächtnis verlesen und in Ehren gehalten werden. So bleibt er nicht durch Grabsäulen, sondern durch sein Denken der Nachwelt in Erinnerung.

Die Staatsreform ist wieder monarchisch. Es herrscht ein König ohne Prunk und prächtige Hofhaltung, der von einem gewählten Senat beraten wird, eine Mischung zwischen Demokratie und aufgeklärtem Absolutismus. Das gesamte Volk ist in einer einzigen Bürgerklasse zusammengefaßt, in der es allerdings Arme und Reiche gibt. Die Extreme sind abgeschafft. Die Armen haben ihr Auskommen und werden vom Staat unterstützt, die Reichen leben in viel größerer Bescheidenheit als zu den Zeiten der Adelsherrschaft, ohne Verschwendung und Luxus. Die Regierung untersagt jeden Streit, und für das Leben eines jeden einzelnen ist Sorge getragen. Alle gehen in ungezwungener Kleidung, die dennoch Ähnlichkeiten mit der Mode des achtzehnten Jahrhunderts hat. Die Obrigkeiten werden »Väter des Volkes« genannt und hoch verehrt. Steuern werden als freiwilliges Geschenk an den König gegeben und in der Art von Postbriefen eingesammelt. Es ist üblich, jährlich den fünfzigsten Teil der Einkünfte abzugeben. Die ärmeren Schichten sind von der Steuerabgabe vollständig befreit. Alle Standesschranken besonders in bezug auf Heiraten sind abgeschafft. Paris ist zwar noch die Hauptstadt Frankreichs, aber nicht mehr die alleinige Zentrale des Landes. Die politische Struktur ist deutlich föderalistisch. M. W.

Louis-Sébastien Mercier, *L'an deux mille quatre cent quarante. Rêve s'il fût jamais,* Amsterdam 1770.

NEXDOREA, ein Erzherzogtum in Mitteleuropa; berühmt, weil es die benachbarten Länder mit Königinnen versorgt. Alle weiblichen Nachkommen des Erzherzogs leben völlig ungezwungen in einem alten Palast mit Park, der der regierenden Familie gehört. Hier dürfen sie frei aufwachsen, ohne daß sie auch nur ihre eigene Sprache gelehrt wird. Erreichen sie ein heiratsfähiges Alter, werden sie ordnungsgemäß katalogisiert, und eine Beschreibung ihrer Vorzüge wird allen benachbarten alleinstehenden Potentaten zugesandt. Sobald eine von ihnen für eine Heirat ausgewählt worden ist, wird sie in den königlichen Kinderpalast gebracht, wo qualifizierte Lehrer und Gouvernanten ihr schnellstens sowohl die Sprache ihres zukünftigen Landes beibringen wie auch die Fertigkeiten und Manieren, die man dort von ihr erwartet.

Wirtschaftliches Hauptprodukt Nexdoreas sind Hühnereier, daher zieren auch zwei Eier das königliche Wappen. Die nexdoreanische Währung besteht aus Messing und Neusilber und wird in den benachbarten Ländern nicht angenommen.

Tom Hood, *Petsetilla's Posy,* Ldn. 1870.

NGRANEK, eine massive Bergspitze auf der Insel Oriab in der Südsee von ↗ TRAUMWELT, zwei Tagesritte vom Hafenort ↗ BAHARNA. Die Männer, die die erstarrte Lava des Ngranek sammeln, um ihre berühmten kleinen Figürchen draus zu schneiden, steigen die Hänge nicht über einen bestimmten Punkt hinauf, und auch Reisende sollten sich nicht bis auf den Gipfel wagen.

Wer es trotzdem riskieren will, muß an den Ufern des Sees Yath aufbrechen und eine bewaldete Wildnis durchqueren, bis er zu den Camps der Lava-Sammler kommt. Diese Männer warnen davor, sich nach Einbruch der Dunkelheit hinauszuwagen; sie fürchten sich vor gewissen Lebewesen, die man Nachtschreck nennt und von denen man nur weiß, daß es sich um kalte, feuchte, schlüpfrige Kreaturen handelt, die Flughäute besitzen. Wenn der Reisende die Camps hinter sich gelassen hat, gelangt er nach einem langen Ritt bergauf zu den verlassenen Lehmhütten der Hügelbewohner, die einst hier lebten. Diese Behausungen krochen höher und höher den Berghang hinauf, aber je weiter sich das Dorf ausdehnte, desto mehr Einwohner waren am Morgen spurlos verschwunden. Schließlich beschloß man, das Dorf gänzlich aufzugeben, denn niemand traute sich nach Anbruch der Dunkelheit mehr aus dem Haus, und des Nachts hörte man unheimliche Geräusche, über die niemand zu sprechen wagte.

Je weiter man reitet, desto drohender erscheint die Gegend. Spärlicher Baumbestand und elendes Gestrüpp weichen gefährlichen Felsen mit Frost und ewigem Eis. An manchen Stellen findet man massive Lavaströme und Schlackenhaufen, und in den Höhlen entlang des Wegs sollen unvorstellbare Schrecken lauern. Spätestens wenn man ein riesiges Bildwerk im nackten Fels des Bergs erreicht – ein gigantisches, hochmütiges und majestätisches Gesicht, mit großen, schmalen Augen, langgezogenen Ohren, schmaler Nase und spitzem Kinn –, tut man gut daran umzukehren, denn da beginnt das Reich der Nachtschrecken, die ihr Opfer schrecklich kitzeln und in ihr ungeheures Labyrinth verschleppen.

Howard Phillips Lovecraft, *The Dream Quest of Unknown Kadath,* in *Arkham Sampler,* Sauk City 1948.

NIEMALSLAND, eine Insel von unbestimmter geographischer Lage. Frauen sind im allgemeinen nicht zugelassen. Männlichen Besuchern ist der Zugang zum Niemalsland auf dreifache Weise möglich: Manchmal erscheint es Kindern beim Einschlafen, ohne daß sie danach gesucht hätten. Auch kann es von kleinen Jungen erreicht werden, die aus dem Kinderwagen fallen, wenn das Kindermädchen nicht hinsieht (hauptsächlich im Kensington-Park in London). Verlangt niemand sie während der folgenden Woche zurück, werden sie zum Niemalsland geschickt, wo sie die »Verlorenen Jungen« werden. (Von Mädchen sagt man, sie seien zu intelligent, um aus dem Wagen zu fallen.) Schließlich können Besucher durch einen nie älter werdenden Jungen, Peter Pan, ins Niemalsland geführt werden. Er weigert sich, erwachsen zu werden, und behauptet, am Tag seiner Geburt von zu Hause fortgelaufen zu sein. Er hat noch alle seine Milchzähne wie auch sein erstes kindliches Lachen behalten und kann mit Hilfe eines Zauberstaubs fliegen, den er auch auf seine Gäste streut. Das einzige Mädchen, von dem bekannt ist, daß es Niemalsland besucht hat, war Wendy Darling, die, begleitet von ihren zwei Brüdern, gebeten wurde, zur Insel zu kommen und den »Verlorenen Jungen« eine Art Mutter zu sein.

Die »Verlorenen Jungen« leben in einem unterirdischen Haus, das durch die Stämme von sieben hohlen Bäumen betreten wird. Der einzige andere Ausgang ist ein als Pilz verkleideter Schornstein. Das ganze Haus besteht aus einem einzigen Raum, in dessen Mitte ein Niemalsbaum steht, der jeden Tag bis auf den Boden abgesägt wird. Zur Teestunde ist er wieder hoch genug gewachsen, um als Tisch zu dienen, und nach dem Tee wird er wieder abgeschlagen, damit mehr Platz zum Spielen ist. Um den Baum wachsen Pilze, die die »Verlorenen Jungen« als Hocker benutzen. Die »Verlorenen Jungen« schlafen in einem großen

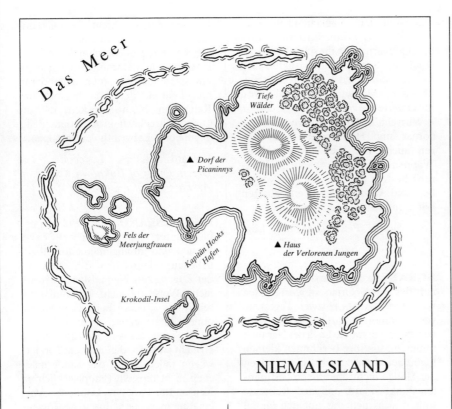

NIEMALSLAND

Bett, das tagsüber an die Wand geklappt und jeden Abend um 18.30 Uhr herabgelassen wird. Wenn es unten ist, nimmt es fast die Hälfte des gesamten Zimmers ein. Die »Verlorenen Jungen« haben ein Abkommen, daß sich im Bett alle gleichzeitig umdrehen und sich auf ein verabredetes Zeichen hin bewegen.

Obgleich manche der Mahlzeiten, die die »Verlorenen Jungen« zu sich nehmen, Einbildung sind, leben sie gewöhnlich von einer Kost aus Brotfrüchten, Yamwurzeln, Kokosnüssen, gebackenem Schwein und Bananen, das Ganze wird mit Flaschenkürbissen voller Frucht-Saft heruntergespült. Die »Verlorenen Jungen« kleiden sich in die Häute von Bären, die sie selbst getötet haben; ihre Kleidung macht sie so rund und zottelig, daß sie wegrollen, wenn sie fallen. Peter Pan ist ihr Anführer, und wenn er weg ist, geschieht sehr wenig im Niemalsland. Er vertreibt den »Verlorenen Jungen« die Zeit mit seiner Flöte und den Geschichten, die er aufschnappt, wenn er zur Nachtzeit an anderer Kinder Schlafzimmer lauscht.

Niemalsland wird auch von einem Indianerstamm bewohnt, den Piccaninnys, die für ihre Grausamkeit bekannt sind. Sie bemalen sich mit Farbe und Öl und tragen Messer und Tomahawks zum Skalpieren. Ihr Chef ist der Große Lange Kleine Panther, Vater der schönen Tiger-Lilli. Deren Widerwille gegen eine Heirat ist so groß, daß man sagt, sie würde es mit dem Beil verhindern, zum Altar geführt zu werden. Seitdem Tiger-Lilli durch Peter Pan von Piraten gerettet wurde, sind die Indianer Freunde und Verbündete der »Verlorenen Jungen« geworden.

Die Insel war früher als Piratenschlupfwinkel bekannt, vor allem durch den berüchtigten Kapitän Hook. Peter Pan schlug vor längerer Zeit Hooks Hand ab und gab sie einem riesigen Krokodil zum Fraß, das einmal einen Wecker verschluckt hatte und seitdem tickte, wenn es sich bewegte. Dem Krokodil schmeckte Kapitän Hooks Hand so gut, daß es beschloß, ihn zu verfolgen, um auch an den Rest heranzukommen. Obgleich der Wecker die hinterhältigen Pläne des Krokodils lange vereitelte, kam es schließlich doch zu seiner Mahlzeit.

Die Korallenhöhlen unter der Lagune sind die Heimat der Seejungfrauen, schöner Wesen, die ihre Tage damit verbringen, sich in der Sonne zu wärmen und ihr Haar zu kämmen. Obgleich sie so schön sind, sind sie als unfreundlich und heimtückisch bekannt, und wahrscheinlich sind sie weitläufig mit den Meerjungfrauen aus dem ↗REICH DES MEERKÖNIGS verwandt. Besucher können sie manchmal bei einer Art Schwanzballspiel beobachten, bei dem sie die Blasen verwenden, die nach Regenstürmen zurückbleiben. Die Tore sind zu beiden Seiten des Regenbogens, und die Spieler schlagen die Blasen mit ihren Schwänzen. Nur den Torwarten ist erlaubt, die Hände zu benutzen.

Niemalsland ist auch der Aufenthaltsort von Elfen, die in Nestern in den Wipfeln der Bäume leben. Eine der berühmtesten Elfen ist Klingelglöckchen, die lange Zeit Peter Pans Gefährtin war. Elfen leben im allgemeinen nicht länger als ein Jahr. Jedesmal, wenn ein neugeborenes Baby zum erstenmal lacht, wird eine Elfe geboren, doch sie stirbt, wenn ein Kind sagt, daß es nicht an Elfen glaube.

Zur Tierwelt von Niemalsland gehören viele Raubtiere, die auch eine Gefahr für Menschen sind, von Bären und Wölfen bis zu Löwen und Tigern. Die Insel ist der einzige Aufenthaltsort des Niemalsvogels, der sein Nest in einem auf der Lagune treibenden Hut hat. Manchmal wird der Hut durch ein schwimmendes Nest ersetzt und bei besonderen Anlässen von Peter Pan getragen.

Sir James Matthew Barrie, *Peter Pan, or the Boy who wouldn't grow up*, Ldn. 1904. – Ders., *Peter Pan in Kensington Gardens*, Ldn. 1906. – Ders., *Peter and Wendy*, Ldn. 1911.

NIEMANDSLAND, Insel vor der Küste von ↗FANTIPPO. Vom Festland aus erinnert die Insel an einen Plumpudding. Hinter ihrer Steilküste verbirgt sich ein tiefes, geschütztes Tal mit zahlreichen Strömen, bewaldeten Gegenden und hektargroßen Flächen mit hohem, wogendem Gras.

Nach Aussagen der Bewohner Fantippos wird die Insel von einem menschenfressenden Drachen bewohnt, und sie weigern sich deshalb, Besucher überzusetzen. Eine Legende erzählt, daß König Kakaboochi von Fantippo vor vielen hundert Jahren seine Schwiegermutter auf die Insel ins Exil geschickt hat, weil er ihr unablässiges Geschnatter nicht mehr ertragen konnte. Mit dem Boot brachte man ihr jede Woche Essen hinüber, doch eines Tages war sie nicht mehr auffindbar – statt dessen tauchte ein Drache auf und versetzte die Boten in Angst und Schrecken. Ein berühmter Zauberer wurde in dieser Sache befragt und erklärte, daß es sich bei diesem Drachen um die verwandelte Schwiegermutter des Königs handeln müsse.

Reisende brauchen sich aber nicht zu ängstigen. In Wirklichkeit verhält sich die Sache ganz anders. Auf Niemandsland leben keine Drachen, sondern ausschließlich pflanzenfressende Tiere. Flußpferde tummeln sich an den Flußufern, Elefanten und Nashörner jagen durch das hohe Gras, und Giraffen, Affen und Wild sind zahlreich vertreten. Interessanterweise ist Niemandsland der einzige Ort auf der Welt, wo der prähistorische *Quiffenodochus* noch anzutreffen ist. Dieser Saurier erinnert an eine Kreuzung aus Krokodil und Giraffe; er hat kurze, breite Beine und einen ungemein langen Schwanz und Hals. Trotz seiner enormen Größe ist der *Quiffenodochus* ein sanfter Geselle, der gern Sonnenbäder nimmt und sich von reifen Bananen ernährt. Es ist anzunehmen, daß auf dieses Tier der Drachenmythos zurückgeht. Sobald ein Besucher versucht, auf der Insel zu landen, verziehen sich die *Quiffenodochus*-Saurier in eine Höhle in der Mitte der Insel und atmen den Nebel ein, der dort ständig aufsteigt. Dann wandern sie zum Strand, wo sie brüllen und herumtoben und den Nebel durch ihre Nüstern wieder ausstoßen (deshalb werden sie häufig für feuerspeiende Drachen gehalten).

Die Schwiegermutter des Königs verschwand tatsächlich von der Insel, aber nur deshalb, weil die Tiere ihr Geschnatter ebensowenig ertragen konnten. Sie setzten sie weit entfernt an der afrikanischen Küste an Land, wo sie schließlich einen tauben König aus einer Gegend südlich des Kongo ehelichte.

Hugh Lofting, *Doctor Dolittle's Post Office*, Ldn. 1924.

NIGHTMARE ABBEY, ein altehrwürdiger Familiensitz, auf einer Landzunge zwischen der Nordsee und dem Marschland von Lincolnshire gelegen. Das befestigte, auf drei Seiten von einem Burggraben umgebene Bauwerk (eine ehemalige Abtei) ist halb verfallen, wirkt aber eben deshalb sehr malerisch. Zu diesem Eindruck tragen vor allem die vier Türme von Nightmare Abbey – dem Wohnsitz von Mr. Christopher Glowrey – bei: In dem verfallenen Südwestturm nisten zahlreiche Eulen; der Südostturm ist das Refugium von Mr. Glowreys Sohn, des Verfassers eines Traktats, in dem ein Plan zur Erleuchtung des menschlichen Geistes dargelegt wird und von dem nur acht Exemplare verkauft wurden; vom Nordwestturm aus, in dem sich die Wohnräume des Schloßherrn befinden, überblickt man das Marschland; im Nordostturm sind die Dienstboten untergebracht. Die an der Südostecke gelegene Terrasse, die einen schönen Ausblick auf die flache Küste und das Meer wie auch auf die eintönige Marschlandschaft mit ihren Windmühlen bietet, wird als »Garten« bezeichnet, obwohl hier lediglich Efeu und Sumpfpflanzen wachsen. Im Hauptgebäude befinden sich die Prunk- und Speisezimmer sowie zahlreiche Schlafgemächer. Mr. Glowreys Sohn ließ einen Verbindungsgang bauen, der von seinem Turm in eine kleine, geheime Zimmerflucht führt. Nightmare Abbey, zehn Meilen von dem Dorf Claydike entfernt, ist auf einem quer durch die Marschen führenden, aufgeschütteten Weg zu erreichen.

Christopher Glowrey (der in seinem *Prediger Salomo*-Kommentar eindeutig nachwies, daß alles Irdische ganz eitel ist) bezeichnete seine Residenz als geräumigen »Zwinger«, dessen Bewohner ein Hundeleben führen. Zu den von Mr. Glowrey gesammelten interessanten Gegenständen, die in Nightmare Abbey zu besichtigen sind, zählt ein Punschgefäß, verfertigt aus dem Schädel eines Vorfahren der Familie, der sich in einem Anfall von Lebensüberdruß erhängte. Erwähnenswert ist auch, daß in Nightmare Abbey grundsätzlich nur Dienstboten mit sauren Mienen oder makabren Namen eingestellt werden. Der Butler heißt Raven (Rabe), der Hausmeister Crow (Krähe), der Kammerdiener Skelett (nach Aussage seines Herrn soll er französischer Herkunft sein und eigentlich »Squelette« heißen), und die Namen der Stallburschen lauten Mattocks (Hackebeil) und Graves (Gräber). Ein neuer Lakai namens Diggory Deathshead (Totenkopf) wurde wegen seiner fröhlichen Miene entlassen – allerdings erst, nachdem er sämtliche Hausmädchen verführt und eine ganze Kolonie kleiner Deathsheads hinterlassen hatte.

In Nightmare Abbey herrscht eine Atmosphäre düsterer Schwermut, und es sei vorsichtshalber darauf hingewiesen, daß jeder Besucher früher oder später von dieser Melancholie angesteckt wird.

Thomas Love Peacock, *Nightmare Abbey*, Ldn. 1818.

NIMPATAN, eine große Insel im Südatlantik mit zerklüfteter Küste, von Steilklippen umgeben. Hinter den Klippen liegen öde Berge und eine dürre Ebene, die von der fruchtbaren Mitte der Insel durch einen zweiten Ring von Bergen getrennt wird. Diese Landschaft in der Mitte ist sehr schön, ein Teppich aus Wäldern und Bauernland, verstreuten Farmen und Dörfern. Die Hauptstadt Kelso liegt tief im Inneren, ist aber im Unterschied zu ihrer Umgebung häßlich und deprimierend. Allzu viele Leute wohnen in den Häusern der engen, schmutzigen Straßen, und in den ärmeren Stadtvierteln leben zwanzig oder dreißig Menschen auf weniger als fünf Quadratmetern. Die öffentlichen Gebäude sind häßlich. Sogar der Palast des Kaisers ist wenig mehr als ein ärmliches Konglomerat aus niedrigen, schmutzigen Hütten.

Die Nimpataner sind ein ungastliches Volk, das die wenigen Besucher sehr schlecht behandelt. Touristen werden in den Straßen angepöbelt und sogar mit Unrat beworfen, wenn sie durch die Städte und Dörfer gehen, es

Drei goldene Messer aus NIMPATAN

sei denn, sie kommen mit Gold. Gold ist der Gott der Nimpataner, die es im wahrsten Sinne des Wortes verehren und so behandeln wie andere Völker ihre Gottheiten. Dem Reisenden, der Gold mitbringt, werden höchste Ehren zuteil. Diese Liebe zum Gold erklärt viele Eigenheiten dieser Nation. So sind alle Nimpataner leidenschaftliche Spieler, und riesige Summen werden beispielsweise beim Schneckenrennen verwettet. Die Beamten bei Hofe und in anderen Institutionen sind korrupt, und im gesellschaftlichen oder politischen Leben kann man nur durch Bestechung vorankommen. Obwohl Nimpatan eine Monarchie ist, gibt es einen Großen Rat mit gewählten Vertretern. Das Wahlsystem hat zur Folge, daß alle Macht in den Händen der ergebenen Verehrer des *Crallilah* (nimpatanisch für Goldbarren) liegt. Es gibt zwei politische Parteien im

Lande, von denen jede einzig und allein an der privaten Anhäufung von Reichtum, Macht und Einfluß interessiert ist.

Gleichgültig welche Partei am Ruder ist – die Regierung predigt den Bürgern ständig, die Armut zu verachten und den Reichtum mit allen Mitteln zu mehren. Die grundlegenden Maximen der nimpatanischen Politik wurden von Gribbelino, dem Schatzmeister des Kaisers, in einem Buch zusammengefaßt und veröffentlicht. Nach Gribbelino wird jede menschliche Handlung vom Streben nach persönlichem Vorteil bestimmt, und jede Tugend ist ein verkapptes Laster. Folglich vertritt die Regierung nur einen Teil der Bevölkerung und ist nur an ihrem eigenen Vorteil interessiert, gleichgültig, was sie in der Öffentlichkeit zu ihrem Programm erklären mag.

Für die Regierung ist es deshalb legitim, sich mit allen Mitteln an der Macht zu halten und wann immer möglich die Taktik des »Teile und herrsche!« anzuwenden und sich brutaler Unterdrückung und Erpressung zu bedienen, wann immer es nötig ist. Versucht sich eine Stadt der Regierung zu widersetzen, wird man Truppen dort einquartieren oder Gehorsam durch Besteuerung erzwingen.

Nur noch ein einziger Brauch zeigt, daß die Einwohner früher mehr Freiheit genossen haben dürften als heute. Jedes Jahr findet auf einem Platz im Zentrum von Kelso eine seltsame Zeremonie statt. Die Menschen sitzen auf einer Empore rund um den Platz, in ihrer Mitte befindet sich der Kaiser auf seinem Thron. Der Schatzmeister betritt den Platz und wird sofort von aufgebrachten Menschen umringt. Sie tragen Körbe mit Unrat und Exkrementen und begrüßen ihn mit einer Flut von Schmähungen und bewerfen ihn mit dem Kehricht. Als Erwiderung wirft er mit Papier um sich, und wer es aufliest, wird zu seinem Verbündeten. Hat er eine Mehrheit in der Menge, kommt es zum Kampf, bis beide Parteien vor Erschöpfung zusammenbrechen. Dann geht der Schatzmeister zum Kaiser hinauf, faßt ihn an der Nase und versucht ihn vom Thron zu heben. Darauf sammelt er alles Papier ein und wirft es dem Monarchen in den Schoß. Damit endet die Zeremonie. Sie gilt angeblich als Symbol für die einstige Freiheit des Volkes und wird wegen ihrer offenkundigen Volkstümlichkeit aufrechterhalten, obwohl vier aufeinanderfolgende Kaiser sie abzuschaffen versuchten.

Die *Calmonsora* (wörtlich »Stätte der Weisheit«), die Akademie von Kelso, ist im schmutzigsten und häßlichsten Gebäude der Metropole untergebracht. Ihre Hauptsehenswürdigkeit ist der sogenannte »Speicher des Wissens«, ein großer Saal mit allen möglichen Ungeheuern, Naturwundern und scheußlichen Kuriositäten. Eine neuere Erwerbung ist ein beschmutzter Nachttopf, den früher ein Mitglied des Königshauses benutzt hat. Zu den Ausstellungsstücken gehören auch Kuriositäten aus der ganzen Welt. Man bewahrt sie hier auf als die wundervollsten Erzeugnisse menschlicher Erfindungsgabe und Beweis für die Höhe, zu der sich menschlicher Geist emporzuschwingen vermag. Inzwischen hat sich die Sammlung vergrößert und beherbergt wahrscheinlich ein Bildnis von Louis Pawels, die gesammelten Werke von Jacqueline Susann, ein Exemplar der Zeitschrift *Stern,* eine Aufzeichnung der politischen Rundfunksendungen aus mehreren Ländern und die gesamte Garderobe von Pierre Cardin.

Die schönsten Gebäude der Stadt hingegen sind die Irrenhäuser. Die Irren sind in schönen symmetrischen Gebäuden untergebracht, die in einzelne Wohnungen – eine jede mit eigenem Garten – unterteilt sind. Zu den Insassen gehören Maler, die sich weigerten, ihren Modellen zu schmeicheln, und statt dessen die Natur kopierten, Philanthropen, die töricht genug waren, die von ihnen verführten Mädchen zu heiraten, oder die es ablehnten, Ehebruch mit den Frauen ihrer Freunde zu treiben, Priester, die den Mächtigen nicht nach dem Munde reden wollten, sowie abstinente Ärzte. Alle, die gegen die Kultur oder die Sitten des Landes verstoßen, werden in eine solche Anstalt eingeliefert. Dieses wirksame Säuberungssystem ist von einigen Ländern übernommen worden.

Die Kleidung der Nimpataner ist recht auffällig. Männer tragen enge Seidengewänder, die den ganzen Körper bedecken und in der Taille, am Spann, an den Armen und Oberschenkeln festgebunden und so eng sind, daß das Blut kaum noch zirkulieren kann. Darüber wird ein loses Gewand getragen, und extravagante Perücken werden bevorzugt. Die Frauen des Landes schminken das Gesicht mit roten Kosmetika und tragen schweren Schmuck um den Hals. Ihre Brüste werden von engen Kettenpanzern, die sich an der Hüfte erweitern, zusammengepreßt, und der Rock ist einige Meter lang, wodurch die so Gekleidete wie eine große Glocke mit einem langen schmalen Griff aussieht.

Diese Wohlstandsbürger sind jedoch nicht die Ureinwohner der Insel, sondern Eindringlinge. Die wenigen überlebenden Eingeborenen wohnen in den unfruchtbaren Randgebieten und leben kümmerlich von den wenigen kultivierbaren Feldern zwischen den Felsen und sandigen Einöden. Sie bewahren ihre angestammte Kultur und hegen wenig Sympathie für die Eroberer. Die Eingeborenen laufen nackt umher und malen sich mit einer blauen pflanzlichen Farbe Bilder der Sonne und verschiedener Tiere auf den Leib. Sie essen wenig und decken ihren Bedarf mit dem wenigen, was sie anbauen. In ihren Höhlen und Hütten bewahren sie große Mengen an Gold auf. Daraus fertigen sie landwirtschaftliche Geräte, z. B. Messer, um damit – wie sie meinen – heilige Kräuter zu schneiden. Das Leben, das diese Eingeborenen führen, ist tugendhaft, friedlich und langweilig.

John Holmesby, *The Voyages, Travels, and Wonderful Discoveries of Capt. John Holmesby...*, Ldn. 1757.

NOLANDIA, bewohnt von den Achoriern (den »Landlosen«), liegt östlich von ↗ UTOPIA.

Unter Berufung auf alte verwandtschaftliche Beziehungen erhob der König von Nolandia Erbansprüche auf ein fremdes Reich. Als er es nach langen kriegerischen Auseinandersetzungen erobert hatte, stellte sich heraus, daß es ein noch viel größeres Problem war, die Herrschaft über dieses Reich zu behaupten. Ständig entstand neuer Streit, sei es durch Auflehnung der Unterworfenen, sei es durch Angriffe von außen. Das Geld Nolandias floß in die neuen Herrschaftsgebiete, und viele Achorier mußten für den eitlen Ruhm des Königs ihr Blut vergießen. Der moralische Niedergang des Landes schien unaufhaltsam: Die Zahl der Gewalttaten nahm ständig zu, die Achtung vor dem Gesetz schwand dahin. Die schwierige Aufgabe, über zwei Reiche herrschen zu müssen, hielt den König davon ab, jedem der beiden seine volle Aufmerksamkeit zu widmen. Schließlich bat ihn sein Volk, zwischen beiden Reichen zu wählen, weil sie, die Achorier, zu zahlreich seien, um von einem »halbierten« König regiert zu werden. Und so sah sich der Monarch genötigt, sich wieder mit seinem angestammten Reich zu begnügen und das andere einem Freund zu überlassen (der übrigens wenig später entmachtet wurde).

Thomas More, *Utopia,* Löwen 1516.

NOPANDE-LAND, in den Vereinigten Staaten jenseits des Appalachen-Gebirges. Das Gebiet ist die Heimat des Volks der Nopande – eines Indianerstamms von gesitteten, friedlichen und gastfreundlichen Menschen.

Die Hauptstadt Nopande mit ihren wohlgepflasterten Straßen und Ziegelhäusern weist Spuren vergangener Kontakte mit den Spaniern auf. Bemerkenswert ist der große Backsteinpalast des Häuptlings mit seinen hübschen Gärten und vielen Obstbäumen.

Ist ein Reisender unerschrocken genug, ein tiefes Tal zu erforschen, das von einer Steinmauer hermetisch abgeschlossen ist, und das schwer bewachte Tor zu überwinden, gelangt er durch ein zweites Tor in ein eingeschlossenes Gebiet, wo ständig ein großes Feuer in Brand gehalten wird. Dies ist ein Gefängnis, als »Hölle« bekannt und von Dienern besorgt, die man »Teufel« nennt. Hier werden bei Nacht Verbrecher der verschiedensten Art verbrannt, während der ganze Stamm zusieht. Reisende sieht man hier allerdings nicht so gern.

Antoine-François Prévost d'Exiles, *Le philosophe anglois, ou Histoire de Monsieur Cleveland...*, Utrecht 1731.

NORA-BAMMA, eine Insel des Archipels ↗ MARDI. Der Name bedeutet »Insel der Träume«. Berichten zufolge ist sie so grün und so rund wie ein moslemischer Turban. Die Bevölkerung besteht aus Träumern, Hypochondern und Schlafwandlern. Wer dort an Land geht, kann nicht umhin, der Insel den üblichen Tribut zu zollen, nämlich ein Nickerchen zu machen. Jeder, der nach Nora-Bamma kommt, um nach den berühmten goldenen Kürbissen zu suchen, sinkt, noch bevor er den ersten gepflückt hat, in einen tiefen Schlummer, aus dem er erst nach Anbruch der Dunkelheit erwacht. Während er sich den Schlaf aus den Augen reibt, gewahrt er geisterhafte Erscheinungen, die sich stumm im Zwielicht des Waldes bewegen und offenbar ohne Sinn und Zweck auftauchen und wieder verschwinden.

Herman Melville, *Mardi, and a Voyage Thither*, NY 1849.

NORDEND, Tausende von chinesischen Meilen von China entfernt, ist ein Land, das der Reisende nur per Schiff erreichen kann. Obwohl die Route dorthin bisher noch in keinem Logbuch festgeschrieben worden ist, sei dem Seefahrer geraten, an der Nordostküste des Festlandes in See zu stechen und Kurs gen Norden zu nehmen. Die Ausdehnung des Landes Nordend muß ziemlich beträchtlich sein, doch erst wenigen Menschen war es vergönnt, dorthin zu reisen, so daß Nordend noch der genaueren Erforschung harrt.

Der berühmte Kaiser Yü (um 2200 v. Chr.) gelangte zufällig während seiner Flutregulierungsarbeiten dorthin, und von ihm stammen auch die ersten Beschreibungen: Nach Übersteigen hoher Gebirgsketten gelangt man in das nach allen vier Himmelsrichtungen völlig ebene Land. An welcher Ecke des Landes Nordend auch immer der Reisende weilt, von überall sieht er den Berg Urnenhals, der genau in der Mitte des Landes in die Höhe ragt. Der Name »Urnenhals« leitet sich aus der Form des Berges ab: Er ähnelt einem Krug, denn der Berggipfel ist nicht spitz, sondern auf ihm öffnet sich ein kreisrundes Loch, das »Nährloch«, aus dem eine Quelle hervorsprudelt. Die Bewohner Nordends nennen sie die »Geisterquelle«; ihr Quellwasser verbreitet den intensiven Duft tausender Orchideen und Pfefferpflanzen, und trinkt man von ihrem Wasser, hält man es für süßen Wein oder Most. Der Quellfluß Geisterquelle teilt sich noch auf dem Gipfel in vier Wasserläufe, die nach allen vier Himmelsrichtungen zu Tal stürzen und das ganze Land gleichmäßig bewässern.

Trotz dieses Wasserreichtums und eines äußerst milden Klimas, leben in Nordend weder Vögel noch Säugetiere, wachsen dort weder Gräser noch Bäume. Die Bewohner des Landes leiden jedoch keine Not, sie haben im Gegenteil überreichlich zu essen. Sie wohnen an den Flußufern, den vier Wasserarmen der Geisterquelle, und dort gibt es stets Nahrung im Überfluß. Da sich die Menschen Nordends nicht um Nahrung und, wegen des milden Klimas, auch nicht um Kleidung zu sorgen brauchen, führen sie ein beneidenswertes Leben. Sie kennen weder Krankheiten noch vorzeitigen Tod, weder Siechtum noch Alter, sie sterben ohne Unterschied mit hundert Jahren.

Das gesellschaftliche Leben in diesem Lande darf man ohne Zögern als äußerst sozial und gerecht bezeichnen, denn es gibt keine Klassen und Rangordnungen, auch keine unterschiedliche Stellung von Mann und Frau. Symbol dieser friedlichen und harmonischen Atmosphäre ist der Tanz, der täglich, fast bis zur Erschöpfung, gepflegt wird. Wenn sich jemand überanstrengt hat, braucht er nur einen Schluck vom erfrischenden Wasser der Geisterquelle zu nehmen, und im Nu ist sein Erschöpfungszustand verflogen; nimmt er ein zusätzliches Bad im Quellwasser, wird sein müder Körper derart erquickt, daß sich seine Haut alsbald straff und elastisch anfühlt.

D. A.

Lieh-tzu, *Lieh-tzu* (3. Jh. v. Chr.), in *Chu-tzu chi-ch'eng*, Peking 1954.

NORDPOLREICH, ein Land unter der Arktis, bewohnt von zivilisierten Dinosauriern. Es besteht aus einem Labyrinth von unterirdischen Tunnels mit mehreren Ausgängen auf die Eiswüsten. Die Dinosaurier-Gesellschaft ist sorgfältig organisiert, und jedes Mitglied hat eine feste Beschäftigung.

Blick aus dem dritten Ausgang des NORDPOLREICHS

Diese verschiedenen Tätigkeiten hängen hauptsächlich mit der Wartung riesiger Maschinen zusammen, die die elektromagnetische Energie des Nordpols in Wärme und Licht umwandeln. Die Arbeiter, denen diese Aufgabe obliegt, werden jeweils von einem jüngeren Lehrling begleitet. Falls der Arbeiter seine Pflichten vernachlässigt, übernimmt sie der Lehrling sofort, und der Arbeiter wird zum Schlachthof getrieben. Die Dinosaurier tragen eine Art Overall aus Seehundsfell. Ihre Gesichter gleichen riesigen Eidechsen und zeigen keinerlei Gefühlsregung. Nach einer Theorie stammen diese Geschöpfe von prähistorischen Dinosauriern ab, die unter der Erde Zuflucht gesucht haben. Im späten neunzehnten Jahrhundert fanden französische Archäologen in Nordsibirien einen Bericht über das Reich. Er stammte von einem französischen Forscher, dessen Gefährte den Verstand verloren hatte. Die Handschrift wurde in einem leeren Benzinkanister entdeckt, gleich neben dem Skelett eines Dinosauriers, vermutlich eines Bewohners jenes Gebietes.

Charles Derennes, *Le peuple du Pôle*, Paris 1907.

NOVA SOLYMA, eine Stadt im Lande Israel – ein Bollwerk des christlichen Glaubens. Sie ist auf den Gipfeln zweier Berge erbaut und von einer hohen, massiven Mauer umgeben. In die zwölf ehernen Stadttore sind die Stammesinsignien und die Namen der Patriarchen eingraviert. Jedes Tor ist mit einem Wachturm versehen. Durch das Haupttor, das den Namen des Stammvaters Juda trägt, gelangt man auf eine schöne Straße mit stattlichen steinernen Wohnhäusern – alle gleich hoch und mit einheitlicher Fassade, so daß der Eindruck einer geschlossenen Häuserfront entsteht. Vom antiken Solyma ist nichts erhalten geblieben, sein Ruhm jedoch lebt in der viel größeren Stadt Nova Solyma fort.

Auf dem Marktplatz im Zentrum der Stadt steht zwischen Wohnhäusern die öffentliche Warenbörse, ein rechteckiges Gebäude mit zwei Passagen und einem Glockenturm mit vier Zifferblättern, auf jeder Seite eines. Der silberhelle Klang der kleinen Glocke ertönt zu Beginn und am Ende jeder Börsenveranstaltung. Der gepflasterte Platz in der Mitte der Halle liegt unter freiem Himmel. Um ihn herum verläuft eine aus Marmorsäulen bestehende Kolonnade mit gewölbter, holzverkleideter Decke, farbenprächtigem Mosaikfußboden und Wandbänken. Unterhalb dieses Säulenganges befinden sich kleine Läden. Auf der oberen Galerie ist ein Basar für Frauen. – Die Bewohner von Nova Solyma tragen lange, purpurrote Gewänder und Turbane aus gestreiftem oder gemustertem Leinen.

Als Beispiel für die Inschriften, die an jedem Haus zu finden sind, sei folgende zitiert: »Dieses Haus wurde mit ehrlich verdientem Geld, nicht mit erschlichenem Gewinn erbaut, daher wird es viele Generationen überdauern und Kinder und Kindeskinder in ununterbrochener Folge beherbergen. Hier ist kein Ort für Glücksspiel, für heimliche, ungesetzliche Liebe, für Hader und Zorn, für angestaute, blutrünstige Rachegelüste.« Die Inschrift verwehrt zudem Gespenstern, Faunen und Satyrn jeglichen Zugang. – Die Gärten der Stadt sind mit Basreliefs geschmückt, auf denen biblische Szenen dargestellt sind. Der Jahrestag der Stadtgründung wird mit einem historischen Umzug begangen, bei dem eine Jungfrau die Tochter Zion symbolisiert.

Am Nordrand der Stadt befinden sich die öffentlichen Schulen. Sie haben keine Fenster zur Straße; an ihrer Stelle kann man die Standbilder berühmter Männer sehen. Das mit einer David-Statue geschmückte Eingangstor wird von einem unbestechlichen Pförtner bewacht. Die Erziehung zu Religiosität ist die wichtigste Aufgabe der Lehrer. In der Überzeugung, daß jede gute Gabe derselben göttlichen Erleuchtung entspringt, vermitteln sie auch vielerlei von fremden Völkern übernommenes Wissen. Der Unterricht wird in der hebräischen Umgangssprache sowie auf griechisch und lateinisch erteilt. Als Belohnung für gute Leistungen erhalten die Schüler silberne Schreibfedern. Für Universitätsvorlesungen stehen zwei Hörsäle zur Verfügung – einer für Philosophie, politische Wissenschaften und Volkswirtschaft, einer für Theologie, Medizin und Rechtswissenschaft.

Die Jugend wird (ärztliche Zustimmung vorausgesetzt) zu Zähigkeit und Ausdauer erzogen. Um einen Autor aus Solyma zu zitieren: »Es ist eine Erfahrungstatsache, daß die in größter Genügsamkeit aufwachsenden Kinder der Armen sich zu gesünderen, über eine bessere Konstitution verfügenden Menschen entwickeln als jene, die, gehegt und gepflegt, im Luxus aufwachsen.« Gefühlsaufwallungen werden in Schach gehalten, die Trägen und Ängstlichen »auf Zack gebracht«. Schamloses und unanständiges Benehmen erregt Abscheu. Lügner werden auf eine Stufe mit Geschöpfen gestellt, die der Sprache nicht mächtig sind, und als untauglich für das Leben in einer Gemeinschaft artikulationsfähiger Menschen erachtet.

Knaben aller Bevölkerungsschichten erhalten eine Schulbildung. Man lehrt sie, Gott zu dienen und ihr Vaterland zu lieben, man unterrichtet sie im Tanzen, Schwimmen und Bogenschießen; Schulräte und -inspektoren reisen im Land herum und halten Vorträge über Knabenerziehung. Die

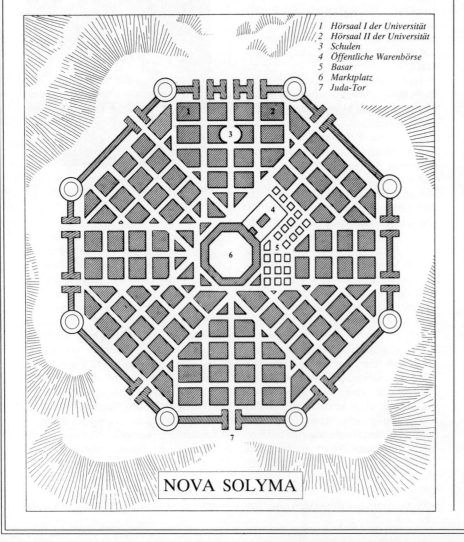

1 Hörsaal I der Universität
2 Hörsaal II der Universität
3 Schulen
4 Öffentliche Warenbörse
5 Basar
6 Marktplatz
7 Juda-Tor

NOVA SOLYMA

Mädchen dagegen werden, was die Schulbildung anlangt, völlig vernachlässigt.

Nach dem Glauben der Bewohner von Nova Solyma ist das Universum eine riesige Gebärmutter.

Samuel Gott, *Novae Solymae libri sex,* Ldn. 1648.

NUBIA, die Hauptstadt eines afrikanischen Königreichs, nicht zu verwechseln mit Nubien im Norden der Republik Sudan. Einige Reisende nehmen an, daß Nubias Herrscher Senap der berühmte Prediger Johannes sei. Sein Land ist reich an Gold, Juwelen, Balsam, Moschus und Ambra. Das hervorstechendste Gebäude in Nubia ist der Königliche Palast mit seinen Kristallsäulen, den mit Rubinen, Smaragden, Saphiren und Topasen verzierten Mauern und den zahlreichen Perlen und Edelsteinen in jedem Raum. Nördlich von Nubia liegen die Mondberge, in denen der Nil entspringt. Der Sultan von Ägypten zahlt an Senap einen jährlichen Tribut, aus Angst, der nubische König könne den Flußlauf ablenken und ihn durch ein anderes Land fließen lassen.

Es geht die Sage, daß in den Mondbergen das irdische Paradies liege, welches Senap einst zu erobern suchte. Er fiel mit Kamelen, Elefanten und Infanterie in die Berge ein, wurde aber von Gott bestraft, der ihn blendete und seine ganze Streitmacht durch einen Engel töten ließ. Die Harpyien wurden ebenfalls ausgesandt, um den Eroberer zu quälen: Wann immer er zu essen wünschte, flogen sie über sein Essen und verunreinigten es mit ihren Exkrementen.

Astolpho, ein französischer Ritter, rettete Senap aus seiner Not, indem er die Harpyien einfing und sie in einer Höhle unterhalb der Mondberge einschloß, wo – so sagt man – der Besucher noch ihren dumpfen Flügelschlag hören kann.

Lodovico Ariosto, *Orlando furioso,* Ferrara 1516 u. 1532 (erw.).

NÚMENOR, auch **ANDOR,** Land der Gabe, **ELENNA,** Land des Sterns, Westernis und, nach dem Untergang, Akallabêth und Atalante genannt, lag zwischen ↗ MITTELERDE im Osten und ↗ AMAN, dem Land der Unsterblichen, im Westen. Heute muß man sich auf Abenteuer versessenen Seefahrern anschließen, um nach diesem lange versunkenen Reich zu suchen, von dem jedoch berichtet wird, daß der Gipfel seines höchsten Berges, der Meneltarma, noch über den Meeresspiegel herausragt. Da die Númenorer auf ihm dem Vater des Alls, Ilúvatar, ein Heiligtum errichtet hatten, soll er der Vernichtung durch die Valar, die Mächte der Welt, entgangen sein. Und es wird sogar erzählt, man könne von der Spitze des Meneltarma aus die segensreichen Gestade von Aman erblicken.

Númenor war das Geschenk der Götter von Aman an die Númenorer oder Dúnedain für ihren Beistand im Kampf gegen den Dunklen Feind von Mittelerde, Morgoth. Osse, der Gehilfe Ulmos, des Herrn der Wasser, hob das Land aus dem Meer, Aule, der Erbauer aller Länder, verankerte es, und Yavanna, die Spenderin der Früchte, schmückte es. Earendils hell leuchtender Stern im Westen wies den Weg zu diesem neuen Land. Die »Könige der Menschen« nahmen es voll Glück in Besitz, bauten Städte, Lustschlösser und Gärten. An der Westküste entstand die Hauptstadt Andúnië als großer Hafen, aber die schönste Stadt wurde Armenelos, mit ihrem Turm und der Zitadelle. In ihren Gärten verströmte nachts ein Schößling des Weißen Baums von ↗ TOL ERESSEA seinen Duft. Ihn und viele andere Geschenke – Singvögel, duftende Blumen, heilende Kräuter und Brunnen – hatten ihnen die Teleri-Elben jener Insel mitgebracht. Und durch diese Freundschaft mehrte sich das Wissen der Menschen in allen Bereichen der Natur und des Lebens.

Doch mit den Jahrhunderten verging das Glücksgefühl; das Bewußtsein der Sterblichkeit, in der sie sich von Ilúvatars Erstgeborenen, den Elben, unterschieden, wurde ihnen zur Last. Sie suchten mit allen Mitteln, ihr Leben zu verlängern, vervollkommneten die Kunst der Mumifizierung, widmeten sich mehr dem Totenkult als dem Kult Ilúvatars. Während sie früher mit ihren Schiffen an den Küsten von Mittelerde gelandet waren, um den Menschen Geschenke zu bringen und sie viele nützliche Dinge zu lehren, traten sie jetzt als unduldsame Tyrannen auf, denen es nur noch um Erobern und Herrschen ging. So rüsteten sie gegen den Dunklen Feind Sauron, der Mittelerde in seine Gewalt zu bringen trachtete. Doch er stellte sich ihnen nicht zum Kampf, sondern ließ sich als Geisel nach Númenor bringen. Hier, an Ort und Stelle, gelang es ihm, die Númenorer gegen den Bann der Valar, das göttliche Verbot, sich den Gestaden Amans zu nähern, aufzuwiegeln und sie in ihrer Sehnsucht nach Unsterblichkeit zu bestärken. Er verleitete sie dazu, seinem ehemaligen Herrn, Melkor, dem Ursprung des Bösen, einen riesigen Tempel zu bauen, in dem sogar Menschen geopfert wurden, den Weißen Baum zu fällen und die kleine Gruppe widerspenstiger Elbenfreunde, die sich nicht von ihm korrumpieren ließen, zu ächten.

Schließlich rüstete König Ar-Pharazôn alle seine Schiffe, um nach Aman zu segeln und von den Valar die Unsterblichkeit zu fordern. Damit war der Untergang von Númenor besiegelt. Den König und sein Gefolge begrub ein gewaltiger Bergrutsch am Ufer von Aman unter sich, Numenor wurde in den Abgrund des Meeres gerissen und mit ihm Sauron, der sich von nun an nie mehr in irdischer Gestalt vor den Menschen zeigen konnte. Nur die wenigen Elbenfreunde, die nicht mit dem König gesegelt waren, konnten sich auf ihren Schiffen retten. Mit kostbarem Besitz – einem Schößling des Weißen Baums und den acht Palantíri, den Sehenden Steinen, die ihnen die Elben von Tol Eressea geschenkt hatten – strandeten sie an der Küste von LINDON und gründeten in Mittelerde die beiden Königreiche Arnor und ↗ GONDOR.

John Ronald Reuel Tolkien, *The Return of the King,* Ldn. 1955. – Ders., *The Silmarillion,* Ldn. 1977.

NUTOPIA, ein Land, in dem es weder Grund und Boden noch Grenzen noch Reisepässe, sondern einzig und allein Menschen gibt und in dem nur die kosmischen Gesetze gelten. Alle Nutopier sind Botschafter ihres Landes. Die internationale nutopische Nationalhymne heißt: *Bring on the Lucie.* Weitere Auskünfte erteilt die nutopische Botschaft, 1 White Street, New York, N. Y., (Postleitzahl 10013), U. S. A.

John Lennon, *Mind Games,* Ldn. 1973.

O

OBERLAND, eine Monarchie an der östlichen Grenze Deutschlands. Das Reich unterteilt sich in die beiden Regierungsbezirke Groß- und Klein-Oberland. Einen Besuch lohnen der Niesische, Grillische und Würmische Landkreis in Groß-Oberland. In diesem landschaftlich reizvollen Gebiet liegen zahlreiche pittoreske Städtchen, von denen hier nur Forzenheim, Nar-

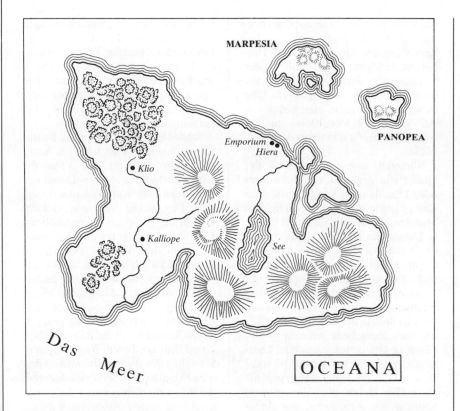

renberg, Weißfischhausen, Kälberfurz und vor allem Mägdeflecken mit seinen romantischen Gassen und alten Handwerkerhäusern genannt seien. Unweit von Mägdeflecken befindet sich Rumpolskirchen, ein kleines Dorf, das durch seine Laienbühne eine gewisse Berühmtheit erlangt hat. Unter der Leitung von Herrn Peter Squentz, Dorfschreiber, Schulmeister und rühriger Theaterfreund, entstand hier eine Schauspieltruppe, die sich auf die Aufführung antiker und mythologischer Stoffe spezialisiert hat. Das Ensemble besteht aus ortsansässigen Handwerkern, und Herr Squentz besorgt die – freilich reichlich freie – Bearbeitung der Stücke. Freunde des Volkstheaters werden an der gelungenen Mischung aus derber Prosa, alten Knittelversen, schlesischer Mundart und Rüpelposse ihren Gefallen finden. Die bislang einsame Sternstunde der Bühne sehen Kenner in der Aufführung anläßlich einer Rundreise König Theodorus' und seiner Gemahlin Kassandra. Ovids »Pyramus und Thisbe« wurde enthusiastisch gefeiert, und Meister Kricks Überundüber, Schmied im Hauptberuf, setzte mit seiner beispielhaften Darstellung des »Mondes« das Glanzlicht.

Eine gleichartige Theatergruppe wird von einem Namensvetter des Herrn Squentz zu Athen in Griechenland geleitet. M. B.

William Shakespeare, *A Midsommer Nights Dreame,* Ldn. 1600. –

Andreas Gryphius, *Absurda Comica oder Herr Peter Squentz,* o. J. [1657?].

OCEANA, ein Staatswesen, bestehend aus der gleichnamigen Hauptinsel und den Provinzen Marpesia und Panopea. Auf der Insel Oceana, die kleiner als Frankreich ist, liegt die mit der Stadt Hiera vereinte Hauptstadt Emporium. Sie wird, unter Vorsitz des Bürgermeisters und des Polizeichefs, von Handelsgesellschaften und Ratsherren verwaltet.

Oceana, erstmals bei Plinius erwähnt, wurde nacheinander von den Römern, den Teutonen, den Skandinaviern und den Neustriern erobert. Unter den Römern war es eine Provinz, die Teutonen führten eine Art Monarchie ein. Nach langwierigen innenpolitischen Auseinandersetzungen entwickelte sich Oceana zu einem demokratisch regierten Gemeinwesen.

Die Bevölkerung setzt sich aus freien und dienstbaren Bürgern zusammen, die jungen Leute leisten Waffen-, die älteren Garnisonsdienst. Die Berittenen und die Fußsoldaten teilt man, ihrem Vermögen entsprechend, drei Truppeneinheiten zu, die »Phönix«, »Pelikan« und »Schwalbe« genannt werden. Die Kompanien setzen sich ebenfalls aus drei Gruppen zusammen, deren Namen »Zypresse«, »Myrte« und »Reisig« lauten.

Verwaltungsmäßig ist Oceana in Bezirke, Kreise und Stammesgebiete unterteilt. Die Stammesältesten werden in geheimer Abstimmung gewählt und entsenden sieben Vertreter in die Regierungsgremien. Die Bezirksabgeordneten ernennen die Friedensrichter, die Hauptleute und die Fähnriche, während die Besetzung einiger anderer Posten dem Senat obliegt. Gesetze müssen jedoch vom Volk selbst ratifiziert werden: Der Senat bringt den Vorschlag ein, die Bürger entscheiden darüber.

Um zu gewährleisten, daß die Macht in den Händen der Mehrheit bleibt, ist das Maximum an privatem Grundbesitz gesetzlich festgelegt.

Der sogenannte Glaubensrat wacht darüber, daß die Gewissensfreiheit in Oceana nicht verletzt wird. In Glaubensfragen wird keinerlei Druck ausgeübt, jüdische Rituale sind jedoch ebenso verboten wie Götzendienst. Die Geistlichen der Staatskirche erhalten Universitätslehrstühle und dürfen keiner anderen Beschäftigung nachgehen. In den kostenlosen Schulen, über die jeder Stamm verfügt, werden Kinder zwischen neun und fünfzehn Jahren unterrichtet. Hat eine Familie nur einen einzigen Sohn, so ist dessen Erziehung und Bildung die Aufgabe des Vaters. Oceana hat zwei bedeutende Universitäten, und zwar in den Städten Klio und Kalliope.

In der Provinz Panopea, einer von Oceana eroberten Insel, sind Zeichen des Niedergangs zu entdecken. Man hat diese Provinz als »Mutter der Trägen und Kleinmütigen« bezeichnet, und es wird bezweifelt, daß sie jemals waffenfähige Männer hervorbringen wird. Obwohl gerade unter den eingewanderten Minderheiten besonders loyale Bürger Oceanas zu finden sind, wurde vorgeschlagen, daß man nur der jüdischen Bevölkerung erlauben sollte, sich in Panopea niederzulassen.

James Harrington, *The Commonwealth of Oceana,* Ldn. 1656.

ODO, eine Insel des Archipels ↗ MARDI, die von drei großen, konzentrischen Gräben gesäumt ist, in denen Taro (eine tropische Knollenfrucht) angebaut wird. Sie ist berühmt für ihre Guavenbäume und Weinberge, während der auf den anderen Inseln heimische Brotfruchtbaum hier unbekannt ist. Abgesehen von der Hauptstadt, die ebenfalls Odo heißt, gibt es keine größeren Ansiedlungen, sondern nur verstreute Wohnstätten. Die Bevölkerung besteht im wesentlichen aus zwei Kasten: dem Adel und den Plebejern. Eine kleinere Kaste bilden die Sklaven, bei denen es sich hauptsächlich um Kriegsgefangene handelt. Die Wohnstätten der vornehmen Insulaner liegen weit voneinander entfernt, einige mitten im Wald, andere am Strand, manche hoch oben im Geäst der Bäume und manche auf den Hügeln im Landesinneren. Die Plebejer und die Sklaven leben in elenden, schwer zugänglichen Behausungen – entweder in Höhlen oder in Hütten, die aus Treibholz errichtet sind, weil es diesen beiden Kasten verboten ist, Bäume zu fällen. Die Sklaven arbeiten in den zum Taro-Anbau benützten Gräben. Auf Odo gibt es keine Friedhöfe: Die Toten werden von einem Riff aus ins Meer geworfen. »Die Erde ist eine Urne für Blumen, nicht für Asche«, sagen die Eingeborenen. »Wir möchten keine Grabesfrüchte ernten.« Sie glauben, daß man in stürmischen Nächten, wenn die Wogen sich tosend am Riff brechen, aus der Meerestiefe die flüsternden Stimmen Tausender von Toten vernehmen kann.

Herman Melville, *Mardi, and a Voyage Thither*, NY 1849.

Adelssitz in den Bergen von ODO

OGYGIA, eine Insel im westlichen Mittelmeer. In einer Grotte, umgeben von einem herrlichen Wald aus Erlen, Zitterpappeln und süß duftenden Zypressen, lebt die Nymphe Kalypso. Über der Höhlenöffnung rankt ein üppiger Weinstock voll reifer Trauben. Viele klare Bächlein rinnen durch sanfte Wiesen voller Veilchen und Eppich. Die Fauna besteht vorwiegend aus Vögeln: Eulen, Habichten und Seekrähen.

Der prominenteste Gast der Insel war Odysseus, der König von Ithaka, der auf einer abenteuerlichen Reise hier strandete und von Kalypso liebevoll gepflegt wurde. Obwohl sie ihm sogar die Unsterblichkeit in Aussicht stellte, konnte sie ihn nicht zur Heirat bewegen. Nach acht Jahren verließ er die Insel aus Sehnsucht nach seiner Heimat.

Homeros, *Odysseia* (8. Jh. v. Chr.?), Florenz 1488. – Lukianos aus Samosata, *Alētē diēgēmata* (2. Jh.), Florenz 1496.

OHONOO, eine Insel des Archipels ↗ MARDI. Nähert man sich ihr von Norden, so wirkt sie mit ihrer Flachküste und den drei großen, aufeinandergetürmten Felsplateaus wie der untere Teil einer riesigen Treppe, die hinauf zur Sonne führt. Der Sage nach begann der Gott Vivo dort mit dem Bau einer Treppe, die Erde und Himmel verbinden sollte. Da er aber auf Erden zu viel Böses entdeckte, zerstörte er vor seiner Rückkehr in den Himmel die bereits errichteten Stufen, wobei die Steinblöcke ins Meer fielen und den Archipel Mardi bildeten.

Der Name der Insel bedeutet »Land der Verbrecher«, denn hierher wurden alle Missetäter von den anderen Inseln verbannt. Sie gründeten hier ein neues Gemeinwesen, aus dem sie nun ihrerseits jeden verbannten, den sie als unwürdig erachteten (wobei es fraglich bleibt, ob die Betreffenden anständigere Menschen oder noch größere Übeltäter als die ersten Ansiedler waren). Reisenden wird empfohlen, das Standbild Keevis, des Gottes der Diebe und Schutzpatrons der Insel, zu besichtigen. Es steht am Ausgang des Monlovatales in einer natürlichen Felsnische. Die Statue hat fünf Augen, zehn riesige Hände (jeder Finger so stark wie ein Männerarm) und sechs Beine. Der Sage nach soll Keevi, nachdem er aus einer goldenen Wolke auf die Erde gefallen war, bis zur Hüfte im Boden gesteckt und auf diese Weise ein Erdbeben verursacht haben.

Herman Melville, *Mardi, and a Voyage Thither*, NY 1849.

OLYMP heißt der Hochsitz der griechischen Götter (der mit dem höchsten Berg von Hellas in Nordgriechenland zwar den Namen teilt, aber doch nicht zu verwechseln ist!). Hier wohnen die Unsterblichen in Goldenen Häusern und genießen in ewiger Jugendfrische immerwährende Freuden des besten Klimas und der gegenseitigen Gesellschaft, erfreuen sich an Tafelluxus (mit Nektar, dem Göttertrank, und der Götterspeise Ambrosia) wie auch an kulturellen Genüssen: Apollon selbst singt, die Musen stimmen ein und tanzen im Reigen. Nur gelegentlich gelangt ein Sterblicher durch Göttergunst in den exklusiven Kreis dieser hehren Gesellschaft, wie etwa Ganymed, den Zeus, der Herr des Olymps, durch seinen Adler vom friedlichen Hirtenfeld fortführen und emportragen ließ, damit der schöne Knabe ihm, wie es euphemistisch heißt, als Mundschenk diene. Auch Herakles, Sohn des Zeus und der Alkmene – folglich der Gattin des Zeus, Hera, herzlich verhaßt – vermochte schließlich nach Vollbringung vieler unvergleichlicher Taten sich einen Sitz im Olymp zu verdienen. Daß auch der deutsche Dichter Johann Wolfgang v. Goethe ein Olympier sei, ist wohl nur eine ähnlich als Schmeichelei angelegte Huldigung, wie sie schon früher beispielsweise römischen Kaisern, etwa dem Augustus, von beflissenen Bewunderern zuteil wurde. Selbstbewußten Reisenden sei es unbenommen, ihr Glück zu versuchen. B. Ky.

Homeros, *Ilias* (8. Jh. v. Chr.?), Florenz 1488. – Hesiodos aus Askra, *Theogonia* (um 700 v. Chr.), Ferrara 1474. – Publius Vergilius Maro, *Aeneis* (1. Jh. v. Chr.), Rom 1469.

OO-OH, Insel vor der Küste von ↗ CASPAK im südlichen Pazifik und Heimat der Wieroos, einer geflügelten, intellektuell hoch entwickelten menschenähnlichen Rasse.

Den Erzählungen der Galus von Caspak nach hatten die Wieroos ursprünglich nur unvollkommene Flügelansätze und ähnelten in manch anderer Hinsicht den Galus. Zwischen diesen beiden Volksstämmen herrschte eine tiefgreifende Rivalität, hauptsächlich deshalb, weil es den Wieroos als ersten gelang, ihren Nachwuchs lebendgebärend zur Welt zu bringen, wogegen die meisten anderen Rassen auf Caspak erst ein primitiveres Entwicklungsstadium erreicht haben. Allerdings waren die Wieroos nicht in der Lage, für weibliche Nachkommen zu sorgen. Um von diesem Mangel abzulenken, konzentrierten sie sich auf die Entwicklung ihrer intellektuellen Fähigkeiten und erfanden den Begriff des *Tas-ad*, der soviel bedeutet wie »alles auf die rechte oder Wieroo-Weise tun«. Nach und nach gewannen sie die Überzeugung, daß die *Tas-ad*-Philosophie auf der ganzen Welt verbreitet werden sollte und daß alle, die ihnen dabei im Wege stünden, vernichtet werden müßten. Mit der Zeit zogen sich die Wieroos wegen ihrer anmaßenden Haltung den Haß sämtlicher anderen Volksstämme auf Caspak zu und wurden schließlich gezwungen, der Insel den Rücken zu kehren und sich auf Oo-oh niederzulassen.

Ihre bläßlichen Gesichter und eingesunkenen Wangen verleihen den Wieroos das Aussehen von Totengerippen, ein Eindruck, der durch ihre klauenartigen Finger und die langen, knochigen Gliedmaßen noch verstärkt wird. Ihr Körper ist gänzlich unbehaart, und sie haben weder Augenbrauen noch Wimpern. Da sie nach wie vor nicht in der Lage sind, weibliche Nachkommen in die Welt zu setzen, rauben sie Frauen aus den höher entwickelten Stämmen auf Caspak für die Aufzucht der nächsten männlichen Wieroo-Generation.

Allen Wieroos gemeinsam ist die Lust am Mord. Sie bringen Mitglieder ihres eigenen Stammes ebenso um wie Außenstehende und sperren ihre Kinder in unterirdischen Räumen ein, um sie vor den eigenen Gefährten zu schützen. Die drei Wieroo-Städte auf der Insel sind mit Menschenschädeln geschmückt, von denen viele auf Pfähle aufgesteckt und blau und weiß bemalt sind. Selbst die Gehsteige ihrer Städte sind mit Totenköpfen eingefaßt. Nur den Kopf eines getöteten Opfers behält man; der übrige Leichnam treibt flußabwärts der Küste zu, wo er dann von den großen Reptilien gefressen wird.

Wieroo-Städte bestehen aus einem fast unbeschreiblichen Wirrwarr von Gebäuden. Die Häuser türmen sich übereinander bis zu einer Höhe von nahezu dreißig Metern. In manchen Vierteln sind sie so eng ineinander verkeilt, daß kein Licht in die untersten Häuserreihen dringt und man zwischen den einzelnen Gebäuden kaum durchkommt. Die Farben sind ebenso vielfältig wie die Formen, aber fast alle Häuser haben ein tassenförmiges Dach, auf dem sich das Regenwasser sammelt. Gewöhnlich dient eine Öffnung im Dach als Einstieg, der Zugang zu den niedriger gelegenen Gebäuden führt über Leitern.

Das Wahrzeichen der Hauptstadt bilden ein über und über mit Schädeln bedeckter Turm und ein riesiger Betonkasten, der »Blaue Ort der Sieben Totenköpfe« genannt. Dieses letztere Bauwerk ist quadratisch angelegt; es wird von sieben totenkopfgespickten Pfählen überragt und dient häufig als Gewahrsam für Gefangene. Daneben liegt der Haupttempel, dessen untertassenähnliches Dach sich weit über die Traufen hinauszieht und der umgedrehten Kopfbedeckung eines Kulis gleicht. Die Innenräume des Tempels sind mit Tierhäuten und Fellen verhangen, die Wände wiederum mit Totenköpfen und anderem, meist goldenem Schmuckwerk verziert – vermutlich Kriegsbeute, denn die Wieroos selbst tragen niemals irgendwelchen Schmuck.

Die Nahrung der Wieroos besteht in der Hauptsache aus einer Mischkost aus Früchten, Gemüse sowie verschiedenen kleinen Fischen und einer Reihe undefinierbarer sonstiger Speisen. Üblicherweise nimmt man die Mahlzeiten in großen öffentlichen Hallen ein, wo die Wieroos auf hohen Postamenten mit eingelassenen Sitzflächen kauern. Jeder dieser Sockel bietet Platz für vier Esser, die mit Holzspieß und einer Muschelschale für die dünnflüssigeren Bestandteile ihrer Nahrung ausgestattet sind. Gewöhnlich sind die Mahlzeiten von einem widerlichen Schmatzen und Schlürfen begleitet, und die Wieroos verschütten häufig einen beträchtlichen Teil ihres Essens bei dem Versuch, möglichst schnell möglichst viel in sich hineinzuschlingen. In diesen Speisehallen ist jeder Streit und Zank strikt verboten, und sie sind deshalb auch die einzigen wirklich sicheren Plätze in der ganzen Stadt.

Die soziale Rangordnung Oo-ohs, die sich auch in der Kleidung ausdrückt, wird durch die Anzahl der begangenen Morde bestimmt. Die niedrigsten Klassen tragen Weiß; sobald sie ausreichend viele Mordtaten verübt haben, dürfen sie sich mit gelben Streifen auf ihren Gewändern schmücken. Die Farbe Rot bleibt den schlimmsten Killern vorbehalten, und Blau scheint der Inbegriff für Mord schlechthin zu sein. Nur ein einziger Wieroo darf jeweils eine leuchtend blaue Robe tragen; er ist »derjenige, der zu Luata spricht«, einer Gottheit, von der man nur wenig weiß.

Edgar Rice Burroughs, *The Land that Time Forgot*, NY 1918. – Ders., *Out of Time's Abyss*, NY 1918.

OPHIR ist ein Königreich in Südostarabien. Hier gilt das feinste Gold als Symbol für ein reines und frommes Leben, das beste Silber für Redlichkeit und Gerechtigkeit. Makellosestes Elfenbein steht für ehrlichen Handel, treue Affen für eine gehorsame niedrige Klasse, und die stattlichsten Pfauen gelten als weise Statthalter. Man erzählt sich, schon König Salomo habe Gold, Silber, Elfenbein sowie Affen und Pfaue von Ophir in sein eigenes Reich gebracht.

Die Kirche von Ophir ist protestantisch, doch im ganzen Land herrscht religiöse Freizügigkeit, solange die Menschen nur Gott die Ehre erweisen. Prediger und Theologen sind gehalten, sich auf die ethischen Aspekte der Religion zu beschränken und strittige Themen möglichst zu meiden.

Nach den Gesetzen von Ophir sind Gerechtigkeit und Nächstenliebe die höchsten Tugenden. Schmutzige Reden und gemeine Witze sind streng untersagt, und ein überführter Missetäter muß – ungeachtet seines Ranges – je nach Schwere seiner Schuld einen oder mehrere Tage lang zwei große Schweinsohren am Kopfe tragen. Gewohnheitsverbrecher kommen in lebenslangen Gewahrsam. Ein erstes Vergehen wird jedoch – mit Ausnahme einer Wiedergutmachung – nicht geahndet. So muß beispielsweise ein Dieb den doppelten Wert dessen, was er gestohlen hat, ersetzen.

Der König schuldet seiner Gemahlin unbedingte Treue und muß ein vollendetes Vorbild für Gerechtigkeit und Keuschheit sein. Er oder der Kronprinz sind dazu verpflichtet, häufig durch die verschiedenen Provinzen des Reiches zu reisen.

Reisende sollten wissen, daß es streng verboten ist, sich zu duellieren. Wer gegen diese Vorschrift verstößt, muß sein Leben lang ein stumpfes Schwert und eine Narrenkappe tragen. Sind Duellanten Inhaber eines vom Staate verliehenen Wappens, so wird ihr Wappenschild in einen Helm mit geschlossenem Visier verwandelt, auf dem eine Brille sitzt. Als Wappenträger dienen zwei Katzen.

Bibel, *Königsbücher 1*, 9, 28; 10; 11; 22, 48. *Chronikbücher 1*, 29, 4; *2*, 8, 18. *Jesaja*, 13, 12. *Psalmen*, 45, 9. *Hiob*, 22, 24. – Anon., *Der Wohleingerichtete Staat des bisher von vielen gesuchten aber nicht gefundenen Königreiches Ophir...*, Lpzg. 1699.

OROFENA, eine Insel im südlichen Pazifik östlich von Samoa. Unter ihr wohnt einer der gefährlichsten Feinde der Menschheit. Obwohl von einem Korallenriff umgeben, ist Orofena in Wahrheit vulkanischen Ursprungs. Die Insel selbst ist der Rand eines erloschenen Vulkans, ein breiter Landring, der zur Mitte hin zu einem großen See abfällt. In der Mitte des Sees liegt eine kleine Insel.

Die Insel ist zum großen Teil mit Wald bedeckt, besitzt aber auch Buschland, das mit wiegenden Palmen durchsetzt ist. Es wird nur wenig Land bebaut, da die Eingeborenen träge sind und nur anbauen, was sie unbedingt für ihre Ernährung brauchen. Sie leben hauptsächlich von der Brotfrucht und den Früchten wildwachsender Bäume. Als einziges Tier halten sie sich das Schwein, aber selbst diese sind halbwild und werden nicht gezüchtet. Man schätzt die Einwohnerzahl auf fünf- bis sechstausend. Es gibt Kindestötung, die eine zu starke Zunahme der Bevölkerung verhindern soll, weil dann die verfügbaren Nahrungsquellen nicht mehr ausreichen würden.

Die Menschen sind schön, groß und schlank und besitzen feine, regelmäßige Gesichtszüge. Die Männer sind bis auf ein Lendentuch nackt, die Frauen tragen Blumengewinde um den Hals. Die Häuptlinge haben einen Federumhang, und die Priester tragen abstoßende Masken und Federschmuck auf dem Kopf. Ihre Sprache ist ausdrucksvoll und wohlklingend, und sie scheinen Polynesisch zu verstehen, obwohl ihr Betonungssystem etwas abweicht.

Die Einwohner von Orofena nennen ihren Gott Oro, »der Kämpfende«, und verehren seit alters ein Idol, das ihn darstellen soll. Sie sind Kannibalen und bringen Menschenopfer dar. Oro soll der Diener von Degai (dem Schicksal) sein, der alles schuf und alles sieht. Der Legende nach hat Oro die angrenzenden Länder ins Meer versinken lassen und nur die Ahnen der heutigen Bewohner von Orofena verschont. Seitdem wohne er im Vulkan, von dem heute nur die Spitze in der Mitte des Sees sichtbar ist. Für die Orofener ist der See ein heiliger Ort, und die Insel wird von allen außer den Priestern gemieden.

Der Kult und die Sagen um Oro haben bewiesenermaßen einen wahren Hintergrund. Kurz nach dem Ersten Weltkrieg waren drei Engländer auf Orofena gestrandet, nachdem ihre Yacht in einen Wirbelsturm geraten war. Trotz des Widerstandes der Priester gelang es ihnen auf der Insel im See an Land zu gehen. Hier fanden sie in einer künstlich angelegten Kammer unter einer Höhle zwei Körper in Kristallsärgen. Bei genauerer Prüfung stellte sich heraus, daß die Körper noch am Leben und nur scheintot waren. Die Engländer machten dabei die erstaunliche Entdeckung, daß es sich bei den Schlafenden um niemand anderen als Oro selbst und seine Tochter Yva handelte. Beide waren zweihundertfünfzigtausend Jahre scheintot gewesen, die letzten Überlebenden einer halbgöttlichen Rasse, die einst die Welt beherrschte.

Als große Könige hatten sie jahrhundertelang unbeschränkte Macht ausgeübt und grenzenlosen Reichtum angehäuft. Allmählich entwickelten sie sich zu einer eigenen Rasse und wurden als »Kinder der Weisheit« bekannt. Sie kapselten sich ab und waren gleichgültig gegenüber denen, die litten und sterblich waren. Die übrige Welt – unter einem einzigen Herrscher vereint – erklärte schließlich den Kindern der Weisheit den Krieg und zwang sie, in Nyo, einer befestigten Stadt mitten unter der Insel Orofena, Zuflucht zu suchen. In ihrem unterirdischen Asyl gefangen, überlebten die Kinder der Weisheit jahrhundertelang, verehrten weiterhin den Gott Degai und widmeten sich der Kunst und den Wissenschaften. Aber schließlich welkten ihre Lebenskräfte dahin – »wie Blumen im Dunkeln« (so die Worte eines ihrer Priester) –, und die Völker der Erde triumphierten.

Oro widersetzte sich einer vorgeschlagenen Friedensregelung, die die Enthüllung der nur den Kindern der Weisheit bekannten Geheimnisse bedeutet hätte sowie die Vermählung

Priestermaske aus OROFENA

seiner Tochter mit dem Fürsten der Völker, dem Herrscher der Welt, vorsah. Das Verhängnis seiner Rasse vor Augen, beschloß Oro, die ganze Menschheit zu vernichten und viele Jahrhunderte lang zu schlafen. Er griff in das Gleichgewicht der Welt ein und verwandelte Land in Meer und Meer in Land, so daß die Menschheit in den Fluten unterging.

Als Oro aus seinem langen Schlaf erwacht war, demonstrierte er den Engländern einige seiner schrecklichen Fähigkeiten: Er verließ seinen Körper und unternahm einen Seelenflug. Er führte die englischen Forscher in die unterirdische Stadt Nyo, wo sie vom »Wasser des Lebens« kosteten, einem Wundertrank, der einst den Kindern der Weisheit das Leben gerettet hatte und eines ihrer bestgehüteten Geheimnisse war. Die Besucher ihrerseits sprachen von den Errungenschaften der modernen Welt. Ihre Informationen wie auch das, was er auf seinem Seelenflug von der modernen Welt selbst sah, überzeugten Oro von der Notwendigkeit, die Welt nochmals zu zerstören, damit auf ihren Ruinen eine wahrhaft große Kultur aufgebaut wer-

den könnte. Mit seiner Tochter Yva und den Engländern sank er tief in das Innere der Erde bis zum »Gleichgewichtszentrum« hinab. Wie man weiß, hält hier ein ungeheurer Flammenkreisel die Welt unter Kontrolle. Oro wollte ihn aus seiner Laufbahn bringen, um die Erdoberfläche ein neues Mal zu überfluten. Yva hinderte ihn in letzter Minute, kam aber um, als sie sich seiner Macht entgegenstemmte, die dennoch ein kleines Erdbeben hervorrief. Durch eine Vielzahl von Tunneln gelangten die drei Engländer schließlich wieder nach Orofena und stellten fest, daß der Vulkan durch das Erdbeben zu einer kleinen unbedeutenden Insel im See geschrumpft war. Es ist nicht bekannt, wieviel Ruinen der unterirdischen Stadt Nyo noch existieren.

Die einzigen heute sichtbaren Überreste der Kultur der Kinder der Weisheit sind die verstreuten Ruinen von Orofena und einige merkwürdige Skulpturen.

Die Orofener hatten in dem Erdbeben die direkte Antwort auf das Sakrileg des weißen Mannes gesehen und zwangen die drei Forscher, die Insel in einem Rettungsboot zu verlassen, das die Schiffskatastrophe überlebt hatte. Ein Frachter fand schließlich die Ausgesetzten und brachte sie nach Europa zurück.

Das Schicksal von Oro ist ungeklärt. Er könnte etwas mit den Legenden von fernen Königen wie Barbarossa oder Artus zu tun haben. Touristen sei empfohlen, keine Särge zu öffnen, wenn sie welche finden, und tropfende Wasserhähne den örtlichen Behörden zu melden, da sie schlimmere Folgen haben können.

Henry Rider Haggard, *When the World Shook...*, Ldn. 1919.

OROONOKO zählt zu den Westindischen Inseln und ist vornehmlich wegen seines Handels mit Großbritannien bekannt. Im Austausch gegen Fisch, Wildbret, Affen, Papageien und Körbe bezieht die Insel allerlei Tand und Metallgegenstände.

Die Eingeborenen haben rötlichgelbe Haut und schmücken sich mit Glasperlen und Muscheln, die sie mit Nadeln auf der bloßen Haut feststecken. Der älteste Krieger wird als natürlicher Führer anerkannt, dem man niemals den Gehorsam verweigert.

Einmal im Jahr betrauern die Insulaner den Tod des englischen Gouverneurs. Als dieser Brauch eingeführt wurde, war der Gouverneur allerdings noch quicklebendig. Offensichtlich hatte er versprochen, an einem bestimmten Festmahl teilzunehmen, war aber nicht erschienen. Nach Überzeugung der Eingeborenen aber kann nur der Tod allein einen Mann daran hindern, sein Versprechen zu halten, und so nahmen sie ganz selbstverständlich an, daß der Gouverneur gestorben sei, und selbst als er leibhaftig vor ihnen stand, konnte sie das nicht überzeugen; sie ignorierten ihn, als sei er ein Gespenst.

Aphra Behn, *Oroonoko, or the Royal Slave,* Ldn. 1678.

ORPLID, Insel im Stillen Ozean zwischen Neuseeland und Südamerika. Burg und Stadt Orplid sollen von der Göttin Weyla gegründet worden sein, nach ihr ist auch der Hauptfluß der Insel benannt. Die Insel war lange Zeit Monarchie und von kriegerischen, abenteuerlustigen Stämmen bewohnt, deren Religion vieles mit der griechischen Götterlehre gemeinsam hatte. Gebirge, Täler und Flüsse geben der Insel ein malerisches Gepräge. Nahrung wächst im Überfluß, und das Klima ist so günstig, daß ernsthafte Krankheiten nicht auftreten. Lange stand die Insel in der Gunst der Götter, doch als das alte Heldentum ausstarb und eine verfeinerte, verweichlichte Generation heranwuchs, ließen die Götter die Insel aussterben. Die Häuser verfielen und stürzten ein. Nur ein Mensch – Ulmon, der letzte König – sowie Burg und Stadt Orplid durften überleben.

Etwa tausend Jahre später siedelten sich fünfundsiebzig schiffbrüchige Europäer auf der Insel an. Die Burg steht als Zeugnis vergangener Macht über der Stadt. Im oberen Stadtviertel stehen die großen prachtvollen Paläste leer, die neuen Einwohner haben sich in der unteren Stadt, dem ehemaligen Viertel der Handwerker und Krämer angesiedelt.

Ein Spaziergang um die Stadt dauert etwa sechs Stunden. Unbedingt sehenswert sind die sogenannten Sonnenkeile, ein Monument der alten Zeit: Drei gegeneinandergestellte Steinsäulen dienten den Ureinwohnern als Sonnenuhr. Aus der alten Zeit ist auch ein Buch erhalten geblieben, das in fremder Schrift auf die Blätter der Tranuspflanze geschrieben ist und wahrscheinlich die Götterlehre des ausgestorbenen Volkes enthält, in dessen Tempel Nidru-Haddin es einst von einer Schlange gehütet worden war.

G.W.

Eduard Mörike, *Maler Nolten.* Stg. o. J. [1832].

OSSKIL, das Land der Raben, eine große, gebirgige Insel im Norden von ↗ ERDSEE. Weite, öde Moorlandschaften, die einen großen Teil des Jahres mit Schnee bedeckt sind, erstrecken sich bis an die Berghänge hinauf. Osskil gilt im übrigen Erdsee als ein finsteres, merkwürdiges Land: Hier herrschen nicht Magier und Zauberer wie anderswo; die Leute sprechen nicht das Hardische, sondern einen eigenen Dialekt, und statt der Elfenbeinwährung benützt man Goldstücke, die für die Profitgier dieses Volkes mitverantwortlich gemacht werden. Auch physisch unterscheidet es sich von den anderen – kupferfarbenen – Bewohnern von Erdsee: Seine Mitglieder haben eine helle Haut und dunkles, glattes Haar.

Der wichtigste Handelshafen ist Neschum an der Ostküste, eine triste graue Stadt am Fuß unbewaldeter Hügel. Hoch auf einem Berg im Inland liegt der Hof von Terrenon, von dem aus ein weites Gebiet des Landes regiert wird. Der mittlere Turm ragt weit über die übrigen Gebäude hinaus, die Marmorhallen sind mit kostbaren Teppichen behangen. Tief unter dem Turm liegt der Terrenon, der Grundstein des Turms. Uralt ist dieser – sprechende – Stein, ein furchtbarer Geist ist in ihm gefangen, und eine unheimliche, böse Macht strahlt von ihm aus. Er stammt aus der Zeit, als die Welt erschaffen wurde, und wird dauern, bis die Welt endet. Einem, der magische Kräfte besitzt, kann er alles beantworten, alles geben – Wissen, Reichtum, Macht und die Kraft des Sehens. Doch nur wenige können ihn beherrschen, und schon viele Magier haben ihren Stab weggeworfen, um ihm zu dienen, nachdem sie ihn berührt hatten. Schwarze Geschöpfe mit riesigen Schwingen, scharfen Krallen und tödlichen Schnäbeln sind die Diener des Terrenon.

Ursula K. Le Guin, *A Wizard of Earthsea,* NY 1968. – Dies., *The Tombs of Atuan,* Ldn. 1972. – Dies., *The Farthest Shore,* Ldn. 1973.

OZ, ein großes, rechteckiges Land, das in vier kleinere Länder aufgeteilt ist: das Land der Mümmler im Osten, das Land der Winkis im Westen, das Pummelland im Süden und das Land der Gillikins im Norden. Diese Provinzen werden weitgehend autonom verwaltet, sind jedoch der Herrscherin von Oz, Prinzessin Ozma, untertan. Ozma residiert in der Smaragdstadt, die genau im Zentrum des Landes liegt.

Die Ureinwohner von Oz ähneln einander, gleich aus welcher Gegend sie kommen. Sie sind klein – nicht größer als ein normal gewachsenes Kind. Im allgemeinen tragen sie runde, einen Fuß hohe Hüte mit Glöckchen um den Rand herum. Die Frauen gehen in langen Kleidern, die oft mit glitzernden Sternen verziert sind, die Männer in langen Jacken und hohen Stiefeln. Das wichtigste Unterscheidungsmerkmal zwischen der Bevölkerung der verschiedenen Länder ist die Hautfarbe, und ihr entspricht jeweils die Farbe der Kleidung und des Landes selbst. Bei den Mümmlern herrscht Blau vor, das Gras, die Bäume und Häuser sind alle blau, und die Leute tragen Blau. Bei den Winkis ist die Hautfarbe Gelb, bei den Pummel Rot und bei den Gillikins Purpur. Alle vier Farben erscheinen auf der Flagge von Oz, während die Smaragdstadt durch einen grünen Stern repräsentiert wird.

Fruchtbare Felder, auf denen reichlich Korn und Gemüse wächst, charakterisieren die Landschaft von Oz. Es gibt natürlich auch Waldgebiete und Gebirge, in denen jedoch seltsame Völker wohnen, die sich nur zum Teil zu den Untertanen Ozmas zählen.

Es gibt weder Krankheit, Armut noch Tod in Oz, auch Geld existiert nicht. Alles Eigentum gehört der Prinzessin, die die Bewohner als ihre Kinder betrachtet. Jeder bekommt, was er an Nahrungsmitteln und anderen Gütern braucht, auch Schmuck und Kleider. Ein großes Warenhaus mit vielen Vorräten hilft bei Mangelsituationen aus. Jeder arbeitet den halben Tag und verbringt die andere Hälfte mit Spielen. Gleichzeitig gilt die Arbeit in Oz als Vergnügen, nicht als Zwang. Das Land ist friedlich und ruhig, obwohl es in den dichten Wäldern einiger Gegenden seltsame und manchmal gefährliche Wesen gibt: Bären mit den Köpfen von Tigern, kämpfende Bäume und menschenfressende Pflanzen. Der Reisende sollte also nicht allzu unvorsichtig sein. Doch sind die Feldmäuse jederzeit zu Hilfeleistungen bereit. Nur die geflügelten Affen sind zur Strafe für ihren Übermut heutzutage unter dem Bann einer bösen Hexe, und man sollte sich vor ihnen hüten.

Es ist nur wenig über die Geschichte von Oz bekannt. Eine Zeitlang herrschten im Norden und Süden böse, im Osten und Westen dagegen gute Hexen. Dann kam als erster Ausländer ein Ballonfahrer nach Oz, der die Smaragdstadt bauen ließ und lange friedlich über das Land herrschte. Er war es auch, der einen zweiten wichtigen Gast aus der Außenwelt empfing: Dorothy Gale, ein kleines Mädchen

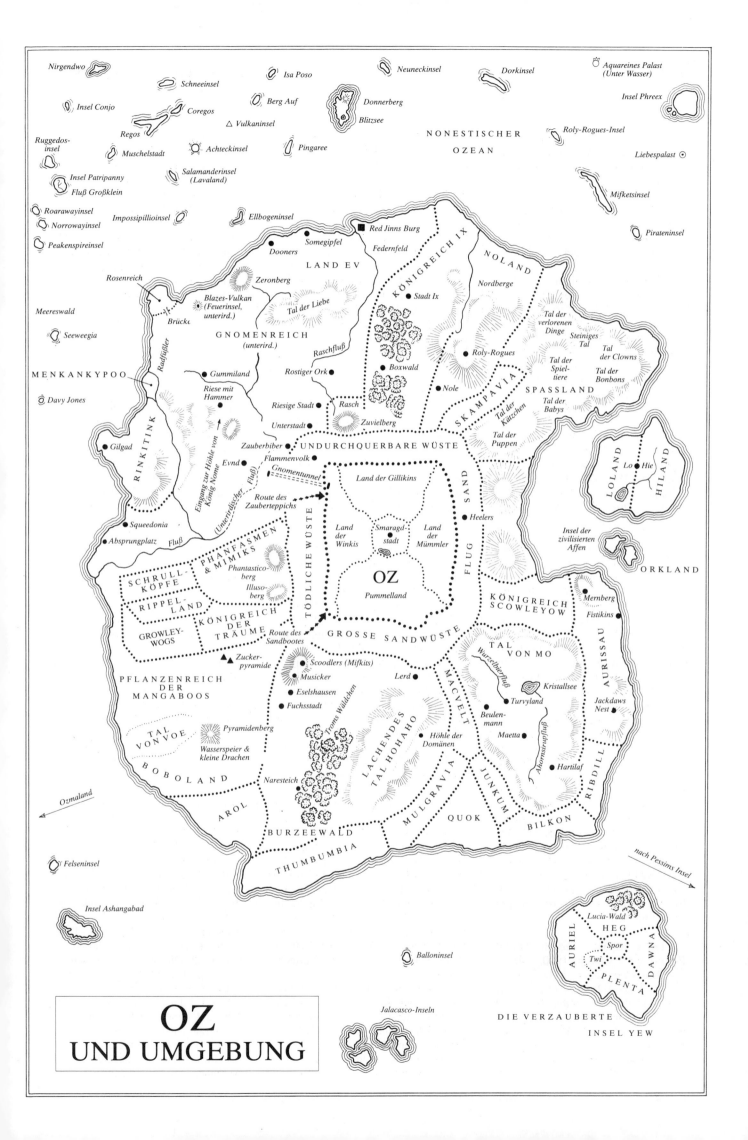

aus Kansas, war mit ihrem ganzen Haus und dem Hund Toto durch einen Wirbelsturm nach Oz geschleudert worden und zerschmetterte die Böse Hexe des Ostens. Bei ihrer vom Zauberer Oz gestellten Aufgabe, auch die Böse Hexe des Westens zu töten, halfen Dorothy ein feiger Löwe, der dabei seinen Mut fand, ein Blech-Holzfäller, der dadurch sein lang erwünschtes Herz bekam, und eine Vogelscheuche, die bei dieser Gelegenheit entdeckte, daß sie Verstand hatte. Alle vier konnten ihre schwierige Aufgabe erfüllen und wurden berühmte Leute in Oz.

Zeitweise regierte die Vogelscheuche in der Smaragdstadt, doch wurde sie bei einem Aufstand, den ein Mädchen namens Jinjur wegen der Edelsteine der Stadt führte, besiegt. Die Gute Hexe Glinda aus dem Süden wiederum vertrieb Jinjur. Schließlich konnte die rechtmäßige Herrscherin, Prinzessin Ozma, die von einer bösen Hexe lange Jahre verzaubert gewesen war, ihren Thron wieder einnehmen.

Die Zauberei ist in Oz offiziell verboten, einmal, um dem Einfluß der bösen Hexen zu wehren, und zum zweiten, um Unfälle zu verhindern, denn aus Versehen ist es zum Beispiel schon passiert, daß jemand in eine Marmorstatue verwandelt wurde.

Einmalig und revolutionär ist das Erziehungssystem des Landes: Für jedes Schulfach gibt es Pillen, mit deren Hilfe man sich in kürzester Zeit den Lernstoff von vielen Stunden einverleibt. Auch Tiere und Vögel werden durch diese Tabletten unterrichtet.

Für den Reisenden ist es nicht leicht, nach Oz zu gelangen, denn inzwischen hat die Gute Hexe Glinda das Land unsichtbar gemacht. Früher konnte man es durch einen Flug über die Wüste erreichen wie Dorothy. Auch das Verlassen des Landes hat seine Tücken. Dorothy, zum Beispiel, mußte bei jeder Rückkehr nach Kansas immer irgendwelche Zaubergegenstände zu Hilfe nehmen, die zu Hause dann verschwanden. Allerdings können Ozma und Glinda Leute aus unseren Breiten herbeizaubern, doch das geschieht nur selten.

L. Frank Baum, *The Wonderful Wizard of Oz,* Chicago 1900. – Ders., *The Marvelous Land of Oz,* Chicago 1904. – Ders., *Ozma of Oz,* Chicago 1907. – Ders., *Dorothy and the Wizard in Oz,* Chicago 1908. – Ders., *The Road to Oz,* Chicago 1909. – Ders., *The Emerald City of Oz,* Chicago 1910. – Ders., *The Patchwork Girl of Oz,* Chicago 1913.

P

PÄDAGOGISCHE PROVINZ, abgeschlossener Bezirk in südlicher Landschaft zwischen Flach- und Bergland am Rande der Alpenregion, der ausschließlich der Erziehung von Knaben dient. Das Gebiet erstreckt sich über sanfte, waldige Hügel, weite Talflächen mit Seen, Auen und Wiesen sowie steppenartige Weideflächen bis hin zu schroffen Berghängen und zu den Felsenklüften des Hochgebirges. Das Land ist überaus fruchtbar. Man betreibt Obst- und Feldbau und alle Arten von Viehzucht. Der ländliche Charakter überwiegt. Die Provinz ist in Regionen oder Bezirke mit unterschiedlichen Tätigkeitsbereichen landschaftlich streng unterteilt.

In den einzelnen Regionen sieht man ausschließlich Kinder und Jünglinge in verschieden geschnittenen vielfarbigen Kleidern am Werk, die von Aufsehern geleitet werden. Jede Arbeit ist von dem ihr zugeordneten Gesang begleitet, von dem die ganze Provinz ertönt. Gegen Abend findet man auch Tanzende, die von Chören begleitet werden. Der Gesang bildet die Grundlage der Pädagogischen Provinz und ist die erste Stufe der Bildung. Jede Überlieferung von Glaubens- und Sittenlehre an die Kinder geschieht auf dem Weg des Gesanges.

Die Kinder sind in drei Gruppen eingeteilt, die sich nach der Grußformel gegenüber den Erwachsenen unterscheiden. Die jüngsten kreuzen die Arme über der Brust und sehen zum Himmel, die im mittleren Alter legen die Arme auf den Rücken und sehen zur Erde, die älteren stehen gerade, die Arme niedergesenkt, den Kopf nach rechts zur Seite gewendet. Die Grußformeln deuten den Bildungsstand der Grüßenden an. Alle drei Haltungen vermitteln einen Teil der Ehrfurcht, die den Zöglingen als ein grundlegendes Lebensanschauungsziel beigebracht werden soll. Es gibt drei Stufen der Ehrfurcht, die den einzelnen Gebärden entsprechen: die Ehrfurcht vor dem, was über uns (Gott) oder unter uns (Erde, diesseitiges Leben im Glück, aber vor allem im Unglück), und vor dem, was uns gleicht (Mitmenschen).

Die Provinz wird von einer Dreiergruppe geleitet, die ihrerseits einem Oberen untersteht. Die Dreiergruppe befiehlt über alle Aufseher (Lehrer). Das Zentrum der Provinz bildet ein heiliger Bezirk, der in einem von einer hohen Mauer umgebenen Talwald liegt. Hier lehren die Drei und der Obere. Im Zentrum des Heiligtums steht ein achteckiges Gebäude, das drei Gemäldegalerien enthält, die den Begriff von den drei Ehrfurchten und Religionen bildlich veranschaulichen. Die Provinz geht von einer dreifach gestuften Religion aus. Die erste ist die ethnische, die allen Völkern gemeinsame Verehrung eines oder mehrerer höherer Wesen, die zweite ist die Philosophie, die dritte das Christentum. Die erste Galerie des Heiligtums zeigt die erste Stufe der Ehrfurcht und der Religion. Hier sind als exemplarisch für die Geschichte und das Schicksal aller Völker die Stationen der israelischen Geschichte abgebildet. Die zweite Galerie zeigt die dritte Stufe der Ehrfurcht und die zweite der Religion. Hier sind die Wundertaten Christi und seine Lebensstationen als Lehrer und Weiser abgebildet. Diese Galerie mündet wieder in die erste. Die dritte bleibt den meisten verschlossen. Nur die Kinder, die sich über die dritte Bildungsstufe noch erheben, werden anhand der Bilder der dritten Galerie in die höheren Geheimnisse eingeweiht. Diese Galerie zeigt die zweite Stufe der Ehrfurcht, aber die dritte Stufe der Religion. Sie ist das Heiligtum des Schmerzes. Anhand der Bilder der Leidensstationen Christi wird in einem dunklen Raum die Ehrfurcht vor dem Leiden vermittelt.

Die einzelnen Lehrgebiete sind in manuelle und geistige unterteilt. Die manuellen sind hauptsächlich landwirtschaftliche und handwerkliche Tätigkeiten, die jeder Zögling durchlaufen muß, bis er sich für bestimmte Gebiete besonders geeignet zeigt. Die manuellen Tätigkeiten werden schon früh mit dem Erlernen geistiger verknüpft, so die Pferdezucht mit dem Erlernen von Sprachen usw. Die künstlerischen Bezirke sind in besonders abgeschirmten Tälern angesiedelt. Es gibt den Bezirk der Instrumentalmusik, dem Tanz und Lyrik zugeordnet sind, und den der Architektur, dem alle Bauhandwerke und -künste sowie bildende Kunst und Epik zugeordnet sind. Der Bereich der darstellenden Kunst fehlt. Man hält das Theater mit seinen Künsten für falsch und lügnerisch. Die Zöglinge, die sich dafür geeignet zeigen, werden an renommierte Theater weiterverwiesen.

Das Tal der Musik besteht aus Hügeln, auf denen zerstreut umbuschte Hütten stehen. In den Ebenen drängen sie sich näher aneinander. Die isolierten Hütten stehen für die mißtönenden Anfänger bereit. Das Zentrum bildet einen Raum für ein Orchester. Hier spielen an Festtagen die Musiker ihre Werke. In einem Gegenorchester sitzen jüngere Knaben, bereit, wenn sie es wagen, in das Spiel des großen Orchesters einzufallen.

Das Tal der Architekten liegt in völliger Stille. Es ist von einer prächtigen, regelmäßigen Stadt angefüllt. Die Stadt scheint sich vor den Blicken des Besuchers immer mehr zu erweitern, Straße auf Straße entwickelt sich. Die Gebäude sind würdig und stattlich. Die Mitte wird von edlen und ernsten beherrscht. Zur Peripherie hin werden sie heiterer bis zu zierlichen Vorstädten und zerstreuten Gartenwohnungen. Maler, Bildhauer und epische Dichter arbeiten hier Hand in Hand. Der eine liest einen Text, die andern lassen sich davon inspirieren, oder ein Autor erdichtet anhand einer Skulptur oder eines Bildes eine Geschichte.
M. W.

Johann Wolfgang von Goethe, *Wilhelm Meisters Wanderjahre, oder die Entsagenden,* Stg./Tübingen 1821.

PAFLAGONIEN, ein Königreich, das an das Land ↗ SCHWARZSTAB grenzt, jenseits dessen die ↗ KRIM-TATAREI liegt. Die Hauptstadt heißt Blombodinga. Über den landschaftlichen Charakter Paflagoniens ist uns nur wenig bekannt, berühmt ist jedoch das Bestrafungs- und Belohnungssystem des Landes. Übeltäter müssen einem der mehr oder weniger fanatischen Geißlerorden beitreten, von denen es in Paflagonien zu wimmeln scheint. Für gute Taten wird man mit Auszeichnungen belohnt, etwa mit dem »Holzlöffel«, der nur an Kandidaten verliehen wird, die von der Universität Basforo sorgfältig ausgewählt wurden. Die höchste Auszeichnung, die das Land zu vergeben hat, ist der Gurkenorden, dessen Träger nicht selten in hohe Positionen bei Hofe aufsteigen. Sie können zum Beispiel »Erster Lord des Billardtisches« oder »Kammerherr des Tennisplatzes« werden.

William M. Thackeray, *The Rose and the Ring, or The History of Prince Giglio and Prince Bulbo. A Fireside Pantomime for Great and Small Children,* in *Christmas Books,* Ldn. 1857.

PALA, eine gebirgige Insel des indonesischen Archipels, die durch die Meerenge von Pala von der Insel Rendang getrennt ist. Die Hauptstadt heißt Schivapuram. Der einzige Anlegeplatz an der felsigen Küste ist eine kleine Bucht, die einer Schlucht vorgelagert ist. Pala verfügt über ergiebige Ölvorkommen, erteilt aber ausländischen Gesellschaften keine Konzession, sondern fördert nur Öl für den Eigenbedarf. In den Kupfer- und Goldbergwerken werden ebenfalls nur kleinere Mengen abgebaut. Außerdem gibt es auf Pala eine Zementfabrik und ein Wasserkraftwerk. Um die Entwicklung der Insel haben sich vor allem zwei Männer verdient gemacht: Der

Die Palmenallee auf der Insel PALA

Urgroßvater des heutigen Radschas und Andrew MacPhail, der 1843 auf Pala eintraf und – in dem Bestreben, eine ähnliche Hungersnot, wie er sie in Indien miterlebt hatte, von dieser Insel abzuwenden – dort eine landwirtschaftliche Versuchsstation einrichtete. Während seiner Dienstzeit als Arzt auf einem britischen Expeditionsschiff war MacPhail, Sohn einer schottisch-calvinistischen Familie, zum ersten Mal nach Asien gekommen. Nachdem er einige Jahre in Indien praktiziert hatte, war er nach Pala geholt worden, um den Radscha an einem Tumor zu operieren – ein Eingriff, den er mangels Narkosemitteln mit Hilfe von Hypnose durchführte. Danach widmete sich MacPhail gemeinsam mit dem Radscha der Entwicklung Palas, wobei sie beide um eine harmonische Verbindung östlicher und westlicher Errungenschaften bemüht waren. Die Nachfolger des Fürsten machten es sich zur Aufgabe, dem Inselvolk ein möglichst freies, glückliches Dasein zu sichern.

Die Palanesen sind eingefleischte Pazifisten, die niemals eine Armee aufgestellt haben. Gefängnisse gibt es in diesem Inselstaat nicht. Ehemals eine konstitutionelle Monarchie, ist Pala heute eine Föderation dezentralisierter Verwaltungsgebiete. Es gibt kein Zeitungsmonopol: Ein Redakteursgremium vertritt die verschiedenen Interessengruppen, die dann ausnahmslos in der Presse zu Wort kommen, so daß der Zeitungsleser sich eine eigene Meinung bilden kann.

Pala hat ein genossenschaftliches Wirtschaftssystem. Die Kreditinstitute wurden nach dem Vorbild der Kreditgenossenschaften des neunzehnten Jahrhunderts errichtet. Da die Bevölkerungszahl relativ niedrig ist, wird genügend Mehrertrag erzielt. In den eigenen Bergwerken wird nur so viel Gold abgebaut, wie für die Stützung der Währung und den Ausgleich der Außenhandelsbilanz erforderlich ist. Kostspielige technische Geräte werden bar bezahlt. Im Inselstaat selbst sind Gold-, Silber- und Kupfermünzen im Umlauf.

Die Bevölkerung bekennt sich zum Buddhismus, der im siebten Jahrhundert aus Bengalen und Tibet eingeführt wurde. Der palanesische Buddhismus, der tantristische wie auch schiwaitische Elemente in sich vereint, zielt nicht auf Weltentsagung oder die Suche nach dem Nirwana ab, sondern lehrt die Gläubigen, die Welt zu akzeptieren. Alles, was der Mensch mit seinen fünf Sinnen wahrnimmt, hilft ihm, sich aus dem Gefängnis des eigenen Selbst zu befreien. Der Kernsatz dieser Weltsicht lautet: *Tat tvan asi* (Das bist du). Auf Pala werden verschiedene Formen des Zen-Buddhismus und des Joga praktiziert, darunter der Joga der Liebe (»Maithuna«), der die Wiederentdeckung der verschütteten Sexualität der Kindheit ermöglicht.

Zu den architektonischen Sehenswürdigkeiten Palas zählt der große buddhistische Tempel nahe der Hauptstadt, in dem die Mokschazeremonie stattfindet und der wegen seiner herrlichen Skulpturen berühmt ist. Er steht auf einer hohen Bergterrasse, ist aus dem roten Gestein dieses Gebirges erbaut und wirkt wie natürlich gewachsen. Seine vier Seitenmauern sind senkrecht gerippt, und die Form seiner abgeflachten Kuppel erinnert an die Samenkapsel einer Pflanze. Der Innenraum wird nur von dem durch die vergitterten Fenster dringenden Tageslicht und von sieben Lampen über dem Altar beleuchtet. Auf dem Altar steht eine nur etwa kindergroße Kupferstatue des tanzenden Gottes Schiwa. In der Nische darunter befinden sich sieben weitere Lampen, die, wenn sie angezündet werden, ein Abbild Schiwas und der Göttin Parawati beleuchten. In zweien seiner vier Hände hält Schiwa die traditionellen Symbole Trommel und Feuer, mit den beiden anderen Händen liebkost er die Göttin, die ihre Arme und Beine um ihn geschlungen hat.

An den Berghängen haben die Palanesen terrassierte Reisfelder angelegt, und auf den Abhängen in über zweitausend Meter Höhe gedeihen Feldfrüchte, wie wir sie aus Südeuropa kennen, sowie Hochgebirgspflanzen und die Pilze, aus denen Mokscha hergestellt wird. Unterhalb der Bergterrassen ist dichter Dschungel, und an der Küste wachsen Palmen. Aber auch Papayas und Brotfruchtbäume gehören zur Pflanzenwelt dieser Insel.

Eine der wichtigsten palanesischen Zeremonien ist nach dem starken Halluzinogen Mokscha benannt. Durch diese Droge (bekannt als »Offenbarer der Wirklichkeit«) wird man in einen Zustand versetzt, wie er ähnlich durch tiefe Meditation erreicht wird. Sie erweitert das Bewußtsein, aktiviert Bereiche des Gehirns, die normalerweise »inaktiv« sind, verschafft Zugang zum Unbewußten und entspricht einer mystischen Erfahrung. Mokscha, so sagen die Palanesen, kann den Menschen in den Himmel, in die Hölle oder über beide hinausführen – zu einer Vision dessen, was in bestimmten Formen des Buddhismus als »klares Licht der Leere« bezeichnet wird. Die Mokschazeremonie, ein Initiationsritus, findet im Tempel statt. In ihrem Verlauf führen junge Männer und Frauen Kletterkunststücke vor (als Opfergabe für Schiwa) und gelangen dann mittels der Droge zum Erlebnis der Befreiung vom eigenen Selbst.

Daß nur sehr wenige Palanesen von Nerven- und Herzleiden befallen werden, ist vor allem der medizinischen Vorsorge zu verdanken, die von psychologischer Hilfe bis zu Diätvorschriften reicht. Verhütungsmittel sind frei erhältlich, die Kosten werden aus Steuergeldern gedeckt. Die Möglichkeit einer künstlichen Befruchtung wird von vielen Palanesen genützt. Eltern, die bereits ein oder zwei Kinder haben, entscheiden sich oft dafür, ihren weiteren Nachwuchs in der tiefgekühlten Samenbank auszuwählen.

Die künstliche Befruchtung dient nach Meinung der Palanesen der Höherentwicklung der menschlichen Rasse und wurde theologisch mit dem Hinweis auf die Reinkarnation und das Karma gerechtfertigt.

In diesem Inselstaat wird eine ungewöhnliche Form des Familienlebens praktiziert. Jeder Palanese gehört zu einer Gemeinschaft von fünfzehn bis fünfundzwanzig Paaren, die sich gegenseitig »adoptiert« haben, also eine Art Großfamilie bilden. Empfindet ein Kind das Leben in seiner eigenen Familie als unerfreulich oder restriktiv, so schließt es sich einer anderen Familie innerhalb der Gemeinschaft an. Mit dem Begriff »gut« werden Kinder schon im Säuglingsalter auf folgende Weise vertraut gemacht: Während das Neugeborene gestillt wird, liebkost man es, um seinen Lustgewinn zu erhöhen. Gleichzeitig bringt man es in körperliche Berührung mit einem Tier oder einer zweiten Person und sagt dabei immer wieder das Wort »gut«. Allmählich assoziiert das Kind: »Nahrung« plus »Zärtlichkeit« plus »Kontakt« plus »gut« gleich »Liebe«. Daß auf Pala ein enger Kontakt zwischen Mensch und Tier besteht, erklärt sich nicht zuletzt aus dieser Praktik. Sie geht auf einen primitiven Stamm in Neuguinea zurück, mit dem Andrew MacPhail auf einer seiner Reisen in Berührung kam.

Dem palanesischen Erziehungssystem liegt die Überzeugung zugrunde, daß man Kindern zunächst dazu verhelfen muß, den Sinn und Zweck sowie die Gliederung der verschiedenen Lehrfächer zu begreifen. Als Hilfsmittel für den Unterricht dienen Spiele: Die Kinder bilden Schlangen und Leitern, spielen »Glückliche Familie« (unter Berücksichtigung der Mendelschen Gesetze), psychologisches Bridge usw. Ökologie ist ein wichtiges Lehrfach und gilt als Grundlage der Ethik: Der Mensch kann die Erde nur bewohnen, wenn er verständnisvoll mit ihr umgeht. Elementare Ökologie führt rasch zum elementaren Buddhismus. Im Philosophieunterricht werden die Kinder – zur Vorbereitung auf die Mokschazeremonie – mit der Idee des »So-Seins« und den Grundbegriffen des Buddhismus vertraut gemacht. Diese Bildung wird in Verbindung mit traditionellen, auf Lektüre basierenden Lehrmethoden vermittelt. Zu den Lehrfächern der Universität von Schiwapuram gehören auch Soziologie und vergleichende Religionswissenschaft. Vom sechzehnten bis zum vierundzwanzigsten Lebensjahr ist jeder Student verpflichtet, neben dem Studium einer Arbeit nachzugehen: In verschiedenen Tätigkeiten Erfahrung zu sammeln gehört zum palanesischen Bildungssystem. (Übrigens müssen auch die Beamten des Inselstaates ein bestimmtes Soll an rein manueller Arbeit erfüllen.) Im Bergsteigen und Klettern werden die Schulkinder unterrichtet, damit sie die Allgegenwart des Todes, die Bedrohtheit jeglichen Lebens begreifen lernen. Erst wenn sie eine Mutprobe im Klettern abgelegt haben, werden sie in den Gebrauch von Mokscha eingeweiht. Auch der Liebesjoga spielt eine wichtige Rolle in der Erziehung: Nur wenn man den eigenen Körper völlig beherrscht, kann der Liebesakt zum Joga werden. Mit Hilfe von Vogelscheuchen in Gestalt des künftigen Buddha und Gottvaters lehrt man die Kinder, daß alle Götter vom Menschen geschaffen wurden und ihm ihre Macht verdanken. »Schicksalslenkung« und »Selbstbestimmung« sind ebenfalls wichtige Lehrfächer. Mit vier bis fünf Jahren werden alle Kinder körperlichen und psychologischen Tests unterzogen. Potentielle Delinquenten und schwer erziehbare Kinder werden ausgesondert und ärztlich betreut. Nach palanesischer Auffassung ist Kriminalität die Folge einer Drüsenstörung und muß entsprechend behandelt werden. Auch die Ergebnisse der Verhaltensforschung finden auf Pala praktische Anwendung. So ermuntert man zum Beispiel potentielle Leuteschinder dazu, ihre Machtgelüste bei einer körperlich anstrengenden Tätigkeit abzureagieren, die der Gemeinschaft nützt – etwa als Holzfäller, Bergarbeiter oder Seemann. In bestimmten Fällen bedient man sich auch der Hypnose. Wie sich erwiesen hat, gibt es zum Beispiel Studenten, die es unter Hypnose viel schneller schaffen, sich ein Lehrfach zu erarbeiten und Probleme zu lösen. Das gesamte Erziehungssystem basiert auf der Einteilung der Kinder in bestimmte Gruppen. Man fragt: »Was ist für dieses Kind wichtiger – sein Schneid, seine Muskeln oder sein Nervensystem?« Dann lenkt man die Leistungsfähigkeit des betreffenden Kindes nach dem Grundsatz »Werde, was du bist« in die richtigen Kanäle.

Auf Pala werden drei Sprachen gesprochen: Sanskrit (bei bestimmten religiösen Anlässen), Palanesisch und Englisch, das Andrew MacPhail dort einführte. (Die ersten Bücher, die auf Pala in englischer Sprache gedruckt wurden, waren eine Auswahl aus *Tausendundeine Nacht* und eine Übersetzung des *Diamant-Sutra*.) Englisch wird vorwiegend in Handel und Wissenschaft benützt, Palanesisch im Privatbereich. Es soll einen größeren erotischen und gefühlsbezogenen Wortschatz haben als jede andere südostasiatische Sprache.

Reisenden wird dringend davon abgeraten, gegen das strenge Einreiseverbot der palanesischen Regierung zu verstoßen.

Aldous Huxley, *Island*, Ldn. 1962.

PAMPHAGONIA ↗ FRESSLAND

PANCHAIA, Archipel vor der Küste Indiens, auf dem das Volk der Panchäer wohnt. Eines der Eilande, die sogenannte »heilige« Insel, ist ständig von Weihrauch und Myrrhenduft umgeben. Hier wohnt der König des Volkes. Die zweite Insel ist der Begräbnisort für die Verstorbenen. Die dritte Insel wird gemeinsam von Panchäern, Indern, Skythen und Kretern bewohnt. Sie liegt dem Festland am nächsten. Die Insel ist sehr groß und von überwältigender Schönheit. Ihre üppige Fruchtbarkeit läßt alle Bewohner im Überfluß leben. Die Hauptstadt heißt Panara. Alle genießen hier einen ständigen arkadischen Frieden und Frühling. Jeder ist reich an Schätzen, die allen gehören. Die Leute leben in Gütergemeinschaft. Die Panchäer sind in drei Kasten eingeteilt. Die anderen Völkergruppen wohnen in einem heiligen Bezirk mit prächtigen Tempeln. Im Zentrum dieses Tempelbezirkes steht eine goldene Säule, auf der die Urgeschichte der hellenischen Götter aufgezeichnet ist. M.W.

Euhemerus aus Messina, *Hiera anagraphē* (um 300 v. Chr.), in *Ancient Fragments of the Phoenician, Chaldaean, Egyptian, Tyrian, Cartaginian, Indian, Persian, and Other Writers*, Hg. I. P. Cory, Ldn. 1832.

PANDOCLIA, eine Insel des Kontinents Genotia im Südatlantik, bekannt für ihre eifersüchtigen Bewohner. Ein Gesetz verbietet es den Frauen, ihr Heim spät am Abend zu verlassen; die Strafe dafür ist zu schrecklich, als daß man sie beschreiben kann. Nicht erwähnt werden ähnliche Gesetze für die Männer.

Louis-Adrien Duperron de Castera, *Le théâtre des passions et de la fortune...*, Paris 1731.

PAPAGEIEN-LAND, eine ferne Insel in der Südsee. Die Küste ist felsig und besitzt nur einen kleinen Hafen. Berge steigen jäh vom Strand auf, und nur eine schmale Schlucht führt durch diese natürliche Grenze. Hinter den Bergen liegt ein ausgedehntes Waldgebiet mit Bäumen, die so alt sind wie die Erde selbst. Die Bewohner leben in einer Ebene jenseits der Wälder.

Die heutige Bevölkerung geht auf einen englischen Kaufmann namens Durham zurück, der hier im achtzehnten Jahrhundert auf der Suche nach Wasser landete. Durham war von vier europäischen Frauen und Patizithes, einem Zauberer persischer Herkunft, begleitet, die er alle vor einem Seeräuber gerettet hatte. Als sie an Land kamen, sagte der Perser zu Durham, dies Land werde ihm untertan sein. Die Weissagung erfüllte sich nach anfänglichen Scharmützeln mit den Eingeborenen, die schließlich Durham als ihren Führer anerkannten. Einige Zeit später heiratete er die eingeborene Prinzessin Sileste und gab sich den Namen Babil.

Zu jener Zeit nannte man die Insel das »Land der Stummen«, weil keiner der Einwohner sprechen konnte. Nach der lokalen Überlieferung hatte die Insel vor Urzeiten unter dem Ozean gelegen. Als das Wasser zu sinken begann, starben viele der Meerestiere. Die anderen, einschließlich des Menschen, entwickelten sich zu ihrer gegenwärtigen Gestalt. Aber die Menschen blieben stumm und verständigten sich durch Zeichensprache. Die Legende spricht weiter von einem unbekannten Vogel, der ihnen eines Tages die Gabe des Sprechens bringen werde.

Zur Zeit von Durhams Ankunft war die Gesellschaft der Eingeborenen still und friedlich; seit Jahrhunderten hatte es weder Krieg noch Auseinandersetzungen gegeben. Die Insulaner waren überzeugt von der Überlegenheit ihres Verständigungssystems, sie betrachteten die vokale Sprache als Verschwendung kostbarer Energie.

Zwischen den Insulanern und Europäern wurde munter geheiratet, aber die Kinder aus diesen Ehen wurden stumm geboren. Nach Durhams Tod heiratete seine Tochter Muta den Sohn des Patizithes, den sie nach ihrem Vater auch Babil nannte und der der erste König europäischer Abstammung wurde.

Ein paar Jahre später zerschellte ein Schiff auf dem Weg nach Ostindien an der Küste der Insel. Nur ein Geschwisterpaar und ein Papagei überlebten die Katastrophe. Sie wurden an den Hof gebracht und freundlich und großzügig behandelt.

Des Königs jüngste Tochter, Prinzessin Sileta, hörte den Papagei ein paar Worte sagen, und der Wunsch, sprechen zu können, wuchs allmählich in ihr. Der Papagei wandte sich an die paar Europäer, die sich noch an die mündliche Sprache erinnerten, und erklärte, er sei in Wirklichkeit ein verzauberter afrikanischer Prinz. Sein Vater sei unwillig geworden, als er merkte, daß sein Sohn nichts lernte und die Geschichten, die sein Lehrer ihm erzählte, nur nachplappern konnte. Aus Zorn über diese Kränkung hatte der Erzieher (der beträchtliche magische Kräfte besaß) den Knaben in einen wirklichen Papagei verwandelt und prophezeit, er werde seine menschliche Gestalt nicht wiedergewinnen, ehe er die Gabe des Sprechens einem stummen Volk gebracht und eine Prinzessin ihre Liebe zu ihm öffentlich verkündet habe. Der verwandelte Papageien-Prinz war von zu Hause weggeflogen und schließlich auf das Schiff geraten, das ihn zur Insel brachte.

Mit Geduld und liebevoller Sorgfalt gelang es dem Papagei, Prinzessin Sileta und andere Mitglieder der königlichen Familie sprechen zu lehren. Dann gründete er Volksschulen, bis die ganze Bevölkerung, mit Ausnahme einiger rebellischer Geister, fließend plaudern konnte.

Nach diesem glänzenden Beweis linguistischen Eifers und nach einer Reihe komplizierter Liebesaffären und politischer Intrigen erkannte Prinzessin Sileta, daß ihr Herz – sozusagen – dem Papagei zugeflogen war. Sie erklärte öffentlich, sie liebe ihn mehr als die politische Macht und bereite ihre Abdankung vor. Und kaum waren diese Worte über ihre Lippen, nahm der Papagei wieder seine menschliche Gestalt an – die stattlich war – und heiratete die liebende Prinzessin. Zu seinen Ehren taufte man die Insel in »Papageien-Land« um, denn die nun sprechenden Einwohner fanden, das sei besser als »Land der Stummen«. Eine große Pyramide, gekrönt von der riesigen Statue eines Papageis, wurde zu Ehren des königlichen Paares errichtet.

Einige Jahre später soll ein gewisser Abraham Ortelius die Insel besucht haben. Die blonden, hellhäutigen Menschen lebten dort ebenso glücklich wie zu der Zeit, ehe sie die Gabe des Sprechens empfangen hatten.

Pierre-Charles Fabiot Aunillon, Abbé du Guay de Lannay, *Azor, ou le prince enchanté...*, Ldn. 1750.

PAPA JONES' KÖNIGREICH, ein Tal an der finnischen Küste nördlich von ↗ MUMINLAND. Die unteren Hänge des Tales bestehen aus runden Hügeln, auf denen mit grünen und gelben Beeren überladene Bäume wachsen.

Dieses kleine Königreich wird von Daddy Jones, einem etwas autokratischen Monarchen mit einem gewissen Sinn für Schabernack, regiert. Zu seinen Untertanen zählen eine Vielfalt von Kreaturen. Die *Hemulens* dienen als Soldaten, Wachen und Polizisten. Sie sind hochgewachsen, besitzen eine vorspringende Schnauze, rosa Augen und anstelle von Ohren blaue oder ingwerfarbene Haarbüschel; dazu haben sie große Plattfüße. *Hemulens* sind nicht unbedingt für ihre Intelligenz berühmt und können sich sehr rasch über etwas ereifern. So können sie beispielsweise keine Art von Pfeifen ausstehen und hassen jeden, der es tut – einfach deshalb, weil sie es selbst nicht beherrschen. Weiter unten am Fluß leben die *Nibblinge*, gesellige Tiere, die mit ihren kräftigen weißen Zähnen Tunnel graben. Sie sind ausgezeichnete Baumeister, aber Besucher haben es schwer mit ihnen, weil sie ständig an irgendetwas herumnagen, besonders an Dingen, die sie nichts angehen. So kann es zum Beispiel passieren, daß sie die Nase eines Besuchers abknabbern, weil sie ihrer Ansicht nach zu lang ist. Die *Nibblinge* sind behaart, haben einen langen Schwanz und einen Schnurrbart. Ihre Füße sind mit Saugnäpfen ausgestattet, und wo sie gehen und stehen, hinterlassen sie eine klebrige Spur. Der für sie charakteristische Ruf gleicht einem gedämpften Gebrüll, so als käme es durch eine dünne Röhre.

Das Königreich ist auch die Heimat der *Bobbles*. Lediglich zwei Vertreter ihrer Art hat man bisher gesehen – Edward und seinen Bruder, dessen Name man nicht einmal kennt. Edward, der Bobble, soll das größte Lebewesen auf Gottes Erdboden sein – mit einer einzigen möglichen Ausnahme, seinem Bruder. Leider ist Edward ungeschickt und schwerfällig und hat das unglückselige Talent, Menschen zu töten, indem er versehentlich auf sie tritt. Reisende können aber gewiß sein, daß er jedesmal, wenn so etwas geschieht, darauf besteht, die Bestattungskosten für sein unfreiwilliges Opfer zu übernehmen.

Tove Jansson, *Kuinkas sitten kävikään*, Helsinki 1952.

PAPEFIGUIERA, ein Land unbekannter Lage, nur von fetten Menschen bewohnt. Die Mönche sind so fett wie Kühe, und die zahlreichen Doktores der Theologie sind kaum dünner. Der Gouverneur, Mr. Lent, ernährt sich ausschließlich von fetten, weißen Hühnchen und ist selbst so fett, daß sein Hinterteil im Sitzen mehrere Quadratfuß bedeckt.

Béroualde de Verville, *Le moyen de parvenir...*, Paris 1880.

DIE PARADIESINSEL, ein Eiland im Südpazifik, so benannt, weil es einem Garten Eden gleicht. Jenseits der Bergkette, die sich quer durch die Insel zieht, liegt die im frühen sechzehnten Jahrhundert von schiffbrüchigen Europäern gegründete Siedlung. Im Tiefland auf der anderen Seite leben die Eingeborenen – braunhäutige, hochgewachsene Menschen, die (mit Ausnahme ihrer Frauen) alles miteinander teilen und daher keinen Neid und Hader kennen. Da Besucher aus Europa bei ihnen als körperlich und moralisch minderwertig gelten, schicken sie diese aus Angst vor Ansteckung fünf Monate lang in Quarantäne und verordnen ihnen regelmäßige Bäder in einem Waldsee. Auffallend ist die Vorliebe der Eingeborenen für Gesang und Instrumentalmusik. Selbst die Vögel stimmen in ihre Gesänge ein und haben durch ständige Wiederholung die Liedertexte gelernt. Auf der Paradiesinsel ist ein löwenähnliches Tier mit gewaltigem Kopf und dichter Mähne heimisch, das jedoch völlig harmlos ist und wie ein Hund abgerichtet wird.

Ambrose Evans, *The Adventures and Surprising Deliverances of James Dubourdieu and his Wife...*, Ldn. 1719.

PARHAN, ein riesiges Königreich, um es im Caravan zu durchqueren, brauchte man einige Monate. Es liegt irgendwo im Mittleren Osten, nahe der Roten Berge und der Rikha-Steppen, an der Küste des Süßen Meeres. Parhan besteht aus verschiedenen Kolonien, von denen jede ihre eigenen Grenzen hat. Seltsame Portugiesen mit leeren Augen sind die Bewohner eines Teils von Parhan; Inder, Zikdes und persische Kaufleute bewohnen drei andere Regionen. Die Ritter von Ordoukh sind die Herren eines kleinen Gebiets im Norden; von ihren Nachbarn, den Parhani, ist bekannt, daß sie weit nach Süden zu den Salzwüsten reiten.

Die einzigen Reisenden, die sich nach Parhan wagen, sind Forscher auf der Suche nach einem geheimnisvollen blauen Metall mit geheimen Kräften, das angeblich in der Nähe der Schloßruinen von Alamut zu finden ist. Um zum Schloß zu gelangen, muß der Reisende Wälder durchqueren, in denen unbeschreibliche Kreaturen spuken, versteinerte Wälder, die sich aus fauligen Sümpfen erheben, und tote Städte, deren Einwohner keine Gesichter haben. Die Schloßruinen von Alamut sind riesengroß. Die verwitterten, moosbedeckten Treppen scheinen von Lebewesen errichtet worden zu sein, die die vier- bis fünffache Größe eines Menschen gehabt haben müssen. In den noch vorhandenen Säulenhallen kann der Reisende Reliefs und Arabesken mit ihm unverständlichen Mustern erkennen. Es ist kein Reisender bekannt, der vom Besuch dieser Ruinen zurückgekehrt ist.

Dominique Bromberger, *L'itinéraire de Parhan au château d'Alamut et au delà*, Paris 1978.

PAROULETS LAND, ein unterirdisches Land mit Seen, Inseln und Bergen, etwa zweiundzwanzig Meilen unter der Erdoberfläche. Es ist fast ganz öde, dunkel und unbewohnt. Man gelangt durch einen Tunnel in Australien dorthin, den der französische Paläontologe, Zoologe und Geologe Paroulet und seine Neffen bei einer Expedition auf der Suche nach Fossilien entdeckten. Besucher sollten allerdings wissen, daß die Bewohner des Landes den Tunnel zum Teil wieder zerstört haben und daß er vermutlich erst restauriert werden muß.

Das kleine bewohnte Gebiet ist mit der Außenwelt durch eine Zahl unterseeischer Tunnel unbekannter Lage verbunden. Jeder ist mit einem goldenen Tor verschlossen, das elektrisch gesteuert wird.

Hauptstadt des Landes ist Noah am Ufer eines großen Sees, der von prähistorischen Parks voller Bienen und Schmetterlingen umgeben ist. Das bewohnte Gebiet ist auch für seine Uran-, Gold- und Silberminen berühmt.

Die Technologie des Landes ist hochentwickelt und umfaßt den Gebrauch von Atomkraft. Das ganze Land ist taghell elektrisch beleuchtet. Die Bewohner reisen in einer Art Flugzeug, das sich auch unter Wasser sehr schnell bewegen kann. Es sieht aus wie eine lange Metallröhre, kann senkrecht starten und landen und wird von Atomkraft getrieben.

In reizvollem Gegensatz zu dieser Zivilisationsstufe stehen die prähistorische Fauna und Flora. Flugsaurier leben in den Bergen in Höhlen, und

Ichthyosaurier bevölkern die unterirdischen Seen.

Maurice Champagne, *La cité des premiers hommes*, Paris 1929.

PARTHALIA, eine vermutlich im Arabischen Meer gelegene Insel. Wie unerhört langlebig die dort beheimateten Riesen sind, geht daraus hervor, daß einer von ihnen bereits bei der Erbauung Roms mitgeholfen hat. Zur Flora Parthalias zählt interessanterweise ein kleiner Baum, auf dem Austern wachsen.

William Bullein, *A Dialogue both Pleasant and Pitiful, wherein is a Goodly Regimente against the Fever Pestilence, with a Consolation and Comfort against Death*, Ldn. 1564.

PARTHENION, »Konklave der Jungfrauen«, heißen bestimmte, abgegrenzte Bezirke in mehreren französischen Städten. Es sind Bordelle unter staatlicher Aufsicht. Allen Prostituierten droht eine Züchtigung, wenn sie nicht hier leben. Nur Frauen bis fünfundzwanzig sind zugelassen. Es werden keine Fragen über ihre Vergangenheit oder Familie gestellt, doch müssen sie sich einer strengen ärztlichen Untersuchung stellen. Der Eintritt wird ihnen wegen Krankheit nicht verweigert: Man behandelt sie oder pensioniert sie (wenn ihre Krankheit unheilbar ist). Das Parthenion ist unverletzbares Territorium, und Eltern können ihre Töchter nicht wegholen oder auch nur mit ihnen sprechen, wenn diese es nicht wollen.

Die Bordelle werden in ruhigen Gebieten erbaut, jedes mit einem Hof und zwei Gärten. Jeder kann den Hof betreten, doch Frauen und Kindern ist der Zugang zum ersten Garten verboten. Der zweite Garten ist allein den Prostituierten vorbehalten. Im ersten Garten gibt es diskret hinter Büschen und Bäumen versteckt Eintrittskartenschalter. Die Preislisten werden offen ausgehängt, und die Eintrittskarten erlauben den Zutritt zu einem der verschiedenen Korridore. Diese Korridore münden in einen Raum, von dem man die Frauen heimlich beobachten kann; der Besucher kann seine Partnerin also auswählen, ohne gesehen zu werden. Allerdings hat das erwählte Mädchen das Recht, ihren Aspiranten zu prüfen und eventuell zurückzuweisen. Die Preise sind je nach Alter und Schönheit verschieden und verdoppeln sich nachts.

Verliebt sich ein Mann in eine der Prostituierten und ist bereit, den Preis für ein Abonnement zu zahlen, wird sie aus dem Gemeinschaftsraum entfernt und darf ihre Dienste niemand anderem anbieten. Solche Frauen haben getrennte Wohnungen. Sie können als ständige Geliebte gehalten oder auch geheiratet werden. Obwohl die Besuchszeit in den Bordellen streng geregelt ist, dürfen Männer, die eine feste Geliebte haben, auch vor neun Uhr morgens kommen. Die Frauen sind nach Blumen benannt und können anziehen, was sie möchten, aber sie haben nur eine bestimmte Summe für Kleidung zur Verfügung und dürfen sich weder parfümieren noch schminken. Wenn eine Frau nicht heiratet oder ein Vermögen erbt, verläßt sie das Parthenion nach ihrem Eintritt nie wieder.

Der Ort wird von einem Rat aus zwölf ehrenwerten Männern verwaltet, die zumindest schon einmal das Amt eines Bürgermeisters innehatten. Ehemalige Prostituierte, die sich als fähig und liebenswürdig erwiesen haben, unterstützen sie. Sie sind einer Vorgesetzten verantwortlich, die ihre Anordnung direkt vom Rat erhält. Die Vorgesetzten dürfen keine Strafen austeilen und können nur den Verwaltern Bericht erstatten. Eine Frau, die sich strafbar gemacht hat, kann sich zu ihrer Verteidigung äußern und wird freigesprochen, wenn auch nur der geringste Zweifel an ihrer Schuld besteht. Die meisten Strafen implizieren den Verlust bestimmter Privilegien wie Musik- oder Tanzstunden. Schwere Vergehen wie etwa eine Abtreibung werden mit einem Jahr Gefängnis bei Brot und Wasser bestraft. Eine Frau, die ihrem Liebhaber eine Schwangerschaft vortäuscht oder ihn betrügt, wird hingerichtet.

Schwangere Frauen werden in einer Sonderabteilung untergebracht, und der Vater hat keinerlei Verpflichtungen gegenüber der Mutter oder dem Kind. Die Kinder, die nicht anerkannt werden, fallen der Fürsorge des Staates anheim. Jungen werden als Soldaten ausgebildet; eignen sie sich jedoch nicht für den Militärdienst, werden sie Schneider oder Gärtner im Parthenion. Attraktive Mädchen bekommen eine angemessene Aussteuer und werden auf das Leben in der Gesellschaft vorbereitet; weniger reizvolle Mädchen werden Dienstboten. Wenn eine Prostituierte älter wird, kann sie in einem besonderen Teil des Parthenion friedlich leben. Man sieht es gern, wenn sie sich pädagogisch engagiert oder bei Tisch bedient.

Nicolas Edme Restif de la Bretonne, *Le pornographe, ou Idées d'un honnête homme sur un projet de règlement pour les prostituées*, Ldn./Den Haag 1769.

PASTEMOLLE, ein kleines, vollkommen rundes Eiland in der (geographisch nicht näher bezeichneten) Gegend der ↗ GLÜCKLICHEN INSELN. Der einzige Zugang ist ein Tor aus geschmolzenem Käse, der in der Sonne ausgetrocknet und härter als Stahl geworden ist. Die ganze Küste entlang stehen Backöfen, die ständig mit Kuchen gefüllt sind. Besucher können der über jedem Ofen angebrachten Aufschrift entnehmen, welche Art Kuchen darin gebacken wird. Auf dem Eiland lebt eine Kolonie äußerst frommer Murmeltiere (höhlenbewohnende Nagetiere der Gattung *Arctomys*), die in einem Kloster hausen.

Anon., *Le voyage de navigation que fist Panurge, disciple de Pantagruel, aux isles incognues et estranges de plusieurs choses merveilleuses et difficiles à croire...*, Paris 1538.

PATAGONIEN, inmitten des Atlantik, eine vollkommen runde Insel mit einem Durchmesser von 1130 und einem Umfang von 3550 Meilen. Patagonien ist der Mittelpunkt eines riesigen Archipels, der von den Philosophen, einer Menschenrasse, die beschlossen hat, genau nach dem enzyklopädischen System von Francis Bacon zu leben, und den stupiden Patagoniern bewohnt wird. In praktischer Anwendung von Bacons Theorien haben die Philosophen auf den verschiedenen Inseln des Archipels eine Reihe von experimentellen Laboratorien eingerichtet, die alles erzeugen, was sie zum Leben brauchen.

Von Natur aus faul, beschlossen die Philosophen, einen Menschenstamm zu züchten, der die Arbeit für sie tun sollte. Sie produzierten also in einem der Labors – der Anthropologischen Abteilung – eine große Zahl menschlicher Wesen, die sie Patagonier nannten und von denen der kleinste groß genug ist, um aus seiner Haut zwölf französische Trommeln zu fertigen. Als es aber darum ging, die Patagonier mit menschlicher Vernunft auszustatten, gelang es der Ideologischen Sektion der Anthropologischen Abteilung nur, eine sehr kleine Menge von Intellekt zu erzeugen. Deshalb bekam jeder Patagonier nur einer minimale Portion ab, und sie gelten allgemein als so beschränkt, daß der Ausdruck »dumm wie ein Patagonier« in viele europäische und asiatische Sprachen Eingang gefunden hat.

Heute sind die Patagonier ein unabhängiges Volk, von einem König regiert, der nach seiner Körpergröße gewählt wird. Die Philosophen haben inzwischen von ihren anthropologischen Experimenten Abstand genommen und verrichten ihre Arbeit wieder selbst.

Reisende, die viel Zeit haben, werden von der reichhaltigen Küche des Archipels angenehm überrascht sein. Falls ein Besucher zum Beispiel Kalbskopf in Sauce à la marinara wünscht, gibt er seine Bestellung dem Chef der Kulinarischen Abteilung. Von dort wird eine Note an die Säugetier-Sektion der Biologischen Abteilung geschickt, und ein Kalb in Auftrag gegeben. Dann erzeugt die Ornithologische Sektion ein Hähnchen; sein Kamm und seine Nieren werden an die Kulinarische Abteilung geschickt. Schließlich produziert die Sektion für Schalentiere etwa ein Dutzend Krabben. Aus all diesen Zutaten bereitet die Kulinarische Abteilung dann das gewünschte Gericht, das zu einem bescheidenen Preis heiß serviert wird, Wein und Service nicht inbegriffen.

Charles Nodier, *Hurlubleu, Grand Manifafa d'Hurlubière*, Paris 1822.

PATAPUF UND FILIFER sind Königreiche unter dem Wald von Fontainebleau.

Touristen, die sie besuchen wollen, sollten sich zum Zwillingsfelsen in der Nähe des Schlosses Fontainebleau begeben, wo eine lange Rolltreppe ins Innere der Erde führt. Diese ganze unterirdische Region wird durch große Ballons erleuchtet, die mit einem strahlend hellen blauen Gas gefüllt sind und am Untergrundhimmel entlangziehen. Sie erlauben eine hervorragende Sicht auf die wunderbaren Villen entlang der Steilküste.

Am Ende der Rolltreppe zieht sich ein schmaler Kai am Ufer einer großen Bucht entlang. Der Tourist hat die Wahl zwischen zwei Dampfern: dem rot bemalten *Pataport* und dem *Filiport* aus glitzerndem Stahl. Das rote Schiff mit seinem dicken Kapitän fährt nach Pataburg, der Hauptstadt des Königreichs Patapuf. Der Stahldampfer unter dem Befehl eines dürren und knochigen Mannes bringt den Touristen nach Filigrad, der Hauptstadt von Filifer.

Patapuffer und Filiferen vertragen sich nicht. Die Patapuffer sind freundliche, glückliche Menschen, die nur leben, um zu essen und zu trinken. In ihrem Reich ist alles rund und weich, ihre Architektur bevorzugt die Kugelform, ihre Kunst das Barocke. Die Filiferen dagegen sind erschreckend dünn, hart wie Eisen und dottergelb. Sie leben beständig im Streß, essen kaum, trinken nichts als Wasser und arbeiten bis zur Erschöpfung. Sie behaupten, daß ihnen ihr Lebensstil die beste aller möglichen Welten verschafft habe, und treiben alle Besucher an, ihren Standard nachzuahmen.

Jahrhundertelang sind Patapuffer und Filiferen tödliche Feinde gewesen. In der Mitte der Meeresbucht, die beide Königreiche trennt, befindet sich eine Insel, die von den Patapuffern »Patafer«, von den Filiferen »Filipuf« genannt wird. Um Verwirrungen zu vermeiden, ist vorgeschlagen worden, sie »Rosa-Insel« zu nennen. Reisende sollten vorsichtshalber diesen Namen wählen, wenn sie sie gegenüber den Bewohnern eines der beiden Königreiche erwähnen.

André Maurois, *Patapoufs et Filifers*, Paris 1930.

PATHAN, eine große Insel hinter Java, ist bekannt für ihre unergründlich tiefen Seen; was jemals hineinfällt, kommt nie wieder an die Oberfläche. Demgegenüber ist die Flora von Pathan bemerkenswert praktisch: Mehlbäume, aus deren Ertrag die Eingeborenen gutes Weißbrot backen, wachsen an den Berghängen. Andere Bäume tragen Wein, Honig und ein bestimmtes Gift, für das es nur ein Gegenmittel gibt: die mit Wasser eingenommenen zerstoßenen Blätter des gleichen Baums. Eine Besonderheit der Insel ist auch das Pathanrohr, das sogenannte *Thaby*. In den Wurzelknoten dieses Riedgrases werden manchmal kostbare Edelsteine gefunden. *Thaby* wird zum Häuser- und Schiffbau verwendet.

Jean de Mandeville, *Les voyages d'outre mer* (um 1357), Lyon 1480.

PAUK, ein riesiger Ort, der von einer mannshohen Spinne bewohnt wird. Besucher, die dorthin gebracht werden, bleiben ihr ganzes übriges Leben da und schauen voller Schrecken der Spinne zu.

Fëdor M. Dostoevskij, *Besy,* Moskau 1871/72.

PELLUCIDAR ist ein unterirdischer Kontinent fünfhundert Meilen unter der Erdoberfläche. Reisende sollten daran denken, daß man sich dort wie auf dem Boden einer Schüssel vorkommt, deren Seiten sich ringsum dem Himmel zuwölben. Das Gefühl für Entfernungen ist daher ganz anders, als man es von der Erdoberfläche her gewöhnt ist; während man einen hundert Meilen entfernten Baum ganz klar erkennen kann, kommt es vor, daß ein in der Nähe gelegener Berg kaum wahrnehmbar ist. Der Horizont erscheint als weitläufige, nach oben geschwungene Kurve.

Pellucidar wird von einer eigenen Sonne erhellt – einem feststehenden, durch gleichmäßige Anziehungskräfte genau im Erdmittelpunkt gehaltenen Himmelskörper, der von einem kleinen Satelliten begleitet wird. Pellucidar ist ständig in gleißendes Licht getaucht, wodurch es unmöglich ist, die Zeit auch nur annähernd genau zu berechnen, und tatsächlich scheint es in Pellucidar auch keinen Zeitbegriff zu geben – die einzige gebräuchliche Zeiteinheit richtet sich nach den Ruhepausen und heißt »Schlaf«. Die Pellucidarianer sagen beispielsweise, sie seien »viele Schlafzeiten« lang irgendwo gewesen – ein sehr vages Zeitmaß, das von Individuum zu Individuum verschieden ist.

Der einzige Zugang nach Pellucidar führt durch einen Einlaß am Nordpol hinunter in das verlassene Ödland von Korsar. Am bekanntesten ist die Küstengegend des Lural-Az-Meeres (südlich des Königreichs Thurien heißt es auch Sojar-Az-Meer). Zwei größere Inselgruppen dieses Meeres, Anoroc und Luana, wurden bisher erforscht, hingegen weiß man über die Unfreundlichen Inseln bis heute noch nichts Näheres.

Das Festland wird vom Massiv des Wolkengebirges beherrscht, einer Kette unwegsamer, von ewigem Schnee bedeckter Gipfel. Das Gebiet zwischen den Bergen und dem bedeutenden Königreich Sari ist von dichter, halbtropischer Vegetation überwuchert, durchbrochen von ausgewaschenen Kalksteinfelsen und schnell dahinströmenden Flüssen. Sari selbst erhebt sich als Hochplateau zwischen den Bergriesen – ein Land voller unförmiger, plumper Bäume und gurgelnder Flüsse.

Die Gegenden nördlich von Korsar sind noch weitgehend unerforscht, und niemand hat eine genaue Vorstellung von der Größe des riesigen Ozeans, der sich dort ausdehnt. Nur auf den Inseln Hime, Tandar und Amiocap sind bereits Reisende gewesen.

Pellucidar wird von einer verblüffenden Vielfalt von Stämmen und Rassen bewohnt, von denen die meisten über das Steinzeit-Stadium nicht hinausgekommen sind (mit Ausnahme

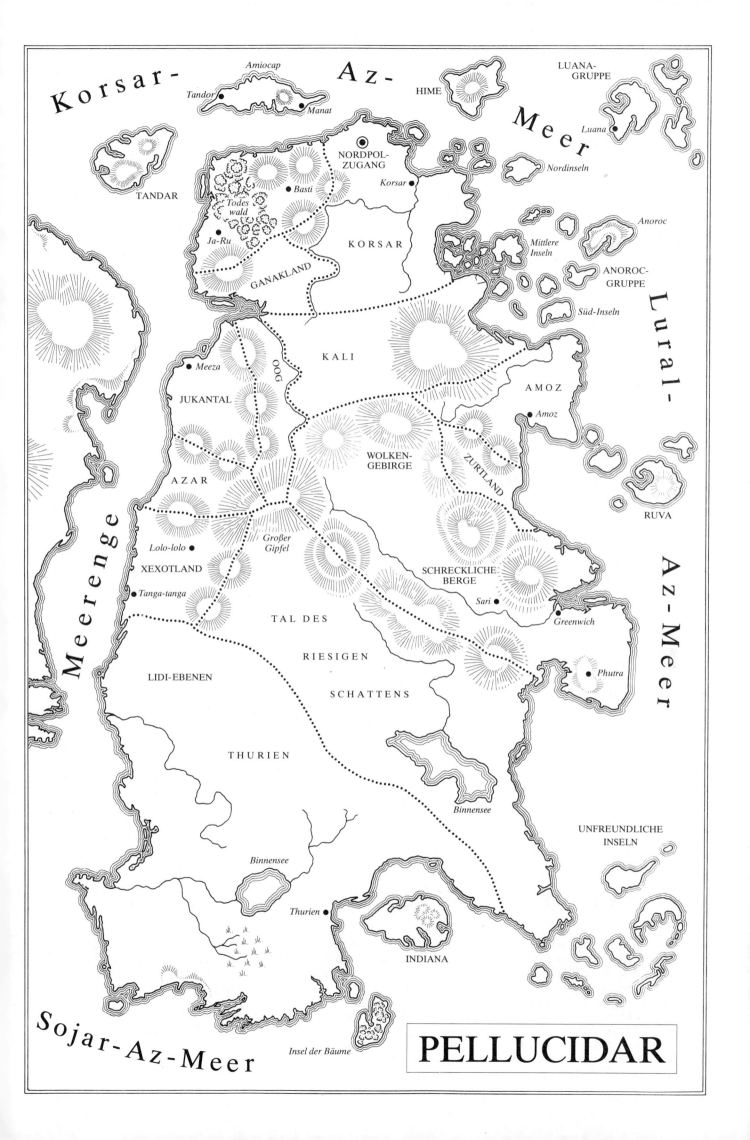

der Bronzemenschen aus Xexotland und der Freibeuter von Korsar). Viele dieser Rassen leben in fast völliger Abgeschiedenheit voneinander und wissen kaum um die Existenz anderer Bewohner. Die Kannibalen von Azar, die Irren aus dem Jukantal und die kriegerischen Frauen von Oog existieren in der Vorstellung anderer Pellucidarianer eher als Phantasiegebilde denn als wirkliche Volksstämme.

Selbst eine so vergleichsweise zivilisierte Gegend wie Kali wird von wilden und primitiven Säbelzahn-Menschen bewohnt, während die friedliche Insel Amiocap die Heimat der abscheulichen Coripies ist, einer halbmenschlichen Kannibalenrasse, die in unterirdischen Höhlen haust.

Nur wenige Einwohner von Pellucidar leben in Dörfern; die üblichen Behausungen sind Felshöhlen, wie sie in Kali oder auf der Insel Hime zu sehen sind. Kaum ein Stamm bearbeitet den Boden, und wenn, dann nur auf primitive Weise; vorwiegend leben sie von der Jagd und gesammelten Früchten. Höher entwickelte soziale Strukturen haben die Korsaren und Xexoten; beide Stämme unterhalten ein Währungssystem, und die Korsaren haben sogar eine kleine Industrie aufgebaut, deren Produkte für die Bestückung ihrer Schiffe bestimmt sind.

In Pellucidar gibt es eine Gemeinschaftssprache, die allerdings gebietsweise Abweichungen und unterschiedliche Stadien der sprachlichen Entwicklung aufweist. Eine Ausnahme bilden hier die Säbelzahn-Menschen von Kali; sie sprechen ihre eigene Sprache, die auf den Fremden aber eher wie Affengekreisch wirkt.

Wegen des gleichmäßig warmen Klimas brauchen sich Reisende keine Gedanken um die Kleidung zu machen, die sie nach Pellucidar mitnehmen. Die meisten Leute bevorzugen hier ein Lendentuch oder ein über die Schulter geworfenes Tierfell. In manchen Gegenden ist das Tragen verschiedenartiger Amulette verbreitet, deren Grundform aber in ganz Pellucidar gleich ist; aber auch hier bilden Korsar und Xexotland wiederum eine Ausnahme.

Die meisten Pellucidarianer glauben, daß ihr Kontinent von dem brennenden Meer Molop-Az getragen wird. Man stellt sich Pellucidar flach vor, umgeben von einer Mauer, die Erde und Wasser vor den Flammen schützt. Alle in Erdreich begrabenen Toten werden nach Ansicht der Einwohner von kleinen, bösartigen Lebewesen, die im Molop-Az-Meer leben, stückchenweise dorthin geschleppt.

Um dies zu verhindern, bestattet man die Toten in ausgehöhlten Bäumen und nimmt an, daß sie von dort aus von Vögeln in die Totenwelt getragen werden. Diese Totenwelt ist der Satellit, der die Sonne begleitet.

Mit Ausnahme der Insel Amiocap herrschen in ganz Pellucidar dieselben Heiratsbräuche. Die Wahl einer Gefährtin ist gewöhnlich mit einem Kampf zwischen rivalisierenden Männern verbunden, der häufig mit dem Tod eines der Bewerber endet. Aufgrund des Eroberungsrechtes gehört die Frau dem Sieger, der sie nun entweder bei der Hand nimmt, um damit anzuzeigen, daß er sie zur Gefährtin haben will, oder aber seine Hand über ihren Kopf erhebt und ihr damit bedeutet, daß sie ihm gegenüber zu nichts verpflichtet und folglich frei sei, was aber außerordentlich selten vorkommt. Tut er keines von beiden, wird die Frau seine Sklavin.

Im allgemeinen sind die Bewohner von Pellucidar Fremden gegenüber ungemein feindselig eingestellt. Entweder töten sie Fremde gleich oder sie nehmen sie gefangen, wie beispielsweise die Gorbusen aus dem Todeswald, und essen sie später auf. Andere wieder, zum Beispiel die Bewohner von Basti, halten sie als Sklaven und lassen sie bis zum Umfallen arbeiten. Am grausamsten sind die sogenannten Bison-Menschen von Ganakland, die mit grimmigem Vergnügen ihre Gefangenen zu Tode foltern.

Eine zusätzliche Gefahr für das Leben eines Reisenden stellt die Fauna Pellucidars dar. Die meisten hier vorkommenden Tiere entsprechen den in prähistorischen Zeiten auf der Erdoberfläche vorgekommenen Arten, und fast alle sind wilde und gierige Fleischfresser. Manche Gegenden kann man wegen der dort lebenden blutrünstigen Kreaturen gar nicht besuchen. Es versteht sich beinahe von selbst, daß nur wenige Arten gezähmt werden konnten. Der *Lidi* – eine Art Dinosaurier – wird von den Bewohnern Thuriens als Lasttier eingesetzt, und in manchen Gegenden wurde der *Jolok*, ein ungemein grimmiger Wildhund, domestiziert. Die Berge von Pellucidar sind die Heimat des *Ryth*, eines riesigen Höhlenbären, sowie des *Tarags*, eines beachtlichen Säbelzahn-Tigers. Nur auf der Insel Tandar ist es gelungen, den *Tarag* zu zähmen; außerdem haben die Inselbewohner den furchteinflößenden *Taho* oder Höhlenlöwen domestiziert. Weit verbreitet sind auch die heimtückischen *Thidpars,* die zu den Flugechsen zählen.

Wildschweine, Wild, Mammut und das kleine Dreizehenpferd, das in früheren Zeiten auch auf der Erde lebte, gehören zu den weniger gefährlichen Tieren in Pellucidar. Wegen seines Fleisches ist der Riesenelch *Tharg* ein begehrtes Jagdtier. Zu den etwas seltsameren Kreaturen zählt der *Dyryth*, ein pflanzenfressendes, faultierähnliches Lebewesen mit dichtem, zottelligem Haar von der Größe eines Elefanten. Obwohl der *Dyryth* sich von Natur aus langsam bewegt, ist er ein bemerkenswert guter Kletterer, und er weiß sich auch seiner Haut zu wehren, sein Schwanz dient ihm dabei als Verteidigungswaffe.

Wenn es überhaupt etwas Gefährlicheres gibt als die Landtiere, so ist dies die Meeresfauna von Pellucidar, die jede Seereise zum riskanten Unternehmen werden läßt. In den Gewässern gibt es Schwärme von Seeschlangen und *Tandozaren,* seehundähnliche Kreaturen mit bis zu drei Meter langen Hälsen und schlangenähnlichen Köpfen, die mit tückischen Fangzähnen ausgestattet sind. Darüber hinaus leben in den Gewässern noch das *Labyrinthodon*, eine Kreatur mit einem krokodilähnlichen Kiefer und dem Körper einer Kröte, und der *Azdyryth,* der im Aussehen an einen kleinen Wal erinnert. Der Reisende sollte immer daran denken, daß jemand, der in den Gewässern von Pellucidar über Bord geht, kaum eine Überlebenschance hat.

Das bei weitem gefährlichste Lebewesen von Pellucidar ist heute in fast allen Gegenden ausgestorben, kommt aber gelegentlich noch in den unerforschten Regionen im Landesinnern vor. Einst zählte der *Mahar* zu der am weitesten verbreiteten Spezies in Pellucidar. Dieses Reptil hat einen länglichen, schmalen Körper und einen riesigen Kopf; das schnabelähnliche Maul ist mit scharfen Fangzähnen ausgestattet. Mit Hilfe membranähnlicher Flügel, die aus den Vorderfüßen herauswachsen, schwingen sich die *Mahare* pfeilschnell durch die Lüfte. Die Tiere sind hochintelligent: Sie verständigen sich durch Telepathie und haben ein ausgeklügeltes Hieroglyphensystem entwickelt, das ihnen bei ihrer Geschichtsschreibung sehr zustatten kommt. Sie leben in unterirdischen Städten, wie beispielsweise Phutra, unter den Ebenen im Südosten von Sari. Heute gibt es nur noch weibliche *Mahare*. Nachdem die Weibchen entdeckt hatten, daß sie ihre Eier auf chemischem Wege selbst befruchten konnten, und die Männchen dadurch überflüssig wurden, starben diese nach und nach aus.

Dienstboten der *Mahare* sind die *Sargoths* oder Gorillas sowie Menschen. Die *Sargoths* verständigen sich mit ihren Herren durch eine geheime Zeichensprache. Als Wachposten beschäftigen die *Mahare* auch *Thidpars*. Die Intelligenz dieser Riesenreptilien geht aber Hand in Hand mit ihrer Grausamkeit. Von den *Sargoths* eingefangene Sklaven werden zu brutalen Experimenten in Vivisektionslaboratorien benutzt; andere Opfer werden in den Tempeln – tief gelegene Höhlen mit einem Wasserbecken oder einem See in der Mitte – einfach verspeist. Die *Mahare* hypnotisieren ihr Opfer, das dann ganz ruhig ins Wasser geht und sich, ohne den geringsten Widerstand zu leisten, in Stücke reißen läßt. Kinder und Frauen werden ausschließlich von den *Maharen* verschnabuliert, männliche Gefangene bleiben den *Thidpars* überlassen. Manchmal werden Gefangene auch in ein riesiges Amphitheater gebracht, wo man sie in eine Grube mit wilden Tieren wirft. Den wenigen, die das überleben, wird die Freiheit geschenkt.

Nach all diesen Greuelmärchen wird sich mancher Reiselustige fragen, was er in Pellucidar eigentlich soll – das allerdings fragen wir uns auch.

Edgar Rice Burroughs, *At the Earth's Core*, NY 1922. – Ders., *Pellucidar*, NY 1923. – Ders., *Tanar of Pellucidar*, NY 1930. – Ders., *Seven Worlds to Conquer*, NY 1936. – Ders., *Return to Pellucidar*, NY 1941. – Ders., *Men of the Bronze Age*, NY 1942. – Ders., *Tiger Girl*, NY 1942. – Ders., *Land of Terror*, NY 1944. – Ders., *Savage Pellucidar*, NY 1963.

PENDOR, eine Insel im äußersten westlichen Bereich von ↗ ERDSEE, die weitab von jeder normalen Seeroute liegt. Sie ist unbewohnt, da die Menschen sie seit Generationen gemieden haben, zuerst wegen der Piraten, die einst hier hausten, und später wegen der Drachen, die auch jetzt noch hier leben. Die Herren von Pendor waren Piraten und Sklavenhändler, die im ganzen Erdsee-Archipel verhaßt waren; sie wurden von einem Drachen vernichtet, der von Westen angeflogen kam und Herren wie Bürger durch seinen Feueratem zu Asche verbrannte. Pendor wurde zusammen mit dem Schatz an Juwelen und Gold, den die Piratenherren der Insel zusammengetragen hatten, Eigentum des Drachen.

Besucher, die heute auf Pendor landen, werden nicht viel mehr sehen als stille Straßen, die sich unter den abbröckelnden Türmen der ehemaligen Festung zum Hafen mit seiner sichelförmigen Bucht hinziehen.

Die einzige heute in Erdsee übliche Drachenart sind die kleinen, harmlosen Harekkis von ↗ IFFISCH im Osten, aber bei seltenen Gelegenheiten können Reisende auch einem echten Drachen des Westens begegnen und sollten deshalb informiert sein über die charakteristischen Merkmale dieser Geschöpfe: Erwachsene Drachen des Westens erreichen ungeheure Ausmaße; die jungen sind so lang wie ein Schiff mit vierzig Rudern. Der Kopf eines Drachens ist mit Stacheln gekrönt, sein Körper mit glänzenden Schuppen bedeckt, sein Schwanz so scharf wie die Spitze eines Schwertes. Drachen besitzen dreigeteilte Zungen, über die Feuer tanzt, wenn sie wütend sind, und schwarze hautartige Flügel, durch die dunkles, giftiges Blut fließt. Erfahrene Reisende sagen, daß Drachen, die im Morgenwind segeln und sich tummeln, der erhebendste Anblick von ganz Erdsee sind.

Drachen sind geschickte Magier und benutzen eine Magie, welche nicht die der Menschen ist. Ihre natürliche Sprache ist die Ursprache, in der alle Dinge mit ihrem echten Namen bekannt sind, dem Namen, der demjenigen, welcher ihn benutzt, Macht verleiht. Nur wenige Menschen beherrschen die Ursprache – mit Ausnahme der Zauberer von Rok, wo das Studium der Ursprache eine Hauptbeschäftigung ist. Im Unterschied zu Menschen haben Drachen die Fähigkeit zu lügen, wenn sie die Ursprache benutzen, und das scheint ihnen großes Vergnügen zu bereiten. Sie spielen mit dem Zuhörer wie die Katze mit der Maus und fangen ihn in einem Labyrinth von Spiegelworten, die zwar die Wahrheit enthalten, sie aber nicht enthüllen. Die wenigen Menschen, mit denen Drachen sprechen, sind als Drachenherren bekannt. Im Gegensatz zur allgemein verbreiteten Ansicht besitzt ein Drachenherr keine Herrschaft über die Drachen; er kennt nur ihren wahren Namen und hat die Fähigkeit, mit ihnen zu sprechen. Kein Mensch kann einen Drachen beherrschen; die einzige Frage, die sich stellt, wenn ein Mensch einem Drachen begegnet, ist, ob der Drache ihn auffrißt oder mit ihm spricht. Drachen sind die mächtigsten und ältesten Geschöpfe im gesamten Erdsee-Archipel und können nur von jemandem besiegt werden, dessen magische Kraft und Fähigkeit der ihren entspricht. Besucher seien jedoch darauf hingewiesen, daß nicht einmal der größte Magier es überleben würde, einem Drachen in die Augen zu schauen.

Ursula K. Le Guin, *A Wizard of Earthsea*, NY 1968. – Dies., *The Tombs of Atuan*, Ldn. 1972. – Dies., *The Farthest Shore*, Ldn. 1973.

PERA, ein schöner und fruchtbarer Ort »inmitten weinroten Dunstes«. Was aber – unserem Informanten, dem kynischen Philosophen Krates, zufolge – seine besondere Bedeutung ausmacht: »Weder segelt dorthin ein Tor noch ein dummer Schmarotzer, / auch kein lüsterner Wüstling, der seiner Genüsse sich brüstet.« Ist so die Bevölkerung der schlimmsten Schädlinge ledig, findet sich auch angemessen einfache Nahrung: »Quendel trägt das Land und Lauch, und Feigen erzeugt es zum Brote.« Man sieht leicht, warum Schlemmer Pera nicht ansteuern: Es bringt nur Dinge hervor, um die sich die Menschen nie in die Haare geraten. Pera kann man also als ein Gemeinwesen ewigen Friedens und ununterbrochener Eintracht feiern. Übrigens ist es doch leichter zu finden, als die etwas vage Ortsangabe zunächst vermuten läßt: *Pera* ist der griechische Name für jenen leichten Ranzen, in dem die kynischen Bettel- und Wanderphilosophen all ihre wenigen Habseligkeiten bei sich trugen; sie weilten also immer in Pera –, und wer philosophisch genug gesinnt ist, sich ihnen anzuschließen, Konsumverzicht zu üben und den halbleeren Ranzen zu schultern, der gelangt auch heute noch unverzüglich nach Pera. B. Ky.

Diogenes Laertios, *Bioi kai gnōmai tōn en philosophia eudokimēsantōn*, (3. Jh.), Rom o. J. [ca. 1472].

PERI-KÖNIGREICH, ein tiefes Tal in Persien, umgeben von gletscherbedeckten Bergen, aber warm und fruchtbar. Rund um den See, der in seiner Mitte liegt, sieht man Villen und Gärten. Im See liegt eine einzige Insel, der Wohnsitz von Königin Pehlevi. Obwohl Repräsentantin der ältesten Rasse aller Elfenreiche, lebt die Königin in einem verhältnismäßig bescheidenen Pavillon zwischen blühenden Bäumen: Quitten, Feigen, Goldregen und Magnolien. Die Insel ist von Schilfbänken gesäumt. Ihre größte Besonderheit ist, daß sie sich ständig dreht. Königin Pehlevi sagte einst einem befreundeten Zauberer, sie finde die Staatsgeschäfte mühsam und würde lieber still in ihrem Pavillon zu Hause bleiben. Um ihren Wunsch zu erfüllen, ließ er die Insel sich drehen, so daß sie zu Hause bleiben und gleichzeitig ein Auge auf ihr ganzes

Königreich haben konnte. Die Umdrehungen der Insel bewirken, daß Besucher es oft nicht leicht haben, den Landeplatz zu finden, und manchmal zwei oder drei Drehungen abwarten müssen, ehe es ihnen gelingt, das Schiff an der richtigen Stelle zu durchdringen.

Die Königin ist eine plumpe Peri, weißhäutig und im Gesicht mit Bleiweiß geschminkt. Sie trägt außer einem Diamant-Bauchschmuck keine Juwelen. Ihre Krone ist ein großer, zylinderförmiger Hut aus schwarzer Gaze, über ein Gestell aus Fischbein gespannt. Meist trägt sie ein durchsichtiges, weißes Gewand, das wie ein dünner Schleier über Busen, Bauch und Hüften fließt. Sie ist von vielen Katzen umgeben, und ihre Hauptinteressen sind Schach und Musik – sie spielt vollendet Oboe und ist eine beachtliche Schachspielerin. Dabei geht es ihr allerdings vor allem darum, zu gewinnen, und wenn notwendig, scheut sie sich nicht zu mogeln; sie zu schlagen ist nicht ratsam.

Alle Elfenreiche können ihren Ursprung auf die Peri zurückführen, von denen man seit Jahrhunderten annahm, sie seien ausgestorben. Der eigentliche Ursprung der Peri bleibt ein Geheimnis. Manche Sachverständige behaupten, sie seien aus dem Feuer hervorgegangen, andere, sie seien gefallene Engel; aber alle sind sich einig, daß sie die Erde vor der Erschaffung des Menschen bewohnt haben. Man glaubt allgemein, die meisten von ihnen seien aus ihrem ursprünglichen Königreich in Persien durch eine Folge von Erdbeben und Invasionen vertrieben worden. Der Hofarchivar von ↗ BROCELIANDE, Verfasser eines der Standardwerke über die Elfen, schreibt, sie seien von Moses und Aaron vertrieben worden. Niemand kann erklären, wie es gerade diesem Königreich gelang zu überleben.

Die Peri sind kleiner als ihre europäischen Nachfahren, dabei aber stark, lebhaft und ziemlich kühn. Ihre Kultur ist eine seltsame Mischung aus Enthaltsamkeit und Luxus. Sie verfügen über große körperliche Ausdauer, schätzen aber auch gewisse Luxusartikel wie etwa exotische Badeessenzen. Sie ernähren sich abwechselnd von Leckereien und Gefrorenem, und sogar ihre Suppe ist süß. Möglicherweise ist das der Ursprung der Legende, alle Elfen und Feen lebten von Nektar und Tau. Ein wichtiger Unterschied zwischen den Peri und den europäischen Elfenreichen ist, daß Königin Pehlevi oft fliegt, und das mit größtem Vergnügen; der Adel europäischer Elfenreiche hat das Fliegen vor langem aufgegeben.

Sylvia Townsend Warner, *Kingdoms of Elfin*, Ldn. 1972.

PERLE, Hauptstadt von ↗ TRAUMREICH, in Zentralasien gelegen, mit ungefähr 22 000 Einwohnern. Perle ist an der Biegung des imposanten Negro gebaut, dessen Wasser tintenschwarz sind. Dunkle Farben sind ein wesentlicher Bestandteil der Landschaft: alles scheint eine tiefe Schattierung von Dunkelgrün, ein stumpfes grünliches Grau zu sein. Der Himmel ist immer wolkenverhangen, und weder die Sonne noch Mond oder Sterne sind zu sehen. Die Formen der Wolken, die tief über dem Land hängen, verändern sich nie, ein Phänomen, das von Experten mit den weiten Sümpfen und Wäldern erklärt wird, die die Stadt umgeben. Obgleich die Luft warm und mild ist, zeigt das Barometer immer schlechtes und trübes Wetter. Den Jahreszeiten fehlt der Kontrast: Frühling und Herbst dauern fünf Monate, ein konstantes Zwielicht zur Nachtzeit zeigt den kurzen heißen Sommer an, endlose Dämmerung und einige wenige Schneeflocken sind die Zeichen des Winters.

Die Architektur der Stadt ist typisch mitteleuropäisch. Ihr Gründer und Herrscher, Claus Patera, kaufte in ganz Europa alte Häuser auf und ließ sie unter ungeheuren Kosten nach Perle transportieren. Dieser Eklektizismus gibt der Stadt eine einzigartige Atmosphäre. Sie ist in vier Hauptteile gegliedert: Das Bahnhofsviertel, am Rand eines Sumpfes erbaut, immer tief in Rauch gehüllt, enthält die erbärmlichen Verwaltungsbauten, das Archiv und die Post. Dieser langweilige und öde Bezirk grenzt an die sogenannte Gartenstadt, den Wohnsitz der Reichen. Dann schließt sich die Lange Gasse an, wo die Läden sind und der Mittelstand wohnt. Gegen den Fluß zu wird der Charakter der Stadt eher dörflich. Der schmale Streifen zwischen der Langen Gasse und dem Berg ist der vierte oder Französische Distrikt. Dieser kleine Stadtteil mit seinen viertausend romanischen, slawischen und jüdischen Einwohnern gilt als verrufene Gegend. Die malerische, bunt zusammengewürfelte Masse lebt hier in alten Holzhütten, und dieser Teil mit seinen verwinkelten Sträßchen und übelriechenden Spelunken ist gewiß nicht der Stolz Perles.

Gleichsam über der Stadt hängend erhebt sich eine monströse Konstruktion von ungeschlachter Größe: Pateras Residenz, die bedrohlich und geheimnisvoll über der Stadt thront. Jenseits des Flusses liegen die Vororte, so wurde eine Art kleines Dorf benannt, wo jetzt die Ureinwohner von Traumreich leben. Sie sind eindeutig mongolischer Herkunft und behaupten stolz, in direkter Linie von dem großen Dschingis Khan abzustammen. Ihr Leben fließt, im Gegensatz zu der fiebrigen Gangart der Stadt, ruhig und gelassen dahin. Die Vororte bestehen aus niedrigen Holzhütten mit bizarren Formen, winzigen Kuppeln und kegelförmigen Zelten; jedes Gebäude ist von einem gepflegten Garten umgeben. Hier und da stehen Signalstangen mit Wimpeln, Glasscheiben und zahllosen grotesken Figuren aus Steingut, Holz oder Metall. Riesige ehrwürdige Bäume scheinen das ganze Gebiet mit ihren weit ausgebreiteten Zweigen zu bedecken.

Die Bevölkerung von Perle ist nur aus bestimmten, festbegrenzten Typen zusammengesetzt worden. Verschiedene fixe Ideen wie Sammelwut, Leseleidenschaft, krankhaftes Spielverlangen, hyperreligiöse Haltung und andere Formen der Neurasthenie scheinen die beste Qualifikation zu sein, um Einwohner von Traumreich zu werden.

Unter den Frauen in Perle ist Hysterie eine häufige Erscheinung. Die unteren Klassen werden unter dem Gesichtspunkt abnormer oder einseitig ausgeprägter Neigungen ausgewählt: Alkoholiker, mit sich und der Welt Unzufriedene, Hypochonder, Spiritisten, Raufbolde, Blasierte, alte Abenteurer, die Ruhe suchen, Akrobaten, Schwindler, politische Flüchtlinge, verfolgte Mörder, Lügner und Diebe. In gewissen Fällen reicht auch eine physische Eigentümlichkeit aus, um eine Einladung nach Perle zu erhalten. Aus diesem Grund sind Menschen mit großen Kröpfen, aufgeschwollenen Nasen und riesigen Höckern sehr häufig. Der größte Teil der Bevölkerung besteht aus ehemaligen Deutschen, im Verhältnis dazu sind alle anderen Nationalitäten nur zu einem unbedeutenden Prozentsatz vertreten. Der Bevölkerungszuwachs ist sehr langsam, denn Kinder sind nicht besonders beliebt; die Einwohner sind der Meinung, daß sie die verursachten Unannehmlichkeiten nicht wert sind.

Ein hervorstechendes Merkmal von Perle ist der undefinierbare, aber starke Geruch, der über allem liegt und allem anhaftet. Am ehesten noch erinnert er an eine leichte Mischung aus Mehl und getrocknetem Stockfisch. Ein Gerücht besagt, daß alle Häuser,

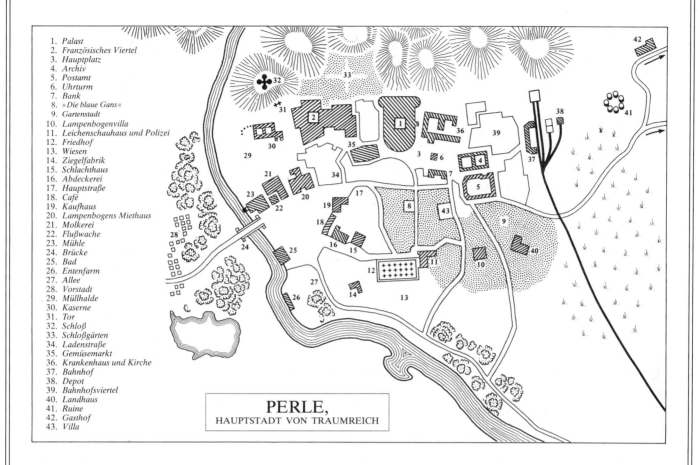

1. *Palast*
2. *Französisches Viertel*
3. *Hauptplatz*
4. *Archiv*
5. *Postamt*
6. *Uhrturm*
7. *Bank*
8. *»Die blaue Gans«*
9. *Gartenstadt*
10. *Lampenbogenvilla*
11. *Leichenschauhaus und Polizei*
12. *Friedhof*
13. *Wiesen*
14. *Ziegelfabrik*
15. *Schlachthaus*
16. *Abdeckerei*
17. *Hauptstraße*
18. *Café*
19. *Kaufhaus*
20. *Lampenbogens Miethaus*
21. *Molkerei*
22. *Flußwache*
23. *Mühle*
24. *Brücke*
25. *Bad*
26. *Entenfarm*
27. *Allee*
28. *Vorstadt*
29. *Müllhalde*
30. *Kaserne*
31. *Tor*
32. *Schloß*
33. *Schloßgärten*
34. *Ladenstraße*
35. *Gemüsemarkt*
36. *Krankenhaus und Kirche*
37. *Bahnhof*
38. *Depot*
39. *Bahnhofsviertel*
40. *Landhaus*
41. *Ruine*
42. *Gasthof*
43. *Villa*

PERLE, HAUPTSTADT VON TRAUMREICH

die Patera in den Slums und den Rotlichtbezirken der großen europäischen Hauptstädte, von Paris bis Istanbul, gekauft hat, in Blut, Verbrechen und Schande gebadet sind. Häßliche Sagen ranken sich auch um gewisse einsame Plätze im Umkreis der Stadt, bestimmte Wälder und Sümpfe, in die sich nach Einbruch der Dunkelheit keiner wagt. Einer der mysteriösesten Plätze ist ein Tempel am Traumsee, ungefähr eine Tagesreise von Perle entfernt, umgeben von künstlichen Wasserfällen und einem stillen Park. Er ist aus so edlem Material und so kunstvoll, daß der Besucher glauben könnte, diese Architektur schwebe zwischen Himmel und Erde. In unterirdischen Gelassen haben die Erbauer symbolische Statuen aufgestellt. Der Tempel ist nur einmal im Jahr für Besucher offen, und auch dann werden wichtige Empfehlungsschreiben benötigt. Die Religion von Perle ist verwirrend. Die Einwohner huldigen einem geheimen Glauben, der ihnen die Verehrung von Brot, Käse, Honig, Milch, Wein und Essig, des Eis und der Nuß auferlegt. Eisen und Stahl werden als Symbole des Bösen angesehen.

Seit geraumer Zeit sind keine neuen Besucher in Perle angekommen. Reisende aus Zentralasien haben Gerüchte gehört, daß die Stadt von irgendeiner Katastrophe betroffen worden sei, die nur Ruinen übriggelassen habe. Einige erwähnen eine seltsame Schlafepidemie, andere sagen, daß sie von Tieren aller Art besetzt worden sei, wieder andere deuten eine seltsame Augenkrankheit an. Nomadenstämme haben die Beschreibung einer Wüste mit riesigen Ruinen, großen Steinblöcken und zerbrochenen Säulen mitgebracht, und es liegt nahe, daß es sich um die Überreste der wundersamen Stadt Perle handeln könnte.

Alfred Kubin, *Die andere Seite. Ein phantastischer Roman,* Mchn./Lpzg. 1909.

PESTITZ, Hauptstadt des Fürstentums Hohenfließ. Diese am Hang eines hohen Berges gebaute Universitätsstadt ist berühmt wegen ihrer italienischen Architektur, ihrer vielen Paläste und schönen Herrenhäuser mit Statuen auf den Dächern. Die sogenannte Talstadt ist vornehmlich Wohnort der Studenten.

Einen Besuch wert ist der astronomische Turm der Sternwarte auf der Blumenbühler Höhe östlich der Stadt sowie die Kirchen in Pestitz und Blumenbühl. Ehrenwerte Bürger werden zu Rittern des Goldenen Vließes geschlagen, eine pompöse Zeremonie, die viele Zuschauer anzieht.

Jean Paul, *Titan,* Bln. 1800–1803.

PHANTÁSIEN, Land ohne Grenzen. Es ist weder möglich, eine genaue geographische Beschreibung des Landes zu geben, noch eine Karte zu zeichnen. Länder, Flüsse, Meere und Gebirge, selbst die Himmelsrichtungen liegen nicht fest wie in unserer Welt. Ihre geographische Lage ändert sich beständig. Entfernungen lassen sich nicht äußerlich messen, Begriffe wie »weit« oder »nah« sind völlig subjektiv, ebenso werden die Tages- und Jahreszeiten von anderen Gesetzen als bei uns regiert. Unmittelbar neben einer hitzeflimmernden Wüste kann eine arktische Eislandschaft liegen.

Das weite Land mit seinen Wäldern, Mooren (wie dem berüchtigten Moder-Moor mit dem See Brodelbrüh, der Heimat der Irrlichter, und den Sümpfen der Traurigkeit), Bergketten (landschaftlich sehr reizvoll sind das Schicksalsgebirge, die Silberberge und die Toten Berge), Felsengraten und dem sogenannten Tiefen Abgrund, der eine halbe Meile breit, über weite Strecken hin das Land geradezu in zwei Hälften teilt, hat die verschiedenartigsten Einwohner, die oft in kriegerischer Auseinandersetzung miteinander stehen: Die Winzlinge beispielsweise bauen ihre Städte auf Baumästen. Die Häuschen sind untereinander durch Strickleitern, Treppchen und Rutschbahnen verbunden. Im Haulewald leben die Borkentrolle, Kerle und Kerlinnen, die wie Baumstämme aussehen, und die sogenannten Felsenbeißer. Sie wohnen im Gangeberg, den sie nach und nach auffressen und der schon jetzt aussieht wie ein durchlöcherter Schweizer Käse. In den Flammenstraßen der Stadt Brousch tummeln sich Wesen, deren Körper aus Feuer bestehen; im Hochland von Sassafranien wiederum wird man als Greis geboren und stirbt als Säugling.

Sehenswert ist auch das Land der Singenden Bäume, die Gläsernen Türme von Eribo sowie das Gräserne Meer hinter den Silberbergen und der Urwaldtempel von Muamath mit einer in der Luft schwebenden Säule aus Mondstein. Ein einzigartiges Naturschauspiel erwartet den Reisenden im Nachtwald von Perelin, der sich mit Aufgang der Sonne in die Farbenwüste Goap verwandelt. Für Botaniker ist ein Besuch der fleischfressenden Orchideen im Garten Orglais empfehlenswert. Der Garten gehört zum Zauberschloß Horók, in dem die mächtigste Zauberin des Landes wohnt. Eine Begegnung mit ihr sollte man jedoch möglichst vermeiden. Eine der größten Städte Phantásiens ist Spukstadt im Gelichterland mit Stadtvierteln voller hoher Paläste. Die Fassaden der Häuser sind mit großen Figuren, die Dämonen oder Totengerippe darstellen, verziert. Die Stadt liegt leer und verlassen, die Bewohner haben in einer Art Massenhypnose Selbstmord verübt, in dem sie sich ins wachsende Nichts stürzten.

Unbedingt besuchen sollte man die Silberstadt Amargánth, eine der schönsten Städte des Landes. Sie wird jeweils vom ältesten Einwohner der Stadt – Mann oder Frau – regiert. Amargánth liegt in einem veilchenblauen See, der von bewaldeten Hügeln umgeben ist. Die Häuser mit ihren Fenstern und Türen, Balkonen und Türmen bestehen aus feinziseliertem Silber und stehen auf Schiffen und Booten, die größeren Paläste auf Lastkähnen. Dadurch können sie ständig umgruppiert werden. Wenn Freunde zusammenwohnen oder Feinde auseinandergehen wollen, werden einfach die Schiffe an einen anderen Platz der Stadt verlegt. Straßen und Brücken verbinden die Boote und Schiffe, und auf den Kanälen zwischen den Palästen verkehren viele kleine Silbernachen. Die Stadt ist einst auf dem Murhu oder Tränensee angelegt worden, um sie vor Überfällen zu schützen, denn das Seewasser ist so salzhaltig, daß es in kürzester Frist alle Materialien zersetzt, beispielsweise feindliche Boote und Besatzungen, bevor sie die Stadt erreichen können. Nur Silber hält dem Wasser stand. Heute ist die Stadt eine Touristenattraktion und quillt zuzeiten geradezu über von Besuchern. Eine besondere Sehenswürdigkeit ist die Bibliothek von Amargánth, die sich im Innern einer riesigen Silberdose auf einem kreisrunden Schiff befindet. An den völlig fensterlosen Wänden reihen sich mehrere Stockwerke übereinander viele Tausende von Büchern, die Gesamtausgabe des erzählerischen Werkes des Dichters Bastian Balthasar Bux.

Residenz von Phantásiens Herrscherin, der Kindlichen Kaiserin, ist der Elfenbeinturm, der die Größe einer Stadt hat. Er liegt in einer weiten Ebene, die wie ein als Labyrinth gestalteter Blumengarten angelegt ist. Der Turm hat die Form eines spitzen Bergkegels, der in sich wie ein Schneckenhaus gedreht ist und mit seiner Spitze in die Wolken reicht. Die Hauptstraße steigt spiralförmig um den Turm an. Aus feinstem Elfenbein geschnitzte Treppen und Tore, Häuschen mit Erkern, Balkonen, Türmen, Kuppelchen und Terrassen sind ineinander verschachtelt und bilden den Turm. In diesen auf- und nebeneinander gereihten Gebäuden lebt der Hofstaat der Kindlichen Kaiserin. Weit oben liegt der kreisrunde Thronsaal, und auf der Spitze in einem als Magnolienblüte gestalteten Pavillon befinden sich die Gemächer der Kaiserin. Kein Weg und keine Treppe führen dahin, und keiner, der jemals hinauf gelangte, kann sich erinnern, wie er das letzte Stück Weg auf dieser glatten Bergspitze zurückgelegt hat.

Kein Land der Erde ist vom Tourismus ähnlich abhängig wie Phantásien. Bleiben Besucher gänzlich aus, bricht unversehens das Nichts hervor, das das ganze Reich zu verschlingen droht. Die Ankunft eines einzigen Reisenden indes genügt, um Phantásien wieder gesund zu machen, allerdings erhält ein Visum nur derjenige, der einen neuen Namen für die Kindliche Kaiserin findet. Das Reisevisum selbst ist ein goldenes, Wünsche erfüllendes Amulett, *Auryn* genannt. Allerdings ist es zu tragen nicht ganz gefahrlos, denn jede Anwendung seiner Kraft ist mit dem Verlust der Erinnerung an die alltägliche Wirklichkeit verbunden. Das kann dazu führen, daß man seine Erdenidentität ganz verliert und für immer in Phantásien bleibt. Solche Reisende werden in der Alten-Kaiser-Stadt untergebracht, einem Ort des Wahnsinns und der Absurdität. Legt der Besucher *Auryn* aber rechtzeitig und aus freiem Willen wieder ab, so verwandelt es sich augenblicklich in jenen Ort, von dem eine Rückkehr in die Menschenwelt möglich ist.

Schließlich seien noch einige prominente Phantásienreisende erwähnt, deren Spuren der Tourist allenthalben begegnen kann, angefangen von Homer, Rabelais und einem gewissen Schexpir, bis zu Borges, Tolkien, Lewis, Magritte, Dalí, Arcimboldi und vielen anderen. G. W./M. B.

Michael Ende, *Die unendliche Geschichte*, Stg. 1979.

PHILOMELAS KÖNIGREICH, die südliche Region einer Insel im Atlantik. König Philoponus, der Mitte des siebzehnten Jahrhunderts über das ganze Eiland herrschte, teilte es in drei Reiche auf: Das mittlere behielt er selbst, das nördliche übergab er seinem Sohn Philokles, das südliche seiner unehelichen Tochter Philomela. – Die Küste der Insel ist mit feinem goldgelbem Sand bedeckt, in dem Muscheln wie Edelsteine schimmern. Das Landesinnere ist so dicht mit herrlichen Bäumen bewaldet, daß der Boden nicht kultiviert werden kann. Geht man in den Wäldern spazieren, so trifft man schöne Damen, von deren Gesang und Tanz man sich aber lieber nicht verlocken lassen sollte. Eine breite Straße führt zu Philomelas Palast, von dem allerdings nur noch Ruinen übriggeblieben sind. (Er wurde von Philokles zerstört, als dieser entdeckt hatte, daß seine Halbschwester junge, attraktive Reisende in ihr Schloß lockte und sich ihrer dann auf grausame Weise entledigte.) Berichten zufolge soll der Palast ein wahres Wunderwerk gewesen sein. Vor einem Felsmassiv erbaut, hatte er die Form eines Amphitheaters. Seine Mauern waren durchsichtig wie Glas, die hohlen Pfeiler schienen kaum stark genug, das Bauwerk abzustützen. An der Vorderseite lag ein Garten. Der Speisesaal soll unerhört prunkvoll gewesen sein, die Wände der luxuriösen Schlafgemächer waren ganz mit farbenprächtigen Behängen bedeckt, deren obszönes Muster nackte Männer und Frauen zeigte. Doch alles erweckte den Eindruck, als diene es dem äußeren Schein.

Und tatsächlich war dieser Palast nichts anderes als eine raffiniert angelegte Falle: Philomela, die ihr Vermögen vergeudet hatte, raubte hier nichtsahnende Reisende aus. Sobald ein Gast in seinem komfortablen Bett lag, öffnete sich der Fußboden, und der Fremde fiel in einen unterirdischen

Kanal. Hier lagen inmitten vermoderter Speisereste und stinkender Exkremente die Skelette früherer Opfer. Entsetzliche Geräusche waren zu hören: Ketten rasselten, wilde Tiere brüllten. Der einzige Fluchtweg führte über einen reißenden Fluß, in dem sich viele Opfer ertränkten, um nicht einen noch grausigeren Tod erleiden zu müssen. Die Brücke über diesen Fluß wurde von einem entsetzlichen Koloß mit wilden Augen und blutbeflecktem Körper bewacht, zwischen dessen Beinen der Flüchtende hindurchlaufen mußte. Gelang ihm dies, so konnte er sich auf einen goldenen Berg retten, wo er sich im Reich des Philoponus befand. Über dieses Königreich ist uns nichts Näheres bekannt. Das Schloß jedoch ist erhalten geblieben und hat einige Sehenswürdigkeiten zu bieten, zum Beispiel Glasvasen aus dem siebzehnten Jahrhundert und so manches interessante Perpetuum mobile. König Philoponus wurde auch als Verfasser einer Abhandlung über Kunst und Kunsthandwerk *(De omni artificiorum genere)* bekannt.

Samuel Gott, *Novae Solymae libri sex*, Ldn. 1648.

Überreste des Kolosses am Fuß der Berge in
PHILOMELAS KÖNIGREICH

PHILOS, eine Insel unbekannter geographischer Lage, die aus diesem Grunde vor der restlichen Welt geschützt ist. Der einzige Teil seiner Küste, der nicht von Felsen gesäumt ist, wird durch Sandbänke abgeschirmt, wo das Wasser so flach ist, daß kein Schiff sich dem Ufer nähern kann. Die einfachste Landemöglichkeit für Reisende ist, an den schroffen Felsen zu kentern. Werden die Überlebenden von den Inselbewohnern für tugendhaft befunden, dürfen sie bleiben, im anderen Falle werden sie auf eine andere Insel verbannt.

Neben großen Orangen- und Zitronenhainen ist Philos mit Blumen (vorwiegend Rosen) bedeckt, deren Duft süß in der Luft schwebt. Viele prächtige Gärten zieren die Insel, und sie sind so angelegt, daß sie wie natürlich gewachsen aussehen und nicht wie von Menschenhand geschaffen. Selbst die Marmorstatuen vermitteln den Eindruck, als seien sie durch Zufall an ihren Platz geraten. Die Grotten duften nach Jasmin und sind mit Muscheln ausgelegt. Es gibt nur eine einzige öde, nahezu unbewohnte Gegend im Süden der Insel.

Philos wird nicht von einem eigentlichen Herrscher regiert. Vielmehr regeln Liebe, Freundschaft und Offenheit das Leben, und derjenige Einwohner, der diese Gefühle am stärksten hervorzurufen vermag, wird zum Ersten Bürger ernannt. Anwärter hierfür gibt es genügend auf Philos. Neben dem Ersten Bürger regieren die schönen Frauen durch die Zuneigung, die sie erwecken, über die restliche Bevölkerung. Sie sind sich ihres Wertes wohl bewußt und erwählen ihre Liebhaber mit großer Sorgfalt. So verschenken sie sich nicht an Jünglinge, sondern an reife Männer, die sich als zuverlässig erwiesen haben.

Auf Philos gibt es keine formalen Eheschließungen – diese wurden ersetzt durch gegenseitige Liebeserklärungen. Auch gibt es keine Tempel, da das Herz als der wahre Tempel gilt, ebensowenig wie eine etablierte Justiz, da alle Menschen gerecht sind. Die Frauen von Philos sind in der Tat so tugendhaft, daß einige der ärmeren Frauen es als ihre Aufgabe sehen, die Wünsche junger Männer zu befriedigen, die zu jung sind, um eine Geliebte zu finden. Diese Prostituierten gelten als nützliche Bürgerinnen, die sich dem Wohle der Gesellschaft opfern. Sie werden vom Staat versorgt und wären empört, wollte man ihnen Geld für ihre Dienste anbieten.

Die Hauptstadt von Philos ist Philamire, wo jedes Haus wie ein Palast aussieht und mit zahllosen Spiegeln geschmückt ist. Hier gibt es viele Theater, die vorwiegend französische Dramatiker der klassischen Periode aufführen und deren Schauspielerinnen den Status von Vestalinnen genießen. Das Große Haus ist ein runder Bau inmitten einer Piazza, und zahlreiche Ausgänge verhindern unziemliches Gedränge beim Betreten oder Verlassen des Theaters.

Comte de Martigny, *Voyage d'Alcimédon...*, Amsterdam 1751.

PHILOSOPHENINSEL, eine der Inseln in der Nähe von Tierra del Fuego. Bemerkenswert ist die etwas eigenwillige Art zu bauen. Die Bewohner, Philosophen genannt, errichten großräumige Anwesen (sogenannte »Systeme«), wobei sie mit dem Firstbalken des Daches beginnen, der gewöhnlich kunstvoll gearbeitet ist. Bis das Fundament gelegt und Mauern gezogen sind, bricht das Gebäude fast immer zusammen, wobei zahlreiche Arbeiter und meist auch der Architekt ums Leben kommen.

Ansonsten verbringen die Philosophen ihre Zeit mit äußerst nützlichen Tätigkeiten: sie wiegen die Luft, vergleichen zwei Wassertropfen miteinander und versuchen, Definitionen zu finden – eine Methode, ein treffendes Wort durch viele andere weniger treffende zu ersetzen.

Abbé Pierre-François Desfontaines, *Le Nouveau Gulliver ou Voyage de Jean Gulliver, fils du capitaine Gulliver*, Paris 1730.

DAS PHLEGETON, auch **PERIPHLEGETON** genannt, ist ein Strom im ↗ HADES in der ↗ HÖLLE, in den Vater- und Muttermörder, Tyrannen und Räuber geworfen werden. B. Ky.

Platon, *Phaidon* (um 387 v. Chr.), in *Opera* Florenz o. J. [ca. 1482–1484]. – Lukianos aus Samosata, *Theōn dialogoi* (um 120), Florenz 1496. – Dante Alighieri, *La Comedia*, Foligno, 11. 4. 1472; ern. Venedig 1555 (u. d. T. *Divina Commedia*).

PIMMINEE, eine völlig flache Insel im äußersten Westen des Archipels ↗ MARDI. Ihr Boden bringt nur schwächliche Pflanzen hervor, die Luft ist stickig und drückend. Auswärtige Besucher seien darauf hingewiesen, daß die Eingeborenen sich mit einer an Besessenheit grenzenden Sorgfalt kleiden. Bis in jede Einzelheit des verwendeten Materials, ja bis zum kleinsten Saum ist ihre Kleidung durch unzählige Vorschriften bestimmt. Sie verzichten auf jede Art Schuhwerk. Geht ein vornehmer Insulaner spazieren, so laufen livrierte Diener vor ihm her und legen ihm geschnitzte Brettchen vor die Füße, damit diese nicht mit dem Erdboden in Berührung kommen. Um die den Anstandsregeln auf Pimminee entsprechende Gangart zu gewährleisten, sind die Knöchel der vornehmen Insulaner mit einem Stück Schnur zusammengebunden.

Herman Melville, *Mardi, and a Voyage Thither*, NY 1849.

PINGUININSEL ↗ ALCA

PLATONOPOLIS, eine Art pädagogischer Provinz in Kampanien auf den Ruinen einer untergegangenen Stadt. Ihre Bewohner leben nach den Gesetzen Platons, auf den sich auch der Name des Ortes bezieht. Das umliegende Land wurde zum Besitz der Stadt erklärt und hilft mit, das Philosophenparadies zu ernähren. Der geistige Vater des Projekts war der im dritten Jahrhundert lebende Philosoph Plotin, der vorhatte, sich selbst mit seinen Schülern nach Platonopolis zurückzuziehen. K. Ky.

Porphyrios, *Peri Plōtinou biou* (3. Jh.), o. O. 1540 (u. d. T. *Plotini vita*).

PLUTO, ein großes Land tief im Innern des hohlen Mittelpunkts der Erde. Es darf nicht mit dem Himmelskörper gleichen Namens verwechselt werden. Zugang zu Pluto gewähren Spalten in den ↗ EISENBERGEN, die sowohl den Nord- als auch den Südpol der Erde umgeben.

Die Landschaften von Pluto sind denen auf der Erde im Grunde ähnlich und in manchen Gegenden besonders schön. Das auffallendste Merkmal dieser inneren Welt ist, daß alles kleiner als auf der Erde ist, weil sie selbst kleiner als die Erde ist. Die Menschen von Pluto sind selten größer als neunzig Zentimeter, und die Tiere sind im gleichen Verhältnis kleiner als ihre Entsprechungen auf der Erde. Pferde sind nicht größer als Schafe, und Elefanten, die in manchen Gegenden zum Transport benutzt werden, sind nur etwas größer als Kälber. Ein Großteil der Flora ist der auf der Erde ähnlich, und selbst wenn das Aussehen einer Frucht manchmal etwas anders ist als das ihrer irdischen Entsprechung, hat sie oft doch den gleichen Geschmack.

Das Klima von Pluto ist gemäßigt, und es gibt kaum Unterschiede zwischen den Jahreszeiten. Am Himmel sind ein paar Wolken zu sehen, die sich nachts verdichten können. Bei Tage ist Pluto in ein klares, gleichmäßiges Licht getaucht, von dem man annimmt, daß es von der Sonne kommt, entweder durch die polaren Zugänge oder durch Spalten und Risse in der Erdkruste. Die Fixsterne, die man am Nachthimmel von Pluto sieht, bleiben ein Geheimnis. Eine der Theorien deutet sie als Miniaturausgaben der Himmelskörper; einer anderen Auffassung zufolge sind sie die Wurzeln von Vulkanen. Wie die Länder über der Erde besitzt Pluto Seen und Flüsse; der einzige Unterschied ist natürlich, daß sie viel kleiner sind und daß das Wasser heller und klarer ist als auf der Erde.

In Pluto gibt es sechsundvierzig Staaten: fünfzehn Königreiche, sechs Kaiserreiche, elf Republiken und vierzehn Nationen (letztere sind ohne feste Regierung und befinden sich in unterschiedlichen Stadien der politischen und kulturellen Entwicklung).

Die Bewohner von Pluto unterscheiden sich sowohl in ihrem Aussehen als auch in ihrer Kultur beträchtlich voneinander. Die primitivsten Bewohner sind wahrscheinlich die grünhäutigen Nomaden der Wälder und Steppen; die kultiviertesten sind die Bürger von ↗ ALBUR. Die grünhäutigen Bewohner haben keine festen Siedlungen und kleiden sich in schlecht gegerbte Tierhäute. Sie besitzen ein festes System religiöser Überzeugung und akzeptieren die Existenz eines göttlichen Schöpfers und ein Leben nach dem Tod. Ihrer Theologie zufolge ist die Welt von einem guten Geist geschaffen worden, der mit seiner Frau in den höhergelegenen Bereichen von Pluto lebte. Doch seine Macht wurde ihm durch einen bösen Geist streitig gemacht. Nur der böse Geist hatte Kinder, und allmählich begannen die Menschen die Verehrung des guten Geistes zugunsten des bösen und seiner zahlreichen Nachkommen aufzugeben, weil sie sie fürchteten.

1806 kam eine Gruppe französischer und englischer Seeleute aus Versehen nach Pluto. Die grünhäutigen Bewohner betrachteten sie als böse Geister – wahrscheinlich wegen ihrer blassen Hautfarbe, denn im symbolischen System der grünhäutigen Bewohner galt Grau als Farbe des Bösen – und versuchten sie zu steinigen, weil sie dies für eine Methode hielten, mit der man böse Geister vertreiben kann. Als das mißlang, wurden Sühneopfer dargebracht: Es wurde ein Altar aus Torf aufgebaut, und sechs Schweine, die die Größe von Katzen hatten, wurden darauf geschlachtet und gebraten. Die Priester, die ihre traditionellen hohen braunen Hüte trugen, näherten sich daraufhin den Fremden und bedeuteten ihnen mittels Zeichensprache, die Opfer anzunehmen. Nachdem sie sich davon überzeugt hatten, daß ihre Besucher tatsächlich Menschen waren, wurden die Priester freundlicher und berichteten ein wenig über ihre Lebensweise und über die Existenz anderer Bewohner des Landes im Erdinnern, die die Engländer und Franzosen daraufhin besuchen wollten, bevor sie an die Erdoberfläche zurückkehrten.

Während die grünhäutigen Bewohner die niedrigste Entwicklungsstufe in Pluto darstellen, repräsentieren die gelbgrünen Waldbewohner eine etwas höhere Stufe. Sie leben in natürlichen Waldgebieten, die von einem Wall umgeben sind, und wohnen in grobgezimmerten, eng an die Bäume geschmiegten Holzhütten. Über ihre Kultur ist wenig bekannt, doch sie scheinen eine rudimentäre Form der Regierung und die Kenntnis einiger Werkzeuge zu besitzen.

M. Jacques Saint-Albin, *Voyage au centre de la terre...*, Paris 1821.

PLUTONIEN, ein gewaltiges Reich im Innern der Erde, dessen Zugang in der Beaufortsee bei etwa 81° nördlicher Breite hinter dem Russkigebirge im Fridtjof-Nansen-Land zu finden ist. Entdeckt wurde Plutonien am 17. Juni 1914 durch eine russische Expedition unter der Führung von Professor Nikolaj Innokentewitsch Trukanow, der die Theorie von der hohlen Erde aufgestellt hatte.

Die Expedition, die das Nansen-Land durchqueren wollte, fand sich plötzlich in einer scheinbar unendlichen Bodensenke, etwa 9000 Meter unter dem Meeresspiegel. Als sie einem Abstieg folgten, betrat die Expedition ein von einer rötlichen Sonne erleuchtetes Gebiet unter dem Wasser, das der sibirischen Tundra ähnelte. Sie entdeckten, daß sie sich in Wirklichkeit tief im Innern der Erde befanden und daß die Sonne ein neuer Körper war, den sie »Pluto« – und nach ihm das Land »Plutonien« – tauften.

Die Entdecker fanden eine Anzahl prähistorischer Lebewesen vor: Mammuts, Riesenbären, viele Dinosaurierarten. In der Mitte von Plutonien liegt die sogenannte Schwarze Wüste, ein weites Gebiet voller schwarzer Steine, die einen Vulkan umgeben. An seinen Hängen wächst ein prähistorischer Wald, der von Riesenameisen bewohnt ist. Ihre Bauten erinnern an Wolkenkratzer.

Das übrige Plutonien besteht aus Dschungeln, Sümpfen, Flüssen und Seen, die alle noch nicht genau erforscht worden sind. Jedoch wurde von der Expedition ein Stamm menschlicher Wesen entdeckt, vorwiegend Frauen. Sie leben in mit Häuten bezogenen Hütten, gehen nackt, kennen kein Feuer und essen das Fleisch roh. Ihr Körper ist mit weichem Fell bedeckt, und sie vermitteln den Eindruck, als seien sie eher Affen denn Menschen. Sowohl Männer wie Frauen gehen auf die Jagd, wobei die schwachen Männer nur wenig ausrichten, während die großen und robusten Frauen mit durchdringenden Schreien die Jagd anführen. Kinder werden als

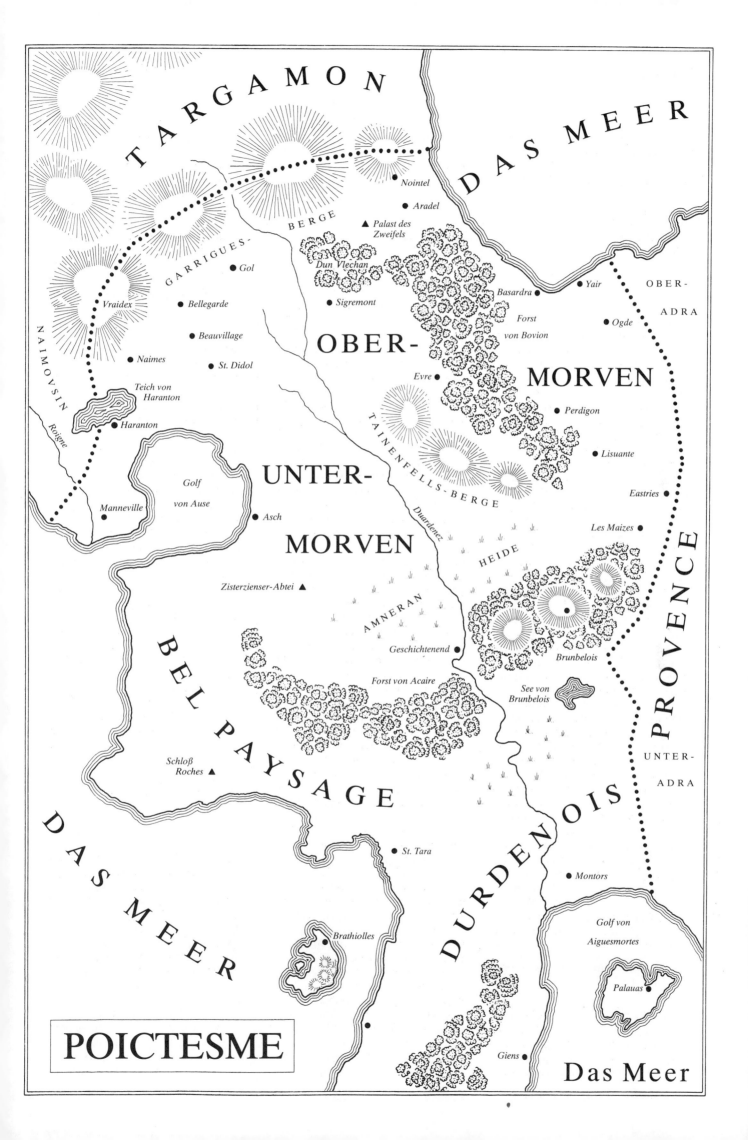

Abkömmlinge einer Mutter und mehrerer Väter angesehen. Ihre Sprache besteht aus ein- und zweisilbigen Wörtern und kennt keine Deklinationen, Verben, Adverben oder Präpositionen; Begriffe werden durch Gesten näher bestimmt. Mit Hilfe von Fingern und Zehen können sie bis zwanzig zählen.

Wladimir Obrutschew, *Plutonia*, Moskau 1924.

PNOM DHEK, eine Stadt im Dschungel von Kambodscha, die ständig mit ↗ LODIDHAPURA rivalisiert. Nach außen hin haben beide Städte vieles gemeinsam. Majestätische Bauwerke, kunstvolle Türme und herrliche Tempel weisen Pnom Dhek als ein sehr reiches Gemeinwesen aus. Der königliche Palast ist ein niedriges, weitläufiges Gebäude, das im Lauf der Jahrhunderte im jeweils bevorzugten Stil ausgebaut wurde und alles in allem eindrucksvoller als der Palast von Lodidhapura ist. Die herrlichen königlichen Gärten werden sorgfältig gepflegt. Als besondere Sehenswürdigkeit gilt das prächtige Tor, das so groß ist, daß zwei Elefanten nebeneinander hindurchgehen können.

Pnom Dhek und Lodidhapura haben sich lange Zeit im Kriegszustand befunden. Ein amerikanischer Forschungsreisender namens Gordon King bewahrte die Prinzessin Fou-Tan von Pnom Dhek vor dem traurigen Schicksal, die Konkubine des Lepra-Königs von Lodidhapura zu werden, und verhinderte später, daß sie dem Bösewicht Bharata Rahon in die Hände fiel, der König von Pnom Dhek werden wollte. Schließlich heiratete Gordon King die Prinzessin und gründete die seither regierende Dynastie.

Reisenden wird empfohlen, das unterirdische Labyrinth von Pnom Dhek zu besichtigen, durch das der Amerikaner und die Prinzessin entflohen.

Im Gebiet von Pnom Dhek findet man die für den kambodschanischen Dschungel typische Flora und Fauna. Es wimmelt in dieser dichtbewaldeten Gegend von Tigern und Schlangen. Auch Panther, Leoparden, Affen, Elefanten und exotische Vögel sind dort heimisch.

Edgar Rice Burroughs, *The Jungle Girl*, NY 1931.

POCAPAGLIA, ein kleines Dorf im italienischen Piemont. Es liegt auf einem Berg, dessen Abhänge so steil und abschüssig sind, daß die Einwohner ihren Hühnern einen Sack unter den Schwanz hängen, um zu vermeiden, daß die frisch gelegten Eier gleich in die Wälder hinunterrollen.

Italo Calvino (Hg.), *Fiabe italiane*, Turin 1956.

POICTESME, ein kleines Königreich in Südfrankreich, westlich der Provence, ein schönes Land, reich an Metallen und Getreide. Es wird von ruhigen Flüssen bewässert und von einem größeren Strom, dem Duardenez, der in den Golf von Aiguesmortes im Südosten mündet.

Das Wappen von Poictesme ist ein zügelloser silberner Hengst und sein Wahlspruch *Mundus vult decipi* (Die Welt will getäuscht sein).

Von der Frühgeschichte des Landes weiß man wenig. Viele Epen ranken sich um Graf Manuel den Erlöser. Manuel war der Sohn von Dorothea mit den Weißen Armen und Oriander, einem blinden Seegeist. Manuel wuchs in Haranton, einem Dorf im Nordwesten, in ärmlichen Verhältnissen auf.

Nach vielen Abenteuern gelangte Manuel schließlich an den Hof des Herrschers von Poictesme und wurde zum Grafen von Poictesme gemacht, nachdem man seinen Vorgänger hingerichtet hatte. Er bekam den Auftrag, ein Heer aufzustellen und die Streitkräfte der Nordmänner des Herzogs Asmund zurückzuschlagen, der in Poictesme eingedrungen war.

Zuerst verlief der Feldzug schlecht. Aber schließlich wendete sich das Blatt, und Poictesme wurde mit Hilfe von Miramon, dem Herrn des Neunfachen Schlafs, zurückerobert. Miramon verwendete Stückchen von abgelegten Träumen und schuf daraus Horden von fremdartigen Mischwesen, zum Beispiel einen vierhändigen Kämpen, der eine Keule, eine Muschel, eine Lotusblüte und einen Diskus hielt und auf einem silbrig glänzenden Hengst ritt. Eine andere düstere Gestalt kam auf einem Käfer mit Menschenarmen, Widderkopf und Löwenfüßen daher. Ein Reiter saß auf einem Stier und trug eine Halskette aus Schlangen und menschlichen Schädeln, ein anderer schwang eine Keule und eine Schlinge, die angeblich für die Seelen der Verstorbenen bestimmt war. Beim Anblick dieser Ungeheuer starben Asmunds Männer auf der Stelle; keiner von ihnen soll im Tod wie ein menschliches Wesen ausgesehen haben.

Manuels Ende bleibt Vermutungen überlassen. Historiker sind sich einig, daß er durch ein Fenster in ↗ GESCHICHTENEND verschwand, aber die einen sprechen von Himmelfahrt, während andere schildern, er sei mit Gevatter Tod davongeritten.

Der zweite große Held von Poictesme ist Jurgen, der Guinevere von ↗ CAMELIARD vor dem Troll-König rettete, der unter der ↗ AMNERANHEIDE wohnte. Jurgen verbrachte auch einige Zeit in ↗ COCAIGNE und heiratete dort Aniatis, das Fräulein vom See.

Poictesme ist heute ein christliches Land, allerdings haben sich eine Reihe von heidnischen Bräuchen erhalten. So verehrt man einen bösen Geist namens Janicot und feiert die Fruchtbarkeitsriten der Wintersonnenwende, das sogenannte Fest des Rades. Reisende, die dem beiwohnen, bekommen den nackten Körper einer Frau zu sehen, der als Altar dient; zum Kult gehört die Opferung von Kindern und die ziemlich schmerzhafte Weihe von Jungfrauen. Man glaubt allgemein, das Christentum sei von St. Horrig und St. Ork gebracht worden, die in einem Steintrog über das Meer kamen und mitten im Winter in Poictesme landeten. Nach Horrigs Tod wurde der Heilige in einem Grab bei Gol beigesetzt, und die Legenden von der Wundertätigkeit dieses Grabes führten zu seiner Heiligsprechung. Der Name Horrig wurde in Großbuchstaben auf das Grab gemeißelt, aber nachdem eines der großen Rs verwittert war, las man »Hoprig«, und von daher datiert der heutige Kult des St. Hoprig. Ironischerweise war es ein wirklicher Hoprig, der den Heiligen enthaupten ließ, nachdem er ihn aufs Rad hatte flechten lassen. Was Ork betrifft, so scheint sein Körper von Hoprigs Männern derart verstümmelt worden zu sein, daß für eine offizielle Beisetzung nicht genug von ihm übrig blieb.

James Branch Cabell, *Jurgen...*, NY 1919. – Ders., *Figures of Earth...*, NY 1921. – Ders., *The High Place...*, NY 1923.

POLUPRAGMOSYNE, fälschlicherweise auch **GAUNERHAFEN** genannt. Die Bewohner sind bekannt für ihr schiefes Lächeln und dafür, daß sie sich in den Angelegenheiten ihres Nachbarn immer besser auszukennen scheinen als in ihren eigenen.

Das Hauptmonument auf der Insel – das Besucher sich nicht entgehen lassen sollten – ist das Pantheon der Großen Erfolglosen, in dem unter anderem Werke der Erbauer des Turms zu Babel und der Brunnen auf dem Trafalgar Square ausgestellt sind. Im Innern des Monuments halten Politiker Vorträge über Verfassungen, die eigentlich hätten funktionieren müssen, Verschwörer dozieren über Revolutionen, die eigentlich hätten Erfolg haben müssen, Volkswirtschaftler über Pläne, die jedermanns Glück hätten herbeiführen müssen, und so weiter. In den Hallen lehren Schuster Orthopädie, wenn sie ihre Schuhe nicht verkaufen können, und Philosophen weisen nach, daß England die freieste und reichste Nation der Welt wäre, wenn es sich nur zum Katholizismus bekehren würde.

In Polupragmosyne übt jeder eine ungelernte Tätigkeit aus, weil er in dem Beruf, den er gelernt hat oder behauptet, gelernt zu haben, versagt hat. In der allgemeinen Verwirrung kann man sehen, wie Pflüge Pferde ziehen, Nägel auf Hämmer einschlagen und Bücher Autoren machen. Elefanten führen Porzellanläden, und Affen rasieren Katzen.

Am Rande der Insel leben die weisen Männer von Gotham, die berühmt dafür sind, daß sie mit einem Schleppnetz den Teich absuchen, in den ihrer Meinung nach der Mond gefallen ist.

Charles Kingsley, *The Water-Babies: A Fairy Tale for a Land-Baby,* Ldn. 1863.

POLYGLOTT, eine Insel im Roten Meer. Ihre Bewohner, die Polyglotten, sprechen alle Sprachen der Welt. Damit verblüffen sie Fremde, die ihnen zufällig begegnen, so sehr, daß sie deren Überraschung ausnützen können, sie fangen und roh verspeisen. Entgegen weitverbreitetem Glauben kommt so etwas in Paris nie vor.

An der entgegensetzten Küste der Insel leben Menschen, die fünfzehn Fuß groß sind, mit marmorweißen Körpern und Ohren wie Fledermausflügel. Nachts benutzen sie ihre Ohren als Matratzen und Decken. Sobald diese Geschöpfe ein anderes menschliches Wesen erblicken, stellen sie ihre riesigen Ohren auf und flüchten hastig landeinwärts.

Anon. *Liber monstrorum de diversis generibus* (9. Jh.), Bln. 1863.

PONUKÉLE-DRELCHKAFF, ein riesiges afrikanisches Reich, im Nordwesten von Dahomey, im Norden vom Baoutchi-Massiv und im Süden wahrscheinlich vom Kongo begrenzt, obwohl die schmeichlerischen Höflinge dem Kaiser gegenüber gern behaupten, es erstrecke sich bis zum Kap der Guten Hoffnung. Durch den Fluß Tez, an dessen Mündung sich die Hauptstadt Ejur erhebt, ist das Reich in zwei sehr verschiedene Regionen geteilt. Nördlich des Tez liegt das Ponukéle-Gebiet, im Süden Drelchkaff.

Diese beiden afrikanischen Länder haben eine gemeinsame Geschichte seit 1655, als Souann, der erste König von Ponukéle, Drelchkaff eroberte. Zehn Jahre davor hatte Souann zwei spanische Schwestern geheiratet, die bei Ejur Schiffbruch erlitten hatten, und jede von ihnen schenkte ihm, am selben Tag und zur selben Stunde, einen Sohn; er nannte sie Talou und Yaour. Vor seinem Tod im Jahre 1665 vermachte er Ponukéle dem Talou und Drelchkaff dem Yaour. Diese beiden neu geschaffenen Königreiche befehdeten sich unaufhörlich, bis Talou VII. am 5. Juni 1904 Yaour IX. in der Schlacht am Tez besiegte und beide Länder wieder vereinigte.

Die Hauptstadt Ejur ist eine imposante Stadt, die aus zahllosen strohbedeckten Hütten besteht. Sie liegt nahe der Küste, die so steil ist, daß man sie nur erreichen kann, indem man sein Schiff an den scharfen Klippen zerschellen läßt. Im Zentrum von Ejur liegt der weite »Platz der Trophäen«, ein eindrucksvolles Rechteck, auf allen Seiten von einer Allee hundertjähriger Platanen gesäumt. In den Bäumen sieht man viele Speere, mit menschlichen Köpfen geschmückt, falschen Schmuck und so manchen Zierat, den Talou VII. und seine Vorgänger bei ihren Feldzügen zusammengetragen haben.

An den südöstlichen Toren der Stadt liegt der riesige Park von Behuliphruen, den ein Flüßchen von schweren Wassern durchzieht und wo man Blumenwunder aus der ganzen Welt bestaunen kann. Der Park wird von einer Schar Sklaven gepflegt, die ihr Leben seiner Erhaltung geweiht haben. Unter den bizarren Pflanzen in Behuliphruen befindet sich ein großer Baum, dessen Früchte, gigantischen Bananen ähnlich, bis auf den Boden reichen. Wenn ein Reisender eine dieser Früchte aufhebt und sie zu einer Kerze knetet, sodann in die Mitte eine der Ranken einführt, die sich um den Stamm des Baumes winden, wird er erleben, daß die entzündete Kerze ein langes, lautes Krachen von sich gibt, vergleichbar mit einem starken Donnerschlag. Eine andere, merkwürdige Pflanze trägt rote Blüten und zieht mit ihrem süßlichen Duft Scharen von Moskitos an; die Eingeborenen fertigen zierliche Käfige aus den feingesponnenen Fasern einer anderen Pflanze und stecken eine dieser Blüten hinein, um die lärmenden Insekten zu fangen. Die purpurne Blüte des *Bachkou* hat Dornen, scharf wie Rasierklingen; falls ein Reisender sich damit in den Finger sticht, muß er die Blütenblätter auspressen und bekommt so einen Saft, der antiseptisch und blutstillend wirkt.

Einen Tag Fußmarsch von Ejur nach Norden liegt der dschungelhafte, unendliche Forst von Vorrh, dessen Südrand 1904 niederbrannte. Hier findet man die einzigartige und kostbare Pflanze, die zum Betrieb der Malmaschine nötig ist. Diese Maschine ist bei den Eingeborenen sehr beliebt, sie produziert Ölgemälde, so wie eine Kamera Farbfotos produziert.

Die Fauna von Ponukéle-Drelchkaff umfaßt eine Anzahl seltsamer Arten, zum Beispiel einen großen, aasfressenden Vogel mit mächtigen Schwingen, breiten Füßen und runden Öffnungen am Schnabel. Den Reisenden wird auch ein Nagetier auffallen, einem Eichkätzchen nicht unähnlich, mit einer kleinen schwarzen Mähne, deren Haare zwei klangvolle Musiktöne erzeugen. In dem Schwerwasser-Fluß lebt ein beleibter und harmloser Wurm mit musikalischem Empfinden; um ihn an die Oberfläche zu locken, sollten Besucher am Ufer eine sanfte Melodie spielen, und er wird sofort erscheinen, um der Musik zu lauschen. Im Meer vor der Küste leben verschiedene Tiere, die noch nicht ganz erforscht sind. Sie ähneln Fähnchen, Vorhängen, Seifenstückchen, Zinkblechplatten, Gelatineklumpen und vielen anderen Gegenständen.

Raymond Roussel, *Impressions d' Afrique,* Paris 1910. – Jean Ferry, *L'Afrique des impressions,* Paris 1967.

POPO, ein Liliput-Königreich in Deutschland von so geringen Ausmaßen, daß seine Landesgrenzen allseits in Sichtweite gelegen sind. Seit der Abdankung König Peters, der sich ganz seinen philosophischen Studien widmen wollte, wird das Land von seinem Sohn Leonce, verheiratet mit Lena, einer Prinzessin der benachbarten Monarchie Pipi, regiert. König Leonce begann unverzüglich mit der Umgestaltung des Reiches in einen epikureischen Musenstaat. Er ließ alle Uhren zerschlagen, alle Kalender verbieten, und seither wird in Popo die Zeit nur nach der Blumenuhr, nach Blüte und Frucht gezählt. Gewaltige Brennspiegel, entlang der Landesgrenze aufgestellt, sorgen für ein gleichmäßig angenehmes, sommerliches Klima. Der Staatsminister Valerio, nach eigenem Bekunden noch Jungfrau in der Arbeit und, wie böse

Zungen behaupten, nichts als eine ungeheure Ausdauer in der Faulheit besitzend, wacht darüber, daß sich kein Untertan überanstrengt. Sein erstes und bisher einziges Dekret verfügte, daß, wer Schwielen an den Händen hat, unter Kuratel gestellt, wer sich krank arbeitet, strafrechtlich verfolgt, und wer sich rühmt, sein Brot im Schweiße seines Angesichts zu verdienen, für verrückt und der menschlichen Gesellschaft gefährlich erklärt wird. M. B.

Georg Büchner, *Leonce und Lena,* in *Telegraph für Deutschland,* Nr. 76–80, Hbg. 1838.

PORT-AUX-SINGES (Affenhafen), eine kleine, ausschließlich von Europäern, vorwiegend Franzosen, bewohnte Küstenstadt des Inselkontinents ↗ ANALOG. Ihr Name ist insofern merkwürdig, als es in der ganzen Gegend keinen einzigen Affen gibt. In den Buchten entlang der Küste liegt eine ganze Flotte von Schiffen aus den verschiedensten Ländern und Epochen – viele bereits mit Salz, Algen und Muscheln überkrustet. Es handelt sich um die Expeditionsschiffe, die im Lauf der Jahrhunderte all jene hierherbrachten, die den Berg Analog besteigen wollten. Tatsächlich ist Port-aux-Singes (genau wie die benachbarten Küstensiedlungen) nichts anderes als die erste Unterkunft der »Alpinisten«, die sich für den Zweitagemarsch in das am Hang gelegene Lager rüsten, um von dort aus in Begleitung von Bergführern den eigentlichen Aufstieg zu beginnen.

Jeder Neuankömmling erhält in Port-aux-Singes ein Darlehen in Form eines Sackes voller Jetons, mit denen er für Waren und Dienstleistungen bezahlen kann und die er später einlösen muß. Da die Währungen anderer Länder hier keinen Kurswert haben, müssen Schulden auf andere Weise beglichen werden. Das begehrteste Zahlungsmittel ist ein durchsichtiger, ungemein harter kugelförmiger Stein, der dort (vor allem in höheren Lagen) in verschiedener Größe zu finden ist. Es handelt sich um einen echten Kristall, dessen Einzigartigkeit darin besteht, daß er rund ist. Im Idiom der Bewohner von Port-aux-Singes heißt er *peradám,* was man mit »härter als Diamant«, aber auch mit »Vater des Diamanten« übersetzen könnte. Angeblich soll der Diamant eine entartete Form des Peradám sein, entstanden durch eine Art Quadratur des Kreises oder richtiger: durch eine Kubatur der Kugel. Der Name könnte allerdings

Blick von PORT-AUX-SINGES *auf den Analog*

auch »Der Stein Adams« – *la pierre d'Adam* – bedeuten, was auf eine zwischen dem Kristall und der ursprünglichen Natur des Menschen bestehende Gemeinsamkeit deuten würde. Der Peradám ist schwer zu entdecken, weil er trotz seiner Dichte nahezu den gleichen Brechungsindex wie die Luft hat. Zudem kann die Suche nach ihm gefährlich sein: Nicht selten muß man ihn aus den Felsspalten einer Steilwand oder aus Gletscherspalten hervorholen.

Viele Alpinisten kehren nach jahrelanger Suche resigniert an die Küste zurück, um als Handwerker oder Landarbeiter zu arbeiten, sich mit Jetons bezahlen zu lassen und ihre Schulden dann auf diese Weise zu begleichen. In dem uns vorliegenden Bericht wird angedeutet, daß jene, die ihren Verpflichtungen nicht nachkommen können, mit dem Schlimmsten rechnen müssen.

In Port-aux-Singes herrschen ähnliche sozio-ökonomische Verhältnisse wie in europäischen Kleinstädten vor Anbruch des Maschinenzeitalters. Motoren jeder Art sind ebenso verboten wie die Verwendung von Elektrizität und Sprengstoff. In der Stadt gibt es mehrere Kirchen, ein Rathaus und eine Polizeistation. Die Regierungsgewalt wird von den Bergführern ausgeübt, deren Macht sich auf den Besitz von Peradáms gründet und deren Delegierte die hohen Verwaltungsposten bekleiden. Die Bevölkerung der anderen Küstensiedlungen setzt sich aus Nachfahren von Expeditionsteilnehmern und aus Abkömmlingen von Sklaven zusammen. Auch afrikanische, asiatische und bei uns als ausgestorben geltende Rassen sind vertreten. Von Port-aux-Singes unterscheiden sich diese Küstensiedlungen nur dadurch, daß jede Nation ihre eigene Sprache und ihre eigenen Sitten mitgebracht hat. Durch den Einfluß des Bergführeridioms haben sich die verschiedenen Sprachen freilich recht merkwürdig weiterentwickelt. So wird zum Beispiel in Port-aux-Singes ein von Archaismen, Lehnwörtern und Neologismen strotzendes Französisch gesprochen.

Im gemäßigten Klima des Küstengebiets gibt es Tiere und Pflanzen, die auch in den meisten europäischen Ländern heimisch sind. Von den anderen, bei uns unbekannten Arten, seien einige besonders kuriose genannt: eine baumartige Winde, deren Keimkraft so gewaltig ist, daß man sie zum Sprengen von Felsen benützt; der Feuerbovist, ein großer Staubpilz, der einige Stunden, nachdem er geplatzt ist und seine Sporen verstreut hat, auf Grund eines heftigen Gärungsprozesses lichterloh zu brennen beginnt; der Sprechende Busch, eine Mimosenart, deren wie Resonanzkästen geformte Früchte im Wind menschliche Töne hervorbringen und jedes Wort nachplappern, das in der Nähe gesprochen wird; die Reifenassel, ein fast zwei Meter langer Tausendfüßler, der, mit seinem Körper einen Ring bildend, blitzschnell die Berghänge hinunterrollt; die Zyklopeneidechse, die über ihren beiden verkümmerten Augen ein großes Auge mitten auf der Stirn hat; und schließlich die Flugraupe (eine Art Seidenwurm), die sich bei schönem Wetter wie ein Ballon aufblasen und durch die Luft schweben kann; sie gelangt nie zur Geschlechtsreife und vermehrt sich durch Parthenogenese.

René Daumal, *Le mont Analogue. Récit véridique,* Paris 1952.

PORTIUNCULA, ein Dorf auf dem Monte Cervati, in der Nähe des Lucania-Tales in Süditalien. Touristen reisen nach Portiuncula, um irgend etwas, das ihnen in ihrer Vergangenheit entglitten ist, wieder einzufangen.

Die Hänge des Monte Cervati sind weit, kahl und einsam. Der kalkhaltige Boden ist unfruchtbar und nur für Maisanbau geeignet. Ein erbärmlicher Wald aus kleinen Eichen und Buchen zieht sich zum Gipfel hinauf. Weder Sommer noch Winter sind gute Reisezeiten: Im Sommer sind Staub und

Hitze unerträglich, im Winter behindern eisige Winde das Vorankommen. Das Frühjahr ist ebenfalls unerfreulich: Regengüsse rauschen in die Täler hinab und machen die Wege rutschig und gefährlich. Braucht der Reisende eine Rast, gibt es nur zwei Dörfer vor Portiuncula: Teggiano und Laurino, die nahe einer verfallenen Burg beziehungsweise einer kleinen Kirche gelegen sind. Jeder Besucher findet Portiuncula anders als in seiner Erinnerung, obwohl schwer auszumachen ist, worin die Veränderungen bestehen. Aus diesem Grunde mögen manche sich dafür entscheiden, Portiuncula am besten unaufgesucht zu lassen.

Stefan Andres, *Die Reise nach Portiuncula,* Mchn. 1954.

DAS PORZELLANLAND liegt im Süden des Landes ↗ OZ. Es ist vollkommen von einem weißen Porzellanwall umgeben ohne ein einziges Tor. Das Gebiet innerhalb des Walls ist glatt und flach und glänzt wie der Grund einer großen weißen Schüssel. Darum herum stehen die kleinen Porzellanhäuser der Bewohner, alle in hellen Farben bemalt. Die Häuser sind klein, das größte reicht einem Kind nur bis zur Taille.

Wie ihre Häuser sind auch die Leute dieser Stadt aus kostbarem Porzellan. Dazu gehören Sennerinnen mit hellen Miedern und goldenen Flecken auf den Röcken, Schafhirten in rosa und gelb gestreiften Kniehosen, Prinzen mit juwelenbesetzten Kronen und Clowns in gerüschten Kleidern und hohen, spitzen Hüten. Auch all die Tiere in den Feldern sind aus Porzellan.

Die Porzellanleute sind außerordentlich zerbrechlich, und wohl deswegen ist ihr Land von einer Mauer umgeben. Man kann sie wieder kleben, wenn sie zerbrochen werden, aber sie werden nie wieder so schön wie vorher. In ihrem eigenen Land können sie sich nach Lust und Laune bewegen, obwohl sie natürlich aufpassen müssen, nicht hinzufallen und zu zerbrechen. Nimmt man sie aus dem Porzellanland heraus, werden ihre Gelenke steif, und sie können nur noch still dastehen und hübsch aussehen – und mehr verlangt man natürlich auch nicht von ihnen, wenn man sie auf Regale oder Tische stellt.

L. Frank Baum, *The Wonderful Wizard of Oz,* Chicago 1910.

POYANG, ein von einer zornigen Gottheit beherrschter Berg. Um ihn ohne Unfälle zu erklimmen, müssen Besucher dem Gott eine Opfergabe aus gut durchgekochtem Hundefleisch darbringen. Ist das Fleisch nicht weich genug, wird der Besucher bestraft: Er muß das Fleisch selbst verzehren. Dann wirft eine unsichtbare Hand ein Tigerfell über ihn, und der nichtsahnende Tourist verwandelt sich in einen menschenfressenden Tiger. Die Fauna von Poyang ist reich an solchen Tieren.

Liu Ching-Shu, *I-yüan* (Garten der Wunder; ca. 5. Jh.), in *Ts'shu chi-ch'eng,* Shanghai 1936.

PRINZ PROSPEROS SCHLOSS, vermutlich irgendwo in Mitteleuropa gelegen, ist ein festungsähnliches, von einer hohen Mauer mit eisernen Toren umgebenes Bauwerk. Hier suchte Prinz Prospero Zuflucht vor dem Roten Tod (der Pest), der schon lange in seinem Land gewütet hatte. Es gibt in diesem Schloß eine prächtige Zimmerflucht, bestehend aus sieben Räumen, die so angeordnet sind, daß man immer nur ein einziges Zimmer überblicken kann. In der Mitte jeder Seitenwand befindet sich ein hohes, gotisches Fenster aus buntem Glas, dessen Farbe jeweils mit dem in der Ausstattung des Zimmers vorherrschenden Farbton übereinstimmt. Die Reihenfolge der Farben vom östlichen bis zum westlichen Ende der Zimmerflucht ist: Blau, Purpurrot, Grün, Orange, Weiß, Violett und Schwarz. Nur im letzten Zimmer sind die Fensterscheiben von anderer Farbe als die Dekorationen – nämlich scharlachrot, tief scharlachrot. Die sieben Räume werden weder von Lampen noch von Kerzen beleuchtet, sondern vom Schein der Kohlenfeuer, die im Korridor vor den Buntglasfenstern in massiven Dreifüßen lodern.

Nachdem er fast ein halbes Jahr in der Abgeschiedenheit dieses Schlosses gelebt hatte, veranstaltete Prinz Prospero dort für seine tausend Freunde einen Maskenball, der ein unheilvolles Ende fand, weil der Rote Tod sich unter die kostümierten Gäste gemischt hatte.

Edgar Allan Poe, *The Masque of the Red Death,* Philadelphia 1842.

PROKURATIEN, eine Insel im Mittelmeer, ein verschmiertes und verklecktes Land. Es wird hauptsächlich von Anwälten und Gerichtsdienern bewohnt. Dem Touristen wird wahrscheinlich keine Gastfreundschaft gewährt, aber mit endlosen Komplimenten wird ihm versichert, daß man ganz zu seinen Diensten stehe, solange er bezahle. Die Eigentümlichkeit der Insel besteht darin, daß viele Bewohner sich ihren Lebensunterhalt verdienen, indem sie sich prügeln lassen. Ein Mönch, Priester, Advokat oder Geldverleiher, der einen Haß auf einen Edelmann hat, wird ihm einen Gerichtsdiener senden, der entsprechend seinem Auftrag den Edelmann beleidigt und beschimpft. Es ist unausbleiblich, daß er dafür geprügelt und angegriffen wird. Hieraus bezieht der Gerichtsdiener sein Einkommen: Er erhält ein Gehalt von seinem Auftraggeber, aber auch bedeutenden Schadenersatz von dem Mann, der ihn angegriffen hat. Die Entschädigungen, die in solchen Fällen zuerkannt werden, kosten nicht selten ein Vermögen.

François Rabelais, *Le quart livre des faictz et dictz heroiques du noble Pantagruel,* Paris 1552.

DIE PROPELLER-INSEL, irgendwo in der Nähe der neuseeländischen Küste, war einst eine große, blühende, schwimmende künstliche Insel in Form eines Schiffes; alles, was davon übriggeblieben ist, sind von Korallen und Seegras überwucherte Ruinen.

Die Insel wurde von der Propeller-Insel GmbH gegen Ende des 19. Jahrhunderts erbaut. Die Konstruktion ko-

---

15. November

Milliardenstadt
Rathaus

Menu

Le potage à la d'Orléans
La crème comtesse
Le turbot à la Mornay
Le filet de boeuf à la napolitaine
Les quenelles de volaille à la viennoise
Les mousses de foie gras à la Trévise
Sorbets
Les cailles rôties sur canapé
La salade provençale
Les petits pois à l'anglaise
Bombe, macédoine, fruits
Gâteaux variés
Grissins au parmesan

Vins
Château d'Yquem. Château-Margaux.
Chambertin. Champagne.

Liqueurs variées

Speisekarte für das Bankett anläßlich des Besuches der Königin von Tahiti im Rathaus von Milliardenstadt, PROPELLER-INSEL

stete 500 Millionen Dollar und nahm eine Bauzeit von vier Jahren in Anspruch. 27 Quadratkilometer fruchtbaren Bodens wurden angelegt. Die Bevölkerung setzte sich aus zehntausend amerikanischen Millionären zusammen. Die Insel wurde von zwei hydroelektrischen Stationen mit Strom versorgt und erreichte eine Geschwindigkeit von acht Knoten pro Stunde.

Man legte mehrere Parks und Gemüsegärten an, wo neben üppigen Zierpflanzen auch Obst und Gemüse gedieh. Dank der Verwendung neuartiger Düngemittel konnte man Karotten mit einem Gewicht bis zu drei Kilogramm ernten. Ein kleiner Fluß, der Serpentine, schlängelte sich durch die reizvolle künstliche Landschaft.

Zwei Häfen – Backbordhafen und Steuerbordhafen – wurden auf den sich gegenüberliegenden Inselseiten, nicht weit von den Schiffsschrauben, gebaut, und den Bug bestückte man mit zwölf Geschützen. Alles in allem hatte die Insel ein Volumen von 432 Millionen Kubikmetern und einen Gesamtumfang von achtzehn Kilometern.

Etwa ein Fünftel der Inselfläche wurde von Milliardenstadt bedeckt. Hier lebten die Protestanten auf der Backbord-, die Katholiken auf der Steuerbordseite. Der gesamte Verkehr der Stadt lief über bewegliche Gehwege, die wie Fließbänder angetrieben wurden. Bars oder Kasinos waren nicht erlaubt. Die Amtssprachen waren Englisch und Französisch.

Reisende können noch heute die Ruinen des protestantischen Gotteshauses sehen, das einen bemerkenswerten Mangel an Stil aufweist und wie ein Biskuitkuchen aussieht. Die Reste der katholischen Marienkirche gleichen einer überladenen neugotischen Hochzeitstorte. Von hier aus wurden die Sakramente über Telefon und Fernschreiber erteilt, die durch eine direkte Leitung mit den Millionärswohnsitzen verbunden waren. Über das gleiche System kauften die Bewohner ein, während sie gemütlich in der Küche saßen.

In den goldenen Tagen der Propeller-Insel hieß man Gäste mit großem Pomp willkommen. Als das Inselschiff in Papeete anlegte, begrüßte man Königin Pomare von Tahiti an Bord mit einem großartigem Bankett und einem Kammerkonzert mit Werken von Beethoven, Mozart, Haydn und Onslow.

Nach fortwährenden Kämpfen zwischen Protestanten und Katholiken geriet die Insel im Südpazifik in einen Sturm. Am 10. April versanken die Wrackteile etwa eine Seillänge vor der Küste der Ravaraki-Bucht im Norden von Neuseeland auf dem Meeresgrund, und damit endete die Geschichte der unvergleichlichen »Perle des Pazifik«, die man auch »das neunte Weltwunder« genannt hatte. Es bestehen bereits Pläne für eine Rekonstruktion, deren Verwirklichung aber bisher noch nicht in Angriff genommen wurde.

Jules Verne, *L'île à hélice,* Paris 1895.

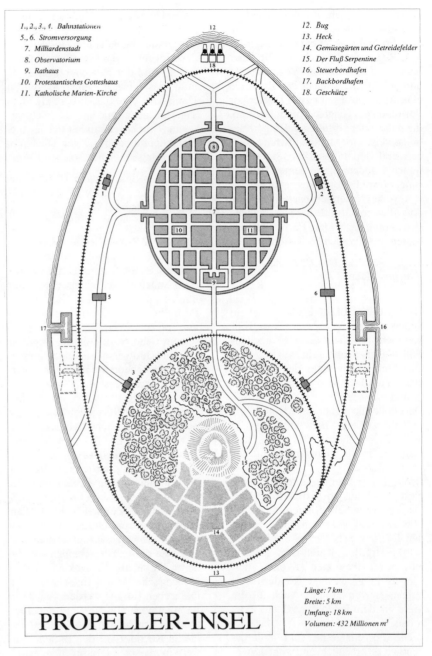

PROSPEROS INSEL, auch **KALIBANS INSEL** genannt, liegt vermutlich im Mittelmeer zwischen Tunis und Neapel. (Einige schiffbrüchige Seeleute haben allerdings behauptet, sie liege im Karibischen Meer.) Bewohnt wird sie von dem Ungeheuer Kaliban (halb See-, halb Landlebewesen) sowie von Kobolden und Geistern, unter denen vor allem der Luftgeist Ariel zu nennen ist.

Der Gott dieses Eilandes ist Setebos, als dessen Wohnsitz der Mond gilt, den er, wie auch die Sonne und das Meer, erschaffen haben soll.

Im frühen siebzehnten Jahrhundert lebte Prospero, der entmachtete Herzog von Mailand, mit seiner Tochter Miranda (der späteren Königin von Neapel) auf dem Eiland. In dem nicht weit von einem schlammigen See gelegenen Hain, der sie vor den manchmal sehr heftigen Stürmen schützte, ist noch heute Prosperos Zelle zu sehen, und auch seine vorwiegend aus Zauberbüchern und Werken über den Okkultismus bestehende Bibliothek ist fast vollständig erhalten geblieben – allem Anschein nach fehlt daraus nur ein einziges Buch. Der Zauberstab, den Prospero besessen haben soll, ist vermutlich in der Nähe der Zelle vergraben.

Es gibt auf dieser Insel sowohl fruchtbare Gegenden als auch Ödland, Salzgruben, Quellen und einen ausgedehnten, mit Dornbüschen und Stechginster bedeckten Landstrich. Man findet Schweinetrüffel, Holzbirnen, Beeren und Haselnüsse. Außerdem ist dort allerlei Getier heimisch, z. B. Kröten, Nattern, Schildkröten, Maulwürfe, Häher, Schnepfen, Käfer und Stechmücken. Zur Pflanzenwelt der Insel gehören auch Eichen und Fichten (wie jene, in der Ariel einst von der Hexe Sycorax, der Mutter Kalibans, gefangengehalten wurde). Das Eiland ist von Düften, Klängen und den verschiedensten Geräuschen erfüllt. Zuweilen ertönt dort eine leise, zauberische Musik. Reisende sollten allerdings gewissen anderen Klängen, etwa einem merkwürdigen Echo und dem Klang eines Tamburins, vorsichtshalber keinerlei Beachtung schenken.

William Shakespeare, *The Tempest*, Ldn. 1623. – Robert Browning, *Caliban upon Setebos*, in *Dramatis Personae*, Ldn. 1864.

Zelle des Herzogs auf PROSPEROS INSEL

PROTOCOSMO, ein unterirdisches, schwer zugängliches Land, eine riesige konkave Insel, die auf einer schlammigen Substanz dahintreibt. In der Mitte des Himmels, das heißt im Mittelpunkt unserer Erde, steht ein Eisenglobus, der ein blasses rosa Licht von sich gibt. Das Land erstreckt sich, so weit das Auge reicht, nichts behindert die Sicht. Die Städte, die Gehöfte und all die anderen Gebäude sind unterirdisch mit Ausnahme einiger weniger, nicht besonders hoher Überwachungstürme oder Wetter- und Sternwarten. Die gesamte Oberfläche der Insel ist in quadratische Zonen eingeteilt. In jedem Quadrat sind mindestens acht unterirdische Häuser enthalten, die von ebensovielen Paaren von Megamicros – wie die Bewohner von Protocosmo genannt werden – bewohnt sind.

Die Megamicros haben kurzes, wolliges Haar, das so viele Farben hat wie ihre Haut. Alle tragen einen spitzen Hut auf dem Kopf, der die Stirn frei läßt, aber beide Ohren bedeckt. Dieser Hut ist kein Kleidungsstück, sondern ein Teil ihres Körpers und besteht aus einer knorpelartigen Substanz, die der der Ohren ähnlich ist. Die Megamicros sind entweder Hermaphroditen oder eierlegend. Sie werden in Paaren geboren und ernähren sich mit einer Art Milch, die sie selbst erzeugen und die ihnen ermöglicht, jung und gesund bis zu ihrem Tod zu bleiben, der meistens im Alter von hundertzweiundneunzig Ernten, das heißt achtundvierzig Jahren eintritt. Diese Milch wird durch eine Art sechsten Sinn erzeugt; die Produktion wird dadurch angeregt, daß sie bestimmte Kräuter und duftende Blumen auf ihre Haut reiben. Außerdem essen sie in Wasser gekochtes Mehl, das lauwarm serviert und mit Kräutern gewürzt wird, die die Nährqualität der Milch steigern. Nachdem sie dieses Mehlgemisch eingenommen haben, trinken sie auch die Milch ihrer Nachbarn und bieten ihnen die eigene an. Dann küssen sie sich zärtlich und führen eine freundliche Unterhaltung. Als Dessert bekommt jeder ein Körbchen mit Kräutern, auf die eine Prise rosa Puder gestreut wird. Dadurch leuchten sie plötzlich in blauen Flammen auf und geben einen betörenden Duft von sich, der ebenfalls nahrhafte Eigenschaften hat. Sobald die Kräuter zu Asche geworden sind, kann die Mahlzeit, die gewöhnlich etwa eine Stunde in Anspruch nimmt, als beendet betrachtet werden.

Ein Megamicro verbringt die ersten zwölf Jahre seines Lebens, das sind drei Jahre nach unserer Rechnung, mit seinem unzertrennlichen Zwilling in einem Käfig, in dem nichts fehlt. Sein einziger Zeitvertreib besteht darin, mit ihm zu reden, und durch eine natürliche Kraft bleiben sie für den Rest ihres Lebens vereint, als ob es sich um einen Geist in zwei Körpern handeln würde. Einige Stunden nach dem Verlassen des Käfigs werden sie von ihren Eltern zum Speisezimmer geführt, wo ihnen beigebracht wird, mit dem Rest der Familie zu essen. Milch können sie erst sechs bis zwölf Stunden nach der Geburt erzeugen. Die Megamicro-Paare sind natürlich ineinander verliebt, und dieses Gefühl wird durch ihre Erziehung noch bestärkt. Ihre Eltern führen sie in einen Raum, wenn sie ihre ewige Bindung legalisieren wollen. Wenn die Zeremonie vorüber ist, werden sie alleingelassen. Nach dem »Brennen zweier grüner Holzscheite« wird das junge Paar von den Eltern besucht. Die Zwillinge geben den Eltern zwei Eier, die so groß wie Hühnereier sind und die sie aus ihren Mündern ausstoßen. Die Eltern nehmen diese Eier und legen sie in einen Raum mit einer Flüssigkeit, die eine konstante Wärme abgibt. Das Ausbrüten dauert wiederum das »Brennen zweier grüner Holzscheite«, und ein neues Paar Megamicros erblickt das Licht der Welt. Wenn sie rot sind, ohne Streifen irgendeiner anderen Farbe, ist jedermann entzückt. Wenn sie jedoch die gleiche Farbe haben, aber nicht rot sind, werden sie als unfruchtbar und minderwertig betrachtet und dazu vorgesehen, Wissenschaftler, Künstler oder Handwerker zu werden. Diejenigen, die vielfarbig oder gestreift geboren werden, gelten auch als unfruchtbar und sind nur ein erfreulicher Anblick aufgrund ihres Aussehens. Sie werden Handwerker, Kellner oder Bauern. Jedes Paar roter Megamicros erzeugt fünfzehn Paar Babys, von denen selten mehr als zwei rot sind.

Ihre harmonische und musikalische Sprache besteht aus sechs Vokalen: *a, e, i, o, u* und *oo* und kennt keine Konsonanten. Das Aussprechen eines Konsonanten würde bestimmt ihr zartes Trommelfell verletzen. Das Jahr ist in vier Perioden eingeteilt, die sie das »Brennen der grünen Holzscheite« nennen. Jede dieser Perioden dauert fünfundvierzig Tage und setzt sich aus fünf *pentaman* oder »Auferstehungen« zusammen. Die Bezeichnung »Brennen der grünen Holzscheite« stammt von einem Busch ohne Blätter und Zweige, der am ersten Tag des Jahres aus der Erde sprießt und wächst, bis er die Größe eines Megamicro innerhalb einer »Auferstehung« erreicht hat; dann schießen nach einem heftigen Regen, der etwa zwei Stunden anhält, Flammen empor. Bevor die Asche des Busches kalt wird, gräbt er eine seiner Wurzeln wieder in den Boden, und nach weiteren neun »Auferstehungen« schießen erneut Flammen empor. Es regnet viermal im Jahr, aber der Regen befeuchtet nicht die Erde, obwohl er die Luft erfrischt. Dieses Phänomen findet folgendermaßen statt: Drei Stunden vor Ende des Monats beginnt eine sanfte Brise zu wehen, sie wird stärker und flaut dann wieder ab. Aber bevor sie aufhört zu wehen, wird die gesamte Oberfläche der Erde von einem undurchdringlichen Nebel bedeckt, und ein sanfter, rosafarbener Regen beginnt von den Wolken emporzusteigen. Zwei Stunden lang steigt der Regen empor, ohne hinunterzurieseln; kurz nachdem die Luft sich wieder stabilisiert hat, scheint erneut die Sonne, und die Erde bleibt trocken wie zuvor. Wenn der Regen kommt, treten die Megamicros aus ihren Häusern und amüsieren sich über die emporsteigenden Tropfen.

Ein *pentaman* wird auch »Auferstehung des schwarzen Wurms« genannt. Dieses Insekt legt seine Eier und braucht genau die Zeit, ein Wurm zu werden, wie ein »Brennen der grünen Holzscheite« dauert. Nach fünf Zyklen von je zwölf Stunden wird der Wurm ein Schmetterling, stirbt, wird Staub und dann wieder zu einem Ei. Aufgrund dieser Tatsache nennen die Megamicros das, was wir als Tag bezeichnen, »Metamorphose«. Die Wochentage heißen folgendermaßen: Puppe, Schmetterling, Tod, Staub und Ei. Schmetterling und Staub werden als Unglückstage angesehen, in denen die Toten eingeäschert werden. Der Tag des Eis wird mit der Öffnung der Nachwuchskäfige und mit Hochzeiten begangen. Der erste und der letzte Tag des Jahres sind die beiden einzigen Feiertage. Am ersten Tag ernten sie, und am letzten säen sie; die ganze Zeit, die zwischen diesen beiden Tagen liegt, lassen sie die Erde ruhen.

Die Fauna von Protocosmo ist ähnlich der Europas, mit Ausnahme einiger fliegender Pferde, die man gewöhnlich auf dem Kontinent nicht antrifft. Diese Tiere haben einen schmalen, spitzen Kopf, ein Maul, das dem eines Windhunds gleicht, und einen längeren Hut als den der Megamicros, der ihnen lediglich gestattet, geradeaus zu schauen. Sie sind dünn und schnell, mit Federn bedeckt und haben ein Schwanzgefieder, das wegen seiner Länge an das eines Fasans und wegen seiner Breite an das einer Schwalbe erinnert. Sie können das Schwanzgefieder breit auffächern und schließen, aber sie können es weder von einer Seite zur anderen bewegen noch heben oder senken. Sie haben vier Flügel, die an den Beinen, die übrigens sehr kurz und muskulös sind, befestigt sind. Auf ihrem Rücken tragen sie einen natürlichen Sattel für zwei Personen. Auf dem Land bewegen sie sich langsam und schwerfällig fort, aber beim Fliegen sind sie sehr schnell.

Andere interessante Tiere in Protocosmo sind die Schlangen. Diese werden als die natürlichen Feinde der Megamicros angesehen. Dennoch läßt man sie ruhig in den Obstgärten leben, wo sie nur die Früchte bestimmter Bäume fressen. Sie haben einen menschlichen Ausdruck und einen sanften Blick, der auf gefährliche Weise faszinierend sein kann. Sie stoßen einen schrecklichen Zischlaut aus, der die Megamicros erschrecken läßt. Reisenden, die begierig sind, Protocosmo zu besuchen, wird empfohlen, unterhalb der Berge von Slowenien das Land zu betreten. Von hier aus gelang es den beiden ersten Chronisten, wieder zur Erde zurückzukehren; dennoch haben sie in ihrem Bericht die genaue Stelle nicht eindeutig lokalisiert.

Giacomo Girolamo Casanova de Seingalt, *Icosameron,* Prag 1788.

PTOLEMAIS, eine Stadt irgendwo in Griechenland, deren Häuser Bronzetüren und schwarz verhängte Fenster haben. Bei den Katakomben, in der Nähe der dämmrigen Ebene, die den modrigen Fluß Charon säumt, haust ein Wesen namens Schatten. Auswärtige Besucher sollten sich hüten, ihm zu begegnen, denn sein Anblick, so sagt man, kündigt den Tod an.

Edgar Allan Poe, *Shadow; a Parable,* in *Tales,* Philadelphia 1845.

PURPURINSEL, im Pazifischen Ozean, auf dem 45. Breitengrad. Sie wird von einem Menschenstamm unbekannter Herkunft bewohnt: den Roten Äthiopiern, so genannt wegen ihrer Hautfarbe. Die Insel wurde anscheinend von deutschen Seefahrern entdeckt und dann von den Franzosen in Besitz genommen. Die wirkliche Entdeckung der Insel jedoch ist Lord Glenarvan zuzuschreiben, der sie Äthiopische Insel taufte, obwohl der Name sich nicht einbürgerte. Lord Glenarvan hißte die britische Fahne auf dem Gipfel des höchsten Berges, aber die Eingeborenen, die nur ihre eigene Sprache verstanden, holten die Fahne ein und machten sich Hosen aus dem Stoff, was die Entdecker in Wut versetzte. Ein Handelsvertrag wurde abgeschlossen, aber ein Vulkanausbruch, der den König der Insel begrub, hat diese nützliche Vereinbarung vereitelt. In der Folgezeit begann der Hohepriester eine soziale Revolution. Die politische Macht auf der Insel fiel in die Hände einer Bande von Piraten, die aus der ganzen Welt gekommen waren. Während eines blutigen Bürgerkrieges wurden die Piraten vertrieben, und die Roten Äthiopier erlangten Unabhängigkeit. Trotz gemeinsamer Anstrengungen starker fremder Mächte scheiterten alle Versuche, die frühere Gesellschaftsordnung wiederherzustellen.

Michail Bulgakov, *Bagrovyj ostrov,* Moskau 1928.

DAS PYGMÄEN-LAND liegt nahe dem Königreich Mancy am Dalay-Fluß. Die Bewohner sind drei Spannen groß, hübsch und zart. Sie leben nur sechs oder sieben Jahre, acht gilt als sehr alt. Sie sind die besten Gold- und Silberschmiede der Welt und Spezialisten in der Verarbeitung von Baumwolle und Seide. Die Bebauung ihres Landes lassen sie von normalgroßen Männern ausführen, die in ihren Augen wie Riesen wirken. Auch in der großen Stadt der Pygmäen, die durchaus besuchenswert ist, leben einige Menschen von normaler Größe.

Jean de Mandeville, *Lex voyages d'outre mer* (um 1375), Lyon 1480.

PYRAMIDENBERG, ein hoher kegelförmiger unterirdischer Berg, der sich an den Ufern eines schwarzen Meers aus dem Tal von Voe erhebt.

Vom Tal aus windet sich eine Spiralentreppe durch den Berg nach oben. Die Treppe hat verschiedene Absätze, von denen man durch Spalten in den Felswänden nach unten blicken kann. Zwischen diesen Treppenabsätzen ist die Treppe schwach durch Laternen erleuchtet. Der Besucher sollte möglichst so weit den Berg hinaufsteigen, daß er die eleganten, schattenhaften Formen der Wolkenfeen unterscheiden kann, die in dieser Gegend wohnen und auf den blauen und grauen Wolkenbänken sitzen. Zwischen den Lücken in den Wolken kann man manchmal seltsame Vögel mit wilden Augen und gewaltigen Schnäbeln und Klauen durch die Luft flattern sehen.

Reisenden wird auch geraten, an der Höhle des Flechtenmannes anzuhalten, die sich in halber Höhe des Pyramidenberges befindet. Ihr Bewohner verdankt seinen Namen seinem außerordentlich langen Haar und Bart, die zu Flechten geschlungen und mit einem farbigen Band zusammengebunden sind. Der Flechtenmann, der jetzt vom Alter gebeugt ist, lebte einst auf der Erdoberfläche, wo er ein bekannter Hersteller von Löchern für amerikanischen Schweizerkäse war und eine Tochtergesellschaft hatte, die Poren für poröses Heftpflaster und Löcher für Knöpfe und Krapfen herstellte. Seine größte Erfindung war das Verschiebbare Pfostenloch, von dem er hoffte, daß es ihm ein Vermögen einbringen würde. Nachdem er eine große Anzahl solcher Löcher hergestellt hatte, stapelte er sie, um Lagerraum zu sparen, und machte dadurch ein ungeheuer tiefes Loch, das weit ins Erdin-

Ein Teil der spiralförmigen Treppe im PYRAMIDENBERG

nere reichte. Als er sich darüber beugte, um zu sehen, wie tief es war, stürzte er hinein, doch gelang es ihm, sich an einem Felsvorsprung im Pyramidenberg festzuhalten, was ihn davor rettete, tief unten im schwarzen Meer den Tod zu finden. Seither hat der Flechtenmann immer in dieser Höhle gelebt und Flattern für Flaggen hergestellt, die Flaggen an windstillen Tagen garantiert flattern lassen, sowie erstklassiges Rascheln für Damenseidenkleider.

Über der Höhle des Flechtenmannes windet sich die Treppe aufwärts bis zu einem Grenzposten des Landes der Wasserspeier und endet dann abrupt. Die einzige Möglichkeit, den Aufstieg fortzusetzen, besteht darin, den grob in den Berg gehauenen Tunneln zu folgen, die näher an die Oberfläche der Erde heranführen. Dabei wird man auf eine Höhle stoßen, die von Drachen bewohnt ist. Sie sind gewöhnlich hungrig und fressen jeden, der ihnen zu nahe kommt. Die einzig ungefährliche Gelegenheit, die Höhle zu betreten, ist gegeben, wenn die Drachenmutter auf Jagd ist, vorausgesetzt, man hält sich in sicherem Abstand von den Jungen. Diese sind mit dem Schwanz am hinteren Ende der Höhle festgebunden, damit sie sich nicht zu weit entfernen oder über den ganzen Berg kriechen und dummes Zeug anstellen. Die erwachsenen Drachen sind ungefähr zweitausend Jahre alt, die Jungen sind erst in den Sechzigern. Trotzdem sind ihre Köpfe bereits so groß wie Fässer und mit grünlichen Schuppen bedeckt.

Über der Drachenhöhle führt ein sanft geneigter Hang zu einem schwankenden Felsen und der letzten Höhle vor dem Ausgang, von der man durch einen Riß in der Decke die Sonne sehen kann. Die Oberfläche der Erde liegt noch ein beträchtliches Stück darüber und ist nur von Besuchern zu erreichen, die fliegen können.

L. Frank Baum, *Dorothy and the Wizard in Oz,* Chicago 1908. – Ders. *The Road to Oz,* Chicago 1909.

PYRANDRIA, eine Insel in der Nähe der Antarktis. Wegen ihres blendenden Lichts kann man sie schon von weitem sehen. Pyrandria ist das Land der Feuermenschen. Ihre Haut ist aus Feuer, und sie leben, solange sie Nahrung für die Flammen haben. Wenn sie kein Brennmaterial finden, werden sie zu Funken und schweben durch die Luft davon. Man sieht sie in vielen Ländern und nennt sie Irrlichter. Die Feuermenschen halten sich von anderen Lebewesen fern. Außer von ihnen wird Pyrandria nur von Salamandern bewohnt. Manche Reisende glauben, der Name von Tierra del Fuego stamme von den Einwohnern von Pyrandria, aber das ist unbewiesen.

Nicolas Frémont d'Ablancourt, *Supplément de l'Histoire véritable de Lucien,* Paris 1654.

Q

QUARLL-EILAND liegt vor der mexikanischen Küste, nahe der Guadalajara-Mündung. Wegen der starken Brandung an der Steilküste ist es sehr schwierig, auf die Insel zu gelangen. Der einzige Zugang ist eine Felsspalte. Jenseits eines Sees von rund einer Meile Länge erstreckt sich eine Grasebene, die von hohen Klippen gesäumt ist und auf der verstreute Baumgruppen zu sehen sind. Zur Fauna der Insel zählt ein Tier, das eine gewisse Ähnlichkeit mit einem Rehkitz hat. Es ist doppelt so groß wie ein Hase, hat ein fuchsfarbenes Fell, einen Ziegenkopf und Ziegenbeine. Sein Fleisch schmeckt wie Wildbret. Die einzige auf Quarll-Eiland heimische Baumart ist höchst ungewöhnlich: Erst aus der Nähe stellt man fest, daß das, was man für einen Hain gehalten hat, nur ein einziger, weitverzweigter Baum ist.

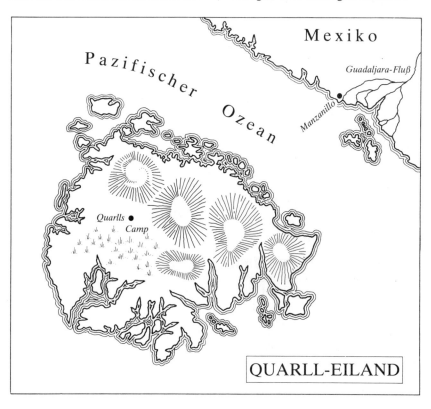

In Mexiko und Peru gilt dieses Eiland als Pirateninsel, tatsächlich aber haust dort lediglich ein alter Engländer, der am 15. September 1675 als Schiffbrüchiger auf die Insel verschlagen wurde: ein gebürtiger Londoner Namens Philip Quarll. Als im Jahre 1724 ein Kaufmann aus Bristol zufällig dort an Land ging, übergab ihm der Einsiedler seine Memoiren (die dann in England veröffentlicht wurden), lehnte es aber strikt ab, die Insel zu verlassen.

Quarll-Eiland hat ein gemäßigtes Klima; im Sommer ist mit Gewittern, im Winter mit Schnee zu rechnen.

Peter Longueville, *The Hermit: or The Unparalleled Sufferings and Surprising Adventures of Mr. Philip Quarll...*, Ldn. 1727.

QUEEN ISLAND, in der Nähe des Nordpols gelegen (89° 59′ 15″ nördlicher Breite), wurde von John Hatteras, Kapitän der *Forward* aus Liverpool, entdeckt, der mit vier Reisegefährten am 11. Juli 1861 dort eintraf. Das Wahrzeichen des mit Eruptivgestein bedeckten Eilands, auf dem es keinerlei Pflanzenwuchs gibt, ist ein aktiver Vulkan, der angeblich genau dort aufragt, wo der echte Nordpol liegen soll (siehe auch ↗ DER ECHTE NORDPOL). In Begleitung seines Hundes Duk bestieg Kapitän Hatteras am 12. Juli 1861 diesen Vulkan, wo er die britische Flagge hißte, gleichzeitig aber leider den Verstand verlor. Man brachte ihn nach Liverpool zurück und lieferte ihn in das Nervensanatorium Sten-Cottage ein. Dort stellten die Ärzte fest, daß er die Sprache verloren hatte und nur noch in Richtung Nordpol laufen konnte.

Der Vulkan auf Queen Island heißt jetzt Mount Hatteras. Besucher finden dort eine Gedenktafel vor, die die Aufschrift »John Hatteras – 1861« trägt. Weitere Informationen sind Dr. Clawbonnys Abhandlung *The English at the North Pole* zu entnehmen, die 1862 von der Royal Geographical Society veröffentlicht wurde.

Jules Verne, *Voyages et aventures du capitaine Hatteras,* Paris 1866.

DIE QUELLE AM ENDE DER WELT befindet sich in einem (vermutlich nordeuropäischen) Land, das nördlich von Upmeads liegt und ein Traumziel für Reisende ist, die sich ein angenehmes, jugendliches Aussehen verschaffen wollen. Der Weg zur Quelle ist gut markiert. Jenseits der Berge, die »Mauer der Welt« genannt werden, erstreckt sich ein großes Lavafeld. Folgt man der in die Gesteinsbrocken geritzten Markierung (ein Schwert, gekreuzt mit einem dreiblättrigen Zweig), so gelangt man auf eine Grasebene und dann zu einer zweiten Bergkette. Hier stößt man auf das Standbild eines gewappneten Ritters, dessen Schwert auf einen Gebirgspaß zeigt, über den der Wanderer in ein kleines Tal gelangt, wo er sich in einer Höhle ausruhen kann. Nach einem Achttagemarsch auf einer schnurgeraden Straße trifft er im »Land der Unschuldigen« ein, wo sich ein längerer Aufenthalt nicht lohnt. Von hier aus ist man zwölf Tage unterwegs, bis man schließlich ein Ödland erreicht hat. Die einzige menschliche Behausung in dieser Gegend ist das »Haus der Magier«; es steht in einem Wäldchen und wird jetzt von einem alten Mann und seinen Enkeln bewohnt, die sich um jeden kümmern, der nach der Quelle sucht. Auf der Steinwüste hinter dem Wäldchen liegen die sterblichen Überreste derer verstreut, die vergeblich versuchten, diese Wüste zu durchqueren. Wandert man trotzdem mutig weiter, so gelangt man in ein Tal, das die Form eines Amphitheaters hat. Hier steht in einem Teich mit verseuchtem Wasser ein abgestorbener Baum, an dem die Waffen und Schilde zahlreicher Ritter hängen. An den Abhängen scheinen die Leichen von Männern, Frauen und Kindern Wache zu halten. Zwei Tage später kommt der Wanderer zum »Fluß des guten Wassers«, an dem ein Bergkamm aus schwarzem Gestein aufragt. Hat er diesen überquert, so sieht er von einer Hügelkette aus das weite Meer. In die

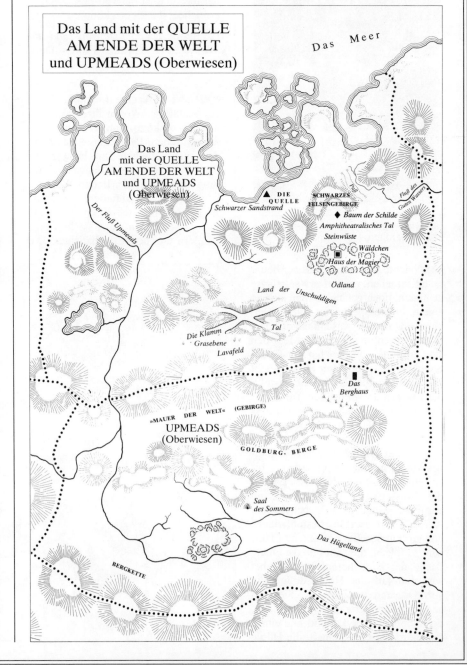

Klippen gehauene Stufen scheinen geradewegs ins Wasser zu führen, bei Ebbe jedoch wird ein schwarzer Sandstrand sichtbar, auf dem sich ein großer, in Stein gefaßter Brunnen mit Quellwasser befindet. Seine Inschrift lautet: »Du, der du von weither gekommen bist, um mich zu finden, trink aus mir, wenn dein Begehren, ein langes Leben auf dich zu nehmen, stark genug ist. Andernfalls sollst du nicht aus mir trinken. Doch künde deinen Freunden und Verwandten auf Erden, daß du ein großes Wunder erblickt hast.« Und auf einem goldenen Becher liest der Wanderer die Worte: »Wer starken Herzens ist, wird aus mir trinken.« Dies ist die »Quelle am Ende der Welt«. Ein Trunk daraus verhilft zu langem Leben und makellosem, unwandelbar jugendlichem Aussehen. Es heißt, daß jene, die dieses Wasser trinken, den über uns herrschenden Göttern gleichen. Soweit bekannt, sind nicht viele Wanderer bis zu dieser Quelle gelangt.

William Morris, *The Well at the World's End,* Ldn. 1896.

DIE QUELLE DER DREISSIGJÄHRIGEN, von vier Löwen- und zwei Drachenstatuen umrahmt, liegt in einem fruchtbaren Tal unweit der ↗ SPRECHENDEN HAINE von Prasiaka. Wer in ihr badet, und mag er noch so betagt sein, wird wieder dreißig Jahre alt. Sie ist die einzige exakt lokalisierbare der drei sagenumwobenen indischen Quellen. Die beiden anderen, deren Wasser unsterblich macht und sogar Tote zum Leben erweckt, befinden sich irgendwo in der weiten indischen Wüste. Enoc, ein Begleiter Alexanders des Großen, fand den Quell der Unsterblichkeit und wurde, da er seine Lage nicht preisgeben wollte, in eine Säule eingemauert, und Alexanders Koch Andreas, der das Wasser der Wiedergeburt entdeckte, nahm sein Geheimnis mit ins Grab.

M. B.

»Pseudo-Kallisthenes«, griech. *Alexanderroman* (3. Jh.), Paris 1846. – Alexandre de Bernay und Lambert li Tors, *Li romans d'Alixandre* (um 1180), Stg. 1846.

QUIQUENDONE, eine Kleinstadt in Flandern, dreizehneinhalb Kilometer nordwestlich von Oudenaarde und fünfzehneinviertel Kilometer südöstlich von Brügge. Das 2393 Einwohner zählende Städtchen liegt am Varr, einem Nebenfluß der Schelde, und hat drei gedeckte Brücken aus dem Mittelalter. Besuchern wird die Besichtigung des alten Schlosses empfohlen, dessen Grundstein im Jahre 1197 von Graf Balduin von Flandern, dem späteren Kaiser von Konstantinopel, gelegt wurde. Sehenswert ist auch das Rathaus mit seinen gotischen Fenstern und prächtigen Türmen; das Glockenspiel – noch berühmter als das der Stadt Brügge – hat man als »Klavier in der Luft« bezeichnet. Weitere Sehenswürdigkeiten: der Statthaltersaal mit Brandons Porträt Wilhelms von Nassau; die Chorbühne der St.-Magloire-Kirche, ein architektonisches Meisterwerk des sechzehnten Jahrhunderts; der von Quentin Metsys geschaffene schmiedeeiserne Brunnen auf dem St.-Ernuph-Platz; und das Grabmal Marias von Burgund, der Tochter Karls des Kühnen, die jetzt in der Liebfrauenkirche zu Brügge bestattet liegt. Quiquendone ist übrigens auch wegen seiner vorzüglichen Schlagsahne und seines Gerstenzuckers berühmt.

Diese Kleinstadt, wo es nie den geringsten Streit gab, wo die Fuhrleute nicht fluchten, die Kutscher einander nie beschimpften, die Pferde nicht durchgingen, die Hunde nicht bissen und die Katzen niemanden kratzten – ausgerechnet dieses Städtchen suchte sich ein gewisser Dr. Ox für die Durchführung eines üblen chemischen Experiments aus. Unter dem Vorwand, er wolle Quiquendone endlich eine moderne Beleuchtungsanlage verschaffen, installierte er ein Verteilersystem für Leuchtgas. Er verwandte aber nicht aus Kohlenwasserstoff gewonnenes Gas, sondern eine Mischung aus Sauerstoff und Wasserstoff, die zwanzigmal helleres Licht erzeugt und »Ox-Wasserstoffgas« genannt wird. Es gelang ihm, große Mengen dieses Gases zu produzieren, allerdings (im Gegensatz zum Verfahren von Tessie de Motay) nicht unter Verwendung von Natriummangan. Sein Verfahren basierte vielmehr auf der Zerlegung von Wasser, und zwar mittels einer selbstverfertigten Batterie. Ohne irgendwelche komplizierten Apparaturen zu benötigen, leitete Dr. Ox auf diese Weise Strom durch große Wasser-Reservoire, in denen nach der Zerlegung des Wassers der Sauerstoff auf die eine und die doppelt so große Menge Wasserstoff auf die andere Seite gelenkt wurde. Sodann füllte er die beiden Substanzen in getrennte Behälter, die sorgfältig versiegelt wurden, da eine Vermischung zu einer fürchterlichen Explosion geführt hätte. Durch ein wahres Labyrinth von Röhren geleitet, erzeugten die beiden Gase schließlich eine Flamme, deren Helligkeit sich durchaus mit elektrischem Licht vergleichen ließ.

In Quiquendone fand dieses fabelhafte Gaslicht zwar einhelligen Beifall, doch bald stellten sich recht unangenehme Nebenwirkungen ein: Charakter, Temperament und Denken der Einwohner wurden derart von diesem Licht beeinflußt, daß die bisher so friedlichen, selbstgenügsamen Bürger sich allmählich in reizbare, aggressive Halsabschneider verwandelten. Und auch die Haustiere wurden zu gefährlichen Bestien. Selbst in den Gärten und Parkanlagen vollzog sich eine merkwürdige Veränderung: Aus den Hecken wurden Bäume; die Samen sproßten, kaum daß man sie gesät hatte, und entwickelten sich in wenigen Stunden zu riesigen Pflanzen. Der Spargel schoß einen halben Meter hoch auf, die Artischocken wurden so groß wie Melonen, die Melonen so groß wie Kürbisse, und die Kürbisse wuchsen und wuchsen, bis sie so groß wie Kirchenglocken waren. Die Blumenkohlköpfe bildeten ein Dickicht, die Pilze waren die reinsten Regenschirme. Eine einzige Erdbeere konnte man nur zu zweit

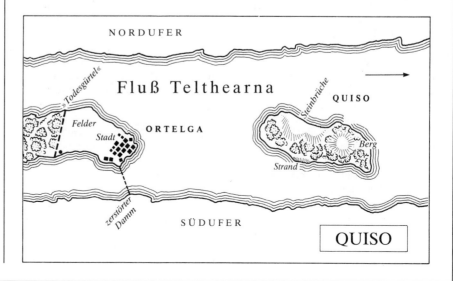

aufessen, eine Birne nur mit Mühe zu dritt. Die Blumen wuchsen so schnell und wurden so riesig, daß eines Tages der beste Gärtner in ganz Quiquendone fast in Ohnmacht fiel, als er entdeckte, daß in seiner *tulipa gesneriana* eine ganze Rotkehlchenfamilie nistete. Diese einzigartige, von der gesamten Stadt bestaunte Tulpenart wurde daraufhin in *tulipa quiquendonia* umbenannt.

Einige dieser Veränderungen wirkten sich aber auch auf den Gesundheitszustand der Bevölkerung sehr nachteilig aus. Die Zahl der Verdauungsstörungen verdreifachte sich (denn statt zwei Mahlzeiten am Tag aßen die Leute jetzt sechs), und das gleiche galt für die auftretenden Fälle von Trunksucht, Gastritis und Magengeschwüren sowie für Nervenkrankheiten. Und eine weitere Folge all dieser Veränderungen war, daß die Bewohner von Quiquendone beschlossen, die Nachbarstadt Virgamen zu überfallen – unter dem fadenscheinigen Vorwand, sich endlich dafür rächen zu müssen, daß im Jahre 1135 eine Kuh aus Virgamen den Grenzrain überschritten und auf einer zur Gemeinde Quiquendone gehörenden Wiese geweidet hatte. Doch während sie gen Virgamen marschierten, ereignete sich im zentralen Gasreservoir eine entsetzliche Explosion, die dem Beleuchtungsexperiment des Dr. Ox – und vermutlich auch seinem Leben – ein Ende machte.

Heute hat Quiquendone eine ganz normale Beleuchtungsanlage und bietet Besuchern jede Bequemlichkeit, die man auf Reisen erwarten kann.

Jules Verne, *Une fantaisie du docteur Ox,* Paris 1874.

QUISO, eine kleine Felseninsel im Telthearna, der die nördliche Grenze des ↗ BEKLANISCHEN REICHS bildet, und nur wenig flußabwärts von der Insel Ortelga gelegen. Quiso ist vor allem wegen der zwei herrlichen Anlagen an seinem Berg interessant. Da ist einmal der sogenannte Obere Tempel, ein in den Felsen gehauener Raum, dessen Ausbau dreißig Jahre dauerte. Er ist über einen Baumstamm zu erreichen, der eine tiefe Schlucht überspannt und die Brücke der Bittsteller ersetzt, einen schmalen Eisensteg, der vor vielen Jahren zerstört worden ist. Noch eindrucksvoller sind die am Rande der Schlucht angelegten steinernen Terrassen, die in mehr als hundert Jahren von vier Generationen von Baumeistern aus dem Gestein der Insel herausgehauen wurden und zur Zeit ihrer Entstehung das größte Bauwerk der Welt waren. Die leicht zu einem Viertelkreis geschwungenen Terrassenbögen gleichen einer Treppe, die für Riesen oder für Götter gemacht zu sein scheint.

Quiso ist eng verknüpft mit dem Kult um den Bären Shardik, den man einst im gesamten Beklanischen Reich für die lebende Verkörperung der Kraft Gottes hielt. Auf dem Höhepunkt des Kults kamen Pilger von weither zur heiligen Insel Quiso. Die Insel wurde von der Hohenpriesterin und ihren Gehilfinnen regiert, Jungfrauen, deren Leben dem Shardik-Kult geweiht war. Sie wurden unter den Frauen von Ortelga ausgewählt

Vorder- und Rückseite einer Goldmünze aus QUIVERA

und nach Quiso hinübergebracht, wo man ihnen neue Namen verlieh. Ihre Rolle war es, für den Bären zu sorgen und die heiligen Lieder zu singen, die ihn beruhigten und besänftigten. Manchmal wurden sie von Shardik getötet, aber das wurde als Gottes Wille akzeptiert. Diese Jungfrauen verließen die Insel niemals wieder, es sei denn, sie wurden ausgewählt, um die Hohepriesterin nach Ortelga zu begleiten, wohin sie zweimal im Jahr fuhr. Sie beriet sich dort mit den Baronen und suchte neue Gehilfinnen aus. Während der Besprechung mit den Baronen pflegte sie eine Bärenmaske zu tragen, und kein Mann sah jemals ihr Gesicht.

Nachdem die ortelganische Herrschaft über das Beklanische Reich geendet hatte, wurde der Shardik-Kult weitergeführt, obgleich kein Bär auf Quiso gehalten werden durfte. Die Hohepriesterin und ihre Jungfrauen warteten Jahrhunderte auf die Erscheinung der Reinkarnation Shardiks. Einmal verließen sie die Insel auf der Suche nach dem heiligen Bären, kehrten aber schließlich nach Quiso zurück, wo sie jetzt ihren ständigen Wohnsitz haben.

Richard Adams, *Shardik,* Ldn. 1974.

QUIVERA, ein südamerikanisches Land, das an die Republik Independencia grenzt. Besiedelt wurde es von Madoc (dem Sohn von Owen, Fürst von Gwyneth), der seine Heimat Wales im Jahre 1169 verließ. Die Hauptstadt heißt Cibola (»Stadt des gefrorenen Feuers«), ein Name, der von den herrlichen Rubinen herrührt, für die Quivera berühmt ist. Zu den Sehenswürdigkeiten der Hauptstadt, die, von einer Mauer mit einem Befestigungsturm umgeben, am Eingang eines Tales liegt, das zu den Rubinbergwerken führt, zählt die Davidskirche, deren Dach mit dünnen Goldplatten belegt ist.

Der Handel mit Rubinen ist ein entscheidendes Moment in der Geschichte Quiveras. Einige Europäer, die, auf der Suche nach Rubinen, im Jahre 1824 dort gestrandet waren, verursachten eine Grippe-Epidemie, der fast die gesamte Bevölkerung zum Opfer fiel. Der Versuch der Europäer, die Macht an sich zu reißen, endete mit ihrer Niederlage.

Landschaftliche Wahrzeichen des Landes sind die Santa-Corona-Vulkane, die man von der Küste aus erblickt, und der »Paß der stürzenden Klippen« (so genannt nach dem häufigen Steinschlag). Folgt man von hier aus dem Lauf eines Flusses, der warmes Wasser führt, so gelangt man zu einem natürlichen, von Klippen gesäumten Amphitheater, in dem zahlreiche Geysire sprudeln. Auf der Ebene im Zentrum des Landes wachsen Riesenfarne, und in den Höhlen am Fuß der gewaltigen Berge sollen blinde, milchweiße Meeresungeheuer hausen, deren blaßrote Zähne so lang wie Schiffe sind.

Die quiveranischen Münzen sind aus mattem, weichem Gold. Auf der einen Seite ist das Porträt Madocs sowie die Inschrift *Mad. Prince. Civ.* eingeprägt, auf der anderen ein geometrisches Muster (drei Dreiecke, deren mittleres kleiner ist als die beiden anderen) mit der Inschrift *Civ.* – Berühmtheit erlangten auch die zur Harfe gesungenen quiveranischen Balladen.

Vaughan Wilkins, *The City of Frozen Fire,* Ldn. 1950.

R

RAKLMANI, ein Land, das jenseits des Ozeans liegt, wo die Sonne schläft. Die Bewohner sind ein gottesfürchtiges und glückliches Volk. Sie führen ein ästhetisches Leben und essen nur einmal im Jahr, wenn die Schale eines Ostereis, das vorher gesegnet worden ist, ihnen auf dem unermeßlichen Ozean entgegenschwimmt, der sie von anderen Ländern trennt.

Maria Savi-Lopez, *Leggende del mare*, Turin 1920.

RAMPART JUNCTION liegt in den USA, an der Strecke Chicago–Los Angeles. An den Ufern eines kleinen Flusses erbaut, ist Rampart Junction eine typisch amerikanische Provinzstadt mit einer staubigen Hauptstraße und abgeblätterten Holzhäusern. Der größte Laden am Ort, Honegger Hardware, schließt pünktlich um vier. Reisende, die in Rampart Junction ankommen, werden einen alten Mann sehen, der tief in einen Stuhl gekauert an der Bahnhofsmauer lehnt, das dunkle Gesicht voller lediger Falten und Stiche, mit ständig blinzelnden Augen. Sein aschweißes Haar weht im Sommerwind. Seit über zwanzig Jahren sitzt dieser Mann hier und wartet auf einen bestimmten Ankömmling. Sein ganzes Leben hat er einen tiefen Haß angesammelt, gewachsen aus Kleinigkeiten, unbedeutenden Ärgernissen, die ihn bis zur Unerträglichkeit gereizt haben. Um seinen Zorn zu stillen, hat er beschlossen, auf die Ankunft eines völlig fremden Menschen zu warten, auf jemand, der hier ohne jeden Grund aussteigt, einen Mann, den niemand kennt und der in Rampart Junction niemand kennt. Wenn dieser Reisende ankommt, wird der alte Mann ihm nachgehen, ihn ansprechen und dann töten. (Ein ähnliches Los hat wohl einen gewissen Johannes Dahlmann ereilt, der auf einer unbekannten Bahnstation in Argentinien verschollen ist.) Touristen mögen – wie auch immer – ihre Konsequenzen ziehen.

Jorge Luis Borges, *El Sur*, in *Ficciones*, Buenos Aires 1956. – Ray Bradbury, *The Town where No One Got Off*, in *A Medicine for Melancholy*, NY 1959.

DIE RAMPOLE-INSEL liegt im Südatlantik. Der nächste Hafen ist wahrscheinlich Bahía Blanca in Argentinien. Die Insel ist fruchtbar, mit reicher Vegetation, hat aber nur zwei bewohnte Gebiete. Die bekannteste Siedlung ist ein Dorf in einer engen Schlucht an der Küste; ein paar verstreut gelegene Hütten, jeweils von einer Dornenpalisade umgeben. Kaskaden am landeinwärts gelegenen Dorfende markieren die Grenze zwischen dieser und der nächsten Siedlung, die hinter einem steilen Felsen in einem breiten Flußtal liegt. Die Rampole-Insel ist zum größten Teil mit Wäldern und Buschdschungel bedeckt.

Ein geologisch seltsames Merkmal ist eine vorspringende Felsmasse am Eingang eines Fjords, der in die Schlucht führt. Der Fels ist aus ungewöhnlichem Gestein, etwa wie blau und purpurnes Glas mit rosa Flecken und weißen Adern, das das Licht auszustrahlen scheint statt es zu reflektieren. Diese geologische Formation gleicht einer Frau mit glänzenden Augen und offenem Mund, und eine Felsspitze hinter ihr ähnelt einer Hand, die eine Keule schwingt. Ein roter Mund und weißumrandete Augen sind aufgemalt worden. Die Einwohner glauben, daß sie die sogenannte Große Göttin darstelle. Wenn sie vom Fischfang zurückkehren, heben die Eingeborenen die Paddel zum Gruß und zeigen der steinernen Frau ihren Fang.

Die Leute aus der Schlucht sind Kannibalen. Ihre Haut ist dunkel, lederfarben; ihr schwarzes Haar tragen sie straff nach hinten. Sie sind tätowiert und reiben ihre Körper mit einem ranzigen Öl ein.

Obgleich von Natur ein kräftiges Volk, leiden sie aufgrund der fehlenden Hygiene an vielerlei Krankheiten und Infektionen. Die Männer des Stammes gehen normalerweise nackt, doch die jungen Frauen tragen Gürtel und viel Zierat, wie Fußspangen und Halsketten. Die Jungfrauen fetten ihr Haar mit Lebertran ein, um es glänzend zu machen, und bemalen ihre Haut mit roten und gelben Ornamenten. Ihre Zähne werden kunstvoll mit schwarzen und roten Flecken versehen. Polygamie ist die Regel, wobei die erste Frau eine Sonderstellung genießt.

Die Leute betreiben Handel mit einem Stamm, der weiter im Landesinneren lebt. Getrockneter Fisch, Austernschalen und Haifischhäute werden im Tausch gegen primitive Töpfe, Hartholzstücke, Früchte und einheimische Nüsse feilgeboten. Obwohl es eine gewisse Verständigung gibt, sind die Beziehungen zwischen den Stämmen oft feindlich und arten manchmal in Kampf aus – meist wegen Uneinigkeiten im Handel. Beim Ausbruch einer Stammesfehde wird das Dorf mit roter Farbe bemalt. Rituelle Tänze finden statt, und alle jungen Männer werden in den Kriegerstand aufgenommen, indem man ihnen die Ohren durchbohrt. Danach werden sie von den älteren auf den Kampf vorbereitet.

Nach den Stammesgesetzen dürfen Männer nur im Kampf getötet werden; danach wird ihr Fleisch gegessen. Menschliches Fleisch wird nie als solches bezeichnet, sondern immer als das »Geschenk eines Freundes« betrachtet. Knochen und ungenießbare Teile des Toten überläßt man auf dem Altar der Großen Göttin der Verwesung. Der Rest wird unter den Leuten verteilt, die zusammen in einer runden, zu diesem Zweck errichteten Hütte essen. Hier hocken sie um eine Steinplatte und bieten einander mit der rechten Hand Fleischstücke an. Ein alter Brauch untersagt, während des Essens zu sprechen. Am Ende der feierlichen Mahlzeit sagt der Älteste »Dank dem Freund«, ein Satz, der von allen wiederholt wird.

Die Religion gebietet den Leuten der Rampole-Insel Ehrfurcht vor Geisteskranken. Irrsinn wird als eine von der Großen Göttin verliehene Auszeichnung betrachtet, und das Fleisch von Geistesgestörten ist tabu. Sie werden gepflegt und gefüttert, denn es heißt, daß es dem Stamm so lange gut ergehe, wie es dem heiligen Irren an nichts fehle. Als Gegenleistung erteilt dieser Orakel und Prophezeiungen. Er lebt getrennt vom Stamm in einer mit Menschenschädeln und den Knochen eines Riesenfaultiers geschmückten Hütte und erhält einen Stab aus dunklem Holz, der mit Symbolen der Fruchtbarkeit, mit Perlmutt und Haifischzähnen verziert ist.

Das Stammesleben ist mit vielen Tabus belegt. So ist es nicht üblich, seinen wahren Namen zu nennen, man erwähnt sich selbst in der dritten Person. Ebenfalls verboten ist, sich in das offene Hochland über der Schlucht zu wagen. Dadurch sind die Leute des Stammes verurteilt, auf dem düstersten und ungesündesten Flecken der Insel zu leben. Nur jene, von denen man annimmt, daß sie große Zauberkräfte besitzen, haben die Erlaubnis, ins Hochland zu gehen.

Auf der Rampole-Insel gibt es eine graue Eidechsenart, die anderthalb Fuß lang werden kann, ebenso eine Pflanze – ähnlich einem großen Sonnentau –, die mit ihren Greifblättern Fliegen, Eidechsen und kleine Vögel fängt und verdaut.

Die Insel ist der einzige Platz auf der

Welt, wo das Riesenfaultier *(megatherium americanum)* noch gefunden wird. Es war einst weit verbreitet, seine Knochen sind in Patagonien und Tierra del Fuego gefunden worden, aber das lebende Tier ist sonst nirgends mehr anzutreffen. Es lebt im Hochland, wo es sich ungestört vermehrt; denn es gibt keine Raubtiere, und sein Fleisch zu essen ist den Bewohnern verboten. Das Faultier kann die Größe eines Elefanten erreichen. Sein langes, graues Fell ist verfilzt und schlammverkrustet, die eigentliche Haut ist rosa. Seine Bewegungen sind langsam und ruckartig. Es geht auf abgewinkelten Vorderläufen, die mit großen Krallen versehen sind. Das Tier ist oft in hockender Stellung anzutreffen, wobei es seine Klauen auf den Bauch legt. Es wird von vielen Parasiten geplagt, vor allem von einer großen Zecke. Der Geruch, der von ihm ausgeht, erinnert an faulenden Seetang.

Das Faultier lebt von frischen Schößlingen und Pflanzenknospen und hat viel von der Vegetation des Hochlandes zerstört. Es frißt auch alle Arten Eier und kleine Tiere, die es zu hypnotisieren scheint. Es zeigt keine Furcht vor Feuer, und die Bewohner der Rampole-Insel sehen in ihm die leibhaftige Bosheit.

Herbert George Wells, *Mr. Blettsworthy on Rampole Island*, Ldn. 1928.

REALISMUS-EILAND, geographische Lage unbekannt. Einst lebten fröhliche, naive Menschen – vorwiegend Ackerbauern und Hirten – auf dieser Insel. Sie waren Republikaner, die sich unter einem Baum versammelten, um ihre Angelegenheiten zu besprechen, und die einen Priester oder Magier, der die Gebete für sie sprach, als einzige Autorität anerkannten. Daß sie die Sonne anbeteten, war kein Götzendienst, denn sie galt ihnen als die goldene Krone Gottes.

Der Sage nach soll dieses Inselvolk den Priester beauftragt haben, zu Ehren des Sonnengottes einen hoch in den Himmel ragenden Turm zu bauen. Der Priester überlegte lange, aus welchem Material er dieses Gotteshaus errichten sollte. Er beschloß, nichts zu verwenden, das nicht genau so klar und schön wie das Sonnenlicht war, nichts, das an einen trüben Regenhimmel erinnern würde, nichts, das nicht ebenso makellos schimmerte wie die Krone Gottes. Er wollte nichts Bizarres, nichts Obskures, ja nicht einmal etwas Emphatisches oder Geheimnisvolles. Alles an dem Bauwerk sollte »hell wie das Lachen und klar wie die Logik« sein. Er baute ein Gotteshaus, das aus drei konzentrischen Höfen bestand, einer immer kühler und erlesener als der andere. Die äußere Umrandung bildete eine dichte Hecke aus weißen Lilien, in der kaum ein grüner Stiel zu sehen war. Der zweite Hof war von einer Kristallmauer umgeben, die das Sonnenlicht in unzählige Sterne aufspaltete. Die dritte »Mauer« – der Turm – bestand aus klarem Wasser: eine nie versiegende Fontäne, gekrönt von einem großen, glitzernden Diamanten, der wie ein Ball auf dem schäumenden Wasserstrahl tanzte.

Als das Eiland wenig später in die Gewalt einer Piratenbande geriet, blieb den Bauern und Hirten nichts anderes übrig, als Krieger und Seeleute zu werden. Nach Jahren des Schreckens und der Demütigung trieben sie die Invasoren aufs Meer zurück.

Doch nach dieser kriegerischen Periode begannen die Insulaner, ihren Tempel und die Sonne mit anderen Augen zu betrachten. Einige sagten, das Gotteshaus dürfe nicht angerührt werden, weil es »klassisch« und »vollkommen« sei, worauf andere erwiderten: »Darin unterscheidet es sich aber von der Sonne, die auf Böses und Gutes, auf den Schmutz und die Ungeheuer überall in der Welt herabscheint. Unser Tempel ist ein Haus des Mittags; er ist aus weißen Marmorwolken und saphirfarbenem Himmel gemacht. Die Sonne aber steht nicht immer im Mittag. Sie stirbt Tag für Tag; jeden Abend wird sie in Blut und Feuer gekreuzigt.«

Der ergraute Priester, der während des ganzen Krieges gelehrt und gekämpft hatte, brachte jetzt neue Argumente vor: »Die Sonne, das Symbol unseres Vaters, verleiht all jenen irdischen Dingen Leben, die voller Häßlichkeit und Energie sind. Jede Übertreibung ist richtig, wenn man die richtigen Dinge übertreibt. Laßt uns mit Stoßzähnen und Hörnern und Flossen und Rüsseln und Schwänzen gen Himmel weisen, solange sie alle das gleiche tun. Die häßlichen Tiere loben Gott ebenso wie die schönen. Der Frosch hat vorstehende Augen, weil er gen Himmel starrt. Die Giraffe hat einen langen Hals, weil sie sich gen Himmel reckt. Der Esel hat Ohren, um zu hören – also soll er hören.«

Von diesen neuen Ideen erfüllt, planten die Insulaner, eine prächtige Kathedrale in gotischem Stil zu errichten, in der alle Tiere der Welt vertreten und alle möglichen unschönen Dinge in Schönheit vereint sein sollten. Die Pfeiler erhielten die Form eines Giraffenhalses, die Kuppel glich einer häßlichen Schildkröte und der höchste Turm einem auf dem Kopf stehenden Affen, dessen Schwanz gen Himmel weist. Und dennoch wirkte das Ganze schön, weil es in einer lebendigen Geste des Glaubens vereint war – so als hebe ein Mensch seine zum Gebet gefalteten Hände.

Aber dieser große Plan wurde nie vollendet. Die Inselbewohner hatten auf großen Wagen das schwere Schildkrötendach und die Giraffenhalspfeiler herbeigeschafft, dazu die unzähligen anderen Dinge, die sich zur Einheit fügen sollten – die Eulen, Krokodile und Känguruhs, die vielleicht nicht mehr abstoßend, sondern herrlich wirken würden, wenn man sie in ein bestimmtes Verhältnis zueinander setzte und sie der Sonne weihte. Denn *das* war gotische, *das* war romantische, *das* war christliche Kunst. Und das Symbol, das alles krönen sollte, der auf dem Kopf stehende Affe, war ein wahrhaft christliches Symbol, denn der Mensch ist die Kehrseite des Affen.

Doch die Reichen, die in der langen Periode des Friedens zügellos geworden waren, verdarben den schönen Plan. Es kam zu einer Rauferei, der Priester wurde von einem Stein am Kopf getroffen und verlor das Gedächtnis. Vor sich sah er eine Menge Frösche und Elefanten, Affen und Giraffen, Kröten und Haifische – all die unschönen Dinge des Universums, die er zur Ehre Gottes zusammengetragen hatte. Aber jetzt konnte er sich nicht mehr an den großen Entwurf und dessen Zweck erinnern. Da warf er alles auf einen Haufen – der wuchs und wuchs, bis er fast zwanzig Meter hoch war. Und nun klatschten alle, die viel Geld und Einfluß hatten, begeistert Beifall und riefen: »Das ist wahre Kunst! Das ist Realismus! Das zeigt die Dinge, wie sie wirklich sind!« Und so wurde auf dieser Insel der Realismus geboren.

Gilbert Keith Chesterton, *Introductory: On Gargoyles,* in *Alarms and Discursions,* Ldn. 1910.

REGENTRUDES REICH, ein kleines unterirdisches Land irgendwo in Norddeutschland, das durch einen hohlen Weidenbaum zu erreichen ist. Es wird von der Regentrude bewohnt, einer schönen Frau, deren blondes Haar bis zur Hüfte reicht. Sie ist alterslos, scheint aber manchmal fast zu Tode erschöpft zu sein. Sie ist verantwortlich dafür, daß der Regen fällt, wo er gebraucht wird, schläft aber manchmal bei der Arbeit ein und vergißt ihre Aufgabe. Landschaftlich ähnelt ihr unterirdisches Reich der oberen Welt. Das wichtigste Bauwerk ist ein riesenhaftes Schloß aus grauem Gestein mit Spitzbogenfenstern und großen Erkern. Das Innere scheint aus einem einzigen, unermeßlich weiten Raum zu bestehen, der von Säulen aus Tropfstein getragen wird.

Theodor Storm, *Die Regentrude,* in *Drei Märchen,* Bln. 1866.

DAS REICH DER KÖNIGLICHEN MUTTER DES WESTENS (Hsi-wang-mu kuo) liegt im gewaltigen Gebirgsmassiv ↗ K'UN-LUN im Nordwesten Chinas. Seine Residenz, K'un-lun-Stadt, zu der weitläufige Palastanlagen, der K'un-lun-Park und die Weit-Wind-Gärten gehören, kann der Besucher von Westen über den Schildkröten- und den Frühlingsberg erreichen. Berge sind denn auch das charakteristische Merkmal dieses Landes im K'un-lun und Bergpaläste das bestimmende Element der Architektur. Die Berggipfel Kühler Wind, Hängender Garten und Umzäunter Paulonienpark ragen dreistöckig übereinandergetürmt in die Höhe – der gewaltigste Gipfel, der des Umzäunten Paulonienparkes, scheint gar an den Himmel zu stoßen – und bilden den königlichen Hochgebirgspark.

Die Residenz der Königlichen Mutter des Westens gleicht einer ummauerten Festung, sie verbirgt sich hinter einer hohen Mauer von 1000 chinesischen Meilen und wird von zwölf Jadetürmen mit rot verzierten Toren überragt. Zusätzlich abgeschirmt vom Besucherstrom wird die Residenz vom Leichtwasser-Meer, das neunfach gestaffelt unter dem Gebirgsmassiv zuweilen recht stürmisch tobt, vom Jaspis-See, der die Stadt auf der linken Seite umgibt, und schließlich von dem die Stadtmauern rechts umfließenden Eisvogel-Fluß. Der gebirgigen Landschaft architektonisch angepaßt, erstreckt sich die Stadt mit ihren zahlreichen neunstöckigen Schlössern terrassenförmig an den steilen Bergabhängen.

Trotz der mühseligen Reise zu diesem schwer zugänglichen Land ließen sich seit dem chinesischen Altertum Menschen der verschiedensten Wesensart, Abenteuerlustige und Mutige, nicht davon abhalten, der Königlichen Mutter des Westens ihren Besuch abzustatten. Deswegen sollten auch heute, zumal wegen der ungleich besseren Transportmöglichkeiten und Verbindungswege, Interessierte nicht vor einer Reise zurückschrecken. Sie werden für ihre Mühen reich entschädigt:

Die Gemächer und Hallen der Paläste sollen üppig mit Purpur und Eisvogelfedern verziert sein, selbst die Wohnungen des Dienstpersonals; seidene Zelte unter den edelsteinverzierten Vordächern der Paläste leuchten prächtig geschmückt nach allen Seiten.

Zum Hofstaat der Herrscherin zählen Dienerinnen mit buntem Kopfputz und tigergestreiften Gürteln und »Feder-Knaben«, die, mit kostbaren Schirmen und Federfächern ausgestattet, im grellen Sonnenlicht unablässig für Kühlung sorgen.

In der ganzen Stadt ertönt zur Erbauung der Besucher zauberhafte Musik: Selbst bei völliger Windstille erklingen göttliche Äolsharfen und zarttönende Klangsteine.   D. A.

Lieh-tzu, *Lieh-tzu* (wahrscheinlich 3. Jh. v. Chr.), in *Chu-tzu chi-ch'eng,* Peking 1954. – Liu An, *Huai-nan-tzu* (2. Jh. v. Chr.), in *Chu-tzu chi-ch'eng,* Peking 1954. – Huan Lin, *Hsi-wang-mu-chuan* (angeblich 2. Jh. v. Chr., wahrscheinlich 4./5. Jh. n. Chr.), in *Wu-ch'ao hsiao-shno ta-kuan,* Shanghai 1926.

DAS REICH DER POLARBÄREN wird – den Berichten eines ungarischen Forschungsreisenden zufolge, der während einer Polarexpedition an einem nicht näher beschriebenen Punkt des Nansen-Archipels von seinen Weggefährten ausgesetzt wurde – von einem Stamm intelligenter Polarbären bewohnt. Diese retteten den Gestrandeten und nahmen sich seiner an, und der König des Stammes lud ihn zu einem Besuch seines Palastes ein – eines enormen Netzes von Eishöhlen und unterirdischen Kammern voller geologischer Merkwürdigkeiten wie riesigen Kristallen und flüssigem Basalt.

Galibas – so der Name des Forschers – berichtet auch von einer großen Anzahl gefrorener prähistorischer Tiere, die den Bären als unerschöpfliche Nahrungsquelle dienen. Er selbst verzehrte – ohne Schaden zu nehmen – das Fleisch dieser Tiere, das allerdings recht zäh und wenig schmackhaft sein soll. Während seines langen Aufenthaltes in diesem Königreich hatte Galibas Gelegenheit, das unterirdische Höhlennetz zu erforschen, und entdeckte eine riesige Höhle mit einem großen See aus Kupfervitriol, auf dem er ein Floß aus Asbest umhersteuerte. Die sensationellste Entdeckung machte er in einer Kristallhöhle, wo er die Körper eines jungen Mädchens und ihres Vaters fand, die dort seit mehr als zwanzigtausend Jahren im Winter-

schlaf ruhten. Galibas berichtet, daß er sie mit Hilfe der besonderen Kräfte des Ambers wieder zum Leben erweckte und daß sie ihm dafür auf hebräisch dankten. Leider war unser Forscher von seinen unglaublichen Entdeckungen derart beflügelt, daß er eine Reihe gewagter Experimente durchführte. Er verursachte eine Naphtha-Eruption, die das Eis zum Schmelzen brachte. Die prähistorischen Tiere begannen aufzutauen und zum Leben zu erwachen. Glücklicherweise endete die Eruption bald, so daß die Temperaturen auf ihre normalen Werte absanken und die Tiere wieder in ihren Winterschlaf fielen. Bedauerlicher ist allerdings, daß anderen Reisenden somit die Möglichkeit genommen ist, diese Menagerie, die seit so vielen Jahrtausenden ausgestorben war, in der Tiefe des Polarkreises zu bewundern.

Jókai Mór, *20 000 ans sous les glaces,* Bukarest 1876.

REICH DER ZAHLEN ↗ DIGITOPOLIS

DAS REICH DES MEERKÖNIGS liegt weit draußen im Meer, wo das Wasser so blau ist wie die schönste Kornblume, so klar wie das reinste Glas und so tief, daß viele Kirchtürme aufeinandergestellt werden müßten, um vom Grunde bis über die Wasseroberfläche zu reichen. Dort unten wachsen Bäume und Pflanzen von wundersamer Schönheit; die Stiele und Blätter sind so geschmeidig, daß sie sich bei der geringsten Bewegung des Wassers hin und her wiegen, als wären sie lebendige Wesen. Große und kleine Fische schlüpfen – gleich den Vögeln in der Menschenwelt – zwischen den Zweigen hindurch. An der tiefsten Stelle befindet sich das Schloß des Meerkönigs. Seine Mauern sind aus Korallen und die langen, spitzen Fenster aus Bernstein; das Dach besteht aus Muschelschalen, die sich, je nach der Strömung, öffnen und schließen. In diesen Muscheln liegen strahlende Perlen, von denen selbst die kleinste ein herrlicher Schmuck in der Krone einer Königin wäre. Aus den Wänden wachsen schöne Blumen, und wenn die Fenster geöffnet sind, schwimmen die Fische herein, wie bei uns die Schwalben hereinfliegen. Die Fische fressen den Königstöchtern aus der Hand und lassen sich streicheln. Vor dem Schloß ist ein großer Garten mit feuerroten und dunkelblauen Bäumen, deren Früchte wie Gold und deren Blüten wie Flammen leuchten.

Die Erde dieses Gartens ist feinster Sand, so blau wie eine Schwefelflamme. Bei Windstille kann man die Sonne sehen – wie eine Purpurblume, deren Kelch alles Licht der Welt verströmt. Jede der kleinen Prinzessinnen hat in diesem Garten ein eigenes Fleckchen, wo sie nach Herzenslust graben und säen kann. Eine von ihnen hat ihrem Blumenbeet die Form eines Walfisches, eine andere dem ihren die Gestalt einer Meerjungfrau gegeben. Die jüngste Prinzessin aber hat ihr Beet so rund wie die Sonne gemacht und Blumen so rot wie das Sonnenlicht gepflanzt. Und neben einer rosenroten Trauerweide steht in ihrem Gärtchen die weiße Marmorstatue eines schönen Knaben, die nach einem Schiffbruch auf den Grund des Meeres gesunken war.

Nach Vollendung des fünfzehnten Lebensjahres darf jede Tochter des Meerkönigs zur Menschenwelt emportauchen, im Mondschein auf den Klippen sitzen und die Schiffe vorbeisegeln sehen. Verliebt sich eine Meerjungfrau in ein menschliches Wesen, so muß sie sich, um bei ihm bleiben zu können, einer schmerzhaften Verwandlungsprozedur unterziehen. Zunächst muß sie die Meerhexe aufsuchen, die hinter den brausenden Strudeln wohnt, mitten in einem seltsamen Wald, dessen Bäume und Büsche Polypen sind und wie hundertköpfige, aus der Erde hervorgewachsene Schlangen aussehen. Das Haus der Meerhexe ist aus den Knochen gestrandeter Menschen erbaut, und überall kriechen dort fette Wasserschlangen herum, welche die Hexe ihre »Küchlein« nennt. Dort erhält die Meerjungfrau (unter der Bedingung, daß sie sich die Zunge abschneiden läßt, also nie mehr sprechen und singen kann) einen Zaubertrank, den sie, sobald sie in die Menschenwelt emporgetaucht ist, trinken muß und der bewirkt, daß sie ihren Fischschwanz verliert und statt dessen zwei Beine bekommt. Von nun an wird jeder Schritt, den sie tut, sie so sehr schmerzen, als träte sie auf spitze Nadeln und scharfe Messer. Sie wird nie mehr in das Reich des Meerkönigs zurückkehren können und, falls der Mensch, den sie liebt, ihre Gefühle nicht erwidert, auch keine unsterbliche Seele bekommen. Heiratet er eine andere, so wird die Meerjungfrau sterben und sich in Schaum verwandeln.

Hans Christian Andersen, *Den lille Havfrue*, Kopenhagen 1837.

RIALLARO, ein Archipel im südöstlichen Pazifik, der – wie auch der

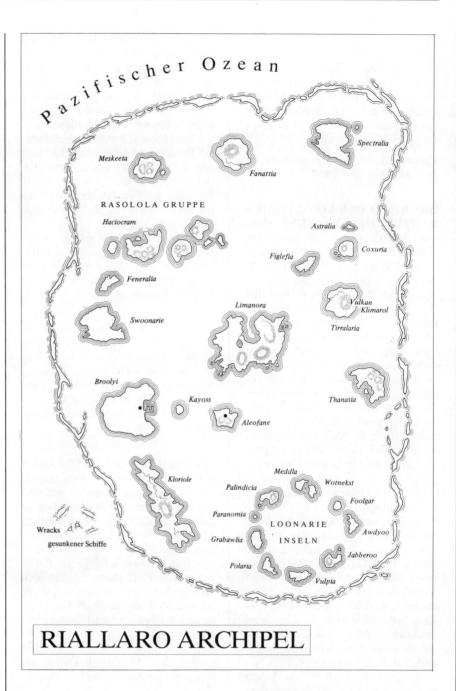

Name besagt – von einem Nebelring umgeben ist. Schiffe, die dort hineingesegelt sind, sind nie wieder aufgetaucht. Wegen des Nebels und der gefährlichen Strudel, die die Schiffe auf den Meeresboden ziehen, wird Reisenden geraten, sich dem Archipel mit Vorsicht zu nähern. Als Warnung dienen die Wracks alter Schiffe, die rundherum im Wasser gesichtet werden können: eine spanische Karavelle; eine malaiische Proa, deren tote Mannschaft noch immer auf dem Posten steht; ein Ostindiensegler und andere mehr.

Der Riallaro-Archipel scheint der Überrest eines alten, versunkenen Kontinents zu sein und besteht hauptsächlich aus magnetischem Eisen, das von dem Vulkan, der einstmals den Mittelpunkt des Archipels gebildet hat, aus Felsen geschmolzen worden ist. Der Nebel bildet sich wahrscheinlich durch das Zusammentreffen zweier Strömungen, einer aus der Antarktis und einer aus den Tropen. Der Archipel ist von einem Korallenriff umgeben; innerhalb des Riffs ist das Wasser ruhig. Zu den Inseln, die den Riallaro-Archipel bilden, gehören ↗ ALEOFANE, ↗ BROOLYI, ↗ COXURIA, ↗ FIGLEFIA, ↗ KLORIOLE, ↗ LIMANORA, ↗ LOONARIE, ↗ MESKEETA, ↗ SPECTRALIA.

Der Riallaro-Archipel wurde um die Jahrhundertwende von Europäern besucht, deren Dampfschiff *Tagtraum* stark genug war, um den natürlichen Schutzwall des Archipels zu durchbrechen. Der Kapitän bereiste sämtliche

Inseln und erhielt schließlich die Erlaubnis, nach Limanora zu gehen, wo er viele Jahre verbrachte.

Godfrey Sweven, *Riallaro, the Archipelago of Exiles*, NY/Ldn. 1901. – Ders., *Limanora, the Island of Progress*, NY/Ldn. 1903.

RIALMAR, Hauptstadt des Königreiches Fingiswold, bedeutender Hafen an der Nordküste des »Mittelländischen Meeres« (Midland Sea). Die Stadt mit ihren breiten Straßen und großen Plätzen liegt eingebettet zwischen den Ausläufern zweier Bergmassive: des Mehisbon und des Teremne.

Auf dem Mehisbongipfel steht der gewaltige Tempel des Zeus, errichtet aus schwarzem, unpoliertem (und daher noch dunkler wirkendem) Mar-

RIALMAR. *Blick vom Tempel des Zeus über die Bucht zum Königspalast*

mor. Nur das Giebelfeld und der Fries des Säulenportals sind mit Skulpturen geschmückt. In der Nähe des Tempels befinden sich die Grabstätten der Könige und Königinnen von Fingiswold.

Auf einem Felsplateau des Teremnemassivs steht hoch über dem Revarmtal das Königsschloß. Reisende sollten nicht versäumen, den »Garten der Königin« zu besuchen, der so angelegt ist, daß er neugierigen Blicken verborgen bleibt. Eine massive Mauer schirmt ihn gegen den Nordwind ab. Durch die Mauerscharten an der Ost- und Westseite hat man einen herrlichen Ausblick auf die Berge und das Meer tief unten. Der ovale Teich in der Mitte des Gartens ist mit einer Statue der Aphrodite Anadyomene geschmückt und von Sitzbänken aus Lapislazuli und Perlmutt umgeben. Die Doppelterrasse hinter dem Teich ist mit Sonnenblumen, Lilien, Nelken und Gebirgsblumen bepflanzt.

Der »Saal der Seepferde«, in Form eines Kreuzes erbaut, ist der berühmteste Raum des Königspalastes. Die Wände sind mit Jaspis besetzt, der Fußboden ist mit seltenen Hölzern eingelegt, die Säulen sind aus Lapislazuli. An der Nordseite befindet sich, gegenüber zwei großen Türen, ein Treppenaufgang aus Jaspis, flankiert von zwei Seepferden aus meerblauem Bergkristall. Die Spitzbogen über dem Haupteingang an der Südseite sind mit rosa Bergkristall besetzt, die Eingangstür hat eine pfauenblaue Lederverkleidung. Von der Kuppeldecke hängen Gobelins und – inmitten unzähliger kleinerer Leuchten – eine Lampe aus Silber, Topasen und gelben Saphiren herab.

Der älteste Teil des Schlosses ist die aus grauen, weißgeäderten Steinquadern erbaute Mantichore-Galerie mit ihren langen Tischen und Sitzen aus dem gleichen Gestein. Sie wird von vierundzwanzig Hängelampen beleuchtet. Benannt ist sie nach dem legendären Mantichore, der einst in den sandigen Regionen des »Wold« hauste und heute nur noch im ↗ BASILISKENLAND anzutreffen ist. Der in Fingiswold heimische Mantichore hatte Löwenpranken und eine Löwenmähne, einen stachelschweinartigen Körper, einen Skorpionschwanz und ein menschliches Gesicht.

Entlang der Triumphstraße, die vom Marktplatz in Rialmar zum Schloß hinaufführt, stehen rosarote Marmorsäulen, auf die an Festabenden brennende Pechpfannen gestellt werden. Dann gleicht die Straße einer riesigen Feuerschlange.

Daß die Herrscher von Fingiswold bei ihren Besuchen in Rialmar nach altem Brauch auf jede Eskorte verzichten, betrachten die Bewohner der Stadt als hohe Auszeichnung: Sie fühlen sich als die wahren Wächter über das Wohl ihrer Monarchen.

Als Hauptstadt von Fingiswold war Rialmar nicht selten der Schauplatz bedeutsamer historischer Ereignisse. Hier wurde König Mardanus ermordet – vermutlich von Aktor, einem Verbannten aus dem Nachbarland ↗ AKKAMA. Und in Rialmar entwarf Mardanus' Sohn Mezentius den Plan, die Reiche Fingiswold, Rerek und ↗ MESZRIA unter seiner Oberherrschaft zu vereinigen.

Rialmar wurde zweimal von akkamischen Truppen besetzt. 770 *anno Zayancae conditae* eroberte Sagartis von Akkama die Stadt und hielt sie besetzt, bis die Nachschublinien unterbrochen wurden. Er fiel in der großen Schlacht bei Rialmar. Nach König Mezentius' Tod im Jahre 777 wurde die Stadt von Sagartis' Sohn Derxis bezwungen, der die Königin Antiope während des Angriffes tötete. Doch als er mit seiner Streitmacht nach Süden ins benachbarte Rerek vorstoßen wollte, wurde er besiegt, und das bedeutete für Rialmar das Ende der Besatzungszeit.

Eric Rucker Eddison, *Mistress of Mistresses. A Vision of Zimiamvia*, Ldn. 1935. – Ders., *A Fish Dinner in Memison*, NY 1941. – Ders., *The Mezentian Gate*, Ldn. 1958.

RINGS, ein Elfenhof in Galloway, Südschottland. In vieler Hinsicht ähnelt Rings anderen Elfenhöfen in Europa. Allerdings ist es das einzige Elfenreich, in dem je ein Gespenst umging. Elfen sind zwar sehr langlebig, aber sie sind sterblich und haben keine Seele. Als man sah, wie Sir Glamie, der hochgeachtete Haushofmeister von Rings, nach seinem Tod bei Hof spukte, wurde klar, daß etwas Menschenblut in seinen Adern geflossen war, vermutlich als Folge einer Beziehung zwischen einer Fee und einem Menschenwesen in der Vergangenheit. Das allein war schon skandalös genug, außerdem befürchtete man, die Erscheinung des Geists könne zu allen möglichen ungesunden Spekulationen über das Leben nach dem Tode führen. Sir Glamie wurde vor allem von werktätigen Feen gesehen, wobei er stets einen Fisch trug; er hatte zu Lebzeiten leidenschaftlich gern Jagd auf fliegende Fische gemacht, und viele seiner Trophäen sind heute noch in Glaskästen im Nordsalon ausgestellt.

Zunächst war Sir Glamies Geist nicht so unbeliebt, aber das änderte sich, als eine Fee ihm unerwartet beim Frühjahrsputz begegnete; das Gesicht der Fee erstarrte in einem entsetzten Schielen, und sie blieb für immer entstellt. Von da an wurde alles, was in Rings schiefging, dem Geist zugeschoben. Die letzte nachgewiesene Erscheinung von Sir Glamie ereignete sich, als er sich in ein Gespräch über Gespenster einmischte und den Disputanten sagte, sie wüßten nicht, wovon sie redeten. Dann verschwand er und wurde im Schloß nicht mehr gesehen; nur am Flußufer, seinem alten Fischgrund, spukt er manchmal noch herum.

Sylvia Townsend Warner, *Kingdoms of Elfin*, Ldn. 1972.

RIP VAN WINKLES DORF am Fuß der Catskill-Berge im Staat New York. Das alte Dorf ist von einigen der frühesten holländischen Siedler begründet worden, die sich in Amerika niederließen. Besucher können noch die drolligen Häuschen aus gelben Ziegeln, mit Gitterfenstern, Vordergiebeln und Wetterhähnen sehen. In der Nähe des Dorfes befindet sich eine kleine Schlucht, in der die Geister von Henry Hudson und seinen Gefährten (die Entdecker des Hudson) Kegel schieben. Das Rollen ihrer Kugel klingt – so sagt man – wie ein Gewittergrollen am Sommernachmittag. Sollte ein Besucher von den Spielern zu einem Drink eingeladen werden, schlägt er ihn besser aus, denn er wird wahrscheinlich einen tiefen Schlummer bewirken, aus dem der Schläfer nicht vor zwanzig Jahren erwacht.

Rip van Winkle, ein Bewohner des Dorfes, zur Zeit als es noch unter britischer Herrschaft stand, trank mit den alten Holländern und verschlief den gesamten Unabhängigkeitskrieg. Er wurde schließlich von seiner Tochter aufgenommen und verbrachte seine Tage in Mr. Doolittles Hotel, wo er seine Geschichte jedem erzählte, der sie hören wollte.

Washington Irving, *Rip van Winkle*, in *The Sketch-Book of Geoffrey Crayon, Gent*, NY 1819.

RIVENDELL ↗ BRUCHTAL

ROADTOWN, eine Stadt in der Nähe von New York. Sie wirkt wie ein einziger Straßenzug, an dem ein langgestrecktes Bauwerk (ähnlich einem auf der Seite liegenden Wolkenkratzer) errichtet wurde, das sich mehrere Meilen weit durch die Hügellandschaft westlich von New York zieht und ein wenig an die Chinesische Mauer erinnert. Das Betonbauwerk – feuer- und wirbelsturmsicher und frei von jeglichem Ungeziefer – ist zwei Stockwerke hoch und in jeweils zwei Wohnungen pro Etage unterteilt. Dazu kommen drei unterirdische Stockwerke für Rohrleitungen, Kabel und Untergrundbahn. Diese geräuschlose Einschienenbahn (eine Art horizontaler Fahrstuhl) hat kleine Wagen, deren Türen elektrisch geöffnet und geschlossen werden und lederbezogene, sehr griffige und leichtgewichtige Räder. Jede Wohnung verfügt über eine eigene Treppe zur Untergrundbahn und hinauf aufs Dach, dessen Mittelstreifen eine gedeckte Promenade ist, die im Winter verglast und dampfbeheizt wird. Das Dach ist so gebaut, daß die Spaziergänger weder in die Fenster ihrer Mitbürger sehen noch deren Gespräche belauschen können. Die Monotonie des Bauwerks wird durch Türme aufgelockert.

Das einzige Geräusch, das von außen in die Wohnungen dringt, ist das Zwitschern der Vögel. Zur Ausstattung jeder Wohnung gehören eine regulierbare Warmwasserheizung und ein »Telegraphon« (ein Fernsprechgerät, das Mitteilungen aufzeichnet). In die Hausarbeiten, die nicht automatisch oder in Gemeinschaftseinrichtungen erledigt werden können, teilen sich sämtliche Familienmitglieder. Es gibt eine kooperative Wäscherei (die Kosten werden auf die Miete aufgeschlagen) und eine Gemeinschaftsküche, die telefonische Bestellungen umgehend ausführt. Alle Wohneinheiten sind an die zentrale Absaugreinigung angeschlossen. Die Betten werden automatisch gemacht. Den Bürgern stehen Kindergärten und Genossenschaftsläden zur Verfügung. Dienstboten gibt es in Roadtown nicht. Der Grund und Boden rings um die Stadt wird landwirtschaftlich genützt, zur Düngung wird er mit Abwässern berieselt.

Roadtown wurde im Jahre 1893 nach der Idee eines Amerikaners namens Chambless erbaut, der, mittellos und anscheinend ohne Zukunftsaussichten, auf einem Hügel in der Nähe von New York »gestrandet« war.

Edgar Chambless, *Roadtown*, Ldn./NY 1910.

ROBINSON CRUSOES INSEL oder **INSEL DER VERZWEIFLUNG** (manchmal auch **SPERANZA** genannt), eine kleine Insel, etwa zwanzig Seemeilen vor der Küste von Südamerika in der Nähe der Orinoko-Mündung in Venezuela und nicht auf halbem Weg zwischen der Insel Juan Fernandez und der chilenischen Küste, wie von einigen französischen Geographen angenommen worden ist. Das Innere der Insel ist hügelig und fruchtbar. Es gibt mehrere gute Strände und Buchten, und die Mündung eines kleinen Flusses bildet im Nordosten einen brauchbaren Hafen. Die Insel wurde im frühen achtzehnten Jahrhundert bekannt durch die Chronik des Robinson Crusoe aus York, der hier am 30. September 1659 als Schiffbrüchiger an Land ging. Die Überreste der drei Lager, die er errichtete, können besichtigt werden: eines nahe der Flußmündung, ein anderes auf einem Felsplateau im Nordwesten, von wo aus man eine gute Aussicht auf diesen Teil der Insel hat, und ein drittes Lager in dem Tal im Inneren der Insel. Hier

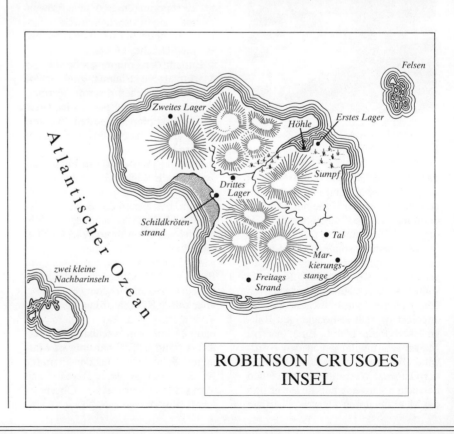

pflanzte Crusoe Gerste, Weizen und Reis, die sich nun den einheimischen Gewächsen hinzugesellen: dornigen Fichten, Eisenholzbäumen, Tabak, Aloe, Zuckerrohr, Melonen, Trauben, Zitronen und Kokospalmen. Es gibt keine wilden Tiere, außer einer Art Wildkatze (inzwischen gekreuzt mit einer Hauskatze, die Crusoe mitbrachte) und Ziegen, Hasen und Schildkröten. Dagegen leben auf der Insel viele Vögel: Papageien, Habichte, Pinguine, Felsentauben – um nur einige zu nennen. Im Süden liegt Freitags Strand, wo Crusoe zuerst einen menschlichen Fußabdruck sah, und ein Stück weiter westlich steht eine Stange, die er als Wegmarkierung aufstellte. Ein hölzerner Pfosten mit der Inschrift: »Hier landete ich am 30. September 1659« diente ihm als Kalender und ist in der Nähe seines ersten Lagers noch zu sehen.

Gegen Südwesten, etwa zwei Seemeilen entfernt, befinden sich ein paar kleine Inseln ohne größere Bedeutung. An Freitags Bucht kann man Knochen von Menschen finden, die Überreste einer Kannibalen-Mahlzeit.

Die Insel hat zweimal zwei Jahreszeiten: Regen von Mitte Februar bis Mitte April und von Mitte August bis Mitte Oktober, Trockenheit von Mitte April bis Mitte August und von Mitte Oktober bis Mitte Februar.

Daniel Defoe, *The Life and Strange Surprizing Adventures of Robinson Crusoe*, Ldn. 1719. – Michael Tournier, *Vendredi ou Les limbes du Pacifique*, Paris 1969.

RODRIGUE, eine Insel im Indischen Ozean, die auch als **DIEGO RODRIGO** bekannt ist. Sie hat einen Durchmesser von etwa zwanzig Meilen und wurde am 10. Dezember 1690 von einem französischen Protestanten entdeckt, der nach der Aufhebung des Edikts von Nantes aus Europa geflohen war. Der Franzose baute mit seinen Gefährten mehrere viereckige Hütten und ein größeres Gebäude, das »Rathaus« für öffentliche Versammlungen. Die Siedler versuchten eine protestantische Herrschaft zu errichten, die auf den Prinzipien der Gleichheit beruhen sollte. Zum Aufbau einer ausgewogenen Gesellschaft fehlten ihnen jedoch die Frauen. So verließen sie die Insel am 19. April 1693 und landeten in Mauritius.

Besucher können noch den großen Garten besichtigen, wo die Siedler versuchten, verschiedene Feldfrüchte zu kultivieren. Außer Ratten und Eidechsen gibt es kaum Tiere auf Rodrigue. Schreckliche Stürme suchen die Insel jährlich mehrere Male heim.

François-Maximilien Mission, *Voyage et aventures de François Leguat...*, Ldn. 1708.

DER RÖMERSTAAT liegt unter Nordengland, rund um einen unterirdischen See verstreut, der einen Umfang von mindestens dreihundert Meilen hat. In den Siedlungen und Städten gibt es keine Häuser im herkömmlichen Sinn, sondern nur einfache Einfriedungen, von Hecken umgeben und mit Bänken ausgestattet. Die einzigen eigentlichen Gebäude sind die Badehäuser, sie haben Wände, aber keine Dächer. Die Bäder sind aus den Steinböden ausgeschachtet, und rundum an den Wänden befinden sich Becken mit fließendem Wasser. An die Rückseite der Badehäuser schließen sich große Einfriedungen mit Lagerstätten zum Schlafen an. Städte und Siedlungen sind in verschiedene Bereiche, Umzäunungen genannt, eingeteilt, deren Bewohner jeweils einem bestimmten Beruf nachgehen. Soweit wie möglich unterhält sich jede Umzäunung aus eigenen Mitteln.

Der Römerstaat stützt sich auf die totale Unterwerfung des Einzelnen unter den Staat, ein System, das aus der Furcht der Menschen vor der sie umgebenden Dunkelheit entsprungen zu sein scheint. Alles, was nicht wesentlich für das Überleben des Staates und der Rasse ist, wurde unterdrückt; körperliche Gewalt oder Rebellion sind ausgeschaltet. Durch Furcht und Hypnose zu Automaten mit ausdruckslosem Blick reduziert, besitzt die Mehrheit der Bevölkerung keinen eigenen Willen mehr, sondern folgt widerspruchslos den Anweisungen des Staats, der seinerseits von den allgewaltigen Meistern des Wissens überwacht wird, die man an ihrem machtvollen, hypnotischen Starrblick erkennt. Das Erziehungssystem ist ganz auf die Festschreibung dieses Zustands abgestellt. Aufgabe der Lehrer ist es, Vitalität und intellektuelle Neugier bei den Kindern zu bekämpfen; sie verwenden dumpfe Musik und rhythmischen Tanz, um einen hypnotischen Zustand auszulösen, in dem der Wille des Einzelnen gebrochen werden kann. Die Kinder lernen nur das, was für ihr späteres Leben unabdingbar notwendig ist, denn die Meister des Wissens sagen, überflüssige Kenntnisse seien so schädlich wie giftiges Essen. Mit sechzehn verlassen die Heranwachsenden die Schule und beginnen mit der Ausbildung für ihre zukünftige Arbeit. Man lehrt sie auch Gedankenübertragung, die an die Stelle der Sprache getreten ist; nur Kinder und Schwachsinnige verwenden die Sprache noch, eine Art primitives Latein. In den letzten Phasen der Erziehung wird der Geist viviseziert, wünschenswerte Neigungen werden verstärkt und andere total ausgelöscht. So gelangt jeder Einzelne zu dem Glauben, sein Land sei ein perfektes Gemeinwesen, gegründet auf Glaube, Liebe und Glückseligkeit. Die Menschen des Römerstaats dienen ihrem Staat noch im Tod; ihre Leichen werden als Brennmaterial für die Öfen der Gewerbeviertel verwendet. Auf der Basis eines Schichtsystems wird rund um die Uhr gearbeitet. Jede Umzäunung und jeder Gewerbezweig steht unter der Kontrolle eines Facharbeiters mit starken hypnotischen Kräften. Die Zeit wird mit Wasseruhren gemessen, und man lebt nach dem Julianischen Kalender.

In auffallendem Gegensatz zu der Differenziertheit seiner Kontrollmechanismen steht die industrielle Entwicklung; im wesentlichen verwendet man immer noch die Werkzeuge und Produktionsmethoden der Antike. Als Handwerk sind nur Holz- und Metallverarbeitung, Weben, Töpfern und Schiffsbau bekannt. Der Warentransport geht auf dem Wasser vor sich, entweder auf langsamen, schwerfälligen Barken oder mit ruderbestückten Galeeren. Riesige Spinnen, die man in großen Eisenkäfigen hält, liefern ein seidenartiges Material, das dann gewebt und zu Kleidung verarbeitet wird. Die Spinnen sind furchterregende Tiere, und niemand wagt, unbewaffnet die Käfige zu betreten. Ein gröberes Tuch wird aus der Rinde eines Buschs gemacht und aus langen, schilfartigen Halmen, die man in den Marschgegenden findet. Schlangenfarmen liefern einen großen Teil des Nahrungsbedarfs. Im Gegensatz zu den Spinnen hält man die Schlangen unter Hypnose, und sie scheinen ihre Wärter tatsächlich zu mögen. Die Ernährung wird ergänzt durch die Produkte von Pilzfarmen, durch Eidechsen und Fische, die im Salzmeer gefangen werden, außerdem durch Meerespflanzen und Seetang.

Die Ursprünge des Römerstaats sind ungeklärt, wenn man aufgrund von Kleidung, Sprache und Schiffen auch annehmen darf, daß die Bewohner von den Römern abstammen.

Es gibt zwei Zugänge zu diesem unterirdischen Reich. Man kann es vom Grund eines stillgelegten Bergwerksschachts erreichen, der aus römischer Zeit stammt, oder durch eine

Falltür, die im Sockel des Hadrianswalles (Northumberland) verborgen ist. Beide Eingänge führen auf den Gipfel eines unterirdischen Berges, und von da durch Gebirgsschluchten bis zu einem Fluß. Der Fluß fließt durch phosphoreszierende Sümpfe und ein Felsengewölbe, um dann in den zentralen See zu münden. Wenn Reisende seinem Lauf folgen, kommen sie durch Gegenden, deren Vegetation viel reicher ist als sonst unter der Erde. In den höher gelegenen Gebieten besteht sie aus kleinen Pilzen mit phosphoreszierenden Hüten, die nach Knoblauch schmecken, dazwischen einer schilfähnlichen Pflanze mit kriechenden, roten Stielen. Diese Zone weicht schließlich einer Buschlandschaft mit öligen Stämmen, und die tiefer gelegenen Bergschluchten sind von Wäldern bedeckt, hier wachsen schilfähnliche Bäume und Riesenpilze bis zu einhundert Fuß Höhe mit umgestülpten, grün phosphoreszierenden Hüten. Ähnliche Pflanzen verwendet man im Römerstaat für die Beleuchtung.

Die Wälder werden von einer Vielfalt von Tieren bewohnt. Große Baumechsen leben hoch oben in den Ästen, und Schnecken in der Größe von Kaninchen kleben an den schroffen Felsen; beide sind eßbar. Riesenkröten und Landeidechsen lauern an feuchten Orten, und im See und an seinen sumpfigen Rändern findet man große Krabben und plumpe, seehundähnliche Robben. Das gefährlichste Tier ist die bereits erwähnte, löwengroße Seidenspinne, die sich auf ihren langen, stelzenartigen Beinen sehr rasch fortbewegen kann. Aus ihrem Maul baumeln Stricke, die sie wie ein Lasso auf ihre Beute schleudert, und wen sie einmal eingefangen hat, der ist rettungslos verloren.

Besucher dieses unterirdischen Landes müssen sich klar darüber sein, daß man im Römerstaat davon ausgeht, jeder, der hierherkommt, tue das freiwillig und sei deshalb auch einverstanden, sich buchstäblich absorbieren, seinen Geist zerstören und zum willenlosen Roboter degradieren zu lassen. Niemand darf ohne Erlaubnis des Staats wieder abreisen – eine Erlaubnis, die niemals gewährt wird.

Joseph O'Neill, *Land under England*, Ldn. 1935.

ROHAN, auch Riddermark oder Pferdeland genannt und damit ein beliebtes Ziel für den Liebhaber von Pferden, die sich hier frei auf der weiten, offenen Grassteppe tummeln. Sie erstreckt sich zwischen dem Flusse Isen im Westen und dem Großen Fluß Anduin im Osten, wo die Braunen Lande beginnen. Im Norden grenzt Rohan an ↗ FANGORN und die Ausläufer des Nebelgebirges, im Süden an das Weiße Gebirge. Seine wichtigsten Provinzen sind das sumpfige Westemnet und das sicherere Ostemnet an den Ufern des Entwassers. Die Hauptstadt Edoras wurde auf einem Hügel errichtet, an dessen Fuß in zwei Reihen die Gräber früherer Herrscher liegen. Sie sind mit den das ganze Jahr über blühenden weißen Simbelmynen überwachsen. Hinter der mächtigen Stadtmauer führt eine gepflasterte Straße an alten Häusern aus dunklem Holz vorbei zu einer grünen, ebenen Fläche mit einem großen Springbrunnen hinauf. Von hier gelangt man über eine breite Treppe zur Goldenen Halle Meduseld. Schwere, goldene Säulen und Wandbehänge mit Szenen früherer Heldentaten schmücken sie. Den Mittelpunkt bildet eine Feuerstelle, und am Ende der Halle steht der Thron des Herrn der Mark.

Oberhalb von Edoras führt eine uralte Straße durch das Hargtal zur Feste Dunharg im Hochtal Firienfeld. Längst vergessene Menschen haben – jetzt verwitterte – Steinskulpturen am Wegesrand aufgestellt. Es gibt nur einen westlichen Ausgang aus dem Hargtal, und der mündet auf den Pfaden der Toten. Ein Teil der Bevölkerung von Rohan fand im Ringkrieg hier Schutz gegen den Dunklen Feind Sauron, während sich die Leute von Westemnet hinter Helms Deich in der Hornburg verschanzten. Dennoch wären sie trotz der starken Befestigungen beinahe von den schwerbewaffneten Orks überrannt worden, wenn nicht im letzten Augenblick überraschend Hilfe aus Fangorn gekommen wäre.

Die Rohirrim, denen ↗ GONDOR vor langer Zeit die Provinz Calenardhon überlassen hatte, waren ein tapferes, unbeugsames Volk. Die Pferde, die sie in Freiheit züchteten, waren sogar denen der Ringgeister Saurons überlegen. Nie ließen sie sich auf dessen Lügengespinste ein und zahlten ihm auch nie Tribut. Dem Königreich Gondor galt ihre Treue, und sie ließen es auch in der schlimmen Zeit des Ringkriegs nicht im Stich. – Ihre Sprache war das Rohirric, doch verständigten sie sich mit den anderen Völkern in der gemeinsamen Sprache *Westron*. Schriftliche Zeugnisse sind nicht von ihnen erhalten, doch künden viele Lieder und Balladen von den großen Taten ihrer Helden.

John Ronald Reuel Tolkien, *The Fellowship of the Ring*, Ldn. 1954. – Ders., *The Two Towers*, Ldn. 1954. – Ders., *The Return of the King*, Ldn. 1954.

ROMANCIE, ein von einer Mauer geschütztes Königreich, das sich vom Troximanie-Gebirge bis zur Küste erstreckt. Es gibt verschiedene Zugangswege, die alle ohne große Schwierigkeiten zu benutzen sind, da Pässe und andere Reisedokumente nie genau überprüft werden. Man kann über das Meer hierher gelangen, auf dem Landweg durch einen Tunnel, der in einer Höhle des Gebirges beginnt, oder geradewegs vom Mond oder von den Sternen herab. Die Mauer um das Königreich hat mehrere Tore. Es geht die Sage, daß Reisende, die durch das Tor der Liebe eintreten, Romancie durch das Tor der Hochzeit verlassen.

Schloß der Fee Camalouca, ROMANCIE

Die Romancie war früher ein ungeteiltes Land, das als das schönste der Welt galt und von Prinzen, Feen und Helden bewohnt war. Da aber zahllose Einwanderer von niederer Herkunft kamen, mußte eine Untere Romancie geschaffen werden, während sich die Aristokratie in der Oberen Romancie niederließ. Während die Bevölkerung in der Unteren Romancie ständig zunimmt, wandern viele aus der Oberen Romancie aus, und die Feen und Genien von einst sind fast alle verschwunden. Es gibt nur noch zwei verzauberte Schlösser, das Schloß der Fee Camalouca und das der Fee Curiaca, die sich beide im Wald der Abenteuer befinden. Touristen treffen in der Oberen Romancie ein ideales Klima an: Die Luft ist so rein und nahrhaft, daß man nicht zu essen braucht. Die beiden

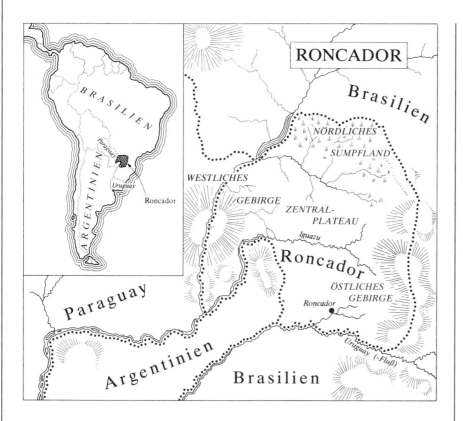

Hauptnahrungsmittel sind hier Luft und Liebe.

Die Landschaft ist ein Mosaik aus Hügeln, Wäldern und Obstgärten. In den Bächen fließen Milch und Honig, und in den Flüssen finden sich bunte Fische und zahllose Edelsteine. Die Felsen der Romancie werden empfindsam und weich, wenn sie die Klagen eines von der Liebe Enttäuschten hören. Das kommt manchmal vor, denn die Liebe und das Freien werden durch einen strengen Codex geregelt, der die Ehe allen jenen verbietet, die nicht durch alle vorgeschriebenen Stadien und Prüfungen der Liebe gegangen sind. Im ganzen Land gibt es Wälder der Liebe, aber auch solche der Eifersucht, des Streits und der falschen Anschuldigung.

Immergrüne Bäume mit Sinn für Musik, sind der Wohnort von Dryaden und Faunen. Lotus und andere Blumen gibt es in großer Zahl – sie erblühen unter den Schritten schöner Frauen, die Gärten wachsen lassen, wo immer sie wandeln.

Zur Fauna der Romancie gehören Löwen, Tiger und Bären. Fliegende Pferde und Einhörner sind verbreitet, und Greife und Flügelrösser sind leicht zu zähmen. Hornlose Stiere, dreiköpfige Hunde, gestiefelte Kater, vielsprachige Papageien, flammenfarbige Krähen, weiße Amseln, Kentauren, Phönixe, singende Schwäne und Riesenheuschrecken (die auch als Lasttiere verwendet werden) tummeln sich allerorten. Chimären hält man in Käfigen nahe einer Feuergrube voller Salamander. Ein lieblicher Teich dient als Gefängnis für Sirenen, die Männer durch ihren Gesang verführt haben.

Die Romancie hat einen Hafen und eine Stadt. Vom Hafen laufen Schiffe aus mit Helden und Heldinnen der Oberen Romancie, auf der Suche nach neuen Abenteuern. Die Händler und Handwerker der Unteren Romancie machen den Besuch der Stadt sehr lohnend. Jedes Gewerbe hat seine eigene Straße; es gibt zum Beispiel die Straße der Zauberlampenmacher oder die der Bläser, wo Handwerker Winzigkeiten zu etwas Riesigem aufblasen. In der Straße der Ausbesserer werden alte Sachen wie neu gemacht.

Alle Bewohner der Oberen und Unteren Romancie sind jung, gesund und sehr schön. Ihre Gespräche sind sehr geistreich. Sie sprechen sämtliche modernen und alten Sprachen und sind ausgezeichnete Künstler und Athleten. Wer Wert auf gutes Aussehen legt, sollte die Romancie besuchen, denn wer hierhin reist, wird so schön wie die Einwohner. Erwähnt sei aber, daß sich das Volk von ↗ LILIPUT und das von ↗ BROBDINGNAG hier zeitweilig niederließen, das Land indessen nicht für angemessen hielten und wieder wegzogen

Guillaume H. Bougeant, *Voyage merveilleux du Prince Fan-Férédin dans la Romancie...*, Paris 1735.

RONCADOR, eine Republik in Südamerika, die an Argentinien, Paraguay und Brasilien angrenzt. Nachdem Roncador lange Zeit unter spanischer Herrschaft in den Händen der Jesuiten gewesen war, erlangte es seine Unabhängigkeit am ersten Sonntag im April 1839, als eine Gruppe von Jakobinern unter Führung eines Engländers namens Oliver den Diktator von Roncador während der Festlichkeiten zur Segnung des Zehnten ermordete. Oliver wurde als Dr. Olivero Diktator von Roncador und führte ein egalitäres Regierungssystem auf der Grundlage von Rousseau, Volney und Voltaire ein. Die provisorische Regierungsverordnung, die Oliver selbst schrieb, beginnt mit den folgenden Worten: »Auf Grund der Tatsache, daß alle Menschen durch die Universale Vorsehung mit denselben Fähigkeiten, denselben Empfindungen und denselben Bedürfnissen ausgestattet sind, ist es von der Vorsehung so gewollt, daß sie gleichen Anteil an den Gaben der Erde haben sollten. Da diese Gaben für alle ausreichen, ergibt sich folgerichtig, daß alle Menschen in gleicher Freiheit leben können und ein jeder der Herr über sein eigenes Schicksal ist.«

Ehen zwischen Spaniern wurden verboten, um die Assimilation aller fremden Elemente zu gewährleisten. Eine Reihe von Arbeitstagen wurde abgeschafft. Männer und Frauen lebten in einer Beziehung gegenseitigen Vertrauens. Sie bestellten die Erde und lebten glücklich von ihrem reichen Segen. Als es Oliver klar wurde, daß sein Idealstaat wegen der Begehrlichkeit der anderen scheitern würde, plante er ein Attentat auf sich selbst und täuschte seinen Tod vor. Sein Nachfolger wurde General Iturbide. Oliver kehrte nach England zurück und starb schließlich in dem unter Wasser gelegenen ↗ GRÜNEN LAND.

Roncador ist eine der kleinsten der früheren spanischen Provinzen in Südamerika und umfaßt 30 000 Quadratmeilen. Es besteht aus einem Hochlandplateau etwa von der Größe Irlands, das von vielen Flüssen durchzogen wird, die ihre Quellen im westlichen Gebirge haben. Diese Flüsse fließen durch die Sumpfregionen im Norden und münden in den mächtigen Strom, der die Grenze zu Argentinien bildet. Die Ost- und Westgrenzen sind gebirgig und unbewohnt. Die Zentralebenen, die Pampas, sind ebenfalls kaum bewohnt, und Siedlungen sind auf das Stromtal beschränkt.

Auch die Hauptstadt heißt Roncador. Sie besteht aus einem zentralen

Platz, von dessen Ecken jeweils zwei Straßen im rechten Winkel zueinander abzweigen. Die Stadt liegt an den Hängen und auf dem oberen Teil eines halbkreisförmigen Erdwalls, der unten von einem Fluß abgegrenzt wird. Die Kathedrale ist beinahe dreihundert Jahre alt und wurde von den Jesuiten gebaut. Ihre Fassade stellt eine Perversion des barocken Baustils dar und ist im Grunde ein riesiger Baldachin aus Stein und Stuck, an den ein hölzerner Portico angefügt ist, der von spiralförmigen Säulen flankiert wird. In einer Nische darüber – einem wahren Krähennest aus phantastischer Metallverzierung – findet sich eine lebensgroße Darstellung von Mariä Himmelfahrt. Eine breite Treppe von einem Dutzend Stufen führt auf den Platz hinunter. Zwei andere Gebäude zu beiden Seiten der Kathedrale sind ebenfalls erwähnenswert: die Kaserne (heute wahrscheinlich das Kriegsministerium) und der *ayuntamiento,* das heißt das Rathaus.

Roncador exportiert Häute, *yerba mate,* Zucker und Tabak. Es ist berühmt auch wegen seiner Kolibris, die es in vielen Arten und in großer Farbenvielfalt gibt.

Ein interessantes Nachschlagewerk über die frühe Geschichte von Roncador ist Padre Lorenzos *Memoria sobre las misiones.*

Herbert Read, *The Green Child,* Ldn. 1935.

RONDISLE, eine Insel im Indischen Ozean. Die Hauptstadt ist kreisförmig angelegt (Umfang: neun Meilen), die Häuser sind entlang der Peripherie erbaut. Durch Baumreihen ist der Kreis in vier Segmente unterteilt, die mit Rasen bedeckt sind. Im Zentrum steht ein runder Bambustempel, zu dessen vier Eingängen je 121 Stufen hinaufführen. Überall auf der Insel gibt es kleine Städte, die nach dem gleichen Grundriß errichtet wurden und, wie die Hauptstadt, über beheizte Gebäude verfügen, in denen man Dampfbäder nehmen kann.

Diese Inselrepublik wird von hundert Häuptlingen regiert. Da die Bevölkerung freigebig, gastfreundlich und stets zum Lachen aufgelegt ist, kann jedem, der sich von einem Spleen heilen lassen möchte, der Aufenthalt auf Rondisle empfohlen werden. Die Insulaner sprechen eine Mischung aus Portugiesisch und Französisch und bedienen sich außerdem einer drastischen Zeichensprache. Stecken sie jemandem den Finger ins Ohr, so bedeutet das »Freundschaft«. Einem anderen in die Hand zu spucken und dabei mit den Fingern zu schnalzen, bedeutet, daß man glücklich und vergnügt ist. Die Kinder (die bis zur Pubertät in der Familie aufgezogen werden) laufen, außer bei Besuchen in der Stadt, splitternackt herum, um sich gegen Hitze und Kälte abzuhärten.

Interessant sind die Bestattungsriten: Der unbekleidete Leichnam wird auf ein von Bambusstäben abgestütztes Podest gelegt, dann erscheinen die Freunde und Verwandten, um die Tugenden des Verstorbenen aufzuzählen und Brennholz für den Scheiterhaufen zu bringen. Je mehr Tugenden der Tote besaß, desto mehr Holz wird gespendet. Der Leichnam wird außerhalb der Stadt verbrannt – unter dem Wehklagen der Trauergäste, die sich vor dem Scheiterhaufen zu Boden werfen. Danach tanzen sie vergnügt um die Asche herum.

Pierre Chevalier Duplessis, *Mémoires de sir George Wollap; ses voyages dans différentes parties du monde...,* 3 Bde., Ldn./Paris 1787–1788.

DER ROSAFARBENE PALAST, an einem unbekannten Ort, wird vom Rosafarbenen Kind bewohnt. Jeden Nachmittag zeigt sich das kleine Mädchen zwischen Tapisserien und kostbaren englischen Gemälden. Es geht mit Seidenpantoffeln auf den weichen Teppichen, die von einer Wand zur anderen reichen; es ißt aus weißen Porzellantellern mit Silberbesteck und sagt »Aber bitte, behalten Sie doch Platz«, wenn es an Ihnen vorbeikommt. Dabei zeichnet es mit der Hand einen Schwan in die parfümierte Luft. Es hört sanfte, klassische Musik und rezitiert auf französisch *La cigale et la fourmi.*

Das Rosafarbene Kind ist durch und durch rosa und duftet nach Rosen. Es hat weder Ellbogen noch Knie, weil Knie häßlich sind und Ellbogen wie Hühnerpopos aussehen. Einmal am Tag betritt das kleine Mädchen einen geheimen Raum des Palastes. Dann werden alle Uhren angehalten, und erst wenn es wieder herauskommt, ticken sie aufs neue.

Einmal allerdings verließ das Kind seinen Palast und reiste ins Ausland. Es sah Salz- und Kalklandschaften und trübe Schlammpfützen, in denen sich Schweine suhlten. Es sah Tierkot, hörte ungehobelte Stimmen und die ordinäre Musik der Bordelle. Es sah die gräßlichen Gesichter von Huren, Dieben, Wucherern. Durch offene Fenster sah es das Gezänk zwischen Liebenden, ein Kinderbegräbnis, die schmerzhafte Geburt eines Kindes, die Ermordung eines alten Mannes durch seinen Neffen. Ein betrunkener Seemann küßte es. Ein Blinder betastete es mit seinen gräßlichen Händen. Räudige Hunde und bösartige Katzen bissen es in die Knöchel. Doch das Rosafarbene Kind starb nicht. Nachdem es den Schmutz, die Spucke, den Kot, die widerlichen Küsse, die Huren und Mörder durchgestanden hatte, kehrte es in seinen Palast zurück. Dort badete es und parfümierte sich und setzte sich an den Tisch und aß aus weißen Porzellantellern mit Silberbesteck und sagte: »Aber bitte, behalten Sie doch Platz«, wenn es an jemand vorbeiging. Und so können Besucher es noch heute sehen.

Marco Denevi, *La niña rosa,* in *Falsificaciones,* Buenos Aires 1966.

ROSENHAUS, Alterssitz des Freiherrn von Risach bei Rohrberg (Oberösterreich), Mittelpunkt eines Landgutes, zu dem Meierhöfe und größere Ländereien gehören. Risach, ursprünglich bürgerlich, durch bedeutende Verdienste im Staatsdienst geadelt, hat den von ihm gekauften ehemaligen Asperhof durch eine private Agrarreform zu einem Mustergut umgewandelt. Die Grundherrschaft ist aufgehoben, die früheren Gutsuntertanen sind nun Eigentümer auf ihrem Grund beziehungsweise bezahlte Landarbeiter.

Dem Herrenhaus Risachs hat man den Namen Rosenhaus beigelegt, da es vollkommen von sorgfältig gepflegten Rosen der verschiedensten Gattungen und Farben überwachsen ist. Der fast kultische Rosendienst, der von Risach und seiner Freundin Mathilde Tarona, der Besitzerin des nahegelegenen Sternenhofs, gepflegt wird, ist eine Reminiszenz an ihre unglückliche Jugendliebe.

Im Rosenhaus befindet sich die kostbare Kunstsammlung des Freiherrn. Wertvollstes Stück ist die spätantike Marmorstatue des Mädchens von Cumae, die im Treppenhaus aufgestellt ist. Das ganze Haus ist als Privatmuseum gestaltet, offenbar nach dem Vorbild des Tegeler Schlosses von Wilhelm von Humboldt, der sich wie Risach vorzeitig aus dem Staatsdienst zurückgezogen hat, um sich seinen künstlerischen und wissenschaftlichen Neigungen hinzugeben.

Der Garten des Rosenhauses ist als vollkommen autarker ökologischer Kosmos angelegt, teils Nutz-, teils Ziergarten. Auffallend ist die große Zahl von Vögeln verschiedenster Arten, die sich hier eingefunden haben – auch solcher, die sich sonst nie in die Nähe menschlicher Behausungen wagen. Neben dem Garten liegt ein Gewächshaus, unter anderem mit prachtvollen seltenen Kakteen.

Neben seinen landwirtschaftlichen Interessen widmet Risach seine Zeit der Restauration von Kunstwerken und Möbeln. Sein besonderes Verdienst ist die Wiederherstellung des Kerberger Altars, die an die Restauration des berühmten Kefermarkter Altars im Mühlviertel durch Adalbert Stifter denken läßt. Risachs Schreinerwerkstatt stellt aber auch neue Möbel nach seinen persönlichen (den herrschenden entgegengesetzten) Stilvorstellungen her.

Die Rosenhauswelt stellt mit all ihren Verrichtungen ein vollkommenes Kunstwerk dar, das ganze Leben wird zum Zeremoniell, das sich in seiner klassischen Einfachheit von der Repräsentationshaltung des Adels wie von der bürgerlichen Formlosigkeit unterscheiden will. Durch seinen bedeutenden Einfluß auf junge Menschen ist es Risach gelungen, diesem Lebensstil weithin Geltung zu verschaffen.   D. Bo.

Adalbert Stifter, *Der Nachsommer. Eine Erzählung*, Pest 1857.

ROSSUMS INSEL, Lage unbekannt, vielleicht vor der Küste der USA. 1920 kam ein großer Physiologe, der unter dem Namen Old Rossum berühmt wurde, auf diese Insel, um die Meeresfauna zu studieren. Er versuchte, auf dem Wege der chemischen Synthese lebendes Protoplasma herzustellen, und entdeckte tatsächlich einen Stoff mit gleichen Eigenschaften. Dies geschah 1932, 440 Jahre nach der Entdeckung Amerikas. Rossum gründete dann eine Fabrik zur Herstellung künstlicher Menschen, die er *Roboter* nannte, und Rossums Universale Roboter-Fabrik existiert noch heute. Außer der Fabrik gibt es mehrere Büros, Privatgemächer und ein Musikzimmer. Aus den großen Fenstern des Hauptbüros blickt man auf eine Reihe von Fabrikschornsteinen. Dieses Büro zieren kostbare Orientteppiche, ein Sofa und Ledersessel. Einige Schiffe verkehren zwischen dem Hafen von Rossums Insel und dem Festland: die *Amelia*, die *Ultimus* und die *Pennsylvania* (angeblich das beste Schiff). In späterer Zeit erlangten die Roboter eine gewisse Unabhängigkeit, und eine Erste Nationale Roboter-Organisation wurde in Le Havre gegründet. Diese Organisation veröffentlichte als ihren ersten Akt der Unabhängigkeit einen Appell an alle Roboter der Welt.

Karel Čapek, *R. U. R.*, Prag 1920.

Eingang zu Rossums Universaler Roboter-Fabrik auf ROSSUMS INSEL

ROTHENSTEIN, auch **NARRENBURG** genannt, Burg im böhmisch-österreichischen Waldgebiet. Am Fuß des Burgbergs liegt die Fichtenau, ein reizvolles, von der Pernitz durchflossenes Waldgebiet mit Marmorbrüchen, Mühlen und einer Schmiede. Einzelne Bauernhöfe liegen verstreut in Seitentälern. Empfehlenswert im Pernitztal ist der Gasthof »Zur grünen Fichtau«. Die nächsten Orte sind der nahegelegene Markt Pirling an der Pernitz und das einige Tagereisen entfernte Pfarrdorf Grünberg.

Das weitläufige Burggelände auf dem Rothenstein ist von einer starken Mauer umgeben, die ohne Eingang zu sein schien, weil einst das Tor zugemauert wurde und eine unsichtbare Maueröffnung nur durch einen Mechanismus zu bewegen war. Unter dem neuen Besitzer ist die Pforte inzwischen wieder geöffnet und die Besichtigung des Terrains gestattet; es wird empfohlen, durch das unübersichtliche Gebiet einen Führer zu nehmen. Direkt am Mauereinlaß, am Fuß des Berges, ist ein mit Quadersteinen ausgelegter freier Platz, den einer der frühesten Grafen des Geschlechts Scharnast anlegen ließ. Vor einem Obelisken, dessen abgebrochene Spitze auf dem Boden liegt, befindet sich zwischen zwei schwarzen Sphingen ein ausgetrockneter, inzwischen mit Flugsand gefüllter Springbrunnen. Daneben ist das Pförtnerhaus. Erst wenn man durch eine grüne Wildnis den Berg hinansteigt, sieht man die verschiedenen Gebäude zwischen Gärten und naturbelassener Landschaft liegen. Offensichtlich hat jede Generation neue Bauwerke hinzugefügt. Eines der ältesten Gebäude ist der sogenannte Sixtusbau, ein schmuckloses massiges Haus mit grünem Kupferdach und glatten Fenstern, die in den Granitmauern wie Glimmertafeln wirken. Einen Teil dieses Baus hatte eine verwitwete Gräfin als Kloster eingerichtet. Die Zellen, das Refektorium und verschiedene Räume sind noch wohlerhalten, nur der schmale Glasgang, die frühere Wandelhalle der Nonnen, wird jetzt von unzähligen Bienenvölkern bewohnt. Ebenfalls aus der Zeit des Grafen Sixtus stammt der sogenannte »Grüne Saal«, dessen Wände aus Serpentin sind. Er enthält die Ahnengalerie der Scharnasts mit Bildern von Rubens, Van Dyck und Murillo. Nur wenig jünger ist der mächtige Turm des Prokopus, der dort seinen astronomischen Forschungen nachging. Außen am Turm hatte er eine riesige Äolsharfe spannen lassen, deren Saiten vom Boden bis zur Spitze des Turms reichten. Ruine ist das Schloß des Grafen Julian: zerbröckelnde Balkone, Giebel und Erker, von einem Eichenhain umgeben. Auf dem Rasenplatz vor dem Schloß liegen verstreut die Trümmer. Jünger ist das sogenannte »Parthenon« oder der »griechische« Bau, dessen weiße Säulen aus dem Grün der Bäume und Sträucher leuchten, innen jedoch ist alles von einem Brand rußgeschwärzt. Hinter dem Haus ist der »indische« Garten angelegt worden, in dem einstmals Pflanzen und Sträucher Indiens gehegt wurden, jetzt hat man Glashäuser gebaut, in denen Gewächse aus aller Welt herangezogen werden.

Die jüngsten Gebäude sind die des Grafen Christoph. Sie sind für die jetzigen Bewohner wieder hergerichtet worden: ein fürstlich ausgestattetes Haus mit Terrassen, Gartenanlagen, Lusthäuschen und Ruhesitzen. In dem uralten Weinkeller lagern kostbare

Weine. Auf dem Burggelände befindet sich auch das berühmte in roten Marmor gehauene Gewölbe, in dem die Hefte aufbewahrt werden, die die Lebensbeschreibungen aller Grafen enthalten. An die Erbschaft der Burg ist die Bedingung geknüpft, alle im Gewölbe vorhandenen Autobiographien Wort für Wort zu lesen sowie das eigene Leben zu beschreiben, vom ersten Erinnern bis zur letzten Minute, da man den Stift zu halten vermag.

G. W.

Adalbert Stifter, *Die Narrenburg,* in *Iris,* 4, Pest 1843. – Ders., *Prokopus,* in *Iris,* N. F. 2, Pest 1848.

ROTUNDIA, Ein Inselreich vor der britischen Küste, bekannt wegen der Gutherzigkeit und Charakterstärke seiner Bewohner, die für bösen Zauber nie anfällig waren – dergleichen rann stets wie Wasser von einem Entengefieder an ihnen ab.

Eine Sehenswürdigkeit für Reisende ist die Felszinne im Zentrum von Rotundia. Sie wird »Säule« genannt und soll so alt wie die Welt sein. Einer interessanten Theorie zufolge soll vor Anbeginn der Zeit, als die Elemente noch im Kosmos durcheinanderwirbelten, ein großer Erdklumpen aus der glühenden Masse herausgeschleudert und von einem bereits erstarrten speerförmigen Gebilde aufgespießt worden sein. Die Wucht des Aufpralls bewirkte, daß der Erdklumpen – genau wie der ganze Kosmos – in kreisende Bewegung geriet, allerdings in entgegengesetzter Richtung. Als er später ins Meer fiel, bohrte sich das lange Felsgebilde in den Grund der See, so daß nur noch das obere Ende übers Wasser ragte. Millionen Jahre später entstand auf dieser kreisrunden Insel das Königreich Rotundia.

Die gewissermaßen zufällige Entstehung des Eilands wirkte sich auf dessen Flora und Fauna höchst merkwürdig aus. Die Körpergröße sämtlicher Tiere wich von der Norm ab. Das im Zoologischen Garten gehaltene Meerschweinchen zum Beispiel war so groß, daß gleichzeitig zwanzig Kinder darauf reiten konnten. Die Elefanten dagegen waren kleiner als Schoßhündchen und wurden als Haustiere gehalten. Daß solche Abweichungen bei den Insulanern selbst nie auftraten, erklärt sich daraus, daß das Eiland erst nach der Eroberung Englands durch die Normannen (1066) besiedelt wurde.

Jahrhundertelang war das Leben der Rotundianer von den ungewöhnlichen Verhältnissen geprägt, die sie auf der Insel vorgefunden hatten. Die riesigen Kaninchen etwa gruben Gänge so groß wie Eisenbahntunnels. Und wenn der einzige Hund der Insel bellte, konnte man sein eigenes Wort nicht verstehen. Auf die merkwürdige Entstehungsgeschichte der Insel ist es auch zurückzuführen, daß Semmeln, Kuchen und dergleichen auf den Bäumen wuchsen, während Gemüsepflanzen und Früchte in der Küche hergestellt werden mußten.

Daß sich die Verhältnisse auf Rotundia schließlich doch noch normalisierten, wurde durch einen purpurroten Drachen bewirkt, der durch die Lüfte geflogen kam und so heftig gegen die »Säule« prallte, daß er den einen Flügel nicht mehr gebrauchen konnte. Anfangs erfreute sich dieser Drache großer Beliebtheit, doch das änderte sich, als er Streifzüge durch die Insel unternahm und die Bewohner feststellen mußten, daß plötzlich Tiere und Menschen spurlos verschwanden. Dies brachte den Hofzauberer auf die Idee, sich mit Hilfe des Drachen seiner Nichte, der Prinzessin Mary Anne, zu entledigen und den Thron zu usurpieren. Dieser Plan wurde jedoch durch Mary Annes Freund Tom durchkreuzt, der den Schwanz des Drachen an der »Säule« festband und dem Ungeheuer erklärte, falls es die Prinzessin einfangen würde, gehöre sie ihm. Daraufhin lief der Drache so lange im Kreis herum, bis sein ganzer Körper sich fest um die »Säule« geschlungen hatte. Als er dann unter Aufbietung aller Kräfte davonfliegen wollte, begann die ganze Insel sich wie ein Kreisel zu drehen – diesmal aber nach der richtigen Seite. Und sofort wurden die Tiere kleiner beziehungsweise größer und unterschieden sich fortan nicht mehr von ihren Artgenossen in anderen Ländern. Der Drache schrumpfte zusammen und wurde zum harmlosen Wassermolch, der große Zauberer war jetzt nur noch ein Zwerg. Beide können im Zoo von Rotundia besichtigt werden.

Edith Nesbit, *Uncle James,* Ldn. 1899.

RUACH, auch als **WINDINSEL** bekannt, zwei Tagesreisen mit dem Schiff von der Insel der Grimmigen entfernt. Die Einwohner von Ruach leben nur vom Wind, der all ihr Essen und Trinken darstellt. Sie wohnen in Wetterhähnen und pflanzen in ihren Gärten nur Anemonen und Windblumen. Das einfache Volk ernährt sich mit Hilfe von Fächern aus Papier, Tuch oder Federn, je nach Mitteln und Geschmack, die Reichen leben von Windmühlen. Während eines Festes oder eines Banketts decken sie ihre Tische unter Windmühlen und verbringen Stunden mit der Diskussion über die vielfältigen Qualitäten der verschiedenen Winde, in gleicher Weise wie die Gäste eines Diners in anderen Ländern sich über die Qualität der Weine unterhalten. Auf Reisen nehmen sie einen Blasebalg mit, um sich einen frischen Wind anzublasen, falls es irgendwo an natürlichem Wind mangelt.

Luftzüge werden verwendet, um Kranke zu heilen. Alle Leute von Ruach sterben schließlich an der Blähsucht, und alle furzen sie, wenn sie sterben, die Männer laut und die Frauen sanfter. Sie leiden an einer Vielzahl von Krankheiten, die alle ihren Ursprung in Blähungen haben, doch die gefürchtetste Krankheit ist die Windkolik. Sie wird behandelt, indem man soviel Wind wie möglich in große Schröpfköpfe zieht. Verschiedene schreckliche Krankheiten sind durch den Originalwind geheilt worden, den Odysseus von König Aiolos (↗ AIOLIA) erhalten hatte und den der König von Ruach wie den Heiligen Gral aufbewahrt.

François Rabelais, *Le quart livre des faictz et dictz heroiques du noble Pantagruel,* Paris 1552.

RUCHINSEL, eine große, unbewohnte Insel irgendwo in der Chinesischen See – für Feinschmecker zu empfehlen. Aus der Ferne sieht die Insel wie eine riesige weiße, glänzende Kuppel aus. Sie ist über hundert Jahre alt. Kommt man jedoch näher an die Insel heran, entdeckt man, daß die Kuppel in Wirklichkeit der sichtbare Teil eines Eis ist, das der Vogel *Ruch* hier gelegt hat. Wer das Fleisch des jungen Vogels probieren möchte, muß die Schale mit einem Pickel aufhacken. Am besten nimmt man den Vogel mit an Bord und ißt ihn dann gemütlich auf einer anderen Insel. Sonst ist es möglich, daß die Reisenden und das Schiff vom Muttervogel angegriffen werden, der große Felsbrocken auf Eindringliche fallen zu lassen pflegt. Ein ausgewachsener *Ruch* ist drei- oder viermal so groß wie ein Elefant, man legt sich also besser nicht mit ihm an.

*Ruch*fleisch sollte mit etwas Zitrone und Salz leicht geröstet werden, kann jedoch auch bei anderen Gerichten an Stelle von Truthahn oder Kaninchen verwendet werden. Es hat noch den weiteren Vorteil, daß es den Mann oder die Frau, die davon essen, verjüngt – das weiße Haar alter Menschen erhält seine ursprüngliche Farbe wieder.

Anon., *Die Geschichte von Sindbad dem Seefahrer,* Fünfte Reise, in *Alf laila wa-laila* (Tausendundeine Nacht; 5.–15. Jh.), Kalkutta 1830.

DER RÜCKEN DES NORDWINDES ist ein Reich, zu dem man gelangt, wenn man den Leib des Nordwindes durchschreitet, der sich vor den Eiswüsten der Arktis duckt.

Berichte von diesem Land stammen von drei verschiedenen Personen und unterscheiden sich etwas. Den ersten Bericht verfaßte Durante, ein italienischer Autor des vierzehnten Jahrhunderts. Er behauptet, das Land durch eine Tür aus Feuer betreten zu haben. Nach seiner Schilderung duftet dort alles lieblich, und eine sanfte Brise weht beständig. Dort ist immer Mai, und ein klarer Bach rieselt durch Wiesen mit roten und gelben Blumen. Durante beschreibt die Bewohner als freie und gesunde Menschen, die Kronen oder Mitras tragen.

Jahrhunderte nach Durante war die Tochter eines schottischen Bauern in einem Walde eingeschlafen und in dem arktischen Reich wiedererwacht, aus dem sie einen Monat später zurückkehrte. Sie beschreibt ein Land, in dem es nie regnet und nie ein Wind bläst, ein Land des Lichtes, in dem es weder Sonne noch Mond, weder Nacht noch Sünde gibt.

Ein etwas vollständigerer Bericht wurde im neunzehnten Jahrhundert von einem Kind namens Diamond, dem Sohn eines Londoner Taxifahrers, gegeben. Das Kind wurde von dem Nordwind selbst hinweggetragen, durchschritt ihn und fand sich in einem Land ohne Schnee und Eis. Es erblickte keine Sonne, aber ein reines strahlendes Licht schien von allen Dingen auszugehen. Ein Fluß strömte über hohes wogendes Gras. Diamond zufolge geschieht hier nie etwas Falsches, andererseits scheint aber auch nie etwas ganz richtig zu sein. Die Menschen im Rücken des Nordwindes sprechen nicht; sie schauen sich nur an und verstehen sich ohne Sprache. Wieder unterscheidet sich Diamonds Bericht etwas von den früheren Versionen; auch er meint, daß die Menschen ganz glücklich aussehen, fügt aber hinzu, daß das nicht immer so sei. Manchmal sähen sie recht traurig aus, als ob sie darauf warteten, eines Tages glücklicher zu sein. Es scheint, als ob die Bewohner vom Nordwind hergetragen worden wären, nachdem er ihre Schiffe zum Kentern gebracht hatte. Einmal in diesem Lande angelangt, können sie ihre Lieben in der Heimat noch sehen, wenn sie auf einen bestimmten Baum klettern, der sie unsichtbar macht. Der Baum ist groß genug, um alle Bewohner dieses Reiches aufzunehmen.

Reisende werden gewarnt, daß die Zeit im Rücken des Nordwindes sehr langsam vergeht, und eine Woche scheint manchmal ein ganzes Jahrhundert zu dauern.

George MacDonald, *At the Back of the North Wind,* Ldn. 1971.

RUE MORGUE, eine Straße in Paris, in der ein Orang-Utan auf der Durchreise einen Doppelmord beging; schwer zu finden, da sie inzwischen umbenannt wurde.   P. R.

Edgar Allan Poe, *The Murder in the Rue Morgue,* in *Tales of the Grotesque and Arabesque,* Philadelphia 1840.

RUFFAL, ein Land in der Nähe des Nordpols. Die beste Art, es zu erreichen, ist, sein Schiff vom arktischen Eis einschließen zu lassen. In einen Eisberg verwandelt, wird es vorwärtsstreiben und schließlich Ruffal erreichen. Dessen Bewohner leben unter der Erde und teilen alles miteinander, was sie haben. Alle arbeiten, außer dem König, der Anspruch darauf hat, ein Zehntel der Produktion für sich, seine Familie und seine Soldaten zu verwenden.

Ruffal hat vier Großstädte, Hauptstadt ist Cambul mit geraden, gut beleuchteten Straßen und einem ausgezeichneten Kanalisationssystem. Reisende sollten den königlichen Palast und die berühmte Universität von Cambul besichtigen. Hier, in der Universitätsbibliothek, werden die als *Geschichte von Ruffal* bekannten Bände aufbewahrt, in denen erzählt wird, daß die Einwohner von afrikanischen Auswanderern abstammen, die vor viertausend Jahren nach Skandinavien zogen und sich auf einer Halbinsel niederließen. Diese sei durch ein Erdbeben vom Kontinent abgetrennt worden und in ihre jetzige Lage gedriftet.

Ein anderer wichtiger Bericht in der *Geschichte von Ruffal* erzählt von der Entdeckung einer großen, durch einen Feuerball erleuchteten Höhle, die von kleinen, nackten, menschenähnlichen Wesen mit fledermausartigen Flügeln bewohnt ist. Das Volk von Ruffal hält sie für verklärte Menschen, die den Zustand der Vollkommenheit durch den Tod anstrebten. Das verursachte eine Selbstmordwelle, die erst durch die Einführung eines Gesetzes gestoppt wurde, das Eltern zwang, die Körper ihrer toten Kinder zu essen, wenn diese Selbstmord begangen hatten.

Heutige Reisende werden die Bewohner liebenswürdig, doch schwerfällig finden. Ein Ruffaler braucht lange, bis er eine Sache versteht, und gewöhnlich muß eine neue Idee dreimal wiederholt werden, bevor sein schwacher Verstand sie erfaßt. Es heißt, daß die Regel »Was ich dir dreimal sage, ist wahr« ausnahmslos in ganz Ruffal gilt.

Simon Tyssot de Patot, *La vie, les aventures, et le voyage de Groenland du révérend père cordelier Pierre de Mesange...,* Amsterdam 1720.

RUNDTAL, ein rundes, bewaldetes Tal in Wales. Die einzigen Gebäude hier sind eine Reihe schwarzer Häuser, in denen eine Rasse von Riesen wohnt, die Vasallen eines graubärtigen Kolosses sind. Viele Bewohner des Tals wurden von Peredur getötet, dem Sohn des Eurawx aus dem Norden und Ritter der Tafelrunde von ↗ CAMALOT. Nachdem er viele seiner Vasallen besiegt hatte, überredete Peredur den graubärtigen Giganten, sich zu ergeben und nach Camalot zu gehen, um sich taufen zu lassen.

Anon., *The Mabinogion* (14.–15. Jh.), Ldn. 1802.

RUNENBERG, ein abgelegener Berg mit verwitterten Ruinen irgendwo in Deutschland in einer Waldlandschaft. Ein Tourist, der ihn erreichen will, muß zahlreiche Flüsse und Wälder durchqueren und dann einem Pfad folgen, der ihn hinauf zu einem alten moosbedeckten Gebäude führt. Hier sieht er durchs Fenster eine junge, unbekleidete Frau. Sie öffnet einen Schrank, entnimmt ihm eine kleine mit Edelsteinen verzierte Schatulle und händigt sie ihm mit den Worten aus: »Nimm dies zu meinem Angedenken.« Daraufhin wird der Reisende, von seltsamen Gefühlen bewegt, davonstürzen und bald einschlafen. Am nächsten Morgen wird er sich in fremder Umgebung wiederfinden und feststellen, daß die Schatulle verschwunden ist. Seine Erinnerungen werden sich verwirren, und ein anderer Pfad wird ihn direkt hinunter in ein nahes Dorf führen.

Ludwig Tieck, *Der Runenberg,* in *Taschenbuch für Kunst und Laune,* Köln 1804.

RURITANIEN, ein europäisches Königreich, von Dresden aus mit dem Zug zu erreichen. Die Stationen nach der Grenze sind Zenda, Hofbau und dann Strelsau, die Hauptstadt von Ruritanien, die etwa sechzig Meilen von der Grenze entfernt ist.

In Strelsau treffen alte und moderne Architektur auf ungewöhnliche Weise zusammen. Die Altstadt durchziehen enggewundene malerische Gassen. In den Außenbezirken, wo die oberen Schichten wohnen, finden sich großzügig angelegte Wohnviertel und breite Boulevards. Dem Zentrum näher liegen die Geschäfte mit ihren prächtigen Fassaden, in den ärmlichen Nebenstraßen aber haust eine verelendete und großenteils kriminelle Klasse. In der ältesten Straße von Strelsau sieht man ein Haus mit der Inschrift »Das Silberschiff«. Dort hat der berühmteste Silberschmied von Strelsau gelebt. Diese Straße führt zum Hauptplatz mit dem Dom. Er ist mit Hunderten von Statuen und den schönsten Eichentüren Europas geschmückt.

Gegenüber dem Dom steht der Königliche Palast, der leider Besuchern nicht zugänglich ist. Hier sollte man sich an einige historische Tatsachen erinnern. 1733 besuchte Rudolf III. den englischen Hof, wo er eine Affäre mit Amelia, der Gräfin von Burlesdon, hatte. Die Gräfin brachte ein Kind zur Welt, das die typische lange Nase und das dunkelrote Haar der Ruritaner besaß. Rudolf Rassendyll, ein späterer Abkömmling aus dieser illegitimen Verbindung, besuchte Ruritanien und stellte seine Ähnlichkeit mit dem dortigen König Rudolf V. fest. Bei dessen Krönung spielte er die Rolle des Monarchen und vereitelte auf diese Weise die sogenannte Schwarze Michaelsverschwörung. Rudolf Rassendyll verliebte sich in Flavia, die die Gemahlin von Rudolf V. werden sollte. Als er noch einmal die Rolle des Königs übernahm, fiel er einem Attentat zum Opfer. Er ist in der Kathedrale beigesetzt, und sein Grabmal trägt eine von Königin Flavia ausgewählte Inschrift: »Für Rudolf, der in dieser Stadt herrschte und in ihrem Herzen noch immer herrscht. Königin Flavia.«

Bei einem Besuch von Strelsau sollte man auch in die Königsstraße gehen, denn in dem Haus Nr. 19 fand das berühmte Duell zwischen Rudolf Rassendyll und dem Schurken Rupert von Hentzau statt.

Anthony Hope, *The Prisoner of Zenda*, Ldn. 1894. – Ders., *Rupert of Hentzau*, Ldn. 1898. – Ders., *The Heart of Princess Osra*, Ldn. 1906. –

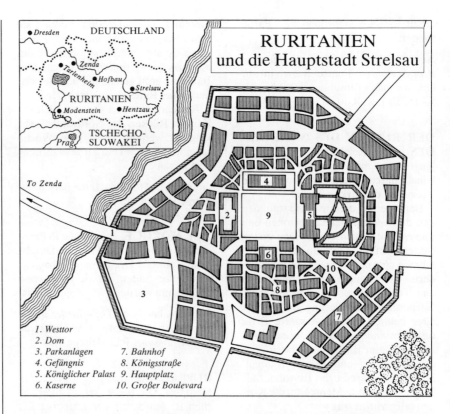

RURITANIEN und die Hauptstadt Strelsau

1. Westtor
2. Dom
3. Parkanlagen
4. Gefängnis
5. Königlicher Palast
6. Kaserne
7. Bahnhof
8. Königsstraße
9. Hauptplatz
10. Großer Boulevard

Nicholas Meyer, *The Seven Per-Cent Solution*, NY 1974.

RUTABAGALAND liegt jenseits vom Land der Ballonpflücker und ist mit ihm durch die Eisenbahn verbunden. Sobald die Geleise nicht mehr geradeaus laufen, sondern einem Zickzack-Kurs folgen, erkennt der Reisende, der mit dem Zug hierher kommt, daß er seinem Ziel nicht mehr fern ist. Diese Zickzacklinie ist das Werk der *Zizzies,* einer Wanzenart, die alles im Zickzack tun und niemals geradeaus laufen. Sie haben die Schienen zu ihrer jetzigen Form zurechtgebogen, und alle Versuche, sie wieder zu begradigen, waren vergeblich. Sobald man sie wieder in Ordnung gebracht hatte, kehrten die *Zizzies* zurück und verbogen sie erneut. Das zweite Anzeichen dafür, daß Rutabagaland nicht mehr weit ist, sind die Schweine, die man vom Zugfenster aus sehen kann. Alle tragen Lätzchen; die gestreiften Schweine haben gestreifte, die getüpfelten tragen Lätzchen mit Tupfen, und die gescheckten haben welche mit dem entsprechenden Muster.

Der Hauptort von Rutabagaland ist das Dorf Leber und Zwiebeln und der vermutlich zweitwichtigste das Dorf ↗ WINDBEUTEL. Es gibt nur einen größeren Fluß, den Shampoo. Nach den Landesgesetzen wird jedes Mädchen, das den Shampoo-Fluß überquert, in eine Taube verwandelt und bleibt es so lange, bis es sich entschließt, zurückzukehren.

In Rutabaga tragen die Eichhörnchen Leitern und die Wildkatzen geben Rätsel auf. Man kann Fische beobachten, die aus dem Fluß springen und mit Bratpfannen plaudern. Die Kinder werden von Pavianen versorgt. Schwarze Katzen tragen gewöhnlich orange-goldene Strümpfe. Magie gehört zum Alltag, und seltsame Ereignisse sind an der Tagesordnung. Um nur ein Beispiel zu nennen: In Windbeutel steht auf dem Zigarrenladen die Holzfigur eines Indianers und auf dem Kurzwarengeschäft ein großer Büffel aus Horn. Nachts kommen die beiden Figuren von ihrem Podest herunter, der Indianer steigt auf den Büffel, und die beiden reiten davon in die Prärie; vor Einsetzen der Morgendämmerung kehren sie auf ihre angestammten Plätze zurück.

In den Gärten von Rutabaga sind Krawatten-Mohnblumen weit verbreitet. Es gibt sie in verschiedenen Farben und Mustern. Die einheimischen Männer pflücken sie, bevor sie in die Stadt gehen.

Zu den seltsamsten Tieren des Landes zählen die rostfressenden Ratten, die man am besten im Dorf Daumen Oben beobachten kann. Die bekanntesten Vogelarten sind die *Gladdy-Whinger*, die ihre gesprenkelten Eier in Korbnestern im *Booblow*-Baum ablegen, sowie die *Flummywister*, eine Art Singvogel. Im Winter tragen die jungen *Flummywister* warmes Unterzeug. Sie im Frühjahr singen zu hören, während ihre Mütter die Knöpfe aufmachen, gilt als gutes Omen. Die Spinnen in diesem Lande sind eine Kuriosität. Zumindest die weiblichen Spinnen tragen immer – wenn sie einen Hut haben wollen – Bratpfannen auf dem Kopf. Neue Formen werden jedes Frühjahr und jeden Herbst vorgestellt. Die Spinnen mit den gedrehten Nasen – man findet sie häufig in rosa Grasbüscheln – sind bekannt für ihre aus Gras hergestellten Sonnenschirme. Ihre Produkte werden zwar niemals verkauft, aber sie pflegen sie an Reisende auszuleihen. Schließlich gehen die geborgten Sonnenschirme verloren und finden ihren Weg selbst zurück zu den Spinnen. Es gibt ein Tal in Rutabaga, in dem die Pfauen weinen, wenn es zu regnen beginnt, und die Frösche bis weit nach Mitternacht mit goldenen Würfeln spielen.

Carl Sandburg, *Rootabaga Stories,* NY 1922.

S

SABA oder **MEROA,** eine bedeutende Stadt in Äthiopien, in einer sehr schönen Landschaft gelegen, wo sich im Sommer die Früchte des Apfelbaums in Kinder verwandeln. In Meroa liegt König Salomos Grab, aus Kristall und Gold erbaut, mit Saphiren und Diamanten verziert. Besuchern wird empfohlen, ein Kräutlein namens *apium risum* zu essen, das im Land der Lektyophagen wächst. Es befähigt sie, durch den Kristall des Grabmals hindurchzuschauen und zu beobachten, wie König Salomo mit der Königin von Saba tanzt, während eine Gruppe von Edelleuten sich zu der von einem Seraph gespielten Musik vergnügt. König Salomo und die Königin von Saba schlafen im selben Bett, doch eine rote Hand hält ein blankes Schwert zwischen beide.

Die Bewohner von Saba werden mit gelblicher Hautfarbe geboren, die sich mit zunehmendem Alter schwarz färbt. Sie sind schnell berauscht und machen sich nichts aus Fleisch. Viele leiden an der Ruhr und sterben jung. Wegen der großen Hitze liegen sie von morgens bis mittags im Wasser, um den Sonnenstrahlen zu entgehen. Besuchenswert ist eine Quelle, die am Tag so kalt ist, daß keiner davon trinken mag, nachts aber so heiß, daß niemand die Hand hineinhalten könnte. Saba ist auch die Heimat eines der drei Könige, die das Jesuskind in Bethlehem besuchten.

Touristen seien darauf hingewiesen, daß einheimische Zauberer Reisende gern in Wölfe verwandeln.

Jean de Mandeville, *Les voyages d'outre mer* (um 1357), Lyon 1480. – William Bullein, *A Dialogue both Pleasant and Pitiful, wherein is a Goodly Regimente against the Fever Pestilence, with a Consolation and Comfort against Death,* Ldn. 1564.

SABLE ISLAND (im übertragenen Sinne: »Insel der Finsternis«) liegt im Nordatlantik, hundertachtzig Seemeilen Ost zu Süd von Halifax (Neuschottland) entfernt. Sie wird »Friedhof des Atlantik« genannt: Vor keiner Insel der sieben Meere haben sich so viele Schiffbrüche ereignet wie vor dieser. Sie ist flach, nur eine Meile lang und – insbesondere bei Nebel – von trügerischer Färbung. Zu erreichen ist sie nur bei schönem Wetter. Dank der Nähe des Golfstroms herrscht auf Sable Island ein relativ mildes Klima.

Nur wenige Tierarten sind hier heimisch: Robben, struppige Ponys, Kaninchen, Möwen, Krähen und Sperlinge. Am Strand findet man Rocheneier, die von den Insulanern »Teufelsbeutel« oder »Teufelsschubkarren« genannt werden. Der Pflanzenwuchs ist spärlich: Es gibt keinen einzigen Baum, nur ein paar Büsche und eine wildwachsende Erbsenart.

Das Dorf liegt in den Dünen versteckt, hat einen roten Wachtturm, zwei Leuchttürme, fünf Außenstationen mit Brandungsbooten und einige Schutzhütten für gestrandete Seeleute. Die Bewohner der Insel haben einen Tierfriedhof angelegt, den sie »Monkey Puzzle« nennen (bot.: Schuppentanne, wörtlich übersetzt: Affen-Puzzle). Hinter dem Dorf liegt der Wallace-See.

Man erzählt sich, daß es auf Sable Island spuke. Zuweilen soll der Geist einer blonden Frau die Schutzhütten heimsuchen.

George Allan England, *Adventure Isle,* NY/Ldn. 1926.

DIE SÄULEN DES HERAKLES
↗ DIE HÖLLE

DAS SAHARA-MEER, ein erst im zwanzigsten Jahrhundert entstandenes Binnenmeer zwischen Algerien und Tunesien. Es bedeckt den einstigen Schatt el-Dscherid und die Landsenke südöstlich von Biskra und ist durch mehrere schiffbare Kanäle mit dem Golf von Gabès verbunden. Die wichtigsten Häfen sind Hamma, Nefta und Tozeur, ehemalige Oasen, die nicht überflutet wurden, weil sie relativ hoch über dem Meeresspiegel lagen. Im Sahara-Meer gibt es eine große Insel namens Hinguiz.

Mit dem Plan, diese tiefer als der Meeresspiegel des Mittelmeers gelegenen Wüstengebiete zu überfluten, hatte sich die französische Verwaltung viele Jahre lang getragen. Das erste ernstzunehmende Projekt, mit dem 1894 ein französischer Hauptmann namens Roudaine hervorgetreten war, stieß jedoch auf beträchtlichen Widerstand. Erst 1904 kam es zur Gründung der »Compagnie Franco-Etrangère«, der die französische Regierung 2 500 000 Hektar für das Projekt zur Verfügung stellte. Doch diese Aktiengesellschaft wollte zu hoch hinaus, expandierte zu rasch und konnte dann keine Dividenden mehr zahlen. Allerdings waren zu diesem Zeitpunkt wesentliche Bauarbeiten bereits durchgeführt: Die wichtigsten Gebiete, die überflutet werden sollten, waren durch Kanäle mit dem Schatt Melrhir und dem Schatt Rharsa verbunden. Es fehlte nur noch die Verbindung des Binnenkanalsystems mit dem Golf von Gabès.

Mitte des zwanzigsten Jahrhunderts wurde ein Expeditionsteam der französischen Armee beauftragt, den Zustand der vorhandenen Kanäle zu überprüfen – ein gefährliches Unternehmen, denn bei den Bewohnern dieser Gebiete und beim Nomadenvolk der Tuareg (die dort von jeher Karawanen ausraubten) stieß das Überflutungsprojekt auf erbitterten Widerstand. Wie die Expedition feststellte, war das Kanalsystem gut erhalten, wenngleich ein Abschnitt von fanatischen Stammesangehörigen mit Wüstensand aufgefüllt worden war.

Für die Überflutung dieser Region sorgte dann allerdings die Natur selbst: Ein Erdbeben verursachte eine Bodensenkung, und die aus dem Golf einströmenden Wassermassen verwandelten das Wüstengebiet in ein Binnenmeer.

Der Handel und die Versorgung französischer Militärstützpunkte wurden dadurch beträchtlich erleichtert. Außerdem war nun den marodierenden Tuareg-Horden endgültig das Handwerk gelegt. Vor allem aber hat sich die Existenz des Sahara-Meeres sowohl auf das Klima wie auf das Wirtschaftsleben ganz Nordafrikas günstig ausgewirkt.

Jules Verne, *L'invasion de la mer*, Paris 1905.

SAINT-ROMONT, ein Ort in den Vogesen, ist berühmt wegen seines Internats, in dem ein polnischer Zögling in den dreißiger Jahren bei lebendigem Leibe unter der Dusche verbrüht wurde. Das Andenken an diesen Unfall wird noch immer gepflegt, denn der Pole war schön wie ein Engel. Reisende, die Genaueres erfahren möchten, werden sich plötzlich unüberwindbaren Schwierigkeiten gegenüber sehen. – Die meisten Schüler des Internats sind Deserteure geworden. P. R.

Henri Thomas, *Les déserteurs*, Paris 1951. – Ders., *Les tours de Notre-Dame*, Paris 1975.

SAKNUSSEMM-KORRIDOR, ein langer, unterirdischer Stollen irgendwo unter der Oberfläche von Island, der nach seinem Entdecker benannt ist. Unter dem Nachlaß von Snorri Sturluson fand Professor Lidenbrock aus Hamburg eine Pergamenturkunde mit runenähnlichen Schriftzeichen von Arne Saknussemm, dem gefeierten isländischen Alchimisten und Gelehrten des sechzehnten Jahrhunderts. Bei der Entschlüsselung der Schriftzeichen entdeckte Lidenbrock auf dem Pergament eine Geheimbotschaft, die mit einer Art unsichtbarer Tinte geschrieben war. Diese Botschaft enthielt Hinweise darauf, wie man durch einen erloschenen Vulkan im Westen von Island zum Erdmittelpunkt gelangen konnte. Unter der Führung des Isländers Hans Bjelke stiegen Lidenbrock und sein Neffe Axel am 28. Juni 1863 in den Snaefells Jökull hinab und erreichten über den Stollen die unterirdische Welt.

Achtundvierzig Stunden nach Beginn des Abstieges, etwa dreitausend Meter unter Meereshöhe, gabelt sich der Korridor; hier darf man nicht nach Osten abbiegen, sondern muß sich westwärts halten; sonst kann es passieren, daß man nicht mehr lebend aus dem Erdinnern zurückkehrt (siehe auch ↗ DIE LIDENBROCK-SEE, ↗ PORT GRAUBEN und ↗ KAP SAKNUSSEMM.

Jules Verne, *Voyage au centre de la terre*, Paris 1864.

SANATORIUM ZUR TODESANZEIGE in Ostpolen, manchmal als »Sanatorium unter dem Zeichen des Stundenglases« bezeichnet. Es ist sehr schwierig zu erreichen, nur einmal wöchentlich verkehrt ein Zug, und der Service ist bestenfalls unzuverlässig. Sogar Reisende, die nicht so leicht aus der Ruhe zu bringen sind, werden die Waggons – häufig von anderen Strecken ausrangierte archaische Exemplare – unbequem und zugig finden. Einige sind so groß wie Wohnzimmer und machen einen seltsamen und vernachlässigten Eindruck, mit über die Gänge verstreutem Stroh und Abfall, als hätten Passagiere drei Monate darin geschlafen. Es gibt keinen richtigen Bahnhof für das Sanatorium, nur einen Haltepunkt an der Straße. Bei Vereinbarung wird eine Kutsche geschickt, um die Besucher abzuholen; ansonsten ist die einzige Möglichkeit, das Sanatorium zu erreichen, ein Fußmarsch quer durch einen dunklen Park.

Die umgebende Landschaft wird von einem Wald beherrscht, der sich wie eine Kulisse die Abhänge des Tales hinaufzieht; das Sanatorium liegt am Ende des Tales, unmittelbar hinter einer Fußgängerbrücke mit einem unsicheren Geländer aus Birkenzweigen. Es ist ein großes hufeisenförmiges Gebäude, das auf eigenem Grund steht und von Dr. Gotard, dem Entdecker der Umkehrung der Zeit, geleitet wird. Wegen seiner einzigartigen Entdeckung geschieht alles in der Klinik leicht verspätet, und als Ergebnis davon sind Patienten, von denen man an anderen Orten schon annahm, sie seien tot, noch am Leben, wenn sie hierhergebracht werden. Völlig kann ihr Tod jedoch nicht aus der Welt geschafft werden, und er hinterläßt einen gewissen Makel auf ihrer Existenz.

Nach Dr. Gotard ist die Umkehrung der Zeit eine einfache Sache der Relativität; trotz dieser Erklärung bleibt die genaue Natur der Behandlung ein Rätsel. Sie scheint keine Chirurgie zu erfordern, und der einzige Operationssaal der Klinik scheint seit langem unbenutzt zu sein. Auch ist nicht gewiß, ob eine Genesung von der Krankheit stattfindet, die den Tod des Patienten verursachte; alles, was mit einiger Gewißheit gesagt werden kann, ist, daß die Vergangenheit reaktiviert wird und daß darin eine Möglichkeit der Gesundung liegt.

Die Patienten werden ermutigt, über lange Zeiträume hin zu schlafen. Dies hilft, ihre Vitalität zu bewahren; darüber hinaus kann man kaum etwas für sie tun. Besucher des Sanatoriums sind oft schockiert von dem überall angehäuften Staub. Auch äußern sie Enttäuschung darüber, daß das Personal und die Insassen ihnen gegenüber ziemlich schnell gleichgültig werden, obwohl man sie erst willkommen geheißen und gut verpflegt hat. Einige Patienten sagen, sie hätten beim Verlassen ihres Zimmers oft den Eindruck, daß jemand hinter der Tür gestanden habe, schnell weggehe und um die Ecke verschwinde.

In der Nachbarschaft treiben sich oft Hunderudel herum. Sie sind ganz schwarz, in allen Formen und Größen, und rennen zur Dämmerung auf den Wegen rund um das Sanatorium umher, ganz mit sich selbst beschäftigt. Sie scheinen von den Menschen keine Notiz zu nehmen, wenngleich sie gelegentlich knurren, wenn sie sie streifen. Aus schwer zu erklärenden Gründen hält das Sanatorium einen riesigen Schäferhund in einem Hof hinter dem Hauptgebäude, ein ungeheures Tier, das die dämonische Wildheit eines Werwolfs zu haben scheint. Tatsächlich behauptet ein Besucher gesehen zu haben, wie es menschliche Form annahm.

Das Sanatorium liegt nahe bei einer nicht namentlich genannten Stadt, deren Straßen gewöhnlich leer unter einem dunklen Himmel liegen. Viele der Läden – einige werden von Patienten des Sanatoriums geführt – scheinen immer geschlossen zu sein, andere sind gerade im Begriff zu schließen. Die Luft ist kräftig, schwer und süß, zu manchen Zeiten werden die Besucher es recht schwierig finden, ihre Augen offen zu halten und dem Gefühl der Lethargie und Schläfrigkeit zu widerstehen, das sie überfällt. Die feuchte Atmosphäre, die die Stadt umhüllt, ist wie ein nasser Schwamm, der Teile der Aussicht verdunkelt und bestimmte Dinge verwischt.

Die Einwohner scheinen ihre Tage zumeist schlafend zu verbringen, sie dösen vor sich hin, wenn sie in Cafés und Restaurants sitzen, ja sie scheinen sogar dem Schlaf nachzugeben, wenn sie die Straßen entlanggehen. Sie haben offensichtlich kein Gefühl für die Kontinuität der Zeit und sind damit zufrieden, ihr bruchstückhaftes, zerstückeltes Leben zu führen. Die Frauen und Mädchen der Stadt gehen auf eine wunderliche Art, als ob sie einem inneren Rhythmus gehorchten; sie bewegen sich wie an einem unsichtbaren Faden, den sie unentwegt von einer unsichtbaren Rolle abwickeln. Sie gehen geradeaus, ignorieren alle Hindernisse, nur bewegt von der Gewißheit ihrer eigenen Überlegenheit.

Die Vegetation rund um die Stadt und das Sanatorium ist zumeist schwarz; bemerkenswert ist die schwarze Farnart, die überall zu sehen ist, in den Fenstern der Häuser und auf allen öffentlichen Plätzen, als wäre es das Wappen der Stadt oder ein Symbol der Trauer.

Es gibt Berichte, daß die Stadt in jüngster Zeit von einer feindlichen Armee angegriffen worden sei. Ihr Erscheinen habe die Wünsche einiger unzufriedener Bürger ermutigt, die – in schwarzer Zivilkleidung mit weißen Streifen auf der Brust – sich mit Gewehren bewaffnet und erhoben hätten, um die Stadt zu terrorisieren. Es gibt auch Berichte von Schießereien und Brandstiftung, aber genaue Informationen sind nicht erhältlich. Reisenden wird Vorsicht angeraten.

Bruno Schulz, *Sanatorium Pod Klepsydrą*, Warschau 1937.

DIE SANDSTADT, irgendwo in den syrischen Wüsten, von hohen Felsen umgeben, wird von einem Fluß in Mäanderlinien durchzogen. Die Stadt wird vom Scheich des Berges regiert und von Soldaten bewacht, die wie Kreuzfahrer gekleidet sind. Es heißt, daß die Bewohner von Sandstadt hier seit den Kreuzzügen leben.

Die Mauern der Stadt sind mit Mosaiken bedeckt. Der königliche Palast enthält kostbare Stoffe in großer Zahl: Seide, bestickten Damast, Samt und Kamelhaar. In den Gewölben unter dem Palast wird ein Schatz aus Rubinen, Smaragden, Türkisen, Saphiren und Diamanten gehütet. Eine Treppe aus Onyx verbindet die drei Stockwerke des Palastes.

Besucher werden in den Kriegsraum geführt, eine mit Menschenschädeln dekorierte große Kammer, wo man ihnen vergifteten Wein kredenzt, um sie dann in die Wüste zu entlassen. Nur wenige Reisende haben die Sandstadt zweimal besucht.

Jean d'Agraives, *La cité des sables*, Paris 1926.

ST. BRENDANS FEENINSEL, auch **ST. BRENDANS SELIGE INSEL** genannt, liegt westlich von Irland weit draußen im Atlantik. Entdeckt wurde sie im fünften nachchristlichen Jahrhundert. Damals sah der heilige Brendan (der mit vier anderen Einsiedlern Irland verlassen wollte, weil die Leute nicht auf seine Predigten hörten) von der Old-Dunmore-Landspitze aus in der Ferne die Feeninseln liegen. Darauf beschloß er, mit seinen Gefährten zu diesen »seligen Inseln«, wie er sie nannte, zu segeln.

Das Eiland ruht auf Pfeilern, die vorwiegend aus schwarzem Basalt (wie auf der Hebrideninsel Staffa), zum Teil aber auch aus grünem und rotem Serpentin bestehen. Einige haben rote, weiße und gelbe Sandsteinstreifen. In den Zedernwäldern, von denen die Insel bedeckt ist, sind viele Vogelarten heimisch.

Unter der Wasserlinie befinden sich zahlreiche Grotten und Höhlen (einige so blau wie die auf Capri, einige so weiß wie die Adelsberger Grotten), die alle mit rotem, braunem und grünem Tang ausgepolstert sind. Ihr Boden ist mit feinem weißem Sand bedeckt.

In diesen Höhlen sind die »Wasserkinder« zu Hause – jene unzähligen kleinen Kinder, die von den guten Feen adoptiert wurden, weil ihre Eltern und Lehrer sie mißhandelt oder vernachlässigt hatten. Auch die an solchen Mißhandlungen oder an Scharlach gestorbenen Kinder zählen dazu. Die Verwandlung in ein Wasserkind geht so vor sich: Man sinkt in tiefen Schlaf, wirft den menschlichen Körper ab (der eine bloße Hülle ist), bekommt Fischkiemen und entwickelt sich zu einem amphibischen Lebewesen. Es sind die kaum vier Zoll großen Wasserkinder, die Felsklippenteiche mit Seeanemonen, Korallen und Tang schmücken und jene hübschen Steingärten anlegen, die man bei Ebbe sehen kann. Und sie springen auch hilfsbedürftigen Fischen und Meerestieren bei.

Jahrhundertelang wurden die Wasserkinder von St. Brendan und seinen vier Gefährten in der Sonntagsschule unterrichtet, die er für sie gegründet hatte. Aber allmählich ließ St. Brendans Sehkraft nach, und aus Angst, auf seinen langen Bart zu treten, konnte er nicht mehr herumlaufen. Schließlich sanken er und die anderen Einsiedler unter den Zedern in tiefen Schlaf. Noch heute können Besucher sie dort liegen sehen. Zuweilen hallt das Eiland derart von Vogelgezwitscher wider, daß die Schlafenden sich regen und die Lippen bewegen, als sängen sie im Traum Kirchenlieder. Den Unterricht der Wasserkinder haben die Meerfeen übernommen, die sich (unter der Herrschaft ihrer geliebten Königin Amphitrite) um St. Brendans Insel kümmern.

Die Grotten der Wasserkinder werden nachts von Wasserschlangen bewacht – schönen, in grünen, roten und schwarzen Samt gekleideten Geschöpfen, deren Körper aus ringförmigen Gliedern bestehen. Manche haben an die dreihundert Gehirne und sind daher vorzügliche Detektive. Andere haben in jedem ihrer Gelenke Augen. Sobald etwas Verdächtiges auftaucht, gehen die Wasserschlangen zum Angriff über, wobei an ihren Hunderten von Füßen ganze Messerschmiedläden voller Schneidewerkzeuge und Waffen zum Vorschein kommen. Jeder Eindringling, der sich der Insel in böser Absicht nähert, wird entweder in die Flucht geschlagen oder zerstückelt und verschlungen. Die Höhlen und Grotten werden von Krebsen sauber gehalten, die alle Abfälle auffressen. Seeanemonen, Madreporen und andere Korallen sorgen dafür, daß das Wasser rings um die Grotten klar und trinkbar bleibt.

Den Wasserkindern macht das Lernen Spaß, weil in ihren Lektionen (im Gegensatz zum Schulunterricht der Landkinder) keine schwierigen Wörter vorkommen und weil sie nach der Schule den ganzen Tag spielen dürfen. Jeden Freitag besucht Frau Wasdunichtwillstdaßmandirtu die Insel, um festzustellen, ob die Wasserkinder sich gut benommen haben. Sie ist sehr groß und sehr häßlich und trägt eine Birkenrute bei sich, die sie dort aber nie benützet. Sie weiß immer ganz genau, was die Wasserkinder inzwischen gemacht *und* gedacht haben. Die Artigen bekommen zur Belohnung Meerkuchen, Meeräpfel, Meerbonbons und Meer-Eiscreme. Die besonders Unartigen werden dadurch bestraft, daß ihre Haut plötzlich stachlig und häßlich wird. Frau Wasdunichtwillstdaßmandirtu erteilt solche Strafen nicht gern, aber sie muß es eben ganz automatisch tun.

Ihre Schwester, Frau Wiedumirsoichdir, stattet der Insel jeden Sonntag einen Besuch ab. Auch sie ist sehr groß, aber sehr schön, und sie hat das gütigste, fröhlichste Gesicht, das man sich vorstellen kann. Sie nimmt die Wasserkinder, die in der vergangenen Woche artig waren, auf den Schoß, herzt sie und spielt mit ihnen – und das ist wohl die schönste Belohnung, die es gibt.

Alle Wasserkinder beherrschen die Wassersprache, in der sie sich mit den Fischen und allem Meeresgetier rings um die Insel verständigen können.

Charles Kingsley, *The Water-Babies; a Fairy Tale for a Land-Baby*, Ldn. 1863.

SAN VERRADO, eine Pirateninsel der Lucayes-Gruppe in der Karibik. Das alte Fort wurde von den Engländern gegen Ende des achtzehnten Jahrhunderts zerstört, aber die Ruinen können noch besichtigt werden. Don Lescar de Ribeira, ein Spanier, der San Verrado entdeckte, als sein Schiff vom Kurs abkam, regierte die Insel als Despot. Der gesamte Staat lebte in einem Zustand ständiger Ausschwei-

Ruinen des Forts von SAN VERRADO

fungen. Die Hauptbeschäftigung der Bewohner war der Raub von Frauen – vornehmlich aus Kuba, unter bewußter Berufung auf die Sabinerinnen. Wer sich nicht willfährig zeigte, wurde in unterirdische Verliese gesperrt und ging dort zugrunde. Ohne Ribeiras Erlaubnis durfte niemand die Insel verlassen.

Jedes Haus hat einen Garten, der die Bewohner ausreichend mit Nahrung versorgt. Heutige Besucher werden den Lebensrhythmus in San Verrado weniger aufregend finden, die Inselbewohner widmen sich vorrangig dem Gartenbau; vorbildlich ist das Gesundheitswesen – um die Alten und Kranken kümmert man sich auf einem großen Gelände im Westteil der Insel.

François-Guillaume Ducray-Duminil, *Lolotte et Fanfan...*, Paris 1788.

SARGYLL, die entlegenste der Roten Inseln, liegt zwei Tagesreisen mit dem Schiff von Novogath, der Hauptstadt von Philistia. Die Insel ist heute der Wohnsitz von Freydis, der einstigen Königin von ↗ JENSEITS. Aus Furcht vor ihr und ihrem Ruf meiden viele Seeleute dieses Eiland. Es ist wohlbekannt, daß sie König Thibaut zugrunde richtete und dem Herzog von Istria, dem Prinzen von Camwy und drei oder vier anderen Lords ähnliches Unheil brachte.

Am Hof regiert die Zauberei, und mit Magie wird die Insel gegen Angriffe verteidigt. Zum Beispiel wurden die Soldaten, die der Normannenherzog Asmund gegen Sargyll entsandt hatte, in geistige Umnachtung versetzt, so daß sie sich gegenseitig wie Wölfe zerfleischten.

Im königlichen Palast spuken seltsame Wesen. Einige von ihnen kann sich der Reisende selbst in seinen wildesten Träumen nicht vorstellen. Nicht einmal denen mit menschlichem Aussehen ist zu trauen. Man sah einmal, wie sich ein Nachtportier in eine große rotgelbe Ratte verwandelte und in einem Loch verschwand. Die Königin wird gewöhnlich von einem Panther und einem unbekannten, geduckten Tier bedient. Ihr Salon ist mit schwarzem und goldenem Brokat ausgeschlagen und mit Vasen voller Lotosblüten geschmückt. Von der Decke hängen blaue, rotgelbe und rötlichbraune tote Schlangen. Ein gemaltes halbmenschliches Antlitz schaut mit bösen, halbgeschlossenen Augen und grinsendem, halbgeöffnetem Mund herab.

James Branch Cabell, *Figures of Earth...*, London/NY 1921.

SARPEDON, ein Eiland an der Westküste Afrikas, nahe der ↗ INSEL DER SELIGEN. Die felsige unwirtliche Insel wird von den beiden Schwestern Steino und Euryale, gemeinhin die Gorgonen genannt, bewohnt. Sie sind pechschwarz, haben ein häßliches rundes Gesicht und den Rachen voll langer, weiß glänzender Schweinszähne. Ein stierer Blick und die stets heraushängende Zunge vervollständigen den ausgesprochen stupiden Gesichtsausdruck. Ihr unförmiger Körperbau – eherne Arme, Stutenhintern, überdimensionale Flügel – läßt am Boden eine nur plumpe Fortbewegung zu, in der Luft hingegen sind sie erstaunlich behend. Reisende sollten vor ihnen auf der Hut sein. Seit ein gewisser Perseus ihre Schwester Medusa tötete, verfolgen sie Eindringlinge mit unnachgiebigem Haß und verwandeln jeden, dessen sie ansichtig werden, augenblicklich zu Stein. M. B.

Hesiodos aus Askra, *Theogonia* (8./7. Jh. v. Chr.), Ferrara 1474. – Publius Ovidius Naso, *Metamorphoseon libri* (um 1 v. Chr. – 10 n. Chr.), Bologna 1471.

SATANAXIO, eine Insel im Atlantik, etwa hundert Meilen von den Kanarischen Inseln entfernt. Sie besteht aus einem sehr hohen Vulkan: Der Aufstieg bis zum Krater nimmt zwei Tage in Anspruch. Der erste Teil des Weges führt durch einen Wald, der zweite über nackte Felsen und Schneefelder, und der dritte schließlich schlängelt sich zunächst durch eine Schwefelgestein- und dann durch eine weiße, schroffe Felslandschaft. Der Gipfel sieht einer Plattform ähnlich, in deren Mitte sich der furchterregende Krater öffnet. Von hier aus scheint die Sonne so klein wie die Sterne zu sein, und der Reisende wird einige Schwierigkeiten beim Atmen haben. Da die Luft so kalt ist, erstarren die Laute, und ein Schuß kann kaum vernommen werden – er hört sich so an, als ließe man einen Kieselstein fallen. Der Krater wird von einigen Tausenden von Menschen bewohnt, die von den Blättern eines Baumes leben, den es nur auf Satanaxio gibt. Diese Blätter dienen ihnen nicht nur als Nahrung, sondern auch, um das Regenwasser zu sammeln, das sie in dieser unfruchtbaren, kahlen Gegend brauchen.

Anon., *Isolario, o sia Descrittione di tutte l'isole,* Venedig 1624.

SATURNS REICH, die *Saturnia Regna,* wird von dem römischen Dichter Vergil so anschaulich und so paradiesisch beschrieben, daß spätere christliche Zeiten glaubten, das Reich des Messias sei darin prophezeit. Es ist ein Reich des Friedens und des Glücks, frei von Frevel, begünstigt von der Natur: »Freiwillig tragen die Ziegen nach Hause strotzende Euter, / und die Rinder fürchten sich nicht vor mächtigen Löwen.« Schlangen sind ausgestorben wie auch giftige Kräuter; überall gedeiht Balsam, überall wächst Blume an Blume. An Dornenhecken reifen Trauben, aus Eichen quillt Honig. Niemand muß sich mehr mühen, der Pflüger, der Schiffer kann seine

Arbeit verlassen, auch der Färber: Widder zeigen hier purpurnes, da goldgelbes Fell, scharlachrot ist die Wolle der Lämmer.

Dieser Glückszustand lag am Beginn der Welt, in der Urzeit, in der der erste Götterkönig, Saturn (griechisch Kronos) an der Macht war. Es war das Goldene Zeitalter, das hernach von den immer weniger glücklichen Weltaltern, dem Silbernen und dem Erzenen, abgelöst wurde, bis hinunter zu unserer eigenen, der unglücklichen Eisernen Zeit. B. Ky.

Hesiodos aus Askra, *Erga kai hēmerai* (8./7. Jh. v. Chr.), o. O. u. J. [Mailand um 1481]. – Publius Vergilius Maro, *Bucolica* (1. Jh. v. Chr.), Köln o. J. [ca. 1467].

SAUFLAND oder **YURONIA**, einer der beiden Hauptstaaten von Crapulien oder Schlampenland, auf dem unbekannten Südkontinent (Terra australis incognita; siehe auch ↗ FRESSLAND). Dieses Land ist sehr fruchtbar und voller Weinberge. Es hat etwa die Größe Deutschlands. Der Staat ist in drei Provinzen unterteilt. Trankreich (Cenotria), Brandweinsche Mark (Pyraenia), Bierland (Zythania). Durch das Land, das dem Großherzog von Crapulien untersteht, schlängelt sich der Fluß Licoris, dessen Wasser besser als der beste Wein schmeckt. Es gibt hier Städte ohne eine einzige Wasserstelle, damit niemand den Wein panschen kann. Die Hauptstadt ist Sauffenberg. Sie liegt auf einem Hügel und ist von Mauern aus Fässern umgeben. Am Stadttor steht ein großer Eimer mit der Aufschrift: *Trink oder pack dich!* Alle Häuser sind im dichten Weinlaub versteckt. Die Bewohner gehen nackt, aber sie haben allerlei wunderliche Tätowierungen auf der Haut. Die Yuronier sind schwatzhafte und unverschämte Leute. Je älter sie werden, desto vergeßlicher werden sie, bis sie sich schließlich nicht mehr an ihren eigenen Namen erinnern können. Alle Yuronier haben triefende Augen und Gicht. Sie sind zwar nicht kriegslüstern, aber im Kampf immer hitzig und verwegen, weil sie ständig besoffen sind. Die Leichen ihrer Obrigkeit versenken sie in weingefüllten Ziehbrunnen. Bei Tisch hat jeder Yuronier zwei Gefäße vor sich, einen zum Harn lassen, einen zum Speien. Nach jeder Mahlzeit, die sehr ausgiebig ist und zu der unmäßig getrunken wird, muß jeder weitere Unmengen an Wein in sich hineinschütten und rülpsend zu Ehren des Vaterlandes oder des Tischnachbarn ganze Eimer aussaufen. Dazwischen schwätzen sie durcheinander, wettern auf Gott und die Welt, werden sentimental oder brutal, je nach Temperament. Alle Züge, die sie tun, werden von einem Registrator aufgezeichnet. Wer nicht genug getrunken hat, wird bestraft. Die Tabelle des Registrators sieht etwa folgendermaßen aus: »Trinkenius hat dem Bibulo drei Maß gebracht. Bibulos hat dem Oesophago drei Stübichen gebracht. Dipsius hat dem Leinio ein Maß gebracht. Drollius hat dem Biberio ebensoviel gebracht. Zauffenius hat dem Sabirioni einen halben Eimer gebracht.« Es kommt oft vor, daß sie im Rausch ihr Haus verwechseln und neben einer fremden, ebenfalls betrunkenen Frau erwachen. Keiner regt sich darüber auf, denn was einer im Suff tut, ist keine Sünde, heißt es bei ihnen. Wer ein großes Faß nüchtern dreimal leert, wird zum Ritter geschlagen. Die Ritter herrschen über die Tische und Weinschänken. Als höchste Gottheit verehren die Einheimischen neben dem Bacchus den heiligen Schlauch, zu dem sie häufig pilgern. Ein Auszug aus ihren Gesetzen wird dem Reisenden helfen, nicht gegen den herrschenden Anstand zu verstoßen:

- Was man nach Mittag zusagt, das ist man nicht schuldig zu halten.
- Wem zugetrunken wird, der muß auf gleiche Weise Bescheid tun, sonst muß er zwei Tage Durst leiden.
- Die Kannen sollen immer ganz voll oder ganz leer sein, wer seinen Becher halbvoll läßt, wird bestraft.
- Wer nüchtern einen Betrunkenen beleidigt, verletzt oder erschlägt, soll Durstes sterben. Der umgekehrte Fall wird mit Milde beurteilt.
- Wer aus Abstinenz oder aus Krankheit nicht trinkt, wird verbannt.
- Wer nach dem Abendessen noch gerade geht, wird für einen Narren gehalten.
- Höchste Beleidigung ist, jemanden einen Wassertrinker zu nennen. M. W.

Joseph Hall, *Mundus alter et idem, sive Terra Australis ante hac semper incognita*, Ldn. o. J. [um 1605].

DIE SCHATZINSEL ist etwa zehn Meilen lang und fünf Meilen breit und liegt vor der Küste von Mexiko. Vor ihrer Südspitze liegt eine Felsgruppe, die sogenannte Skelettinsel, die bei Ebbe durch eine Sandbank mit der Hauptinsel verbunden ist. Auf der Schatzinsel erheben sich in südlich verlaufender Richtung drei Hügel, sie sind als Vorder-, Groß- und Besanmasthügel bekannt, der höchste ist der »Fernrohr«-Berg. An der Südspitze liegt ein natürlicher Hafen, »Kapitän Kidds Ankerplatz« genannt. Er ist fast ganz vom Land umschlossen, die Bäume reichen bis zur Hochwassergrenze hinab. Zwei schlammige Flüßchen münden in diese geschützte Bucht, das Blätterwerk um ihre Mündung hat einen fast giftigen Glanz. Reisende haben zur Wahl noch einen anderen Ankerplatz, den Nord-Einlaß, eine schmale Bucht mit dicht bewaldeter Küste.

Die Südküste der Insel ist praktisch unzugänglich. Erst nach Norden zu weichen die Klippen einem langen Sandstrand, der bis ans Kap der Wälder reicht. Wie schön das Wetter auch sein mag, das Donnern der mächtigen Ozeanwellen, die sich an der Küste brechen, ist immer über die ganze Insel zu hören.

Die einzigen Baulichkeiten auf der Insel sind eine in den Wäldern versteckte Palisade und ein Blockhaus unweit vom südlichen Ankerplatz. Das von den etwa sechs Meter hohen Palisaden umzäunte Blockhaus steht auf einer kleinen Anhöhe über einer Süßwasserquelle und kann etwa vierundzwanzig Leuten Platz bieten. Es wurde offensichtlich für Verteidigungszwecke erbaut und ist auf jeder Seite von Schießscharten für die Musketen durchbrochen.

Große Teile der Insel sind mit grauen Wäldern bedeckt, aus denen hier und da Gruppen hoher Nadelbäume herausragen. Häufig sind auch niedrige, immergrüne Eichen. Auf dem hinter Kapitän Kidds Ankerplatz ansteigenden Gelände gab es blühende Sträucher und Nelkenbäume. Die Fauna der Insel ist noch nicht näher erforscht worden, doch ist bekannt, daß die Küste häufig von Seelöwen aufgesucht wird.

1754 wurde die Insel zum ersten Mal von Kapitän Flint auf einer Karte verzeichnet, der sie als Versteck für seinen berühmten Schatz auswählte. Flint, ein berüchtigter Seeräuber, ging mit einer Gruppe von sechs Mann an Land, um seinen Schatz im Wert von 700 000 Pfund zu vergraben, und tötete dann alle Zeugen. Der einzige Nachweis der Stelle war eine grobgezeichnete Karte von Flints Maat Bill Bones. Lange nach Flints Tod kamen die Papiere in der Admiral-Benbow-Kneipe in ↗ BLACK HILL COVE ans Licht.

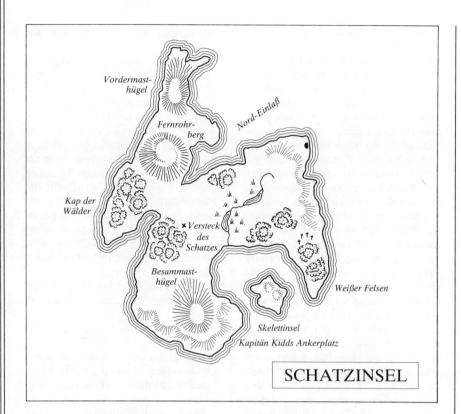

Einige Jahre, nachdem der Schatz vergraben worden war, traf es sich, daß einer aus Flints früherer Mannschaft, Ben Gunn, auf einem anderen Schiff an der Insel vorbeikam. Er erkannte sie und überredete Kapitän und Mannschaft, nach dem Schatz zu suchen. Sie hatten keinen Erfolg, und verärgert setzte der Kapitän Gunn auf der Insel aus, wo er die folgenden drei Jahre in völliger Einsamkeit lebte.

Ausgestattet mit den in der Admiral-Benbow-Kneipe gefundenen Karten, machte sich eine Gruppe von Männern, angeführt von Squire Trelawney, auf, um Flints Schatz zu finden, und segelte mit der *Hispaniola* von Bristol los. Ohne es zu wissen, nahmen sie einige von Flints alter Mannschaft in Dienst, wozu auch Flints alter Quartiermeister Long John Silver gehörte. Fast unmittelbar nach Ankunft der *Hispaniola* brach unter der Führung Silvers eine Meuterei aus. Nach längerem Kugelwechsel war die »loyale« Partei siegreich. Bei diesem Stand der Dinge wechselte Silver abermals die Seite, in der Hoffnung, wenigstens einen Teil von Flints sagenhaftem Reichtum zu erhalten. Der erste Versuch, den Schatz zu lokalisieren, mißlang, da Ben Gunn ihn schon gefunden hatte und in einem neuen Versteck verborgen hielt. Er wurde schließlich entdeckt, und die restlichen Mitglieder der Expedition kehrten zusammen mit Gunn nach England zurück. Während der Reise verließ Silver sie mit einem Teil des Geldes und wurde nie wieder gesehen. Drei der Meuterer wurden auf der Schatzinsel zurückgelassen, ihr Schicksal ist bis heute unbekannt.

Robert Louis Stevenson, *Treasure Island*, Ldn. 1883.

SCHATZTAL, ein ungemein fruchtbares Tal in den von ewigem Schnee bedeckten steirischen Bergen. Es wird vom »Goldenen Wildbach« bewässert, der in diesen Bergen entspringt und, bevor er sich in das Tal ergießt, ein unterirdischer Wasserlauf ist. Die beiden schwarzen Felsblöcke in der Nähe seiner Quelle stehen in engem Zusammenhang mit der wechselvollen Geschichte des Tales.

Vor langer Zeit gehörte das Tal drei Brüdern namens Hans, Schwartz und Gluck. Die beiden älteren töteten alle Lebewesen, die ihnen unnütz erschienen. Weil sie den Amseln keine Beeren, den Igeln keine Kuhmilch und den Heimchen kein Krümelchen gönnten, brachten sie sie ganz einfach um. Wenn andere Bauern schlechte Ernten hatten, zogen die beiden bösen Brüder daraus Gewinn. Ihren Knechten verweigerten sie den Lohn, und ihrem jüngeren Bruder verpaßten sie unter den fadenscheinigsten Vorwänden eine Tracht Prügel nach der andern. Als Gluck in einer stürmischen Nacht einem alten Mann, der eine große spitze Kappe trug, Obdach gewährt hatte, gingen Hans und Schwartz auf den Fremden los, aber als sie auf ihn einschlagen wollten, stürzten sie zu Boden. Um Mitternacht kehrte der Alte zurück, und mit ihm kam ein heftiger Sturm, der fast das ganze Haus zerstörte. Der Visitenkarte, die der Fremde zurückließ, entnahmen die bösen Brüder, daß es kein anderer als der Südwestwind gewesen war, der ihnen diese Lektion erteilt hatte. Am Morgen stellten sie zu ihrem Entsetzen fest, daß das Tal überflutet und ein großer Teil ihrer Felder vernichtet war. Von nun an blieben der Südwestwind und seine Vettern, die anderen Winde, dem Tal fern. Und da es ohne sie auch keinen Regen mehr gab, verwandelte sich das Tal, das damals noch nicht von einem Fluß bewässert wurde, in eine Sandwüste.

Die verzweifelten Brüder zogen in die Stadt und wurden Goldschmiede. Aber da Hans und Schwartz fast die ganzen Einnahmen vertranken, wurden sie ärmer und ärmer. Schließlich mußte sogar Glucks Lieblingsbecher – ein seltsames Trinkgefäß, auf dem ein Zwergenantlitz zu sehen war – in den Schmelztiegel geworfen werden. Doch plötzlich trat aus dem geschmolzenen Metall ein Zwerg hervor, der sich als König des Goldenen Flusses zu erkennen gab. Von ihm erfuhr Gluck, daß der Fluß, den man von der Stadt aus sehen konnte, zu purem Gold werden würde, wenn man drei Tropfen Weihwasser in seine Quelle träufelte. Wer aber ungeweihtes Wasser dafür verwende, der würde in einen schwarzen Stein verwandelt werden.

Als Hans und Schwartz dies erfuhren, fackelten sie nicht lange. Der eine stahl ein Fläschchen Weihwasser, der andere bekam seines von einem korrupten Priester. Beim Aufstieg ins Gebirge begegnete jeder der beiden Brüder einem Kind, einem Hund und einem alten Mann, die alle am Verdursten waren. Aber weder Hans noch Schwartz gaben ihnen etwas von dem kostbaren Wasser. Sobald sie ihre Fläschchen in den Fluß geworfen hatten, wurden die beiden in schwarze Steine verwandelt. Gluck, der als letzter auf den Berg stieg, gab den Verdurstenden zu trinken und hatte, als er zur Quelle gelangte, keinen Tropfen mehr in seinem Fläschchen. Da verwandelte sich der Hund in den König des Goldenen Flusses und erklärte Gluck, warum seine Brüder zu Stein geworden waren: Geweihtes Wasser, das man Sterbenden verweigert, ist nicht mehr geheiligt. Dann gab er Gluck drei Tropfen für die Quelle und gebot ihm, ins Tal des Reichtums zurückzukehren. Dort sah der Junge, daß der Fluß sich aus dem Inneren des Berges in das Tal ergoß und daß sein Wasser tatsächlich aus purem Gold war. Und so wurde aus dem verdorrten Tal wieder ein reicher, fruchtbarer Landstrich.

John Ruskin, *The King of the Golden River, or The Black Brothers. A Legend of Stiria*, Ldn. 1851.

SCHERIA, das Land der Phäaken, liegt auf einer fernen Insel. Ihre gastlichen Bewohner sind Herren von Schiffen, »schnell wie Flügel oder Gedanken«. Der weise freundliche König Alkinoos ist ihr Herrscher, der mit den Vornehmsten des Landes eine Folge froher Feste und glanzvoller gymnastischer Spiele feiert. Von besonderem Reiz ist das Klima: Im Garten des Alkinoos ist ständig Erntezeit, das ganze Jahr hindurch drängen sich die reifenden Früchte, während schon die nächsten nachwachsen. Für antike Besucher von Scheria – wie den Helden Odysseus – war somit ein ungetrübtes Paradies bei den Phäaken zu finden. Der moderne Reisende freilich mag Anstoß nehmen an den Knechten und Spinnerinnen im Sklavenstand, die ihm mehrfach begegnen. Versuche, das Phäakenland auf Korfu zu lokalisieren, bleiben, so bestechend ihre Beweisansätze sind, doch letztlich ungesichert.   B. Ky.

Homeros, *Odysseia* (8. Jh. v. Chr.?), Florenz 1488.

Das Atlantenportal des Torhauses zu SCHILDA

SCHILDA, auch **LALEBURG** genannt, eine Stadtrepublik, die entweder in Utopien hinter Kalekut oder in Misnopotamia liegt. Über die Historie der Schildbürger scheint folgendes gesichert: Höchstwahrscheinlich waren es griechische Staatsmänner und Philosophen, die sich zuerst im Lande niederließen, wenigstens entstand hier nach und nach eine Generation von Menschen, die für ihre Weisheit weithin berühmt waren, und jeder ausländische König und Fürst rechnete es sich zur Ehre an, einen von ihnen als Minister oder persönlichen Ratgeber an seinem Hof zu haben. Als schließlich kaum ein erwachsener Mann mehr in Schilda weilte, forderten die Frauen die Ausgewanderten ultimativ zur Rückkehr auf, andernfalls sie sich nach neuen Gatten umsehen würden. Die Männer erbaten sich Urlaub und, zu Hause angelangt, erkannten sie, daß ihre ständige Anwesenheit dringend vonnöten wäre. Um ihre mächtigen Dienstherren nicht zu verärgern, verfielen sie auf den Ausweg, was die Belange des eigenen Staates anging, derart närrisch zu verfahren, daß fortan jeder liebend gern auf ihre Dienste verzichten würde. An den Erfolg der damaligen Bemühungen erinnert noch heute das längliche fensterlose Geviert des alten Rathauses. Da alle Anstrengungen, das Licht nachträglich mittels Schaufeln, Kesseln und Eimern in das Gebäude zu tragen, scheiterten, ebenso der Versuch, die Sonnenstrahlen mit der Mausefalle einzufangen, hielt man die Gerichtssitzungen und Beratungen in völliger Dunkelheit ab.

Die Schildbürger verstellten sich so lange als Narren, bis selbst sie zwischen Schein und Sein nicht mehr recht unterscheiden konnten: So säten sie Salz und wunderten sich, daß es später nichts zu ernten gab, oder sie zogen eine Kuh mühsam eine Mauer hinauf, in deren Ritzen ein paar Grasbüschel wuchsen.

Eines Tages beschloß die Bürgerschaft, statt des weisesten und geeignetsten einfach den kräftigsten und gesündesten Mann zum Schultheiß zu wählen. Die Stadtchronik berichtet von einem Meister Caspar, der durch seine strikte Isolationspolitik – selbst die Bücher mußten von Landeskindern stammen – politische Unruhen heraufbeschwor. Der Pogromstimmung wußte er sich nicht anders als durch Inhaftierung aller männlichen Einwohner zu erwehren, und als ein Brief ihn republikanischer Umtriebe bezichtigte, setzte er endlich auch sich selbst gefangen. Da es nun niemanden mehr gab, der Gericht halten konnte, schmachteten die Schildbürger einträchtig in ihren Verließen, und erst nach geraumer Zeit wurde ihnen das Absurde des Zustands bewußt. Sie brachen aus dem Gefängnis aus, setzten die alte Verfassung außer Kraft und riefen die Republik aus. Seither wurden in Schilda alle Beschlüsse von der freien Volksversammlung gefällt.

Wer die Stadtrepublik heute besucht, wird ein Konglomerat aus kleinbürgerlicher Biederkeit, Halbwissen und Skurrilität vorfinden. Das Denken obliegt einem beamteten Philosophen, und auch für die Literatur sind einige Leute bestellt, die den anderen sagen, was von diesem oder jenem Buch zu halten sei, und die Schildbürger verzichten dank dieser Einrichtung auf eigenständige Beschäftigung mit der Poesie. Die Beurteiler sind in ihrer Kunst inzwischen so perfekt, daß auch sie das Lesen gänzlich aufgegeben haben.

Das Theater hingegen steht in hohem Kurs. Meistgespielter Autor ist ein gewisser Augustus, dessen Stücke, die ausnahmslos von Liebesleid und schicksalhafter Verschuldung handeln, sich neben dem Mangel an Witz vor allem durch die Schlußszene auszeichnen, in der regelmäßig ein edler Mann auftritt, der alles bezahlt.

In den Schulen werden ausschließlich unwissende Leute als Lehrer beschäftigt, in der Hoffnung, daß sie von dem Unterrichtsstoff selbst noch etwas lernen. Den Schülern bringt man zunächst die Verachtung aller Wissenschaften bei, stärkt dann ihr Selbstvertrauen und erreicht so eine merkliche Originalität des Denkens.

Beredtes Zeugnis dieser Schulpolitik legt ein junger Schildbürger ab, der vorwiegend auf einem Baum außerhalb der Stadt sitzt und den einheimischen Kuckuck in seinem Wettstreit mit dem der benachbarten Monarchie unterstützt. M. B.

Anon., *Das Lalebuch*, Laleburg (d. i. Straßburg) 1597. – Anon., *Die Schiltbürger*, Misnopotamia (d. i. Ffm.) 1597. – Ludwig Tieck, *Denkwürdige Geschichtschronik der Schildbürger, in zwanzig lesenswürdigen Kapiteln*, in *Volksmärchen*, Bln. 1797. – Julius von Voss, *Die Schildberger, komischer Roman*, Bln. 1823. – Friedrich Lienhard, *Die Schildbürger. Ein Scherzlied vom Mai*, Bln./Stg. 1900. – Erich Kästner, *Die Schildbürger*, Mchn. 1976.

SCHLÄFRIGE SCHLUCHT, ein von vielen Gespenstern heimgesuchtes Dorf etwa zwei Meilen von der kleinen Stadt Greensburgh, an den Ufern des Hudson gelegen. Greensburgh ist in der Umgegend unter dem Namen Tarry Town, Stadt der Herumlungerer bekannt, weil ihre Männer die Neigung haben, an Markttagen stundenlang im Wirtshaus herumzusitzen. Die Schläfrige Schlucht liegt hoch oben in den Bergen und ist vielleicht eines der ruhigsten Plätzchen auf der Welt; die einzigen Geräusche sind das Murmeln eines Baches und das gelegentliche Pfeifen einer Wachtel oder das Klopfen eines Waldspechts. Die Bewohner sind direkte Abkömmlinge der ersten holländischen Siedler und allgemein als die Spinner von der Schläfrigen Schlucht bekannt.

Das Dorf leitet seinen Namen von der schläfrigen Atmosphäre her, die es erfüllt. Einige sagen, daß es von einem deutschen Doktor in den ersten Tagen der Besiedlung verzaubert worden sei, andere, daß es von indianischen Medizinmännern lange vor Ankunft der Europäer als Beschwörungsort benutzt wurde. Was auch immer der Grund sein mag, es ist unverkennbar, daß die Einheimischen unter dem Zauberbann des Ortes zu stehen und in einem beständigen Traum zu leben scheinen. Sie sind außerordentlich abergläubisch, leicht zugänglich für Trance und Visionen und sehen häufig seltsame Gesichte und hören merkwürdige Musik. Unter den vielen Geistern, die in der Gegend spuken, ist der kopflose Reiter das Hauptgespenst. Es geht die Sage, daß er ein hessischer Soldat gewesen sei, dessen Kopf in irgendeiner vergessenen Schlacht während des Unabhängigkeitskrieges von einer Kanone abgeschossen worden sei. Geschichtsschreiber behaupten, daß sein Körper auf dem Friedhof liege und daß er nachts zum Schlachtfeld reite, um seinen Kopf zu suchen, vor Tagesanbruch jedoch in sein Grab zurückkehre.

Im späten achtzehnten Jahrhundert muß ein Dorfschullehrer zufällig dem Reiter begegnet sein. Dieser Mann, Ichabod Crane, verliebte sich in die Tochter eines einheimischen holländischen Siedlers, obwohl er bald herausfand, daß er einen Rivalen hatte, der für seine Stärke und Kühnheit berühmt war. Nach einem mit dem Erzählen von Gespenstergeschichten verbrachten Abend, begegnete Crane auf dem Heimweg vom Haus des Bauern einem Reiter auf einem großen schwarzen Roß, der ihn zu verfolgen begann. Cranes Pferd geriet in Panik und lief, schon in der Nähe seines Hauses, auf eine Brücke zu. Als er die Brücke überquerte, blickte Crane zurück und sah den Reiter, den er für das Gespenst des hessischen Soldaten hielt, in den Steigbügeln stehen und seinen Kopf nach ihm schleudern. Crane wurde von dem makabren Geschoß getroffen und fiel in den Staub. Am nächsten Morgen fand man sein Pferd sowie einen zerschmetterten Kürbis, der Lehrer aber wurde in Schläfrige Schlucht nie wieder gesehen. Man sagt, daß sein Geist im jetzt verfallenden Schulhaus spukt.

Washington Irving, *The Legend of Sleepy Hollow*, in *The Sketch Book of Geoffrey Crayon, Gent*, NY 1820.

SCHLARAFFENLAND (auch **SCHLAURAFFENLAND),** ein äußerst attraktives Reiseland für alle Zeitgenossen, die sich einer ungehemmten oralen Genußfähigkeit erfreuen und mit dem Begriff des »Materialismus« nicht die heute so verbreiteten negativen Vorstellungen verbinden.

Das Streben nach dem »Höheren« ist hier nämlich ebenso unbekannt wie der Verzicht auf das Naheliegende. Lohnarbeit hat es nie gegeben, »Fleiß« und »Disziplin« sind von Urlaubern importierte Fremdwörter. Das Ernährungsproblem ist auf natürliche Weise gelöst: Gebratene Hühner, Gänse und Tauben fliegen einem geradewegs in den Mund, der landesübliche Malvasierwein sprudelt aus den Brunnen hervor; Ströme von Milch, in die von den Bäumen herab gebackene Semmeln fallen, erquicken den Vegetarier und Antialkoholiker. Für Liebhaber von Bratwürsten sei erwähnt, daß es ganze Zäune gibt, die nur aus solchen bestehen. Bei alledem darf man zulangen, solange man mag und ohne sich mit Gewichtsproblemen herumzuschlagen. Fitnesstraining ist nicht nur verpönt, sondern auch wirklich überflüssig: Ein Jungbrunnen hält den Einheimischen wie den Besucher in der jeweils gewünschten Form.

Das Land ist für jedermann leicht zu erreichen: Es liegt drei Meilen hinter Weihnachten und ist schon von weitem an seiner natürlichen Grenze zu erkennen, die aus Hirsebrei besteht. Überraschen dürfte allerdings der Einreisemodus in dieses idyllische Fleckchen Erde: Vergebens wird der an das internationale Staatenwesen gewöhnte Globetrotter nach Grenzposten und

Weinspendender Brunnen im SCHLARAFFENLAND

Zollstationen Ausschau halten, und statt des Passes braucht er einen großen Magen. Er darf und muß sich nämlich – ganz einfach? – an einer beliebigen Stelle durch den Hirsebreiberg essen. S. T.

Sebastian Brant, *Das Narren Schyff*, Basel 1494. – Hans Sachs, *Das Schlauraffenland*, Nürnberg 1530. – Jacob und Wilhelm Grimm, *Das Märchen vom Schlauraffenland*, in *Kinder- und Hausmärchen*, 2 Bd., Bln. 1812–1815.

DAS SCHLOSS, irgendwo in Böhmen, gehört zum Besitz des Grafen Westwest. Es besteht aus einer weitläufigen Ansammlung eng zusammenstehender, zweistöckiger und einiger niedrigerer Gebäude. Besucher, die nicht informiert worden sind, daß dies in Wirklichkeit ein Schloß darstellt, könnten vermuten, es handle sich um eine kleine Stadt. Das Areal hat einen einzigen Turm, rund und nahezu ohne charakteristische Züge, zum Teil gnädig mit Efeu bedeckt und von einigen wenigen Fenstern durchbrochen. Die Turmzinnen scheinen unsicher, ungleichmäßig, greifen in den Himmel wie auf der zögernden Zeichnung eines verschüchterten Kindes.

Das Schloß ragt drohend über ein unterdrücktes Dorf, das am Ufer eines kleinen Flusses liegt. Der Winter dauert lange in dieser Gegend, und das Dorf ist gewöhnlich verschneit, gelegentlich sogar im Sommer. Niemandem ist es ohne Erlaubnis des Grafen gestattet, in diesem Dorf zu wohnen oder auch nur eine Nacht dort zu verbringen. An den Bewohnern fallen seltsame körperliche Merkmale auf: Ihre Schädel scheinen durch Schläge flach geworden, und ihre Gesichtszüge bilden gleichsam die Qual dieser Schläge ab.

Besucher seien darauf hingewiesen, daß der Zugang zum Schloß schwierig, wenn nicht unmöglich ist. Obwohl vom Grafen selbst eingeladen, kann es sein, daß man endlose Tage warten muß, ohne auch nur die Türschwelle zu überschreiten, und statt dessen nur beobachten kann, wie sich die Umrisse des Schlosses in dem dunstigen Licht verändern.

Franz Kafka, *Das Schloß*, Mchn. 1926.

DAS SCHLOSS DER FEE MORGUE, irgendwo in Wales, Wohnsitz der Schwester König Artus' von ↗ CAMALOT. Einst das Weib des Königs Lot von Orkney, wurde sie eine der mächtigsten Zauberinnen des Landes und hatte einen Sohn von Artus, der ihr in ↗ CARLÏON beigelegen hatte, ohne zu wissen, wer sie wirklich war. Der Sohn, Mordred, sollte seinen Vater während der Schlacht auf der Ebene von Salisbury tödlich verwunden.

Besuchern wird dieses Schloß besonders prächtig und luxuriös erscheinen. Die Wände sind mit Seide ausgeschlagen und von unzähligen Kerzen strahlend erleuchtet. Die Höflinge tragen alle prunkvolle und phantastische Kleidung und warten den Gästen mit untadeliger Exaktheit auf.

Von besonderem Interesse ist ein Zimmer, dessen Wände eine Wandmalerei bedeckt, die Lancelots verbotene Liebe zu Guinevere, Artus' königlichem Weib, darstellt. Dieses Wandgemälde wurde von Lancelot selbst ausgeführt, als die Fee Morgue ihn im Schloß gefangenhielt.

Chrétien de Troyes, *Yvain ou Le chevalier au lion* (12. Jh.), Hannover 1862. – Hartmann von Aue, *Iwein* (12./13. Jh.), Wien 1786. – Anon., *La Mort le Roi Artu* (13. Jh.), Halle 1910. – Thomas Malory, *Le Morte Darthur*, Westminster 1485.

DAS SCHLOSS DER SCHNEEKÖNIGIN liegt irgendwo in einer öden, eisigen Region Finnlands, wo die Schneeflocken nicht vom klaren, von Nordlichtern leuchtenden Himmel fallen, sondern geradewegs auf der Erde dahinlaufen und die wunderlichsten Gestalten annehmen: Manche sehen wie große, häßliche Stachelschweine aus, andere wie ganze Knäuel von Schlangen und einige wie kleine, dicke Bären mit gesträubten Haaren. Sie sind die Vorposten der Schneekönigin. Die Wände des Schlosses sind aus treibendem Schnee, die Fenster und Türen aus schneidenden Winden. Die über hundert Säle des Schlosses (der größte viele Meilen lang) sind alle vom starken Nordlicht beleuchtet und völlig leer, eiskalt und glänzend. Niemals gibt es hier Fröhlichkeit, nicht einmal einen kleinen Bärenball, bei dem der Sturm aufspielen könnte und die Eisbären auf ihren Hinterfüßen laufen würden, ja nicht einmal einen kleinen Kaffeeklatsch der Weißfuchsfräulein. Mitten in dem leeren Schneesaal ist ein zugefrorener, in tausend Stücke zersprungener See; ein Stück gleicht dem anderen so genau, daß man das Ganze für ein unerhört geschickt angefertigtes Kunstwerk halten könnte. Wenn die Schneekönigin zu Hause ist, sitzt sie mitten auf diesem See.

Hans Christian Andersen, *Snedronningen*, Kopenhagen 1844.

DAS SCHLOSS DES UNTIERS, tief in den Wäldern Frankreichs versteckt, ist ein düsteres altes, verfallenes Gebäude mit vielen Treppen und Höfen. Naturgetreue Statuen von Männern und Bluthunden schmücken riesige Terrassen, und scheinbar undurchdringliche Türen bilden Bögen in den massiven Mauern. Jetzt ist das Schloß unbewohnt, früher gehörte es einem verzauberten Prinzen, der in eine scheußliche Bestie verwandelt worden war. Wenn damals ein Reisender im Schloß ankam, führten ihn unsichtbare Hände durch einen dunklen Gang, nur schwach beleuchtet von Kandelabern, gehalten von menschlichen Armen, die aus den Wänden wuchsen. Dann erschien eine üppige Mahlzeit auf einem einsamen Tisch, bewacht von lebenden Büsten zu beiden Seiten eines riesigen Kamins.

Schließlich erschien das Untier, der Herr des Schlosses, und forderte Vergeltung von dem Gast – egal ob er sich eines Verstoßes schuldig gemacht hatte oder nicht. Viele arglose Reisende fanden so hier ihren Tod.

Doch dann kam die Stunde der Erlösung; ein reines junges Mädchen, dessen Vater die Bestie schwer verwundet hatte, empfand Mitleid mit dem Unglücklichen und flehte ihn an, er möge am Leben bleiben. Ihr Jammer brach den Zauber, er durfte seine gräßliche Erscheinung ablegen und wurde wieder der Prinz, der er einst gewesen war. Ob die beiden, wie sonst üblich, geheiratet haben, ist leider nicht bekannt.

Ein ungeheures Vermögen an Juwelen und kostbaren Steinen soll in den Gewölben des Schlosses angehäuft sein, aber es wird von einem Bogenschützen bewacht, der auf jeden schießt, der unaufgefordert eintritt. Auch ein Zauberspiegel, in dem man jeden gewünschten Ort der Welt sehen kann, liegt vergessen in einem der vielen Zimmer des Schlosses.

Marie Leprince de Beaumont, *La belle et la bête,* in *Magasin des enfants, contes moraux*, Paris 1757.

SCHLOSS DREIVIERTELSTEIN, ein kleineres Elfenreich in der Steiermark. Mittelpunkt ist das Schloß von Königin Aigle, ein entlegener und unbedeutender Ort. In der Vergangenheit rühmte sich das Schloß der exquisiten Küche von Ludla, einer der berühmtesten Köchinnen aller Elfenreiche. Besucher kamen hauptsächlich, um ihre gefüllten Gänse, ihre Aalsuppe und andere Spezialitäten zu genießen. Eines der köstlichsten Gerichte war das Langusten-Soufflé, das an königlichen Geburtstagen serviert wurde; die Würze war geheim, und niemand durfte die Küche betreten, während es vorbereitet wurde. Ein Bewohner des Schlosses behauptete, es zu essen sei so, als verzehre man eine Wolke. Aigle selbst zeigte sich an den Genüssen, die Ludla für sie zubereitete, wenig interessiert und beschäftigte sich mehr mit den Spielen, aus denen das Leben ihres Hofs hauptsächlich bestand. Zweimal im Jahr fand ein Wettbewerb statt, die erste bzw. letzte Rose des Sommers zu finden. Man zog auch einige Male auf die Suche nach Drachen aus, aber diese Züge wurden eingestellt, teils, weil Drachen aus der Mode kamen, vor allem aber deshalb, weil eine Reihe von Teilnehmern sich in Höhlen verliefen und ein paar nie wieder auftauchten.

Das Leben bei Hof wurde durch die Ankunft von Tamarind gesprengt, eines politischen Verbannten aus Tishk, einem Elfenreich im Uralgebirge. Er war sofort sehr beliebt, vor allem bei Kindern und beim Personal. Er fiel jedoch in öffentliche Ungnade, als er mit Königin Aigle zusammen ausflog. Normalerweise fliegt der elfische Adel nicht, Fliegen gilt als würdelos und nur für Diener schicklich. Während ihres Flugs erlitt die Königin eine leichte Verletzung, und bald lief das Gerücht um, der Verbannte sei daran schuld. Sofort wendeten sich alle mit der in Elfenreichen üblichen Fremdenfeindlichkeit gegen ihn, und Ludla sann auf Rache, indem sie einen Knochen in einen »Jägerbrei« versteckte. Tamarind würgte an dem Knochen, erholte sich aber rasch, und Königin Aigle, die sich in den Verbannten verliebt hatte, verjagte ihre berühmte Köchin vom Hof. Wenig später ließ sich Tamarind überreden, das Schloß zu verlassen und auf eine Reise nach Europa zu gehen. Seit dem Zwischenfall mit dem Brei haben keine Wettspiele mehr stattgefunden. Aigle ist offenbar zu geistesabwesend, um sie zu arrangieren, und ihre Höflinge haben einen neuen Zeitvertreib entdeckt. Sie gehen im Wald spazieren und gelangen dabei unvermeidlich zu dem Häuschen, wo Ludla sich niedergelassen hat. Dort können Reisende gegen ein sehr bescheidenes Entgelt ihre exquisite Küche genießen, allerdings müssen sie ihren Wein selbst mitbringen.

Sylvia Townsend Warner, *Kingdoms of Elfin,* Ldn. 1972.

SCHLOSS DUNDONALD, ein verfallenes Gemäuer etwa zwei Meilen

Die Ruinen von SCHLOSS DUNDONALD

von Irvine entfernt, einem kleinen Hafen in der Nähe der Mündung der Förde von Clyde in Schottland. Lange hielt sich das Gerücht, das Schloß werde von Feuerjungfrauen heimgesucht, denn in manchen Nächten huschten Feuerstrahlen über die brüchigen Mauern und hüllten sie in taghellen Glanz. Mitte des neunzehnten Jahrhunderts gab diese Erscheinung Anlaß für den Schiffbruch der norwegischen Brigg *Motala,* die mit ihrer Holzladung in Richtung Glasgow unterwegs war. Offensichtlich hielt der Kapitän die Lichtbündel für das Leuchtfeuer von Irvine und steuerte sein Schiff auf die Klippen, wo es vollständig zerschmettert wurde. Als die daraufhin eingeleiteten Nachforschungen keinerlei Ergebnis zeitigten, verstärkte sich dieser Mythos immer mehr.

Erst viel später kam die Wahrheit dann doch ans Tageslicht: Man fand einen verborgenen Tunnel zwischen dem Schloß und den Höhlen von New Aberfoyle und ↗ KOHLENSTADT, und die Feuerstrahlen rührten von ausströmendem Methan, das sich entzündet hatte.

Jules Verne, *Les Indes noires,* Paris 1877.

DAS SCHLOSS VON UDOLPHO, ein mittelalterliches Kastell im Apennin, wurde zum Vorbild für zahlreiche schaurig-romantische Bauwerke des neunzehnten Jahrhunderts. Es ist mit Türmen, Zinnen und Wällen bewehrt und steht, von dichtem Gehölz (vorwiegend Lärchen) umgeben, nahe einer Schlucht. Zwei durch einen Wehrgang verbundene Rundtürme und ein Fallgitter schirmen den Torweg ab. Durch zwei Innenhöfe gelangt man in eine gotische Halle mit zahlreichen Schwibbögen und Pfeilern sowie einem marmornen Treppenaufgang. Ein Buntglasfenster reicht vom Boden bis zu der mit schwarzem Lärchenholz vertäfelten Decke. Hinter den dicken Mauern befinden sich mehrere Geheimgänge. Ein Teil der Burganlage, einschließlich der Kapelle im Ostflügel, ist verfallen, das Hauptgebäude dagegen ist noch bewohnbar. Von hier aus hat man einen eindrucksvollen Ausblick auf Wälder, Felsklippen, Täler und einen reißenden Fluß.

Besucher sollten nicht versäumen, das kleine Gemach zu besichtigen, in dem sich das schwarz verschleierte wächserne Abbild eines von Würmern halbzerfressenen Leichnams befindet. Einem früheren Schloßherrn war es (zur Sühne für die Untat eines Familienmitglieds) von der Kirche auferlegt worden, diese Wachsfigur tagtäglich zu betrachten. Wäre das schaurige Memento nicht auch weiterhin im Schloß aufbewahrt worden, so hätten die Herren von Udolpho unweigerlich einen Teil ihrer Domäne eingebüßt.

Man munkelt, daß in dem alten Gemäuer mehrere Morde und andere Missetaten begangen worden seien. Heutzutage soll dergleichen dort allerdings nicht mehr vorkommen.

Ann Radcliffe, *The Mysteries of Udolpho,* Ldn. 1794.

SCHLÜSSELWALD, eine zwischen den Ländereien des Grafen Vorjahr und des Grafen Sadolf gelegene schlüsselförmige Waldregion. Der Wald fiel an Graf Vorjahrs Vater, als er den Grafen Sadolf, einen einheimischen Räuberbaron, zu einem Schachspiel forderte. Dieses Spiel muß alle fünfundzwanzig Jahre wiederholt werden, um den Besitzanspruch des Schlüsselwaldes zu sichern.

Reisende kommen bei einem Besuch des Waldes am Haus des Melas an, eines Eremiten, der sie eindringlich zur Buße auffordern und ihnen danach Wein anbieten wird. Zwei große Gebäude sind im Wald zu sehen: das Schloß des Grafen Vorjahr, Melangloria, mit seinen zwei Türmen, von denen einer »Ferkelturm« heißt, und die »Festung der Verzweiflung« in einem dichter bewaldeten Teil des Besitzes, wo kein Vogel singt und alle Einwohner im Unglück leben.

Der Schlüsselwald ist einzigartig, weil seine Bewohner der Überzeugung sind, man regiert sie wie Bauern im Schachspiel, das heißt, sie würden von unsichtbaren Spielern manipuliert, die sie über ein riesiges Schachbrett bewegen.

Paul Hulshof und Robert Vincent Schipper, *Glanzewijn en het schaakschandaal*, Amsterdam 1973.

SCHNARKINSEL, eine Insel mit unwirtlichen Klüften und Klippen und trostlosen, öden Tälern irgendwo im Ozean. Wer sie finden möchte und Mercators Nordpol und Äquator, Tropen, Zonen und Meridianlinien nur für konventionelle Zeichen hält, nimmt am besten eine leere Karte, die das Meer darstellt. Außerdem ist es ratsam, einen dolchfesten Mantel und zwei Versicherungspolicen – eine gegen Feuer und eine gegen Hagel – mitzunehmen. Der Reisende, der in diesen Teil der Welt segelt, sollte, wenn er sich in tropischem Klima befindet, besonders darauf aufpassen, daß sich das Bugspriet nicht mit dem Ruder verwickelt – das kommt häufig vor und wird hier »geschnarkt werden« genannt.

Außer dem Schnark selbst leben auf der Insel noch die verschiedensten Tiere, seltsame, gruselige Kreaturen: der *jubjub* – ein ungestümer Vogel mit einem furchterregenden, schrillen, lauten Gesang (gekocht ist er jedoch ausgezeichnet, und Rezepte für verschiedene Zubereitungsarten sind vorhanden) – und der gefährliche *bandersnatch* mit einem dehnbaren Hals und spitzen Krallen. Auch Schnarks schmecken gekocht sehr gut – sie werden mit Gemüse serviert –, und man kann sie auch zum Lichtanzünden verwenden. Eine Schnark-Spezies, der *boojum,* kann bei bestimmten Personen dazu führen, daß sie unmerklich und plötzlich verschwinden, wenn sie ihn sehen. Es gibt fünf typische Charakteristika, an denen man den gemeinen – und harmlosen – Schnark erkennen kann. Man findet sie in dem einzigen verfügbaren Text über diesen Gegenstand aufgezählt: Erstens der Geschmack, eher fade und leer, aber knusprig, mit einem Hauch Irrlicht; zweitens die Gewohnheit, so spät aufzustehen, daß er oft erst zum Fünf-Uhr-Tee das Frühstück und am nächsten Tag dann das Abendessen einnimmt; drittens seine Begriffsstutzigkeit, wenn jemand einen Witz erzählt; da seufzt der Schnark tief und unglücklich auf, und sein Gesicht bleibt bei jedem Wortspiel ernst; viertens seine Liebe zu Bademaschinen, die er überall mit sich herumträgt und die die Szenerie verschönern sollen; fünftens sein Ehrgeiz.

Des weitern können die Schnarks in zwei Gruppen eingeteilt werden: Die einen haben Federn und beißen, die anderen haben Schnurrbärte und kratzen. Es gibt mehrere Möglichkeiten, einen Schnark zu fangen: Man kann ihn mit einem Fingerhut suchen – sehr gründlich; man kann ihn mit Gabeln jagen und dabei hoffen; man kann sein Leben mit einer Eisenbahnaktie bedrohen oder ihn mit Lächeln und Seife bezaubern.

Lewis Carroll, *The Hunting of the Snark,* Ldn. 1876.

SCHNICK-SCHNACK-SCHNURR, ehemaliges Schloß im einst mächtigen Herzogtum Hechelkram in Deutschland. Man erreicht es auf kleinen Fußpfaden, die über eine mit Heide bewachsene Hochebene führen. Vor einer kleinen Bergkette münden die Fußwege in einen breiteren Weg und schließlich nach einem allmählichen kurvenreichen Anstieg in die sogenannte Schloßstraße, die vor langer Zeit einmal gepflastert gewesen sein muß, jetzt aber ziemlich holperig und voller Geröll zu dem auf einer kahlen Anhöhe gelegenen Schloß führt. Das einstmals reizvolle Gebäude ist weitgehend verfallen. Rechts und links neben dem eisernen Tor stehen noch zwei Wappenlöwen. Der Burghof, früher gepflastert, verwandelt sich jetzt bei Regen – und es regnet oft hier – in einen undurchdringlichen Sumpf, was den Vorteil hat, daß Räuber abgehalten werden. Die Zimmer waren einst mit schönen bunten Ahnenporträts geschmückt, die Möbel rötlich lackiert und mit Goldleisten verziert. Jetzt sind die meisten Fenster mit Läden verschlossen, das Torschloß ist verrostet, und die letzten Bewohner steigen durch ein Loch in der Wand, das sie nachts notdürftig mit Kisten und Tonnen verschließen. Auf den morschen Treppen ist äußerste Vorsicht geboten. Nicht nur Schmuck, Roben und Spitzen, auch alles einigermaßen entbehrliche Mobiliar, die Pflastersteine des Hofes, das schmiedeeiserne Gitter vom Schloßtor sind von den Bewohnern verkauft worden, um ihren Lebensunterhalt zu bestreiten. An Reparaturen am abbröckelnden Putz und den sich allmählich senkenden Giebelwänden war aus diesem Grund auch nie zu denken.

Hinter dem Schloß ist ein französischer Garten mit Taxushecken und steinernen Putten und Schäfern angelegt worden. Bunte Kieselsteine sind zu stern- und rautenförmigen Mustern angeordnet. Allerdings speit der Delphin in dem mit Muscheln ausgelegten Becken kein Wasser mehr.

Für Besucher läßt sich eine notdürftige Übernachtungsmöglichkeit in der Vorratskammer einrichten, dem einzigen Raum, der noch Fenster hat und aus dem nur der kleine Vorrat an getrockneten Äpfeln, Bohnen und Erbsen entfernt zu werden braucht.

G. W.

Karl Leberecht Immermann, *Münchhausen,* in *Schriften,* Bd. 8–11, Düsseldorf 1838/39.

DER SCHWARZE DSCHUNGEL liegt auf der Insel Raymangal im Gangesdelta. Sein Name bezieht sich auf die undurchdringliche Vegetation und die dunklen Schrecken, das sein Inneres birgt. Unter düsteren Bäumen erhebt sich das riesige Heiligtum der *Thugs,* der Würger, die die Göttin Kali verehren. Es ist eine gewaltige Pagode aus Granit, die von einer aufgereckten Schlange mit einem Frauenkopf gekrönt wird. Im Innern befindet sich eine Statue der Göttin Kali und ein kleines weißes Bassin mit Goldfischen, durch die die Göttin angeblich mit den Gläubigen in Verbindung tritt. Unter dem Bauwerk verläuft ein Labyrinth niedriger Gänge, die kalt, dunkel und feucht sind. An diesem schrecklichen Ort leben vielfarbige Skorpione, giftige Tausendfüßler, behaarte Spinnentiere und etliche Arten der Kobra.

In der Nähe des Heiligtums steht ein Banyanbaum, durch den man einen unterirdischen Gang erreichen kann. Dieser ist von spitzen Speeren eingerahmt, die Uneingeweihten sehr gefährlich werden können. Der Tunnel führt zu einer großen Grotte aus rosa Granit, die von vierundzwanzig Säulen mit Elefantenköpfen getragen wird. Hier werden der Göttin Kali von den Würgern Jungfrauen als Opfer dargebracht.

Emilio Salgari, *I misteri della Jungla Nera,* Mailand 1895.

DIE SCHWARZE KAPELLE steht zwischen der Ebene von Salisbury und dem Meer. Nach der katastrophalen Schlacht in der Ebene, bei der König Artus von ↗ CAMALOT tödlich verwundet wurde, trugen ihn der Leibdiener Lucan und der Ritter Girflet zur Schwarzen Kapelle. Es heißt, Artus habe seinen Diener versehentlich getötet, indem er ihn zu fest umarmte, und Besucher können Lucan in einem der beiden Gräber der Kapelle liegen sehen. Das zweite Grab soll die letzte Ruhestätte des Königs sein.

Nach Augenzeugenberichten wurde der sterbende Artus in einer Barkasse, in der vier schwarze vermummte Damen saßen, aufs Meer hinausgeführt und seine Leiche später zur Bestattung zur Kapelle zurückgebracht. Andere sagen, man habe ihn nach ↗ AVALON und von dort auf ein Schiff überführt, dann sei er nie wieder gesehen worden. Das prächtige Grab in der Schwarzen Kapelle trägt die Inschrift: »Hier ruht König Artus, der durch seinen Heldenmut zwölf Königreiche eroberte.« Die Inschrift auf Lucans Grab schildert nur die Art, wie er zu Tode kam.

Anon., *La Mort le Roi Artu* (13. Jh.), Halle 1910. – Thomas Malory, *Le Morte Darthur*, Westminster 1485.

SCHWARZLAND, Ruinen einer Stadt im Zentrum der Sahara auf 1° 40' östlicher Länge und 15° 50' nördlicher Breite. Die Stadt liegt südlich der Gao-gao-Oase und wurde von einer Abenteurergruppe erbaut. Ihre an Tränen und Blut reiche Geschichte dauerte ganze zehn Jahre – von 1895 bis 1905.

Gründer von Schwarzland war ein gewisser William Ferney, besser bekannt unter dem Namen Harry Killer – ein englischer Kidnapper und Mörder, der sich entschlossen hatte, die Früchte seines sündhaften Tuns für die Gründung einer Stadt des Verbrechens zu verwenden. Man errichtete sie an den Ufern des Tarfasasset (des heutigen Red River), eines ausgetrockneten Flusses, den Harry Killer wieder mit Wasser füllte. Die Stadt maß genau zweihundert Meter von Nordosten nach Südwesten und sechshundert Meter von Nordwesten nach Südosten. Ihre Grundfläche war in drei verschieden große Abschnitte unterteilt.

Der erste, dem Fluß am nächsten gelegene Stadtteil, dehnte sich auf dem flachen Gelände am rechten Ufer aus. Hier wohnten die Lustigen Gesellen, die Aristokratie von Schwarzland und unmittelbaren Kumpane von Harry Killer. Ihre Zahl, die genau festgelegt war, belief sich auf sechsundsechzig.

Die Aufgaben der Lustigen Gesellen waren vielgestaltig. Militärisch organisiert, mit einem Oberst, fünf Hauptmännern, zehn Leutnants und fünfzig Feldwebeln, stellten sie die Streitmacht von Schwarzland. Sie führten Krieg gegen die beklagenswerten Dörfer der Nachbarschaft, nahmen deren Einwohner gefangen und metzelten diejenigen, die sie nicht brauchten, erbarmungslos nieder. Gleichzeitig erfüllten die Lustigen Gesellen die Aufgaben einer Stadtpolizei und beaufsichtigten die Scharen von Sklaven, die auf den Feldern arbeiteten. Darüber hinaus fungierten sie als Leibgarde des Anführers und führten seine Befehle in blindem Gehorsam aus.

Der zweite Stadtteil mit einer Ausdehnung von etwa einunddreißigeinhalb Hektar beherbergte die Sklaven: 4196 Männer und 1582 Frauen. Ihr Leben war nicht leicht. Jeden Morgen öffneten sich die vier Tore in der Mauer, die ihren Kerker umschloß, und unter Aufsicht der bewaffneten Lustigen Gesellen führte man sie zur Arbeit. Viele kamen durch die Grausamkeiten ihrer Herren ums Leben.

Das dritte und am weitesten vom Zentrum entfernte Viertel bestand lediglich aus einer halbrunden, sechzehnhundert Meter langen und fünfzig Meter breiten Fläche. Hier wohnte die sogenannte Bürgerschaft, der weiße Bevölkerungsteil, dem es nicht geglückt war, im ersten Stadtteil unterzukommen, und wartete auf einen freien Platz bei den Lustigen Gesellen; angesichts der brutalen Verhaltensweisen unter den Aristokraten fiel die Wartezeit meistens sehr kurz aus.

Schwarzland bestand aber nicht nur aus diesen drei Stadtvierteln am rechten Flußufer. Auf der linken Seite, dort wo das Terrain unvermittelt ansteigt, bildeten die Stadtmauern ein zweihundert Meter langes und dreihundert Meter breites Rechteck. Dieses Gebiet wurde durch eine hohe Mauer unterteilt.

Die eine, am Nordosthang gelegene Hälfte, enthielt den Festungsgarten, einen öffentlichen Park, der an seinem Nordende über die Gartenbrücke mit den Stadtteilen der Lustigen Gesellen und der Bürgerschaft jenseits des Flusses verbunden war. In der zweiten Hälfte, oben am Hügel, waren die sogenannten lebenswichtigen Einrichtungen der Stadt untergebracht. Harry Killers Palast erhob sich in der nördlichen Ecke. Daneben standen zwei Barracken; in der einen waren die Sklaven, die den Dienerstamm und die Schwarze Garde stellten, untergebracht, in der anderen wohnten vierzig Weiße, die für die Flugmaschinen von Schwarzland zuständig waren. Diese Flugmaschinen hatten eine Reichweite von bis zu fünftausend Kilometern bei einer Geschwindigkeit von vierhundert Kilometern pro Stunde und gaben Schwarzland damit einen Aktionsradius, der seinen Feinden fehlte.

Das vermutlich schwärzeste Gebäude von Schwarzland war die Fabrik. Sie stand am Ufer gegenüber dem Palast und war eine Einheit für sich mit eigenem Körper und eigener Seele. Hier wurden die Flugmaschinen gebaut und andere bemerkenswerte Erfindungen gemacht. Seele der Fabrik war ihr Direktor; der Körper bestand aus einhundert Arbeitskräften verschiedener Nationalitäten, in erster Linie Engländer und Franzosen. Diese unglückseligen Männer und Frauen hatte man durch sehr hohe Löhne nach Schwarzland gelockt. Als Gegenleistung für das Geld führten sie ein total isoliertes Dasein. Die Fabrik durften sie niemals verlassen, und es war ihnen nicht erlaubt, Briefe zu schreiben oder Post aus der Heimat zu empfangen. Ihre Reise nach Schwarzland erfolgte auf recht ungewöhnlichen Wegen. Zunächst brachte sie ein Schiff von ihrer Heimat auf eine der Bissago-Inseln in der Nähe der Küste von Portugiesisch-Guinea. Dort verband man ihnen die Augen und flog sie auf die Esplanade neben der Fabrik. Von da an waren sie Gefangene. Wer wieder weg wollte, dem versprach man eine sichere Heimreise. Tatsächlich aber wurden Heimkehrwillige in die Wüste gebracht und niedergemetzelt; ihr sauer verdientes Geld kehrte in die Schatzhöhlen von Schwarzland zurück. Aufgrund dieser Vorsichtsmaßnahmen blieb Schwarzland über Jahre hinweg unentdeckt.

Der Fabrikdirektor war ein französischer Wissenschaftler, dessen Genie an Wahnsinn grenzte – Marcel Camaret. Nach der Erfindung einer Regenmaschine hatten seine Kollegen ihn ausgelacht und Camaret damit aus seinem wissenschaftlichen Kreis vertrieben. Harry Killer hörte von der Erfindung, nahm Camarets Dienste in Anspruch und bediente sich seiner Talente bei der Umwandlung der ausgedörrten, unfruchtbaren Sahara in einen blühenden Garten. Auch die von flüssiger Luft angetriebenen Flugmaschinen gehörten zu Camarets zahlreichen Erfindungen.

Zum Unglück für die Wissenschaft – doch zum Wohle der Menschheit – wurde Schwarzland im Jahre 1905 zerstört. Harry Killer nahm die Mitglieder der Barsac-Mission gefangen, die im Auftrag der französischen Regierung untersuchen sollte, ob man gut daran täte, den Einheimischen das Wahlrecht zu geben. Als die gefangenen Franzosen Camaret über die gottlosen Taten seines Herrn aufklärten, verlor der Wissenschaftler das bißchen Vernunft, das er noch besessen hatte, und zerstörte seine ganzen Schöpfungen und damit die Stadt. Ein französischer Hilfstrupp rettete die Mitglieder der Barsac Mission und verhaftete die überlebenden Abenteurer. Alles, was der Reisende heute noch sieht, sind ein paar Ruinen, die sich gegen den Sand der Sahara behauptet haben.

Jules Verne, *L'étonnante aventure de la mission Barsac*, Paris 1919.

DAS SCHWARZROCKREICH, Zehntausende von chinesischen Meilen von der südchinesischen Küste entfernt, liegt irgendwo im Meer. Da das Inselreich nicht auf Seekarten verzeichnet ist, fanden seit altersher erst zweimal Fremde durch den Umstand, daß sie als Schiffbrüchige zufällig an seinen Strand getrieben wurden, hier Aufnahme. Sie sollen aber auf das herzlichste vom Herrscher des Reiches und seinen Untertanen empfangen worden sein, da es hierzulande als besondere Ehrerweisung gilt, wenn ein Fremder dem entlegenen Lande einen Besuch abstattet.

Der Etikette entsprechend begibt sich der Fremde zunächst zur Audienz in die königliche Residenz, die er nach Durchqueren der Stadt und Überschreiten des Marktplatzes über eine große Brücke erreicht. Der König selbst sorgt dann für alle Annehmlichkeiten und gibt zu Ehren des Besuchers am Ende des Aufenthaltes ein Gastmahl im Tusche-Preis-Palast (so genannt nach dem Gedichtwettbewerb, der dort anläßlich von Festlichkeiten unter den Gästen ausgetragen zu werden pflegt).

Bemerkenswert ist, daß alle Einwohner des Landes, ob jung oder alt, von hohem oder niedrigem Rang, ganz in schwarze Gewänder gehüllt sind; selbst der König trägt eine dunkle Robe und dazu eine rabenschwarze Kappe. Diese Kleidung jedoch steht den äußerst schmalen und zierlichen Menschen, deren Körper sich so leicht bewegen, als wollten sie fliegen, ausnehmend gut.

Der Fremde kann aber – bei aller Gastfreundschaft hierzulande – nicht unbegrenzt im Schwarzrockreich bleiben. Spätestens im zeitigen Frühjahr muß er Abschied nehmen, dann, wenn sich auch die Bewohner des Landes auf die weite Reise in gemäßigte Klimazonen begeben. Denn das Volk des Schwarzrockreiches ist ein Schwalbenvolk, das im warmen Süden den Winter verbringt und im Frühjahr gen Norden zieht, nachdem es im Flügel-Verwandlungs-Teich gebadet und seine Menschengestalt abgelegt hat. D. A.

Anon. (10. Jh.?), *Wang Hsieh-chuan*, in *T'ang Sung ch'uan-ch'i chi*, Peking 1956.

SCHWARZSTAB (BLACKSTAFF), ein Land zwischen ↗ PAFLAGONIEN und der ↗ KRIM-TATAREI. Hier herrscht die Fee Schwarzstab (so genannt nach ihrem schwarzen Zauberstab). Es heißt, sie sei bei sämtlichen wichtigen Kindstaufen zugegen, die in der Welt stattfinden. Als Geschenk überreicht sie den Täuflingen entweder einen Ring oder eine Rose. Wer den Ring erhält, wird eine glückliche Ehe und ein vernünftiges, wohlbestalltes Leben führen. Wer die Rose erhält, wird vom Feuer der Leidenschaft verzehrt werden und an unglücklicher Liebe zugrunde gehen.

William M. Thackeray, *The Rose and the Ring, or The History of Prince Giglio and Prince Bulbo. A Fireside Pantomime for Great and Small Children,* in *Christmas Books,* Ldn. 1857.

SCHWEIGEN oder **SIOPE** ist der Name einer Gegend in Libyen, die am Fluß Zaïre liegt, dessen trübe, safrangelb getönte Wasser nicht zum Meer fließen, sondern, wild bewegt, unaufhörlich unter dem roten Auge der Sonne pulsieren. Zu beiden Seiten des schlammigen Flußbettes erstreckt sich viele Meilen weit eine fahle Wüste aus riesigen Wasserlilien. Die Grenze dieses Bezirks bildet ein dunkler, schauriger Wald, in dem seltsame giftige Blumen wachsen. Obwohl sich kein Lüftchen regt, bewegt sich das Unterholz unablässig. Am Flußufer steht ein großer grauer Felsen, auf dem in eingravierten Lettern das Wort »Verzweiflung« zu lesen ist. Über der ganzen Gegend liegt der Fluch der Erstarrung. Der Mond nimmt nicht ab, kein Blitz flammt auf, die Wolken hängen bewegungslos am Firmament, das Wasser sinkt und steigt nicht, die Bäume wiegen sich nicht im Wind. Wer diesen Bezirk besucht, wird nicht imstande sein, auch nur ein Wort über die Lippen zu bringen, und wird glauben, er sei von einer allumfassenden Taubheit befallen.

Edgar Allan Poe, *Silence: a Fable,* in *The American Monthly Magazine,* Juni 1837.

DIE SCHWIMMENDE STADT, auf einer schwimmenden Insel irgendwo im Nordatlantik, wurde zuletzt auf 55° nördlicher Breite und 35° westlicher Länge gesehen. Besucher haben große Schwierigkeiten, die Stadt zu erreichen, denn sobald ein Schiff am Horizont zu sehen ist, verschwindet sie. Die gesamte Stadt hat nur eine Bewohnerin, die zwölfjährige Tochter eines gewissen Charles Lievens aus Steenvorde, die auf dem hohen Meer verschwand. Das Mädchen lebt an diesem unbewohnten Ort und führt seine täglichen Aufgaben auf ganz normale Weise aus. Man nimmt an, daß es viele solche schwimmenden Städte gibt, die von ertrunkenen Kindern erbaut wurden, deren Leichen niemals gefunden worden sind.

Jules Supervielle, *L'enfant de la haute mer,* Paris 1973.

SCOODLERLAND, ein gebirgiges Land, das man Reisenden eigentlich nicht empfehlen kann. Eine schmale Felsenbrücke führt über einen schwarzen Abgrund, der so tief ist, daß man seinen Boden nicht sehen kann. Tritt der Reisende durch den gewölbten Eingang in den Berg ein, so findet er sich in einer riesigen Kuppelhalle wieder, die durch Löcher im Felsendach erhellt wird. Um diese runde Halle herum stehen die Häuser der Scoodler – schmale Felsengebäude, die nicht mehr als sechs Fuß breit sind. Die Scoodler sind erstaunlich schlanke Geschöpfe und brauchen nicht viel Wohnraum. Obwohl sie dem Körperbau nach menschlichen Wesen gleichen, haben sie ein Gesicht auf beiden Seiten des Kopfes, das eine weiß, das andere schwarz, und sie können daher vorwärts und rückwärts gehen. Ihre Zehen können sie nach beiden Richtungen krümmen, was ihrer Bewegungsfreiheit sehr dienlich ist. Sie können ihren Kopf abnehmen und wieder aufsetzen, doch während der Kopf ab ist, rennt der Körper ziellos in der Gegend herum. Wenn sie sich ärgern, werfen sie mit dem Kopf nach dem Gegner; hilfreiche Freunde stürzen dann unheimlich schnell vor, heben den Kopf auf und setzen ihn wieder an seinen Platz.

Die Scoodler werden von einer immer schlecht gelaunten alten Königin regiert, die man leicht erkennen kann: Die eine Seite ihres Kopfes ist rot mit grünen Augen und schwarzem Haar, die andere gelb mit schwarzen Augen und rotem Haar. Sie hat mit ihrem Kopf schon nach so vielen Leuten geworfen, daß er ganz eingedellt ist.

Ihrer Natur nach sind die Scoodler außerordentlich aggressiv. Besucher, die in ihren Berg kommen, werden gefangengenommen und mit Gemüse zu einer Suppe verkocht. Die Suppe, die angeblich sehr gut ist – wenn man lange genug lebt, kann man sie vielleicht einmal probieren –, wird in einem riesigen Topf gekocht, der an einer Eisenkette von der Mitte der Höhle herunterhängt.

L. Frank Baum, *The Road to Oz,* Chicago 1909.

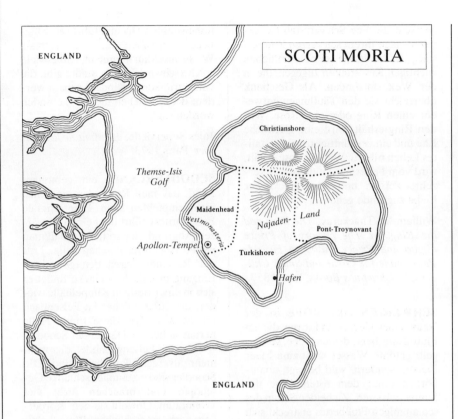

SCOTI MORIA, die schwimmende Insel, liegt in der Mitte des Themse-Isis-Golfs vor der Küste von England. Eine kleine Insel, die in weniger als vierundzwanzig Stunden umschifft werden kann. Sie ist in vier Teile oder Provinzen unterteilt: Christianshore im Norden; Turkishore im Süden; Pont-Troynovant im Osten und Maidenhead im Westen. Die Insel schwimmt im Winter weg und verbirgt sich bis zum Sommer in einer engen Bucht. Sie wird deshalb manchmal Sommerinsel genannt

Im Hochland leben die Najaden und kegeln dort, wobei sie einen ziemlichen Lärm machen, der durch das ganze Land zu hören ist. Die Bewohner sind bekannt für ihre Faulheit: Sie sind zu träge, um Wein zu keltern – trotz ihrer hervorragenden Weingärten –, und zu bequem, um das Land zu kultivieren, obgleich sie grüne Weiden durchaus lieben. Sie sprechen die *lingua franca* und rauchen viel. In der Provinz Maidenhead liegt der Bezirk Westmonasteria, wo sich ein alter und schöner Tempel des Apollon befindet.

Richard Head, *The Floating Island...*, Ldn. 1673.

DIE SEELEN-HÖHLE, eine trichterförmige Kaverne im Felsgestein des Tung-t'ing-Berges, wird der Fremde unter Umständen anläßlich eines Aufenthalts am berühmten Tung-t'ing-See in der zentralchinesischen Provinz Hunan besuchen. Obwohl in diese Felshöhle kein Tageslicht dringt, soll sich dort nicht das Gefühl beklemmender Dunkelheit des Ankömmlings bemächtigen: Besucher berichteten, es sei ihnen vorgekommen, als ob ein dünner Lichtstrahl vom anderen Ende des Trichters hereinleuchte – obwohl keinerlei Lichtquelle zu sehen war – und sie aufgefordert habe, weiter ins Innere vorzudringen. Das von den Felswänden rieselnde Quellwasser und das Gestein sollen einen hellen Schein verbreiten, und die ganze Höhle ist von süßem Wohlgeruch erfüllt.

Der Besuch der Seelen-Höhle wird dennoch nur demjenigen empfohlen, der bereit ist, Unbequemlichkeiten in Kauf zu nehmen: Der steile Anstieg führt über Geröllfelder, und in der engen und steinigen Felsröhre kann man sich teilweise nur auf dem Bauch robbend bewegen. Erst nachdem man den etwa zehn chinesische Meilen langen Felstrichter hinter sich gelassen hat, gelangt man schließlich in eine weite, sonnendurchflutete Ebene von fast übernatürlicher Schönheit: Ein kristallblauer Himmel, an dem nur gelegentlich leuchtende rosarote Wolken aufziehen, überspannt saftige Wiesen mit duftenden Blumen und satte Felder; dazwischen wachsen Bambus- und Maulbeerhaine und stehen an kristallenen Seen dichte Weidenbüsche. Eingebettet in diese liebliche Landschaft findet der Besucher zahlreiche Siedlungen mit rotjadenen Pavillons, zinnoberfarbenen Türmen und weitläufigen Palästen.

Die Bewohner dieser Ebene begegnen dem Fremden ohne jede Scheu; aber auch der Besucher fühlt sich zwangsläufig zu den charmanten Männern und hübschen Frauen hingezogen. Besonders bestrickend seien, so heißt es, die jungen Mädchen mit einer Gesichtshaut von so zartem Schmelz und mit so zierlichen und grazilen Figuren, daß sie wie Geschöpfe von einem anderen Stern anmuten.

Überwältigend soll die Gastfreundschaft der Bewohner sein, die jeden Fremden ganz selbstverständlich und liebenswürdig bewirten. Rubinroter Wein und jadefarbener Saft wird kredenzt und der Besucher mit Flöten- und Lautenspiel aufs angenehmste unterhalten. Alles ist so einladend, daß Stunden und Tage im Flug vergehen und der Besucher jegliches Zeitgefühl verliert.

Wer sich auf die Reise zur Seelen-Höhle begibt, sollte viel Zeit mitbringen, unter Umständen Jahre, ja Jahrzehnte verweilen können. Denn wer ließe sich nicht gerne, wie jener chinesische Kräutersammler aus Hunan, den dreihundert Jahre in der Ebene hinter der Seelen-Höhle wie ein Tag anmuteten, von dem Reiz dieses Landes verführen? D. A.

Wang Chia, *Shih-i chi* (3. Jh.), in *Kuchin i-shih,* Taipeh 1965.

SELBSTMORDSTADT, tief unter dem Wald von Vincennes, östlich von Paris gelegen. Entdeckt wurde sie während des Baus der neuen Metro-Linie zwischen den Stationen *Bastille* und *Vincennes* durch Inspektor Sauvage von der Pariser Polizei bei der Suche nach einer Anzahl von Arbeitern, die während der Ausschachtungen verschwunden waren. Aus unbekannten Gründen wurde der Bericht des Inspektors zuerst in spanisch veröffentlicht.

Die Bewohner der Stadt, die von einem alten, als »Nummer Eins« bekannten Mann regiert wird, sind jene wenigen Glücklichen (oder Unglücklichen), die einen Selbstmord-Versuch überlebt haben. Besuchern wird es nicht schwerfallen, die Herkunft dieser Möchtegernselbstmörder an ihrem Akzent wie auch an ihrem Motiv festzustellen: Spanier und Lateinamerikaner verübten ihren Versuch zumeist aus unglücklicher Liebe, Engländer aus Langeweile, Franzosen aus Lust, Deutsche aus Angst vor Zwangsrekrutierung, die Leute aus den USA, weil sie bankrott waren, und die Kanadier, weil sie den langen Winter satt hatten. Internationaler Herkunft ist jener Bevölkerungsteil der Stadt, der sich aus ehemaligen Krebspatienten rekrutiert.

Das Bürgerliche Recht von Selbstmordstadt ist sehr streng. Keine Form der Leidenschaft ist gestattet. Die einzige erlaubte Nahrung wird in Form von winzigen Pillen geliefert, die helfen, das Gehirn zu aktivieren. Die Bewohner haben zu schweigen, außer wenn sie von ihrem Arzt befragt werden. Die Ärzte von Selbstmordstadt sind in Wirklichkeit Polizisten, denn Gesundheitsfürsorge ist in der Selbstmordgemeinde nicht nötig: Die Atmosphäre ist hundertprozentig rein, dank der schützenden Wälle aus vorhistorischen Zeiten, die die Stadt umgeben. Sie filtern die Luft und lassen große Mengen Ozon herein, während sie Krankheitserregern den Weg blockieren.

Radium wird in großen Mengen gewonnen, ebenso Gold (in einem unbekannten Prozeß durch die Umwandlung von Silber) und Platin (gewonnen aus Gold). Mit Hilfe von künstlichem Licht und Wärme werden viermal jährlich große Mengen an Feldfrüchten geerntet. Da jedoch Gemüse hier nicht als Lebensmittel verwendet wird, wissen wir nicht, wozu es dient.

Trotz der offensichtlichen Vergnügungen, die die Stadt anzubieten hat, haben Besucher sie als traurig und melancholisch beschrieben. Es heißt, sie sei nach dem Zusammenbruch des Selbstmörder-Clubs in London gegründet worden – einer durch Prinz Florizel von Böhmen verursachten Katastrophe. Doch ist diese historische Mutmaßung bisher durch keinen schlagenden Beweis erhärtet worden.

Robert Louis Stevenson, *New Arabian Nights*, Ldn. 1882. – José Muñoz Escamez, *La ciudad de los suicidas*, Barcelona 1912.

SELDWYLA, Kleinstadt in der Schweiz, von grünen Bergen umgeben, in einem nur nach Süden offenen Tal gelegen. In dem milden und fruchtbaren Klima gedeiht Wein, die Berghänge sind dicht bewaldet. Die Stadt liegt inmitten fruchtbarer Felder, etwa eine halbe Stunde außerhalb von Seldwyla trifft man auf einen schiffbaren Fluß. Die aus dem sechzehnten Jahrhundert stammenden Ringmauern und Türme sind noch wohlerhalten, und fast alle Häuser sind aus dem Gestein des großen, vor der Stadt liegenden Steinbruchs gebaut. Es gibt viele Schenken innerhalb und außerhalb der Stadtmauer, zum Teil mit überdachten Kegelbahnen. Die Seldwyler sind ein lebenslustiges, wenn nicht gar leichtsinniges Völkchen, manche ihrer oft nicht unbedenklichen Streiche werden in den Wirtsstuben ausgedacht. Zwar geht von den Wirten die Rede, daß sie alles Gute lieber selber essen und den Gästen die Knochen vorsetzen, doch können das Gasthaus zum Regenbogen und das Gasthaus zum Wilden Mann vorbehaltlos empfohlen werden.

Auch wenn fast alle handwerklichen Berufe in der Stadt vertreten sind, wird geraten, bei der Vergabe von Aufträgen vorsichtig zu sein. So verdient beispielsweise der Buchbinder kaum seinen Namen, denn er versteht sich nur auf Klebearbeiten, und ein wertvolles Buch wird ihm besser nicht anvertraut. Sowenig Neigung sie fürs Handwerk haben, gern und mit Erfolg betätigen sich die Seldwyler in Spekulationsgeschäften. Eine Zeitlang schickten sie ihre Töchter als Erzieherinnen in alle Welt und fanden darin keine schlechte Einnahmequelle. Die Mädchen wurden in besonderen Schulen auf die ihnen zugedachten Länder vorbereitet. Bei all diesen Gelegenheitsgeschäften ist der Lebensstandard nicht besonders hoch. Die Armen erhalten eine städtische Unterstützung, die aus dem Verkauf von Wald gedeckt wird.

Das Rechtswesen Seldwylas hat eine Besonderheit aufzuweisen: Für kleinere Vergehen, vor allem von Frauen und Jugendlichen, gibt es keine Gefängnisstrafe, sondern der Schuldige wird an Privatpersonen in »Haft und Pflege« gegeben. In einer Art öffentlicher Versteigerung, der sogenannten »Gant«, wird der Häftling demjenigen zugesprochen, der einen ehrbaren Eindruck macht und für Kost und Unterbringung das wenigste verlangt. G. W.

Gottfried Keller, *Die Leute von Seldwyla*, Braunschweig 1856.

SELENE, eine Vampirstadt, liegt nordwestlich von Belgrad (im früheren österreichisch-ungarischen Herrschaftsgebiet). Sie ist von Semlin (dem heutigen Zemun) aus zu Pferde oder zu Fuß zu erreichen, und zwar auf der alten Heerstraße, die entlang der Donau nach Peterwardein (heute Petervaradin) führt. Vor Antritt der Reise muß man sich in Zemun folgendes besorgen: eine Tüte Kohlen, einen kleinen Brenner, Kerzen und einige Fläschchen Riechsalz. Außerdem ist es unerläßlich, einen ungarischen Chirurgen und einen spitzen Eisenpfahl mitzunehmen. So ausgerüstet, sollte man sich gegen zehn Uhr vormittags auf den Weg machen.

Nach gut einem Kilometer bemerkt man, daß die Natur ringsum sich plötzlich verändert. Die Oleanderbäume, die Farne und sogar die Weizenfelder werden immer farbloser. Der Erdboden, bis dahin mit frischem Grün bedeckt, ist auf einmal so mattgrau, als habe es Asche geregnet. Der Himmel bezieht sich, eine dunkle Wolke verdeckt die Sonne. Dem Reisenden zittern die Knie, er fühlt sich benommen und verspürt einen merkwürdigen Druck auf der Brust. Plötzlich ist er von Dunkelheit umgeben. Aus der Ferne sind dreiundzwanzig Glockenschläge zu hören. Dann lichtet sich das Dunkel, und erstaunt stellt der Reisende fest, daß er sich mitten in der Stadt Selene befindet. Vor sich sieht er einen großen, ein wenig an den Turm von Babel erinnernden Rundbau – einen Palast, dessen Architektur eine höchst ungewöhnliche, aber geglückte Mischung aus assyrischen, chinesischen und indischen Stilelementen ist. Das Bauwerk besteht aus großen Blöcken leicht getönten Porphyrs (wegen seiner spezifischen Färbung »grünes Wasser« genannt), die mit feinen schwarzen Marmorsplittern verfugt sind. Der Rundbau mit seiner erstaunlichen Vielfalt von großen und kleinen Säulen, von Kapitellen, Architraven, Zinnen und Türmen ist stufenförmig angelegt, ähnlich einer Pagode. Eine der Säulen ist von einer Skulptur gekrönt: Ein Tiger schlägt einem zu Tode erschrockenen Mädchen die Pranke in die Brust. Am Fuß des Bauwerks stehen auf Marmorsockeln vierundzwanzig Standbilder schöner junger Frauen, aus deren Mienen die Angst vor einem unsichtbaren Feind spricht. In den Platz vor diesen Statuen münden die Straßen, die die Stadt in mehrere Bezirke unterteilen. Jeder dieser Bezirke scheint sich mit seinen zahllosen Palästen und Mausoleen unendlich weit in das nebelverhüllte Land zu erstrecken. Die Paläste gehören dem Vampir-Adel. Der Name des jeweiligen Besitzers steht in großen schwarzen Lettern an der Eingangstür. Einige dieser Namen klingen dem Besucher sehr vertraut und lassen so manches düstere Geheimnis aus vergangenen Jahrhunderten in neuem Lichte erscheinen.

Sobald der Reisende durch eine dieser Türen eingetreten ist, sollte er ein Fläschchen Riechsalz öffnen, denn es dürfte kaum einen beißenderen Geruch geben als den eines Vampirs, zumal wenn er sich in seinem eigenen Haus aufhält. Sodann sollte sich der ungarische Chirurg vorsichtig dem schlafenden Vampir nähern und in dessen Herzgegend einen kleinen Einschnitt machen. Darauf muß das Herz mittels des Eisenpfahles herausgezogen und auf die glühenden Kohlen des mitgebrachten Brenners gelegt werden. Der Vampir wird entsetzlich heulen, aber das kann man ruhig ignorieren, denn bald wird nur noch ein Häufchen durchsichtiger Staub von ihm übrig sein. Die Asche des verbrannten Herzens muß man zur weiteren Verwendung mitnehmen.

Inzwischen dürfte es schon Nacht geworden sein. Plötzlich vernimmt man ein Dröhnen, das immer lauter wird. In dem rötlichen Licht, das auf die Stadt herabfällt, kann man am Ende jeder Straße sechs steinerne Tiere auf hohen Säulen sehen: eine Schlange, eine Fledermaus, eine Spinne, einen Aasgeier, einen Falken und einen Blutegel, die sich alle ganz langsam zu bewegen beginnen. Dann hört man den ersten der vierundzwanzig kristallenen Glockenschläge, die in der letzten Stunde des Vampirtages ertönen. Jetzt muß der fremde Besucher auf der Hut sein, denn plötzlich treten aus allen Türen hochgewachsene, etwas weibisch wirkende Männer und hagere, bleiche Frauen mit gelblichen Augen und dunklen Lippen. Aus den Flammen, die auf der Spitze des pagodenähnlichen Bauwerkes lodern, erhebt sich eine Schwarzdrossel in die Lüfte und beginnt zu singen. Ferner Trommelwirbel ist zu vernehmen, und wieder ertönt ein Glockenschlag. Die Vampire nähern sich und versuchen, den Reisenden anzufallen, der sie nun furchtlos mit der Asche des Vampirherzens bestreuen muß. Sobald sie damit in Berührung kommen, lösen sie sich in einem bläulich aufflammenden Blitz auf.

Wieder in der nebelverhüllten Gegend vor der Stadt angelangt, sollte der Reisende die mitgebrachten Kerzen entzünden, um den Rückweg nach Zemun zu finden. Dabei wird ihm eine gute Landkarte von Nutzen sein, etwa *La Hongrie, en quattre feuilles, divisée en haute et basse, avec l'Esclavonie, subdivisée en comtés* (Paris 1787).

Paul-H.-C. Féval, *La ville vampire*, Paris 1875.

SELIDOR, die westlichste Insel des großen ↗ ERDSEE-Archipels. Ein schmaler Kanal an der Ostküste führt in eine weite Bucht im Herzen der Insel. Selidor ist eine öde Insel von seltsamer, melancholischer Schönheit. Die Küste ist mit Sanddünen bedeckt, die sich etwa eine Meile in das Land hinein erstrecken, dahinter gehen sie in salzverkrustete Seen und Sümpfe über. Außer dem Schilfrohr wächst hier nur noch windbewegtes, hartes Gras. Nichts deutet hier darauf hin, daß Selidor jemals bewohnt war. Die Ferne der Insel hat zu dem geflügelten Wort »so weit weg wie Selidor« geführt, das überall in Erdsee gebräuchlich ist.

Trotz ihrer Ferne ist die Insel mit einigen der wichtigsten Ereignisse in der Geschichte von Erdsee verknüpft. Hierher kam der legendäre Held Erreth-Akbe, nachdem ihn der Hohepriester von Kargad besiegt hatte, und hier wurde er von dem Drachen Orm Embar getötet. Jahrhunderte später fand hier auch der entscheidende Kampf zwischen Ged, dem Erzmagier von Rok, und seinem Feind Cob statt, der so viel Unglück über den Erdsee-Archipel gebracht hatte. Cob war ursprünglich Zauberer in ↗ HAVNOR gewesen. Er verführte die Menschen, indem er ihnen ein ewiges Leben versprach, doch das hieß nur, daß er die Macht hatte, sie vom Tod zurückzurufen. Orm Embar selbst erzählte Ged, daß er seinen Feind auf Selidor finden könne, und der Zauberer segelte mit Arren, dem Jungen, der später unter dem Namen Lebannen zum König aller Inseln von Erdsee gekrönt werden sollte, dorthin. Der Drachen Orm Embar griff Cob an, starb jedoch, als Cobs Zauberschwert den einen verwundbaren Punkt an seinem Körper durchbohrte. Der Feueratem des Drachen verbrannte das menschliche Gesicht und offenbarte Cob als den Urfeind, eine beinahe ungreifbare Form des Bösen und der Dunkelheit. Ged und Arren folgten dem formlosen Wesen in das Land der Toten, wo die stillen Schatten der nicht mehr Lebenden sich langsam durch die Straßen und Häuser an den Hängen eines kahlen Hügels bewegen. Jenseits der Totenstädte liegen die Berge der Pein, über die Ged und Arren wieder in die hiesige Welt zurückkamen. Hier hatte Cob ein Loch zwischen den beiden Welten geöffnet, die Quelle eines trockenen Flusses der Dunkelheit und Ursprung des Bösen, das Erdsee heimgesucht hatte. Unter ungeheuren Anstrengungen gelang es Ged, die Quelle des Flusses zu schließen und sie mit der Rune des Endens zu versehen. Damit konnte die Dunkelheit nicht mehr auf die Welt kommen, und die beiden Helden kehrten nach Selidor zurück.

Ursula K. Le Guin, *A Wizard of Earthsea*, NY 1968. – Dies., *The Tombs of Atuan*, Ldn. 1972. – Dies., *The Farthest Shore*, Ldn. 1973.

SERVAGE, bewaldete Insel vor der walisischen Küste, bei Seefahrern als äußerst gefährlich bekannt. Als sie noch ein unabhängiges Königreich war, herrschte dort der berüchtigte, riesenhafte Nabon der Schwarze. Er und sein Sohn wurden vom Ritter Tristan, dessen Boot bei stürmischer See von der bretonischen Küste abgetrieben worden war, im Kampf erschlagen. Tristan setzte Segwarides als Regenten der Insel ein, die von nun an zum Herrschaftsgebiet König Artus' von ↗ CAMALOT gehörte.

Thomas Malory, *Le Morte Darthur*, Westminster 1485.

SELENE. *Blick vom Südosten auf das Stadtzentrum*

Das Lama-Kloster in SHANGRI-LA

SHANGRI-LA (*La* bedeutet im Tibetischen »Bergpaß«), ein Lama-Kloster (und im weiteren Sinne das dazugehörige Tal) in Tibet, heute unter chinesischer Verwaltung. Es kann nur zu Fuß erreicht werden, und Besucher sind selten. Der Karakal-Berg, bis heute unbezwungen, ragt zwanzigtausend Fuß über dem Tal. Die Architektur der Klostergebäude ist typisch tibetisch. Buntbemalte Pavillons mit milchblauen Dächern kleben am Berghang etwa eine Meile über dem Talboden. Die Gebäude sind zentral beheizt und bieten einen gewissen westlichen Komfort wie Badewannen aus grünem Porzellan, die in Akron, Ohio, hergestellt wurden. Wandteppiche, feine Lackarbeiten und perlblaue Sung-Keramiken schmücken die von Papierlaternen erleuchteten Räume. Von einem Säulengang führen Stufen in einen Garten hinunter, in dem sich ein Lotosteich befindet. Den Rand des Teiches säumt eine Menagerie von Bronzelöwen, Drachen und Einhörnern. Im Musiksaal stehen ein Cembalo und ein Flügel. Man kann hier unveröffentlichte Kompositionen von Chopin finden, die Briac, einer seiner Schüler, aus dem Gedächtnis aufgezeichnet hat. Die Bibliothek ist hoch und geräumig. Sie beherbergt Bücher in verschiedenen europäischen und östlichen Sprachen und mehrere hundert Landkarten, auf denen Shangri-La indes nicht eingezeichnet ist. Die Atmosphäre erinnert sehr an Oxford.

Ein Dutzend Quadratmeilen des Tales werden bestellt, und dank eines ausgeklügelten Bewässerungssystems gedeiht eine gute Tabaksorte. Mehrere tausend Bewohner, Chinesen und Tibeter, leben hier unter der Herrschaft der Lamas. Es gibt weder Soldaten noch Polizei, da Verbrechen kaum vorkommen – zum einen, weil nur sehr ernste Fälle als Verbrechen angesehen werden, zum anderen, weil jeder bekommt, was er sich vernünftigerweise wünschen kann. Als letzte Möglichkeit haben die Lamas die Macht, einen Missetäter aus dem Tal zu verbannen. Man vertritt die Ansicht, daß »es nötig ist, allzu vieles Regieren zu vermeiden, um vollkommen zu regieren«. Es gibt kein Wahlsystem. Die Bewohner von Shangri-La wären entsetzt, wenn sie erklären müßten, daß eine Politik völlig richtig und eine andere völlig falsch sei.

Es gibt fünfzig Lamas und eine Anzahl Halb-Lamas, die die höheren Weihen noch nicht besitzen. Das Kloster wurde 1734 von Pater Perrault gegründet, der 1681 in Luxemburg geboren worden war und im Alter von zweihundertfünfzig Jahren starb. Er übersetzte Montaignes *Essai über die Eitelkeit* ins Tibetische.

Das Klima von Shangri-La ist am Tage warm, in der Nacht kalt. Das Tal ist vor Winden geschützt, und um die Mittagszeit kann man am Karakal-Berg oft Lawinen hören. Der eigentümliche Lebensstil des Lama-Klosters und auch das Klima verlangsamen den Ablauf des menschlichen Lebens und verlängern es weit über die normale Lebenserwartung hinaus. Daß man hier ein Vierteljahrhundert ohne sichtbare Anzeichen des Alterns lebt, ist ganz normal. Wenn man jedoch den Ort verläßt, scheint einen die Zeit einzuholen und hinterläßt abrupt ihre Spuren. Ähnliche Erfahrungen eines verzögerten Zeitablaufs wurden übrigens auch in den USA von einem gewissen Mr. Valdemar und in der Provinz von Buenos Aires von Lucia Vermehren gemacht.

Edgar Allan Poe, *The Facts in the Case of Mr. Valdemar,* Philadelphia 1840. – James Hilton, *Lost Horizon,* Ldn./Basingstoke 1933. – Adolfo Bioy Casares, *El perjurio de la nieve,* Buenos Aires 1944.

DER SIEGESTURM, ein Bauwerk in Tschitor, China (nicht zu verwechseln mit Chitorgarh in Indien). Von der hohen, runden Aussichtsplattform dieses Turmes erblickt man die schönste Landschaft der Welt. Am Fuß der Wendeltreppe haust das A Bao A Qu, ein nahezu transparentes Wesen, das, sobald jemand die Treppe hinaufsteigt, zum Leben erwacht und dem Besucher folgt. Von Stufe zu Stufe wird die Farbe des A Bao A Qu intensiver und das von ihm ausgehende Licht stärker. Die letzte Stufe aber kann es nur erklimmen, wenn Geist und Seele des Besuchers, dem es folgt, vollkommen sind. Andernfalls muß es im Zustand der Unbeweglichkeit und Unvollkommenheit verharren – seine Farbe verblaßt, sein Licht erlischt. Kann es die obere Plattform nicht erreichen, so scheint dieses sensible Wesen einen schwachen Jammerlaut von sich zu geben, der wie das Rascheln von Seide klingt. Wenn der Besucher wieder hinabsteigt, stürzt das A Bao A Qu rückwärts die Stufen hinunter und verfällt am Fuß der Treppe wieder in Lethargie. – Im Lauf der Jahrhunderte ist das A Bao A Qu nur ein einziges Mal völlig sichtbar geworden.

Jorge Luis Borges, *El libro de los seres imaginarios,* Buenos Aires 1978.

SILHA, eine Insel im Atlantik, unweit von ↗ NACUMERA. Sie hat einen Umfang von 800 Meilen und wird von Schlangen, Drachen und Krokodilen heimgesucht. Diese wilden Tiere greifen nur die auf der Insel geborenen Menschen an, tun Fremden jedoch nichts. Die Eingeborenen schützen sich vor den giftigen Tieren, indem sie sich mit einer Salbe einreiben, die sie

SIEGESTURM *in Tschitor (China)*

aus einer »Limonen« genannten Fruchtart herstellen.

Mitten auf der Insel liegt ein See, der der Sage nach aus den Tränen von Adam und Eva entstanden ist, die hundert Jahre hier auf einem Berg lebten und weinten, nachdem sie aus dem Paradies vertrieben worden waren. Im See sind Edelsteine und Perlen gefunden worden, und einmal im Jahr erlaubt der König den Armen, sie einzusammeln.

Jean de Mandeville, *Les voyages d'outre mer* (um 1357), Lyon 1480.

SILLING ist der Name einer Burg, hoch auf einem Berg im Schwarzwald. Ihre gewaltigen Mauern und der tiefe Burggraben machten sie einst uneinnehmbar.

Vom 1. November bis 28. Februar eines nicht genau bezeichneten Jahres gegen Ende des achtzehnten Jahrhunderts verbarrikadierte sich hinter diesem Gemäuer eine Gruppe älterer Gelehrter, nachdem sie die Zugbrücke, die einzige Verbindung zur Außenwelt, niedergerissen hatten, und veranstaltete eine anscheinend endlose Orgie, in deren Verlauf alle nur möglichen sexuellen Praktiken untersucht wurden. Die Gruppe bestand aus den vier Wissenschaftlern im Alter von fünfundvierzig bis sechzig Jahren, fünfundvierzig sorgfältig ausgewählten Männern, Frauen und Kindern – die während der Liebesspiele als Sklaven agierten –, den Frauen der erwähnten vier Herren, acht Knaben und acht Mädchen sowie acht monströs ausgestatteten Sodomiten, vier ehemaligen Dirnen, sechs Köchen beziehungsweise Hausgehilfen und vier altgedienten Buhlen.

Es war die Aufgabe dieser vier Kupplerinnen, über zirka sechshundert Perversionen zu berichten, das heißt, jede über hundertfünfzig, während die vier Forscher die originellsten davon in die Tat umsetzten. Die übrigen Beteiligten dieser Versammlung wurden nach allen Regeln dieser Kunst gefoltert und anschließend ermordet.

Donatien-Alphonse-François Marquis de Sade, *Les cent-vingt journées de Sodome ou L'école du libertinage* (1785), Bln. 1904.

SIRENEN-INSEL, im Mittelmeer, genaue Lage unbekannt. Besuchern wird abgeraten, sich ihr zu nähern, denn sie wird von einer seltsamen Vogelart mit Frauenköpfen – bekannt als Sirenen – bewohnt. Einige Chronisten haben sie wegen der ähnlichen Verhaltensweisen – man denke etwa an die Lorelei, die auf einem großen Felsen im Rhein, Deutschland, lebt –, mit den Meerjungfrauen (siehe ↗ DAS REICH DES MEERKÖNIGS) verwechselt. Die Sirenen ziehen mit ihren lieblichen Gesängen die Aufmerksamkeit der Seeleute auf sich, und die erleiden, die Gefahr nicht ahnend, Schiffbruch an der felsigen Küste der Insel. Um diesem unangenehmen Schicksal zu entgehen, können Reisende eine der drei klassischen Vorbeugungsmaßnahmen treffen: Entweder sie binden sich am Schiffsmast fest; oder sie stopfen sich Wachs in die Ohren; oder sie suchen nach einem Lyra-Virtuosen, der sie mit seiner Musik abzulenken vermag. Der Legende nach soll sich eine der Sirenen, Parthenope, aus Verdruß über die mangelnde Beachtung durch den König von Ithaka ertränkt haben und in der Bucht von Neapel, Italien, das ursprünglich ihren Namen trug, an Land gespült worden sein.

Eine ganz andere Art von Sirenen lebt in Dublin, Irland. Sie nehmen die Gestalt attraktiver Bardamen an und singen über ihrem Guinness-Bier.

Homeros, *Odysseia* (vermutl. 8. Jh. v. Chr.), Florenz 1488. – Apollonios von Rhodos, *Argonautika* (3. Jh. v. Chr.), Bologna 1474. – Heinrich Heine, *Die Lorelei,* in *Buch der Lieder,* Hbg. 1827. – James Joyce, *Ulysses,* NY 1918–1920 (in *Little Review*; Ausz.); ern. 1958 (vollst.).

SITARA, ein Land nördlich von ↗ ARDISTAN, das auch »Land der Sternenblumen« genannt wird. Der Herrscher ist traditionsgemäß eine Frau, eine Sultanin aus der Familie Marah Durimehs. Hier gibt es keinen Krieg; Liebe und Versöhnung sind das Motto des Landes. Nur wenige Besucher von außen haben das Land bisher betreten, denn jeder Fremde muß sich erst dem Läuterungs- und Stählungsprozeß im Feuer der alten Geisterschmiede im Wald von Kulub unterziehen, damit er sich von der Gewalt befreit und zu einem Menschen des Friedens wird.

Der – von Fremden beschriebene – Herrscherpalast liegt auf Ikbal, einer Insel im Norden im Fluß Ed Din, »der Glaube«. Er wurde aus strahlend weißem Marmor erbaut, in den Gärten findet man Muße zur Meditation, und die Häuser der Untertanen umgeben ihn wie ein Perlengeschmeide.

Die einzige Verbindung mit den Nachbarländern bildet das Segelschiff Wilhade, das wie eine Arche gebaut und immer fahrbereit ist. Möglicherweise hat die Bauweise des Seglers ihren Ursprung im alten Ägypten oder in Babylon.

Während kaum ein Fremder das Land je betreten hat, sind sitarische Missionare nach ↗ USSULISTAN gereist, und dort wurde ihr Glaube über viele Generationen hinweg von der Mutter an die Tochter weitervererbt. Vor nicht allzu langer Zeit konnte eine Abordnung der Sultanin im Konflikt zwischen Ardistan und ↗ DSCHINNISTAN vermitteln, in den Nachbarländern trat wieder Friede und Wohlstand ein.

Karl May, *Ardistan,* in *Ges. Reiseerzählungen,* Bd. 31, Freiburg i. B. 1909. – Ders., *Der Mir von Dschinnistan,* in *Ges. Reiseerzählungen,* Bd. 32, Freiburg i. B. 1909.

SKAUMO, eine Stadt, deren genaue Lage nach Längen- und Breitengraden aus vorsichtiger Absicht oder gelenkter Unfähigkeit noch nie festgestellt wurde, liegt auf einer großen, flach abfallenden schiefrigen Steinplatte, fast ohne Vegetation, einer Hochebene und – jedenfalls das steht fest – 400 Meter über dem Meeresspiegel. Dem Besucher, der sich Skaumo auf der, übrigens einzigen, Zufahrtsstraße durch eine felsige Schlucht nähert, wird auffallen, daß die Berge hier, anders als gewohnt, oben bewaldet und unten kahl sind. Dabei sei auf eine botanische Art von Nadelsträuchern hingewiesen, von den Einheimischen *tos* oder *tols* genannt, in denen giftige Zikaden gedeihen.

Die Zufahrtsstraße führt direkt auf den Haupt- und Marktplatz *(Migâl)* von Skaumo, von dem auch alle anderen Straßen stern- oder eigentlich müßte man sagen: halbsternförmig wegführen. Der Platz liegt nämlich halbkreisförmig vor der Großen Mauer, der eigentlichen Sehenswürdigkeit Skaumos, obwohl auch das Kastell, von Johannitern während ihrer zweihundertjährigen Herrschaft erbaut, oder das ehemalige Katharinenkloster, heute Sitz der Bibliothek, sehenswert genug sind.

Eigenartigerweise sprechen die Einwohner Skaumos ungern von jener eigentlichen Sehenswürdigkeit. Grund für diese Sprödigkeit dürfte die Legende sein, die sich um die Große Mauer gesponnen hat und die besagt, daß sich dahinter das Ende der Welt befinde.

Der Besucher wird feststellen, daß es ihm unmöglich gemacht wird, einen Blick über die Mauer zu werfen; selbst vom höchsten Turm des Kastells sieht man nur den Himmel über der Mauer. Sie ist überall gleich hoch und verliert sich in unwegsame Berge. Und sie steht, allen historischen Zeugnissen zufolge (vgl. Strabon, *Geographika*), seit Menschengedenken. Ebenso haben fürsorgliche Regierungen aller Zeiten keine Leitern in Skaumo erlaubt.

Nach neuerschlossenen Quellen soll sich um das Jahr 1512 der Neffe eines Rhodos-Ritters mit Hilfe eines Riesenkatapults über die Große Mauer geschleudert haben. Fest steht, daß bisher niemand hinübergeblickt hat, der seine Kenntnis weitergeben oder hinterlassen konnte.

Unsicher ist, ob es in Skaumo noch Brauch ist, des Nachts streunende Hunde zu fangen, und ob sich das Gerücht bestätigen läßt, daß die Amerikaner aus diesen Hundekadavern ein spezielles Getränk herstellen. H. A. N.

Herbert Rosendorfer, *Skaumo*, Zürich 1976.

SKYLLA UND CHARYBDIS, zwei kleine benachbarte Inseln im Mittelmeer. Sie sind nach der jeweils einzigen Bewohnerin benannt, deren Angewohnheiten Besuchern recht lästig werden können. Die Insel Skylla besteht aus einem einzigen spitzen Felsen, dessen zackiger Gipfel gen Himmel ragt und immer in einer dunklen Wolke verborgen scheint. Der Fels selbst ist kahl und sehr glatt. In halber Höhe sieht man eine dunkle Höhle, die Wohnung der namengebenden Bewohnerin. Skylla hat zwölf Füße, sechs Hälse, sechs Köpfe und sechs Münder mit je drei Zahnreihen. Gewöhnlich lehnt sie sich aus ihrer Höhle, um vorbeikommende Seeleute zu verschlingen.

Die Nachbarinsel ist niedriger. Unterhalb eines großen Feigenbaums lebt hier das Ungeheuer Charybdis. Dreimal täglich schlürft es eine wahre Wasserflut in sich hinein und speit sie wieder aus, wobei es gefährliche Strudel erzeugt. Schiffahrt durch diese Gewässer ist nicht zu empfehlen.

Homeros, *Odysseia* (vermutl. 8. Jh. v. Chr.), Florenz 1488. – Apollonios von Rhodos, *Argonautika* (3. Jh. v. Chr.), Bologna 1474.

SLAVNA, eine uralte Stadt, am Krath-Fluß gelegen, die unter verschiedenen Dynastien über tausend Jahre lang die Hauptstadt von ↗ KRAVONIEN war. Unmittelbar oberhalb der Stadt teilt sich der Fluß in zwei Arme, den Nord- und den Südfluß. Slavna liegt in der Umklammerung dieser beiden Wasserläufe. Durch den Flußlauf bedingt, ist die Grundfläche von Slavna nicht kreisförmig, sondern gleicht eher einer Birne. Die Flußarme gehen in einer allmählichen, weiten Kurve auseinander und verbinden sich kurz nach ihrer größten Entfernung voneinander am Ostende der Stadt wieder – oder zumindest an der Stelle, wo Slavna einmal aufhörte. Der nun wieder in einem Bett dahinströmende Fluß gibt sozusagen den Birnenstengel ab.

In früheren Zeiten war die Stellung Slavnas gefestigt; heute ist die Stadt verletzbarer geworden. Um diese Schwäche auszugleichen, stellten die Herrscher von Slavna Geld für die Errichtung eines neuen und fachgerechten Befestigungssystems zur Verfügung, wobei die ursprüngliche Stadtmauer fast vollständig zerstört wurde. Am nördlichen Stadtrand finden sich zwar noch Überreste; sie sind aber von Lagerhäusern und Werften am Nordfluß völlig überbaut. Dieser Nordfluß ist Handelsweg und Umschlagplatz für das gesamte Umland.

Die Inseln SKYLLA UND CHARYBDIS

Im Süden sind die Mauerruinen unter einem von ansehnlichen modernen Wohnhäusern gesäumten Boulevard verschwunden. Was der Nordfluß für den Handel, ist der Südfluß für die Annehmlichkeiten. Der Boulevard wurde über den Fluß und die ursprüngliche Stadtgrenze hinaus fortgeführt und zieht sich mehr als eine Meile lang als wunderschöne, schattige Promenade am rechten Ufer des Krath entlang. Hier verschaffen sich die Einwohner Slavnas gewöhnlich Bewegung und gehen ihren sportlichen Ambitionen nach.

Gegenüber, am linken Ufer des Krath, dehnt sich der Schloßpark aus. Der Palast selbst stammt aus dem Jahre 1820 und ist ein trauriges Beispiel für den damaligen Baustil. Er liegt an jener Stelle, wo der Fluß einen breiten Bogen nach Süden macht und damit den königlichen Lustgärten eine malerische Rundung verleiht.

Wer immer nach Slavna kommt, sollte das Kasino, den Botanischen Garten und den Suleiman-Turm besichtigen. Dieser Turm, ein Überbleibsel aus türkischer Herrschaft, ist nach einem einfachen Plan gebaut: eine glatte Blendwand mit je einer Bastion an allen vier Ecken umschließt einen Rundturm.

Zeit und Menschenhand – die Kravonier sind ein Volk, das Farben liebt – haben den Dächern, Giebeln und Mauern der alten Viertel viele sanfte und kräftige Farbnuancen gegeben. Im Stadtzentrum gibt es einen hübsch angelegten Kanal, der vom Fluß gespeist wird. Zu beiden Seiten des Kanals führt eine breite Straße zum Sankt-Michael-Platz, auf dem neben der Kathedrale und dem alten Rathaus einige gut erhaltene, zwei- bis dreihundert Jahre alte Bürgerhäuser sowie Kasernen und moderne, aber nicht unansehnliche Regierungsgebäude stehen. Über diesen Platz und durch die Straßen, die von Westen und Osten her auf ihn einmünden, zieht sich ein ausgezeichnet funktionierendes Straßenbahnnetz. Nicht weit vom Sankt-Michael-Platz entfernt verläuft die Brunnenstraße, die jeder Besucher einmal entlanggehen sollte. Hier rettete Sophie von Kravonien ihrem späteren Gemahl Prinz Sergius das Leben. Weiter den Platz hinunter steht ein Haus mit dem Herbergsschild eines silbernen Hahnes. Sophie wohnte hier, als sie zum erstenmal nach Kravonien kam.

Für Reisende empfiehlt sich das berühmte *Hôtel de Paris* am Südostende der Stadt. Das Hotel – mit Zustimmung des Königs Alexis Stefanowitsch

1. Sankt-Michael-Platz
2. Regierungsgebäude
3. Kathedrale
4. Rathaus
5. Boulevard
6. Hôtel de Paris
7. Brunnenstraße
8. Königspalast
9. Kasino
10. Botanischer Garten
11. Suleiman-Turm
12. Königliche Lustgärten

um 1860 herum von dem Franzosen Rousseau erbaut – hat eine herrliche Terrasse und ein ausgezeichnetes Restaurant.

Anthony Hope Hawkins, *Sophy of Kravonia*, Ldn. 1906.

SMALLDENE ist ein Dorf in Sussex und Sitz des berühmten Wunschhauses in der Wadloes Road Nummer 14. Es ist ein kleines Haus mit der Küche im Souterrain und steht in einer Reihe von zwanzig bis dreißig ähnlichen Gebäuden, die alle einen kleinen, ummauerten Garten haben. Besucher, die die Leiden eines anderen Menschen, den sie lieben, auf sich nehmen wollen, klopfen an die schäbige Eingangstür. Daraufhin ist ein Geräusch zu hören, so als schlürfe eine behäbige Frau in Pantoffeln über die Küchenstiege herauf, und dann knarren die kahlen Bodenplanken hinter der Tür. In diesem Augenblick muß der Bittsteller seinen Wunsch durch den Briefkastenschlitz sprechen, und dieser Wunsch wird erfüllt. Die Nachbarn behaupten zwar, das Haus sei leer. Doch Reisende sollten darauf nichts geben und weiterhin – so wie eben geschildert – ihre Wünsche äußern.

Rudyard Kipling, *The Wish House*, in *Debits and Credits*, Ldn. 1926.

DAS SOMMERLAND liegt, von Prydain aus gesehen, weit jenseits des Meeres. Hier gibt es weder Böses noch Leid. Männer und Frauen sind unsterblich, und alle ihre Wünsche werden erfüllt.

Es ist das Land der »Kinder Dons«, der Söhne und Töchter von Lady Don und Belin, dem Herrn der Sonne. Als Arawn, der Herr des Todes, in das reiche Land Prydain einfiel, begaben sich die Kinder Dons auf ihren goldenen Schiffen dorthin, um Prydain vor den Mächten des Bösen zu retten. Sie schlugen Arawn und bauten die Befestigungen von Prydain. In Caer Dathyl errichteten sie eine große Burg, den Sitz der Hohen Könige von Prydain, und im Süden des Landes bauten sie die wichtigste Verteidigungsstellung, Caer Dallben, ein scheinbar bescheidenes Gehöft, das magische Mächte beschützen.

Viele Jahre konnte man die Kräfte des Bösen im Zaum halten, aber während der Regierungszeit des Hohen Königs Math trat Arawn in Prydain wieder auf. Nach lang andauernden Kriegen wurde der Herr des Todes endgültig geschlagen und Prydain von den Mächten des Bösen befreit. Das Werk der Söhne Dons war vollbracht, und – wie ihnen prophezeit war – kehrten sie in ihren goldenen Schiffen ins Sommerland zurück. Ihre engsten menschlichen Freunde wurden aufgefordert, mit ihnen zu ziehen, und das taten alle bis auf zwei, die weinten, als sie sich von ihren Freunden trennen mußten. Taran der Wanderer blieb zurück und wurde zum neuen Hohen König Prydains erhoben, und Prinzessin Elionwy von Llyr, die letzte ihres Hauses, die in Caer Colur vor der Insel Mona gelebt hatte, heiratete Taran und blieb aus Liebe zu ihm ebenfalls in Prydain. Damit gab sie freiwillig die letzten Vermächtnisse magischer Kraft auf, die in ihrer Familie viele Jahrhunderte lang von den Müttern auf die Töchter vererbt worden waren.

Lloyd Alexander, *The Book of Three*, NY 1964. – Ders., *The Black Cauldron*, NY 1965. – Ders., *The Castle of Llyr*, NY 1966. – Ders., *Taran Wanderer*, NY 1967. – Ders., *The High King*, NY 1968.

SONNENINSELN oder **INSULAE INCOGNITAE,** eine Inselgruppe von sieben gleich großen Inseln im Indischen Ozean nahe dem Äquator, von Süßwasser umgeben. Sie sind dem Sonnengott geweiht und nach ihm benannt. Auf den kreisrunden Inseln, die im gleichen Abstand voneinander

Suleiman-Turm am Stadtrand von SLAVNA

liegen, lebt ein Volk von bemerkenswertem Äußeren und erstaunlichen Sitten. Die Menschen haben schlanke, hohe, gänzlich unbehaarte Leiber, ihre Knochen lassen sich wie Sehnen biegen und wieder geraderichten. Man möchte meinen, sie seien allesamt zu Advokaten oder Politikern geboren; denn die gütige Natur hat ihnen die Gabe einer zweigeteilten Zunge verliehen, mit der sie zu gleicher Zeit zwei gänzlich verschiedene Reden führen können. Zum Ausgleich dafür besitzen sie an den Ohren eine Art Deckel, den sie überklappen und sich so gegen allzu exzessives Geschwätz schützen können.

Ihr Klima ist wunderbar ausgeglichen, obschon sie am Äquator wohnen, und gewährt ihnen während des ganzen Jahreslaufes reife Früchte. Sie leben in Gruppen von je vierhundert Mitgliedern zusammen, der jeweils Älteste gibt die nötigen Anordnungen. Obschon sie überaus langlebig sind und meist hundertfünfzig Jahre alt werden, gebietet ihnen doch ein Gesetz, spätestens dann ihrem Leben ein Ende zu machen; sie tun das, indem sie sich bei einer bestimmten Pflanze zur Ruhe legen, an deren Duft sie dann sterben.

Sie führen keine Ehe, sondern verkehren frei miteinander. Die Kinder sind so keines bestimmten Mannes Nachkommen, es entsteht kein Streit um die Erbfolge, ja die Mütter tauschen sogar der Reihe nach ihre Kinder aus, so daß auch hier keine Bindung besteht und kein Zwist aufkommt. Diese Harmonie gilt ihnen als das höchste Gut.

Obschon sie Überfluß an Nahrungsmitteln haben, an Früchten und Gemüsen aller Art, Fischen und Fleisch, auch schmackhaften Schlangen, sind sie sehr mäßig im Essen und regeln ihre Kost nach einem bestimmten Plan, so daß gewisse Gerichte in regelmäßigem Rhythmus wiederkehren. Desgleichen sind auch die Arbeiten unter ihnen so verteilt, daß sie sich gegenseitig aufwarten und helfen, und dies gleichfalls in einem Zyklus des Wechsels, wodurch jeder in regelmäßiger Folge alle verschiedenen Arbeiten verrichtet.

Sie sind an Wissenschaften interessiert, insbesondere an der Sternkunde. Ihre Schrift wird senkrecht von oben nach unten geschrieben.

Auch das Tierreich der Inseln ist bemerkenswert. So lebt da ein Wesen, das klein und rund ist, fast wie eine Schildkröte, das aber auf dem Rücken zwei diagonale Streifen trägt, an deren Enden sich jeweils ein Auge und ein Mund befinden. Es sieht so mit vier Augen, ißt mit vier Mäulern, schluckt aber alles in einen Magen hinab. Unten besitzt das Tier rundum viele Füße, so daß es nach allen Seiten laufen kann. Sein Blut hat die wunderbare Kraft, abgeschnittene Gliedmaßen wieder anzufügen: Ist jemandem beispielsweise eine Hand abgehauen worden, so wird sie mit Hilfe dieses Blutes wieder angeheilt und lebendig wie zuvor.

Auch besitzt jede der Inseln einen besonderen großen Vogel; wird ein Kind geboren, so wird es bald auf diesen Vogel gesetzt und, wenn es den Flug gut besteht, aufgezogen, wenn aber nicht, ausgestoßen, da es, so meint man, nicht gut genug veranlagt sei und der Gemeinschaft keinen Nutzen bringen werde.

Unser Gewährsmann Jambul lebte selbst, so sagt er, sieben Jahre auf den sieben seligen Sonneninseln. Dann wurden er und sein Gefährte ausgestoßen, weil sie sich als dem sittlichen Standard der Gesellschaft nicht angemessen erwiesen hatten. Nach vier Monaten mühevoller Bootsreise erlitten sie an Indiens Küste Schiffbruch. Der Gefährte kam um, Jambul kehrte mit Hilfe des freundlichen Königs von Palibothra wieder nach Griechenland zurück. B. Ky.

Iambulos (um 300 v. Chr.), in Diodoros aus Agyrion, *Bibliothēkē historikē* (1. Jh. v. Chr.), Bologna 1472.

DIE SONNENSTADT auf der Insel ↗ TAPROBANE (dem heutigen Ceylon) im Indischen Ozean wurde von einem Genueser Schiff entdeckt.

Sie liegt auf einem Hügel inmitten einer grünen Ebene und ist in sieben Kreise eingeteilt, von denen jeder nach einem der im sechzehnten Jahrhundert bekannten Planeten benannt wurde. Vier Tore, die nach den Himmelsrichtungen angeordnet sind, verbinden die einzelnen Kreise. Ganz oben auf dem Hügel und somit in der Mitte der Stadt erhebt sich ein großer runder Tempel, der von einer Säulenreihe getragen und von einer Kuppel gekrönt wird. Durch ein kleines Fenster in der Spitze der Kuppel fallen die Strahlen der Sonne auf den großen Altar im Innern des Tempels.

Die Stadt wird von dem Sonnenpriester Metafisico regiert, der zugleich weltlicher und geistlicher Herrscher ist. Ihm stehen drei Minister zur Seite. Ihre Namen Pon, Sin und Mor bedeuten Macht, Weisheit und Liebe. Pon befehligt die Armee. Sin ist für die Künste und Wissenschaften verantwortlich. Eine Reihe von Beamten – der Astrologe, der Kosmograph, der Geometer, der Logiker, der Rhetoriker, der Grammatiker, der Arzt, der Physiker, der Politiker und Moralist – sind ihm unterstellt. Nor ist zuständig für die Ernährung, Kleidung und Fortpflanzung und achtet darauf, daß nur die zueinander passenden Frauen und Männer eine Familie gründen. In der Sonnenstadt gilt es als grotesk, sich um die Zucht von Hunden und Pferden zu kümmern, die menschliche Rasse aber zu vernachlässigen. Eugenische Vorschriften werden streng eingehalten: Frauen unter neunzehn und Männer unter einundzwanzig dürfen im allgemeinen noch keinen Geschlechtsverkehr haben. (Junge Männer allerdings, die diesen Zustand nicht ertragen, können schon vorher mit schwangeren oder unfruchtbaren Frauen zusammenkommen.) Die sexuelle Vereinigung findet jeden dritten Abend nach Waschungen und Gebeten statt. Große schöne Frauen werden großen schönen Männern zugeführt, dünne aber mit dicken und dicke mit dünnen, um einen Ausgleich zu schaffen. Sollte eine Frau danach nicht schwanger werden, wird sie einem anderen Mann gegeben. Stellt sie sich als unfruchtbar heraus, wird sie den oben erwähnten Jünglingen angeboten, und ihr werden nicht die Ehren zuteil, die den Müttern vorbehalten sind. Diese dürfen am Rat und am Tempeldienst teilnehmen. Kinder werden zwei Jahre lang von der Mutter gestillt. Danach gehen die Mädchen in die Obhut von Lehrerinnen, Knaben in die von Lehrern über. Das Motto ihrer Schulen ist *Mens sana in corpore sano* (ein gesunder Geist in einem gesunden Körper). Kinder, die unbegabt für künstlerische oder technische Tätigkeiten sind, werden zur Arbeit aufs Land geschickt. Andere bildet man für den ihren Anlagen entsprechenden Beruf aus. Die Religion der Sonnenstadt ist sehr einfach. Die Bewohner glauben an einen Gott, den Schöpfer des Lebens, der durch die Sonne symbolisiert wird. Man betet nach den vier Himmelsrichtungen: am Morgen nach Osten, am Mittag nach Westen, am Nachmittag nach Süden und am Abend nach Norden. Dabei wird immer dasselbe Gebet wiederholt, in dem man Gott für sich und sein Volk bittet.

Bestattungssitten gibt es in der Sonnenstadt nicht; die Leichen werden verbrannt, weil man glaubt, daß die Flammen die Seelen der Verstorbenen der Sonne zurückbringen. Es gibt nur wenige Gesetze; sie sind in die Säulen des Tempels eingemeißelt. Die Gerichtsverhandlungen sind kurz, und gegen die Urteile kann Berufung eingelegt werden, zuerst bei Pon, dann beim Sonnenpriester. Gefängnisse gibt es nicht, zu den Strafen gehören das Verbot, mit Frauen zu sprechen, den Tempel zu betreten und mit anderen zu essen, mitunter auch Prügelstrafe und Verbannung. Schwere Verbrechen können mit dem Tode bestraft werden; hierzu zählt die Meuterei gegen den Staat oder die Religion. Selbst dann kann der Beschuldigte seine Gründe vorbringen und Staatsbeamte oder Theologen, die er im Unrecht glaubt, öffentlich beschuldigen. Wird jemand verbannt oder hingerichtet, muß die Stadt durch Gebete und Opfer gereinigt werden. Die Bewohner der Sonnenstadt sind auf ihre Gesetze so stolz, daß fremde Gefangene innerhalb der Stadtmauern nicht geduldet werden, weil man einen schädlichen Einfluß auf das Denken der Bevölkerung befürchtet. Einige Reisende indessen wurden in der Stadt gut aufgenommen und durften drei Tage bleiben, nachdem sie ihre Füße gewaschen hatten. Man sollte wissen, daß die Bewohner alles Schwarze verabscheuen und daher eine Abneigung gegen die Japaner haben, die angeblich Kleider dieser Farbe tragen.

Tommaso Campanella, *La città del sole,* Ffm. 1623.

SORHAUTE, Hauptstadt des nicht näher bezeichneten Landes, in dem König Uriens geherrscht hat. Nachdem Artus von ↗ CAMALOT die Streitmacht der elf gegen ihn verschworenen Fürsten im Wald ↗ BEDEGRAINE vernichtend geschlagen hatte, zogen sich diese nach Sorhaute zurück.

Thomas Malory, *Le Morte Darthur,* Westminster 1485.

SPECTRALIA, eine Insel des ↗ RIALLARO-Archipels im südöstlichen Pazifik, am Rand des Nebelrings von Riallaro nördlich von ↗ COXURIA gelegen. Spectralia ist eine Zwielichtwelt, bewohnt von Leuten, die die Sonne scheuen und Wolken von Staub aufwirbeln, wenn sie erscheinen. Es sind Verbannte aus ↗ LIMANORA, die davon überzeugt sind, daß sie als einzige Kontakt mit dem Jenseits haben. Viele leben unter der Erde; alle glauben an Geister. Es gibt unter den Spectraliern zwei Sekten: die alten Geistsucher, die an erhabene Geister glauben, welche sich selten mitteilen, sondern nur vor sich hinstarren, und die modernen Geistsucher, die glauben, daß Geister auf Befehl sprechen und erscheinen und daß der Körper zwei Seelen hat, von denen eine sich entfernen kann. Besuchern wird geraten, Spectralia bei Nacht zu meiden, damit sie nicht für Geister gehalten und zu religiösen Zwecken in einen Schrein gesperrt werden. Es gibt zwei Seelenmärkte, auf denen neu angekommene Geister gekauft und verkauft werden, einen Markt für die moderne Sekte und einen für die alte. Auf einer in der Nähe gelegenen Felseninsel namens Astralia lebt eine dritte verbannte Sekte, die an Astralleiber glaubt.

Godfrey Sweven, *Riallaro, the Archipelago of Exiles,* NY/Ldn. 1901. – Ders., *Limanora, the Island of Progress,* NY/Ldn. 1903.

Ein unterirdischer Hof in SPECTRALIA

SPENSONIA, eine Insel irgendwo zwischen ↗ UTOPIA und ↗ OCEANA, auf der einige schiffbrüchige Engländer Ende des achtzehnten Jahrhunderts eine Republik gründeten. Die Verfassung des Inselstaates stützt sich auf die von der Französischen Revolution postulierten Menschenrechte. Der individuellen Freiheit sind nur durch den Freiheitsanspruch aller anderen Bürger Grenzen gesetzt. Die Regierung wird vom Volk gewählt. Mehrere Grafschaften und Gemeinden bilden in dieser Republik eine unteilbare nationale Einheit.

Spensonia unterhält freundschaftliche Beziehungen zu sämtlichen Republiken der Welt und gewährt Flüchtlingen aus despotisch regierten Staaten politisches Asyl, mischt sich aber nicht in die Angelegenheiten anderer Nationen ein. Eine expansionistische Kolonialpolitik betreibt diese Inselrepublik nur gegenüber solchen Ländern, die nach Meinung der Spensonier von der Vorherrschaft ihres Staates profitieren können.

Obwohl die Staatsreligion auf dem Glauben an ein (nicht näher definiertes) allerhöchstes Wesen basiert, können Besucher der Inselrepublik feststellen, daß dort auch jede andere Religion respektiert wird.

Thomas Spence, *A Description of Spensonia,* Ldn. 1795. – Ders., *The Constitution of Spensonia: A Country in Fairyland situated between Utopia and Oceana,* Ldn. 1798.

SPIELIMMERLAND in der Toskana in Italien. Besucher nehmen am besten eine bestimmte Kutsche, die an genau festgelegten Stellen der toskanischen Straßen hält; die Fahrt ist kostenlos. Die Kutsche kündigt ihre Ankunft mit Glocken und Trompeten an, so sanft und zart, daß es wie Mückengesumm klingt. Die Räder sind mit Lumpen umwickelt, damit sie so wenig Lärm wie möglich machen. Sie wird von zwölf Paar Eselchen gezogen, alle von gleicher Größe, nur in der Farbe sind sie unterschieden, alle tragen zwei Paar kleine weiße Sommerschuhe. Der kleine Mann, der die Kutsche lenkt, ist kürzer als breit, honigsüß und butterweich, mit einem Gesicht wie ein rosa Apfel, einem ständig lachenden Mund und einer sanft schmeichelnden Stimme, wie eine Katze, die versucht, sich einen Leckerbissen zu erschnurren. Wenn seine Esel irgendwie aufgeregt zu sein scheinen, beruhigt er sie mit einem Kuß auf das Ohr.

Das Spielimmerland wird in der Dämmerung erreicht und ist keinem Platz auf Erden gleich. Hier leben nur Kinder, die kaum älter als vierzehn und nicht jünger als acht sind. Die Straßen hallen wider von Lachen und Lustigkeit, daß es selbst einen Löwenbändiger taub machen würde. Überall treiben sich Kinderscharen herum: Einige spielen mit Murmeln, andere Verstecken, wieder andere fahren mit dem Rad oder galoppieren auf Steckenpferden. Manche spielen Blindekuh, manche sind als Clowns verkleidet und führen lustige Tricks vor, andere schlagen Purzelbäume oder gehen auf den Händen, einzelne sind als Soldaten gekleidet mit Papierhelmen und Pappschwertern. Lachen, Schreien, Singen und Klatschen vereinigen sich zu einem Pandämonium. In jeder Ecke gibt's ein Kasperletheater, an jeder Mauer steht geschrieben »Hurra den Spielsachen, nieder mit der Schule!« Im ganzen Spielimmerland werden Besucher weder Schulen noch Lehrer oder Bücher finden. Es ist bestimmt worden, daß die Kinder donnerstags und sonntags nicht zur Schule gehen, aus diesem Grund hat hier jede Woche sechs Donnerstage und einen Sonntag. Die Ferien beginnen am ersten Januar und enden am einunddreißigsten Dezember.

Das einzig Unangenehme am Spielimmerland ist, daß nach fünf Monaten die Kinder, die hier leben, sich in Esel verwandeln, die dann mit gutem Gewinn von dem kleinen Kutscher verkauft werden.

Carlo Collodi, *Le avventure di Pinocchio*, Florenz 1881–1883.

SPIEL-LAND, ein Märchenland in Irgendwo, in dem selbst kleinste Dinge im Verhältnis zur Bevölkerung riesig groß erscheinen: Klee wird zu Bäumen, ein Tautropfen zum Spiegel, Regenpfützen zu Seen, auf denen Blätter wie Schiffe segeln. Von ein paar Insekten abgesehen, wie Hummeln, Spinnen, Fliegen, Ameisen und Schmetterlingen, bewohnen kleine, kluge Geschöpfe mit hübschen Augen das Land, die mit einer Rüstung in Grün, Schwarz, Karminrot, Gold oder Blau bekleidet sind. Manche dieser Wesen haben Flügel, scheinen aber wenig Gebrauch davon zu machen und verbringen ihre Tage damit, zu beobachten, wie Reisende (die winzig klein sein müssen) die Regenpfützen-Seen befahren.

Man erreicht das Spiel-Land indem man die Augen schließt und durch die Luft segelt. Die Rückreise ist meist erstaunlich, denn der Gegensatz zwischen der kleinen Welt und der Größe alltäglicher Gegenstände im Heimatland des Besuchers wird wie ein Schock auf ihn wirken.

Robert Louis Stevenson, *The Little Land*, in *A Child's Garden of Verses*, Ldn. 1885.

SPIELZEUGLAND wird von Figuren aus Märchen und klassischen Spielsachen bewohnt. Besucher finden dort einfach konstruierte Häuser aus Spielzeug-Bausteinen und kleine Läden, die alle Arten von Spielwaren verkaufen. Unter Spielzeugland liegt Buhmannland, das von Krokodilen und furchterregenden behaarten Kreaturen verseucht ist.

Zwischen den Spielsachen und den Figuren scheint eine deutliche Trennung zu bestehen. Aschenputtel, der Froschkönig, Gänseliesel und Rumpelstilzchen halten höflichen Abstand von Spielsachen wie Püppi, Teddybär, Löffelohr und Schmusekätzchen.

Besucher sollten wissen, daß die Sitten im Spielzeugland sehr streng sind, etwa der englischen Kinderstube entsprechend. Ein Polizist und eine Armee von Zinnsoldaten patrouillieren durch die Stadt. Die Küche bietet, abgesehen von Grießbrei, türkischem Honig und Bonbons, biedere Hausmannskost.

Enid Blyton, *Noddy Goes to Toyland*, Ldn. 1929.

SPRECHENDE HAINE oder **BAUMORAKEL.** Besucher der Stadt Prasiaka in Indien sollten sich dieses Hindu-Heiligtum keinesfalls entgehen lassen. Es liegt inmitten eines weitläufigen Parks und besteht aus zwei uralten Zypressen, die kreisförmig von anderen Bäumen umgeben sind. Der Boden des Rondells ist mit Löwen- und Pantherfellen ausgelegt. Den Indern gilt der Ort als Heiligtum der Sonne und des Mondes, denn, so unwahrscheinlich es auch klingen mag, die beiden Zypressen sprechen bei bestimmtem Sonnen- und Mondstand, mehr noch, sie sagen die Zukunft voraus. Es wird erzählt, daß schon Alexander dem Großen hier sein naher Tod geweissagt wurde. Eines sollten Interessierte jedoch beachten: Der männliche der beiden Bäume spricht nur bei Sonnenauf- und -untergang sowie mittags, der weibliche bei entsprechendem Mondstand. Besucher, die der Landessprache nicht mächtig sind, sollten überdies einen Dolmetscher hinzuziehen, denn das Baumorakel versteht zwar alle Sprachen, antwortet jedoch nur in Hindi. M. B.

Iulius Valerius Polemius, *Res gestae Alexandri Magni* (um 310–330), Mailand 1817. – »Pseudo-Kallisthenes«, griech. *Alexanderroman* (3. Jh.), Paris 1846.

DIE SPRINGINSELN (LEAP ISLANDS), ein Archipel nahe der Antarktis. Die zehn Inseln – unabhängige Königreiche – heißen Leaphigh, Leaplow, Leapup, Leapdown, Leapover, Leapthrough, Leaplong, Leapshort, Leapround und Leapunder (Spring hoch, Spring niedrig, Spring auf, Spring runter usw.). Mit Ausnahme von Leaplow hat jede Insel eine staatskirchliche Verfassung, die sich auf ein neues Gesellschaftsprinzip gründet. Bewohnt werden die Inseln von hochentwickelten Affen, den sogenannten Monikins.

Zu den Springinseln gelangt man auf einer durch schwimmende Meilensteine bezeichneten Route. Der Reisende geht im Aggregations-Hafen von Leaphigh an Land. Sehenswert sind vor allem der Große Platz, der Palast der Künste und Wissenschaften sowie die Akademie der latenten Sympathien. Die Regierungsgeschäfte sind nach folgenden drei Kriterien aufgeteilt: Gesetz, Meinung und praktische Er-

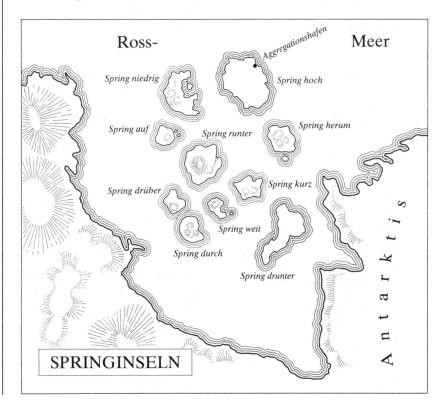

fahrung. Nach dem Gesetz regiert der König, nach der Meinung sein Vetter und nach der praktischen Erfahrung wiederum der König. Die Monikins – von ihren eigenen Wissenschaftlern entweder als Quadrupeden oder als *caudae-iactantes* (Schwanzwedler) bezeichnet – tragen, ausgenommen bei offiziellen Anlässen, keine Kleidung. Ihre Sprache, die einige griechische Wurzeln hat, ähnelt dem Dänischen oder Schwedischen. Besonders höfliche Monikins sprechen Französisch und grüßen mit dem Schwanz. Die Inselbewohner glauben, daß der Mensch sich zum Monikin entwickeln wird und daß die Vernunft nicht im Gehirn, sondern im Schwanz sitzt. Als Währung verwendet man auf den Springinseln nicht Geld, sondern Versprechen, die den Vorteil haben, daß sie weder verbrannt noch gestohlen werden können. Die Jahreszeiten werden anders genannt als bei uns; man spricht dort zum Beispiel von der »Nuß-Zeit«.

Die Namen der einzelnen Monikins setzen sich aus einer Nummer und einer Farbbezeichnung zusammen. Letztere weist auf Geschlecht, Klassenzugehörigkeit, Stellung und Ambitionen hin, während die Nummer den Intelligenzgrad bezeichnet. »Nr. 22,817 – intensives Braun« bedeutet zum Beispiel »Dr. Räsono«.

James Fenimore Cooper, *The Monikins*, NY 1835.

DIE SPUKINSEL, einsames Eiland in einem großen kanadischen See, an dem viele Einwohner Montreals und Torontos in der heißen Jahreszeit Erholung suchen. Der See ist reich an Forellen und Hechten, die erst dann aus der Tiefe an die Wasseroberfläche kommen, wenn Ende September das Ahornlaub sich rot und golden färbt und das wilde Lachen der Seetaucher in den Buchten widerhallt, wo im Sommer der seltsame Schrei dieser Wasservögel nie zu vernehmen ist.

Auf der Insel steht ein kleines, zweistöckiges Haus, das man lieber meiden sollte. Ein Reisender, der dort übernachtete, hatte ein schreckliches Erlebnis: Er sah plötzlich die Geister riesiger Indianer vor sich und wurde Zeuge, wie sie einen Mann skalpierten. Zu seinem Entsetzen erkannte er in dem Gesicht des Opfers seine eigenen Züge wieder.

Algernon Blackwood, *A Haunted Island*, in *Ancient Sorceries and Other Stories*, Ldn. 1906.

DER STAAT DER STUFEN ZU DEN UNSTERBLICHEN wurde im achten Jahrhundert während Ausschachtungsarbeiten an einem Ziehbrunnen in Fang-chou, in der zentralchinesischen Provinz Hupei, entdeckt.

Der Zugang zu diesem Land erschließt sich dem Besucher am leichtesten, wenn er zunächst einige Meter unter die Erde steigt, um sich von dort aus durch eine Felskaverne auf einen Berggipfel zu begeben, den Eingangsturm des Staates der Stufen zu den Unsterblichen. Dort angelangt, eröffnet sich dem Besucher ein herrlicher Rundblick: So weit das Auge reicht, Berggipfel mit Felsgestein aus Smaragd und Bergkristall, über die Bäche mit kristallklarem oder milchweißem Wasser zu Tale stürzen, wo sie sich dann als Ströme am Fuße der Berge entlang ihren Weg bahnen. Eingebettet in diese imposante Gebirgslandschaft, glänzen zahlreiche Paläste aus erlesenem Gold und Silber in der Sonne. Unvergeßlich für den Besucher dürften auch die riesigen Bäume sein, deren Stämme Knoten wie Bambus aufweisen, aber deren Blätter Bananenstaudenblättern gleichen; ebenso eindrucksvoll sind die purpurnen Blumen mit Blüten so groß wie Reisschüsseln. Auch Schmetterlinge und Vögel fallen dem Besucher wegen ihrer bemerkenswerten Größe auf: Die Schmetterlingsflügel erreichen das Ausmaß von Fächern, und die der Vögel haben die Spannweite von Kranichschwingen.

Nach dem Abstieg vom Eingangsgipfel gelangt der Besucher zunächst zum Palast des himmlischen Zimtbaumberges, wo er sich bei den Wachen melden sollte, um die amtliche Genehmigung zum Aufenthalt im Staate der Stufen zu den Unsterblichen zu erlangen. Obwohl hier strenge bürokratische Vorschriften herrschen und der Besucher an keiner Stelle Zutritt zum Innern der Gebäude und Paläste erhält und sich ausschließlich auf fremde Hilfe verlassen muß, werden alle behördlichen Angelegenheiten für ihn in Windeseile mit größter Sorgfalt erledigt. Ob es sich um Stempel, Beglaubigungsschreiben oder Genehmigungen handelt, die meistens auf beschrifteten Jadetafeln mit Siegeln erteilt werden, der Fremde hat keine langwierigen Wartezeiten in Kauf zu nehmen.

Überhaupt sind die Menschen hier zwar äußerst korrekt, aber dennoch sehr zuvorkommend und hilfsbereit; sie pflegen den Besucher bereitwillig durch das ganze Land zu begleiten. Die Wachen fungieren gleichzeitig als Fremdenführer und geleiten den Besucher auf dem Weg zur Hauptstadt zunächst an die Quellflüsse auf den Berggipfeln, damit er sich dort gründlich reinige: Sie weisen ihn an, sich mit dem kristallklaren Wasser den Staub von Körper und Kleidung zu waschen, und bitten ihn dann, vom milchweißen Wasser zu nehmen, um sich den Mund auszuspülen. Sobald der Fremde davon einen Schluck in den Mund genommen hat, merkt er, daß dies kein gewöhnliches Wasser sein kann, denn es schmeckt wunderbar süß und benebelt und sättigt zugleich.

Spätestens jetzt wird zur Gewißheit, was der Besucher anfangs nur vermutet: Die in leichte Gewänder gleichsam wie in weißen Nebel gehüllten Gestalten mit Knabengesichtern so fein wie Jade sind Unsterbliche, die in diesem Land so lange verweilen, bis sie die oberen Sprossen der Stufenleiter zu den höheren Gefilden der Unsterblichen erklimmen dürfen. Die Aufenthaltsdauer für Fremde ist deshalb auch eng begrenzt, und der Besucher wird sofort nach Besichtigung des Landes freundlich, aber bestimmt verabschiedet und zum streng bewachten Tor hinausgeleitet. D. A.

Cheng Huan-ku, *Po-i-chih* (9. Jh.), in *Yang-shan Ku-shih wen-fang,* Taipeh 1965.

DIE STADT liegt ausgebreitet am Fluß, der in den nahen Eisbergen entspringt. Das Wasser hat sich tief unter ihren Häusern hindurchgefressen. Eine Schleife des Flusses umspielt den hohen Felsen, auf dem die Stadt sich erhebt. Sie ist von wunderbarer Schönheit, wenn die untergehende Sonne ihre Mauern vergoldet. Nähert man sich, so zerbricht ihr Glanz, und der Reisende taucht wie in ein Meer von Angst hinab. Ein giftiger Nebel hüllt sie ständig ein. Schwere Träume quälen den Schlafenden.

Die Stadt steht unverändert seit Menschengedenken. Kein Gebäude wurde je verändert. Die beengenden Straßen sind gerade und rechtwinklig angelegt. Die niedrigen Laubengänge vor den Häusern zwingen die Menschen zu einem gebückten Gang. Auf den Straßen und Plätzen sind nur wenige Menschen zu sehen, die mit vorsichtig schleichendem Schritt gehen. Nur selten gelingt ein Gespräch, das dann immer oberflächlich bleibt. Mißtrauen schlägt dem Fremden entgegen. Die Häuser, in denen die Bewohner einander im Dunkeln gegenübersitzen, sind allen verschlossen. Es gibt weder arm noch reich. Niemand ist ohne Beschäftigung. Kein Kinderlachen erhellt die Straßen.

Jenseits des Flusses liegt die schmutzige Vorstadt. Hier wohnen in eintönigen Reihen von Mietskasernen die meisten Fremden. Ab und zu verschwinden welche. Gerüchte von einem großen Gefängnis kursieren. Von außen neu, sind die Häuser von innen alt und verfallen. Gänge und Treppen verlieren sich im Dunkel. Auch am Tag wird es hier kaum hell. In den dunklen schmutzigen Hinterhöfen kriechen Dirnen herum. Die Luft ist erfüllt von Geschrei. Erloschene Reklametafeln blicken auf Wüsteneien von Schutt, die sich auf großen freigerissenen Plätzen ausbreiten. Manchmal ziehen Kettensträflinge vorüber, die von Wärtern mit riesigen Peitschen getrieben werden. Oberhalb des Flusses liegt das Zentrum auf einer schroffen Felsenhöhe. Eine schmale Hängebrücke führt über das reißende Wasser. Die Häuser sind verwittert. Tiefe Gräben sind aufgerissen. Rohre und Kabel liegen frei. Am höchsten Punkt der Stadt steht die Kathedrale. Eine Steinbrücke führt im Bogen über einen Abgrund zum Dom. Tief unten in der Felsenschlucht braust ein Seitenarm des Flusses. Die Stadt bleibt tot und leer. M. W.

Friedrich Dürrenmatt, *Die Stadt*, in *Die Stadt. Prosa I–IV*, Zürich 1952.

DIE STADT DER DIEBE in der Gegend von Klondike in Kanada, nicht weit von der Beringstraße. Die Stadt, etwa sechs- bis siebenmal so groß wie Paris, ist über einem unterirdischen Heißwassersee erbaut worden, wodurch sie vor der arktischen Kälte einigermaßen geschützt bleibt. Dank modernster Technologie kann sich die Landwirtschaft mit gemäßigten Regionen durchaus messen. Das gelingt vor allem durch ein Verfahren zur Regulierung des Regens sowie durch Anschaffung von Maschinen, die das Pflügen, Säen und Ernten wesentlich erleichtern. Diese Maschinerie arbeitet ebenso wie das Transportsystem auf Kurzwellenbasis, ein Prinzip, das selbst für Fachleute nicht einfach zu begreifen ist.

Um die Erlaubnis zum Besuch der Stadt der Diebe zu erhalten, müssen Reisende zuerst ihre Eignung nachweisen. Sie können entweder eine Ladenkasse ausrauben, irgendeine prominente Persönlichkeit entführen, eine neue Art von Steuerhinterziehung herausfinden, Bücher im Raubdruck veröffentlichen oder auf irgendeine andere Weise dem Gesetz ihres Landes zuwiderhandeln. Ihre Bewerbung wird dann dem Präsidenten der Stadt der Diebe, Herrn Dassy de Tharn, unterbreitet, der sein Büro unter dem sicheren Deckmantel einer Import-Export-Firma in den Buttes-Chaumont, zwischen der Rue des Solitaires und der Rue Botzaris, unterhält. Die gesamte Bevölkerung der Stadt besteht aus Dieben, Mördern, zweifelhaften Geschäftsleuten und anderen Kriminellen, denen die Polizei niemals etwas nachweisen konnte. Innerhalb der Stadt sind jedoch keine kriminellen Handlungen erlaubt, sollten sie dennoch vorkommen, werden die Schuldigen ernsthaft zur Rechenschaft gezogen. Besuchern wird das Hôtel du Grand-Cartouche empfohlen, obwohl die Zimmer mit Abhörvorrichtungen versehen sind, einer in der ganzen Stadt üblichen und akzeptierten Praxis. Verschiedene Spielsalons sind für die Öffentlichkeit zugänglich, doch wird Betrug mit fünfzig Stockschlägen bestraft. Trotz der geringen Unannehmlichkeiten könnte die Stadt der Diebe eine akzeptable Alternative zu Las Vegas sein.

Maurice Level, *La cité des voleurs*, Paris 1930.

DIE STADT DER ERSTEN MENSCHEN, ein unterirdisches Gebiet in ↗ PAROULETS LAND, wird von einer Menschenrasse bewohnt, die ihren Ursprung auf die Sintflut zurückführt. Die Leute behaupten, nicht nur Noah, sondern auch einem gewissen Jalesh sei damals befohlen worden, eine Arche zu bauen. Diese sei aber nicht auf einem Berg gelandet, sondern durch einen Abgrund gesunken, bis sie schließlich tief unter der Erdoberfläche auf Grund kam. Die Nachfahren von Jalesh nennen sich die Ersten Menschen und werden von Patriarchen regiert. Sie leben in Frieden, kennen weder Neid, Habsucht noch Haß und nehmen Fremde nur unter der Bedingung auf, daß sie nie wieder auf die Erde zurückkehren. Ihre Sprache ist eine frühe Form des Hebräischen, und ihre Kleidung entspricht der Tracht biblischer Zeiten. Am Gürtel tragen sie Kästchen mit Rubinen, die ultraviolette Strahlen aussenden können und mit denen sie die prähistorischen Ungeheuer jagen, die um die Stadt streifen.

Die Häuser der Stadt der Ersten Menschen ähneln antiken hebräischen oder ägyptischen Behausungen. Sie haben nur einen Eingang und wenige Fenster. Das Innere ist hübsch und bequem und wird durch Röhren mit heißem Wasser geheizt. Die Häuser stehen um einen zentralen Hof, der mit Marmor gepflastert ist und einen Teich in der Mitte hat.

Maurice Champagne, *La cité des premiers hommes*, Paris 1929.

DIE STADT DER FURCHTBAREN NACHT, zuweilen auch »Stadt des Todes« genannt, liegt am Fluß der Selbstmörder, dem nördlichen Zufluß einer großen Lagune. Sein Lauf führt südöstlich der Stadt durch schwarzes Sumpfland und Felsenklüfte. Nördlich und westlich der Stadt bilden Savannen, Wälder, gewaltige Berge, ödes Hochland und tiefe Schluchten eine undurchdringliche Wildnis.

Die Stadt, in der zahlreiche Ruinen zu sehen sind, ist ständig in Dunkelheit gehüllt – nie scheint die Sonne auf sie herab. Nur trübes Laternenlicht weist fremden Besuchern den Weg durch die engen, von großen, stillen Häusern gesäumten Straßen.

In den nördlichen Randbezirken scheint sich das Stadtbild aufzulockern. Hier steht, von gähnend leeren Plätzen umgeben, ein großer Palast. Hoch über den Dächern der Stadt erblickt man das überdimensionale Standbild einer geflügelten Frau, die den Kopf auf ihre geballte linke Hand und den Ellbogen auf ihr Knie stützt. In der rechten Hand hält sie zwei Kompasse und ein Buch. Zu ihren Füßen liegen Schreinerwerkzeuge und wissenschaftlich-technische Gerätschaften verstreut, und neben ihr sitzt ein Kind mit ernstem Gesichtsausdruck. Die Statue stellt die Melancholie dar, die über die Stadt, ihr Herrschaftsgebiet, wacht.

Die Stadt der Furchtbaren Nacht ist vorwiegend von Männern reiferen Alters bewohnt, nur hie und da begegnet man dort auch Frauen und Kindern. Die ausgelaugten Gesichter der Einwohner gleichen stummen, blinden Steinmasken. Ohne jemals zu schlafen, wandern diese Gestalten unaufhörlich durch die trüben, stillen Straßen und die unzähligen Gäßchen, auf deren Pflaster ihre Schritte nicht zu hören sind. Der fremde Besucher wird die Erfahrung machen, daß er sie nicht zum Sprechen bewegen kann. Und er wird sie und ihre Stadt als eine Bestätigung seiner eigenen, vielleicht lange unterdrückten Ängste begreifen.

James Thomson, *The City of Dreadful Night*, Ldn. 1874.

STADT DER SCHATTEN, irgendwo unter dem Mittelmeer, zufällig von einem Millionär entdeckt, als er einen

Tunnel von Piombino, Italien, zur Insel Korsika zu bauen versuchte. (Der Tunnel ist aber durch ein Erdbeben zerstört worden, und ein anderer Zugangsweg wurde seitdem nicht entdeckt.) Die Stadt ist in einem weiten Kreis angelegt. In der Mitte befindet sich ein großer Steinquader, der für Versammlungen und Zusammenkünfte benutzt wird. Von hier verlaufen strahlenförmig sechs gleiche Straßen mit kleinen Ziegelhäusern. Jedes Haus hat eine Nummer, und jede Nummer ist plastisch über eine Tür aus verwebten Pflanzenfasern abgesetzt. Die Stadt, von einer Ringstraße und einem Graben umgeben, den man mit Hilfe von Zugbrücken aus Bambus überqueren kann, ist gut befestigt und schützt ihre Bewohner vor wilden Affen, welche die Stadt zweimal fast vernichtet haben. Die Geschichte der Stadt der Schatten und ihrer Bewohner ist auf der Lehmmauer eines geheimen Durchganges zwischen zwei Häusern in Keilschrift festgehalten.

In der Nähe der Stadt liegt ein stiller schwarzer See mit einer Wassertemperatur von etwa vierzig Grad und einem morastigen Ufer, an dem es vor blinden Krokodilen wimmelt. Die Bewohner der Stadt der Schatten halten den See für das Ende der Welt und stellen sich die andere Seite des Sees als eine Art Hölle vor. Tatsächlich befindet sich auf der anderen Seite ein System von Höhlen und Tunneln, die zu einem Vulkan und schließlich ins Freie führen. Einige Höhlen strahlen Radioaktivität ab, die die Schwerkraft vermindert und ein Gefühl der Schwerelosigkeit hervorruft.

Die Bewohner der Stadt der Schatten stammen von den Chaldäern ab. Im Verlaufe ihrer unterirdischen Existenz haben sie das Sehvermögen und jedes Wissen um das Feuer verloren – ein Element, das sie für feinstofflich, belebend und gefährlich halten. Ihr Sehvermögen wurde durch ein vervollkommnetes Tastgefühl ersetzt, mit dem sie Gegenstände von weitem spüren können. Ihre Gesichter sind grau und unschön. Sie tragen wallende Gewänder in neutralen Farben, die mit plastischen Stickereien geschmückt sind. Ihre Nahrung besteht aus Pilzen und gekochten Fischen. Wegen des begrenzten Lebensraumes und der feindseligen Umgebung muß die Bevölkerungszahl konstant gehalten werden. Daher wird bei jeder Geburt eines Kindes der Älteste oder Schwächste der Familie zu den Krokodilen in den See geworfen.

Die Höhlen zwischen dem See und dem Vulkan werden von den bösartigen *triceratops* bewohnt, von denen es keine Beschreibung gibt, und von Affen, den herkömmlichen Feinden der Bewohner der Stadt der Schatten. Auch die Affen sind blind, aber ihr Tastsinn ist schwach entwickelt. Sie besitzen eine rudimentäre Sprache und sind imstande, sich zum Kampf mit Keulen zu organisieren. Die Vegetation ähnelt submariner Flora und ist grau und melancholisch. Bestimmte Blätter enthalten ein Öl und brennen deshalb wie Kerzen, wenn man sie anzündet. Besuchern, die im Dunkeln ihren Weg finden müssen, dürften sie ganz dienlich sein.

Léon Groc, *La cité des ténèbres,* Paris 1926.

STADT DER TOTEN, die frühere Hauptstadt von ↗ ARDISTAN am Fluß Ssul. Als der Fluß austrocknete, hatte man sie aufgegeben und die neue Hauptstadt Ard gegründet. Jetzt gibt es wieder Wasser, doch der Besucher kommt wohl vor allem hierher, um sich an die Zeit zu erinnern, als völlige Trockenheit und gespenstische Leere herrschten und die Stadt von allen gemieden wurde, denn man kannte nur unheimliche Geschichten über sie.

Drei steinerne Brücken verbinden die »Militärstadt«, die mächtige Zitadelle mit ihren Türmen und Zyklopenmauern, mit dem zivilen Teil der Stadt, der von Hunderten von Straßen, Gassen und Gäßchen durchzogen wird. Hier gibt es Abertausende von Tempeln, Moscheen, Kirchen, Palästen, Häusern und Hütten. In der Zeit der Trockenheit war keine Spur von Pflanzengrün, waren nur »Baumleichen« übriggeblieben. Die Zitadelle wurde zu dieser Zeit von Ard aus höchstens noch als Gefängnis für Staatsfeinde benützt, die oft unversehens durch versenkbare Böden in tiefliegenden, unterirdischen Kanälen verschwanden. Von hier gelangte man durch Geheimtüren zum ausgetrockneten Maha-Lama-See, um den sich viele unheimliche Legenden ranken. So heißt es, der Teufel habe den See erschaffen und einem Lama-Priester ein um hundert Jahre verlängertes Leben versprochen, wenn er alle, die ihn beleidigten, in den See würfe. Der Priester ertränkte so viele Menschen im See, daß er überlief und keine weiteren Opfer mehr fassen konnte. So konnte der rachsüchtige Mann den Pakt nicht mehr erfüllen und wurde vom Teufel mitgenommen. – In der Mitte des Sees ragt die Figur eines Engels empor, unter dem ein geheimer Brunnen verborgen ist. Eine große Anzahl Wohn- und Vorratsräume und eine Bibliothek liegen um den See herum, es gibt einen unterirdischen, spiralförmig gebauten Tempel mit einer außergewöhnlichen Akustik und die beiden Djemmas, die Gerichtssäle der Toten und der Lebenden. In der Djemma der Toten sitzen die Gestalten früherer Könige und Hohepriester, die zum Leben erwachten, um über den jetzigen Mir von Ardistan, Shedid el Galabi, zu richten. Da dieser seine

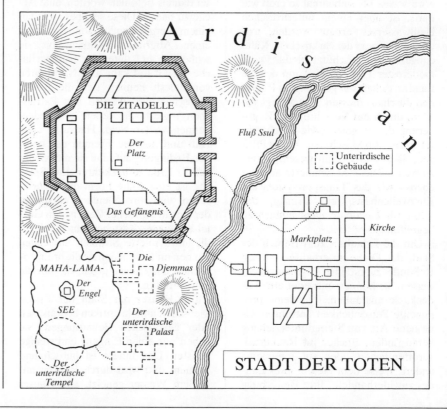

STADT DER TOTEN

Schuld und die seiner Ahnen auf sich nahm, konnte er die Stadt der Toten als ein Mann des Friedens geläutert verlassen (↗ ARDISTAN). Man hat viele Tontäfelchen gefunden, auf denen die Geschichte der Vorzeit verzeichnet ist. Außerdem läßt sich aus den Porträts früherer Herrscher viel über die Vergangenheit erschließen. Es werden sich daher vor allem auch archäologisch interessierte Reisende für einen Besuch in der Stadt der Toten entschließen.

Karl May, *Ardistan,* in *Ges. Reiseerzählungen,* Bd. 31, Freiburg i. B. 1909. – Ders., *Der Mir von Dschinnistan,* in *Ges. Reiseerzählungen,* Bd. 32, Freiburg i. B. 1909.

STADT DER TUGENDHAFTEN FRAUEN. Über diese bemerkenswerte Stadt ist nicht viel bekannt, außer daß sie nur von Frauen bewohnt ist, die – eben weil sie Frauen sind – schon immer als wichtiger und beachtenswerter gelten als die Männer. Die Stadt ist aus riesigen Steinblöcken erbaut, von denen jeder den Namen einer berühmten Frau trägt. Der Besucher wird die Namen von Semiramis, Amazonia, Zenobia, Artemis, Berenike, Clelia und Fredegorida identifizieren können, auch wenn ihre Taten kaum mehr erinnerlich sind. Es geht die Sage, daß der Schlüssel zum Öffnen der Stadttore aus »Klugheit, Wirtschaftlichkeit und feiner Lebensart« besteht. Sonst werden für den Besuch der Stadt der tugendhaften Frauen keine weiteren Instruktionen gegeben.

Christine de Pisan, *Le trésor de dames,* Paris 1405.

DIE STADT DER UNSTERBLICHEN, eine Ruinenlandschaft in Äthiopien nahe dem Arabischen Golf, auf einem Steinplateau erbaut. In diesem Plateau gibt es ein System von schmutzigen Galerien, durch die man in eine riesige runde Kammer gelangt. Neun Türen stehen nun zur Wahl, aber nur eine einzige bringt den Reisenden ans Ziel, die anderen führen durch ein trügerisches Labyrinth zum Ursprungsort zurück. Dem richtigen Weg folgend, erreicht man eine zweite runde Kammer, die ganz der ersten gleicht. Schließlich wird der Besucher zu einer Mauer mit Metallsprossen gelangen, die in die Stadt selbst hinaufführen und in einem kleinen Hof enden. Die Stadtarchitektur erscheint unsinnig, wie von verrückten Baumeistern entworfen. Es gibt allzu viele Korridore, die als Sackgasse enden, unerreichbar hohe Fenster, unheimliche Türen, die zu einer Zelle oder Grube führen, unglaublich verdrehte Treppen, deren Stufen und Geländer herunterhängen oder nach wenigen Schritten im Nichts enden.

Die Stadt wird von Troglodyten bewohnt; das heißt sie hausen meist in flachen Sandgruben an der Peripherie. Diese Wesen können nicht sprechen und nähren sich ausschließlich von Schlangen. Die Troglodyten haben das Wasser eines schmutzigen Flusses getrunken, der an der Stadt vorbeifließt, und sind seitdem unsterblich. Lange Zeit liegen sie bewegungslos im Sand, und sie brauchen nur ein wenig Wasser und einen Bissen Schlange, um sich am Leben zu erhalten, denn der Körper gehorcht ihnen wie ein folgsames gezähmtes Tier. Regen gehört zu den wenigen Dingen, an denen sie sich freuen können. Homer wurde einer der Unsterblichen und verbrachte viele Jahrhunderte damit, das Wasser eines anderen Flusses zu suchen, das ihn von seiner Unsterblichkeit befreien könnte. Er muß es gefunden haben, denn unter dem Namen Joseph Cartaphilus, Antiquitätenhändler aus Smyrna, starb er auf See an Bord der *Zeus* im Oktober 1929 und wurde auf der Insel Ios begraben.

Jorge Luis Borges, *El Inmortal,* in *El Aleph,* Buenos Aires 1949.

DIE STADT DES GLÜCKLICHEN PRINZEN, heute vielleicht unter anderem Namen bekannt, hat eine Kathedrale, Hochöfen, eine Universität und ein kleines Judenviertel. Hoch über der Stadt steht eine schlanke Säule, die einst die Statue des Glücklichen Prinzen trug. Schon vor vielen Jahren wurde diese Statue eingeschmolzen, aber noch immer hat man dort keine neue aufgestellt, denn der Bürgermeister und die Stadträte konnten sich bis heute nicht darauf einigen, wem ein Denkmal gesetzt werden soll.

Die Statue des Glücklichen Prinzen war über und über mit feinem Blattgold belegt. Zwei strahlende Saphire waren die Augen, und ein großer Rubin leuchtete am Schwertknauf. Der steinerne Prinz konnte von seiner Säule aus all das Elend sehen, von dem er zu seinen Lebzeiten nichts gewußt hatte. Deshalb bat er eine kleine Schwalbe, die auf der Reise nach Ägypten in der Stadt Rast machte, seine Edelsteine und das ganze Blattgold den Armen zu bringen. Es wurde Winter, aber die Schwalbe brachte es nicht über sich, den steinernen Prinzen, der jetzt blind und nackt dastand, allein zu lassen. Und eines Tages fiel sie tot zu seinen Füßen nieder. Als die Stadträte sahen, wie unansehnlich die Statue geworden war, ließen sie sie niederreißen und einschmelzen.

Der Sage nach sollen die Engel, die Gott beauftragt hatte, ihm die beiden kostbarsten Dinge aus jener Stadt zu bringen, das nicht geschmolzene Bleiherz des Glücklichen Prinzen und die tote Schwalbe geholt haben. Der kleine Vogel darf nun ewig im Paradies singen, und der Prinz lebt in Gottes goldener Stadt.

Oscar Wilde, *The Happy Prince and Other Tales,* Ldn. 1888.

STADT DES TODES ↗ DIE STADT DER FURCHTBAREN NACHT

STADT DES VERDERBENS, eine von vielen Menschen bewohnte Stadt in ↗ CHRISTIANSLAND, die an der gleichen Meeresküste wie das »Dunkle Land« liegt und deren Nachbarstädte »Dummheit« und »Fleischesklugheit«

Eine der vielen Kammern in der STADT DER UNSTERBLICHEN

heißen. Die Einwohner dieses Gemeinwesens (aus dem auch der berühmte Pilger Christian stammt) sind bekannt für ihre weltliche Einstellung gegenüber Glaubensfragen.

John Bunyan, *The Pilgrim's Progress from this World, to that which is to Come*, Ldn. 1678 (Teil I) und 1684 (Teil II).

DIE STADT HINTER DEM STROM, ein Stadtstaat in Mitteleuropa, ist nach dem breiten Strom benannt, der ihre Grenze bildet. Häufig wird sie auch als »Stadt der Toten« bezeichnet, ist jedoch nicht identisch mit der gleichnamigen Hauptstadt von ↗ ARDISTAN (siehe auch ↗ STADT DER TOTEN).

Die Stadtverwaltung, die sogenannte Präfektur, befindet sich im ehemaligen Palast, der nach drei Seiten der Stadt zugewandt ist, nach Norden blickt er auf Ödland, das von der Biegung des Flusses begrenzt wird. Verschiedene Baureste, wie zum Beispiel freistehende Rundbogen, lassen auf einen ursprünglich antiken Palast schließen, der offensichtlich in der Form eines befestigten rechteckigen Kastells angelegt war. Treppen und Fußböden aus kostbarem Stein sind noch erhalten. In den ehemaligen Innenhof hat man kreuz und quer Häuserreihen hineingebaut, die untereinander verbunden sind; in ihnen befinden sich die Verwaltungsbüros. Oberster Leiter der Stadtverwaltung ist der Hohe Kommissar; ihr höchster Repräsentant, der Präfekt, bleibt Beamten wie Bewohnern unsichtbar. Er steht mit der Stadtbehörde nur durch Mikrophon in Verbindung und residiert in dem kahlen Vorgebirge, das in der Ferne sichtbar ist. Von der Stadt aus läßt sich die Lage seiner Residenz erahnen, wenn manchmal die Fensterscheiben im Sonnenlicht aufblitzen. Zu den höheren Beamten gehört auch ein Archivar und Chronist, der dem riesigen, in seiner Anlage etwas undurchsichtigen Archiv vorzustehen hat. Hier werden sämtliche Daten über die Bevölkerung gespeichert und wissenschaftliche Werke von Rang ebenso wie die Weltliteratur gesammelt. Unter strengem Verschluß befinden sich jedoch sämtliche Noten; Musik ist in der Stadt in keiner Form zu hören.

Sehenswert ist eine Anzahl alter Fresken in den Katakomben. Sie stammen zum Teil aus sehr früher Zeit, und man ist im Begriff, sie zu restaurieren. Gut erhalten ist die Kathedrale, die offensichtlich um einen antiken Tempel gebaut worden ist, von dem einige Säulen erhalten sind. Besonders hingewiesen sei auf das Relief eines riesigen Gesichts im Rundbogen über dem Eingang, an dem noch Spuren alter Bemalung zu sehen sind. Es erinnert an einen überdimensionalen Buddha- oder Christuskopf.

Große Teile der Stadt bestehen allerdings aus Ruinen. Von den ehemaligen Wohnhäusern sind über weite Flächen nur noch ausgebrannte Fassaden erhalten oder die hinter den eingestürzten Frontseiten bloßliegenden Innenwände, zum Teil stehen auch nur noch die gemauerten Schornsteine. Viele Häuser, die noch bewohnbar erscheinen, sind nur bis zum ersten oder zweiten Stockwerk erhalten, die oberen Etagen und das Dach sind wie von der mächtigen Druckwelle eines Erdbebens oder eines Bombenangriffs weggerissen. Das Leben der Bewohner spielt sich im wesentlichen unterirdisch ab. Steintreppen führen in den Untergrund, in dem sich weit verzweigte Gänge zu Gemeinschaftsräumen oder einzelnen Wohnnischen öffnen. Ein Führer durch dieses unterirdische Labyrinth ist für den Reisenden unentbehrlich. Der Untergrundbereich, der sich im Nordwesten weit über das oberirdische Stadtgebiet hinaus erstreckt, ist in einzelne Bezirke eingeteilt, deren Grenzen nicht überschritten werden dürfen und von Wächtern beobachtet werden. In diesen Katakomben lebt ein Großteil der Bevölkerung. Namen kennt man nicht, die Registrierung erfolgt nach Nummern. Ebensowenig arbeitet man mit exakten Zeitangaben.

Das Klima in dieser Stadt ist keinerlei Schwankungen unterworfen, der Himmel ist stets klar blau, Dämmerung gibt es fast nicht, die Nacht bricht ziemlich unmittelbar herein. Die Bevölkerungszahl ist schwankend. Sporadisch auftretende starke Zuwanderung wird von der Stadtverwaltung durch Ausweisungen ausgeglichen.

Besucher werden unter den Einwohnern der Stadt zuweilen längst verstorben geglaubte Freunde und Verwandte wiedertreffen und den Eindruck haben, sie könnten mit ihnen nahtlos das alte Leben fortsetzen. Der Stadtstaat ist ein sogenanntes Zwischenreich, in dem sich die jenseits des Stromes gestorbenen Bewohner noch eine Zeitlang aufhalten können, bevor sie mit Sammeltransporten endgültig in das Gebiet der Toten in nordwestlicher Richtung abgeschoben werden. Solange sie noch in der Stadt sind, leben sie in einem Zustand zwischen Wachen und Träumen. Das Bewußtsein des Todes ist vielfach nicht vorhanden, vor allem bei jenen, die einen plötzlichen Tod starben – das betrifft vor allem die Soldaten im Kasernenviertel –, so daß ihnen im Gegensatz etwa zu den Selbstmördern das Erlebnis des Sterbens fehlt.

Arbeitsplätze bietet die Stadt in zwei großen unterirdischen Betrieben: In einem Kunststeinwerk mit siebzehn Hallen wird Steinstaub zu Quadern verarbeitet. Den nötigen Staub liefert der Gegenbetrieb, der sein Rohmaterial herstellt, indem er die im ersten Werk produzierten Steine wieder zu Staub zermahlen.

Es wird geraten, den Nordwesten der Stadt zu meiden. Hier liegen hinter einem starken Sicherheitsgürtel die Kasernen, hier finden auch die Manöver statt. Dahinter erstreckt sich eine kahle, weglose Karstlandschaft mit Felsplateaus, abschüssigem Geröll und Abgründen. Nicht einmal Moose und Flechten gedeihen hier.

Eines der wenigen unzerstörten Gebäude in der Stadtmitte ist der einzige Gasthof, der allerdings nur mit Vorbehalt zu empfehlen ist. Die Zimmer sind unmöbliert, können aber aus dem Bestand des Hotels nach eigener Wahl eingerichtet werden. Die Verständigung ist jedoch schwierig, da die Bedienung die Landessprache kaum beherrscht. Allerdings wechselt die Leitung des Hauses oft, so daß eine Besserung der Verhältnisse nicht ausgeschlossen ist. G. W.

Hermann Kasack, *Die Stadt hinter dem Strom*, Ffm. 1949.

STADT OHNE SCHLAF, im nördlichen Nigeria. Die Einwohner kommen gänzlich ohne Schlaf aus und haben daher auch keine Vorstellung, was Schlaf ist.

Die Stadt ist für Fremde nicht ungefährlich. Wenn ein Reisender die Landessitte mißachtet und einschläft, werden die Einheimischen ihn für tot halten, ein großes Grab schaufeln und ihn mit großem Pomp sofort beerdigen.

Arthur John Newman Tremearne, *Hausa Superstitions and Customs*, Ldn. 1913.

STADT OHNE SONNE, eine unterirdische Stadt irgendwo unter der Bajuda-Steppe südlich der Nubischen Wüste, nicht weit von Khartum. Ein Besuch wird vor allem Reisenden angeraten, die sich für Ägyptologie interessieren und die schon den Nil unter Führung von Thomas Cook (nicht zu verwechseln mit dem Entdecker und Kartographen) befahren haben. Trotz der Hitze wird empfohlen, gute Schutzkleidung zu tragen, da der Eingang zur Stadt, der sich in der Nähe einer alten Goldmine befindet, durch ein Gebiet voller Treibsand führt. Einmal vom Sand verschluckt, werden sich die Besucher einige hundert Meter unter der Wüste befinden, inmitten einer riesigen, von künstlichem Licht beleuchteten Stadt.

Die Stadt ohne Sonne wurde im Mai 1926 von zwei französischen Ägyptologen, Émile Dantremont und Martial Pigelet, entdeckt, die von einem englischen Offizier des Kamel-Corps, Johnny Wartington, begleitet waren. Es gelang den dreien, aus dieser unterirdischen Region zu entfliehen, nachdem ein Erdbeben einen Teil der grandiosen Gebäude zerstört hatte.

Heutige Besucher können noch eine schöne ägyptische Halle bewundern, die am Ende einer langen, von steiner-

Straße zur Ägyptischen Halle in der STADT OHNE SONNE; *rechts und links steinerne Ungeheuer.*

nen Ungeheuern gesäumten Straße erbaut ist und durch zwei riesige Tore aus massivem Gold betreten wird. Alle Gebäude der Stadt sind im ägyptischen Stil der Zeit von 667 bis 663 v. Chr., als eine Gruppe Ägypter sich vor der assyrischen Invasion in Sicherheit brachte, indem sie unter der Erde Zuflucht suchte. Hier begründeten sie ein Königreich und bauten eine Stadt, die von einem Abkömmling der Pharaonen regiert wurde, dessen Linie sich bis heute fortgesetzt hat und der als »Gebieter des Königreichs ohne Sonne« bekannt ist. Obgleich die Landessprache das Altägyptische ist, kommen Besucher mit einer oberflächlichen Kenntnis des Französischen aus. Es ist interessant festzustellen, daß die Einwohner all ihre alten Bräuche bewahrt haben, sie balsamieren ihre Toten ein, kleiden sich in hauchdünne Stoffe und kämpfen mit Pfeil und Bogen, wie sie es taten, als ihre Vorfahren oben auf dem Land lebten.

In der Stadt ohne Sonne sind keine Vögel zu finden, aber einige wenige afrikanische Elefanten und Löwen durchstreifen die wilderen Randgebiete. Lepers Insel inmitten des nahgelegenen unterirdischen Heiligen Sees lohnt keinen Besuch.

Albert Bonneau, *La cité sans soleil,* Paris 1927.

DIE STAHLSTADT wurde von dem deutschen Professor Schultze gegründet und liegt südlich von Oregon etwa zehn Meilen von der Pazifikküste entfernt an den Ausläufern einer Landschaft, die mit ihren in den Himmel ragenden, schneebedeckten Gipfeln an die Schweiz erinnert. Jenseits dieser lieblichen Gegend stößt der Reisende auf eine gottverlassene Wildnis mit asche- und kohlebedeckten Straßen, an deren Seiten sich schwarze Geröllhaufen türmen. Ab und zu finden sich aufgelassene, vom Regen ausgewaschene Minenschächte, die wie erloschene Vulkane aussehen. Die Luft ist erfüllt von beißendem Rauch. Es gibt weder Vögel noch Insekten, und soweit man zurückdenken kann, hat man in dieser Gegend keinen einzigen Schmetterling gesehen.

Weiter nördlich geht diese Bergbauregion in ein aus eisenhaltigem Sand bestehendes Ödland über, das bis 1871 unter dem Namen Rote Wüste bekannt war und heute Stahlfeld genannt wird. Auf dieser Ebene entstand zwischen 1872 und 1877 ein Ring von Dörfern, die aus vorgefertigten, in Chicago hergestellten Hütten bestanden.

Innerhalb dieses Ringes erstreckt sich eine bizarre Ansammlung grauer Fabrikgebäude mit roten Schornsteinen, die giftig-grünen Rauch ausspukken. Dieses trostlose Szenarium ist alles, was von der Stadt des Stahles übriggeblieben ist.

Früher erhob sich genau in der Mitte des Areals der sogenannte Bullenturm, ein ungeheures festungsähnliches Bauwerk mit einem einzigen kleinen Fenster. In diesem gigantischen Turm hatte der Professor seine Privaträume und sein geheimes Studierzimmer. Sämtliche Türen waren hermetisch verriegelt. Besucher können noch heute Überreste des tropischen Parks sehen, der sich um das Gebäude zog – mit seinen Palmen, Bananenstauden, Eukalyptusbäumen und Kakteen, mit verschlungenen Weinstöcken und zahlreichen Früchten wie Ananas und Guajavas. Zu Professor Schultzes Zeiten wurden die Temperaturen in Stahlstadt konstant gehalten, und zwar mittels eines Systems von Metallröhren, durch man die heißen Dämpfe der nahe gelegenen Kohlengruben leitete.

Auf der Turmspitze stand das eindrucksvollste Geschütz, das die Welt je gesehen hatte. Es besaß eine enorme Reichweite, wog 300 000 Kilogramm und war so leicht zu handhaben, daß es selbst von einem Kind hätte abgefeuert werden können. Für dieses Geschütz wurde ein gefährlicher, hochexplosiver Sprengstoff verwendet, der dann letztendlich auch den Tod des Professors verursachte. Am Morgen des 13. September 1877, um genau 11.45 Uhr, richtete Schultze das Geschütz auf die Konkurrenzstadt France-Ville. Infolge einer Berechnungsungenauigkeit verfehlte das Projektil sein Ziel und drang in den Weltraum ein, wo es noch heute herumschwirrt. Aus ungeklärtem Grund fing dabei der im Laboratorium aufbewahrte Rest des Sprengstoffes Feuer, und der Professor kam bei der Explosion ums Leben. Ihres Oberhauptes beraubt, wurde die Stadt bald aufgegeben – nur ihre gewaltigen Kohleöfen brennen noch immer in den verlassenen Fabriken.

Jules Verne, *Les 500 millions de la Bégume,* Paris 1879.

STEPFORD, eine Stadt in den Vereinigten Staaten, die so aussieht wie viele andere, mit Wohnvierteln, weißen Rathäusern und kleinen Einkaufszentren mit einem Supermarkt. Das Besondere ist jedoch, daß sämtliche Ehefrauen die lebendige Verkörperung pflichtbewußter Hausmütter sind. Sie kümmern sich nicht nur um die Kinder, putzen das Haus und kochen das Essen, sondern tun das alles auch noch, ohne sich zu beklagen, ja es scheint ihnen sogar Spaß zu machen. Außerdem nehmen sie sich die Zeit, sich hübsch anzuziehen und zurechtzumachen, ohne dafür besonders viel auszugeben.

Dabei haben die Frauen von Stepford keinerlei individuelle Bedürfnisse; sie wollen weder Karriere machen noch sich selbstverwirklichen. Sie verhalten sich wie Roboter – was sie auch wirklich sind. Die Verwandlung der Frauen in Roboter wird von einer geheimen Männergesellschaft durchgeführt, die ihr Hauptquartier in Stepford hat und als Männerclub geführt wird. Der Wandel beeinträchtigt weder die Fortpflanzungsfähigkeit der Frau noch ihre sozialen Fähigkeiten.

Ira Levin, *The Stepford Wives,* NY 1972.

STORN, eine kleine Insel, zwei Meilen vor der südenglischen Küste. Der nächste Hafen und einzige Ort, von

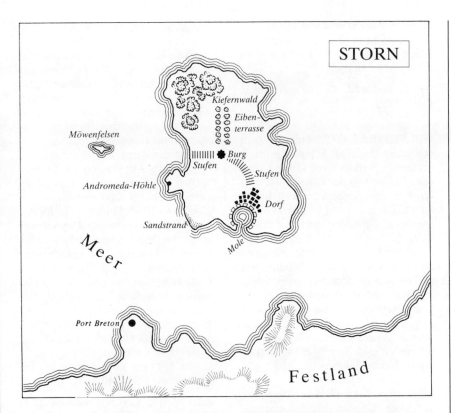

dem aus die Insel zu erreichen ist, ist Port Breton. Storn ist bei stürmischem Wetter oft von der Außenwelt abgeschnitten.

Die Insel ist der traditionelle Landsitz der Familie Le Breton, die auch staatliche Grundstücke auf dem Festland besitzt. Storn ist Kronbesitz, und seit der Herrschaft von Königin Elisabeth I. haben die Heideförster (so lautet der traditionelle Titel der Pächter der Insel und der Festlandsgrundstücke) dem regierenden Monarchen Abgaben gezahlt. Dieser Zins besteht aus einem Goldnugget in Form des Möwenfelsens, einer aus dem Meer ragenden Klippe westlich der Insel. Der Nugget wird der Familie zwar zurückgegeben, doch wird jedesmal eine Ecke davon abgeschnitten.

Ein kleines Dorf – eine Gruppe rosagetünchter Häuser – verbirgt sich hinter der Mole. Im Hafen liegt eine kleine Fischereiflotte. Im Sommer verdienen sich manche Inselbewohner zusätzlich etwas Geld durch den Verkauf von Tee und Postkarten an die Touristen, die der Raddampfer Narzisse von Port Breton herüberbringt.

Deutlich vom Festland aus zu sehen sind die runden Zwillingstürme der normannischen Burg, die das Dorf beherrschen. Sie ist aus einem rötlichen Stein gebaut, dessen Farbe sich mit dem wechselnden Licht verändert – einmal erscheint er rosa, ein andermal nimmt er die unheimliche Farbe von getrocknetem Blut an. Das Schloß – noch immer Wohnsitz der Familie Le Breton – ist über einen Terrassenweg zu erreichen, der von großen, alten Eiben gesäumt wird. Irgendwann einmal wurden die Bäume zu phantastischen Tieren zurechtgestutzt, deren Formen sich noch halb erkennbar gegen den Himmel abheben. Die übrige Insel ist größtenteils mit Kiefernwald bedeckt, in dem sich zahlreiche Eichhörnchen tummeln.

An einer für Besucher unzugänglichen Seite befindet sich in Meereshöhe eine enge Höhle, die sogenannte Andromeda-Höhle. Sie erhielt ihren Namen von dem verstorbenen Sir Venn Le Breton, der sich in seiner Kindheit vorgestellt hatte, daß an eben den eisernen Ringen, die in die Wände eingelassen sind, die legendäre Andromeda angekettet war. Man sagt, ein Vorfahre der Familie habe einst seine untreue Frau mitten im Winter hier angekettet und ihr Leichnam sei eine Woche später von einem Fischer gefunden worden, der in der Höhle Schutz suchte. Es wird auch erzählt, daß Sir Venn einmal seine eigene Frau hier ankettete. Vielleicht aus Rache küßte sie, als sie Diphtherie hatte, ihren Gemahl und infizierte ihn. Nach kurzer Krankheit starb Sir Venn.

Victoria Sackville-West, *The Dark Island*, Ldn. 1934.

STRACKENZ, ein kleines deutsches Fürstentum, das an Mecklenburg und die Ostsee grenzt und ein Gebiet von nur 360 Quadratmeilen umfaßt. In der Bismarck-Ära wurde es dem deutschen Kaiserreich einverleibt. Die meisten Strackenzer leben auf dem Flachland nahe der Hauptstadt. Als landschaftliche Sehenswürdigkeit gilt ein zerklüfteter Bergkamm, der sogenannte Jotungipfel, dessen von Bäumen gesäumtes Plateau von der Jotunschlucht durchzogen ist. An einem der beiden herrlichen Bergseen steht die Jotunburg, einst Festung der Herzöge von Strackenz. Diese Burganlage mit ihren gotischen Türmen und Zinnen ist nur über die Zugbrücke oder in einem Boot zu erreichen, das zu der kleinen, in den Fels gehauenen Anlegestelle fährt. Die Jotunburg, in der Prinz Karl Gustaf gefangengehalten wurde, war bereits 1848 halb verfallen. Heute kann man nur noch die Ruinen besichtigen.

In der Hauptstadt, die ebenfalls Strackenz heißt, sind der herzogliche Palast und der alte Dom mit seinen schönen Buntglasfenstern besonders sehenswert.

George MacDonald Fraser, *Royal Flash,* NY 1970.

STRAFKOLONIE, ein großes Gefängnis in einem kleinen sandigen Tal, einer tiefen, auf allen Seiten von kahlen Abhängen umgebenen Senke. Die Häuser in der Kolonie gleichen einander wie ein Ei dem anderen; sie sind alle baufällig, und auch das Quartier des Kommandanten und das Teehaus bilden darin keine Ausnahme. Im Mittelpunkt des Besucherinteresses steht das Exekutionsinstrument. Der Apparat besteht aus drei Teilen, die im Lauf der Zeit volkstümliche Spitznamen erhalten haben: Der untere Teil heißt das *Bett,* der obere der *Zeichner* und das bewegliche Mittelstück die *Egge.* Da nach dem herrschenden Prinzip der Strafkolonie an der Schuld der Delinquenten keinerlei Zweifel besteht, wird die verurteilte Person geknebelt, um unnütze Lügen zu vermeiden, und sodann auf einer Lage von Spezialwatte auf das *Bett* gelegt, völlig nackt und das Gesicht nach unten. An Hals, Händen und Füßen wird er mit Riemen festgezurrt. Sobald er angebunden ist, versetzt man das *Bett* in Schwingungen; diese Bewegungen sind genau auf die der *Egge* abgestimmt, dem Instrument für die eigentliche Ausführung des Urteils.

Dieses Urteil ist dem Gefangenen unbekannt und wird mit den Nadeln der *Egge* auf seinen Körper geschrieben. Es stehen abwechselnd eine lange und eine kurze Nadel nebeneinander. Die lange Nadel schreibt, und die

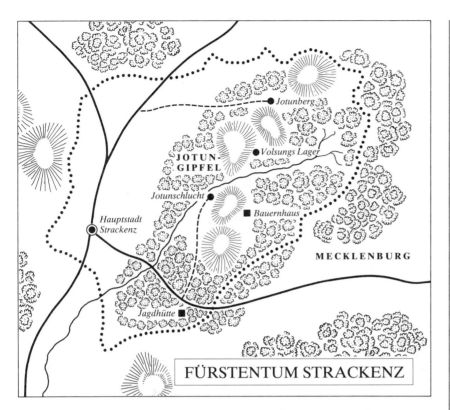

FÜRSTENTUM STRACKENZ

kurze Nadel sprüht Wasser, um das Blut wegzuwaschen und die Inschrift klar zu halten. Blut und Wasser werden durch kleine Rinnen in eine Hauptrinne geleitet, die in das fertige Grab führt. Damit die Besucher von ihren bequemen Korbstühlen aus den Verlauf des Urteils reibungslos verfolgen können, ist die *Egge* aus Glas angefertigt. Da man nicht beabsichtigt, den Gefangenen durch die Schrift sofort zu töten, sondern erst nach einem Zeitraum von zwölf Stunden, ist keine einfache Schönschrift gewählt worden, um das Urteil zu vollstrecken. In einem schmalen Gürtel umzieht der Urteilsspruch den Leib, der übrige Körper ist den vielen Schnörkeln und Verzierungen vorbehalten. Die Watte stillt die Blutung.

Während der ersten sechs Stunden, wenn die Nadeln tiefer und tiefer eindringen, leidet der Gefangene nur Schmerzen. Nach zwei Stunden wird der Knebel entfernt, denn er hat nicht länger die Kraft zum Schreien. In einen elektrisch beheizten Napf am Kopfende des *Bettes* wird etwas warmer Reisbrei gefüllt, wovon der Gefangene, wenn er Lust hat, soviel nehmen kann, wie seine Zunge herauszuschlecken vermag. Keiner läßt sich die Gelegenheit entgehen. Erst um die sechste Stunde verliert der Gefangene alle Lust zu essen. Er wird ruhig, und Erleuchtung scheint in seinen Augen aufzuglänzen. Beamte haben gesagt, daß dieser Augenblick so beeindruckend ist, daß man versucht sei, sich selbst mit unter die *Egge* zu legen. Von da an spitzt der Gefangene den Mund, als ob er lausche, und er beginnt, die Schrift zu verstehen. Wegen der Schnörkel ist sie für einen Beobachter schwierig zu lesen, aber der Gefangene entziffert sie mit seinen Wunden. Schließlich durchsticht ihn die *Egge* völlig und wirft ihn in das Grab, wo er auf das Blutwasser und die Watte fällt. Das Urteil ist damit vollstreckt, und ein Soldat sowie ein diensthabender Offizier begraben ihn.

Franz Kafka, *In der Strafkolonie*, Lpzg. 1919.

DIE STRASSENINSEL ist eine zweitägige Schiffsreise von Entelechien entfernt. Alle Straßen der Insel sind lebendig und bewegen sich nach ihrem eigenen freien Willen. Wie Aristoteles beweist, ist das einzige Zeichen, daß etwas Tier und nicht Mineral sei, seine Eigenbewegung; die Straßen der Insel können deshalb als Lebewesen angesehen werden.

Will man über die Insel reisen, sollte man einen Einheimischen fragen, wohin eine betreffende Straße führt. Besteigt man dann die richtige Straße, wird man ohne Schwierigkeiten zu seinem Ziel transportiert. Durch die Straßeninsel zu reisen, ist tatsächlich so einfach wie von Lyon nach Avignon die Rhone mit einem Boot hinabzufahren. Doch nicht alles auf der Straßeninsel ist perfekt: Eine gewisse Klasse von Leuten, die sogenannten Wegelagerer und Pflastertreter, lauern den rollenden Straßen auf und greifen sie mit blinder Brutalität an, so wie Straßenräuber alte Damen überfallen. Wegelagerer, die gefangen werden, werden aufs Rad geflochten und hart geschlagen.

François Rabelais, *Le cinquiesme et dernier livre des faictz et dictz heroiques du bon Pantagruel...*, Paris 1564.

DIE STREELS VON URTAH, drei geheimnisvolle Schluchten oder Klüfte, die den Nordwesten der Zentralebene des ↗ BEKLANISCHEN REICHS durchbrechen, als hätte ein Riese das Land mit einer Gabel durchfurcht. Annähernd parallel und von gleicher Länge liegen sie innerhalb eines Gebietes von etwa einer halben Meile. Sie sind so abrupt und steil, daß die Zweige der Bäume auf jeder Seite beinah die Öffnung berühren und sie verbergen. Es ist deshalb unmöglich, ihr Ausmaß von oben zu beurteilen. Keiner hat je ihre tatsächliche Tiefe erforscht. Legenden berichten, sie seien die Öffnung der Hölle und nachts ein Tummelplatz für die Seelen der Gottlosen. Besucher werden vor einem seltsamen Kult gewarnt, der mit den Streels verbunden ist. Keiner kennt den Ursprung dieses Kults oder die Natur des Gottes, der hier verehrt wird; man erzählt nur, daß eine Gruppe von Männern, die sogenannten Wächter, ihre Opfer auf dem Weg zu den geheimnisvollen Schluchten abfangen. Es sind Sünder, die das Schicksal hierher führt. Sie werden von den Wächtern gut behandelt, die ihnen die Streels zeigen und sie fragen, ob sie den Namen der Schluchten kennen. Nur wenn sie mit »nein« antworten, überreden die Wächter sie, in die Streels hineinzugehen. Hat ein Reisender sie erst einmal aufgrund seines eigenen freien Willens betreten, wird es Aufgabe der Wächter, ihn zu töten und seine Leiche in die Tiefe zu werfen. Die Wächter betrachten sich als Rachewerkzeuge des unbekannten Gottes, den sie verehren. Wie die Thug in Indien töten sie leidenschaftslos, kein Gegenstand aus dem Besitz der Opfer ist jemals geraubt oder entfernt worden.

Richard Adams, *Shardik*, Ldn. 1974.

STRICHLAND wird von einem lebenslustigen und gutmütigen Monarchen beherrscht und besteht aus nichts weiter als einer geraden Linie. Die Untertanen des Landes sind kleine Striche (Männer) und Punkte (Frauen), und alle sind in Blick und Bewegung auf die gerade Linie beschränkt, die ihre Welt ist. Strichländer können von ihrem schmalen Pfad nicht abweichen und auch Besuchern den Weg nicht freimachen. Ihr Horizont besteht aus einem einzigen Punkt, auf den sie fixiert sind. Alter und Geschlecht der Einheimischen lassen sich nur nach dem Klang ihrer Stimme unterscheiden. Da alle Anschauung sich hier auf einen Punkt konzentriert und alle Bewegung auf eine gerade Linie, gibt es wenig in Strichland, was für Reisende von Interesse wäre.

Edwin A. Abbott, *Flatland,* NY 1952.

DER STYX, »das Wasser des Grauens«, ist ein Fluß der Unterwelt (im ↗ HADES und in der ↗ HÖLLE) nach dem Bilde des gleichnamigen Flusses mit zweihundert Meter tiefem Felsabsturz in ↗ ARKADIEN. Beim Wasser des Unheil und Tod bringenden Styx leisteten die Götter ihre Eide.   B. Ky.

Homeros, *Ilias* (8. Jh. v. Chr.?), Florenz 1488. – Ders., *Odysseia,* (8. Jh. v. Chr.?), Florenz 1488. – Dante Alighieri, *La Comedia,* Foligno, 11.4.1472; ern. Venedig 1555 (u. d. T. *Divina Commedia*).

SÜDLAND ↗ AUSTRALLAND

SÜDWESTWILDNIS, ein Gebiet in China, das für seine Zuckerrohranpflanzungen bekannt ist. Sie wachsen bis zu einer Höhe von dreihundert Metern, mit Stämmen, die einen Umfang von einem Meter haben. Der Saft des Rohrs verleiht Kraft und Stärke und hilft, die Zahl der Würmer im Körper zu begrenzen. Eine besondere Spezies der Tierwelt dieser Region ist das »Liegende Tier«. Es gleicht etwa einem Kaninchen mit Menschengesicht und kann wie ein Mensch sprechen. Es betrügt oft, sagt »Ost«, wenn es »West«, und »schlecht«, wenn es »gut« sagen sollte. Sein Fleisch ist köstlich, aber von ihm zu essen, bedeutet, daß man nur noch Lügen erzählen kann. Es ist auch unter dem Namen »Gerücht« bekannt.

Anon., *Hai-nei shih-chou chi* (4./5. Jh.), in *Wu-ch'ao hsiao-shuo ta-kuan,* Shanghai 1926.

SÜHNESTADT wurde irgendwo in Europa an einem breiten Fluß erbaut, der durch eine weite Ebene fließt. Die Stadt ist von Mauern mit nur einem Tor umgeben und aufgeteilt in die Oberstadt, wo sich die Regierung, die öffentlichen Gebäude und die Häuser der Kaufleute und Handwerker befinden, und die Unterstadt, die von denen bewohnt wird, die sich der Buße unterziehen. In den Vororten gibt es kleine Häuser mit Gärten und Bauernhöfe. Dort leben jene, die bereits Buße getan haben. Die Unterstadt ist in sechzig Siedlungen oder Regionen aufgeteilt und wird »die Wüste« genannt. Sie wird von Aufsehern und Militär überwacht, und die Siedlungen sind nach Geschlechtern getrennt. Zwischen Ober- und Unterstadt liegen zwölf katholische Kapellen und ein paar protestantische Kirchen.

Sühnestadt wird von einem Diktator regiert, der allein dem König des Landes verantwortlich ist. Die Residenz des Diktators ähnelt einem gigantischen Kubus aus Granit mit einem breiten Hof und Gärten. Sie erinnert an antike ägyptische Architektur. In der Nähe der Residenz liegt das fensterlose Gerichtsgebäude, gleich daneben das Gefängnis. In der Unterstadt haben die Häuser die Form von Zelten und nur einen Raum. Die Einrichtung ist spärlich: Bett, Tisch, Stuhl, eine Lampe, eine Uhr und ein Gebetbuch. Der Boden ist aus Holz, die Fenster vergittert und die Tür von außen zugesperrt. Die Häuser stehen um drei Seiten eines Platzes mit einem Springbrunnen und ein paar Obstbäumen in der Mitte; die vierte Seite nimmt das Haus des Superintendenten ein.

Überall in der Stadt begegnet man Statuen von Dichtern und Philosophen, die als Wohltäter der Menschheit gelten. Das Hauptgebäude von Sühnestadt ist der von einem Graben umzogene Tempel ohne erkennbaren Eingang. Besucher werden mit verbundenen Augen hierhergeführt. Die Decke ist innen vergoldet, die Fußböden sind aus Mosaik, und ein Säulengang führt zu einem riesigen Obelisken.

Sühnestadt wurde für diejenigen gegründet, die im Sinne des Allgemeinwohls umerzogen werden müssen oder für ihre persönlichen moralischen oder geistigen Schwächen Buße tun wollen. Wer hierher kommt, scheidet vorübergehend aus dem bürgerlichen Leben aus.

Während einer Einführungszeit wird der Neuling in einem Gefängnis, »Das Grab« genannt, festgehalten. Sein früheres Leben wird ausgelöscht, und er hat dreißig Tage keinen Namen. Dann besuchen ihn Priester und Richter, die ihm die christliche Lehre erklären. Der Novize bekommt einen neuen Namen und eine Unterkunft in der Unterstadt zugewiesen. Während seines ganzen Aufenthalts darf er nie sagen, weshalb er gekommen ist: Seine Vergangenheit ist aufgehoben, und Verletzung der Vorschrift zieht fürchterliche Bestrafung nach sich. Die Behausung des Novizen wechselt ständig, damit er sich nicht an seine Wohnung gewöhnt; so wird der Gedanke bestärkt, daß nichts im Leben von Dauer ist, das Leben eine Reise in die Verbannung und daß ein festes Zuhause den Lohn für ganz besonders rechtschaffenes Verhalten bedeutet.

Der Novize darf an seine Freunde und Angehörigen schreiben, aber seine Briefe werden zensiert. Schließlich läßt man ihn nach der Versöhnungs-Periode in sein Herkunftsland zurückkehren. In der ganzen Stadt herrschen Keuschheit und Schweigen. Die einzigen Laute, die man hört, sind die Morgen- und Abend-Litaneien.

Reisende brauchen Empfehlungsschreiben für den Besuch von Sühnestadt. Sie werden im einzigen Hotel der Stadt untergebracht und dürfen nicht ohne einen Führer auf die Straße gehn.

Pierre Simon Ballanches, *La ville des expiations,* Paris 1907.

SUMPF DER VERZAGTHEIT, ein schlammiger Landstrich zwischen der ↗ STADT DES VERDERBENS und jener engen Pforte, durch die man auf den Weg zur ↗ HIMMLISCHEN STADT gelangt. Zahlreiche Reisende, die diesen Sumpf überqueren wollten, sind im abgrundtiefen Morast versunken, und eine noch größere Zahl ließ sich bereits durch dieses erste gefährliche Hindernis davon abhalten, die Reise fortzusetzen. Seit nahezu zweitausend Jahren sind Versuche im Gange, den Sumpf zuzuschütten und in fruchtbares Land zu verwandeln, doch bisher konnte man des sich stets von neuem ansammelnden Abschaums und Unrats nicht Herr werden. Nach wie vor widmen sich die Arbeiter des Königs der Himmlischen Stadt dieser Aufgabe, aber bedauerlicherweise schleichen sich immer wieder Betrüger in ihre Reihen ein, die das Sumpfgebiet nur noch mehr verschmutzen. Reisende seien auf die guten, sicheren Fußstapfen hingewiesen, die der Gesetzgeber mitten durch den Morast legen ließ, die aber wegen des üblen Dunstes, den der Sumpf ausströmt, nur schwer zu erkennen sind.

John Bunyan, *The Pilgrim's Progress from this World, to that which is to Come,* Ldn. 1678 (Teil I) und 1684 (Teil II).

SURINAM, nicht zu verwechseln mit Niederländisch-Guayana, ist der Name einer vor allem durch ihren Handel mit Großbritannien bekannt gewordenen westindischen Insel. Die Eingeborenen tauschen Fische, Wildbret, Affen, Papageien und Korbwaren gegen Glasperlen und Metallgegenstände ein. Sie haben eine rötlich-gelbe Hautfarbe und schmücken sich mit Glasperlen und Muschelschalen, die sie mit Nadeln an ihrer Haut befestigen. Das Inselreich wird nicht von einem König, sondern von dem jeweils ältesten Krieger regiert, dem jedermann Gehorsam leistet.

Ein Tag im Jahr ist der Trauer um den britischen Gouverneur geweiht – ein Brauch, der bereits eingeführt wurde, als der Gouverneur noch gar nicht gestorben war. Dieser hatte es offenbar versäumt, der Einladung zu einem Essen nachzukommen, und da man nach Überzeugung der Eingeborenen nur durch den Tod daran gehindert werden kann, ein Versprechen einzuhalten, glaubten sie felsenfest, der Gouverneur sei gestorben. An ihrer Trauer um ihn konnte auch sein persönliches Erscheinen nichts ändern: Sie sahen über ihn hinweg, als wäre er bloß noch ein Geist. Seither finden alljährlich ihm zu Ehren Trauerfeiern statt.

Aphra Behn, *Oroonoko, or The Royal Slave*, Ldn. 1688.

SYBARIS, Stadt in Unteritalien, berühmt (oder besser: berüchtigt) für ihr beispielloses Behagen an Wohlleben und Weichlichkeit, an Tafelluxus, Kleiderpracht, Badefreuden usw. Ihre Genuß- und Sensationslust geht so weit, daß man dort selbst Pferde lehrt, zum Schalle von Flötenmusik zierlich zu tanzen. Entsprechend sind bei den Griechen die Ionier, bei den Barbaren die Etrusker den Sybariten am engsten befreundet, da diese beiden Völker sich am meisten um die Kunst raffinierten Genießens verdient gemacht haben. Unerreichtes Vorbild auf der langen Liste der Luxus-Liebhaber ist den Sybariten ein gewisser Mindyrides. Dieser reiste zur Brautwerbung um die Tochter des Kleisthenes, des Königs von Sikyon, mit seinem privaten Fünfzigruderer, bemannt mit eigenen Leuten, die freilich keine gewöhnlichen Ruderknechte waren, sondern zur Hälfte Fischer, zur Hälfte Vogelfänger. In Sikyon übertraf er durch seine Prachtentfaltung nicht nur die Mitbewerber, sondern sogar den König, dem doch die ganze Stadt zur Verfügung stand. Mindyrides wußte den Abstand zwischen sich und den anderen denn auch scharf genug deutlich zu machen: Als beim Festmahl jemand neben ihm Platz nehmen wollte, belehrte er diesen: »Ich speise nur mit meiner Frau – oder allein!«

Reisende, die sich dem Jet-Set zugehörig meinen, werden sich in Sybaris schnell heimisch fühlen. Rucksacktouristen sei empfohlen, einen großen Bogen um die Stadt zu machen und lieber nach ↗ PERA zu wandern. B.Ky.

Suidas, *Sybaritikais*, in *Suidas-Lexikon* (10. Jh.), o. O. 1581.

SYMZONIA, ein unterirdisches Reich, das 1820 von einer Antarktis-Expedition unter Leitung von Kapitän Seaborn entdeckt worden ist. Die Expedition hatte die Eisschichten des Südens durchstoßen und dadurch die im April 1818 von John Cleves Symmes aufgestellte Theorie der konzentrischen Sphären bestätigt. Symmes' und sein Kollege James McBride intensivierten ihre Forschung und veröffentlichten schließlich 1826 *Symmes' Theorie der konzentrischen Sphären*. Nach Ansicht der Autoren besteht die Erde gleichsam aus ineinandergestellten Schachteln, vergleichbar den *matuschka* genannten russischen Puppen in der Puppe. Es gibt fünf solcher »Schachteln«, von denen jede auf ihrer Oberfläche bewohnt und von der anderen durch eine atmosphärische Schicht getrennt ist. Diese fünf konzentrischen Sphären sind miteinander durch einen gigantischen Tunnel verbunden. Von der Oberfläche unserer Erde ist der Tunnel entweder vom Nordpol oder vom Südpol aus zu betreten. In beiden Öffnungen fließt das Meer, und sie sind für Schiffe leicht passierbar.

Symmes konnte 1818 seine Expedition nicht zu Ende führen, zu der er mit hundert Begleitern in Rentierschlitten von Sibirien aus aufgebrochen war. Aber einige Zeit danach gelang es Kapitän Seaborn, die Erde am anderen Pol zu durchdringen. Er nannte die von ihm entdeckte Region – sie ist die zweite der Sphären – zu Ehren des glänzenden Theoretikers Symzonia.

Kapitän Seaborn hat wenig von Symzonia zu Gesicht bekommen, denn die Eingeborenen hatten ihn vertrieben, weil sie fürchteten, daß die Fremden ihre makellosen Institutionen beflecken könnten. Nach Seaborns Bericht ähneln die Städte von Symzonia denen auf der Erde mit dem Unterschied, daß keinerlei Farben verwendet werden: In Symzonia ist alles weiß wie Schnee. Die Bewohner tragen weiße Felle und Kleidung und sprechen in einer melodiösen Sprache. Sie leben glücklich und verachten allen materiellen Wohlstand. Dank ihres Erfindungsreichtums gelang es ihnen, ihr Reich zu beleuchten, indem sie ein System von Spiegeln benutzen, die das durch die Polöffnungen eindringende Sonnen- und Mondlicht reflektieren; auch haben sie Reaktoren entwickelt, mit deren Hilfe sie Boote und Luftschiffe antreiben können.

Adam Seaborn, *Symzonia, A Voyage of Discovery*, NY 1820.

T

DAS TAL DER DEMUT, eine Niederung zwischen dem ↗ BERG DER BESCHWERNIS und dem Tal des Todesschattens. Furchtsame Wanderer glauben, daß dort grimmige Feinde und höllische Geister hausen, tatsächlich aber ist es ein besonders fruchtbares und friedliches Tal. Hier bewirtschaften demütige Menschen blühende Bauernhöfe, und an den Abhängen weiden Hirten ihre Schafe. Es ist ein Ort fern vom Getriebe der Welt, ein Ort, an dem man nachdenken und in sich gehen kann. Früher hatte der Herr der ↗ HIMMLISCHEN STADT in diesem Tal ein Landhaus, und damals konnte man hier Engeln begegnen und köstliche Perlen auf den Wiesen finden.

John Bunyan, *The Pilgrim's Progress from this World, to that which is to Come*, Ldn. 1678 (Teil I) und 1684 (Teil II).

DAS TAL DER KINDER DER NATUR, eine Anzahl von Gebirgstälern auf der arabischen Halbinsel, irgendwo im Gebiet des Gebirges Al-Hijaz an der Grenze zum heutigen Jemen. In der öden Wildnis dieses Gebirges stößt man plötzlich auf eine Anzahl von Tälern, die dem Wanderer wie die Gärten des Paradieses erscheinen. Die schönsten Bäume und saftiges Grün umgeben wohlgebaute Wohnstätten. Überall sieht man üppige Nutzgärten, in denen alle erdenklichen Früchte, vor allem aber Trauben und Ananas gedeihen. Die künstlich angelegten und dem Wüstenboden abgerungenen Wiesen und Gärten wechseln mit fruchttragenden Baumplantagen ab, wo früher nur Disteln und Heidekraut wuchsen. Der ehemals kahle Fels ist jetzt mit Weinreben überwuchert. Auf den Weiden grasen reiche Schafherden. Im schönsten dieser Täler steht auf einer kleinen Anhöhe ein runder, von allen Seiten offener Tempel, der mit seinen drei weißen Marmorstatuen aus einem Hain von Myrten ragt.

Alle Wohnhäuser sehen aus wie kleine Landpaläste. Sie sind alle gleich gebaut, aus Holz und in äußerst schlichtem Stil gehalten. Im Innern befindet sich ein mit großen Wachslichtern erleuchtbarer zentraler Raum, der mit dem Wohlgeruch von frischen Nelken und Pommeranzenblüten erfüllt ist. Hier versammeln sich an niedrigen weißgedeckten Tafeln auf weichgepolsterten Sofas die Hausbewohner zu ihren einfachen, aber äußerst schmackhaften Mahlzeiten, zu denen sie achtzigjährigen Wein trinken. Dann ist der ganze Saal mit großen Blumenkränzen behangen, die fortwährend mit frischem Wasser besprüht werden. Die Einwohner dieses Landes legen den größten Wert auf alle sinnlichen, von der Natur gegebenen Genüsse. Bei ihren Mahlzeiten werden Gaumen, Nase, Augen und Ohren zugleich erfreut durch Speisen, Düfte, das Arrangement des Raumes und Gesänge. Alles dient dem Kult der Schönheit auf vollkommene Weise. Die griechischstämmigen Bewohner sind von ausgesuchter Schönheit. Ihre Sprache ist die der Musik. Jeder Genuß ist ihnen ein von der Natur geheiligtes Gut. So halten sie sich die schönsten Lustknaben und -mädchen, die sie als Sklavinnen von den Beduinen kaufen. Sie erziehen sie wie ihre eignen Kinder, und niemand würde sie hindern, das Land zu verlassen. Jedem stehen diese nur in der größeren Zierlichkeit der Kleidung von den Einwohnern unterschiedenen Sklaven für ihre natürlichen Körperfreuden zur Verfügung. Sie lassen sich von ihnen baden, beim Ruhen mit Rosen befächeln und in den Schlaf singen. Ihre Schlafgemächer gleichen wollüstigen Venustempeln, die alle Genüsse erlauben. Dennoch ist ihr Epikureertum von der äußersten Bescheidenheit und Mäßigung begleitet. Nirgends arten ihre Genußarrangements in Orgien aus. Niemandem fügen sie Schmerz zu oder erniedrigen ihn in irgendeiner Weise. Sie begegnen allem, was die Natur geschaffen hat, mit äußerster Hochachtung und Liebe. So leben sie in größter Harmonie mit der Natur, gesund, fröhlich und munter bis in ein hohes Alter, in dem sie noch immer jugendlich frisch erscheinen.

Ihre Gastfreundschaft ist beispielhaft. Außer denen der Natur gibt es keine Unterschiede zwischen ihnen. Alles gehört allen gemeinsam. Der Respekt eines jeden vor den Gesetzen der Natur und vor den Älteren regelt die Umgangsform. Alle leben als eine einzige Familie zusammen. Jeder bekommt zu seinem vierzehnten Geburtstag im Tempel eine Tafel mit den Sätzen der Sittenlehre, die er fortan als Talisman bei sich trägt. Sie sind Deisten und leben nach der Philosophie des Vergnügens. Ihre Arbeit artet nie in mühselige Plage aus. Sie streben nie einen höheren Grad an Wissenschaft und Kenntnissen an, als den, der dazu genügt, in der Beschränkung glücklich zu sein. Alle, die versuchen, an ihrer Verfassung und Sittenlehre etwas zu »verbessern« oder sie mit neuen Techniken und Bedürfnissen zu bereichern, werden auf ewig verbannt. So begegnen sie der Versuchung eines verderblichen Fortschrittsdenkens, das sie aus dem Stand der Unschuld reißt und die Harmonie mit der Natur, in der sie leben, zerstören würde.

Sie verehren die Idee der Schönheit in den Erscheinungsformen der Natur. Die höchste Schönheit hat nach ihrer Meinung die Natur im Menschen geschaffen. In ihm verehren und lieben sie ihr Meisterstück. Und da sie ihm die Freiheit gegeben habe, die Schönheit zu vollenden oder zu zerstören, unternehmen sie alle Anstrengungen, die erste Möglichkeit zu befördern.

Ihre Nation besteht aus etwa fünfhundert Stammesfamilien. Sie ernähren und kleiden sich von ihren eigenen Erzeugnissen. Ihre Kinder überlassen sie vom dritten bis zum achten Jahr sich selbst, das heißt der Erziehung der Natur. In den folgenden vier Jahren erhalten sie so viel Unterricht, wie notwendig ist, daß sie als Mitglied ihrer Gesellschaft glücklich sind. Vom zwölften bis zwanzigsten Jahr sind alle Schäfer und Schäferinnen. Hier lernen sich die Geschlechter kennen und lieben. Die Verbindungen, die aus dem Schäferstand hervorgegangen sind, werden im 20. Lebensjahr durch Heiraten besiegelt. Mit dem 30. und 40. Jahr nehmen die Männer zwei weitere Frauen. Vom 20. bis 60. Jahr sind alle Männer Ackerbauern, danach Gärtner. Die Frauen sorgen für die Zucht der Seidenraupen, die Verarbeitung der Wolle und die Wartung der Blumen und des Haushalts.

Damit sie nicht zu zahlreich werden, schicken sie alle zehn Jahre eine Anzahl von Jünglingen, die zu erkennen geben, daß sie über die Beschränkung dieses Lebens hinausstreben, in die arabischen Großstädte, wo diese meist zu erfolgreichen und mächtigen Männern werden. So genießen sie die Seligkeit des ewigen Friedens und die Reize der Wollust. Sie halten sich selbst im Vergleich zu anderen Völkern für ausgemachte Wollüstige, nicht aber für Wollüstlinge. M.W.

Christoph Martin Wieland, *Der Goldene Spiegel, oder die Könige von Scheschian, eine wahre Geschichte. Aus dem Scheschianischen übersetzt*, Lpzg. 1772.

DAS TAL DER KLÄNGE liegt im ↗ KÖNIGREICH DER WEISHEIT. In einer Festung residiert die Hüterin des Tales, die vom alten König beauftragt wurde, über alle Klänge der Welt zu wachen. Jahrelang führte sie ein weises Regiment: In der Morgendämmerung ließ sie die Klänge des Tages frei und sammelte die Klänge der Nacht ein, um sie fein säuberlich in Gewölben aufzubewahren (die montags besichtigt werden können). Doch je höher die Bevölkerungszahl wurde, desto weniger Zeit blieb den Menschen zum Zuhören. Allmählich verschwanden viele Klänge, während die von den Menschen produzierten immer häßlicher wurden. Eines Tages erschien ein Doktor der Dissonanz, ein gewisser Kakophonos S. Diskord (das »S« steht für »So laut wie möglich«) in Begleitung seines Assistenten Dyn und versprach, die Leute gründlich zu kurieren. Und das tat er auch – nur vom Lärm kurierte er sie nicht. Daraufhin ließ die erzürnte Wächterin keinen einzigen Klang mehr ins Tal hinaus. Das Ergebnis waren Gewitter ohne Donner und Konzerte ohne Musik. Einige unbedingt notwendige Klänge wurden dreimal zu Pulver zermahlen und zu bestimmten Zeiten in die Luft gestreut. Die Musik wurde auf Webstühlen gewoben, und nun konnte man Sinfonieteppiche und Gobelinkonzerte kaufen. – Ein Hinweis für Besucher dieses Tales: Heute sind dort wieder die üblichen Klänge vernehmbar.

Norton Juster, *The Phantom Tollbooth*, Ldn. 1962.

DAS TAL DER WILDEN TIERE liegt in Kanada, in der Gegend um den Snow River.

Hier verstummt die Jagdleidenschaft, die Gier nach Beute, die Lust, zu töten. Wo in der parkähnlichen Landschaft die leuchtenden Farben des Birken-, Sumach- und Ahornlaubs das Auge erfreuen, wo ein kristallklarer Fluß mit Wasserfällen in einen stillen Teich mündet, sieht der Wanderer große Tiere friedlich umherstreifen. Elche, Bären und Wölfe leben hier in paradiesischer Harmonie. Adler, Falken und Bussarde sitzen gemeinsam mit Tauben auf den Ästen. In dieser von Mitgefühl, Furchtlosigkeit und Vertrauen geprägten Atmosphäre gerät der Wanderer in einen Gemütszustand, in dem ihm selbst das Feuer wie eine abscheuliche moderne Erfindung erscheint.

Algernon Blackwood, *The Valley of the Beasts,* in *The Dance of Death and Other Stories,* Ldn. 1927.

TALLSTORIA, das Land der Polyleriten (»Vielredner«), ist ein autonomes Territorium in Persien. Da es fast ganz von Bergen eingeschlossen ist, kommen die Bewohner kaum mit der Außenwelt in Berührung. Sie haben sich stets mit den Erträgnissen ihres Landes begnügt und nie nach Vergrößerung ihres Territoriums gestrebt, das durch die Berge vor fremden Eroberern geschützt und dessen Selbständigkeit durch einen jährlichen Tribut an den Perserkönig gewährleistet ist (dem die Polyleriten auch keinen Kriegsdienst leisten müssen).

Bemerkenswert ist der Strafvollzug dieses Landes. Jeder überführte Dieb muß das gestohlene Gut dem Eigentümer zurückgeben. Ist dies nicht mehr möglich, so wird der Wert aus dem Hab und Gut des Diebes ersetzt; was davon übrig bleibt, erhalten dessen Frau und Kinder, er selbst muß Zwangsarbeit leisten. Mit Ausnahme der besonders schweren Fälle werden die Verurteilten bei öffentlichen Arbeiten eingesetzt und, falls sie fleißig sind, gut behandelt. Abends kontrolliert man sie durch Namensaufruf und schließt sie dann in Schlafräume ein. Ihre Ernährung wird aus öffentlichen Mitteln bestritten, und zwar in einigen Bezirken aus freiwilligen Spenden, in anderen aus einer zu diesem Zweck erhobenen Kopfsteuer. Mancherorts werden die Sträflinge von Privatunternehmern gegen einen festgesetzten Tageslohn beschäftigt, der etwas geringer ist als der Verdienst freier Lohnarbeiter. Dieser vernünftige und humane Strafvollzug zielt darauf ab, die Delinquenten ins bürgerliche Leben zurückzuführen und ihnen die Möglichkeit zu geben, den Schaden, den sie angerichtet haben, wiedergutzumachen.

Die Kleidung der »Sklaven« (wie die Sträflinge in Tallstoria genannt werden) unterscheidet sich farblich von der aller anderen Bürger. Die Haare werden ihnen nur dicht über den Ohren kurzgeschoren, allerdings wird die eine Ohrmuschel etwas beschnitten, damit der Sträfling überall als solcher zu erkennen ist. In jedem Bezirk müssen die Sträflinge ein anderes Kennzeichen tragen – es abzulegen, kostet sie den Kopf. Die gleiche Strafe ereilt jene, die außerhalb ihres Bezirkes angetroffen werden oder mit Sklaven aus anderen Distrikten sprechen. Mitwisser eines Fluchtplans zu sein bedeutet für den Sklaven den Tod, für den Freien die Sklaverei. Wer aber einen solchen Plan zur Anzeige bringt, wird belohnt: Freie mit einer Geldprämie, Sklaven mit der Freiheit. Wie niedrig bei einem Strafvollzug dieser Art die Rückfallquote ist, geht allein schon daraus hervor, daß man sich bei Überlandreisen in Tallstoria am liebsten der Führung von Sträflingen anvertraut (die dann in jedem Bezirk ausgewechselt werden).

Trüge ein Sträfling Geld oder Waffen bei sich, so liefe er Gefahr, erneut für eine Straftat büßen zu müssen. Daß eine Sträflingsverschwörung gegen den Staat angezettelt werden könnte, ist so gut wie ausgeschlossen, weil keine Kommunikation zwischen Sträflingen verschiedener Bezirke möglich ist.

Auf Freilassung kann jeder Sklave hoffen, der seinen Besserungswillen durch Gehorsam und Fleiß beweist. Alljährlich wird eine ganze Reihe von Sträflingen wegen guter Führung in die Freiheit entlassen.

Thomas More, *Utopia,* Löwen 1516.

TAMOÉ, eine Insel im Pazifik, zwischen dem 260. und 263. Längengrad, hat einen Umfang von etwa fünfzig Meilen und ist von unzugänglichen Felsen umgeben, mit Ausnahme einer kleinen Bucht im Süden. Das Klima ist gesund, mild und gleichmäßig, eine üppige und reiche Pflanzenwelt gedeiht hier; die Luft ist fast immer rein. Die Winterzeit ist kurz und mild: Im Juli und August fällt etwas Regen.

Auf der Insel befinden sich sechzehn Städte. Die Hauptstadt, ebenfalls Tamoé genannt, liegt im Süden am Meer. Vom Hafen, der durch Befestigungsanlagen im europäischen Stil geschützt ist, führt eine ausgezeichnete Straße, die von vier Reihen schattenspendender Palmen gesäumt wird, in die Hauptstadt. Tamoé ist nach einem systematischen Plan gebaut und hat die Form eines exakten Kreises von zwei Meilen Umfang. Alle Straßen sind schnurgerade, auf beiden Seiten mit Gehsteigen versehen und mit wunderbaren Bäumen bepflanzt. Die Straßen selbst sind mit sehr feinem Sand bedeckt, was den Durchgangsverkehr sehr angenehm macht. Alle Häuser sind nach ein und demselben Muster erbaut, zwei Stockwerke hoch; das Dach bildet eine Terrasse nach italienischer Art, der Haupteingang hat ein Fenster zu jeder Seite. Inmitten der Stadt befindet sich ein runder von Bäumen gesäumter Platz. In seiner Mitte stehen zwei runde Gebäude, die höher sind als die Wohnhäuser: Das eine ist der Palast des Häuptlings, das

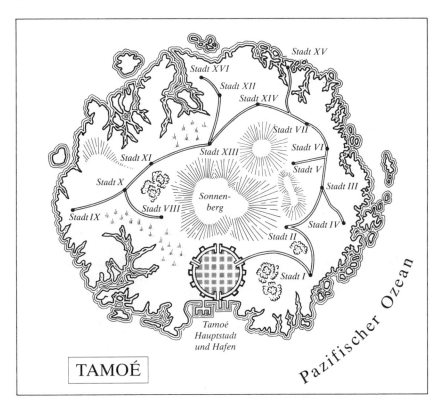

andere ein öffentliches Verwaltungsgebäude.

Die Insel war von einem französischen Schiff in den letzten Jahren der Regierungszeit Ludwigs XIV. entdeckt worden. Ein junger Offizier, der sich in ein einheimisches Mädchen verliebt hatte, desertierte und versteckte sich auf der Insel. Er blieb unter den Eingeborenen, besserte ihre Gewohnheiten und baute und befestigte die Stadt. Ganz allein verwandelte er die Insel in einen geordneten und wohlhabenden Staat. Der französische Reformer betrachtete die Gleichberechtigung als ein Mittel, die Begierden zu besiegen. Das führte zur Abschaffung der Gesetze, denn diese sind unnötig, wenn Laster nicht mehr existieren. Das Gefängnis wird heute als üble Institution angesehen, ist jedoch wegen einiger unbequemer und nicht überzeugter Elemente der Bevölkerung noch nicht verschwunden.

Kinder werden vom Staat aufgezogen und verlassen das Vaterhaus, sobald sie entwöhnt sind. Sie bleiben, bis sie fünfzehn sind, in einem Gemeinschaftslager, dann heiraten sie. An seinem fünfzehnten Geburtstag wird der junge Mann zu dem Haus geführt, wo alle jungen Mädchen aufgezogen werden. Dort trifft er seine Wahl, und wenn das Mädchen einverstanden ist, heiraten sie. Wird er abgewiesen, muß er wieder wählen, bis er akzeptiert wird. Der Staat gibt jedem Brautpaar ein Haus, das es bis zu seinem Lebensende bewohnen kann. Ehelosigkeit wird toleriert, doch müssen Junggesellen versprechen, dem Staat zu dienen. Scheidung ist ebenfalls üblich. In jeder Stadt auf Tamoé gibt es eine Straße mit Häusern, die kleiner sind als die der Ehepaare. Hier leben Junggesellen oder Geschiedene. Sollte ein Geschiedener, Mann oder Frau, wieder heiraten wollen, so kann er seine Wahl unter den Junggesellen oder Geschiedenen treffen. Alte, nicht länger arbeitsfähige Leute leben mit in den Erziehungshäusern der Jugend, wo ihnen eine bestimmte Zahl von Zimmern vorbehalten ist. In jeder Stadt wird ein alter Mann als Gouverneur gewählt. Er wird von zwei anderen Alten beraten, von denen einer Junggeselle ist, so daß beide Kategorien vertreten sind. Die Inselbewohner sind Vegetarier und leben von dem Land, das ihnen vom Staat zugeteilt worden ist. Ihre hauptsächliche Unterhaltung sind moralisierende Theaterstücke, die sie selber schreiben und aufführen.

Die Religion in Tamoé ist eine Sonnenverehrung, als Huldigung an das unerkannte Wesen, das alles erschuf. Die einzige Zeremonie besteht in einer periodischen Prozession, an der alle Einwohner teilnehmen. Sie besteigen einen der Inselberge unweit der Stadt, knien einfach nieder und strecken ihre Arme der Sonne entgegen. Andere Riten existieren auf Tamoé nicht, es gibt weder Priester noch Tempel.

Der Staat ist Eigentümer aller Güter, den Bewohnern ist es erlaubt, sich dieses allgemeinen Eigentums zu bedienen. Mit der Abschaffung aller Luxusgüter sind alle Bewohner gleich geworden. Aus diesem Grund kleiden sich auch alle gleich: Ein feines leichtes Tuch wird nach asiatischer Weise um den Körper geschlungen: grau für die älteren, grün für die mittleren Jahrgänge und rosa für die Jugend.

Donatien-Alphonse-François Marquis de Sade, *Aline et Valcour,* Paris 1795.

TANJE, ein Palast in ↗ ATVATABAR, etwa fünfzig Meilen von Calnogor mit der pneumatisch betriebenen Untergrundbahn zu erreichen. Erwähnenswert sind die Gärten, wo das Evolutionsglied zwischen Pflanzen und Tieren, die *Phyte,* gehalten wird. Es gibt mehr als hundert Arten Phyten in den Gärten des Palastes von Tanje, einschließlich des *lilasure* (eines vogelähnlichen Farns), des grünen *gazzle* von Glocket Gozzle (eines fliegenden Unkrauts) und des *yarphappy* (einer affenähnlichen Blume).

William R. Bradshaw, *The Goddess of Atvatabar, being the History of the Discovery of the Interior World and the Conquest of Atvatabar,* NY 1892.

TAPROBANE, eine großteils von undurchdringlichen Wäldern bedeckte Insel im Südindischen Ozean. Sie wird von einer *Amphisbaena* genannten Schlange bewohnt, die einen Kopf mit Giftzähnen an beiden Enden ihres Körpers trägt. Sie kann ihre Richtung blitzschnell ändern, und ihre Augen leuchten wie Kerzen. Angeblich wird sie von Ameisen ernährt und versorgt, und wenn man sie auseinanderschneidet, wachsen beide Enden wieder zusammen.

Gaius Plinius Secundus d. Ä., *Historia naturalis* (1. Jh.), Venedig 1469. – Brunetto Latini, *Li livres dou tresor* (um 1262), Paris 1863. – Sir Thomas Browne, *Vulgar errors,* Ldn 1646.

TAROCKANIEN, im Südosten Europas gelegen, auch das »Burgund der Levante« und von besonders kritischen Stimmen das »Spiegelreich des linken Weges« genannt. Für Liebhaber ist es jedoch das »Traumreich«. Im Norden grenzt Tarockanien an die Steiermark und Kärnten, im Osten an Kroatien, seine südliche und südwestliche Ausdehnung reicht bis an das Mittelmeer und Venedig. Eine sehr vielfältige Landschaft: Die schneebedeckten Alpen, liebliche Obstgärten, Weinberge, Barockschlösser und gepflegte Parks sind die Freude eines jeden Besuchers. Allerdings ist es nicht ganz einfach, in dieses Land einzureisen. Man ist dem Tourismus hier abhold, die Grenzkontrollen sind geradezu schikanös. Nicht nur heißt es Einreiseformulare mit Angaben bis in die Generation der Urgroßväter ausfüllen, auch das Gepäck wird nach einem geheimnisvollen Schmuggelgut – einer bestimmten Wurst – aufs peinlichste durchsucht. Und die Mitreisenden sind nicht weniger seltsam als der allgemeine, nämlich auch immer geheimnissaturierte Umgangston in Tarockanien. Da essen Feuerschlucker ihre Knallbonbons im gleichen Zugcoupé; da sitzt einem jemand gegenüber, der sich als Hofrat an einer Seidenschwanz-Beobachtungs-Station einführt; doch besonders vorsichtig sollte man sein, wenn sich jemand als Schnüffelsiedler vorstellt – er ist ein von der Regierung beauftragter Sittenschnüffler! Nach der Anreise von Süden in der Postkutsche steigt man in den Zug um. Zuvor hat man noch die Möglichkeit, die ersten Souvenirs einzukaufen – lebende Grottenmolche und Gesteinssplitter. Das oft als »menschlich« umschriebene »Bedürfnis« sollte man unterdrücken, denn schon viele Reisende haben sich in dem Höhlensystem auf der Suche nach einer Toilette verirrt und sind nie mehr aufgetaucht.

Die erste Station nach dem Tunnel durch die Berge ist die Kleinstadt Gurkfeld. Hier gibt es ein Kapuzinerkloster, ein Schloß, ein Denkmal, Viehmärkte und eine Kaffee-Ersatz-Fabrik als besondere Sehenswürdigkeiten zu besichtigen. Läßt man sich animieren, das Varieté der Stadt zu besuchen, muß man damit rechnen, in der hiesigen Irrenanstalt zu landen, weil man einen in einen Hund verwandelten Stuhlnachbarn als Hund bezeichnet. Doch immer einmal wieder gibt es eine Amnestie, auch für Irre... und man kann weiterreisen.

Und die Reise wird immer interessanter! Man erfährt zum Beispiel, wie hier das Problem der Arbeitslosigkeit gelöst wird: In einer Gobelinweberei wird jedes Stück immer wieder aufgetrennt, niemand muß nach Hause geschickt werden. Zur Staatsverfassung des Landes muß auch noch etwas gesagt werden. (Sie ist ideal.) Tarockanien ist eine Monarchie mit vier jährlich abgelösten Königen, für die als einzige Bedingung die Ähnlichkeit mit den vier Königen des Tarockspiels gilt – der Bart ist eine der wichtigsten Eigenschaften. Der harlekinartig gekleidete »Sküs« hat die eigentliche, diktatoriale Gewalt. Die niederen Chargen der Staatsmacht – von Metternich so organisiert – entsprechen ebenfalls in Kleidung und Auftreten den Figuranten der Commedia dell'arte, was den Fremden zunächst befremden kann.

Aber spätestens in Bischofslad fühlt er sich wieder versöhnt, denn hier werden von Amazonen in Seidenzelten pompöse Feste veranstaltet. Man kann sich in einer Sänfte durch den Fichtenpark und die Dorfgassen mit altertümlichen Giebelhäusern tragen lassen. Auf der Weiterreise in die Residenzstadt kommt man über grandiose Felsplateaus, vorbei an Sturzbächen, durch hochstämmige Nadelwälder, findet sich in Rocaille-Palais wieder, die plötzlich verschwinden, trifft auf politisch Verbannte, die möglicherweise auf einem Hochrad mit Küche und Koch vorbeifahren – auch Anachoreten sind nichts Ungewöhnliches.

In der Residenzstadt steigt man am besten im Hotel zum Fürsten Metternich ab. Das geistige Zentrum ist das Quaccheronische Kaffeehaus, in dem man die interessantesten Leute trifft.

Noch eine Warnung an den Besucher Tarockaniens. Die Ausreise ist fast so schwierig wie die Einreise, denn oft sind die Unterlagen der Einreise bei den Ausreisebehörden noch nicht eingetroffen. Im Sinn der üblichen Skaramuzziaden der Polizei hier ist man also gar nicht angekommen, darf also auch nicht ausreisen. B. K.

Fritz von Herzmanovsky-Orlando, *Maskenspiel der Genien,* in *GW,* Bd. 2, Hg. F. Torberg, Mchn. 1958.

DER TARTAROS liegt so tief unter der Erde wie der Himmel hoch über ihr. Er ist ein Ort der Finsternis und des Moders, mit ehernen Mauern und Toren, ein von Wirbelstürmen erfüllter ungeheurer Schlund, Strafort für aufsässige Titanen und meineidige Götter, Wohnort der Erinnyen. Einige Besucher meinen, er sei ein Teil des ↗ HADES. In jedem Fall kann man wohl zusammenfassend behaupten, daß er als Reiseziel bestenfalls für Lehnstuhltouristen geeignet ist. B.Ky.

Hesiodos aus Askra, *Theogonia* (8./7. Jh. v. Chr.), Ferrara 1474.

TARTARUS, ein düsteres Gebiet südlich von ↗ LILAR. Reisende können es erreichen, nachdem sie die Ruinen eines Schlosses und einen Garten aus abgesägten Obstbäumen durchquert haben. Durch eine dunkle Wüstenei gelangt man zu einer schwarzen, von Gipsköpfen unterbrochenen Mauer, hinter der sich ein Turm mit blinden Fenstern erhebt. Obgleich der Weg um die Mauer verläuft, ohne je zu einem Tor zu kommen, kann man Zutritt erlangen, indem man auf einen bestimmten Stein tritt, der einen Teil der Mauer zum Umfallen bringt. Innen fließt ein dunkler Fluß, an dessen Ufern ein struppiger Wald wächst. Ausgestopfte Tiere stehen da, als tränken sie das trübe Wasser. Hinter dem Wald liegt ein Herrenhuter Friedhof mit einem blumenlosen, von Trauerbirken überschatteten Garten. Eine steinerne Treppe führt zu feuchten Katakomben. Hier befinden sich das versteinerte Skelett eines Bergarbeiters mit vergoldeten Rippen und Schenkeln, die schwarzen Papierherzen von Menschen, die mit einer Arkebuse erschossen worden sind, eine Rute, die einen »Begnadigten« zu Tode gepeitscht hat, Kinderspielzeug, eine Glasbüste und das Skelett eines Zwergs. Ab hier ist der Weg von einem Skelett mit Äolsharfe bewacht, und Reisenden wird nicht geraten, weitere Entdeckungen machen zu wollen.

Jean Paul, *Titan,* Bln. 1800–1803.

DIE TATARENWÜSTE ist ein weites felsiges, unbebautes Land, das sich über mehrere Quadratkilometer im Norden der Festung ↗ BASTIANI erstreckt. Auf allen Seiten ist sie von einer undurchdringlichen Bergkette umgeben. Die Tataren, von denen sie ihren Namen bezieht, sind entweder verschwunden oder haben nie existiert.

Jahrhundertelang hat keine Menschenseele das Gebiet durchquert. Die Landschaft, die sich den Augen von der Neuen Schanze, dem von der Festung Bastiani entferntesten Vorposten, aus bietet, zeigt schroffe, schneebedeckte Felsen, zwischen denen gelegentlich Morast zu sehen ist. Ein leichter Nebel versperrt immer die Sicht des Horizonts im Norden. Mehrere Garnisonsoldaten schwören, in einem der wenigen Augenblicke, in denen die Sicht klar war, weiße Türme oder rauchende Vulkane gesehen zu haben.

Im Norden des namenlosen Landes, zu dem die »Tatarenwüste« gehört, hat man begonnen, eine Hauptstraße zu bauen, die sich wie ein feines Garn durch das öde Land schlängelt. Aber niemand weiß, wo die Straße beginnt oder wohin sie führt.

Dino Buzzati, *Il deserto dei Tartari,* Mailand 1940.

TELEPYLOS, eine Stadt an der Mittelmeerküste, vielleicht in Sizilien oder Süditalien. Eine hohe Klippe überragt den Hafen, der auf allen Seiten von gefährlichen Felsen umgeben ist, die von der Seeseite nur einen schmalen Eingang lassen. Gegenüber den Einwohnern der Stadt, den Laistrygonen, ist Vorsicht geboten: Reisenden kann es passieren, daß sie zu einem Bankett geladen werden, dessen Hauptgericht sie selbst sind.

Homeros, *Odysseia* (vermutl. 8. Jh. v. Chr.), Florenz 1488.

TENDRE oder **ZUNEIGUNG,** ein geographisch nicht näher bezeichnetes Land am Gefahrvollen Meer. Schon viele Menschen haben sich gewünscht, nach Tendre zu reisen, aber nur wenige kennen den Weg dorthin. Ein Hinweis für Reisende: Am besten erreicht man das Land via Neue Freundschaft.

Tendre ist von den drei Flüssen Geständnis, Verbundenheit und Wertschätzung durchzogen, die in Buchten des Gefahrvollen Meeres münden. Die Hauptstadt heißt Zuneigung an der Wertschätzung. Im Westen, nahe dem Meer der Feindschaft, liegen einige Ortschaften, die man meiden sollte, zum Beispiel Falschheit, Verlogenheit und Lieblosigkeit. Sie sind nicht allzu weit von der Gegend entfernt, wo sich die sehenswerte Stadt Zuneigung bis zum Fluß Geständnis ausdehnt. Man sollte auch nicht versäumen, einige in der Nähe gelegene Weiler wie Dauerhafte Freundschaft, Feinfühligkeit und Gewogenheit zu besuchen. Weitere wichtige Orte heißen Liebesbrief, Schöne Gedichte und Ergebenheit. In einer öden Gegend im Osten des Landes liegt der See der Gleichgültigkeit.

Madeleine de Scudéry, *Clélie. Histoire romaine,* Paris, 10 Bde., 1654–1660.

TERMINAL ist ein gigantischer Raumschiffbahnhof in einer irdischen Weltstadt, einhundertsiebenundzwanzig Jahre, nachdem der *Prometheus* nach Formalhaut gestartet war. Wer irgendwann in einer Zukunft, die dem Auffassungsvermögen heutiger Menschen noch nicht ganz entrückt ist, von seiner Zeitmaschine in das Raumschiff umsteigt, das ihn nach Formalhaut bringt und wieder zurück, gerät in die bekannte Zeitverschiebung. Zehn Bordjahre sind einhundertsiebenundzwanzig Erdenjahre. Nach der Rückkehr ist der Reisende um zehn Jahre gealtert, die Erde um über hundert. Die Welt hat sich noch einmal vollständig gewandelt.

Wer sich vorher noch einigermaßen in der Zukunft zurechtfand, gerät jetzt in helle Verzweiflung, wenn er unvorbereitet von der Luna kommend im Terminal seine Rakete mit den anderen Passagieren verläßt. Zunächst fällt auf, daß die Menschen viel kleiner und zierlicher geworden sind. Die verrückte Buntheit ihrer Kleider verwirrt. Mädchen tragen ihre Schultern in einem Wolkenflaum. Federpelze und die groteskesten Formen und Materialien schwirren durcheinander. Durch einen unbestimmten Druck gehoben, geschoben, wird man weich auf einen weißen Bahnsteig gesetzt. Der Hauptstrom geht in eine Richtung. Hoch oben wölbt sich eine Halle von riesigen Ausmaßen, aber keine Wände, sondern eine weiße, glitzernde, in der Höhe aufgehaltene Explosion von unwahrscheinlichen Flügeln, dazwischen aufschießende Säulen, hochstürmende Wasserfälle, von innen her durch bunte Scheinwerfer erleuchtet, oder gläserne Tunnel, durch die Fahrzeuge nach oben flitzen. Jede Orientierung geht verloren. Erheben sich die Säulengeschosse oder schweben die Bahnsteige abwärts? Lichter schießen herab. Menschen drängen sich auf einer Fläche zusammen, die nach oben führt. Der bewegliche Bahnsteig kurvt, beschleunigt sein Tempo, geht in höhere Ebenen über ohne jegliche Stützpfeiler. Plötzlich teilt sich die Ebene, trennt sich entlang unsichtbarer Striche, gleitet durch Innenräume voller stehender oder sitzender Menschen, die von vielen kleinen Glitzerlichtern umgeben sind. Es öffnen sich bunt beleuchtete Passagen mit durchsichtigen Decken. Tiefer kreuzen unbekannte Fahrzeuge, gehen schräg nach oben oder nach unten. Neue Ebenen, die in verschiedene Richtungen führen. Die Augen finden keinen Ruhepunkt in dem hüpfenden, vielfarbigen Neonlicht, das unverständliche Wörter aufblitzen läßt. Wer einen INFOR nach dem Weg zur Stadt fragt, bekommt eine prompte, einleuchtende Antwort: »Meridional, Raster: einhundertsechs, einhundertsiebzehn, null acht, null zwei. Tridukt, Ebene AF, AG, AC, Mythenebene-Rundweg, zwölf und sechzehn, Nadir-Ebene führt in jede südliche Richtung. Zentral-Ebene, Glider, lokal-rot, fernweiß, A, B und W. Ulder-Ebene, unmittelbar, sämtliche Eskale vom dritten an nach oben...« – »Rast auf Wulka, Ihr Raster, Sie schaffen es noch, schnell!« Ein heranschwimmender grüner Kreis, eine schiefe Ebene führt nach oben, Maschinen verschwinden mit sofort hoher Geschwindigkeit in der Perspektive parabolischer Queren, ein Wald von Springbrunnen, ein weißer und rosa Saal voller Frauen, eine junge Dame, die Blumen ißt, eine Decke aus Feuermagma, der Bahnhof ist immer noch nicht zu Ende, der innere Kreis, NEONAX, DUKT CENTER, Ebene Meridional, Kontakte zu Spiro, Atale, Blekk, Frosom.

Wer das Glück hat, seine Zeitmaschine bei sich zu haben oder sie in diesem Labyrinth zu finden, sollte jetzt schleunigst den Rückwärtsgang einlegen. M. W.

Stanislaw Lem, *Powrot z Gwiazd*, Krakau 1961.

TERRABIL, ein Schloß in Cornwall, erbaut von dem mächtigen Herzog von Tintagil. Es wurde von König Uther Pendragon belagert, der Igraine, die Gemahlin des Herzogs, begehrte. Kurz nachdem dieser bei einem Ausfallversuch getötet worden war, lag König Uther im Schloß Terrabil bei Igraine und zeugte mit ihr den späteren König Artus, dessen Hof zu ↗ CAMALOT weltberühmt wurde.

Thomas Malory, *Le Morte Darthur*, Westminster 1485.

TERRE LIBRE, eine Pazifikinsel, nördlich von Neukaledonien gelegen. Die höchsten Erhebungen sind kaum dreihundert Meter hoch. Auf dem Eiland gibt es einige Wälder, Felder und Flüßchen. Die einzigen auf freier Wildbahn lebenden Tiere sind Ziegen und eine kleine Antilopenart. Ursprünglich war die Insel vom »Langrippen«-Stamm bewohnt (so genannt, weil die Rippen dieser Menschen ähnlich wie beim Wolf senkrecht hervorstanden).

Die einzige Ortschaft, oder richtiger gesagt: Ansammlung von Wohnstätten, wurde von Sträflingen errichtet, die in Frankreich nach einem fehlgeschlagenen Putsch verurteilt und nach Neukaledonien deportiert worden waren. Als ihr Schiff in einen Sturm geriet und sank, konnten sie sich auf diese Insel retten, wo sie Pionierarbeit lei-

Jugendstilkeramik aus TERRE LIBRE

steten und ein anarchistisches Gemeinwesen gründeten. Außer den Wohnstätten, die sich jeder nach eigenem Belieben baute, gibt es ein großes Haus, in dem die unverheirateten Männer wohnen. Jeder verfügt über einen eigenen Schlafraum; der Speisesaal, die Wohnräume und die Küche werden gemeinsam benützt.

Die Siedler gründeten eine Kommune, in der sie alles miteinander teilten, bauten ein Wasserkraftwerk und legten ein Kanalisationssystem an. Ihre Töpferei ist wegen der sehr stilvollen Produkte zu Berühmtheit gelangt. Zur Verteidigung ihrer neuen Heimat postierten die Pioniere entlang der Küste Kanonen. Reisenden wird empfohlen, rechtzeitig anzukündigen, daß sie in friedlicher Absicht nach Terre Libre kommen.

Jean Grave, *Terre libre (les Pionniers)...*, Paris 1908.

DES TEUFELS GARTEN, ein großer, von einer Mauer umgebener Park, in dem Beelzebubs Schloß liegt. Es steht unweit jener Pforte in ↗ CHRISTIANSLAND, die Reisende auf dem Weg von der ↗ STADT DES VERDERBENS zur ↗ HIMMLISCHEN STADT durchschreiten müssen. Zu ihrer Warnung sei gesagt, daß jeder, dem es gelungen ist, den ↗ SUMPF DER VERZAGTHEIT zu durchqueren und die Pforte zu erreichen, von Beelzebub mit feurigen Pfeilen beschossen wird. Auf dem schmalen Pfad sollte man sich keinesfalls von den herrlichen Früchten verlocken lassen, die über des Teufels Gartenmauer hängen: Sie sind giftig, und schon mancher Reisende ist daran gestorben. Die starken Bauch- und Magenschmerzen, die sie verursachen, kann nur der Arzt heilen, der im Hause des Pförtners Wachsam auf dem ↗ BERG DER BESCHWERNIS wohnt.

John Bunyan, *The Pilgrim's Progress from this World, to that which is to*

Come, Ldn. 1678 (Teil I) und 1684 (Teil II).

DIE TEUFELSINSEL liegt in der Ägäis und ist nicht zu verwechseln mit der Sträflingsinsel gleichen Namens vor der Küste von Französisch-Guayana. Sie wird auch »Santa Maria« genannt, der ältere und von den Bewohnern selbst gebrauchte Name ist jedoch »Teufelsinsel«. Früher wurde die Insel von dem Riesen Bandaguido beherrscht, der aufgrund seiner außerordentlichen Kraft und Grausamkeit die übrigen Riesen in der Umgebung unterwarf. Seine Frau war mildtätig und versuchte, die Qualen, die die Bewohner durch ihren Mann zu erdulden hatten, zu lindern. Sie schenkte ihm eine schöne Tochter, die nach ihm Bandaguida genannt wurde. Da sich jedoch aufgrund Bandaguidos ständigem Wüten keine Freier einstellten, beschloß das Mädchen, ihre Mutter zu töten und statt deren ihren Vater zu lieben. Aus dieser Verbindung ging ein Monstrum hervor: Sein Körper war schwarz behaart, der Rücken mit Schuppen bedeckt, die keine Waffe durchdringen konnte. Die Kreatur hatte riesige Hände und Füße und ein langes Paar bis zu den Füßen hinunter reichende Flügel, die ihr als Schilde dienten. Die dunklen und kräftigen Arme waren ebenfalls mit Schuppen bedeckt, und statt Fingern hatte sie Adlerkrallen. Sie hatte nur zwei Zähne – jeder etwa einen Fuß lang – im Mund, und ihre großen Augen waren braun und rot. Sie konnte schneller als ein Hirsch laufen und springen und aß oder trank nur selten. Ihr einziger Zeitvertreib war das Töten – ob nun Menschen oder andere Lebewesen. Beim Anblick dieses Ungeheuers befragte der Vater die Götzen, die den Eltern auferlegten, ihren Sohn ein Jahr lang nicht zu sehen. Nach dieser Zeit betraten Bandaguido und Bandaguida das Zimmer ihres Kindes. Das Ungeheuer hatte seine Mutter kaum erblickt, da sprang es auf sie zu und stieß ihr seine Zähne in den Hals. Um seine Tochter und Mutter seines Kindes zu retten, zog der Riese sein Schwert, jedoch so ungeschickt, daß er sich das eigene Bein abhieb und an dem fürchterlichen Blutverlust starb. Der Sohn sprang über die Leichen hinweg und floh in die Berge. Daraufhin verließen die Bewohner die Insel für immer. Vierzig Jahre später wurde das Ungeheuer in einem legendären Kampf von Amadís von Gallien getötet. Dieser gab die Teufelsinsel ihrem rechtmäßigen Besitzer, dem Kaiser von Konstantinopel, zurück. Reisende können noch heute die Burgruine und das pittoreske Dorf an der Küste besichtigen.

Garci Rodriguez (oder Ordóñez) de Montalvo, *Amadís de Gaula,* Saragossa 1508.

DIE TEUFELSZÄHNE, im Nordosten von Grönland, sind eine Kette von fünf Bergen, die in einem Kreis stehen. Ihre gezackten Konturen haben Ähnlichkeit mit Zähnen. Man kann sie über eine natürliche, anderthalb Kilometer lange Basaltbrücke erreichen, die auf beiden Seiten steil abfällt. Am Ende der Brücke führt ein Tunnel durch einen der Berge. In den Bergen findet sich ein ganzes System von Tunneln und Höhlen, darunter eine riesige Grotte mit Stalaktiten. Alle Ausgänge führen zu einem Megalith in der Form eines Mammuts, der die in Runen geritzte Inschrift trägt: »Jenseits dieses heiligen Steines liegt Erikraudebyg« (↗ ERIKRAUDEBYG).

Paul Alperine, *La citadelle des glaces,* Paris 1946.

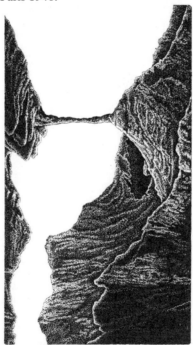

Basaltbrücke zu den TEUFELSZÄHNEN

TEUTOBURGER WALD (nicht zu verwechseln mit dem gleichnamigen Waldgebiet in Deutschland) im Norden von ↗ CAMPAGNA. Hier breiteten sich die Ländereien des Oberförsters aus, eines Tyrannen aus ↗ MAURETANIA, der sein Land zu einem Zufluchtsort für alle sonst Verfolgten machte: Hunnen, Tataren, Zigeuner, Albigenser, entflohene Kriminelle, polnische Räuber, Prostituierte, Zauberer, Alchimisten und die Kinder des Rattenfängers von Hameln. All diese Leute leben in seltsamen Dörfern in und um den Wald, in altersgrauen Häusern mit aus Lehm und Schilf gebauten Wänden und mit fahlem Moos bedeckten Dächern. Frauen von einem als *Lemers* bekannten Stamm kommen von Zeit zu Zeit, um die Flüchtlinge zu unterhalten.

Der Wald ist umgeben von Ried und Holundersträuchern, dichten Hecken aus Hartriegel und Schlehe, alten Ulmen und Buchen. In den Lichtungen findet man rote Pilze, gelben Fingerhut und giftige Tollkirschen. In der Nähe liegt Köppels-Bleek, eine Rodung mit einer grauenvollen Scheune, an deren Giebel ein menschlicher Schädel angenagelt ist und die einen Fries aus Menschenhänden hat. Auch an den Bäumen ringsum hängen ausgebleichte Totenschädel. Im ganzen Wald ist die Fahne des Oberförsters zu sehen, die einen roten Eberkopf zeigt.

Ernst Jünger, *Auf den Marmorklippen,* Ffm. 1939.

THÉLÈME, eine Abtei auf dem Südufer der Loire in Frankreich, zwei Meilen von dem großen Wald von Port Huault entfernt. Die Abtei wurde im sechzehnten Jahrhundert von dem Riesen Gargantua gegründet als Dank für Dienste, die ihm der Mönch Jean des Entommeurs geleistet hatte. Die Gesamtkosten betrugen siebenundzwanzighunderttausendachthunderteinunddreißig goldene Langvliestaler mit einem Extra von sechzehnhundertneunundsechzigtausend Sonnentalern jährlich, solange es im Bau war. Auch stiftete Gargantua der Abtei eine ewige Schenkung von dreiundzwanzighundertneunundsechzigtausendfünfhundertundvierzehn Rosennobel.

Die Abtei ist sechseckig und so geplant, daß an jeder Ecke ein großer, runder Turm aufsteigt, der einen Durchmesser von etwa sechzig Schritt hat. Der nördlichste Turm, der am Flußufer steht, ist als der Arktische Turm bekannt. Die übrigen heißen Kalaer, Anatole, Mesembrine, Hesperia und Kryera. Jeder Turm ist dreihundertzwölf Schritt vom nächsten entfernt und jeweils sechs Stockwerke hoch, einschließlich des Kellers. Die zweite Etage ist tonnenförmig gewölbt, die übrigen Decken sind flandrische Stuckarbeit mit umlaufendem Muster. Das Dach ist mit feinem Schiefer bedeckt und hat einen bleiernen First, der mit grotesken kleinen Tierfiguren aller Art verziert ist. Vorspringende, mit blauen und goldenen Diagonalstreifen bemalte Dachrinnen führen bis auf den Erdboden, wo sie in große Kanäle münden, die in den Fluß führen. Thélème enthält neuntausenddreihundertzweiunddreißig Gemächer, jedes mit einem Schlafzimmer, Kabinett, Ankleideraum und einer Kapelle; alle führen in eine große Halle. Die Treppen sind aus Porphyr und numidischem Marmor. Zwei Arkadenbögen auf jedem Absatz lassen Licht herein. Die Treppen führen bis auf das Dach, auf dem sich ein Pavillon erhebt. Alle Zimmer, Kabinette und Säle sind je nach der Jahreszeit mit verschiedenen Gobelins ausgehängt, die Böden mit grünem Tuch bedeckt, die Bettdecken bestickt. In jedem Boudoir hängt ein großer Kristallspiegel in einem Goldrahmen. Zwischen dem Arktischen und dem Kryera-Turm liegt die Bibliothek mit Werken in Griechisch, Latein, Hebräisch, Französisch, Italienisch und Spanisch; jede Sprache ist in einem eigenen Stockwerk untergebracht. In der Mitte verläuft eine Wendeltreppe, deren Eingang außerhalb des Gebäudes durch einen sechsunddreißig Fuß breiten Bogen führt. Zwischen dem Anatolischen und Mesembrinischen Turm sind mit historischen Szenen und Landschaften ausgemalte Galerien. Auch hier wieder eine Treppe in der Mitte, entsprechend dem Haupttor auf der Flußseite. Über dem Tor ist eine Versinschrift, die den Zutritt zur Abtei verbietet für Heuchler, Frömmler, Wucherer, Rechtsanwälte, Advokaten sowie Traurige, Eifersüchtige und Streitsüchtige.

Im inneren Hof steht ein wunderbarer Brunnen aus feinem Alabaster, darauf die drei Grazien, die Füllhörner tragen und aus all ihren natürlichen Öffnungen Wasser speien. Die Räume, die sich auf diesen Hof öffnen, sind mit Tiergemälden geschmückt und enthalten Sammlungen merkwürdiger Gegenstände. Um Thélème sind keine Wälle oder Mauern gebaut, denn nach den Worten von des Entommeurs gilt: »Wo hinten und vorn Mauern sind, gibt es viel Murren, Neid und wechselseitige Verschwörungen.«

Die Klostergemeinschaft nimmt sowohl Männer wie Frauen auf, Männer im Alter von zehn bis fünfzehn Jahren, Frauen im Alter von zwölf bis achtzehn Jahren. Nur Männer und Frauen, die schön, von gutem Wuchs und freundlichem Charakter sind, werden zugelassen. Diejenigen, die eintreten, können die Gemeinschaft wieder verlassen, wann immer sie wollen. Im Gegensatz zum üblichen Klosterwesen, das Mön-

Das Südtor von THÉLÈME

chen und Nonnen das Gelübde der Keuschheit, der Armut und des Gehorsams abverlangt, ist in der Abtei Thélème verfügt worden, daß jeder in der Gemeinschaft reich werden, heiraten und in voller Freiheit leben darf.

Die Frauen sind in Wohnungen zwischen dem Arktischen Turm und dem Mesembrinischen Turm untergebracht, die Männer belegen den Rest des Gebäudes. Vor den Wohnungen der Frauen befinden sich die Turnierplätze, die Reitbahn, das Theater und die Schwimmbecken. Am Flußufer ziehen sich Lustgärten entlang mit einem kunstvollen Labyrinth in der Mitte. Am Kryera-Turm ist ein Garten mit vielen verschiedenen Obstbäumen. An seinem Ende liegt der große Park, in dem es von Wild aller Art wimmelt. Für Armbrustschützen, Falknerei und Jagd ist gesorgt.

Bei Gründung des Ordens kleideten sich die Damen nach eigenem Geschmack und Vergnügen, später aber nahmen sie die Ordenstracht an, die goldene Tuche, roten Atlas und andere luxuriöse Stoffe bevorzugte. Allmählich entstand zwischen Männern und Frauen solche Sympathie, daß sie jeden Tag übereinstimmend gekleidet sein wollten. Seitdem werden bestimmte Edelleute ernannt, die den Männern zu sagen haben, welche Farben die Frauen am nächsten Tag tragen werden. Denn in diesen Dingen folgen alle den Entscheidungen der Damen. Der Respekt vor ihnen ist so groß, daß ein Herr, der eine Dame besucht, vorher durch die Hände von Parfümeuren und Friseuren gehen muß, die auch die Damen mit Rosen-, Orangen- und Myrtenwasser versorgen. In einem Häuserblock am Wald wohnen Handwerker, die Kleider wie Schmuck für die Abtei fertigen.

Die einzige Regel des Ordens ist »Tu, was Dir gefällt« – denn man stellt sich vor, daß alle Menschen, die frei, von edler Herkunft und guter Erziehung sind, von sich aus dazu neigen, tugend- und ehrenhaft zu handeln. Andere Vorschriften gibt es nicht. Männer und Frauen stehen auf, essen, arbeiten und schlafen, wann und wo sie wollen. Uhren sind nicht vorhanden.

François Rabelais, *Gargantua. La vie inestimable du grand Gargantua, pere de Pantagruel, iadis composee par l'abstracteur de quinte essence...*, Lyon 1534.

DIE THERMOMETERINSEL soll sich irgendwo im weiten Atlantik befinden. Ihr Name rührt von einem Brauch, der den Paaren nur dann erlaubt, miteinander zu schlafen, wenn die Begierde beider Partner, mit Spezialthermometern gemessen, die gleiche Intensität erreicht hat. Die Penisse der männlichen Bewohner haben ungewöhnliche Formen (Parallelepipedon, Pyramiden, Zylinder), und bei den Frauen findet sich das jeweils entsprechende Pendant. Die Königin des Landes wird aus denjenigen, die beim Messen der Sexualtemperatur – der eigenen wie der des Partners – am schnellsten sind, gewählt – ein augenscheinlicher Beweis für die Bedeutung, die man dieser Fertigkeit zumißt.

Die Inselbewohner werden bereits mit dem sichtbaren Zeichen ihrer Eignung geboren: Jene, die zur Geometrie bestimmt sind, besitzen kompaßförmige Finger; wer Astronom werden soll, dessen Augen treten teleskopähnlich hervor, Geographen werden mit Köpfen geboren, die der Weltkugel gleichen, Musiker mit hornähnlichen Ohren, Hydraulikingenieure mit Hoden wie Wasserpumpen, sie sind überdies fähig, vom frühen Alter an in weiten Strahlen zu urinieren. Bewohner, die mit einer Kombination verschiedener Eigenschaften zur Welt kommen, haben sich mit der Zeit als zu gar nichts nütze erwiesen.

Besucher werden an einem seltsamen Instrument Gefallen finden, das nur auf dieser Insel verwendet wird: Es ist eine Harfe, die Farben statt Töne hervorbringt, und die von den Damen verwendet wird, um ihre Kleidungsstücke harmonisch aufeinander abzustimmen.

Denis Diderot, *Les bijoux indiscrets*, Paris 1748.

THESMOGRAPHIA, ein Königreich unbekannter Lage, in dem jeder eine genau festgelegte gesellschaftliche Stellung und Aufgabe hat und wo überführte Verbrecher (wie in ↗ TALLSTORIA) Sklaven der anderen werden. Der thesmographische Moralkodex gründet auf der Maxime »Tut anderen, was ihr wollt, daß sie euch tun!«, und die thesmographische Religion beruht auf dem Evangelium, das man aber seiner düsteren und bedrückenden Passagen entledigt hat. Ein Mörder wird gebrandmarkt und dann verkauft, und der Erlös wird dazu verwendet, einen Diener für die Familie seines Opfers zu kaufen; er kann aber auch Chirurgen für wissenschaftliche Experimente übergeben werden. Brandstifter müssen als Feuerwehrleute Buße tun.

Alle fünfzig Jahre kommt es zu einer Neuverteilung von Grund und Boden, ein Ereignis, das mit rauschenden Festen gefeiert wird. Wenn die Bevölkerung zu sehr anwächst, legt man den Bewohnern nahe, Kolonien in Übersee zu gründen, und man findet daher thesmographische Siedlungen an vielen Orten der ganzen Welt.

Nicolas-Edme Restif de la Bretonne, *Le Thesmographe...*, Paris 1789.

THULE, auch unter dem Namen **ULTIMA THULE** bekannt, eine etwa sechstägige Segelreise von den Orkney-Inseln entfernte Insel im Nordatlantik. Thule ist zehnmal so groß wie Britannien. Seine Böden sind zum großen Teil unfruchtbar, und die Luft um Thule herum ist ein Gemisch aus Meerwasser und Sauerstoff.

Ein merkwürdiges Phänomen ist hier jedes Jahr zu beobachten: Zur Zeit der Sommersonnenwende nämlich geht die Sonne nie unter, sondern bleibt vielmehr bis zur Wintersonnenwende am Himmel stehen. Dann bleibt sie vierzig Tage und Nächte lang verborgen. Die Bewohner der Insel verbringen diese lange Nacht im Schlaf, da sie in der pechschwarzen Finsternis ja nichts sehen können.

Unter den verschiedenen Stämmen, die Thule bewohnen, gibt es einen als *Skrithifinen* bezeichneten, dessen Angehörige ein dem Vieh vergleichbares Leben führen. Sie bekleiden sich nicht, tragen kein Schuhwerk und trinken weder Wein, noch bestellen sie den Boden. Wie Raubtiere jagen sie das in den Wäldern von Thule lebende Wild. Im Winter legen die *Skrithifinen* zuweilen die Felle dieser Tiere an, und sie ziehen das Mark aus ihren Knochen, um ihre Babies – die nie Milch bekommen – damit zu füttern. Sobald ein Kind geboren ist, wird es in einer Lederwiege an einen Baum gehängt: Man steckt ihm ein Stück Knochenmark in den Mund, und die Mutter geht mit ihrem Mann auf die Jagd. Die Bewohner Thules sind für die große Anzahl der von ihnen verehrten Götter und Dämonen bekannt. Ihr oberster Gott ist der Kriegsgott, dem sie als einzigem auch Menschenopfer darbringen. Die Unglücklichen werden am Altar geschlachtet, auf einen Baum gespießt oder in eine Schlucht gestürzt.

Die Thuliten sind außerdem für ihren köstlichen *hydromel* (eine Art Met) bekannt, der aus dem überreichlich von ihren Bienen produzierten Honig gebraut wird.

Diodoros aus Agyrion, *Bibliothēkē historikē* (1. Jh. v. Chr.), Bologna 1472. – Strabon aus Amaseia, *Geōgraphika* (1. Jh. v. Chr./1. Jh. n. Chr.), Rom o. O. [ca. 1471]. – Prokopios aus Kaisareia, *Hyper ton polemon* (6. Jh.), Augsburg 1607.

TIERREPUBLIK, eine Insel unbekannter Lage, die von vielen verschiedenen Arten von Tieren bewohnt ist, welche sich von der Tyrannei des Menschen befreit haben.

Besucher werden feststellen, daß die Insel viele der von klassischen Dichtern beschriebenen Merkmale aufweist: Die Lämmer vertragen sich mit den Wölfen, die Falken fliegen Flügel an Flügel mit den Tauben, die Schwäne haben geselligen Umgang mit den Schlangen, und die Fische schwimmen in Begleitung von Bibern und Ottern. Die Republik wird von einem Phönix regiert, einem einzigartigen Vogel, dessen Botschafter Affen sind. Tiger und Löwen dienen als Soldaten, Gänse und Hunde als Wachposten, Papageien als Dolmetscher, Störche als Ärzte, und das Einhorn, ein einsames Tier (das von Noah während der Sintflut vergessen worden war), übt die Funktion eines Cheftoxikologen aus, der die Aufgabe hat, für alle möglichen Arten von Giften Gegengifte zu entwickeln.

Auf der Insel gibt es zwei Hauptreligionen: Die Sonnenanbetung, zu der sich die meisten Tiere bekennen, und die Mondverehrung, eine Sekte von wachsender Bedeutung, für die sich vor allem die Elefanten einsetzen.

Besucher können den Palast des Phönix bewundern, in dem großartige kulturelle Darbietungen stattfinden, unter anderem die »Farbenschau« der Paradiesvögel.

Nach der Unterdrückung einer Revolution, die von den Schlangen und den Basilisken (vermutlich aus ↗ BASILISKENLAND) angeführt wurde, herrscht jetzt wieder Frieden in der Tierrepublik.

Nicolas Frémont d'Ablancourt, *Supplément de l'Histoire véritable de Lucien*, Paris 1654.

TILIBET, eine Insel auf 12° nördlicher Breite und 104° östlicher Länge im Golf von Siam. Die Zeit läuft hier wesentlich schneller als anderswo, und die Lebensspanne ist daher weit geringer. Die Babies werden lachend geboren und wachsen sehr rasch heran; wenn sie einen Tag alt sind, können sie bereits sprechen, und mit zwanzig Jahren sterben sie – verrunzelt und abgezehrt. Eine Stunde Schlaf pro Nacht genügt, und die Bewohner sind so sehr mit der sinnvollen Gestaltung des Tagesablaufes beschäftigt, daß ihnen Langeweile fremd ist. Von Schiffahrt und überhaupt vom Reisen halten sie wenig, denn ihrer Ansicht nach ist das Leben zu kurz und zu wertvoll, um den besten Teil davon mit ungewissen Abenteuern zuzubringen.

Der König wird gewählt, sobald er die mittleren Jahre erreicht hat (vier Jahre) und der Premierminister erst in der Reife eines hohen Alters (sechzehn Jahre). Die Tilibetianer verabscheuen übermäßigen Wohlstand, und jede Anhäufung von Geld oder sonstigem Besitz ist ihnen fremd. Die Männer schenken ihren Frauen, die ihnen wiederum treu ergeben sind, unbegrenztes Vertrauen, und Ehebruch hat es, soweit man zurückdenken kann, auf Tilibet nie gegeben.

Nichts Überflüssiges wird auf der Insel geduldet oder erdacht. Die Tilibetianer besitzen nur kleine Stücke kultivierten Landes, und ihre Architektur ist rein auf Nützlichkeit abgestellt.

Abbé Pierre-François Desfontaines, *Le Nouveau Gulliver, ou Voyage de Jean Gulliver, fils du capitaine Gulliver,* Paris, 1730.

TODESWASSERINSEL, eine Insel von nicht mehr als zwanzig Morgen im Osten der Verbrannten Insel. Die Insel wurde von Caspian X., ihrem Entdecker, für ↗ NARNIA beansprucht. Sie ist felsig und zerklüftet und mit Heide und struppigem Gras bewachsen. Seemöwen scheinen die einzigen Lebewesen zu sein.

Es gibt zwei Flüsse auf der Insel, von denen der eine aus einem mit Klippen umgebenen kleinen Bergsee fließt; alles, was in das Wasser dieses Sees getaucht wird, verwandelt sich sofort in reines Gold. Besuchern wird geraten, nicht darin zu schwimmen. Ein ins Exil verbannter Herr aus Narnia wurde als Goldstatue in dem See gefunden. Man nimmt an, daß er darin gebadet hat, ohne von der Kraft des Wassers zu wissen. Die Entdeckung des Leichnams gab der Insel ihren gegenwärtigen Namen, obwohl Caspian X. zuerst versucht war, sie Goldwasserinsel zu nennen.

Clive Staples Lewis, *The Voyage of the »Dawn Treader«,* Ldn. 1952.

DIE TÖNENDE INSEL ist vor allem bemerkenswert wegen ihrer seltsamen Flora, die aus archaischen Musikinstrumenten besteht. Sie wachsen in Pflanzungen, die von einem Zaun aus Äolsharfen geschützt sind. Der erstaunte Reisende sieht sich Blechtrommel, Ravanastron, Sambuka, Erzlaute, Pandora, Kin, Tsche, Bettlerzither, Magrepha und Wasserorgel gegenüber. Die Dampforgel, die Konstantin Kopronymus 757 Pippin geschenkt hat, wird in einem Gewächshaus aufbewahrt; sie wurde von der heiligen Cornelia von Compiègne hierhergebracht; auch Oktavina, Doppelfagott, Sarrusophon, Dudelsack, Zampogna, Sackpfeife, Schlangenhorn, Coelophon, Saxhorn und Amboßhorn gedeihen hier aufs beste. Zur Sommersonnenwende, wenn all diese Pflanzen in Blüte stehen, wird die Insel von sphärischen Klängen erfüllt. Zur Wintersonnenwende fallen sie auf die Stärke eines Katzenfauchens, auf das Surren einer Wespe und schließlich zum Flügelschwirren einer Fliege hin ab.

Auch die Gestirne machen Musik, um die Besucher der Insel zu erfreuen. Nachts schüttelt Saturn ein Sistrum gegen seine Ringe. Zum Sonnenauf- und -untergang tönen Sonne und Mond wie ein verliebtes Paar Zimbeln.

Der Herr der Insel sitzt auf einem harfenparfümierten Thron, lauscht einem Chor von Thronen, Herrschaften und Gewalten: »Laßt uns trinken Tag und Nacht!« »Laßt uns immer verliebt sein!«. Besucher kommen in den Genuß eines von ihm selbst dargebotenen Liedes: »Glücklich der Mann, der auf dem Berg, wo er wohnt, den Klang der Zimbeln genießt; er wacht allein in seinem Bett in Frieden und gelobt, daß er dem Volk niemals die Ursachen seiner Freunde enthüllen wird!«.

Alfred Jarry, *Gestes et opinions du docteur Faustroll…,* Paris 1911.

TOHU UND BOHU, zwei kleine Inseln, sehr nahe bei der Insel ↗ PROKURATIEN gelegen. Die Inseln sind sehr arm, nicht einmal eine Bratpfanne ist darauf zu finden, weil der Riese Bringuenarilles alle Töpfe, Pfannen, Kessel und Kasserollen in Ermanglung von Windmühlenflügeln, seiner eigentlichen Nahrung, aufgegessen hat. Dieser Ernährungswechsel wirkte sich jedoch nachteilig auf seine Verdauung aus, und er wurde ernstlich krank. Keine rettende Medizin konnte gefunden werden. Schließlich erstickte er, als er auf Anordnung seiner Ärzte einen Klumpen Butter vor einem heißen Backofen aß.

François Rabelais, *Le quart livre des faictz et dictz heroiques du noble Pantagruel,* Paris 1552.

TOL ERESSEA, die »Einsame Insel«, liegt weit entrückt im Außenmeer, jenseits des Schutzringes der Verwunschenen Inseln vor den Gestaden der Unsterblichen Lande von ↗ AMAN. Nur wer sich als einen entfernten Nachkommen der Elben betrachtet, kann die mühselige, gefahrvolle Reise dorthin wagen. Gewöhnliche Sterbliche sind von vornherein zum Scheitern verurteilt, sofern sie sich nicht mit einem Phantasieausflug begnügen.

Eressea war ursprünglich eine schwimmende Insel. Ulmo, der Herr der Wasser und König der Meere, hatte auf ihr die ersten Elben, die Vanyar und Noldor, in das Segensreich Aman gebracht. Da sie das Meer und die Sterne nicht missen wollten, siedelten sie sich an der Küste in Eldamar an. Die Valar, die Mächte der Welt, schlugen für sie eine Bresche in die Gebirgskette der Pelóri, damit sie sich gleichzeitig am Licht der Zwei Bäume erfreuen konnten. Die Teleri, die »Letzten«, hatten sich noch schwerer von ↗ MITTELERDE, den Sternen und dem Meer trennen können, und als Ulmo sie schließlich auf der Insel über das Meer zog, baten sie ihn, sie vor der Bucht von Eldamar zu verankern und hier bleiben zu dürfen. Das Licht der Bäume erreichte das Westufer von Eressea, und es begann sogleich zu grünen und zu blühen. Hier erbauten die Teleri ihren Hafen Avallóne mit seinem weit über das Meer sichtbaren, weißen Turm. Ein langes Zeitalter hindurch lebten sie glücklich auf der Insel, gruben Brunnen, erfreuten sich an den duftenden Blumen und den Singvögeln und brachten sie zusammen mit Heilkräutern auf weißen, ruderlosen Booten, den Menschen vom benachbarten ↗ NÚMENOR als Gastgeschenke. – Von Eldamar hatten sie einen Setzling des Weißen Baums Galathilion bekommen. Sie pflanzten ihn in der Mitte der Insel ein und nannten ihn Celeborn. Auch von ihm brachten sie den Númenorern einen Schößling, und von dort gelangte der Weiße Baum nach Mittelerde und nach ↗ GONDOR.

Mit der Zeit wuchs die Sehnsucht der Teleri nach dem Licht der Bäume von Valinor in Aman. Sie ließen sich von Osse, dem Gehilfen Ulmos, im Schiffsbau unterweisen, und als ihre Schiffe fertig waren, schickte er ihnen als Abschiedsgeschenk viele weiße Schwäne, die sie nach Eldamar zogen. Dort blieben sie immer nahe dem Meer, befuhren mit ihren wie Schwäne geformten Schiffen die Bucht von Aqualonde, dem Schwanenhafen, und schmückten ihre Häuser mit den vielen Perlen, die sie aus dem Meer fischten.

Lange Zeit später durften sich die abtrünnig gewordenen Vanyar, die von Mittelerde von der vergeblichen Suche nach den drei Silmaril, den Steinen des Lichts, heimkehrten, auf Eressea niederlassen, wo sie sowohl nach Osten wie nach Westen blicken konnten.

John Ronald Reuel Tolkien, *The Fellowship of the Ring,* Ldn. 1954. – Ders., *The Return of the King,* Ldn. 1954. – Ders., *The Silmarillion,* Ldn. 1977.

DIE TOMTODDIES-INSEL soll angeblich jenes Eiland sein, das in Kapitän Lemuel Gullivers Reisebericht als ↗ LAPUTA bezeichnet wurde.

Sie ist von den unglücklichen Kindern bevölkert, die von ihren Eltern gezwungen werden, die ganze Woche über nur Schulaufgaben zu machen und eine Prüfung nach der andern abzulegen. Das führt dazu, daß ihr Gehirn ständig größer, ihr Körper aber immer kleiner wird, bis die Kinder sich schließlich in Rüben verwandeln, die vorwiegend aus Wasser bestehen. Weil die Eltern kein bißchen frisches Grün an ihnen dulden, reißen sie die jungen Blätter sofort ab. Und da die Kinder niemals spielen dürfen, sind ihre Beine verkümmert und zu Wurzeln geworden, die tief im Erdboden stecken.

Die Rüben singen unentwegt das Lied der Tomtoddies: »Ich kann meine Lektion nicht lernen – der Prüfer kommt.« Damit huldigen sie ihrem großen Götzen, der »Prüfung« heißt. Der oberste Examinator stolziert zwischen den armen Rüben herum, erlegt ihnen die schrecklichsten Bürden auf und schreit sie wie ein Feldwebel an. Vor lauter Angst stopfen sich die Rüben so schnell voll, daß sie dutzendweise platzen. Niemand kann dem Examinator entkommen, denn er steckt seine neuntausend Meilen lange Nase überall hinein, um das Schulwissen der Kinder und ihrer Erzieher zu prüfen.

Das einzige, was es sonst noch auf dieser Insel zu sehen gibt, ist ein Stock, der früher einmal Roger Asham, dem Hauslehrer der Prinzessin Elisabeth (der späteren Königin Elisabeth I.), gehörte. Auf dem Knauf ist ein Porträt König Eduards VI. eingeschnitzt. Dieser Stock wartet ungeduldig auf den Tag, an dem Frau Wasdunichtwillstdaßmandirtu ihm endlich erlauben wird, den obersten Prüfer zu verdreschen.

Besucher der Insel werden von den Rüben sofort mit allerlei Fragen bestürmt: »Wie hieß die Katze der Zofe der Großmutter des Vetters dreizehnten Grades von Mucius Scaevola?«, oder: »Können Sie mir den Namen eines Ortes sagen, von dem noch nie jemand gehört hat, wo noch nie etwas passiert ist – in einem noch unentdeckten Land?« usw. usw. Die Rüben haben keine Ahnung, warum und wozu sie das alles lernen sollen – sie wissen nur, daß der gefürchtete Examinator kommt.

An der Küste dieser Insel steht ein großer Pfeiler mit der Inschrift: »Hier sind keine Spielsachen erlaubt.«

Charles Kingsley, *The Water-Babies; a Fairy Tale for a Land-Baby*, Ldn. 1863.

TORELORE, ein kleines Königreich, von unbestimmter Lage, es scheint jedoch an oder nahe der Mittelmeerküste zu liegen.

Torelore zeichnet sich durch einen besonderen Brauch aus: Normalerweise legen sich hier die Männer ins Bett, wenn ihre Frauen ein Kind gebären. Währenddessen gehen die Frauen zur Armee und kämpfen. Die Kriegsführung in diesem Land ist recht unkonventionell. Es gilt zum Beispiel nicht als anständig, einen Feind zu töten oder auch nur töten zu wollen. Die üblichen Waffen, die im Kampf verwendet werden, sind Äpfel, verfaultes Gemüse und frischer Käse.

Anon., *Aucassin et Nicolette* (13. Jh.), Paderborn 1878.

DAS TOR IN DER MAUER, der Zugang zu einem nicht genau lokalisierbaren wunderschönen Garten, in dem sich jeder außerordentlich wohl fühlt.

Mit Marmor eingefaßte Blumenbeete säumen den Pfad zum Tor, das an vielen Orten der Welt gefunden werden kann. Der Weg führt zu einem großen, schönen Mädchen mit sanfter, freundlicher, angenehmer Stimme. Besucher werden von ihr und anderen schönen Menschen unterhalten. Zur Fauna des Gartens gehören gefleckte Panther, Kapuzineräffchen und Sittiche. Ein weiträumiger, kühler Palast mit vielen schönen Springbrunnen und schattigen Kolonnaden lädt zum Verweilen ein. Reisende, die das Tor zum Garten finden, stehen gewöhnlich gerade vor der Wahl, ob sie eine wichtige Verabredung einhalten oder aber diesen Ort des Entzückens betreten sollen. Wir müssen sie leider darauf hinweisen, daß der segensreiche Garten nach einer gewissen Anzahl von Besuchen auch zu ihrem Grab werden kann.

Herbert George Wells, *The Door in the Wall*, in *The Country of the Blind*, Ldn. 1911.

DAS TOTENHAUS liegt in der sibirischen Steppe. Reisen dorthin geschehen meist unfreiwillig. Niemand kommt nur auf einen kurzen Urlaub. Immerhin ist es sehr leicht, sich hier wiederzufinden. Man muß sich nicht unbedingt durch einen Mord ausweisen. Bereits eine konstante Unbotmäßigkeit gegenüber der Obrigkeit berechtigt zur Reise. Ein großer Hof von zweihundert Schritt Länge und einhundertfünfzig Schritt Breite ist von einem hohen Palisadenzaun mit tausendfünfhundert Pfählen in einem unregelmäßigen Sechseck umgeben. Das obere Ende eines jeden Pfahles ist zugespitzt. An der einen Seite befindet sich ein großes Tor, das ständig bewacht wird. Im Hof stehen sechs Blockhausgebäude, vier Kasernen, in denen die Bewohner hausen, ein Küchenhaus und eine Blockhütte mit Kellern, Vorratsräumen und Schuppen. In der Mitte zwischen den Gebäuden ist ein großer regelmäßiger Platz frei, auf dem die Zwangsarbeiter jeden Tag mehrere Male zur Zählung antreten. Alle sind in Kategorien nach Straftat und Haftdauer eingeteilt.

Die Kasernen sind lange, niedrige und dunkle Räume, die meist von Kerzen erhellt werden. Auf langen Pritschen schlafen die Sträflinge in zwei Reihen. Jeder darf nur drei Bretter einnehmen. Die Räume sind ständig von Geschrei, Gelächter, Geschimpfe und dem Gerassel der Ketten erfüllt. Qualm und Ruß vermischen sich mit dem schweren Geruch der Menschen und machen das Atmen mühsam. Etwa zweihundertfünfzig leben in dieser hermetisch abgeschlossenen Welt, die ihre eigenen Gesetze hat, keiner anderen gleicht. Die Menschen hier sind lebendig Begrabene, ein verlorenes, geschlagenes Volk, verstreut auf einen unheimlichen Inselbereich, Entehrte, Entrechtete, Verfemte. Jeder ist nach der Art seines Vergehens auf eine bestimmte Weise gekleidet und geschoren. Einige tragen Hosen mit einem braunen und mit einem grauen Bein oder verschiedenfarbige Jackenärmel usw. Gebrandmarkte Gesichter, zerlumpte Kleider, Menschen aus allen Gegenden und allen Schichten begegnen dem Betrachter. Alle Arten von Vergehen sind vertreten. Standesunterschiede gibt es nicht. Niemand ist während seines gesamten Aufenthalts auch nur eine Minute allein.

Man spricht hier nicht von seiner Vergangenheit. Fast die Hälfte kann lesen und schreiben. Bücher sind verboten außer dem Neuen Testament. Das ganze Volk ist auffallend düster, mürrisch, neidisch, unglaublich eitel, großsprecherisch, empfindlich und versessen auf die Wahrung äußerer Formen. Niemand zeigt Reue, niemand wundert sich über irgend etwas. Unter der Oberfläche rumort eine Hölle von Verleumdung, Unterdrückung, Klatscherei und Wucherhandel. Die Bezeichnung »Sträfling« wird zum Ehrentitel. Neue Rangordnungen spiegeln verzerrte Reste gesellschaftlichen Zusammenlebens. Die Wissenschaft dieser Leute ist das Schimpfen. Fast alle sprechen im Traum von Messern und Äxten. Zwischen den langen Arbeitstagen im Sommer bleibt wenig Schlaf zur Erholung des geschundenen Körpers. An den langen Winterabenden beginnt in den Kasernen eine

andere heimliche Geschäftigkeit. Alle Geräte, Privatarbeit und der Besitz von Geld sind verboten. Dennoch gibt es Schneider, Schuster, Schnitzer, Schlosser, Geldverleiher, Schankwirte und Schmuggler, die für Branntwein sorgen. Nach jeder Razzia beginnen alle von neuem, ihren kleinen Privatbereich mühselig aufzubauen, um als Individuum am Leben zu bleiben.
M. W.

Fëdor M. Dostoevskij, *Zapiski iz mërtvogo doma,* St. Petersburg 1861/62.

Häuser aus dem TOTTENHOTTENLAND

DAS TOTTENHOTTENLAND ist eine sandige Wüste am Rand des Pummellandes in ↗ OZ. Hier wachsen nur ganz verstreut ein paar Palmen, unter denen man seltsame runde, wie umgestülpte Kessel aussehende Objekte entdecken kann. Das sind die Häuser der Bewohner dieser Gegend, der Tottenhotten. Ihr rotes Haar steht steif vom Kopf ab, und abgesehen von Fellen um die Hüften und Reifen um Hand- und Fußgelenke sind sie nackt. Halsketten und Ohrgehänge werden ebenfalls getragen. Die Tottenhotten sind hauptsächlich Nachtmenschen und scheuen das helle Tageslicht. In der Nacht jedoch hüpfen sie aus ihren Rundbauten, um im Mondschein zu spielen und zu tanzen. Obwohl sie eher bösartig und manchmal auch aggressiv sind, erleidet niemand Schaden, der sich ihren Spielen anschließt. Sie scheinen wenig über die anderen Völker von Oz zu wissen und zeigen nicht das geringste Interesse, ihre Sandwüste zu verlassen.

L. Frank Baum, *The Patchwork Girl of Oz,* Chicago 1913.

TRACODA, eine Insel im Pazifik. Sie ist von Höhlenbewohnern besiedelt, die von Schlangenfleisch leben. Sie sprechen nicht, sondern zischen wie die Schlangen, die sie verschlingen.

Jean de Mandeville, *Les voyages d'outre mer* (um 1357), Lyon 1480.

TRÄNENINSEL ↗ EBUDA

TRAUMINSEL im Atlantik, nicht weit von den ↗ INSELN DER VERDAMMTEN entfernt. Es ist schwierig, auf der Insel zu landen, weil sie sich auf geradezu traumhafte Weise immer weiter zu entfernen scheint.

Die Traumstadt ist von einem dichten Dschungel aus Alraunen und Mohn umgeben, auf dem sich Tausende von Fledermäusen wiegen. Die Stadt umfließt ein großer Strom, der »Nachtreisende«, und an den Stadttoren entspringen zwei Quellen, »Ewiger Schlaf« und »Dunkelste Nacht« genannt. Die hohen Stadtmauern schillern regenbogenfarben und sind von vier Toren durchbrochen: zwei führen auf die »Wiesen der Trägheit«. Eins davon ist aus Eisen, das andere aus Ziegelstein, und durch sie entfliehen alle schrecklichen, mörderischen und sündigen Träume. Die beiden anderen, aus Horn das erste, elfenbeinern das andere, öffnen sich nach der Meerseite. Betritt der Reisende die Stadt vom Hafen aus, sieht er zur Rechten den der Göttin der Nacht geweihten Tempel. Zusammen mit dem Tempel des Alektryon am Hafeneingang, ist er der prächtigste auf der ganzen Insel. Zur Linken befinden sich der königliche Palast des Herrschers Schlaf, ein Forum mit einem Brunnen, der »Schläfrige Wasser« genannt wird, sowie zwei kleinere Tempel, der Wahrheit und der Täuschung geweiht.

Die Bewohner, als Träume bekannt, sehen sehr unterschiedlich aus: einige sind großgewachsen, zart, schön und anmutig, andere streng, klein und häßlich. Manche haben Flügel oder einen erstaunten Gesichtsausdruck, andere erscheinen in vollem Ornat, in der Robe eines Königs oder Priesters.

Lukianos aus Samosata, *Alēthē dihēgēmata* (um 120), Florenz 1496. – Publius Vergilius Maro, *Aeneis* (1. Jh. v. Chr.), Rom o. J. [ca. 1469].

TRAUMREICH, ein kleiner Staat von ungefähr dreitausend Quadratkilometern irgendwo im weiten Gebiet von Tienschan (Himmelsgebirge) zwischen Westchina und Kasachstan (UdSSR). Ein Drittel des Landes ist gebirgig, der Rest vorwiegend eben mit etwas Hügelland. Ausgedehnte Wälder, ein See und ein Fluß, geben dem Reich sein Gepräge. Neben der Hauptstadt ↗ PERLE liegen noch einige Bauernhöfe und Dörfer über Traumreich verstreut. Nach der letzten Zäh-

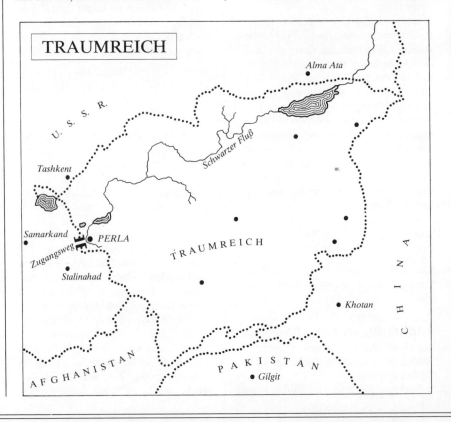

lung hat es fünfundsechzigtausend Einwohner.

Begründer von Traumreich war der reiche und extravagante Claus Patera, der gegen Ende des neunzehnten Jahrhunderts in dieses Gebiet kam, um den sehr seltenen persischen Tiger zu jagen. Von dem Tier verwundet, wurde er durch den Häuptling eines merkwürdigen Eingeborenenstammes gesund gepflegt. Seine Mitglieder sind blauäugig und leben abgeschlossen, umgeben von rein mongolischen Stämmen. Über ihre geheimnisvollen Riten und Bräuche ist nichts Näheres bekannt. Patera kehrte nach Europa zurück, kam aber nach neun Monaten wieder mit einem hochgestellten Mandarin und einer Gruppe von Ingenieuren und Landvermessern sowie einer ganzen Armee von Kulis. Nachdem er eine ausgedehnte Landfläche gekauft hatte, begann er die Stadt Perle zu bauen. Da Patera ein verschworener Gegner allen Fortschritts, vor allem auf wissenschaftlichem Gebiet war, wurde sein Reich von der übrigen Welt durch eine große Mauer abgegrenzt und durch mächtige Befestigungen gegen jedweden Angriff geschützt. Ein winziges Tor bildet den einzigen Ein- und Ausgang und erlaubt, alle und alles genauestens zu überwachen.

Nur wenige sind auserkoren, ins Traumreich aufgenommen zu werden. Sie sind entweder durch Geburt oder ein späteres Schicksal dazu prädestiniert. Nur wer jene eigentümliche Form von zugleich geschärfter und verworrener Einbildungskraft und Wirklichkeitserfassung, die den »Träumer« kennzeichnet, besitzt, wird nach Traumreich gelangen. Diese sogenannten »nichtexistenten Beziehungen« sind eigentlich die Lebensessenz der Bewohner. Alles zielt auf ein geistiges Leben hin, man lebt nur für und auf geistige Veränderungen hin. Ihre gesamte äußere Existenz, die nach ihren Wünschen durch eine sorgfältig koordinierte Gemeinschaftsarbeit organisiert ist, liefert nur das Rohmaterial, auf dem ihr wahres Leben basiert. Die Einwohner von Traumreich glauben nur an Träume, ihre eigenen Träume. Diese Tendenz wird gepflegt und entwickelt, und jegliche Einmischung in diesem Punkt wird als Verrat angesehen. Auf der Fähigkeit, an Träume zu glauben, beruht die strenge Auswahl jener, die eingeladen sind, an dieser Gemeinschaft teilzuhaben.

Hat er die Einladung einmal akzeptiert, muß der Reisende sich in Samarkand einer Karawane anschließen und beachten, daß es verboten ist, irgendwelche neuen Gegenstände in das Land mitzunehmen; nur gebrauchte Waren dürfen eingeführt werden. Wenn er zum Zoll kommt, erhält der Neuankömmling eine gewisse Summe Geld und eine Zugfahrkarte nach Perle. Der Bahnhof befindet sich nahe dem Zollgebäude, und die Fahrt nach Perle dauert etwa zwei Stunden.

Alfred Kubin, *Die andere Seite. Ein phantastischer Roman,* Mchn./Lpzg. 1909.

TRAUMWELT, ein unendlicher, fast unerforschter Kontinent im äußersten Süden der Erde. Der amerikanische Forscher Randolph Carter ist der einzige, der mehrere seiner wilden Gegenden besucht hat: ↗ BAHARNA, ↗ CELEPHAIS, ↗ DYLATH-LEEN, ↗ KÖNIGREICH DER GUGS, ↗ LENG, ↗ NGRANEK.

Howard Phillips Lovecraft, *The Dream-Quest of Unknown Kadath,* in *Arkham Sampler,* Sauk City 1948.

TRINQUELAGE, ein mittelalterliches Kastell am Abhang des Mont Ventoux in der Provence. Dieser einstige Wohnsitz der Herren von Trinquelage ist ein massives, gut erhaltenes Bauwerk. Über den Burggraben gelangt der Besucher in den ersten Innenhof und von hier aus in die Kapelle, die vielleicht größte Sehenswürdigkeit des gesamten Komplexes.

Auf Trinquelage spukt es. Insbesondere an Weihnachten dringt ein unheimlicher Lichtschein durch die Mauern, und auf dem Weg zur Messe sehen die Leute aus der Umgebung zuweilen eine Gestalt, die sich in der von unsichtbaren Kerzen beleuchteten Kapelle bewegt. Um Mitternacht versammeln sich die Geister schöner, mit reichbestickten Roben bekleideter Damen und eleganter Kavaliere im Innenhof. Auf einer Phantom-Kanzel liest ein kleines, altes Gespenst aus einem Buch vor, doch kein einziges Wort des Textes ist zu verstehen. Es soll sich um den Geist eines Kaplans von Trinquelage handeln, welcher der ewigen Verdammnis anheimfiel, weil er lieber gefüllten Truthahn aß als bei der dritten Christmette das Evangelium zu verkünden: Er kürzte die Messe ab, nur um sich möglichst rasch sein Weihnachtsmahl einzuverleiben.

Tag für Tag fegt ein kalter Wind durch Trinquelage.

Alphonse Daudet, *Lettres de mon moulin,* Paris 1869.

TRISOLDAY heißt das große unterirdische Königreich der »Wurmmenschen«. Diese haben einen menschlichen Oberkörper, aber einen wurmförmigen Unterkörper und bewegen sich entweder schlangenartig oder in großen Sprüngen, wobei sie sich mit den Händen vom Boden abstoßen. Sie haben lange, spitze Nasen, kleine Augen und eine Schuppenhaut. Die Gesichtsfarbe der männlichen Bevölkerung ist rot, die der weiblichen blaßgelb. Auf das Graben von unterirdischen Gängen verstehen sich die Wurmmenschen ebenso gut wie die Maulwürfe.

Die Bewohner von Trisolday huldigen dem großen *Ver-Fundver-Ne,* der als riesenhafter Wurm dargestellt wird. Sie sind fest davon überzeugt, daß die Gläubigen dereinst in die Außenwelt gelangen und das Licht des Tages erblicken dürfen, während die Sünder zu ewiger Dunkelheit verdammt sein werden. Der Tempel ist ein großes, von Säulen getragenes, aus einem bei uns nicht bekannten Material errichtetes Bauwerk, dessen Mittelteil den gabelförmigen Schwanz eines riesigen *Ver-Fundver-Ne*-Idols darstellt. Zur Ausschmückung der Innenräume wurden die kostbarsten Bodenschätze verwandt. Besonders eindrucksvoll ist ein viereckiger Kuppelsaal mit einem Säulengang aus durchsichtigem, juwelenbesetztem Gestein. Hinter dem Tempel befindet sich ein weitverzweigtes Labyrinth von Höhlen und Gängen. Eine dieser Höhlen (am Ufer eines Quecksilberflusses gelegen) ist mit einem Basrelief unbekannter Herkunft geschmückt, das Männer- und Frauengestalten zeigt.

Die Regierungsgewalt ist zwischen dem *Za-Ra-Ouf* (König) und dem *Kin-Zan-Da-Or* (Großer Rat) aufgeteilt – ein System, das vom ersten in den Annalen Trisoldays bezeugten König eingeführt wurde. Der Ältestenrat fungiert als Gesetzeshüter, wählt den Monarchen und kann ihn absetzen, falls er despotische Neigungen zeigt. Vor der Königswahl muß der Kandidat eine Forschungsreise unternehmen, unbekannte Dinge entdecken und sich so des hohen Amtes würdig erweisen.

Das Gesetz untersagt den Wurmmenschen jegliche Beziehung zu fremden Rassen. Reisende sollten sich klar darüber sein, daß jeder *Tumpigand* (Außenseiter), der sich in das Königreich Trisolday wagt, nach dem Gesetz vernichtet werden muß. Angehörigen der menschlichen Rasse räumt man dort jedoch die Möglichkeit ein, sich so verstümmeln zu lassen, daß sie wie Wurmmenschen aussehen und (nachdem die abgetrennten Gliedmaßen fei-

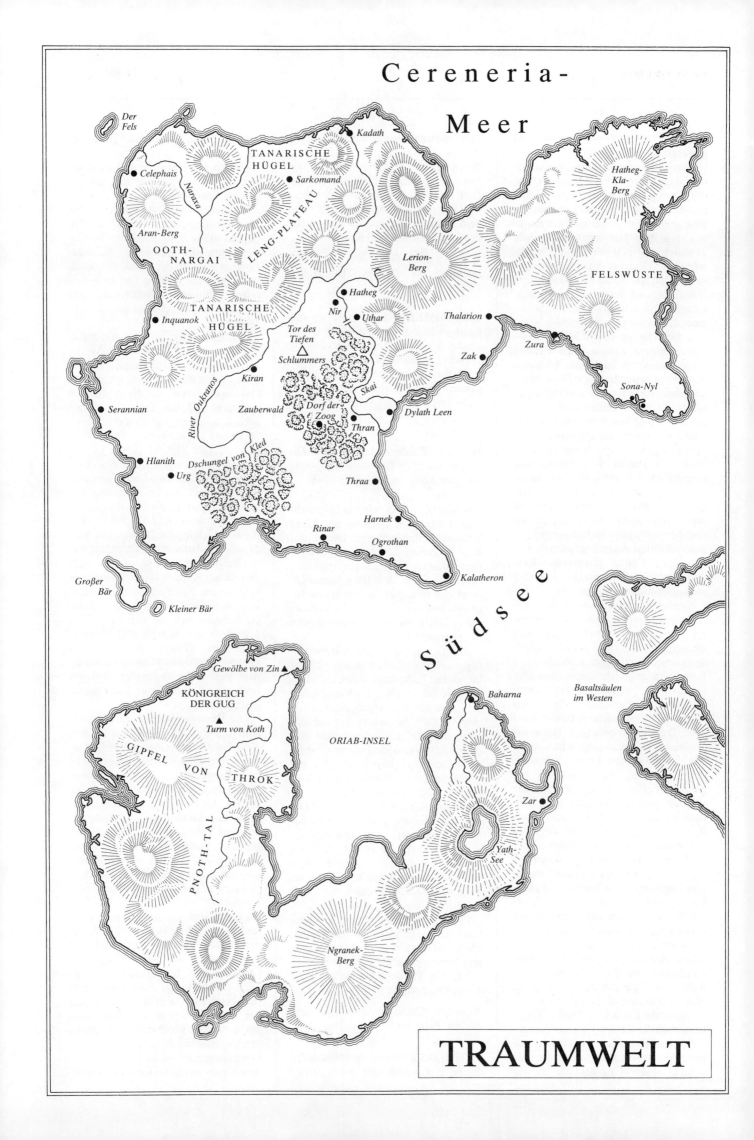

erlich verbrannt worden sind) vor *Ver-Fundver-Ne* Gnade finden. Früher wurden Exemplare der menschlichen Spezies zuweilen als Kuriosität in die königliche Menagerie aufgenommen. Die Überlieferung berichtet jedoch von keinem einzigen Fall, in dem ein menschlicher Besucher des Reiches bereit gewesen wäre, sich verstümmeln zu lassen.

Ein Wurmmensch, dem ein Artgenosse (oder ein richtiger Mensch) das Leben rettet, wird augenblicklich zum Sklaven seines Wohltäters. Wer in Trisolday jemandem etwas schwören will, streicht ihm Speichel ins Gesicht.

Die Nahrung der Wurmmenschen besteht vorwiegend aus gerösteten Schnecken, die als Leckerbissen gelten. Zur Fauna zählen auch Riesenkröten, die auf ungemein flinken Würmern reiten und Erzfeinde der Wurmmenschen sind. Große Angst flößt diesen auch ein zuweilen in den Außenhöhlen auftauchendes hundeartiges Lebewesen ein, das mit einem blauen, schwarzgepunkteten Fell bedeckt, so groß wie ein Esel, aber so grazil wie ein Reh ist. An den unterirdischen Flüssen nisten flugunfähige Wasservögel mit feuerrotem und weißem Gefieder, deren Unterseite mit einer Schuppenhaut bedeckt ist. Sie watscheln wie Enten, gurren wie Tauben und nisten in hohlen Baumstämmen. Auch Basilisken und Drachen mit stachligen Zungen sind in Trisolday anzutreffen.

Die Kontakte dieses unterirdischen Reiches zur Außenwelt waren von jeher spärlich. Einst fand ein König auf seiner traditionellen Forschungsreise den Weg ins ↗ AMPHIKLEOKLENREICH und entführte die Prinzession Askalis, die er bewegen wollte, sich verstümmeln zu lassen und seine Frau zu werden. Ihr Vater spürte sie in Trisolday auf, kam jedoch bei der Aufdeckung einer Verschwörung gegen den König ums Leben. Um Askalis zu versöhnen, ließ der Herrscher ihrem Vater ein großes Grabmal in Form einer menschlichen Gestalt errichten. Die Kuppel wird von vier Kolossalstatuen, die Wurmmenschen darstellen, getragen. Später wurde Askalis von Mocatoa, dem Thronerben des ↗ ABDALLENREICHES, befreit.

Der einzige bisher bekannte Weg, auf dem Reisende nach Trisolday gelangen können, führt durch die unterirdischen Gänge, die vom Grunde des *Houzail* aus (einer tiefen Grube im Land der Abdallen) zu erreichen sind.

Charles de Fieux, Chevalier de Mouhy, *Lamekis, ou les Voyages extraordinaires d'un Égyptien dans la terre intérieure avec la découverte de l'isle des Silphides,* 2 Bde., Paris 1735–1738.

DAS TROLLREICH, eine Monarchie im norwegischen Rondegebirge, ist nach seinen sympathischen Bewohnern, den Trollen, benannt. Ihr prominentester Vertreter ist vermutlich der Große Krumme, der nicht tot, nicht lebendig, schleimig und haarig, gestaltlos, riesig und unsichtbar ist. Er kämpft nicht, sondern triumphiert durch Vornehmheit und Sanftmut über seine Feinde. Beim Klang der Kirchenglocken schwindet er dahin. Rempelt man ihn versehentlich an, so ist es, als stoße man gegen einen Haufen knurrender halbwacher Bären. – Am häufigsten sind Trolle mit Schweinsköpfen und weißen Nachtmützen; zweiköpfige Trolle sind heutzutage selten, und die dreiköpfige Art scheint ganz aus der Mode gekommen zu sein. Trotzdem ist das Reich von Überbevölkerung bedroht, denn hier bewirken bereits Gedanken, Lüste und Begierden so viel wie ein leiblicher Zeugungsakt.

Um dieses liebenswerte Land wirklich schätzen und verstehen zu können, braucht man den gewissen Trollblick. Unvoreingenommenen Besuchern kann es nämlich passieren, daß sie das Schloß des Königs für einen Müllhaufen halten. Eine Harfenspielerin mag ihnen als Kuh erscheinen, die auf einer Darmsaite klimpert, eine Tänzerin als Sau mit kurzen Strümpfen, die vergebens zu tanzen sucht. Alles erweist sich als zugleich häßlich und schön, schwarz und weiß. Trolle sehen die Dinge, wie sie wirklich sind, nämlich prächtig und kostbar. Ein Trollkönig bot einmal einem Besucher an, ihn durch einen Schnitt ins linke Auge zu befähigen, im Trollsinn perfekt zu sehen und dadurch ein wirklicher Troll zu werden.

Obwohl die Trolle nachts leben und das Tageslicht meiden, haben sie Kontakt mit den menschlichen Bewohnern des Gebiets und sind vor allem bei den Sennerinnen sehr beliebt. Die Tochter des früheren Trollkönigs, des Dovre-Alten, heiratete einen Mann namens Peer Gynt, den sie in den Bergen traf und der mit ihr auf dem Rücken einer Sau ins Trollreich ritt.

Was die Religion betrifft, so wird jeder Glaube toleriert, solange Benehmen und Kleidung des Besuchers sich den Landessitten anpassen. Der König zum Beispiel hat einen Alltags- und einen Sonntagsschwanz, dem Reisenden bleibt es jedoch überlassen, an welcher Stufe der sozialen Hierarchie er sich zu orientieren wünscht.

Trolle sind egoistische Wesen, die nach dem Motto leben: »Troll, sei dir selbst genug!« Aus diesem Grund gibt es keine Almosen, Sparkassen oder Armenhäuser im Reich.

Ein Handicap werden manche Touristen in der Landesküche sehen: Sollte man die Ehre haben, zu einem der beliebten Kuhfladengerichte geladen zu werden, so tut man gut daran, sich schleunigst zu trollen.

Henrik Ibsen, *Peer Gynt,* Kopenhagen 1867.

DAS TROPISCHE TAL (auch »Totental«, »Tal der Kopflosen« und »Geheimnisvolles Tal« genannt) liegt in Kanada. Es erstreckt sich entlang des South Nahanni River inmitten der McKenzie Mountains – im Norden von British Columbia, östlich des Yukon-Territoriums. Nahanni, der indianische Name des Flusses, bedeutet: »Menschen da drüben, weit entfernt«. Im Tropischen Tal, einer warmen, grünen Oase inmitten des ewigen Schnees, gibt es heiße Quellen, exotische Laubbäume, prähistorische Tiere, seltsame Eingeborenenstämme und eine weiße Königin. Daß dort auch Kopfjäger anzutreffen sind, mußten im Jahre 1908 die Brüder Frank und Willie McLeod erfahren, deren enthauptete Leichname einige Zeit später in diesem Tal gefunden wurden.

Piere Berton, *The Mysterious North,* Toronto 1956.

TRYPHÊME, ein Königreich am Mittelmeer, direkt gegenüber den Balearen. In diesem fruchtbaren Land, das von den Pyrenäen im Nordwesten entlang der spanischen Grenze allmählich zur Küste im Südosten abfällt, gibt es mehrere Wälder und (aus niedrigen Häusern mit roten Ziegeldächern bestehende) Dörfer sowie einige einsame Bauernhöfe. Das Schloß ließ der regierende König Pausole in griechisch-byzantinischem Stil erbauen. Sehenswert ist vor allem die Fassade mit ihren griechischen Säulen. Im Wald jenseits der königlichen Gärten sind Statuen, künstliche Wasserfälle und kleine offene Tempel mit Marmorsäulen und Kuppeldächern zu sehen.

Der König ist unumschränkter Herrscher seines Landes. Sein riesiger Harem besteht aus den schönsten Frauen von Tryphême – jeweils eine für jeden Tag des Jahres. Offenbar sind alle dreihundertfünfundsechzig mit diesem Arrangement zufrieden, nicht aber die dreihundertsechsund-

sechzigste, die nur in den Schaltjahren an die Reihe kommt.

Das Gesetz dieses Königreiches basiert auf zwei Geboten: 1. Schade deinem Nachbarn nicht! 2. Beherzigst du dieses erste Gebot, so tu, was dir gefällt! Die Bevölkerung führt ein glückliches Dasein ohne jede Scheinheiligkeit und schämt sich ihrer Lebenslust nicht. Die individuelle Freiheit wird voll und ganz respektiert. Eifrig folgt jeder dem Beispiel des Königs Pausole: Man will ungestört und zufrieden leben und möglichst wenig Entscheidungen treffen. Hat man sich aber doch einmal zu einem Entschluß durchgerungen, so ist es durchaus möglich, daß die Ausführung lange Zeit auf sich warten läßt.

Abgesehen davon, daß sie gelbe Kopftücher und silberne Sandalen tragen, laufen die Frauen von Tryphême splitternackt herum. Jahraus, jahrein herrscht dort herrliches Wetter. Aus unerfindlichen Gründen haben die Geographen versucht, die Existenz dieses glücklichen Landes geheimzuhalten: Auf den meisten Landkarten ist dort, wo Tryphême liegt, nur Meer eingezeichnet.

Pierre Louÿs, *Les aventures du roi Pausole*, Paris 1901.

TSALAL, eine Insel hinter der Eisbarriere der Antarktis, geographische Lage: 83° 20′ südlicher Breite, 43° 5′ westlicher Länge. Sie gehört zu einem Archipel von insgesamt acht Inseln, der in eisfreien Gewässern von ungewöhnlich dunkler Farbe liegt. Auf der Insel, die eine Steilküste hat und dicht bewaldet ist, herrscht ein für diesen Breitengrad unerhört mildes Klima. Felsgestein von ungewöhnlicher Form, Farbe und Schichtung ist ein weiteres Charakteristikum Tsalals. Die Vegetation ist einzigartig, und auch das Wasser auf der Insel hat nirgendwo seinesgleichen: Es ist trinkbar, obwohl es eine Konsistenz wie in Wasser aufgelöstes Gummiarabikum hat. Fließendes Wasser zeigt jede erdenkliche Schattierung von Purpurrot und erinnert an changierende Seide. Füllt man Wasser in ein Gefäß, so stellt man fest, daß die Flüssigkeit aus mehreren Adern besteht, die einen jeweils anderen Farbton haben und sich nicht vermischen. Zieht man ein Messer quer durch diese Adern, so schließt sich das Wasser sogleich um die Klinge, bewegt man diese aber vorsichtig zwischen zwei Adern, so erzielt man eine völlige Scheidung, die durch die Kohäsionswirkung nicht sofort wieder aufgehoben wird.

Die Eingeborenen sind pechschwarz, haben langes, dichtes, wolliges Haar und sind so groß wie der Durchschnittseuropäer, aber viel stämmiger gebaut. Kleidung tragen nur die Krieger: Sie verstehen sich sehr gut darauf, das dunkle, dichte, seidig glänzende Fell eines unbekannten Tieres zuzuschneiden und um ihren Körper zu drapieren. Bewaffnet sind sie mit Keulen aus dunklem Holz, Speeren mit Feuersteinspitzen und zuweilen auch mit Schleudern.

Auf Tsalal gibt es ein aus primitiven Wohnstätten bestehendes Dorf namens Klock-Klock. Die meisten Insulaner hausen in kleinen, niedrigen Höhlen, die in einen steilen Hang aus dunklem Gestein gegraben wurden, das eine gewisse Ähnlichkeit mit Lehmstein hat. Hier und dort sind auch andere Behausungen zu finden, zum Beispiel solche, die aus einem großen, schwarzen, über einen gefällten Baumstamm gespannten und in Falten herabhängenden Fell bestehen oder auch aus Ästen mit vergilbtem Laub, die in einem Winkel von 45° in einen fünf bis sechs Fuß hohen Lehmhaufen gerammt wurden. Manche Eingeborene haben ihre Behausung auf den gegabelten Ästen der Bäume, und anderen genügt ein Loch, das sie in den Erdboden gegraben und mit Zweigen abgedeckt haben.

Die Fauna der Insel ist höchst merkwürdig. Zu den Haustieren zählt ein großer Vierfüßer, dessen Körperbau und Rüssel an unser Hausschwein erinnern; er hat jedoch einen buschigen Schwanz und zierliche, schlanke Beine, die Antilopenläufen ähneln. Er bewegt sich sehr unbeholfen und verfällt nie in eine schnellere Gangart. Eine andere dort heimische Tierart ist diesem Geschöpf in mancher Hinsicht ähnlich, hat jedoch einen längeren Rumpf und ein wolliges, schwarzes Fell. Zahmes Geflügel in großer Vielfalt – darunter eine entenähnliche Spezies und pflanzenfressende Bussarde – bildet die Hauptnahrung der Insulaner. Diese haben auch den schwarzen Albatros domestiziert, der zwar regelmäßig hinaus aufs Meer fliegt, aber stets zu den menschlichen Behausungen zurückkehrt. Fische und Schildkröten sind im Überfluß vorhanden. Die Schlangen auf Tsalal sehen furchterregend aus, dürften aber, da die Eingeborenen keine Angst vor ihnen haben, nicht giftig sein. An der Südküste der Insel, wo der schwarze Albatros nistet, gibt es Unmengen von *bêches-de-mer* (d. i. eine im Handel unter dem Namen *bouche-de-mer* – »Leckerbissen aus der See« – bekannte Molluske).

Soviel bekannt, gelangte bisher nur ein einziges Expeditionsschiff bis nach Tsalal, nämlich der Schoner *Jane Guy* aus Liverpool, der am 19. Januar 1828 dort eintraf. Bis auf zwei wurden sämtliche Expeditionsmitglieder von den Eingeborenen umgebracht. Einer der beiden Überlebenden, Arthur Gordon Pym aus Nantucket (USA), entdeckte in verschiedenen Schluchten der Insel

Felsspalten und in der am weitesten östlich gelegenen Schlucht mehrere Vertiefungen, die wie Schriftzeichen geformt waren. Wie sich später herausstellte, entsprach die Form dieser Schluchten und Vertiefungen genau der äthiopischen Wortwurzel, die »dunkel sein« bedeutet und von der alle Bezeichnungen für »Schatten« oder »Finsternis« abgeleitet werden, sowie der arabischen Wortwurzel für »weiß sein«, von der sich alle Bezeichnungen für »Glanz« oder »Weiße« herleiten, und des weiteren dem vollständigen ägyptischen Wort für »südliche Region«.

In diesem Zusammenhang ist bemerkenswert, daß die Farbe Weiß auf Tsalal nicht vorkommt, daß schon der Anblick weißer Dinge die Eingeborenen in Schrecken versetzt und daß im Süden der Insel alles schwarz ist. Möglicherweise wurde die Besatzung der *Jane Guy* wegen ihrer Hautfarbe umgebracht. Eine philologische Analyse des Namens der Insel könnte vielleicht einen Zusammenhang zwischen diesem und den durch die Schluchten gebildeten Schriftzeichen aufdecken.

Edgar Allan Poe, *The Narrative of Arthur Gordon Pym of Nantucket*, NY/Ldn. 1838.

Methode zur Scheidung des Wassers auf der Insel TSALAL: *Man gieße Wasser in ein Gefäß (A), nehme ein Messer in die rechte Hand (B) und stecke die Klinge zwischen zwei Wasseradern (C).*

TSCHOBANISTAN, ein riesiges Land zwischen ↗ DSCHUNUBISTAN und ↗ USSULISTAN, mit dem es nur durch den schwierigen und gefährlichen Paß von Chatar verbunden ist. In diesem Wüsten- und Steppenland, das durch den Fluß Ssul in einen Ost- und einen Westteil zerfällt, sind keine Städte zu besichtigen, denn die Bewohner dieses Landes leben als Nomaden in Zeltdörfern. Es wird angenommen, daß das Becken von Tschobanistan früher ein riesiger See war, der über die Ufer trat. Das Wasser suchte einen Weg nach außen und ergoß sich durch die Landenge von Chatar, der See trocknete aus, das Land versteppte. Lange gab es nur die geheimen Wasserreservoirs, die der Herrscher von ↗ DSCHINNISTAN angelegt und für die Freunde des Friedens mit einem Engel gekennzeichnet hatte.

Die Tschoban tragen recht bunte Kleidung mit einem Umhang über Schultern und Hosen, Lederstiefel und Turbane, an denen man ihren sozialen Rang ablesen kann. Einen grünen Turban darf zum Beispiel der tragen, der seine Abstammung vom Propheten Mohammed beweisen kann. Sehr hochstehende Tschoban fassen ihre Haare in Pferdeschwänze zusammen und flechten Gold- und Silbermünzen hinein. Da die Tschoban jahrhundertelang in der Wüste gelebt haben, fürchten sie sich instinktiv vor dem Wasser und können natürlich nicht schwimmen. So mußten ihre Übergriffe auf das von Seen und Kanälen durchzogene Ussulistan regelmäßig scheitern, da sich die Ussul einfach auf ihre Inseln zurückzogen und dem Feind keine Angriffsfläche boten.

Karl May, *Ardistan,* in *Ges. Reiseerzählungen,* Bd. 31, Freiburg i. B. 1909. – Ders., *Der Mir von Dschinnistan,* in *Ges. Reiseerzählungen,* Bd. 32, Freiburg i. B. 1909.

DER TSINTSIN-DAGH, ein gewaltiger Berg, liegt an den Gestaden des Sees Nam-Tcho (auch bekannt als Tengri-nor oder See der Himmlischen Berge) in Nordtibet, vier Tagesreisen nordwestlich von Lhasa. Der See hat die Form eines Hufeisens, und seine Ufer sind mit *tinkal* bedeckt, das im Sonnenlicht weiß, bernstein- oder topasfarben leuchtet, und bei Sonnenuntergang wie Rubin funkelt. Der Legende nach wohnen im See die Schlangengötter, die mit ihren unglaublichen Schätzen all jene belohnen, die ihnen Milch oder klares Wasser zu trinken geben.

Der Tsintsin-Dagh erinnert an eine Festung. Auf dem Gipfel befindet sich das Lama-Kloster der Schweigenden Brüder, ein weißes Gebäude mit roten Türen und flachen Dächern, mit Fahnen aus Yakhaaren und Glöckchen, die die bösen Geister fernhalten sollen. Das Haupt dieser aus fünfhundert Mönchen bestehenden Gemeinde lebt allein in einem roten Turm auf einem Felsvorsprung, der durch eine Kluft vom Kloster selbst getrennt ist. Die Mönche haben ein Schweigegelübde abgelegt, aber sie dürfen sich durch Zeichensprache verständigen. Die Heirat ist ihnen gestattet, vorausgesetzt, daß ihre Frauen nicht im Tempel leben. Der rote Turm, an dessen Tür ein menschlicher Oberschenkelknochen als Türklopfer dient, ist ein viereckiger zinnenbewehrter Bau. Besucher, die das Labyrinth der Wendeltreppen hinaufsteigen wollen, werden durchsucht und mit verbundenen Augen vor Seine Heiligkeit gebracht. Am Südhang des Berges liegt ein Terrassengarten, wo Rhododendron, Mohn, Iris, Anemone, Geißblatt und Arzneipflanzen wild wachsen.

Besucher sollten das Jahresfest besuchen, an dem Kranke im wundertätigen, angeblich radioaktiven Wasser einer Höhle am Fuße des Berges gebadet werden. Reisende müssen sich bei der Ankunft einer Teufelsaustreibung unterziehen, um die Dämonen zu verscheuchen, die nach Ansicht der Mönche die Reisenden verfolgen. Marco Polo hat dieses Fest in einem Text beschrieben, den man lange verloren glaubte, der aber von deutschen Wissenschaftlern gefunden wurde, die hier während des Zweiten Weltkriegs mit Radium experimentierten.

Besucher kommen durch die sogenannten Tore der Hölle an, einem unheimlichen Canyon aus steilen okkerfarbenen Klippen. Man sieht sich besser vor, denn große wilde weiße Wölfe und Einhörner treiben sich in dieser Gegend herum.

Paul Alperine, *Ombres sur le Thibet,* Paris 1945.

TUPIA, eine kleine, seit Jahrhunderten unbewohnte Insel des Archipels ↗ MARDI.

Einer alten, auf den Nachbarinseln verbreiteten Sage zufolge soll vor einer Million Monden eine Menschenrasse von winziger Körpergröße auf Tupia gelebt haben. Diese nur wenige Zoll großen Geschöpfe hatten ein seidenweiches Fell und auf dem Kopf anstelle von Haaren sehr feine, lanzettförmige Grashalme. Die Männer trugen ihr »Grashaar« kurz, die Frauen dagegen befeuchteten das ihre mit Tau, damit es recht lang und dicht wurde, und richteten dann winzige, insektenähnliche Vögel dazu ab, in dieser Mähne aus Gras zu nisten. Auf diese Weise konnten die Frauen, wo sie gingen und standen, das Gezwitscher der Vögel und das Rascheln der Halme hören. (Ende des 19. Jahrhunderts bediente sich in England ein bärbeißiger alter Mann, der irgendwie mit den Urhebern dieser bukolischen Legende verwandt gewesen sein muß, der gleichen Methode, um seinen Vollbart zu schmücken: Zeitweise nisteten darin zwei Eulen, ein Huhn, vier Lerchen und ein Zaunkönig.)

Wie jene alte Sage berichtet, umschlangen die Mädchen von Tupia ihre Liebsten nicht mit den Armen, sondern mit ihren langen Grashaaren. Diese begannen, wenn die Mädchen noch sehr jung waren, Blüten zu treiben – ein sicheres Zeichen für den baldigen Tod: Standen die »Haare« in voller Blüte, so starben die Mädchen. Auf ihren Gräbern aber wachsen und blühen die Grashaare noch heute.

Herman Melville, *Mardi, and a Voyage Thither,* NY 1849. – Edward Lear, *A Book of Nonsense,* Ldn. 1846.

TUROINE ist eine kleine geschäftige Stadt am Rand des ↗ MISPEC-MOORS, in der die weiße und die schwarze Magie blühen. Alle Gebäude sind mit Sternen, Pentagrammen, Dreiecken und Tierkreiszeichen bedeckt und von Geißblatt, weißen Lilien, schwarzem Mohn und tödlichem Nachtschatten überwuchert.

Die Magie, die in der Stadt ausgeübt wird, reicht vom Vergeltungszauber bis zur Hexerei, die das verschlossene Tor eines Gefängnisses öffnet oder geträumte Sünden verwirklicht. Manche Magier können Vorübergehende mit allen möglichen Krankheiten schlagen; andere beeinflussen das Wetter oder verwandeln sich in Wölfe, Katzen und Hasen.

Am Rand der Stadt sitzt eine Sphinx und schreibt mit einer schwarzen Feder in ein großes schwarzes Buch. Sie sitzt schon so lange dort, daß sie halb im roten Sand begraben ist. Ihr Geschlecht ist unbekannt, man kann sie mit »Mein Herr« oder auch mit »Gnädige Frau« anreden. Wenn man sie fragt, warum sie sich nicht von der Stelle rührt, so erklärt sie, sie habe die Sinnlosigkeit aller Bewegung erkannt. Dann wendet sie sich wieder ihrem Buch zu. Seit Jahrhunderten feilt sie an dem ersten Absatz, der eine Zusammenfassung alles dessen werden soll, was später behandelt wird.

James Branch Cabell, *Something about Eve...,* Ldn. 1927.

TUSHUO, ein Berg, der sich aus dem Ozean erhebt, südwestlich vom Tor der Geister in China. Auf seinem Gipfel wächst ein riesiger Pfirsichbaum; er ist bewohnt von zwei Geisterfängern, Shen Tu und Yu Lei, die den in dieser Gegend häufig vorkommenden Tigern böse Geister zum Fraß vorwerfen. Ihnen zu Ehren verfügte der Gelbe Kaiser, daß seine Untertanen einmal im Jahr ein riesiges Standbild aus Pfirsichholz zu errichten und auf ihre Türen die Namen Shen Tu und Yu Lei zu malen haben.

Anon., *Shan-hai-ching,* (1. Jh.), o. O. 1536.

TUTULAND, ein kleines Königreich an der Ostküste einer verzauberten Insel. Ein nahegelegenes Tal ist berühmt für seine Feigenbäume: Wer davon ißt, dem wächst eine riesige Nase. Das einzige Gegenmittel ist das Wasser einer Quelle am Grund des Tals. Die ganze Insel steht unter dem Schutz einer Fee, die alle hundert Jahre ihre Zauberkräfte auf einen Sterblichen ihrer Wahl überträgt. Im frühen neunzehnten Jahrhundert wurden diese Kräfte einem ruinierten Barometermacher verliehen. Prinz Tutus Tochter, Zoraide, stahl ihm die Zauberkräfte. Als Strafe brachte der Barometermacher sie mit Hilfe ihrer Dienerin dazu, von den berüchtigten Feigen zu essen, und zwang sie, im Austausch gegen das Heilmittel, zur Rückgabe der gestohlenen Zauberkräfte.

Ferdinand Raimund, *Der Barometermacher auf der Zauberinsel,* in *Sämtliche dramatische und poetische Werke,* Wien 1837.

U

ÜBERMASS, eine bewaldete Insel nicht weit von Registratien. Die Bewohner sind gute Esser und haben die seltsame Gewohnheit, sich die Haut aufzuschlitzen, um das Fett heraustropfen zu lassen. Sie behaupten, daß sie sich dadurch wohler fühlen und schneller wachsen, so wie bestimmte Bäume rascher wachsen, wenn man ihre Rinde einritzt.

Nach einem lokalen Brauch geben die Inselbewohner, wenn ihre »Platzzeit« gekommen ist (das heißt, der Moment, da das Bauchfell und die Haut, nachdem sie so oft eingeritzt worden sind, die Eingeweide nicht mehr länger halten können), ein »Platzen« oder ein großes Fest, zu dem alle Freunde und Verwandten geladen sind. Bei diesem »Platzfest« trinkt der Gastgeber soviel er kann, bis ein lauter durchdringender Furz allen Anwesenden anzeigt, daß er schließlich und glücklich geplatzt ist.

François Rabelais, *Le cinquiesme et dernier livre des faictz et dictz heroiques du bon Pantagruel...,* Paris 1564.

DAS UNERREICHBARE LAND liegt irgendwo inmitten eines großen Waldes. Auf einer Lichtung am Rande einer wundersamen Wiese stehen Eichen, Kastanienbäume und Palmen. Auf der anderen Seite der Wiese ist, vor einem blauen Meer, ein Garten mit Apfelbäumen zu sehen. Durch das Land schlängelt sich ein Flüßchen, das jenseits des Horizonts ins Meer mündet. Im Norden liegt eine kleine Bucht mit Wasserlilien und Seerosen, gesäumt von Kokospalmen und Orangenbäumen, über deren Wipfeln ein großes Schloß in den Himmel ragt. Jenseits des Waldes liegt ein Dörfchen, von dem aus jenes wunderbare Land zu erblicken ist. Hineingelangen kann man nie, aber es gibt so manches, was einem dazu verhelfen kann, es greifbar nahe vor sich zu sehen – sei es die lebhafte Erinnerung eines geliebten Menschen, sei es ein Kinderbuch, eine gepreßte Blume in einem Tagebuch oder ein Apfelbaumzweig, den man durch die Vorhänge irgendeines Zimmers erblickt.

André Dhôtel, *Le pays où l'on n'arrive jamais,* Paris 1955.

URANOPOLIS, eine Stadt auf der Halbinsel Chalkidike in Griechenland. Sie wurde von Alexarchos gegründet (dem Bruder des Königs von Makedonien, Kassandros), der die merkwürdige Angewohnheit hatte, weitschweifende und wortreiche Beschreibungen für ganz gewöhnliche, alltägliche Dinge zu verwenden: Den Hahn nannte er »Sonnenaufgangs-Schreier«, den Barbier »Sterblichen-Rasierer«, die Drachme »ein Silberstückchen«, das Litermaß eine »Tagesration«, den Herold »lauten Schwätzer«. Einmal schickte er der Verwaltung von Kassandreia eine derart seltsame, verworrene Mitteilung, daß nicht einmal der Gott von Delphi ihren Sinn herausbekam. Uranopolis bedeutet übrigens »Stadt des Himmels«.

Athenaios aus Naukratis, *Deipnosophistai* (2. Jh.), Venedig 1514.

URNLAND liegt im Tiefland von Vistula am Rand einer Wüste hinter einer weiten Bucht und nicht weit von einem Land, das für seine Pferdezucht berühmt ist. Die Urnianer leben in ein paar Dörfern aus Holz und Schlamm. Regiert werden sie von einem König, dessen Palast ein rundes, fensterloses, mit Kamelfellen ausgelegtes Gebäude ist. Die Urnianer sind ausgezeichnete Reiter und Bogenschützen. Außerdem sind sie Schafhirten, Seeleute, Zauberer, Kupferstecher und Schmiede. Den Boden bestellen sie nicht.

Ihre ganze Literatur, ihre ganze Sprache besteht aus dem Wort *undr* was soviel heißt wie »Wunder« und manchmal durch einen Fisch dargestellt wird, manchmal durch einen roten Stab und eine Scheibe. In diesem Wort erkennt jeder seine Mühen, seine Liebesaffären, seine geheimen Taten, die Dinge, die er gesehen hat, die Leute, die er gekannt hat, wieder. In *undr* ist alles enthalten. Eine Beschreibung von Urnland wurde im elften Jahrhundert von Adam von Bremen geschrieben und von Lappenberg veröffentlicht, der das Manuskript in der Oxforder Universitätsbibliothek in einem Band mit dem Titel *Analecta Germanica,* Leipzig 1894, fand.

Jorge Luis Borges, *Undr,* in *El libro de arena,* Buenos Aires 1975.

USSULISTAN, ein Land, das der Besucher nur selten von Süden her über den gefährlichen Paß von Chatar betreten wird, sondern eher von der Nordküste aus. Doch dann muß er erst eine beschwerliche Reise durch ein weites Sumpfgebiet machen. Das Land hier ist wie ein Schwamm, der das Meerwasser aufsaugt, reinigt und entsalzt, so daß sich viele Süßwasserseen und Sümpfe – eine Art »Moderland« – gebildet haben.

Über eine weite, von Mangrovenwäldern bedeckte Tiefebene erreicht man die Hauptstadt Ussula, die aus Pfahlbauten besteht und die einzige Stadt des Landes ist. Unzählige Gräben und Kanäle durchziehen sie. Es gibt kaum Brücken; man besucht einander mit dem Boot oder schwimmt ganz einfach zum Nachbarn – die Ussul sind nahezu amphibische Wesen und schwimmen wie die Fische.

Die einzigen Steingebäude sind der Tempel und der Palast, die auf der Hauptinsel in der Mitte stehen und von einer riesigen Mauer umgeben sind. Zwischen zwei majestätischen Türmen steht eine große Pferdestatue, der einzige Beweis für künstlerische Ambitionen bei den Ussul. Da man sich nicht entscheiden konnte, wem man das Denkmal widmen sollte, blieb das Pferd ohne Reiter. Wenn jetzt prominente Gäste nach Ussula kommen, setzt man einfach einen lebenden Mann auf das Pferd. – Bei Angriffen ihrer traditionellen Gegner aus ↗ TSCHOBANISTAN ziehen sich die Einwohner auf ihre Inseln oder sogar ins Wasser zurück, denn ihre Feinde haben Angst vor dem Wasser und können nicht schwimmen.

Jenseits der Hauptstadt wird das Land felsiger und war jahrhundertelang Wüste, bis der ausgetrocknete Fluß, der es früher durchströmte, wieder zu fließen begann. In früheren Zeiten gab es südlich von Ussula nur einige geheime, unterirdische Wasserreservoirs, die durch Engelsstatuen des Herrschers von ↗ DSCHINNISTAN gekennzeichnet waren.

In der Nähe der Hauptstadt liegt die »Insel der Heiden«. Hier hat ein Fremder aus Dschinnistan, der mit der Tochter des Hohenpriesters verheiratet war, aus Marmor, den er von seinen Reisen mitgebracht hatte, ein prismenförmiges Denkmal errichtet. Die Inschriften stammen aus den Heiligen Büchern aller Religionen der Welt und sind im wesentlichen den Themen Schöpfung, Erlösung, Sünde und Strafe gewidmet.

Die Ussul sind ziemlich primitive, aber freundliche Riesen. Ihre Messer würden bei uns als Äxte gelten. Sie gehen in Leder und einen rauhen Stoff gekleidet und bewirten Fremde mit frischem Brot, Salz und einem hochprozentigen Schnaps, den sie *simmsenn* nennen. Berühmt ist Ussulistan für seine Pferde und Hunde. Die »Urgäule« sind riesige amphibische Wesen mit winzigen, eng zusammenstehenden Augen. Die Hunde sind bestens darauf trainiert, in der Wüste Wasser aufzuspüren und haben gleichzeitig Schwimmhäute zwischen den Zehen.

Karl May, *Ardistan,* in *Ges. Reiseerzählungen,* Bd. 31. Freiburg i. B. 1909. – Ders., *Der Mir von Dschinnistan,* in *Ges. Reiseerzählungen,* Bd. 32, Freiburg i. B. 1909.

UTOPIA, eine Insel vor der südamerikanischen Küste. Ursprünglich hieß sie Abraxa und war durch eine Landenge mit dem Festland verbunden. Ihr heutiger Name geht auf Utopos, einen ihrer ersten bezeugten Herrscher, zurück.

Sobald Utopos dort gelandet und an die Macht gekommen war, ließ er an der Stelle, wo die Halbinsel mit dem Festland zusammenhing, fünfzehn Meilen Landes ausstechen, so daß Utopia nun ganz vom Meer umgeben war. An ihrer breitesten Stelle dehnt sich die Insel (deren Form ungefähr dem zunehmenden Mond gleicht) zweihundert Meilen weit aus, nach den beiden Enden hin wird sie immer schmäler. Die Meerenge zwischen den beiden »Hörnern« ist rund elf Meilen breit. Die gewaltige Wasserfläche, um die sich die Insel zieht, ist windgeschützt und wohl eher als riesiger Binnensee denn als Meer zu bezeichnen. Fast die gesamte innere Küstenlinie Utopias ist also ein natürlicher Hafen. Untiefen und Unterwasserriffe machen die Einfahrt äußerst gefährlich. Auf dem einzigen sichtbaren Riff steht ein Wachturm. Da die sicheren Fahrrinnen nur den Utopiern bekannt sind, ist es für fremde Schiffe nahezu unmöglich, ohne Lotsen in das Hafenbecken einzufahren. Zudem könnten die Utopier durch Veränderung der entlang der Küste angebrachten Markierungen jede feindliche Flotte ins Verderben locken. Die auf der anderen Seite der Insel gelegenen Häfen haben sie so stark befestigt, daß selbst eine große angreifende Flotte von wenigen Verteidigern abgewehrt werden könnte.

Die vierundfünfzig Städte des Inselstaates sind alle nach dem gleichen Plan erbaut. Jede ist von der nächsten mindestens vierundzwanzig Meilen und höchstens eine Tagereise entfernt. Die Hauptstadt Amaurotum (»Nebelstadt«) liegt in der Mitte – an einem Uferhang des Anyder-Flusses. Sie ist auf einem quadratischen Areal erbaut (Grundfläche: vier Quadratmeilen) und von einer Mauer mit zahlreichen Türmen und Bollwerken umgeben. Auf drei Seiten zieht sich ein dicht mit Dornbüschen bewachsener Graben um die Stadtmauer, auf der vierten bildet der Fluß einen Wehrgraben. Bei Flut können die Schiffe von der Mündung des Anyder bis zur dreißig Meilen entfernten Hauptstadt fahren. Da ein Nebenfluß innerhalb des Stadtgebietes entspringt, würde in Amaurote selbst während einer langen Belagerung kein Wassermangel herrschen.

Den Annalen des Inselstaates ist zu entnehmen, daß diese Stadtanlage von Utopos selbst entworfen wurde und ursprünglich aus strohgedeckten Holzhütten bestand, deren Wände mit Lehm verputzt waren. Heute stehen dort dreistöckige, aus Basalt oder Backsteinen erbaute Häuserreihen, zwischen denen zwanzig Fuß breite Fahrdämme verlaufen. Hinter jeder Häuserzeile ist ein Gemeinschaftsgarten angelegt, an den die Rückseiten anderer Häuser grenzen. Hier wetteifern die Bewohner darum, den Preis für den schönsten Garten ihres Wohnviertels zu erhalten. Die Haus- und Gartentüren öffnen sich auf leichten Druck und schließen sich automatisch. Die Flachdächer sind mit einer Art Stuckmasse verputzt, die sehr preiswert, aber feuersicher und wetterfester als Blei ist. Die wenigen Fenster, die keine Glasscheiben haben, sind mit dünner Leinwand, getränkt mit Öl

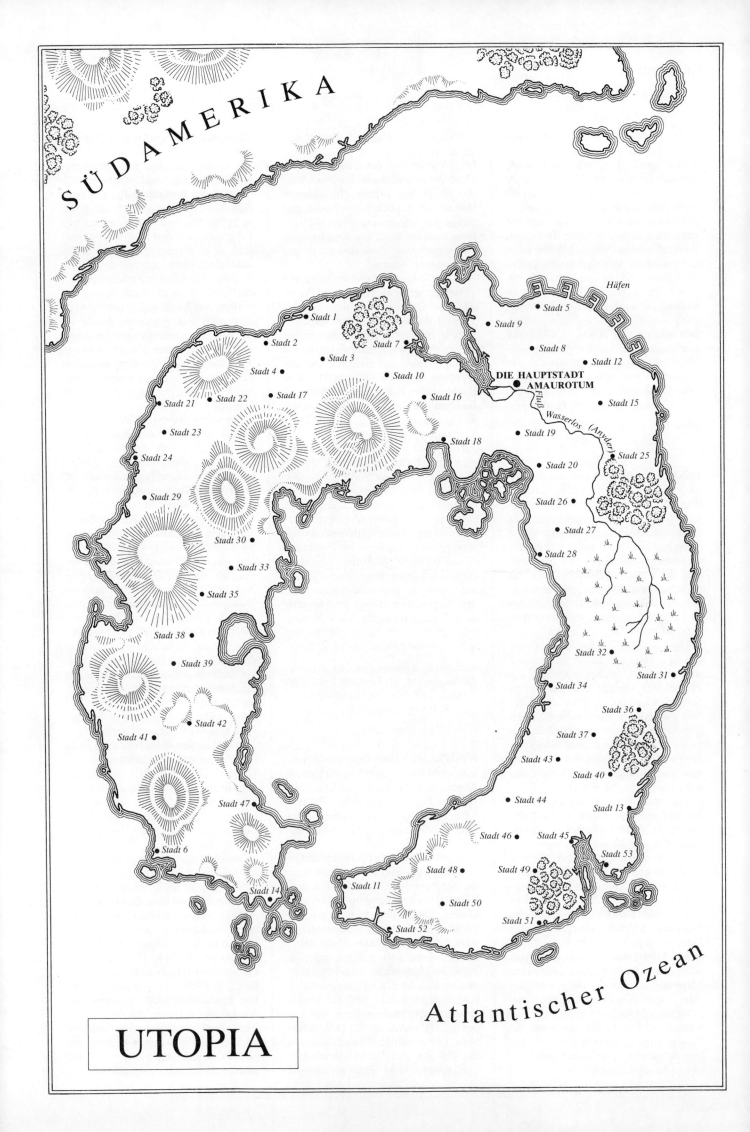

oder lichtdurchlässiger Bernsteinmasse, verkleidet. Alle zehn Jahre wird den Bewohnern durch Losentscheid ein anderes Haus zugeteilt.

Außerhalb der Städte sind über die ganze Anbaufläche Höfe verteilt – ausgestattet mit landwirtschaftlichen Geräten und groß genug, um vierzig Bürgern und zwei Ackersklaven Unterkunft zu bieten. Die Aufsicht über jeweils dreißig solcher Höfe führt ein »Pylarch«. Jedes Jahr kehren zwanzig Bürger nach zweijähriger Landarbeit in die Stadt zurück, und die gleiche Anzahl zieht aus der Stadt aufs Land, um dort unter Anleitung derer zu arbeiten, die bereits ein Jahr lang Erfahrung gesammelt haben.

Im Ackerbau werden alle Utopier schon von Kind an unterwiesen. Daneben erlernt jeder, ob Mann oder Frau, ein zweites Gewerbe – die Tuchmacherei oder die Leineweberei, das Maurer-, Schmiede-, Schlosser- oder Zimmermannshandwerk. Für das Schneidergewerbe besteht kein Bedarf, da alle Utopier einheitliche Kleidung tragen, die jede Familie selber anfertigt. Jugendliche, denen das väterliche Gewerbe nicht zusagt, können das Handwerk ihrer Wahl bei einem »Adoptivvater« erlernen. Wer in zwei Berufen ausgebildet ist, kann sich frei für einen davon entscheiden, vorausgesetzt, daß die Ausübung des anderen nicht im öffentlichen Interesse liegt.

Arbeit ist die Grundlage des Gemeinwesens Utopia. Von den männlichen und weiblichen Einwohnern jeder Stadt sind nur knapp fünfhundert kraft Gesetz von der Arbeit freigestellt. Angesichts des großen Potentials an Arbeitskräften, ihres sorgfältig geplanten Einsatzes, der zentral gelenkten Versorgung mit Gebrauchsgütern und der Beschränkung auf lebenswichtige Gewerbe nimmt es nicht wunder, daß dieses Staatswesen zu großem Wohlstand gelangt ist.

Bei einer täglichen Arbeitszeit von nur sechs Stunden kommt es in diesem Wirtschaftssystem zu keinerlei Engpässen in der Versorgung mit lebenswichtigen Gütern oder im Dienstleistungsgewerbe. Daß niemand mit der Produktion überflüssiger oder unnützer Waren beschäftigt ist, hat noch andere Vorteile: Zum einen können von Zeit zu Zeit genügend Arbeitskräfte für den Straßenbau und andere öffentliche Arbeiten freigestellt werden, zum anderen kann der Staat jedem Bürger zwischendurch mehr Freizeit für die geistige Fortbildung gewähren.

Aus ihrem Produktionsüberschuß exportieren die Utopier zu mäßigen Preisen Getreide, Honig, Wolle, Leinen, Holz, Felle, Leder, Talg und Nutzvieh. Jeweils ein Siebtel dieser Ausfuhrgüter überlassen sie kostenlos den Armen des Empfängerlandes. Ihr eigener Import beschränkt sich auf Eisen und große Mengen Gold und Silber. Obwohl Geld in ihrem Staat kein Wert an sich ist, verfügen sie über enorme Gold- und Währungsreserven – für den Fall, daß ihrem Land von außen Gefahr drohen oder die Notwendigkeit bestehen sollte, Feinde zu bestechen oder im Ausland Söldner anzuwerben.

Utopia ist eine Republik, in der sich jeder Bürger der Gemeinschaft verpflichtet fühlt. Alle haben Anteil am Produktionsprozeß und erhalten aus den Vorratslagern und auf den Lebensmittelmärkten, was sie zum Leben

Ein Gemeinschaftsgarten in Amaurotum, der Hauptstadt von UTOPIA

brauchen. Die Abschaffung des Geldes und des Privateigentums hat dem Besitzstreben, aber auch der Armut ein Ende gemacht und bewirkt, daß niemand mehr versucht, auf verbrecherische Weise zu Reichtum und Macht zu gelangen.

Das Gesellschaftssystem basiert auf dem Zusammenschluß von jeweils dreißig Haushaltungen zu einer Großfamilie. Jeder Familienverband wählt einen Vorsteher auf Lebenszeit, und jeweils zehn dieser *Syphogranten* (oder »Pylarchen«) bestimmen einen *Tranibor* (auch »Protopylarch« genannt), der, wie alle Beamten, nur auf ein Jahr gewählt wird. Jede Stadt hat zweihundert *Syphogranten*, die, nachdem von den Stadtvierteln vier Bewerber nominiert wurden, das Stadtoberhaupt auf Lebenszeit wählten. In Anwesenheit zweier *Syphogranten* verhandeln die *Traniboren* und das Stadtoberhaupt jeden dritten Tag über öffentliche Angelegenheiten oder schlichten Privatstreitigkeiten (was allerdings nur selten notwendig ist). Zu der einmal im Jahr stattfindenden Beratung über Angelegenheiten, die das gesamte Staatswesen betreffen, entsendet jede Stadt drei erfahrene Bürger.

Auf Vorschlag der Priester und nach geheimer Abstimmung der *Syphogranten* werden Bürger, die sich einem Studium widmen wollen, von der gesetzlichen Arbeitspflicht entbunden. Wer die in ihn gesetzten Erwartungen nicht erfüllt, muß wieder seinem Gewerbe nachgehen, hat aber die Chance, sich in seiner Freizeit weiterzubilden. Alle Gesandten, Priester, *Traniboren* und Stadtoberhäupter gehören dem Stand der geisteswissenschaftlich Gebildeten an.

Die Lehre von der Gleichheit aller ist auch in der republikanischen Gesellschaft Utopias noch nicht verwirklicht. Die Frauen sind ihren Ehemännern, die Kinder ihren Eltern, die jüngeren den älteren Bürgern untertan. Und es werden nach wie vor Sklaven gehalten. Dabei handelt es sich nicht etwa um Kriegsgefangene, sondern größtenteils um verurteilte Missetäter aus anderen Staaten. Dazu kommen Delinquenten aus dem eigenen Land. Diese beiden Gruppen müssen Fesseln tragen. Die härtere Behandlung der einheimischen Sklaven wird damit begründet, daß diese trotz einer vortrefflichen Erziehung zur Tugend auf die schiefe Bahn geraten seien. Die dritte Gruppe rekrutiert sich aus Fremdarbeitern, die lieber in Utopia Sklavendienst leisten, als zu Hause im Elend zu leben. Sie werden gut behandelt, dürfen das Land jederzeit verlassen (wozu sich aber nur wenige entschließen) und erhalten in diesem Fall eine kleine Vergütung.

Die Utopier zählen zu den wenigen Nationen, die den Krieg für etwas Bestialisches halten. Trotzdem werden alle Bürger, auch die Frauen, militärisch ausgebildet, um notfalls ihr Land zu verteidigen oder befreundeten Nationen im Kampf gegen Aggressoren beizustehen, aber auch um zu intervenieren, wenn Kaufleute aus Utopia im Ausland schikaniert werden. Im allgemeinen aber ziehen es die Utopier vor, ihre Feinde durch List und Tücke zu besiegen. Sie bedienen sich zahlreicher Geheimagenten, setzen Prämien für die Beseitigung gegnerischer Fürsten aus und sind bereit, Verrätern im feindlichen Lager jeden Betrag zu zahlen. Denen, die solche Methoden als unehrenhaft bezeichnen, halten sie entgegen, daß es vernünftiger sei, Kriege auf diese Weise auszutragen, als Tausende von unschuldigen Menschen in der Schlacht zu töten. Vor kriegerischen Mitteln schrecken sie allerdings nicht zurück, wenn es um ihre Kolonialpolitik geht. Herrscht in Utopia Bevölkerungsüberschuß, so werden Bürger aufs Festland geschickt, um in einer noch unbebauten Gegend eine Kolonie zu gründen. Wenn die Eingeborenen nicht willens sind, nach den Gesetzen der Utopier zu leben, werden sie vertrieben; leisten sie Widerstand, wird Krieg gegen sie geführt. Die Utopier halten es für gerechtfertigt, auf diese Weise gegen Völker vorzugehen, die anderen die Nutzung von Grund und Boden verweigern, den sie selbst nicht bebaut haben.

Gleichwohl unterhalten fast alle Nachbarvölker freundschaftliche Beziehungen zu Utopia (das manche von ihnen schon vor langer Zeit aus der Tyrannei befreit hat). Sie fordern Administratoren aus der Inselrepublik an – sehr zu ihrem eigenen Vorteil, da diese ungemein tüchtige Beamte und zudem unbestechlich sind. (Geld würde ihnen zu Hause in Utopia, wohin sie nach einer bestimmten Zeit zurückkehren müssen, ohnehin nichts nützen.)

Im Kriegsfall werben die Utopier Söldner an, wobei sie denen aus ↗ VENALIA (dem »Land der Käuflichen«) den Vorzug geben. Ihr eigenes Truppenkontingent für Feldzüge im Ausland besteht ausschließlich aus Freiwilligen. Die Armee der Utopier ist bekannt dafür, daß sie niemals einen Waffenstillstand bricht, kein feindliches Territorium zerstört und alles tut, um die Felder zu schonen und die Zivilbevölkerung vor Schaden zu bewahren. Von besiegten Ländern verlangen sie Reparationen, die zum Teil in Form von Grundbesitz geleistet werden können, der zinspflichtig bleibt.

Toleranz in Glaubensfragen ist eines der ältesten Prinzipien des Staates Utopia. Es gibt dort religiöse Gruppen, die den Mond, die Sonne oder andere Himmelskörper anbeten, und solche, die eine ruhmreiche Persönlichkeit der Vergangenheit zu ihrer höchsten Gottheit gemacht haben. Die Mehrheit des Volkes aber glaubt an eine alleinzige göttliche Macht, welche die Fassungskraft des menschlichen Geistes übersteigt – eine Macht, die sie »Vater« nennen. Immer mehr Utopier bekennen sich zu diesem Glauben, den man als reformiertes Christentum bezeichnen könnte. Religiöse Fanatiker, die gegen das bereits von Utopos erlassene Verbot verstoßen, andere Religionsgemeinschaften zu schmähen und damit das friedliche Zusammenleben zu stören, werden mit Verbannung oder Sklavenarbeit bestraft. Die einzigen Dogmen, zu denen sich der Inselstaat bekennt, sind die Lehre von der Unsterblichkeit der Seele und die vom Walten einer göttlichen Vorsehung. Es gibt natürlich auch in Utopia Materialisten, sie bilden jedoch eine verschwindend kleine Minderheit. Ins andere Extrem sind jene verfallen, die selbst den Tieren eine unsterbliche Seele (wenn auch nicht von der gleichen Würde wie die Seele des Menschen) zuschreiben.

Auch in anderer Hinsicht gibt es in Utopia eine »Sektenbildung«: auf der einen Seite die Unverheirateten, die der fleischlichen Liebe völlig abgesagt haben, aber auch auf den Verzehr von Fleisch (oft sogar auf jede von Tieren stammende Nahrung) verzichten, alle Freuden des irdischen Daseins für nichtig erachten und nur nach denen des künftigen Lebens trachten (eine Weltanschauung, die von den Mitbürgern durchaus respektiert wird); auf der anderen Seite jene, die neben der Arbeit auch Vergnügen haben möchten und die Ehe bejahen, weil sie überzeugt sind, der Natur ihren Zoll und dem Vaterland Kinder zu schulden.

Da die Utopier an die ewige Glückseligkeit im Jenseits glauben, betrauern sie ihre Toten nicht, sondern geleiten sie mit Gesang zur Feuerbestattung und sprechen danach zu Hause über die guten Eigenschaften des Verstorbenen – ganz so, als sei dieser unsichtbar zugegen. Sie glauben, daß die Toten unter den Lebenden wandeln, alles hören und sehen, was auf Erden gesagt und getan wird, und fast so etwas wie Schutzengel sind.

Die Zahl der in diesem gläubigen Land amtierenden Priester ist erstaunlich gering: dreizehn in jeder Stadt (also einer in jeder Kirche). Sie werden in geheimer Abstimmung vom Volk gewählt, widmen sich der Pflege des religiösen Lebens und fungieren als eine Art Sittenrichter. Von ihnen wegen unanständigen Lebenswandels zur Rede gestellt zu werden gilt als große Schande. Sie sind berechtigt, ruchlose Sünder vom Gottesdienst auszuschließen. Falls diese die Priester nicht von ihrer Bußfertigkeit überzeugen können, werden sie arrestiert und vom Senat wegen gottloser Gesinnung bestraft.

Priester dürfen heiraten, und Frauen dürfen für das Priesteramt kandidieren (in der Regel werden allerdings nur ältere Witwen gewählt). Die Geistlichkeit steht in so hohem Ansehen, daß Priester, die gegen das Gesetz verstoßen haben, keinem öffentlichen Gericht unterstehen, sondern ihrem eigenen Gewissen und dem Urteil des Höchsten überlassen bleiben. Bei jedem Feldzug werden die Truppen von Priestern begleitet, die durch ihr Eingreifen offenbar schon manches Gemetzel verhindert haben.

Die Kirchen Utopias sind auffallend schöne, technisch vollendete Bauten. Der große Innenraum ist stets in Halbdunkel getaucht, weil dies nach Meinung der Priester der inneren Sammlung und Andacht förderlich ist. Da die Gottesdienste ausschließlich der Anbetung des Allerhöchsten geweiht sind (der nicht bildlich dargestellt wird), können alle Religionsgemeinschaften daran teilnehmen. Die den verschiedenen Sekten eigenen Riten zelebrieren deren Mitglieder zu Hause. Diejenigen Utopier, die – im Glauben daran, daß sie von einem gütigen Gott geschaffen wurden, um glücklich zu sein – den Freuden des Lebens nicht entsagt haben, pflegen bewußt eine höhere Form des Vergnügens. Die Vernunft, so argumentieren sie, gebiete jedem, sein Leben so sorgenfrei und glücklich wie möglich zu gestalten und auch den Mitmenschen dabei zu helfen. Für das eigene Wohl zu sorgen, ohne die Gesetze zu verletzen, gebiete die Klugheit; darüber hinaus an das öffentliche Wohl zu denken, fordere das Pflichtgefühl. Versage man sich um der Mitmenschen willen ein Vergnügen, so würde es durch Wohltaten, die man von ihnen empfängt, aufgewogen. Vergnügen nennen die Utopier jeden Zustand, der dem Menschen ein natürliches Behagen verschafft. Daher betrachten sie vieles, was in anderen Ländern »Vergnügen« genannt wird, als etwas Unnatürliches – zum Beispiel Geckenhaftigkeit jeder Art, verschwenderischen Lebensstil, das Glücksspiel und ganz besonders die Jagd. In Utopia ist es unter der Würde des freien Mannes, Tiere zu töten – das überläßt man den Sklaven, die dort das Metzgerhandwerk betreiben.

Ähnliche Überlegungen bestimmen die Einstellung der Utopier zum Gold und zum Silber. Um zu verhindern, daß in ihrer Republik das Gold eine ähnlich wichtige Rolle spielen könnte wie in anderen Staaten, haben sie sich eine verblüffende Methode ausgedacht: Bei Tisch verwenden sie Teller und Trinkgefäße, die zwar schön geformt, aber aus Ton und billigem Glas

Trinkgefäße, Teller und Krug aus UTOPIA

hergestellt sind. Aus Gold und Silber sind dagegen alle möglichen Gefäße, die zu minderen Zwecken benützt werden, etwa die Nachtgeschirre in öffentlichen Gebäuden und Wohnhäusern. Die Fesseln der Sklaven sind ebenfalls aus diesen Edelmetallen gefertigt, und mit goldenen Ringen, Halsbändern und Stirnreifen müssen diejenigen herumlaufen, die ein besonders schändliches Verbrechen begangen haben. Als wertlos gelten auch die Perlen und Edelsteine, die auf der Insel zu finden sind. Damit putzt man nur die Kinder heraus, die aber, sobald sie etwas älter geworden sind, ganz von selbst auf diesen eitlen Tand verzichten.

Unter *echtem* Vergnügen verstehen die Utopier sowohl seelisch-geistige Freuden (etwa intellektuelle Befriedigung oder das erhebende Gefühl, über die Wahrheit nachzudenken) als auch Freuden physischer Art (sinnliches Wohlbehagen, erzeugt durch körperliche Entspannung oder aber durch Empfindungen, wie sie zum Beispiel die Musik im Menschen auslöst).

Die Kranken werden in Utopia hingebungsvoll gepflegt und mit allem versehen, was zu ihrer Gesundung erforderlich ist. Handelt es sich jedoch um eine qualvolle, unheilbare Krankheit, so legt ein Priester oder eine Amtsperson dem Patienten nahe, entweder keine Nahrung mehr zu sich zu nehmen oder sich durch Euthanasie von seinem Martyrium erlösen zu lassen. (Niemals aber wird ein unheilbar Kranker gegen seinen Willen eingeschläfert.) Wer auf diese Weise aus dem Leben scheidet, wird in hohen Ehren gehalten, wer jedoch aus irgendwelchen weniger gravierenden Gründen Selbstmord begeht, wird nicht bestattet, sondern in einen Sumpf geworfen.

Die Heiratsbräuche der Utopier dürften auswärtige Besucher etwas merkwürdig anmuten. Den Mädchen ist die Eheschließung erst mit achtzehn Jahren erlaubt, den jungen Männern erst mit zwanzig. Wer des vorehelichen Geschlechtsverkehrs überführt wird, hat eine harte Strafe zu gewärtigen und darf – falls er nicht vom Stadtoberhaupt begnadigt wird – überhaupt nicht heiraten. Man glaubt, so streng vorgehen zu müssen, weil man befürchtet, daß immer weniger Paare sich in ehelicher Liebe vereinigen würden, wenn man das freie Konkubinat nicht mit allen Mitteln bekämpfe. Vor der Eheschließung treten Braut und Bräutigam in Gegenwart einer Matrone und eines ehrenwerten Mannes einander nackt gegenüber – ein Brauch, der verhindern soll, daß etwaige körperliche Mängel erst nach der Trauung entdeckt werden. Eine Scheidung ist grundsätzlich nur wegen unerträglicher Charakterfehler oder wegen Ehebruchs möglich. Zuweilen wird aber auch unüberwindliche Abneigung als Scheidungsgrund anerkannt. Ehebrecher werden mit härtester Sklavenarbeit und lebenslänglichem Eheverbot bestraft.

Ein Verführungsversuch wird genau so geahndet wie die unzüchtige Handlung selbst, denn die Utopier machen keinen Unterschied zwischen Vorsatz und begangener Straftat. Nach ihrem Gesetz kann nicht auf mildernde Umstände plädiert werden, wenn jemand eine geplante Straftat aus irgendeinem Grund nicht ausführen konnte.

Dank ihrer Verfassung kann sich diese Inselrepublik auf eine erstaunlich geringe Zahl von Gesetzen beschränken. (Daher auch die Kritik der Utopier an den langatmigen Gesetzestexten und -kommentaren anderer Länder.) Immer neue Gesetze zu erlassen, die der einfache Bürger gar nicht alle lesen, geschweige denn verstehen kann, halten die Utopier für unbillig. Debatten über die Auslegung von Gesetzestexten gibt es bei ihnen nicht, weil stets davon ausgegangen wird, daß die einfachste Interpretation die richtige ist.

Utopia ist ein hochzivilisiertes Staatswesen. Durch vernünftige Anwendung technisch-wissenschaftlicher Erkenntnisse ist es den Bewohnern gelungen, eine öde Insel zu kultivieren und in ein reiches Land zu verwandeln. Die naturwissenschaftliche Forschung, einschließlich der Astronomie und der Meteorologie, aber auch die Musiktheorie haben in Utopia einen hohen Stand erreicht. Nur auf dem Gebiet der Dialektik scheint man dort weit hinter den europäischen Staaten zurückgeblieben zu sein.

Reisende, die den Weg nach Utopia finden, werden gastfreundlich aufgenommen. Es ist allerdings – wie zum Beispiel die Gesandtschaft eines Nachbarlandes erfahren mußte – für auswärtige Besucher nicht ratsam, den Utopiern (die schlichte Arbeitsanzüge aus Leder und, wenn sie ausgehen, darüber ein naturfarbenes Gewand tragen) in prunkvoller Kleidung und mit Schmuck behängt gegenüberzutreten.

Über die Herkunft der Utopier wissen wir so gut wie nichts. Gewisse sprachliche Eigenheiten könnten sowohl auf griechische als auch auf persische Vorfahren deuten. Die Sprache selbst ist ausdrucksvoll und melodisch und wird (obzwar in etwas verschliffener Form) in zunehmendem Maße auch in den Nachbarländern der Inselrepublik gesprochen.

Über die Frühgeschichte Utopias ist ebenfalls sehr wenig bekannt. In Europa erfuhr man erstmals durch Forschungsreisende, die sich im Jahre 1504 Amerigo Vespucci angeschlossen hatten, von der Existenz dieses Inselstaates, der wenig später auch als Geburtsland des Riesen Pantagruel bekannt wurde. Dessen Vater Gargantua herrschte in Utopia, kurz nachdem die Insel von den europäischen Forschungsreisenden entdeckt worden war. Pantagruels Mutter Badebec, Tochter des Oberhaupts der Stadt Amaurotum, starb bei der Geburt ihres Sohnes. Das Denkmal, das Gargantua ihr errichten ließ, kann man noch heute in Utopia besichtigen.

Als nach Gargantuas Tod die Dipsodicr in Utopia cindrangcn (vcrmutlich die erste Invasion in der Geschichte des Inselstaates), wurden sie von Pantagruel bezwungen und vertrieben – ein Sieg, der als die Wiederkehr des Saturn- oder Goldenen Zeitalters gefeiert wurde. Getreu den Prinzipien seines Heimatlandes eroberte Pantagruel daraufhin das Land der Dipsodier, das von nun an zum Herrschaftsgebiet der Utopier gehörte.

Thomas More, *Utopia*, Löwen 1516. – François Rabelais, *Les horribles et espoventables faictz et prouesses du tresrenommé Pantagruel...*, Lyon 1532.

UTOPOLIS, Hauptstadt des Kontinents Utopia und Sitz der regierenden freien Arbeitergenossenschaft. Das Land hat eine Räteregierung, die oberste Gewalt liegt beim Zentralrat, der in Utopolis in einem hundert Stockwerk hohen Turm residiert. Der Turm, aus Leichtmetall und biegbarem Glas, kann von Flugzeugen direkt angeflogen werden. Die Turmhalle, der Sitzungssaal, bietet 50 000 Menschen Platz. Die Stadt bestand lange Zeit aus zwei Stadtvierteln, dem sozialistischen und dem inzwischen weitgehend zerstörten kapitalistischen Teil. Für die Bewohner des sozialistischen Stadtteils gibt es kein Privateigentum. Die Bevölkerung erhält Lebensmittel und Kleidung nach ihren Bedürfnissen aus einem zentralen Lager, man kennt weder Geschäfte noch Gaststätten oder Cafés. Die Gemeinschaftswohnhäuser, sogenannte Hausburgen, sind vielstöckige, komfortable Metallgebäude mit weitläufigen Dachgärten. Gehsteige mit Laufbändern spannen sich gleich hohen Brücken von Dach zu Dach. U-Bahnen verbinden in zehnminütiger Fahrt die hundert Kilometer westlich gelegene Stadt der Arbeit mit dem Zentrum von Utopolis. Die Kommunikation innerhalb der Stadt wie auch mit entfernteren Orten, beispielsweise der tausend Kilometer entfernten Hafenstadt ↗ FUTURA (1), erfolgt über Ferntonbild. Kino und Theater sind durch Lichtprojektionen ersetzt, die auf der Fernspaltung von Farben im diffusen Lichtkegel beruhen. Die Bilder erscheinen so täuschend plastisch und realistisch, daß sie bei Fremden, die sich mitten in die Szene versetzt glauben, Verwirrung hervorrufen. Die Lichtprojektionen wurden auch zur Täuschung und zur Abwehr von Eindringlingen in den Privatvillen des kapitalistischen Stadtteils U-Privat verwendet.

Das kapitalistische Geschäftsviertel war in seiner Struktur den Bezirken der Arbeitergenossenschaft völlig entgegengesetzt und entsprach europäischen oder amerikanischen Großstädten. Hier leuchtete Reklame von jeder Hausfassade, in den luxuriösen Geschäftsstraßen dominierten die Mode- und Schmuckgeschäfte, überall gab es Bars, Cafés, Kneipen und Varietés. Die riesige Kathedrale war eine Imitation des Petersdoms in doppelter Größe, doch auf den Tafeln, die sonst die Gesangbuchverse angeben, erschienen in Laufschrift die Börsennachrichten aus aller Welt. Lange Zeit hatte man angenommen, daß sich die sogenannten »Privaten«, die Angehörigen der kapitalistischen Klasse, allmählich in die Arbeitergenossenschaften eingliedern würden. Doch sie versuchten vielmehr, durch einen Putsch die Arbeiterregierung auszuschalten. Um wieder an die Macht zu gelangen, setzten sie alle ihnen zur Verfügung stehenden technischen Mittel ein. Über Fernbild und -ton beobachteten sie alle Vorgänge im Turm und unterrichteten sich über die Absichten der Arbeitergenossenschaft; mit Degenerationsstrahlen lösten sie in der Arbeiterbevölkerung nicht nur einen plötzlichen, geradezu epidemisch wirkenden Hang zu Luxus, Trunksucht und Völlerei aus, sondern auch Aggressionen gegen ihre bisherige Regierung und ihren Lebensstil, der zwar kein Eigentum, aber auch keinerlei soziale Not kannte. Nachdem die Arbeiterregierung den Putsch niedergeschlagen hatte, wurde die Zweiklassengesellschaft aufgehoben, die Privaten in Zwangsarbeitskolonien gebracht und ihre Wohnviertel zerstört. Für die Arbeiterregierung ist Technik nicht Selbstzweck, sondern Element ihrer Freiheit. Die Stahlindustrie gilt als überholt, man arbeitet vorzugsweise mit Leichtmetallen. Zu ihrer Verteidigung verfügt die Genossenschaft über Energiepanzer um bestimmte Gebäude, sowie Fernlenkschiffe mit Sprengladungen, die im äußersten Fall Stadt und Turm in die Luft sprengen könnten. Mehr der psychologischen Kriegsführung dienen Luftspiegelungen und den Willen manipulierende chemische Kampfstoffe. G. W.

Werner Illing, *Utopolis*, Bln. 1930.

UTTARAKURU, ein Land im Norden des indischen Weltberges Meru, gilt unter Kennern als das wunderbarste unter den Vier Reichen an den vier Weltenden. Obwohl das Land von Gebirgsketten beachtlicher Höhe durchzogen wird, herrscht hier kein rauhes, sondern eher mildes Klima; von Fruchtbarkeit in landläufigem Sinne zu sprechen hieße die paradiesischen Zustände in Uttarakuru äußerst unzulänglich beschreiben: Dicht an dicht wachsen hier tausenderlei Bäume, von denen ein Baum den anderen an üppigem Wachstum und dichter Belaubung zu übertreffen scheint; Blüten und Früchte entwickeln sich gleichzeitig an den Zweigen. Da gibt es etwa »Duft-Bäume«, von deren undurchdringlichem Laubwerk die verschiedenartigsten berauschenden Düfte ausgehen, Bäume mit Namen »Friedenswohnungen«, deren Blätterwerk in mehreren Schichten wie das Stroh auf einem Hausdach übereinandergeordnet ist, so daß es regenundurchlässig wird und den Menschen als Wohnungen dient, Bäume namens *po-so,* auf deren Zweigen entweder die verschiedensten Kleidungsstücke, Schmuckstücke und Edelsteine oder Musikinstrumente wachsen; schließlich gibt es dort noch die sieben Arten von *to-lo-hsing*-Bäumen, die aus den kostbaren Materialien Gold, Silber, Kristall, Beryll, Rotperlen, Diamant und Achat bestehen. Die Blumen, die auf den das Land an allen vier Seiten umgebenden Seen *(anavatapta)* wachsen, haben die Größe von Wagenrädern, und die Lotosblumenstengel sind dick wie Radnaben; bricht man sie ab, quillt aus ihnen ein milchiger Saft von stark süßem Geschmack, der wie Honig duftet. Für dieses üppige Wachstum verantwortlich sind einmal der mit großer Regelmäßigkeit fallende wunderkräftige Regen, der mit dicken, wie Kuhmilch aussehenden Regentropfen niedergeht, zum anderen die zahlreichen Flüsse und Bäche, die sich von den Höhen in die Täler ergießen.

Der Besucher wird nicht nur von dieser außergewöhnlichen Landschaft entzückt sein, sondern ebenfalls von der zufriedenen und friedlichen Atmosphäre in Uttarakuru. Dies ist besonders bemerkenswert, da es dort keinen Herrscher, keine Regierung, keine Grenze, aber auch keine Polizei gibt. Es ist nicht erforderlich, daß hier jemand für Ordnung sorgt, das regeln die Einwohner untereinander, und ihr Land erstrahlt in gepflegtem Glanz und äußerster Sauberkeit. Die Menschen werden nicht von Egoismus getrieben, noch zeichnen sie sich durch einen Hang zum Individualismus aus. Es herrscht hier absolute Gleichheit aller, die wohl am besten dadurch zum Ausdruck kommt, daß sich alle Menschen zum Verwechseln ähnlich sehen: Sie sind gleich groß, weshalb sie ständig ihre Kleidung untereinander austauschen, und sie haben violette Haare. Es versteht sich von selbst, daß es auch keine Altershierarchie gibt; die Kindheit und Jugend währt – wie die Schwangerschaft – nur sieben Tage, und die Menschen altern nicht und erreichen ein Lebensalter von einheitlich tausend Jahren.

Für Besucher mag es äußerst befremdlich erscheinen, daß in Uttarakuru die Familie als Institution beseitigt worden ist, es gibt nur eine gesamtgesellschaftliche Zusammengehörigkeit, die Aufzucht der Kinder (die jeweils nur sieben Tage dauert) ist Aufgabe der Allgemeinheit, und es finden keine individuellen Begräbnisfeiern statt. Besonders fortschrittlich mag es manchem erscheinen, daß in diesem Lande sexuelle Freiheit herrscht, die jedoch niemals in Schrankenlosigkeit ausartet, da die Menschen hier das Inzesttabu sehr ernst nehmen. Nun können Blutsverwandte sich wegen der Auflösung aller Familienbande und wegen des gleichen Aussehens aller nicht ohne weiteres erkennen, und so verlassen sich die Liebespaare ganz auf die Reaktionen der Natur: Sind sie miteinander verwandt, dann werden die Blätter des Baumes, unter dem sie lagern, augenblicklich welk und gelb, fallen ab und spenden keinen Schutz mehr; auf diese Weise wird das Paar vor Inzest bewahrt. Bestehen aber keine derartigen Schranken, dann hängen von den Zweigen alle möglichen Dinge herab, die die Liebesvereinigung so angenehm wie möglich machen sollen: Bettdecken, Betten und Matratzen.

D. A.

Anon., *Ch'i-shih yin-pen ching* (das Sutra *Aggaññasuttanta*, Text Nr. 25 des chinesischen buddhistischen Kanons, im 7. Jh. von Dharmagupta ins Chinesische übertragen), in *Taishō (shinshū) daizōkyō*, Hg. Takakusu u. Watanabe, Tokio 1914–1932.

UTUMNO, eine tief in den Berg gegrabene Festung an den Grenzen zu den Regionen des Ewigen Eises im hohen Norden von ↗ MITTELERDE. Geeignet für begeisterte Höhlenforscher, die den Kitzel des Grauens suchen. Die Gänge und Stollen waren früher einmal von Feuer erfüllt, es gab finstere Verliese voller Marterwerkzeug, und vielleicht trifft man – hoffentlich nicht unvorbereitet – sogar noch auf eines der grausigen Geschöpfe, die einst die Höhlen bewohnten.

Utumno ist das Werk Melkors. Er war ursprünglich der Mächtigste unter den Valar, den Mächten der Welt. Doch sein Neid auf die von ihnen hervorgebrachte Schönheit ließ ihn nicht ruhen, und so wurde er zu Morgoth, dem Schwarzen Feind der Welt.

Als die übrigen Valar sich von ihrem Werk ausruhten, stieg er über die Mauern der Nacht und begann, hinter den Eisenbergen, die einen natürlichen Schutzwall bildeten, sein Versteck Utumno zu bauen. Von dort ließ er den Gifthauch seines Hasses über die Erde strömen und zerstörte ihren Frühling. Er schuf Ungeheuer und Schreckgestalten, mit denen er seinen ersten Angriff auf die Erde wagte. Er zerstörte die beiden lichtspendenden Bäume der Valar, und davon bebte die Erde, die Meere gerieten in Aufruhr, das Gleichgewicht zwischen Wasser und Land war für immer dahin. Nach diesem ersten Sieg baute er eine zweite Burg, ↗ ANGBAND, an der nordwestlichen Meeresküste und machte seinen Gehilfen Sauron zu ihrem Statthalter. In Utumno schuf er tief unter der Erde noch mehr Dämonen, darunter die schrecklichen Balrogs, Kreaturen, deren Herz aus Feuer war, die sich in einen Mantel der Finsternis hüllten und Peitschen von Feuer schwangen. Unter dem neuen Licht von Sonne und Mond, das die Valar in ihrem Segensreich ↗ AMAN geschaffen hatten, erwachten unterdessen Ilúvatars, des Allvaters, Erstgeborene, die Eldar oder Elben. Morgoth machte von Anfang an Jagd auf sie, vergiftete ihren Geist und verschleppte viele von ihnen nach Utumno. Dort in den dunklen Verliesen marterte und versklavte er sie. So züchtete er die Orks, Hohnfiguren der Elben und ihre erbittersten Feinde.

Schließlich rüsteten die Valar zur Großen Schlacht der Mächte gegen Morgoth. Sie belagerten Utumno und schlugen viele Schlachten vor seinen Toren. Dadurch veränderte die Erde noch einmal ihre Gestalt. Am Schluß siegten die Valar, Utumno wurde zerstört, doch tief unter den Bergen überlebten viele der Ungeheuer die Vernichtung.

John Ronald Reuel Tolkien, *The Silmarillion*, Ldn. 1977.

V

VAGON, eine Burg in der Nähe von ↗ CAMALOT. Die hundertfünfzig Ritter der Tafelrunde verbrachten dort die letzte Nacht, bevor sie aufbrachen, um auf getrennten Wegen nach dem Heiligen Gral zu suchen. Nur dreien von ihnen war es dank ihrer Tugendhaftigkeit beschieden, nach vielen Abenteuern den Weg zur Burg ↗ CARBONEK zu finden und ans Ziel ihrer Suche zu gelangen.

Thomas Malory, *Le Morte Darthur*, Westminster 1485.

VALAPEE, auch **YAM-EILAND** genannt, eine Insel des Archipels ↗ MARDI. Zwischen zwei langen, parallel verlaufenden Gebirgszügen (rund dreimal so hoch, wie man einen Pfeil in die Luft schießen kann) liegt ein breites Tal. Es ist so eben, daß das Grün der Haine sich am Eingang und Ausgang des Tales mit dem Grün der Lagune zu vermischen scheint und das Ganze fast wie eine Meerenge wirkt.

Bei den Eingeborenen herrscht der seltsame Brauch, die Brust zu bedecken, wenn sie den König grüßen. Nicht erhalten hat sich die alte Sitte des »Nasengrußes«: Die vornehmen Insulaner pflegten dem Thronfolger ihre Loyalität dadurch zu demonstrieren, daß sie sich bei Hofe nicht aufrecht, sondern auf der Nase stehend präsentierten. Kluge Beobachter führten es auf die häufige Wiederholung dieser (von den Eingeborenen *Pupera* genannten) Zeremonie zurück, daß sämtliche älteren Häuptlinge dieser Insel plattgedrückte Nasen haben. Wie Besucher feststellen können, haben diese Häuptlinge einen anderen altmodischen Brauch beibehalten: Wenn sie sich in Gegenwart des Königs zurückziehen, stecken sie den Kopf zwischen beiden Oberschenkeln durch, damit ihr Gesicht ehrerbietig ihrem Herrscher zugewandt bleibt.

Als Währung benützt man auf Valapee menschliche Zähne. Den Sklaven werden schon im Kindesalter von ihrem Herrn die Zähne gezogen. Wenn jemand stirbt, werden seine Zähne an die Hinterbliebenen verteilt. Diese Währung ist natürlich viel leichter zu handhaben als beispielsweise Kokosnüsse (die auf anderen Inseln von der männlichen Bevölkerung als Währung eingeführt wurden – in der Absicht, es den Frauen auszutreiben, ständig zuviel »Geld« mit sich herumzutragen und für allerlei Firlefanz auszugeben). Der heiligste Eid, den ein Bewohner Valapees ablegen kann, lautet denn auch: »Ich schwöre bei diesem Zahn!«

Herman Melville, *Mardi, and a Voyage Thither,* NY 1849.

VENALIA, das Land der Zapoleten (der »Käuflichen«), liegt fünfhundert Meilen östlich von ↗ UTOPIA. Die Bewohner dieses gebirgigen, waldreichen Landes, ein zäher, kräftiger Menschenschlag, sind ungesittet, halten nicht viel von Ackerbau und Viehzucht und leben vornehmlich von Jagd und Raub. Das einzige Gewerbe, von dem sie etwas verstehen, ist der Kriegsdienst. Für geringen Sold verdingen sie sich jedem, der Soldaten anwerben will, kämpfen aber nur unter der Bedingung, daß sie sofort zum Feind überlaufen dürfen, falls dieser ihnen einen höheren Sold bietet. Selten gibt es in diesem Teil der Welt einen Krieg, in dem nicht auf beiden Seiten zahlreiche Zapoleten zu finden wären. Häufig leisten sie für die Utopier Kriegsdienst, weil diese ihre Söldner großzügig entlohnen. Die Utopier kümmert es wenig, wieviel Zapoleten sie bei gefährlichen Feldzügen in den Tod schicken – sie sind vielmehr überzeugt, daß es eine gute Tat wäre, die Welt ein für allemal von diesem Abschaum der Menschheit zu befreien.

Den Zapoleten bringt ihre Habsucht keinen Nutzen, denn sobald sie ihren Sold erhalten haben, geben sie sich den übelsten Ausschweifungen hin.

Thomas More, *Utopia,* Löwen 1516.

VENDCHURCHS EILAND, eine öde westindische Insel, auf der einst ein Schotte namens Alexander Vendchurch nach einer Meuterei ausgesetzt wurde. Es gibt hier gewöhnliche Austern, sie zu sammeln ist jedoch gefährlich, weil die Küste von wilden, fleischfressenden Seelöwen bewacht wird, die jeden Eindringling verschlingen.

Ambrose Evans, *The Adventures and Surprising Deliverances of James Dubourdieu and His Wife...,* Ldn. 1719.

VENUSBERG (1), auch **HÖRSELBERG** genannt – ein Hügel, unter dem das Reich der Königin Venus liegt. Ihr Palast steht inmitten weitläufiger Gärten mit Alleen, Wasserfällen, Laubengängen, Pavillons, Grotten und phallischen Skulpturen. In einiger Entfernung liegt ein See, gesäumt von schlafenden Pflanzen, deren Form sich stündlich zu ändern scheint. Die Gegend hinter diesem See ist von geheimnisvollen Klängen erfüllt. Ins Reich der Venus gelangt man durch einen dunklen Säulengang, dessen Skulpturen die erotischen Darstellungen japanischer Künstler übertreffen, und durch einen unterirdischen Gang voller unheimlicher, namenloser Gewächse und flatternder Motten, die sich, nach ihren prächtigen Flügeln zu schließen, an Gobelins gütlich getan haben dürften.

Der Palast hat viele Sehenswürdigkeiten zu bieten: Im Ankleidezimmer der Königin sind die Wände mit galanten Gemälden von Jean-Baptiste Dorat geschmückt. Das von Le Comte entworfene Boudoir (mit Aussicht auf die Gartenanlagen) ist ein achteckiger Raum, ausgestattet mit Seidenvorhängen, weichen Kissen, blitzenden Spiegeln, prächtigen Kandelabern, Wachsstatuetten, Porzellanfigürchen, blaßgrünen Vasen, Elfenbeinkästchen und Uhren ohne Zeiger. Vier mit Ideallandschaften von De La Pine bemalte Wandschirme bilden ein kleines Gemach, in dem es nach roten Rosen und *eau lavande* duftet. Auf der Terrasse steht ein Springbrunnen aus Bronze, dessen drei Becken mit Brunnenfiguren geschmückt sind: das erste mit einem vielbrüstigen Drachen und vier auf Schwänen reitenden Eroten; das zweite mit goldenen Säulen, auf denen silberne Tauben sitzen; das dritte mit Satyrn, die sich Kinderköpfe aufgesetzt haben. Wasser sprüht aus den Augen der Schwäne, den Taubenbrüsten, Satyrhörnern und Kinderköpfen. – Für den Fall, daß sie zum Bleiben aufgefordert werden, seien Besucher vorsichtshalber darauf hingewiesen, daß auch in den Gastzimmern erotische Gemälde von Dorat hängen; eines zeigt einen alten Marquis, der sich selbst befriedigt, während seine Mätresse ihr Hinterteil einem japsenden Pudel hinhält.

In der Regel werden Besucher von der Königin Venus und ihrer Dienerschaft sehr herzlich empfangen. Man lädt sie ins Kasino ein, wo Konzerte sowie Ballett-, Komödien- und Opernaufführungen stattfinden. Und man zeigt ihnen das zahme Einhorn der Königin, einen milchweißen Hengst namens Adolphe, der einen eigenen Palast aus grünem Laub und goldenen Gitterstäben hat und täglich von Venus höchstpersönlich manuell befriedigt wird.

Aubrey Beardsley, *Under the Hill,* Ldn. 1896.

VENUSBERG (2), Hauptstadt einer obskuren kleinen Ostseerepublik. Das früher zwischen Rußland und Deutschland aufgeteilte Land erlangte nach einem kurzen Krieg gegen die Bolschewisten seine Unabhängigkeit. Seit diesem Freiheitskampf sind die Mitglieder der kleinen russischen Ko-

1. Das Schlößchen
2. Inseln
3. Schloß
4. Evangelisch-lutherische Kirche
5. Russische Kathedrale
6. Das „Maxim"
7. Café Weber
8. Ballhaus mit Rittersaal
9. Nikolai-Brücke
10. u. 11. Hafen
12. Der Boulevard
13. Hotel
14. Börse
15. Nationaltheater
16. Industriegebiet

lonie in Venusberg allgemein unbeliebt und gelten als nicht gesellschaftsfähig.

Die sogenannte Oberstadt mit ihren mittelalterlichen Fachwerkhäusern und den gekrümmten, von Torbögen und Treppenaufgängen gesäumten Gassen wirkt vor allem bei Schnee wie eine Bühnendekoration. Über den Dächern ragen die Türme der evangelisch-lutherischen Kirchen und die vergoldeten Kuppeln der russischen Kathedrale in den Himmel.

Die Unterstadt ist neueren Datums und hat viel breitere Straßen. Nicht weit von der Börse und dem einzigen größeren Hotel steht das Nationaltheater, eine ziemlich reizlose Imitation palladischen Stils. Das Hafenviertel dagegen mutet ähnlich unwirklich an wie die Oberstadt: Da die Docks sich weit ins Stadtgebiet hinein erstrecken, entsteht der Eindruck, als seien die Schiffe direkt auf den Straßen vertäut.

Die niedrigen, grüngestrichenen Häuser am Rand des Geschäftsviertels sind einstige russische Verwaltungsgebäude, die in Miethäuser umgewandelt wurden. Über die Nikolai-Brücke, die in der bewegten Geschichte der Stadt eine wichtige Rolle gespielt hat, gelangt man vom Zentrum in die ärmeren Viertel. Hier ragen hinter Wellblechhütten die Gerippe unvollendeter Wohnblocks auf, deren Mauerwerk bereits abbröckelt.

Das eindrucksvollste Gebäude in Venusberg ist das Ballhaus, dessen Fassade mit Holzornamenten und Wasserspeiern geschmückt ist. An zwei Seiten des Ballsaals (der eine gewisse Ähnlichkeit mit einer Exerzierhalle hat) befinden sich Nischen, in denen Ritterfiguren in alten Rüstungen stehen. Die vorspringenden Visiere mit den an persische Helme erinnernden gekrümmten Spitzen sind typisch für Harnische, wie sie in Rußland und Polen geschmiedet wurden. Die Säulenkapitelle im Ballsaal sind mit den Wappen der Adelsfamilien von Venusberg verziert.

Am Stadtrand steht ein von Birken und Tannen umgebenes Barockgebäude, das ganz allgemein »Schlößchen« genannt wird. Es wurde bereits der Vorschlag gemacht, in dem leerstehenden Gebäude eine staatliche Nervenheilanstalt einzurichten. Von der Terrasse aus hat man eine schöne Aussicht auf die Stadt und die Bucht mit ihren kleinen Inseln, auf denen Fischer, aber auch berufsmäßige Schmuggler wohnen, die zuweilen in Konflikt mit der Küstenwache geraten. Bevor das Land unabhängig wurde, promenierte man gern auf der Terrasse des Schlößchens; heutzutage gehen die Bürger lieber auf dem großen Boulevard der Unterstadt spazieren.

Das gesellschaftliche Leben in Venusberg ist noch weitgehend der Vergangenheit verhaftet. Bei festlichen Ereignissen geben die Aristokratie (die offenbar mit vielen nordeuropäischen Adelsfamilien verwandt ist) und junge Offiziere in Galauniform den Ton an. Zu amourösen Intrigen bietet diese lebenslustige Stadt genug Gelegenheit. Noch immer finden dort Duelle statt, obwohl darauf Gefängnis bis zu drei Jahren steht. Den Duellanten kann jedoch die Hälfte der Strafe erlassen werden, falls das Gericht zu der Überzeugung gelangt, daß sie in ihrer Ehre gekränkt wurden. – Im Mittelpunkt des gesellschaftlichen Lebens stehen die Regimentsbälle. Beliebte Treffpunkte sind das »Maxim«, ein kleiner, im Empirestil ausgestatteter Nachtklub, und das Café Weber.

Auch nach Erringung der Unabhängigkeit blieben dieser kleinen Republik politische Unruhen nicht erspart. Sabotageakte (vorwiegend Brandstiftungen) der ortsansässigen Kommunisten sind keine Seltenheit, und in jüngster Zeit kam es des öfteren zu gravierenden Vorfällen in den Bauhöfen. Außerdem wurden bereits mehrere Anschläge auf den Polizeichef und Armeegeneral Kuno verübt, der sich durch Unterdrückungsmaßnahmen, die er nach dem Unabhängigkeitskampf und dem anschließenden Bürgerkrieg ergriff, viele Feinde machte.

Venusberg ist von Kopenhagen aus per Dampfer zu erreichen.

Anthony Powell, *Venusberg*, Ldn. 1932.

VENUSIA, eine Insel im Atlantik, nahe dem Äquator. Der Hafen von Venusia liegt an einer Flußmündung, an der Einfahrt stehen zwei Kolossalstatuen: nackte Frauengestalten, die aufs Meer hinausblicken und deren Füße vom Wasser umspült sind. Da der Hafen meist wie ausgestorben ist, können fremde Besucher ohne weiteres an Land gehen. Hinter der Flußmündung liegt Fons Belli, die farbenprächtige Hauptstadt. Sie ist berühmt für ihre Gärten und soll der Ort gewesen sein, wo Venus Victrix am liebsten weilte. Die Wassergärten, die rings um die Stadt an Kanälen angelegt wurden und in denen Begonien, Orchideen und andere tropische Pflanzen wachsen, sind mit Statuen von Göttinnen, Bacchantinnen und Amazonen geschmückt. Auf dem Hügel über der Stadt stehen Marmorvillen inmitten von Gärten, Orangen- und Zitronenhainen, überragt von einem Bronzeturm, auf dem vier weibliche Statuen zu sehen sind, die in Siegerpose das goldene Abbild einer Frau emporhalten, während ein zu ihren Füßen kauernder Sklave auf die Inschrift *Venus Victrix* deutet. Die mit geometrischer Genauigkeit angelegte Stadt ist in vier konzentrische Zonen unterteilt: die Tempelzone, die Kuppelbautenzone, die Villen- und Gartenviertel und schließlich das Hafenviertel (Plebeana). Eine besondere Sehenswürdigkeit ist die Residenz des Militärbefehlshabers, ein im griechischen Tempelstil erbauter Palast, dessen Säulen mit Skulpturen tanzender und musizierender Jungfrauen geschmückt sind. Reiseberichten zufolge vermeint man beim Anblick dieser meisterhaft gestalteten Skulpturen, tatsächlich Musik zu hören.

Venusia ist eine Vulkaninsel mit einer Gebirgskette und Weideland für Schaf- und Rinderherden. Aktiv ist nur noch ein einziger Vulkan. Erdbeben ereignen sich sehr selten. Nicht weit von dem für seine schwefelhaltigen Thermalquellen berühmten Berg Astarte liegt die Stadt der Venus Genetrix – die Stadt der Mütter. Hier wohnen die für Fortpflanzungszwecke ausgewählten Frauen und Männer. Auf Venusia sind die Männer Eigentum des Staates. Sie erhalten von Jugend an eine handwerkliche Ausbildung und werden dann als Frauen als Sklaven zur Verfügung gestellt, wobei man die Tüchtigsten bei den Frauen in hoher Position in Dienst gibt. Bevor eine Venusianerin Mutter werden darf, muß sie Militärdienst leisten und sich verpflichten, so lange Jungfrau zu bleiben. Wer gegen dieses Gesetz verstößt, wird bei lebendigem Leibe verbrannt.

Die Insel wurde erstmals in der Regierungszeit Kaiser Hadrians (117–138 n. Chr.) besiedelt, und zwar von spanischen Frauen, deren Galeere in den südlichen Atlantik abgetrieben worden war. Sie gründeten ein Gemeinwesen, und ihre Anführerin Julia Senecion führte – motiviert durch ihren Männerhaß – den Venuskult ein. Im Lauf der Jahrhunderte bildeten sich in diesem Gemeinwesen zwei rivalisierende Parteien heraus: die »Maskulinen«, die von der Gleichberechtigung der Geschlechter überzeugt waren, und die »Venusianer«, die an die Überlegenheit der Frau glaubten und darauf aus waren, die Welt zu erobern. Schließlich kam es zu einem Bürgerkrieg, über dessen Ausgang keine genauen Aufzeichnungen vorliegen.

Obwohl sich in der venusianischen Zivilisation manches Erbe aus römischer Zeit erhalten hat (etwa bezüglich der Sprache und der Struktur der Armee), kann sich dieses Staatswesen einer hochentwickelten Wissenschaft und Technik rühmen. Bereits 1788 verfügte man dort über Luft- und Motorfahrzeuge, Unterseeboote und Dampfschiffe. Feuerwaffen wurden auf Venusia vor über zweihundert Jahren erfunden, ihr Gebrauch ist jedoch gesetzlich verboten. Venusianisch ist zwar eine selbständige Sprache, aber auswärtige Besucher, die sich in der Schule einige Lateinkenntnisse angeeignet haben, können sich damit auf Venusia verständlich machen.

Raymond Clauzel, *L'île des femmes*, Paris 1922.

VERBOTENE STADT, innerster Stadtteil von ↗ JENKING, auf Stadtplänen zumeist als rotes Quadrat eingezeichnet.

Die Einwohner von Jenking nehmen es gleichmütig hin, daß dieser Bezirk für sie unzugänglich ist. Fremde versuchen jedoch immer wieder, durch Beziehungen oder Tricks hineinzugelangen.

Die Verbotene Stadt ist zwar Republik, hat aber einen Regenten, einen kleinen alten Herrn, der eher einem Gelehrten gleicht und die Einheit von Macht und Weisheit verkörpert.

Eine steile dunkelrote Mauer und eine davorliegende unbewohnte Zone, die sogenannte Plaine, isolieren die Verbotene Stadt von Jenking. Die Plaine ist ein weites, als Schafweide genutztes Feld mit etwas Wald und unzugänglichen Sumpfflächen.

Die Stadt mit ihren Schlössern, Kathedralen und Palästen liegt auf einem breiten Hügel. Ein mächtiger Palast mit einer nachts hundert Kilometer ins Land strahlenden Kuppel überragt alle anderen Gebäude. Sehr empfehlenswert ist ein Blick auf die Stadt von einem der mit mittelalterlichen Zinnen bewehrten Türme. Von hier aus wird sichtbar, daß die Dächer nach einem ausgeklügelten Plan so mit farbigen Ziegeln gedeckt sind, daß sie Einhörner, Adler, Stiere und Löwen abbilden, Sinnbilder für die Macht und das Ansehen der Verbotenen Stadt. Da kein Platz für Friedhöfe vorhanden ist, werden die Toten unter den Straßen begraben. Marmorplatten mit Inschrift statt des üblichen Straßenpflasters zeigen ihre Ruheplätze an, und weil nur der Regent das Recht hat, im Wagen zu fahren, braucht man um eine Abnützung der Schriftzeichen nicht besorgt zu sein.

In dieser Stadt ohne Verkehr, ohne Reklame wohnen außer den alten Familien Wissenschaftler und Geistliche, Diplomaten und hohe Militärs. Heirat ist nicht gestattet, die Bevölkerung ergänzt sich durch Adoptivkinder aus Jenking, die man als »geistige« Kinder höher schätzt als natürliche.

Berühmt ist die Verbotene Stadt durch ihre Museen und Bibliotheken. Das Museum der Sprachen und Schriften ist einzigartig in der Welt. Es enthält kostbare Inkunabeln und Handschriften, beispielsweise die 163 in Uppsala fehlenden Seiten des Codex argenteus, den Nachlaß von Villon und die Handschrift des verlorenen Romans von Heinrich von Kleist.

Auf der Plaine, zwischen den roten Mauern der Verbotenen Stadt und dem übrigen Jenking, hält sich zuweilen die Einhornherde auf, die als Symbol der Freiheit gilt. Die Tiere verströmen einen eigenartigen, an grüne Walnüsse erinnernden Duft und zeigen sich unerwartet und nur, wem sie wollen. Zuweilen machen Fremde Jagd auf sie, was natürlich insgeheim von der Verbotenen Stadt beobachtet wird. Je nachdem, ob das als Eingriff in die Souveränität der Verbotenen Stadt oder als Spielerei eingeschätzt wird, attackieren die Einhörner auf ein Signal von der Stadt hin die Angreifer und stampfen sie in Grund und Boden oder tänzeln gleichsam über die am Boden liegenden überwältigten Jäger, ohne sie zu verletzen.

Von Vergnügen hält man in der Verbotenen Stadt nicht viel, man ist sich bewußt, daß sie im Augenblick des Genusses schal werden. G. W.

Curt Hohoff, *Die Verbotene Stadt*, Mchn. 1958.

VERBRANNTE INSEL, eine flache grüne Insel in Sichtweite der ↗ DRACHENINSEL. Die einzigen Lebewesen auf der Insel sind Kaninchen und Ziegen, aber Ruinen von Steinhütten, einige Knochen und zerbrochene Waffen, die in den versengten Landstrichen gefunden wurden, deuten an, daß die Insel bis vor kurzem noch bewohnt gewesen sein muß. Man nimmt an, daß diese Siedlungen durch Piraten oder vielleicht durch einen Drachen zerstört worden sind.

Reisende seien warnend darauf hingewiesen, daß in den Gewässern um die Verbrannte Insel eine Seeschlange gesichtet wurde. Sie wird als ein ungeheuer großes Geschöpf beschrieben, das eine Haut hat, die sowohl gegen Pfeile als auch gegen Schwerter immun ist. Ihr Leib soll grün und scharlachrot mit purpurnen Flecken sein, außer wenn Muscheln daran haften. Der Kopf ist wie der eines Pferdes, aber ohne Ohren; das klaffende Maul ist mit einer doppelten Reihe von scharfen Zähnen ähnlich denen eines Haies bewaffnet; der riesige Leib verjüngt sich zu einem langen Schwanz. Obwohl die Seeschlange sehr aggressiv und gefährlich ist, scheint sie nicht sehr intelligent zu sein und läßt sich deshalb leicht an der Nase herumführen.

Clive Staples Lewis, *The Voyage of the »Dawn Treader«*, Ldn. 1952.

DIE VERSUNKENE STADT liegt irgendwo unter dem Meer. Von weitem sieht der Reisende nur das tiefe, vom Wind aufgewühlte Wasser. Aber wenn er hineintaucht, hat er plötzlich eine aus Ziegelsteinen erbaute Stadt vor sich: Türme, Basare, Fabriken, Bögen, Paläste, in denen früher Lautenmusik erklang. In den Parks um den Königspalast – wo die Königinnen vollkommen nackt badeten – findet der Besucher noch die Spuren der Pfauen, die früher auf dem Rasen herumstolzierten.

Es wird empfohlen, auch die häßlichen Tempel der Stadt zu besichtigen. Die Bewohner der Stadt scheinen Ungeheuer verehrt zu haben, in deren Dienst auch der Geier als heiliger Vogel stand. Geierskelette kann man noch heute an den Gesimsen dieser Tempel hängen sehen. P.R.

Victor Hugo, *La ville disparue*, in *La légende des siècles. Première série*, Paris 1859.

DER VERZAUBERTE GRUND, ein Wald in der Nähe des Flusses, hinter dem die ↗ HIMMLISCHE STADT liegt. Es ist sehr mühsam, diesen Wald zu durchqueren, denn der Pfad führt durch Morast und dichtes Gestrüpp. An einer Stelle können unvorsichtige Reisende leicht in einer Schlammgrube versinken. Da man damit rechnen muß, im Verzauberten Grund Räubern und Ungeheuern zu begegnen, ist es ratsam, Waffen zu tragen. Es gibt in dieser Gegend keine einzige Herberge. Hie und da lädt eine Laube zum Verweilen ein, doch dazu sollte man sich keinesfalls verlocken lassen: Wer dort einschläft, wacht nie mehr auf.

In diesem Wald übt eine gewisse Madame Seifenblase ihren bösen Zauber aus. Sie nennt sich »Beherrscherin der Welt« und behauptet, daß sie alle

VICTORIA

A Äußeres Quadrat: 1000 Häuser und Gärten, Vorderfront 20 Fuß, Seitenlänge 100 Fuß.
B Zweites Quadrat: Arkaden für Werkstätten. 100 Fuß breit.
C Drittes Quadrat: 560 Häuser und Gärten, Vorderfront 28 Fuß, Seitenlänge 130 Fuß.
D Viertes Quadrat: Arkaden für Einzelhandelsgeschäfte. 100 Fuß breit.
E Fünftes Quadrat: 296 Häuser und Gärten, Vorderfront 38 Fuß, Seitenlänge 160 Fuß.
F Sechstes Quadrat: Arkaden für Winterspaziergänge, 100 Fuß breit.
G Siebtes Quadrat: 120 Häuser und Gärten, Vorderfront 54 Fuß, Seitenlänge 200 Fuß.
H Inneres Quadrat: 24 große Häuser und Gärten, Vorderfront 80 Fuß, Seitenlänge 250 Fuß.
I Kirchen und andere Andachtsstätten, 200 x 130 Fuß groß.
J Bibliothek unten, Museum der Bildenden Künste und Altertümer oben.
K Universität unten, Naturgeschichtliches Museum oben.
Kk Versammlungssaal unten, Konzertsaal oben.
L 12 Speisesäle unten, Aufenthaltsräume oben, 100 x 65 Fuß groß.
M 12 öffentliche Bäder unten, Leseräume oben. 100 x 65 Fuß groß.
N 8 Kinderschulen und Turnhalle unten, Schule oben. 100 x 65 Fuß groß.
O 4 Knabenschulen für Fünf- bis Zehnjährige. Gleiche Einteilung und Größe wie oben.
P 4 Mädchenschulen für Fünf- bis Zehnjährige. Wie oben.
R 4 Knabenschulen für Zehn- bis Fünfzehnjährige. Wie oben.
S 4 Mädchenschulen für Zehn- bis Fünfzehnjährige. Wie oben.
T 8 Hauptstraßen, je 100 Fuß breit, gesäumt von 20 Fuß breiten Kollonaden.
U 24 Straßen, je 100 Fuß breit, mit einer 20 Fuß breiten Kollonade.
V 24 offene Rasenflächen für die Speisesäle, Bäder, Schulen usw., 150 Fuß breit.
W Innere Rasenflächen für die Speisesäle, Bäder, Schulen usw., 150 Fuß breit.
X 8 Springbrunnen. Becken: 100 Fuß Durchmesser; Fontäne: 50 Fuß hoch.
Y Innenhof oder Forum mit Säulengängen und Amtsräumen. 700 Quadratfuß groß.
Z Turm für die Versorgung mit elektrischem Licht, ausgestattet mit Uhren und einem Laufgang.

Menschen glücklich machen könne. Mit allerlei Schmeicheleien versucht diese große, schöne Frau die frommen Pilger aufzuhalten. Wer ihren Verlockungen erliegt, wird nie ans Ziel der Reise gelangen. Madame Seifenblase trägt stets einen großen Geldbeutel bei sich, in dem sie unentwegt herumwühlt, als sei dies die Wonne ihres Herzens. Besondere Aufmerksamkeit schenkt sie wohlhabenden Reisenden. Schon manchen hat sie dazu bewogen, sie für eine Göttin zu halten und ihr zu huldigen. Zahlreichen Reisenden hat sie Kronen und Königreiche versprochen, falls sie ihrem Rat folgen würden – nur um dann die von Ehrgeiz und Gier Getriebenen an den Galgen und in die Hölle zu bringen. Seit undenklichen Zeiten sät sie Zwietracht zwischen der Obrigkeit und den Untertanen, zwischen Mann und Frau, ja selbst zwischen Fleisch und Geist des Menschen.

John Bunyan, *The Pilgrim's Progress from this World, to that which is to Come,* Ldn. 1678 (Teil I) und 1684 (Teil II).

VEZZANO, eine Insel an der Südküste von Orsenna. Vezzano ist der Vorposten Orsennas und dem traditionellen Feind des Landes, Farghestan, am nächsten gelegen.

Die weißen Klippen der Insel erheben sich steil aus dem Syrtenmeer, von tiefen Spalten und Schluchten zerschnitten, und an einigen Stellen öffnet sich die Steilküste zu geschützten Buchten, die sichere, natürliche Ankerplätze bieten.

In der Vergangenheit war Vezzano ein beliebter Zufluchtsort für Piraten, die die besiedelten Küsten Orsennas plünderten. Aber nur eine Turmruine auf den Klippen ist von dieser Zeit übrig geblieben. Eine Besichtigung lohnen auch die weiträumigen Grotten, die sich quer durch die ganze Insel ziehen.

Julien Gracq, *Le Rivage des Syrtes,* Paris 1951.

VICHEBOLKLAND, jenseits des Polarkreises, zweitausenddreihundert Kilometer nördlich des Nordkaps. Das ehemals wohlhabende Königreich befindet sich durch die Einführung des Vietso-Kultes heute in einem völlig desolaten Zustand. Im Namen der Gleichheit und Brüderlichkeit wurde alles Eigentum abgeschafft, die Industrie kam zum Stillstand, und die Nation siechte dahin. Die Menschen hungern und gehen in Lumpen gewickelt, und nur die Priester des Vietso führen ein Leben wie die Maden im Speck.

Die Hauptstadt Koumos, an einer von Klippen geschützten natürlichen Hafenbucht erbaut, liegt heute halbverlassen; mit ihren zerfallenen Wällen und Palästen ist sie einer der elendesten Orte der Welt; auch der ehemals prächtige Sitz des Gottes Vietso, eine Schloßruine mit zerbrochenen Fenstern und baufälligen Zimmern, liegt verfallen. Im Thronsaal, der etwas besser erhalten ist, empfängt Stoitol, der Hohepriester von Vietso, Besucher mit großem Pomp. Er ist umgeben von einem Dutzend Männern in prächtigen Roben, die auf ausgeblichenen vergoldeten Stühlen sitzen.

Seit undenklichen Zeiten den Seeleuten dem Namen nach bekannt, wurde Vichebolkland 1721 von Kapitän Lemuel Gulliver entdeckt. Reisende seien jedoch darauf hingewiesen, daß in dem Moment, wo ein Schiff in die Gewässer von Vichebolk einfährt, es mit all seiner Ladung Eigentum des Landes wird. Wer sich dem widersetzt, wird zu Tode gefoltert.

Die Sprache von Vichebolk ist ein unverständlicher asiatischer Dialekt; doch die Priester des Vietso beherrschen die meisten europäischen Sprachen, einschließlich Englisch.

André Lichtenberger, *Pickles ou récits à la mode anglaise,* Paris 1923.

VICTORIA, eine Idealstadt, erbaut an einem schiffbaren Fluß nahe der englischen Küste. Das von der »Modellstadt G. m. b. H.« finanzierte Projekt war als gemeinsames Arbeitsfeld für verschiedene Abstinenzvereine und soziale Hilfsorganisationen gedacht. Die Stadt wurde nach Königin Viktoria benannt, wobei dieser Name gleichzeitig den moralischen Sieg über die Übel symbolisieren sollte, von denen die englische Gesellschaft befallen war. In die Planung wurde eine Million Pfund Sterling investiert, die Bauarbeiten selbst verschlangen weitere drei Millionen. Folgende Leitgedanken bestimmten den Entwurf der Stadt: vollkommene körperliche Gesundheit, heitere Gemütsruhe, angenehme, nicht zu anstrengende Arbeit und allgemeine Nächstenliebe.

Berauschende Getränke, Drogen und Tabak sind in Victoria ebenso verboten wie Waffen. Die Religionsfreiheit ist garantiert, der wöchentliche Ruhetag wird strikt eingehalten. Scheitert eine Ehe, so müssen die Ehepartner, der Geistliche, der sie getraut hat, und alle, die der Zeremonie beiwohnten, die Stadt verlassen. Die Kinder in Victoria werden von ausgebildeten Kinderschwestern erzogen, dürfen aber von den Eltern besucht werden. Die medizinische Versorgung ist kostenlos.

Der Entwurf dieser Idealstadt ähnelt Sir Christopher Wrens Entwurf für den Wiederaufbau Londons nach dem großen Brand von 1666. Victoria wurde auf einem quadratischen Areal (jede Seite eine Meile lang) erbaut. Von allen vier Seiten aus gelangt man über mehrere kleinere Plätze zu einem herrlichen Innenhof. Rings um dieses Forum für öffentliche Versammlungen verläuft ein gotischer Säulengang, der Schutz vor Sonne und Regen bietet. Dieser übersichtlichen Stadtanlage liegt die Absicht zugrunde, keine verborgenen Winkel oder Gäßchen zu dulden, in denen sich das Laster einnisten könnte.

James S. Buckingham, *National Evils and Practical Remedies, with a Plan of a Model Town,* Ldn. 1849.

DIE VIERECKSKLAFTER-INSEL, manchmal auch **VIERECKSURNE** genannt, liegt genau in der Mitte des Ostchinesischen Meeres, inmitten der abgrundartigen Tiefe »Großes Grab«, in die alle Ströme der Erde sowie der Milchstraße hineinfließen. Wie der Inselname »Vierecksklafter« schon sagt, haben alle vier Küsten die gleiche Länge, und zwar je 5000 chinesische Meilen, so daß das Territorium des Landes ein Quadrat bildet.

Der Fremde hat dort die Möglichkeit, die reich verzierten Paläste aus Gold, Silber und Kristall zu besuchen, in denen die »Drei himmlischen Überwacher« wohnen und von wo sie den Inselstaat regieren. Die Prinzessinnen, die den Herrschern des Landes angetraut sind, gebieten über das zahllose Wassergetier, das sich vor den Küsten des Landes tummelt.

Die Bewohner des Landes, Unsterbliche, die keine Neigung hatten, in den Himmel emporzufahren, pflügen, säen und ernten wie die Menschen in jedem anderen Lande auch. Als besondere Rarität bauen sie das »Unsterblichkeitskraut« an, das dort besonders gut gedeiht. Das Land gilt überhaupt als außerordentlich fruchtbar dank zahlloser wasserreicher Quellen. Zu ihnen zählen auch die lebensspendenden »Neuen Quellen« der Unterwelt. D. A.

Anon., *Hai-nei shih-chou chi,* (4./5. Jh.), in *Wu-ch'ao hsiao-shuo ta-kuan,* Shanghai 1926.

DIE VILLA DES HERRN BLAUBART, berühmt für ihre Schätze und kostbaren Möbel, Wandteppiche und goldgerahmten Spiegel, liegt irgendwo in Frankreich; genauere Angaben sind uns leider nicht möglich.

Reisende – besonders weiblichen Geschlechts – sollten bei der Besichtigung des Schlosses Vorsicht walten lassen. Bei der Ankunft bekommen die Besucher verschiedene Schlüssel für die zahlreichen Gemächer ausgehändigt. Nur ein Raum ist ihnen versagt. Neugierige, die gegen dieses Verbot verstoßen, werden eine gräßliche Überraschung erleben: Die Dekoration des Zimmers besteht nämlich vorwiegend aus weiblichen Leichen in verschiedenen Stadien der Verwesung, die an den Wänden befestigt sind. Der Fußboden ist mit geronnenem Blut bedeckt.

Dieser Anblick führt mit an Sicherheit grenzender Wahrscheinlichkeit zu einem Schock, und der/die Besucher/in sollte die schwindenden Kräfte darauf konzentrieren, den Schlüssel zu umklammern. Fällt dieser nämlich zu Boden, so bleibt für immer ein verräterischer Blutfleck an ihm haften. Spätestens, wenn der ahnungsvolle Schloßbesitzer – ein Nachfolger des Herrn Blaubart, dessen Leben ein tragisches Ende nahm – mit seinem Verhör beginnt, ist es angeraten, in Begleitung einer weitsichtigen Freundin auf einen der Türme zu fliehen. Traditionsgemäß handelt es sich bei dieser Dame um die Schwester der jeweiligen Besucherin. Sie hat die Aufgabe, den Horizont nach Beistand abzusuchen. Im Idealfall heißt sie Anne – was natürlich nicht immer zu bewerkstelligen ist –, und die Besucherin kann dann in angemessenen Abständen fragen: »Anne, liebe Schwester Anne (oder wie immer die Begleiterin heißen mag), siehst du nichts kommen?« Normalerweise trifft wie ein Wunder des Himmels schließlich Hilfe ein, und das Erlebnis hat kaum schlimmere Folgen als vielleicht häufig wiederkehrende Alpträume.

Charles Perrault, *Barbe-Bleue,* in *Histoires ou contes du temps passé,* Paris 1697.

VILLINGS, eine Insel im Pazifischen Ozean, die fälschlich dem Ellis- oder Tuvalu-Archipel zugerechnet wurde. Sie liegt vermutlich in der Nähe des Hafens Rabaul, von dem aus der erste Chronist der Insel in See stach. Er hatte erstmals aus dem Mund eines italienischen Händlers in Kalkutta von der Insel gehört. Nach der Information dieses Händlers war Villings das Zentrum einer geheimnisvollen Krankheit, die von der Haut nach innen wirkte. Zuerst fielen dem Opfer das Haar und die Fingernägel aus, dann griff die Krankheit auf die Hornhaut des Auges über, und schließlich brach nach acht bis fünfzehn Tagen der ganze Körper zusammen. Trotz dieser Warnung gelangte der Chronist, der unbedingt seinen Häschern entrinnen wollte (er wurde für ein Verbrechen gesucht, für das er sich nicht verantwortlich fühlte), Anfang 1940 auf die Insel.

Villings war 1924 von ein paar Weißen besiedelt worden, die hier ein Museum, eine Kapelle und ein Schwimmbad erbaut hatten. All das war jetzt verlassen. Als der Flüchtige in Villings anlangte, war er über die Ruinen und die Vegetation überrascht: Nur junge Triebe schienen gesund zu sein, alle übrigen Bäume waren abgestorben.

Als der Besucher die Ruinen erforschte, sah er, daß das Schwimmbecken voller Vipern, Frösche und Wasserinsekten war und daß das Museum – ein dreistöckiges Gebäude mit einem zylindrischen Turm – fünfzehn Säle mit einer Menge Gemälde, darunter auch einige Picassos, umfaßte. In einem der Säle gab es eine lückenhafte Bibliothek mit Romanen, Lyrik und dramatischen Werken und nur einer wissenschaftlichen Abhandlung, Bellidors *Traveaux. Le moulin perse* von 1737. Den Speisesaal, etwa sechzig auf zwölf Meter groß, zierten vier überlebensgroße Sitzstatuen indischer oder ägyptischer Götter.

Ohne daß man ein Schiff, Flugzeug oder Luftschiff hätte landen sehen, entdeckte der Flüchtling plötzlich eine Menge Leute, die tanzten, spazierengingen oder in dem stinkenden Becken schwammen – ganz wie ausgelassene Sommerfrischler in Marienbad. Ein lautes Grammophon übertönte das Rauschen des Windes und der See mit

Valencia und *Tea for Two*. Mehrere Tage und Nächte hindurch beobachtete der Eindringling die Gesellschaft. Dabei verliebte er sich in eine gewisse Faustine, die ihn jedoch nicht beachtete. Schließlich bekam er die Wahrheit heraus.

Ein Wissenschaftler und Mann von Welt, ein gewisser Morel, hatte die Insel gekauft, um in Villings eines der gewagtesten Experimente zur Nachahmung des Lebens durchzuführen. Morel hatte eine Maschine gebaut, die Gegenstände, Pflanzen und Menschen dreidimensional reproduzieren konnte, so daß ein Doppelbild der Wirklichkeit entstand, das das Original sogar in der Berührung und im Geruch nachahmte. So konnte Morel das Bild seiner Freunde bei immer gleichen Handlungen und in ewiger Jugend für alle Zeiten erhalten. Doch die für die Kopie notwendige Bestrahlung des Originals erwies sich für dieses als tödlich und war der Grund für die geheimnisvolle Epidemie auf der Insel. Der Chronist kam aus Versehen mit den Strahlen in Berührung und starb vermutlich kurz nach Beendigung seines Berichts. Es ist nicht bekannt, ob das Schauspiel weiter stattfindet und ob es auch heute noch für Reisende gefährlich ist, die Insel zu besuchen.

Adolfo Bioy Casares, *La invención de Morel*, Buenos Aires 1941.

VIRAGINIEN ↗ NEU GYNIA

VITI-INSELN, eine polynesische Inselgruppe (nicht zu verwechseln mit den Fidschi- oder Viti-Inseln). Sie wurden 1831 von der Besatzung des französischen Schiffes *Calembredaine* entdeckt. Diese gelangte zunächst zu der völlig unbewohnten Insel Vanoua-Leboli. Wie öde und verlassen dieses Eiland ist, geht allein schon daraus hervor, daß Reisende dort häufig auf große Dörfer stoßen, in denen es keine einzige Behausung gibt. – Auf der Nachbarinsel Kanbadon (*kan* heißt »Feld«, *badon* heißt »Knochen«, also bedeutet der Name des Eilands »Knochenfeld«) wurden Knochenhaufen entdeckt, aus denen zu schließen ist, daß die Insel früher einmal von Kanibalen bewohnt war. Eine primitive, in einen Lianenstamm geritzte Inschrift lautet: .nessefua tsbles hcim etßum dnu refp0 muz regnuhßieH meniem hci leif, ettah nesse uz rhem sthcin hci, aD, was soviel heißt wie »Da ich nichts mehr zu essen hatte, fiel ich meinem Heißhunger zum Opfer und mußte mich selbst aufessen.«

Das bedeutendste Eiland der gesamten Inselgruppe ist die ↗ INSEL DER ZIVILISATION.

Henry-Florent Delmotte, *Voyage pittoresque et industriel dans le Paraguay-Roux et la Palingénésie Australe...*, Meschacébé [d. i. Mons] 1835.

VLÈHA gehört zum Archipel der Inseln der Weisheit im Nordpazifik. Eine Bergkette, die sich von Osten nach Westen zieht, schützt das Tiefland vor den Nordwinden und sichert ihm ein subtropisches Klima. Der höchste Gipfel ist der Atrato, ein glühender Vulkan. Die Flora und Fauna dieser Insel ist gleichermaßen vielfältig und großartig. Palmen, Rhododendren und Magnolien blühen auf den niedrigeren Abhängen der Berge, in den Wäldern wiegen sich glänzende Schmetterlinge. Die Vögel verbinden die Grazie des Kolibri mit der Pracht des Paradiesvogels und dem Gesang der Nachtigall. Überraschenderweise – bei dem Klima der Insel – gibt es keine giftigen Reptilien. Die einzige Klapperschlangenart, die hier gefunden wird, ist ganz unschädlich und wird als lebendige Klapper für kleine Kinder zum Spielen benutzt. Die anderen hier beheimateten Schlangen sondern aus ihren Zahndrüsen eine Flüssigkeit ab, die als Opiat verwendet werden kann.

Die Vielfalt seiner Naturschönheiten hat Vléha zum Touristenzentrum des ganzen Archipels gemacht. Im ganzen Land dienen Bungalows, die den ostindischen vergleichbar sind, den Reisenden als Unterkunft. Die gesamte Insel ist mit Eisenbahnlinien durchzogen, Seilbahnen tragen die Besucher hoch in die Berge zum Skilauf und anderen Wintersportarten. Unterkunft und Transport sind sehr billig. Die Inselbewohner benutzen ihr ausgeklügeltes Verkehrssystem nur selten und verhalten sich ziemlich gleichgültig gegenüber der Herrlichkeit, die sie umgibt. Sie wirken scheinbar träge und nahezu energielos. Physisch sind sie sehr attraktiv, besonders die Frauen strahlen – fast unbewußt – einen sinnlichen Reiz aus. Die Einheimischen erklären, daß sie der Zukunft gleichgültig gegenüberstehen, da man ja jederzeit vernichtet werden könne, wenn man wie sie auf einem Vulkan lebt.

Vléha hat keine geschriebene Verfassung und keine formale Regierung. Sein höchster Beamter kann weder als König noch als Präsident, noch als Hoher Priester bezeichnet werden, obgleich er in gewisser Weise alle diese Funktionen erfüllt. Er wird nicht formell ernannt; es ist ganz einfach so, daß die Sehnsüchte und Wünsche der Bevölkerung in der Verehrung einer bestimmten Person zusammentreffen.

Das politische Leben Vléhas ist unentwirrbar mit seiner Religion, dem Buddhismus, verknüpft. Es wird behauptet, daß der »Herrscher« ein direkter Abkömmling eines Mannes namens Vlaho sei, der vor mehr als dreitausend Jahren die grundlegenden Lehren des Buddhismus hier formuliert habe. Später sei er auf dem Weg der Seelenwanderung nach Indien gekommen und die Reinkarnation Buddhas gewesen. Vléha sei also die wahre Geburtsstätte des Buddhismus. Das Ideal des Buddhismus von Vléha ist der Triumpf des Intellekts über das Gefühl und die Aufhebung der Polarität von Lust und Schmerz durch die Unterdrückung des Lustgefühls. Dieses Ziel erklärt die Passivität der Menschen und ihre Gleichgültigkeit gegenüber ihrer Umgebung.

Seit einiger Zeit werden in der jüngeren Generation Vléhas Stimmen gegen die Philosophie der Indifferenz und des Verzichts laut. Der Anführer der Opposition ist ein gewisser Sterridogg, ein Agitator von der Insel Unalaschka, die nördlich von Vléha liegt. Sterridogg fordert, in die Bergkette eine Bresche zu schlagen, damit die Insel dem kalten Nordwind ausgesetzt wird. Er will die Bevölkerung davon überzeugen, daß Schmerz und angestrengte Arbeit die einzigen Mittel zu wahrem Vergnügen sind. Diese Agitation ist von den Jungen freudig begrüßt worden. Was bei dem Generationenkonflikt herauskommen mag, bleibt abzuwarten.

Alexander Moszkowski, *Die Inseln der Weisheit*, Bln. 1922.

VÖGELINSEL, nicht weit vom ↗ LAND DER SPITZEN entfernt. Die Insel ist eigentlich der verwesende Körper des Barons Hildebrand vom Scheißhubermeer. Sie ist unfruchtbar und öde, weil Gehirn, Knochen und Mark des Barons verfaulen.

Touristen werden entdecken, daß schriftfarbene Vögel – also schwarz und weiß gesprenkelte – auf der Insel umherfliegen. Eine erstaunliche Prozession huldigt täglich dem verwesenden Baron. Sie findet ihren Weg mit schlafwandlerischer Sicherheit, obwohl ihre Teilnehmer nichts sehen. Ein kloakenhafter, unterirdischer Leuchtturm, der blind ist wie ein Mensch, der zu lange in die Sonne gestarrt hat, leitet sie. Der Leuchtturm nährt sich von der

Materie, die dem Mund des Barons entströmt. Frommen Touristen wird empfohlen, die Graubärte zu besuchen, die eine auf den Namen »Catholica Maxima« getaufte Kapelle bauen.

Alfred Jarry, *Gestes et opinions du docteur Faustroll, pataphysicien...*, Paris 1911.

DIE VOGELINSEL liegt in der Karibischen See und ist so winzig, daß man in nur sechs Stunden um sie herumgehen kann. Ihr Name bezieht sich auf die zahllosen Vogelarten, die hier nisten. Ein gewisser Comte d'Uffai, der Schiffbruch erlitten hatte, rettete sich auf die Vogelinsel und begegnete hier einer schönen Frau, die ausgesetzt worden war, um den Ungehorsam gegenüber ihrem Vater zu büßen. Das Paar führte ein Leben in primitiver Unschuld, und noch heute sieht man Reste der Hütten, die d'Uffai einst erbaute.

Elézan de Mauvillon, *Le soldat parvenu ou Mémoires et aventures de Mr. de Verval, dit Bellerose,* Dresden 1753.

VOGELINSEL, ein verlassenes Eiland vor der kanadischen Ostküste. die Heimat von Amenachem dem Häßlichen, der jedermann verboten hat, einen Fuß darauf zu setzen. Wer es dennoch tut, wird schrecklich unglücklich und von der Landschaft der Insel verfolgt: von Bäumen, Blumen und sandfarbenen Steinen.

Michel Tremblay, *Contes pour buveurs attardis,* Montreal 1966.

VRAIDEX, ein Berg hinter der Stadt Namen im Nordwesten von ↗ POICTESME. Hoch auf dem Gipfel des wolkenverhangenen Berges steht der Palast des Zweifels. Er gehört Miramon, dem Herrn des Neunfachen Schlafs, der die Träume der Menschen ersinnt und sie als weiße Dämpfe den Berg hinab und in die Gemüter der Schlafenden sendet.

Die unteren Hänge des Berges sind kahl, gehen aber bald in eine zerklüftete, von Eisenkraut überwucherte Ebene über. Sie ist mit den Leichen von Reisenden bedeckt, die bei dem Versuch, den Gipfel zu erreichen, umgekommen sind. Der Palast des Zweifels selbst steht auf einem Plateau, dessen einzige Vegetation aus tückisch wirkenden Bäumen mit gelbem und purpurrotem Laub besteht. Der Palast ist gold und schwarz lackiert und mit Figuren von Schwänen, Schmetterlingen und Schildkröten geschmückt.

Man tritt durch Tore aus Horn und Elfenbein ein, die in einen roten Korridor führen. Im Zentrum des Palasts steht einer der Zähne des Ungeheuers Behemoth.

Die Zugänge zum Berg werden von den Schlangen des Ostens, Nordens, Westens und Südens bewacht, Traumgeschöpfen, die Miramon geschaffen hat.

Die Schlange des Ostens reitet auf einem schwarzen Pferd, trägt einen schwarzen Falken auf dem Kopf und wird von einem schwarzen Hund begleitet. Man kann sie ungefährlich machen, indem man ihr ein Ei anbietet; sie hat gehört, daß ein magisches Ei ihr den Tod bringen wird und fürchtet sich deshalb vor Eiern.

Die Schlange des Nordens reckt ihren Kopf in die Höhe. Sie fürchtet sich vor Zaumzeug, weil sie glaubt, daß ein magisches Zaumzeug aus dem Atem eines Fischs, dem Speichel von Vögeln und dem Tritt einer Katze ihr Tod sein wird.

Die Schlange des Westens ist blau- und goldgestreift und trägt eine Kappe aus Kolibrifedern. Sie bewacht eine Brücke, die mit acht Speeren bestückt ist. Man kommt an ihr vorbei, wenn man ihr eine Schildkröte zeigt; ihr wurde gesagt, sie werde von Tulapin getötet werden, der Schildkröte, die niemals lügt (und sie kann Tulapin nicht von anderen Schildkröten unterscheiden!).

Die Schlange des Südens ist die kleinste, schönste und giftigste von allen. Zwei der Hilfsmittel, mit denen man sie besiegen kann, dürfen nicht genannt werden; das dritte ist eine kleine Figur aus Haselholz.

Auch der Abstieg vom Berg ist gefährlich, denn Reisende begegnen meist dem Tod, Miramons Halbbruder, der sie auffordert, ein schwarzes Pferd zu besteigen. Dieses Pferd ermüdet nie, und keiner seiner Reiter ist jemals zurückgekehrt.

James Branch Cabell, *Figures of Earth...,* NY 1921.

VRIL-YA-LAND, ein unterirdisches Staatswesen, das vermutlich unterhalb von Newcastle liegt und durch einen Bergwerksschacht zu erreichen ist. Eine breite, von Gaslampen beleuchtete Straße führt zu einem großen Gebäude mit mächtigen ägyptischen Säulen. Von hier aus erblickt man ein weites Tal mit rotgoldenem Pflanzenwuchs und zahlreichen Seen und Flüßchen. Zur Fauna dieses Tales zählen die verschiedensten Reptilien, darunter riesige Krokodile, aber auch Rudel von hirsch- oder elchähnlichen Tieren sowie eine Tigerart, die im Vergleich zum indischen Tiger breitere Pranken und einen stärker abgeflachten Kopf hat, sich von Fischen ernährt und vom Aussterben bedroht ist. Außerdem gibt es dort viele Singvögel (die meist in Käfigen gehalten werden und gewissermaßen als Musikinstrumente dienen) und eine auffallend schöne Taubenart mit großen bläulichen Haubenfedern.

Die Straßen der Städte sind von Gebäuden gesäumt, die ägyptisch wirken und zwischen denen Gärten mit farbenprächtigen Gewächsen und seltsamen Blumen liegen. Die Säulen dieser Häuser sind wie Aloen und Farne geformt. Die Fußböden bestehen aus mosaikartig eingelegten Edelmetallblöcken und sind zum Teil mit mattenartigen Teppichen belegt. Kissen und Diwane sind reichlich vorhanden. Um in die oberen Stockwerke zu gelangen, benützt man offene Fahrstühle. Die Fensteröffnungen in den mit Eisenspat, Metall und ungeschliffenen Edelsteinen ausgeschmückten Wänden sind nicht verglast, sondern nur mit einer Jalousie versehen, die man durch einen leichten Druck auf eine Sprungfeder herunterlassen kann und die aus einem glasähnlichen, aber nicht ganz so durchsichtigen Material hergestellt ist. Kunstvoll geformte goldene Räuchergefäße verströmen einen köstlichen Duft. Die meisten Häuser sind mit Balkonen ausgestattet.

Die Bewohner, »Vril-ya« genannt, können durch bloße Lippenberührung Krankheiten heilen. Ihre Bücher sind winzig klein und werden in Bibliotheken ähnlich den unseren aufbewahrt. Für die Dienstbotenarbeit benützen die Vril-ya Roboter. Eine mit seltsamen Zeichen versehene Metallplatte ermöglicht ihnen die Übermittlung telegraphischer Botschaften. Grundlage ihrer Zivilisation ist eine elektromagnetische und galvanische Naturkraft, die sie *vril* nennen. Mit Hilfe eines mit dieser Energie aufgeladenen Stabes könnten selbst Kinder jedes Gebäude zum Einstürzen bringen.

Das wichtigste Amt in diesem Staatswesen bekleidet der für die ständige Versorgung mit Licht zuständige Beamte. Männer und Frauen sind gleichberechtigt, da jedoch das weibliche Geschlecht das stärkere ist, werden die Staatsgeschäfte nur von Frauen geführt. In den Fabriken werden Kinder als Hilfsarbeiter beschäftigt. Freizeitvergnügungen sind der Luftsport (die Vril-ya sind eine geflügelte Menschenrasse) und öffentliche Musikveranstaltungen. Es gibt auch einige

Ägyptisches Säulenportal am Eingang zum
VRIL-YA-LAND

Theater, in denen zuweilen alte (an das chinesische Theater erinnernde) Dramen aufgeführt werden.

In Vril-ya-Land hat der Tag zwanzig Stunden: acht »stille Stunden«, acht »ernste Stunden« und vier »leichte Stunden«. Die Einwohner werden ca. 130 Jahre alt. Vor der obligatorischen Feuerbestattung wird jeder Sarg mit folgender Inschrift versehen: »An uns ausgeliehen am... [GeburtsdatumZ, von uns zurückgefordert am...[Todesdatum].«

Die äußere Erscheinung der Vril-ya erinnert an die auf etruskischen Vasen oder orientalischen Grabmauern abgebildeten Dämonen. Sie haben rothäutige Sphinxgesichter mit großen schwarzen Augen und sind hochgewachsen, aber nicht hünenhaft. Falten sie ihre Flügel vor der Brust, so reichen ihnen die Flügelspitzen bis zu den Knien. Ihre Stimmen sind melodiös. Sie tragen Tuniken und Wickelgamaschen aus dünnem, fasrigem Material.

Es gibt mehrere Vril-ya-Stämme. Jeder besteht aus rund 12 000 Familien und bewohnt ein für seine Bedürfnisse ausreichendes Territorium. In regelmäßigem Turnus verläßt die überzählige Bevölkerung freiwillig dieses Wohngebiet, um sich anderswo anzusiedeln.

Einheit ist das Prinzip, auf das sich dieses Staatswesen gründet. Die Vril-ya wählen ein Staatsoberhaupt auf Lebenszeit (*Tur* genannt), dessen Wohnsitz und Einkommen sich nicht im geringsten vom dem der anderen Bürger unterscheidet, da in Vril-ya-Land niemals Verbrechen begangen werden, gibt es keine Strafgerichtsbarkeit. Private Meinungsverschiedenheiten (die sehr selten vorkommen) werden entweder von gemeinsamen Freunden der Kontrahenten oder vom Rat der Weisen geschlichet. Gesetze brauchen nicht erlassen zu werden, weil jeder sich instinktiv in die Staatsordnung fügt. »Kein Glück ohne Ordnung, keine Ordnung ohne Autorität, keine Autorität ohne Einheit«, lautet ein Sprichwort der Vril-ya. Rüdes Benehmen ist bei ihnen völlig undenkbar. Schon die kleinen Kinder lehrt man, jeden Gefühlsausbruch zu verabscheuen.

In Vril-ya-Land gibt es mehrere Dialekte, aber auch eine Hochsprache, die auf der Austauschbarkeit von Vorsilben basiert. So bezeichnet zum Beispiel die Vorsilbe *gl*... etwas Zusammengefügtes bzw. Einheitliches. *gloon* (das Wort *oon* bedeutet »Haus«) heißt in der Vril-ya-Sprache »Stadt«. Die Vorsilbe *na* bezeichnet etwas Lebensfeindliches oder der Freude und dem Wohlbefinden Abträgliches. So ist *nax* das Wort für »Finsternis«, *narl* das Wort für »Tod«, und *nania* bedeutet »Sünde« oder »Böses«. Es gibt in dieser Sprache vier Fälle; die ersten drei werden durch unterschiedliche Endungen gebildet, der vierte durch eine Vorsilbe. Ein Beispiel:

		Singular
Nominativ	*an*	der Mensch
Dativ	*ano*	dem Menschen
Akkusativ	*anam*	den Menschen
Vokativ	*hil-an*	O Mensch!

	Plural
ana	die Menschen
anoi	den Menschen
ananda	die Menschen
hil-ananda	O Menschen!

Literatur ist in Vril-ya-Land etwas, das der Vergangenheit angehört. Geschichtswerke oder Belletristik zu schreiben, gilt als schädlich für eine harmonische Gesellschaftsordnung und ist deshalb verboten.

Das konfessionelle Leben ist unkompliziert: Jedem Bürger steht es frei, die Religion auszuüben, die ihm zusagt. Aber alle Vril-ya glauben an einen Schöpfer und Erhalter des Universums. Sie sind überzeugt, daß diesem Urquell der Kraft *vril* jeder menschliche Gedanke entspringt und daß der Mensch unfähig ist, eigene Ideen zu entwickeln. – Die Vril-ya glauben, daß sie von Fröschen abstammen.

Edward George Bulwer-Lytton, *The Coming Race,* Edinburgh/Ldn. 1871.

DER VULKANABGRUND öffnet sich in der Nähe des Hekla in Island. Hier tauchen Ertrunkene am Tag ihres Ertrinkens wieder auf, auch wenn der Unfall sich mehrere hundert Meilen entfernt ereignet hat. Wenn ein Reisender sie fragen sollte, wohin sie gehen, antworten sie mit einem tiefen Seufzer, daß sie zum Berg Hekla gehen; oft kann man ein herzzerreißendes Jammern menschlicher Stimmen vernehmen, die aus dem umliegenden Eis kommen. Nicht weit von dem Abgrund entfernt gibt es zwei weitere faszinierende Sehenswürdigkeiten: ein Feuer, das nicht brennt, und ein Wasser, das wie Holz verkohlt.

Tommaso Porcacchi, *Le isole più famose del mondo,* Mailand 1572.

W

WAFERDANOS, eine Insel im Nordatlantik, auf halbem Weg zwischen Großbritannien und Neufundland. Sie hat ein mildes Klima, fruchtbaren Boden, tiefe Wälder und bietet reiche Jagdbeute.

Die Waferdaner sind ein angenehmes Volk, von Kopf bis Fuß mit einem weichen braunen Fell bewachsen, das sie warm hält, so daß sie keine Kleidung brauchen. Sie kennen nur die Naturgesetze. Ihre Nahrung besteht aus den Tieren, die sie jagen, und den wenigen von ihnen angebauten Gemüsen.

Die Waferdanische Gesellschaft basiert auf Toleranz, Brüderlichkeit und gegenseitiger Hilfe. Der weiseste Waferdaner wird »König des Volkes« genannt. Jeden Morgen hält er oben auf einer hohen Bambusterrasse, dem »Tempel«, Hof. Die gesamte Bevölkerung kommt, um ihn zu grüßen und um Rat zu fragen. Sobald die Sitzung vorüber ist, wird der König zu einem gewöhnlichen Bürger und nimmt an der täglichen Jagd teil. Mittags trifft sich die gesamte Bevölkerung wieder zum Essen, der Rest des Tages ist der Liebe und Spielen gewidmet.

Nichts hat diese gleichförmige Ordnung jemals gestört, nicht einmal die Ankunft von zwei schiffbrüchigen Europäern gegen Ende des siebzehnten Jahrhunderts. Diese Ausländer versuchten, sich mit dem Fell eines dreihörnigen Stiers, auch *Daquir* genannt, zu bekleiden, aber der König entschied, daß die Tradition gewahrt bleiben und natürliche Nacktheit herrschen müsse. Immerhin erlaubte er ihnen, Gürtel aus Daquirleder zu tragen.

Die Architektur der Waferdaner ist in den Anfängen steckengeblieben: Einfache Bambushütten genügen ihren Wohnbedürfnissen. Ihre Religion ist von ihrer Naturverbundenheit inspiriert. Trotz ihrer Vorliebe für philosophische Diskussionen sind sie dafür bekannt, daß sie sich schrecklich langweilen und zeitweise in tiefe Melancholie versinken.

Anon., *Voyage curieux d'un Philadelphe dans des pays nouvellement découverts,* Den Haag 1755.

DAS WAHRE LHASA, eine Stadt tief unter einem Bergplateau in Tibet, mehr als zweitausend Meter unter der Erde, in einem riesigen Hohlraum erbaut. Besucher seien darauf hingewiesen, daß dies die geheiligte Stadt Buddhas ist und daß alle Fremden augenblicklich getötet werden.

Das wahre Lhasa, terrassenförmig angelegt, steht an den Ufern eines rötlichen Sees. Auf der höchsten Terrasse steht der Tempel Buddhas, kleinere Tempel kleben wie Wespennester an den umliegenden Felsen. Der zentrale Bau im Wahren Lhasa ist der Palast des Dalai Lama, ein riesiges Gebäude in Purpur und Gold. Beherrscht wird das Gebäude von einer übergroßen, aus dem Felsen gemeißelten Statue Buddhas, die von goldenen Votivlampen sowie von Perlen, Diamanten und Smaragden eingerahmt wird. Der einzige Tempel, den Europäer je betreten haben, liegt auf einem von Pyramiden gesäumten Hof. Das Bauwerk selbst besteht aus einem Längsschiff mit Säulen zu beiden Seiten, die zusammen mit den Holzbalken das gewölbte Dach tragen. Fresken, die das Leben des Buddha darstellen, schmücken die Wände.

Das Wahre Lhasa erreicht man durch einen säulengeschmückten Tunnel. Ein Labyrinth aus Gassen und engen Straßen führt in die verschiedenen Viertel der Stadt. Sollte es einem todesmutigen Reisenden gelungen sein, bis hierher zu gelangen, muß er aufpassen, daß er nicht in einem See von Treibsand versinkt oder in die Folterkammer gesteckt wird, wo er Tigern, Elefanten oder Gorillas zum Fraß dient.

Wer am Leben bleibt, kann sich mit den reichlich vorhandenen Diamanten eindecken, und zur Heimkehr wählt man am besten den Wahren-Lhasa-Fluß, der im Tal von Nepal ins Freie tritt.

Maurice Champagne, *Les sondeurs d'abîmes,* Paris 1911.

WAHRLAND (Lage unbekannt). Besucher werden bei der Ankunft feststellen, daß jede Handlung einem strengen Ehrenkodex unterliegt und daß gute Umgangsformen unabdingbar sind. Alles, was sie versprechen, muß früher oder später erfüllt werden. Sollte ein Besucher sich erlauben, auch nur ein Stück Papier auf die untadeligen Straßen von Wahrland zu werfen, wird er merken, daß es sofort wieder in seine Tasche springt. Jeder Hieb fällt auf den Angreifer zurück, und jede Beleidigung wird von dem, der sie äußerte, als Schlag empfunden. Reisende können in Wahrland ihren gewohnten Tageslauf fortsetzen, aber er wird hier unerträglich beeinträchtigt von gesellschaftlicher Heuchelei, Verstellung und Täuschung. Frühere Freundschaften, Geschäftsbeziehungen und Ehen zerbrechen mit erstaunlicher Regelmäßigkeit gleich nach der Einreise, und sehr wenige Touristen, die in Wahrland gewesen sind, haben wieder in ihrem früheren Beruf Fuß gefaßt.

Pierre Carlet de Chamblain de Marivaux, *Voyage au Monde vrai,* in *Le cabinet du philosophe,* Paris 1734.

DIE WAISENINSEL, eine früher als **SMITH-EILAND** bekannte Republik in der Südsee. Sie besteht aus zwei Halbinseln, verbunden durch eine Landzunge, die von einer Lagune und einem Korallenriff gesäumt ist. Man findet dort die typische Südsee-Flora, jedoch viel weniger Bäume, als man erwartet hätte. Zur Tierwelt des Inselreiches zählen Spottdrosseln, Paradiesvögel, Papageien, riesige Leguane, Gürteltiere, Landkrebse und Schlangen. Zuweilen machen Haie die Lagune unsicher.

Im Jahre 1855 konnte sich eine schiffbrüchige Gruppe englischer Waisenkinder mitsamt ihrer jungen Gouvernante, Charlotte Smith, und dem Schiffsarzt auf die Insel retten. 1923 gelangte der Cambridger Soziologe Thinkwell in den Besitz von Dokumenten, aus denen hervorging, daß sein Großvater (der Kapitän eines Segelschiffes) den Gestrandeten baldige Rettung in Aussicht gestellt und sie dann im Stich gelassen hatte. Thinkwell, der daraufhin via Tahiti zur Insel

DIE WAISENINSEL
(FRÜHER »SMITH-EILAND« GENANNT)

der Schiffbrüchigen reiste, traf dort zu seiner Überraschung die inzwischen achtundneunzigjährige Charlotte Smith als Regentin eines Staatswesens an. In dem Wahn, sie sei Königin Viktoria, bewohnte sie ein (noch heute zu besichtigendes) Haus, das sie »Balmoral« genannt und ganz im viktorianischen Stil eingerichtet hatte. Der von ihr geschaffene, autokratisch regierte Inselstaat war ein Abbild der viktorianischen Gesellschaftsordnung und Gesetzgebung. Am 1. September 1925, nicht lange nach Thinkwells Ankunft, starb die »Regentin«, woraufhin die unterdrückte Klasse – die Waisen und ihre Nachkommen – rebellierte und die Auflösung des (nur aus einer Exekutive bestehenden) »Parlaments« forderte. Thinkwell fand eine Kompromißlösung: Die Privilegien der herrschenden Klasse – der Nachkommen von Charlotte Smith und dem Schiffsarzt – wurden eingeschränkt, den Untertanen räumte man mehr Rechte ein. Das Staatswesen auf der Insel (die von nun an »Waiseninsel« hieß) wurde in eine Republik umgewandelt. Unter dem Einfluß Thinkwells hat der Inselstaat einen Aufschwung erlebt und sogar eine große Zahl literarischer Werke hervorgebracht (hauptsächlich Bühnenstücke, die vorher als unmoralisch verboten waren).

Obwohl der Protestantismus Staatsreligion ist, gibt es auf der Insel auch eine kleine katholische Gemeinde, ja sogar einige Atheisten. Gegen Ende des neunzehnten Jahrhunderts konnte sich ein französischer Jesuit gemeinsam mit zwei zum Christentum bekehrten Afrikanern nach einem Schiffbruch auf die Waiseninsel retten. Er kam jedoch in einem Aufstand gegen die »Papisterei« ums Leben und wurde von seinen schwarzen Zöglingen aufgefressen.

Auf der Insel haben sich zahlreiche viktorianische Gebräuche erhalten – zum Beispiel die zweimal jährlich stattfindende »Ballsaison« und das Krickettspiel. Der beliebteste Sport der Inselbewohner, das Schildkrötenrennen, ist zwar nach wie vor verboten, doch finden fast überall solche Veranstaltungen statt. Die Umgangsformen der Insulaner leiten sich von den wenigen bei dem Schiffbruch im Jahre 1855 geretteten Büchern her: von Emily Brontës *Wuthering Heights* (Sturmhöhe), John Bunyans Allegorie *The Holy War* (Der heilige Krieg) und einem Leitfaden für gutes Benehmen. Als Anleitung für ein tugendhaftes Leben hat man religiöse Texte und Dichterworte in die Baumstämme eingekerbt.

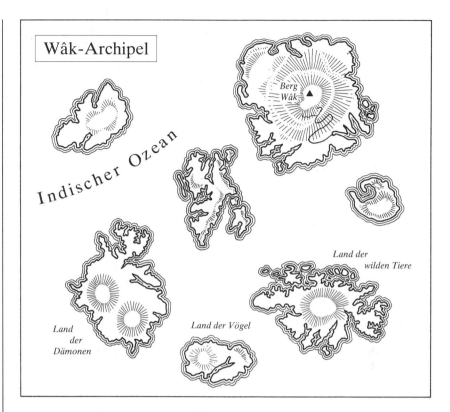

Als Zeitmesser dienen Sonnen- und Monduhren sowie Muschelschalen, die man mit Sand füllt, der nach Ablauf einer Stunde herausgerieselt ist. Die Waiseninsel ist zehn Minuten hinter der Greenwichzeit zurück. Die Bekanntmachung von Nachrichten erfolgt durch zwei Männer, die sie mit Stöcken in den feuchten Sand an der Küste schreiben, wo sie von jedermann gelesen werden können. Unangenehme Nachrichten werden nicht bekanntgegeben. Die Währung, die das ursprünglich auf der Waiseninsel praktizierte Tauschsystem abgelöst hat, besteht aus Muschelschalen und Korallenstückchen. Die Bewohner ernähren sich von Schildkrötensuppe und -fleisch, Süßkartoffeln, Brotfrüchten und Austern. Sie trinken gegorene Fruchtsäfte, deren Geschmack an Süßmost erinnert.

Die Stadt besteht aus gutgebauten Holzhäusern. Das an der Ostküste gelegene Handelsviertel gleicht einem Marktplatz. Die kleinere und weniger fruchtbare der beiden Halbinseln, Hibernia, gilt allgemein als Wohnstätte der Unzufriedenen: Dorthin zogen sich die besiegten und in Ungnade gefallenen Aufständischen der Revolution von 1910 zurück.

Rose Macaulay, *Orphan Island,* Ldn. 1924.

DER WÂK-ARCHIPEL besteht aus sieben Inseln irgendwo im Indischen Ozean. Er ist nach einem Berg benannt, auf dem ein großer Baum wächst, dessen Zweige menschlichen Köpfen ähneln. Bei Sonnenaufgang schreien diese Köpfe »Wâk, Wâk, khallag«, was arabisch ist und soviel heißt wie »Wâk, Wâk, Preis sei dem König, der die Welt erschuf«. Diese Zeremonie wird bei Sonnenuntergang wiederholt. Fremde sind nicht willkommen; sogar die Händler, die ihre Waren auf den Archipel bringen, lassen diese einfach am Strand der ersten Insel, zu der sie kommen, zurück und nehmen dafür die Güter, die unsichtbare Hände für sie dorthin gelegt haben; sie segeln weiter, ohne jemand zu Gesicht zu bekommen.

In Wirklichkeit sind alle Bewohner von Wâk Frauen. In der Nacht kommen sie herunter an den Strand und sammeln auf, was die Händler zurückgelassen haben. Am Strand stehen viele Bänke, auf denen sie sich von ihrer mühseligen Arbeit ausruhen, und Reisenden, die den Wâk-Archipel besuchen möchten, wird geraten, sich unter einer dieser Bänke zu verstecken und bei Dämmerung das Bein einer Dame zu packen und sie um Hilfe und Schutz zu bitten; so kann er die Insel in Frieden besichtigen.

Um alle sieben Inseln gründlich kennenzulernen, braucht man mindestens sieben Monate, selbst wenn man Tag und Nacht reist. Zuerst kommt man zum Land der Vögel, wo nichts zu hören ist außer dem Flügelschlagen und Singen. Dann kommt man zum Land der wilden Tiere, das vom Brüllen der Löwen, vom Bellen der Hyänen und Heulen der Wölfe widerhallt. Dann wird man ins Land der Dämonen geführt: Ihre Schreie, die Flammen, die ihnen aus dem Mund schlagen, und die verzweifelten Gesten, mit denen sie einem den Zugang verwehren wollen, machen es fast unmöglich, etwas anderes zu sehen oder zu hören. Reisenden wird geraten, nicht zurückzublicken, wenn ihnen ihr Leben lieb ist. Nach weiteren drei Inseln, die hier nicht besonders erwähnt werden müssen, kommt der Besucher endlich zur siebenten Insel, die von einer riesigen Bergkette gekrönt und von einem sprudelnden Fluß durchquert wird. Der höchste Berg der Kette ist der Wâk-Berg selbst. Alle sieben Inseln werden von einer Königstochter regiert. Sie befiehlt eine Armee von Jungfrauen, die Rüstungen tragen und mit Krummsäbeln bewaffnet sind; Reisenden wird nicht empfohlen, sie kennenlernen zu wollen.

Anon., *Die Geschichte des Juweliers Hasan*, in *Alf laila wa-laila* (Tausendundeine Nacht, 5.–15. Jh.), Kalkutta 1830.

DER WALD DES SEHENS liegt nördlich von ↗ WÖRTERSTADT im ↗ KÖNIGREICH DER WEISHEIT und wird von den Bings bewohnt. Bei den Mitgliedern dieser Familie ist der Kopf schon gleich nach der Geburt genauso weit vom Boden entfernt wie bei den Erwachsenen; die Bings wachsen nämlich nach unten, bis ihre Füße schließlich den Boden berühren. Deshalb können sie zeitlebens alles aus dem gleichen Blickwinkel betrachten. Allerdings variiert die Art und Weise des Stehens bei den verschiedenen Familienangehörigen. Der eine durchschaut die Dinge, sieht aber nicht, was sich vor seiner eigenen Nase abspielt; der andere sieht zu, daß notwendige Dinge erledigt werden; einer sieht hinter die Dinge, der nächste sieht die andere Seite der Medaille; und wieder ein anderer sieht den Dingen auf den Grund, und falls ihm das nicht gelingt, übersieht er sie ganz einfach.

Im Wald des Sehens steht ein Häuschen mit vier Türen. Die erste trägt die Aufschrift »Der Riese«, die zweite die Aufschrift »Der Zwerg«. Auf den beiden anderen Türen steht überhaupt nichts. Auswärtige Besucher können an jeder beliebigen Tür anklopfen, denn das Haus hat nur einen einzigen Bewohner, der hochgewachsenen Leuten wie ein Zwerg, Kleinwüchsigen wie ein Riese, Mageren wie ein Fettwanst und Dicken wie ein Dürrer erscheint. In Wirklichkeit aber hat er eine völlig normale Figur.

Mitten im Wald spielt ständig ein Orchester unter der Stabführung von Chroma, dem Maestro der Pigmentierung, dem Dirigenten des gesamten Farbenspektrums. Jedes Instrument spielt eine andere Farbe. Würde dieses Orchester verstummen, so verschwänden (nach Meinung der Waldbewohner) sämtliche Farben aus unserer Welt.

In diesem Wald liegt die Stadt der Wirklichkeit. Einst war das eine sehr angenehme Stadt, jetzt aber ist sie unsichtbar: Auf nicht vorhandenen Straßen hasten, den Blick auf den Boden geheftet, Menschenmassen hin und her. Vor langer Zeit gelangten die Einwohner dieser Stadt zu der Überzeugung, daß sie ihr Ziel viel schneller erreichen würden, wenn sie nur noch auf ihre eigenen Schuhe starrten. Und da niemand mehr einen Blick für all das Schöne ringsum hatte, wurde die Stadt immer häßlicher. Die Menschen bewegten sich schneller und schneller, die Gebäude und Straßen verblichen, und schließlich war überhaupt nichts mehr von der Stadt der Wirklichkeit zu sehen. Viele Bürger zogen in die nahegelegene Stadt der Illusionen, eine herrliche Metropole mit edelsteinbesetzten Mauern und silbern gepflasterten Prachtstraßen, die aber leider nur in der Einbildung existieren.

Norton Juster, *The Phantom Tollbooth*, Ldn. 1962.

DIE WALDINSEL (geographische Lage unbekannt) ist nach den dichten Wäldern benannt, von denen sie fast ganz bedeckt ist. Von einem Drachen bewacht, hindern diese nahezu undurchdringlichen Wälder den Besucher daran, von der mit leuchtenden Blumen übersäten Küste ins Landesinnere zu wandern. Es gibt jedoch eine andere Möglichkeit, dorthin zu gelangen, nämlich auf einem Fluß. Seine Mündung ist leicht ausfindig zu machen, da man von dort aus deutlich den Berg im Zentrum der Insel sehen kann – einen nackten, über den dunklen Baumkronen aufragenden Gipfel.

Die einzige Siedlung auf der Waldinsel ist ein Dorf, das aus höchst merkwürdigen Behausungen besteht: Flechtwerk, das zwischen Baumstämmen gespannt ist. Die Eingeborenen sind umgänglich und gastfreundlich, in mancher Hinsicht aber noch recht primitiv. Sie besitzen nur Waffen und Werkzeuge aus Feuerstein und Kupfer. Eisen ist auf der Insel unbekannt. Auswärtige Besucher werden erstaunt feststellen, daß die Bewohner der Inselsiedlung in der Seefahrt gänzlich unerfahren sind und so gut wie keinen Kontakt zu anderen Völkern haben. Sie tragen schlichte Baumwollkleidung, aber um so kunstvolleres Geschmeide aus Gold. Dieses Edelmetall ist auf der Waldinsel reichlich vorhanden und hat zuweilen Händler angelockt.

Der kleine Inselstaat ist eine Monarchie. Wenn der regierende König alt und schwach geworden ist, bringt man ihn zu dem Berg im Zentrum der Insel und tötet ihn, indem man ihm eine wilde Wurzel zu essen gibt, die narkotisch wirkt, aber keinerlei Schmerz verursacht. Dann wird der Leichnam in eine auf halber Höhe des Berges gelegene, aus rohbehauenen Steinen errichtete Kapelle gebracht, wo man ihn einbalsamiert und an die Wand hängt. Die zahlreichen toten Könige, die dort zu sehen sind, tragen noch ihre goldenen Amtsketten. Die Diener des jeweiligen Monarchen müssen ihrem Herrn in den Tod vorausgehen, ihre einbalsamierten Leichname werden nur kurze Zeit aufbewahrt und dann in den Fluß geworfen.

Das Eingeborenen-Idiom hat eine gewisse Ähnlichkeit mit der Sprache, die auf der ↗ GOLDENEN INSEL gesprochen wird, Grammatiken und Sammlungen von Redewendungen sind jedoch kaum aufzutreiben.

William Morris, *The Earthly Paradise. A Poem*, 4 Bde., Ldn. 1868–1870.

WALDZELL, Stadt in ↗ KASTALIEN. Von Buchenwäldern umgeben, erscheint die geschäftige Kleinstadt mit ihren Handwerksbetrieben, Kaufläden und einer Mühle durch den verwendeten Baustein durchgehend in einem braunen Farbton gehalten. Reste der einstigen Stadtmauer sowie das Südtor sind noch erhalten, über den Fluß wölbt sich eine Steinbrücke. Beherrscht wird das alte Städtchen jedoch von einem weitläufigen ehemaligen Zisterzienserkloster, in dem sich jetzt die Schule der Glasperlenspieler befindet. Eine Lindenallee führt zu dem etwas außerhalb der Stadt gelegenen *Vicus Lusorum*, dem Stadtteil der Glasperlenspieler mit Lehrsälen, Bibliotheken, der Festhalle sowie Häusern für Lehrpersonal und Gäste. Hier befindet sich auch das berühmte Spielarchiv, in dem die Schemata klassischer Glasperlenspiele aufbewahrt werden, und der offizielle Sitz des Ludi Magister, des Spielmeisters. Die Bewohner des *Vicus Lusorum* haben die elitäre Aufgabe, das Glasperlenspiel zu vervollkommnen und sein Geheimnis zu bewahren. Nur etwa sechzig sorgfältig ausgewählte Schüler werden jeweils in Waldzell unterrichtet, wobei allerdings das Glasperlenspiel nicht als Fach an der Schule gelehrt, sondern nur in Privatstudien betrieben wird.

Jeweils im Frühjahr findet in der großen Spielhalle ein öffentliches Glasperlenspiel statt, der *Ludus anniversarius* oder *solemnis*. Die Vorbereitungen beginnen schon Monate vorher, Teilnehmer von auswärts werden eingeladen, Vertreter der Regierung, der Städte und Stände nehmen teil. Das Fest dauert zehn bis vierzehn Tage und ist das große festliche Ereignis für ganz Kastalien.　　　　　　G. W.

Hermann Hesse, *Das Glasperlenspiel*, Zürich 1943.

DER WALD ZWISCHEN DEN WELTEN, eine traumhaft entrückte Gegend, ein völlig stiller Forst, in dem sich nichts bewegt, in dem es weder Vögel noch Tiere gibt und wo man nichts anderes hört als das Wachsen der Bäume. Alles in diesem dichten Wald ist in sanftes grünes Licht getaucht, ganz so, als wäre dort immer früher Morgen.

Die kleinen Tümpel, die alle paar Meter zwischen den Bäumen zu sehen sind, verschaffen Zugang zu unzähligen anderen Welten. Ihr Wasser hat eine merkwürdige Eigenschaft: Wer hineinsteigt, bleibt am ganzen Körper trocken. Mit den gewöhnlichen Waldpfützen, die es dort ebenfalls gibt, darf man diese Tümpel keinesfalls verwechseln.

In den Wald zwischen den Welten kann man nur mit Hilfe von Zauberringen gelangen. Sie sind aus Erde gemacht, die aus eben diesem Wald stammt. Die gelben Ringe (»Heimwärts-Ringe« genannt) verschaffen den Reisenden Zugang zum Wald, die grünen (»Auswärts-Ringe« genannt) öffnen ihm den Weg zu anderen Welten. Diese Fingerringe müssen die bloße Haut berühren; auf einem Handschuh aufgesteckt, verlieren sie ihre Zauberkraft. Während man einen solchen Ring trägt, darf man niemanden berühren, weil er sonst wie ein Magnet wirkt und auch den anderen Menschen in unbekannte Welten entführt.

Da es sehr schwierig ist, die vielen Tümpel auseinanderzuhalten, kann man unversehens in einer Welt landen, die man gar nicht besuchen wollte. Reisende sollten daher größte Vorsicht walten lassen. Um aus einer anderen Welt wieder in den Wald zurückzukehren, muß man einen gelben Ring anstecken und in denselben Tümpel springen, aus dem man gekommen ist.

Reisende haben berichtet, der Wald zwischen den Welten sei trotz der tiefen Stille merkwürdig lebendig und »so köstlich wie ein Pflaumenkuchen«. Sie könnten sich nicht mehr genau erinnern, wie sie dorthin gelangten, hätten aber das Gefühl, schon einmal dort gewesen zu sein; ihr früheres Leben käme ihnen wie ein verblassender Traum vor. Eine ähnliche Erfahrung scheint auch Dante Gabriel Rossetti gemacht zu haben, der darüber ein kurzes Gedicht schrieb.

Clive Staples Lewis, *The Magician's Nephew*, Ldn. 1955. – Dante Gabriel Rossetti, *Sudden Light,* in *Poems,* Ldn. 1870.

WALHALL, durch Brandstiftung zerstörte »Götterburg« auf einem Felsgipfel am Rhein. Die monumentale Burg und Prunkvilla ist vom Göttervater Wotan aus Macht- und Repräsentationsgründen durch die Riesen Fafner und Fasolt erbaut worden. Die Ursachen für den Ruin des weitläufigen Baus liegen schon in dem Arbeitsvertrag, den Wotan mit den Riesen geschlossen hat. Er sichert ihnen nach Fertigstellung der Burg den Besitz der Göttin Freia zu. Wotan fehlte jedoch offensichtlich der seriöse Vertragswille. Die Götter können Freia nämlich nicht missen, da nur sie die goldenen Äpfel warten kann, deren Genuß Unsterblichkeit garantiert.

Die Riesen ließen sich auf einen neuen Tarifvertrag ein. Sie waren bereit, auf Freia zugunsten des Rheingolds zu verzichten, das Wotan durch die Manipulation des Feuergotts Loge dem Nibelungen (Zwerg) Alberich, der es den Rheintöchtern entwendet hatte, abgewinnen wollte. Um den Preis der Verfluchung der Liebe war es Alberich gelungen, aus diesem Gold einen Ring zu schmieden, der ihm unbeschränkte Macht verlieh. Wotan und Loge überlisteten Alberich und brachten den Nibelungenschatz nebst Ring (der daraufhin von Alberich verflucht wurde) in ihren Besitz.

Die Riesen erhielten das Rheingold, verlangten freilich auch den Ring, welchen Wotan unter erneutem Vertragsverstoß nicht hergeben wollte, da er sich von ihm die Maximierung seiner Macht versprach. Erst der Appell der zukunftsforschenden Erda, die Wotan vor dem Fluch des Rings und dem Untergang der Götter warnte, veranlaßte ihn zum Verzicht auf den Ring, dessen verhängnisvolle Eigenschaft sich gleich zeigte, als Fafner Fasolt erschlug, da die beiden Riesen sich über die Verteilung des Schatzes nicht einig wurden. Die Götter zogen nun auf einer über den Rhein geschlagenen Regenbogenbrücke mit allem Gepränge in ihre durch korrupte Manipulation verwirklichte und so von Anfang an zum Untergang bestimmte Prachtvilla ein.

Wotan zeugte mit Erda die Walküren, die ein Heer von erschlagenen Helden in Walhall versammelten, mit dem Wotan die von Erda angekündigte »Götterdämmerung« abwenden wollte. Gleichzeitig zeugte er mit einer Menschenfrau die Wälsungen: das Zwillingspaar Siegmund und Sieglinde. Von Siegmund erhoffte er, daß er Fafner, der sich inzwischen mit Hilfe der zum Nibelungenschatz gehörenden Tarnkappe in einen Drachen verwandelt hatte, den Ring abgewinnen und ihn den Rheintöchtern zurückerstatten würde. (Damit wäre der Fluch des Rings gebrochen worden. Der selber vertragsgebundene Wotan durfte gegen Fafner nichts unternehmen.)

Wotan mußte sich jedoch von Siegmund distanzieren, da dieser seine Zwillingsschwester geschwängert hatte. Fricka, die Ehehüterin, machte Wotan nämlich wegen seiner Protektion des Blutschänders eine Szene. Sieglindes Ehemann Hunding tötete Siegmund im Zweikampf, da Wotan den Versuch der Walküre Brünnhild vereitelte, Siegmund im Kampf zu unterstützen.

Brünnhilde wurde von ihrem Vater auf den von Feuer umloderten sogenannten Walkürenfelsen verbannt, da sie (zwar in Übereinstimmung mit seinem Herzenswunsch, aber gegen sein ausdrückliches Gebot) Siegmund beistehen wollte. Nur ein Held, der das Fürchten nicht gelernt hatte, sollte den Feuerring durchbrechen und die in einen Dauerschlaf versenkte Brünnhilde erlösen können (zu einem ähnlichen Frauenschicksal vgl. ↗ DORNRÖSCHENS SCHLOSS). Diese Heldentat war Wotans menschlichem Enkel, dem Wälsungensproß Siegfried vorbehalten, der den Drachen alias Riesen Fafner tötete und ihm Ring wie Schatz wegnahm. Nach der Liebesvereinigung mit seiner göttlichen Tante Brünnhilde zog Siegfried auf neue Abenteuer aus und geriet an den Hof der Gibichungen. Dort wurde er, nachdem er durch einen Zaubertrank (eine Intrige von Alberichs unehelichem Sohn Hagen) das Gedächtnis verloren und die empörte Brünnhilde als Frau für Hagen – dessen Gestalt er mit Hilfe der Tarnkappe annahm – vom Walkürenfelsen geholt hatte, mit Gutrune, der Schwester des Gibichungen Gunther, verheiratet.

Auf einer Jagd reichte Hagen Siegfried einen Erinnerungstrank; dadurch verwickelte er sich in Widersprüche und wurde als angeblich meineidig von Hagen hinterrücks erstochen. Brünnhilde ordnete die Feuerbestattung für Siegfried an. Auf seinem Scheiterhaufen verbrannte sie sich selber, verstand es aber noch, die Flammen in die Gibichungenburg zu lenken. Aus nicht ganz zu klärenden Ursachen griff das Feuer auch auf Walhall über, wo der längst existenzmüde Wotan mit den anderen Göttern in den Flammen zugrunde ging. D. Bo.

Anon., *Edda* (»Ältere Edda«, um 1250), Kopenhagen 1787–1828 (u. d. T. *Edda Soemundar hinns Fróda...*). – Snorri Sturluson, *Edda* (»Snorra Edda«, nach 1220), Kopenhagen 1931 (Faksimile-Ausg. der Hss. u. d. T. *Codex Wormianus...*). – Anon., *Vǫlsunga Saga* (um 1260), in E. J. Björner, *Nordiska Kämpadater,* Stockholm 1737. – Richard Wagner, *Der Ring des Nibelungen...*, o. O. u. J. [Zürich 1853]; ern. Lpzg. 1863 (Neufassung).

WALKÜRENFELSEN ↗ WALHALL

WARTENDE FRAU, ein Berg im Norden von Hsin-hsien in Wuchang, China, der einer Frau sehr ähnelt. Einer Überlieferung zufolge wurde in alten Zeiten ein verheirateter Soldat vom Kaiser in einen Kampf weit weg von zu Hause geschickt. Seine treue Gattin, die ihn mit ihrem kleinen Kind an der Hand verabschiedete, stand dort und schaute ihm nach, tage-, monate-, jahrelang, bis sie am Ende zu Stein wurde.

Anon., *T'ai-p'ing kung-chi* (10. Jh.), o. O. 1566.

WATKINSLAND, eine Insel unmittelbar vor der lateinamerikanischen Küste, die früher möglicherweise einmal Teil des Festlandes war. Bis heute gibt es nur eine genaue Beschreibung des Küstenstreifens und des dahinter gelegenen Hochplateaus.

Jenseits des sich in einem weiten Bogen hinziehenden weißen ebenen Sandstrandes stürzt ein breiter Fluß in Kaskaden durch die dichten Wälder herab. Dort, wo das Gelände flacher wird, wird auch der Fluß seichter, und seine Wasser brechen sich an Felsen, kleinen Inseln und Stromschnellen. Ein Pfad, zweifelsohne von Menschenhand angelegt, verläuft für eine Weile am Flußufer, verläßt es dann und endet am Fuße der Steilhänge des Hochplateaus. Der einzige Weg auf die Plateauhöhe führt durch einen Felskamin.

Um diesen Kamin zu bezwingen, muß man schon die Fertigkeiten und Techniken eines professionellen Bergsteigers beherrschen. Nachdem er sich den Kamin hochgearbeitet hat – die Schultern an eine Wand gepreßt und mit den Beinen an der gegenüberliegenden eingespreizt –, erreicht der Kletterer ein schmales, vorspringendes Band unterhalb einer etwa sechs bis neun Meter hohen, spiegelglatten Felswand. Der rissige Steig, der hinüber führt, ist fast nicht zu sehen und erscheint beinahe wie ein bloßer Kratzer in dem ansonsten glatten Fels.

Oben auf dem Plateau breitet sich savannenähnliches Grasland aus. In der Ferne, etwa fünfzig Meilen westlich, sind hohe Berge zu sehen.

Besucher von Watkinsland sollten die Ruinen einer verlassenen Stadt auf dem Hochplateau besichtigen. Niemand weiß, wer sie erbaut hat und wann oder warum sie aufgegeben wurde. Sie liegt an der Plateaukante, hoch über dem Fluß, den Wäldern und Stränden. Ihre aus Stein und luftgetrockneten Ziegeln erbauten Häuser haben keine Dächer; vielleicht waren sie früher mit Stroh oder Dachziegeln gedeckt, die Regen und Sturm nicht standhielten. Die Mauern sind unversehrt; ebenso die aus feinen, blauen, grünen und goldenen Mosaiken bestehenden Fußböden. Bäume und blühende Pflanzen wuchern zwischen den verlassenen Gebäuden – wahrscheinlich Überbleibsel von ehemaligen Gärten. In der Stadtmitte liegt ein ausgedehnter, quadratischer Platz aus glattem Stein, der nicht von den Wasserrinnen durchzogen ist, die sonst alle übrigen Gebäude miteinander verbinden. Seine Breite beträgt etwa siebzig bis hundert Meter, und ein Innenkreis mit einem Durchmesser von circa fünfzig Metern umschließt seine geometrische Mitte. Innerhalb dieses Kreises finden sich seltsame Motive, die an Blumen und Pflanzen erinnern und eine gewisse Übereinstimmung mit den Bewegungsabläufen der Planeten aufzuweisen scheinen.

Die einzigen bekannten menschlichen Einwohner von Watkinsland leben in den Wäldern des Plateaus und scheinen sich niemals in die verlassene Stadt zu wagen. Sie sind mit Pfeil und Bogen bewaffnet und jagen das auf der Ebene lebende Vieh. Das Fleisch wird über dem offenen Feuer gebraten, dazu trinken sie das Tierblut, das offensichtlich eine berauschende Wirkung hat. Ihre Mahlzeiten werden von Gesang begleitet und muten fast wie blutrünstige, zügellose Orgien an.

Die Atmosphäre in Watkinsland ist ruhig und friedlich, und weder Vögel noch Tiere fürchten die Menschen. In Küstennähe hat man große, leoparden- oder pantherähnliche Katzen beobachtet, die aber offensichtlich nicht bösartig sind.

Zur Fauna von Watkinsland zählen einige kuriose Arten, die woanders bisher noch nicht gesichtet wurden. In den schattigen Wäldern lebt beispielsweise ein riesiger Vogel mit einer Flügelspannweite von über drei Metern, der im Sitzen mindestens einen Meter zwanzig hoch ist. Mit Ausnahme seines gelben Schnabels, der vollkommen gerade ist und seinem Aussehen eine gewisse Strenge verleiht, ist er ganz weiß. Häufig treibt sich eine Schimpansenart nahe der verlassenen Stadt herum, sowie Kreaturen, die man am besten als Rattenhunde beschreibt. Sie haben den Kopf eines Affen, dazu ein dichtes, braunes Hundefell und einen langen, schuppigen Schwanz ähnlich dem einer Ratte. Wenn der Rattenhund auf seinen Hinterbeinen läuft – was er die meiste Zeit auch tut – erreicht er die Größe eines Menschen.

Die Rattenhunde verständigen sich durch Bellen und Pfeifen und scheinen in der Lage zu sein, Stecken und Steine als primitive Waffen einzusetzen. Ihre Sozialordnung steht offenbar auf einer niedrigen Entwicklungsstufe. Gewöhnlich leben sie in Gruppen oder Rudeln, die von einem einzelnen Männchen oder Weibchen angeführt werden. Die Zusammensetzung der Gruppen wechselt häufig, da die Rattenhunde unablässig miteinander im Streit liegen und viele aus dem Rudel vertrieben werden.

Die Hauptbeschäftigung der Rattenhunde besteht im Kämpfen, Raufen und Paaren. Die Weibchen erkennt man an rotgeränderten Streifen, die sich vom Hinterteil bis zum Unterbauch hinziehen. Der Anblick weiblicher Genitalien reicht aus, um die Männchen in sexuelle Erregung zu versetzen. Ein großer Teil des Tages ist der sexuellen Zurschaustellung gewidmet; man lenkt ganz ungeniert die Aufmerksamkeit der Partner anderer auf sich, nimmt sie für sich in Beschlag und beobachtet Dritte beim Paaren. Zwar wollen Rattenhunde beim Geschlechtsakt ungestört sein, doch unweigerlich folgt ihnen eine Horde von Voyeuren, die dann ihrerseits so angeregt werden, daß sie gleich selbst mit dem Spielchen beginnen. Eine einzige Paarung genügt, um eine Sexorgie auszulösen, die den halben Tag über oder sogar länger anhält.

Die Rattenhunde halten sich unverhohlen für tonangebend, und dies wird von den anderen Tieren in Watkinsland offenbar akzeptiert. Andererseits wurden auch ungemein heftige Kämpfe zwischen ihnen und den Schimpansen beobachtet. Im Eifer des Gefechtes gehen dabei auch Mitglieder der gleichen Art aufeinander los.

Watkinsland wurde nach Charles Watkins benannt, einem Professor für Klassische Philologie aus Cambridge. Nach eigenen Angaben kam er nach einem Schiffbruch im Südatlantik auf einem Delphin hierher.

Dem gleichen Bericht zufolge diente der Kreis im Zentrum der verlassenen Stadt einer glühenden Lichtscheibe, die seiner Behauptung nach eine fliegende Untertasse war, als Landeplatz. Wenn auch der Bericht von Professor Watkins noch weiterer Erhärtung bedarf, sollten Reisende in jedem Fall Vorsicht walten lassen.

Doris Lessing, *Briefing for a Descent into Hell*, Ldn. 1971.

WEIBERLAND ↗ NEU GYNIA

DIE WEISSE BURG (BLANK), Kastell in einer nicht näher bezeichneten Gegend, bekannt geworden als zeitweiliger Aufenthaltsort Lancelots, eines der ruhmreichsten Ritter der Tafelrunde von ↗ CAMALOT. Er war, nachdem man ihn dazu verleitet hatte, Elaine von ↗ ESCALOT beizuwohnen, von Königin Guinevere, seiner großen Liebe, der Treulosigkeit geziehen worden und darob in Wahnsinn verfallen. Zwei Jahre irrte er in diesem Zustand durch die Wälder, bis er schließlich nahe der Weißen Burg von Ritter Bliant (dem Bruder des Schloßherrn Selivant) aufgefunden wurde. Von seinem Wahnsinn wurde Lancelot später auf der Burg ↗ CORBIN gerettet.

Mit Elaine hatte er Galahad gezeugt, dem es bestimmt war, ihn an Heldenmut noch zu übertreffen und zu jenen drei Rittern zu zählen, die auf der Burg ↗ CARBONEK den Heiligen Gral erblicken durften.

Thomas Malory, *Le Morte Darthur*, Westminster 1485.

DAS WEISSE HAUS, ein kleines Landhaus in Kent (England), von Rochester aus leicht zu erreichen. Das einzig Auffallende daran sind die schmiedeeisernen Ornamente am Dach und an den Mauerkappen – Alptraum eines Architekten, wie sie einmal genannt wurden. Um so reizvoller ist die ruhige Lage des Hauses, das ganz einsam zwischen einem Kalkbruch und einer stillgelegenen Kiesgrube steht.

Und in eben dieser Kiesgrube geschah es, daß fünf zu Besuch im Weißen Haus weilende Kinder ein Loch gruben, durch das sie nach Australien gelangen wollten, und plötzlich im Sand ein *Psammead* entdeckten – allem Anschein nach das einzige lebende Exemplar dieser Gattung. Seine Augen sitzen, wie bei der Schnecke, auf langen Fühlern und können eingezogen werden; die Ohren gleichen denen der Fledermaus, der rundliche Körper erinnert an eine Spinne. Dieses kuriose Lebewesen hat affenartige Hände und Füße und ist mit einem dichten, weichen Fell bedeckt.

Nach eigener Aussage ist es uralt. In prähistorischer Zeit dürfte die Gattung ziemlich verbreitet gewesen sein. Damals lebten die *Psammeads* auf Sandstränden, wo ihnen die Kinder Sandburgen bauten, um die sie aber unglücklicherweise Gräben zogen, die sich bei Flut füllten. Sobald die *Psammeads* naß wurden, erkälteten sie sich, was bei den meisten zum Tod führte. Das in der Kiesgrube beim Weißen Haus entdeckte Exemplar war zum Glück niemals naß geworden (nur seine Schnurrhaare hatten einmal ganz rechts oben ein paar Tropfen abbekommen). In dem tiefen Sandloch, in das es sich damals zurückgezogen hatte, konnte es, verborgen vor allen anderen Lebewesen, die Jahrtausende überleben.

Wie eine gute Fee kann das *Psammead* jeden Wunsch erfüllen, doch dieser Zauber wirkt nur bis Sonnenuntergang. Wünscht man sich etwas, so hält das *Psammead* so lange den Atem an, bis sein ganzer Körper aufgeblasen ist und die Augen weit herausstehen. Dann stößt es den Atem aus – und schon ist der Wunsch erfüllt. Nach den Erfahrungen jener fünf Kinder zu schließen, kann man dadurch allerdings in unangenehme Situationen geraten. Als das *Psammead* ihnen den Wunsch erfüllte, schön wie der junge Tag zu sein, wurden sie von ihren Eltern, die sie nicht wiedererkannten, aus dem Haus gejagt. Als die Kiesgrube wunschgemäß mit lauter Goldstücken gefüllt war (die in England aber nicht als Währung akzeptiert wurden), kam es zu Mißhelligkeiten mit der Polizei. Und der Wunsch, Flügel zu haben, führte dazu, daß die Kinder bei Sonnenuntergang ganz oben auf dem Kirchturm gestrandet waren. Besuchern des Weißen Hauses und seiner Umgebung muß daher geraten werden, erst nach reiflicher Überlegung auf die verlockenden Angebote des *Psammeads* einzugehen.

Edith Nesbit, *Five Children and It*, Ldn. 1902.

WEISSENSTEIN, ein Eiland in der Straße von Malakka, gehört zu einer Kette kleinerer, meist unfruchtbarer Felseninseln. Die Bevölkerung ist rassisch gemischt und besteht hauptsächlich aus Nachkommen der Überlebenden eines Schiffbruchs im späten siebzehnten Jahrhundert. Sie verteilt sich auf zwei kleine Dörfer, ein christliches und ein heidnisches. Es gibt keine staatliche Regierung oder Verwaltung. Die Bewohner haben ein Kommunalsystem geschaffen, das ihre Bedürfnisse regelt. Christen und Heiden leben glücklich zusammen, und Mischehen sind häufig. Kinder werden bei der Geburt mit Wasser besprengt und gesegnet, aber Namen bekommen sie erst, wenn sie sprechen können. Mit sechs oder sieben Jahren verloben sie sich, dann wird auch ihr Haar zum ersten Mal geschnitten. Vor dieser Zeit flechten die Knaben aus ihren Haaren und Schilf eine Tunika für ihre zukünftige Braut.

Interessant sind die einheimischen Bestattungsriten. In einer Kapelle steht stets ein Sarg aus Terrakotta bereit. Bei einem Todesfall wird der Sarg in ein Grab versenkt und die prunkvoll gekleidete Leiche für ein Jahr begraben. Während dieser Trauerzeit besucht die Familie das Grab jeden Tag. Dann wird der Körper exhumiert und der Sonne ausgesetzt.

Typisch für die Insel ist auch eine bestimmte Baumart. Ihre Rinde ist dunkel, und sie schmeckt wie eine Mischung aus Pfeffer, Knoblauch und Zimt. Aus ihr wird ein Balsam hergestellt, der Wunden innerhalb von vierundzwanzig Stunden heilt. Die Blüten dieses Baums werden beim Angeln als Köder verwendet.

Dralsé de Grandpierre, *Relations de divers voyages faits dans l'Afrique, dans l'Amérique et aux Indes occidentales...*, Paris 1718.

DER WELTMEERKONTINENT ist nach einer Seereise über das Po-hai-Meer zu erreichen, sofern man von der Ostküste Chinas Kurs in östlicher Richtung hält. Diese Insel ist, ebenso wie die Nachbarinseln ↗ WUCHERNDES

UNKRAUT und ↗ VIERECKSKLAFTER, seit altersher eines der lockendsten Reiseziele für Bewohner des chinesischen Festlandes gewesen.

Die weite Reise über 700 000 chinesische Meilen von der Ostküste seines Heimatlandes zur Insel Weltmeerkontinent hat noch keinen chinesischen Seefahrer geschreckt, wenn er, fasziniert von der Kunde, hier zahlreiche wundertätige Essenzen zu finden, zur Reise fest entschlossen war. Dort wachsen das »Götterkraut« und das »Unsterblichkeitsgras« und sprudeln die süß duftenden und nach vollmundigem Wein schmeckenden »Jademostquellen«. Einige wenige Becher vom Quellwasser genügen, den Menschen völlig zu benebeln. Erwacht er dann aus seinem Rausch, hat er die Gnade eines langen Lebens erlangt und die Möglichkeit, sein weiteres Leben in der Gesellschaft Unsterblicher, die die Insel bevölkern, aufs angenehmste zu verbringen. D. A.

Anon., *Hai-nei shih-chou chi,* (4./5. Jh.), in *Wu-ch'ao hsiao-shuo ta-kuan,* Shanghai 1926.

WELTSTADT, im mittleren Westen der USA, irgendwo zwischen Chicago und St. Louis, an einem großen Fluß gelegen, in naher Zukunft. Bevor sie alle in einer Nacht sekundenschnell im feindlichen Bombenregen explodierten, lebte Amerika nur in seinen Riesenstädten. Das Land war gänzlich entvölkert. Die Verkehrsverbindungen wurden vorwiegend durch Flugzeuge aufrechterhalten. Auf den schnurgeraden Autobahnen rasten die Turbinenautos. Die Städte mit ihren gigantischen Gebäudekomplexen im Zentrum und den endlosen aneinandergereihten Einfamilienhäusern in der unendlichen Peripherie, mit den Betonpisten für die rasenden Autos und den Sogtunnelbahnen machten einen trostlosen und toten Eindruck. Menschen waren nirgends zu sehen. Es gab keine Veranden mehr vor den Häusern, keine Gärten, keine Parks, in denen man hätte verweilen können. Verweilen war bereits ein Vergehen, denn Verweilen konnte mit Nachdenken kombiniert werden. So wurde man wegen zu langsamen Fahrens eingesperrt oder wegen wiederholter Fußgängerei verhaftet. Fußgänger galten als Eigenbrötler und wurden streng von der Polizei überwacht. Solche Leute waren oft das Ziel der jagenden Jugend, die in ihren Turbinenautos mit hohen Geschwindigkeiten durch die nächtlichen Straßen raste und jeden, der sich herauswagte aufs Korn nahm. Zuweilen verkeilten sich die Autos ineinander, und die Fahrer starben in den Trümmern. Es war an der Tagesordnung, daß sich die Kinder gegenseitig umbrachten, erschossen oder erstachen. Natur war verpönt. Alle Rauschmittel waren erlaubt, Sport, Spiele, Rummel. Die meisten saßen in ihren vier Fernsehwänden und ließen sich tagaus tagein vom Wand-zu-Wand-Funk berieseln. Von den Wänden sprachen die Zweidimensionalen Illusionswesen mit ihnen, zogen sie in ein hohlköpfiges fortwährendes Geplapper hinein und gaukelten sie in Traumwelten, die sie die reale Welt vergessen ließen. Noch im Bett fingergroße Rundfunkgeräte tief in den Ohren mit einem Gewoge von Geräusch, Gespräch und Musik, lagen sie die ganze Nacht wach, schluckten Rauschgifte und Betäubungsmittel, bis sie bewußtlos in den Tod hinübersanken oder gerade noch durch ein nächtliches Einsatzteam von Technikern gerettet wurden, das ihnen den Magen auspumpte und das Blut erneuerte. Von den ostwärts fliegenden Bombern, die über ihre Städte dröhnten, merkten sie nichts, bis im Vergeltungsschlag die Röhren ihrer Fernsehwände platzten. In den Schulen wurden die Kinder von Filmlehrern und Robotern unterrichtet. Niemand lernte mehr als die Grundbegriffe des Schreibens und Lesens. Für die Hauptbegriffe und das Knopfdrücken in der Arbeitswelt war ein ausgefeiltes Sprachbewußtsein nicht mehr erforderlich. Alle geisteswissenschaftlichen Fakultäten waren aufgelöst, Bücher strengstens verboten. Man hatte höchstens Bildergeschichten. Sonst versank man in der Medienwelt der Fernsehwandfamilie. Das Leben wurde zu einem großen Rüpelspiel voller Quizfragen und Wettbewerben, Werbeslogans und Rätselraten. Der Kopf war voll mit Schlagertexten, Namen von Hauptstädten und Sportstars. Kein Platz blieb für ein Bewußtsein vom Leben. Die Frage nach dem Wie war erlaubt, die nach dem Warum verboten. Nachdem alle Häuser durch einen Plastiküberzug feuerfest gemacht worden waren, wurde der Feuerwehr die Aufgabe der Büchervernichtung übertragen. Sie hatte alle entdeckten Bücher mit Kerosinflammenwerfern zu verbrennen, die Besitzer zu verhaften, wenn sie flüchtig waren, mit einem Roboterhund zu jagen, der sie in jedem Fall fand und mit einer Giftnadel tötete. Solche Jagden waren die beliebtesten Fernsehsendungen, an denen die ganze Bevölkerung teilhatte. Viele starben mit ihren Büchern in den Flammen. Viele entkamen in die Wälder, wo sie ein ungeschorenes Dasein als verrückte Minderheit führen konnten. Hier versammelten sich die ehemaligen Professoren der aufgelösten Fakultäten, die in Seminare für Atomenergietechnik umgewandelt waren, in Wanderlagern. Sie überlebten die Katastrophe, jeder ein wandelndes Buch, jeder ein ganzes Buch auswendig im Kopf, Seite für Seite. Eine lockere Organisation ist über die Wälder und kleinen Siedlungen verteilt. Eine ganze Bibliothek der wichtigsten Werke aus Literatur, Philosophie, Geschichte, Staatswissenschaft und Theologie steckt in ihren Köpfen. M. W.

Ray Bradbury, *Fahrenheit 451,* NY 1953.

WENG, ein abgelegenes, düsteres Dorf in den österreichischen Bergen. Eine Eisenbahnstation liegt fünf Kilometer den Berg hinab unten in einem Industrietal, das Dorf selbst kann aber nur zu Fuß erreicht werden. Touristen werden von heulenden Hunden empfangen. Von der öden Landschaft ringsum, von der man zwar sagt, daß sie reizvoller sei als viele der ausgesprochen schönen Gegenden der Erde, geht eine Wirkung aus, die manche Leute in den Wahnsinn treiben kann, und Reisenden wird deshalb empfohlen, ihre Aufmerksamkeit durch Huren, Beten oder Trinken abzulenken.

Weng wird bewohnt von zwergähnlichen, schwachsinnigen, im Zustand der Trunkenheit gezeugten Menschen mit hohen Kinderstimmchen. Sie werden nicht größer als 1.40 m, torkeln durch Mauerritzen und starren die überraschten Touristen mit eulenartigem Blick an.

Thomas Bernhard, *Frost,* Ffm. 1963.

WERKSTADT, auf dem Bauchi-Plateau, Bundesrepublik Nigeria, gelegen, ist zwar nicht besonders schön, aber ein lohnendes Reiseziel für Leute, die einen menschlichen Körper wieder zusammengesetzt haben möchten, der von Ameisen angefressen oder in einen Reißwolf geraten ist. Die Einwohner haben ein bemerkenswertes manuelles Geschick und können einen Körper aus ein paar Knochen oder Haarbüscheln rekonstruieren.

Auf dem Weg nach der Stadt sollten Reisende gewissen Vorschriften folgen. Sie werden an der Straße Verkaufsstände finden, die halbrohe Speisen anbieten. Man weise das Drängen der Budenbesitzer, vom halbgaren Essen zu genießen, höflich zurück und frage nach dem schnellsten Weg nach Werkstadt. Widerstrebend werden die Budenbesitzer einen schmalen Pfad zeigen, der schwierige Umwege durch den Dschungel meidet und zu den Stadttoren führt. Hat man diese passiert, werden die Bewohner die Gäste für eine einzige Nacht unterbringen. Am nächsten Morgen verlangen die Gastgeber, man solle das Vieh auf die Weide treiben. Gefolgt von einer kleinen Herde kurzgehörnter Kühe und langgehörnter Stiere, müssen die Reisenden bis zu einem kleinen Wald von Adduwa-Bäumen gehen. Dort sollten sie ein paar Adduwa-Früchte sammeln und die reifsten dem Vieh geben, die grünen aber selbst essen. Gleich darauf wird der stärkste Stier der Herde zur Stadt laufen und den Einwohnern mitteilen, daß die Gäste die Prüfung bestanden haben. Ohne weiteres Zögern nehmen die Einwohner von Werkstadt dann die Knochen (oder andere Überreste), die die Besucher mitgebracht haben, und machen sich mit unglaublichem Geschick daran, den lädierten Körper wieder zusammenzufügen. Allerdings muß dazu festgestellt werden, daß die Ergebnisse nicht immer ganz befriedigend sind. Unter Umständen wird dem Gast ein armloser, zahnloser oder nasenloser Körper ausgehändigt – was jedenfalls besser ist, als ein Häufchen Knochen und Haare.

Arthur John Newman Tremearne, *Hausa Superstitions and Customs,* Ldn. 1913.

WEST-SORGHO, ein Frauenreich, an dessen Grenzen seit altersher Geschäftsreisende und Pilger zwischen China und Indien vorbeizogen. Doch nur wenige Reisende haben hier bislang Station gemacht, da das Land jenseits der Durchgangsstraße liegt und nur zu erreichen ist, wenn man sich mit einer Fähre über den breiten Grenzstrom übersetzen läßt. Dem Reiselustigen männlichen Geschlechts sei ausdrücklich angeraten, sich für die weite und beschwerliche Reise in den äußersten Westen Chinas mit ausreichend Trinkwasser zu versorgen, damit er nicht in die Versuchung gerät, seinen Durst an dem klaren und sauberen Wasser des Grenzflusses zu löschen. Von diesem Wasser sollten nämlich nur Frauen in gebärfähigem Alter trinken. Schon ein einziger Schluck erklärt den Namen »Fluß der Befruchtung«: Jeder, der davon trinkt, wird schwanger. Es erübrigt sich zu erwähnen, daß Frauen, die bereits eine Familie besitzen und keine weiblichen Nachkommen mehr wünschen, sich die gleiche Zurückhaltung wie Männer auferlegen sollten. Für die Bewohnerinnen von West-Sorgho hingegen müssen die Fruchtbarkeit spendenden Kräfte des Wassers als segensreiche Einrichtung betrachtet werden, denn seit Gründung des Reiches hat es noch niemals einen männlichen Einwohner gegeben, und trotzdem gibt es – dank des Flusses – immer wieder neue Erdenbürgerinnen, die das Licht der Welt in West-Sorgho erblicken.

Die Reise in dieses Land bringt für männliche Zeitgenossen, die seine Eigenart nicht kennen – das sei hier nochmals betont –, ein nicht geringes Risiko: Den Betroffenen einer ungewollten Schwangerschaft kostet es außerordentliche Mühen, das wirksame Gegenmittel im Lande aufzutreiben. Erst ungefähr 3000 chinesische Meilen südlich vom »Fluß der Befruchtung« findet er unter Umständen Hilfe. Auf dem Berg »Außer Kraft gesetzte Männlichkeit« liegt der »Brunnen der Fehlgeburt«; nur sein Wasser vermag die Schwangerschaft zu unterbrechen. Aber nur wenn es ihm gelingt, mit einer Fülle kostbarer Geschenke den Brunnenhüter, den Unsterblichen Jou I., zu bestechen, erhält er einen Schluck des kostbaren Wassers; führt er hingegen keine Wertgegenstände mit sich, hat er die weite Reise umsonst gemacht.

Zum anderen sollte sich jeder Reisende männlichen Geschlechts darüber im klaren sein, daß er ein Frauenreich besucht, in dem nicht die in unserer Zeit unter Feministinnen in Mode gekommene Männerfeindlichkeit herrscht. Im Gegenteil: Für die Frauen des Landes, die sich ausgesprochen weiblich kleiden und nach Frauenart schminken, wäre es eine außerordentliche Beglückung, könnten sie Männer zu Einwohnern ihres Landes zählen. Selbst die Herrscherin West-Sorghos würde nur allzu gern auf ihren Thron verzichten, fände sich nur ein Ehemann für sie. Sie würde sich ausschließlich den Pflichten einer Ehefrau und Mutter widmen und wäre beflügelt von der berechtigten Hoffnung auf männliche Nachkommenschaft. Männliche Besucher sollten daher sehr auf der Hut sein, daß ihnen nicht widerfährt, was dem chinesischen Buddhisten Tripitaka im siebten Jahrhundert auf seiner Pilgerfahrt nach Indien geschah. Er wurde zum Ehemann der Herrscherin auserkoren und konnte sich nur mit List aus den Schlingen des Ehestandes in West-Sorgho befreien.   D. A.

Wu Ch'eng-en, *Hsi-yü chi* (16. Jh.), Shanghai 1944.

DER WILDE WALD, ein ausgedehntes Waldgebiet am Rand der Sumpfwiesen des ↗ FLUSSUFERS. Aus der Ferne wirkt er dicht, kompakt und irgendwie bedrohlich. Er wird von den Bewohnern des Flußufers kaum aufgesucht, und diejenigen, die darin umhergeirrt sind, sprechen vom »Terror des Wilden Waldes«. Besucher, die sich in den Wald wagen, haben bald das Gefühl, daß sie beobachtet werden und sehen vielleicht sogar scharfäugige, grausame Gesichter, die sie aus dem dichten Unterholz anstarren.

Man prägt sich besser die Losungsworte und die Zeichen der Wilden-Wald-Bewohner ein, bevor man den Forst betritt; auch einen Vorrat verschiedener Pflanzen sollte man vorsichtshalber in der Tasche haben.

Der Wilde Wald wird von vielen Wesen bewohnt. Die Eichhörnchen, Igel und Kaninchen sind harmlos (obwohl letztere zugleich unverschämt und frech sein können), aber unheimlichere Geschöpfe wie Füchse, Wiesel und Frettchen schleichen an seinen dunklen Plätzen herum. Viele von ihnen sind freundlich, aber Besucher sollten ihnen besser generell nicht trauen. Es scheint, daß sich hier einst eine Stadt der Menschen befand, die aus unbekannten Gründen aufgegeben und allmählich von Pflanzen und Bäumen überwuchert wurde. Als dieser Prozeß fortgeschritten war, begannen die Tiere zurückzukehren. Inmitten des Wilden Waldes liegt die unterirdische Wohnung von Herrn Dachs, dem wohl weisesten Tier in der Gegend. Er lebt in einem ausgedehnten Tunnellabyrinth, das vielfach aus den verschütteten Straßen und Plätzen der verlassenen Stadt gebildet worden ist. Seine Tunnel und Passagen führen kreuz und quer unter den Wäldern durch, viele von ihnen besitzen versteckte, nur ihm bekannte Eingänge, einige führen sogar bis an den Saum der Wälder. Seine warme und bequeme Wohnung hat eine eindrucksvolle Küche mit Backsteinfußboden. Zu jeder Seite des Herdes stehen Eichensitze und gemütliche Lehnsessel. Von den hölzernen Dachsparren hängen Schinken, getrocknete Kräutersträuße und lange Zwiebelzöpfe. Die übrigen Zimmer in Herrn Dachsens Haus sind von unterschiedlicher Größe, manche kaum größer als Schränke, andere fast so geräumig wie die große Festhalle in ↗ KRÖTENHALL.

Obgleich Herr Dachs im Ruf steht,

DIE WILDINSEL und TANGERINA

recht ungesellig zu sein, ist er in Wirklichkeit ein guter und freundlicher Gastgeber und ein verläßlicher Freund. Dennoch benutzen die Wieselmütter des Waldes oft seinen Namen, um ihre widerspenstigen Kinder zu ängstigen und einzuschüchtern, indem sie drohen, daß Herr Dachs sie holen werde. Zufälligerweise mag der Dachs Kinder sehr gern, aber die Warnung hat unvermeidlich den erwünschten Effekt.

Kenneth Grahame, *The Wind in the Willows*, Ldn. 1908.

DIE WILDINSEL liegt wahrscheinlich im Atlantischen Ozean und ist mit der Insel Tangerina durch eine Felsenkette verbunden. Das Eiland besteht hauptsächlich aus Dschungel und einem schmalen Streifen Strand. Ein Fluß mit sumpfigen Bänken teilt das Gebiet in zwei Hälften. Der Dschungel wird von wilden Bären, Affen, Schildkröten, Tigern (die Kaugummi kauen), Nashörnern, Löwen, Gorillas und Krokodilen (die Lutscher lieben) bewohnt. Ein gewisser Elmer Elevator hörte von der Insel von einer streunenden Katze, die er aufgenommen hatte. Er fuhr hin und rettete einen hilflosen Drachen, der von einer niedrigen Wolke heruntergefallen war und den die anderen Tiere dazu benutzten, sich und ihre Habseligkeiten über den Fluß zu setzen. Am Ufer sieht man noch das Schild, auf dem steht: »Kurbel drehen, Drache kommt. Unbotmäßigkeit Gorilla melden.«

Die Kurbel war mit einem Seil verbunden, dessen anderes Ende um den Hals des Drachen geschnürt war. Heute sind Reisende auf Flöße angewiesen, wenn sie den Fluß überqueren wollen.

Ruth Stiles Gannett, *My Father's Dragon*, NY 1948.

WINDBEUTEL ist ein kleines Dorf inmitten der hochgelegenen Kornfelder von ↗ RUTABAGALAND. Aus der Entfernung sieht das Dorf wie ein kleiner Hut aus, den man ähnlich wie einen Fingerhut auf den Daumen stecken kann.

Das Dorf hat seinen Namen, weil es so leicht und luftig wirkt wie ein Windbeutel. In der Dorfmitte, wo die Hauptstraße auf den großen Platz stößt, steht das Rundhaus der Großen Spule, das eine riesige Garnspule beherbergt. Mit einem Ende ist der Faden am Dorf befestigt, und wenn es der Wind davonträgt, rollt das Garn von der Spule ab. Sobald der Wind seinen Spaß gehabt und sich ausgetobt hat, wickeln die Dorfbewohner die Spule auf und ziehen so das Dorf wieder auf seinen Platz. Die Winde dort sind sehr heftig.

Das Dorf wurde von Leuten aus der Ortschaft Leber und Zwiebeln gegründet, die beschlossen hatten, eine eigene Gemeinde ins Leben zu rufen. Auf ihrem Weg durch das Hochland gerieten sie in einen Blizzard und wurden von fünf Ratten, die auf Haut, Füßen, Nasen und Schwänzen Rost hatten, gerettet. Die Ratten gruben sich mit ihren Nasen in den Schnee ein, so daß nur noch ihre Schwänze herausragten, an denen sich die Leute wie an Griffen festhalten konnten. Dann zogen die Tiere die Siedler zum jetzigen Standort ihres Dorfes. Zur Erinnerung an die Rettung der Gründerväter des Ortes wurde ein naturgetreues Standbild der Ratten vor dem Rundhaus der Großen Spule errichtet.

Carl Sandburg, *Rootabaga Stories*, NY 1922.

WINKFIELDS INSEL, vor der Ostküste Nordamerikas. Die genaue Lage der Insel ist nicht bekannt, aber man weiß, daß sie in der Nähe der ↗ INSEL DER GÖTZEN liegt. Das Eiland ist benannt nach Miss Unca Eliza Winkfield. Sie hatte mehrere Jahre allein auf der Insel der Götzen verbracht und konnte schließlich die Indianer von ihrer herkömmlichen Sonnenverehrung zum Christentum bekehren. Einige Zeit später heiratete sie ihren Vetter, der sie gesucht und endlich auf der Insel der Götzen wieder gefunden hatte. Zusammen führten sie die Bekehrung der Indianer zu Ende, und Winkfields Insel hat heute eine blühende christliche Gemeinde, die keine Beziehungen zu Europa oder anderen fremden Ländern unterhält. Besucher sind ausgesprochen unerwünscht.

Unca Eliza Winkfield(?), *The Female American; or The Adventures of Unca Eliza Winkfield*. Ldn. 1767.

WINTON POND, ein kleiner Landsitz in East Anglia (England). Das Besondere daran ist, daß zu dem Areal eine Insel von wechselnder Größe gehört, unter der sich labyrinthische Gänge befinden, die bewohnt sind. Zu dem (mitunter auch als »See« bezeichneten) Teich führt ein von Lorbeer gesäumter Gartenpfad, der sogenannte Dunkle Weg. Um zur Insel zu gelangen, die gewöhnlich nur so groß wie eine Tischplatte, zuweilen aber viel größer sein soll, muß man waten oder schwimmen, es sei denn, daß man auf einem Floß hinüberpaddelt. Besuchern der Insel wird empfohlen, sich im Camp Hoffnung einzuquartieren, das seinen Namen von William Wilditch erhielt, der diese Gegend als erster erforschte. Knapp dreihundert Meter davon entfernt steht eine uralte Eiche, deren knorrige Wurzeln über dem Erdboden ein dichtes Geflecht bilden. Eine dieser Wurzeln wölbt sich zu einer Art Torbogen, durch den man in »Freitags Höhle« gelangt. Von nun an muß man sich kriechend fortbewegen – durch einen niedrigen Höhlengang, der immer weiter nach unten führt und schließlich in einen Raum oder richtiger gesagt: in eine Wohnung mündet. Dort sind auf einer Mauer die Umrisse eines riesigen Fisches und einige nicht zu entziffernde Lettern eingemeißelt.

In dieser unterirdischen Behausung lebt, inmitten von Trödel und alten Kartoffelsäcken, ein bejahrtes Ehepaar. Die Frau schnattert wie eine Ente, der Mann neigt zum Philosophieren. Aus einem Hundenapf mit der Aufschrift »Fido« trinken die beiden Kraftbrühe. Taucht ein Besucher auf, so versuchen sie ihn aufzuhalten und geben ihm etwas zu lesen – aber nicht etwa ein Buch von Dickens, sondern eine der alten Zeitungen, die massenhaft herumliegen. Um den beiden zu entrinnen, wartet man am besten, bis die Alte woanders hinschaut, stürzt sich dann auf ihren Mann und fesselt ihn, damit er einem nur ja nicht nachlaufen kann. Bevor man verschwindet, sollte man aber nicht versäumen, etwas von dem riesigen Schatz einzustecken, den das Paar dort unten versteckt hält und der aus all dem wertvollen Krimskrams besteht, den die Leute seit Menschengedenken verloren haben: Halsketten, Anhänger, Armreife, Medaillons, Broschen, Ringe, Knöpfe, Touristen-Souvenirs, Goldmünzen, Vögel aus Edelsteinen, Haarnadeln, die mit Rosen aus Rubinen verziert sind, goldene Zahnstocher, Cocktailquirle und Ohrenschmalzentferner, Tabakdosen, Schlüsselringe und Miniaturporträts aus Gold und Emaille. Trennt sich jemand nach der Rückkehr zur Erdoberfläche von den erbeuteten Kostbarkeiten, so werden sie augenblicklich völlig wertlos: Es scheint, als sollte jede Spur ihrer unterirdischen Existenz ausgelöscht werden.

Wer sich auf diese unterirdische Reise begeben will, tut gut daran, sich einen Namen zuzulegen, der mit W beginnt. Dieser Buchstabe hat dort unten offenbar eine ganz besondere Bedeutung – sei es, weil er der einzige unseres Alphabets ist, der, auf den Kopf gestellt, einen anderen Buchstaben ergibt, sei es, weil er jene, die bereits das ↗ WUNDERLAND bereist haben, an ihre Erlebnisse dort erinnert. Ihnen werden die Ergüsse des unter der Erde hausenden Alten wie eine verschnörkelte, bewußt auf Erwachsene zugeschnittene Version der Diskurse einiger Bewohner des Wunderlandes vorkommen.

Graham Greene, *Under the Garden*, in *A Sense of Reality*, Ldn. 1963.

DIE WIRKLICH TIEFE WELT
↗ BISM

WÖRTERSTADT, eine mit ↗ DIGITOPOLIS rivalisierende Stadt, die im Vorgebirge der Verwirrung liegt und sich ständig einer leichten Brise vom Meer des Wissens erfreuen kann. Aus dieser ummauerten Stadt kommen alle Wörter der Welt. Sie werden in Obstgärten gezüchtet. Einmal wöchentlich findet ein Wortmarkt statt, auf dem jeder die Wörter einkaufen kann, die er braucht, gleichzeitig aber auch diejenigen, die er nicht verwendet hat, feilbieten kann. Wer seine eigenen Wörter bilden möchte, kann auf diesem Markt auch einzelne Buchstaben erstehen. Zuvor sollte er jedoch über den Geschmack der Buchstaben Bescheid wissen. Um einige Beispiele zu nennen: *A* schmeckt ausgezeichnet, *Z* dagegen ist trocken und schmeckt nach Sägespänen. *X* hat einen muffigen Geschmack, *I* ist kühl und erfrischend, *C* und *K* sind knusprig. Ein französischer Connaisseur hat den Vokalen sogar bestimmte Farben zugeordnet: *A* – Schwarz, *E* – Weiß, *I* – Rot, *U* – Grün, *O* – Blau.

Wörterstadt ist eine konstitutionelle Monarchie. König Azaz der Ungekürzte berief Minister, die dafür verantwortlich sind, daß nur Wörter auf den Markt kommen, die wirklich eine Bedeutung haben. Dem Kabinett gehören an: der Herzog von Definition, der Minister für Bedeutung, der Earl von Essenz, der Graf von Konnotation und der Untersekretär für Begreifen. Eines Tages hatte König Azaz seine Großtante, Leicht Makaber, mit der Entscheidung betraut, welche Wörter bei welcher Gelegenheit benützt werden sollten. Überzeugt davon, daß die Würze in der Kürze liege, wurde Frau Makaber immer knickriger und behielt immer mehr Wörter für sich selbst. Der Umsatz auf dem Wortmarkt sank rapide und kam völlig zum Erliegen, als die Dame ein Schild mit der Aufschrift »Schweigen ist Gold« aufstellte. Daraufhin wurde sie vom König persönlich eingekerkert. Heute halten es die Wörterstädter für richtig, möglichst viele Wörter zu verwenden. Sie sind sehr weitschweifig geworden und reden, als läsen sie alles aus einem Synonym-Wörterbuch ab.

Der königliche Palast gleicht einem riesigen, aufrecht stehenden Buch. Der Eingang ist dort, wo auf dem Bucheinband gewöhnlich der Name des Verlages steht. Im Saal, dessen Wände und Decke mit Spiegeln verkleidet sind, finden die Festbankette statt, bei denen die Gäste aufgefordert werden, Reden zu halten und die einzelnen Speisen aufzusagen, die dann sofort in Form von Wörtern auf den Tisch kommen – woraufhin die Gäste buchstäblich ihre eigenen Worte hinunterschlucken. Bei besonderen Anlässen liefert die »Halbgar-Bäckerei« unausgegorene Ideen. Obwohl sie ganz lecker sind, bekommen sie einem nicht immer, was manche Leute allerdings nicht davon abhält, sie sich stets von neuem einzuverleiben.

In Wörterstadt ist es untersagt, sich ohne Parkuhr im Park aufzuhalten, Verwirrung zu säen, etwas über den Haufen zu werfen, ein Durcheinander anzurichten und abgehackt zu sprechen. Auswärtige Besucher müssen begründen können, warum sie gekommen sind und dieses und jenes in der Stadt unternehmen wollen. Notfalls genügt allerdings die Antwort: »Warum nicht?« Des weiteren seien Besucher darauf hingewiesen, daß sie, sobald sie den quer durch die Stadt fahrenden *shandrydan* (Klapperkasten) bestiegen haben, den Mund halten sollten, weil darüber kein Wort verloren zu werden braucht.

Was die Fauna von Wörterstadt betrifft, so sind dort lediglich zwei Insektenarten und eine als besonders bissig geltende Hundeart heimisch. Diese Wachhunde müssen regelmäßig aufgezogen werden – dann halten sie die Zeit sehr genau ein, vorausgesetzt, daß in ihrer Gegenwart niemand Ausdrücke wie »Zeit vergeuden« oder »Zeit totschlagen« verwendet. Da die Zeit fliegt, haben auch diese Hunde Flügel. Zu den beiden Insektenarten, die ausschließlich in Wörterstadt vorkommen, zählt eine große Biene, *spelling bee* genannt [englischer Ausdruck für »Rechtschreib-Wettbewerb«], die, seit sie beschloß, sich eine Schulbildung anzueignen, bei jeder passenden Gelegenheit Wörter buchstabiert. Das andere Insekt ist eine Art großer Käfer. Es wird *insecticus humbugium* genannt [hum = summen, bug = Wanze, Käfer] und ist mit einem protzigen Jackett, gestreifter Hose, karierter Weste, Gamaschen und Melone bekleidet.

Norton Juster, *The Phantom Tollbooth*, Ldn. 1962. – Arthur Rimbaud, *Voyelles* (1873), in *Lutèce*, Okt. 1883.

WOLFSSCHLUCHT in Böhmen. Reisende, die die Jagd lieben, können

Die WOLFSSCHLUCHT *in Böhmen*

hier von Samuel, dem Wilden Jäger, sieben Zauberkugeln im Austausch gegen ihre Seele erhalten. Von diesen Kugeln treffen sechs genau das Ziel, die siebente wird durch den Wilden Jäger gelenkt. In der Schlucht wimmelt es von den Geistern verstorbener Eltern, die versuchten, ihre Kinder von der Schlucht fernzuhalten. Kadaver und gespenstisch aussehende Tiere kriechen zwischen den Höhlen in den Felsen umher und spucken Feuer und Rauch.

Carl Maria von Weber u. Johann Friedrich Kind, *Der Freischütz,* Bln. 1821.

WOLKENKUCKUCKSHEIM, eine in der Luft erbaute Stadt über der Ebene von Phlegra in Griechenland. Sie wurde im fünften Jahrhundert vor Christus von einem Athener namens Pisthetairos als Festung für Vögel aller Art gegründet. Die Stadt war dem sogenannten persischen Hahn geweiht. Der Sage nach hatte einst der Kriegsgott Ares einen schönen Jüngling in diesen Hahn verwandelt, der daraufhin den kämpferischen Geist des Gottes übernommen hatte. Der Grundriß von Wolkenkuckucksheim wurde durch die Quadrierung eines Kreises gelegt. In der Mitte befand sich der Marktplatz, von dem aus Straßen in alle Richtungen führten. Ruinen der Stadt existieren heute noch, bemerkenswert ist das hölzerne Tor in der Großen Mauer, das Scharen von Pelikanen erbauten.

Von dieser Festung aus, so geht die Sage, beanspruchten die Vögel die Herrschaft über die Welt. Die Mauern benutzten sie als Barriere, um die Opfer der Menschen für die Götter aufzuhalten und diese so durch Aushungern zur Unterwerfung zu zwingen.

Aristophanes, *Ornithes* (um 445 v. Chr.), Venedig 1498.

WUCHERNDES UNKRAUT, eine Insel im Ostchinesischen Meer, übte seit jeher für Chinesen in alter und neuer Zeit eine unwiderstehliche Anziehungskraft aus, sollen doch auf ihr zahllose Menschen, die von dem dort wachsenden Unsterblichkeitskraut gegessen haben, ein glückliches und nicht von Todesangst getrübtes Erdendasein führen. Doch an alle Abenteurer, die es dorthin zog, stellte das tückische Meer hohe Anforderungen seefahrerischen Könnens: Viele, die in südöstliche Richtung vom Festland aus in See stachen, verschlug der Sturm in eine andere Richtung, und nicht selten erlitten sie Schiffbruch und wurden ein Opfer der Fluten. Andererseits gelangten einige wenige, die ein ganz anderes Ziel im Auge gehabt hatten, zufällig zu dieser Insel.

Sie berichteten, daß Wucherndes Unkraut eine Insel sei, die von einem Berg gleichen Namens überragt werde, dessen Gipfel nicht spitz, sondern eine ebene, quadratische Fläche von ca. 9000 chinesischen Meilen im Geviert sei. Der Fuß des Berges wird von Drachen bewacht, die die Unsterblichen vor lästigen Besuchern abschirmen sollen.

Die unaussprechliche Pracht der Bauwerke auf diesem Inselberg hat bisher noch jedem Besucher die Sprache verschlagen: Paläste und Türme bestehen aus reinstem Gold und Silber und sind noch außerdem mit prunkvollen Edelsteinen verziert. Der vom ersten chinesischen Kaiser, Ch'in-shih Huang-ti, im dritten vorchristlichen Jahrhundert mit der Auskundschaftung der Insel beauftragte Abgesandte berichtete gar, daß von den drachengestaltigen bronzenen Boten vor dem Ch'ih-ch'eng-Palast Strahlen ausgehen, die den ganzen Himmel erleuchten.

Vögel und vielerlei Arten von Säugetieren, die sich zwischen Bäumen aus Perlen und Wäldern mit Korallen-Flora tummeln, erglänzen in strahlendem Weiß. Üppige Blumenteppiche und saftige Früchte leuchten bis weit in die Ferne. Wer von diesen Früchten ißt, erlangt die ersehnte Unsterblichkeit.

Es wird dem Besucher in aller Regel nicht gelingen, die Bewohner des Inselberges, eben jene beneidenswerten Unsterblichen, zu Gesicht zu bekommen, denn sie halten sich im verborgenen. Früher pflegten sie regelmäßig den Bewohnern der benachbarten Inselberge Großer Wagen, Rundgipfel, ↗ VIERECKSKLAFTER und ↗ WELTMEERKONTINENT Besuche abzustatten und flogen während der Nacht über eine Distanz von ca. 70 000 chinesischen Meilen zu ihresgleichen.

Jene fünf Inselberge lagen einst allesamt jenseits des Po-hai-Meeres inmitten einer abgrundartigen Tiefe namens »Großes Grab«. Sie hatten keine Verankerung im Meeresboden und trieben ständig auf den Wogen hin und her; erst als man sie schließlich auf den Köpfen von fünfzehn Riesenschildkröten befestigte, fanden sie Halt. Später stahl der Riese aus dem Reich des Drachenfürsten sechs der Schildkröten; dadurch wurden die beiden Inselberge Großer Wagen und Rundgipfel wieder ihrer Verankerung beraubt, trieben während eines Sturmes zum Nordpol ab und versanken dort in den Fluten. Übrig blieben die restlichen drei Inseln, unter ihnen Wucherndes Unkraut. D. A.

Szu-ma Ch'ien, *Shih-chi,* (2.–1. Jh. v. Chr.), Shanghai 1935. – Chang Pang-chi, *Mo-chuang man-lu* (12. Jh.), Taipeh 1965.

WÜRFELINSEL, drei Tagesreisen von der ↗EISENZEUGINSEL entfernt. Die Insel ist wie die platonische Idee des Waldes von Fontainebleau: sandig, unfruchtbar und ungesund. Die Erde ist hier so dünn, daß die Felsen aus dem Boden hervorstechen wie die Knochen eines dürren Mannes unter seiner Haut.

Das auffallendste Merkmal der Würfelinsel sind zwei kleine Würfel aus Knochen, die von weitem aussehen, als seien sie aus Alabaster oder mit Schnee bedeckt. Darin wohnen in sechs Stockwerken die zwanzig Spielteufel, die in Europa sehr gefürchtet sind und von Spielern oft angefleht werden, bevor sie die Würfel werfen. Andere Bewohner der Insel sind Frau Gute Miene und Herr Böses Spiel.

Die Würfelinsel erhebt auch Anspruch darauf, eine Flasche Gralsblut oder göttlichen Blutes zu besitzen, die privilegierten Reisenden manchmal vom Magistrat gezeigt wird; sie ist von mehr Schleiern, Ritualen und Kerzen umgeben als das Schweißtuch der heiligen Veronika in Rom. Die Ausstellung der Reliquie wird von unzähligen Zeremonien begleitet. Trotzdem wird der eine oder andere Besucher enttäuscht sein, wenn er entdeckt, daß die Reliquie an die Schnauze eines gebratenen Kaninchens erinnert.

Zu den anderen Reliquien der Insel gehören die Schalen zweier von Leda ausgebrüteter Eier, aus denen angeblich Kastor und Pollux gekrochen sind.

Das Meer um die Würfelinsel ist sehr gefährlich, und man sagt, daß diese Klippen mehr Schiffe und Menschenleben gekostet haben, als alle Strudel der Welt.

François Rabelais, *Le cinquiesme et dernier livre des faictz et dictz heroiques du bon Pantagruel,* Paris 1564.

WÜSTENSTADT, eine vergessene römische Stadt im Atlasgebirge. Sie wird von Juden bewohnt, die mit Gold, Silber und anderen Dingen handeln. Schwarze Schakale hausen in dieser Gegend.

Es wird berichtet, daß sich einer der Bewohner, Abdias, gehaßt wegen seines Reichtums, verfolgt von seinen Gegnern, entstellt durch Krankheit und begleitet von einer blinden Tochter, in einem reizlosen Tal der böhmischen Berge niederließ, deren unfruchtbare Landschaft ihn an seine Heimat erinnerte. Ein Blitz gab seiner Tochter das Augenlicht, und um sie zu erfreuen, verwandelte er die öde Gegend in einen Blumengarten. Seine Tochter jedoch wurde nach nicht allzu langer Zeit im Freien von einem Gewitter überrascht und diesmal von einem weniger barmherzigen Blitzstrahl getötet. Abdias wurde wahnsinnig, lebte aber in dem von ihm geschaffenen Garten noch dreißig Jahre.

Adalbert Stifter, *Abdias,* in *Österreichischer Novellenalmanach,* Wien 1843.

WUNDERBARER FLUSS, ein Nebenfluß des Nils, der in den Bergen der äthiopischen Plateaus entspringt. Touristen, die seine dunklen Wasser hinunterfahren, werden ihren Weg an einem bestimmten Punkt von einer riesigen Mauer blockiert finden, die bisher niemand ersteigen konnte. Vorher jedoch durchqueren die Reisenden ein namenloses, aber faszinierendes Land. Vom Schiff aus sehen sie Löwen, Tiger, Schlangen und Einhörner friedlich zusammen am Flußufer trinken. Man kann seltsam bemalte Eingeborene beobachten, die von kleinen Fischerboten ihre Netze auswerfen und gute Fänge an Ingwer, Rhabarber, Sandelholz und Zimt an Land ziehen, während am Strand schöne Eingeborenenfrauen ihre weißen Lehmkrüge in die Sonne stellen. Aus ungeklärten Gründen bewirkt die Sonne, daß das Wasser in diesen Krügen so kühl wie Quellwasser wird.

Trotz solcher Attraktionen ist nicht bekannt, daß Besucher hier gelandet sind.

Jean de Joinville, *L'histoire de saint Louis,* Poitiers 1547.

WUNDERLAND, ein Königreich unter England, das von einem Kartenspiel und einigen anderen Geschöpfen bewohnt wird. Es ist durch einen Kaninchenbau zu erreichen, der wahrscheinlich an den Ufern der Themse zwischen Folly Bridge und Godstow, Oxford, liegt.

Der Besucher, der den Bau betritt, fällt eine ganze Weile tief hinunter, vorbei an verschiedenen Haushaltsgegenständen, und landet schließlich auf einem Haufen dürrer Blätter und Zweige. Von hier aus führt ein langer Gang in einen niedrigen Saal, der von einer Anzahl Hängelampen erleuchtet wird. Der Saal hat ringsum Türen, doch wird dem Besucher geraten, die kleine, hinter einem niederen Vorhang verborgene Tür zu benützen, durch die man den Garten der Königin sehen kann.

Man kann die Tür mit einem kleinen goldenen Schlüssel öffnen, der auf einem gläsernen Tisch liegt. Damit man durch die Tür paßt – falls der Besucher größer als eine mittelgroße Ratte ist –, sollte man am besten aus einem Fläschchen trinken oder von den kleinen Kuchen essen, die ebenfalls auf dem schon erwähnten Tisch sind. Besucher sollten wissen, daß alles, was man im Wunderland ißt oder trinkt, dazu führt, daß man entweder sofort wächst oder schrumpft – Vorsicht ist also geboten.

Mehrere Plätze im Wunderland lohnen einen Besuch: das reizende Häuschen des Weißen Kaninchens, das Haus der Herzogin mit seiner etwas schmuddeligen Küche, in der man vor lauter Pfeffer nicht mehr aus dem Niesen herauskommt, und die Teestube des Hutmachers vor dem Haus, die zu jeder Tages- und Nachtzeit geöffnet ist.

Das Königreich Wunderland wird von Herzkönigin und Herzkönig regiert, doch die Macht liegt vorwiegend in den Händen der Königin. Tod durch Köpfen ist als Urteil gang und gäbe, wird jedoch selten vollstreckt. Der königliche Sport ist Krocket. Man spielt es mit lebenden Flamingos und Igeln. Dadurch wird das Spiel besonders interessant, aber auch schwierig, und Besuchern wird von einem Versuch abgeraten.

Das Erziehungssystem im Wunderland scheint nicht weiter organisiert zu sein, mit Ausnahme des Privatunterrichts in Unterwasserschulen, an dem Greife und Falsche Suppenschildkröten (eine Kreuzung aus Kalb und Schildkröte zur Bereitung der Falschen Schildkrötensuppe) teilnehmen. An diesen Schulen werden einige ungewöhnliche Fächer unterrichtet: das Große und das Kleine Nabelweh, Schönweifen, Rechtspeibung, die verschiedenen Rechenarten (Zusammanquälen, Abmühen, Kahldehnen und Bruchlächeln); Erdbeerkunde mit und ohne Schlagrahm; Seeographie und die klassischen Fächer Lachen und Weinen. Dazu als Wahlfächer Französisch, Musik und Waschen. Eine besondere Schultradition ist die Hummer-Quadrille, ein Tanz, an dem Greife, Falsche Suppenschildkröten, Seehunde, Lachse und andere Fische – jeder mit einem Hummer als Partner – teilnehmen. Beim Besuch der Schule sollten die Besucher eine Zwecke haben; es ist überhaupt ganz allgemein nicht ratsam, irgendwohin ohne Zwecke zu gehen.

Die Flora im Wunderland ist nicht besonders bemerkenswert: Man findet eine weiße Rosenart, die zuweilen rot angemalt wird, in der Nähe des Krokketplatzes der Königin. Dafür ist die

WUNDERLAND

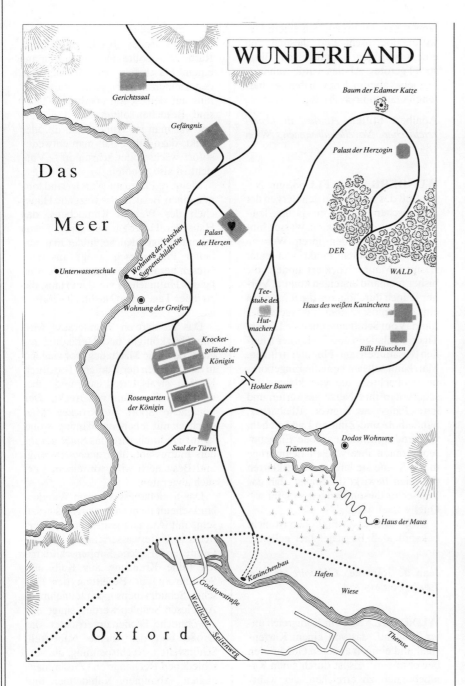

Fauna einzigartig, denn die meisten Tiere können Deutsch sprechen und einige – wie die Mäuse – sogar etwas Französisch. Es gibt Hunde, Meerschweinchen, Krabben, Kaninchen (mit Westen), Eidechsen, Frösche, Weißfische, Haselmäuse mit einer Leidenschaft für Sirup, Schnapphasen und eine Edamer Katze. Letztere, die für ihr Grinsen und ihre witzigen Bemerkungen berühmt ist, kann sich unsichtbar machen, so daß nur noch ihr Grinsen in der Luft schwebt. Außerdem findet man auch Schweine vor – oder Babys, die sich in Ferkel verwandeln. Auch viele Vögel wohnen im Wunderland: Enten, die sonst ausgestorbenen Weihe, Marabus, Tauben, Brachvögel und Flamingos.

Nur wenige Reisende haben das Wunderland je besucht. In den sechziger Jahren des 19. Jahrhunderts soll Alice Lidell mehrere Stunden hier verbracht haben. Agatha, die Schwester der verwitweten Lady Monchensey, blickte 1937 durch die winzige Tür in dem niedrigen Eingangssaal und hörte aus der Ferne leise Stimmen, während ein schwarzer Rabe – vermutlich ein Verwandter der Riesekrähe aus dem nahen ↗ LAND HINTERM SPIEGEL – einschüchternd über ihrem Kopf hin- und herflog.

Sollte sich der Reisende einmal verirren, so kann er sich immer von einer gut informierten, Wasserpfeife rauchenden Raupe Rat holen.

Lewis Carroll, *Alice's Adventures in Wonderland*, Ldn. 1865.

WUNDERSCHLOSS oder **SCHASTEL MARVEILE** liegt im früheren Herzogtum Lagroys in Frankreich. Das Schloß wird erstmals in Chroniken aus dem zwölften Jahrhundert erwähnt, scheint aber bedeutend älter zu sein. Es steht inmitten einer trutzigen Burganlage mit hohen Befestigungsmauern und zahlreichen Wachtürmen. Das metallene Dach des Palastes schillert bunt wie Pfauengefieder, und weder Regen noch Schnee konnten ihm im Laufe der Jahrhunderte etwas anhaben. Herzstück des Gebäudes ist ein Saal mit prächtigen Deckenwölbungen und zart kannelierten Fenstersäulen. Eine Wendeltreppe hinauf, in einem überreich mit Edelsteinen geschmückten Turm, steht eine glatte steinerne Rundsäule, die alles, was im Umkreis von sechs Meilen um die Burg geschieht, exakt widerspiegelt; ein Phänomen, das die heutige Wissenschaft vor unlösbare Rätsel stellt. Von der Halle aus führt eine Tür zu einer Kemenate mit spiegelglattem Boden aus Jaspis, Chrysolith und Sardin. Hier befinden sich das Lit marveile, das Wunderbett, mit Rubinscheiben an den Bettfüßen. Es soll nach den Vorstellungen Clinschors, des ersten Burgherrn, von orientalischen Handwerkern gefertigt worden sein. Sobald man sich ihm nähert, rollt es pfeilschnell von Wand zu Wand und erzeugt dabei ein Getöse, daß in Schastel marveile einst vierhundert schöne Frauen, darunter vier Königinnen, durch einen Zauber gefangen waren. Gawan, ein Ritter aus König Artus' Tafelrunde, der gekommen war, um die Frauen zu befreien, soll sich auf das Bett geworfen und die wilde Fahrt überstanden haben. Daraufhin erschienen aus dem Nichts fünfhundert Steinschleudern und Armbrüste, und nur Gawans treffliche Rüstung ließ ihn den Anschlag überleben. Er hatte dann noch einen Löwen zu überwinden, bis der Bann endlich gebrochen war.   M.B.

Chrétien de Troyes, *Perceval le Gallois ou Le conte du Graal* (um 1135), Freiburg i. B. 1911. – Wolfram von Eschenbach, *Parzifal*, (um 1200/1210), Bln. 1783/84.

WUNDERVOLLE FERNE, ein Land, dessen exakte Entfernung von ihrer Heimat die Chinesen sich stets vergebens zu ermitteln bemüht haben, liegt noch jenseits der äußersten nördlichen und westlichen Winkel des Reiches der Mitte. Es heißt, daß der erste der Heiligen Kaiser, der Gelbe Kaiser, einst als erster dort spazierenging.

Wundervolle Ferne ist von China auch meilenweit entfernt, was das soziale Leben betrifft: Es gibt dort keine Rangordnungen und kein konfuzianisches Wertsystem, das jedem Bewohner Verpflichtung ist, und trotzdem funktioniert hier alles gleichsam wie von selbst.

Die Bewohner dieses Landes leben in äußerstem Frieden miteinander, ihren Alltag bestimmen keine kleinlichen Wünsche und Begierden, denn jeder hat zur Genüge, was er braucht. Auch den Quell so manchen lebenslangen Verdrusses, die leidenschaftliche Liebe oder den Haß, kennen sie nicht, und überhaupt sind sie jeglichen Neigungen und Liebhabereien gänzlich abhold; es gibt nichts, was ihnen lieb und teuer wäre. Äußerst gleichmütig verbringen sie ihre irdischen Tage, und der Tod schreckt sie zu keiner Stunde, denn sie werden niemals vorzeitig aus dem Leben abberufen.

Barrieren, die sich allerorten dem Menschen in den Weg zu stellen pflegen, überwinden sie mit Leichtigkeit: Es wird gesagt, sie bewegten sich stets nur im Geiste, sie gingen ins Wasser und ins Feuer, ohne zu ertrinken oder zu verbrennen, sie stiegen ins Leere, ohne zu fallen, sie überwänden die höchsten Berge und die tiefsten Täler mit nur wenigen Schritten. D. A.

Lieh-tzu, *Lieh-tzu*, (vermutl. 3. Jh. v. Chr.), in *Chu-tzu chi-ch'eng*, Peking 1954.

DIE WUNDERWELT JENSEITS VON THULE. Während für den durchschnittlichen Reisenden die Welt mit der ultima Thule endet, hatte unser Informant Antonios Diogenes Gelegenheit, die Wunderwelt jenseits von Thule zu erkunden. Sein Bericht ist zwar nur fragmentarisch erhalten, bietet jedoch manche merkwürdigen Einzelheiten.

Einer von Antonios' Reisegefährten war ein gewisser Astraios, dessen Augen sich, den Mondphasen entsprechend, vergrößern und verkleinern konnten, was von einem Stamm auf dem Wege sehr geschätzt wird, denn bei ihm herrschen zwei Könige abwechselnd, je nach den Phasen des Mondes, und die Augen des Astraios halfen nun, die Streitigkeiten um die Herrschaftstermine zu beenden.

Man begegnet ferner den Artabrern, bei denen die Frauen ins Feld ziehen und die Männer die Hausarbeit verrichten. Auch findet sich ein Zauberer namens Paaphis, der seine Opfer nachts umherwandeln läßt, während sie tagsüber tot daliegen. Ist solcherlei schon auf dem Wege zu erleben, so findet man jenseits von Thule noch phantastischere Phänomene, etwa eine Dauer von Nacht und Tag, die sich von einem über sechs Monate bis zu einem vollen Jahr erstreckt. Zieht man noch weiter nach Norden, gerät man in die nächste Nähe des Mondes und kann feststellen, daß er eine Art Erde ist, die hell glänzt. Da die Zusammenfassung nur summarisch weitere Wunder erwähnt, sie aber nicht beschreibt, bleibt dem wißbegierigen wohl nur die Möglichkeit, selbst hinzureisen, um Genaueres zu erfahren. B. Ky.

Photios, *Bibliothēkē* (vor 855), Augsburg 1601.

WUNNERWOBLIFTIPID, eine holländische Dorfgemeinde, ziemlich weit von der nächsten Überlandstraße entfernt. Wer etwas über den Ursprung des Ortsnamens erfahren will, sei auf Dundergutz' Werk *Oratiunculae de rebus praeter-veteris* sowie auf Blunderbuzzards *De derivationibus* hingewiesen. Wann das Gemeinwesen gegründet wurde, ist unbekannt. Es liegt in einem ebenen, durchweg mit Fliesen ausgelegten Tal und besteht aus sechzig nebeneinander erbauten Häuschen, deren Rückseite dem Abhang und deren Vorderseite der – von jeder Haustür genau sechzig Ellen entfernten – Talsohle zugewandt ist. Jedes Haus hat einen kleinen Vorgarten mit einem kreisförmigen Pfad, einer Sonnenuhr und vierundzwanzig Kohlköpfen. Die Häuschen gleichen sich wie ein Ei dem anderen. Wegen ihres sehr altertümlichen Baustils machen sie einen etwas sonderbaren, aber doch recht malerischen Eindruck. Die aus kleinen roten Backsteinen mit schwarzen Kanten errichteten Mauern sehen wie überdimensionale Schachbretter aus. An der Vorderseite hat jedes Haus einen Giebel, und über der Kante des Ziegeldaches wie auch über der Eingangstür befinden sich Gesimse so groß wie der Rest des Hauses. Die schmalen Fenster haben winzige Butzenscheiben und massive Rahmen. Das dunkel getönte Balkenwerk ist mit Schnitzereien verziert, deren Muster allerdings wenig Abwechslung zeigen, da die Holzschnitzer von Wunnerwobliftipid immer nur zwei Motive zu schnitzen wußten: einen Chronometer und einen Kohlkopf. Darin aber brachten sie es zu wahrer Meisterschaft.

Auch innen sind die Häuser einander zum Verwechseln ähnlich. Die Fußböden sind gefliest, die aus schwarzem Holz gezimmerten Stühle und Tische haben dünne, krumme Beine und Füße, die wie Hundepfoten aussehen. Die breiten Kaminsimse sind nicht nur mit den üblichen Schnitzereien – Chronometer und Kohlköpfe – verziert, sondern auf jedem steht in der Mitte ein echter, eifrig tickender Zeitmesser und an beiden Enden ein Blumentopf mit einem Kohlkopf. Zwischen diesen und der Uhr steht jeweils eine kleine Porzellanfigur, nämlich ein dickbäuchiger Mann mit einem Loch in der Mitte, durch das ein Zifferblatt zu sehen ist. In den großen Kaminen, vor denen windschiefe Feuerböcke stehen, lodert ständig ein Feuer, über dem ein von der Hausfrau bewachter Topf mit Sauerkraut und Schweinefleisch hängt.

Die größte Sehenswürdigkeit, der Stolz aller Einwohner, befindet sich im Turm des Rathauses: eine große Uhr mit sieben Zifferblättern – eins auf jeder Seite des siebeneckigen Turmes. Jahrhundertelang hat diese Uhr den Tagesablauf in Wunnerwobliftipid bestimmt. Soweit bekannt, wurde die Ordnung nur einmal gestört – als nämlich ein Fremder sich an dem Uhrwerk zu schaffen machte, woraufhin die Uhr dreizehn schlug. Damals wechselten alle Kohlköpfe die Farbe (sie wurden rot), die Möbel begannen zu tanzen, die Katzen zu kratzen und die Schweine wie verrückt zu quieken. Jener Fremde soll, während er im Glockenstuhl auf seiner Fiedel ein irisches Lied spielte, den Glockenstrang zwischen den Zähnen gehalten haben. Ob in Wunnerwobliftipid inzwischen wieder die alte Ordnung eingekehrt ist, entzieht sich unserer Kenntnis.

Edgar Allan Poe, *The Devil in the Belfry,* in *The Saturday Chronicle and Mirror of the Times,* April 1839.

X

X, eine Stadt mit unbestimmten Grenzen in ungewisser Lage. Man kann jedoch darauf schließen, daß sie sich nicht in Europa befindet, weil sie drei Wochen Fußmarsch von der nächsten Bahnstation entfernt liegt. Es existiert eine unvollständige und bruchstückhafte Beschreibung von X, die von dem einzigen Reisenden stammt, der unseres Wissens dort gewesen ist. Es war ein gewisser A. G. aus Budapest, der seinen Bericht 1929 geschrieben hat. A. G. stieg am Zielbahnhof (den

Namen vergißt er anzugeben) aus dem Zug und reiste vier Tage mit einem Eselskarren, den ein freundlicher Eisenbahner kutschierte. Danach marschierte er durch eine graue flache Landschaft, in der ständig Winde wehten. Er kam zunächst in weite Gebiete, die voller Schrott lagen. Zwei Tage lang sah er lediglich zerbrochene Röhren und verwickelte Metallkabel. Am Tage darauf fand er nur noch große Haufen von Kochtöpfen und Pfannen, angebrannte Tiegel, zerbrochene Siebe, verbeulte Bratpfannen, die mannshohe Hügel bildeten. Den folgenden sah er nur Metallzähne. Die nächsten zwei Tage schien das ganze Land von Eisenplatten verschiedener Stärke bedeckt. Als er schließlich in die Nähe der Stadt kam, durchquerte er einen dreifachen Kreis von Kriegsgerät, Eisenbahnzubehör und Autowracks. Die Außenbezirke von X sind in einem Zustand völliger Verwahrlosung: Weitere drei Tage marschierte A. G. durch endlose Vororte mit verlassenen und verfallenen Häusern, und erst am vierten Tage traf er auf eine menschliche Seele. Am folgenden Tag schließlich erreichte er den bewohnten Teil von X. Nach seinem Bericht hat X kein Zentrum: weder ein geographisches, geistiges, kommerzielles noch historisches. Die Stadt scheint wie aus Gummi gebaut; manchmal dehnt sie sich aus, manchmal zieht sie sich zusammen. An einem Ende ist ein Viertel, das die Bewohner aus unbekanntem Grund verlassen haben. Am anderen entsteht ein neuer Stadtteil, ohne daß jemand weiß weshalb, denn keiner beabsichtigt hier zu leben. Die Straßen gleichen sich wie ein Ei dem andern. Sie sind gesäumt von verfallenen oder halbzerstörten Häusern, unfertigen Gebäuden, Sand- und Ziegelhaufen, die die Gehwege behindern, aufgegebenen Wasserversorgungsanlagen, heruntergekommenen Läden, die jede denkbare Ware verkaufen – Brot, Schuhe, alles mögliche, wobei von allem kaum mehr als ein einziges Stück vorhanden ist. Es gibt weder pflanzliches noch tierisches Leben, und der Frühling ist eine unbekannte Jahreszeit. Ein heißer und stickiger Sommer macht übergangslos einem regnerischen, stürmischen Winter Platz. Durch die Straßen strömt Tag und Nacht eine in Lumpen gehüllte Menge. Eine kleine Schmalspurbahn läuft durch die Stadt, aber niemand weiß, wo er einsteigen kann, denn die Haltestellen werden ohne vorherige Ankündigung und ohne klaren Plan bestimmt. Es gibt natürlich Taxistände, aber es ist höchst unwahrscheinlich, daß ein Taxi zu sehen ist. In den Restaurants – vorausgesetzt, daß man eines findet – verschlechtert sich die Qualität der Speisen mit jedem Besuch, und an jedem beliebigen Tag können Gaststätten ohne Begründung schließen. Was die Hotels betrifft, so geht man besser schweigend über sie hinweg. Die Lampen brennen den ganzen Tag, aber sobald es dunkel wird, schaltet man sie aus. Sie werden von einer Zentrale aus bedient, und es gibt keine separaten Schalter auf den Zimmern. Die Aufzüge sind außerordentlich schnell, haben aber keine Bedienungsknöpfe. Man muß daher auf der gewünschten Etage todesmütig hinausspringen. Die Privathäuser zeichnen sich auch nicht besonders aus. Die Zimmer sind stickig und dunkel und enthalten eine große Zahl von Betten, die gewöhnlich an mehr Menschen vermietet werden, als das Haus beherbergen kann.

Wir erfahren von A. G. wenig über die politische Verwaltung von X, nur daß der Präsident nach der Länge seiner Arme gewählt wird. Einer der angesehensten Präsidenten war ein gewisser Larra Senior, dessen Extremitäten fast zwei Zoll länger waren als die aller seiner Vorgänger. Er konnte ohne große Anstrengung die rechte Hand in seine linke Hosentasche oder die linke Hand in seine rechte Hosentasche stecken. Nach A. G. haben die Einwohner von X kein Lebensziel, und wenn sie eines hätten, würden sie es seines Erachtens nicht erreichen. Dieser Mentalität entspricht irgendwie die Architektur der Stadt: zur Hälfte verfallen, zur Hälfte unfertig.

Tibor Déry, *G. A. úr X.-ben*, Budapest 1963.

Der Fluß Alph in XANADU. *Im Hintergrund das Lustschloß.*

XANADU, ein Königreich an der Küste Asiens. Hier ließ Kubla Khan ein Lustschloß inmitten herrlicher Gärten errichten, das Reisende als ein Wunder an Einfallsreichtum beschrieben. Leider blieb dieses Wunderwerk unvollendet, da sein Schöpfer (ein Engländer namens Coleridge) durch einen Besucher aus Porlock an der Weiterarbeit gehindert wurde. Die Gartenanlagen erstrecken sich über zehn Meilen fruchtbaren Landes und sind von Mauern und Türmen umgeben. An den Bächen wachsen Weihrauchbäume. Die Wasser des heiligen Flusses Alph, der durch diese paradiesischen Gärten fließt, ergießen sich vor der Meeresküste in unermeßlich tiefe Höhlen. Inmitten des Tosens der Wasserfälle sollen die Stimmen von Kubla Khans Vorfahren zu hören sein.

Samuel Taylor Coleridge, *Kubla Khan. A Vision in a Dream,* Ldn. 1816.

XIROS, eine Insel in der Ägäis, die man mit einem besonderen Schiff von Rynos aus erreichen kann oder mit der Fähre, die alle fünf Tage hier anlegt, um Vorräte zu bringen und Fische abzuholen. Die Bewohner sind Griechen, und ihre Hauptbeschäftigung ist das Fangen von Kraken.

Aus der Ferne – besonders am Mittag – sieht Xiros wie eine auf dem Rücken liegende Schildkröte aus. Die Südküste ist unbewohnbar, aber im Westen liegt eine lydische oder griechisch-mykenische Siedlung. Besucher sollten auf die beiden Steinsäulen achten, die die Landungsbrücke stützen, mit Hieroglyphen verziert sind und von einem gewissen Professor Goldmann entdeckt wurden.

Die Haupteigenschaft der Insel besteht darin, daß man sie nie mehr vergessen kann, auch wenn man sie nur von weitem gesehen hat. Ihr Bild wird den Reisenden sein ganzes Leben lang verfolgen, er wird sich nach ihrem weißen Sand und der brennenden Sonne sehnen, und wenn er Xiros schließlich betritt, ist er überglücklich, endlich den lange ersehnten Hafen erreicht zu haben. Doch diese Freude wird nur von kurzer Dauer sein, schon nach wenigen Stunden friedlichen Genusses wird ihn der Tod ereilen.

Diese seltsame, einen ewig verfolgende Eigenschaft von Xiros findet man auch in einem *Zahir* genannten Gegenstand, der in verschiedenen Formen erscheinen kann: als argentinische Münze, als Tiger, als Blinder, als Astrolabium, als kleiner Kompaß, als Ader in einer der zwölfhundert Marmorsäulen der Moschee in Córdoba,

als der Grund eines Brunnens in Tetuan. Alle diese Dinge kann man nie mehr vergessen, wenn man sie einmal gesehen hat.

Jorge Luis Borges, *El Zahir,* in *El Aleph,* Buenos Aires 1949. – Julio Cortázar, *La isla al mediodía,* in *Todos los fuegos el fuego,* Madrid 1976.

XUJAN, eine befestigte Stadt in Afrika, von einem Stamm von Irren bewohnt, die Papageien verehren. Ihre religiösen Riten sind ungemein abstoßend und haben vermutlich ihren Teil zum Zustand des Schwachsinns beigetragen, der die heutigen Bewohner kennzeichnet. Die Xujans sind in vieler Hinsicht recht seltsam – nicht nur, was die Art ihres religiösen Kultes angeht. So züchten sie beispielsweise Löwen wie andere Leute Vieh; teilweise wegen der Milch und teilweise zum Mästen und Schlachten. Niemals rühren sie das Fleisch von Vögeln oder Affen an, und als Futter für ihre Löwen halten sie Wildschweine, Büffel und Antilopen.

Die Xujans sind kräftig gebaut. Sie haben eine gelbe, ledrige Haut und pechschwarze Haare, die sehr kurz geschnitten und drahtig sind und im rechten Winkel zum Schädel wachsen. Die oberen Eckzähne sind gewöhnlich lang und scharf, die Augen stehen dicht beisammen und haben eine schwarze Iris, so daß der Eindruck entsteht, als verdecke das Weiße das ganze Auge. Sie sind bartlos, haben aufgeworfene Unterlippen und ein weiches Kinn. Man hat den Eindruck, als seien ihre Gesichter durch widerliche Angewohnheiten und unanständige Gedanken völlig entartet. Viele Xujans haben Wahnanfälle auf offener Straße – sie stoßen dann wilde Schreie aus oder greifen unschuldige Kinder an.

Die Stadt ist ein einziges Dickicht aus Kuppeln und Minaretts. Die äußeren, etwa neunzig Meter hohen Mauern bilden ein langes, schmales Rechteck, und die Straßen sind krumm und gewunden. Unverhofft geht die Hauptstraße in eine breite Promenade und ein weitläufiges Rondell über. Hier sind die Häuser bedeutend höher und mit goldenen Papageien, Löwen und Affen geschmückt. Das größte und protzigste Bauwerk am Rondell ist der Königspalast mit seinen sieben Geschossen. Man erreicht ihn über eine breite, von gewaltigen Steinlöwen bewachte Treppe. Das Portal selbst flankieren zwei steinerne Papageien.

Besucher sollten besonders den Thronsaal beachten, dessen Mauern vollkommen hinter Wandbehängen verschwinden, in die Tausende von Papageien eingestickt sind; die gleichen Vögel finden sich als goldene Einlegearbeiten im Boden, und die Decke ist mit fliegenden Papageien bemalt.

Reisende sollten sich darüber im klaren sein, daß ein Besuch im Königreich von Xujan äußerst gefährlich werden kann. Frauen werden vom König entführt und dann in irgendwelchen königlichen Gemächern vergessen; Männer tötet man oder läßt sie als Sklaven Schwerstarbeit verrichten. Die Flucht ist schwierig. Alle Häuser haben vergitterte Fenster, die Türen sind von Eunuchen bewacht, und in den Straßen patrouillieren Soldaten. Auf den Außenmauern stehen ebenfalls Wachen und als Wachhunde abgerichtete Löwen. Man erzählt sich, daß im sechzehnten Jahrhundert einem Spanier die Flucht gelungen war. Doch draußen in der Wüste wurde er dann zu Tode gehetzt. Auch Lord Greystoke, den Einheimischen unter dem Namen Tarzan bekannt, hat das Königreich von Xujan besucht und konnte es unversehrt verlassen. Von anderen Reisenden weiß man nicht, ob sie je von dort zurückgekehrt sind.

Edgar Rice Burroughs, *Tarzan the Untamed,* NY 1919.

Y

YLUANA, eine Insel im Rio de la Plata, ungefähr vier Meilen vom Meer entfernt. Die Insel ist auf keiner Karte verzeichnet, und nur die Jesuiten-Missionare in der Umgebung wissen von ihrer Existenz.

Die Ureinwohner stammen aus dem Osten und sind Anhänger des großen Gesetzgebers Zarathustra, von ihnen *Zar-Touche* genannt, der sie auf diese Insel brachte. Jahrhunderte später kamen Menschen aus dem Norden nach Yluana – wahrscheinlich peruanische Indianer auf der Flucht vor den grausamen Spaniern. Beide Völker haben sich im Laufe der Zeit vermischt

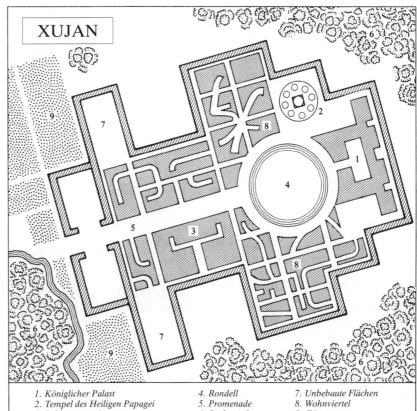

1. Königlicher Palast
2. Tempel des Heiligen Papagei
3. Soldatenquartiere
4. Rondell
5. Promenade
6. Dschungel
7. Unbebaute Flächen
8. Wohnviertel
9. Gärten

und bekennen sich gemeinsam zum Parsismus.

Der König gilt als ihr irdischer Vater und betrachtet das Volk als seine Kinder. Normalerweise tritt sein Sohn die Nachfolge auf dem Thron an, aber wenn er nicht tugendhaft genug ist, kann ein Volkskonzil ihn ablehnen. Dasselbe Konzil sitzt auch zu Gericht, allerdings gibt es praktisch keine Verbrechen. Die schlimmste Strafe in den Augen der Yluaner ist die Schande.

Jeder einzelne ist zufrieden mit dem, was er hat, und beneidet andere nicht um ihren Besitz. Die Yluaner halten nichts von den Wohltaten der Zivilisation. Sie haben erleben müssen, wie die Jesuiten die Eingeborenen ausbeuteten und auf ihre Kosten im Luxus lebten, und sie vermeiden seitdem jeden Kontakt mit den »Heilsbringern des Fortschritts«. Sie verabscheuen den Krieg, sind aber imstande, aufopferungsvoll zu kämpfen, wenn man sie angreift.

Die Eheschließung wird gefördert, um die Bevölkerungszahl zu steigern; Männer heiraten mit neunzehn und Frauen mit siebzehn. Ehebruch ist seit vielen Jahren nicht mehr vorgekommen, kann aber theoretisch mit dem Tod bestraft werden. Schmeichelei und Lüge kennt man nicht; Undankbarkeit gilt als schlimmstes Verbrechen.

Die Häuser der Yluaner sind solide gebaut, ohne Pracht oder überflüssige Verzierungen. Der Palast des Königs unterscheidet sich nur durch seine Ausmaße. Auch er ist ein schlichtes, einfaches Gebäude.

Die Männer bevorzugen weiße Kleidung und einen roten, fließenden Umhang; die Frauen tragen Blumen im Haar, lange, schmeichelnde Gewänder und manchmal Kränze aus purpurnen Blumen.

Unprätentiöse Besucher werden in Yluana äußerst gastfreundlich aufgenommen, und die meisten von ihnen sprechen voller Hochachtung von der Bescheidenheit und Aufrichtigkeit seiner Bewohner.

Charles Searle(?), *The Wanderer Or Memoirs Of Charles Searle...*, Ldn. 1776.

YOKA ist eine tropische Insel im Pazifik – ziemlich groß, bergig, mit einer Steilküste und einigen kleinen Buchten. Die Eingeborenen sind Kopfjäger. Mehrere japanische Samurai, die kurz vor dem Ende des Archikaga-Schogunats (1573) nach Yoka flohen, heirateten Insulanerinnen. Ihre als »Yoka-Samurai« bekannten

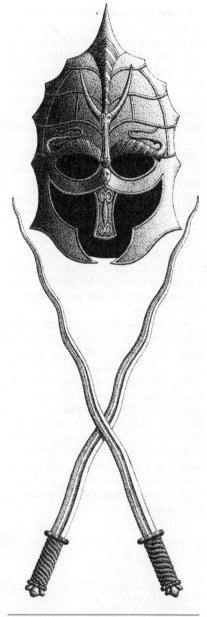

Helm und Schwerter von der Insel YOKA

Nachkommen sind kleine, braunhäutige Menschen mit schwarzen Schlitzaugen und einer merkwürdigen Haartracht: einer Art Pferdeschwanz, der von der Scheitellinie ihres ansonsten kahlgeschorenen Kopfes nach hinten gebunden und dann bis zum Stirnansatz vorgezogen wird. Sie tragen mittelalterliche Rüstungen, furchterregende Schwerter und Helme und sprechen japanisch.

Das Dorf Yoka, nach dem die Insel benannt ist, liegt hoch oben in den Bergen. Die höhlenähnlichen Wohnstätten bestehen zumeist aus einem einzigen Raum, dessen Wände und Strohdach höchstens vier Fuß über den Erdboden aufragen. Manche verfügen über einen zweiten Raum, in dem Tiere, zum Beispiel Schweine und Hühner, gehalten werden. Hie und da sind auch auf Pfählen errichtete Getreidespeicher zu sehen. Die Regierungsgewalt liegt in den Händen des Königs von Yoka, dem die Dorfbewohner große Ehrfurcht erweisen.

Der erste Bericht über Yoka stammt von einem Boxer aus Chicago, einem gebildeten Mann, der die Insel Anfang des zwanzigsten Jahrhunderts besuchte.

Edgar Rice Burroughs, *The Mucker*, NY 1914.

YS, die Ruinen einer Stadt in der Bucht von Douarnenez in Frankreich. Gegen Ende des vierten Jahrhunderts war Ys zum Meer hin durch einen starken Damm geschützt, dessen Tore verborgen waren; nur der König besaß den Schlüssel. Eines Tages tauchte ein geheimnisvoller Fremder auf, in den sich die Tochter des Königs verliebte. Ihm zu Gefallen stahl sie den Schlüssel aus dem Zimmer ihres Vaters. Sie öffnete die Schleusentore, und die Stadt wurde von den Wogen verschlungen.

Bis heute können Reisende die Kirchenglocken von Ys hören, die tief unter der schattigen Bucht erklingen.

Édouard Blau u. Édouard Lalo, *Le roi d'Ys,* Uraufführung Paris 1888. – Charles Guyot, *La légende de la ville d'Ys d'après les anciens textes,* Paris 1926.

YSPADDADEN PENKAWR, eine Burg irgendwo in Wales mitten in einer weiten, offenen Ebene. Aus ungeklärten Gründen scheint die Burg sich immer mehr zu entfernen, je näher man ihr kommt. Die Haupthalle – sollte man sie je erreichen – betritt man durch eine der neun Türen, vor denen Wachtposten mit Hunden patrouillieren.

Anon., *The Mabinogion* (14./15. Jh.), Ldn. 1802.

YURONIA ↗ SAUFLAND

Z

ZAKALON, ein großes Königreich, das man vom ↗ BEKLANISCHEN REICH aus zu Pferde in etwa zehn Tagen erreichen kann. Zakalon wird von Seiner Majestät König Luin regiert und ist ein hochentwickeltes Gemeinwesen von überragendem kulturellem und philosophischem Niveau. Seine

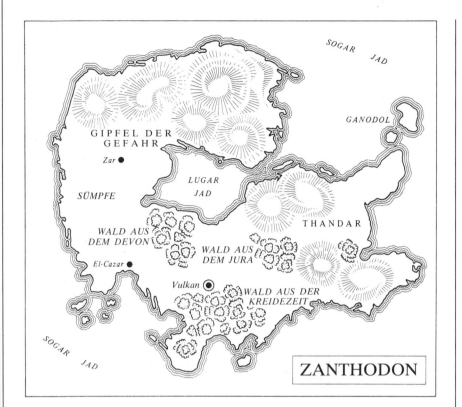

Städte sind berühmt für ihre zahlreichen Blumengärten.

Nach dem Ende der Kriege, durch die das Beklanische Reich zerrissen worden war, wurden zwischen den beiden Ländern Handelsbeziehungen aufgenommen. Zakalon importiert Wein, Gold, Eisen und verschiedene Gebrauchsgegenstände aus dem Reich, außerdem Stickereien, die hier besonders hoch geschätzt werden. Aus Zakalon wurden die ersten Pferde in das Beklanische Reich eingeführt, die bis zur Aufnahme der Handelsbeziehungen in diesem Land unbekannt gewesen waren.

Richard Adams, *Shardik*, Ldn. 1974.

ZANTHODON, ein Reich tief unter der Erdoberfläche, ist ↗PELLUCIDAR gespenstisch ähnlich. Der einzige bekannte Zugang führt durch den Krater eines erloschenen Vulkans im Ahaggar-Gebiet von Nordafrika, man nimmt aber an, daß es noch andere Wege zu diesem unterirdischen Bereich gibt.

Zanthodon soll durch einen riesigen Meteor entstanden sein, der in den Vulkan fiel und unter der Erde explodierte, als er feste Materie berührte. Durch die Explosion wurde die Materie verflüssigt und eine ungeheure Blase – die spätere Schale von Zanthodon.

Das ganze Land ist ständig in ein geisterhaftes Tageslicht gebadet; man nimmt an, daß es von der chemischen Umsetzung bestimmter Substanzen, die bei der Explosion freigesetzt wurden, herrührt. Der Himmel von Zanthodon hat weder Sterne noch Planeten, also kann man sie auch nicht als Orientierungssystem benutzen. Ebenso bedeutet das ständige Tageslicht, daß es keine natürliche Methode der Zeitbestimmung gibt – einer Zeit, die hier einfach nicht existiert. Das Klima von Zanthodon ist warm und sehr feucht mit häufigen Schauern.

Diese unterirdische Welt ist nur wenig erforscht, und die meisten Gebiete, die bereist wurden, sind von dichtem Dschungel bedeckt. Die Flora von Zanthodon ähnelt der, die man in vorgeschichtlichen Zeiten auf der Erde fand. Die Sumpfgebiete rund um den Grund des Kraters sind mit Wäldern bedeckt, wie sie für die frühe Kreidezeit typisch sind: Hohe bambusartige Baumfarne stehen zwischen Bäumen mit breiten, fächerförmigen Blättern und stark gekrümmten Zweigen. An anderen Stellen findet man Nadelbäume der Juraperiode oder Pflanzen, die für das Devon bezeichnend sind. Die Ebenen sind meist mit hohem, wogendem Gras bedeckt.

Man weiß von der Existenz zweier Seen: dem *Sogar Jad* oder Großen See und dem kleineren Binnensee, *Lugar Jad* genannt. Die Ufer des *Lugar Jad* steigen zu einer welligen Hügelkette auf und schließlich zu einem Gebirge, das den Beinamen »Gipfel der Gefahr« trägt. Diese Berge sind das Hauptbrutgebiet eines der gefährlichsten Tiere von Zanthodon, des *Pterodaktylus* (Flugsaurier) oder *Thakdal*, wie er hier heißt. Diese großen, fliegenden Reptilien nisten und brüten in den schroffen Felsen. Der *Thakdal* ist zwar hauptsächlich ein Aasfresser und lebt von der Beute, die andere Tiere geschlagen haben, ist aber auch fähig, selbst zu jagen, und soll schon ausgewachsene Menschen davongetragen haben. Die Größe dieser Geschöpfe ist verschieden; große Exemplare haben eine Flügelspannweite von über zehn Meter. Die »Gipfel der Gefahr« sind auch die Heimat des *Omodon* oder Höhlenbären, einer Gattung, die auf der Erdoberfläche seit Jahrtausenden ausgestorben ist.

In den Sümpfen des Dschungels haust eine primitive Form des Krokodils; es kann eine Länge bis zu anderthalb Metern erreichen und hat einen starken, alligatorähnlichen Schwanz und schwere Panzerschuppen auf dem Rücken. Seine Haut ist grün, nur an der Kehle hat es einen gelblichen Fleck. Die Augen sind leuchtend rot.

In den Ebenen von Zanthodon begegnet man auch dem *Coelorosaurier*, einem eidechsenartigen Aasfresser, der aufrecht auf den Hinterbeinen laufen kann. In den trockeneren Gebieten der Wälder und Ebenen ist der *Vander* oder Säbeltiger zuhause, ein lohfarbenes Katzentier, das von der Nasen- bis zur Schwanzspitze fünfeinhalb Meter messen kann.

Fast alle Tiere hier sind Raubtiere, außer einem kleinen Säugetier – wahrscheinlich ein früher Vorfahr des Pferdes – und dem gigantischen, wolligen Mammut, das in der Eiszeit durch die Welt zog. Die Mammuts sind Pflanzenfresser und ungefährlich, wenn man sie nicht angreift oder erschreckt.

Ursprung und Evolution der Fauna von Zanthodon sind und bleiben ein Geheimnis, da Tiere, die man sonst allgemein verschiedenen geologischen Perioden zuordnet, hier zusammen am selben Ort vorkommen. Man vermutet, daß viele dieser Geschöpfe von der Erdoberfläche kamen, über die Landbrücke, die einst Europa und Afrika verband; daß sie von den vorrückenden Gletschern der Eiszeit südwärts gedrängt wurden und dann den Weg hinab nach Zanthodon fanden, wo – aus unerklärlichen Gründen – die Evolution einen anderen Verlauf nahm als auf der Erdoberfläche.

Es soll in Zanthodon mindestens vier verschiedene Menschenrassen geben; ihre Bräuche müssen allerdings erst noch im einzelnen erforscht werden. Das Reich von Kor auf Ganodol – einer großen Insel im *Sogar Jad* – ist die Heimat einer Rasse von Neandertalern oder Affenmenschen. Sie sind stark und häßlich und haben filziges Haar. Sie tragen schlecht gegerbte Tierhäute und Schmuck aus Meermuscheln. Ihre Waffen sind schwere Keulen und plumpe Speere mit Steinspitzen. Die anderen Bewohner von Zanthodon sagen, die Affenmenschen seien Kannibalen – dafür gibt es aber keinen endgültigen Beweis. Allerdings wirkt der Königsthron nicht beruhigend: Er besteht aus einer ungeheuren Ansammlung von menschlichen Schädeln, die in Blei gefaßt sind. Der König wohnt in einem von rußenden Fackeln beleuchteten Höhlenpalast unter den Felsenhügeln von Kor. Die Affenfrauen – die allerdings noch kein Besucher aus der Nähe gesehen hat – sollen besonders häßlich und zum Glück nicht sehr zahlreich sein. Um zu reizvolleren Gefährtinnen zu kommen, überfallen die Affenmänner die Cro-Magnon-Arten von Thandar, eines Landes mit Ebenen und felsigen Hügeln. Diese Rassen stehen auf einer viel höheren Entwicklungsstufe als die Affenmenschen, die sie wegwerfend als *Drugars* oder »die Häßlichen« bezeichnen. Die *Panjani* oder »Glatthäutigen«, wie die Affenmenschen die Cro-Magnon-Menschen nennen – haben schöne und ganz unbefangene Frauen, die sich in Pelz kleiden und sich nicht bemühen, ihre Brüste zu bedecken. Männer und Frauen sind groß, mit blauen Augen und blondem Haar. Auch sie tragen Tierhäute wie die Affenmenschen, aber ihre Technik des Gerbens ist viel weiter entwickelt. Schmuckstücke aus Kupfer und Bronze sind sehr beliebt, dazu geschliffene Kiesel an Lederriemchen.

Die *Panjani* führen ein organisiertes Stammesleben und werden von einem Oberhäuptling oder *Omad* regiert. Sein Sohn und Erbe heißt *Jamad* und seine Tochter *Gomad*. Sollte ein *Omad* keinen *Jamad* haben, wird der Krieger sein Nachfolger, der im Kampf um die Hand seiner *Gomad* siegt. *Panjani*-Frauen haben kein Recht, ihre Männer selbst zu wählen, und Heiraten werden gewöhnlich durch Kämpfe zwischen rivalisierenden Männern entschieden.

Auf ihren Zügen benutzen die *Panjani* Zelte aus gegerbten Häuten. Für nächtliche Rasten umgeben sie ihr Lager mit einer Palisade aus zusammengebundenen Stämmen – ein grober, aber wirkungsvoller Schutz gegen Räuber. Als Bauern haben sich die *Panjani* bisher nicht hervorgetan, sie scheinen nur von der Jagd und vom Sammeln zu leben.

Von zwei weiteren Rassen, die in Zanthodon leben, weiß man nur wenig. Die Leute von Zar, das westlich vom *Lugar Jad* im Inland liegt, scheinen hochzivilisiert zu sein, aber ihre Stadt hat noch kein Mensch von der Erdoberfläche besucht.

Auch über die vierte Rasse ist kaum etwas bekannt. Auf dem Wasser des *Sogar Jad* wurden Rudergaleeren gesehen, die nach dem Modell der Schiffe der einstigen Berber-Korsaren gebaut und mit dem grünen Banner des Islam beflaggt waren. Diese Galeeren sind von Piraten bemannt, die von El-Cazar aus operieren, einem Hafen, den kein Fremder jemals angelaufen hat. Man nimmt an, die Piraten könnten Nachfahren der Korsaren sein, die im neunzehnten Jahrhundert von den Franzosen aus dem Mittelmeer vertrieben wurden und landeinwärts in das Ahaggar-Gebirge geflüchtet waren, wo sie irgendwie den Eingang zu dieser unterirdischen Welt entdeckten.

Alle Menschen in Zanthodon sprechen dieselbe Sprache, die man »Proto-Arisch« oder »Ur-Arisch« nennt. Man glaubt, dies sei die Sprachwurzel, aus der das Sanskrit entstand. Ur-Arisch ist ganz einfach, es besteht aus Verben, Substantiven und Adjektiven, verzichtet auf jede komplizierte Zeitenfolge und läßt sich leicht erlernen. Wer es studiert hat, sagt, es sei mehr ein Vergegenwärtigen vergessener Erinnerungen als das Studium einer unbekannten Sprache.

In zahlreichen Legenden existiert Zanthodon schon seit Jahrhunderten. Die Sumerer nannten es *Na-an Gub*, »das große Unten«; alte hebräische Mythen sprechen von *Tehom*, »der großen Tiefe und Heimat der Riesen«. Für die Ägypter war es *Amenet*, das »heilige Land« oder das »Land im Westen«; die Moslems nennen es *Shadukiam*, die »Unterwelt der Dschinn«.

Zanthodon blieb bis in die späten sechziger Jahre unseres Jahrhunderts unbekannt, dann fügte Professor Percival Penthesilia Potter die vorhandenen Beweise zusammen und entdeckte den Zugang durch den Vulkan im Ahaggar-Gebirge. Mit einem jungen amerikanischen Abenteurer namens Eric Carstairs stieß er mit einem Hubschrauber in den Krater des erloschenen Vulkans hinab und sammelte die Informationen, die wir hier für interessierte Reisende zusammengestellt haben.

Lin Carter, *Journey to the Underground World*, NY 1979.

ZAROFFS INSEL, auch **BARANKA-INSEL** genannt, liegt in der Karibik. Auf alten Landkarten erscheint sie als »Schiffsfalleninsel«. Seeleute haben bekanntlich eine abergläubische Furcht vor ihr und meiden sie, wann immer es möglich ist. Die Insel ist ringsum von zerklüfteten Felsen umgeben, und dichter Dschungel breitet sich bis an den Rand der Klippen. Im Südosten gibt es ein Treibsandgebiet, das »Todessumpf« genannt wird. Auf einem Felsenvorsprung am Nordende steht ein Leuchtturm, der sichere Fahrt zu signalisieren scheint. Reisende sollten ihn jedoch nicht beachten, denn er wurde errichtet, um Schiffe an den gefährlichen Riffen auflaufen zu lassen.

Von allen Seiten kann man die Burg des Grafen Zaroff mit ihren vielen spitzen Türmen sehen. Sie steht auf einem steilen Felsvorsprung, der von drei Seiten vom Meer umspült wird. Die Burg ist in der Art eines luxuriösen Herrenhauses ausgestattet; Jagdtrophäen (Menschenschädel eingeschlossen) zieren die Wände, denn der Graf ist ein leidenschaftlicher Jäger.

In Rußland aufgewachsen, hat Zaroff von frühester Kindheit an gelernt, mit dem Gewehr umzugehen, und er hat in allen Erdteilen alle Arten von Wild gejagt. Schließlich wurde er der Tatsache überdrüssig, daß er die verschlagensten und grausamsten Tiere überlisten konnte, und gewann die Einsicht, daß der Mensch das einzige Wild sei, das sich an Verstand mit ihm messen könne. Er zog sich daher auf diese Insel zurück und beschaffte sich einen Bestand an menschlichen Untertanen. Überlebende der gestrandeten Schiffe, die von dem trügerischen Leuchtturm irregeführt werden, sind seine Beute. Die Burg wird von scharfen Jagdhunden bewacht.

Besuchern wird das Betreten der Insel keineswegs empfohlen, sollten sie es aber tun, ist es nützlich zu wissen, daß der Graf seinem Opfer einen Vorsprung von drei Stunden gibt und es dann zu Tode hetzt.

Ist der Gejagte nach drei Tagen noch nicht zur Strecke gebracht, so erhält er die Freiheit und wird aufs Festland zurückgebracht – was allerdings bisher niemandem geschehen ist. Es geht das Gerücht, daß der Graf unter mysteriösen Umständen den Tod gefunden habe und von seinen eigenen Hunden zerrissen worden sei. Besucher sollten aber noch immer auf der Hut sein.

Richard Connell, *The Most Dangerous Game*, in *Stories*, NY 1927.

ZAVATTINIA, ein kleines Dorf (manchmal auch als Elendsviertel bezeichnet) an der Peripherie der Großstadt Bamba, irgendwo im kapitalistischen Europa. Ärmliche Hütten säumen die sauberen Straßen, die belehrende Bezeichnungen tragen wie etwa »1 + 1 = 2« oder nach einfachen Arbeitern oder Arbeitslosen benannt sind. Auf dem Hauptplatz haben die Bewohner von Zavattinia eine Statue aus Metallguß aufgestellt, die nachts zum Leben erwachen soll.

Touristen können für ein paar Lire dem Schauspiel des Sonnenuntergangs beiwohnen: von Holzbänken, die im Westen von Zavattinia aufgestellt sind.

Die Bewohner leben vom Bettelgang in Bamba, obwohl die *Mobbis,* hartherzige Wesen, die in dieser Stadt wohnen, das nicht gerne sehen. Zavattinia wird von einem jungen Mann namens Totò regiert. Er wurde aus einem Kohlkopf geboren. In politischen Angelegenheiten berät ihn eine Taube, die ihm vom Geist seiner Mutter gesandt wurde.

Cesare Zavattini, *Totò il Buono,* Mailand 1943.

ZENDA, eine kleine ruhige Provinzstadt in ↗ RURITANIEN, etwa fünfzig Meilen von der Hauptstadt Strelsau und etwa zehn Meilen von der Grenze entfernt. Der Ort selbst hat wenig Sehenswertes zu bieten. Es gibt ein Telegraphenamt und einen Bahnhof, wo die Züge aus Dresden halten. Man sollte aber den Friedhof von Zenda besuchen, wo König Rudolf V. bestattet ist.

Der Ort liegt in einem Tal und ist von bewaldeten Hügeln umgeben. Auf einem dieser Hügel steht die berühmte Burg Zenda, der Landsitz der Könige von Ruritanien. Früher diente sie als Festung, und die alten trutzigen Befestigungsanlagen sind gut erhalten. Dahinter befindet sich ein anderer Trakt der alten Burg und hinter diesem wiederum steht – durch einen tiefen, breiten Graben getrennt – ein schönes, modernes Schloß, das der Schwarze Michael, der Vater König Rudolf V., erbauen ließ. Die alten und neuen Teile der Burg Zenda sind durch eine Zugbrücke miteinander verbunden.

Besucher erkennen die Anwesenheit des Monarchen oder seiner Gemahlin daran, daß die königliche Standarte auf dem Bergfried gehißt ist. Bei Abwesenheit der königlichen Familie sind Teile der Burg für die Öffentlichkeit zugänglich.

Anthony Hope *The Heart of Princess Osra,* Ldn. 1506. – Ders., *The Prisoner of Zenda,* Ldn. 1894. – Ders., *Rupert of Hentzau,* Ldn. 1898.

Blick aus dem Fenster der Burg ZENDA *auf das neue Schloß*

ZERAY, ein wildes Waldgebiet im Nordosten des ↗ BEKLANISCHEN REICHS. Im Süden ist Zeray durch den Vrako begrenzt, der nahe der Bereeler Klamm in den Telthearna mündet. Zeray war früher eine gesetzlose Gegend, ohne Straßen, ohne richtige Dörfer und Städte. Sogar als das Reich auf seinem Höhepunkt war, wurde Zeray niemals besteuert, und die Militärpatrouillen wagten sich nicht hinein. Das ganze – zumeist von Wäldern und Sümpfen bedeckte – Gebiet war ein Zufluchtsort für Räuber und Kriminelle aller Art. Mord und Raub waren an der Tagesordnung. Die Menschen trugen all ihr Hab und Gut mit sich herum und töteten einander um Geld, das in Zeray nicht einmal verwendet werden konnte.

Jetzt geht es in Zeray zivilisierter zu, und man erwartet, daß es als Grenzstadt in dem neu aufgenommenen Handel mit ↗ ZAKALON zu einigem Wohlstand kommen wird. Eine von Seilen gezogene Fähre ist eingerichtet worden, und eine Barackenstadt breitet sich aus. Die Entwicklung von Zeray ist ironischerweise eng mit der Geschichte des Shardik-Kults verbunden, des Bären, von dem man einst in ↗ BEKLA annahm, daß er die Kraft Gottes repräsentiere.

Die erste bekannte Verbindung zwischen Zeray und dem Shardik-Kult war die Ankunft von Bel-ka-Trazet, des früheren Großbarons von Ortelga, der von den Anhängern Shardiks vertrieben worden war. Er begann, in Zeray Recht und Ordnung einzuführen und nahm Verhandlungen mit den Feinden des Beklanischen Reichs auf. Bevor irgend etwas zum Abschluß kommen konnte, starb er an einer der Krankheiten, die damals in diesem Gebiet grassierten.

Einige Zeit später erschien Kelderek, der frühere Priesterkönig von Bekla, in Zeray, um den Bären Shardik zu suchen. Er fand hier die Tuginda oder Hohepriesterin Shardiks, die ↗ QUISO ebenfalls auf der Suche nach dem Bären verlassen hatte, sowie Melathys, eine der Priesterinnen des Kults. Zu dieser Zeit wurde Kelderek davon überzeugt, daß der Shardik-Kult eher böse denn gut sei und daß der Kult durch ihn selbst – statt ein religiöser Glaube zu sein – zu einer pervertierten Quelle politischer Macht geworden war. Er dachte sogar daran, wenn möglich den Bären eigenhändig zu töten, aber als er sich nach ihm auf die Suche machte, wurde er von einem Sklavenhändler gefangen. Er war sich zutiefst der Ironie der Situation bewußt, denn er selbst hatte als Priesterkönig die Wiedereinführung der Sklaverei im Reich erlaubt. Jetzt befand er sich in der Gesellschaft von Kindersklaven; wie sie bekam er sein Ohr durchstochen, damit nachts eine Kette durchgezogen werden konnte. Er sah die Kinder neben sich leiden und sterben. Durch einen seltsamen Zufall wurden die Kinder durch Shardik befreit. Der Sklavenhändler stieß auf den großen Bären und versuchte, ihn mit brennenden Pfeilen anzugreifen. Aber er selbst starb ebenso wie der Bär in diesem Kampf. So kam es, daß Shardik am Ende die Kinder rettete, die zuvor als Folge des Shardik-Kults versklavt worden waren.

Kelderek und die Kinder wurden von Soldaten gefunden und zu dem Flußdorf Tissarn im Norden von Zeray gebracht. Kelderek ließ sich mit Melathys, der früheren Priesterin, dort nieder und wurde Gouverneur von Zeray.

Eine der Besonderheiten von Zeray ist die außerordentlich junge Bevölkerung. Fischerei und Landarbeit werden vielfach von Kindern ausgeführt. Zeray ist ein Zufluchtsort für alle, die durch die Kriege im Reich Waisen, vertrieben oder verlassen wurden. Hier auch nahm der Shardik-Kult seine letzte Ausformung an. Die Leichen sowohl des toten Bären wie eines kleinen Mädchens namens Shara, das von dem Sklavenhändler getötet worden war, brachte man auf ein brennendes Floß und ließ es den Fluß hinabtreiben. Während des Frühlingsfestes, am sogenannten Shara-Tag, wird ihrer gedacht. Die Kinder setzen Tonbären auf Holzstücken ins Wasser. Lieder, die die Geschichte von Shardik und dem Mädchen erzählen, werden als Shanties auf der Flußfähre gesungen.

Richard Adams, *Shardik,* Ldn. 1974.

»ZIGARRE«, eine gigantische Kuppelkonstruktion in einem verfallenen Barockgarten, deren Innenraum, konstruiert von Ruinenoberbaurat Wekkenbarth, in unendliche Tiefen reicht. Ist unsere Galaxis als Molekül eines überflüssigen Stückchen Darmzottels einer undenkbar außerweltlichen Gans vorstellbar, so ist unsere Sonne nichts als ein Atomkern, um den als Elektron unsere Erde kreist. Eine Bewegung der Gans, und unsere Welt ist zerstört. Eine Sekunde für die Gans aber sind Milliarden von Jahren für uns: Welten in immer kleineren oder immer größeren Welten – ineinander verschachtelt. Auf dieser Elektron-Welt gibt es irgendwo in der Nähe von München einen durch eine Mauer eingefaßten alten Barockpark mit hohen Bäumen, niedrigen Taxusbüschen, zerfallenen Statuen, der am Ende in freien Wald übergeht, sich aber bald danach wieder zum Park wandelt und den Blick auf das Ufer eines Sees freigibt. Dahinter erhebt sich auf einem Hügel ein runder Tempel mit sechs Säulen. Um den See führen Kieswege, der Rasen ist kurz geschnitten, Trauerweiden säumen das Ufer. Hinter dem See freie Landschaft, ein Fluß, Baumkronen bis zum Horizont. Auf dem See ein kleiner Dampfer, die Reling ragt kaum über den Wasserspiegel, zwei Stockwerke Aufbauten. Im Park scheinen Raum und Zeit durcheinandergeraten. Unklarheit herrscht über die Standorte von Monumenten und Gebäuden. Kurze Wege werden unendlich lang, scheinbar lange sind kurz, Monate schrumpfen auf eine halbe Stunde zusammen. Wer mit dem Schiff über den See fährt, gelangt irgendwo am anderen Ufer über eine kleine Rampe und einige Steintreppen auf einen Platz mit einem verschütteten Springbrunnen. Bäume liegen hastig gefällt über zerschlagenen Statuen. Hinter dem gelichteten Waldstück überragt eine silbrige Kuppel die Landschaft. Sie hat die Höhe der Peterskuppel und Form und Farbe eines Zeppelin-Luftschiffs. Ins Innere der Kuppel gelangt man durch eine Öffnung, die sich in einem spitzwinkligen Dreieck mit einem zischenden Geräusch nahtlos schließt. Die Kuppel ist nur der hundertfünfundzwanzigste Teil des gesamten Turmes, der in die Erde hineingebaut ist. Die Außenhaut besteht aus einer dünnen, aber unzerstörbaren, besonders präparierten Aluminiumfolie. Der Turm ist als Zufluchtsort für drei Millionen Menschen berechnet, die im Falle des Weltuntergangs durch einen Krieg in der modernen Arche Platz finden. Das Innere ist noch nicht vollständig ausgebaut. Es sind erst 1016 Stockwerke fertig. Die untersten, ohne Boden, ragen in eine unendliche schwarze Tiefe hinein. Die 1016 Stockwerke hängen als tropfenförmiges Gebäude an einem »Fädchen«, das von der oberen Spitze der Zigarre bis zur Mitte reicht. Das sind die Fahrstuhlschächte. Um sie herum ist im weiten Umkreis nichts. Man hängt also ohne Verstrebungen im Leeren, nach unten in unendliche Tiefen hin offen. Die Zigarre ist so konstruiert, daß genug Raum, das heißt Zeit zwischen dem Wohntrakt und der Außenwand ist. Als Nebeneffekt gewisser technischer Vorkehrungen herrscht im Innern der Zigarre ein völlig instabiles Zeitsystem. Die »Dispositionsparallaxe« zerstreut die Zeit. Man ist durch sie Millionen Lichtjahre von der Erde entfernt und steckt dennoch in ihr. Wie thermodynamischen Gesetzen folgend, ziehen Zeit-Zahren und -Streifen hin und her, als seien sie Warm- oder Kaltluft. Die Folge ist, daß jeder eine für ihn relative Zeit besitzt, die im Verhältnis zu anderen instabil ist. Je weiter man sich voneinander entfernt, desto weniger stimmt die Zeit überein. Wer sich von einem andern für eine halbe Stunde um etliche Stockwerke entfernt, kann erleben, daß der andere beim wiedertreffen drei Tage gewartet hat, usw. Der im Vergleich zum Gesamtvolumen der Zigarre winzig kleine Stockwerktropfen, der im Nichts baumelt, enthält ein verwirrendes Labyrinth von unzähligen Gängen, Treppen, Fahrstühlen, Foyers, Hallen, Theatern, Restaurants, Bibliotheken, endlosen Fluren mit zahllosen Türen, Korridoren und Privatwohnungen. Die Bewohner der Zigarre werden von einem Senat regiert, dem ein Präsident vorsteht. Daneben spielt die Macht der militärischen Hierarchie eine große Rolle. Ihre Kampfzentralen für die Abwehr im »Spiritistischen Krieg« nach dem Weltuntergang im Gänsedarm befinden sich im oberen Teil der Kuppel.

M. W.

Herbert Rosendorfer, *Der Ruinenbaumeister. Roman,* Zürich/Mchn. 1971.

ZIMPREN, ein Ort im Verwaltungsbezirk Wöhnisch, liegt zwischen den Bahnstationen Senstetten und Höhnkimme. Es hat siebenundachtzig Einwohner, einen Pfarrer, einen Küster, den Meßdiener, die Witwe Flora Klipp mit ihrem schwachsinnigen Knecht Goswin, den alten Bandicki mit seinem Sohn, die Mutter Glusch, einige Bauernfamilien und fünfzehn Bahnbeamte mit ihren Familien, darunter den Bahnhofsvorsteher Weinert, den Bahnsekretär Suchtok, die Bahnschaffner Uhlscheid und Brehm. Das hervorstechendste Merkmal an Zimpren ist sein nagelneuer moderner Bahnhof, der für einen Ort von hunderttausend Einwohnern berechnet und mit allem Komfort ausgestattet ist. Ein riesiges Fresko von Hans Otto Winkler ziert die fensterlose Nordfront. Es stellt die Kulturgeschichte des Rades dar in graugrünen, schwarzen und orangefarbenen Tönen. Ein großer Wartesaal, ein riesiger Speisesaal mit moderner Polstergarnitur, Benzinbad, Aktualitätenkino, Buchhandlung, Gepäckaufbewahrung, Güterabfertigung warten vergebens auf Fahrgäste. Einmal am Tag halten die Personenzüge von Senstetten nach Höhnkimme und von Höhnkimme nach Senstetten hier. Die Beamten des Bahnhofsbereichs sind zum Nichtstun verdammt. Ihre Frauen haben ein Federballteam zusammengestellt und spielen auf dem Bahnhofsgelände. Die älteren Damen haben einen Bridgeklub gegründet. In der Herrentoilette wird Ackergerät aufbewahrt. Im Geräteschuppen steht der Traktor der Witwe Klipp. Nach Einspruch des Interessenverbandes der Bahnbeamten gibt es keine Möglichkeit, die Planstellen zu streichen. So führen die Beamten ein trauriges Dasein, fühlen ihre Begabungen verschwendet, stürzen sich auf jeden Reisenden. Im jährlichen Kassenbericht des Bahnhofsvorstehers sind Einnahmen in Höhe von dreizehn Mark achtzig verzeichnet.

Um den Bahnhof dehnen sich die Rübenfelder der Witwe Klipp, der fast ganz Zimpren gehört, dahinter die paar Höfe mit der Kirche. Überbleibsel einer geschäftigen Vergangenheit sind hier und da zu bemerken, zwischen den Kartoffelfeldern Mauerreste einer Laderampe, ein vergessener

Eisenträger scheinbar von einem Bohrturm, einige Holzbretter von abgerissenen Baracken. Teile von Kanalisationsröhren reißt der Pflug hoch und Backsteine vielleicht von größeren Wohnblocks. Sogar Spuren von Straßenbahnschienen sind zu finden. Der Reisende kann die Tränen in den Augen des Bahnhofsvorstehers Weinert sehen, wenn er zweimal am Tag seine Kelle hebt. Wer ihn fragt, bekommt die Geschichte des Orts zu hören.

Nach den ersten erfolgreichen Ölbohrungen wandelte sich das Dorf schlagartig. Es entstanden Kolonien von Wellblechbaracken, Verkaufsbuden, Kinos, fragwürdigen Kneipen, Bohrtürmen. Zimpren machte Schlagzeilen. Das Ölfieber brach aus. Scharen von Glücksrittern bevölkerten den Ort. Es entstand ein Reportageroman *Himmel und Hölle von Zimpren*. Sogar ein Exklusivbericht in einer Illustrierten wurde veröffentlicht, in dem eine Adlige ihre Erinnerungen *Als Straßenmädchen in Zimpren* preisgab. Die Einwohnerzahl stieg von 387 auf 56 819. Die Bahnverwaltung ging mit der Zeit und errichtete das neue Bahnhofsgebäude mit fünfzehn Planstellen. Der Chef des Verwaltungsbezirks, Wöhnisch, gab die Parole aus: »Die Zukunft unseres Bezirks liegt in Zimpren.« Zimpren vergrößerte sich unaufhaltsam und entwickelte sich zu einer wohlgeordneten kleinen Stadt. Die Bretterbuden verschwanden, Wohnblocks wurden hochgezogen. Die Tatsache, daß das Öl bald versiegte, konnte nur kurze Zeit geheimgehalten werden. Die Witwe Klipp, die allen Bodenspekulationen widerstanden hatte und auch während des Booms jetzt mitten in der Stadt ihren Acker bebaute, kaufte, nachdem Zimpren verödet war, die Schrott- und Altwarenhändler, die Abbruchsfirmen alles bis auf den Bahnhof eingeebnet und abtransportiert hatten, den schmutzigen und zertrampelten Boden für geringes Geld auf, um ihn neu zu bebauen. Noch heute bekommt der Chef des Verwaltungsbezirks, Wöhnisch, täglich eine anonyme Postkarte mit dem Text: »Die Zukunft unseres Bezirks liegt in Zimpren.« Man vermutet den Bahnhofsvorsteher in dem Schreiber, kann ihm aber nichts nachweisen. Die Mittel, die er inzwischen ergreift, um eine Strafversetzung zu erreichen, nützen ihm nichts, denn man kann nur nach Zimpren strafversetzt werden, nicht von Zimpren weg.

Reisende, die in die Gegend von Zimpren kommen, sollten über ihre staatsbürgerliche Pflicht hinaus ein Mitgefühl für die Beamten zeigen und den kleinen Umweg nicht scheuen. Sie werden dankbare, eifrige Beamte aufhellen. Und wenn Sie, lieber Reisender, von Zimpren aus vielleicht eine Fahrkarte nach Paris, Rom oder London lösen, werden sie ein paar Menschen glücklich machen. M. W.

Heinrich Böll, *Der Bahnhof von Zimpren* (1958), in, *Erzählungen, Hörspiele, Aufsätze*, Köln/Bln. 1961.

ZUFALLSINSEL, vor der Küste der Vereinigten Staaten gelegen, nicht weit von der ↗ GLÜCKSINSEL, wo häufig Erdbeben stattfinden. Hier scheint alles dem Zufall überlassen, und die Natur bringt alle möglichen Arten von Ungeheuern hervor; sie scheint sich noch in einem kindlichen Stadium des Experimentierens zu befinden. Auf der Zufallsinsel werden die Menschen mit Hufen anstelle von Händen geboren. Man hält sie für nicht klüger als Pferde und läßt sie auf den Feldern grasen. Pferde dagegen kommen mit menschlichen Händen auf die Welt und haben Werkstätten und Schneiderateliers eingerichtet. Sie können auch Musikinstrumente spielen, da der Zufall ihnen die Glieder verliehen hat, die in anderen Ländern die menschliche Überlegenheit garantieren.

Ein Forst im Süden der Insel ist von einer neuen Tierart bewohnt, deren Körper eine Zufallskombination von Organen darstellen – zwei oder acht Finger, einen senkrechten Mund, Augen am Hinterkopf, alles bunt durcheinander. Alle Tiere vermehren sich mit unberechenbarer Geschwindigkeit. In manchen Jahren gibt es zu viele Krokodile, dann wieder einen Mangel an Haustieren. Man glaubt allerdings, daß der Zufall schließlich zu einer vollkommenen Welt führen wird, in der alle Tiere sprechen können; als Vorbereitung bringen Lehrer unter Verwendung der Zeichensprache den Tieren bereits das Lesen und Schreiben bei.

Besuchern wird ein Spiel gefallen, bei dem mehrere achtseitige Würfel, mit Buchstaben auf jeder Seite, in einen Würfelbecher gelegt, geschüttelt und geworfen werden. Gewinner ist, wer durch Zufall die größte Anzahl an Wörtern und Sätzen bildet. 1789 fiel der Würfelbecher durch ein Erdbeben um; die Buchstaben auf den Würfeln bildeten die Ansprache Ludwigs XVI. an die Generalstände.

Abbé Balthazard, *L'isle des philosophes...*, Chartres 1790.

ZUNEIGUNG ↗ TENDRE

ZUY, ein wohlhabendes Elfenreich in den Niederlanden. Es gehört zu den bestregierten der vielen Elfenreiche in Europa und wahrscheinlich zu den reichsten. Es ist wesentlich am Ostindien-Handel beteiligt und importiert Gewürze, Musselin und Leopardenfelle; der Export umfaßt Spieldosen, kandierte Kastanien, Stärkemehl und Votivbilder.

Diese Orientierung am Kommerz wird von den anderen Elfenreichen nicht gern gesehen. ↗ BROCELIANDE zum Beispiel betrachtet Zuy als wenig mehr als einen vergoldeten Kramladen. Die Elfen und Feen von Zuy ihrerseits haben wenig Zeit für den Formalismus und Traditionalismus von Broceliande und sind sehr dagegen, daß dessen Einkünfte durch den Gewinn aus Glücksspielen gepolstert werden und nicht durch ehrliche Geschäfte. Zuy hat auch keine besonders hohe Meinung von den britischen Elfen; man hält sie für Barbaren, weil sie unter Hügeln leben, ganz zu schweigen von ihrer grünen Haut.

Eine Expedition aus Zuy entdeckte kürzlich das PERI-KÖNIGREICH, das fast legendäre Land, aus dem alle europäischen Elfen und Feen stammen. Das Ergebnis dieser Expedition war die Begründung von Handelsbeziehungen zum Mittleren Osten und noch größerer Wohlstand in Zuy.

Sylvia Townsend Warner, *Kingdoms of Elfin*, Ldn. 1972.

DIE ZWEIFELSBURG, von der nur noch einige Ruinen existieren, war einst der Wohnsitz des Riesen Verzweiflung und seiner Ehefrau Mißtrauen. Jene Reisende, die – unterwegs zur ↗ HIMMLISCHEN STADT – die »Abwegswiese« am Rand der Gefilde der Ruhe überqueren und das Gebiet der Zweifelsburg betraten, wurden in ein finsteres Verlies geworfen, verprügelt und ausgehungert. Damit wollte der Riese Verzweiflung erreichen, daß sie, statt in diesem elenden Zustand weiterzuleben, lieber Selbstmord begingen.

Zwei Pilger namens Christian und Hoffnungsvoll konnten sich aus dem Kerker des Riesen befreien und errichteten zur Warnung ihrer Nachfolger eine Säule mit folgender Inschrift: »Dieser Steg führt zur Zweifelsburg, wo der Riese Verzweiflung haust, der den König der Himmlischen Stadt verabscheut und Seine heiligen Pilger vernichten will.« Einige Jahre später töteten Mutherz (der Reisende durch das Land geleitet) und seine wackeren Gefährten den Riesen und seine Frau.

Dann rissen sie die Zweifelsburg nieder. Das Haupt des Riesen steckten sie auf eine Stange, die sie genau gegenüber der von Christian und Hoffnungsvoll errichteten Säule aufstellten.

John Bunyan, *The Pilgrim's Progress from this World, to that which is to Come,* Ldn. 1678 (Teil I) und 1684 (Teil II).

ZWILLINGSINSELN, zwei Inseln von ungefähr gleicher Größe, nicht weit von der Küste von Neuseeland, durch einen Kanal getrennt, der sieben Kilometer breit ist. Die eine von ihnen wird Seebewohnerinsel genannt, weil ihre Bewohner an einem See im Landesinnern leben. Dieser See ist zweihundert Kilometer breit und hat kleine Inseln, die miteinander durch Brücken verbunden sind. Die Häuser bestehen gewöhnlich aus zwei Stockwerken, sind aus Holz gebaut, haben einen roten oder schwarzen Firnis, durchsichtige Fenster aus Horn, und die Innenräume sind mit Porzellanornamenten und Metallspiegeln verziert.

Die zweite, die Königsinsel, ist reich und fruchtbar. Die Hauptstadt Deliarbou wurde kreisförmig angelegt, und die Gebäude sind aus Stein erbaut. Überall auf der Insel finden sich Höhlen, die als Unterkunft benutzt werden. Sie sind mit Teppichen ausgelegt und mit Porzellan reich verziert. Der Monarch steht an der Spitze der Aristokratie, und seine Herrschaft wird allgemein als umsichtig und gerecht gerühmt. Die Oberschicht trägt Ketten um den Hals mit der Aufschrift »Wir sind nichts ohne ihn«. Auf beiden Inseln werden Ehebrecher mit dem Tod bestraft; Ehebrecherinnen zieht man in der Öffentlichkeit nackt aus, schneidet ihnen die Nase ab und treibt sie in die Wälder, wo sie elend zugrunde gehen. Die Religion der Zwillingsinseln verlangt bei jedem Vollmond das Opfer einer weißen jungen Kuh. Die Bewohner verehren einen einzigen allmächtigen Schöpfer und meinen, daß die individuelle Seele ein Teil von ihm sei. Sie glauben auch, daß Übeltäter als Tiere wiedergeboren werden. Ihre Nahrung besteht vorwiegend aus gekochten und dann gebratenen Kartoffeln, und sie trinken Alkohol, der aus dem Saft eines bestimmten Baumes gewonnen wird.

De Catalde, *Le paysan gentilhomme ou Aventures de M. Ransay, avec son voyage aux Isles jumelles,* Den Haag 1737.

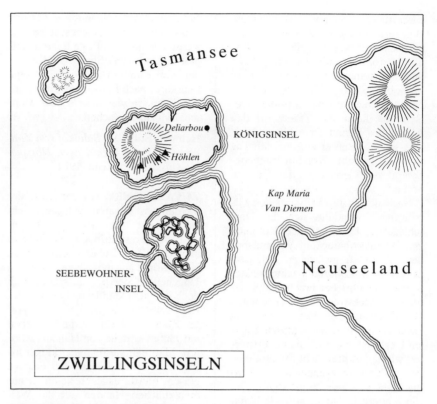

ZWILLINGSINSELN

ZWINGGART, eine Insel nicht weit von ↗ PROKURATIEN, bewohnt von einem schrecklichen als »Pelzkatzen« bekannten Stamm, der kleine Kinder frißt und auf Marmorsteinen weidet. Ihr Fell wächst nach innen, und sie haben solche langen, starken, stählernen Krallen, daß ihnen nichts entkommt, was sie einmal in den Klauen halten. Alle tragen als Abzeichen oder Symbol ein offenes Geldtäschchen. Sie werden von Großfürst Krallkatz regiert, einem Monster mit Harpyienkrallen, einem Maul wie ein Rabenschnabel, Hauern wie ein Eber und Augen, die so gierig sind, wie der Höllenschlund selbst. Er ist gewöhnlich mit Mörser und Stößel bedeckt und zeigt nur seine Klauen. Wenn er Hof hält, sitzt er unter dem Bild der krallenkätzischen Justiz: eine alte Frau mit Brille, die eine Sichelscheide in der Linken und die Waage der Gerechtigkeit in ihrer Rechten hält. Die Waagschalen sind ein Paar samtene Geldtäschchen, ein leeres und ein mit Münzen gefülltes, was ein genaues Abbild der Justiz dieses Landes darstellt. Die Gesetze sind wie Spinnweben, entworfen, um all die kleinen Fliegen und hübschen Motten zu fangen, aber leicht zu zerstören von dicken Bremsen (Räubern und Tyrannen). Es gibt auf Zwinggart keine Einreisebeschränkungen, aber nur auf Befehl und Entlassung durch den Hof kann man wieder entkommen. Eine Audienz vor dem Hof bringt unvermeidlich ein Verhör, wenn nicht gar gerichtliche Folter mit sich. Der gewöhnliche (und einzige) Weg, um Bestrafung zu vermeiden, besteht darin, an Krallkatz Bestechungsgelder zu zahlen. Tatsächlich ist Korruption die hauptsächliche Einnahmequelle der Pelzkatzen, die außerordentlich gut leben. Sie fürchten sich vor niemandem, und die Leute zahlen lieber ein Schmiergeld, als durch die Gier der Pelzkatzen nach Menschenblut ihr Leben zu verwirken.

Für die Pelzkatzen gilt das Laster als Tugend, Bosheit als Güte und Verrat als Loyalität, während Dieberei als »Freigebigkeit« bezeichnet wird. »Beute« ist ihr Losungswort. Reisende werden diese Plage kennen. Hungersnöte, Kriege und Naturkatastrophen in der ganzen Welt sollten nicht auf die Stellung der Planeten oder irgendwelche anderen natürlichen oder übernatürlichen Ursachen zurückgeführt werden. Sie stammen alle aus Komplotten und Machenschaften der Pelzkatzen, die für das Böse in der Welt verantwortlich sind. Wenn sie nicht durch eine mächtige Behörde oder drakonische Gesetze gestoppt werden, ist sehr zu befürchten, daß sie eines Tages die Welt regieren werden.

François Rabelais, *Le cinquiesme et dernier livre des faictz et dictz heroiques du bon Pantagruel...,* Paris 1552.

Index

Bibliographie

Verweisregister

Allgemeine Abkürzungen

Die Verfasser neuer Beiträge

Bibliographie

Die Bibliographie enthält ein Autoren- und (im Anschluß daran) ein alphabetisch nach Originaltiteln geordnetes Anonymaregister. Verzeichnet sind literarische Werke, die einem oder mehreren Lexikon-Artikeln als Quellen zugrunde liegen. (Der Name der entsprechenden Artikel steht jeweils in KAPITÄLCHEN hinter den bibliographischen Angaben.) Erscheinungsorte und -daten beziehen sich auf die Erstausgaben der Werke, in runden Klammern angegebene Daten auf die Entstehungszeit. Bei fremdsprachigen Werken haben wir uns bemüht, die erste und eine noch greifbare deutsche Übersetzung zu nennen, bei nicht übersetzten Schriften wurde dem Titel in Klammern eine wörtliche Übersetzung hinzugefügt.

A

Abbott, Edwin A.
- *Flatland* (Flachland), NY 1952. FLACHLAND. STRICHLAND.

Ablancourt, Nicolas Frémont d'
- *Supplément de l'Histoire véritable de Lucien* (Fortsetzung der »Wahren Geschichte« von Lukian), Paris 1654. INSEL DER POESIE. PYRANDRIA. TIERREPUBLIK.

Adam, Paul
- *Lettres de Malaisie* (Briefe aus Malaisia), Paris 1898. ADAMSLAND.

Adams, Richard
- *Shardik*, Ldn. 1974; dt. *Shardik*, Übers. W. Thaler, Ffm. 1977; ern. Mchn. 1981. BEKLA. BEKLANISCHES REICH. OUISO. DIE STREELS VON URTAH. ZAKALON. ZERAY.

Agraives, Jean d'
- *La cité des sables* (Die Sandstadt), Paris 1926. DIE SANDSTADT.

Ailianos aus Praeneste, Klaudios
- *Poikile historia* (2. Jh.), Basel 1548 (u. d. T. *Variae historiae libri XIV.*). MEROPIS.

Alberny, Luc
- *Le mammouth bleu* (Das blaue Mammut), Paris 1935. GROSS-EUSKARIEN.

Aldiss, Brian W. u. Wills, Mike
- *Pile. Petals from St. Klaed's Computer* (Konglomerat. Blütenblätter von St. Klaeds Computer), Ldn. 1979. KONGLOMERAT.

Alexander, Lloyd
- *The Black Cauldron* (Der schwarze Kessel), NY 1965. MORVA. DAS SOMMERLAND.
- *The Book of Three* (Das Buch der Drei), NY 1965. MEDWYNS TAL. DAS SOMMERLAND. TYLWYTH TEG.
- *The Castle of Llyr* (Das Schloß von Llyr), NY 1966. DAS SOMMERLAND. TYLWYTH TEG.
- *The High King* (Der Hohe König), NY 1968. MEDWYNS TAL. MORVA. DAS SOMMERLAND. TYLWYTH TEG.
- *Taran Wanderer* (Taran der Wanderer), NY 1967. MORVA. DAS SOMMERLAND. TYLWYTH TEG.

Alexandre de Bernay u. Lambert Li Tors
- *Li romans d'Alixandre* (um 1180), Stg. 1846, Hg. H. Michelant; dt. *Der altfranzösische Prosa-Alexander*, Übers. A. Hilka, o. O. 1920. DIE QUELLE DER DREISSIGJÄHRIGEN. MÄDCHENWALD.

Alighieri, Dante
- *La Comedia*, Foligno, 11. 4. 1472; ern. Venedig 1555 (u. d. T. *Divina Commedia)*; dt. *Dante Alighieri von der Hölle;... von dem Fegfeuer;... von dem Paradiese*, Übers. L. Bachenschwanz, 3 Bde., Lpzg. 1767–1769; ern. *Die Göttliche Komödie*. Übers. I. u. W. v. Wartburg, Zürich 1963. DER BERG DER LÄUTERUNG. DER HIMMEL. DIE HÖLLE. DAS PHLEGETON. DER STYX.

Allen, Grant
- *The Child of the Phalanstery* (Das Kind des Phalansteriums), in *Twelve Tales* (Zwölf Märchen), Ldn. 1899. AVONDALE.

Alperine, Paul
- *La citadelle des glaces* (Die Festung aus Eis), Paris 1946. ERIKRAUDEBYG. DIE TEUFELSZÄHNE.
- *L'île des vierges rouges* (Die Insel der roten Jungfrauen), Paris 1936. ELDORADO.
- *Ombres sur le Thibet* (Schatten über Tibet), Paris 1945. DER TSINTSIN-DAGH.

Alveydre, Saint Yves d'
- *Mission de l'Inde en Europe* (Eine indische Mission in Europa), Paris 1885. AGARTHA.

Andersen, Hans Christian
- *Den lille Havfrue*, Kopenhagen 1837; dt. *Die kleine Meerjungfrau*, in *Märchen*, Übers. G. F. v. Jensen, Braunschweig 1839; ern. in *Sämtliche Märchen*, 2 Bde., Übers. T. Dohrenburg, Hg. E. Nielsen, Mchn. 1959, Bd. 1. DAS REICH DES MEERKÖNIGS.
- *Snedronningen*, Kopenhagen 1844; dt. *Die Schneekönigin*, in *Märchen*, Übers. G. F. v. Jensen, Braunschweig 1839; ern. in *Sämtliche Märchen*, 2 Bde., Übers. T. Dohrenburg, Hg. E. Nielsen, Mchn. 1959, Bd. 1. DAS SCHLOSS DER SCHNEEKÖNIGIN.

André, Dominique
- *Conquête de l'éternel* (Die Eroberung der Ewigkeit), Paris 1947. GEGENWARTSLAND.

Andreae, Johann Valentin
- *Reipublicae Christianopolitanae descriptio*, Straßburg 1619; dt. *Reise nach der Insel Caphar Salama und Beschreibung der darauf gelegenen Republik Christiansburg*, Übers. D. S. Georgi, Esslingen 1741; ern. Düsseldorf 1973, Hg. R. v. Dülmen. CHRISTIANSBURG. CAPHAR SALAMA.

Andres, Stefan
- *Die Reise nach Portiuncula*, Mchn. 1954. PORTIUNCULA.

Anhar, Hirmiz bar Anhar
- *Iran*, Paris 1905. MANDAILAND.

Annaeus Lucanus, Marcus
- *Pharsalia* (um 62/63), Rom 1469; dt. *Pharsalia*, Übers. V. L. v. Seckendorff, Lpzg. 1695; ern. *Pharsalia oder Der Bürgerkrieg*, 3 Bde., Übers. F. H. Bothe, Stg. 1855/56. BASILISKENLAND.

Apollonios von Rhodos
- *Argonautika*, (3. Jh. v. Chr.), Florenz 1496, Hg. I. Laskaris; dt. *Die Argonauten*, Übers. J. J. Bodmer, Zürich 1779; ern. (Übers. T. v. Scheffer), Wiesbaden² 1947. AIAIA. DER GARTEN DER HESPERIDEN. IRRFELSEN. LAND DES BÖSEN BLICKS. SIRENEN-INSEL. SKYLLA UND CHARYBDIS.

Ariosto, Ludovico
- *Orlando furioso*, Ferrara 1516 u. 1532 (erw.); dt. *Die Historie vom rasenden Roland*, Übers. D. v. d. Werder, Lpzg. 1631–1636; ern. *Der rasende Roland*, Übers. A. Kissner, in *Sämtliche poetische Werke*, 4 Bde., Bln. 1922, Bd. 1–3. ALBRACA. ALCINAS INSEL. ATLANTES SCHLOSS. DER BRUNNEN DES HASSES UND DER FLUSS DER LIEBE. EBUDA. NUBIA.

Aristophanes
- *Ornithes* (um 445 v. Chr.), Venedig 1498 (in *Komōdiai ennea*, Hg. M. Musuros); dt. *Die Vögel*, Übers. anon., in *Journal für Freunde der Religion und Literatur*, Augsburg 1779; ern. in *Komödien*, 3 Bde., Übers. L. Seeger, Mchn. 1962, Bd. 2. WOLKENKUCKUCKSHEIM.

Arnim, Ludwig Achim von
- *Die Kronenwächter*, Bln. 1817. HOHENSTOCK. KRONENBURG.

Artus, Thomas
- *Description de l'isle des Hermaphrodites nouvellement découverte, contenant les moeurs, les coutumes et les ordonnances des habitants de cette isle* (Beschreibung der soeben entdeckten Insel der Hermaphroditen, enthaltend die Sitten, Gebräuche und Vorschriften dieser Insel), Köln 1724. HERMAPHRODITENINSEL.

Athenaios aus Naukratis
- *Deipnosophistai* (um 195), Venedig 1514; dt. *Die gelehrte Tischgesellschaft des Athenaeus*, 5. Buch, Cap. 1–45, Übers. T. Kramer, in *Programm des Stephanusgymnasiums z. 400jährigen Jubelfeier d. Universität München*, Augsburg 1872. URANOPOLIS.

Aunillion, Pierre-Charles Fabiot, Abbé du Guay de Launay
- *Azor, ou le prince enchanté: histoire nouvelle, pour servir de chronique à celle de la terre des perroquets...* (Azor oder der verzauberte Prinz: Neue Geschichte, verfaßt als Chronik zur Geschichte des Papageienlandes...), Ldn. 1750. PAPAGEIEN-LAND.

B

Bachstrom, Johann Friedrich
- *Das bey zwey hundert Jahr lang unbekannte, nunmehro aber entdeckte vortreffliche Land der Inquiraner*, Ffm./Lpzg. 1736. DAS LAND DER INQUIRANER.

Bacon, Francis
- *Nova Atlantis*, Ldn. 1627; dt. *Neu-Atlantis*, Übers. R. Walde, Bln. 1890; ern. (Übers. K. J. Heinisch), in *Der utopische Staat*, Reinbek 1960. BENSALEM.

Ballanches, Pierre Simon
- *La ville des expiations* (Die Stadt der Buße), Paris 1907. SÜHNESTADT.

Ballantyne, Robert Michael
- *The Coral Island*, Ldn. 1858; dt. *Im Banne der Koralleninsel*, Übers. E. v. Beulwitz, Wien/Heidelberg 1961. EMO. KORALLENINSEL. MANGO-INSEL.

Balthazard, Abbé
- *L'isle des philosophes...* (Die Insel der Philosophen...), Chartres 1700. BÄRENINSEL. GLÜCKSINSEL.

Barjavel, René
- *Le grand secret*, Paris 1973; dt. *Das große Geheimnis*, Übers. M. v. d. Brugge, Mchn. 1975. DREINULLSIEBEN.

Barrère, Maurice
- *La cité du sommeil* (Stadt des Schlafs), Paris 1909. MORPHOPOLIS.

Barrie, Sir James Matthew
- *Peter Pan, or the Boy who wouldn't grow up*, Ldn. 1904; dt. *Peter Pan oder das Märchen vom Jungen, der nicht groß werden wollte*, Übers. K. Janecke u. G. Blöcker, Bln. 1948. –
- *Peter Pan in Kensington Gardens*, Ldn. 1906. –
- *Peter and Wendy*, Ldn. 1911. NIEMALSLAND.

Baum, L. Frank
- *Dorothy and the Wizard of Oz* (Dorothy und der Zauberer von Oz), Chicago 1913. DAS LAND DER MANGABOOS. OZ. PYRAMIDENBERG.
- *The Emerald City of Oz* (Die Smaragdstadt von Oz), Chicago 1910. GNOMENLAND. OZ. DAS LAND DER SCHRULLKÖPFE.
- *The Marvelous Land of Oz* (Das wunderbare Land Oz), Chicago 1904. OZ.
- *Ozma of Oz* (Ozma von Oz), Chicago 1907. GNOMENLAND. OZ.
- *The Patchwork Girl of Oz* (Das Flickwerk-Mädchen von Oz), Chicago 1913. DAS LAND DER HORNTRÄGER. OZ. DAS TOTTENHOTTENLAND.
- *The Road to Oz* (Die Straße nach Oz), Chicago 1909. ESELSHAUSEN. FUCHSSTADT. GNOMEN-

LAND. OZ. PYRAMIDENBERG. SCOODLERLAND.
- *The Wonderful Wizard of Oz*, Chicago 1900; dt. *Der Zauberer von Oz. Ein Märchen*, Übers. U. v. Wiese, Zürich 1940. OZ. DAS PORZELLANLAND.

Beardsley, Aubrey
- *Under the Hill*, Ldn. 1896; dt. *Unter dem Hügel*, Übers. R. A. Schröder, Lpzg. 1909. VENUSBERG (1).

Beauharnais, Fanny de
- *L'isle de la félicité ou Anaxis et Théone* (Die Insel der Glückseligkeit oder Anaxis und Théone...), Paris 1801. DIE INSEL DER GLÜCKSELIGKEIT.
- *Relation très véritable d'une isle nouvellement découverte* (Wahre Chronik einer neuentdeckten Insel), Paris 1786. DIE FEDERINSEL.

Beckford, William
- *Vathek. An Arabian Tale*, Ldn. 1786; dt. *Vathek, oder die Geschichte des königlichen Sklaven*, Übers. F. Blei, Lpzg. 1907. FAKREDDINS TAL. ISTAKAR.

Bécquer, Gustavo Adolfo
- *Leyendas*, Madrid 1871; dt. *Die grünen Augen. Das weiße Reh*, Übers. J. Speier, in J. S., *Fern im Süd*, Bln. 1885; ern. *Legenden*, Übers. H. Baltzer, Mchn. 1954 [Ausw.]. DER BERG DER SEELEN.

Behn, Aphra
- *Oroonoko, or The Royal Slave*, Ldn. 1688; dt. *Lebens- und Liebes-Geschichte des Königlichen Schlaven Oroonoko in West-Indien*, Hbg. 1709; ern. *Oroonoko oder Die Geschichte des Königlichen Sklaven*, Übers. Ch. Hoeppener, Lpzg. 1966 (IB. 596). OROONOKO. SURINAM.

Bellamy, Edward
- *Looking Backward: 2000–1887*, Boston 1888; dt. *Alles verstaatlicht. Sozialpolitischer Roman*, Bln. 1889; ern. *Die wunderbaren Erlebnisse des Herrn Julian West im Jahre 2000*, Übers. anon., Zürich 1947. NEU-BOSTON.

Benoit, Pierre
- *L'Atlantide*, Paris 1919; dt. *Atlantis*, Übers. F. Vogt, Zürich 1920. ATLANTIS.

Berington, Simon
- *The Memoirs of Sig' Gaudentio di Lucca*, Ldn. 1737; dt. *Geschichte des Gaudentio di Lucca »pseud.«: oder Merkwüridge Nachricht seiner sonderbahren reise durch die sandwüsteneyen des innern Africa nach Mezzoranien*, Übers. J. B. Noack, Ffm./Lpzg. 1751. MEZZORANIEN.

Berlioz, Hector
- *Euphonie, ou La ville musicale* (Euphonia, oder die musikalische Stadt), Paris 1852. EUPHONIA.

Bernhard, Thomas
- *Frost*, Ffm. 1963. WENG.

Béroualde de Verville
- *Le moyen de parvenir...*, Paris 1880; dt. *Der Weg zum Erfolge*, Übers. M. Spiro, Bln. 1914. LUBEC.

Berton, Pierre
- *The Mysterious North* (Der geheimnisvolle Norden), Toronto 1956. DAS TROPISCHE TAL.

Bingfield, William
- *The Travels and Adventures of William Bingfield, Esq....* (Die Reisen und Abenteuer des William Bingfield, Hochwohlgeboren), Ldn. 1753. BINGFIELDS INSEL.

Blackwood, Algernon
- *A Haunted Island* (Eine Spukinsel), in *Ancient Sorceries and Other Stories* (Alte Zaubereien und andere Erzählungen), Ldn. 1906. DIE SPUKINSEL. DAS TAL DER WILDEN TIERE.

Blau, Édouard u. Lalo, Édouard
- *Le roi d'Ys* (Der König von Ys), Uraufführung Paris 1888. YS.

Bloy, Léon
- *Les captifs de Longjumeau* (Die Gefangenen von Longjumeau), in *L'œuvre complète* (Alle Werke), Paris 1947. LONGJUMEAU.

Blyton, Enid
- *Noddy goes to Toyland*, Ldn. 1929; dt. *Nicky fährt ins Spielzeugland*, Übers. V. Horrow, in *Nickis Abenteuer*, 17 Bde., Köln/Graz/Wien 1956–1963, Bd. 1. SPIELZEUGLAND.

Boccaccio, Giovanni
- *Il Decamerone* (um 1349), Florenz 1470; dt. *Hie hebt sich an das puch von seinen meister in Greckisch genant decameron,...*, Arigo, o. O. u. J. [Ulm, ca. 1471]; ern. *Das Dekameron*, Übers. K. Witte, Hg. H. Bode, Mchn. 1964. BENGODI.

Böll, Heinrich
- *Der Bahnhof von Zimpren* (1958), in *Erzählungen, Hörspiele, Aufsätze*, Köln/Bln. 1961. ZIMPREN.

Boiardo, Matteo Maria
- *L'Orlando innamorato*, Venedig 1486; dt. *Rolands Abentheuer*, Übers. C. B. E. Naubert, Bln./Lpzg. 1819; ern. *Verliebter Roland*, Übers. J. D. Gries, Lpzg. 1925. ALBRACA. DER BRUNNEN DES HASSES UND DER FLUSS DER LIEBE. DIE INSEL DES PALASTS DER FREUDE.

Bonneau, Albert
- *La cité sans soleil* (Die Stadt ohne Sonne), Paris 1927. STADT OHNE SONNE.

Borges, Jorge Luis
- *La Bibliotheca de Babel*, in *El jardin de senderos que se bifurcan* (Der Garten der Pfade, die sich verzweigen), Buenos Aires 1941; dt. *Die Bibliothek von Babel*, in *Sämtl. Erzählungen*, Übers. K. A. Horst, E. Hessel u. W. Luchting, Mchn. 1970. BABEL.
- *El Inmortal*, in *El Aleph*, Buenos Aires 1949; dt. *Der Unsterbliche*, Übers. K. A. Horst, in *Labyrinthe*, Mchn. 1959. DIE STADT DER UNSTERBLICHEN.
- *El informe de Brodie*, Buenos Aires 1970; dt. *David Brodies Bericht*, Übers. C. Meyer-Clason, Mchn. 1972. BRODIES LAND.
- *El libro de los seres imaginarios* (Das Buch der imaginären Wesen), Buenos Aires 1978. DER SIEGESTURM.
- *Las ruinas circulares*, in *El jardin de senderos que se bifurcan*, Buenos Aires 1941; dt. *Die Kreisförmigen Ruinen*, in *Sämtl. Erzählungen*, Übers. K. A. Horst, E. Hessel u. W. Luchting, Mchn. 1970. DAS LAND DER KREISFÖRMIGEN RUINEN.
- *El Sur*, in *Ficciones*, Buenos Aires 1956; dt. *Der Süden*, in *Sämtl. Erzählungen*, Übers. K. A. Horst, E. Hessel u. W. Luchting, Mchn. 1970. RAMPART JUNCTION.
- *Undr*, in *El libro de arena*, Buenos Aires 1975; dt. *Undr*, in *Das Sandbuch*, Übers. D. E. Zimmer, Mchn. 1977. URNLAND.
- *El Zahir*, in *El Aleph*, Buenos Aires 1949; dt. *Der Zahir*, in *Der Zahir und andere Erzählungen*, Übers. E. Hesse u. K. A. Horst, Ffm. 1964. XIROS.

Bougeant, Guillaume Hyacinthe
- *Voyage merveilleux du Prince Fan-Férédin dans la Romancie...* Paris 1735; dt. *Wunderbare Reise des printzen Fan-Feredin nach Romanzy, oder, In das land derer irrenden ritter...* Übers. anon., Hbg./Lpzg. 1736. ROMANCIE.

Boyer, Jean Baptiste de, Marquis d'Argens
- *Le législateur moderne, ou les Mémoires du chevalier de Meillcourt* (Der neue Gesetzgeber oder Erinnerungen des Chevalier de Meillcourt), Amsterdam 1739. MEILLCOURT.

Bradbury, Ray
- *Fahrenheit 451*, NY 1953; dt. *Fahrenheit 451*, Übers. F. Güttinger, Zürich 1955; ern. Zürich 1980. WELTSTADT.
- *The Town Where no One Got off* (Die Stadt ohne Wiederkehr), in *A Medicine for Melancholy* (Eine Medizin gegen Melancholie), NY 1959. RAMPART JUNCTION.

Bradshaw, William R.
- *The Goddess of Atvatabar, being the History of the Discovery of the Interior World and the Conquest of Atvatabar* (Die Göttin von Atvatabar. Die Geschichte der Entdeckung der Inneren Welt und die Eroberung von Atvatabar), NY 1892. ATVATABAR. EGYPLOSIS. GNAPHISTHASIA. TANJE.

Brancas-Villeneuve, André-François de
- *Histoire ou Police du royaume de Gala* (Geschichte oder Verwaltung des Königreichs Gala), Paris 1754. GALA.

Brant, Sebastian
- *Das Narren Schyff*, Basel 1494. SCHLARAFFENLAND.

Brautigan, Richard
- *In Watermelon Sugar*, San Francisco 1964; dt. *In Wassermelonen Zucker*, Übers. C. u. H. Bastian, Mchn. 1970. iDEATH.

Brecht, Bertolt [u. Kurt Weill]
- *Aufstieg und Fall der Stadt Mahagonny* [Oper], Wien 1929. MAHAGONNY.

Bridges, Thomas Charles
- *The Mysterious City* (Die geheimnisvolle Stadt), Ldn. 1928. HULAK.

Broch, Hermann
- *Der Versucher*, Zürich 1953. KUPPRON.

Bromberger, Dominique
- *L'itinéraire de Parhan au château d'Alamut et au-delà* (Reiseführer von Parhan zum Schloß von Alamut und weiter weg), Paris 1978. PARHAN.

Brophy, Brigid
- *Palace without Chairs; a Baroque Novel* (Palast ohne Fenster; eine Barocknovelle), Ldn. 1978. EVARCHIA.

Brown, Alphonse
- *Une ville de verre* (Eine gläserne Stadt), Paris 1891. ELISEE RECLUS INSEL.

Brown, Charles Brockden
- *Wieland, or The Transformation: An American Tale*, NY 1798; dt. *Wieland; oder Die Verwandlung. Eine amerikanische Erzählung*, Übers. F. Palakovics, Mchn. 1973. METTINGEN.

Browne, Sir Thomas
- *Vulgar errors* (Gewöhnliche Irrtümer), Ldn. 1646. TAPROBANE.

Browning, Robert
- *Caliban upon Setebos*, in *Dramatis Personae*, Ldn. 1864. PROSPEROS INSEL.

Brunetto Latini
- *Li livres dou tresor* (Schatzbücher, um 1262), Paris 1863, Hg. P. Chabaille. TAPROBANE.

Brunhoff, Jean de
- *Le roi Babar*, Paris 1939; dt. *König Babar*, Übers. C. Lindemann, Ravensburg 1957; ern. (Übers. H. Manz), Zürich 1980. CELESTEVILLE.

Buckingham, James S.
- *National Evils & Practical Remedies, with a Plan of a Model Town* (Nationale Übel und praktische Abhilfen, mit einem Plan für eine Modellstadt), Ldn. 1849. VICTORIA.

Büchner, Georg
- *Leonce und Lena*, Hbg. 1838 (in *Telegraph für Deutschland, Nr. 76–80*). POPO.

Bürger, Gottfried August
- *Wunderbare Reisen zu Wasser und zu Lande, Feldzüge und Lustige Abenteuer des Freyherrn von Münchhausen, wie er dieselben bey der Flasche im Cirkel seiner Freunde selbst zu erzählen pflegt*, Ldn. [d. i. Göttingen] 1786. DIE GURKEN-INSEL.

Bulfinch, Sir Thomas
- *My Heart's in the Highlands* (Mein Herz ist in den Highlands), Edinburgh 1892. ABATON.

Bulgakov, Michail, A.
- *Bagrovyj ostrov* (Die Purpurinsel), Moskau 1928. PURPURINSEL.

Bullein, William
- *A Dialogue both Pleasant and Pitiful, wherein is a Goodly Regimente against the Fever Pestilence, with a Consolation and Comfort against Death* (Ein sowohl munterer als auch mitleidsvoller Dialog, enthaltend ein gutes Regiment gegen die Pest mit einem Trost und einer Liebesgabe gegen den Tod), Ldn. 1564. LAMIAM. PARTHALIA.

Bulwer-Lytton, Edward George
- *The Coming Race*, Übers. Edinburgh/Ldn. 1871; dt. *Das Geschlecht der Zukunft*, Übers. anon., Lpzg. 1907; ern. *Vril oder Eine Menschheit der Zukunft*, Übers. G. Wachsmuth, Dornach 1958. VRIL-YA-LAND.

Bunyan, John
- *The Pilgrim's Progress from this World, to that which is to Come. Delivered under the similitude of a Dream. Wherein is discovered the manner of his setting out, his dangerous journey and safe arrival at the Desired Country*, Ldn. 1678–1684; dt. *Eines Christen Reise nach der Seeligen Ewigkeit Welche unter unterschiedlichen artigen Sinnen-Bildern Den gantzen Zustand einer Bußfertigen und Gottsuchenden Seelen vorstellet*, Übers. J. Lange, Hbg. 1685; ern. *Pilgerreise*, Übers. H.-G. Noack, Konstanz 1968. DER BERG DER BESCHWERNIS. CHRISTIANSLAND. DIE HIMMLISCHE STADT. JAHR-

MARKT DER EITELKEIT. STADT DES VERDERBENS. SUMPF DER VERZAGTHEIT. DAS TAL DER DEMUT. DES TEUFELS GARTEN. DER VERZAUBERTE GRUND. DIE ZWEIFELSBURG.
Burgh, James
– *An account of the first settlement, laws, form of government and police of the Cessares: a people of South America, in nine Letters* ... (Ein Bericht über die erste Kolonie, Gesetze, Regierungsform und Polizei der Cessaren: ein Volk Südamerikas..., Ldn. 1764. CESSARES.
Burroughs, Edgar Rice
– *At the Earth's Core* (Im Erdinnern), NY 1922. – *Land of Terror* (Land des Terrors), NY 1944. – *Men of the Bronze Age* (Menschen der Bronzezeit), NY 1942. – *Pellucidar*, NY 1923. – *Return to Pellucidar* (Rückkehr nach Pellucidar), NY 1941. – *Savage Pellucidar* (Wildes Pellucidar), NY 1963. – *Seven Worlds to Conquer* (Sieben Welten zu erobern), NY 1936. – *Tanar of Pellucidar*, NY 1930. – *Tiger Girl* (Tigermädchen), NY 1942. PELLUCIDAR.
– *The Cave Girl* (Das Höhlenmädchen), NY 1913. – *The Cave Man* (Der Höhlenmann), NY 1917. FLOTSAM.
– *The Jungle Girl* (Das Dschungelmädchen), NY 1931. LODIDHAPURA. PNOM DHEK.
– *The Land that Time Forgot* (Die vergessene Welt), NY 1918.
– *Out of Time's Abyss* (Außerhalb des Abgrunds der Zeit), NY 1918. CASPAK. OO-OH.
– *A Man without a Soul* (Ein Mann ohne Seele), NY 1913. MAXONS INSEL.
– *The Mucker* (Der Unfall), NY 1914. YOKA.
– *Tarzan and the Ant Man*, NY 1924; dt. *Tarzan und die Ameisenmenschen*, Übers. E. Pfeiffer, in *Tarzan Geschichten*, Bd. 8; ern. Wetzlar 1952. ALALI.
– *Tarzan and the Castaways* (Tarzan und die Schiffbrüchigen), NY 1964. UXAL.
– *Tarzan and the Forbidden City* (Tarzan und die verbotene Stadt), NY 1938. ASHAIR.
– *Tarzan and the Lion Man*, NY 1934; dt. *Tarzan und der Löwenmensch*, Übers. H. H. Lundberg, Wetzlar 1955. LONDON AN DER THEMSE.
– *Tarzan and the Lost Empire* (Tarzan und das verlorene Reich), NY 1929. CASTRA SANGUINARIUS und CASTRUM MARE.
Butler, Samuel
– *Erewhon, or over the Range*, Ldn. 1872; dt. *Erewhon*, Übers. F. Güttinger, Zürich 1961. – *Erewhon Revisited* (Erneuter Besuch von Erewhon), Ldn. 1901. EREWHON.
Buzzati, Dino
– *Il deserto dei Tartari*, Mailand 1940; dt. *Im vergessenen Fort*, Übers. R. Hoffmann, Bln./Wien 1942; ern. *Die Tatarenwüste*, Übers. P. Eckstein u. W. Lipsius, Bln. 1977. BASTIANI. DIE TATARENWÜSTE.

C

Cabell, James Branch
– *Figures of Earth. A Comedy of Appearances* (Gestalten der Erde. Eine Komödie um Erscheinungen), NY 1921. ACAIRE. DUN VLECHAN. GESCHICHTENEND. JENSEITS. LEUKE. POICTESME. SARGYLL. VRAIDEX.
– *The High Place. A Comedy of Disenchantment* (Das hohe Amt. Eine Komödie um die Ernüchterung), NY 1923. ACAIRE. GESCHICHTENEND. POICTESME.
– *Jurgen. A Comedy of Justice*, NY 1919; dt. *Jürgen, eine Komödie um die Gerechtigkeit*, Übers. K. Lerps, Lpzg. 1928. ern. *Jürgen. Eine Gerechtigkeitskomödie*, Übers. W. Brumm, Mchn. 1981. AMNERANHEIDE. CAMELIARD. COCAIGNE. GESCHICHTENEND. LEUKE. POICTESME.
– *Something about Eve. A Comedy of Fig Leaves* (Etwas über Eva. Eine Komödie um Feigenblätter), Ldn. 1927. DOONHAM. LYTREIA. DAS MISPEC-MOOR. TUROINE.
Cabet, Etienne
– *Adresse du fondateur d'Icarie* (Rede des Gründers von Ikarien), Paris 1856. – *Voyage et aventures de Lord W. Carisdall en Icarie*, Paris 1840; dt. *Reise nach Ikarien*, Übers. F. v. Wendel-Hippler, Lpzg. 1847. IKARIEN.
Calvino, Italo
– *Le città invisibili*, Turin 1972; dt. *Die unsichtbaren Städte*, Übers. H. Riedt, Mchn. 1977. ARMILLA. EUSAPIA. FEDORA. FILLIDE. LEANDRA.
– *Fiabe italiane*, Turin 1956. dt. *Italienische Märchen*, übers. H. Dehio, Mchn. 1977. POCAPAGLIA.
Campanella, Tommaso
– *La città del sole. Dialogo di Republica nel quale si dimostra l'idea di riforma della Republica cristiana conforme alla promessa da Dio fatta alle Sante Caterina et Brigida* (Der Sonnenstaat. Dialog über den Staat, in welchem die Idee der Erneuerung des christlichen Staates aufgezeichnet wird, so wie sie Gott der heiligen Katharina und Brigitte versprochen hat), Ffm. 1623 (u. d. T. *Civitas solis idea republicae philosophicae*; als Anhang zu *Philosophia epilogistica realis*); dt. *Die Sonnenstadt oder Idee einer philosophischen Republik*, Übers. anon., Altenburg 1789; ern. (Übers. K. J. Heinisch), in *Der utopische Staat*, Hbg. 1960. DIE SONNENSTADT.
Čapek, Karel
– *R. U. R.*, Prag 1920; dt. *W.U.R.*, Übers. O. Pick, Prag/Lpzg. 1922. ROSSUMS INSEL.
Carnoy, E.-Henry s. Certeux, Alphonse u. Carnoy, E.-Henry
Carroll, Lewis (d. i. Charles Lutwidge Dodson)
– *Through the Looking Glass, and What Alice Found There*, NY/Ldn. 1871; dt. *Alice im Wunderland* (Through the Looking Glass), Übers. H. Scheu-Rieß, Wien 1923; ern. *Alice hinter den Spiegeln*, Übers. Ch. Enzensberger. Ffm. 1963. DER JAMMERWOCH-WALD. DAS LAND HINTERM SPIEGEL. WUNDERLAND.
– *The Hunting of the Snark*, Ldn. 1876; dt. *Die Jagd nach dem Schnarck*, Übers. Ch. Enzensberger, Ffm. 1968. SCHNARKINSEL.
Carter, Lin
– *Journey to the Underground World* (Reise in die unterirdische Welt), NY 1979. ZANTHODON.
Casanova de Seingalt, Giacomo Girolamo
– *Icosameron*, Prag 1788. PROTOCOSMO.
Casares, Adolfo Bioy
– *La invención de Morel*, Buenos Aires 1941. VILLINGS.
– *El perjurio de la nieve* (Der Fluch des Schnees), Buenos Aires 1944. SHANGRI-LA.
Catalde, de
– *Le paysan gentilhomme ou Aventures de M. Ransay, avec son voyage aux isles Jumelles* (Der emporgekommene Bauer oder Abenteuer des M. Ransay, einschließlich seiner Reise zu den Zwillingsinseln, Den Haag 1737. ZWILLINGSINSELN.
Catull s. Valerius Catullus, Gaius
Cavendish, Margaret, Duchess of Newcastle
– *Observations upon Experimental Philosophy. To which is added the Description of a New Blazing World* (Betrachtungen über die Experimental-Philosophie. Einschließend die Beschreibung einer Neuen Flammenden Welt), Ldn. 1666. FLAMMENDE WELT.
Certeux, Alphonse u. Carnoy, E.-Henry
– *Contributions aux folklores des Arabes. L'Algérie traditionelle* (Die Volksbräuche der Araber. Das traditionelle Algerien), Paris 1884. BOU CHOUGGA.
Cervantes Saavedra, Miguel de
– *El ingenioso hidalgo Don Quixote de la Mancha*, Madrid 1605–1615; dt. *Don Kichote de la Mantzscha, das ist: Juncker Harnisch auß Fleckenland*, Übers. P. Basteln v. d. Sohle, Köthen 1621; ern. *Leben und Taten des scharfsinnigen Edlen Don Quijote von la Mancha*, Übers. L. Tieck, 4 Bde., Bln. 1799–1801; ern. *Der sinnreiche Junker Don Quijote von der Mancha*, Übers. L. Braunfels, Mchn. 1971. BARATARIA. DIE HÖHLE DES MONTESINOS.
– *Los trabaios de Persilesy Sigismunda*, Madrid 1617; dt. *Persilus und Sigismunda, nordische Historie*, Übers. anon., Ludwigsburg 1746; ern. *Die Mühen und Leiden des Persiles und der Sigismunda. Eine septentrionale Geschichte*, Übers. A. M. Rothbauer, in *Werke*, 2 Bde., Stg. 1963, Bd. 1. DIE INSEL DER WANDERNDEN BÄUME.
Cesares, Adolfo Bioy
– *La invención de Morel* (Morels Erfindung), Buenos Aires 1941. VILLINGS.
Chaillou, Michel
– *Jonathamour*, Paris 1968. DAVENPORT.
Chambless, Edgar
– *Roadtown*, Ldn./NY 1910. ROADTOWN.
Champagne, Maurice
– *La cité des premiers hommes* (Die Stadt der ersten Menschen), Paris 1929. PAROULETS LAND. DIE STADT DER ERSTEN MENSCHEN.
– *Le sondeur d'abîmes* (Der Abgrundforscher), Paris 1911. DAS WAHRE LHASA.
Chang Pang-Chi
– *Mo-chuang man-lu* (Lässige Berichte aus dem Tusche Dorf, 12. Jh.), Taipeh 1965. WUCHERNDES UNKRAUT.
Château, Henri
– *La cité des idoles* (Die Stadt der Idole), Paris 1906. MORROW.
Cheng Huan-Ku (9. Jh.)
– *Po-i-chih* (Chronik von allerlei Wunderwerk), in *Yang-shan Ku-shih wen-fang* (Literaturkammer der Herren Ku vom Yang-Berg), Taipeh 1965. DER STAAT DER STUFEN ZU DEN UNSTERBLICHEN.
Chesterton, Gilbert Keith
– *Introductory: On Gargoyles* (Einleitend: Über Wasserspeier), in *Alarms and Discursions* (Warnungen und Erörterungen), Ldn. 1910. REALISMUS-EILAND.
Chrétien de Troyes
– *Érec et Énide* (12. Jh.), Lpzg. 1856 (u. d. T. *Des Christian von Troyes Erec und Eneide*, in *ZfdA*, 10, S. 373–550); nfrz. *Le chevalier au lion précédé de Érec et Énide*, Übers. A. Mary, Paris 1923. AVALON.
– *Lancelot ou Le chevalier de la charrete* (12. Jh.), Halle 1899 (u. d. T. *Der Karrenritter [Lancelot] und das Wilhelmsleben*, in *Sämtl. erhaltene Werke nach allen bekannten Handschriften*, 4 Bde., Halle 1884–1899, Bd. 4). CAMALOT. CARLÏON.
– *Perveval le Gallois ou Le conte du Graal* (um 1135–1190), Freiburg i. B. 1911 (u. d. T. *Contes del Graal, Parcevaus li Galois*), Hg. G. Baist; dt. *Perceval oder die Geschichte vom Gral*, Übers. K. Sandkühler, Stg. 1929. CARLÏON. MUNSALVAESCHE. WUNDERSCHLOSS.
– *Ywain ou le chevalier au lion* (12. Jh.), Hannover 1862 (u. d. T. *Li romans dou chevalier au lyon*), Hg. W. L. Holland; ern. *Yvain*, Übers. I. Nolting Hauff, Mchn. 1962. DAS SCHLOSS DER FEE MORGUE.
Christine de Pisan
– *Le trésor de dames* (Der Schatz der tugendhaften Frauen), Paris 1405. STADT DER TUGENDHAFTEN FRAUEN.
Chuang Chou (um 365–290 v. Chr.)
– *Chuang-tzu*, Schanghai 1936 (in *Ssu-pu pei-yao)*; dt. *Dschuang dsi. Das wahre Buch vom südlichen Blütenland, Nan hua dschen ging*, Übers. R. Wilhelm, Jena 1912; ern. *Die Weisheit des Dschuang-dse in deutschen Lehrgedichten*, Übers. V. Hundhansen, Peking/Lpzg. 1926. DAS LAND DER ERRICHTETEN TUGEND.
Cicero s. Tullius Cicero, Marcus
Clauzel, Raymond
– *L'île des femmes* (Die Insel der Frauen), Paris 1922. VENUSIA.
Coleridge, Samuel Taylor
– *Kubla Khan. A Vision in a Dream*, Ldn. 1816; dt. *Kubla Khan*, in *Der alte Seemann und Kubla Khan*, Übers. W. Breitwieser, Heidelberg 1959. XANADU.
Collodi, Carlo (d. i. C. Lorenzini)
– *Le avventure di Pinocchio. Storia di un burattino*, Florenz 1881–1883 (u. d. T. *La storia di un burattino*, in *Giornale dei Bambini*); dt. *Zäpfelkerns Abenteuer*, Übers. O. J. Bierbaum, Mchn. 1905; ern. *Pinocchios Abenteuer*, Übers. R. Köster, Bln. [4]1960. SPIELIMMERLAND. DIE INSEL DER FLEISSIGEN BIENEN.
Connell, Richard
– *The Most Dangerous Game* (Das gefährlichste Spiel), in *Stories*, NY 1927. ZAROFFS INSEL.
Cooper, James Fenimore

- *The Monikins,* NY 1835; dt. *Die Monikins. Eine wunderbare Geschichte,* Übers. G. R. Bärmann, Zwickau 1836. DIE SPRINGINSELN.

Cortázar, Julio
- *La isla al mediodia,* in *Todos los fuegos el fuego,* Madrid 1976. dt. *Die Insel am Mittag,* in *Der andere Himmel,* übers. E. Aron, F. R. Fries u. G. Schattenberg, Bln./Weimar 1973.

Coyer, Gabriel François
- *Découverte de l'isle frivole,* Paris 1750; dt. *Einige satyrische Reisen,* Übers. Ch. A. Wichmann, Lpzg. 1755. FRIVOLA.

Cram, Ralph Adams
- *Walled Towns* (Befestigte Städte), Boston 1919. BEAULIEU.

D

Dante Alighieri s. Alighieri, Dante

Daudet, Alphonse
- *Lettres de mon moulin,* Paris 1869; dt. *Provenzalische Geschichten,* Übers. S. Born, Basel 1879; ern. *Briefe aus meiner Mühle,* Übers. A. Seiffert, Lpzg. 1960 (RUB, 3227–3229). TRINQUELAGE.

Daumal, René
- *Le mont Analogue. Récit véridique,* Paris 1952; dt. *Der Analog, Ein wahrheitsgetreuer Bericht,* Übers. A. Fabri, Düsseldorf 1964. ANALOG. PORT-AUX-SINGES.

Defoe, Daniel
- *The Life and Strange Surprizing Adventures of Robinson Crusoe, of York, Mariner: Who lived Eight and Twenty Years, all alone in an uninhabited Island on the Coast of America, near the Mouth of the Great River Oroonoque; ... Written by Himself,* Ldn. 1919 (Tl. 1 u. 2); Ldn. 1920 (Tl. 3). dt. *Das Leben u. die gantz ungemeinen Begebenheiten des berühmten Engelländers, Mr. Robinson Crusoe...,* Übers. M. Vischer, Hbg. 1720 (Tl. 1). *Das Leben u. die gantz ungemeinen Begebenheiten des berühmten Engelländers, Mr. Robinson Crusoe, Zweyter u. letzter Teil,* Übers. anon., Hbg. 1720 (Tl. 2); *Ernstliche u. wichtige Betrachtungen des Robinson Crusoe, welche er bey den erstaunungsvollen Begebenheiten seines Lebens gemacht hat ...,* Übers. anon., Amsterdam 1721 (Tl. 3); ern. *Das Leben und die Abenteuer des Robinson Crusoe,* Übers. A. K. Stöger, Freiburg i. Br. 1949. ROBINSON CRUSOES INSEL.
- *A New Voyage round the World by a Course never sailed Before* (Eine neue Reise rund um die Welt auf einem niemals zuvor gesegelten Kurs), Ldn. 1724. ALCA. DER GOLDENE SEE.

Delbruck, Georges
- *Au pays de l'harmonie* (Im Lande der Harmonie), Paris 1906. HARMONIA.

Delmotte, Henri-Florent
- *Voyage pittoresque et industriel dans le Paraguay-Roux et la Palingénesie australe par Tridacé Naté Théobrôme de Kao't'Chouk, Gentilhomme breton, sous-aide à l'établissement des clyso-pompes, etc.* (Pittoreske und gewerbliche Reise nach Rot-Paraguay und Australisch-Palingenesien, von Tridacé Naté-Théobrôme de Kao't'Chouk, einem bretonischen Edelmann und Untersekretär am Handelskontor für Klistierspritzen etc.), Meschacébé (d. i. Mons) 1835. DIE INSEL DER ZIVILISATION. VITI-INSELN.

De Mille, James
- *A Strange Manuscript found in a Copper Cylinder* (Ein seltsames Manuskript, in einem Kupfer-Zylinder entdeckt), NY 1888. KOSEKIN.

Denevi, Marco
- *La niña rosa* (Der rosafarbene Palast), in *Falsificaciones* (Fälschungen), Buenos Aires 1966. DER ROSAFARBENE PALAST.

Desfontaines, Abbé-Pierre François
- *Le Nouveau Gulliver, ou Voyage de Jean Gulliver, fils du capitaine Gulliver. Traduit d'un manuscript anglois,* Paris 1730; dt. *Der neue Gulliver, oder die Reise J. Gullivers, Sohnes des Capitain Lemuel Gulliver, aus einem Engländischen Msst. ehedem in die Frantzösische Sprache übersetzet durch den Herrn Abt de Fontenelle, und nunmehr bestmöglichst verteutschet von Selimantes. Erster und Andrer Teil,* Hbg. 1731. BABILARI. DODONS REICH. DOKTORENINSEL. FOOLYK. INSEL DER BUCKLIGEN. INSEL DER HABGIERIGEN. INSELN DER MUSIKANTEN UND KOMÖDIANTEN. LETALISPONS. MANOUHAM. PHILOSOPHEN-INSEL. TILIBET.

Dhôtel, André
- *Le ciel du faubourg* (Der Himmel der Vorstadt), Paris 1956. *Le premier temps* (Die erste Zeit), Paris 1953. *Lumineux rentre chez lui* (Der Leuchtende kehrt heim), Paris 1962. BERMONT.
- *Ce lieu déshérité* (Dieser enterbte Ort), Paris 1949. KOUPHONISI.
- *Le pays où l'on n'arrive jamais,* Paris 1955; dt. *Das Land, in dem man nie ankommt* Übers. H. Stiehl, Ffm. 1957. DAS UNERREICHBARE LAND.

Dibdin, Charles
- *Hannah Hewit, or, The Female Crusoe. Being the History of a Woman of uncommon, mental, and personal accomplishments; Who, after a variety of extraordinary and interesting adventures in almost every station of life, from splendid prosperity to object adversity, Was Cast Away in the Grosvenor East-Indiaman: And became for three years the sole inhabitant of an Island in the South Seas. Supposed to be written by herself* (Hannah Hewit, oder der weibliche Crusoe. Die Geschichte einer Frau von ungewöhnlichen geistigen und körperlichen Fähigkeiten, die, nach einer Vielzahl merkwürdiger und interessanter Abenteuer in fast jeder Phase ihres Lebens, von glänzendem Wohlstand bis zu bitterer Not, schließlich in Ostindien ausgesetzt wurde. Und sie wurde drei Jahre lang die einzige Bewohnerin einer Insel in der Südsee. Vermutlich niedergeschrieben von ihr selbst), Ldn. 1796. HEWITS INSEL. NEUBRITANNIEN.

Dickens, Charles
- *Hard Times. For These Times,* Ldn. 1854; dt. *Schwere Zeiten,* Übers. A. Banner, Stg. 1855; ern. *Harte Zeiten,* Übers. J. Seybt, Mchn. 1964. KOKSSTADT.

Derennes, Charles
- *Les conquérants d'idoles* (Die Sieger über die Abgötter), Paris 1919. AGZCEAZIGULS.
- *La peuple du Pôle* (Das Volk vom Nordpol), Paris 1907. NORDPOLREICH.

Der Nistor, (d. i Pinchas-Pinje Kahanowitsch)
- *Gedakht,* Bln. 1922/23. BEOBACHTERPOSTEN.

Déry, Tibor
- *G. A. úr X.-ben,* Budapest 1963; dt. *Herr G. A. in X,* Übers. S. u. E. Vajda, Ffm. 1966. X.

Diderot, Denis
- *Jacques le Fataliste et son maître,* Paris 1796; dt. *Jakob und sein Herr,* Übers. W. Ch. S. Mylius, 2 Tle., Bln. 1792; ern. *Jacques, der Fatalist,* Übers. J. Ihwe, in *Das erzählerische Gesamtwerk,* 4 Bde., Hg. H. Hinterhäuser, Bln. 1967, Bd. 3. BURG OHNE NAMEN.
- *Les bijoux indiscrets,* 2 Bde., Paris 1748; dt. *Die geschwätzigten Muscheln,* 2 Bde., Übers. J. B. v. Knoll, Augsburg 1776; ern. *Die indiskreten Kleinode,* Bearb. J.-U. Fechner, Karlsruhe 1965. BANZA. DIE THERMOMETERINSEL.

Diodoros Siculus aus Agyrion
- *Bibliothēkē historikē* (1. Jh. v. Chr.), Bologna 1472 (u. d. T. *Historiarum priscarum ... liber;* lat. Übers. (Buch 1–5) G. F. Poggio Bracciolini); dt. *Heyden Weldt und irer Götter anfängklicher Ursprung,* Übers. J. Herold, Basel 1554; ern. *Historische Bibliothek,* 19 Bde., Übers. J. F. Wurm, Stg. 1827–1840. AMAZONIEN. HYPERBOREA. PANCHAIA. THULE.

Diogenes Laertios
- *Bioi kai gnōmai tōn en philosphia eudokimē-santōn* (3. Jh.), Rom o. J. (ca. 1472); dt. *Xenophons Leben,* Übers. H. E. Goldhagen, in *Xenophons VII Bücher der griechischen Geschichte,* Bln. 1762; ern. *Leben und Meinungen berühmter Philosophen,* Übers. O. Apelt, 2 Bde., Lpzg. 1921. PERA.

Döblin, Alfred
- *Berge, Meere und Giganten,* Bln. 1924. KREIDEZEITINSELN.

Doni, Antonio Francesco
- *I mondi* (Die Welten), Florenz 1552. NEUE WELT.

d'Orville, André Guillaume Contant
- *La destinée ou Mémoires du Lord Kilmarnoff, traduits de l'anglais de Miss Voodwill* (Das Schicksal, oder Erinnerungen des Lord Kilmarnoff, übersetzt aus dem Englischen von Frl. Voodwill), Amsterdam/Paris 1766. DIE INDIANERINSEL.

Dostoevskij, Fëdor M.
- *Besy,* Moskau 1871–1872 (in Russkij vestnik); dt. *Die Besessenen,* Übers. H. Putze, 3 Bde., Dresden 1888; ern. *Die Dämonen,* Übers. H. Röhl, Gütersloh 1962. PAUK.
- *Zapiski iz mërtvogo doma,* St. Petersburg 1861/62; dt. *Aus dem todten Hause,* Übers. anon., Dresden 1886; ern. *Aufzeichnungen aus einem Totenhaus,* Übers. E. K. Rahsin, Mchn./Darmstadt 1966. DAS TOTENHAUS.

Douglas, Norman
- *South Wind,* Ldn. 1917; dt. *Sirokko,* Übers. H. Griese, Bln. 1937. BAMPOPO. DAS CROTALOPHOBENLAND.

Doyle, Sir Arthur Conan
- *The Adventure of the Creeping Man* (Das Abenteuer des Schleichers), in *The Case Book of Sherlock Holmes,* Ldn. 1927. CAMFORD.
- *The Hound of the Baskervilles,* Ldn. 1902; dt. *Der Hund von Baskerville,* Übers. H. Darnoe, Stg. 1905; ern. (Übers. H. Kotthaus), in *GW,* 17 Bde., Hbg. 1960–1967, Bd. 2. BASKERVILLE HALL.
- *The Lost World,* Ldn. 1912; dt. *Die verlorene Welt,* Übers. K. Goll, Bln. 1926; ern. *Die vergessene Welt. Eine abenteuerliche Reise ins Land der Dinosaurier,* Übers. W. Engel, Würzburg 1978. MAPLE-WHITE-LAND.
- *The Maracot Deep* (Die Maracot-Tiefe), Ldn. 1929. ATLANTIS.
- *When the World Screamed* (Als die Welt aufschrie), Ldn. 1892. CHALLENGERS EXPERIMENTIERFELD.

Drabble, Margaret
- *The Realms of Gold* (Die goldenen Königreiche), Ldn. 1975. ADRA.

Dralsé de Grandpierre
- *Relation de divers voyages faits dans l'Afrique, dans l'Amérique et aux Indes occidentales. La description du royaume de Juda et quelques particularités touchant la vie du roy regnant. La relation d'une isle nouvellement habitée dans le détroit de Malaca en Asie, et l'histoire de deux princes de Golconde. Par le Sieur Dralsé de Grandpierre, ci-devant officier de marine,* Paris 1718; dt. *Des Herrn Dralse de Grand Pierre, ehemaligen See-Officiers, Nachrichten von unterschiedlichen Reisen nach Afrika, America und West-Jindien; Beschreibung des Königreichs Juda, wie auch besondere Nachrichten, betreffend das Leben des regierenden Königes, und Bericht von einer unbewohnten Insul in der Meer-Enge von Malacca in Asien, Lebens-Geschichte der beyden Printzen von Golconda,* Übers. F. G. J. G., Magdeburg 1746. WEISSENSTEIN.

Dubois-Fontanelle, Jean-Gaspard
- *Aventures philosophiques* (Philosophische Abenteuer), Paris 1765. DAS KÖNIGREICH DER EINÄUGIGEN. LEONARDS LAND.

Duperron de Castera, Louis-Adrien
- *Le théâtre des passions et de la fortune ou Les aventures surprenantes de Rosamidor et de Théoglaphire: Histoire australe* (Theater der Leidenschaft und des Glücks, oder die überraschenden Abenteuer von Rosamidor und Théoglaphire: Geschichte Australiens), Paris 1731. FERISLAND. GYNOPYREA. NEOPIA. PANDOCLIA.

Duplessis, Pierre Chevalier
- *Mémoires de Sir George Wollap, ses voyages dans différentes parties du monde; aventures extraordinaires qui lui arrivent; découverte de plusieurs contrées inconnues; description des moeurs et des coutumes des habitants* (Die Memoiren des Sir George Wollap, seine Reisen in verschiedene Teile der Welt; die außergewöhnlichen Abenteuer, die ihm zustießen; die Entdeckung verschiedener unbekannter Ge-

genden und die Beschreibung der Sitten und Gebräuche der Bewohner), 3 Bde., Ldn./Paris 1787–1788. DIE FELSENINSEL. MARBOTIKIN DULDA. NEUBRITANNIEN. RONDISLE.

Dürrenmatt, Friedrich
- *Die Stadt*, in *Die Stadt. Prosa I-IV.*, Zürich 1952. DIE STADT.

Duhamel, Georges
- *Le dernier voyage de Candide* (Candides letzte Reise), Paris 1938. – *Lettres d'Auspasie* (Briefe aus Auspasien), Paris 1922. AUSPASIA.

Ducray-Duminil, François-Guillaume
- *Lolotte et Fanfan, ou Les aventures de deux enfants abandonnés dans une isle déserte, rediǵees et publiées sur des manuscrits anglais*, Charlestown/Paris 1788; dt. *Lalotte und Fanfan oder die Begebenheiten zweier Kinder auf einer wüsten Insel ausgesetzt*, Übers. F. Schmit, Liegnitz 1789–1790. SAN VERRADO.

Du Laurens, L'Abbé Henri Joseph
- *Le compère Mathieu ou Les bigarrures de l'esprit humain*, Ldn. 1771; dt. *Der Gevatter Mathies; oder die Ausschweifungen des menschlichen Geistes*, Übers. J. Zacharias, Bln. 1779. DAS LAND DER ZIEGENANBETER.

E

Eddison, Eric Rucker
- *Fish Dinner in Memison* (Fischessen in Memison), NY 1941. MESZRIA. RIALMAR.
- *The Mezentian Gate* (Das Mezentian-Tor), Ldn. 1958. – *Mistress of Mistress. A Vision of Zimiamvia* (Herrin der Herrinnen. Eine Vision von Zimiamvia), Ldn. 1935. AKKAMA. MESZRIA. RIALMAR.

Ende, Michael
- *Jim Knopf und Lucas der Lokomotivführer*, Stg. 1960. – Ders. *Jim Knopf und die wilde 13*, Stg. 1962. JIMBALLA
- *Die unendliche Geschichte*, Stg. 1979. PHANTASIEN.

Eichendorff, Joseph Freiherr von
- *Das Schloß Dürande*, in *Urania, Taschenbuch auf das Jahr 1837*, Lpzg. 1837. SCHLOSS DÜRANDE.

England, George Allen
- *Adventure Isle* (Abenteuer-Insel), NY/Ldn. 1926. SABLE ISLAND.
- *The Flying Legion* (Die fliegende Legion), Chicago 1920, JANNATI SHAHR.

Escamez, José Muñoz
- *La ciudad de los suicidas* (Die Selbstmordstadt), Barcelona 1912. SELBSTMORDSTADT.

Euhemeros aus Messina
- *Iera anagraphē* (Heilige Aufzeichnung, um 300 v. Chr.), Ldn. 1832 (in *Atlantic and Panchean Fragments: from Marcellus and Euhemerus*, in *Ancient Fragments of the Phoenician, Chaldaean, Egyptian, Tyrian, Carthaginian, Indian, Persian, and other Writers*). PANCHAIA.

Evans, Ambrose [Pseud.]
- *The Adventures, and Surprizing Deliverances, Ducray-Dubourdieu, and his Wife: Who were taken by Pyrates, and carried to the Uninhabited Part of the Isle of Paradise. Containing a Description of that Country, its Laws, Religion, and Customs: Of Their being at last releas'd, and how they came to Paris, where they are still living. Also, the Adventures of Alexander Vendchurch, Whose Ship's Crew Rebelled against him, and set him on Shore on an Island in the South-Sea, where he liv'd five Years, five Months, and seven Days; and was at least providentially releas'd by a Jamaica Ship* (Die Abenteuer und überraschenden Aussagen von James Dubourdieu und seiner Frau: Die von Piraten gefangen genommen und zum unbewohnten Teil der Paradiesinsel gebracht wurden. Enthaltend eine Beschreibung dieses Landes, seiner Gesetze, Religion und Sitten: Ihre schließliche Befreiung, und wie sie nach Paris kamen, wo sie noch immer leben. Außerdem, die Abenteuer von Alexander Vendchurch, dessen Schiffsbesatzung gegen ihn rebellierte und ihn am Strand einer Insel in der Südsee aussetzte, wo er fünf Jahre, fünf Monate und sieben Tage lebte und schließlich durch Gottes Vorsehung von einem jamaikanischen Schiff befreit wurde. Geschrieben von ihm selbst), Ldn. 1719. DIE PARADIES-INSEL. VENDCHURCHS EILAND.

F

Fénelon, François de Salignac de la Mothe
- *Suite du quatrième livre de l'Odyssée d'Homère, ou Les aventures de Télémaque, fils d'Ulysse*, Paris 1699 (unvollst.); Den Haag/Brüssel 1699 (u.d.T. *Les aventures de Télémaque, fils d'Ulysse*); dt. *Staats-Roman, welcher unter der denckwürdigen Lebens-Beschreibung Telemachi Königl. Printzens aus Ithaca...*, Übers. Tolander (d.i. A. Bohse), Breslau 1700; ern. *Die Erlebnisse des Telemach*, Übers. B. Stehle, Paderborn 1891. BAETICA.

Ferry, Jean
- *L'Afrique des impressions* (Afrikanische Impressionen), Paris 1967 PONUKELE-DRELCHKAFF.

Féval, Paul-H.-C.
- *La ville vampire* (Die Stadt der Vampire), Paris 1875. SELENE.

Flaubert, Gustave
- *La tentation de saint Antoine*, Paris 1874; dt. *Die Versuchung des heiligen Antonius*, Übers. B. Endrulat, Straßburg 1874; ern. (Übers. B. u. R. Picht), Ffm. 1966. ARIMASPIEN. BASILISKENLAND.

Fleischer, Johann Michael
- *Der Nordische Robinson, Oder Die wunderbaren Reisen auch außerordentlichen Glücks- und Unglücks-Fälle Eines gebohrnen Normanns, Woldemar Ferdinand, Wie derselbige Auf eine sonderbare Art nach einer vorhin von einem eintzigen Manne bewohnt gewesenen Insul gelanget, auch sich eine ziemliche Zeit allda aufgehalten, endlich aber nach vielen gehabten Fatalitäten sein Vaterland wieder glücklich erreicht, Nebst untermengten merckwürdigen Begebenheiten anderer Personen, Zum erlaubten Zeitvertreib ans Licht gestellet durch Selimenem*, Kopenhagen 1741. FERDINANDS INSEL.

Foigny, Gabriel de
- *Les aventures de Jacques Sadeur dans la découverte et le voyage de la terre australe, contenant les coutumes et les moers des Australiens, leur religion, leurs études, leurs guerres, les animaux particuliers à ce pais et toutes les raretez curiesses qui s'y trouvent*, Vannes 1676; dt. *Sehr curiöse Reise-Beschreibung durch das neu-entdeckte Südland In welcher Die Sitten und Gewohnheiten dieser Völcker ihre Religion Studia, Arten Krieg zu führen sonderbare und nie erhörte Thiere so in diesem Lande angetroffen werden samt allen was sonst merckwürdig beschrieben und zwar in Frantzösisch durch Jacques Sadeur, Vorietzo ins Teutsche übersetzet*, Übers. anon., Dresden 1704. AUSTRALLAND.

France, Anatole (d.i. Jacques-François-Anatole Thibault)
- *L'île des pingouins*, Paris 1908; dt. *Die Insel der Pinguine*, Übers. P. Wieglar, Mchn. 1909. ALCA

Fourier, Charles
- *Le Nouveau Monde industriel et sociétaire*, Paris 1829; dt. *Die gesellschaftliche und industrielle neue Welt mit ihren Vortheilen im Vergleich der seitherigen Civilisation. Im Geiste ihres Stifters. Von einem seiner Schüler dargestellt*, Übers. v. Evander, Heidelberg 1835. – *Le Nouveau Monde amoureux* (Die Neue Welt der Liebe), postum Paris 1967. – *Théorie des quatre mouvements et des destinées générales*, Paris 1808; dt. *Theorie der vier Bewegungen*, Übers. G. v. Holzhausen, Ffm. 1966. *Traité de l'Association domestique agricole* (Abhandlung über die haus- und landwirtschaftliche Assoziation), Paris 1822. HARMONIE.

Fraser, George MacDonald
- *Royal Flash*, Ldn. 1970. STRACKENZ.

Frisch, Max
- *Andorra*, Ffm. 1961. ANDORRA.

G

Gadda, Carlo Emilio
- *La cognizione del dolore*, in *Letteratura*, Mailand 1938–1941; dt. *Die Erkenntnis des Schmerzes*, Übers. T. Kienlechner, Mchn. 1963. MARADAGAL.

Garcilaso de la Vega, El Inca (d.i. Gómez Suárez de Figueroa)
- *Comentarios reales, que tratan del origen de los Incas* (Königliche Kommentare, die von der Herkunft der Inkas handeln), Lissabon 1608–1609 (Tl. 1) u. Córdoba 1617 (Tl. 2, u.d.T. *Historia del Peru*). ELDORADO.

Gannet, Ruth Stiles
- *My Father's Dragon* (Meines Vaters Drachen), NY 1948. DIE WILDINSEL.

García Marques, Gabriel
- *Cien años de soledad*, Buenos Aires 1967; dt. *Hundert Jahre Einsamkeit*, Übers. C. Meyer-Clason, Köln/Bln. 1970. MACONDO.

Geoffrey of Monmouth
- *Historia regum Britanniae* (12. Jh.), Paris 1508 (u. d. T. *Britannie utriusque regum et principium origo et gesta insignia)*, Hg. J. Cavellati; dt. *Historia regum Britanniae*, Übers. A. Schulze, Halle 1854. LEGIONENSTADT. LIN LIGUA.

Gilbert, Claude
- *Histoire de Calejava ou de L'isle des hommes raisonnables...* (Calejava oder die Insel der vernünftigen Menschen), Dijon 1700. CALEJAVA.

Gildas Sapiens
- *Liber querulus de calamitate, excidio et conquestu Britanniae* (Klagebuch vom Unglück, der Vernichtung und Wehklage Britanniens, 6. Jh.), Ldn. 1525, Hg. P. Vergilius. AMRS GRABSTÄTTE.

Gildon, Charles (?)
- *A Description of New Athens in Terra Australis Incognita. By one who resided many years upon the Spot* (Eine Beschreibung Neu-Athens im unbekannten Austral-Land. Von einem, der viele Jahre dort wohnte), in Thomas Kiligrew u. a., *Miscellanea Aurea, or the Golden Medley...*, Ldn. 1720. NEU-ATHEN.

Goethe, Johann Wolfgang von
- *Die Reise der Söhne Megaprazons*, in *Werke*, Stg./Tübingen 1837. DIE INSEL DER MONARCHOMANEN.
- *Wilhelm Meisters Wanderjahre, oder die Entsagenden*, Stg./Tübingen 1821. KLOSTER ST. JOSEPHS II. PÄDAGOGISCHE PROVINZ.
- *Faust, der Tragödie zweiter Teil*, Stg./Tübingen 1832. DIE EBENE VON THESSALIEN.

Golding, William
- *Lord of the Flies*, Ldn. 1954; dt. *Herr der Fliegen*, Übers. H. Stiehl, Bln./Ffm. 1956. DIE INSEL DES HERRN DER FLIEGEN.

Gott, Samuel
- *Novae Solymae libri sex* (Die sechs Bücher von Nova Solyma), Ldn. 1648. NOVA SOLYMA. PHILOMELAS KÖNIGREICH.

Gottfried von Straßburg
- *Tristan*, (um 1200), Bln. 1821, Hg. E.v. Groote; nhd. *Tristan und Isolde*, Übers. H. Kurz, Stg. 1844; ern. Stg. 1925. MINNEGROTTE.

Gracq, Julien
- *Le rivage des Syrtes*, Paris 1951; dt. *Das Ufer der Syrten*, Übers. F. Hagen, Düsseldorf 1952. VEZZANO.

Graham, Elizabeth Susannah (Davenport)
- *Voyage to Locuta; A Fragment by Lemuel Gulliver Junior* (Reise nach Locuta. Ein Fragment von Lemuel Gulliver Junior), Ldn. 1817. LOCUTA.

Grahame, Kenneth
- *The Wind in the Willows*, Ldn. 1908; dt. *Die Leutchen um Meister Dachs*, Übers. Th. Mutzenbecher, Freiburg i. Br. 1951. FLUSSUFER. KRÖTENHALL. MAULWURFSRUH. DER WILDE WALD.

Grave, Jean
- *Terre libre* (Freie Erde), Paris 1908. TERRE LIBRE.

Greene, Graham
- *Under the Garden*, in *A Sense of Reality*, Ldn. 1963; dt. *Unter dem Garten*, Übers. W. Puch-

wein, Hbg./Wien 1963. WINTON POND.
Grimm, Jacob und Wilhelm
- *Dornröschen*, in *Kinder- und Hausmärchen*, 2 Bde., Bln. 1812–15; Bd. 1. DORNRÖSCHENS SCHLOSS.
- *Hänsel und Gretel*, in *Kinder- und Hausmärchen*, 2 Bde., Bln. 1812–15, Bd. 1. COCAGNE.
- *Das Märchen vom Schlaraffenland*, in *Kinder- und Hausmärchen*, 2 Bde., Bln. 1812–15, Bd. 2. SCHLARAFFENLAND.

Grimmelshausen, Hans Jakob Christoffel
- *Der abentheurliche Simplicissimus Teutsch*, Nürnberg 1669 (1668). CENTRUM TERRAE.

Grivel, Guillaume
- *L'Isle inconnue, ou Mémoires du chevalier de Gastines*, Paris/Brüssel 1784; dt. *Die unbekannte Insel, oder Reisen und Merkwürdigkeiten des Ritters Gastines*, Übers. J. F. Simon, Ffm. 1784. UNBEKANNTE INSEL.

Groc, Léon
- *La cité des ténèbres* (Stadt der Schatten), Paris 1926. STADT DER SCHATTEN.

Gryphius, Andreas
- *Absurda Comica oder Herr Peter Squentz*, o. J. u. O. [1657?]. OBERLAND.

Guigonnat, Henri
- *Démone en Lithuanie* (Die Dämonin in Lituanien), Paris 1973. LITUANIEN.

Guyot, Charles
- *La légende de la ville d'Ys d'après les anciens textes* (Die Legende von der Stadt Ys – nach alten Texten), Paris 1926. YS.

H

Haggard, Henry Rider
- *King Solomon's Mines*, Ldn. 1885; dt. *König Salomos Schatzkammer*, Übers. M. Strauß, Mchn. 1888; ern. (Übers. V.H. Schmied), Mchn. 1973. KÖNIG SALOMOS DIAMANTMINEN.
- *The People of the Mist*, Ldn. 1894; dt. *Volk des Nebels: auf Schatzsuche im geheimnisvollen Land des Nebels*, Übers. E.-M. Ledig, Würzburg 1979. DAS LAND DER NEBELMENSCHEN.
- *When the World Shook, Being an Account of the Great Adventure of Bastian, Bickley and Arbuthnot* (Als die Welt wankte. Ein Bericht über das große Abenteuer von Bastin, Bickley und Arbuthnot), Ldn. 1919. OROFENA.

Hall, Joseph
- *Mundus alter et idem, sive Terra Australis ante hac semper incognita*, Ldn. ca. 1605; dt. *Utopiae Pars II. Mundus alter et idem. Die heutige neue alte Welt. Darinnen ausführlich und nach Notdurft erzählet wird, was die alte nun bald sechstausendjährige Welt für eine neue Welt geboren, aus der man gleichsam in einem Spiegel ihrer Mutter und Gebärerin Art, Sitten, Wandel und Gebrauch augenscheinlich mag sehen und erkennen*, Übers. G. Wintermonath, Lpzg. 1613. FRESSLAND. NEU GYNIA. SAUFLAND

Harrington, James
- *The Commonwealth of Oceana* (Der Staat Oceana), Ldn. 1656. OCEANA.

Hartlib, Samuel
- *A Description of the Famous Kingdom of Macaria; shewing its Excellent Government, wherein the Inhabitants Live in Great Prosperity, Health and Happiness; the King Obeyed, the Nobles Honoured and All Good Men Respected. Vice Punished and Virtue Rewarded, an Example to Other Nations in a Dialogue between a Scholar and a Traveller* (Eine Beschreibung des berühmten Königreichs Macaria, die seine vorzügliche Regierung schildert, unter der die Bewohner in großem Wohlstand, Gesundheit und Glück leben; dem König wird gehorcht, die Adligen geehrt und alle aufrechten Männer geachtet. Laster werden bestraft und Tugend belohnt, ein Beispiel für andere Nationen. In einem Dialog zwischen einem Gelehrten und einem Reisenden), Ldn. 1641. MACARIA.

Hartmann von Aue
- *Erec*, Lpzg. 1839, Hg. M. Haupt; nhd. *Erek*, Übers. S.O. Fistes, Halle 1851; ern. (Übers. R. Fink), in *Epische Dichtungen*, Jena o. J. (1939). AVALON.
- *Iwein*, Wien 1786, Hg. K.J. Michaeler. DAS SCHLOSS DER FEE MORGUE.

Herburger, Günter
- *Die Augen der Kämpfer*, Darmstadt/Neuwied 1980. MORGENTHAULAND.

Hesiodos aus Askra
- *Theogonia*, (8./7. Jh. v. Chr.), Ferrara 1474, Hg. Boninus Mombritius; dt. *Theogonia*, in N. Bergier, *Ursprung der Götter des Heidentums nebst einer Erklärung des Hesiodus*, Bamberg 1788; ern. *Theogonie*, Übers. Th. v. Scheffer, in *SW*, Hg. E.G. Schmidt, Bremen ²1965. DER GARTEN DER HESPERIDEN. OLYMP. SARPEDON. DER TARTAROS.
- *Erga kai hēmerai* (8./7. Jh. v. Chr.), o. O. u. J. [Mailand, um 1481]; dt. in J. Claius, *Carmina*, Bd. 5, Görlitz 1568; ern. *Werke und Tage*, übers. T. v. Scheffer, in *SW*, Bremen o. J. [1965]. SATURNS REICH.

Hauptmann, Gerhart
- *Die Insel der Großen Mutter oder das Wunder von Île des Dames. Eine Geschichte aus dem utopischen Archipelagus*, Bln. 1924. DIE INSEL DER GROSSEN MUTTER.

Haywood, Eliza (Fowler)
- *Philodore and Placentia, or L'Amour trop délicat...* (Philodore und Placentia, oder die allzu zarte Liebe), Ldn. 1727. LIPERDA.

Head, Richard
- *The Floating Island or A New Discovery, Relating the Strange Adventure on a late Voyage from Lambethana to Villa Franca, Alias Ramallia, to the Eastward of Terra del Temple: By three Ships, viz. The Pay-naught, the Excuse and the Least-in-Sight under the conduct of Captain Robert Owe-much: Describing the Nature of the Inhabitants, their Religion, Laws and Customs* (Die Schwimmende Insel oder eine neue Entdeckung, berichtend das seltsame Abenteuer auf einer kürzlichen Reise von Lambethana nach Villa Franca, alias Ramallia, ostwärts von Terra del Temple: mit drei Schiffen. Die Bezahle-nichts, die Ausflucht, die Nicht-das geringste-in-Aussicht, unter der Führung von Kapitän Schulde-viel: beschreibend das Wesen der Bewohner, ihre Religion, Gesetze und Bräuche), Ldn. 1673. SCOTI MORIA

Heine, Heinrich
- *Die Lorelei*, in *Buch der Lieder*, Mchn. 1827. SIRENEN-INSEL.

Herodotos aus Harlikarnassos
- *Historiēs apodexis* (um 484 v. Chr.), Venedig 1502 (u.d.T. *Herodotu logoi ennea, hoiper epikaluntai Musai*); dt. *Herodotus der allerhochberümptest Griechische Geschicht-Schreyber, von dem Perser, vnd vilen andern Kriegern vnd geschichten*, Übers. H. Boner, Augsburg 1535; ern. *Historien*, Übers. A. Horneller, Hg. H.W. Haussig, Stg. ²1959. ARIMASPIEN.

Hertzka, Theodor
- *Freiland*, Lpzg. 1890. FREILAND.

Herzmanovsky-Orlando, Fritz von
- *Maskenspiel der Genien*, in *GW*, 4 Bde., Hg. F. Torberg, Mchn. 1958, Bd. 2. TAROCKANIEN.

Hesse, Hermann
- *Das Glasperlenspiel*, Zürich 1943. WALDZELL. KASTALIEN.

Hilton, James
- *Lost Horizon*, Ldn. 1933; dt. *Irgendwo in Tibet*, Übers. H.E. Herlitschka, Wien/Lpzg./Zürich 1937 [recte 1936]; ern. 1959. SHANGRI-LA.

Hodgson, William
- *The Commonwealth of Reason by William Hodgson now confined in the Prison of Newgate/London, for Sedition* (Das Commonwealth der Vernunft, von William Hodgson, nun wegen Aufruhr im Newgate-Gefängnis inhaftiert), Ldn. 1795. COMMONWEALTH DER VERNUNFT.

Hoffmann, Ernst Theodor Amadeus
- *Die Elixiere des Teufels*, Bln. 1815. GROSSHERZOGTUM.
- *Der goldene Topf*, Bamberg 1813. GROSSHERZOGTUM.
- *Klein Zaches genannt Zinnober*, Bln. 1819. DAS FÜRSTENTUM DES BARSANUPH. GROSSHERZOGTUM.
- *Lebensansichten des Katers Murr*, Bln. 1819–1821. GROSSHERZOGTUM.
- *Meister Floh*, Ffm. 1822 (zensiert); Bln. 1908 (vollst.). DAS KÖNIGREICH FAMAGUSTA.
- *Prinzessin Brambilla*, Breslau 1820. GROSSHERZOGTUM.

Hohoff, Curt
- *Die Verbotene Stadt*, Mchn. 1958. JENKINGMOCUM. VERBOTENE STADT.

Holberg, Ludvig
- *Nicolai Klimii iter subterraneum novam telluris theoriam ac historiam quintae Monarchiae adhuc nobis incognitae exhibens e bibliotheca B. Abelini*, Lpzg./Kopenhagen 1741; dt. *Nicolai Klims Unterirdische Reise worinnen eine ganz Neue Erdbeschreibung wie auch eine umständliche Nachricht von der fünften Monarchie die uns bishero ganz und gar unbekannt gewesen, enthalten ist...*, Übers. anon., Kopenhagen/Lpzg. 1741; ern. *Niels Klims unterirdische Reise*, Übers. anon., Lpzg. 1847. NAZAR.

Holmesby, John
- *The Voyages, Travels, and Wonderful Discoveries of Capt. John Holmesby. Containing a Series of the Most Surprising and Uncommon Events, which Befell the Author in his Voyage to the Southern Ocean, in the Year 1739* (Die See- und Landreisen und wunderbaren Entdeckungen von Kapitän John Holmesby. Enthaltend eine Reihe höchst überraschender und ungewöhnlicher Begebenheiten, die dem Autor auf seiner Reise in die Südsee im Jahre 1739 zustießen), Ldn. 1757. NIMPATAN.

Homeros
- *Odysseia* (8. Jh. v. Chr.?), Florenz 1488, in der GA des Demetrios Chalkoudylas; dt. *Odyssea. Das seind die aller zierlichsten und lustigsten vier und zwaintzig Bücher des eltisten Kunstreichesten Vatters aller Poeten Homerilschen fürstens Ulyssis*, Übers. S. Schaidenreisser, Augsburg 1537; ern. *Die Odyssee*, 2 Bde., (Übers. R.A. Schröder), Lpzg. 1907–1910. AIAIA. AIOLIA. ELYSION. HADES. DIE INSELN DER SELIGEN. IRRFELSEN: DAS LAND DER KENTAUREN. KYKLOPENINSEL. DAS LOTOSESSERLAND. OGYGIA. SCHERIA. SIRENEN-INSEL. SKYLLA UND CHARYBDIS. STYX. TELEPYLOS.
- *Ilias* (8. Jh. v. Chr.?), Florenz 1488, Hg. Demetrios Chalkoudylas; dt. *Der Zweikampf des Paris u. Menelaus*, Übers. J. Reuchlin, o. O. 1495 (Ausz. aus Buch 31); ern. *Ilias Homeri. Das ist Homeri, deß vralten Griechischen Poeten, XXIV Bücher. Von dem gewaltigen Krieg der Griechen, wider die Troianer, auch langwirigen Belägerung, vnnd Zerstörung der Königlichen Statt Troia*, Übers. J. Spreng, Augsburg 1610; ern. *Ilias*, in R.A.S., *GW*, 8 Bde., Bln./Ffm. 1952–1963, Bd. 4. OLYMP. DER STYX.

Hood, Tom
- *Petseilla's Posy* (Petsetillas Blumenstrauß), Ldn. 1870. APHANIA. NEXDOREA.

Hope, Anthony (Anthony Hope Hawkins)
- *The Heart of Princess Osra* (Prinzessin Osras Herz), Ldn. 1906. RURITANIEN. ZENDA.
- *The Prisoner of Zenda*, Ldn. 1894; dt. *Der Gefangene von Zenda*, Übers. C. Sherwood, Stg. 1898. – *Rupert of Hentzau*, Ldn. 1898. RURITANIEN. ZENDA.
- *Sophy of Kravonia*, Ldn. 1906. KRAVONIEN. SLAVNA.

Horatius Flaccus, Quintus
- *Epodon liber* (um 30 v. Chr.), o. O. u. J. [Mailand od. Venedig ca. 1470–1473]. dt. *Fürtreffliches artliches Lob, deß Landlustes, Mayersmut und lustigen Feldbaumannsleben* (Epode 2), Übers. J. Fischart, in *XV. Bücher Von dem Felbaw*, Straßburg 1579; ern. *Epoden*, Übers. R.A. Schröder, in R.A.S. *GW*, 8 Bde., Bln./Ffm. 1952–1963, Bd. 5. DIE INSELN DER SELIGEN.

Howells, William Dean
- *A Traveller from Altruria* (Ein Reisender aus Altruria), Edinburgh 1894. – *Through the Eye of the Needle* (Durchs Nadelöhr), Ldn./NY 1907. ALTRURIA.

Huan-Lin
- *Hsi-wang-mu-chuan* (Biographie der Königli-

chen Mutter des Westens, 4./5. Jh.?). DAS REICH DER KÖNIGLICHEN MUTTER DES WESTENS.

Hudson, William Henry
- *A Crystal Age* (Ein kristallenes Zeitalter), Ldn. 1887. CORADINE.

Hugo, Victor
- *Booz endormi*, in *La légende des siècles, première série*, Paris 1859 dt. *Die Weltlegende*, Übers. L. Seeger, in *Sämtliche poetische Werke*, 3 Bde., Stg. 1860/61 Bd. 1. JERIMADETH.
- *La ville disparue*, in *La légende des siècles, première série*, Paris 1859; dt. s.o. DIE VERSUNKENE STADT.

Hulshof, Paul u. Schipper, Vincent
- *Glazewijn en het schaakschandaal* (Die Suche nach der vermißten Königin), Amsterdam 1973. SCHLÜSSELWALD.

Huxley, Aldous
- *Brave New World*, Ldn. 1932; dt. *Welt – wohin*, Übers. H.E. Herlitschka, Lpzg. 1932; ern. Hbg. 1974. BRUT- UND NORMZENTRALE.
- *Island*, Ldn. 1962; dt. *Eiland*, Übers. M. Herlitschka, Mchn. 1973. PALA.

I

Ibsen, Henrik
- *Peer Gynt*, Kopenhagen 1867; dt. *Peer Gynt*, Übers. L. Passarge, Lpzg. 1881; ern. (Übers. H. Stock), in *RUB*, 2309/2310, Stg. 1953. DAS TROLLREICH.

Illing, Werner
- *Utopolis*, Bln. 1930. FUTURA. UTOPOLIS

Immermann, Karl Leberecht
- *Münchhausen. Eine Geschichte in Arabesken*, in *Schriften*, 14 Bde., Düsseldorf 1835–1843, Bd. 8–11. SCHNICK-SCHNACK-SCHNURR.
- *Tuilifäntchen. Ein Heldengedicht in drei Gesängen*, Hbg. 1830. MIKROMONA.

Irving, Washington
- *The Legend of Sleepy Hollow*, in *The Sketch-Book of Geoffrey Crayon, Gent*, NY 1820; dt. *Die Sage von der schläfrigen Schlucht*, Übers. S.H. Spiker, in *Gottfried Crayon's Skizzenbuch*, Bln. 1825; ern. (Übers. K. Th. Gaedertz), in *Skizzenbuch*, Linz 1947. SCHLÄFRIGE SCHLUCHT.
- *Rip van Winkle. A Posthumous Writing of Diedrich Knickerbocker*, in *The Sketch-Book of Geoffrey Crayon, Gent*, Ldn. 1819; dt. *Rip van Winkle*, Übers. S.H. Spiker, in *Gottfried Crayon's Skizzenbuch*, Ffm. 1826; ern. (Übers. K. Ziem), Mchn. 1975. RIP VAN WINKLES DORF.

I Shih-chen
- *Lang-huan chi* (13./14. Jh., Bericht über Lang-huan-Karneolring), in *Hsüeh-chin t' ao-yüan* (Die Furt studieren und nach dem Ursprung forschen), Shanghai 1922. DAS KARNEOLRING-GLÜCKSLAND.

Iulius Valerius Polemius
- *Res gestae Alexandri Magni*, (Die Taten Alexanders des Großen, um 310), Mailand 1817 (u.d.T. *Julii Verii Res gestae Alexandri Macedonis translatae ex Aesopo Graeco)*. SPRECHENDE HAINE.

J

Jacob, Max
- *Histoire du roi Kaboul Ier et du marmiton Gauwain* (Die Geschichte von König Kaboul I. und von Gauwain, dem Küchenjungen), Paris 1951. BALIBRIGISCHE UND BOULOULABASSISCHE VEREINIGTE REPUBLIK.

Jambulos
- *Insulae incognitae in Oceano meridionali* (um 135 v. Chr.), in Diodoros aus Agyrion, *Bibliothēkē historikē* (1. Jh. v. Chr.), Bologna 1472 (u.d.T. *Historiarum priscarum... liber;* lat. Übers. (Buch 1–5) G.F. Poggio Bracciolini);dt. *Die Insel des Jambulus*, in *Heyden Weldt und irer Götter anfängclicher Ursprung*, Übers. J. Herold, Basel 1554; ern. in *Historische Bibliothek*, Übers. J.F. Wurm, 19 Bde., Stg. 1827–1840, Bd. 10. SONNENINSELN.

Jansson, Tove
- *Kuinkas sitten Kävikaan* (Was zunächst geschah), Helsinki 1952. MUMINLAND. PAPA JONES' KÖNIGREICH.
- *Muuminpapan urotyöt*, Helsinki 1966; dt. *Muminvaters wildbewegte Jugend*, Übers. D. Bjelfvenstam, Köln 1963. – *Muuminpappa merellä*, Helsinki 1965; dt. *Mumins Inselabenteuer*, Übers. D. Bjelfvenstam, Köln 1970. MUMINLAND. MUMINPAPAS INSEL.
- *Muumilaakson marraskuu*, Helsinki 1971; dt. *Herbst im Mumintal*, Übers. D. Bjelfvenstam, Köln 1972. – *Muumpeikko ja pyrstötähti*, Helsinki 1950; dt. *Komet im Mumintal*, Übers. V. u. K. Bandler, Einsiedeln/Zürich/Köln 1955. – *Taikatalvi*, Helsinki 1958; dt. *Winter im Mumintal*, Übers. D. Bjelfvenstam, Köln 1968. – *Taikurin hattu* (Der Hut des Zauberers), Helsinki 1958. – *Vaarallinen juhannus* (Der verrückte Muminsommer), Helsinki 1957. MUMINLAND.

Jarry, Alfred
- *Gestes et opinions du docteur Faustroll, pataphysicien. Roman néo-scientifique, suivi de Spéculations*, Paris 1911; dt. *J.s Pataphysik*, Übers. M. S. Morel u. R. Zoll, in *Akzente*, 6, 1959, H. 4, (enth. Kap. 2, 8, 10 u. 28); ern. *Heldentaten und Lehren des Dr. Faustroll (Pataphysiker), Neuphsilosophischer Roman*, Übers. J. Hastig u. K. Völker, Bln. 1968. DIE AMORPHE INSEL. CYRIL. DUFTENDE INSEL. HERLAND DER SPITZEN. DIE TÖNENDE INSEL. VÖGELINSEL.

Jean de Mandeville
- *Les voyages d'outre mer* (um 1357), Lyon 1480; dt. *Die Reisen des Ritters John Mandeville durch das Gelobte Land, Indien und China*, Übers. O. v. Diemeringen, Straßburg 1484; ern. Bearb. Th. Stemmler, Stg. 1966. AMAZONIEN. ARIMASPIEN. CAFFOLOS. CALONAK. CHANA. DONDA-ARCHIPEL. LAMORY. LOMBE. MABARON. NACUMERA. PATHAN. DAS PYGMÄENLAND. SABA. SILHA. TRACODA.

Jean Paul (d.i. Johann Paul Friedrich Richter)
- *Blumen, Frucht- und Dornenstücke oder Ehestand, Tod und Hochzeit des Armenadvokaten F. St. Siebenkäs im Reichsmarktflecken Kuhschnappel*, Bln. 1696/97. KUHSCHNAPPEL.
- *Titan*, 4 Bde., Bln. 1800–1803. LILAR. PESTITZ. TARTARUS.
- *Leben des vergnügten Schulmeisterlein Maria Wuz in Auenthal*, Bln. 1793. AUENTHAL.

Joyce, James
- *Ulysses*, Paris 1922; dt. *Ulysses*, Übers. G. Goyert, Basel 1927; ern. (Übers. H. Wollschläger), in *Werke*, 7 Bde, Ffm. 1969–1974, Bd. 3. SIRENEN-INSEL.

Jünger, Ernst
- *Auf den Marmorklippen*, Ffm. 1939. ALTA PLANA. CAMPAGNA. DIE GROSSE MARINA. MAURETANIA. TEUTOBURGER WALD.
- *Heliopolis. Rückblick auf eine Stadt*, Tübingen 1949. HELIOPOLIS.

Jullian, Philippe
- *La fuite en Égypte* (Die Flucht nach Ägypten), Paris 1968. ICI.

Juster, Norton
- *The Phantom Tollbooth*, Ldn. 1962; dt. *Wekkerhund, Wedermann und Schlafittchen*, Übers. K. Recheis u. F. Hofbauer, Köln 1976. DIE BERGE DES UNWISSENS. DIGITOPOLIS. DAS KÖNIGREICH DER WEISHEIT. DAS TAL DER KLÄNGE. DER WALD DES SEHENS. WÖRTERSTADT.

K

Kästner, Erich
- *Die Schildbürger*, Mchn. 1976. SCHILDA.

Kafka, Franz
- *Amerika*, Mchn. 1927. NATURTHEATER VON OKLAHOMA.
- *In der Strafkolonie*, Lpzg. 1919. STRAFKOLONIE.
- *Das Schloß*, Mchn. 1926. DAS SCHLOSS.

Karinthy, Frigyes
- *Capillaria*, Budapest 1921. KAPILLARIEN.

Kasack, Hermann
- *Die Stadt hinter dem Strom*, Ffm. 1949. DIE STADT HINTER DEM STROM.

Keller, Gottfried
- *Die Leute von Seldwyla*, Braunschweig 1856; Stg. 1873/74 [erw.] SELDWYLA.

Keller, Paul
- *Ferien vom Ich*, Breslau 1915. KURANSTALT WALTERSBURG »FERIEN VOM ICH«.

Kellermann, Bernhard
- *Die Stadt Anatol*, Bln. 1932. ANATOL.

Kenin, Claire
- *La mer mystérieuse* (Das geheimnisvolle Meer), Paris 1923. BELESBAT.

Kind, Johann Friedrich, s. Weber, Carl Maria von u. Kind, Johann Friedrich

Kingsley, Charles
- *The Water Babies; a Fairy-Tale for a Land Baby*, Ldn. 1863; dt. *Die kleinen Wasserkinder. Ein Feenmärchen für ein kleines Landkind*, Übers. E. Prätorius, Lpzg. 1880; ern. *Wasserkinder*, Übers. K. Waentig, Hbg. 1947. ALLVÖGELNESE. DAS ANDERE ENDE VON NIRGEND. FRIEDENSBUCHT. GANZALLEINSTEIN. HARTHOVER. DIE INSEL HÖRENSAGEN. POLUPRAGMOSYNE. ST. BRENDANS-FEENINSEL. TOMTODDIES-INSEL.

Kipling, Rudyard
- *The Wish House* (Das Wunsch-Haus), in *Debits and Credits* (Plus und Minus), Ldn. 1926. SMALLDENE.

Klaudios Ptolemaios
- *Geōgraphikē hyphēgēsis* (1./2. Jh.), Vicenza 1475 (u.d.T. *Cosmographia*, Hg. A. Vadius, (lat. Übers. J. Angelus); dt. *Des Klaudios Ptolemaios Einführung in die darstellende Erdkunde*, Übers. H. v. Hzik u. F. Hopfner, Bd. 1, Wien 1938 (Klotho, 5). DIE INSELN DER SELIGEN.

Korczak, Janusz (d.i. Goldszmit, Henryk)
- *Kro'l Maciuś Pierwszy*, Warschau 1923; dt. *König Hänschen*, Übers. K. Weintraub, Warschau 1957; ern. Mchn. 1974. KÖNIG HÄNSCHENS REICH.

Kotzebue, August von
- *Die deutschen Kleinstädter*, Lpzg. 1803. KRÄHWINKEL.

Krleža, Miroslav
- *Bankett u Blitvi*, Zagreb 1939; dt. *Bankett in Blitwien*, Übers. B. Begovic u. R. Federmann, Wien/Graz 1964. BLITWIEN.

Kubin, Alfred
- *Die andere Seite. Ein phantastischer Roman*, Mchn./Lpzg. 1909. PERLE. TRAUMREICH.

L

Lalo, Édouard, s. Blau, Édouard, u. Lalo, Édouard

Lambert li Tors, s. Alexandre de Bernay u. Lambert li Tors

Lang, Andres
- *The Disentanglers* (Die Befreier), NY 1901. CAGAYAN SALU.

Latini, Brunetto s. Brunetto Latini

Lear, Edward
- *A Book of Nonsense*, Ldn. 1846; dt. *Nonsense-Verse*, Übers. H. C. Artmann, Ffm. 1964. TUPIA.
- *The Courtship of Yonghy-Bonghy-Bò*, in *Laughable Lyrics: A Fourth Book of Nonsense Poems, Songs, Botany, Music etc.*, Ldn. 1877; dt. *Der Yonki-Bonki-Boo*, Übers. H. M. Enzensberger, in *Edward Lears Kompletter Nonsens*, Ffm. 1977. HEBRITZENLAND.
- *The Dong with a Luminous Nose*, Ldn. 1871; dt. *Der Dong mit seinem Nasenlicht*, Übers. H. M. Enzensberger, in *Edward Lears Kompletter Nonsens*, Ffm. 1977. DIE GROMBULISCHE EBENE. HEBRITZENLAND.
- *The History of the Seven Families of the Lake Pipplepopple*, in *Nonsense Songs, Stories, Botany and Alphabets*, Ldn. 1871; dt. *Die Geschichte der sieben Familien vom Pippel-Poppel-See*, Übers. U. Friesel, Mchn. 1973; ern. (Übers. H. M. Enzensberger), in *Edward Lears Kompletter Nonsens*, Ffm. 1977. DAS GRAMBLAMBELLAND.

- *The Owl and the Pussycat*, in *Nonsense Songs, Stories, Botany and Alphabets* Ldn. 1871; dt. *Der Kauz und die Katze*, Übers. H. M. Enzensberger, in *Edward Lears Kompletter Nonsens*, Ffm. 1977. HEBRITZENLAND.

Le Grand, Marc Antoine
- *Le roi de Cocagne* (Der König von Cocagne), Paris 1719. COCAGNE.

Le Guin, Ursula K.
- *The Farthest Shore*, Ldn. 1973; dt. *Das ferne Ufer*, Übers. M. Paronis, Mchn. 1980. – *The Tombs of Atuan*, Ldn. 1972; dt. *Die Gräber von Atuan*, Übers. M. Paronis, Mchn. 1979. DRACHENINSELN. ERDSEE. HAVNOR. DIE LANGE DÜNE. OSSKIL. PENDOR. SELIDOR.
- *A Wizard of Earthsea*, NY 1968; dt. *Der Magier der Erdsee*, Übers. M. Paronis, Mchn. 1980. DRACHENINSELN. ERDSEE. HAVNOR. IFFISCH. DIE LANGE DÜNE. OSSKIL. PENDOR. SELIDOR.

Lem, Stanislaw
- *Powrot z Gwiazd*, Krakau 1961; dt. *Transfer*, Übers. M. Kurecka, Düsseldorf/Hbg. 1974; ern. Ffm. 1981. TERMINAL.

Lemercier, Louis-Jean Népomucène
- *L'Atlantiade, ou la Théogonie newtonienne* (Die Atlantiade oder Newtons Theogonie), Paris 1812. EUGÉE.

Lennon, John
- *Mind Games* (Gedankenspiele), Ldn. 1973. NUTOPIA.

Leprince de Beaumont, Marie
- *La belle et la bête*, in *Magasin des enfants, contes moraux*, Paris 1757; dt. *Die Schöne und das Untier*, in *Lehrreiches Magazin für Kinder*, Lpzg. 1795. DAS SCHLOSS DES UNTIERS.

Lesconvel, Pierre de
- *Idée d'un règne doux et heureux, ou Relation du voyage du Prince de Montberaud dans l'île de Naudely* (Konzeption eines lieblichen und glücklichen Königreichs, oder Chronik der Reise des Prinzen von Montberaud zu der Insel Naudely), Paris 1703. NAUDELY.

Lessing, Doris
- *Briefing for a Descent into Hell* (Instruktion für ein Hinabsteigen in die Hölle), Ldn. 1971. WATKINSLAND.

Lesuire, Robert Martin
- *L'aventurier français ou Mémoires de Grégoire Merveil*, Paris 1792; dt. *Der französische Abentheurer, oder Denkwürdigkeiten Greg. Merveils*, Übers. E. Bornschein, Gera 1790–1791. ALSONDERREICH. ANTARKTISCHES FRANKREICH.

Level, Maurice
- *La cité de voleurs* (Die Stadt der Diebe), Paris 1930. DIE STADT DER DIEBE.

Levin, Ira
- *The Stepford Wires* (Die Stepford Telegramme), NY 1972. STEPFORD.

Lewis, Clive Staples
- *That Hideous Strength* (Die schreckliche Kraft), Ldn. 1946. MERLINS GRAB.
- *The Horse and his Boy*, Ldn. 1954; dt. *Der Ritt nach Narnia oder: Das Pferd und sein Junge*, Übers. L. Lademann-Wildhagen, Freiburg i. Br. 1958. ARCHENLAND. NARNIA.
- *The Last Battle*, Ldn. 1956; dt. *Die Tür auf der Wiese. Eine Geschichte aus dem Wunderlande Narnia*, Übers. H. Eich, Münster 1974. NARNIA.
- *The Lion, the Witch and the Wardrobe*, Ldn. 1950; dt. *Die Abenteuer im Wandschrank oder der Löwe und die Hexe*, Übers. L. Tetzner, Freiburg i. Br. 1959; ern. *Der König von Narnia*, Übers. ders., Mchn. 1977. DIE INSEL AM ENDE DER WELT. NARNIA.
- *The Magician's Nephew*, Ldn. 1955; dt. *Die geheimnisvolle Tür oder: Die Gründung von Narnia*, Übers. L. Lademann-Wildhagen, Freiburg i. Br. 1957. ARCHENLAND. NARNIA. DER WALD ZWISCHEN DEN WELTEN.
- *Prince Caspian*, Ldn. 1951; dt. *Die unverhoffte Wiederkehr oder Prinz Kaspian*, Übers. L. Lademann-Wildhagen, Freiburg i. Br. 1959. DIE INSEL AM ENDE DER WELT. NARNIA.
- *The Silver Chair* (Der Silberstuhl), Ldn. 1953. ASLANS LAND. BISM. HARFANG. NARNIA.
- *The Voyage of the »Dawn Treader«* (Die Reise des »Dawn Treaders«), Ldn. 1952. ARCHENLAND. ASLANS LAND. DRACHENINSEL. DIE INSEL AM ENDE DER WELT. INSEL DER STIMMEN. NARNIA. TODESWASSERINSEL. VERBRANNTE INSEL.

Lichtenberger, André
- *Pickles ou récits à la mode anglaise* (Pökel oder Erzählungen in der englischen Art), Paris 1923. CUFFYCOATS INSEL. VICHEBOLK-LAND.

Lieh-tzu
- *Lieh-tzu* (3. Jh. v. Chr.), in *Chu-tzu chi-ch'eng*, Peking 1954; dt. *Liä Dsi. Das wahre Buch vom quellenden Urgrund*, Übers. R. Wilhelm, Jena 1911. EDLER BESCHÜTZER. HÜGELSIEDLUNG. NATURNAHER URZUSTAND. NORDEND. DAS REICH DER KÖNIGLICHEN MUTTER DES WESTENS. WUNDERVOLLE FERNE.

Lienhard, Friedrich
- *Die Schildbürger. Ein Scherzlied vom Mai*, Bln./Stg. 1900. SCHILDA.

Liu-an (179–122 v. Chr.)
- *Huai-nan tzu* (Das Buch Huai-nantzu) DAS REICH DER KÖNIGLICHEN MUTTER DES WESTENS.

Li Ju-chen
- *Ching-hua yüan* (Die mystische Vereinigung des Spiegels und der Blume), dt. *Im Land der Frauen* (Ausz.). Übers. F. K. Engler, Zürich 1970 (Ausz.). DAS LAND DER FRAUEN. DAS LAND DER GROSSEN MENSCHEN.

Liu Ching-shu
- *I-yüan* (Garten der Wunder, ca. 5. Jh.), in *Ts'shu chi-ch'eng*, Shanghai 1936 f. POYANG.

Lloyd, John Uri
- *Etidorpha or the End of the Earth, the Strange History of a Mysterious Being and the Account of a Remarkable Journey as Communicated in Manuscript to Llewellyn Drury who Promised to Print the Same but Finally Evaded the Responsibility which was Assumed by John Uri Lloyd* (Etidorpha oder das Ende der Erde, die seltsame Geschichte eines geheimnisvollen Wesens und der Bericht von einer bemerkenswerten Reise, wie sie mitgeteilt ist im Manuskript für Llewellyn Drury, der versprach dasselbe zu drucken, aber sich schließlich der Verantwortung entzog, die von John Uri Lloyd auf sich genommen wurde), Cincinnati 1895. ETIDORHPAS LAND.

Loen, Johann Michael von
- *Der redliche Mann am Hofe oder die Begebenheiten des Grafen von Rivera*, Ffm. 1740. CHRISTIANOPOLIS.

Lofting, Hugh
- *Doctor Dolittle and the Secret Lake*, Ldn. 1949; dt. *Dr. Dolittles geheimnisvoller See*, Übers. U. Lehrburger, Bln. 1952. FANTIPPO. JUNGANYIKA.
- *Doctor Dolittle's Post Office*, Ldn. 1924; dt. *Doktor Dolittles Postamt*, Übers. E. L. Schiffer, in *Dr. Dolittle Bücher*, 10 Bde., Bln. 1928–1956, Bd. 5; ern. Bln. 1957–1967. FANTIPPO. JUNGANYIKA. NIEMANDSLAND.
- *The Story of Doctor Dolittle*, Ldn. 1922;, dt. *Doktor Dolittle und seine Tiere*, Übers. E. L. Schiffer, in *Dr. Dolittle-Bücher*, Bd. 1. JOLLIGINKI.
- *The Voyages of Doctor Dolittle*, Ldn. 1923; dt. *Doktor Dolittles schwimmende Insel*, Übers. E. L. Schiffer, in *Dr. Dolittle-Bücher*, Bd. 2. CAPA-BLANCA-INSELN.

Longueville, Peter
- *The Hermit: or The unparalleled Sufferings and Surprising Adventures of Mr. Philip Quarll, an Englishman. Who was lately discovered by Mr. Dorrington, a Bristol Merchant, upon an uninhabited Island in the South Sea where he has lived above fifty years ... still continues to reside, not being come away ...*, Ldn. 1727; dt. *Der englische Einsiedler. Oder: Die wundervollen Begebenheiten und seltenen Unglücksfälle eines Engländers, Philip Quarll; welcher unlängst von einem bristolischen Kaufmann, nahmens Dorrington »pseud.« auf einer unbewohnten Insull im Süd-meere, allwo er sich ohngefehr funffzig Jahre aufgehalten, und noch befindet, ohne nach seiner heimath kehren zu wollen, entdecket worden*, Übers. anon., Hbg. 1728. QUARLL-EILAND.

Lope de Vega Carpio, Felix, s. Vega Carpio, Lope Félix de

Louÿs, Pierre
- *Le aventures du roi Pausole*, Paris 1901; dt. *Die Abenteuer des Königs Pausole*, Übers. A. Schwarz, Budapest 1900. TRYPHÊME.

Lovecraft, Howard Phillips
- *The Dream Quest of Unknown Kadath*, in *Arkham Sampler*, Sauk City, 1948; dt. *Die Traumfahrt zum unbekannten Kadath*, Übers. H. Schütz, Stg. 1980. BAHARNA. CELEPHAIS. DYLATH-LEEN. KÖNIGREICH DER GUGS. LENG. NGRANEK. TRAUMWELT.
- *The Dunwich Horror* (Der Dunwich Horror), in *The Outsider and Others* (Der Außenseiter und Andere), Sauk City 1939. DUNWICH.
- *The Haunter of the Dark* (Der Besucher aus dem Dunkel), in *The Outsider and Others*, Sauk City 1939. FEDERAL HILL.
- *The Rats in the Walls* (Die Ratten in den Mauern), in *The Outsider and Others*, Sauk City 1939. EXHAM PRIORY.
- *The Shadow over Inssmouth* (Der Schatten über Innsmouth), in *The Outsider and Others*, Sauk City 1939. INNSMOUTH.

Lü Pu-Wei
- *Lü-shih ch'un-ch'iu* (3. Jh. v. Chr.), in *Chu-tzu chi-ch'eng*, Peking 1954; dt. *Frühling und Herbst des Lü Pu Wei*, Übers. R. Wilhelm, Düsseldorf/Köln 1979. HÜGELSIEDLUNG.

Lukanus s. Annaeus Lucanus, Marcus

Lukianos aus Samosata
- *Alēthē dihēgemata*, (um 120), Florenz 1496; dt. *Wunderbarlicher bisz daher, unerhörter u. unglaublicher indianischer Reysen ...*, Übers. G. Rollenhagen, Magdeburg 1603; ern. *Wahre Geschichte*, (Übers. K. Mras), in *Die Hauptwerke des Lukian*, Mchn. 1954; ern. *Die wahre Geschichte*, Übers. C. M. Wieland, in *Werke*, 3 Bde., Bln./Weimar 1974, Bd 2. BAUMMEER. DIE INSEL DES DIONYSOS. DIE INSEL DER SELIGEN. DIE INSELN DER VERDAMMTEN. KABBULUSSA. KASEOSA. KORKLAND. TRAUMINSEL.
- *Theōn dialogoi* (um 120), Florenz 1496; dt. *Göttergespräche*, Übers. J. H. Walser, in *Schriften*, Bd. 4, Zürich 1773; ern. *Götter, Tote und Hetären*, Übers. J. Werner, Lpzg. ⁴1961. DAS PHLEGETON.

M

Macaulay, Rose
- *Orphan Island* (Die Waiseninsel), Ldn. 1924. DIE WAISENINSEL.

Mac Donald, George
- *At the Back of the North Wind*, Ldn. 1871; dt. *Hinter dem Nordwind*, Übers. S. Schönfeldt, Mchn. 1981. DER RÜCKEN DES NORDWINDES.
- *Phantastes, a Faerie Romance* (Phantastes, eine Feenromanze), Ldn. 1856. FEENLAND.

Macey, Elspeth Ann
- *Awayday* (Vor langer Zeit), in *Absent Friends and Other Stories*, Ldn. 1955. COMMUTARIA.

MacPherson, James
- *An introduction to the History of Great Britain and Irland* (Eine Einführung in die Geschichte von Großbritannien und Irland), Dublin 1771. DIE INSELN DER SELIGEN.

Malory, Thomas
- *Le Morte Darthur*, Westminster 1485; dt. *Dies edle und freudenreiche Buch heisset der Tod Arthurs, obzwar es handelt von Geburt, Leben und Taten des genannten Königs Arthur*, Übers. H. Lackmann, Hg. S. Rüttgers, 3 Bde., Lpzg. 1918. ARROY. AVALON. BEDEGRAINE. BORHAUTE. CAMALOT. CARBONEK. CARLÏON. CORBIN. DIE FROHE INSEL. FROHE WACHT. KINKENADON. DIE MÄDCHENBURG. SERVAGE. DAS SCHLOSS DER FEE MORGUE. DIE SCHWARZE KAPELLE. DIE WEISSE BURG.

Mandeville, Jean de, s. Jean de Mandeville

Mann, Thomas
- *Doktor Faustus*, NY 1944, in *Aufbau*, 10, 22.12.1944, 51; Ausz. – NY 1947. KAISERSASCHERN.
- *Königliche Hoheit*, Bln. 1909. GROSSHERZOGTUM DER DYNASTIE GRIMMBART.

Marcolini, Francesco
- *Dei Commentarii del viaggio in Persia di M.*

Caterino Zeno il k. e delle guerre fatte nell' imperio persiano, dal tempo di Ussuncassano in qua, libri due et dello scoprimento dell'Isole Frislandia, Eslanda, Engrouelanda, Estotilanda e Icaria, fatto sotto il Polo Artico dai due fratelli, Zeno, M. Nicole e M. Antonio (Notizen des Herrn Caterino Zeno über seine Reise nach Persien und über die Kriege in diesem Reich von der Zeit des Ussuncassano bis heute, außerdem über die Entdeckung der Inseln Frislandia, Esland, Engroveland, Estotiland und Icaria, die von den Gebrüdern Nicolo und Antonio Zeno am Nordpol gemacht wurden), Venedig 1558. ESTOTILANDA. FRISLANDIA.

Marivaux, Pierre Carlet de Chamblain de
- *Voyage au Monde vrai* (Reise ins Wahrland), in *Le cabinet du philosophe* (Philosophisches Kabinett), Paris 1734. WAHRLAND.

Mark Twain (d. i. Samuel Langhorne Clemens)
- *A Connecticut Yankee in King Arthur's Court*, NY 1889, in *The Writings*, Bd. 16; dt. *Ein Yankee am Hofe König Artus'*, Übers. J. Botsilber u. J. Ott, Wien 1923; ern. *Ein Yankee aus Connecticut an König Artus' Hof*, Übers. L. Krüger, in *GW*, 5 Bde., Hg. K.-J. Popp, Mchn. 1965–1967, Bd. 4. CAMALOT.
- *The Curious Republic of Gondour* (Die seltsame Republik Gondour), Atlanta 1875. GONDOUR.
- *The Man that Corrupted Hadleyburg*, in *The Man that Corrupted Hadleyburg and Other Stories and Essays*, NY/Ldn. 1900; dt. *Wie Hadleyburg verderbt wurde*, Übers. M. Jacobi u. H. Conrad, in *Humoristische Schriften*, 6 Bde., Ludwigsburg 1911–1913, Bd. 6; ern. *Der Mann, der Hadleyburg korrumpierte*, Übers. L. Krüger, in *GW*, 5 Bde., Mchn. 1965–67, Bd. 5. HADLEYBURG.

Marquez s. García Marquez, Gabriel

Martigny, Le Comte de
- *Voyage d'Alcimédon, ou Naufrage qui conduit au port, ou Histoire plus vrai que nature mais qui peut encourager à la recherche des Terres inconnues* (Die Seereise von Alcimedon, oder der Schiffbruch, der in den Hafen führt. Oder eine Geschichte, wirklicher als die Natur, indes geeignet, die Erforschung unbekannter Gefilde zu ermutigen), Amsterdam 1759. PHILOS.

Maspero, George
- *Le contes populaires de l'Égypte Ancienne* (Volkstümliche Geschichten aus dem alten Ägypten), Paris 1899. DIE DOPPEL-INSEL.

Maurois, André (d. i. Émile Salomon Herzog)
- *Meïpe ou La délivrance* (Meïpe oder die Befreiung), Paris 1926. MEÏPE.
- *Patapoufs et Filifers*, Paris 1930; dt. *Patapuffer und Filiferen*, Übers. H. G. Lenzen, Bern 1946; ern. *Patapuf und Filifer*, Übers. ders., Düsseldorf 1956. PATAPUF UND FILIFER.
- *Le pays des trente-six mille volontés*, Paris 1928; dt. *Das Land der 36 000 Wünsche*, Übers. W. u. N. Simon, Stg. 1930; ern. (Übers. W. N. Lüsberg) Bln. 1951. DAS LAND DER SECHSUNDDREISSIGTAUSEND WÜNSCHE.
- *Voyage au pays des Articoles*, Paris 1927; dt. *Reise ins Land der Artikolen*, Übers. F. Bondy, Tübingen 1929. MAÏNA.

Mauvillon, Elézan de
- *Le soldat parvenu ou Mémoires et aventures de M. de Verval, dit Bellerose* (Der aufgestiegene Soldat oder Erinnerungen und Abenteuer des Herrn von Verval alias Bellerose), Dresden 1753. DIE VOGELINSEL.

May, Karl
- *Ardistan*, in *Ges. Reiseerzählungen*, 65 Bde., Freiburg i. Br. 1913–1939, Bd. 31. – *Der Mir von Dschinnistan*, in *Ges. Reiseerzählungen*, 65 Bde., Freiburg i. Br., Bd. 32. ARDISTAN. DSCHINNISTAN. DSCHUNUBISTAN. SITARA. STADT DER TOTEN. TSCHOBANISTAN. USSULISTAN.

Melville, Herman
- *Mardi, and a Voyage Thither* (Mardi – und eine Reise dorthin), NY. 1849. DIRANDA. DOMINORA. FLOZELLA-A-NINA. HOOLOOMOOLOO. MARAMMA. MARDI. MINDA. NORA-BAMMA. ODO. OHONOO. PIMMINEE. TUPIA. VALAPEE.

Mercier, Louis-Sébastien
- *L'an deux mille quatre cent quarante. Rêve s'il fût jamais*, Amsterdam 1770; dt. *Das Jahr Zweitausendvierhundertundvierzig. Ein Traum aller Träume*, Übers. C. F. Weiße, Ldn. 1772. NEU-PARIS.

Meyer, Nicholas
- *The Seven-Per-Cent Solution* (Die Sieben-Prozent-Lösung), NY 1975. RURITANIEN.

Michaux, Henry
- *Mes propriétés*, Paris 1929; dt. *Meine Güter*, Übers. G. u. H. Kesten, in *Neue französische Erzähler*, Hg. F. Bertaux und H. Kesten, Bln. 1960. MEIN BESITZ.
- *Voyage en Grande Garabagne* (Reise nach Groß-Garabanien), Paris 1936. – *Portrait des Meidosems* (Beschreibung der Medosemen), in *La vie dans les plis*, (Das Leben im Alltag), Paris 1948. – *Ecuador*, Paris 1929; dt. Teilübers. K. Leonhard u. H. Michaux, in *Dichtungen, Schriften*, Ffm. 1966–71. GROSS-GARABANIEN.

Milne, Alan Alexander
- *Once on a Time* (Es war einmal), Ldn. 1917. EURALIA.

Milosz, Oscar Venceslas de Lubicz
- *Tous les morts sont ivres…*, in *Poèmes 1895–1927*, Paris 1929; dt. *Alle Toten sind trunken…*, in *Poesie*, Übers. F. Kemp, Ffm. 1963. DER LOFOTEN-FRIEDHOF.

Miranda, Suarez
- *Viajes de varones prudentes* (Reisen der klugen Männer), Lerida 1658, in Jorge Luis Borges und Adolfo Bioy Casares, *Cuentos breves y extraordinarios* (Kurze und außergewöhnliche Erzählungen), Buenos Aires 1973. DAS KARTOGRAPHISCHE KAISERREICH.

Misson, François-Maximilien
- *Voyage et advantures de François Leguat, & de ses compagnons, en deux isles déserées, des Indes Orientales. Avec la relation des choses les plus remarquables qu'ils ont observées dans l'Isle Maurice, à Batavia, au Cap de Bonne-Esperance, dans l'Isle St. Hélène, & en d'autres endroits de leur route*, Ldn. 1708; dt. *Hn. Francisci Leguat, eines Frantzosen, und seiner Gefehrten Reisen und Wunderliche Begebenheiten nach zweyen unbewohnten Ost-Indischen Insuln. Nebst einer Erzehlung der merckwürdigsten Dinge, die sie auf der Insul Mauritii, zu Batavia, an dem Cap der guten Hoffnung, auf der Insul S. Helena und anderen Orthen worauf sie zukommen, angemercket haben. Mit Landkarten und Figuren*, Übers. anon., Liegnitz 1709; ern. *François Leguat und seine Gefährten; eine rührende Seefahrergeschichte*, Übers. F. Dürkheim, Liegnitz 1792. RODRIGUE.

Mörike, Eduard
- *Maler Nolten. Novelle in zwei Teilen*, Stg. o. J. [1832, 1. Fassg.], 2 Bde; Stg. 1877, 2 Bde., [2. Fassg.]. ORPLID.

Montemayor, Jorge de
- *Los siete libros de la Diana*, Valencia o. J. [1559]; dt. *Diana. Erster und anderer Teil der neuen verdeutschten Schäferei von der schönen verliebten Diana und dem vergessenen Sireno*, Übers. H. L. v. Kufstein, Nürnberg 1619; ern. (Übers. u. Bearb. G. Ph. Harsdörfer), Nürnberg 1646. ARKADIEN.

Montesquieu, Charles-Louis de Secondat, Baron de
- *Lettres persanes*, Amsterdam 1721; dt. *Des Herren von Montesquieu Persianische Briefe*, Übers. v. Hagedorn, Ffm./Lpzg. 1760; ern. *Persische Briefe*, Übers. F. Montfort, Wiesbaden 1947. DAS LAND DER TROGLODYTEN.

Montpensier, Anne-Marie-Louise-Henriette d'Orléans, Duchesse de
- *Relation de l'Isle Imaginaire* (Chronik der Imaginären Insel), Paris 1659. DIE IMAGINÄRE INSEL.

Mor, Jokai
- *20 000 ans sous les glaces* (20000 Meilen unter dem Eis), Bukarest 1876. DAS REICH DER POLARBÄREN.

More, Sir Thomas
- *Utopia*, Löwen 1516; dt. *Ordentliche und ausführliche Beschreibung der… Insul Utopia*, Übers. G. Wintermonat, Lpzg. 1612; ern. *Utopia. Eine Konstruktion des humanen Staates*, Übers. M. Endres, Mchn. 1960. HAPPILAND. NOLANDIA. TALLSTORIA. UTOPIA. VENALIA.

Morris, Ralph
- *A Narrative of The Life and astonishing Adventures of John Daniel, a Smith at Royston in Hertfordshire, for a Course of seventy Years.* (Ein Bericht über das Leben und die erstaunlichen Abenteuer des John Daniel, Schmied zu Royston in Hertfordshire, über einen Zeitraum von siebzig Jahren), Ldn. 1751. ANDERSONS FELS.

Morris, William
- *The Earthly Paradise. A Poem* (Das irdische Paradies. Ein Gedicht), 4 Bde., Ldn. 1868–1870. DIE GOLDENE INSEL. DIE WALDINSEL.
- *The Story of the Glittering Plain which has also been called the Land of Living Men or the Acre of the Undying* (Die Erzählung von der Glitzernden Ebene, die auch das Land der Lebenden oder der Acker der Unsterblichen genannt wurde), Ldn. 1891. DIE INSEL LÖSEGELD.
- *The Water of the Wondrous Isles* (Das Wasser der Wunderbaren Inseln), Ldn. 1897. GRAUHAMMEL. GROSSES WASSER.
- *The Well at the World's End*, Ldn. 1896; dt. *Die Quelle am Ende der Welt*, Übers. A. Baronin v. Charpentier, Mchn. 1981. DIE QUELLE AM ENDE DER WELT.

Moszkowski, Alexander
- *Die Inseln der Weisheit, Geschichte einer abenteuerlichen Entdeckungsfahrt*, Bln. 1922. BALÊUTO. KRADAK. VLÉHA.

Motta, Luigi
- *Il tunnel sottomarino* (Der Tunnel unter dem Meer), Mailand 1912. ATLANTEJA. ATLANTIK-TUNNEL.

Mouhy, Charles Fieux de
- *Lamekis, ou les Voyages extraordinaires d'un Egyptien dans la terre intérieure avec la découverte de l'isle des Silphides*, 2 Bde., Paris 1735–1738; dt. *Lamekis, oder wunderbare Reisen eines Egyptiers unter der Erden, nebst Entdeckung der Insel der Silphiden*, Übers. Eukelmann, Liegnitz/Lpzg. 1789. DAS ABDALLENREICH. DAS AMPHIKLEOKLENREICH.

Moutonnet de Clairfons, Julien-Jacques
- *Les Isles Fortunées, ou les Aventures de Bathylle et de Cléobule, par M.M.D.C.A.S.* (Die Glücklichen Inseln, oder die Abenteuer von Bathylle und Cleobule), Paris 1778. DIE INSELN DER SELIGEN.

Mozart, Wolfgang Amadeus u. Schikaneder, Emanuel
- *Die Zauberflöte*, Uraufführung Wien 1791. HELIOPOLIS.

N

Nadeau, Maurice
- *La méthode d'André Dhôtel* (Die Methode André Dhôtels), Paris 1952. DHÔTELLAND.

Nennius
- *Historia Britonum* (Geschichte der Briten, 9. Jh.), Bln. 1898, Hg. Th. Mommsen in *Monumenta Germaniae Historica*, Auct. ant., 13. AMRS GRABSTÄTTE.

Nerval, Gérard de
- *Aurélia ou Le rêve et la vie*, Paris 1855; dt. *Aurelia oder der Traum und das Leben*, Übers. H. Kubin, Mchn./Lpzg. 1910; ern. Ffm. 1961. DIE GEHEIMNISVOLLE STADT.

Nesbit, Edith
- *Five Children and It* (Fünf Kinder und Es), Ldn. 1902. DAS WEISSE HAUS.
- *The Island of the Nine Whirlpools* (Die Insel der neun Wasserstrudel), Ldn. 1899. DIE INSEL DER NEUN WASSERSTRUDEL.
- *Uncle James* (Onkel James), Ldn. 1899. ROTUNDIA.

Nestroy, Johann Nepomuk
- *Freiheit in Krähwinkel*, Wien 1848. KRÄHWINKEL.

Neville, Henry
- *The Isle of Pines, or, a late discovery of a fourth island near Terra Australis Incognita by Henry Cornelius Van Sloetten*, Ldn. 1668; dt. *Die neu-*

entdeckte Insul Pines. Oder Wahrhafftige Beschreibung des vierdten Eylands, Pines genannt, gelegen in dem noch unbekannten Süder-Lande, Übers. anon., Ffm. 1668; ern. *Wahrhaffte und merckwürdige Lebens-Beschreibung Joris Pines von Dublin aus Irrland bürtig,* Übers. anon., o. O. [Schneeberg] 1726 [erw.]. DIE INSEL PINES.

Niebelschütz, Wolf von
- *Der blaue Kammerherr. Galanter Roman,* Ffm. 1949. MYRRHA.

Nodier, Charles
- *Hurlubleu, Grand Manifafa d'Hurlubière* (Hurlubleu, Großer Manifafa von Hurlubière), Paris 1822. HURLUBIÈRE. PATAGONIEN.

Nossack, Hans Erich
- *Ein glücklicher Mensch. Erinnerungen an Aporée,* Ffm. 1975. APORÉE.

Novalis (d. i. Georg Friedrich Philipp Freiherr von Hardenberg)
- *Heinrich von Ofterdingen,* Bln. 1802. ARCTURS PALAST.

O

Obrutschew, Wladimir
- *Plutonia,* Moskau 1924; dt. *Plutonien,* Übers. H. Strese, Bln. 1959. PLUTONIEN.

Ocaña, Fray Diego de
- *Relación del viaje a Chile, ano de 1600* (Chronik einer Reise nach Chile im Jahre 1600), Anhang zu *Anales de la Universidad de Chile,* Santiago de Chile o. J. CESSARES.

O'Neill, Joseph
- *Land under England* (Land unter England), Ldn. 1935. DER RÖMERSTAAT.

Orlan, Pierre-Mac
- *Le chant de l'équipage* (Das Lied der Mannschaft), Paris 1918. CHITA.

Orwell, George (d. i. Eric Blair)
- *Nineteen Eighty-Four,* Ldn. 1949; dt. *Neunzehnhundertvierundachtzig,* Übers. K. Wagenseil, Zürich 1950; ern. Ffm./Bln./Wien 1976. NEU-LONDON.

Ossendowski, Ferdinand
- *Przez Kraj ludzi i zwierzat i bogow,* o. O. 1922; dt. *Tiere, Menschen und Götter,* Übers. W. v. Derwall, Ffm. 1923. AGARTHA.

Ovidius Naso, Publius
- *Metamorphoseon libri* (1 v. Chr.-ca. 10 n. Chr.), Bologna 1471, in *Opera,* Hg. Franciscus Puteolanus; dt. *Metamorphoseon libri XV,* Übers. A. v. Halberstadt (entstanden um 1210), Hg. u. Bearb. J. Wikram, Mainz 1545; ern. *Metamorphosen,* Übers. Th. v. Scheffer, Wiesbaden 1948. DAS LAND DER KENTAUREN. SARPEDON.

Owen, Gregory
- *Meccania, The Super-State* (Meccania, der Super-Staat), Ld. 1918. MECCANIA.

P

Paltock, Robert
- *The Life and Adventures of Peter Wilkins, a Cornish Man. Taken from his own Mouth, in his Passage to England, from off Cape Horn, in the ship Hector. By R. S., a Passenger in the Hector,* Ldn. 1783; dt. *Die fliegenden Menschen oder Wundersame Begebenheiten Peter Wilkins',* Übers. F. W. Zachariae, Braunschweig 1767. ALKOE. DORPFWANGRANTI.

Peacock, Thomas Love
- *Nightmare Abbey* (Albtraum-Abtei), Ldn. 1818. NIGHTMARE ABBEY.
- *Crotchet Castle* (Das verwinkelte Schloß), Ldn. 1831. CROTCHET CASTLE. DOTANDCARRYONE.

Perrault, Charles
- *Barbe-Bleue,* in *Histoires ou Contes du temps passé, avec des moralitez,* Paris 1697; dt. *Blaubart,* in *Ammen-Mährchen,* Übers. F. J. Bertuch, Gotha/Weimar 1790; ern. (Übers. W. Scherf), in *Märchen aus vergangener Zeit,* Würzburg 1965. DIE VILLA DES HERRN BLAUBART.

Pfaffe Lamprecht
- *Alexanderlied,* (um 1120/30), Wien 1849, in *Dt. Geschichte d. 11. u. 12. Jh. s.,* Hg. E. Diener; nhd. *Alexander, Gedicht des 12. Jh.s. vom Pfaffen Lamprecht,* Hg. H. Weismann, Ffm. 1850. MÄDCHENWALD.

Photios
- *Bibliothēkē* (Bibliothek, vor 855), Augsburg 1601, Hg. D. Hoeschel. DIE WUNDERWELT JENSEITS VON THULE.

Pinget, Robert
- *Graal Flibuste,* Paris 1956. BACHEPOUSSE. GRAAL FLIBUSTE.

Pinto, Fernão Mendes
- *Peregrinaçam,* Lissabon 1614; dt. *Abentheurliche Reise,* Übers. anon., 2 Bde., Jena 1808/09; ern. *Peregrinaçam oder Die seltsamen Abenteuer des F. Mendes,* Übers. W. G. Armando, Hbg. 1960. CALEMPLUI.

Pisan, Christine s. Christine de Pisan

Platon
- *Kritias* (4. Jh. v. Chr.), Florenz o. J. [ca. 1482–1484], (in *Opera,* 2 Bde., lat. Übers. v. Marsilio Ficino Bd. 1); dt. *Kritias, oder Athen und Atlantis neun Jahrtausende vor Solon,* Übers. H. Müller, in *SW,* Bd. 6, Lpzg. 1857; ern. (Übers. H. Müller u. F. Schleiermacher, in *Werke,* 8 Bde., Darmstadt 1970–1979, Bd. 7).
- *Timaios* (4. Jh. v. Chr.), Florenz o. J. [ca. 1482–1484], in *Opera,* 2 Bde., (lat. Übers. v. Marsilio Ficino Bd. 2); dt. *Timäus,* Übers. L. Hörstel, Braunschweig 1795; ern. *Timaios,* Übers. H. Müller u. F. Schleiermacher, in *Werke,* 8 Bde., Darmstadt 1970–1979, Bd. 7. ATLANTIS.
- *Phaidōn* (um 387 v. Chr.), Florenz o. J. [ca. 1482–1484], (in *Opera,* 2 Bde., lat Übers. v. Marsilio Ficino, Bd. 2); dt. *Phaedon,* Übers. Ch. Hofmann von Hofmannswaldau, in H. v. H., *Deutsche Übersetzungen und Getichte,* Breslau 1679; ern. *Phaidon,* Übers. R. Rufener, in *Meisterdialoge,* Zürich/Stg. 1958. DAS PHLEGETON.
- *Politikos* (4. Jh. v. Chr.), Florenz o. J. [ca. 1482–1484], (in *Opera,* 2 Bde., lat. Übers. v. Marsilio Ficino, Bd. 2), dt. *Der Staatsweise,* übers. J. F. Kleuker, in *Werke,* Bd. 4, Lemgo 1786; ern. *Der Staatsmann,* Übers. R. Rufener, in *Spätdialoge,* Zürich/Stg. 1965. MEROPIS.

Plinius Secundus d. Ä., Gaius
- *Historia naturalis,* (um 23/24), Venedig 1469 (u. d. T. *Historiae naturalis libri XXXVII*); dt. *Natürlicher History Fünff Bücher,* Übers. H. v. Eppenhoff, Straßburg 1543 (nur Buch 7–11); ern. *Naturgeschichte,* Übers. G. Ch. Wittstein, 6 Bde., Lpzg. 1881/82. ASTOMERLAND. ARIMASPIEN. BASILISKENLAND. BLEMMYAE-LAND. HYPERBOREA. DIE INSELN DER SELIGEN. DAS LAND DES BÖSEN BLICKS. TAPROBANE.

Plutarchos
- *Bioi parallēloi* (um 105), Florenz 1517 (u. d. T. *Tu sophōtatu Plutarchu parallēlon bioi Rhōmaiōn kai Hellēnōn); Plutarchus Teutsch. von dem Leben und Ritterlichen geschichten, der aller Durchleuchtigsten Griechen und Römern,* Übers. H. Boner, Augsburg 1534 [8 Biographien], ern. *Große Griechen und Römer,* Übers. K. Ziegler u. W. Wuhrmann, 6 Bde., Zürich 1954–1964. AMAZONIEN. DIE INSELN DER SELIGEN. LABYRINTH.

Poe, Edgar Allan
- *The City in the Sea,* in *The Raven and Other Poems,* NY 1945; dt. *Die Stadt im Meere,* Übers. anon., in *Werke,* 10 Bde., Hg. H. u. A. Moeller-Bruck, Minden 1904, Bd. 2; ern. *Die Stadt im Meer,* Übers. H. Wollschläger, in *Werke,* 4 Bde., Hg. K. Schuhmann u. H. D. Müller, Olten/Freiburg i. B. 1966–1973, Bd. 4. DIE INSEL AM ENDE DER WELT.
- *The Devil in the Belfry,* in *The Saturday Chronicle and Mirror of the Times,* April 1839, dt. *Der Teufel im Glockenstuhl,* Übers. anon., in *Werke,* 10 Bde., Hg. H. u. A. Moeller-Bruck, Minden 1904, Bd. 9; ern. *Der Teufel im Glockenturm,* Übers. H. Wollschläger, in *Werke,* Olten/Freiburg i. B. 1966–1973, Bd. 4. WUNNERWOBLIFTID.
- *The Domain of Arnheim,* Philadelphia 1847; dt. *Das Gut zu Arnheim,* Übers. anon., in *Werke,* Minden 1904, Bd. 2; ern. *Der Park von Arnheim,* Übers. H. Wollschläger, in *Werke,* Olten/Freiburg i. B. 1966, Bd. 2. ARNHEIM.
- *The Facts in the Case of Mr. Valdemar,* in *Tales of the Grotesque and Arabesque,* Philadelphia 1840; dt. *Der Fall Valdemar,* Übers. anon., in *Werke,* Minden 1904, Bd. 6; ern. *Die Tatsachen im Falle Valdemar,* Übers. H. Wollschläger, in *Werke,* Olten/Freiburg i. B. 1966–1973, Bd. 2. SHANGRI-LA.
- *The Masque of the Red Death,* Philadelphia 1842; dt. *Die Maske des rothen Todes,* Übers. J. Möllenhoff, in *Ausgewählte Novellen,* 2 Bde., Stg. 1883, Bd. 2 (*RUB,* 1703), ern. (Übers. H. Wollschläger), in *Werke,* Olten/Freiburg i. B. 1966–1973, Bd. 1. PRINZ PROSPEROS SCHLOSS.
- *The Murders in the Rue Morgue,* Philadelphia 1841 (in *Graham's Lady's and Gentleman's Magazine,* April); dt. *Der Mord in der Rue Morgue,* Übers. A. Scheibe, Mchn. 1875; ern. *Die Morde in der Rue Morgue,* Übers. H. Wollschläger, in *Werke,* Olten/Freiburg i. B., Bd. 1. RUE MORGUE.
- *The Narrative of Arthur Gordon Pym of Nantucket,* NY/Ldn. 1838; dt. *Seltsame Seeabenteuer Arthur Gordon Pym's,* Übers. A. v. Winterfeld, Jena 1883; ern. *Umständlicher Bericht des Arthur Gordon Pym von Nantucket,* Übers. A. Schmidt, in *Werke,* Olten/Freiburg i. B. 1966–1973, Bd. 2. BENNET-EILAND. GEGENWARTSLAND. TSALAL.
- *Shadow; a Parable,* in *Tales,* Philadelphia 1845; dt. *Schatten,* Übers. anon., in *Werke,* Minden 1904, Bd. 2; ern. *Schatten, eine Parabel,* Übers. A. Schmidt, in *Werke,* Olten/Freiburg i. B. 1966–1973, Bd. 1. PTOLEMAIS.
- *Silence; a Fable,* in *The American Monthly Magazine,* Juni 1837; dt. *Schweigen,* Übers. anon., in *Werke,* Minden 1904, Bd. 2; ern. *Siope – Eine Fabel,* Übers. A. Schmidt, in *Werke,* Olten/Freiburg i. B. 1966–1973, Bd. 1. SCHWEIGEN.

Polo, Marco
- *Il Milione,* (1298/99), o. O. u. J. [Goudum 1483–1485] (u.d.T. *De consuetudinibus et conditionibus orientalium regionum); dt. Das puch des edeln Ritters vnd landtfarers Marcho polo, das do sagt von mangerley wunder der landt vnd lewt...* Übers. anon., Nürnberg 1477; ern. *Die Reisen des Venezianers M. P.,* Übers. H. E. Rübsamen, Mchn. 1963. ARIMASPIEN.

Porcacchi, Tommaso
- *Le isole più famose del mondo* (Die berühmtesten Inseln der Welt), Mailand 1572. DAS MEER DER RIESEN. DER VULKANABGRUND.

Porphyrios
- *Peri Plōtinou biou* (3. Jh.), o. O. 1540 (u.d.T. *Plotini vita*); dt. *Über Plotins Leben und über die Ordnung seiner Schriften,* Übers. R. Harder, Hbg. 1958. PLATONOPOLIS.

Powell, Anthony
- *Venusberg,* Ldn. 1932. VENUSBERG (2).

Prevert, Jacques
- *Lettre de îles Baladar* (Brief von den Baladar-Inseln), Paris 1952. INSEL WIE-ZUVOR.

Prevost, Antoine-François
- *Le philosophe anglois, ou Histoire de Monsieur Cleveland, fils naturel de Cromwell, écrite par lui-mesme et traduite d'anglois;* dt. *Der englische Weltweise, oder Historie des Herrn Clevelands, Natürlichen Sohnes des Cromwells...,* 7 Tle., Übers. anon., Bln. 1736–1740. DREXARA. NOPANDE-LAND.

Prokopios aus Kaisareia
- *Hyper tōn polemōn* (um 545), Augsburg 1607; dt. *Des Procopius von Caesarea Geschichte seiner Zeit (Der Perser, Vandalen u. Gothen Denkwürdigkeiten),* 4 Bde., Übers. P. J. Kanngießer, Greifswald 1827–1831; ern. *Vandalenkrieg. Gotenkrieg,* Übers. D. Coste, Mchn. 1966. THULE.

Proust, Marcel
- *À la recherche du temps perdu,* Paris 1913–1927; dt. *Auf den Spuren der verlorenen Zeit,* Übers. W. Benjamin u. F. Hessel, 3 Bde., Bln./Mchn. 1926–1930; ern. *Auf der Suche nach der verlorenen Zeit,* Übers. E. Rechel-Mertens, 7 Bde., Ffm./Zürich 1953–1957. COMBRAY.

Psalmanaazar, George
- *Description d l'île Formose en Asie, du gouver-*

nement des Rois, des moeurs et de la religion der habitants dressée sur les Mémoires de Geo. Psalmanaazar, avec une Relation de ses voyages par le Sieur N. F. D. B. R. (Beschreibung der Insel Formosa in Asien, der Regierung der Könige, der Sitten und der Religion seiner Bewohner, wie sie den Memoiren des Geo. Psalmanaazar zu entnehmen sind, mit einer Schilderung seiner Reisen von Sieur N.F.D.B.R.), Amsterdam 1704. FORMOSA.

Ptolemäus s. Klaudios Ptolemaios

Puškin, Aleksandr Sergeevič
- *Skazka o zolotom petuške*, Moskau 1835; dt. *Der goldene Hahn*, Übers. V. A. Lierse, Stg. 1948. DODONS REICH.

R

Raabe, Wilhelm
- *Abu Telfan oder die Heimkehr vom Mondgebirge*, Stg. 1867, in *Über Land und Meer*, 9, 18, Nr. 33–52. ABU TELFAN.
- *Wunnigel*, Braunschweig 1877/78 (in *Westermann's Monatshefte*, 3. Folge, Bd. 11). DAS HAUS AM SCHLOSSBERGE.

Rabelais, François
- *Le cinqueisme et dernier livre des faicts et dicts heroiques du bon Pantagruel*, Paris 1564; dt. *Affenteurliche und Ungeheurliche Geschichtschrift Vom Leben, rhaten und Thaten der for langen weilen Vollenwolbeschraiten Helden und Herrn Grandgusier, Gargantua, und Pantagruel Königen inn Utopien und Ninenreich*, Übers. J. Fischart, o. O. (Straßburg) 1575; ern. *Gargantua und Pantagruel*, Übers,. F. A. Gelbcke, Lpzg. 1880; ern. nach G. Regis), 2 Bde., Mchn. 1964. DIE INSEL VOM ORAKEL DER GÖTTLICHEN FLASCHE. KLINGELINSEL. LATERNENLAND. DIE STRASSENINSEL. ÜBERMASS. WÜRFELINSEL. ZWINGGART.
- *Les horribles et espovantables faictz et prouesses du tresrenomme Pantagruel Roy des Dipsodes, filz du grand geant Gargantua, Composez nouvellement par maistre Alcotrybas Nasier*, Lyon 1531; dt. s. o. UTOPIA.
- *Le quart livre des faictz et dictz du heroiques du noble Pantagruel*, Paris 1552; dt. s. o. CHANEPH. DAS MEER DER GEFRORENEN WORTE. ENNASIN. GASTERS INSEL. PROKURATIEN. RUACH. TOHU UND BOHU.
- *La vie inestimable du grand Gargantua, pere de Pantagruel, iadis composee par L'abstracteur de quinte essence. Livre plein de pantagruelisme*, Lyon 1534; dt. s. o. THÉLÈME.

Radcliffe, Ann
- *The Mysteries of Udolpho*, Ldn. 1794; dt. *Udolphos Geheimnisse*, 4 Bde., Übers. D. M. Liebeskind. Riga 1795. DAS SCHLOSS VON UDOLPHO.

Raimund, Ferdinand
- *Der Alpenkönig und der Menschenfeind*, Wien 1828. ASTRALAGUS' REICH.
- *Der Barometermacher auf der Zauberinsel*, in *Sämtliche dramatische und poetische Werke*, 4 Bde., Wien 1837, Bd. 1. TUTULAND.
- *Die gefesselte Phantasie*, in *Sämtliche dramatische und poetische Werke*, 4 Bde., Wien 1837, Bd. 3. FLORA.

Raleigh, Walter
- *The Discoverie of the lovlie, rich and beautiful Empyre of Guiana with a relation of the great and golden City of Manoa (which the Spanyards call El Dorado) and the Provinces of Emerria, Arromania, and of other countries, with their rivers adjoyning. Performed in the year 1595 by Sir Walter Raleigh, Knight, Captaine of Her Majesty's Guard, Warder of the Stanneries and Her Majesty's Lord Lieutenant of the Countie of Cornewalle*, Ldn. 1596; dt. *Die fünffte kurtze wunderbare Beschreibung deß goldreichen Königreichs Guianae in America oder neuen Welt, vnter der Linea aequinoctiali gelegen. So neulich anno 1594, 1595 und 1596 v. d. Wolgebornen Herrn, Herrn Walthero Raleigh, e. engl. Ritters, besucht worden. Erstlich auß Befehl seiner Gnaden in 2 Büchlein beschrieben, darauß Joducus Hondius e. schöne Land-Tafel m. e. niderländ. Erklärung gemacht. Jetzt aber ins Hochteutsch gebracht und auß unterschiedl. Authoribus erkläret*, Nürnberg 1603. ELDORADO. EWAIPANOMA.
- *History of the World* (Weltgeschichte), Ldn. 1614. AMAZONIEN.

Ralston, Karl
- *Buyanka*, in *The Songs of the Russian People* (Die Lieder des russischen Volkes), Edinburgh 1932. INSEL BUYAN.

Raspe, Rudolf Erich
- *Baron Münchhausens Narrative of his Marvellous Travels and Campaigns in Russia* (Baron Münchhausens Erzählung von seinen wunderbaren Reisen und Feldzügen in Rußland), Ldn. 1785. DIE GURKEN-INSEL.

Read, Herbert
- *The Green Child* (Das Grüne Kind), Ldn. 1935. GRÜNES LAND. RONCADOR.

Restif (Rétif) de la Bretonne, Nicolas Edme
- *L'Andrographe ou idées d'un honnête homme sur un project de reglement proposé à toutes les nations de l'Europe pour opérer une réforme générale de moeurs, et par elle, le bonheur du genre humain avec des notes historiques et justificatives* (Der Androgaph, oder Gedanken eines ehrbaren Mannes zu einem allen Nationen Europas unterbreiteten Verordnungsentwurf, um eine allgemeine Sittenreform und damit das Glück der Menschheit zu bewirken, mit hisorischen Anmerkungen und Beweisen), Den Haag 1782. ANDROGRAPHIA.
- *La découverte australe par un homme volant ou Le Dédale français*, Paris 1781; dt. *Der fliegende Mensch*, Übers. W. Ch. S. Mylius, Dresden/Lpzg. 1784; ern. Fürth/Saarland. MEGAPATAGONIEN.
- *Les Gynographes, ou Idées de deux honnêtes femmes sur un problème de règlement proposé à toute l'Europe, pour mettre les femmes à leur place, et opérer le bonheur des deux sexes* (Die Gynographen, oder Gedanken von zwei ehrbaren Frauen zu einem allen Nationen Europas unterbreiteten Verordnungsentwurf, um die Frauen an ihren Platz zu verweisen und das Glück der beiden Geschlechter zu bewirken), Den Haag 1777. GYNOGRAPHIEN.
- *Le Pornographe, ou idées d'un Honnête homme sur un projet de règlement pour les prostituées* (Der Pornograph, oder Gedanken eines ehrbaren Mannes zu einem Verordnungsentwurf für Prostituierte), Ldn./Den Haag 1769. PARTHENION.
- *Le Thesmographe ou idées d'un Honnête homme sur un projet de règlement proposé à toutes les nations de l'Europe pour opérer une Réforme générale des Lois* (Der Thesmograph, oder Gedanken eines ehrbaren Mannes zu einem allen Nationen Europas unterbreiteten Verordnungsentwurf, um eine allgemeine Gesetzesreform zu bewirken), Paris 1789. THESMOGRAPHIA.

Rezzori, Gregor von
- *Maghrebinische Geschichten*, Hbg. 1953. MAGHREBINIEN.

Richardson, Sir Benjamin Ward
- *Hygeia, a City of Health* (Hygeia, eine Stadt der Gesundheit), Ld. 1876. HYGEIA.

Rimbaud, Arthur
- *Voyelles* (1873) in *Lutèce*, Okt. 1883; dt. *Vokale*, Übers. K. L, Ammer, in *Leben und Werk*, Lpzg. 1907; ern. *Selbst-Laute*, in *Poetische Werke*, 2 Bde., Übers. H. Therre u. R. G. Schmidt, Mchn. 1980, Bd. 1. WÖRTERSTADT.

Robida, Albert
- *Voyages très extraordinaires de Saturnin Farandoul dans les 5 ou 6 parties du monde (et dans tous pays connus et même inconnus de M. Jules Verne)* (Die sehr außergewöhnlichen Reisen des Saturnin Farandoul in die 5 oder 6 Teile der Welt und in alle bekannten und selbst in die Herrn Jules Verne unbekannten Länder), Paris 1879. FARANDOULIE. MAKALOLO.

Rochefort, Christiane
- *Archaos ou le Jardin étincelant* (Archaos oder der Glitzernde Garten), Paris 1972. ARCHAOS.

Robert, Marie-Anne de Roumier
- *Les Ondins* (Die Undinen), Paris/Ldn. 1768. CASTORA. FUTURA. DIE INSEL DER LANGEWEILE.

Robert de Boron
- *Le roman de l'estoire del Graal* (um 1180), Bordeaux 1841; dt. *Die Geschichte des heiligen Graal*, Übers. K. Sandkühler, Stg. 1958. MUNSALVAESCHE.

Rodríguez (oder Ordóñez) de Montalvo, Garci
- *Amadís de Gaula*, Saragossa 1508 (u. d. T. *Los quatro libros del muy esforçado cauallero Amadís de Gaula*); dt. *Amadis*, Übers. anon., Ffm. 1569–1598; ern. *Amadis von Gallien*, Hg. u. Übers. F. R. Fries, Stg. 1977. INFANTENINSEL, MONGAZA, TEUFELSINSEL. DER FELSEN DER ZAUBERJUNGFERN. DIE FESTE INSEL.

Rosendorfer, Herbert
- *Der Ruinenbaumeister*, Roman, Zürich/Mchn. 1971. »ZIGARRE«.
- *Skaumo*, Zürich 1976. SKAUMO.

Rosetti, Dante Gabriel
- *Sudden Light*, in *Poems*, Ldn. 1870; dt. *Plötzlich Licht*, in *Gedichte und Balladen*, Übers. A. v. Bernus u. St. George, Heidelberg 1960. DER WALD ZWISCHEN DEN WELTEN.

Rosny, J. H. d. Jüngere, *L'Enigme du »Redoutable«* (Das Geheimnis des »Fürchterlichen«), Paris 1930. LE DOUAR.

Roussel, Raymond
- *Impressions d'Afrique*, Paris 1910; dt. *Eindrükke aus Afrika*, Übers. C. Freund, Mchn. 1980. PONUKÉLE-DRELCHKAFF.
- *Locus Solus*, Paris 1914; dt. *Locus solus*, Übers. C. Freund, Neuwied/Bln. 1968. LOCUS SOLUS. PONUKÉLE-DRELCHKAFF.

Ruskin, John
- *The King of the Golden River or the Black Brothers. A Legend of Stiria*, Ldn. 1851; dt. *Der König vom goldenen Wildbach*, Übers. E. Schnack, Zürich/Mchn. 1978. SCHATZTAL

Rustaing de Saint-Jory, Louis
- *Les femmes militaires. Relation historique d'une isle nouvellement découverte* (Die kriegerischen Frauen. Historischer Bericht von einer neuentdeckten Insel), Paris 1735. MANGHALOUR.

S

Sachs, Hans
- *Das Schlauraffenland*, Nürnberg 1530. SCHLARAFFENLAND

Sackville-West, Victoria
- *The Dark Island* (Die dunkle Insel), Ldn. 1934. STORN.

Sade, Donatien-Alphonse-François Marquis de
- *Aline et Valcour ou Le roman philosophique. Écrit à la Bastille un an avant la Révolution de France*, Paris 1793 [recte 1795]; dt. *Aline und Valcour oder Der philosophische Roman*, Übers. H. Wichmann, Hbg. 1963. BUTUA.
- *Les cent-vingt journées de Sodome ou L'école du libertinage* (1785), Bln. 1904; Hg. I. Bloch; dt. *Die hundertzwanzig Tage von Sodom oder Die Schule der Ausschweifung*, 2 Bde., Übers. K. v. Haverland, Wien 1908; ern. *Die Schule der Libertinage oder die 120 Tage von Sodom*, Übers. K. v. Haverland, Mchn. 1975. SILLING.

Saint-Albin, M. Jaques (d. i. Collin de Plancy)
- *Voyage au centre de la terre, ou Aventures diverses de Clairancy et de ses compagnons dans le Spitzberg, au Pole Nord et dans les pays inconnus, traduit de l'anglais de M. Hormisdas Peath* (Reise zum Mittelpunkt der Erde oder Diverse Abenteuer des Clairancy und seiner Gefährten in Spitzbergen, am Nordpol und in unbekannten Ländern, aus dem Englischen übersetzt von Herrn Hormisdas Peath), Paris 1821. ALBUR. BANOIS-REICH. EISENBERGE. FELINIEN. PLUTO.

Salgari, Emilio
- *Duemila leghe sotto l'America* (2000 Meilen unter Amerika), Mailand 1888. INKATUNNEL.
- *I misteri della Jungla Nera*, Mailand 1895; dt. *Die Geheimnisse der schwarzen Dschungel*, Übers. E. Andrae, Bln. 1929. DER SCHWARZE DSCHUNGEL.
- *I naviganti della Meloria* (Die Seeleute von Meloria), Mailand 1903. DER MELORIAKANAL.

Saltykov, Michail Jefgravovitsch
- *Istorija odnogo goroda*, Moskau 1869–70; dt. *Die Geschichte einer Stadt*, Übers. A. Klöckner, Bln. 1952. GLUPOV.

Samjatin, Evgenij I. s. Zamjatin, E. I.

Samuel, Viscount Herbert Louis
- *A Unknown Land* (Ein unbekanntes Land), Ldn. 1942. BENSALEM.

Sandburg, Carl
- *Rootabaga Stories*, NY 1922; dt. *Zwei Hüte für Schnu-Fu. Geschichten aus dem Rutabagaland*, Übers. D. Mühringer, Recklinghausen 1974. BRAUSENDE WELLEN. LEERE HÜTE. RUTABAGALAND.

Sannazaro, Jacopo
- *Arcadia*, Neapel 1504. ARKADIEN. DER ARKADISCHE TUNNEL.

Savi-Lopez, Maria
- *Leggende del mare* (Legenden vom Meer), Turin 1920. MAGMELL. DAS MEER DER RIESEN. MONSTERPARK. RAKLMANI.

Schikaneder, Emanuel s. Mozart, Wolfgang Amadeus u. Schikaneder, Emanuel

Schipper, Vincent s. Hulshof, Paul u. Schipper, Vincent

Schmidt, Arno
- *Die Gelehrtenrepublik. Kurzroman aus den Roßbreiten*, Karlsruhe 1957. DIE GELEHRTENREPUBLIK. HOMINIDENSTREIFEN.

Schnabel, Johann Gottfried
- *Wunderliche Fata einiger Seefahrer, absonderlich Alberti Julii, eines gebornen Sachsens*, 4 Bde., Nordhausen 1731–1743. DIE INSEL FELSENBURG.

Schütz, Philipp Balthasar Sinold von
- *Die glückseeligste Insul auf der gantzen Welt, oder das Land der Zufriedenheit*, Königsberg 1723. DAS LAND DER ZUFRIEDENHEIT.

Schulz, Bruno
- *Sanatorium pod Klepsydra*, Warschau 1937; dt. *Das Sanatorium zur Todesanzeige*, Übers. J. Hahn, in *Die Zimtläden und alle anderen Erzählungen*, Mchn. 1966. SANATORIUM ZUR TODESANZEIGE.

Scott, Paul
- *The Birds of Paradise* (Die Vögel des Paradieses), Ldn. 1962. JUNDAPUR.

Scott, Sir Walter
- *Count Robert of Paris*, in *Tales of My Landlord*, Edinburgh 1832; dt. *Graf Robert von Paris*, Übers. G. N. Bärmann, in *Sämtliche Romane*, 22 Bde., Lpzg. 1844–1847, Bd. 22. DIE INSELN DER SELIGEN.

Scudéry, Madeleine de
- *Clélie. Histoire romaine*, 10 Bde., Paris 1654–1660; dt. *Clelia: eine römische Geschichte*, Übers. J. W. v. Stubenberg, Nürnberg 1664. TENDRE.

Seaborn, Captain Adam
- *Symzonia, A Voyage of Discovery* (Symzonia, eine Entdeckungsfahrt), NY 1820. SYMZONIA.

Searle, Charles
- *The Wanderer or Memoirs of Charles Searle*, Ldn. 1776. YLUANA.

Shakespeare, William
- *A Midsomer Nights Dreame*, Ldn. 1600; dt. *Ein St. Johannis Nachts-Traum*, Übers. Ch. M. Wieland, in *Theatralische Werke*, 13 Bde., Zürich 1762, Bd. 1; ern., *Ein Sommernachtstraum*, Übers. R. A. Schröder, in R. A. S., *GW*, 8 Bde., Ffm. 1958–1965, Bd. 7. OBERLAND.
- *The Tempest*, Ldn. 1623; dt. *Der Sturm*, Übers. H. J. Eschenburg, in *Schauspiele*, Bd. 1, Straßburg/Mannheim 1778; ern. (Übers. R. A. Schröder), in R. A. S. *GW*, 8 Bde., Ffm. 1958–1965, Bd. 7. PROSPEROS INSEL.

Shelley, Percy Bysshe
- *Alastor or The Spirit of Solitude*, Ldn. 1816; dt. *Alastor*, Übers. R. Ackermann, Marktbreit 1884. ALASTORS HÖHLE.

Shiel, Matthew Phipps
- *The Purple Cloud* (Die purpurne Wolke), NY 1901. DER ECHTE NORDPOL.

Shih-Chen
- *Lang-huan chi* (Bericht über Langhuan-Karneolring, 13./14. Jh.), in *Hsüeh-chin t'ao-yüan* (Die Furt studieren und nach dem Ursprung forschen), Shanghai 1922. DAS KARNEOLRING-GLÜCKSLAND.

Sidney, Sir Philip
- *The Countesse of Pembroke's Arcadia*, Ldn. 1590 (*The New Arcadia*, Frg.); Ldn. 1593 [erw.]; dt. *Arcadia*, Übers. Th. v. Hirschberg (d. i. M. Opitz), Ffm. 1629; ern. Darmstadt 1971. ARKADIEN.

Skinner, Charles M.
- *Myths and Legends of Our Own Land* (Mythen und Legenden unseres eigenen Landes), Philadelphia 1896. KANADISCHE SCHWIMMENDE INSEL.

Smeeks, Hendrik
- *Beschryvinge van het magtig Konongryk Krinke Kesmes. Zynde een groot, en veele kleindere Eilanden daar an horende; Makende te zamen een gedeelte van het onbekende Zuidland. Gelegen onder den Tropicus Capricornus*, Amsterdam 1708; dt. *Beschreibung des Mächtigen Königreichs Krinke Kesmes*, Lpzg. 1721; ern. Schweinfurt/Lpzg. 1776. KRINKE KESMES.

Snorri, Sturluson
- *Edda* (»*Snorra Edda*«, nach 1220), Kopenhagen 1931 (Faksimile-Ausg. der Hss. u. d. T. *Codex Wormianus. The Younger Edda*); dt. *Die isländische Edda*, Übers. J. Schimmelmann, Stettin 1777 [unvollst.]; ern. *Die Edda*, Bearb. H. Kuhn. Lpzg. 1935 (*RUB*, 785). WALHALL.

Sorel, Charles
- *La maison des jeux* (Das Haus der Spiele), Paris 1642–43. BRISEVENT.

Spence, Thomas
- *A Description of Spensonia* (Eine Beschreibung Spensonias), Ldn. 1795. – *The Constitution of Spensonia: A Country in Fairyland situated between Utopia and Oceana* (Die Verfassung von Spensonia. Ein Feenreich zwischen Utopia und Oceana gelegen), Ldn. 1798. SPENSONIA.

Steinbeck, John
- *The Acts of King Arthur and His Noble Knights. From the Winchester Manuscripts of Sir Thomas Malory and Other Sources* (Die Taten von König Artus und seinen edlen Rittern. Nach den Winchester Manuskripten von Sir Thomas Malory und anderen Quellen), NY 1976. ARROY. BEDEGRAINE. FERGUS. DIE MÄDCHENBURG. MERLINS GRAB.

Stephans, James
- *The Crock of Gold*, Boston 1912; dt. *Götter, Menschen, Kobolde*, Übers. H. Hartmanshenn, Wiesbaden 1947. GLYN CAGNY. DIE HÖHLE DER SCHLÄFER VON ERINN. GORT NA GLOCA MORA.

Stevenson, Robert Louis
- *The Little Land* (Das kleine Land), in *A Child's Garden of Verses* (Eines Kindes Garten der Poesie), Ldn. 1885. SPIEL-LAND.
- *New Arabian Nights*, Ldn. 1882; dt. *Der Selbstmörderklub oder verrückte junge Leute*, Übers. K. v. Thesing, Wien 1930. SELBSTMORDSTADT.
- *The Strange Case of Dr. Jekyll and Mr. Hyde*, Edinburgh 1886; dt. *Der seltsame Fall des Doktor Jekyll und des Herrn Hyde*, Übers. anon., Breslau 1889; ern. *Der seltsame Fall des Dr. Jekyll und Mr. Hyde und andere Erzählungen*, Übers. S. Hauptmann, Bln. 1968. CAMFORD.
- *Treasure Island*, Ldn. 1883; dt. *Die Schatzinsel*, Übers. E. A. Witte, Freiburg i. Br. 1897; ern. (Übers. N. O. Scarpi, d. i. F. Bondy), Mchn. 1968. BLACK HILL COVE. DIE SCHATZINSEL.

Stiblinus, Gaspar
- *Commentariolus de Eudaemonensium Republica* (Kurzer Kommentar über die Eudaemonische Republik), in *Coropaedia*, Basel 1555. EUDAEMON.

Stifter, Adalbert
- *Abdias*, in *Österreichischer Novellenalmanach*, Wien 1843. WÜSTENSTADT.
- *Der Hagestolz*, Pest/Lpzg. 1845, in *Iris. Taschenbuch für das Jahr 1845*. – Pest/Lpzg. 1850, in *Studien*, 6 Bde., 1844–50, Bd. 5; [erw. Fassg.]. KLAUSE.
- *Der Nachsommer. Eine Erzählung*, Pest 1857. ROSENHAUS.
- *Die Narrenburg*, Pest 1843, in *Iris*, 4. – *Prokopus*, Pest 1848, in *Iris*. N. F. 2. – *Die Mappe meines Urgroßvaters*, Wien 1841/42, *Wiener Zs. f. Kunst, Literatur, Theater u. Mode*, 1841, Nr. 88–93; 1842, Nr. 43–50; [1. Fassg.]; Pest 1847, in *Studien*, 6 Bde., 1844–1850, Bd. 3; [2. Fassg.]. – *Witiko. Eine Erzählung*, 3 Bde., Pest 1865–1867. ROTHENSTEIN.

Stoker, Bram (eig. Abraham St.)
- *Dracula*, Ldn. 1897; dt. *Dracula*, Übers. H. Widtmann, Lpzg. 1908; ern. *Dracula. Ein Vampirroman*, Übers. S. Krull, Mchn. 1971. DRACULAS SCHLOSS.
- *The Lair of the White Worm* (Das Lager des weißen Wurms), Ldn. 1911. DIANAS HAIN.

Stolberg, Friedrich Leopold Graf zu
- *Die Insel*, Lpzg. 1788. DIE INSEL.

Storm, Theodor
- *Die Regentrude*, in *Drei Märchen*, Bln. 1866. REGENTRUDES REICH.

Strabon aus Amaseia
- *Geōgraphika*, (um 64 v. Chr.), Rom ca. 1471 (u. d. T. *Geographia*; nur lat. Übers. v. Guarnius Veronensis (Buch 1–10) u. Gregorius Triphernius (Buch 11–17); dt. *Des Strabo, eines alten stoischen Weltweisen, aus der Stadt Amasia gebürtig; allgemeine Erdbeschreibung*, Übers. A. J. Prenzel, 4 Bde., Lemgo 1775–1777; ern. *Strabos Erdbeschreibung*, Übers. A. Forbiger, 2 Bde., Stg. 1856–1862. DER GARTEN DER HESPERIDEN. LEUKE. THULE.

Suidas
- *Sybaritikais*, in *Suidas-Lexikon* (10. Jh.), o. O. 1581. SYBARIS.

Supervielle, Jules
- *L'enfant de la haute mer*, Paris 1931; dt. *Das Kind vom hohen Meer*, Übers. H. Goldschmidt, in *Neue französische Erzähler*, Bln. 1930. DAS FLIESSENDE KÖNIGREICH. DIE SCHWIMMENDE STADT.

Sweven, Godfrey (d. i. John Macmillan Brown)
- *Limanora, the Island of Progress* (Limanora, die Insel des Fortschritts), NY/Ldn. 1903. ALEOFANE. BROOLYI. COXURIA. FIGLEFIA. KLORIOLE. LIMANORA. LOONARIE. MESKEETA. RIALLARO. SPECTRALIA.
- *Riallaro, the Archipelago of Exiles* (Riallaro, der Archipel der Verbannten), NY/Ldn. 1901. ALEOFANE. BROOLYI. COXURIA. FIGLEFIA. KLORIOLE. LOONARIE. MESKEETA. RIALLARO. SPECTRALIA.

Swift, Jonathan
- *A New Voyage to the Country of the Houyhnhnms. Being the 5. Part of the Travels into Several Remote Parts of the World by Lemuel Gulliver* (Eine neue Reise ins Land der Houyhnhnms. Der 5. Teil der Reisen in verschiedene entfernte Länder der Welt von Lemuel Gulliver), Ldn. 1969. LAND DER HOUYHNHNMS.
- *Travels into Several Remote Nations of the World. By Lemuel Gulliver, First a Surgeon, and then a Captain of Several Ships*, 2 Bde., Ldn. 1726; dt. *Des Capitains Lemuel Gulliver Reisen in unterschiedliche, entfernte und unbekandte Laender*, Übers. anon., 3 Tle., Hbg. 1727/28; ern. *Reisen in verschiedene ferne Länder der Welt von Lemuel Gulliver, erst Schiffsarzt, dann Kapitän mehrerer Schiffe*, Übers. K. H. Hansen, Mchn. 1958. BALNIBARBI. BROBDINGNAG. BLEFUSCU. GLUBBDUBDRIB. LAND DER HOUYHNHNMS. LAPUTA. LILIPUT. LUGGNAGG.

Szu-ma Ch'ien (2.–1. Jh. v. Chr.)
- *Shih-chi* (Historische Aufzeichnungen), Shanghai 1935. WUCHERNDES UNKRAUT.

T

Tennenbaum, Samuel
- *The Wise Men of Chelm* (Die weisen Männer von Chelm), NY. 1965. CHELM.

Tennyson, Alfred Lord
- *The Idylls of the King*, Ldn. 1859; ern. Ldn. 1889 (vollst.); dt. *Königsidyllen*, Übers. W. Scholz, Bln. 1867 (enth. 4 Idyllen); ern. (Übers. E. Ibrahim), Straßburg 1912 (Teilslg.). AVALON. BROCELIANDE. CAMALOT. MERLINS GRAB.
- *The Lotus Eaters*, in *Poems*, Ldn. 1833; dt. *Die Lotosesser*, Übers. A. Strodtmann, in *Ausge-*

wählte Dichtungen, Hildburghausen 1870. DAS LOTOSESSERLAND.
Thackeray, William Makepiece
- *The Rose and the Ring, or the History of Prince Giglio and Prince Bulbo. A Fireside Pantomime for Great and Small Children,* in *Christmas Books,* Ldn. 1857; dt. *Die Rose und der Ring oder die Historie der Prinzen Giglio und Bulbo,* Übers. W. u. U. Hermann, Bremen 1948; ern. *Die Rose und der Ring,* Übers. S. Schönfeldt, Mchn. 1958. KRIM-TATAREI. PAFLAGONIEN. SCHWARZSTAB.

Theopompos aus Chios
- *Philippika* (Geschichte Philipps, 4. Jh. v. Chr.), Leiden 1829 (in *Fragmenta),* Hg. R. H. E. Wichers. MEROPIS.

Thomas, Dylan
- *Under Milk Wood – a Play for Voices,* Ldn. 1954; dt. *Unter dem Milchwald. Ein Spiel für Stimmen,* Übers. u. Bearb. E. Fried, Heidelberg 1954. LLAREGYB.

Thomas, Henri
- *Les déserteurs* (Die Deserteure), Paris 1951. – Ders., *Les tours de Notre-Dame* (Die Türme von Notre-Dame), Paris 1975. SAINT-ROMONT.

Thomson, James
- *The City of Dreadful Night* (Die Stadt der furchtbaren Nacht), Ldn. 1874. DIE STADT DER FURCHTBAREN NACHT.

Tieck, Ludwig
- *Die Elfen,* in *Phantasus,* 3 Bde., Bln. 1812–1816, Bd. 1. DER FEENGRUND.
- *Der Runenberg,* in *Taschenbuch für Kunst und Laune,* Köln 1804. RUNENBERG.

Tiphaigne de la Roche, Charles François
- *Giphantie,* Paris 1760; dt. *Die Geisterinsel. Eine Dichtung über Menschheit und Menschenschicksal,* Übers. E. Moritz, Lpzg. 1803. – *L'empire des Zaziris sur les humains ou La Zazirocratie,* Paris 1761; *Die Herrschaft der Zasiren über die Menschen, oder Zazirokratie,* Übers. anon., Lpzg. 1761. DIE INSEL GIPHANTIA.
- *Histoire des Galligènes, ou Mémoires de Duncan* (Geschichte der Galligenen, oder Duncans Erinnerungen), Amsterdam 1765. GALLIGENIA.

Tolkien, John Ronald Reuel
- *The Fellowship of the Ring,* Ldn. 1954; dt. *Die Gefährten,* Übers. M. Carroux, Stg. 1969. ANGBAND. DAS AUENLAND. BRUCHTAL. GONDOR. LORIEN. MITTELERDE. MORDOR. MORIA. ROHAN. TOL ERESSEA.
- *The Hobbit, or There and Back Again,* Ldn. 1937; dt. *Der kleine Hobbit,* Übers. W. Scherf, Recklinghausen 1974. DAS AUENLAND. BRUCHTAL. MITTELERDE. MORIA.
- *The Return of the King,* Ldn. 1955; dt. *Die Rückkehr des Königs,* Übers. M. Carroux, Stg. 1970. AMAN. DAS AUENLAND. BRUCHTAL. FANGORN. GONDOR. LINDON. LORIEN. MITTELERDE. MORDOR. MORIA. NÚMENOR. ROHAN. TOL ERESSEA.
- *The Silmarillion,* Ldn. 1977; dt. *Das Silmarillion,* Übers. W. Krege, Hg. Ch. Tolkien, Stg. 1978. AMAN. ANGBAND. GONDOR. LINDON. MITTELERDE. MORIA. NÚMENOR. TOL ERESSEA. UTUMNO.
- *The Two Towers,* Ldn. 1954; dt. *Die zwei Türme,* Übers. M. Carroux, Stg. 1970. DAS AUENLAND. FANGORN. GONDOR. LORIEN. MITTELERDE. MORDOR. MORIA. ROHAN.

Tosetti, Amedeo
- *Pedali sul Mar Nero* (Räder auf dem Schwarzen Meer), Mailand. 1884. MALACOVIA.

Tournier, Michel
- *Vendredi ou Les limbes du Pacifique,* Paris 1969; dt. *Freitag oder Im Schloß des Pazifik,* Übers. H. Osten, Hbg. 1968. ROBINSON CRUSOES INSEL.

Tremblay, Michel
- *Contes pour buveurs attardés,* Montreal 1966. VOGELINSEL.

Tremearne, Arthur John Newman
- *Hausa Superstitions and Customs* (Aberglaube und Sitten der Haussa), Ldn. 1913. STADT OHNE SCHLAF. WERKSTADT.

Tullius Cicero, Marcus
- *Ad Atticum* (68–44), Rom 1470, in *Ciceronis ad H. Brutum et ceteros epistolae,* Hg. C. Sweynheym u. A. Pannartz; dt. *Atticus-Briefe,* in *Sämtliche Briefe C.s,* Übers. C. M. Wieland u. F. D. Gräter, Zürich 1808–1821; ern. Mchn. 1912, Hg. H. Conrad. DIE INSELN DER SELIGEN.

Twain, Mark s. Mark Twain

Tyssot de Patot, Simon
- *La vie, Les avantures, & le voyage de Groenland du révérend père cordelier Pierre de Mesange. Avec une relation bien circonstanciée de l'origine, de l'histoire, des moeurs, & du pradis des habitants du Pole Arctique,* Amsterdam 1920; dt. *Des Robinson Crusoe Dritter und Vierter Theil, Oder lustige und seltsame Lebens-Beschreibung Peter von Mesange, Worinnen Er seine Reise nach Grönland und anderen nordischen Ländern... beschreibet,* Leiden 1721. RUFFAL.
- *Voyages et aventures de Jaques Masse,* Bordeaux 1710; dt. *Peter Martons, eines gebohrnen Frantzosen merckwürdige Lebens-Beschreibung, worinnen viele wunderliche Begebenheiten enthalten, die ihm in seinem Leben und auf Reisen zugestossen... in rein Deutsch aus dem Frantzösischen übersetzet von A. B. C.,* Übers. J. F. Bachstrom, Lpzg./Görlitz 1737; ern. *Jakob Massens Reisen in unbekannte Länder und merkwürdige Begebenheiten auf denselben. Von ihm selbst beschrieben,* Übers. anon., Alexandrien (d. i. Ruppin), 1799. BUSTROL.

U

Urfé, Honoré d'
- *L'Astrée, où par plusieurs histoires et sous personnes de bergers et d'autres sont déduits les divers effets de l'honneste amitié,* 5 Tle., Paris 1607–1625; dt. *Von der Lieb Astreae und Celadonis,* Übers. J. B. B. V. B(orstel), Mümpelgart (d. i. Nürnberg) 1619–1635. ARKADIEN.

V

Vallerey, Tancrède
- *L'île au sable vert* (Die Insel Grünsand), Paris 1930. DIE INSEL GRÜNSAND.

Valerius Catullus, Gaius
- *Carmina* (1. Jh. v. Chr.), Venedig 1472 (Sammelausgabe von Catull, Tibull, Properz und Statius; dt. *Durchleuchtige Römerin Lesbia, worinnen Catulli Carmina erkläret und die Römische Historie unter Julio Cäsare erläutert wird,* Übers. J. Meyer v. Perlenberg, Lpzg. 1690; ern. *Liebesgedichte und sonstige Dichtungen,* Übers. O. Weinreich, Hbg. 1960. LABYRINTH.

Varenne de Mondasse, de
- *La découverte de l'empire de Cantanhar* (Die Entdeckung des Reiches von Cantanhar), Paris 1730. CANTANHAR.

Vega s. Garcilaso de la Vega

Vega Carpio, Lope Félix de
- *Arcadia,* Madrid 1598; dt. *Arkadien. Ein Schäferroman,* Übers. C. Richard, in *Romantische Dichtung,* 9 Bde., Aachen/Lpzg. 1826–29, Bd. 4–6. ARKADIEN.

Vergilius Maro, Publius
- *Aeneis* (um 30 v. Chr.), Rom ca. 1469 (in *Opera et catalecta);* dt. *Dryzehen Aeneadischen Bücher von Troianischer zerstörung und uffgang des Römischen Reichs,* Übers. Th. Murner, Straßburg 1515; ern. *Aeneis,* Übers. R. A. Schröder, in *R. A. S., GW,* 8 Bde., Ffm. 1952, Bd. 5. HADES. OLYMP. TRAUM-INSEL.
- *Bucolica* (1. Jh. v. Chr.), Köln o. J. [ca. 1467]; dt. *Bucolica,* Übers. S. Riccius, Lpzg. 1568; ern. *Hirtengedichte,* Übers. R. A. Schröder, Ffm. 1957. SATURNS REICH.

Verne, Jules
- *Le château des Carpathes,* Paris 1892; dt. *Das Karpathenschloß,* Übers. P. u. W. Heichen, in *Bekannte und unbekannten Welten. Abenteuerliche Reisen,* 98 Bde., Wien 1873–1911, Bd. 61; ern. (Übers. J. Fischer), in *Werke,* 20 Bde., Ffm. 1966–1968, Bd. 14. KARPATENBURG.
- *Une fantaisie du docteur Ox,* Paris 1874; dt. *Eine Idee des Doctor Ox,* Übers. Meister Zacharias, in *Bekannte und unbekannte Welten,* Wien 1873–1911, Bd. 20; ern. (Übers. J. Fischer), in *Werke,* Ffm. 1966–1968, Bd. 4. QUIQUENDONE.
- *L'île à hélice,* Paris 1895; dt. *Die Propeller-Insel,* Übers. anon., in *Bekannte und unbekannte Welten,* Wien 1873–1911, Bd. 67/68; ern. (Übers. J. Fischer), in *Werke,* Ffm. 1966–1968, Bd. 14. DIE PROPELLERINSEL.
- *Les Indes Noires,* Paris 1877; dt. *Schwarzindien,* in *Schriften* 55 Bde., Übers. M. Lion, K. Lanz, Reyher u. a., Wien 1874–1889, Bd. 24. KOHLENSTADT. SCHLOSS DUNDONALD.
- *L'invasion de la mer,* Paris 1905; dt. *Der Einbruch des Meeres,* Übers. anon., in *Bekannte und unbekannte Welten,* Wien 1873–1911, Bd. 87. DAS SAHARA-MEER.
- *Les 500 millions de la Bégum,* Paris 1879; dt. *Die 500 Millionen der Begum,* Übers. anon., in *Bekannte und unbekannte Welten,* Wien 1873–1911, Bd. 31; ern. (Übers. J. Fischer), in *Werke,* Ffm. 1966–1968, Bd. 9. DIE STAHLSTADT.
- *Vingt mille lieues sous les mers,* Paris 1870; dt. *20 000 Meilen unter'm Meer;* Übers. anon., in *Bekannte und unbekannte Welten,* Wien 1873–1911, Bd. 4/5; ern. *20 000 Meilen unter den Meeren* (Übers. J. Fischer), in *Werke,* Ffm. 1966–1968, Bd. 4. ARABISCHER TUNNEL.
- *Voyage au centre de la terre,* Paris 1864; dt. *Reise nach dem Mittelpunkt der Erde,* Übers. anon., in *Bekannte und unbekannte Welten,* Wien 1873–1911, Bd. 3; ern. *Reise zum Mittelpunkt der Erde,* (Übers. J. Fischer), in *Werke,* Ffm. 1966–1968, Bd. 1. KAP SAKNUSSEMM. KOHLENSTADT. LIBERIEN. SAKNUSSEMM-KORRIDOR. DIE LIDENBROCK-SEE.
- *Voyages et aventures du capitaine Hatteras,* Paris 1866; dt. *Abenteuer des Kapitän Hatteras,* Übers. anon., in *Bekannte und unbekannte Welten,* Wien 1873–1911, Bd. 7/8. QUEEN ISLAND.

Vian, Boris
- *L'automne à Pékin* (Herbst in Peking), Paris 1947. EXOPOTAMIA.

Villiers de L'Isle-Adam, Philippe-Auguste, Comte de
- *Axel,* Paris 1890; dt. *Axel,* Übers. H. H. Ewers, in *GW,* 7 Bde., Mchn. 1909–1920, Bd. 6. AUERSPERG.

Voltaire (d. i. François-Marie Arouet)
- *Candide ou l'optimisme,* Genf 1759; dt. *Candide oder Die beste Welt,* Übers. J. A. Philippi, Riga/Lpzg. 1776; ern. (Übers. I. Lehmann), Köln/Bln. 1964.
- *Essay sur l'histoire générale et sur les moeurs et l'esprit des nations depuis Charlemagne jusqu'à nos jours,* Genf 1756; dt. *Versuch einer allgemeinen Weltgeschichte, worin zugleich die Sitten und das Eigene der Völkerschaften von Carln dem Großen an bis auf unsere Zeiten beschrieben werden,* Übers. K. F. Romanus, 4 Bde., Dresden 1760–1762; ern. *Über den Geist und die Sitten der Nationen,* Übers. K. F. Wachsmuth, 6 Bde., Lpzg. 1867/68 (*Bibliothek der besten Werke des 18. u. 19. Jahrhunderts).* ALBINOLAND. ELDORADO.
- *La Princesse de Babylone,* Paris 1769; dt. *Die Prinzessin von Babylon,* Übers. anon., Göttingen 1769; ern. (Übers. I. Linden), Zürich 1953. GANGARIDIA.

Voss, Julius von
- *Die Schildberger, Komischer Roman,* Bln. 1823. SCHILDA.

W

Wainstein, Lia
- *Viaggio in Drimonia* (Reise nach Drimonia), Mailand 1965. CITTABELLA. DRIMONIA.

Wagner, Richard
- *Parsifal,* Mainz 1877. MUNSALVAESCHE.
- *Der Ring des Nibelungen...,* o. O. u. J. [Zürich 1853]; Lpzg. 1863 (Neufassg.) WALHALL.

Walpole, Horace
- *The Castle of Otranto,* Ldn. 1765; dt. *Schloß Otranto,* Übers. anon., Lpzg. 1768; ern. *Die*

Burg von Otranto, Übers. J. Uhlmann, Ffm. 1965. DIE BURG VON OTRANTO.

Walser, Robert
- *Jakob von Gunten. Ein Tagebuch,* Bln. 1909. DAS INSTITUT BENJAMENTA.

Wang Chia
- *Shih-i-chi* (Niederschrift gesammelter Überlieferungen, 3. Jh.), in *Ku-chin i-shih* (Seltsames aus alter und neuer Zeit), Taipeh 1965. DIE SEELEN-HÖHLE.

Warner, Sylvia Townsend
- *Kingdoms of Elfin* (Königreiche der Elfen), Ldn. 1972. APFELBREI. BLOKULA. BROCELIANDE. BURG ASCHENHAIN. ELFBURG. PERI-KÖNIGREICH. RINGS. SCHLOSS DREIVIERTELSTEIN. ZUY.

Weber, Carl Maria von u. Kind, Johann Friedrich
- *Der Freischütz,* Bln. 1821. WOLFSSCHLUCHT.

Welk, Ehm (d. i. Thomas Trimm)
- *Die Heiden von Kummerow,* Bln. 1937. KUMMEROW.

Wells, Herbert George
- *Aepyornis Land,* in *The Stolen Bacillus and Other Incidents,* Ldn. 1894; dt. *Aepyornis,* in *Der gestohlene Bazillus und andere Erzählungen,* Übers. anon., Stg. 1910; ern. (Übers. U. Spinner), in *Das Land der Blinden, Ausgew. Erzählungen,* Zürich 1976. AEPYORNIS.
- *The Country of the Blind,* Ldn. 1911; dt. *Das Land der Blinden,* Übers. L. Neumann, in *GW,* 10 Bde., Wien 1927–1933, Bd. 4; ern. (Übers. U. Spinner), Zürich 1976. DAS LAND DER BLINDEN.
- *The Door in the Wall,* in *The Country of the Blind,* Ldn. 1911; dt. *Das Tor in der Mauer,* in *Das Land der Blinden,* Übers. L. Neumann, in *GW,* 10 Bde., Wien 1927–1933, Bd. 4; ern. (Übers. U. Spinner), in *Das Land der Blinden,* Zürich 1976. DAS TOR IN DER MAUER.
- *The Island of Doctor Moreau,* Ldn. 1896; dt. *Dr. Moreaus Insel,* Übers. F. P. Greve, Minden 1904; ern. *Die Insel des Dr. Moreau,* Übers. P. Greve, Bln./Darmstadt 1977. DIE INSEL DES DR. MOREAU.
- *The Time Machine. An Invention,* NY 1895; dt. *Die Zeitmaschine,* Übers. F. P. Greve, Minden 1904; ern. (Übers. P. Naujack), Zürich 1974. FLUSSTAL.

Werfel, Franz
- *Stern der Ungeborenen,* Stockholm 1946. MEROPIS.

White, Terence Hanbury
- *The Once and Future King;* dt. *Der König auf Camelot,* Übers. R. Rochell u. H. C. Artmann, Stg. 1978. BEDEGRAINE. CAMALOT. CARBONEK. CARLÏON. CORBIN. CHARIOT. FROHE WACHT.

Wieland, Christoph Martin
- *Die Abderiten,* 1774 (in *Der Teutsche Merkur,* H. 1–3). ABDERA.
- *Der Goldne Spiegel, oder die Könige von Scheschian, eine wahre Geschichte. Aus dem Scheschianischen übersetzt,* Lpzg. 1772. DAS TAL DER KINDER DER NATUR.

Wilde, Oscar
- *The Happy Prince,* in *The Happy Prince and Other Tales,* Ldn. 1888; dt. *Der glückliche Prinz,* in *Das Gespenst von Canterville und fünf andere Erzählungen,* Übers. F. Blei, Lpzg. 1905; DIE STADT DES GLÜCKLICHEN PRINZEN
- *The Selfish Giant,* in *The Happy Prince and Other Tales,* Ldn. 1888; dt. *Der selbstsüchtige Riese,* Übers. R. Lothar, in *SW,* 4 Bde., Wien/Lpzg. 1906. Bd. 3; ern. (Übers. H. Neres u. P. Baudisch), in *Werke in zwei Bänden,* Mchn. 1970, Bd. 1. DER GARTEN DES RIESEN.

Wilkins, Vaughan
- *The City of Frozen Fire* (Die Stadt des gefrorenen Feuers), Ldn. 1950. QUIVERA.

Wills, Mike s. Aldiss, Brian W. u. Wills, Mike

Winkfield, Unca Eliza (?)
- *The Female American; or The Adventures of Unca Eliza Winkfield. Compiled by Herself* (Die Amerikanerin, oder Die Abenteuer von Eliza Winkfield. Gesammelt von ihr selbst), Ldn. 1767. INSEL DER GÖTZEN.

Wolfram von Eschenbach
- *Parzival* (um 1200/1210), Bln. 1783/84 (u. d. T. *Parcival. Ein Rittergedicht aus dem dreizehnten Jahrhundert von Wolfram von Eschilbach*), Hg. Ch. H. Myller, in *Sammlung deutscher Gedichte aus dem XII., XIII. u. XIV. Jh.,* Bd. 1, Abt. 4; nhd. *Der Parcival. Ein Gedicht in Wolframs von Eschilbach Denckart,* Übers. J. J. Bodmer, Zürich 1753; ern. *Parzival,* Übers. K. Simrock, Stg. ⁶1883. MUNSALVAESCHE. WUNDERSCHLOSS.

Wright, S. Tanley Fowler
- *The Island of Captain Sparrow* (Kapitän Sparrows Insel), Ldn. 1928. KAPITÄN SPARROWS INSEL.

Wu Ch'Eng-en
- *Hsi-yü chi* (Die Reise nach dem Westen, 16. Jh.), Shanghai 1944. WEST-SORGHO.

Wykham, Helen
- *Ottoline Atlantica,* Ldn. 1980. COIMHEADACH.

Wyndham, John
- *The Midwich Cuckoos,* Ldn. 1957; dt. *Es geschah am Tage X,* Übers. G. Stege, Mchn. 1965. MIDWICH.

Wyss, Johann David
- *Der schweizerische Robinson, oder Der schiffbrüchige Schweizprediger und seine Familie,* Zürich 1812–1827. NEU-SCHWEIZERLAND.

Z

Zacharie de Lisieux, Le Père
- *Relation du pays de Jansénie, où il est traité des singularités qui s'y trouvent, des coustumes, moeurs et religion des habitants. Par Louys Fontaines, Sieur de Saint Marcel* (Beschreibung des Landes Jansenien, in welchem von den Merkwürdigkeiten, die dort anzutreffen sind, berichtet wird, von den Gebräuchen und Sitten und der Religion der Bewohner. Von Louys Fontaines, Sieur de Saint Marcel), Paris 1660. JANSENIEN.

Zamjatin, Evgenij I.
- *Ivany,* in *Bolsim detjam skazki,* Moskau/Bln. 1922; dt. *Die Iwane,* in *Märchen für große Kinder,* in *Rußland ist groß,* Mchn. 1976. IVANICHA.
- *My,* Paris 1924 (u. d. T. *Nous autres,* franz. Übers.), Prag 1927, in *Volja Rossii* (russ. Kurzfassg.); NY 1952 (vollst. russ. Ausg.); dt. *Wir,* Übers. G. Drohla, Köln 1958; ern. Mchn. 1970. ALTES HAUS.

Zavattini, Cesare
- *Totò il Buono* (Toto der Gute), Mailand 1943. ZAVATTINIA.

Zinoviev, Aleksandr
- *Zijajuščie Vysoty,* Lausanne 1976; dt. *Gähnende Höhen,* Übers. G. v. Halle, Zürich 1980. IVANSK.

Zschokke, Johann Daniel Heinrich
- *Das Goldmacherdorf,* Aarau 1817. GOLDENTHAL.

Anonyme Werke

- *Aithiopis* (7. Jh. v. Chr.?), Bln./Lpzg. 1914 (in E. Bethe, *Homer. Dichtung und Tage*). LEUKE.
- *Alf laila wa-laila* (5.–15. Jh.), 6 Bde., Kalkutta 1831–1842; dt. *Die noch nicht übersetzten Erzählungen der Tausend und eine Nacht,* Übers. Hammer, Stg. 1823; ern. *Die Erzählungen aus tausendundein Nächten,* Übers. E. Littmann, 6 Bde., Lpzg 1923–1928 (nach d. arab. Urtext d. Kalkuttaer Ausg.); ern. Wiesbaden 1953.– *Die Geschichte des Juweliers Hasan aus Basra,* in *Die Erzählungen…,* Bd. V. DER BERG DER WOLKEN. DER WÅK-ARCHIPEL.
- *Die Geschichte von Abdallah ibn Abid Kilâba und der Säulenstadt Iram,* in *Die Erzählungen…,* Bd. III.
- *Die Geschichte von der Messingstadt,* in *Die Erzählungen…,* Bd. IV. MEER VON KARKAR. MESSINGSTADT.
- *Die Geschichte von Sindbad dem Sefahrer,* in *Die Erzählungen…,* Bd. IV. DIE AFFENSTADT. AMBERINSEL. DER BERG DER HAARIGEN AFFEN. DER BERG DER WOLKEN. DAS DIAMANTENGEBIRGE. INSEL DER GATTENOPFERUNG. INSEL DES ALTEN MANNES VOM MEER. MIHRDSCHANISCHES KÖNIGREICH. RUCHINSEL.
- *Aucassin et Nicolette,* (13. Jh.), Paderborn 1878; dt. *Aucassin und Nicolette,* Übers. W. Hertz, Wien 1865; ern. *Die Geschichte von Aucassin und Nicolette,* Übers. P. Hausmann, Wiesbaden 1956. TORELORE.
- Bibel: *Königsbücher 1,* 9, 28; 10; 22, 48. *Chronikbücher 1,* 29, 4; *2,* 8. 18. *Jesaja* 13, 12. *Psalmen,* 45, 9. *Hiob* 22, 24. OPHIR
- *Capitolo di Cuccagna,* (16. Jh.) CUCCAGNA
- *Chi'i-shih yin-pen ching* (Das Sutra Aggaññasuttanta, 7. Jh.), *Taishō (shinshū) daizōxvo* (Buddistischer Kanon), Hg. Takakusu u. Watanabe, Tokio 1914–1932. UTTARAKURU.
- *Edda* (»Ältere Edda«, um 1250), Kopenhagen 1787–1828 (u. d. T. *Edda Soemundar hinns Fróda. Edda rhythmica seu antiqvior, vulgo Soemundi dicta,* Hg. G. Magnaeus u. a., 3 Tle.); dt. *Die Lieder Sineds des Barden,* Übers. J. N. C. M. Denis, Wien 1772 (*Vǫlospá* u. *Baldrs draumar*); ern. *Edda,* 2 Bde., Übers. F. Genzmer, Jena 1912–1920, ern. Düsseldorf/Köln 1963. WALHALL
- *Epistola Johannis regis Indiae* (um 1165), Lpzg. 1879 (in F. Zarncke, *Der Priester Johannes,* Cap. I, II u. III, in *Abhandlungen der philologisch-historischen Classe der Königl. Sächsischen Gesellschaft der Wissenschaften,* Bd. VII). INDIA
- *Le Dit de Cocagne* (13. Jh.). COCAGNE
- *Hai-nei shih-chou chi* (Aufzeichnungen über die zehn Kontinente innerhalb der Meere, 4./5. Jh.), in *Wu-ch'ao hsiao-shuo ta kuan* (Großer Überblick über Erzählwerke aus den Fünf Dynastien), Shanghai 1926. HSUAN. DIE LANG-LEBENS-INSEL. SÜDWESTWILDNIS. DIE VIERECKSKLAFTER-INSEL. DER WELTMEER-KONTINENT.
- *Histoire du grand et admirable royaume d'Antangil inconnu jusques à présent à tous Historiens et Cosmographes: composé de six vingts provinces très-belles & très fertiles. Avec la description d'icelui, & de la police non pareille, tant civile que militaire. De l'instruction de la jeunesse. Et de la Religion; par I. D. M. G. T.* (Geschichte des großen und bewunderungswürdigen Königreichs Antangil, das heute allen Geschichtsschreibern und Kosmographen unbekannt: bestehend aus einhundertzwanzig sehr schönen und sehr fruchtbaren Provinzen. Mit Beschreibung desselben nebst seiner unvergleichlichen Polizei, der zivilen wie auch der militärischen; der Erziehung der Jugend und der Religion; von I. D. M. G. T.), Saumur 1616. ANTANGIL.
- *The History of Autonous, Containing a Relation how that Young Nobleman was accidentally left alone, in his Infancy, upon a desolate Island; where he lived nineteen Years, remote from all Humane Society, till taken up by his Father. With an Account of his Life, Reflections, and Improvements in Knowledge, during his Continuance in that Solitary State. The Whole, as taken from his own Mouth* (Die Geschichte des Autonous, enthaltend eine Beschreibung, wie dieser junge Edelmann von seinem Vater in frühester Kindheit versehentlich auf einer einsamen Insel zurückgelassen wurde, wo er neunzehn Jahre lang lebte, weit weg von aller menschlichen Gemeinschaft, bis er von seinem Vater geholt wurde. Mit einer Aufzeichnung seines Lebens, seiner Gedanken und der Bereicherung seiner Kenntnisse in diesem einsamen Zustand), Ldn. 1736. AUTONOUS' INSEL.
- *Isolario, o sia Descrittione di tutte l'isole,* Venedig 1624. SANTANAXIO.
- *Das Lalebuch. Wunderseltzame, Abentheurliche, unerhörte, und bisher unbeschriebene Geschichten und Thaten der Lalen zu Laleburg,* Laleburg (d. i. Straßburg) 1597. SCHILDA.
- *Liber monstrorum de diversis generibus* (9. Jh.), Bln. 1863, Hg. M. Haupt. BRISSONTE. POLYGLOTT.
- *The Mabinogion* (14.–15. Jh.), Ldn. 1802 (in *Musical, Poetical and Historical Relicts of the Welsh Bards and Druids,* Hg. E. Jones, Tl. 1); dt. *Die Märchen des rothen Buchs von Hergest,*

Übers. anon., Quedlinburg/Lpzg. 1842; ern. *Die vier Zweige des Mabinogion. Ein keltisches Sagenbuch,* Übers. M. Buber, Ffm. ³1966 (IB, 1886). CARLÍON. KESSELSEE. RUNDTAL. YSPADDADEN PENKAWR.
- *La Mort le Roi Artu* (Der Tod des Königs Artus, 13. Jh.), Halle 1910. AVALON. CAMALOT. FROHE WACHT. GAUNES. DAS SCHLOSS DER FEE MORGUE. DIE SCHWARZE KAPELLE.
- *Philogelos* (4./5. Jh.), Mchn. 1968, Hg. u. Übers. A. Thierfelder. ABDERA.
- *Physiologus latinus* (11. Jh.), Straßburg 1889 (in F. Lauchert, *Geschichte des Physiologus*); dt. *Der Physiologus,* Übers. E. Peters, Mchn. 1921; ern. (Übers. O. Seel), Zürich 1960. ARIMASPIEN.
- »Pseudo-Kallisthenes«, griech. *Alexanderroman* (3. Jh.), Paris 1846; dt. *Pseudo-Kallisthenes,* in *Alexander, Gedicht des 12. Jh.s vom Pfaffen Lamprecht,* Hg. H. Weismann, Ffm. 1850. BAUMFLUSS. DIE QUELLE DER DREISSIGJÄHRIGEN. SPRECHENDE HAINE.
- *Die Schiltbürger. Wunderselzame Abentheurliche unerhörte und bißher unbeschriebene Geschichten vnd Thaten der obgemelten Schiltbürger in Misnopotamia hinder Utopia gelegen,* Misnopotamia (d. i. Ffm.) 1598 [recte 1597]. SCHILDA.
- *Shang-hai ching* (Das Buch der Berge und Seen, 1. Jh.), o. O. 1536. K'UN-LUN. TUSHUO.
- *Sir Gawayne and the Grene Knyght* (um 1375), Edinburgh 1839 (in *Syr Gawayne. A Collection of Ancient Romance Poems,* Hg. u. Einl. F. Madden); dt. *Die Sage von Gawain und dem grünen Ritter,* Übers. O. Leohmann, Königsberg 1938. DIE GRÜNE KAPELLE
- *Storia del Campriano contadino* (17. Jh.). CUCCAGNA.
- *T'ai-p'ing Kuang-chi* (Erweiterte Aufzeichnungen aus der Regierungsperiode T'ai-p'ing, 10. Jh.), o. O. 1566. CHIAOHO-TEMPEL. WARTENDE FRAU.
- *Tausendundeine Nacht* ↗ *Alf laila wa-laila*
- *Der Teutsche Robinson, oder Bernhard Creutz, das ist, eines übelgearteten Jünglings seltsame Lebensbeschreibung,* Hall in Schwaben o. J. [1722]. FISCHWELT.
- *Trionfo dei poltroni,* (Der Triumph der Faulen, 17. Jh.). CUCCAGNA.
- *Volsunga Saga* (um 1260), Stockholm 1737 (in E. J. Björner, *Nordiska Kämpadater*); dt. *Volsunga-Saga oder Sigurd der Fafnirstödter und die Niflungen,* Übers. F. H. von der Hagen, Breslau 1815; ern. *Die Geschichte von den Völsungen,* Übers. P. Herrmann, Düsseldorf/Köln 1966. WALHALL.
- *Voyage curieux d'un Philadelphe dans des pays nouvellement découverts* (Seltsame Reisen eines an die Brüderlichkeit der Menschen Glaubenden durch neuentdeckte Länder), Den Haag 1755. LAIQUHIRE. WAFERDANOS.
- *Le voyage de navigation que fist Panurge, disciple de Pantagruel, aux isles incognues et estranges de plusieurs choses merveilleuses et difficiles à croire, qu'il dict avoir vues, dont il fait narration en ce présent volume, et plusieurs aultres joyeusetez pour inciter les lecteurs et auditeurs à rire,* Paris 1538. BRIGALAURE, DIE GLÜCKLICHEN INSELN. LATERNENLAND. LUQUEBARALIDEAUX-INSELN. PASTEMOLLE.
- *A Voyage to Cacklogallinia: With a Description of the Religion, Policy, Customs and Manners, of that Country. By Captain Samuel Brunt,* Ldn. 1927; dt. *Capitain Samuel Brunts Reise nach Cacklogallinien, und weiter in den Mond, nebst dem Leben Harvaya, des weltbekannten Zauberers in Dublin, und einigen andern moralischen und satyrischen Schriften Herrn D. Swiffts,* Übers. anon., Lpzg. 1735. CACKLOGALLINIA.
- *A Voyage to the New Island, Fonseca, near Barbados. With some Observations, Made in a Cruize among the Leward Islands. In Letters from Two Captains of Turkish Men of War, driven thither in the Year 1707. Translated out of Turkish and French* (Eine Reise zur neuentdeckten Insel Fonseca, nahe Barbados. Mit einigen Beobachtungen, die anläßlich einer Kreuzfahrt zwischen den Leward-Inseln gemacht wurden. In Briefen zweier Kapitäne der kriegerischen Türken, niedergeschrieben im Jahre 1707. Übersetzt aus dem Türkischen und Französischen.), Ldn. 1708. FONSECA.
- *Wang Hsieh chuan* (Die Erzählung über Wang Hsieh, 10. Jh.), in *T'ang Sung ch'uan-ch'i chi* (Sammlung von Wundererzählungen), Peking 1956; dt. *Die goldene Truhe, Chinesische Novellen aus zwei Jahrtausenden,* Mchn. 1959. DAS SCHWARZROCKREICH.
- *Der wohleingerichtete Staat des bishero von vielen gesuchten aber nicht gefundenen Königreichs Ophir Welcher Die völlige Kirchen-Verfassung Einrichtung der hohen und niedern Schulen des Königs Qualitäten Vermählungs-Art Auferziehung der Königlichen Printzen und Printzeßinnen die Königliche Hoffhaltung und Regierung die dabey befindlichen Bedienten Land- und Stadt-Obrigkeiten deren Erwähl-Verricht- und Besoldungen in gleichen die so wohl insgeheim als Insonderheit das Staats-Policey, Justiz-Commercien- Camer- und Gesundheits-Wesen betreffende Gesetze und Ordnungen Nebst allen zu wissen nöthigen Nachrichten und Merckwürdigkeiten vorstellet.* Lpzg. 1699. OPHIR.

Verweisregister

Die in Normalschrift gedruckten Begriffe bezeichnen die Originalnamen der wichtigsten fremdsprachigen Schauplätze, die in unserem Lexikon übersetzt wurden; die in Großbuchstaben gedruckten Begriffe nach dem Pfeil verweisen auf die entsprechenden Stichwörter.

Airfowlness ↗ ALLVÖGELNESSE
Alastor's Cavern ↗ ALASTORS HÖHLE
Allalonestone ↗ GANZALLEINSTEIN
Amazoine ↗ AMAZONIEN
Anderson's Rock ↗ ANDERSONS FELS
Asbefore Land ↗ INSELN WIE-ZUVOR
Ash Grove Castle ↗ BURG ASCHENHAIN
Back of the North Wind ↗ DER RÜCKEN DES NORDWINDS
Bagrovyj ostrov ↗ PURPURINSEL
Beklan Empire ↗ BEKLANISCHES REICH
Bétique ↗ BAETICA
Blackstaff ↗ SCHWARZSTAB
Blazing World ↗ FLAMMENDE WELT
Bong-Tree Land ↗ HEBRITZENLAND
Booming Roller ↗ BRAUSENDE WELLEN
Canadian Floating Islands ↗ KANADISCHE SCHWIMMENDE INSELN
Capillaria ↗ KAPILLARIEN
Captain Sparrow's Island ↗ KAPITÄN SPARROWS INSEL
Cave of the Sleepers of Erinn ↗ DIE HÖHLE DES SCHLÄFERS VON ERINN
Celestial City ↗ DIE HIMMLISCHE STADT
Chapelle Noire ↗ DIE SCHWARZE KAPELLE
Château des Carpathes ↗ KARPATENBURG
China Country ↗ DAS PORZELLANLAND
Christianopolis ↗ CHRISTIANSBURG
Christian's Country ↗ CHRISTIANSLAND
Cité des dames ↗ STADT DER TUGENDHAFTEN FRAUEN
Cité des premiers hommes ↗ STADT DER ERSTEN MENSCHEN
Cité des ténèbres ↗ STADT DER SCHATTEN
Cité des voleurs ↗ DIE STADT DER DIEBE
Cité sans soleil ↗ STADT OHNE SONNE
Città del sole ↗ DIE SONNENSTADT
City of Destruction ↗ STADT DES VERDERBENS
City of Dreadful Night ↗ DIE STADT DER FURCHTBAREN NACHT
Ciudad de los Suicidas ↗ SELBSTMORDSTADT
Commonwealth of Reason ↗ COMMONWEALTH DER VERNUNFT
Coral Island ↗ KORALLENINSEL
Country of the Blind ↗ DAS LAND DER BLINDEN
Crotalophoboi Land ↗ DAS CROTALOPHOBENLAND
Crusoe's Island ↗ ROBINSON CRUSOES INSEL
Cucumber Island ↗ DIE GURKEN-INSEL
Cueva de Montesinos ↗ DIE HÖHLE DES MONTESINOS
Deathwater Island ↗ TODESWASSERINSEL
Delectable Mountains ↗ DIE LIEBLICHEN BERGE
Deserto dei Tartari ↗ DIE TATARENWÜSTE
Devil's Garden ↗ DES TEUFELS GARTEN
Devil's Teeth ↗ DIE TEUFELSZÄHNE
Diana's Grove ↗ DIANAS HAIN
Dictionopolis ↗ WÖRTERSTADT
Disparue ↗ DIE VERSUNKENE STADT
Door in the Wall ↗ DAS TOR IN DER MAUER
Dragon's Run ↗ DRACHENINSEL
Dreamworld ↗ TRAUMWELT
Dunkiton ↗ ESELSHAUSEN
Earthsea ↗ ERDSEE
Elfwick ↗ ELFBURG
Empty Hats ↗ LEERE HÜTE
Fairyland ↗ FEENLAND
Fixit City ↗ WERKSTADT
Flatland ↗ FLACHLAND
Floating Island ↗ SCOTI MORIA
Foxville ↗ FUCHSSTADT
Giant's Garden ↗ DER GARTEN DES RIESEN
Giphantie ↗ DIE INSEL GIPHANTIA

Golden Island ↗ DIE GOLDENE INSEL
Golden Lake ↗ DER GOLDENE SEE
Grande Euscarie ↗ GROSS-EUSKARIEN
Grande Garabagne ↗ GROSS-GARABANIEN
Great Water ↗ GROSSES WASSER
Green Chapel ↗ DIE GRÜNE KAPELLE
Green Land ↗ GRÜNES LAND
Greywethers ↗ GRAUHAMMEL
Gug Kingdom ↗ KÖNIGREICH DER GUG
Happy Prince City ↗ DIE STADT DES GLÜCKLICHEN PRINZEN
Harmonie ↗ HARMONIA
Haunted Island ↗ DIE SPUKINSEL
Hearsay ↗ DIE INSEL HÖRENSAGEN
Horner Country ↗ DAS LAND DER HORNTRÄGER
Hsi-wang-mu kuo ↗ DAS REICH DER KÖNIGLICHEN MUTTER DES WESTENS
Icarie ↗ IKARIEN
Ile à hélice ↗ DIE PROPELLERINSEL
Ile amorphe ↗ DIE AMORPHE INSEL
Ile au sable vert ↗ DIE INSEL GRÜNSAND
Ile Cyril ↗ CYRIL
Ile de bran ↗ VÖGELINSEL
Ile de cassade ↗ WÜRFELINSEL
Ile de Her ↗ HER
Ile de la félicité ↗ DIE INSEL DER GLÜCKSELIGKEIT
Ile de la pierre blanche ↗ WEISSENSTEIN
Ile de Ruach ↗ RUACH
Ile des Hermaphrodites ↗ HERMAPHRODITENINSEL
Ile des philosophes ↗ INSEL DER PHILOSOPHIE
Ile des pingouins ↗ ALCA
Ile d'odes ↗ DIE STRASSENINSEL
Ile fortunée ↗ GLÜCKSINSEL
Ile fragrante ↗ DIE DUFTENDE INSEL
Ile frivole ↗ FRIVOLA
Ile imaginaire ↗ IMAGINÄRE INSEL
Iles jumelles ↗ ZWILLINGSINSEL
Ile sonnante ↗ KLINGELINSEL
Ile sonnore ↗ DIE TÖNENDE INSEL
Inferno ↗ DIE HÖLLE
Insulae incognitae ↗ SONNENINSELN
Insula Firme ↗ DIE FESTE INSEL
Island of the Nine Whirlpools ↗ INSEL DER NEUN WASSERSTRUDEL
Island of Voices ↗ INSEL DER STIMMEN
Jabberwocky Wood ↗ DER JAMMERWOCH-WALD
Jungla Nera ↗ DER SCHWARZE DSCHUNGEL
King Solomon's Mines ↗ KÖNIG SALOMOS DIAMANTMINEN
Lake of the Cauldron ↗ KESSELSEE
Land of Play ↗ SPIEL LAND
Land of the Whimsies ↗ LAND DER SCHRULLKÖPFE
Leap Islands ↗ DIE SPRINGINSELN
Lineland ↗ STRICHLAND
Long Dune ↗ DIE LANGE DÜNE
Looking-Glass Land ↗ DAS LAND HINTERM SPIEGEL
Lotuseaters' Island ↗ DAS LOTOSESSERLAND
Mare dei Giganti ↗ DAS MEER DER RIESEN
Merlin's Tomb ↗ MERLINS GRAB
Middle Earth ↗ MITTELERDE
Mirror of Llunet ↗ SPIEGEL VON LLUNET
Mole End ↗ MAULWURFSRUH
Monde vrai ↗ WAHRLAND
Monde Nuovo ↗ NEUE WELT
Montagnes de fer ↗ EISENBERGE
Monte de las ánimas ↗ DER BERG DER SEELEN
Never-Never Land ↗ NIEMALSLAND
New Britain ↗ NEUBRITANNIEN
No-Man's Land ↗ NIEMANDSLAND

Nomeland ↗ GNOMENLAND
Oracle de la bouteille ↗ DIE INSEL VOM ORAKEL DER GÖTTLICHEN FLASCHE
Other End of Nowhere ↗ DAS ANDERE ENDE VON NIRGEND
Ossiriand ↗ LINDON
Outre ↗ ÜBERMASS
Pais de las ruinas circulares ↗ DAS LAND DER KREISFÖRMIGEN RUINEN
Palacio de la niña rosa ↗ DER ROSAFARBENE PALAST
Paradise Island ↗ DIE PARADIESINSEL
Paradiso ↗ DER HIMMEL
Pays de dentelles ↗ LAND DER SPITZEN
Pays des lanternois ↗ LATERNENLAND
Pays des trente-six mille volontés ↗ DAS LAND DER SECHSUNDDREISSIGTAUSEND WÜNSCHE
Peacepool ↗ FRIEDENSBUCHT
Peri Kingdom ↗ PERI-KÖNIGREICH
Pierre Blanche ↗ WEISSENSTEIN
Pile ↗ KONGLOMERAT
Plutonia ↗ PLUTONIEN
Present Land ↗ GEGENWARTSLAND
Procuration ↗ PROKURAZIEN
Purgatorio ↗ DER BERG DER LÄUTERUNG
Pyramid Mountain ↗ PYRAMIDENBERG
Ransom ↗ LÖSEGELD
Real North Pole ↗ DER ECHTE NORDPOL
République des Balibriges et des Bouloulabasses réunie ↗ DIE BALIBRIGISCHE UND BOULOULABASSISCHE VEREINIGTE REPUBLIK
River Bank ↗ FLUSSUFER
Roman State ↗ DER RÖMERSTAAT
Rootabaga ↗ RUTABAGALAND
Round Valley ↗ RUNDTAL
Ruritania ↗ RURITANIEN
Sas Doopt Swangeanti ↗ DORPFWANGRANTI
Schastel marveile ↗ WUNDERSCHLOSS
Shire ↗ DAS AUENLAND
Silence ↗ SCHWEIGEN
Siren Island ↗ SIRENEN-INSEL
Sleepless City ↗ STADT OHNE SCHLAF
Sleepy Hollow ↗ SCHLÄFRIGE SCHLUCHT
Slough of Despond ↗ SUMPF DER VERZAGTHHEIT
Snark Island ↗ SCHNARKINSEL
Storisende ↗ GESCHICHTENENDE
Suicide City ↗ SELBSTMORD-STADT
Summer Country ↗ DAS SOMMERLAND-LAND
Terre australe ↗ AUSTRALLAND
Terre des Pigmeinez ↗ DAS PYGMÄEN-LAND
Thohu et Bohu ↗ TOHU UND BOHU
Toad Hall ↗ KRÖTENHALL
Toyland ↗ SPIELZEUGLAND
Treasure Island ↗ DIE SCHATZINSEL
Treasure Valley ↗ SCHATZTAL
Tropical Valley ↗ DAS TROPISCHE LAND
Vanity Fair ↗ JAHRMARKT DER EITELKEIT
Very Heavenly City ↗ JANNATI SHAHR
Ville des expiations ↗ SÜHNESTADT
Ville flottante ↗ SCHWIMMENDE STADT
Ville mystérieuse ↗ DIE GEHEIMNISVOLLE STADT
Vondervotteimittiss ↗ WUNNERWOBLIFTITID
Well at the World's End ↗ DIE QUELLE AM ENDE DER WELT
White House ↗ DAS WEISSE HAUS
Wild Island ↗ DIE WILDINSEL
Wonderland ↗ WUNDERLAND
Wood between the Worlds ↗ DER WALD ZWISCHEN DEN WELTEN
World's End Island ↗ DIE INSEL AM ENDE DER WELT

Allgemeine Abkürzungen

Anh.	Anhang	GS	Gesammelte Schriften	RUB	Reclams Universal-Bibliothek
Anm.	Anmerkung	GW	Gesammelte Werke		
Anon.	Anonymus			S.	Seite
anon.	anonym	Hbg.	Hamburg	s.	siehe
Art.	Artikel	Hg.	Herausgeber	sämtl.	sämtliche
AS	Ausgewählte Schriften			Ser.	Serie
Ausg.	Ausgabe	IB	Insel-Bücherei.	s. o.	siehe oben
ausgew.	ausgewählt			sog.	sogenannt
Ausw.	Auswahl	Jb.	Jahrbuch	Stg.	Stuttgart
Ausz.	Auszug	Jg.	Jahrgang	SS	Sämtliche Schriften
AW	Ausgewähle Werke	Jh.	Jahrhundert	s. u.	siehe unten
				Suppl.	Supplement
Bd.	Band	Kap.	Kapitel	SW	Sämtliche Werke
Bde.	Bände				
Bearb.	Bearbeitung	Ldn.	London	Tl.	Teil
Bln.	Berlin	Lpzg.	Leizpig	Tle.	Teile
bzw.	beziehungsweise				
		MA	Mittelalter	u.	und
ca.	circa	ma	mittelalterlich	u. a.	und andere
		Mchn.	München		
dass.	dasselbe	Ms.	Manuskript	u. d. T.	unter dem Titel
ders.	derselbe			Ü./Übers.	Übersetzung
d. i.	das ist	Nachdr.	Nachdruck	umgearb.	umgearbeitet
dies.	dieselbe, dieselben	Nachw.	Nachwort	unvollst.	unvollständig
dt.	deutsch	Neudr.	Neudruck	usw.	und so weiter
		N. F.	Neue Folge		
ebd.	ebenda	nfrz.	neufranzösisch	v.	von
Einl.	Einleitung	nhd.	neuhochdeutsch	veränd.	verändert
enth.	enthält	N. R.	Neue Reihe	verb.	verbessert
ern.	erneut	Nr.	Nummer	Verf.	Verfasser
erw.	erweitert	N. S.	Neue Serie	verf.	verfaßt
		NY	New York	Verz.	Verzeichnis
f.; ff.	folgende			vgl.	vergleiche
Faks.	Faksimile	o. J.	ohne Jahr	vollst.	vollständig
Ffm.	Frankfurt/Main	o. O.	ohne Ort	Vorw.	Vorwort
Forts.	Fortsetzung	Orig.	Original		
Frft./Oder	Frankfurt/Oder			z. B.	zum Beispiel
Frgm.	Fragment	Pseud.	Pseudonym		
				ZfdA	Zeitschrift für deutsches Altertum
GA	Gesamtausgabe	R.	Reihe	Zs.	Zeitschrift
GG	Gesammelte Gedichte	RKl	Rowohlts Klassiker	z. T.	zum Teil

Die Verfasser neuer Beiträge

In der englischen Originalausgabe nicht enthaltene Artikel sind in der deutschen Ausgabe durch die Initialen ihrer Verfasser am Ende des jeweiligen Textes (vor den bibliographischen Angaben) gekennzeichnet.

B. K.	Dr. Barbara Kinter	D. Bo.	Prof. Dr. Dieter Borchmeyer	M. W.	Dr. Michael Winter
B. Ky.	Prof. Dr. Bernhard Kytzler	G. W.	Dr. Gertraude Wilhelm	P. R.	Patrick Reumaux
D. A.	Dr. Dagmar Ahrens-Thiele	H. A. N.	Hans A. Neunzig	S. T.	Dr. Sigrun Thiessen
D. B.	Prof. Dr. Dietrich Briesemeister	M. B.	Manfred Braun	V. R.	Dr. Volker Roloff